第十册

冊府元龜

中華書局影印

册府元龜第十册目録

巡按福建監察御史臣李嗣京訂正
分守建南道左布政使臣胡維霖參閱
知建陽縣事臣黃國琦較釋

總錄部一

總序

夫人之生也分五氣之秀肖兩儀之體形貌既辨名字以立發於天資之謂性通於物理之謂識守道而舉之謂德循善而動之謂行尚其所愛之謂好學而後能之謂藝繫於窮通之謂天命非繇性情之謂人

事反於善道之謂惡舉是九者亦可以周物之變矣若夫挺執志操緯有度量襟抱夷曠才用敏給公方亮直而克固其守高尚潔素而不累於物以至質樸而遲訥聰悟而機警剛勇而多力詞辯而强記疏縱而率意矜嚴而自法者皆性之品也若夫智慮宏遠謀畫沉遠詳達典憲精別人物研幾微之際而覩其未萌達性命之理而知其定分有犯無隱得盡規之道見賢思齊效慕善之志通禮制之升降察緒績之臧否知止而不殆聞義而服膺者皆識之品也若夫敦仁孝之本宣忠義之烈豐友悌之愛貽賢懿之名敦信以待人克讓而後已誠明昭感陰隲敷被儉約是守長厚成裕撝挹以自牧矜慎而用全或恪居厥官世濟明德勵清白之節勤幹蠱之業循守常道韜晦其才或圖報舊恩固辭爵賞解紛兢之患遠勢利之交不處嫌疑之間安於貧窶之際獨守介節放於隱居以至改過自新報怨以德輕財好施分災救患效托孤之義儉節終之禮者皆德行之品也若夫酣嗜所愛湛樂于酒崇聚編簡喜接過客奉清淨之化依圓寂之教醖籍於風度畜養於性情務爲清談兢餌丹石者皆好尚之品也若夫勵志儒素刻意文翰

勤勞師問游息庠塾裁著於詞訓敷述於已志揚搉精允談說明辯博識於異物多能於庶事射御琴碁筆札極精博奕甚工筭數通妙善兵家之技審音樂之旨習工巧之業明方術之用達醫診之理極圖繪之事究人倫之法明地域之占者皆藝術之品也若乃運之否泰數之修短或榮進于世寵貴而隆盛或廢滯于時憂患而沉棄或攀附而崛起或周游而不遇或家列鍾鼎或貲無擔石以至流離于厄難嬰仍於美疢掊累而被譴非辜而罹釁感歎無所憂愧交懷或遁伏以苟生或困躓而貽辱者皆天命之異也

若乃世襲厥官家著訓法結好姻婭出繼入後民立於祠祀宗職於賜書宵寤有徵諸言多驗著休急之令註名諱之文陳出餞之儀附置郵之信或多獲於時望或釣譽於天倫以至内舉其親自薦其器宴賞爲樂贈問有宜論交友生垂戒諸子游謁雅素慰薦所知請老而引年挂冠而退處膺奪情之命馳晝錦之譽隱忍於恥媿披列於寃訴圖復仇怨作爲隱諸知將亡之期遺未亂之命者皆人事之異也若乃資質草陋性識顓蒙輕躁而寡謀巽懦而無勇恢諧而縱辯衒鬻以自矜乏知人之明昧舉士之理封執偏

見溺於私愛偷薄而無向狷介而失中吝嗇自資隘急成性述作在簡學識孤陋以至反忠孝之理乖義駐之訓賦姦險之性極諂邪之體殘忍不道奢縱自安虧失禮章貪浼賄賂奉上無恭肅之節在官極阿附之邪蹈善不終作僞彌拙好忿嗜怒詆訐於衆多忌賢能交搆於禍患肆莠言以嗤誚摘觖望以譏刺文飾其短黨比所親厚誣善人巧竊榮官豐葬送之禮任俠之氣以至極沉湎之過恣帷薄之亂妖惑以蠱衆厭勝而徼福咎徵既集陰報斯至或亡匿而延喘或敗類而伏辜者皆惡之品也夫以天地和粹之精凝而爲賢明爲正直其行不同而皆底於善陰陽舛沴之氣聚而爲愚闇爲姦回資性不類而皆底於惡善惡之際事以萬殊加以天命之難諶人事之多故紛綸古昔非可槩舉今但采明著前志可以戒勸者類之于篇其有姦臣僞迹亦附于後凡總錄部二百四十二

孝

夫孝三德之本百行之先也凡爲人子者生盡乎養沒盡乎禮有終身之憂無一日之樂欲報之恩昊天罔極此孝之至也昔仲尼爲曾子述孝經自天子諸

侯卿大夫士至於庶人孝之道盡矣後之人有以見先聖之行成賢弟子之美千古而下以爲義訓孝之大者始於事親中於事君終於立身又曰立身行道揚名顯親之謂也是知聖人述作之旨以孝爲德本教之所繇生風化之大也故南陔白華之篇辭亡義存靡乎勸戒今之所述者歷選前代名臣吉士奉親有聞者咸著于篇

穎考叔潁谷封人也鄭武公娶于申曰武姜申國今南陽宛縣生莊公及共叔段段出奔共故曰共叔猶晉侯在鄂謂之鄂侯莊公寤生驚姜氏故名曰寤生遂惡之寤寐而莊公已生故驚而惡之愛共

叔段欲立之欲立以爲太子亟請於武公公弗許及莊公卽
位爲之請制公曰制巖邑也虢叔死焉他邑唯命虢東
虢君也恃制巖險而不修德鄭滅之恐段復然故開以他邑虢國今滎陽請京使居之謂
之京城太叔公順姜請使段居京謂之京城太叔言寵異於衆臣京鄭邑今滎陽京縣既
而太叔命西鄙北鄙貳於己鄙鄭邊邑貳兩屬公子呂曰國
不堪貳公將若之何公子呂鄭大夫欲與太叔臣請事之若
弗與則請除之無生民心叔段不除則舉國之民當生他心公曰無
庸將自及言無用除之禍將自及太叔又收貳以爲己邑貳兩屬者
今皆取以爲己邑至於廩延言轉侵多也廩延鄭邑陳留酸棗縣北有延津子封曰
可矣厚將得衆子封公子呂也厚謂土地廣大公曰不義不暱厚將

崩爲臣不義於君爲弟不親於兄非衆所附雖厚必崩太叔完聚完城郭聚人民繕甲
兵具卒乘步曰卒車曰乘將襲鄭夫人將啟之啟開也公聞其
期曰可矣命子封帥車二百乘以伐京古者兵車一乘甲士三人
步卒七十二人京叛太叔段段入于鄢公伐諸鄢五月辛丑
太叔出奔共共國今汲郡共縣遂置姜氏于城潁城潁鄭地而誓
之曰不及黃泉無相見也地中之泉故曰黃泉既而悔之潁考
叔聞之有獻於公公賜之食食舍肉公問之對曰小
人有母皆嘗小人之食矣未嘗君之羹請以遺之食而
不啜羹欲以發問也宋華元殺羊爲羹饗士蓋古賜賤官之常公曰爾有母遺繄我
獨無繄語助潁考叔曰敢問何謂也據武姜在設疑也公語之

故且告之悔對曰君何患焉若闕地及泉隧而相見
其誰曰不然隧若今延道公從之公入而賦大隧之中其
樂也融融賦賦詩也融融和樂也姜出而賦大隧之外其樂也
洩洩洩洩舒散也遂爲母子如初君子曰潁考叔純孝也
純猶篤也愛其母施及莊公詩曰孝子不匱永錫爾類其
是之謂乎不匱純孝也莊公雖失之於初孝子不已考叔感而通之所謂永錫爾類詩人之作
各以情言君子論之不以文害意故春秋傳引詩不皆與今說詩者同他皆倣此
申生晉獻公太子也獻公寵驪姬有二子長曰奚齊
次曰卓子驪姬欲立奚齊謂太子申生曰君夢齊姜
必速祭之齊姜太子母言求食太子祭于曲沃歸胙于公胙祭之酒

肉公田姬寘諸宮六日公至毒而獻之毒酒經宿輒敗而經六日
明公之惑公祭之地地墳與犬犬斃姬泣曰賊繇太子太
子奔新城新城曲沃公殺其傅杜原款或謂太子曰子辭
君必辯焉以六日之狀自理太子曰君非姬氏居不安食不
飽我辭姬必有罪君老矣吾又不樂吾自理則姬死姬死則君必不
樂不樂爲繇吾也曰子其行乎太子曰君實不察其罪被此
名也以出人誰納我魯僖公四年十二月戊申縊于
新城姬遂譖二公子曰皆知之重耳奔蒲夷吾奔屈
國語又載晉獻公將出太子申生而立奚齊荀息丕鄭里克乃別烝于武公公稱疾不與使奚齊涖事猛
足乃言於太子曰伯氏不出奚齊在廟子盍圖乎太子曰吾聞羊舌大夫曰事君以敬事父以孝受命不

遝爲徹敬順所安爲孝棄命不敬作令不孝又何圖焉且夫間父之愛而嘉其明有不忠焉廢人以自庇有不貞孝敬忠貞君父之所安也棄安而圖遠於孝矣吾其止也申生祭其母齊姜於曲沃薦胙於獻公驪姬使人置毒藥胙中獻公誅其傅杜原款或謂太子曰爲藥者乃驪姬也太子何不自辭明之太子曰吾君老矣非驪姬寢不安食不甘即辭之君且怒之不可或謂太子曰可奔他國太子曰被此惡名以出人誰納我我自殺耳二月戊申申生自殺於新城又云獻公將殺申生人謂申生曰非子之罪何不去乎申生曰不可去而罪釋彰父之惡而笑諸侯吾誰鄉而入是重困也吾聞之仁不惡君智不重困勇不逃死吾伏以俟命申生將死使猛足言狐突曰申生有罪不聽伯氏以至於死申生不敢愛其死雖然吾君老矣國家多難伯氏不出奈吾君何伯氏苟出而圖吾君申生受賜以至于死雖死何悔是以謚爲共君穀梁文載晉獻公伐虢得驪姬獻公私之有二子長曰奚齊稚曰卓子驪姬欲爲亂故謂君曰吾夜者夢夫人趨而來曰吾苦畏胡不使夫人將衛士而衛冢乎公曰孰可使曰臣莫尊于世子則世子可故君謂

世子曰驪姬夢夫人趨而來曰吾苦畏女子其將衛士而往衛冢乎世子曰敬諾築宮成驪姬又曰吾夜者夢夫人趨而來曰吾苦飢世子之宮已成則何爲不使祠也故獻公謂世子曰其祠世子祠已致福於君君田而不在驪姬以酖爲酒藥脯以毒食公田來驪姬曰世子已祠故致福于君君將食驪姬跪曰食自外來不可不試也覆酒于地而地墳以脯與犬而犬死驪姬下堂啼呼曰天乎天乎國子之國也子何遲於爲君君喟然嘆曰吾與女未有過也是何與我之深也使人謂世子曰爾其圖之世子之傳里克謂世子曰入自明入自明則可以生不入自明則不可以生世子曰吾君已老矣已昏矣吾若此而入自明則驪姬必死驪姬死則吾君不安所以使吾君不安者吾不若自死吾寧自殺以安吾君以重耳爲寄矣刎脰而死

秦康公之母晉獻公之女文公遭驪姬之難未反而秦姬卒穆公納文公康公時爲太子贈送文公于渭之陽念母之不見也我見舅氏如母存焉及其即位思而作渭陽之詩焉

晏嬰齊大夫父桓子以魯襄公十七年冬卒晏嬰麤衰斬斬不緝也衰在胸前麤三升布苴絰帶杖菅屨苴麻之有子者取其麤也杖竹杖菅屨草屨食粥居倚廬寢苫枕草此禮與士喪禮畧同其異唯枕草耳然枕草亦非喪服正文其老曰非大夫之禮也時之所行士及大夫衰服各有不同晏子爲大夫而行士禮其家臣不解故譏之曰唯卿爲大夫晏子惡直已以斥時禮故遜辭以答家老矣

子野魯襄公妾敬歸之子也二十一年六月公薨於楚宮立子野九月癸巳卒毀也過哀毀瘠以致滅性

孔子在衛有送葬者而夫子觀之曰善哉爲喪乎足以爲法矣小子識之子貢曰夫子何善爾也曰其往也如慕其反也如疑慕謂小兒隨父啼呼疑者哀親之在彼如不欲還然子貢曰豈若速反而虞乎速疾也子曰小子識之我未之能也哀戚本也祭祀末也

皐魚哭聲甚悲孔子聞之曰驅驅前有賢者至則魚也被褐擁鎌哭於道傍孔子避車與之言曰子非有喪何哭之悲也魚曰吾失之三矣少而學游諸侯以後吾親失之一也高尚吾志間吾事君吾失之二也與友厚而小絕之失之三矣樹欲靜而風不止子欲

養而親不待也往而不可得見者親也吾請從此辭矣立槁而死孔子曰弟子誡之足以識矣於是門人辭歸而養親者十有三人

伯魚之母死期而猶哭(伯魚孔子子也名鯉猶尚也)夫子聞之曰誰與哭者門人曰鯉也夫子曰嘻其甚也(嘻悲恨之言)伯魚聞遂除之

孟莊子魯大夫曾子曰吾聞諸夫子孟莊子之孝也其他可能也其不改父之臣與父之政是難能也(孟莊子仲孫也謂在諒陰之中父臣及父政雖有不善者不忍改也)

高子皐孔子弟子名柴子皐之執親之喪也泣血三

年(言泣無聲如血出)未嘗見齒君子以為難(言人不能然)

少連太連東夷之子也善居喪三日不怠三月不懈期悲哀三年憂

顏丁魯人善居喪始死皇皇焉如有求而弗得及殯望望焉如有從而弗及既葬慨然如不及其反而息

曾參字子輿魯南武城人孔子以為能通孝道故授之業作孝經參嘗曰往而不可還者親也至而不可加者年也是故孝子欲養而親不待也木欲直而時下使也是故椎牛而祭墓不如雞豚逮存親也故吾嘗仕齊為吏祿不過鍾釜尚猶欣欣而喜者非所以為多也樂其逮親也既沒之後吾嘗南遊於楚得尊官焉堂高九仞榱題三圍轉轂百乘猶北鄉而泣涕者非為賤也悲不逮吾親也故家貧親老不擇官而仕若夫信其志約其親者非孝也(又載曾子仕於莒得粟三秉方是之時曾子重祿而輕其身親沒之後齊迎以相楚迎以令尹晉迎以上卿方是之時曾子重其身而輕其祿)曾子執親之喪水漿不入於口者七日其父晳嗜羊棗而參不忍食羊棗公孫丑問孟子曰膾炙與羊棗孰美(羊棗棗名也曾子以父嗜羊棗父亡之後惟念其親不復食羊棗故身不忍食也公孫丑怪之故問羊棗孰與膾炙美也)孟子曰膾炙哉(言膾炙固美也何比於羊棗)公孫丑曰然則曾子食膾炙而不食羊棗曰膾炙所同也羊棗

所獨也諱名不諱姓姓所同也名所獨也曾子有疾召門弟子曰啟予足啟予手(啟開也曾子以為受身體於父母不敢毀傷故使弟子開衾而視之)詩云戰戰兢兢如臨深淵如履薄冰(言此詩者喻己常戒慎恐有所毀傷)而今而後吾知免夫小子(乃今日後我自知免於患難矣小子弟子也呼之者欲使聽而識之)

閔損字子騫(孔子弟子目錄云魯人)少孔子十五歲孔子曰孝哉閔子騫人不間於父母昆弟之言(言子騫上事父母下順兄弟動靜盡善故人不得有非間之言)

樂正子春曾子弟子以孝名聞下堂而傷其足數月不出猶有憂色門弟子曰夫子之足瘳矣數月不出

猶有憂色何也樂正子春曰善哉爾之問也吾聞諸曾子聞諸孔子曰天之所生地之所養唯人爲大父母全而生之子全而歸之可謂孝矣不虧其體不辱其親可謂全矣故君子頃步而弗敢忘孝也今予忘孝之道予是以有憂色也（頃當爲蹞聲之誤也）一舉足而不敢忘父母一出言而不敢忘父母是故道而不徑舟而不遊不敢以先父母之遺體行乎殆一出言而不敢忘父母是故惡言不出於口忿言不反於身不辱其身不羞其親可謂孝矣（徑步邪趨疾也忿言不反於身人不能無忿怒忿怒之言當緣其直直則不服不敢以忿言來也）其覩疾也復加一飯則脫然愈

復損一飯則脫然愈復加一衣則脫然愈復損一衣則脫然愈（脫然疾除貌也言消息得其節）其母死五日而不食曰吾悔（勉强過禮也）自吾母而不得吾情吾惡乎用吾情（惡猶何也）

漢石建萬石君奮之子建爲郎中令白首萬石君尚無恙每五日歸謁親（郎官五日一下）入子舍竊問侍者取親中帬厠牏身自澣灑（親謂父也中帬若今言中衣也厠牏者近身之小衫若今汗衫也世謂小袖衫爲厠牏牏音投灑先禮切）復與使者不敢令萬石君知之以爲常萬石君卒建哭泣哀思杖迺能行歲餘建亦死諸子孫咸孝然建最甚

馮塘以孝著爲郎中署長（以孝得爲郎中而爲郎署之長也署音竹助切）

公孫弘養後母孝謹後母卒服喪三年位至丞相

霍去病父中孺河東平陽人（中讀曰仲）以縣吏給事平陽侯家（縣遣吏於侯家供事也）與侍者衛少兒私通而生去病中孺吏畢歸家娶婦生光因絶不相聞久之少兒女弟子夫得幸於武帝立爲皇后去病以皇后姊子貴幸既壯大迺自知父爲霍中孺未及求問會爲驃騎將軍擊匈奴道出河東太守郊迎負弩矢先驅（郊迎迎於郊界之上也先驅者導其路也）至平陽傳舍遣吏迎霍中孺趨入拜謁將軍迎拜因跪曰去病不早自知爲大人遺體也中孺扶服叩頭（服音蒲北切）曰老臣得託命將軍此天力也

去病大爲中孺買田宅奴婢而去還復過焉

金日磾本匈奴休屠王太子與弟倫俱沒官母教誨兩子甚有法度武帝聞而嘉之病死詔圖畫於甘泉宮署曰休屠王閼氏日磾每見畫輒拜鄉之涕泣然後迺去位至侍中駙馬都尉

杜延年父周爲御史大夫延年後爲御史大夫居父官府不敢當舊位坐皆易其處

韋玄成父賢其先魯人以昭帝時徙平陵玄成別徙杜陵病且死因使自白曰不勝父子恩願乞骸骨歸葬父墓上許焉而韋賢次子舜留魯守墳墓位丞相

翟方進爲丞相身既富貴而後母尚在方進內修行
飾供養甚篤
原涉父爲南陽太守卒時少行三年喪者涉讓還南
陽賻送行喪冢廬三年繇是顯名京師涉位至天水
太守
後漢梁統更始二年名補中郎將使安集涼州拜酒
泉太守會更始敗赤眉入長安統與竇融及諸郡守
起兵保境謀共立帥初以位次咸共推統統固辭曰
昔陳嬰不受王者以有老母也今統內有尊親又德
薄能寡誠不足以當之遂共推融爲河西大將軍

鄧禹內文明篤行淳備事母至孝位至太傅
樊儵宏子也謹約有父風事後母至孝及母卒哀思
過禮毀病不自支光武常遣中黃門朝暮送饘粥位
至光祿大夫
銚期父猛爲桂陽太守卒期服喪三年鄉里稱之位
至衛尉
祭遵喪母負土起墳位至征虜將軍
祭肜早孤至孝見稱遇天下亂野無烟火而獨在冢
側每賊過見其尚幼而有志節皆奇而哀之位至太
僕

魯恭父建初爲武陵太守卒恭年十二弟丕七歲晝
夜號踊不絕聲郡中賻贈無所受乃歸服喪禮過成
人鄉里奇之恭位至司徒
孔奮事母孝謹雖爲儉約奉養極求珍膳躬率妻子
同甘菜茹位至武都太守
戴良字叔鸞汝南慎陽人少誕節母喜驢鳴良嘗學
之以娛樂焉及母卒兄伯鸞居廬啜粥非禮不行良
獨食肉飲酒哀至乃哭而二人俱有毀容或問良曰
子之居喪禮乎良曰然禮所以制情佚也情茍不佚
何禮之論夫食旨不甘故致毀容之實若味不存口

食之可也論者不能奪之
廉范祖丹爲王莽大司馬庸部牧父遭喪亂客死於
蜀漢范遂流寓西州西州平歸鄉里年十五辭母西
迎父喪蜀郡太守張穆丹之故吏乃重資送范范無
所受與客步負喪歸葭萌載船觸石破沒范抱持棺
柩遂俱沉溺衆傷其義鉤求得之療救僅免於死穆
聞復馳遣使持前資物追范范又固辭位至蜀郡太
守
劉平本名曠更始時天下亂平弟仲爲賊所殺其後
賊復忽然而至平扶持其母奔走逃難與母俱匿野

澤中平朝出求食逢餓賊將烹平叩頭曰今旦爲老母求菜老母待曠爲命願得先歸食母畢還就死因涕泣賊哀而遣之位至宗正

陸續會稽人爲州別駕從事刺史尹興坐楚王英事徵詣廷尉續考掠備至終無異辭續母遠至京師覘候消息獄事特急無緣與續相聞母但作饋食付門卒以進之續雖見考苦毒而辭色慷慨未嘗易容唯對食悲泣不能自勝使者怪而問其故續曰母來不得相見故泣耳使者大怒以爲獄門吏卒通傳意氣名將案之續曰因食饋羹識母所自調和故知來耳

非人告也使者問何以知母所作乎續曰母嘗截肉未嘗不方斷葱以寸爲度是以知之使者問諸謁舍續母果來於是陰嘉之上書說續行狀帝郎赦興等事

鄧彪明帝時爲太僕數年喪後母辭疾乞身詔以光祿大夫行服

班超字仲升固之弟爲官寫書受直以養老母明帝問固知之除超爲蘭臺令史

王琳字巨尉年十餘歲喪父母因遭大亂百姓奔逃惟琳兄弟獨守冢廬號泣不絶

桓典喪母事叔母如事親位至光祿勲

趙孝爲衛尉以孝行聞弟禮爲御史中丞禮亦恭讓行已類於孝

江革齊國臨淄人少失父獨與母居遭天下亂盜賊並起革負母逃難備經險阻常採拾以爲養數遇賊或劫欲將去革輙涕泣求哀言有老母辭氣愿款（愿謹也款誠也）有足感動人者賊以是不忍犯之或乃指避兵之方遂得俱全於難革轉客下邳窮貧裸跣行傭以供母便身之物莫不畢給建武末年與母歸鄉里每至歲時縣當案比（案驗以比之猶今貌閲也）革以母老不欲搖動自在

轅中輓車不用牛馬繇是鄉里稱之曰江巨孝太守嘗備禮召革以母老不應及母終至性殆滅伏冢廬服竟不忍除郡守遣丞掾釋服因請以爲吏位至諫議大夫

彭修會稽毗陵人年十五父爲郡吏得休與修俱歸道爲盜所劫修因迫乃拔佩刀前持盜帥曰父辱子死卿不顧死邪盜相謂曰此童子義士也不宜逼之遂辭謝而去鄉黨稱其名位至吳令

馮豹衍子也後母惡之嘗因豹夜寐欲行毒害豹逃走得免敬事愈謹而母疾之益深時人稱其孝位至

尚書
竇章以三輔遭羌寇避難東國家於外黃（外黃縣屬陳留故城在今汴州雍丘縣東）居貧蓬戶蔬食躬勤孝養位至大鴻臚
朱穆年五歲便有孝稱父母有病輒不飲食差乃復常位至尚書
樂恢父親爲縣吏得罪於令收將殺之恢年十一常俯伏寺門晝夜號泣令聞而矜之卽解出親位至騎都尉
汝郁性仁孝年五歲母病不能食郁常抱持啼泣亦不食母憐之強爲飯守親其異之因字曰叔異及親

歿遂隱處山澤
黃香年九歲失母思慕憔悴殆不免喪鄉人稱其至孝年十二太守劉護聞而名之署門下孝子甚見愛敬香家貧內無僕妾躬執苦勤盡心奉養位至魏郡太守
毛義字少節廬江人家貧以孝行稱南陽人張奉慕其名往候之坐定而府檄適至以義守令義捧而入喜動顏色奉心賤之自恨來固辭而去及義母死去官行服數辟公府爲縣令進退必以禮後舉賢良公車徵遂不至張奉嘆曰賢者固不可測往日之喜乃爲親屈也斯蓋所謂家貧親老不擇官而仕者也
周磐汝南安城人居貧養母儉薄不充嘗誦詩至汝墳之卒章慨然而歎（韓詩曰汝墳辭家也其卒章曰魴魚頳尾王室如燬雖則如燬父母孔邇）乃解韋帶就孝廉之舉頻除任城陽夏重合三縣令思母棄官還鄉里及父母歿哀至幾於毀滅服終遂廬于冢側教授門徒常千人公府三辟皆不就以有道特徵磐語友人曰昔方回友父嗇神養和不以榮利滑其生術吾親以歿矣從物何爲遂不應（方回友父並堯時隱人）
霍諝遷金城太守遭母憂自上歸行喪服

鮑永事後母至孝妻嘗於母前叱狗永卽去之位至光州牧
趙咨以燉煌太守病免還躬率子孫耕農爲養盜嘗夜往劫之咨恐母驚懼乃先至門迎盜因請爲設食謝曰老母年八十疾病須養居貧朝夕無儲乞少置衣糧妻子物餘一無所請盜皆慙嘆跪而辭曰所犯無狀干暴賢者言畢奔出咨追以物與之不及繇此益知名
韋彪孝行純至父母卒哀毀三年不出廬寢服竟羸瘠骨立醫療數年乃起位至大鴻臚

鄧騭母新野君寢疾騭兄弟並上書求還侍養太后以閶最少孝行尤著特聽之（閶封西華侯鄧騭之弟也）賜安車駟馬及新野君薨騭等復乞身行服章連上太后許之騭等既還鄉第並居冢旁閶至孝骨立有聞當時位至特進

桓驎爲許令病免會母終驎不勝喪未祥而卒

薛包汝南人好學篤行喪母以至孝聞及父娶後妻而憎包分出之包日夜號泣不能去至被敺杖不得已廬於舍外旦入而灑掃父怒又逐之乃廬於里門昏晨不廢積歲餘父母慙而還之後行六年服喪過

乎哀致拜侍中不起

申屠蟠陳留外黄人九歲喪父哀毀過禮服除不進酒肉十餘年每忌日輒三日不食徵博士不至

姜肱字伯淮家世名族肱與二弟仲海季江俱以孝行著聞其友愛天至常共卧起及各娶妻兄弟相戀不能别寢以係嗣當立乃遞往就室徵大中大夫不拜

李曇字雲少孤繼母嚴酷曇性純孝定省恪勤妻子恭奉寒苦執勞不以爲怨得四時珍玩先以進母爲鄉里所稱法養親行道終身不仕

袁閎字夏甫父賀爲彭城相閎往省謁變名姓徒行無旅既至府門連日吏不爲通會阿母出見閎驚入白夫人乃密呼見既而辭去賀遣車送之閎稱眩疾不肯乘反郡界無知者及賀卒郡閎兄弟迎喪不受賻贈衰絰扶柩冒犯寒露體貌枯毀手足血流見者莫不傷之

陳紀以至德稱兄弟孝養閨門雍和後進之士皆推慕其風遭父母憂每哀至輒歐血絶氣雖衰服已除而積毀消瘠殆將滅性豫州刺史嘉其至行表尚書圖像百城以厲風俗位至大鴻臚

楊震少孤貧獨與母居假地種植以給供養諸生嘗有助種藍者震輒拔更種以距其後鄉里稱孝位至太尉

孫期濟陰成武人家貧事母至孝牧豕于大澤中以奉養馬司徒黄琬辟不行

謝該仕爲公車司馬令以父母老託疾去官

崔寔父卒隱居墓側服竟三公並辟皆不就拜遼東太守行道母劉氏病卒上疏求歸葬行喪位至尚書

虞詡陳國武平人也早孤孝養祖母縣舉順孫國相奇之欲以爲吏詡曰祖母九十非詡不養相乃止位

至尚書令
張武吳郡繇拳人父業郡門下掾送太守妻子還鄉里至河內亭盜夜劫之業與賊戰死遂亡失屍骸武時年幼不及識父後之大學受業每節常持父遺劍至亡處祭醱泣而還太守第伍倫嘉其行舉孝廉遭母喪過毀傷父魂靈不返因哀慟絕命
李充遭母喪行服墓次人有盜其樹者充手自殺之常居先人冢側未曾入城市位至左中郎將
廖扶父爲北海太守坐羌没郡下獄死扶感父以法喪身憚爲吏及服終而嘆曰老子有言名與身孰親

吾豈爲名乎遂絕去世外專精經典
李應轉蜀郡太守以母老乞不之官
劉茂少孤獨與母居家貧以筋力致養孝行著於鄉里位至侍中
孔融年甫十三喪母哀悴過毀扶而後起州里歸其孝位至大中大夫
郭林宗有至孝遭母憂嘔血發病歷年乃瘳徵有道不就
种劭爲益梁二州刺史會父拂與李傕等戰死竟不之職服終徵爲少府大鴻臚皆辭不受曰昔我先父以身徇國吾爲臣子不能除殘復怨何面目朝覲明主哉遂與馬騰韓遂及左中郎劉範諫議大夫馬宇共攻李傕郭汜以報其仇與汜戰于長平觀下車敗劭等皆死騰遂還涼州
胡廣爲太傅錄尚書時年已八十心力克壯繼母在堂朝夕瞻省傍無几杖言不稱老及母卒居喪盡哀率禮無愆
鮑昂有孝義節行初父得病數年昂俯伏左右衣不緩帶及處喪毀瘠三年抱負乃行服闋遂潛于墓次不關時務舉孝廉辟公府連徵不至卒

皇甫堅壽者嵩之子也董卓與嵩有隙有司承旨奏嵩下吏將遂誅之堅壽與卓素善自長安走雒陽歸投於卓卓乃置酒歡會堅壽直前質讓責以大義叩頭流涕坐者感動皆離席請之卓乃起牽與共坐使免嵩囚復拜嵩議郎
蔡邕性篤孝母常帶病三年邕自非寒暑節變未嘗解襟帶不寢寐者七旬母卒廬於冢側動靜以禮有兔馴擾其室傍又木生連理遠近奇之多往觀焉位至左中郎將
朱儁少孤母嘗販繒爲業儁以孝養位至大司農

袁紹生而父死弱冠除濮陽長有清名遭母喪服竟
又追行父服凡在冢廬六年後爲冀州牧
田豐少喪親居喪盡哀日月雖過笑不至哂後爲袁
紹别駕
徐庶字元直荆州劉琮聞曹公來征遣使請降劉備
在樊聞之率其衆南行庶與諸葛亮竝從爲曹公所
追破獲庶母庶辭備而指其心曰本欲與將軍共圖
王霸之業者以此方寸之地也今已失老母方寸亂
矣無益於事請從此别遂詣曹公位至左右中郎將
御史中丞

魏劉正舒併武子也仲武先娶母丘氏生子正舒正
則二人母丘儉反敗仲武出其妻娶王氏生陶仲武
爲母丘氏立别舍而不告絕及母丘氏卒正舒求祔
葬焉而陶不許正舒不釋服訟于上下泣血露骨衰
裳綴絡數十年弗得從以至死亡
鮑出字文才少游俠興平中三輔亂出與老母兄弟
五人家居本縣以飢餓留其母守舍相將行採蓬實
合得數升使其二兄初雅及其弟成持歸爲母作食
獨與小弟在後採蓬初等到家而噉人賊數十人已
略其母以繩貫其手掌驅去初等怖恐不敢逐之須
臾出從後至知母爲賊所略欲追賊兄弟皆云賊衆
當如何出怒曰有母而使賊貫其手將去煮噉之用
活何爲乃攘臂結衽獨追之行數里及賊賊望見出
乃共布列待之出到回後一頭斫賊殺四五人賊走
復相合聚圍出出跳越圍斫之又殺十餘人時賊分
布驅出母前去賊連擊出不勝乃走與前輩合出復
追擊之還見其母與比舍嫗同貫相連出遂復奮擊
賊賊問出曰卿欲何得出責數賊指其母以示之賊
乃解還出母比舍嫗獨不解遥望出求哀出復斫賊
賊謂出曰已還卿母何爲不止出又指求哀嫗此我

嫂也賊復解還之出得母還遂相扶將客南陽建安
五年關中始開出來北歸而其母不能步行兄弟欲
共輿之出以輿車歷山險危不如負之安穩乃以籠
盛其母獨自負之到鄉里鄉里士大夫嘉其孝烈欲
薦州郡郡辟召出出曰田民不堪冠帶至青龍中母
年百餘歲乃終出時年七十餘行喪如禮
黄郎父爲本縣卒及爲君長自以父故常忌不呼鈴
下伍伯而呼其姓字至於忿怒亦終不言
高柔父靖爲蜀郡都尉時天下大亂柔從兄幹袁紹
甥也在河北呼柔柔舉宗從之會靖卒於西州時道

蹤艱澁兵寇縱橫而柔冐詣蜀迎喪辛苦荼毒無所
不嘗三年乃還位至大尉
杜畿字伯侯少孤繼母苦之以孝聞在荆州數歲繼
母亡後以三輔開通負其母喪北歸位至尚書僕射
司馬芝字子華河内温人少爲書生避亂荆州於魯
陽山遇賊同行者皆棄老弱走芝獨坐守老母賊至
以刃臨芝芝叩頭曰母老唯在諸君賊曰此孝子也
殺之不易遂得免害以鹿車推載母居南方十餘年
躬耕守節位至大司農
曹休祖父嘗爲吳郡太守休於太守舍見壁上祖父

畫像下榻拜涕泣同坐者皆嘉歎焉位至大司馬揚
州牧
王脩字叔治年七歲喪母母以社日亡來歲鄰里社
脩感念母哀甚鄰里聞之爲之罷社位至奉常
王烈遭父喪泣涙三年太原人後避地終遼東王相
任嘏年八歲喪母號泣不絶聲自然之哀同於成人
故幼以至孝見稱
王基字伯輿少孤與叔父翁居翁撫養甚篤基亦以
孝稱
高貴鄉公時爲鎮南將軍都督豫州諸軍事進封安
樂侯上疏求分戶二伯賜叔父子喬爵關内侯以報
叔父撫育之德有詔特聽
趙昱年十三母嘗病經三月昱慘戚消瘠至目不交
睫握粟出卜祈禱泣血鄉里稱其孝
吳顧悌父向歷四縣令年老致仕悌每得父書常灑
掃整衣服更設几筵舒書其上拜跪讀之每句應諾
畢復再拜若父有疾耗之問至則臨書垂涕聲語哽
咽父以壽終悌飲漿不入口五日大帝爲作布衣一
襲皆麻絮著之强令悌釋服悌雖以公義自割猶以
不見父喪嘗畫壁作棺柩象設神座於下每對之哭

泣服未闋而卒
駱統母改適爲華歆小妻統時八歲遂與親客歸會
稽其母送之拜辭上車面而不顧其母涕泣於後御
者曰夫人猶在也統曰不欲增母思故不顧耳事適
母甚謹位至濡須督
劉繇字正禮年十九從父韙爲賊所劫質繇篡取以
歸繇是顯名
劉基繇長子也年十四居繇喪盡禮漢未爲振武將
軍揚州牧
孟宗爲吳令時皆不得將家之官每得時物來以寄

母常不先食及聞母亡犯禁委官時禁長吏以喪去官持爲減死一等復使爲官蓋優之也

諸葛瑾遭母憂居喪至孝事繼母恭謹甚得人子之道位至大將軍左都護

陳表武庶子也兄修亡後表母不肯事脩母表謂其母曰兄不幸早亡表統其家事當奉嫡母母若能爲表屈情承顔納母者是至願也若母不能直當出别居耳表于大義公正如此繇是二母感悟雍穆位至偏將軍

陸景母張承女諸葛恪外生恪誅景母坐見黜景少爲祖母所育養及祖母亡景爲之心喪三年位至偏將軍中夏督

冊府元龜

巡按福建監察御史臣李嗣京　訂正
知長樂縣事臣夏允彝參閱
知建陽縣事臣黃國琦較釋

總錄部

孝第二

晉王祥字休徵性至孝早喪親繼母朱氏不慈數譖之錄是失愛於父母每使掃除牛下祥愈謹父母有疾衣不解帶湯藥必親嘗有丹柰結實母命守之每風雨祥輙抱樹而泣其篤孝純至如此漢末遭亂扶

母攜弟覽避地廬江隱居三十餘年不應州郡之命母終居喪毀瘁杖而後起位至太保

曹志爲散騎常侍遭母憂居喪盡哀因得疾病喜怒失常

李喜初辟太傅屬因辭疾郡縣扶輿上道時喜母病篤乃竊踰汯氏城而徒還遂遭母喪論者嘉其節操

李密字令伯犍爲武陽人一名虔父早亡母何氏改醮密時年數歲感戀彌至烝烝之性遂以成疾祖母劉氏躬自撫養密奉事以孝謹聞劉氏有疾則涕泣側息未嘗解衣飲食湯藥必先嘗後進泰始初詔徵爲太子洗馬密以祖母年高無人奉養遂不應命乃上疏曰臣以險釁夙遭閔凶生孩六月慈父見背行年四歲舅奪母志祖母劉愍臣孤弱躬見撫養臣少多疾病九歲不行零丁辛苦至于成立既無伯叔終鮮兄弟門衰祚薄晚有兒息外無碁功强近之親內無應門三尺之童煢煢孤立形影相弔而劉早嬰疾病常在牀蓐臣侍湯藥未嘗廢離自奉聖朝沐浴清化前太守臣逵察臣孝廉後刺史臣榮舉臣秀才臣以供養無主辭不赴命明詔特下拜臣郎中尋蒙國恩除臣洗馬猥以微賤當侍東宮非臣隕首所能上

報臣具以表聞辭不就職詔書切峻責臣違慢郡縣逼迫催臣上道州司臨門急於星火臣欲奉詔奔馳則劉病日篤苟徇私情則告訴不許臣之進退實爲狼狽伏惟聖朝以孝治天下凡在故老猶蒙矜恤況臣孤苦厎羸之極且臣少仕僞朝歷職郎署本圖宦達不矜名節今臣亡國賤俘至微至陋猥蒙拔擢寵命殊私豈敢盤桓有所希冀但以劉日薄西山氣息奄奄人命危淺朝不慮夕臣無祖母無以至今日祖母無臣無以終餘年母孫二人更相爲命是以私情區區不敢廢遠臣密今年四十有四祖母劉今年九

十有六是臣盡節於陛下之日長而報養劉之日短
也烏鳥私情願乞終養臣之辛苦非但蜀之人士及
二州牧伯之所明知皇天后土實所鑒見伏願陛下
矜愍愚誠聽臣微志庶劉僥倖保卒餘年臣生當隕
身死當結草帝覽之曰士之有名不虛然哉乃停名
位至漢中太守

荀顗爲司空年踰耳順孝養烝烝以母憂去職毀幾
滅性海内稱之

何曾有清德傳玄著論稱曾及荀顗曰以文王之道
事其親者其頴昌何侯乎其荀侯乎古稱曾閔今日

荀何内盡其心以事其親外崇禮讓以接天下孝子
百世之宗仁人天下之命有能行孝之道君子之儀
表也詩曰高山仰止景行行止令德不遵二夫子之
景行者非樂中正之道也又曰荀何君子之宗也又
曰頴昌侯之事親其盡孝子之道乎存盡其和事盡
其敬亡盡其哀乎於頴昌侯見之矣又曰見其親六
十而孺慕乎於頴昌侯見之矣位至太傅

李宣伯遼東襄平人祖敏漢河内太守去官還鄉里
遼東太守公孫度欲强用之敏乘輕舟浮滄海莫知
所從宣伯父信追求積年浮海出塞無所見欲行喪
制服則疑父尚存情若居喪而不婚娶後有隣居故
人與其父同年者亡因行喪服制燕國徐邈與之州
里以不孝莫大於無後勸使娶妻旣生宣伯遂絶房
室嘗如居喪禮不堪其憂數年而卒宣伯旣幼孤母
有改行有識之後降食哀戚亦以喪禮自居又以祖
不知存亡設木主以事之緣是以孝聞一云敏生宣伯而遣妻宣
伯不識生母及有識蔬食哀戚亦如三年之喪也

郎詵爲議郎母憂去職詵母病苦無車及亡不欲車
載柩家貧無以市馬乃於所任堂北壁外假葬開戶
朝夕拜哭養雞種蒜竭其力備喪過三年有馬八匹

輿柩至冢負土成墳

傅咸自尚書左丞出爲冀州刺史繼母杜氏不肯隨
咸之官自表解職

羊祜年十二喪父孝思過禮事叔父耽甚謹遭母憂
長兄發又卒毀慕寢頓十餘年位至征南大將軍

霍原字休明燕國廣陽人也少有志力叔父坐法當
死原入獄訟之楚毒備加終免叔父

許孜東陽吳寧人二親沒哀毀骨立杖而能起建墓
於縣之東山躬自負土不受鄉人之助或愍孜羸憊
苦求來助孜晝則不逆夜便除之孜以方營大功乃

棄其嬰鎮宿墓所列植松栢亘五六里積二十餘年孜乃更娶妻立宅墓坎烝烝朝夕奉亡如存（餘具孝感門）
子玉亦有孝行圖孜像於堂朝夕拜焉
庾袞字叔褒父亡作筥賣以養母母見其勤曰我無所食對曰母食不甘袞將何居母感而安之州郡禮辟令具供養不起父母終後廬於墓側或有斬其墓栢莫知其誰乃名鄰人集於墓而自責焉因叩頭淪泣謝祖禰曰德之不修不能庇先人之樹袞之罪也父老咸爲之垂泣自後人莫之犯初袞父誡袞以酒每醉輒自責曰余廢先父之誡其何以訓人乃於父

墓前自杖三十鄰人德逸者善事其親老而不倦袞每拜之
孫晷富春人以孝行聞父母嘗餧雖諸兄親饋而晷不離左右富春車道既少動經江川父難於風波每行乘籃輿晷躬自扶持所詣之處則於門外樹下藩屏之間隱息以待不令主人知之
王戎字濬冲爲吏部尚書以母憂去職性至孝不拘禮制飲酒食肉或觀奕碁而容貌毀悴杖然後起裴頠往弔之謂人曰若使一慟果能傷人濬冲不免滅性之譏也時和嶠亦居父喪以禮法自持量米而食哀毀不踰於戎武帝謂劉毅曰和嶠毀頓過禮使人憂之毅曰嶠雖寢苫食粥乃生孝耳至於王戎所謂死孝陛下當先憂之戎先有吐疾居喪增甚帝遣醫療之并賜藥物又斷賓客
王接字祖游幼喪父哀毀過禮鄉親皆嘆曰王氏有子哉母終柴毀骨立居墓次積年位征虜將軍司馬
傳宣字世弘年六歲喪繼母哭泣如成人中表異之
閻纘字緒伯博覽墳典父卒繼母不慈纘恭事彌謹而母疾之愈甚乃誣纘盜父時金寶訟于有司遂被清議十餘年纘無怨色孝謹不怠母後意解更移中

正乃得復品爲太傅楊駿舍人
王況字處道少孤養於從叔司空昶事昶如父奉繼母寡嫂以孝義稱位尚書令
喬智明字元達鮮卑前部人少喪二親哀毀過禮位折衝將軍
盛彥廣陵人也母王氏因疾失明彥每言及未嘗不流涕仕本邑小中正
鄭默拜大鴻臚遭母喪舊制既葬還職默自陳懇至久而見許遂改法定令聽大臣終喪自默始
山濤爲侍中遷尚書以母老辭職詔曰君雖乃心在

於色養然職有上下旦夕不療醫藥且當割情以隆
在公濤心求退表疏數十上久乃見聽除議郎
韋忠平陽人也年十二喪父哀慕毁悴杖而後起司
空裴秀弔之匍匐號訴哀慟感人秀出而告人曰此
子長大必爲佳器歸而命子頠造焉服闋遂廬於墓
所頠慕而造之皆託行不見
王堪遭父喪居於墓次位汝南内史
荀崧遷侍中中護軍王彌入雒崧與百官奔於密未
至而母亡賊追將及同旅散走崧被髮從車守喪號
泣賊至棄其母屍于地奪車而去崧被四創氣絶至

夜方蘇葬母密山
潘尼少有清才初應州辟後以父老歸供養居家十
餘年父終晚乃出任位太常卿
嵇紹字延祖中散大夫康之子十歲而孤以父而得
罪靖居私門事母至孝和色柔聲嘗若不足謹身節
儉朝夕孜孜親執刀俎非無使役以他人不如己之
誠至也位至侍中
王延字延元西河人也九歲喪母泣血三年幾至滅
性每至忌日則悲啼三旬後母卜氏遇之無道嘗以
蒲穰及敗麻頭與延貯衣其姑聞之而問之延知而
不言事母彌謹夏則扇枕冬則以身溫之盛寒體無
全衣而親極滋味
劉殷七歲喪父服喪三年未曾見齒事曾祖母王氏
以孝聞郡命主簿州辟從事皆以供養無主辭不赴
命司空齊王攸辟爲掾征南將軍羊祜名參軍事皆
以疾辭及王氏卒殷夫婦毁瘠幾至滅性
桑虞魏郡黎陽人年十四喪父毁瘠過禮日以米百
粒用糝藜藿其姊諭之曰汝毁瘠如此必至滅性滅
性不孝宜自抑割虞曰藜藿襍米足以勝哀虞諸兄
任於石勒之世咸登顯位惟虞恥臣非類陰欲避地

海東會丁母憂遂止哀毁骨立廬於墓側五年
范粲爲武威太守以母老罷官郡旣接近寇戎粲以
重鎮輒去職朝廷尤之左遷樂涫令
王裒字偉元城陽營陵人也父儀高亮雅直爲文帝司
馬東關之役帝問於衆曰近日之事誰任其咎儀對
曰責在元帥帝怒曰司馬欲委罪於孤邪遂引出斬
之裒痛父非命未嘗西向而坐示不臣朝廷也於是
隱居教授三徵七辟皆不就母性畏雷母沒每雷輒
到墓曰裒在此及讀詩至哀哀父母生我劬勞未嘗
不三復流涕門人受業者並廢蓼莪之篇及雒京傾

覆寇盜蜂起親族悉欲移渡江東袁戀墓壟不去蔬
大盛方行猶思慕不能進遂爲賊所害
王長文廣漢人州府辟命皆不就後成都王穎引爲
江原令或問日前不降志今何爲屈長文日祿以養
親非爲身也
庾闡少隨舅孫氏過江母隨兄肇爲樂安長史在項
城永嘉末爲石勒所陷闡母亦没闡不櫛沐不婚冠
絶酒肉垂二十年鄉親稱之州舉秀才元帝爲晉王
辟之皆不行位吳國內史
王允之爲建武將軍錢塘令以父舒卒去職既葬除

義興太守以憂哀不拜從伯導與其書日太保安豐
侯以孝聞天下不得辭司隸和長輿嶠字海內名士不
免作中書令吾群從死亡略盡子弟零落遇汝如親
如其不爾吾復何言允之固不肯就
陶侃爲荆州刺史時武昌號爲多士殷浩庾翼等皆
爲作史侃每飲酒有定限常歡有餘而限已竭浩等
勸更少進侃悽懷良久日年少曾有酒失亡親見約
故不敢踰
何琦年十四喪父哀毀過禮性沈敏有識度好古博
學居于宣城陽穀縣事母孜孜朝夕色養嘗患奉祿
不贍乃爲郡主簿察孝廉除郎中以選補宣城縣涇
縣令司徒王導引爲參軍不就及丁母憂居喪泣血
杖而後起
卞壼爲明帝東中郎長史遭繼母憂既葬起復舊職
累辭不受元帝遣中使敦逼壼牋自陳日壼天性狷
狭不能和俗退以情事欲畢志家門亡父往爲中書
令時壼家大例望門見辟信其所執得不祗就門戶
遇禍逆竄易名得存視息私志有素加嬰極難流寄
蘭陵爲荀晞所名恐見逼迫依下邳裴盾又見假授
思暫之郡冀得託身尋蒙見名爲從事中郎豈日貪

榮直欲自致冀暫恭命行當乞退屬華軼之難不敢
自陳軼既梟縣壼亦嬰病具自歸聞未蒙恕遣世子
北征還寵顯望復以無施忝充元佐榮則榮矣實非
素懷顧以命重人輕不敢辭憚聞西臺名壼爲尚書
郎實欲因此以避賢路未及陳誠奄丁窮罰壼年九
歲爲先母所見孤背十二蒙亡母張所見覆育壼以
陋賤不能榮親家業屢空養道多闕存無歡娛終不
備禮拊心永恨五内抽割於公私無效如彼私情艱
苦如此實無情顏眛冒榮進若廢壼一人江北便有
傾危之慮壼居事之日功績隆著誠不得私其身今

東中郎岐嶷自然神明日茂軍司馬恭參式並以明德宣力王事壺之去留曾無損益賀循謝端顧榮卞琛傅贍等皆荷恩命高枕家門壺委質二府漸冉五載考效則不能已彰論心則頻累恭順祭何哀孤之日不見愍恕哉帝以其辭苦不奪其志壺後征蘇峻苦戰死之二子眕盱見父没相隨赴賊見害壺贈侍中驃騎將軍開府儀同三司謚曰忠貞祠以太牢贈其子眕散騎侍郎眕弟盱奉車都尉眕母裴氏撫二子屍哭曰父爲忠臣汝爲孝子夫何恨哉徵士翟湯聞之歎曰父死於君子死於父忠孝之道萃於一門

吳猛豫章人也少有孝行夏日嘗手不驅蚊懼其去已而噬親

何充爲東陽太守以墓被發去郡（臣欽若等曰以詔墓謂其親之墓）徵侍中不拜改葬畢除建威將軍丹陽令

劉超爲射聲校尉咸和初遭母憂去官衰服不離身朝夕號泣朔望輒步至墓所哀感路人

鄧攸七歲喪父尋喪母及祖母居喪九年以孝致稱少孤與弟同居初祖父殷有賜官勑攸受之後太守勸攸去正官欲舉爲孝廉攸曰先人所賜不可改也位右僕射

吳隱之字處默遭母喪哀毀過禮嘗食鹹菹以其味掇而食之位金紫光祿大夫

應詹字思遠魏侍中璩之孫詹幼孤爲祖母所養年十餘歲祖母又終居喪毀頓杖而後起遂以孝聞位平南將軍

祖約性至孝少孤貧嘗自炊爨以養母位光祿大夫

顧衆字長始驃騎將軍榮之族弟父祕交州刺史衆出後伯父早喪終事伯母以孝聞位尚書僕射

范汪父早卒少孤貧年十三喪母居喪盡禮親鄰哀之位安北將軍

陸曄字士光居喪以孝聞同郡顧榮爲鄉人書曰上光氣息裁屬慮其性命言之傷心矣位衛將軍

孔愉年十三而孤養祖母以孝聞位會稽内史

徐邈遭父憂邈先患疾因哀毀增篤不踰年而卒州里傷悼識者悲之位驍騎將軍

張翰性至孝遭母憂哀毀過禮爲齊王大司馬東曹掾

郗愔字方回性至孝居父母憂殆將滅性位司空

謝沉字行思少孤事母至孝會稽内史何充引爲參軍以母老去職平西將軍庾亮命爲功曹征北將軍

蔡謨版爲衆軍皆不就閒居養母不交人事

顧和爲國子祭酒母憂去職居喪而孝聞旣練衞將軍褚裒上疏薦和起爲尚書令遣散郎諭旨和每見催逼輙號跳慟絶謂所親曰古人或有釋其憂服以祇王命蓋以才足幹時故不得不體國狥義吾在常日猶不如人況今中心荒亂將何以補於萬分祇足以示輕忘孝道貽素冠之譏耳康帝又下詔曰百揆務殷端在總要而曠職經久甚以悒然昔先朝政道休明中夏隆盛山賈諸公皆釋服從時不獲遂其情禮況今日艱難百王之弊尚書令禮已過祥練豈得

聽不赴急疾而遂罔極之情乎和表疏十餘上遂不起服闋然後視職

高悝少孤事母以孝聞年十三値歲饑悝菜蔬不饜每致甘肥於母悝後爲丹陽尹封建昌侯以納妾致訟被黜及終子崧乃自繫廷尉訟冤遂停喪五年不葬表疏數十上穆帝哀之乃下詔曰悝備爲大臣違憲被黜事已久判其子崧求直無已今特聽傳侯爵崧是見稱

王蒙事諸母甚謹俸祿資產常推厚居薄位司徒左長史

范宣陳留人也家至貧儉躬耕供養親沒負土成墳廬于墓側

汜毓濟盧人也少履高操安貧有志業父終居於墓所三十餘載至晦朔躬掃墳壠循行封樹還家則不出門庭

桓彝子雲爲義城太守遭母憂去職葬畢起爲江州刺史稱疾廬於墓次詔書敦逼固辭不行服闋然後莅職

殷仲堪父病積年仲堪衣不解帶躬學醫術究其精妙執藥揮淚遂眇一目父喪服闋孝武帝召爲太

子中庶子甚相親愛仲堪父嘗患耳聰聞牀下蟻動謂之牛鬭帝素聞之而不知其人至是從容問仲堪曰患此者爲誰仲堪流涕而起曰臣進退惟谷帝有愧焉位荆州刺史

桓玄襲父溫爵南郡公年七歲溫服終府州文武辭其叔父冲撫玄頭曰此汝家之故吏也玄因涕淚覆面衆並異之

孟陋武昌人也少孤喪母毁瘠殆於滅性不飲酒食肉十有餘年親族迭勸之曰聖人制禮令賢者俯就不肖者企及若使毁性無嗣更爲不孝也陋感此言

後從言錄是名著海內
王華父廞王恭舉兵假廞建武將軍令起軍助爲聲援及恭罷兵廞怒廻衆討恭戰敗奔走遂不知所在華以不知廞存亡憂毀布衣蔬食後從兄誤言其死所華始發喪入仕至宋時貴顯一以情事異人未嘗預宴集終不飲酒有識不之詣若宜論事者乘車造門主人出車就之位護軍
劉敬宣父牢之鎮西將軍敬宣八歲喪母輔國將軍桓序鎮蕪湖牢之參序軍事四月八日敬宣見衆人灌佛乃下頭上金鏡以爲母灌因悲泣不自勝序歎

息謂牢之曰卿此兒既爲家之孝子必爲國之忠臣位冀州刺史
前燕李績字伯陽范陽人父産仕石氏爲本郡太守績以風節知名清辯有辭理弱冠爲郡功曹時石季龍親征段遼師以范陽百姓饑儉軍供有闕季龍大怒太守惶怖避匿績進曰郡帶北裔與寇接攘疆埸之間人懷危慮聞輿駕親戎將除殘賊雖嬰兒白首咸思效命非惟爲國亦自求寧雖身脊草野猶甘爲之敢有私吝而闕軍實但以年災歲儉家有菜色困弊力屈無所取濟逋廢之罪情在可矜季龍見績年少有壯節喜而恕之於是獲免
宋孔季恭仕晉爲司徒左西椽未拜遭母憂安帝隆安五年於喪中被起建威將軍山陰令不就
謝方明有志行晉末孫恩之亂父冲伯父邈皆遇害於時荒亂之後吉凶禮廢方明合門遇禍資産無遺而營舉凶功盡其力用數月之閒葬送竝畢雖平世備禮無以加焉位會稽太守
潘綜吳興烏程人孫恩之亂妖黨攻破村邑綜與父驃共走避賊驃年老行遲賊轉逼近驃語綜我不能去汝走可脫幸勿俱死驃困乏坐地綜迎賊叩頭曰

父年老乞賜生命賊至驃亦請曰兒年少自能走今爲老子不走去老子不惜死乞活此兒賊因斫驃綜抱父於腹下賊斫綜頭面凡四創綜當時悶絶有一賊從傍來相謂曰卿欲舉大事此兒以死救父云何可殺殺孝子不祥賊良久乃止父子竝得免後爲遂昌長
臧燾以母老家貧與弟熹俱棄人事躬耕自業約己養親者十餘載父母喪亡居喪六年以毀瘠著稱燾位光祿大夫
胡藩少孤居喪以孝稱太守韓伯見謂藩叔尚書少

廣曰卿此姪當以義烈成名位太子左衛率
蔡廓遭母憂性至孝三年不櫛沐殆不勝喪位禮部
尚書
孟懷玉爲江州刺史丁父艱有孝性因抱篤疾上表
陳解不許又自陳弟仙客出繼喪主雖巳乃見聽
張敷吳興太守邵之子生而母沒年數歲問母所在
家人告以死生之分數雖童蒙便有思慕之色年十
許歲求母遺物而散施巳盡唯得一畫扇乃緘錄之
每至感思輒開笥流涕見從母嘗悲感哽噎爲司徒
右長史未拜父在吳興亡報以疾篤敷往奔省自發
冊府元龜 總錄部 孝二 卷之七百五十二 十七
都至吳興成服凡十餘日始進水漿葬畢不進鹽菜
遂毀瘠成疾世父茂度每止譬之輒更感動絕而復
蘇茂度曰我異譬汝有益但更甚耳自是不復往未
朞而卒瑯琊顏延之書弔茂度曰賢弟子少履貞規
長懷理要清風素氣得之天然言面以來便申忘年
之好比雖艱隔成阻而情問無睽薄暮之人冀其方
見慰悅豈謂中年奄爲長往聞問悼心有兼嘗痛足
下門教敦至兼實家寶一旦喪失何可爲懷其見重
如此
羊崇廣州刺史希子希遇亂被害時崇丁母憂毀瘠

過禮及聞廣州亂即日便徒跣出新亭不能步涉頓
伏江渚門義以小船致之于是進路父葬畢不勝哀
沈曇慶遭母憂哀毀致稱本縣令諸葛闡之公解言
上位祠部尚書
周續之字道祖鴈門廣武人年八歲喪母哀戚過於
成人奉兄如事父
宗炳字少文南陽涅陽人父繇之湘鄉令卒炳居喪
過禮爲鄉閭所稱
謝瞻字宣鏡幼有殊行年數歲所生母郭氏久嬰痼
疾晨昏溫凊嘗藥奉膳不闕一時動心戚顏未嘗蹔
冊府元龜 總錄部 孝二 卷之七百五十二 十八
改恐僕役營疾懈怠躬自執勞母病畏驚一家尊卑
感瞻至性咸納屨而行屛氣而語如此者十餘年位
黃門侍郎
謝瞻幼孤叔母劉撫養有恩紀兄弟事之同於至親
劉弟柳爲吳郡將姊俱行瞻不能違解職隨從爲柳
建威長史
賈思會稽諸暨人少有志行母亡未葬爲鄰火所逼
思及妻栢氏號哭奔救鄰近赴助棺櫬得免思及栢
俱見燒死
劉瑜歷陽人七歲喪父事母至孝年五十二喪母三

年不進鹽酪號泣晝夜不絕聲勤身運力以營葬事
服除後二十餘年布衣蔬食言輙流涕嘗居墓側未
嘗暫違
戴顒譙郡銍人也父逵兄勃並隱遯有高名顒年十
六遭父憂幾於滅性因此長抱羸患顒勃並受琴於
父父卒所傳之聲不忍復奏各造新弄勃造五部顒
又制長弄一部並傳於世
郭世道會稽永興人生而失母父更娶世道事父及
後母孝道淳備年十四又喪父居喪過禮殆不勝喪
家貧無產業傭力以養繼母婦生一男夫妻共議曰

勤身供養力猶不足若養此兒所費者大乃垂泣瘞
之母亡負土成墳親戚或共賻助微有所受葬畢傭
賃倍還先直服除後哀戚思慕終身如喪者以為追
遠之思無時去心故未嘗釋衣仁厚之風行於鄉黨
鄰村小大莫不有呼其名者
孫法宗一名宗之吳興人父隨孫恩入海被害屍骸
不收母兄並餓死法宗年小流迸至十六方得遠歸
單身勤苦霜行草宿營辦棺槨造立母兄冢墓儉而
有禮以父屍不測入海尋求聞世間論是至親以血
瀝骨當悉凝浸乃操刀沿海見枯骨則刻肉灌血如

此十餘年臂脛無完皮血脉枯竭終不能逢遂衰絰
終身嘗居墓所山禽野獸皆悉馴附每麕鹿觸網必
解放之償以錢物後忽苦頭創夜有女人至曰我是
天使來相謝行創本不關善人使者遠相及取牛糞
煑傅之即驗一傅便差一境賴之終身不聚饋無所
受孝武初揚州辟為文學從事不就卒
余齊民晉陵人少有孝行為邑書吏父殂大明二年
在家病亡家人以父病報之信未至齊民謂人曰比
者內痛心煩有若割截居常惶駭必有異故信尋至
便歸至門方知父死號踊慟絕良久乃蘇問母父所

遺言母曰汝父臨終恨不見汝曰相見何難於是號
叫殯所須臾便絕
何子平陳郡陽夏人世居會稽少有志行見稱於鄉
曲事母至孝揚州辟從事史月俸得白米輙貨市粟
麥人或問曰所利無幾何足為煩子平曰尊老在東
不辦嘗得生米何心獨饗白粲每有贈鮮肴者若不
可寄致至家則不肯受母本側庶籍注失實實未及
養而籍年已滿便去職歸家時鎮軍將軍顧覬之為
州上綱謂曰尊上年實未八十親故知州中差有微
祿當啟相留子平曰公家正取信黃籍年既至便應

扶持私庭何容以實年未滿苟冐榮利且歸養之願又切徵情覬之又勸令以母老求縣子平日實未及養何假以希祿覬之益重之旣歸家竭身運力以給供養後爲海虞令母喪去職哀毁踰禮每至哭踊頓絕而方蘇値大明末東土饑荒繼以師旅八年不得營葬晝夜號絕擗踊不闋俄頃叫慕之音甞如袒括之日冬不衣絮暑不就清涼日以數合米爲粥不進鹽菜所居屋敗不蔽風雨兄子伯興採伐茅竹欲爲葺治子平不肯曰我情事未申天地一罪人耳屋何宜覆蔡興宗爲會稽太守甚加旌賞明帝泰始六年

爲營冢槨十年居喪毁甚困瘠踰久及至兒喪支體殆不相屬

袁彖顗弟子也顗在雍州起事見誅明帝投顗屍江中不聽斂葬彖與舊奴一人微服潛行求屍四十餘日乃得密瘞石頭後崗身自負土懷其文集未嘗離身後廢帝即位乃得改葬顗從叔司徒粲舅征西將軍蔡興宗竝器之

沈演之爲司徒主簿丁母憂起爲武康令固辭不允到縣百許日稱疾去官

沈冲父懷文爲晉安王征虜長史廣陵太守得罪被繫冲兄弟行謝情哀貌苦見者傷之柳元景欲救懷文言於明帝曰沈懷文三子塗炭不可見願陛下速正其罪帝竟殺之元景爲之歎息冲兄弟以此知名

吳逵吳興烏程人經荒饑饉係以疾疫父母兄弟嫂及羣從小功之親男女死者十三人逵時病困隣里以葦蓆裹之埋於村側旣而逵疾得瘳親屬皆盡唯逵夫婦獲全家徒壁立冬無被袴晝則傭賃夜則伐木燒塼無有懈倦逵夜行遇虎虎輙下道避之朞年中成七墓葬十三棺隣里嘉其志義葬日悉出赴助送終之事亦儉而周禮逵時逆取隣人夫直葬畢衆

悉以施之逵一無所受皆傭力報荅焉

許昭先義興人也叔父肇之坐事繫獄七年不判子姪二十許人昭先家最貧薄專獨料訴無日在家餉饋肇之莫非珍新家產即盡賣宅以充之肇之諸子倦怠昭先無有懈息如是七載尚書沈演之嘉其操行肇之事緣此得釋昭先父母皆病家無僮役竭力致養甘旨必從宗黨嘉其孝行

朱百年會稽山陰人少有節操隱迹避人唯與同郡范顗善亦嗜酒相得百年家素貧母以冬月亡衣並無絮自此不衣綿帛甞寒時就顗宿衣悉夾布飲酒

眠覷以卧具覆之百年引去謂顗曰綿定奇溫因流
涕悲慟顗亦爲之感動
阮長之年十五喪父有孝性哀感傍人服除蔬食者
猶積載閑居篤學未嘗有惰容位臨海太守
郭原平字長泰會稽永興人世道之子又禀至行養
親必巳力性閑木功傭賃以給供養性謙虛每爲人
作匠取散夫價主人設食原平自以家貧父母不辦
有肴味唯飡鹽飯而已若家或無食則虛中竟日義
不獨飽要須日暮作畢受直歸家於里中買糴然後
舉爨父抱篤疾彌年原平衣不解帶口不嘗鹽菜者

跨積寒暑又未嘗睡卧父亡哭踊慟絶數日方蘇以
爲奉終之義情理所畢營冢凶功不欲假人本雖智
巧而不解作墓乃訪邑中有營墓者助人運力經時
展勤工乃閑練又自賃工夫以供衆費窀穸之事儉
而當禮性無術學因心自然葬畢詣所買主執役無
懈與諸奴分務每讓逸取勞主人不忍使每遣之原
平服勤未曾暫替所餘私夫傭賃養母有餘聚以自
贖本性智巧既學構冢尤善其事每至歲求者盈門
原平所赴必自貧始既取賤價又以夫直助之父喪
既終自起兩間小屋以爲祠堂每至節歲蒸嘗於此

數日中哀思絶飲粥父服除後不復食魚肉於母前
亦有所噉在私室未曾妄嘗自此迄終三十餘載高
陽許瑶之居在永興罷建安郡丞還家以綿一斤遺
原平原平不受送而復反者前後數十瑶之乃自往
日今歲過寒而建安綿好以此奉尊上下耳原平乃
拜而受之母終毁瘠彌甚僅乃免喪墓前有數十畝
田不屬原平每至農月耕者當裸袒原平不欲使人
慢其墳墓乃販質家資貴買此田三農之月輙束帶
垂泣躬自耕壟
沈林子年十三遇家禍時雖逃竄而哀號晝夜不絶

聲王母謂之曰汝當忍死强親何爲空自殄滅林子
曰家門酷横無復假日之心直以至讐未復故且苟
存耳一門既陷妖黨兄弟並應從誅逃伏草澤唯慮
及禍而沈預家甚强富志相陷滅林子與兄晝藏夜
出即於所居宅營墓葬父祖諸叔兄六喪儉而有禮
位西中郎兵參軍
虞悰字景豫少而謹正有至性父秀之亡悰東出奔
水漿不入口位正員常侍
雙泰眞隨郡人有幹力荆州刺史沈攸之反召不肯
來後泰眞至江陵有以告攸之者因留補隊副厚加

料理泰眞無停志少日叛走攸之遣二十人被甲追之逐討甚急泰眞殺數人餘者不敢近欲過家將母去事迫不獲單身走入蠻追者旣失之錄其母而去泰眞旣失母乃出自歸攸之不罪曰此孝子也賜錢一萬轉補隊主

徐文伯事母孝謹母終毁瘠幾至自滅俄而兄亡扶杖臨喪撫膺一慟遂以哀卒位都陽正當侍

秦緜河南人遭母憂送葬不忍復還鄉人爲作茅菴仍止其中若遇有米則食粥無米食菜而已哀號之聲行者爲之潸淚服訖猶不還家遇疾不療卒臨亡

告人曰若死者無知固不宜獨存有知則大獲吾志

袁粲初忤於孝武其母候乘輿出負塼叩頭流血塼碎傷一目自此後粲與人語有誤道眇目者輒涕泣彌日後丁母憂葬竟攝令親職加衛將軍不受敦逼備至中使相望粲終不受性至孝居喪毁甚祖日及祥變常發詔衛軍斷客二年桂陽王平玠授中書監卽本號開府儀同三司領司徒以揚州廨爲府固不肯移三年徙尚書令衛軍開府如故並固辭服終乃受

册府元龜

冊府元龜

巡按福建監察御史臣李嗣京　訂正

分守建南道左布政使臣胡維霖　叅閲

知建陽縣事臣黃國琦校釋

總錄部三

孝第三

南齊崔懷慎清河東武城人父耶利魯郡太守宋文帝元嘉中没于魏懷慎與妻房氏篤愛聞父陷没郎日遣妻布衣蔬食如居喪禮耶利後仕魏中書戒懷慎不許如此懷慎從叔模爲滎陽太守亦同没魏模

子雖居處改節而不廢婚冠大明中懷慎宗人冀州刺史元孫北使魏問之曰崔耶利崔模並力屈歸命二家子姪出處不同義將安在元孫曰王尊驅驥王陽迴車欲令忠孝並知臣子兩節

徐孝嗣字始昌東海郯人祖湛之父聿之並爲宋文帝所殺孝嗣在孕得免幼而挺立風儀端簡八歲襲爵枝江縣公見孝武升陛流涕迄于就席帝甚愛之尚康樂公主

張岱仕宋爲司徒左西掾母年八十籍注未滿岱便去官從實還養有司以岱違制將欲糺舉宋孝武曰觀過可以知仁不須案也

王寬仕宋明帝泰始初爲隨郡太守値西方反父玄謨在都寬棄郡歸明帝加賞使隨張永討薛安都寬辭以母猶存在西爲賊所執請得西行遂襲破隨郡斬僞太守劉師念救其母事平明帝嘉之使圖畫寬形

王儉初仕宋爲丹陽尹袁粲聞其名言之於明帝尙陽羡公主拜駙馬都尉帝以儉嫡母武康公主同太初巫蠱事不可以爲婦姑欲開冢離葬儉因人自陳密以死請事始不行

顧昌衍吳人居喪幾致滅性王儉言之帝曰昌衍既有至行且張永之甥宜居禮閣以光郎署乃以爲尙書禮部郎

劉善明仕宋爲直閣將軍時青州没魏善明母移置桑乾善明布衣蔬食哀戚如持喪明帝每見爲之歎息時人稱之轉寧朔將軍巴西梓潼二郡太守善明以母在虜中不願西行涕泣固請見許朝廷多哀善明心事後廢帝元徽初遣北使朝議令善明舉人善明舉州鄉北平田惠紹使虜贖得母還

劉悛仕宋爲散騎侍郎桂陽王之難加寧朔將軍助

守石頭父勔於朱雀航戰死悛時疾病扶伏路次號哭求勔屍頭後傷缺割髮補之持喪墓側冬月不衣絮太祖代勔爲領軍素與勔善書譬悛曰承至性毀瘵轉之危慮深以憮怛終哀全生先王明軌豈有去縑纊撤溫席以此悲號得終其孝性邪當深顧往旨少自抑勉建平王景素反太祖總衆軍出頓玄武湖悛初免喪太祖欲使領父軍名見悛兄弟皆羸削改貌於是乃止後轉持節都督司州諸軍事司州刺史將軍如故悛父勔討殷琰平壽陽無所犯害百姓德之爲立碑記悛步道從壽陽之鎮過勔碑拜敬涕泣

悛兄弟以勔死朱雀航終身不行此路東昏即位改授散騎常侍領驍騎將軍衛送山陵路經朱雀航感慟至曲阿而卒

袁廓之父景攜宋世爲淮南太守以非罪見誅廓之終身不聽音樂布衣蔬食足不出門示不臣於朱時人以比晉之王裒顏延之見其幼時歎曰有子如袁廓足矣齊國建方出仕稍至殿中郎王儉柳世隆傾心待之

劉瓛有至性祖母病疽經年手持膏藥漬指爲爛母孔氏甚嚴謂親戚曰阿彌便是今世曾子瓛小名也年四十餘未有婚對建元中太祖與司徒褚淵爲瓛娶王氏穿壁挂履土落孔氏牀上孔氏不悅瓛即出其妻居父喪不出廬足爲之屈杖不能起位征北司徒記室

江斆爲中書郎斆庶祖母王氏老疾斆視膳嘗藥七十餘日不解衣及累居內官每以侍養陳請朝廷優其朝直齊臺建爲吏部郎太祖即位斆以祖母久疾連年臺閣之職永廢溫清啟乞自解

蕭惠基仕宋爲長水校尉母憂去官太祖即位爲征虜將軍衛尉惠基就職少時累表陳解見許

褚淵爲右僕射衛尉如故淵以母年高羸疾晨昏須養固辭衛尉不許爲中書令受顧命遭庶母郭氏喪有至性數日中毀頓不可復識朞年不盥櫛唯泣淚處乃見其本質焉詔斷哭禁弔客葬畢起爲中軍將軍本官如故嫡母吳郡公主薨毀瘠如初葬畢詔攝職固辭又以時及朞祭乞解職並不許

賈棲長淵之子淵世傳譜學魏人王泰寶買襲琅邪譜以淵坐被求當極法棲長謝罪稽顙流血朝廷哀之免淵罪棲長位北中郎參軍

孫琰太原人居長沙事母孝母疾不眠食以差爲期

母哀之後有疾不使之知也
杜棲爲豫章王嶷西曹書佐以父京産年老歸養怡情壠畝肥白壯長及京産疾旬日間便皮骨自支京産亡水漿不入口七日晨夕不能哭不食鹽菜每嘗買祭奠身自看侍號泣不自持朔望節歲絕而復續吐血數升時何胤謝朏竝隱東山遺書敦譬誡以毀滅至祥禫暮夜見其父慟哭而絕
顧歡母亡水漿不入口六七日廬于墓次遂隱遁不仕於剡天台山開館聚徒受業者嘗近百人歡早孤每讀詩至哀哀父母輒執書慟哭學者爲是廢蓼莪

篇不復講位楊州主簿
薛淵汾陰人父從安都爲宋徐州刺史以彭城降魏親族皆北人太祖鎭淮陰淵遁來南委身自結武帝卽位淵爲左衞將軍初淵南奔母索氏不得自拔改嫁長安楊氏淵私遣購贖梁州刺史崔慧景報淵云索在界首遣信拘引已得援難淵表求解職至界上迎之見許改授散騎常侍征虜將軍淵母宥歸事竟無實永明元年淵上表解職送豨獐詔曰遠隔殊方聲問難審淵憂迫之深固辭朝列昔東關舊典猶通婚宦況母出有差音息時至依附前例不容申訴便可斷表速還章服淵以贖母既不得又表陳解詔不許後魏使至帝爲淵致與母書
江泌溧陽考城人母亡後以生闕供養遇鮭不忍食
劉靈哲嫡母崔氏及兄子景煥宋泰始中爲魏所獲靈哲爲布衣不聽樂及父懷珍卒當襲爵靈哲固辭以兄子在魏存亡未測無容越當茅土朝廷義之靈哲傾産贖嫡母及景煥累年不能得武帝哀之令北使者請之魏人送以還南襲懷珍封爵靈哲位兖州刺史
蕭叡明南蘭陵人少有至性奉親謹篤母疾躬禱夕

不解寐及亡不勝哀而卒
謝瀹爲桂陽王友以母老須養出爲安城內史後爲侍中以晨昏有廢固辭不受武帝勑令速拜別停朝直
張融爲黃門郎太子中庶子司徒左長史融有孝義忌月三旬不聽樂事嫂甚謹
王文姝吳興故鄣人父沒于魏文姝思慕泣血蔬食山谷三十餘年太守謝瀹板爲功曹不就
樂頤字文德爲京府參軍父在郢州病亡頤忽思戀涕泣因請假還中路得父凶聞頤便徒跣號咷後遇

齊人附載西土水漿不入口數日嘗遇病與母隔壁
忽病不言嚙被至碎恐母之哀已也
樂預顧翁也性孝父臨亡執其手以託郢州行事王
奐預悲感悶絶吐血數升遂發病位丹陽尹
朱謙之字處光吳郡錢塘人年數歲喪所生母謙之
父昭之假葬田側爲族人朱幼方燎火所焚同產姊
密語之謙之雖小拔及殺幼方詣獄自繫
陸厥爲後將軍始安王遥光反厥父閑被誅厥坐繫
尚方尋有赦令厥恨父不及感慟而卒言不及赦令
崔慰祖字悅宗父慶緒永明中爲梁州刺史慰祖解

褐奉朝請父喪不食鹽母曰汝既無兄弟又未有子
毀不滅性正當少進肴羞耳如何絶鹽吾今亦不食
矣慰祖不得已從之
劉懷慰字彥泰父乘民冀州刺史懷慰初爲桂陽王
征北板行參軍乘民死於義嘉事難懷慰持喪不食
鹽醬冬月不衣絮養孤弟妹寡叔母皆有恩義
陸絳父閑爲揚州別駕刺史始安王遥光反事敗閑
以綱佐被名至杜姥宅尚書令徐孝嗣啓閑不預逆
謀未及報徐世標令殺之絳時隨閑延頸乞代死遂
并見殺

陸慧曉舉秀才歷諸府行參軍以母老還家侍養十
餘年不仕
劉渢南陽人事繼母有孝行弟溓事渢亦謹
王秀之爲太子舍人父卒爲菴舍於墓下持喪
張冲監青冀二州刺史事冲父初卒遺命祭我必以
鄉土所產無用牲物冲在鎮四時還吳園中取菓菜
流涕薦焉
劉繪爲長沙内史遭母喪去官有至性持喪墓下三
年食麄糲
劉懷齊晉陽無錫人與弟懷則年十歲遭父喪不絮

帛不食鹽菜
薛天生晉陵無錫人母遭艱菜食天生亦菜食母未
免喪而死天生終身不食魚肉與弟有恩義
公孫僧遠會稽剡人治父喪至孝事母及伯父謹飾
年穀饑貴僧遠省飡以供母
華寶晉陵無錫人父戍長安寶年八歲父臨別謂寶
日須我還當爲汝上頭長安陷沒寶年至二十不婚
冠或問之者輒號慟彌日不忍答也
何永廬江潛人也母王氏爲父所害永與弟黜以此
無宦情

宗瀾南陽人有高尚之志母喪身負土手植松栢

臧榮緒東莞莒人祖奉先建陵令父庸民國中助教榮緒幼孤躬自灌園以供祭祀母喪後乃著嫡寢寢論掃洒堂宇置筵席朔望輒拜席其珍未嘗先食

沈昭光者昭略之弟也昭略文季兄弟子也與文季同爲東昏所害昭光聞收至家人勸逃去昭光不忍捨母遂見格殺中興元年贈昭略太嘗昭光廷尉

劉縣小兒史失姓名年八歲與母俱得赤班病母死家人以小兒又惡不令其知小兒疑之問云母嘗數問我病昨來覺聲羸今不復聞何謂也因自投下牀匍匐

至母尸側頓絶而死鄉隣告之縣令宗善才求表廬事竟不行

庾耀父弘遠爲江州長史坐與刺史陳顯達舉兵敗斬於朱雀航耀年四歲抱持乞代命遂并殺之

沈麟士吳興武康人嘗爲人作竹誤傷手便流淚求還同作者謂曰此不足損何至涕零答曰此本不痛但遺體毀傷感而悲耳

王斯有業行居父憂過禮謝瀹欲遣參之孔稚珪曰何暇參此豈有全理以憂卒

褚向年數歲父母相繼亡没毁若成人親表異之位北中郎廬陵王長史

鮮于文宗漁陽人七歲喪父父以種芋時亡至明年芋時對芋嗚咽如此終身

庾震字彥文新野人喪父母居貧無以葬賃書以營事至手掌穿然後葬事獲濟南陽劉虬因此爲撰孝子傳

毛惠素爲少府卿性至孝母服除後更修母所住處牀帳屏幃每月朔十五日向帷悲泣傍人爲之感傷終身如此

陶季直五歲喪母哀若成人初母未病令於外染衣

卒後家人始贖季直抱之號慟聞者莫不酸感位大中大夫

梁傅昭父淡初仕宋竟陵王劉誕誕反坐誅昭六歲而孤哀毁如成人者宗黨咸異之

殷均爲臨州內史母憂去職居喪過禮昭明太子憂之手書誡諭曰知比諸惡哀頓爲過又所進殆無一溢甚以酸耿迴然一身宗奠是寄毁而滅性聖教所不許故宜微自遣割俯存禮制饘粥果蔬少加勉强憂懔既深指故有及并令繆道臻口具均答曰奉賜手令并繆道臻宣旨伏讀感咽肝心塗地小人無情

勤不及禮但禀生尫劣假推年歲罪戾所鍾復加攢
疾頃者綿微守盡昏漏目亂玄黃心迷哀樂雖救厄
苦未能以遠理自制蕫柱之資實聞前典不避粱肉
復忝今慈臣亦何人降此憂慼謹當循復聖言思自
補續如脫申延實緣亭造服闋遷五兵尚書猶以頓
瘵經時不堪拜受
陸襄父閑初爲齊始安王遙光揚州治中永元末遙
光據東府作亂或勸閑去之閑曰吾爲人吏何所逃
死臺軍攻陷城閑見執將刑第二子絳求代死不獲
遂以身蔽刃刑者俱害之襄痛父兄之酷喪過于禮

服釋後猶若居憂終身蔬食布衣不聽音樂口不言
殺害五十許年爲揚州治中以父終此官固辭職高
祖不許聽與府司馬換廨居之
蔡撙仕齊爲給事黄門侍郎丁母憂廬于墓側齊末
多難服闋因居墓所
任昉仕齊爲廣陵王記室參軍以父喪去官泣血三
年杖而後起齊武帝謂昉伯父遐曰聞昉哀瘠過禮
使人憂之非直亡卿之寶亦時才可惜宜深相全譬
遐使進飲食當時勉勵週即嘔血昉父遙本性重檳
榔以爲嘗餌臨終嘗求之剖百許箇不得好者昉亦
所嗜好深以爲恨遂終身不嘗檳榔遭繼母憂昉先
以毁瘠每一慟絶良久乃蘇因廬於墓側以終喪禮
昉素强壯腰帶甚充服闋不可復識
沈約仕齊爲通直散騎常侍永元二年以母老表求
解職改授冠軍將軍司徒左長史
約子旋爲司徒右長史免約喪爲太子僕射復以母
憂去官因蔬食辟穀服除猶絶粳粱
孔休源字慶緒父珮爲齊廬陵王記室參軍早卒休
源年十一而孤居喪過禮見父手所寫書必哀慟流
涕不能自勝見者莫不爲之垂淚

韋愛遭母憂廬於墓側負土起墳高祖臨雍州聞之
親往臨弔
柳忱字文若至慎第五子也數歲父世隆及母閻氏
時寢疾忱不解帶經年及喪以毁聞位光祿大夫
江蒨爲廬陵王主簿居父憂以孝聞廬于墓側
陶子鏘字海育丹陽秣陵人母終居喪盡禮與范雲
鄰雲每聞其哭聲必動容改色欲相申薦會雲卒初
子鏘母嗜蓴母沒後嘗以供奠高祖義師初至此年
冬營蓴不得子鏘痛恨慟哭而絶久之乃蘇遂長斷
蓴味

鄭紹叔爲冠軍將軍少失父事母及祖母以孝聞爲衛尉卿以母憂去職紹叔有至性高祖嘗使人節其哭

柳慶遠爲征虜將軍母憂去職以本官起之固辭不拜

馬仙琕少以果敢聞遭父憂毁瘠過禮負土成墳手植松栢

鄧元起爲益州刺史在州二年以母老乞歸供養詔許焉徵爲右衛將軍

楊公則字君翼父仲懷宋泰始初爲豫州刺史殷琰

將叛輔國將軍劉勔討琰仲懷力戰死於橫塘公則隨父在軍年未弱冠冒陣抱屍號哭氣絶良久勔命還仲懷首公則殮畢徒步負喪歸鄉里繇此著名

袁昂字千里五歲時父顗仕齊爲雍州刺史以叛誅死藏其首於武庫十年始還昂號哭嘔血絶而復蘇從兄彖嘗撫視抑譬昂更制服廬于墓次後與彖同見從叔司徒粲粲謂彖曰昂幼孤而能至此故知名器自有所在後爲武陵王長史丁内憂哀毁過禮

庾道愍潁川鄢陵人晉司空冰之玄孫有孝行頗能屬文少出孤悴時人莫知其所在生母流漂交州道愍尚在襁褓及長知之求爲廣州綏寧府佐至有而去交州尚遠乃自負擔冒嶮僅得自達及至交州尋求母經年日夜悲泣嘗入村日暮雨驟乃寄止一家旦有一嫗負薪外還而道愍心動因訪之乃其母也於是行伏號泣遠近赴之莫不揮淚

朱文濟字敬達吳興人自賣以葬母太守謝瀹命爲儒林不就

張稷字公喬稷所生母劉氏遘疾歷時稷年始十一夜不解衣而養文永異之及母亡毁瘠過人杖而後起榻居父母憂六載廬于墓側初劉氏假葬瑯琊黄

山後改中葬禮賻助委積於時雖不拒絶事畢隨以還之自幼及長數十年中嘗設劉氏神座出告反面如事生焉

韓懷明十五喪父幾至滅性負土成墳贈助無所受免喪與鄉人郭麻香俱師事南陽劉虬虬嘗一日廢讀獨居涕泣懷明竊問其故虬家人答云是外祖亡日時虬母亦亡矣懷明聞之即日棄學還家就養虬歎曰韓生無吾之恨矣家貧嘗肆力以供甘肥嬉怡膝下朝夕不離母側

王志年九歲居所生母憂哀容毁瘠爲中表所異位

金紫光祿大夫
王份爲黄門侍郎以父終於此職固辭不拜遷祕書
監
王銓有孝行母病而銓形貌瘦瘠人不復識及居喪
哭泣無嘗因得氣疾位丹陽尹
王僉八歲丁父憂哀毁過禮服闋召補國子生除威
戎將軍始與内史丁所生母憂固辭不拜
王訓年十三父暕亡憂毁家人莫之識
王騫年十二居父憂以孝聞服闋襲封東亭侯
夏侯亶爲南郡太守父憂解職居喪盡禮廬于墓側

顧協自丁母艱憂遂終身布衣蔬食位鴻臚卿
范岫字懋賓早孤事母以孝聞自親喪之後蔬食布
衣以終身
王筠爲太子家令以母憂去職筠有孝性毁瘠過禮
服闋後疾廢久之
王僧孺好學家貧嘗傭書以養母幼時其母鬻紗布
以自業嘗攜僧孺至市道遇中丞鹵簿驅迫溝中及
僧孺爲中丞拜日引騶清道悲父
張緬父張策任衛尉卿爲賊所害緬痛父之酷喪過
于禮高祖遣戒喻之後爲淮南武陵王郡太守母劉
氏以父没家貧喪禮有闕遂終不居正室不隨子入
官府緬在郡所得祿俸不敢用乃至妻子易衣裳及
還都並供其母賑贍親屬雖累載所蓄一朝隨盡緬
私室常閴然如貧素者
江柔之爲尚書倉部郎有孝行以母憂毁卒子革年
十六喪母亦以孝聞革子從簡歷官司徒從事中郎
侯景亂爲任約所害子兼叩頭流血乞代父命以身
蔽刃遂俱見殺天下莫不痛恨之
江子一字元貞少好學有志操以家貧闕養因蔬食
終身位南津較尉

王規字威明八歲以丁所生母憂居喪有至性太尉
徐孝嗣每見必爲之流涕稱曰孝童
褚向字景政年數歲父母相繼亡没向哀毁若成人
者親表咸異之
褚球爲建康令母憂去職以本官起之固辭不拜
褚翔爲吏部尚書侯景圍臺城翔於圍内居母憂以
哀毁卒
劉覽字孝智十六通老易歷官中書郎以所生母憂
廬于墓再朞日不嘗鹽酪冬止着單布家人慮其不
勝喪中夜竊實炭於牀下覽因煖氣得睡既覺知之

號慟嘔血高祖聞其有至性數遣省視
劉霈年十四居父喪毀瘠骨立宗黨咸異之爲吏部尚書以母憂去職居喪未朞以毀卒時年十九謚曰孝子
臧盾有孝性母亡服制未終父又卒盾居喪五年不出廬戶形骸枯悴家人不復識服闋爲太尉長史丁所生母憂三年廬于墓側
張嵊父臨青州爲土民所害嵊感家禍終身蔬食布衣手不執刀刃
范雲起家郢州西曹書佐轉法曹行參軍俄而沈攸

之舉兵圍郢城父抗時爲府長流入城固守留家屬居外雲爲軍人所得攸之召與語聲色甚厲雲容貌不變徐自陳說攸之乃笑曰卿定可兒且出就舍明旦又召令送書入城內或欲誅之雲曰老母弱弟懸命沈氏若其違命禍必及親今日就戮甘心如荐長手柳世隆素與雲善乃免之
庾黔婁父亡持喪過禮和帝即位將起之鎭軍蕭穎胄手書敦譬黔婁固辭
劉曇淨解褐安城王國佐常侍父卒於郡曇淨奔喪不食飲者累日絶而又蘇每哭輒嘔血服闋因毀瘠成疾會有詔士姓各舉四科曇淨叔父慧斐舉以應孝行高祖用爲海寧令曇淨以兄未爲縣因以讓兄乃除安西行參軍父亡後事母尤孝至身營殯粥不以委人母疾衣不解帶及母亡水漿不入口者殆一旬母喪權瘞藥王寺時天寒曇淨身衣單布廬于瘞所晝夜哭泣不絶聲哀感行路未及朞而卒
謝藺字希如年五歲每父母未飯乳媼欲令藺先飯藺曰兒不覺飢強食終不進舅阮孝緒聞之歎曰此兒在家則曾子之流事君則藺生之匹因名之曰藺丁父憂晝夜號慟毀瘠骨立母阮氏常自守視譬抑

之泰清元年遷散騎侍郎兼散騎常侍使於魏會侯景舉地入附境土交兵藺母慮不得還感病卒及藺還入境爾夕夢不祥旦便投劾馳歸既至號慟嘔血氣絶久之水漿不入口親友慮其不全相對悲慟強勸以飲粥藺初勉強受之終不能進經月餘日因夜臥而卒時年三十八
褚修性至孝父喪毀瘠過禮因患冷疾及丁母憂水漿不入口二十三日氣絶復蘇每號慟輒嘔血遂以毀卒
江紑父卒廬于墓終日號慟不絶聲月餘

嚴植之性淳孝謹厚不以所長高人少遭父憂因菜食二十三載後得風冷疾乃止

滕曇恭母卒水漿不入口者旬日感慟嘔血絶而復蘇隆冬不着繭絮蔬食終身每至忌日思慕不自堪晝夜哀慟

甄恬幼歳喪父哀戚有若成人家人矜其小以肉汁和飰飲之恬不肯

劉惠鏡父元眞爲淮南太守居郡得罪惠鏡歴詣朝士乞哀懇惻甚至遂以孝聞

庾沙彌父佩玉輔國長史長沙内史宋昇明中坐沈

攸之事誅沙彌時始生年至五歳所生母爲製衣輒不肯服母問其故流涕對曰家門酷禍用是何爲既長終身布衣蔬食嫡母劉氏寢疾沙彌晨夕侍側衣不解帶或應鍼灸輒以身先試之及母亡水漿不入口終喪不解衰絰族兄都官尚書詠表言其狀應純孝之舉高祖召見嘉之以補歛令

沈崇傃字思整父懷明宋兗州刺史崇傃六歳丁父憂傭書以養母焉天監初爲前軍鄱陽王參軍事三年太守柳惲辟爲主簿崇傃從惲到郡還迎其母母卒崇傃以不及侍疾將欲致死水漿不入口晝夜號哭旬日殆將絶氣兄弟謂之曰殯葬未申遽自毀滅非全孝之道也家貧無以遷窆乃行乞經年始獲葬焉既而廬于墓側自以初行喪禮不備復以葬後更治服三年久食麥屑不噉鹽酢坐卧於單薦因虚腫不能起郡縣舉其至孝詔書擢拜太子洗馬崇傃奉詔釋服而涕泣如居喪固辭而受官苦自陳讓經年乃得爲永寧令自以祿不及養悼恨愈甚哀思不自堪至縣卒年三十九

荀匠父法超齊中興末爲安復令卒於官凶問至匠號慟氣絶身體皆冷至夜乃蘇既而奔喪每宿江渚

商旅皆不忍聞其哭聲服未闋兄斐起家爲鬱林太守征俚賊爲流矢所中死於陣喪還匠迎于豫章望舟投水傍人赴救僅而得全既至家貧不得時葬居父憂并兄服歴四年不出廬戶自括髮後不復櫛沐髮皆禿落哭無時聲盡則係之以泣目眥皆爛形體枯悴皮骨裁連雖家人不復識竟以毀卒

吉翂字彦霄世居襄陽翂幼有孝性年十一遭所生母憂水漿不入口殆將滅性親黨異之天監初父爲吳興原鄉令爲姦吏所誣逮詣廷尉翂年十五號泣衢路祈請公卿行人見者皆爲隕涕其父理雖清白

恥爲吏訊乃虛自引咎罪當大辟攽乃撾登聞鼓乞
代父命高祖異之勑廷尉蔡法度曰幼童未必自能
造意卿可取其欵實攽詞不移其初見獄椽依法備
加桎梏法度矜之命脫其械更令著一小者攽弗聽
曰攽求代父死死罪之囚唯宜增益豈可減乎竟不
脫械法度具以奏聞高祖乃宥其父
沈顗内行甚修事母兄弟孝友爲鄉里所稱慕
劉香十三丁父憂每哭哀感行路自居母憂便長斷
腥膻持齋蔬食
劉敬嘗欲避人世以母老不忍違離每隨兄霽香之

官
沈續父瑀於路爲人所殺續布衣蔬食終其身
裴子野生而偏孤爲祖母所養年九歲祖母亡泣血
哀動家人
賀革爲貞威將軍南平太守革性至孝嘗恨祿不及
養在荆州歷爲郡縣所得俸秩不及妻孥專擬還鄉
造寺以申感恩
何點字子晳父鑠坐法死點年十一幾至滅性點弟
字子平名犯太祖廟諱下字年八歲居憂哀毁若成人
謝幾卿父超宗坐事徙越州路出新亭渚幾卿不忍

辭訣遂投赴江流左右馳救得不沉溺及居父憂哀
毁過禮
臧嚴字彥威幼有孝性居父憂以毁聞
裴之禮居母憂唯食麥飯
庾蕇字休野年十歲遭父憂居喪毁瘠爲州黨所稱
劉訏字彥度幼稱純孝數歲父母繼卒訏居喪哭泣
孺慕幾至滅性赴弔者莫不傷焉爲伯父所養事伯
母及昆弟孝友篤至爲宗族所稱自傷早孤人有誤
觸其諱者未嘗不感結流涕
范元琰父靈瑜居父憂以毁卒元琰時童孺哀慕盡

禮親黨咸異之
劉苞字孝嘗四歲而父終及年六七歲見諸父嘗泣
時世叔父悛繪等並顯貴苞母謂其畏憚怒之苞對
曰早孤不及有識聞諸父多相似故心中歎悲無有
他意因而歔欷母亦慟甚初苞父母及兩兄相繼亡
沒悉瘞焉苞年十六始移墓所經營改葬不資諸父
未幾而皆畢繪嘗歎服之少好學能屬文起爲司徒
法曹行叅軍不就
蕭子範爲司徒主簿丁所生母憂去職子範有孝性
居喪以毁聞

袁樞起家爲秘書郎歷太子舍人侯景之亂樞往吳
郡省父因丁父憂時四方擾亂人求苟免樞居喪以
至孝聞
袁君正少聰敏年數歲父疾晝夜不眠專侍左右家
人勸令暫卧答曰官既未差眠亦不安
何某名與太祖廟諱名同爲侍御史以父疾陳解何侍疾經旬
身不解帶頭不櫛沐信宿之間形貌頓改及父卒號
慟不絶聲枕苫藉地腰脚虚腫醫云須服猪蹄湯何
以有肉味不肯服親友請譬終於不回遂以毁卒
劉殷幼爲外祖臧質所鞠養質既富盛嘗有音樂後

母没十許年殷每聞絲竹之聲未嘗不歔欷流涕終
於晉安内史
馮道根少孤家貧傭賃以養母行得甘肥未嘗先食
必遽還以遺母年十三以孝聞
庾子輿爲梁州主簿時父在梁州遇疾子輿奔侍醫
藥言淚皆并長沙宣武王省疾見之顧曰庾録事雖
危殆可憂更在子輿尋丁母艱哀至輒嘔血父戒以
滅性仍禁其哭泣
李孝緒爲東莞太守丁母憂去職廬于墓側每慟嘔
血數升

劉景昕事母孝謹母嘗病癖三十餘年一朝而瘥鄉
里以爲景昕誠感
何修之有至性父母亡後嘗設一犀一易晦朔拜伏
流涕如此者三十餘年當世服其孝行
劉善明以母陷于魏累爲州郡頗黷財賄崔祖思怪
而問之答曰管子云鮑叔知我因流涕曰方寸亂矣
豈暇爲廉所得金錢皆以贖母及母至清節方峻所
歷之職廉簡不煩俸祿皆散之親友
賀琛會稽山陰人少精三禮郡補功曹史琛辭以母
老終於固執俄遭母憂廬于墓服闋猶未還舍生徒

復從之琛哀毁積年骨立而已未堪講授諸生營搆
稍稍集業
到溉遭母憂居喪盡禮所處廬開方四尺毁瘠過人
服闋猶蔬食布衣者累載

冊府元龜

巡按福建監察御史臣李嗣京　訂正
分守建南道左布政使臣胡維霖　參閱
知建陽縣事臣黃國琦較釋

總錄部　四

孝第四

陳甯繹梁太清末携母南奔避難俄丁母憂在兵亂之中居喪盡禮哀毀骨立士友以此稱之位至秘書監

司馬申仕梁爲邵陵王丹陽主簿屬太清之難父母

俱没因此自誓菜食終身

張種仕梁爲武陵王征西東曹掾種辭以母老抗表陳請爲有司所奏坐黜免侯景之亂種奉其母東奔久之得還鄉里俄而母卒種時年五十而毀瘠過甚又迫以凶荒未獲時葬服制雖畢而居處飲食常若在喪及景平司徒王僧辯以狀奏聞起爲貞威將軍治中從事史并爲具葬禮葬訖種方即吉僧辯又以種年老傍無繼嗣賜之以妾及居處之具

徐陵仕梁爲通直散騎常侍及侯景寇京師陵父摛先在圍城之內陵不奉家信便疏食布衣若居憂恤

司馬暠字文昇幼聰警有至性年十二丁內艱號慕過禮水漿不入口殆經一旬每號慟必致悶絕內外親外親戚皆懼其不勝喪父子產每曉喻之逼進饘粥然毀瘠骨立服闋以姻戚子弟預入問訊梁武帝見暠羸瘦歎息良久謂其父子產曰昨日羅兒尚爾顦顇使人惻然便是不墜家風爲有子矣羅兒即暠小字也釋褐太學博士累遷正員郎丁父艱哀毀過甚廬于墓側一日之內惟進薄麥粥一升位至司州中正

司馬延義字希忠暠子也少沉敏好學江陵之陷隨

父入關丁母憂喪過于禮及暠還都延義乃躬扶靈櫬晝伏宵行冒履冰霜手足皆皸瘃及至都以中風冷遂至攣廢數年方愈位至司徒從事中郎

張昭吳郡吳人字德明幼有孝性色養甚謹禮無違者父熯常患消渴嗜鮮魚昭乃身自結網捕魚以供朝夕弟乾字玄明聰敏博學亦有至性及父卒兄弟並不衣綿帛不食鹽酢日惟食一升麥屑粥而已每一感慟必致嘔血鄉里聞其哭聲皆爲之涕泣父服未終母陸氏又亡兄弟六年哀毀形容骨立親友見者莫識馬家貧未得大葬遂布衣蔬食十有餘年杜

門不出屏絕人事時衡陽王伯信臨郡舉乾孝廉固辭不就兄弟並因毀成疾昭失一眼乾亦中冷苦癖年並未五十終于家

何之元幼好學有才思居喪過禮爲梁司空袁昂所重天監末昂表薦之因得名見解褐梁太尉臨川王楊州議曹從事史

庾荔爲太子中庶子領大著作荔母隨荔入臺卒于臺内尋而城陷情理不申繇是終身蔬食布衣不聽音樂

孔奐遭母憂哀毀過禮時梁王喪亂皆不能行三年

之喪惟奐及吳國張種雖在寇亂中不違法度並以孝聞位至散騎常侍

殷不害性至孝居父憂過禮繇是少知名家世儉約居甚貧窶有弟五人皆幼弱不害事慈母養小弟勤劇無所不至士大夫以篤行稱之爲中書郎兼廷尉卿江陵之陷也不害先於别所督戰失母所在于時甚寒氷雪交下老弱凍死者塡滿溝壍不害行哭道路遠近尋求無所不至遇見死人溝水中投身而下捧閲舉視體凍濕水漿不入口號泣不輟聲如是者七日始得母屍不害憑屍而哭每舉音卽氣絕行路無不爲之流涕卽於江陵權殯與王褒庾信俱入長安自是蔬食布衣枯槁骨立見者莫不哀之位至給事中

殷不佞不害弟也少立名節居父喪以至孝稱梁元帝承聖初爲武康令會江陵陷而母卒道路隔絕久不得奔赴四載之中晝夜號泣居處飲食常爲居喪之禮高祖受禪起爲戎昭將軍除婁令至是四兄不齊始至江陵迎母喪柩歸葬不佞居處禮節如始聞問若此者又三年身自負土手植松栢每歲時伏臘必三日不食位至尚書右丞

沈炯爲梁給事黄門侍郎領尚書左丞荆州陷爲西魏所虜魏人甚禮之授炯儀同三司炯以母在東嘗思歸國恐魏人愛其文才留之常閉門却掃無所交遊時有文章隨卽棄毀不令流布承聖二年還至都除司農卿遷御史中丞高祖受禪加通直散騎常侍中丞如故以母老表請歸養詔不許文帝嗣位又表日臣嬰生不幸弱冠而孤母子零丁兄弟相長謹身爲養仕不擇官宦成梁朝命存亂世冒危履險百死經生妻息誅夷昆季殄滅餘臣母子得逢興運臣母妾劉今年八十有一臣叔母妾丘七十有五臣門弟

姪孩自無人妾丘兒孫又久亡泯兩家侍養惟臣一人前帝知臣之孤煢養臣以州里不欲使頓居草茅又復矜臣溫清所以一年之內再三休沐臣之釁拔丹款頻月哀懇非欲苟違朝廷遠離輦轂章一者以年將六十湯火居心每覧讀家書前懼後喜溫枕扇席無復成童二者職居燮憲邦之司直若或自虧身體何問國章前德綱繆始許哀放內侍近臣多悉此旨正以選賢與能廣求明哲趦趄荏苒未始取才而上玄降戾奄至今日德音在耳墳土遽乾悠悠昊天哀此罔極兼臣私心煎切彌迫近晡懷懷之祈轉忘塵

觸伏惟陛下睿哲聰明嗣興文武刑于四海弘此孝理寸管求天仰歸帷扆有感必應實望聖明特乞霈然申其私禮則王者之德覃及無方矧彼翔沉孰非涵養詔答曰省表具懷卿譽馳咸雒情深宛沛日者思每欲棄官載禮垂文得遺從政前朝光宅四海勤勞萬機以卿才爲獨步職居專席方深委任屢佔情理切倚門言歸異域復牽時役遂乖侍養雖周生之禮朕歸奉洪基思弘景業顧茲寡薄兼纏哀疚實賴賢哲同致雍熙豈便釋簡南闈解紱東路當令馮親入舍苟毋從官用睹朝榮不虧家禮尋勅所司相迎

尊累使卿公私得所並無廢也

王固清虛寡欲居喪以孝聞又崇信佛法及丁所生母憂遂終身蔬食夜則坐禪晝誦佛經兼習成實論義位至徐州大中正

岑之敬爲征南府諮議參軍每忌日營齋必躬自灑掃涕泣終日士君子以篤行稱之

孟猛以父遇酷終文帝之世不聽音樂蔬食布衣以喪禮自處宣帝立乃始求仕

周確爲東宮通事舍人丁母憂去職及歐陽紇平越起爲中書舍人命於廣州慰勞服闋爲太府卿歷太

子家令以父憂去職尋起爲貞威將軍吳令確固辭不之官

程文季父靈洗爲臨海太守卒文季盡領其衆起爲超武將軍仍防郢州文季性孝雖軍旅奪禮而毀瘠甚至

沈君理爲東陽太守以父憂去職起爲信威將軍左衛將軍又起爲持節都督東衡二州諸軍事任威將軍東衡州刺史領始興內史又起爲明威將軍中書令前後奪情者三並不就

陸繕字子繕少有志尚以雅正知名父任梁御史中

丞及繕爲御史中丞以父任所終固辭不就後位至
左僕射

袁憲尚梁簡文帝女南沙公主武帝太清二年遷太
子舍人侯景寇逆憲東之吳郡尋丁母憂哀毀過禮
敬帝承制徵授尚書殿中郎父君正爲吳郡太守憲
至宣帝太建六年除吳郡太守以父任固辭不拜改
授南康內史

徐孝克陵弟也爲通直散騎常侍兼國子祭酒每侍
宴無所食噉至席散當其前膳羞損減宣帝密記以
問中書舍人管斌斌不能對自是斌以意伺之見孝

克取珍果內紬帶中斌當時莫識其意後更尋訪方
知還以遺母斌以實啟帝帝嗟嘆良久乃勑所司自
今宴享孝克前餕並遣將還以賜其母時論美之陳
亡隨例入關家道壁立所生母患欲粳米爲粥不能
常辦母亡之後孝克遂常噉麥有遺粳米者孝克對
之悲泣終身不復食之焉

王元規性孝事母甚謹晨昏未嘗離左右梁時山陰
外有暴水流漂居宅元規惟有一小船倉卒引其母
妹并孤入船規自執櫂棹而去留其男女三人閣於
樹梢及水退獲全時人皆稱其至行

庾持字允德少孤性至孝居父憂過禮位大中大夫

江德藻性至孝事親盡禮藻以父憂去職服闋之後
容貌毀瘠如居喪時位至新淦令

陸瓊年十六丁父憂毀瘠有至性後爲吏部尚書丁
母憂哀慕過毀

蔡徵七歲丁母憂居喪如成人禮繼母劉氏性悍忌
視之不以道徵供侍益謹初無怨色徵本名覽父景
歷以爲有王祥之性更名徵字希祥位至給事中

姚察爲南郡王府參軍兼尚書駕部郎值梁室喪亂
於金陵隨二親還鄉時東土兵荒人飢相食告糴無

處察家口既多並採野蔬自給每崎嶇艱阻求請供
養之資糧粒常得相繼後爲太子僕父僧垣入于長
安察蔬食布衣不聽音樂僧垣凶聞因聘使到江南
時察母韋氏喪制始除後主以察羸瘠慮加毀頓乃
遣中書舍人司馬申就宅發哀乃勑申專加譬抑服
闋除給事黃門侍郎察累年憂服兼齋素日久自免
憂後因加氣疾後主見其柴瘠過甚爲之動容陳滅
入隋開皇十三年襲父爵北絳郡公察往歲之聘周
也因得與父僧垣相見相別之際絕而復蘇至是承
襲愈更悲感見者莫不爲之歔欷

魯悉達幼以孝聞及爲吳州刺史遭母憂哀毀過禮因遘疾卒

歐陽頠字靖世長沙臨湘人少質直有思理以言行篤信著聞於嶺表父喪哀毀甚至位至征南將軍

張譏幼喪母有錯綵經帕即母之遺製及有所識家人具以告之每歲時輒對帕哽噎不能自勝及丁父憂居喪過禮服闋補湘東王國佐常侍

韋翽字子羽少有志操弱冠喪父以哀毀甚重至養撫孤兄子以孝義著稱位至宣城太守

謝貞幼聰敏有至性祖母阮氏先苦風眩每發一二

日不能飲食貞時年七歲祖母不食貞亦不食往往如是親族莫不奇之年十四丁父艱號頓于地絶而復蘇者數矣初父藺居母阮氏喪不食泣血而卒家人賓客懼貞復然從父洽族兄暠乃共華嚴寺請長爪禪師爲貞說法仍謂貞曰孝子既無兄弟極須自愛若憂毀滅性誰養母耶自後少進饘粥太清之亂親屬散亡貞於江陵陷没入周爲趙王侍讀王即周武帝之愛弟厚相禮遇王嘗聞左右說貞每獨處必晝夜涕泣因私使訪問知貞母年老遠在江南乃謂貞曰寡人若出居藩當遣侍讀還家供養後數年王果出因辭見面奏曰謝貞至孝而母老臣願放還武帝奇王仁愛而遣之因隋聘使子聊還國後爲南平王友加寧遠將軍掌記室事後主至德三年以母憂去職頃之勅起還府仍加招遠將軍掌記室貞累啟固辭勅報曰省啟具懷雖知哀禁在疚而官俟得才禮有權奪可便力請還府也貞哀毀羸瘠終不能之官舍時尚書右丞徐祚尚書左丞沈客卿俱來候貞見形體骨立祚等愴然歎息徐喻之曰弟年事已衰禮有常制小宜引割自全貞因更感慟氣絶良久涕泣不能自勝祚等憫默而出祚謂客卿曰信哉孝門

有孝子客卿曰謝公家傳至孝士大夫誰不仰止此恐不能起如何位至招遠將軍

阮卓父問道初隨岳陽王出江州卒焉卓以後主禎明三年入于隋行至江州追感父所終因遘疾而卒位至招遠將軍

後魏許謙初爲苻雒所請之和龍未幾以繼母老辭還位至招遠將軍

崔玄伯爲黃門侍郎從道武幸鄴及車駕還京師次於常嶺道武親登山頂撫慰新民適遇玄伯扶老母登嶺道武嘉之賜以牛米因詔徙人不自進者給以

車牛
崔懷順父邪利仕宋爲魯郡太守以郡降賜爵臨淄子拜廣寧太守卒於郡懷順以父入國故不出仕及尅青州懷順迎邪利喪還葬
張白澤年十一遭母憂居喪以孝聞太武聞而嘉之
高猛虎爲鄴善鎮錄事及居喪以至性稱遂絶宦情
乞伏保父居觀文時嘗在左右出內詔命賜宮人河南宗氏亡後賜以宮人申氏太子左率申垣兄女也歲餘居卒申撫養保性嚴肅攝罵切至而保奉事孝謹初無恨色稍遷左中郎將每請祿賜在外公私尺

丈所用無不白知出爲道善鎮將申年八十餘保手製馬轝親自扶接申欣然隨之申亡保解官奉喪還雒復爲長兼南中郎將卒
崔浩父疾篤浩乃剪爪截髮夜在庭中仰禱斗極爲父請命求以身代叩頭流血歲餘不息家人罕有知者及父終居喪盡禮時人稱之嘗日沒親之後值國龍興之會平暴除亂拓定四方余備位台鉉與參大謀賞獲豐厚牛羊蓋澤貲累巨萬衣則重錦食則梁肉遠惟平生思季路負米之時不可復得位至侍中特進撫軍大將軍

陸麗性至孝遭父憂毀瘠過禮位至撫軍大將軍
寇臻字先勝年十一遭父憂居喪以孝稱後爲中山太守以母老辭求解任久乃從之
李東字休賢父遵坐通西賊伏誅東郡辟功曹以父憂去職遂終身不食酒肉因屏居鄉里位至司徒諮議參軍
慕容眞安爲征南大將軍淮南王白曜之子父事誅時人究之眞安年十一聞父被執將自殺家人止之曰輕重未可知眞安曰王位高功重若有小罪終不至此我何忍見父死遂自縊焉

鄭憚爲長孫稚行臺郎在軍啟求減身官爵爲父變請贈詔贈變征虜將軍安州刺史
寇治爲征虜將軍東荊州刺史父亡雖久而猶於平生所處堂宇備設幃幄几杖以時節開堂列拜垂淚陳薦若宗廟然吉凶之事必先啟告遠出行反亦如之
房景伯生於桑乾少喪父以孝聞家貧傭書自給養母甚謹尚書盧淵稱之於李沖沖時典選拔爲奉朝請司空祭酒
宇文延瀛州刺史文福子也延爲員外散騎常侍以

父老詣聽隨侍在瀛州屬大乘妖黨突入州城延率奴客戰死者數人身被重瘡賊乃小退而縱火燒齋閤福時在內延突火而入抱福出外支體灼爛髮盡於是勒衆與賊苦戰賊乃散走以此見稱

韋雋字穎超早有識學少孤事祖母以孝聞性溫和謙讓爲州里所稱

辛紹先有至性丁父憂二年口不甘味頭不櫛沐髮遂落盡故常著垂裙皂帽位至下邳太守

辛少雍字季仲少有孝行尤爲祖父紹先所愛紹先性嗜羊肝常呼少雍共食及紹先卒雍終身不食肝

位至給事中

崔仲哲生爲祖母宋氏所養早有知識六歲宋亡啼慕不止見者悲之位至司徒參軍假寧朔將軍

崔康爲左光祿大夫去職少子季良風望閒雅爲太尉長史及康還鄉良亦去職歸養

崔鑒與盧玄高允李靈等俱時被徵鑒以其母老固辭鑒後位至徐州刺史

陰孟貴性至孝每向田間耘耨早朝拜父世隆來亦如之鄉人欽其篤於事親

胡叟少孤每言及父母則淚下若孺子之號春秋當祭之前則先求旨酒美膳將其所知廣平甯常順陽馮翊田文宗上谷侯法儁提壺執俎至郭外空靜處設坐奠拜盡孝思之敬位至武威將軍

宋繇字體業生而父遼爲張邕所誅繇五歲喪母事伯母張氏以孝聞八歲而張氏卒居喪過禮位至安遠將軍

崔勉爲散騎常侍征東將軍後還家屬母李氏喪亡勉哀毀過禮病卒

崔孝政字季讓十歲父挺亡號哭不絕見者爲之悲傷汝南王悅辟行參軍

張敬伯平遠將軍讜之子也讜卒敬伯求致父喪出葬冀州清河舊墓久不被許停柩在家積五六年第四子敬叔先在徐州初聞父喪不欲奔赴而規南叛爲徐州所勒送至乃自理後得襲父爵敬伯自以隨父歸國之功賜爵昌安侯出爲樂陵太守敬叔武邑太守父喪得葬舊墓還屬清河

張彝爲黃門侍郎從孝文南征母憂解任彝居喪過禮送葬自平城達家千里徒步不乘車馬年貌毁瘠當世稱之

崔光韶亮從父弟也光韶事親以孝聞爲司空從事

中郎以母老解官歸養賦詩展意朝士屬和者數十人久之徵爲司徒諮議固辭不受

崔敬友除梁郡太守會遭所生母憂不拜命敬友精心佛道晝夜誦經免喪之後遂菜食終身

崔光本名孝伯家貧好學晝耕夜誦傭書以養父母孝文太和六年拜中書博士

甄琛爲侍中領御史中尉免歸本郡始琛以父母年老嘗求解官扶侍故孝文授以本州長史及貴達不復請歸至是乃還供養數年遭母憂服未闋復喪父琛於塋兆之内手種松柏隆冬之月負擔水土鄉老

哀之咸助加功十餘年中墳成木茂

長孫慮代人也母因飲酒其父貞呵叱之誤以杖擊便即致死貞爲縣囚執貞慮以重坐慮列辭尚書云父母忿争本無餘惡貞以誤謬一朝橫禍今母喪未殯父命旦夕慮兄弟五人並幼冲慮身居長今年十五有一女弟始向四歲更相鞠養不能保全父若就刑交墜溝壑乞以身代老父命使嬰弱衆孤得蒙存立尚書奏云慮於父爲孝子於弟爲仁兄尋究情狀特可矜感孝文詔特恕其父死罪以從遠流

崔休字惠盛爲尚書左丞宣武初以弟亡祖父未葬固求渤海於是除爲雒州刺史在州數年母老辭州許之

裴延儁少偏孤事後母以孝聞爲幽州刺史後母隨延儁在州遇重患延儁啟求侍母還京療治仕至平秦太守

裴仲規爲司徒主簿父在鄉疾病棄官奔赴以違制免

陽固爲雒陽令丁母憂號慕毁瘠杖而能起練禫之後猶酒肉不進時固年踰五十而喪過於哀鄉黨親族咸歎服焉

辛琛少孤曾過友人見其父母兄弟無恙悲淚久之位至揚州征南府長史

辛雄字世賓釋褐奉朝請父於郡遇患雄自免歸晨夜扶抱及父喪居憂殆不可識爲世所稱

王續生榮陽京縣人遭繼母憂居喪杖而後起及終禮制鬢髮盡落有司奏聞世宗詔標旌門閭

袁聿修字叔德翻子也七歲遭喪居處禮若成人位至撫軍將軍

令狐仕猗氏縣人兄弟四人早喪父泣慕十載奉養其母孝著鄉邑

皇甫奴河東郡樂戶同郡楊風等七百五十人列稱奴兄弟雖沉屆兵伍而操尚彌高奉養繼親甚著恭孝之稱

開元明河東安邑人至孝母亡服終心喪積載每忌日悲動傍鄰

楊引鄉郡襄垣人三歲喪父爲叔所養母年九十三引年七十五哀毀過禮三年服畢恨不識父追服斬衰食粥麤服誓終身命經十三年哀慕不改

樊子鵠爲殷州刺史及爾朱榮之死世隆等遣書招子鵠欲與同趣京師子鵠不從以母在晉陽救求移

鎮河南莊帝嘉之除車騎大將軍豫州刺史

郭文恭仕爲太平鄉令年踰七十父母喪亡文恭孝慕罔極乃居祖父墓次晨夕拜跪跣足負土培祖父二墓寒暑竭力積年不已見者莫不哀歎尚書奏聞標其門閭

趙琰字叔起父溫爲楊難當司馬苻堅亂琰爲乳母携奔壽春年十四乃歸孝以色養飪熟之際必親調之後爲淮南王府長史時禁制甚嚴不聽越關葬於舊兆琰積三十餘年不得葬二親及蒸嘗拜獻未曾不嬰慕卒事每於時節不受子孫慶賀年餘耳順而孝思彌篤歲月推移遷窆無期乃絕鹽菜斷諸滋味食麥而已

陸夸年二十遭父喪鬢髮致白每一悲哭聞者爲之流涕

盧義僖子遠慶早有學尚識度沉雅年九歲喪父便有至性爲僕射李冲所歎美

李顯達潁川陽澤人父喪水漿不入口七日鬢髮墮落形體枯悴六年廬於墓側哭不絕聲殆於滅性

張昇榮陽人居父母喪鬢髮墮落水漿不入口吐血數升

倉跋榮陽京縣人喪母水漿不入口五日吐血數升居憂毀瘠見稱州里

楊玄就安西將軍仲宣之子仲宣爲爾朱天光所害玄就幼而俊拔收捕時年九歲牽挽兵人謂曰欲害諸尊乞先就死兵人以刀斫斷其臂猶請死不止遂先殺之

崔承宗齊州人其父仕漢中母喪因殯彼後青徐歸日遂爲隔絕承宗性至孝萬里投險偷路負喪還京師黃門侍郎孫惠蔚聞之曰吾於斯人見廉范之情矣於是弔贈盡禮如舊相識

門文愛汲郡山陽人早孤供養伯父母以孝謹聞伯
父亡服未終伯母又亡門愛居喪持服六年哀毀骨
立鄉人魏仲賢等相與標其孝義
王靜除越郡太守以母老固辭不拜

冊府元龜

冊府元龜

巡按福建監察御史臣李嗣京　訂正

分守建南道左布政使臣胡維霖　參閱

知建陽縣事臣黃國琦較釋

總錄部五

孝第五

北齊楊愔字遵彥魏太傅津之子幼喪母曾詣舅源子恭與之飲問讀何書日誦詩子恭日誦至渭陽未邪愔號泣感噎子恭亦對之歔欷遂為之罷酒後為神武行臺右丞遭罹家難當以喪禮自居所食惟鹽

米而已哀毀骨立神武愍之嘗相開慰頃之表請解職歸葬喪柩發吉凶儀仗亘二十餘里會葬者將萬人是日隆冬盛寒風雪嚴厚愔跣步號哭見者無不哀之及為聘梁使至碻磝戍州內有愔家舊佛寺精廬禮拜見大傅容像悲感慟哭嘔血數升遂發病不成行輿疾還鄴

劉禕仕東魏為睢州刺史秩滿還歸鄉里侍父疾竟不入朝父喪沉頓累年非杖不起文襄輔政致辟禕稱疾不動

陸卬仕東魏為中書侍郎修國史以父憂去職居喪盡禮哀毀骨立詔以本官起文襄時鎮鄴嘉其至行親詣門以慰勉之兄弟相率廬於墓側負土成墳朝廷深所嗟尚發詔褒揚改其所居里為孝終里服竟當襲不忍嗣疾後遭母喪哀慕毀悴殆不勝喪至沉篤頓昧伏枕又感風疾因弟博卒卬一慟便絕

卬弟彥師字雲仕東魏為襄城剌王元旭參軍以父艱去職哀毀殆不勝喪與兄卬廬於墓次負土成墳公卿重之多就墓側存問晦朔之際車馬不絕

竇泰善騎射有勇略魏末泰父戰沒於鎮泰身負骸骨歸爾朱榮位侍中京畿大都督

王昕自素甚肥遭喪後遂終身羸瘠楊愔重其德業以為人之師表位祠部尚書

裴讓之年十六喪父殆不勝喪其母辛氏泣撫之曰棄我滅性得為孝子乎繇是自勉位清河太守

樊衛性至孝喪父負土成墳植栢方數十畝朝夕號慕

鄭述祖為兗州刺史初其父道昭為兗州於城南小山起齋亭刻石為記述祖時年九歲及為刺史往尋舊跡得一破石有銘云中丘先生鄭道昭之白雲堂述祖對之嗚咽悲動郡寮

邢劭字子才爲衛將軍國子祭酒還鄉丁母憂哀毀過禮

皮叔達有才藻撿行爲通事舍人丁母憂起復將赴京辭靈慟哭而絕久而復蘇不飲不食三日致死

盧臣客其姊爲任城王妃任城王致之於朝廷繇是擢拜太子舍人遷司徒記室請歸侍祖母李李強之令仕不得已而順命除太子中書

李元忠爲清河王懌主簿遭母憂去任未幾相州刺史安樂王鑒請爲府司馬元忠艱憂固辭不就初元忠以母老多患乃專心醫藥研習積年遂善於方技

元忠族弟密性方直有行撿因母患積年得名醫治療不愈及精習經方洞曉針藥母疾得除當世皆服其明解繇是亦以醫術知名

李正藻明敏有才幹武平末爲開府儀同行參軍判集書省事以父騶騎沒陣正藻便謝病解職憂思毀瘠居處飲食若在喪之禮人士稱之

宋遊道事世母以孝聞與叔父別居叔父爲奴誣以逆遊道誘令退伏竟寧叔而殺奴位太府卿

魏蘭根爲定州長流參軍丁母憂居喪有孝稱及遭父喪廬於墓側負土成墳憂毀殆於滅性蘭根爲儀同三司卒次子敬仲孝昭時佐命功臣配享而不及蘭根敬仲表訴帝以詔命旣行難於追改擢敬仲爲祠部郎中

後周樊深河東猗氏人事繼母甚謹仕魏爲中散大夫嘗讀書見吾丘子遂歸侍養孝武西遷樊王二姓舉義爲東魏所誅深父保周叔父歡周並被害深因避難墜崖傷足絕食再宿於後遇得一簞餅欲食之然念繼母老年患痺或免虜掠乃弗食夜中匍匐尋覓母遇得相見因以饋母復易姓名逃隱河東太祖平河東贈保周南郢州刺史歡周儀同三司深歸葬

其父負土成墳

柳虯仕魏爲獨孤信行臺郎中大統四年入朝太祖欲官之虯辭母老乞侍醫藥太祖許焉

王懋魏太尉長樂公盟之子爲右衛將軍于時疆埸交兵未申喪紀服齊斬者並絰衰從事及盟薨懋上表辭位乞終喪制文帝不許

王述魏驃騎大將軍羆之孫幼喪父爲羆所愛及居羆喪深合禮度于時東西交爭金革方始羣官遭喪者卒哭之後皆起令視事述請終禮制辭理懇切太命中使就視知其哀毀乃特許之

斛斯徵太傅椿之子有至性居父喪朝夕共一溢米位太宗伯

于翼爲司會中大夫遭父喪過禮爲時輩所稱尋有詔起令視事

李旭頓丘人父避爾朱榮之亂奔江南旭累遷納言以父在江南身寓關右自少及終不飲酒聽樂時論以此稱焉位昌州刺史

尉遲逈父俟兜尚太祖姊昌樂太長公主生逈逈既平蜀爲益州刺史逈性至孝色養不怠身雖在外所得四時甘脆必先薦奉然後敢嘗太長公主年高多

病逈往在京師每退朝參候起居憂悴形於容色太長公主每爲和顔進食以寧逈心太祖知至性徵逈入朝以慰其母意遣大鴻臚郊勞仍賜逈袞冕之服

柳檜字季華年十八起家奉朝請居父喪毀瘠骨立

檜子雄亮字信誠父爲黃泉寶所害雄亮年十二遭父難幾至滅性終喪之後志在復讎事具復讎

若干惠爲右衛將軍於諸將最少早喪父事母以孝聞太祖嘗造射堂新成與諸將宴射惠竊歎曰親老矣何暇辦此乎太祖聞之卽日徙堂於惠宅其見重如此

盧叔仁舉秀才爲員外郎以親老乃辭歸就養父母既歿哀毀六年躬營墳壠遂有終焉之志

柳敏字白澤河東解人九歲而孤事母以孝聞後爲禮部郎中遭母憂居喪旬日之間鬢髮半白尋起爲吏部郎中毀瘠過禮杖而後起太祖見而歎異之特加榮賜

荆可河東猗氏人性質朴容止有異於人能苦身勤力供養其母隨時甘旨終無匱乏及母喪水漿不入口三日悲號擗絶而後蘇者數四葬母之後遂廬於墓側晝夜悲哭負土成墳蓬髮不櫛沐菜食飲水而

已然可家舊塋域極大榛蕪至家十餘里而可獨宿其中與禽獸雜處哀感遠近邑里稱之大統中可鄉人以可孝行之至足以勸勵風俗乃上言焉太祖令州縣表異之及服終之後猶若居喪大冢宰晉公護聞可孝行特引見焉與可言論時有會於護護亦至孝其母閻氏没於敵境不測存亡每見可自傷久乖膝下而重可至性及卒之後護猶思其純孝收可妻子於京師當給其衣食

盧柔字子剛少孤爲叔母所養撫視如子柔盡心温凊亦同已親宗族歎重之位開府儀同三司

趙和爲陵江將軍南討渡淮聞父喪卽還所司將致之於法和曰罔極之恩終天莫報若許安厝禮畢而卽罪㦖死且無恨言訖號慟悲感傍人主司以聞遂宥之

張元字孝始河北芮城人也祖成卧疾再周元嘗候祖所食多少衣冠不解旦夕扶侍及祖沒號踴絶而後蘇後喪其父水漿不入口三日

裴漢性不飲酒而雅好賓遊其父寬沒後遂斷絶遊從不聽琴瑟歲時伏臘哀慟而不已撫養兄弟子情甚篤位車騎大將軍

柳慶起家奉朝請慶出後第四叔及遭父憂議者不許爲重服慶泣而言曰禮者蓋緣人情若出後之家更有斬衰之服可奪此從彼今四叔薨背已久情事不追豈容奪禮乖違天性時論不能抑遂以苦由終喪既葬乃與諸兄負土成墳服闋除中堅將軍

寇儁與兄祖訓祖禮竝有志行家門雍睦父亡雖久而猶於平生所處堂宇備設幃帳几杖以時節列拜垂涕陳薦若宗廟焉吉凶之事必先啟告遠行往反亦如之位驃騎將軍

杜叔毗襄陽人早孤事母以孝聞自梁歸附爲中散大夫遭母憂哀毀骨立殆不勝喪後爲義歸郡守自兄君錫及宗室等爲曹策所害猶殯梁州至是表請迎喪歸葬高祖許之葬事所須諸令官給在梁舊田宅經外配者竝追還之仍賜田二百頃

韋師字公穎少沉謹有至性初就學始讀孝經捨書而歎曰名教之極其在茲乎少丁父母憂居喪盡禮州里稱其有孝行位汴州刺史

令狐熙爲夏官府都上士有能名以母憂去職殆不勝喪其父誡之曰大孝在於安親義不絶嗣吾今見存汝又隻立何得過爾毀頓貽吾憂也熙自是稍加饘粥服闋除小駕部復丁父憂非杖不起人有聞其

哭聲莫不爲之下泣

薛寘爲驃騎大將軍性至孝雖年齒已衰職務繁廣至於溫凊之禮朝夕無違當時以此稱之

秦族性至孝事親竭力爲鄉里所稱及居父喪哀毀過禮每一慟哭酸感行路既以母在嘗抑割哀情以慰其母意四時珍羞未嘗匱乏與弟榮復相友愛閨門之中怡怡如也尋而其母又沒哭泣無時惟飲水食菜而已終喪之後猶蔬食不入房室二十許年鄉里咸歎異之其邑人王元達等七十餘人上狀有詔

表其門閭榮性亦至孝遭父母喪哀慕不已遂以毁卒邑里化其孝行明帝嘉之乃下詔曰孝爲政本德乃化先旣表天經又明地義居喪致疾至感過人窮號不反乞乎滅性行標當世理鏡幽明此而不顯道將何述可贈滄州刺史以旌厥異

王德初喪父貧無以葬乃賣子公奴并一女以營葬事因兵亂不復相知及德在平凉始得之遂名曰慶

裴文舉叔父季和爲曲沃令終於聞喜川而叔母韋氏卒於正平縣屬東西分隔韋氏墳壠遂在齊境及文舉在本州每加賞募齊人感其孝義潜相要結以

韋氏柩西歸竟得合葬

隋趙賢通少孤養母至孝年十四有人盗伐其父墓中樹者賢通對之號慟因執送官見魏右僕射周惠達長揖不拜自述孤苦涕泗交集惠達爲之隕涕歎息者久之

王士良仕北齊文宣時爲吏部尚書士良少孤事繼母梁氏以孝聞及卒居喪令禮文宣尋起令視事士良屢表陳誠再三不許方應命文宣見其毁瘠乃許之因此臥疾歷年文宣每自親臨視疾疾愈除滄州刺史

蕭撝梁安成王秀之子歸周爵黃臺郡公文帝令文儒於麟趾殿較定經史仍撰世譜撝亦豫焉尋以母老兼以疾疹五日番上便隔晨昏請在外署事詔許焉高祖以爲文學博士撝以母老表請歸養私門上表曰臣聞出忠入孝理涉人紀昏定晨省事切天經伏惟陛下握鏡臨朝垂衣御宇孝治天下仁覃草木是以微臣冒陳至願臣母妻稽年過養禮乞解今職侍奉私庭伏願天慈特賜矜許臣披款歸朝十有六載恩深海岳報淺涓塵肆師掌禮竟無稱職淅隈督察空妨能官方辭違闕庭屏迹閭里低徊繫慕戀悚

兼深高祖未許詔曰開府梁之宗英今則位等三事所謂楚雖有材周實用之方藉謀猷正朕不逮然進思盡忠退安侍養義在公私兼濟豈容全欲徇己乎斷此至公亦所望也尋以母憂去職

劉璠初在梁隨上黃侯蕭曄在淮南璠母於建康遘疾璠弗之知嘗忽一日舉身楚痛尋而家信至云其母病璠即號泣戒道絕而又蘇當身痛之辰即其母死之日也居喪毁瘠遂感風氣服闋後一年猶杖而後起位隴右總管府司錄

王誼字宜君遷御史大夫丁父艱毁瘁過禮廬於墓

側負土成墳歲餘詔拜雍州別駕固讓不許
王頒字景彥梁太尉僧辯之子少倜儻有文武幹局其父平侯景留頒質於荊州遇元帝爲周師所陷頒因入關聞父爲陳武帝所殺號慟而絶食頃乃蘇哭泣不絶聲毀瘠骨立至服闋常布衣蔬食藉藁而卧周明帝嘉之名授左侍上士
趙綽初仕周爲内史中士以父艱去職哀毀骨立世稱其孝
蘇威字無畏京兆武功人父綽仕魏爲度支尚書威少有至性數歲喪父哀毀有若成人後威拜尚書右

僕射其年以母憂去職柴毀骨立帝勅威曰公德行高人情寄殊重大孝之道蓋同俯就必須抑割爲國惜身朕之於公爲君父宜依朕旨以禮自存未幾起令視事固辭優詔不許
威子夔爲鴻臚少卿坐父事除名爲民復丁母憂不勝哀而卒
李德林年十六遭父艱自駕靈輿反葬故里時正嚴冬單衰跣足州里人物繇是敬慕之德林居貧轗軻母氏多疾方留心典籍無復宦情其後母病稍愈逼令仕進德林仕北齊爲通直散騎侍郎與中書侍郎宋士素副侍郎趙彥深別典機密尋丁母艱去職勺飲不入口五日因發熱病遍體生瘡而哀泣不絶諸士友陸騫宋士素名醫張子彥等爲合湯藥德林不肯進遍體洪腫數日間一時頓差身力平復諸人皆云孝感所致太常博士巴叔仁表上其事朝廷嘉之纔滿百餘日奪情起復德林以羸病屬疾請急罷歸
梁彥光仕周爲少馭下大夫母憂去職毀瘁過禮未幾起令視事武帝見其毀甚嗟嘆良久頻蒙慰喻
楊素父敷仕周爲汾州刺史沒於齊武帝親總萬機素以其父守節陷齊未蒙朝命上表申理帝不許至

於再三帝大怒命左右斬之素乃大言曰臣事無道天子死其分也帝壯其言繇是贈敷爲大將軍謚曰忠壯拜素爲車騎大將軍儀同三司漸見禮遇
劉士儁彭城人性至孝丁母喪絶而復蘇者數次勺飲不入於口者七日廬於墓側負土成墳列植松栢狐狼馴擾爲之取食
楊慶字伯悅年二十五郡察孝廉以侍養不行其母有疾不解襟帶者七旬及居憂哀毀骨立負土成墳齊文宣表其門閭賜帛三十疋綿十屯粟五十石位儀同三司

田德懋魏國公仁恭之子少以孝友知名開皇初以父軍功賜爵平原郡公授太子千牛備身丁父艱哀毀骨立廬於墓側

薛濬開皇初爲考功侍郎高祖聞其事母孝賜輿服几杖四時珍味當時榮之後其母疾濬貌甚憂瘁親故弗之識也暨丁母艱詔鴻臚監護喪事歸葬夏陽于時隆冬寒極濬衰絰徒跣冒犯霜雪自京及鄉五百餘里足凍墮指瘡血流離朝野爲之傷痛州里賻助一無所受尋起令視事濬屢陳誠欵請終喪制優詔不許靈帝見其毀瘠過甚爲之改容顧謂羣臣曰

吾見薛濬哀毀不覺悲感傷懷嗟異久之濬竟不勝喪病卒

張煚開皇初爲太府少卿領營新都監丞丁父憂去職柴毀骨立未朞起令視事固辭不許

蕭圓肅爲貝州刺史以母老請歸就養高祖許之

姚最爲太子門大夫以父憂去官哀毀骨立

崔頤開皇中爲協律郎太常卿蘇威雅重之母憂去職性至孝水漿不入口者五日

元壽字長壽少孤性仁孝九歲喪父哀毀骨立宗族鄉黨咸異之事母以孝聞位羽衞將軍

李德饒性至孝父純寢疾輒終日不食十旬不解衣及丁憂水漿不入口者五日哀慟嘔血數升及送葬之日會仲冬積雪行四十餘里單衰徒跣號踊幾會葬者千餘人莫不爲之流涕位司隸從事

徐孝肅汲郡人早孤不識父長問其母父狀因求畫工圖其形像構廟置之而定省焉朔望享祭養母至孝數十年家人不見其有忿恚之色及母老疾孝肅親易燥濕憂瘁數年見者無不悲悼母亡孝肅茹蔬飲水盛冬單衰毀瘠骨立葬祖父母父母墓皆負土成墳廬於墓所四十餘載披髮徒跣遂以身終

華秋汲郡臨河人幼喪父事母以孝聞家貧傭賃爲養其母遇患秋容貌毀瘁鬚鬢頓改州里咸嗟異之及母終之後遂絶櫛沐髮盡禿落廬於墓側負土成墳有人欲助之者秋輒拜而止之

韋鼎遭父憂水漿不入口者五日哀毀過禮殆將滅性位至光州刺史

韋秀才幼穎悟八歲誦尚書十一通周易居喪以孝聞位通直散騎常侍

房彥謙字孝冲父熊爲廣州刺史彥謙早孤年十五出後叔父子貞事所繼母有踰本生子貞哀之撫養

甚厚丁所繼母憂勺飲不入口者五日事伯父樂陵太守豹竭盡心力每四時珍果口中先嘗週朞功之戚必蔬食終禮宗族取則焉

豆盧勣爲渭州刺史丁父艱毀瘁過禮

于宣道爲内史舍人丁父憂水漿不入口者累日獻皇每令中使敦諭起令視事免喪拜車騎將軍

達奚長孺爲鄜州刺史母憂去職性至孝水漿不入口者五日毀悴過禮殆將滅性天子嘉歎起爲夏州總管

杜整字育少有風槩九歲丁父憂哀毀骨立事母以

冊府元龜　總錄部　孝五　卷之七百五十五　十五

孝聞位左衛將軍

長孫晟性至孝居憂毀瘠爲朝士所稱位左驍衛將軍

蕭世廉開府摩訶之子父與濮王諒同逆伏誅世廉性至孝及摩訶凶終服闋後追慕彌切其父時賓故脫有所言及世廉對之哀慟不自勝言者爲之歔欷終身不執刀刃時人嘉焉

陳孝意爲侍御史以父憂去職未朞起授鴈門郡丞在郡菜食齋居朝夕哀臨每發聲未嘗不絕倒柴毀骨立見者哀之

楊昇九歲丁父憂哀毀過禮殆將滅性位冀州總管

田翼不知何許人也性至孝養母以孝聞其後母卧疾歲餘翼親易燥濕母食則食母不食則不食母患暴痢翼謂中毒遂親嘗惡及母終翼一慟而絕其妻亦不勝哀而死鄉人共厚葬之

李士謙字子約趙郡平棘人髫齔喪父事母以孝聞母曾嘔吐疑爲中毒因跪而嘗之自以少孤未嘗飲酒食肉口無殺害之言至於親賓來萃輒陳樽俎對之危坐終日不倦初仕魏廣平王贊開府參軍事後不仕

冊府元龜　總錄部　孝五　卷之七百五十五　十六

郎茂年十九丁父憂居喪過禮位饒州刺史

虞世基爲内史侍郎以母憂去職哀毀骨立有詔起令視事拜見之日殆不能起帝令左右扶之哀其羸瘠詔令進肉世基食輒悲哽不能下煬帝使謂之曰方相委任職爲國惜身前後敦勸者數矣

楊玄感爲禮部尚書其叔父約拜淅陽太守玄感與約恩義甚篤既惜分離形於顏色煬帝謂之曰公比憂悴得非爲叔耶玄感再拜流涕泣誠如聖旨帝思約廢立之功繇是徵入朝

冊府元龜

冊府元龜

巡按福建監察御史臣李嗣京 訂正

分守建南道左布政使臣胡維霖 參閱

知建陽縣事臣黃國琦較釋

總錄部六

孝第六

唐虞世南父荔陳天嘉中卒世南尚幼哀毀殆不勝喪陳文帝知其博學每遣中使至其家將護之及服闋召爲建安王法曹參軍世南叔父寄陷於陳寶應在閩越中世南雖除喪猶布衣蔬食至太建末寶應

破寄還方令世南釋布食肉位秘書監

隋竇抗字道生父榮定尚隋文帝姊萬安長公主官至雒州總管封陳國公抗在隋以帝甥之故甚見崇寵釋褐千牛備身屬其父寢疾抗躬親侍扶衣不解帶者五十餘日及居喪哀毀過禮後爲梁州刺史丁母憂號慟絕而復蘇者數焉文帝令宮人至第節其哭泣

李百藥定州平安人隋內史令德林之子至性過人初侍父母喪還鄉徒跣單衣行數千里服闋數年容貌毀悴爲當時所稱大業初授百藥爲桂州司馬行至太湖遇劫賊將加白刃其子安期跪泣請代父命賊哀而釋之

張志寬蒲州安邑人隋末喪父哀毀骨立爲鄉里所稱賊師王君廓屢爲寇掠聞其名獨不犯其閭隣里賴之而免者百餘家後爲里正詣縣稱母疾懇來歸縣令問其狀對曰母嘗有所苦志寬亦有所苦向患心痛知母有疾令怒曰妖妄之辭也繫之於獄馳驗其母竟如所言令異之慰諭遣去及丁母憂負土成墳廬於墓側手植松栢千餘株

王少玄博州聊城人父隋末於郡西爲亂兵所害少

玄遺腹生年十餘歲問父所在其母告之因哀泣便欲求屍以葬時白骨蔽野無繇可辨或曰子以血霑父骨即滲入焉少玄乃刺其體以試之凡經旬日竟獲父骸以葬盡禮病創歷年方愈

趙慈景高祖潛龍時尚桂陽公主及義兵起隋人將捕之或有勸慈景避吏出入與兵無爲坐受拘繫慈景曰公之所言誠爲良計但吾有老母以吾爲命委之而去非吾心也俄而吏捕繫獄及隋平封開化郡公

陳叔達武德中爲侍中群臣食於御前菓有蒲萄叔

逵懷而不食高祖問其故對曰臣母患口乾求之不能致欲歸以遺母高祖曰卿有母可遺乎遂涕泣嗚咽久之乃止因賜物百段

房玄齡父病綿歷十旬玄齡盡心藥膳未嘗解衣交睫及父終勺飲不入口者五日位司空

劉子翼臨淮人貞觀元年勅召入京辭以繼母年老不赴及母卒摧毀傷感行路

田伯明涇陽人少孤其伯母劉年十九而孀居操行貞固撫育伯明恩義甚篤及劉以壽終伯明廬於墓側負土成墳齋居菜食

姚思亷丁繼母憂結廬墓次毀瘠殆不勝喪位散騎常侍

皇甫無逸貞觀中為蘄州刺史其母疾篤太宗令驛召之無逸性至孝承問皇懼不能飲食因道疾而卒

薛萬備為通事舍人初丁母艱截髮為毼以充斂及葬廬於墓次負土成墳太宗聞而嘉之降璽書慰焉

王瞿曇華州鄭人事親以孝養聞鄉里稱其敬讓塋祖父母及伯父皆負土成墳三年乃畢母終亦如之晝夜悲號哀感行路頭髮盡落形體枯悴墓門三年不掩夜嘗寢於棺側服終之後仍不離墓焉

溫振中書令彥博之子少有雅望官至太子舍人居喪以毀卒李乾祐為侍御史母卒廬於墓側負土成墳

呂方毅為右衛鎧曹參軍母終哀慟過禮竟以毀卒而車載喪隨母輀車而塟友人郎餘令以白粥玄酒生蒭一束於路隅奠祭甚為時人之所哀惜云

劉審禮刑部尚書德威之子少喪母為祖母元氏所養隋末德威從裴仁基討賊道路不通審禮年未弱冠時自鄉里負載元氏渡江避亂及天下定始西入長安元氏有疾審禮親視嘗湯藥元氏謂諸孫曰我

兒孝順質徹幽顯吾一頤念宿疾頓輕貞觀中歷左驍衛郎將丁父憂去職及塟跣足隨車流血灑地行路稱之永徽中累遷將作大匠簡較燕然都督襲封彭城郡公審禮父没雖久猶悲慕不已每見父時寮舊必嗚咽流涕母鄭氏早亡事繼母平壽縣主又以孝聞縣主稍有疾輒憂懼形於容色朝夕不寐撫繼母男延景友愛甚篤所得祿俸皆送母處以資延景之費而審禮妻子自處饑寒晏然未嘗介意儀鳳中為洮河道行軍司馬討吐蕃没於陣其子尚乘直長逮庶弟太常丞延景詣闕自拘請入賊以贖其父兄

高宗令中書侍郎薛元超慰之曰汝父兄陷身虜庭銜忠竭節自稼赴救失所非其過也即宜各守職位我自遣人贖之必其不來任汝子弟選一武藝者往也遠庶弟岐州司馬易從俄受詔往吐蕃中省父比至而審禮病卒易從號泣晝夜不止毀瘠過禮吐蕃哀其至行還其父屍易從徒跣萬里從靈櫬歸葬彭城

陳集原隴州開陽人代爲嶺表酋長父綠有疾即終日不食永徽中喪父嘔血數升枕服苫廬悲感行路位豹韜衛將軍

裴敬彝爲陳王府典籤父智周暴卒敬彝時在長安忽泣涕不食謂所親曰大人每有疾處吾即輒然不安今日心痛手足皆廢事在不測得無成乎遂請急倍道言歸果聞父喪羸毀逾禮事母復以孝聞乾封中累轉監察御史時母病有醫人許仁則足疾不能乘馬敬彝每自輿之以候母焉

裴守眞絳州稷山人早孤事母至孝及母終哀毀骨立殆不勝喪位寧州刺史

歐陽通率更令詢之子也儀鳳中爲中書舍人襲封渤海縣男丁母憂去職尋起復本官每入廟必徒跣至皇城門外及直在省則席地藉藁非公事不言亦未嘗啟齒歸家必衣衰絰號慟無常自武德已來起復而能哀戚合禮者無如通比以年凶未葬四年居廬不釋服家人密以氊絮置所眠席下通覺而徹之

元讓雍州人弱冠明經擢第以母疾遂不求仕躬親藥膳烝烝致養不出閭里十餘年及母終廬於墓側蓬髮不櫛沐菜食飲水而已

薛元超内使侍郎道衡之孫爲中書舍人中書省有盤石道衡嘗踞而草制元超每見此石未嘗不泫然流涕

王鳳仕唐居官與其子逸及操遇賊賊脅逐鳳逸以身護蔽之父乃得全二子皆死

狄仁傑授并州都督府灋曹其親在河陽里第仁傑赴并州立比太行山望見白雲孤飛謂左右曰吾親所居在此雲下瞻望佇立久之雲移乃行

解琬爲監察御史丁憂去職則天以解素習邊事起復舊官令往西域安撫夷虜抗表懇辭太后嘉之下敕曰解琬孝性淳厚言詞哀切固辭強奪之榮乞就終憂之典足以激揚風俗敦獎名教宜遂雅懷仍其所請仍俟服闋後赴上

朱實積瀛州人自喪親後廬於墓側遂至踰年竟以
毀卒
姚元之爲鳳閣侍郎同三品長安四年以母老表請
解政歸養待詔則天下詔特從之以充相王府長史
一事已上並同三品
王友貞瑯琊人弱冠母病篤醫云唯啗人肉乃差友
貞獨念無求理乃割股肉以貽親病尋愈貞亦無毒
痛則天聞而奇之就其家驗問特賞旌表
潘元祚江夏人居親喪結廬墓次負土成墳
李迥秀睿宗時爲鴻臚卿性至孝事母甚謹母氏庶

賤而色養過人其妻崔氏嘗叱其媵婢母聞之不悅
迥秀即時出之或止之賢室雖不避嫌疑然過非出
狀何遽如此迥秀曰娶妻本以承順顏色苟違何敢
留也
崔沔爲祠部員外睿宗時徵拜中書舍人沔以母老
疾在東都不忍捨之固請閑官以申侍養繇是改爲
虞部郎中
李日知爲給事中事母孝母年老嘗疾病日知取急
調侍數日而鬢髮變白尋加朝散大夫其母未受命
婦邑號而卒將葬發引吏人齎誥命而至日知在路
既見即時殯絕久之乃蘇巡察使衛州司馬路敬潛
入知境時聞其孝弟之跡使求其狀日知辭讓不報
服闋累遷黄門侍郎
王希夷徐州滕人孤貧好道父母終爲人牧羊以收
傭供葬畢隱於嵩山
蘇頲居父瓌喪詔起復爲工部侍郎加銀青光祿大
夫頲抗表固辭詞理懇切詔許其終制服闋就職
韋虛心有孝行丁父憂哀毀過禮鬚髮盡白朝廷深
所嗟尚
王維事母崔氏以孝聞閨門雍睦爲衆所推天寶中

爲庫部郎中母終茹荼柴立殆不勝喪
楊嵩珪陳留封丘人母亡負土成墳於所居別立靈
几畫父母形貌享祀十有餘歲
韓難陁華原人父亡廬於墓側凡十六載
楊綰早孤家貧養母以孝聞其旨或闕憂見於色親
友訪令干祿舉進士調補太學正字
李畬爲考功郎中事母孝謹母卒不勝喪而死
高郢父伯祥先爲好畤尉天寶末盜據京邑抵賊禁
將加極刑郢時年十五被髮解衣請代其父賊黨義
之乃俱釋郢位至僕射

陳屺鎮州鼓城人居父喪哀毀髮落廬於墓側不掩墓門

楊炎爲起居舍人以親老去官父没廬於墓側

買直言父道冲以伎術得罪貶之賜酖於路直言僞令其父拜四方辭上下神祇伺使者視稍怠即取其酖以飲遂迷仆而死明日酖洩於是而後復蘇代宗聞之赦其父死直言亦自此病躄

崔縱爲金部員外以父渙貶道州刺史縱棄官從養父卒累遷太常卿渙有寵妾鄭氏縱以母事之鄭性剛戾待縱不以理雖爲太僕每加笞詬縱率妻子候

顔敬順不怠時以爲難

奚陟爲左拾遺丁父憂哀毀過禮親朋敬愍之德宗幸興元召陟拜起居郎翰林學士陟辭以疾病久不赴職

郭曜汾陽王子儀之長子子儀甍曜居喪甚得禮節著儒家子居無何寢疾病或勸其子茹葱若薤竟不觸口而卒位太子少保

第五琦爲太子賓客琦子峯婦鄭氏女皆以孝聞旌表其門

段秀實性至孝六歲母疾秀實水漿不入口七日母病間然後飲食及父没哀毀過禮位司農卿

張浦父子產爲柳州臨武令杖殺員外尉周少達有司斷當絞之浦表請代父死不許

張進昭廬州巢人母先患狐刺左手落經十三年乃亾進昭自截其腕廬於墓側

李愬西平王晟之子秀出昆季間愬早喪所保養於晋國夫人王氏及卒晟以本非正室令服緦愬號哭不忍晟感之因許服衰服既練丁父艱愬與仲弟憲廬於墓側德宗不許詔令歸第宿徒跣復往德宗知不可奪遂許終制位太子少保

歸崇敬蘇州吳人少勤學以經業擢第遭喪父母哀毀以孝聞位兵部尚書致仕

孔述睿越州人少與兄克符弟克讓皆事親以孝聞既孤俱隱於嵩陽山

崔衍尚書左丞倫之子繼母李氏不慈於衍衍爲富平縣尉倫使於吐蕃久方歸李氏衣弊衣以見倫倫問其故李氏稱自倫使於蕃中衍不給衣食倫大怒召衍責詬命僕隸捽於地袒其背將鞭之衍涕泣終不自陳倫弟殷聞之趨往以身蔽衍杖不得下因大言曰衍每月俸錢皆送嫂處殷所具知何忍乃言衍

不給衣食倫怒乃解縣是倫遂不聽李氏之譖及倫卒衍事李氏益謹李氏所生子郜每多取母子錢使其子以契書徵負於衍衍歲爲償之故衍官至江州刺史而妻子衣食無所餘

鄭珣瑜初爲大理評事以養母資祿求授陽翟縣丞

路隨泌之少子泌爲渾瑊從事與吐蕃會盟而陷隨方孩提後稍有知乃日夜啼號坐必西嚮食不加肉母氏言其貌肖泌遂終身不照鏡其後吐蕃遣邊將書求和隨哀泣號陳願允其請表三上德宗命中使諭旨以朝廷懲其宿詐俟更要於後信訖數歲不報

及憲宗即位前年蕃使復欵塞隨五獻章上陳又投書哀祈於宰相裴垍藩皆協力爲奏言帝允之命徐復等聘之後乃令答詔疏陷蕃者名氏令歸中國吐蕃因復等還遣使來朝遂以泌及鄭叔矩之喪與銘及遺錄至朝野傷歎隨居喪益以孝聞後位至相輔

令狐楚貞元七年登進士第桂管觀察使王拱愛其才欲以禮辟召懼楚不從乃先聞奏而後致聘楚以父掾太原有廷闈之戀又感拱厚意登第後徑往桂林謝拱不預宴遊乞歸奉養即還太原人皆義之及丁父憂以孝行聞位山西南道節度使

柳公綽天資仁孝初丁母崔夫人之喪三年不沐浴繼親薛氏三十年姻親不知公綽非薛氏所生元和中爲湖南觀察使地氣卑濕公綽以母在京師不可迎視致書宰相乞分司雒陽以便奉養移爲鄂岳觀察使乃迎母至江夏

竇辟扶風人兄弟登進士科者三人唯辟獨爲處士以節操聞及母卒嚙一指置棺中因廬墓次位容晋經畧觀察使

蔣溯兄弟丁父艱廬於墓側植松栢千餘株位尚書左丞

劉敦儒子玄之曾孫母有心病日鞭箠人乃安子弟僕使不堪其苦皆逃遁他處唯敦儒侍養不懈體常流血及母終居喪致毀雒中人謂之劉孝子元和九年權德輿留守東都表其志行制授左龍武軍兵曹分司東都

歸登字冲之雅賓弘厚事繼母以孝稱位工部尚書

李建字杓直隴西人父震雅州別駕建少孤家代貧無餘業與伯造仲兄遜於荆南躬耕致養位刑部侍郎

周僧達繼母即獨孤鉉之女弟也鉉長慶初爲田弘

正鎮州從事及王庭湊作亂從事皆遇害鉉時奉使隣境故得免死其母及血屬昔爲庭湊所囚初僧達母因隨親至鎮州亦爲庭湊所囚鉉聞軍亂懼不敢入留於境上僧達時在京聞亂奔赴鎮州謁庭湊論以逆順之理庭湊雖不能納感其忠孝之心遂許僧達迎其親以歸當時朝議獎僧達之行授渭南縣尉服鉉爲硤州司戶自此鉉爲士所鄙

烏漢弘父重裔卒起復受左領軍衛將軍漢弘上表乞終父服文宗嘉詔從之服闋方受官

薛苹父嵩爲昭義節度苹年十二爲磁州刺史嵩卒

軍吏欲用河北故事脅苹知留後務苹僞許之讓於伯父蕚一夕以喪歸及免喪累授右衛將軍

路敬淳孝友篤敬遭喪三年不出廬寢服竟方號慟入見其妻形容羸毁妻不識也

潘師正者趙州贊皇人也少喪母廬於墓側以至孝聞

韋處厚字德載幼有志性事繼母以孝聞居父母憂結廬於墓次位中書侍郎平章事

崔從舉進士山南西道節度使嚴震奏充推官以父憂去職與兄熊廬於塋次手植松栢免喪閑居數歲

史博鄆州長壽人年齒尚幼母亡廬墓被髮泣血誓志終身

丁公著字平子生三歲喪所親七歲見隣母抱其子哀慼不食因請於父絕粒奉道異其幽贊父緒憫而從之年十七父勉令就學年二十一五經及第明年通開元禮授集賢校書郎校未終歸侍鄉里不應請辟居父喪躬負土成墳哀毁之容人爲憂之里閭聞風皆敦孝悌

繆讓爲咸陽尉丁父憂喪服既除尚麻衣茹菜不從四方之辟者十年

許康佐登進士第以家貧母老求爲知院官人或輕怪笑而不答及母亡服終不就候府之辟君子知其不擇祿養親之志也故名益重位禮部尚書

劉三復潤州句容人少孤貧母有廢疾三復丐食供養不離左右久之不隨鄉賦

王龜興元節度使起之子徵授左拾遺久之方至以父年將九十作鎮遠藩喜懼之年闕於供侍乞罷今職以奉晨昏優詔許之

崔璙爲左拾遺充史館脩撰天祐末進狀以堂叔母在孟州濟源私庄累月抱疾加甚無兄弟可以奉養

強近可以告投兼以年將七旬地絶百里闕親藥膳不追曉夕今欲暫乞假躬往侍疾粗展劬勞免違教義稍獲痊損奔赴闕廷勑旨宜依

梁杜曉父讓能唐末爲相賜死於臨臯驛曉居喪柴立幾至滅性憂蒲服幅巾七年升喪沉跡自廢者將十餘載光化中宰相崔裔判鹽鐵奏爲巡官試較書郎辭除畿尉直弘文館皆不起及哀帝東遷雒陽宰臣崔遠判戸部又奏爲巡官兼殿中或語之曰嵇康誅死子紹埋没不自顯山濤以切理勉之乃仕孝子之志其恐令杜氏以時鋪席祭其先人而嗣者同匹

庶乎曉乃就官

張策少爲僧居雍之慈恩精廬頗有高致廣明末大盜犯闕策遂反初服奉父母逃難君子多之及丁父艱以孝聞服蒲自屏郊藪一無干進意若是者十餘載後王行瑜帥邠州辟爲觀察支使行瑜敗死策與婢肩輿其親南出邠境屬邉塞積雪爲行者所哀太宗聞而嘉之奏爲鄭滑支使

張文蔚爲中書舍人丁母憂退居東畿哀毁過人

李珽爲監察御史丁内艱又其父旅殯在遠家貧無以喪事珽與弟珙當臘雪以單縗扶柩御哀告人曰是兩克還祔而珽日不過食一溢嘗羸臥喪廬中不能興大爲時賢所歎憂闋再徵爲御史以疾不起成汭之鎮荆州辟爲掌書記踰時乃就

後唐張郎叔父憲爲莊宗魏傳推官王師與梁軍戰不利憲奔馬北渡梁軍急追殆將不濟至晩渡河人多陷水而没憲與郎履冰而行將及岸水陷郎號泣以馬箠引之憲曰吾兒去矣勿使俱陷郎曰恐覩季父如此俱死無恨郎偃伏引箠憲躍身而出是夜莊宗令於軍中求憲或曰與王緘俱没矣莊宗垂涕求尸數日聞其免也遣使慰勞

韓德路州屯留人同光中母死割乳以祭廬於墓側

楚彦安朱州人同光中遷塟父母廬於墓隧

張建立滄州乾符人割股以治母病母卒割心瀝血祭辮髪跣足廬於墓所三十年

晉尹玉羽唐天復中隨計京師甚有文稱會有苴杖之喪累歳羸疾冬不襲晉履巷不變倚廬制闋隱居杜門無召官之意位少府監致仕

張希崇初仕後唐爲汝州防禦使既之任遣人迎母赴郡母及境希崇親肩版輿行三十里觀者無不稱歎爲靈武節度使事母至謹每食則侍立而後進待

豐澂畢方退時議高之
朱敳許州人天福初父死廬於墓次
王會濮州人居父母喪相次廬墓
李澤濮州人刻木爲父割股乳奠祭廬墓持服
張福曹州宛句人居親喪廬於墓次
王殷少爲華州小較謙謹好禮事父母尤謹積勞至華州軍指揮使殷每與人結交過從皆先禀於母母命不從殷必不敢往雖在軍旅交遊不雜及爲刺史政事小有不佳母察之立殷於庭詰責而杖之及母亾未幾有詔起復殷上章乞終喪紀高祖嘉而從之

冊府元龜　總録部　孝第六　卷之七百五十六　十七

崔梲爲開封尹王瓚從事梲父涿有疾謂親友曰死生有命無以醫爲也梲侍之衣不解帶有賓至必拜泣告於門外請方便勸其進藥涿終莫之從及丁憂哀毁過制明宗朝授監察御史不應命踰年詔再下乃就列焉
史仁誨陳州項城人爲母守墳三年父贇終復結廬持服
馬全節事母王氏至孝全節位歷方鎮温清面告畢盡其敬
陳思讓爲衛州刺史父審確任金州防禦使事母併亾思讓奔喪近代武臣罕有執喪禮者思讓不候詔去郡聞者嘉之
顔衎爲河陽節度副使知州事在孟津半歲得家問以父在營立有風痺其候稍加衎不奏棄官而去及星行至郡父疾如常衎則侍疾不復有食祿之心居歲餘父以疾不能起衎親自掬矢嘗膳未嘗輙倦聞者高之開運中爲御史中丞以母老衰羸拜章請告除戸部侍郎衎求扶持還鄉少帝從之
劉遂清性至孝居父之喪殆至滅性鄉里稱之
魚崇諒爲工部侍郎翰林院學士以母年高多疾思

冊府元龜　總録部　孝第六　卷之七百五十六　十八

歸陝州再上章乞扶侍西行太祖不許解官以本官給假歸賜母衣服錢絹茶藥以遣之
眭貞陳州項城人葬父母後廬於墓側披髪跣足一十三年
宗脩巳濟州金鄉人父母亾葬送後辮髪跣足一夕截指祭奠廬於墓所立碣書佛經
劉表微顯德中爲浚儀縣令上章以母氏衰老乞解官歸養從之

冊府元龜

巡按福建監察御史臣李嗣京　訂正

知長樂縣事臣夏允彝叅閱

知建陽縣事臣黃國琦較釋

總録部七

孝感

夫天人之心其則不遠精意所感蓋由影響故魯陽却日鄒衍殞霜矧乎孝者天之經地之義百行之始五常之先以最虛之性動不匱之德宜乎永錫爾類降之百祥者也夫非常之事六經罕述故孝感之異

三代無聞然其微旨亦可見矣仲尼所謂孝悌之至通於神明光於四海斯蓋誣哉漢初所尚游俠而已色難之教泯寞不振曁乎明帝至性自然甘露之瑞顯於上陵鄉士庶民化以成俗由是其事紛綸靡絶自此而下竝論次之

後漢古初長沙人郅惲於粉切爲長沙太守先是初遭父喪未葬鄰人失火初匍匐柩上以身扞火火爲之滅惲甄異之以爲首舉

蔡順字君仲汝南安城人以至孝稱汝南先賢傳蔡順事母至孝井桔槔朽在母生年上而順憂不敢理之俄而有扶老藤生繞之遂堅固順少孤養母嘗出求薪有客卒至母望順不還乃噬其指順即心動棄薪馳歸跪問其故母曰有急客來吾噬指以悟汝母年九十以壽終未及得葬里中失火將逼其舍順伏抱棺柩號哭叫天火遂越燒他室順獨得免太守韓崇召爲東閤祭酒

應順爲東平相有梓樹生於廳事室上順事後母至孝衆以爲孝感之應

申屠蟠字子龍陳留外黃人累徵不起九歲喪父哀毀過禮服除不進酒肉十餘年每忌日輒三日不食及葬廬於冢側致甘露白雉以孝稱

蔡邕性篤孝母嘗滯病三年邕自非寒暑節變未嘗一解襟帶不寢寐者十旬母卒廬於冢側動靜以禮有兎馴擾其室傍又木生連理遠近奇之多往觀焉邕仕至左中郎將

姜詩字士遊廣漢雒人遭値年荒與婦傭作養母賊經其里東兵安步云不可驚孝子母好飲江水兒嘗取水溺死夫婦恐母知詐云行學歲作衣投於江中俄而湧泉出於舍側味如江水井中出鯉魚一雙詩尋除江陽令卒於官

方儲字聖明丹陽歙人幼喪父事母至孝母終自負

土成墳種竒樹千株白兎遊其下 臣欽若等曰史不載所歷之官
程堅字謀甫南陽人居貧以磨鏡給養母喪哀號擗
下有馬每聞堅哭輙淚出蹵轂芻草
吳孟仁本名宗宗母嗜筍冬節將至時筍尚未生宗
入竹林哀歎而筍爲之出得以供母皆以爲至孝所
感累遷光祿勲遂至三公焉
晉吳隱之年十餘歲丁父憂每號哭行人爲之流涕
事母孝謹及其執喪哀毁過禮每至臨哭之時常有
雙鶴驚叫及祥練之夕復有群鴈倶集時人咸以爲
孝感後爲度支尚書

王裒父儀爲文帝所誅裒三徴七辟皆不就廬於墓
側旦夕常至墓所拜跪悲號涕淚着樹樹爲之枯
王祥性至孝早喪親事繼母朱氏至孝繼母苛虐每
欲危害祥色養無怠繼母盛冬常欲生魚時天寒氷
凍祥解衣將臥氷求之氷忽自解雙鯉躍出持歸奉
母母又思黄雀炙復有黄雀數十飛入其幙獲以供
母鄉里驚歎以爲孝感所致焉供養二十餘年母終
乃仕位至太保
夏方字文正會稽永興人家遭疫癘父母伯叔群從
死者十三人方年十四夜則號哭晝則負土十有七
載塋逆事畢結廬於墓側種植松栢烏鳥猛獸馴擾
其旁吳平爲高山令
許孜二親没性毁骨立杖而能起建墓於縣之東山
躬自負土不受鄉人之助或愍孤羸偕苦求來助孜
晝則不逆夜便除之每一號泣鳥獸翔集孜以方營
大功乃棄其妻鎮宿墓所列植栢木亘五六里有鹿
犯其松栽孜悲歎曰鹿獨不念我乎明日忽見鹿爲
猛獸所殺置於所犯栽下孜悵惋不已乃爲作冢埋
於隧側猛獸即於孜前自撲而死孜益歎息又取埋
之自後樹木滋茂而無犯者積二十餘年孜乃更娶

妻立宅墓所烝烝朝夕奉亾如存鷹雉棲其梁擔鹿
與猛獸擾其庭圑交頸同遊不相搏噬郡察孝廉不
起
劉殷字長盛新興人也殷七歲喪父哀毁過禮服喪
三年未曾見齒曾祖母王氏盛冬思菫而不言食不
飽者一旬矣殷怪而問之王氏言其故殷時年九歲
乃於澤中慟哭曰殷罪釁深重幼丁艱罰王母在堂
無旬月之養殷爲人子而所思無獲皇天后土願垂
哀愍聲不絶者半日於是忽若有人云止聲殷收淚
視地便有菫生焉因得斛餘而歸食而不減至時菫

生乃盡又嘗夜夢人謂之曰西籬下有粟窖而掘之得粟十五鍾銘曰七年粟百碩以賜孝子劉殷自是食之七載方盡王氏卒殷夫婦毁瘠幾至滅性時柩在殯而西鄰失火風勢甚盛殷夫婦叩殯號哭火遂越燒東家後有二白鳩巢其庭樹自是名譽彌顯齊王冏輔政拜新興太守

王延字延元西河人九歲母喪泣血三年幾至滅性每至忌月則悲泣三旬繼母卜氏遇之無道嘗以蒲穰及敗麻頭與延貯衣其姑聞而問之延知而不言事母彌謹卜氏嘗盛冬思生魚敕延而不獲杖之流

血延尋汾叩冰而哭忽有一魚長五尺踴出冰上延取以進母卜氏食之積日不盡於是心悟撫延如已生延事親色養夏則扇枕冬則身溫被隆冬盛寒體無全衣而親極滋味後母終服喪居於墓側後仕前趙劉聰爲光祿大夫

何琦丁母憂居喪泣血杖而後起停柩在殯爲鄰火所逼煙焰已交家乏童使計無從出乃匍匐撫棺號哭俄而風止火息堂屋一間免燒其精誠所感如此後徵散騎常侍不就

吳逵吳興人經荒饑疾病合門死者十有三人逵時亦病篤其喪皆鄰里以葦席裹而埋之逵夫婦既存家極貧窮冬無衣被晝則傭賃夜燒塼甓晝夜在山未嘗休止遇毒蛇猛獸輒爲之下道期年成七墓十三棺時有賻贈一無所受太守張崇義之以羔雁禮焉卒於家

盛彥廣陵人也母王氏因疾失明彥每言及未嘗不流涕於是不應辟召躬自侍養母食必自哺之母既病久至於婢使數見捶撻婢忿恨伺彥蹔行取蠐螬炙飴之母食以爲美然疑是異物密藏以示彥彥見之抱母慟哭絶而復蘇母目豁然即開從此遂愈本

邑大中正劉頌舉爲小中正

潘綜吳興烏程人爲遂昌長孫恩之亂妖黨攻破村邑綜與父驃共走避賊驃年老行遲賊轉逼驃語綜我不能去汝走可脫幸勿俱死驃困之坐地綜迎賊叩頭曰父年老乞賜生命賊至驃亦請賊曰兒年少自能走今爲孝子不去老子不惜死乞活此兒賊因斫驃綜抱父於腹下賊斫綜頭面凡四創綜當時悶絶又一賊從後來相謂曰卿欲舉大事此兒以死救入孝何可殺殺孝子不祥賊乃止得免

趙愉父琨爲符健尚書梁州刺史司馬勳入秦州獲

現寂而棄其尸㛐求父尸不得乃悲號不已俄有群
烏悲鳴從山而來久而復反尋烏向山而得父尸
宋崔懷順父耶利没魏泰始初淮北陷没界上流奔
者多有去就懷順因此入北至桑乾尋耶利時已卒
懷順絕而復蘇載喪還青州徒跣氷雪土氣寒酷而
手足不傷時人以爲孝感懷順孤貧黨哀之及斂給
其斗米
王彭盱眙直瀆人少喪母文帝元嘉初父又喪亾家
貧力弱無以營塟兄弟二人晝則傭力夜則號感鄉
里竝哀之乃各出夫力助作塼塼須水而天旱穿井

數十丈泉不出墓處去淮五里荷擔遠汲困而不周
彭號天自訴如此積日一旦大霧霧歇塼竈前忽生
泉水鄉鄰助之者竝嗟歎神異縣邑遠近悉往觀之
塟事旣畢水便自竭九年太守劉伯龍依事奏言改
其里爲通靈里 彭無官而卒
丘傑字偉時吳興烏程人十四歲遭喪以熟菜有味
不嘗於口歲餘忽夢見母曰死止是分別耳何事乃
爾荼苦汝啖生菜遇蝦蟇毒靈牀前有二丸藥可取
服之傑驚起果得甌中有藥服之下蝌蚪子數升丘
氏世保此甌孝明大明七年火焚失之 傑無官而卒

師覺授字君苦南陽涅陽人與外兄宗少文竝有素
業以琴書自娛於路忽見一人持書一函題曰至孝
師君苦前俄而不見覺授捨車奔歸聞家哭聲一叫
而絕良久乃蘇後撰孝子傳八卷宋臨川王義慶辟
州祭酒主簿竝不就
陳遺少爲郡吏母好食鐺底飯遺在役常帶一囊每
煮食輙錄其燋以貽母後孫恩亂聚得數升常帶自
隨及敗逃竄多有餓死遺以此得活母晝夜泣涕目
爲失明耳無所聞遺還入戶再拜號咽母豁然卽明
焦華父遺曾病甚冬中思瓜華忽夢人謂之曰聞爾

父思瓜故送助養呼從者進之華跪授之寤而瓜在
手香非常也父食之而病愈 無官而卒
張楚益州梓潼人母病命在屬纊祈禱苦至燒指自
誓精誠感悟疾時得愈 史無官
南齊康昕字令先廬陵人有至性隱於華山服食不
與俗人交母病亾已經日昕奔還號叫母卽蘇皆以
爲孝感所致 史無官
魯康祚扶風人爲屯騎校尉亦有至行母患乳癰諸
醫療不愈祚乃跪兩手捧癰大悲號母卽覺少寬因
此漸差時人以爲有冥應

袁昂爲豫章内使丁所生母憂去職以喪還江路風浪暴駭昂乃縛衣着柩誓同沉溺及風止餘船皆沒唯昂所乘船獲全咸謂精誠所致

宗元卿字希冀南陽人有至行早孤爲祖母所養祖母病元卿在遠輒心痛大病則大痛小病則小痛以此爲常鄉里宗事之號曰宗曾子史無官

劉靈哲位齊郡太守前軍將軍靈哲所生母嘗病靈哲躬自祈禱夢黃衣老公曰可使南山竹筍食之疾立可愈靈哲驚覺如言而疾瘳南史又載靈哲所生母病靈哲躬自祈禱夢見黃衣老公與藥曰可取此食疾立可愈靈哲驚覺於枕間得之如言而疾愈藥似竹根於齋前種葉

似蒐茈

解仲恭母病經時不差入山採藥遇一老公與之曰得丁公藤病立愈此藤近在前山際高樹垂下便是也忽然不見仲恭如其言得之治母病旣差至今江陵人猶識此藤者南史又載解叔謙字楚梁母有疾叔謙夜於中庭稽顙祈福聞空中語云此病得丁公藤爲酒便差卽訪醫及本草注皆無識者乃求訪至宜都郡遥見山中一老公伐木問其所用答云丁公藤療風尤驗叔謙便拜伏流涕具言來義此公愴然以四段與之并示以漬酒灋叔謙受之顧視此人不復知處依灋爲酒母病卽差臣欽若等按此兩說不同故竝載之無官卒

韓靈敏會稽剡人早孤與兄靈珍竝有孝性尋母又亾家貧無以營凶兄弟共種瓜半畝朝採瓜子暮生巳後以遂辦塋事史無官

王虛之字文靜廬江石陽人十三喪母二十三喪父二十五年鹽酢不入口疾病着牀忽有一人來問病謂之曰君疾尋差俄而不見病果尋差庭中楊梅樹隆冬三實又每夜所居有光如燭墓上橘樹一冬再實時人咸以爲孝感所致史無官

傅琰爲尙書右丞遭母喪居南岸鄰家失火延燒琰屋琰抱柩不動鄰人竟來赴救乃得俱全琰股髀之間巳被煙焰

蕭叡明南蘭陵人母病風積年沉臥叡明晝夜祈禱

時寒叡明淚下爲氷如筯額上叩頭血亦爲氷不溜忽有一人以小石函授之曰此療夫人病叡明跪授之忽不見以函奉母函中唯有三寸絹丹書爲日月字母服之卽平復後喪母不勝哀卒贈中書郎

梁夏侯祥字叔業譙郡譙人年十六遭父艱居喪哀毁三年廬於墓側嘗有雀三足飛來集其廬戶衆咸異焉爲金紫光祿大夫卒

任昉爲新安太守性至孝父服闋續遭母憂嘗廬於墓側哭泣之地草爲不生

陸襄爲秘書監楊州大中正母嘗患心痛醫方須三

升粟糶是時冬月日又逼暮求索無所忽有老人詣門貨糶水量如方劑始欲酬直無何失之時以褒孝感所致

劉瓛為會稽郡丞居母喪所居山舍有鵂鶹鳥瓛在山三年不敢來服釋還家此鳥乃至

臧盾為領軍將軍有孝性隨父宿直於廷尉母劉氏在宅夜暴亡左手中指忽痛不得寢及曉宅信果報凶問其感通如此

褚翔為廬陵王長史少有孝性為侍中時母疾篤請沙門祈福中夜忽見戶外有異光又聞空中彈指及

曉疾遂愈咸以翔精所致焉

沈崇傃為永寧令母卒晝夜號慟旬日殆將絕氣及之塋所不避雨雪倚墳哀慟每夜輒有猛獸來望之有聲狀如歎息者

甄恬字彥約為安南行參軍數歲喪父哀感有若成人年八歲問其母恨生不識父遂悲泣累日忽若見有似其父也時以為孝感家貧養母輒得珍羞及居喪廬於墓次輒有鳥玄黃雜色集於廬樹恬哭則鳴哭止則止又有白鳩白雀棲宿其廬

韓懷明上黨人也客居荊州年十歲母患屍疰每發輒危殆懷明夜於星下稽顙祈禱時寒甚切忽聞香氣空中有人語曰童子母須臾永差無勞自苦未曉而母豁然平復鄉里以此異之懷明母年九十一以壽終懷明水漿不入口一旬號哭不絕聲有雙白鳩巢其廬上字乳馴狎若家禽焉服釋乃去州累辟不就

阮孝緒於鍾山聽講母王氏忽有疾兄弟欲召之母曰孝緒至性冥通必當自到果心驚而返鄰里嗟異之合藥須得生人薓舊傳鍾山所出孝緒躬歷幽險累日不值忽見一鹿前行孝緒感而後隨鹿至一所

遂滅就視果獲此草母得服之遂愈時皆歎其孝感所致詔徵不就

裴子野為江夏王參軍遭父憂去職居喪盡禮每至墓所哭泣處草為之枯有白兔馴擾其側

庾黔婁齊永元初為孱陵令到縣未旬日父易在家遘疾黔婁忽然心驚舉身流汗即日棄官歸家家人悉驚其忽至時易疾始二日醫云欲知差劇但嘗糞甜增劇苦易治黔婁輒嘗之味轉甜滑心愈憂苦至夕每稽顙北辰求以身代俄聞空中有聲曰徵君壽命盡不可延汝誠禱既至止得申至月末及晦而易

亾黔婁居喪過禮廬於墓側

庾沙彌爲長城令嫡母劉氏寢疾沙彌晨夕侍側衣不解帶或應鍼灸輒以身先試之及母亾水漿不入口累日終喪不解縗絰不出廬戸晝夜號慟隣人不忍聞墓在新林因有松栢百餘株自生墳側後補欲令還除輕車邵陵王參軍事隨府會稽復丁所生母憂喪還都濟浙江中流遇風舫將覆没沙彌抱柩號哭俄而風静人以爲孝感所致

滕曇恭豫章南昌人年五歲母楊氏患熱思食寒苽土俗所不產曇恭歷訪不能得銜悲哀切俄値一桑

門問其故曇恭具以告桑門曰我有兩苽分一相遺曇恭拜謝捧苽以薦其母舉室驚異尋訪桑門莫知其所在其後門外有冬生樹樹株時忽有神光自樹而起俄見佛像及夾侍之儀容光顯著自門而入曇恭家人大小咸共禮拜久之乃滅遠近道路咸傳之太守王僧虔引爲功曹不就

江紑字舍潔濟陽考城人父倩光祿大夫紑幼有孝性年十三父患眼紑侍疾將期月衣不解帶夜夢一僧云患眼者飲慧眼水必差及覺說之莫能解者紑第三叔祿與草堂寺智者瀲師善往訪之智者曰無量壽經云慧眼見眞得渡彼岸蒨乃因智者啓捨同夏縣界牛屯里舍爲寺乞賜嘉名勑答云純臣孝子往往感應晋世顏含遂見冥中送藥近見智者知卿第二息感夢云慧眼水慧眼則是五眼之一號若欲造寺可以慧眼爲名及就創造泄故井井水清洌異於常泉依夢取水洗眼及煮藥稍覺有瘳因此遂差時人謂之孝感爲南康王主簿

劉璠天監初爲著作郎十七隨上黄侯曄在淮南璠母於建康遘疾璠弗居之知甞忽一日舉身楚痛尋其家信至云其母病璠即號泣戒道絕而又蘇當身

痛之辰即其母死之日也居喪毁瘠遂成風氣服闋後一年猶杖而後起

宗懍爲廣晋縣令遭母憂去職哭嘔血兩旬之内絕而復蘇者三每旦有群鳥數千集於廬舍候哭而來哭止而去時論稱之以爲孝感所致

劉霽爲建康令十四居父憂有至性每哭輒嘔血母明氏寢疾霽年已五十衣不解帶者七旬誦觀世音經數至萬遍夜因感夢見一僧謂曰夫人筭盡君精誠所至當爲申延後六十餘日乃亾霽廬於墓哀慟過禮常有雙白鶴循翔廬側

劉敲不仕奉母兄以孝悌稱寢食不離左右母意有所須口未及言敲已先知手自營辦狠狽供奉母每疾病夢敲進藥及覺日轉有間效其誠感如此

陳裴之禮爲領軍將軍丁父邃憂邃墓在光宅寺西堂宇弘敞松栢欝茂范雲廟在三橋蓬蒿不翦梁武帝南郊道經二廟顧而歎曰范爲已死裴爲更生大同初都下旱蝗四籬門外桐栢凋盡唯邃墓犬牙不入當時異之

庾子輿父出守巴西子輿以蜀路險難啟求侍從以孝養獲許父遷寧蜀子輿以相隨父於路感心疾每

痛至必叫子輿以悶絕及父疾哀慟將絕者再奉喪還鄉秋水猶壯巴東有瀍預石高出三十許丈及秋至則纔如見馬自有瞿塘大難行侶忌之部伍至此石猶不見子輿撫心長叫其夜五更水忽退減安流南下及渡復舊行人爲之語曰瀍預如幞本不通瞿唐水退爲庾公初發蜀有雙鳩巢舟中及至墓棲廬側每聞哭泣之聲必飛翔簷宇悲鳴激切欲爲父立佛寺未有定處夢有僧謂曰將偷勝業嶺南原即可營造明往履歷果見標度處所有若人功因立精舍居墓所以終喪服闋手足枯攣待人而起仍布衣蔬食志守墳墓叔該謂曰汝若固志吾亦抽簪於是始仕雖以摘長襲爵國秩盡推諸弟累遷中郎司馬梁大通二年除巴陵內史便道之任路遇疾或勸上郡就醫子輿曰吾疾患危重全濟理難豈可貪官陳尸公廨因勅門生不得輒入城市即於渚次卒遺令單衣袷履以斂酒脯施靈而已

阮卓性至孝其父隨岳陽王出鎮江州遇疾而卒卓時年十五自都奔赴水漿不入口者累日屬侯景之亂道路阻絕卓冐履險難載喪柩還都在路遇賊卓形容毀瘁號哭自陳賊哀而不殺之仍護送出境及

渡彭蠡湖中流忽遇疾風船幾沒者數四卓仰天悲號俄而風息人皆以爲孝感爲南海王府諮議參軍不之官

徐份凌子也份性孝悌凌嘗遇疾甚篤燒香泣涕跪誦孝經晝夜不息如此者三日凌疾豁然而愈親皆謂份孝感所致後爲太子少傅

司馬暠釋褐大學博士累遷正員郎丁父艱哀毀踰甚廬於墓側一日之內惟進薄麥粥一升墓在新林連山阜舊多猛獸暠結廬數載豺狼絕迹常有兩鳩棲宿廬所馴狎異常

王元規性孝事母甚謹晨昏未離左右梁時山陰外有暴水漂流居宅元規唯有一小舟倉卒引其母妹并孤妹入船親自執檝而去留其男女三人閣於樹杪及水退獲全時人皆稱其至行所感入隋爲東閣祭酒卒

吳明徹字通昭秦郡人幼孤性至孝年十四感墳塋未備家貧無以取給乃勤力耕種時天下元旱苗稼焦枯明徹哀墳每日田中號泣仰天自訴居數日有自田還者云巳苗生明徹疑之謂爲詒巳及往田所竟如其言秋而大獲足塟用後爲司空

顗協除新安令未至縣遭母憂刺史始興王厚資遣之協送喪還於峽江過遇風同旅皆漂溺唯協一舫觸石得泊焉咸謂精誠所致

庾域累官寧將軍巴西梓潼二郡太守母好鶴唳域在位營求孜孜不怠一旦雙鶴來下論者以爲孝感所致

高眞與弟謐俱至孝父亾治喪墓次甘露白雉降集焉詔表閭里

朱瓊字普賢少以孝行稱母嘗病季秋之月思瓜不巳瓊夢想見求而遂獲時人稱異母終州郡屢辟皆不就卒於家

後魏邢虬爲龍驤將軍光祿少卿虬母在鄉遇患詣假而歸値秋水暴長河梁破絕虬得一船而渡漏而不沒時人異之

闞元明河東安邑人也少而至孝著鄉閭孝文太和五年隨北郡太守元明以違離親養興言悲慕母亦慈念泣淚喪明悲號上訴請歸奉養一見其母母目便開刺史呂壽恩列狀上聞詔下州郡表爲孝門復其租調兵役令終母年史無官

崔鴻爲員外散騎常侍領郞中宣武延昌三年鴻以

父憂解任甘露降其廬樹前是年十一月以本官徵鴻四年復有甘露降其京兆宅之樹庭

吳悉達河東聞喜人也父母爲人所殺四時號慕悲感鄉鄰及長報讐避地莊帝永安後欲改葬亾失墳墓推尋弗獲號哭之聲晝夜不止叫訴神祇忽於悉達足下地陷得父銘記因遷葬曾祖巳下三世九喪傾盡資業不假於人哀感毀悴有司奏聞標閭復役以彰孝義史無官

王崇字乾邕陽夏雍丘人也兄弟竝以孝稱身勤稼穡以養二親仕梁州鎮南府主簿母亾扶而後起鬢

燹墮落未及埜權殯宅西絫廬於殯所晝夜哭泣鴿
鴿群至有一小鳥素質墨脾形大如雀棲於絫廬朝
夕不去母喪始闋復丁父憂哀毀過禮是年夏風雹
所經處禽獸暴死草木摧折至絫田畔風雹便止禾
麥十頃竟無損落及過絫地風雹如初咸稱至行所
感絫雖除服仍居墓側於其室前生草一根莖葉甚
茂人莫能識至冬中復有鳥巢絫屋乳養三子毛羽
成長馴而不驚守令聞之親自臨視州以聞之親奏
標其門閭
北齊蕭放字希逸梁宗室也隨父祗至鄴祗卒放居

喪以孝聞所居廬室前有慈烏來集各據一樹爲巢
自午以前馴集飲啄午後更不下樹每臨時舒翅悲
鳴全似哀泣家人則之未嘗有闕時以爲至孝之感
後至散騎常侍
後周張元年十六祖父成喪明三年元嘗夏泣晝夜
讀佛經禮拜以祈福祐後讀藥師經見盲者得視之
言遂請七僧燃七燭七夜轉藥師經行道每言凡人
張元爲孫不肖使祖喪明今以燭光普施瀍界願祖
目見元求代闇如此經七日其夜夢見一老翁以金
鎞治其祖目謂元曰勿憂悲也三日後汝祖目必差

元於夢中喜躍遂即驚覺乃遍告家人居三日祖果
目明 史無官
柳霞有志行初爲州主簿其父卒於楊州霞自雍奔
赴六日而至哀感行路毀顇殆不可識後奉喪泝江
西中流風起舟中之人相顧失色霞抱棺號慟愬天
求哀俄頃之間風止浪息其母嘗乳間發疽醫云此
無救之理唯得人吮膿或望微止其痛霞應聲即吮
旬日遂瘳咸以爲孝感所致
陸政性至孝其母吳人好食魚北土魚少政求之常
苦難得後宅側忽有泉出而有魚遂得以供膳時人

以爲孝感所致因謂其泉爲孝魚泉
皇甫遐遭母喪廬於墓側負土爲墳復於墓南作禪
窟有鵄鳥各一徘徊悲鳴不離墓側若助遐者經月
餘乃去遠近聞其至孝竟以米麵遺之遐皆受而不
食悉以營佛齋焉郡縣表上其狀有詔旌異之 史無官
隋紐回字孝政河東安邑人性至孝後周武成中父
母喪廬於墓側負土成墳廬前生麻一株高丈許圍
之合拱枝葉欝茂冬夏常青有烏棲其上囘舉聲哭
烏即悲鳴時人以爲孝感武帝表其閭擢受羋棠令
其子士雄少質直孝友喪父復廬於墓側負土成墳

其庭前有一槐樹先甚欝茂其士雄居喪樹遂枯死
服闋還宅死槐復榮高祖聞之歎其父子至孝下詔
褒揚號其所居爲累德里
姚察丁後母杜氏喪解職在服制之中有白鳩巢於
戶上仕陳至吏部尚書入隋爲秘書丞
王頒父僧辯爲陳武帝所殺頒在關內服闋崋布衣
蔬食藉藁而臥周明帝嘉之累拜開府開皇初上取
陳之策及大舉伐陳頒自請行率徒數百人從韓擒
虎先鋒夜濟力戰被傷恐不堪復鬬悲感嗚咽夜中
睡夢有人授藥比寤而瘡不痛時人以爲孝感卒於

齊州刺史
李德林博陵安平人性至孝父純寢疾十旬不解衣
及居憂哀慟嘔血數升後甘露降於庭樹有鳩巢其
廬納言楊遠巡省河北詣其廬弔慰之表改所居村
名孝敬村里爲和順里後爲通直散騎侍郎與中書
侍郎宋士素副侍郎趙彥深別典機密尋丁母艱去
職勺飲不入口五日因發熱病遍體生瘡而哀泣不
絕體紅腫數日間一時頓差身力平復諸人皆云孝
感所致
梁彥光字脩望少岐嶷有至性七歲時父遇篤疾醫
云餌五石可愈時求紫石英不得彥光憂悴不知所
爲於園中見一物彥光所不識惟而持歸即紫石英
也親屬咸異之爲至孝所感後爲相州刺史卒
華秋開皇中事母以孝聞母終廬於墓側大業初調
狐皮郡縣大獵有一兎人逐之奔入秋廬中匿秋膝
下獵人至廬所異而免之爾自此兎崋宿廬中匿秋
膝下馴其左右郡縣嘉其孝感具以狀聞煬帝降使
勞問而表其門閭後群盜起崋在來廬之左右咸相
誡曰勿犯孝子鄉人賴秋而全者甚衆史無官
翟普林楚丘人性仁孝事親以孝聞州郡辟命皆固

辭不就躬耕色養鄉人謂爲楚丘先生後父母疾親
易燥濕不解衣者七旬大業初父母俱終哀毀殆將
滅性廬於墓次負土成墳盛冬不衣繒絮唯着單縗
而已家有一烏犬隨其在墓若普林哀臨犬亦悲號
見者嗟異焉有二鵲巢其廬前樹每入其廬馴狎無
所驚懼大業中司隸巡察奏其孝感擢授孝陽令
陳孝意大業中爲侍御史以父憂去職居喪過禮有
白鹿馴擾其廬時人以爲孝感之應
唐高士廉事隋爲通事舍人坐事謫爲交趾朱鳶縣
主簿士廉事母以孝聞嶺南瘴癘不可同行留妻鮮

于氏養爲分別之際悲不自勝見者莫不歔欷士廉久在南方不知母問北顧𢖍切嘗晝寢夢母與之言宛如膝下旣覺而涕泗橫集明日果得母諱議者以爲孝感之應後爲右僕射開府儀同三司

張志寬蒲州安邑人隋末喪父哀毀骨立爲州里所稱賊帥王君廓屢爲寇掠聞其名獨不犯其廬隣里賴之而免者百餘家後爲里長於縣稱母疾取急求歸令問其狀寬曰母嘗有苦志寬亦有所苦向患心痛知母有疾令大怒曰妖妄之辭也擊之於獄馳驗其母竟如所言令大異之慰諭遣去後丁母憂廬於

墓側負土成墳有烏巢於廬前樹上志寬哭臨烏輙悲鳴高祖授以員外散騎常侍表其門閭

韋弘宗巴西人塟父母廬墓次廬前生芝草七十餘莖兒者以爲孝感詔免其課

崔定仁博陵人丁父母憂齋居二十餘年不釋衰服刻木人爲偶像晨昏定省若平生焉隋末群賊蜂起莫有侵掠者詔免其課役

程袁師宋州人年十二喪父母以孝聞母患十旬衣不解帶凡進湯藥口必先嘗貞觀中代弟戍巂州充防禦使去後其母病終袁師聞問舉聲便吐血經塗七百里四日便至徑赴墓所晝夜負土殆將毀滅內外親戚觀者不復識之又塟曾祖父母經二十載其功始畢嘗有白狼號鳴墓側黃虵馴擾廬內每哭則群鳥翔集朝夕不去刺史舒王元名表言之詔州縣發遣量才授任袁師旣至情不願仕乃授儒林郎放還

許坦豫州人年十歲餘隨父入山採藥父爲猛獸所噬卽號叫以杖擊之獸遂奔走父以得全太宗聞而謂侍臣曰坦雖幼童遂能致命救親至孝自衷深可嘉尚授文林郎賜物五十段

武弘度贈司徒士彠之兄子也高宗永徽中父卒白徐州聞喪截髮徒跣奔赴廬墓側負土爲墳晨夕哀號悲感行路冽風寒雪執作不疲日食倉米一溢形骸毁顇廬前樹生素芝方圓一尺形似青銅葉又有野狸每至弘度齋時必來求食往來馴狎曾無驚懼帝聞之下詔褒美旌表之

安金藏中宗神龍初喪母寓塟於都南闕口北廬於墓側躬造石墳石塔晝夜不息原上舊無水忽有湧泉自出又有李樹盛冬開花犬鹿相狎後爲右驍衛將軍封代國公

李迥秀持節爲朔方道行營大總管所居宅中生芝草數莖又有猫爲犬所乳中宗以爲孝感所致使旌其門閭

唐君祐東陵人玄宗先天二年江西道按察使奏君祐丧母哀感鄉曲廬於墓次有芝草三莖生焉史無官

褚無量爲剡王傅兼國子祭酒丁母憂解職廬於墓側其所植松栢時有鹿犯之無量泣而言曰山中衆草不少何忍犯吾先塋樹栽因通夕守護俄有群鹿馴狎不復侵害無量因此終身不食鹿肉

石仵奴相州湯陰人三歲喪親廬於墓側凡二十餘

年塋內有枯樹重生枝葉群鳥馴擾鄉里咸敬異之史無官

梁文貞虢州閿鄉人少從征役廿廻而父母皆卒文貞恨不獲終養乃穿壙爲門磴道出入晨夕灑掃其中結廬墓側未嘗暫離自是不言三十年家人有所問但畫字以對其後山水衡斷驛路更於原上開道經文貞墓前縣是行旅見之遠近莫不欽歎有甘露降塋前樹白兎馴擾鄉人以爲孝感所致開元初縣令崔季友刊石以紀之十四年刺史許景先奏文貞至孝特學絶倫泣血廬次十餘年請宣付史館史無官

榮璧河南濟源人開元二十四年正月河南尹崔隱甫奏榮璧兩代同居凡四十餘年嘗割右股肉以療母疾及刺項血寫佛經母疾以瘳請宣付史官從之史無官

彭思義定州鼓城人居喪至孝廬於墓側有嘉禾生及白兎馴擾史無官

李貞古南鄭縣人肅宗寶應元年梁州刺史臧希讓上言貞古行孝彰聞請付所司旌表從之貞古六歲而孤母欲改嫁貞古雨泣留之母遂守志母未食寢貞古不食寢及母亾負土成墳廬於墓側有猛虎馴

於廬前白鼠見於墓門村人異之史無官

楊思貞陳留郡尉氏人父亾廬墓二十有八載有芝草白兎甘露等瑞詔賜粟帛旌表門閭史無官

燕遺倩冀州人也既孤於堂中刻木父母形像於帷帳衣服如存朝夕奠祭鄉閭甚敬異之

郭景華蜀郡人孝行過人父喪明景華晝夜啼泣宅中忽湧甘泉因以洗目漸明

應先東陽郡人父亾廬於墓側有芝草連理樹詔旌表門閭史無官

袁鳴忠州臨江縣人居喪廬於墓側每哀發聲猛獸

哮噉而至旣見搖尾有仁心當哭必來旣哭而去史無
官
馮猛將郊州新平縣人居喪以孝聞慶雲見及杏冬
結實詔有司旌表其門史無官
許利川爲睦州司士參軍居母喪以孝聞有芝草八
莖及連理樹一株產於廬墓詔旌表其門
樊澣邛州依政縣人居父喪負土成墳廬於墓側有
兎鴿馴擾木生連理慈竹自生詔旌表其門閭
張球信州弋陽人父歿五年廬於墓側哀毀過禮墓
門壿上生芝草七莖有鵲巢於墓之藂竹詔旌表門

閭史無官
尹務榮彭城人喪親廬於墓側六年有芝草之祥詔
旌表其門閭史無官
楊炎丁父憂廬於墓前號泣不絕聲有紫芝白鵲之
祥又表其門閭孝著三代門樹六闕古未有也位至
門下侍郎平章事
黃亘邵武縣人喪母廬於墓側有紫芝生詔旌表其
門閭史無官
尹愼兖州人善騎射始爲果毅喪母營合祔不識其
父之墓晝夜號哭未浹日夢麻有指導焉遂發堆果
得舊記驗後至右衛上將軍卒
闞鄴虢州湖城縣人闞鄴五代同居家內槐一株再
生枝葉并畫圖以進史無官
李渭越州蕭山縣人文宗太和七年三月浙江東道
奏渭幼失父母與兄二人同居兄病渭割股療之因
差後兩兄俱死奉寡嫂孤姪二十餘年衣食無偏庄
田租稅渭自主辦資財筦鑰寡嫂掌之姑姪婦孫共
三十三人其家頻生芝草詔旌表之史無官
梁王去奢趙州軍人有疾漸篤其子三人續繼縛各
爭行巳肉以供其父續割左乳左股繼割右股縛割

左右股去奢食之病遂驟愈太祖嘉其孝行令本道
給醫藥賜以穀帛
後唐韓德潞州屯德人兄弟累世同居母疾割乳以
祭廬於墓側累年種瓜合歡同蒂詔旌表之史無官
景贇東川普安縣人守墳有芝草生明宗天成二年
十一月本道上言史無官

冊府元龜

巡按福建監察御史臣李嗣京　訂正

知閩縣事臣曹㠇臣叅閱

知建陽縣事臣黄國琦較釋

總録部八

忠

書曰爲下克忠傳曰忠爲令德蓋士之策名從官委質事君無貳爾心不爲義疚時危而節見累至而行明周旋夷險秉操彌厲遭値事變守死無改是皆忠之屬也中代而下曷嘗無其人哉至乃勤身奥衛盡

規從闕誠心内著謹力秉茂義形於顛沛志烈於屯難去就之際確然不渝兇醜之會毅然有守垂讜言於將没全大節而隕命其或卑處綱佐退居士伍亦乃拳拳勗勉存心王室雖在畎畝猶不忘君斯可以爲純臣矣

漢周緤沛人也以舍人從高祖起沛嘗爲參乘高祖戰有利不利終亾離上心帝以緤爲信武侯以其忠信故加此號帝欲自擊陳豨緤泣曰始秦攻破天下未曾自行今上常自行是亾人可使者乎帝以爲愛我賜入便門不趨封緤爲鄲城侯

梅福爲南昌尉豫章之縣後去官歸壽春數因縣道上言變事附縣道之使而封奏也變謂非常之事求假軺傳小車之傳也詣行在所條對急政條對者一一條録而對之

龔勝字君賓楚人徵光禄大夫稱疾乞骸骨哀帝賜策歸老於鄉里王莽旣篡國遣五威將帥行天下風俗將帥親奉羊酒存問勝明年莽復遣使者卽拜勝爲講學祭酒勝稱疾不應徵後二年莽復遣使者奉璽書太子師友祭酒印綬安車駟馬迎勝卽拜秩上卿先賜六月祿直以辦裝使者與郡太守縣長吏三老官屬行義諸生千人以上入勝里致詔使者欲令

勝起迎久立門外勝稱病篤爲牀室中戶西南牖下東首加朝服拖紳使者入戶西行南面立致詔付璽書遷延再拜奉印綬内安車駟馬進謂勝曰聖朝未嘗忘君制作未定待君爲政思聞所欲施行以安海内勝對曰素愚加以年老被病命在朝夕隨使君上道必死道路無益萬分使者要說至以印綬就加勝身輒推不受使者卽上言方盛夏暑熱勝病少氣可須秋涼乃發有詔使者五日一與太守俱問起居爲勝兩子及門人高暉等言朝廷虛心待君以茅土之封雖疾病宜動移至傳舍示有行意必爲子孫遺大

紫曄等白使者語勝自知不見聽卽謂曄等吾受漢家厚恩亡以報今年老矣旦暮入地誼豈以一身事二姓下見故主哉語畢遂不復開口飲食積十四日死

後漢王豐爲光武突騎光武追尤來等賊乘勝輕進反爲所敗賊追反短兵接帝自投高岸遇急下馬授帝帝撫其肩而上顧笑謂耿弇曰幾爲虜嗤弇頻射却賊得免

趙憙素與鄧奉善後奉反於南陽憙數遺書切責之而讒者因言憙與奉合謀光武以爲疑及奉反帝得

憙書乃驚曰趙憙眞長者也卽徵憙引見賜鞍馬待詔公車憙位至太傅錄尚書事

劉翊穎川人獻帝遷都西京翊舉上計掾是時寇賊興起道路隔絕使驛稀有達者翊夜行晝伏及到長安詔書嘉其忠勤特拜議郞遷陳留太守

何顒字伯求辟司空府及董卓秉政逼顒以爲長史託病不就乃與司空荀爽司徒王允等共謀卓會爽薨顒以它事爲卓所繫憂憤而卒

張溫字伯愼少有名譽累登公卿亦陰與司徒王允共謀誅卓事未及發而見害

田豐爲侍御史棄官歸家時袁紹起義兵卑辭厚幣以招致豐豐以王室多難志存拯救乃應紹命以爲別駕勸紹迎天子紹不納

陳珪爲沛相時呂布在下邳袁術欲結布爲援乃爲子索布女布許之（時布在徐州許以女嫁之）術遣使韓胤以僭號議告布并求迎婦珪恐術布成婚則徐楊合從將爲國難於是往說布曰曹公奉迎天子輔贊國政威靈命世將征四海將軍宜與恊同策謀圖泰山之安今與術結婚受天下不義之名必有累卵之危布以怨術初不已受也女已在塗追還絕婚械送韓胤梟首

於市珪欲使子登詣曹公布不肯遣會使者至拜布左將軍布大喜卽聽登往并令奉章謝恩后布爲曹公所圖乃遣許汜王楷告急於袁術術曰布不與我女理自當敗何爲復來相聞耶汜楷曰明上今不救布爲自敗耳布破明上亦破也術時僭號故呼爲明上術乃嚴兵爲布作聲援布恐術爲女不至故不遣兵救也緜纏女身縛馬上夜自送女出與術曹公守兵相觸格射不得過復還城

鄧義爲荊州劉表治中獻帝都許昌表雖遣使貢獻然北與袁紹相結義諫表表不聽（漢晉春秋曰表答義曰內不失貢職

外不背盟主此天下之逆義也治中獨何怫乎義辭疾而退終表之世不出元尚獻帝初爲兗州刺史東之郡而魏太祖已臨兗州尚南依表術術僭號欲以尚爲太尉不敢顯言私使人諷之尚無屈意術亦不敢強也建安初尚逃還爲術所害

徐璆爲東海相獻帝遷許以廷尉徵當詣京師道爲袁紹所劫授璆以上公之位璆乃嘆曰龔勝鮑宣獨何人哉守之必死術不敢逼術死軍破璆得其傳國璽及還許并送前所假汝南東海二郡印綬司徒趙

溫謂璆曰君遭大難尤存此邪璆曰昔蘇武困於匈奴不隊七尺之節況此方寸印乎

臧洪爲郎丘長靈帝中平末棄官還家太守張超請爲功曹時董卓殺帝圖危社稷洪說超曰明府歷世受恩兄弟並據大郡今王室將危賊臣虎視此誠義士效命之秋也今郡境尚全吏人殷富若動桴鼓可得二萬人以此誅除國賊爲天下倡義不亦宜乎超然其言與洪西至陳留見兄邈計事邈先謂超曰聞弟爲郡委政臧洪洪者何如人超曰臧洪海內奇士才畧智數不比於超矣邈即引洪與語大異之乃使詣兗州刺史劉岱豫州刺史孔伷遂皆相善邈計先有謀約會超至定議與諸牧守大會酸棗設壇場將盟既而更相辭讓莫敢先登咸共推洪洪乃攝衣升壇歃血而盟曰漢世不幸皇綱失統賊臣董卓乘釁縱害毒流百姓大懼淪喪社稷翦覆四海兗州刺史岱豫州刺史伷陳留太守邈東郡太守瑁廣陵太守超等糾合義兵並赴國難凡我同盟齊心一力以致臣節隕首喪元必無二志有渝此盟俾墜其命無克遺育皇天后土祖宗明靈皆鑒之洪辭氣慷慨聞其言者無不激揚

魏李乾初平中以衆隨太祖破黃巾於壽張又從擊

袁術征徐州呂布之亂太祖遣乾還乘氏慰勞諸縣布別駕薛蘭治中李封招乾欲俱叛乾不聽遂殺乾

蜀法正字孝直先主與曹公爭勢有不便宜退而先主不肯退無敢諫者矢下如雨正乃往當先主前先主云孝直避箭正曰明公親當矢石況小人乎先主乃曰孝直吾與汝俱去遂退位至尚書令護軍將軍

趙雲爲先主車騎及先主爲曹公所追於當陽長阪棄妻子南走雲身抱弱子即後主也保護甘夫人即後主母也皆得免難遷爲牙門將軍

吳谷利爲孫權左右給使以謹直爲親近監權征合

泚乘駿馬上津橋橋南已見撤丈餘無板谷利在馬後使權持鞍緩控利於後着鞭以助馬勢遂得超渡權既得免即拜利都亭侯於武昌新裝大船名爲長安試泛之釣臺沂時風大盛谷利令舵工取樊口權日當張頭取羅州利拔刀向舵工日不取樊口者斬工即轉舵入樊口風遂猛不可行乃還權日阿利畏水何怯也利跪日大王萬乘之主輕於不測之淵戲於猛浪之中樓船裝高邂逅顛危柰社稷何是以利輒敢以死爭權於是貴重之自此后不復名之常呼日谷

陳表父武爲偏將軍從孫權擊合淝戰死孫權復其客二百家在會稽表簡視其人皆堪好兵乃上疏陳讓乞以還官充足精銳詔日先將軍有功於國國家以此報之卿何得辭焉表乃稱日今除國賊報父之仇以人爲本空枉此勁銳以爲僮僕非表志也皆輒料取以充部伍所在以聞權甚嘉之下郡縣料正戶羸民以補其處

石偉有節操高行及吳亾晉武帝詔日吳故光祿大夫石偉秉志清白皓首不渝雖處危亂廉節可紀年已過邁不堪遠涉其以偉爲議郎加二千石秩以終厥世偉遂陽狂及盲不受晉爵

晉郭琦爲佐著作郎趙王倫篡位又欲用琦琦日我巳爲武帝吏不欲復爲今世吏終身處於家

王允之年在總角從伯敦謂爲似己常以自隨出則同輿入則共寢敦嘗夜飲允之辭醉先臥敦與錢鳳謀爲逆允之已醒悉聞其言慮敦或疑己便於臥處大吐衣面並汚鳳既出敦果然視見允之臥吐中以爲大醉不復疑之時父舒始拜廷尉允之求還定省敦許之至都以敦鳳謀議事白舒舒即與導俱啓明帝成帝初隨舒之會稽及蘇峻反允之討賊有功封番禺縣侯邑千六百戶

劉敬宣爲會稽王世子元顯征虜參軍事隆安二年王恭起兵於京口以誅司馬尚之兄弟爲名敬宣父牢之爲恭前軍司馬輔國將軍晉陵太守置左領兵而恭以豪戚自居甚相陵忽牢之心不能平及恭北舉牢之爲前鋒太傅會稽王道子與牢之書傳言禍福使以兵反恭牢之呼敬宣日吾與王恭皆蒙先帝殊恩今居元舅之重義心未彰唯兵是從吾不能審恭事捷之日必能奉戴天子緝穆宰相與否今欲奉國威靈以明逆順汝以爲何如敬宣日朝廷雖無成

康之隆未有桓靈之亂而恭怙亂阻兵志陵京邑大人與恭親無骨肉分非君臣雖共事少時意好不協今日討之於情何有牢之至竹里斬恭大將顏延遣敬宣率高雅之等還京襲恭恭方出城曜軍馳騎橫擊之一時散潰元顯進號後將軍以敬宣爲諮議參軍又加寧朔將軍後爲輔國將軍謀襲桓玄不克與司馬休之高雅之等奔長安求救於姚興得兵數千人又爲玄所破乃奔慕容德敬宣素曉天文知必有興復晉室者又夢丸土而服之既覺喜曰丸者桓也桓既吞矣吾復本土乎乃結青州大姓諸崔并要鮮

卑大帥免逵謀滅德推休之爲王克日垂濟時劉軌爲德司空大被委任雅之又欲要軌敬宣曰此公年老吾覩其有安齊志必不動不可告也雅之以爲不然遂告軌軌果不從謀頗泄相與殺軌而去

韓延之安帝時爲荊州治中轉平西府錄事參軍以劉裕父名翹字顯宗延之遂字顯宗名兒爲翹以示不臣劉氏與司馬休之俱奔姚興劉裕入關又奔於魏

劉遁仕桓玄後爲竟陵太守及劉毅與劉裕等同謀起義遁將應之事泄爲玄所害

宋張暢爲南譙王長史義宣既有異圖蔡超等以暢民望勸義宣留之及解南蠻校尉以授暢加冠軍領丞相長史遣門生苟僧保下都因顏竣陳義宣釁狀僧寶有私貨停巴陵不時下會義宣起兵津徑斷絕僧寶遂不得去義宣將爲逆遣嬖人翟靈寶謂暢朝廷簡練舟甲意在西討今欲發兵自衛暢曰必無此理請以死保之靈寶知暢不廻勸義宣殺以徇衆郎遣召暢止於東齊彌日不與相見賴司馬竺超民保持故獲全免既而進號撫軍别立軍部以收民望暢雖署文檄飲酒常醉不省文書隨義宣東下梁山

戰敗義宣奔走暢於亂兵自歸爲軍人所掠衣服都盡值右將軍王玄謨乘輿出營暢已得敗衣遂排玄謨上轝玄謨意甚不悅諸將欲殺之隊主張世營救免送京師下廷尉削爵土配左右尚方尋見原復起爲都官尚書

庾炳之爲始興王鎮軍長史於時領軍將軍劉湛協附大將軍彭城王義康而與僕射殷景仁有隙凡朝士遊殷氏者不得入劉氏之門獨炳之遊二人之間密盡忠於朝廷景仁稱疾不朝見者歷年太祖嘗令炳之銜命去來湛不疑也義康出籓湛伏誅以炳之

爲尚書吏部郎與右衛將軍沈演之俱參機密
王僧虔遷司徒左西屬兄僧綽爲元凶所害親賓咸勸避難僧虔涕泣曰吾兄奉國以忠貞撫我以慈愛今日之事苦不見及耳若得同歸九泉猶羽化也
袁淑爲太子左衛率元凶劭將爲逆其夜淑在直二更許呼淑及蕭斌等流涕謂曰主上信讒將見罪廢省內無過不能受枉明旦便當行大事幸相與戮力淑及斌曰自古無此願加善思劭怒變色左右皆動斌懼乃曰臣昔忝伏事常思效節況憂迫如此輒當竭身奉令淑叱之曰卿便謂殿下眞有是也殿下幼

時嘗患風或是疾動耳劭愈怒因曰事當克不淑曰居不疑之地何患不克但旣克之後爲天地之所不容大禍亦旋至耳願急息之劭左右引淑等衿褶又就主衣取錦截三尺爲一段又中破分斌淑及左右使以縛袴淑出還省繞床行至四更乃寢劭將出已與蕭斌同載呼淑甚急淑眠終不起劭停車奉化門催之相續徐起至車後劭使登車又辭不上劭因命左右與手刄見殺於奉化門外時年四十六
程天福隨孝武鎮彭城後魏大武親率大衆至彭城遣人云魏主致意安北程天祚一介常人誠知非宋朝之美近於汝陽身被九創落在殿外我手牽而出之凡人骨肉分張並思集聚輒已語之但其弟苦辭今令與來使相見天福謂使人曰兄受命汝陽不能死節各在一國何煩相見
巢遂爲綏安令時會稽太守孔顗反義興諸縣唯遂守節不移不受僞爵
王孚大明末爲海鹽令泰始初天下反叛唯孚獨不同逆
劉彌之青州人明帝卽位薛安都反青州刺史沈文秀遣彌之及張靈慶崔僧琁三軍應安都彌之等尋

歸順彌之青州強姓門族甚多諸宗從相合率奔北海據城以拒文秀
何承天東海郯人謝晦鎮江陵請爲南蠻長史及晦進號衛將軍轉爲諮議參軍時朝廷旣誅徐羨之將討晦晦率兵旣下承天留府不從及到彥之至馬頭承天自詣請罪彥之以其有誠宥之使行蠻府事後爲廷尉卒
邵領宗彭城人竟陵王誕舉兵反孝武遣沈慶之討伐彭城領宗在城內陰結死士欲襲誕先欲布誠於慶之乃說求爲間諜見許領宗旣出致誠畢復還城

內事泄誕鞭二百考問不服遂支解之
尹玄慶爲海陵王休茂叅軍休茂殺司馬庾深之等徵兵爲亂玄慶起義兵攻襲休茂生擒之將出中司馬斬首休茂平以玄慶爲射聲較尉
南齊桓康勇果驍悍宋大明中隨太祖爲軍容使從世祖在贛縣泰始初世祖起義爲郡所縶衆皆散康裝擔一頭貯穆后一頭貯文惠太子及竟陵王子良自負置山中與門客蕭欣祖楊琢之臯分宫潛三奴向思奴四十餘人相結破郡獄出世祖郡追急康等死戰破之

曹道剛字景昭彭城人性質直蕭諶之廢立也道剛死之初廢帝雖與道剛狎而未嘗敢諂帝悦市里雜事以爲歡樂道剛輒避之益州韓護善騎馬帝嘗呼入華林園中令騎嘗狎之道剛出謂明帝主上猶是小兒左右皆須正人使日見禮則近聞韓護與天子齊馬並馳此導人君於危地道剛欲殺之既而遣人刺護及道剛死張融謂劉繪曰道剛似不爲諂亦復不免也答曰夫徑寸之珠非不寶也而蚌之所病云何不療之哉此道剛所以死也
杜文謙者吳郡錢塘人明帝爲南郡王文謙侍五經文爲歷太學博士出爲溧陽令未之職會帝知權蕭諶用事文謙乃謂舍人綦母珍之曰天下事可知灰盡粉滅匪朝伊夕不早爲計吾徒無類矣珍之曰計將安出答曰先帝故人多見擯斥今召而使之誰不慷慨近聞王洪軌與趙越嘗徐僧亮萬靈會共語皆攘袂搥床君其密報周奉叔使萬靈會魏僧勔殺蕭諶則宫中之兵皆我用也即勒兵入尚書斬蕭令兩都伯力耳其次則遣荆軻豫讓之徒因諮事左手頓其胸則方寸之刃足以立事亦萬世一時也今舉大事亦死不舉事亦死二死等耳死社稷可乎若遲疑

不斷復少日錄君稱勑賜死父母爲殉在眼中矣珍之不能用時徐龍駒亦當得封珍之恥龍駒共詔因求别立事未及行而事敗珍之在西州時有一手板相者云當貴每以此言動帝又圖黃門郎帝嘗問之曰西州時手板何在珍之曰此是黃門手板官何須問帝大笑珍之時爲左將軍南彭城太守領中書通事舍人正直宿宣旨使郎在蔣王廟祈福因收送廷尉周奉叔文謙同死文謙有學行善言吐其父聞其死曰吾所以憂者恐其不得死地耳今以忠義死復何恨哉王經母所以欣王經之義也時人美其言

梁江革爲豫章王長史時魏徐州刺史元法僧降附革被勑隨府王鎮彭城城既失守革素不便馬乃泛舟而還途經下邳遂爲魏人執之魏徐州刺史安豐王延明聞革才名厚加接待革稱患脚不拜延明將加害焉見革辭色嚴正更相敬重時祖暅同被拘縶延明使暅作欹器漏刻銘革唾罵暅曰卿荷國厚恩已無報答今乃爲虜立銘孤負朝廷延明聞之乃令革作丈八寺碑并祭彭祖文革辭以囚執既久無復心思延明逼之愈苦將加以箠撲革厲色而言曰江革行年六十不能殺身報主今日得死爲幸誓不爲

人執筆延明知不可屈乃止日給脫粟三升僅餘性命値魏帝討中山王元畧反乃放革及祖暅還朝詔曰前貞威將軍領北長史廣陵太守江革才思通贍出內有聞在朝正身臨危不撓首佐台鉉實允僉請可太尉臨川王長史

張譏爲士林館學士侯景陷臺城譏崎嶇踐難卒不事景

樂子雲位江陵丞魏克江陵衆奔散呼子雲子雲曰終爲虜矣不如守以死節遂仆地卒於馬蹄之下

陳沈文阿仕梁爲五經博士簡文在東宮引爲學士及侯景冦逆簡文別遣文阿招募士卒入援京師城陷與張嵊共保吳興嵊敗文阿竄於山野景素聞其名求之甚急文阿窮迫不知所出登樹自縊遇有所親救之便自投而下折其左臂及景平高祖以文阿州里表爲原鄉令監江陰郡

蕭摩訶爲侍中驃騎大將軍隋總管賀若弼襲京口摩訶衆潰被執及京城陷賀若弼置後主於德教殿令兵衛守摩訶請弼曰今爲囚虜命在斯須願得一見舊主死無所恨弼哀而許之摩訶入見後主俯伏號泣仍於舊厨取食而進之辭訣而出守衛者皆不

能仰視

後魏穆崇代人也道武之居獨孤部崇嘗往來奉給窟咄之難崇外甥于桓等謀執道武以應之告崇曰今窟咄已立衆咸歸附富貴不可失願舅圖之崇乃夜告道武道武誅桓等北踰陰山復幸賀蘭部崇甚見寵待位至太尉徙宜都公卒

張袞爲幽州刺史道武天興初徵還後與崔逞答晉將書失旨黜爲尚書令史及疾篤上疏曰臣旣庸人志無殊操値太祖誕應期運天地始開參戎氛霧之初馳驅革命之會託翼鄧林寄鱗溟海遂荷恩寵榮

兼出內陛下龍飛九五仍忝顧問曾無微誠塵山露海今舊疾彌留氣力虛損天羅有罪將塡溝壑然犬馬戀主敢不盡言方今中夏雖平九域未一西有不賓之羌南有逆命之虜岷蜀殊風遼海異教雖梃生明聖撥亂乘時而因幾撫會實須經畧介焉易失切在人謀伏願恢崇廠道尅廣德心使揖讓與干戈並陳文德與武功俱運則太平之化康哉之美復隆於今不獨前世昔子囊將終寄言城郢荀偃辭含遺恨在齊臣雖闇劣敢忘前志魂而有靈結草泉壤後數日卒

婁提獻文時爲內三郎獻文厭世提謂人曰聖主升遐安用活爲遂引佩刀自刺幾至於死明文太后詔賜帛貳百疋

甄琛爲侍郎領御史中尉坐朋黨免官時以鷹犬馳逐自娛朝廷有大事尤上表陳情

徐遵明華陰人講學於外二十餘人莊帝永安二年元顥入雒任城太守李湛將舉義兵遵明同其事夜至民間爲亂兵所害

泉元禮雒州都督企之子東魏高敖曹圍逼雒州杜窋爲其鄉道城既陷敖曹執企而企密誡元禮及其弟仲遵致力本朝仲遵以被傷不行元禮亦於路逃歸時杜窋雖爲刺史然巴人素輕杜而重泉及元禮至與弟仲遵相見感父臨別之言潛與豪右結託信宿之間遂率鄉人襲州城斬窋傳首長安朝廷嘉之拜衛將軍驃騎大將軍世襲雒州刺史後元禮於沙苑戰沒後以仲遵爲雒州刺史遵宿稱幹畧爲鄉里所歸及爲本州頗得時譽

梁韋喬遵爲蕭寶寅中兵參軍深見信任寶寅反令喬遵率衆出征喬遵僞受其署既行之後遂與侯德等還來襲城以功封烏氏縣開國伯邑伍百戶

蘇湛爲蕭寶寅行臺郎中深見委任孝昌中寶寅大敗東還朝廷以爲雍州刺史後自猜懼害中尉酈道元乃稱兵反時湛臥疾於家寶寅令姜儉報湛云元畧受蕭衍意旨乃欲見除酈道元之來事不可測吾不能坐受死亡今便爲身計不復作魏臣也與卿契濶故以相報死生榮辱與君共之湛聞舉聲大哭儉遽止之曰何得便爾湛曰百口居家即時屠滅如何不哭哭數十聲徐謂儉曰爲我白齊王王本以窮鳥投人賴朝廷假王羽翼榮寵至此國步多虞不能竭忠報德乃欲乘人間隙有不臧之心信惑行路無識

之語欲以羸敗之兵守關問鼎今魏德雖衰天命未改且王之恩義未洽於民但見其敗未見有成蘇湛不能以百口居家爲王族滅寶寅復報曰此自救命之計不得不爾所以不先相白者恐沮吾計故耳湛復曰凡爲大事當得天下奇士今但共長安博徒小兒輩計較辨有成理不湛恐荆棘必生庭閣願乞骸骨歸鄉里脫得因此病死以下見先人寶寅素重之以其病篤且知不爲已用聽還武功寶寅敗莊帝即位徵補尚書郎旣至莊帝曰前聞卿答曰蕭寶寅甚有美辭爲我說也湛頓首謝曰臣雖言語不如伍被

始終不易自謂過之然臣與周遊契濶言得盡心而不能令其不反臣之罪也莊帝悅拜散騎都尉仍領侍郎

賈景儁以學識知名奉朝請遷京兆王愉府外兵參軍愉起逆於冀州將授其官景儁不受愉殺之永平中贈東清河太守謚曰貞

王士良孝莊末爲爾朱仲遠府參軍事與紇豆陵叔藩交戰軍敗爲藩擒遂居河右僞行臺紇豆陵伊利欽其才擢授右丞妻以孫女士良旣爲姻好便得盡言遂曉以禍福伊利即歸附朝廷嘉之

北齊崔仲文東魏興和中爲丞相掾沙苑之敗仲文持馬尾以渡河及中流乍没乍出高祖望見之曰崔掾也遽遣船赴接旣濟勞之曰卿爲親爲君不顧萬死可謂家之孝子國之忠臣加中軍將軍

王紘爲奉朝請蘭京之亂紘冒刃捍禦以其忠節賜爵平春縣男賚帛七百段綾錦五十疋錢三萬並金帶駿馬仍除晉陽令

後周蔡襲高平人名著西州魏孝明正光中万俟奴寇亂關中襲乃背賊乘妻子歸雒陽拜齊安郡守

李遠其先隴西人也魏正光中天下鼎沸勑勒賊胡

琛侵逼原州其徒甚盛遠昆季率厲鄉人欲圖拒守而衆情猜懼頗有異同遠乃按劒而言曰頃年以來國家多難凶黨乘機肆其毒螫王略未振緩其梟夷正是忠臣立節之秋義士建功之日丈夫豈可臨難苟免當在死中求生耳諸人並世載忠貞沐浴教義今若棄同即異去順就逆雖三尺童子猶或非之將復何顏以見天下之士有異議者請以劒斬之於是衆皆股慄莫不聽命乃相與盟歃遂深壁自守而外無救援城遂陷其徒多被殺傷唯遠兄弟並爲人所匿得免遠乃言於兄賢曰今逆賊孔熾屠戮忠良遠

欲間行入朝請兵救援兄廞跡和光可以免禍內同釁隙因變立功若王師西指得表裏相應既殉國家之急復全私室之危豈若窮迫凶威坐見夷滅覽曰是吾心也遂定東行之策遠乃崎嶇冠境得達京師魏朝嘉之授武騎常侍俄轉别將賜帛千疋并弓矢衣馬等

皇甫績武帝建德初爲宮尹中侍武帝避暑雲陽宮時宣帝爲太子監國衛剌王作亂城門已閉百僚多有遁者績聞難赴之於玄武門遇皇太子下樓執績手悲喜交集帝聞而嘉之遷小宮尹

薛端汾陰人初爲司空高乾雍參軍以天下優亂遂棄官歸鄉里魏孝武西遷文帝令大都督薛宗禮據龍門引端同行崇禮尋失守降東魏東魏遣行臺薛循義都督一千兵西度據楊氏壁端與宗親及家僮等先在壁中循義乃令其兵逼端等東渡方欲濟河會日暮端密與宗室及家僮等叛之循義遣騎追端且戰且馳遂入石城柵得免柵中先有百家端與并力固守貴等數來慰諭知端無降意遂收還河東東魏又遣其將賀蘭懿南汾州刺史薛琰達守楊氏壁端率其屬并招喻村民等多設奇兵以臨之懿等疑有大軍便東進船溺死者數千人端收其器械復還楊氏壁文帝遣南汾州刺史蘇景恕鎮之降書勞問徵端赴闕以爲大丞相府戶曹參軍

盧辯范陽涿人也初魏孝武入關事起倉卒辯不及至家單馬而從或問辯曰得辭家不辯曰門外之治以義斷恩復何辭也孝武至長安授給事黃門侍郎領著作太祖以辯有儒術甚禮之朝廷大議當日顧問趙青雀之亂魏太子出居渭北辯時隨從亦不告家人其執志敢决皆此類也

冊府元龜

巡按福建監察御史臣李嗣京　訂正
知甌寧縣事臣孫以敬　參閱
知建陽縣事臣黃國琦　較釋

總錄部九

忠第二

後周薛整文帝時爲瓜州義首整以國難未寧嘗願舉宗効力遂率鄉親二千餘人入朝隨軍征討整善撫馭躬同豐約是以士衆竝志羈旅盡其力用文帝嘗從容謂整曰卿遠祖立忠而來可謂積善餘慶世濟其美者也初整遠祖漢建威將軍邁不爲王莽屈其子孫避地河右故文帝稱之

隋蘇威字無畏父綽魏度支尚書威五歲喪父周太祖時襲爵美陽縣公周武親總萬機拜稍伯下大夫前後所授竝辭疾不拜宣帝嗣位就拜開府隋高祖爲丞相高熲屢言其賢高祖亦素重其名召之及至引入臥內與語大悅居月餘威聞禪代之議遁居田里高熲請追之高祖曰以此不欲預吾事且置之

陳茂河東猗氏人也高祖爲隋國公引爲寮佐從高祖與齊師戰於晉州賊甚盛高祖將排戰茂固止不得因捉馬鞚高祖忿之拔刀斫其額流血被面詞氣不撓高祖感而謝之厚加禮敬後至唐終於梁州總管

隋皇甫誕仁壽末爲漢王諒并州司馬煬帝即位徵諒入朝遂發兵作亂誕諫之爲諒所囚及楊素將至諒屯清源以拒之諒主簿豆盧毓出誕於獄相與協謀閉城拒諒諒襲擊破之竝抗節而遇害其子無逸時在長安聞諒反即用居喪之禮人問其故泣而對曰大人平生徇節義旣屬亂常必無苟免旣而凶問果至

敬釗仁壽中爲繁時令甚有能名漢王諒反師陷其城賊帥墨弼執送僞將喬鍾葵署爲代州總管司馬釗正色拒之誓之以死會鍾葵敗釗遂免卒於朝邑令

陶謨爲嵐州司馬漢王諒謀作亂州縣莫不響應謨與繁時令敬釗竝抗節不從

長孫行布晟之少子爲漢王諒庫直甚見親狎諒於并州起逆率衆南拒官軍乃留行布城守遂與豆盧毓等閉門拒諒城陷遇害

豆盧毓爲漢王諒府主簿煬帝即位徵諒入朝諒納

諮議王頍之謀發兵作亂綖苦諫不從因謂弟懿曰吾匹馬歸朝自得免禍此乃身計非爲國也今且僞從以思後計綖兄顯州刺史賾言於帝曰臣弟綖素懷志節必不從亂但逼兇威不能勉遂臣請從中與綖爲表裏諒不足圖也帝以爲然許之賾密遣家人齎勑書至綖所與之計議諒出城將往介州令綖與總管屬朱濤留守綖與濤曰漢王構逆敗不旋踵吾豈坐受夷滅辜負家國耶當與卿出兵拒之濤驚曰王以大事相付何得有是語因拂衣而去綖追斬之時諒司馬皇甫誕前以諫諒被囚綖於是出誕與之

協計及開府盤石侯宿勤武開府宇文永昌儀同成端長孫愷車騎安成進元世雅原武令皇甫文顥等閉城拒諒部分未定有人告諒諒襲擊之綖見諒至紿其衆曰此賊軍也諒攻城南綖時遣稽胡守城稽胡不識諒射之箭下如雨諒復至西門守兵皆并州人素識諒即開門納之綖遂見害時年二十八

慕容遐爲澧水丞漢王諒反抗節不從以誠節聞

裴仁基爲王世充禮部尚書及子左輔大將軍行儼尚書左丞宇文儒童等數十人謀誅世充復尊立越王侗事泄皆見害夷其三族

唐武逸武德初爲濟王府戶曹參軍王鎮并州逸亦隨去頃之劉武周陷并州逸沒賊密令使者潛詣京奏賊可圖之計勑慰勉之俄而武周平從太祖入朝授益州行臺左丞

杜行敏爲齊王祐府兵曹督祐殺長史權萬紀典軍韋文振舉兵詔兵部尚書李勣刑部尚書劉德威發兵討之行敏等起兵執祐乃誅其黨

羅石頭齊州人齊王祐反石頭數祐罪援槍而前欲刺之爲祐左右燕弘亮所殺詔贈亳州長史

高君壯齊州城北高村人齊王祐反燕弘亮引騎擊

高村君壯遥數祐曰主上親平寇難成此大業萬姓懷荷仰之如天地甲兵不可勝數爾忽驅城中數千百人搆爲亂如一手搖泰山不自量之甚也其如君父何祐縱擊虜之懟而不能殺詔以君壯爲榆杜令

李厚德弟育德歸國爲陟州刺史厚德時陷王世充逃歸渡河爲寇所執世充囚之於獲嘉使其作書召育德育德陽許之故其兄繫獄久不死世充殷州刺史段大師遣小師趙君穎以兵守之厚德陰結於君穎及城中人賈慈行謀翻獲嘉以將且待慈行如子弟與客十餘人大呼於上云李家兵悉登城矣君穎

與獄中以爲馬載厚德擁獄囚及援兵數十人叫譟而出至衙門外逢僞長史趙景休斬之以狥衆皆懼伏至廳前從者數百大師踰城而遁遂尅殷州拜厚德爲刺史

戴胄爲隋越王侗給事郎王世充將篡侗位胄言於世充曰君臣之分情均父子理須同其休戚曷以終始明公以文武之才當社稷之寄興存興亾在於今日所願推誠王室擬跡伊周使國有泰山之安家傳代祿之盛則率土之濱莫不幸甚世充詭辭稱善勞而遣之世充後逼越王加其九錫胄又抗言切諫世

充不納繇是出爲鄭州長史令與兄子行本鎮武牢

韋陟天寶中爲河東太守右相楊國忠忌其才望恐踐台衡乃引河東人吳豸之謂曰子能使人告陟乎吾以子爲御史豸之告陟與御史中丞結託欲謀陷朝廷又陟甥韋允志證之坐貶桂嶺尉長陟未之任再貶韶州平樂尉會祿山反陷雒陽陟愛弟斌爲賊所得國忠欲構陟爲賊通應潛令吏卒伺其所居欲脅之令陟憂死其土豪人勸陟曰昔張燕公竄逐藏於陳氏以免危亾詔命儻來誰敢中覆未若輕舟千里且匿溪洞候事清徐出豈不美也陟慨然應之曰我積信於國朝非一代也况素所秉心無負神理命之合爾其敢逃刑燕公之謀誠媿厚意不能從也因謝遣之遂堅臥不動經歲餘潼關失守

韓洪爲駕部員外郎天寶中以不附權門爲楊國忠所嫉貶循州司馬安祿山反哥舒翰守潼關聞奏授華州長史防禦副使傳召至闕門指陳安危哥舒翰戰敗還京刑部尚書張均陷賊爲中書令仍僞署洪工部郎中侍御史洪與兄弟等謀挈家出奔爲賊覺乃令胡騎出入防援詭報騎將赴東京出城辭墓便欲竄匿爲逆黨追執與兄前萬年縣尉浩及男平等

一家七人皆見害肅宗靈武即位素聞洪名拜洪江陵長史山南東道採訪使兼御史中丞方倚以經濟及聞抗節深加悼愍

甄濟字孟成安祿山表薦充范陽掌書記天寶末濟察祿山有異志謀以智免衛縣令齊玘誠信可託乃求使至縣具以誠告令弟澄密求羊血以爲備至夜僞嘔血疾不能支遂舁歸及祿山反使僞節度使蔡希德領行戮者李㤉等二人封刀來召察濟詐不起即就戮之濟以左手書云去不得李㤉持刀向前濟引首以待希德歔欷歎之李㤉退以實報祿山後安

慶緒亦使人至縣強昇至東郡安國觀經月餘代宗收東都濟起詣軍門上謁乃送上都肅宗舘之於三司令受僞官瞻望以愧其心

李峴爲江陵長史至德元年江陵大都督永王璘擅領舟師下赴江陵以薛璆李臺卿蔡珦劉巨鱗爲謀主因有割據之志肅宗聞之詔令歸於蜀璘不從唯峴辭疾赴行仁

段秀實爲安西判官肅宗即位於靈武徵安西兵節度使梁宰潛懷異圖秀實謂都將李嗣業曰豈有天子告急臣下晏然信浮妄之說豈明公之意耶嗣業

遂見宰請發兵五千令嗣業統赴朔方以秀實爲副帥

穆寧性清剛重交遊以氣節自任天寶末佐採訪使巡按嘗過平原因與太守顏真卿密揄祿山及至是真卿亦倡義舉郡兵以拒祿山會寧聞使持書遺真卿曰夫子爲衛君乎更無他詞真卿得書大喜因奏署試大理評事河北採訪支使寧以長子屬母弟曰惟邇所適苟不乏嗣吾無累矣因在平原謂真卿曰先人有嗣矣古所謂死有輕於鴻毛者寧是也願佐公以定危難真卿深然之其後寧計或不行真卿迫蹙棄平原夜渡河走肅宗在鳳翔問狀真卿以不用寧言對肅宗發驛召寧將以右職待之會真卿以抗直失旨事遂止

蘇震爲長安縣令甚著聲績天寶末逆賊祿山陷京師玄宗幸蜀震與京兆尹崔光遠冐賊鋒捨棄家族自府廨署馳出開遠門殺賊守門者以行時肅宗興師靈武震涉歷山谷晝夜兼程以達行在肅宗深嘉之即日拜御史中丞

裴諝河南雒陽人襲鄭營田判官丁母憂東都復爲史思明所陷諝藏匿不出思明嘗爲諝父將較懷舊

恩又素慕諝名欲必得之因令捕騎數十跡之遂得諝思明見之甚喜呼爲郎君不名僞授御史中丞主擊斷之任時思明殘殺宗室諝陰緩之全活者數百人又嘗密疏賊短長以聞事泄思明大怒詬罵僅而免死賊平除太子中允

李承爲河南採訪使郭納判官尹子期圍汴城陷賊拘承送雒陽承在賊庭密疏姦謀多獲聞達西京剋復例貶撫州臨川縣尉數月除德清令旬日拜監察御史

薛之輿少居於海岱之間永泰中淄青節度使李正

已初有淄青齊海登萊沂密德棣等州之地與田承嗣令狐彰薛嵩李寶臣梁崇義更相影響辟之輿爲從事因奉使京師之輿逗遛不歸正巳召之再三之輿報曰大人既未入朝之輿焉敢歸使因逃匿於山間十餘年建中後方復仕官

邵眞爲成德軍節度判官眞嘗爲李寶臣掌文翰深所信任寶臣死其子惟岳擅領父衆李正巳田悅欲其同反各通使於惟岳眞泣諫曰先公位兼將相受國厚恩大夫衰絰之中遽欲違命同隣道之惡背先公之志必不可也田悅與我密邇絶之恐速禍正巳

稍遠絶之易耳但令悅使還報請徐思其宜執正巳使於京師因請致討朝廷必嘉大夫之忠而旌節可得若授節於正巳即當臣之爲之柰何惟岳許之令眞草奏辭發孔目吏胡震頗任事謂惟岳曰此事非細請與諸將吏議之至會議長史畢華曰先公與二道親好二十餘年一旦背之不可今執其使送京師大善脫未爲朝廷所信正巳兵強忽來襲我孤軍無援何以敵之不若仍舊勿絶徐觀其變惟岳又從之眞又勸惟岳遣其弟惟簡入朝仍遣軍吏薛廣嗣請河東節度使馬燧軍來保薦屯兵束鹿田悅聞其謀使使謂惟岳曰邵眞惑亂軍政必速殺之不然吾且自討其罪矣惟岳遂殺之德宗建中二年贈眞戶部尚書與一子五品正員官

張重政泗州刺史伾之子伾在州十餘年貞元二十一年拜金吾衞未至病卒軍吏欲令重政代爲將軍政與其母徐氏拒不從獲免順宗詔曰前昭義軍泗州行營衙前兵馬使大中大夫太子賓客兼監察御史張重政門有勲力性推義勇夙聞克家之美嘗稱撫衆之才近者其父初亡群小扇惑誘以奇計俾執軍麾而重政與其母兄號泣固拒遂全懇願奔告元

戎不爲回利成其先志於家爲孝子在國爲忠臣軍部乂安行義昭著念茲名節感歎良深宜洽恩榮俾示彝崇可起復雲麾將軍守金吾衞大將軍員外置同正員簡較太子詹事兼御史中丞仍委淮南節度使與要職事任使

高彥昭不知何許人初事李正巳子納叛彥昭以濮州降於河南都統劉玄佐納怒殺其妻子彥昭後從玄佐救寧陵復汴州累以功授潁州刺史

鄭雲逵德宗朝朱滔表爲從事授監察御史後滔叛

兵助田悅爲逆雲逵論之不從遂棄妻子馳長安縣簡較祠部員外郎授諫議大夫賜以金紫厚被賞賚

路泌建中末爲城門郎屬德宗違難奉天泌時在京師棄妻子潛詣行在所又從幸梁州排潰軍而出再爲流矢所中裂裳濡血以策說渾瑊瑊深敬待之

裴行立江西道節度李錡之甥也初錡以宣州富饒有先吞之意遣四院隨身兵馬使張子良李奉山田少卿領兵三千分路將收宣池等州三軍夙有順志而未知發及是後確然同心行立亦思向順錡之密謀多决於行立屬以錡之密計傳於二將故得口約

其子良等發兵於外行立應於內是夕子良等屯師於營聲言將行實伺便而動召其衆告之曰諸君知所爲乎僕射反狀已聞於朝四方精兵咸聞進討況嘗湖鎮將相次見殺勢已蹙矣方遣吾輩遠襲宣城豈能保全徒死耳轉禍爲福見機而作皆事機也於諸君如何衆皆悅從子良復論之知志可保乃廻戈趨城行立舉火爲應內外鼓譟聲駭四遠行立先率兵直趨牙門錡驚問左右曰城外有何兵馬來曰張中丞錡大怒又問曰門外誰兵馬是何多也左右曰裴侍御錡撫膺曰行立背吾耶乃跣足匿於女樓之下最親將李鈞領挽硬三百人趨山亭院將戰爲行立伏兵所截遽引退之須臾鈞已傳首城下錡舉家皆哭子良宣命城中具陳順逆連聲呼錡請令束身歸朝左右乃執錡褁之以幕縋而出之送於闕下

令狐建父彰爲滑亳魏博等州節度旣終建初爲三軍逼奪情禮建守死不從天下士多義之謂彰善終建後至大將軍

李惟簡寶臣第三子也初王武俊旣誅惟岳又械惟簡送京師德宗拘於客省防伺甚峻朱泚之亂惟簡斬關而出奔赴奉天德宗嘉之用爲禁軍將軍

權臯爲監察御史時玄宗在蜀會丁母喪因家洪州時南北隔絶或踰歲不聞詔命有中使奉宣至洪州經時未復過有求取州縣苦之時有王遘爲南昌令將執按之因見臯白其事臯不言久之垂涕曰方今何縣可致一勑使而遽有此言因淹涕而起遘遽拜謝之

蘇弁爲奉天縣主簿時德宗倉卒遷幸縣令杜正元上府計事聞天駕至官吏惶恐皆欲奔竄山谷弁聲言於衆曰君上避狄臣下當伏難死節昔肅宗至新平安定二太守皆潛遁上命斬之以徇諸君知其事

乎衆乃迎邑儲待無闕德宗嘉之就授試大理司直賊平拜監察御史歷三院

高沐進士及第以家族在鄆李師古署爲判官居數年師道權襲每謀不順沐於同列郭昈李公度等必廣引古今成敗諭之前後說師道爲善者凡數千言其判官李文會孔目官林英皆爲師道信用乘間相與涕泣於師道前曰文會等血誠憂尚書之家事反爲高沐輩所嫉尚書柰何不惜十二州之地成高沐等百代之名乎後日夜讒搆繇是漸見疑忌令沐知萊州事而林英因奏事至京師吏密報師道云高沐

潛有誠欵至朝廷矣師道大怒李文會從而搆成之沐遂遇害於遷所而囚郭昈於萊州其血屬皆徙遠地及淮西平師道漸懼李公度與其大將李英曇乘其懼也說師道乃獻三州及入質長子初甚然之中悔將殺公度賈直言聞之謂師道用事諸奴曰今大禍將至非高沐寃氣所爲又殺公度是益其疾也乃止逐英曇於萊州未至縊殺之又有崔承寵楊偕陳佑崔清皆以懷順爲賊所惡李文會呼爲高沐之黨沐之遇害承寵等同被囚放郭昈名亞於沐雖不死備嘗困辱矣及劉悟平賊遽召李公度執手歔欷旣除滑州節度首辟昈及公度爲從事

李夷簡爲鄭縣丞遇朱泚僭逼德宗違難於奉天泚初揚言將迎車駕逆順未辨俄而遣使速出潼關行至華州郵吏李翼縱之不問夷簡謂翼曰朱泚必有異謀前發幽隴兵五千救援襄城皆泚之部曲也今所遣使是必遣往襄城耳上越在外未有防虞若五千之兵倍道兼行不數日而至助泚爲逆其爲禍也非細不如徑追其使若果挾徵兵之符便宜戮之翼馳往潼關及之鞫驗果有泚符實追襄城之兵也翼言於關將元光光立斬泚使收其符遣使間道獻於

行在遂以元光爲華州刺史元光不舉翼之功時罕知者

符璘田悅之將也德宗建中三年悅反與淄青李納會於濮陽因請助兵納分麾下數千人隨之至是納爲河南諸軍所迫自濮陽奔歸濮州徵兵於悅悅使璘以三百騎護送之納兵旣歸璘遂悉其衆降於馬燧遷璘試太子詹事兼御史中丞封儀陽郡王實封三百戶璘父令奇初爲悅部將至是因璘之出遂令三子同降於燧悅怒執令奇令奇大呼慢罵之悅族其家贈令奇戶部尚書

李景畧幽州人大曆末寓居河中李懷光爲朔方節度使招在幕府奏授大理司直遷監察御史及懷光屯軍咸陽反狀始萌景畧說懷光請復宮闕迎大駕懷光不從景畧出軍門大哭曰誰知此軍一日陷於不義軍士相顧甚義之因退居私家

王士則鎮州承宗之叔父也元和四年士則以承宗拒命率從事劉栖楚及騎士馳京師召見勞問之

李全畧本姓王名日簡爲鎮州小將節度使王承宗沒軍情不安自拔歸朝授代州刺史

田布鎮畧節度使中書令弘正第三子也始弘正爲

田秀安裨將鎮臨清縣布時尚幼嘗密說其父以其所鎮之衆歸朝弘正雖不能行甚奇重之

傅良弼爲神策行營樂壽鎮兵馬使李寰爲博野鎮初王廷湊叛良弼懷所鎮介居燕趙而二啗之以利脅之以威屢趣其降各以一旅之衆堅壁不戰賊不能取詔赦廷湊以良弼爲沂州刺史

楊元卿少孤慷慨有才畧時吳少誠專秦州朝廷姑息之元卿白衣謁見署以劇縣旋辟爲從事奏授試大理評事後事少陽轉監察裏行因上奏宰相吉甫浮嘉慰納自是一歲或再隨奏至京師元卿每與少陽言論以大義遂爲凶黨所構賴節度判官蘇肇保特免之卿潜奉朝廷內託少陽之事及少陽死其子元濟繼立元卿說曰先尚書性悋諸將皆饑寒今須布惠以自固府中有無元卿熟知之局若散聘諸道卑辭厚禮以丈人行呼群帥庶幾一助而諸將大獲矣元卿領將留後表上聞朝廷安得不從哉元濟許之元卿卽日離蔡以賊勢盈虛條奏潛請詔諸道拘留使者元濟覺元卿妻陳氏并四男與蘇肇同日爲元濟所殺詔授元卿岳王府司馬改太子僕射遷蔡州刺史未行改光祿大夫每延英宰相必召入計事

及蔡州平超拜左金吾衛將軍

梁韋震唐末爲宣武節度副使乾寧二年七月內昭宗狩於石門震奉表自號畧山中間道奔問進獻行在昭宗大悅復命授簡較司徒震本名肇至是賜名震太祖特爲製字共優遇如此

後唐史敬容太原人事太祖爲帳中綱紀甚親任之莊宗之初嗣晉王位李克寧陰構異圖將害莊宗事發有日矣克寧密引敬容以邪謀諭之旣而敬容白貞簡太后太后惶駭召張承業李存璋等圖之克寧等伏誅以功累歷郡守

劉彦琮字比德雲中人也事武皇帝累從征役先是絳州刺史王瓘叛武皇言於彦琮意欲致之無幾從畋於汾晉之郊彦琮奔絳瓘以爲附巳待之甚厚因命爲親騎會瓘出獵於驅馳之際彦琮刄瓘之首來獻武皇甚奇之

漢梁暉淦陽人少爲盜會契丹犯闕暉收集徒黨先入磁州無所侵犯遣使送款於高祖暉偵知相州頗積餉且無守備遂以三月二十一日夜與其徒踰垣而入殺契丹十人奪器用數萬計遂據其城虜主先遣僞命相州節度使高唐英率兵討之未幾虜主至城下是月四日攻拔之遂屠其城

册府元龜　總録部　卷之七百五十九　十七
忠第二

册府元龜

册府元龜

巡按福建監察御史臣李嗣京　訂正

新建縣舉人臣戴國士叅閲

知建陽縣事臣黄國琦較釋

總録部十

忠義

夫忠者臣下之高行義者制事以合宜謂其益也猶死而無二語其大也滅親而不顧然貞一之道存乎誠節而逆順之理著於艱危自正道寖微禍階萌立紀律隳弛而莫制英賢馳騖而不足諫或見拒黜之

無怨難之將作奮不顧命乃至因利陳說唱合義舉借勢鼓怨用圖興復挺身而誓除逆節誓心而耻仕僞政感至流涕憤以碎首精貫白日讐不同天雖或時移運謝齎志弗克其英風餘烈良足尚焉

冨辰周襄王之大夫也襄王十七年王以翟師伐鄭王德翟人將以其女爲后冨辰諫曰不可王弗聽十八年王黜翟后翟人來攻冨辰曰吾驟諫王王弗從以及此難若我不出其以我爲懟乎乃以其屬死言率其所屬以死難

漢張充爲期門郎時王莽居攝充等六人謀共刼莽立楚王發覺誅死

後漢鮑永字君長宣之子也永初爲郡功曹王莽以鮑宣不附己欲滅其子孫都尉路平承望風旨規欲害永太守苟諫擁護召以爲吏常置中府永因數爲諫陳興復漢室翦滅篡逆之策諫每戒永曰君長幾事不密禍倚人門永感其言及諫卒日送喪歸扶風路平遂收永弟升太守趙興到聞乃嘆曰我受漢茅土不能立節而鮑宣死之豈可害其子也勑縣出升復署永功曹

郭丹爲更始諫議大夫持節使南陽更始敗諸將悉

歸光武並獲封爵丹獨保平氏不下爲更始發喪衰絰盡哀建武二年遂潛逃去敝衣間行涉歷險阻求謁更始妻子奉還節傳因歸鄉里

趙憙爲更始郎中累遷五威偏將軍更始敗憙遇更始親屬皆裸跣塗炭饑困不能前憙見之悲感所裝縑綿資糧悉以與之將護歸鄉里

王遵字子春父爲上郡太守遵少豪俠有才辯雖與隗囂舉兵而常有歸漢意曾於天水私謂來歙曰吾所以力不避矢石者豈要爵位哉徒以人思舊主先君蒙漢厚恩思效萬分耳又數勸囂遣子入侍前後

辭諫切甚嵩不從故去焉
閔貢爲河南中部掾時袁紹袁術誅宦官中常侍段
珪劫天子出貢北到河上天子饑渴貢烹羊進之厲
聲責張讓等曰君以閹宦之隷刀鋸之殘越從湾泥
扶持日月賣弄國恩階賤爲貴刼迫帝王蕩覆王室
假息漏刻遊魂河津自亡新以來姦臣賊子未有如
君者今不速死吾射殺汝讓等惶怖乂手再拜叩頭
向天子辭曰臣等死陛下自愛遂投河而死
臧洪廣陵人中平末弃官還家太守張超請爲功曹
時董卓圖危社稷洪說超曰明府歷世受恩兄弟並

據大郡今王室將危賊臣虎視此誠義士効命之秋
也今郡境尚全吏人殷富若動桴鼓可得二萬人以
此誅除國賊爲天下倡義不亦宜乎超然其言與洪
西至陳留見兄邈計事邈先謂超曰聞弟爲郡委政
臧洪洪者何如人超曰臧洪海内奇士才畧智數不
比於超矣邈即引洪與語大異之乃使詣兖州刺史
劉岱豫州刺史孔伷遂皆相善邈既先有謀約會超
至定議乃與諸牧守大會酸棗設壇場將盟而更相
辭讓莫敢先登咸共推洪洪乃攝衣升壇操血而盟
曰漢室不幸皇綱失統賊臣董卓乘釁縱害禍加至

尊毒流百姓大懼淪喪社稷翦覆四海兖州刺史伷
陳留太守邈東郡太守瑁廣陵太守超等糾合義兵
並赴國難凡我同盟齊心一力以致臣節隕首喪元
必無二志有渝此盟俾墜其命無克遺育皇天后土
祖宗明靈實皆鑒之洪辭氣慷慨涕泣橫下聞其言
者雖卒伍厮養莫不激揚人思致節
魏田疇幽州人也漢末劉虞爲本州牧時董卓遷獻
帝於長安虞嘆曰賊臣作亂朝廷播蕩四海俄然莫
有固志身備宗室之遺老不得自同於衆今欲奉使
展效臣節安得不辱命之士乎衆議咸曰田疇雖年

少多稱其奇疇時年二十二矣虞乃備禮請與相見
大悅之遂署爲從事具其車騎將行疇曰今道路阻
絕寇虜縱橫稱官奉使爲衆所指名願以私行期於
得達而已虞從之疇乃歸自選其家客與少年之勇
壯慕從者二十騎俱往虞自出祖而遣之既取道疇
乃更上西關出塞傍北山直趣朔方循間徑去遂至
長安致命詔拜騎都尉疇以爲天子方蒙塵未安不
可以荷佩榮寵固辭不受朝廷高其義三府并辟皆
不就初疇將行引虞密與議疇因說虞曰今帝王幼
弱姦臣擅命表上須報懼失事機且公孫瓚阻兵安

恐不早圖之必有後悔虞不聽
楊阜天水冀人涼州刺史韋康辟爲別駕馬超率諸
戎渠帥以擊隴上郡縣隴上郡縣皆應之惟冀城奉
州郡以固守超盡兼隴右之衆而張魯又遣大將楊
昂以助之凡萬餘人攻城阜率國中士大夫及宗族
子弟勝兵者千餘人使從弟岳於城上作偃月營
與超接戰自正月至八月拒守而救兵不至州遣別
駕閻溫循水潛出求救爲超所殺於是刺史太守失
色始有降超之計阜流涕諫曰阜等率父兄子弟以
義相勵有死無二田單之守不固於此棄垂成之功

陷不義之名阜以死守之遂號哭刺史太守卒遣人
請和開城門迎超超入拘岳於冀使楊昂殺刺史太
守阜內有報超之志而未得其便頃之阜以喪妻求
葬假阜外兄姜敘屯歷城阜少長敘家見敘母及敘
說前在冀中時事歔欷悲甚敘曰何爲乃爾阜曰守
城不能完君亡不能死亦何面目以視息於天下馬
超背父叛君虐殺州將豈獨阜之憂責一州士大夫
皆蒙其恥君擁兵專制而無討賊心此趙盾所以書
弒君也超強而無義多釁易圖耳敘母慨然敕敘從
阜計定計與鄉人姜隱趙昂尹奉姚瓊孔信武都人
李俊王靈結謀定討超約使從弟謨至冀州語岳并
結安定梁寬南安趙衢龐恭等約誓既明十七年九
月與敘起兵於鹵城超聞阜等兵起自出而衢寬解
岳閉冀城門討超妻子超襲歷城得敘母敘母罵之
曰汝背父之逆子殺君之桀賊天地豈久容汝而不
早死敢以面目視人乎超怒殺之阜與超戰身被五
創宗族昆弟死者七人超遂南奔張魯隴右平定
金禕字德禕曹公爲魏王禕自以世爲漢臣自日磾
討莽何羅忠誠顯著名節累葉覩漢祚將移謂可復
興乃喟然發憤遂與少府耿紀司直韋晃太醫令吉

本本子邈邈弟穆等結謀紀字季行少有美名爲丞
相掾王甚敬異之遷侍中守少府邈字文然穆字思
然以禕慷慨有日磾之風又與魏王丞相長史王必
善因以閒之若殺必欲挾天子以攻魏南援劉備時
關羽強盛而王在鄴留必與兵督許中事文然等雜
人及家僮千餘人夜燒門攻必禕遣人爲內應射必
中肩必不知攻者爲誰以素與禕善走投禕夜喚德
禕禕家不知是必謂爲文然等錯應然曰王長史已
死乎卿曹事立矣必乃更他路奔一日必乃欲投禕
其帳下督謂必曰今日事竟知誰門而投人乎扶必

奔南城會天明必猶在文然等衆散故敗後十餘日必竟以劍死收紀晃等將斬之紀呼魏王名曰恨吾不自主意竟爲群兒所誤耳晃頓首搏頰以至於死王聞王必死盛怒召漢百官詣鄴令救火者左不救火者右衆人以爲救火者必無罪皆附左王以爲不救火者非助亂救火者乃實賊也皆殺之

張恭燉煌人爲郡功曹太守馬艾卒官府又無丞恭素有學行郡人推行長史事恩信甚著乃遣子就東詣太祖請太守時酒泉黄華張掖張進各據其郡欲與恭并勢就至酒泉爲華所拘執刼以白刄就終不

回私與恭疏曰大人率厲燉煌忠義顯然豈以就在困厄之中而替之哉昔樂羊食子要離覆家經國之臣寧懷妻孥邪今大軍垂至但當促兵以掎之耳願不以下流之愛使就有恨於黄壤也恭即遣從弟華攻酒泉沙頭乾齊兩縣恭又連兵尋繼華後以爲首尾之援別遣鐵騎二百東緣酒泉北塞徑出張掖北河逢迎太守尹奉於是張進須黄華之助華欲救進西顧恭兵恐急擊其後遂詣金城太守蘇則降就竟平安奉得之官黄初二年下詔褒揚賜恭爵關内侯拜西域戊己校尉數歲徵還將授以侍臣之位而以子就代焉恭至燉煌固辭疾篤太和中卒贈執金吾就後爲金城太守父子著稱於西州

尹大目少爲曹氏家奴高貴鄉公時爲殿中人嘗侍在帝側毋丘尉文欽之舉兵也大將軍司馬景王將俱行景王目有瘤疾使醫割之文欽子鴦勇冠三軍鴦之來攻王驚而目出大目知大將軍一日已突出啟云文欽本是明公腹心但爲人所誤耳又天子鄉里昔爲文欽所信乞得追解語之令還與公復好大將軍聽遣大目單身往乘大馬被鎧冑追文欽遥相與語大目心實欲曹氏安謬言君侯何苦苦不可復

忍數日中也欲使欽解其旨欽殊不悟乃更厲聲罵大目汝先帝家人不念報恩而反與司馬師作逆不顧上天天不祐汝乃張弓傅矢欲射大目大目涕泣曰世事敗矣善自努力也

蜀吕凱字季平永昌不韋人仕近五官掾功曹時雍闓等聞先主薨於永安驕黠滋甚都護李嚴與闓書六紙解喻利害闓但答一紙曰蓋聞天無二日土無二王今天下鼎立正朔有三是以遠人惶惑不知所歸也其桀慢如此闓又降於吳吳遥署闓爲永昌太守永昌既在益州郡之西道路壅塞與蜀隔絶而郡

太守改易既與府丞署郡王伉帥屬吏民閉境拒闓闓數移檄永昌稱說云云凱荅檄曰天降喪亂姦雄乘釁天下切齒萬國悲悼臣妾大小莫不思竭筋力肝腦塗地以除國難伏惟將軍世受漢恩以為當躬聚黨衆率先啟行上以報國事下不負先人書功竹帛遺名千載何期臣僕吳越背本就末乎昔舜勤民事殞於蒼梧書籍嘉之流聲無窮殞於江浦何足可悲文武受命成王乃平先帝龍興海内望風宰臣聰睿自天降康而將軍不覩盛衰之紀成敗之符譬如野火在原蹈履河冰火滅冰泮將何所依附曩者將

軍先君雍侯造怨而封竇融知興歸志世祖皆流名後葉世歌其美今諸葛丞相英才挺出深覩未萌受遺託孤翊贊季興與衆無忌錄功忘瑕將軍若能卒然改圖易跡更步古人難追鄙土何足宰哉蓋聞楚國不恭齊桓是責夫差僭號晉人不長況臣於非主誰肯歸之邪竊惟古義臣無越境之交是以前後有來無往重承告示發憤忘食故略陳所懷惟將軍察焉凱威恩内著為郡中所信故能全其節及丞相亮南征討闓既發在道而凱已為高定部曲所殺亮至上表曰永昌郡吏呂凱府丞王伉等執忠絶域十有餘年雍闓高定偪其東北而凱等守義不與交通臣不意永昌風俗敦直乃爾以凱為雲南太守封陽遷亭侯會為叛夷所害子祥嗣而王伉亦封亭侯為永昌太守蜀世譜曰呂祥後為晉南夷校尉祥子及孫世為永昌太守李雄破寧州諸呂不肯附舉郡固守姜維為大將軍後主降鄧艾維見鍾會會謂維曰來何遲也維正色流涕曰今日見此為速矣會甚奇之會既搆鄧艾艾檻車徵會陰懷異圖維見而知其心謂可搆成擾亂以圖克復也乃詭說會曰聞君自淮南已來筭無遺策晉道克昌皆君之力今復定蜀威德振世民高其功主畏其謀欲以此安歸乎夫

韓信不背漢於擾攘而見疑於既平大夫種不從范蠡於五湖卒伏劍而妄死彼豈闇主愚臣哉利害使之然也今君大功既立大德已著何不法陶朱公泛舟絶跡全功保身登峨眉之嶺而從赤松子游乎會曰君言遠矣我不能行且為今之道或未盡於此也維曰其他則君智力之所能無煩於老夫矣由是情好歡甚維教會誅北來諸將徐欲殺會盡坑魏兵還復蜀祚密書與後主曰願陛下暫忍數日之辱臣欲使社稷危而復安日月幽而復明孫盛以永和初從安西將軍平蜀見諸故老言及姜維既降之後密與

劉禪表賦説欲僞服事鍾會事不捷遂至洪滅蜀人
於今傷之
郤正爲祕書令後主東遷雒陽時擾攘倉卒蜀之大
臣無翼從者惟正及殿中督汝南張通捨妻子單身
隨侍後主賴正相導宜適舉動捨無闕乃慨然歎息
恨知正之晩時論嘉之
譙周字允南後主時爲中散大夫及晋文王爲魏相
國下書辟周至漢中因病不進晋室踐祚累下詔所
在發遣周周遂輿病詣雒泰始三年至以病不起就
拜騎都尉周乃自陳無功而封求還爵土皆不聽許

吳桓彝爲丞相孫峻司馬時太子和無罪見殺衆庶
皆懷憤歎彝因此招合將吏欲共殺峻事覺見殺
晋裴憲子憲東海王越以爲豫州刺史北中郎將假
節王浚承制以憲爲尚書懷帝永嘉末王浚爲後趙
石勒所破棗嵩等莫不謝罪軍門貢賂交錯惟憲及
荀綽恬然私室勒素聞其名召而謂之曰王浚虐暴
幽州人鬼同疾孤恭行天罰拯兹黎民故舊咸歡慶
謝交路二君齊恩傲威誠信阻絶防風之戮將誰歸
乎憲神色侃然泣而對曰臣等世荷晋恩榮遇隆重
王浚凶悪雖欣聖化義阻誠心且
武王伐紂表商容之閭未聞商容在倒戈之列也明
公旣不欲以道屬物必欲刑忍爲始者防風之戮臣
之分也請就辟有司不拜而出勒深嘉之待以賓禮
毛孟爲寧州治中惠帝末西南夷叛刺史李毅卒城
中百餘人奉毅女固守經年孟詣京師求刺史不見
省孟固陳曰君亡親喪幽閉窮城萬里訴哀不垂愍
救旣懲包胥無哭秦之感又愧梁妻無摧城之驗存
不若亡乞賜臣死朝廷憐之乃以吳興太守王遜爲
南夷校尉寧州刺史
高陌有志節東海王越輔政不朝覲陌知人心有望

將與太傅參軍姜顧京兆杜涎等謀討越事泄伏誅
庾珉字子琚少歷散騎常侍本國中正侍中封長岑
男懷帝之没劉元海也珉從在平陽元海大會因使
帝行酒珉不勝悲憤再拜上酒因大號哭賊惡之會
有告珉及王儁等謀應劉琨者元海因圖弑逆珉等
並遇害
辛賓愍帝時爲尚書郎及帝蒙塵於平陽前趙劉聰
使帝行酒洗爵欲觀晋臣在朝者意賓起而抱帝大
哭聰曰前殺庾珉輩故不足爲戒邪引出遂加害焉
樂道融爲王敦參軍敦將圖逆謀害朝賢以告其卓

以爲不可遲留不赴敦遣道融召之道融雖爲敦佐
忿其逆節因說卓曰主上躬統萬機非專任劉隗今
慮七國之禍故割湘州以削諸侯而王氏擅權日久
卒見分政便謂被奪耳王敦背恩肆逆舉兵伐主國
家待君至厚今若同之豈不負義生爲逆賊死爲愚
鬼永成宗黨之恥耶君當僞許應命而馳襲武昌敦
衆聞之必不戰自敗大勳可就矣卓大然之乃與巴
東監軍柳純等露檄陳敦過逆率所統致討又遣齎
表詣臺卓性不果决且年老多疑遂待諸方同進出
軍稽遲至豬口敦聞卓已下兵卓兄子卬時爲敦參

軍使卬求和於卓令其旋軍卓信之將旋王簿鄧騫
與道融勸卓曰將軍起義兵而中廢爲敗軍之將竊
爲將軍不取今將軍之下士卒各求其利一旦而還
恐不可得也卓不從道融日夜涕泣諫卓憂憤而死
周崎爲湘州從事王敦之難譙王承使崎求救于外
與周該俱爲魏乂偵人所執乂責崎辭情臨以白刃
崎曰州將使求援於外本無定指隨時制宜耳乂謂
崎曰汝爲我語城中稱大將軍已破劉隗戴若思甘
卓任襄陽無復興議三江州郡萬里肅清外援理絶
如是者我當活汝崎僞許之旣到城下大呼曰王敦
軍敗於湖甘安南已赴武昌郎口分遣大衆來赴此
悉努力堅守賊今敗矣乂於是斬而殺之
易雄爲舂陵令王敦作亂刺史譙王承將謀起兵以
赴朝廷雄移符馳檄遠近列敦罪惡宣募縣境數日
之中有衆千餘負糧荷戈而從之承旣固守而湘中
殘荒之後城池不完兵資又闕敦遣魏乂李恒攻之
雄勉厲所統挫衆果銳士卒死傷者相枕力屈城陷
爲乂所虜意氣慷慨神無懼色送到武昌敦遣人以
檄示雄而數之雄曰此實有之惜雄位微力弱不能
救國之難王室如燬雄安用生爲今日即戮得作忠

鬼乃所願也敦憚其辭正釋之衆人皆賀雄笑曰昨
夜夢乘車挂肉其傍夫肉必有筋筋者斤也車傍有
斤吾其戮乎尋而敦遣殺之當時見者莫不傷惋焉
周該性果烈以義勇稱雖不好學而率錄名教叔父
級爲宜都內史亦忠節士也聞譙王承立義湘州甘
卓又不同王敦之舉而書檄不至級謂該曰吾嘗疾
王敦挾陵上之心今稱兵構逆有危社稷之勢譙王
承宗室之望據方州之重建旗誓衆圖襲武昌甘安
南火著勇名士馬器械當今爲盛聞與譙王尅期舉
義此乃烈士忘身之秋吾致死在今日汝其成吾之

志申效於譙王乎該欣然奉命潛至湘州與承相見口陳至誠承大悦會王敦遣其將魏乂圍承甚急該乃與湘州從事周崎間出反命俱爲乂所執考之至死竟不言其故該遂是獲免王敦之難

王僨呂猆並生江夏舊姓僨爲江安令猆爲秀才時張昌叛亂旬日之間衆三萬江夏義陽士庶莫不從之唯僨猆不從昌以三公位徵之僨猆密將宗室北奔汝南投豫州刺史劉喬鄉人期思令李權常安令吳鳳孝廉吳暢糾合善士得五百餘家追隨僨等不豫妖逆

賀循除南中郎長史不就會逆賊李辰起兵江夏征鎮不能討皆望塵奔走辰別帥石冰畧有揚州逐會稽相張景以前寧遠護軍程越代之以其長史宰與領山陰令前南平內史王矩吳興內史顧祕前秀才周玘等倡義傳檄州郡以討之循亦合衆應之冰大將杭寵有衆數千屯郡講堂循移檄於寵爲陳逆順寵遂遁走越與皆降一郡悉平循迎景還郡卽遣諸兵士杜門不出論功報賞一無豫焉

周玘爲議郎太安初妖賊張昌丘沈等聚衆於江夏百姓從之如歸惠帝使監軍華宏討之敗於障山昌等復盛殺平南將軍羊伊鎮南將軍新野王歆等所在覆沒昌別率封雲攻徐州石冰攻揚州刺史陳徽出奔冰遂略有揚土玘密欲討冰潛結前南平內史王矩共推吳興太守顧祕都督揚州九郡軍事及江夏人士同起義兵斬冰所置吳興太守區山及諸長史冰遣其將羌毒領數萬人距玘玘臨陣斬毒時右將軍陳敏自廣陵率衆助玘斬冰別帥趙驤於蕪湖因與玘俱前攻冰於建康冰北走投封雲雲司馬張統斬雲冰以降徐揚並平玘不言功賞散衆還家

劉遐廣平人值天下大亂遐與塢主壁於河濟之間

賊不敢逼遐間道遣使受元帝節度朝廷嘉之璽書慰勉以爲龍驤將軍平原內史建武初元帝令曰遐忠勇毅義誠可嘉以遐爲下邳內史將軍如故

邵續爲荀晞參軍除沁水令時天下漸亂續去縣還家糾合亡命得數百人王浚假續綏集將軍樂陵太守屯厭次以續子乂爲都護續綏懷流散多歸附之石勒旣破浚遣乂還招續續子孤危無援權附於勒勒亦以乂爲督護旣而段疋磾在薊遺書要續俱歸元帝續從之其下諫曰今棄勒歸疋磾任子危矣續垂泣曰我出身爲國豈得顧子而爲叛臣哉遂絶於

勒勒乃害乂續懼勒攻先求救於匹磾匹磾遣弟文鴦救續文鴦未至勒已率八千騎圍續勒素畏鮮卑及聞文鴦至乃棄攻具東走續與文鴦追勒至安陵不及虜勒所署官并驅三千餘家又遣散騎入勒北邊畧常山亦二千家而還匹磾既殺劉琨夷晉多怨叛遂率其徒依續勒南和令趙領等率廣川渤海千餘家背勒歸續而帝以續爲平原樂安太守右將軍冀州刺史進平北將軍假節封祝阿子續遣兄子武邑內史存與文鴦率匹磾衆就食平原爲石季龍所破續先與曹嶷亟相侵掠嶷因存等敗乃破續屯田

又抜其戶口續首尾相救疲於奔命太興初續遣存及文鴦屯濟南黃巾固因以逼嶷嶷懼求和俄而匹磾率衆攻段末懷石勒知續孤危遣季龍乘虛圍續季龍騎至城下掠其居人續率衆出救季龍伏騎斷其後遂爲季龍所得使續降其城續呼其兄子存竺及子緝等曰吾志雪國難以報所受不幸至此汝等努力自勉便奉匹磾爲主勿有二心時帝既聞續沒下詔曰邵續忠烈在公義誠慷慨綏集荒餘憂國身功勳未遂不幸陷沒朕用悼恨於懷所統任重宜時有代其部曲文武已共推其息緝爲營主續之忠義著於公私今立其子足以安衆一以續本位即授緝使總率所統效節國難雪其家讐存及竺緝等與匹磾嬰城距寇而帝又假存揚武將軍武邑太守勒屢遣季龍攻之戰守疲苦不能自立久之匹磾及其弟文鴦與竺緝等悉見獲惟存得潰圍南奔在道爲賊所殺竟亦遇害

孔坦爲領軍司馬初除未赴召王敦反坦與右衛將軍虞潭俱在會稽起義而討沈充事平始就職

陶回丹陽人爲王導司馬蘇峻之役王師敗績回還本縣收合義軍得千餘人竝爲步軍與陶侃溫嶠等

并力攻峻又別破韓晃時大賊新平綱維弛廢導以回有器幹權補北軍中候

辛恭靖少有器幹才量過人隆安中爲河南太守會後秦姚興來寇恭靖固守百餘日以無救而陷被執至長安興謂之曰朕將任卿以東南之事可乎恭靖厲色曰我寧爲國家鬼不爲羌賊臣興怒幽之別室經三年至元興中誑守者乃踰垣而遁歸於江東安帝嘉之桓玄請爲諮議參軍置之朝首尋而病卒

丁穆字彥遠孝武太元四年除振武將軍梁州刺史受詔未發會苻堅遣衆寇順陽穆戰敗被執長安稱

病不仕僞朝堅又傾國南寇穆與關中人士唱義謀襲長安事泄遇害臨死作表以付其妻周其後得至京師詣闕上之孝武下詔曰故順陽太守真定侯丁穆力屈身僭而誠節彌固直亮并勁義貫古烈其喪柩始反言增傷悼可贈龍驤將軍雍州刺史賻賜一依周處故事立屋宅并給其妻衣食以終厥身

庾仄新野人桓玄僭楚王相國加九錫之命仄聞之乃起義兵襲馮該於襄陽走之仄有衆七千於城南設壇祭祖宗七廟南蠻參軍庾彬安西參軍楊道護江安令鄧襄子謀爲內應仄本仲堪黨桓偉既死石

康未至故乘間而發江陵震動桓濟之子亮起兵於羅縣自號湖南將軍湘州刺史以討仄爲名南蔚羊僧壽與石康共攻襄陽仄衆散奔姚興彬等皆遇害

冊府元龜

巡按福建監察御史臣李嗣京　訂正

分守建南道左布政使臣胡維霖　叅閱

知建陽縣事臣黃國琦　較釋

總錄部一十一

忠義第二

宋陶潛晉大司馬侃之曾孫也有高節以弱年薄宦不潔去就之迹自以曾祖晉世宰輔恥復屈身後代自高祖王業漸隆不復肯仕所著文章皆題其年月義熙以前則書晉氏年號自永初以來唯云甲子而

已

王仲德與兄元德同自苻堅中南奔投桓玄值玄初篡見輔國將軍張暢言及世事仲德曰自古革命誠非一族然今之起者恐不足以成大事元德果敢有智畧武帝甚知之告以義舉使於都下襲玄仲德聞其謀謂元德曰天下之事不可不密應機務速不在巧遲玄每冐夜出入今若圖之正須一夫力爾事泄元德爲玄所誅仲德奔竄會義軍克建業仲德抱元德子方回出候高祖高祖於馬上抱方回與仲德相對號泣追贈元德給事中封安復縣侯以仲德爲中兵叅軍

王鎮惡弟康留關中及高祖北伐鎮惡爲前鋒康逃匿田舍鎮惡失潼關康將家奔之高祖板爲彭城公前將軍行叅軍鎮惡被害康逃藏得免攜家出雒陽到彭城歸高祖即以康爲相國行叅軍求還雒陽視母尋值關陝不守康與長安徙民張旰醜劉雲等唱集義徒得百許人驅率邑郭僑戶七百餘家共保金墉城爲守戰之備時有一人邵平率部曲及并州乞活一千餘戶屯城南迎亡命司馬文榮爲主又有亡命司馬道恭自東垣率三千人屯城西亡命司馬順

明五千人屯淩雲臺順明遣刺殺文榮平復推順明爲主又有司馬楚之屯柏谷塢索虜野坂戍主黑矟公遊騎在芒上攻逼交至康堅守六旬宋臺建除康寧朔將軍河東太守遣龍驤將軍姜（史缺名）率軍救之諸亡命皆各奔散高祖嘉康節封西平縣男食邑三百戶

徐廣爲祕書監初桓玄篡位帝出宮廣陪列悲慟左右及高祖受禪恭帝遜位廣又哀感涕泗交流謝晦見之謂曰徐公將無小過廣收淚答曰身與君不同君佐命與王逢千載嘉運身世荷晉德實眷戀故主

因更歔欷

郭原平父世道有孝行太祖旌表之原平亦有至行爲鄉里所推及太祖厭世原平號哭致慟日食麥稃一枚如此五日人或問之曰誰非王民何獨如此原平泣而答曰吾家見異先朝蒙褒贊之賞不能報恩私心感慟爾

何子平有孝行州辟不就元嘉三十年元凶弒逆安東將軍隨王誕入討以爲行參軍子平以凶逆滅理普天同奮故發已受職事寧自解又除奉朝請不就

武念新野人爲右將軍丘闍太宗初即位四方爲亂

帝遣念乘驛還雍州綏撫爲劉胡詐而殺之念黨袁處琮逃亡至壽陽爲逆黨劉順所得考楚備至秉義不移後得还奔劉勔太宗嘉之爲奉朝請

魯秀南寧將軍爽之子也初在魏太武以爲尚書郎時鄭民欲據城叛太武遣秀嘗乘驛往返是時病還遲爲太武所詰讓秀復恐懼太武尋南寇因從渡河先是程天祚爲魏所沒太武引置左右與秀相見勸令歸降秀納之天祚廣平人爲殿中將軍有武力文帝元嘉二十七年助戍彭城會孝武遣將劉泰之輕軍襲魏於汝陽天祚督戰戰敗被創爲魏所獲天祚妙善針術太武深加愛賞或與同輿常不離於側封爲南安公太武北還番天祚因其沉醉僞若受使督功後軍者所至輒罰天祚爲太武所愛群虜並畏之莫敢問因得逃歸後爲山陽太守明帝初與四方同反魏太武始南行遣爽隨永昌王庫仁眞向壽陽與弟瑜共破劉祖於尉武仍至瓜步始得與秀定歸南之謀太武還至湖陸爽等請曰奴與南有讐每兵來嘗慮禍及墳墓乞共迎喪還葬國都魏群下於其主稱奴猶中國稱臣也太武許之長社戍兵有六七百人爽諭之曰南更有軍可遣三百騎往界上參聽騎

去爽率腹心夜擊餘虜盡殺之馳入虎牢爽唯第三弟在北餘家屬悉自隨率部曲及願從合千餘家奔汝南遣秀從許昌還壽陽奉辭於南平王鑠曰爽秀得罪晉朝負釁三世生長絕域遠身胡虜兄弟合門淪點僞授殞命不可還國無因近係南雲傾屬東日蓋猶痿人思步盲者願明嵩霍咫尺江河非遠夷庚壅塞隔同天地痛心疾首晝慨宵悲虜主猖狂豺豕共志壅逼華戎怨結幽顯自斯盱眙旋軍亡殪過半昏酣沉湎恣性肆身爽秀等因民之憤藉將旋之願齊契義奮梟馘醜徒憑恃皇威肅清逋穢牢落諸城指

期克定規以清塵微雪夙負方當東骸北闕待戮司
寇濡節未申腹心邈表明大王殿下以叡茂居蕃文
武兼姿遠邇欽順承風聞德願垂援拯以慰虔望老
弱百口先遺歸庇逼迫丹心仰希津送謹遣同義頴
川聶元初奉辭陳聞鑾馳驛以聞帝大悦下詔曰僞
寧南將軍魯爽中書郎魯秀義志幹烈忠誠久著撫
茲福先闔門効欵招集義銳梟剪德醜肅定邊城獻
馘象魏雖宣孟之去翟歸晉頻當之出胡入漢方之
此日曾何足云朕實嘉之宜即授任莛其忠畧爽可
督司州之陳留東郡濟陰濮陽五郡諸軍事征虜將

軍司州刺史秀可輔國將軍滎陽頴川二郡太守其
同諸子弟及契士庶委征虜府以時申言詳加酬叙
南齊李安民蘭陵承人也父爲薛令安民隨在縣宋
元嘉中没魏率部曲自拔南歸及元凶作逆使安民
領支軍并降義師拔建威將軍補魯爽左軍及爽反
安民遁還京師除領軍行參軍
劉善明平原人也宋刺史劉道隆辟爲治中從事仍
舉秀才對策強直孝武甚異之泰始初徐州刺史薛
安都反清州刺史沈文秀應之時州治東陽城善明
家在郭內不能自拔伯父彌之詭說文秀求自効文
秀使領軍王薄張靈慶等五千援安都彌之出門密
謂部曲曰始免禍坑矣行至下邳起義背文秀善明
從白懷恭爲北海太守據郡相應善明密契收集門
宗部曲得三千人夜斬關奔北海族兄乘民又聚渤
海以應朝廷而彌之尋爲薛安都所殺明帝贈輔國
將軍青州刺史以乘民爲寧朔將軍冀州刺史善明
爲寧朔長史北海太守
桓康北蘭陵城人也勇果驍悍宋大明中隨太祖爲
軍容從世祖在贛縣泰始初世祖起義爲郡所縶衆
皆散康裝擔一頭貯穆后一頭貯文惠太子及竟陵

王子良自負置山中與門客蕭欣祖楊彖之等四十
餘人相結破郡獄出世祖郡追兵急康等死戰破之
裴叔業武帝時爲寧蠻較尉長史廣平太守永明九
年雍州刺史王奐事難叔業率部曲於城內起義武
帝以其有幹用仍留爲晉安王征北諮議領中兵扶
風太
梁柳敬禮爲扶風太守侯景渡江敬禮率馬步三千
赴援至都據青溪埭與景頻戰常先登陷陣甚著威
名臺城没敬禮與兄仲禮俱見於景景遣仲禮經畧
上流留敬禮爲質以爲護軍景餞仲禮於後渚敬禮

寄謂仲禮曰景今來會敬禮抱之兄拔佩刀便可斫
殺敬禮死亦無所恨仲禮壯其言許之及酒數行敬
禮目仲禮仲禮見備衛嚴不敢動計遂不果會景征
晉熙敬禮與南康王會理共謀襲其城剋期將發建
安侯蕭賁知而告之遂遇害
范桃棒爲侯景儀同及景陷東府城桃棒密遣使送
欵朝廷乞降會事泄見殺
陸緝秦郡人也侯景陷臺城緝與戴文舉等起兵萬
餘人殺景太守蘇單于推前淮南太守文城侯寧爲
主以距景景將宋子仙聞而擊之緝等棄城走

祖皓爲江都令時侯景叛皓起兵廣陵斬景刺史董
紹先推前太子中書舍人蕭勔爲刺史又結魏人爲
授馳檄遠近將以討景景聞之大懼即日率侯子鑒
等出自京口水陸並集皓嬰城拒守景攻城陷之景
車裂皓以徇城中無少長皆斬之
張彪會稽人大寶初侯景專政彪起義於會稽攻破
上虞景太守蔡臺樂討之不能禁彪又破諸暨永興
等諸縣景遣儀同田遷趙伯超謝答仁等東伐彪彪
遣別將寇錢塘富春田遷進軍與戰破之
羊鵾字子鵬都官尚書侃之子臺城陷侯景以爲庫
直將軍及景敗鵾密圖之乃隨其東走景於松江下
海欲向蒙山景寢鵾語海師向京口至湖豆洲景覺
鵾拔刀叱海師景透水鵾斬之景入船中以小刀抉
船鵾以矟刺殺之世祖以鵾爲青州刺史封昌國侯
陳侯瑱初仕梁爲超武將軍隨鄱陽王蕭範鎮合肥
及侯景圍臺城範乃遣其世子嗣入援京邑京城陷
瑱與嗣退還合肥乃隨範從鎮湓城俄而範及嗣卒
瑱領其衆依于豫章太守莊鐵鐵疑之瑱懼因而夕
之據有豫章之地侯景將于慶南略地至豫章城邑
皆下瑱窮蹙乃降於慶慶送瑱於景景以瑱於已同

姓託爲宗族待之甚厚留其妻子及弟爲質遣瑱隨慶
平定蠡南諸郡及景敗於巴陵景將宋子仙任約等
並爲西軍所獲瑱乃誅景黨與以應義軍景亦盡誅
其弟及妻子梁元帝授瑱武巨將軍南兗州刺史郫
縣侯邑一千戶
沈恪在梁爲宣猛將軍監吳興郡梁滅自吳興入朝
高祖受禪使中書舍人劉師知引恪令勒出入辭因
衛敬帝如別宮恪乃排闥入見高祖叩頭謝曰恪身
經事蕭家來今不忍見許事分受死爾決不奉命高
祖嘉其意乃不復逼

周敷臨川人也性豪俠輕財重士鄉黨少年多歸之梁侯景之亂鄉人周續合徒衆以討賊爲名時內史始興王蕭毅以郡讓續續所部內有欲侵掠於毅敷護之親率其黨捍衛送至豫章時觀寧侯蕭永長樂侯蕭基豐城侯蕭泰避難流寓聞敷信義皆往依之敷愍其危懼屈體崇敬厚加給䘏送之西上俄而續部下將帥爭權復反殺續以降周廸廸素無部閥恐失衆心倚敷族望深求交結敷未能自固事廸甚恭廸大憑仗之漸有兵衆廸據臨川之上塘敷鎮臨川故郡侯景平梁元帝授敷使持節通直散騎常侍武

侯將軍寧州刺史

顧野王吳郡人也爲宣城王賓客梁侯景之亂野王丁父憂歸本郡乃召募鄉黨數百人隨義軍援京邑野王體素清羸長六尺又居喪過毀殆不勝衣及杖戈被甲陳君臣之義逆順之理抗辭作色見者莫不壯之京城陷野王逃於會稽尋往東陽與劉歸義合軍據城拒賊侯景平太尉王僧辯甚嘉之使監臨海縣

岑之敬爲南沙令侯景之亂之敬率令所部赴援京邑至郡境聞臺城陷乃與衆辭訣歸鄉里

蔡景歷仕梁爲海陽令侯景之亂梁簡文帝爲景所幽景歷與南康嗣王蕭會理謀欲挾簡文帝出奔事泄見執賊黨王偉保護之獲免

沈衆仕梁爲太子舍人兼散騎常侍侯景之亂衆表於梁武衆家代所領故義部曲並在吳興求還召募以討賊梁武許之及景圍臺城衆率宗族及義附五千餘人入援京邑軍容甚整景深憚之尋授衆爲太子右衛率京城陷衆降於景景平元帝以爲太子庶子

任忠汝陰人也梁鄱陽王蕭範爲合州刺史聞其名

引置左右侯景之亂忠率鄉黨數百人隨晉熙太守梅伯龍討景將王貴顯於壽春每戰却敵會土人胡通聚衆寇抄範命忠與主帥梅思立并軍討平之仍遣範世子嗣率衆入援會京城陷旋戍晉熙侯景平授蕩寇將軍

樊毅南陽人少習武善射梁侯景之亂毅率部曲隨叔父文皎援臺城文皎於清溪戰没毅將宗族子弟赴江陵乃隸王僧辯討江東王蕭譽以功除假節威戎將軍右中郎將

魯悉達幼以孝聞起家爲梁南平嗣王中兵參軍侯

景之亂悉達糾合鄉人保新蔡力田蓄穀時兵荒饑
饉京都及上川餓死者十八九有得存者皆攜老幼
以歸焉悉達分給粮廩其所濟活者甚衆仍於新蔡
置鎮以居之招集晉熙等五郡盡有其地使其弟廣
達領兵隨王僧辯討景景平梁元帝授持節仁威將
軍散騎常侍北江州刺史
魯廣達仕梁爲平南當陽公府中兵參軍侯景之亂
與兄悉達聚衆保新蔡梁元帝承制授假節壯武將
軍晉州刺史王僧辯之討侯景也廣達出境候接資
奉軍儲僧辯謂沈炯曰魯晉州亦是王師東道主人

乃率衆隨僧辯景平加員外散騎常侍
後魏尉古真代人道武之在賀蘭部賀染干遣侯引
乙突等詣行宮將肆逆古真知之密以馳告侯引等
不敢發染干疑古真泄其謀乃執拷之以兩車押
其頭傷一目不伏乃免之
封偉伯爲蕭寶夤關西行臺郎及寶夤爲逆偉伯乃
與南平王冏潛結關中豪右韋子粲等謀舉義兵事
發見殺年三十六時人惜之
房士達清河人爲京兆王繼大將軍府騎兵參軍孝
昌中其鄉人劉均房須等作亂攻陷郡縣頻敗州軍
時士達父憂在家刺史元欣欲逼其爲將士達以禮
門辭欣乃命其友人馮元興謂之曰今合境從逆賊
徒轉熾若萬一陷州君家豈得獨全旣急病如此安
得顧名教也士達不得已而起率州郭之人三千餘
人東西討擊悉破平之
崔寛字景仁祖彤隨晉南陽王保避地隴右遂仕於
沮渠李暠父剖字伯宗每慷慨有懷東土嘗歎曰風
雨如晦鷄鳴不已吾所庶幾及太武西巡剖乃總率
同義使寛送欵
裴駿者聞喜侯雙碩之子性方簡有禮度鄉里宗敬

焉蓋吳作亂於關中汾陰人薛永宗聚黨應之殘破
諸縣來襲聞喜縣中先無兵仗人情駭動縣令憂惶
計無所出駿在家聞之便率厲鄉豪曰在禮君父危
臣子致命府今爲賊所逼是吾等狥節之秋諸君可
不勉乎諸豪皆奮激請行駿乃簡騎士驍勇數百人
奔赴賊聞救至引兵走刺史嘉之以狀表聞會太武
親討蓋吳引見駿駿陳叙事宜甚會機理大武大悦
顧謂崔浩曰裴駿有當世才具且忠義可嘉補中書
博士浩亦深器駿目爲三河領袖
房法壽清河繹幕人招集壯士常有百數宋景和末

遇沈文秀崔道固起兵應劉子勛明僧暠劉乘民起兵應宋明帝攻討文秀㳅壽亦與清河太守王玄邈起兵合討道固玄邈以㳅壽爲司馬累破道固軍加㳅壽綏邊將軍魏郡太守子勛死道固文秀悉復歸宋乃罷兵

王玄威弘農北陜人獻文之崩玄威立草廬於州城門外衰裳蔬粥哭踴無時刺史苟頹以事表聞詔令問狀玄威稱先帝澤被蒼生玄威不勝悲慕中心如此不知體式詔問玄威欲有所訴聽爲表列玄威云聞諱悲號竊謂臣子同例無所求謁及至百日乃自

竭家財設四百人齋會忌日又設百僧供至太除日詔送白紬袴褶一具與玄威釋服下州令表異焉

帝元恢東海太守合宗之子孝明時僞刺史元法僧據州外叛元恢招聚同志潛規克復事泄爲法僧所害時人傷惜之

鄭仲明爲太尉屬從弟儼所昵除滎陽太守儼慮世難欲以東道託之建義初仲明弟季明遇害河陰儼後歸之欲與起兵尋爲城民所殺莊帝以仲明舅氏之親其弟與謀挾戴仲明之死也且有奉國之意乃追封安平縣侯贈侍中車騎大將軍左僕射仲明初謀起義令其長子道門説大都督李叔仁於大梁叛仁始欲同舉後聞莊帝已立叔仁子拔江乃斬道門建義中特贈立節將軍瓜州刺史

崔孝演清河人少無宦情浮沉鄉里河間王琛爲定州刺史以爲治中貶除瀛州安西府外兵參軍因罷歸及鮮于修禮起逆孝演率宗屬保郡城爲賊攻陷賊以孝演民望恐移衆心乃害之時年四十

高敬猷爲輕車將軍奉車都尉蕭寶夤西征引爲驃騎司馬及寶夤謀逆猷與行臺郎中封偉伯等潛圖義舉謀泄見殺贈冠軍將軍滄州刺史聽一子出身

蘇湛爲蕭寶夤行臺郎中深見委任及寶夤將謀叛逆湛時卧疾於家寶夤乃令湛從母弟天水姜儉謂湛曰吾不能坐受死亡今便爲身計不復作魏臣也與卿死生榮辱方當共之故以相報湛聞之舉聲大哭儉遽止之曰何得便爾湛曰闔門百口即時屠滅云何不哭哭數十聲徐謂儉曰爲我白齊王王本以窮鳥投人賴朝廷假王羽翼遂得榮寵至此旣屬國步多虞不能竭誠報德豈可乘人間隙便有問鼎之心乎今魏德雖衰天命未改王之恩義未洽于人破亡之期必不旋踵蘇湛終不能以積世忠貞之基一

且為王族滅也寶貧後令儉謂湛曰此是救命之計不得不爾湛後曰凡舉大事當得天下奇士今但共長安博徒小兒輩為此計豈有辦哉湛不忍見荆棘生王戶庭願乞骸骨還舊里庶歸全地下無愧先人寶貧素重之知必不為己用遂聽還武功寶貧後果敗孝莊帝即位徵拜尚書郎嘗謂之曰聞卿答蕭寶貧甚有美辭可誦我說之也湛頓首謝曰臣自惟言辭不如伍被遠矣然始終不易竊謂之其臣寶貧周旋契闊言能盡心而不能令其守節此臣之罪也孝莊大悅加散騎侍郎尋遷中書孝武初以疾還里

終於家贈散騎常侍鎮西將軍雍州刺史

崔光韶清河東武城人為廷尉卿孝莊末還鄉里後刺史侯淵代下疑懼停軍益都謀為不軌令數百騎夜入南郭劫光韶以兵責以謀畧光韶曰凡起兵者須有名義使君今日舉動直是作賊爾父老知復何計淵雖恨之敬而不敢害

高子儒字孝禮元顥入雒其叔道穆從駕北巡子儒後踰河至行宮莊帝見之具訪雒中事意子儒備陳元顥敗在旦夕帝謂道穆曰卿初來日何故不與子儒俱行對曰臣家百口在雒須其經營且欲其今日之來知京師後事帝曰子儒非直合卿本懷亦大慰朕意乃授秘書郎中

冊府元龜

巡按福建監察御史臣李嗣京　訂正

知長樂縣事臣夏允彝叅閱

知建陽縣事臣黃國琦較釋

總錄部一十二

忠義第三

北齊高乾仕魏爲司徒中兵遷員外孝莊在藩乾潛相託附兄弟本有從橫志及爾朱殺害人士乾謂天下遂亂乃率河北流人於河濟之閒受葛榮官爵屢敗齊州士馬莊帝尋遣右僕射元羅廵撫三齊乾兄

弟相率出降朝廷以乾爲給事黃門侍郎爾朱榮以乾不應居近要莊帝聽乾解官歸鄉里榮死乾馳赴雒陽莊帝見之大喜時爾朱黨擁兵在外莊帝以乾爲金紫光祿大夫河北大使令招集鄉閭爲表裏形援乾垂涕奉詔弟昂援劒起舞請以死自效俄而爾朱兆入雒尋遣其監軍孫白鷂百餘騎至冀州託言眘徵民馬欲待乾兄弟送馬因收之乾旣有報復之心白鷂忽至知將見圖乃先機定策潛勒壯士襲據州郡殺白鷂執刺史元仲宗推封隆之權行州事爲莊帝舉哀三軍縞素乾昇壇誓衆辭氣激揚涕泪交

下將士莫不哀憤昂初爲魏直閤將軍昂以寇難尚繁非一夫所濟乃請還本鄉招集部曲仍除通直甞侍加平北將軍所在義勇競來投赴尋値京師不守遂與父兄據信都起義

劉海寶少輕俠然爲州里所愛高昂之起義也海寶率鄉閭襲滄洲以應昂昂以海寶權行滄州事前范陽太守刁整心附爾朱遣弟子安壽襲殺海寶弟叔宗仍歸於昂中興初高祖除前將軍廷尉少卿

封隆之魏永安中爲河內太守加持節後將軍假平北將軍當郡都督未及到郡屬爾朱兆入雒隆之以

父遇害常懷報雪因此遂持節東歸同爲義舉時高乾告隆之日爾朱暴逆禍加至尊弟與兄等並荷先帝殊甞之眷豈可不出身爲主以報讐雪耻乎隆之對日國耻家怨痛入骨髓乘機而動今實其時遂與乾等定計夜襲州城克之乾等以隆之素爲鄉里所信乃推爲刺史隆之盡心慰撫人情感悅尋高祖自晉陽東出隆之遣子子繪奉迎於喜口高祖甚滏之旣至信都集諸州郡督將僚吏等議日逆胡爾朱兆窮凶極虐天地之所不容人神之所擯棄今所在蜂起此天亡之時也欲與諸君剪除凶羯其計安在隆之

對曰爾朱暴虐天下斯至神怒民怨衆叛親離雖握重兵其强易弱而大王乃心王室首唱義旗天下之人孰不歸仰願大王勿疑中興初拜左光祿大夫

後周韓雄少敢勇膂力絶人自魏孝武西遷雄便慷慨有立功之志大統初遂與其屬六十餘人於洛西舉兵數日間衆至千人與河北行臺楊琚共為犄角抄掠東魏所向克獲徒衆日盛州縣不能禦之東魏洛州刺史韓賢以狀聞鄴乃遣其軍司慕容紹宗率兵與賢合勢討雄戰數十合雄衆畧盡兄及妻子皆為賢所獲將以為戮乃遣人告雄曰若雄至皆免之

雄與其所親謀曰奮不顧身以立功名者本望上申忠義下榮親戚今若忍而不赴人謂我何既免之後更思其計未為晚也於是遂詣賢軍即隨賢還洛乃潛引賢黨謀欲襲之事泄遁免時太祖在弘農雄至上謁太祖嘉之封武陽縣侯

楊寛父鈞初仕魏為北道大行臺恒州刺史寛從鈞以功拜行臺郎中廣陽王深與寛素相委昵深犯法得罪寛被逮捕孝莊帝時為侍中與寛有舊藏之於宅遇赦得免除宗正丞北海王顥少相器重時為大行臺北征葛榮欲啟寛為左右丞與參謀議寛辭以孝莊厚恩未報義不見利而動顥未之許顥妹婿李神軌謂顥曰楊寛義士也匹夫猶不可奪志況義士乎王今強之以行亦恐不為人用顥乃止孝莊踐祚拜通直散騎侍郎

盧光初仕魏為員外侍郎及孝武西遷光於山東立義遥授大都督晉州刺史大統六年攜家西入太祖深禮之除丞相府記室參軍

柳霞仕後梁為大將軍開府儀同三司梁宣帝[illegible][illegible]位於江陵以襄陽歸周霞乃辭宣帝曰陛下中興鼎運龍飛舊楚臣昔因幸會早奉名節理當以身許國

期之始終自晉氏南遷臣宗族蓋寡從祖太尉世父儀同從父司空並位望隆重遂家於金陵唯留先臣獨守墳栢嘗誡臣等使不違此志今襄陽既入北朝臣若陪隨鑾蹕進則無益塵露退則有虧先旨伏願曲垂鑒照亮臣此心宣帝不違其志遂許之因留鄉里以經籍自娯太祖世宗頻有徵命霞固辭以疾及宣帝殂霞舉哀行舊君之服保定中又徵之霞始入朝

侯植後魏正光中起家奉朝請尋而天下大亂盗賊蜂起植乃散家財募勇討賊以功拜統軍

隋柳機初仕後周爲華州刺史高祖作相徵還京師時周代舊臣皆勸禪讓機獨義形於色無所陳請

房彦謙仕齊爲齊州主簿及周師入鄴齊王東奔以彦謙爲齊州治中彦謙痛本朝傾覆將糾率忠義潛謀翊輔事不果而止齊亡歸於家

榮建緒仕周爲載師下大夫與高祖有舊高祖爲丞相建緒拜息州刺史將之官時高祖陰有禪代之計因謂建緒曰且躊躇當共取富貴建緒自以周之大夫因義形於色曰明公此旨非僕所聞高祖不悅建緒遂行開皇初來朝帝謂之曰卿亦悔否建緒稽首

曰臣位非徐廣情類楊彪帝笑曰朕雖不解書語亦知卿此言不遜也

周羅睺仕陳爲散騎常侍煬帝爲晉王伐陳羅睺督巴峽緣江諸軍事以拒秦王俊軍不得渡相持踰月遇丹陽陷陳主被擒上江猶不下晉王遣陳主手書命之羅睺與諸將大臨三日放兵士散然後乃降高祖慰喻之許以富貴羅睺垂泣而對曰臣荷陳氏厚遇本朝淪亡無節可紀陛下所賜獲全爲幸富貴榮禄非臣所望高祖甚器之

陶世模仁壽初爲嵐州司馬漢王諒反刺史喬鍾葵將赴之世模以義拒之臨之以兵辭氣不撓鍾葵義而釋之軍吏請曰當速斬模何以壓衆心於是被囚及諒平拜開府授大興令

骨儀煬帝末爲京兆郡丞衛玄領京兆內史唐公義兵至而玄恐禍及已遂稱老病無所干預儀與陰世師同心叶契父子並誅其後遂絶

馮慈明大業末攝江都郡丞事李密之逼東都詔慈明遣兵擊密爲密黨崔樞所執密延與坐論以興亡之意慈明日直道事人有死而已不義之言非所敢對密厚禮之冀其從已慈明潛使奉表江都及致書

東都留守論賊形勢密知其狀義而釋之出至營門爲賊帥翟讓所唾責慈明勃然曰天子使我來正欲除爾輩不圖爲賊黨所獲我豈從汝求活耶須殺何須罵詈讓益怒亂刀斬之梁郡通守楊汪上狀煬帝歎惜之贈銀青光祿大夫拜其二子怦憬俱爲尚書承務郎

唐任瓌年十九初仕陳爲衡州司馬都督王勇甚敬異之委以州府之務屬隋師滅陳瓌勸勇據嶺南求陳氏子孫立以爲帝勇不能用以嶺外降隋瓌乃棄官而去

盧祖尚光州人隋末宇文化及作亂州人請祖尚爲刺史祖尚時年十九昇壇歃血以誓其衆泣涕歔欷悲不自勝衆皆感激

呂子臧隋末爲南陽郡丞高祖遣馬元規撫慰山南子臧堅守不下元規遣使諷諭之前後數輩皆爲子臧所殺及煬帝被弑高祖遣其女婿薛君倩齎手詔諭旨子臧於是爲煬帝發喪成禮而後歸國拜鄧州刺史封南陽郡公

王景暠河東聞喜人初呂崇茂之反宋金剛又寇澮州景暠率鄉黨千餘家據險而抗賊卒得保全太宗

嘉之令簡較桐鄉令景暠苦辭不受改爲驃騎將軍又不受高祖聞而徵之及見勞之曰卿固守忠誠克全鄉曲國有嘗典所以授官卿每辭不受何也景暠對曰抗拒逆人臣之常分臣不敢以爲功桐鄉則臣之本縣州里之情臣不能無阿曲所以辭高祖善其對勞之曰卿識理者國有彝典豈得遂卿本意於是封爲桐鄉侯加位開府焉

王雄誕吳王杜伏威之將伏威入朝留輔公祏鎮江南而兵馬屬於誕公祏將爲逆奪其兵拘之別室遣西門君儀諭以反計雄誕曰當今方太平吳王又在京輦國家威靈無遠不被公何得爲族滅事邪雄誕有死而已不敢聞命公祏知不可屈遂縊殺之

楊初成虢州人也天后廢中宗爲廬陵王初成僞稱郎將矯制於都市募人欲迎廬陵王於房州事覺坐斬家口籍沒中宗即位下制曰虢州人故楊初成往者運屬艱憂志懷忠讜將迎六飛之駕反罹五刑之罰身既伏誅家又從坐言念誠節深可哀矜宜有褒榮式稱忠順可贈左驍衛翊府左郎將

周憬壽春人爲武當丞與王同皎叶謀誅武三思及事泄遁於比干廟中自刎而死臨終謂左右曰比干

古之忠臣也儻神道聰明應知周憬忠而死也韋后亂朝樹寵邪佞武三思干上犯順虐害忠臣吾知其滅亡不久也可懸吾頭於國門觀其身首異門而出

蘇安嘗爲習藝館内教節愍太子之弑也武三思言安嘗預其謀遂下獄死睿宗即位贈諫議大夫

燕欽融爲許州司戶參軍時韋庶人干預國政盛封拜群從子弟又與悖逆庶人及駙馬武延緒中書令宗楚客等將危社稷欽融上奏其事庶人怒勸中宗召欽融廷見撲殺之

郎岌定州人上書備陳韋庶人及宗楚客爲亂之狀

帝庶人又勸帝殺之

安金藏京兆長安人爲太常工人睿宗爲皇嗣得侍左右有誣告皇嗣潛有異謀者則天令來俊臣窮鞫其狀左右不勝楚毒皆欲自誣認金藏大呼謂俊臣曰公即不信金藏之言請剖心以明皇嗣不反即引佩刀自剖胷五藏並出流血被地因絶而仆則天聞之令轝入宮中遣醫人却内五藏以桑白皮爲線縫合之經宿金藏始蘇則天親臨視之歎曰吾有子不能自明不如爾之忠也即令俊臣停推

張玠兗州人少豪俠輕財重客安禄山反令僞將李

廷偘率蕃兵脅下城邑至魯郡太守韓擇木具禮郊迎置於郵館玠率豪士張貴君孫邕段绛等集兵將殺之擇木怯懦大懼唯員外司兵張孚然其計遂殺庭偘并其黨數十人擇木方遣使上聞擇木張孚皆受官賞玠因遊蕩江南不言其功

趙復爲永樂尉至德二年三月朔方節度使郭子儀大破賊於潼關復與河東郡司戶韓旻司士徐炅及宗子李藏鋒先陷賊中同謀翻城爲内應俟官軍至開門納之斬賊軍數千級僞蒲州刺史崔乾祐獨以麾下數千騎走收其散卒圍安邑欲保之百姓等僞降開城門納乾祐軍設伏於其内縱賊千餘騎入縣門發盡殺之唯乾祐未入得脫走

楊務欽本安慶緒將也至德六年二月内務欽等爲賊守陝郡潛圖歸順河東太守馬承光以兵應之務欽殺賊中賊將不同已者即日翻城爲我守陝撫收太谷郡中金帛器械山積賊聞之遂令賊將安武臣領兵攻務欽苦戰而死郡中百姓並爲賊所屠

令狐彰爲左衛員外郎將禄山叛逆以本官隨賊黨張通儒起京師通儒僞署爲城内左街使王師收復二京隨通儒等遁走河朔又陷逆賊史思明僞署爲

博州刺史及滑州刺史令統數千兵戍滑臺彰感激忠義思立名節乃潛謀歸順會中官楊萬定監滑州軍彰遂募勇士善於水者俾乘夜涉河達表奏於萬定請以所管賊一將兵馬及州縣歸順因萬定以聞自禄山搆逆爲賊首者未有舉州向化肅宗得彰表甚悅賜書慰勞時彰移鎮杏園渡遂爲思明所疑思明乃遣所親薛岌統精卒圍杏園攻之彰乃明示三軍曉以逆順衆心感附悉力背逆因與賊兵戰大破之潰圍而出遂以麾下將士數百人隨萬定入朝肅宗深獎之禮甚優厚賜甲第一區名馬數乘并幄帳

什器頗盛拜御史中丞兼滑州刺史滑亳魏博等六
州節度仍加銀青光祿大夫鎮滑州季平殘寇
李惟簡成德軍節度寶臣之子建中年王武俊誅其
兄惟岳乃械送京師德宗拘之於客省防伺甚峻朱
泚之亂惟簡斬關而出奔及行在率兵與賊戰有功
加御史中丞扈從與元彖從功臣之號封武安郡王
張子良爲潤州兵馬使李錡叛使子良與李奉先田
少卿領兵分路收宣池等州三將夙有向順志而錡
甥袁行立亦思向順其密謀多決於行立乃廻戈趣
城執錡以歸順

鄭當爲新蔡節度判官時節度留後吳少誠日務完
聚不奉朝命嘗及大將楊冀謀逐少誠以聽命於朝
使試較書郎劉涉假爲手詔數十潛致於大將李嘉
節申州刺史張伯元等二十餘人將因少誠之出閉
城門以拒之屬少誠將出餞中官嘗等遂乃舉事或
以告之者遂殺李嘉節等繇是各持僞詔請罪誠皆
宥之遣使殺張伯元於申州其大將宋旻曹濟奔於
京師
李觀爲坊州防遏使以憂免居盩厔别業廣德初吐
蕃入寇鑾駕之陝觀於盩厔率鄉里子弟千餘完守

黑水之西戎人不敢近
劉悟爲淄青牙門右職元和末詔討李師道遣悟將
兵拒田弘正而數促悟戰悟未及進馳使召之悟度
使來必殺己乃僞疾不出令都虞候往迎之使者果
以誠告云奉命殺悟以都虞候代之都虞候即時先
還悟刼之得其實遂召諸將與謀曰魏博兵強出戰
必敗今天子所謀者司空一人而已悟與公等皆爲
所驅追使就其死何如殺其來使整戎以取鄆州轉
危亡爲富貴邪衆咸曰善唯都將所命悟於是立斬
其使以兵趣鄆圍其內城兼以火攻其門不數刻梟

師道首以獻時十四年二月九日也悟自淄青都知
兵馬使兼監察御史擢拜簡較工部尚書兼御史大
夫義成軍節度使封彭城郡王仍賜實封五百戶錢
二萬貫莊宅各一區
辛讜故太原尹雲京之孫咸通十年龐勛亂徐泗時
杜慆守泗州賊極力攻之讜寓居廣陵乃仗劒挐小
艇趨泗口貫賊柵入城見慆賊三面攻城王師結壘
于洪源驛讜夜以小舟穿賊壘至洪源驛見監軍郭
原本論泗州危急且宜速救原本然之淮南都將王
公弁謂原本曰賊衆我寡無宜輕舉當[illegible]可行讜坐

中授劒瞋目謂公弁曰賊百道攻城陷在旦夕公等
奉詔赴援而逗留不進心欲何爲即欲揮劒向公弁
厚本特之讙埊泗州大哭者經日帳下爲之流涕原
本義其心選甲士三百隨讙入泗州夜半斬賊柵大
呼踰水門而人賊軍大駭既知援兵入乃退舍
後唐李愚唐末爲假官滄州盧彦威署爲安陵簿丁
憂去職服闋隨計之長安屬關輔亂離頻年罷舉客
於蒲津之間光化中軍容劉季述王奉先以昭宗頻
害宮者同謀廢立月餘諸侯無奔問者愚時在華陰
聞其事私心痛憤乃求見華帥韓建致書喻以禍福

莫大旨曰僕關東一布衣爾幸讀書爲文每見君臣
父子之際有傷殺害義之事嘗痛心切齒恨不得抽
腸涉血肆之市朝明公居近關重鎮君父幽辱月餘
坐視兇逆而忘勤王之舉僕所未諭也僕竊計中朝
輔弼雖有志而無權外鎮諸侯雖有權而無志唯明
公忠義社稷是依往年車輅播遷號泣迎奉累歲供
饋再復朝廟義感人心至今歌詠此時事勢尤異前
時明公地處要衝位兼將相自宮闈變故巳涉旬時
若不號令率先以圖反正遲疑未決一朝山東侯伯
唱義連衡鼓行而西明公求欲自安如何決策此必
然之勢也不如馳檄四方諭以逆順軍聲一振則元
兇破而浹旬之間二豎之首傳於天下計無便於此
者建深禮遇之堅辭還山墅建草檄欲布於諸鎮事
未集而崔中書殺二兇昭宗反正
周李澣初仕晉爲翰林學士晉末契丹犯闕明年春
隨盧帳北行虜主永康王善待之永康入國以澣華
人不令隨從留任幽州供給亦厚永康爲述軋所殺
述律代立部族首領多被戮永康妻弟曰蕭海真亦
謂之嬋得舍利爲幽州節度使與澣相善每與澣言
及中國意深慕之澣嘗微以言挑之欣然遂納會定

州節度使遣諜者田重霸繼往幽州偵邏軍事每令
潛至澣所密謀還計澣亦致書於定帥致謝定帥表
其事太祖哀澣羈離異域嘗有南歸之意乃令田重
霸齎詔賜之兼令澣兄太子賓客濤密通家問澣得
詔甚感太祖恩因重霸迴致謝曰田重霸至伏蒙聖
慈特頒明詔降日中之文字慰天外之流離別述宸
慈俾傳家信如見骨肉倍感君親又奏陰事曰昨田
重霸至爲無與蕭海真詔勑秖有兄濤家書不敢將
出方欲遣田重霸却回至五月四日海真差中門使
趙佩傳語臣云昨擬差人齎絹書上南朝皇帝請發

兵來兼取得姚濮英等奏狀所貴聽信其緝文印封了未封被趙珮懷内遺失交下憂怖不知所爲臣既認實心遂與趙珮通事李鮮里來呈與書詔當時聞於海眞極喜引臣窺謝尋與重霸於私宅相則至五月二十六日又與重霸於衙内一宿今月四日令趙珮將銀十兩令與重霸兼傳語與臣云我心如鐵石但令此人且廻諸事宿將說與一一已令口奏候有朝有文字來則別差人去今因奏陳皆據目前所得至於機事兵勢權謀非臣愚爲敢陳鄙欵伏乞妙延良籌周訪嘉謀斷於宸衷用叶廟勝又與濤書言契

丹述律事云今王驕騃唯好擊鞠耽於内寵固無四分之志勸其事勢不同已前親寄貴臣尚懷異志郎微弱可知不敢備奏一則煩文一則恐涉爲身計大好乘其亂弱之時計亦易和若辦得來討唯速若且和亦唯速將來必不能力爲可東也

册府元龜

巡按福建監察御史臣李嗣京 訂正

知閩縣事臣曹咼臣參閱

知建陽縣事臣黃國琦較釋

總錄部一十三

忠烈 死節

忠烈

夫有生者世之所共貴守死者人之所甚難而有委質事君陳力就列遭時不造秉節無貳冒難履險而罔憚務志畢命而是圖自非內蘊專精之誠舉無媮

苟之念保丹赤而自誓經顛沛而不渝又安能比鴻毛以自輕履虎尾而弗畏者也中代而下不乏其人觀其植節匪遷徇義爲務臨危益厲視死如歸古人云疾風知勁草斯之謂矣其或脫坎窞之阨免鯨鯢之害功濟於世身享其榮者亦固有焉

漢蜀郡王皓爲美陽令王嘉爲郎王莽篡位並棄官西歸及公孫述稱帝遣使徵皓嘉恐不至遂先繫其妻子使者謂嘉曰速裝妻子可全對曰犬馬猶識主况於人乎王皓先自刎以首付使者述怒遂誅皓家屬嘉聞而歎曰後之哉乃對使者伏劍而死

後漢閻忠漁陽人前爲信都令梁州賊王國等起兵劫忠爲主統二十六郡號車騎將軍忠感慨發病死

魏賈逵初爲郡吏守絳邑長郭援之攻河東所經城邑皆下逵堅守援攻之不拔乃召單于并軍急攻之城將潰絳父老與援要不害逵絳人既潰援聞逵名欲使爲將以兵劫之逵不動左右引逵使叩頭逵叱之曰安有國家長吏爲賊叩頭援怒將斬之絳吏民聞將殺逵皆乘城呼曰負要殺我賢臣寧俱死耳左右義逵多爲請遂得免初逵過皮氏曰爭地先據者王及圍急知不免乃使人間行送印綬歸郡且曰急

據皮氏援既并絳衆將進兵逵恐其先得皮氏乃以他計疑援謀人祝奧援由是留七日郡從逵言故得無敗

蜀諸葛尚瞻之子也時瞻爲行都護衛將軍魏鄧艾伐蜀瞻督諸軍至涪停住前鋒破退尚歎曰父子荷國重恩不早斬黃皓以致傾敗用生何爲乃馳赴前軍而死黃皓後主所任邪臣也

晉賈渾惠帝大安中爲介休令及劉元海作亂遣其將喬晞攻陷之渾抗節不降曰吾爲晉守不能全之豈苟求生以事賊虜何面目以視息世間哉晞怒執

將殺之睎將尹崧曰將軍舍之以勸事君睎不聽遂害之

易雄長沙瀏陽人爲舂陵令閩王敦作逆譙王承檄至雄馳檄遠近列敦罪惡俄而王師敗績敦得肆暴收雄姑熟以檄示焉雄曰有之惜雄位微力弱不能救國難安以生爲今日即戮得爲忠國乃所願也敦憚其辭正釋之衆人皆賀雄笑曰昨夜夢乘車掛肉其傍夫肉必有筋筋者斤也車傍有斤吾其戮乎尋而敦遣殺之

宋劉伯宗渤海太守秉民從弟也明帝初青州刺史

沈文秀舉兵同薛安都反秉民據臨濟城起義伯宗合率鄉兵復克北海因率所領向青州所治東陽城文秀拒之伯宗戰敗被創弟天受扶持將去伯宗曰丈夫當死戰場以身殉國安能歸死兒女手中乎弟可速去無爲兩亡及見殺追贈龍驤將軍長廣太守

傅弘之爲雍州治平從事爲赫連瓌所襲佛佛逼令降弘之不爲屈時天寒裸弘之弘之叫罵見殺

賈襲宗定陵人也劉胡叛淮南本縣已爲胡所得率三十人救沈攸之攸之言於建安王休仁休仁授爲司徒參軍督護使還鄉里招集爲胡所擒以火炙之問臺軍消息一無所言瞋目謂胡曰君稱兵海內窺覦神器未聞奇謀遠畧而爲炮烙之刑僕本以身奉義死亦何有胡斬之

梁顏見遠博學有志行初齊和帝之鎮荆州也以見遠爲錄事參軍及即位於江陵以爲治書侍御史俄兼中丞高祖受禪見遠乃不食發憤數日而卒高祖聞之曰我自應天從人何預天下人事而顏見遠乃至於此也

霍儁爲廣陵令太清二年侯景反既陷東府城邵陵王綸率馬步三萬討之爲景所敗景獲儁等來送

城下狥之逼云已擒邵陵王儁獨云王小小失利已全軍還京口城中但堅守援軍尋至賊以刀毆之儁言辭顏色如舊景義而釋之

陳沈炯仕梁爲尚書左民侍郎出爲吳令侯景之難吳郡太守袁君正入援京師以炯監郡京城陷景將宋子仙據吳興遣使召炯委以書記之任炯固辭以疾子仙怒命斬之炯解衣將就戮礙於路間桑樹乃更牽往他所或遽救之僅而獲免

裴政初仕梁爲黃門侍郎副王琳拒蕭紀破之於硤口加平越中郎將鎮南府長史及周師圍荆州琳自

桂州來赴難次于長沙政請從間道先報元帝至百里洲爲周人所獲蕭詧謂政曰我武皇帝之孫也不可爲爾君乎爾亦何煩殉身於叔父若從我計則貴及子孫如或不然分腰領矣政詭曰唯命詧鏁之送至城下使謂元帝曰王僧辯聞臺城被圍已自爲帝王琳孤弱不能復東政許之既而告城中曰援兵大至各思自勉吾以間使被擒當以碎身報國監者擊其口終不易辭詧怒命趣行戮蔡大業諫曰此民望也若殺之則荆州不可下矣因得釋會江陵陷與城中朝士俱送于京師周文帝聞其忠授員外散騎侍

郎引事相府

隋陶模高祖時爲嵐州司馬漢王諒據并州反刺史喬鍾葵發兵赴逆模諫之鍾葵失色曰司馬反耶臨之以兵氣辭不撓鍾葵義而釋之軍吏進曰若不斬模何以厭衆心於是囚之於獄悉掠取資財分賜黨與

敬釗爲繁時令漢王諒據并州反釗不從賊既至力戰城陷賊帥墨弼掠其資產而臨之以兵釗辭氣不撓弼義而止之執送於偽將喬鍾葵所鍾葵釋之署爲代州摠管司馬釗正色拒之至一再三鍾葵忽然曰受官則可不然當斬釗答曰忝爲縣宰遭逢逆亂進不能保境退不能死節爲辱已多何乃復以偽官相迫也死生唯命餘非所聞鍾葵怒甚熟視釗曰卿不畏死耶復將殺之會楊義臣軍至鍾葵遽出戰因而大敗釗遂得免

馮慈明煬帝時攝江都郡丞事李密之逼東都也詔令慈明安集瀍洛追兵擊密至鄢陵爲密黨崔樞所執密延慈明於坐勞苦之因而謂曰隋祚已盡區宇沸騰吾躬率義兵所向無敵東都危急計日將下今欲率四方之衆問罪於江都卿以爲何如慈明答曰

慈明直道事人有死而已不義之言非所敢對密不悅異其後改厚加禮焉慈明潛使人奉表江都及致書東都留守論賊形勢密知其狀義而釋之出至營門賊帥翟讓怒曰爾爲使人爲我所執魏公相待至厚曾無感戴寧有異乎慈明勃然曰天子使我來正欲除爾輩不圖爲賊黨所獲我豈從汝求活耶須殺但殺何須罵詈因謂群賊曰汝等本無惡心因飢饉逐食至此官軍且至早爲身計讓益怒於是亂刀斬之

楊善會大業中拜清河通守竇建德自號長樂王來

攻信都復擾臨清河善會逆拒之反爲所敗嬰城固守賊圍之四旬城陷爲賊所執建德釋而禮之用爲貝州刺史善會罵之曰老賊何敢擬議國士但恨吾力劣不能擒汝等我豈是女屠酤兒輩汝輒敢欲相吏耶臨之以兵辭氣不撓建德猶欲活之爲其部下所請又知終不爲已用於是害之清河士庶莫不傷痛焉

松贇北海人性剛烈重名義爲石門府隊正大業末有賊楊厚擁徒作亂來攻北海縣贇從郡兵討之贇輕騎覘賊爲厚所獲厚令贇謂城中郡兵已破宜早

歸降贇僞許之旣至城下大呼曰我是松贇爲官軍覘賊邂逅被執非力屈也今官軍大來並已至矣賊徒寡弱旦暮擒翦不足爲憂賊以刀築贇口引之而去毆擊交下贇罵厚曰老賊何敢致辱賢良禍自及也言未卒賊已斬其腰城中望之莫不流涕扼腕銳氣益倍北海卒完

唐靳孝謨仕隋爲朝邑縣法司義兵濟河授正議大夫受詔安集邊郡多有降附進位金紫光祿大夫行王豐州爲梁師都所陷孝謨見師都竟不屈節臨之以兵顏色不變罵師都極口辭是見害高祖聞而嘉歎者久之

唐安金藏爲太常工人時睿宗爲皇嗣或有誣告皇嗣有異謀者則天令來俊臣鞫之左右不勝楚毒皆欲自誣惟金藏大呼謂俊臣曰公旣不信金藏言請剖心以明皇嗣不反卽引佩刀自剖其胷五臟並出流血被地氣遂絶則天聞之舁入宮中遣醫人却內五藏以桑白皮縫合之傅藥經宿乃蘇則天臨視歎曰吾有子不能自明不如爾之忠也卽令停推睿宗繇是獲免

周憬壽春人慷慨有節操中宗神龍中與光祿卿王

同皎密謀誅武三思及事泄遁於比干廟乃自刎而死臨終謂左右曰比干昔之忠臣也儻神道聰明應知我忠自殺又曰韋后亂朝樹寵邪佞武三思干上犯順虐害忠良吾知其滅亡不久也可懸吾頭於國門觀其身首異門而出其後韋氏及三思果亦誅滅

甄濟爲安祿山范陽掌書記察祿山有異圖乃僞嘔血遂舁歸及祿山反使僞節度使蔡希德領行戮者李捴等二人封刀來召察其詐不起卽就戮之濟以左手書云去不得李捴將刀而前濟引首以待希德欷歔嗟嘆因李捴等退以實病報

張廵爲貞源令姚誾爲城父令與廵官聮相善及安祿山反舉兵渡河時靈昌太守吳王祗齊南太守李清單父尉賈賁各招召義徒數千人與廵誾等同拒逆黨雍丘令狐潮據城以應祿山百姓有逃令者百餘人將殺之覘者報官軍至潮不及行刑遂反縛仆於地令人守之遽出軍以禦官軍縛者忽一人幸脫殺守者互解其縛閉城門以拒潮相持累日賁誾之入其城領衆殺潮母妻及子以堅人志將殺之先磔其子於城上示潮使人告之若降我吾捨汝潮又不從亦殺之後磔其母亦不從復殺之吳王祗表賁忠

爲監察御史會賁與潮戰爲潮所殺廵先領兵爲賁犄角及賁死因統其衆而守其城潮與賊將李庭望攻圍數月竟不拔賊因置杞州築城於雍丘之北以絶路仍斷其外救廵度雍丘小城不足以禦外敵乃開門驅百姓詐降令將士持弓弩引蒲廵以鋭卒數百毀其後且行且戰夜投睢陽城見許遠姚誾等共謀捍守朝廷壯之累遷主客郎中兼御史中丞誾官亦至郎中遠爲侍御史賊將尹子奇圍城經數月求救於臨淮節度賀蘭進明竟不之救城中糧盡米斗價至八百後至人相食析骸以爨廵恐人心有變呼其愛妾對三軍殺之以饗軍士而令之曰共公等戮力爲國家守城廵不能以肉啖將士豈敢戀其寵愛乎將士皆泣下不忍食後括城中婦人盡以男夫老小繼之口尚四五萬初求救於賀蘭進明廵遣帳下士南霽雲夜縋出城之臨淮見進明日高會張樂饗士殊無出兵之意霽雲泣而謂之曰強寇淩逼圍城半年糧盡矢窮計無所出圍城之際城中數萬人今老小相食殆盡張中丞自殺愛妾以饗軍士今見存不過數千城中之人不敢愛死恐破之後賊過淮南亦不利於大夫耳霽雲所以持尺刃晝伏夜動匍匐

以見大夫今大夫數日高會殊無遣兵之意豈忠臣義士勤王報國之意乎霽雲不能達主將之意請嚙一指留於大夫示之以信歸報城中將士遂却還睢陽數日得達城中懸繩而入城城中之人知救不至慟哭數日遂陷廵在城中每戰登埤大呼以助威皆血流面牙齒皆碎城已陷西向再拜曰爲救不至臣智勇俱竭不能全城令使逆賊陵逼臣死之後願爲鬼與賊爲厲以答國恩及城陷尹子奇見廵問之曰聞公每督戰則皆眥裂齒碎實有之否廵應之曰然子奇曰何以至此曰欲得殺逆賊遂至於此子奇以

大刀剔其口見有齒在者不過三數廼因大詬罵子奇責以悖逆損害平人子奇欲赦之左右曰此人必不爲我用又得衆死心不可留故害之霽雲及閭亦皆同日遇害唯許遠生擒送雒陽安慶緒將投河北哥舒翰程千里許遠等三十餘人皆舍於僞客省及慶緒敗渡河北走使嚴莊盡害之而後行

石演芬爲朔方節度使李懷光養子累至右武鋒都將興元初懷光軍屯三橋將與朱泚通謀演芬乃使食客郜成義密疏具言懷光無狀請即罷其總統成義至奉天乃反以其言告懷光子璀璀密報其父懷

光乃召演芬責之曰我以爾爲子柰何欲破我家今死可乎演芬對曰天子以公爲腹心公亦以演芬爲腹心公上負天子安可下責演芬且演芬胡人不解異心欲守死以事一人幸得免呼爲賊死甞分也懷光初使左右臠食之皆曰此忠烈之士也可令快死乃以刀斷其頸德宗追思義烈故贈兵部尚書仍贈錢三百千又捕得郜成義于朔方軍戮之

高郢字公楚李懷光統邠寧奏署幕僚累轉副元帥判官懷光背恩將歸河中郢言曰西迎大駕豈非忠乎懷光忿而不聽及歸鎮又欲悉衆西酉時渾瑊軍孤群帥未集郢與李鄘誓死駐之屬懷光長子璀候郢郢乃諭以逆順之理且言天寶以來阻兵今誰在者況國家伐天命非獨人力今若恃衆西向自絕于天十室之邑必有忠信安知三軍不有奔潰者乎璀震懼流涕氣索明年春郢與都知兵馬使呂鳴岳都虞候延英同謀間道上表及受密詔事洩二將立死懷光乃大集將卒白刃盈庭引郢詰之郢挺然抗辭無所慙隱憤氣感發觀者淚下懷光慙沮而入

李鄘字建侯爲秘書省正字爲李懷光所辟累遷監察御史及懷光蒲津叛鄘與母妻陷賊中恐禍及親

因僞白懷光曰兄病在雒請母往視之懷光許焉且戒妻子無得從鄘皆遣行後懷光責之對曰鄘名隸軍籍不得隨侍老母柰何不使婦隨姑行也懷光無以罪時與高郢同在賊庭乃密奏賊軍虛實及攻取之勢德宗賜手詔以勞之後事泄懷光嚴兵召郢與鄘詰責鄘詞激氣壯三軍義之懷光不敢殺囚獄中懷光死馬燧就獄致禮表爲河東從事

張名振爲李懷光左都將德宗興元元年德宗詔賜懷光鐵券懷光奉詔倨慢名振大呼於軍門曰太尉見賊不擊天使到不敬固將反耶且安史兩賊僕固

懷恩反皆屬臧今欲何爲是資忠義之士立功勳耳
懷光聞之召名振謂之曰我不反爲賊強盛須蓄鋭
候時耳無幾懷光引軍入咸陽名振又曰向者言不
反今拔軍此來何也何不以兵急攻朱泚收復京城
取大富貴是善計也懷光聞之曰名振病狂也使杖
殺之
後唐姚洪爲指揮使率兵千人鎮閬州洪嘗爲汴之
小校經事東川節度董璋璋叛密令人誘洪洪以大
義拒之及璋攻城洪悉力拒守者三日禦備既竭城
陷被擒璋謂洪曰爾頃爲健兒豚吾奬拔至此吾書

誘諭投之於廁何相負耶洪大罵曰老賊爾爲天子
鎮帥何苦反耶爾既孤恩背主吾與爾何恩而云相
負爾爲李七郎奴掃馬糞得一臠殘炙感恩無盡今
明天子付與茅土貴爲諸侯而驅徒結黨圖爲反噬
爾本奴才則無恥吾忠義之士不忍爲也吾可爲天
子死不能與人奴苟生璋怒令軍士十人持刀寸割
其膚燃鑊於前自取啗食洪至死大罵不已明宗聞
之泣下置洪二子於近衞給賜頗優
沙守榮爲弓箭庫使應順元年三月愍帝以潞王兵
至出奔衞州遇鎮州節度使石敬瑭（即晉高祖也）諭以潞王
危社稷康義誠已下剣我無以自庇長公主見教逆
爾於潞謀社稷之計石曰衞州王弘贄宿舊諳事且
往弘贄圖之石馳騎而前見弘贄曰播遷至此危追
吾戚藩也何以圖全弘贄曰天子避狄古亦有之然
於奔迫之中亦有將相國家法物所以軍民瞻奉不
覺其亡也今宰執近臣從乎寶王法物從乎詢之無
有弘贄曰大樹將顛非一繩所維今以五十騎奔竄
無一人將相擁從安能興復大計所謂蛟龍失雲雨
也今六軍將士揔在潞邸矣公縱以戚藩念舊無柰
之何遂與弘贄同謁於驛亭宣坐謀之石以弘贄所

陳以聞守榮前謂石曰主上即明宗愛子公明宗愛
壻富貴既同受休戚合共之今謀休戚藩欲期安復
今翻索從臣國寶欲以此爲辭爲賊笑天子乎乃抽
佩刀刺石親將陳暉扞之守榮與暉俱戰而死

死節

禮曰謀人之軍師敗則死之又曰臨陣無勇非孝也
又曰臨難無苟免是知束髮事君竭誠許國蓋臣子
之常分也若乃辭色慷慨承白刃而不顧膽氣倜儻
雖衆潰而獨死或抗節不從於戎首或城陷不屈其
剛操或後進已至詎肯解舺而輕去或主帥前卻自

率屬兵而赴敵此皆抗志忠烈垂名竹帛至如以裝扶傷得矛亡戟一則耻不終其賜一則恨不快其心至於畢命抑其次也

臧堅魯臧紇之族也齊侯伐魯北鄙齊人獲臧堅齊侯使夙沙衛唁之且曰無死(使無自殺)堅稽首曰拜命之辱抑君賜不終姑又使其刑臣禮於士以杙抉自傷而死(言使賤人來言已是惠賜不終也夙沙衛奄人故謂之刑臣也)

敝無存齊人也齊侯伐晉夷儀(為衛討也)敝無存之父將室之辭以與其弟(室之為娶婦)曰此役也不死反必娶於高國(高氏國氏齊貴族也欲必有功還娶卿相之女)無存先登求自門出死霤

下(旣入城夷儀人不服故鬭死於門屋霤下也)

平阿餘子齊人也齊晉相與戰餘子亡戟得矛(平阿齊邑)(餘子官氏)退而去不自快謂路之人曰亡戟得矛可以歸乎路之人曰戟亦兵也矛亦兵也亡兵得兵何為不可以歸去行心猶不自快也遇高唐之孤叔無孫(孤特立尊也叔姓無孫名)餘子當其馬前曰今者戰亡戟得矛可以歸乎叔孫曰矛非戟也戟非矛也亡戟得矛豈亢責也哉餘子曰嘻還反戰趨尚及之遂戰而死

漢路中大夫(姓路為中大夫)孝景三年吳楚反膠東膠西菑川濟南王皆發兵應吳楚欲與齊(與之同名)齊王使路中大夫告于天子天子復令路中大夫還報告齊王堅守漢兵今破吳楚矣路中大夫至三國兵圍臨菑數重無從入三國將與路中大夫盟曰若反言漢已破矣(若汝也反謂反易其辭也)齊趣下三國不且見屠路中大夫旣許至城下望見齊王曰漢已發兵百萬使太尉亞夫擊破吳楚方引兵救齊齊必堅守無下三國將誅路中大夫

後漢張況光武初為常山關長時年八十會赤眉攻關城況出戰死帝甚哀之

杜篤為車騎將軍馬防從事章帝建初三年防擊西

羌請篤為從事中郎戰沒於射姑山

嚴授為漁陽太守張顯兵馬掾安帝元初中鮮卑數百餘騎寇漁陽顯率吏士追出塞遙望虜營烟火急趨之授慮有伏兵苦諫止不聽顯促令進授不獲已前戰伏兵發授身被十創歿於陣顯拔刃追散兵不能制虜射中顯主簿衛福功曹徐咸遽赴之顯遂墮馬福以身擁蔽虜并殺之朝廷愍授守節詔書褒歎

孟肯其先三世為郡吏並伏節死難

維皓為中牟令靈帝中平四年二月滎陽賊殺皓及主簿潘業皓等與賊戰臨陣不顧皆被害

袁祕字承寧汝南人閎之孫也爲郡門下議生黄巾起祕從太守趙謙擊之軍敗祕與功曹封觀主簿陳端門下督范仲禮賊曹劉偉德主記史丁子嗣張仲然等七人以身扞刃皆死于戰謙以得免詔旌祕等門閭號曰七賢

魏夏侯榮征西將軍淵之第五子年十三從太祖於漢中戰敗左右提之走不肯曰君親任難爲所逃死乃奮勇而戰遂没于陣

杜襲爲司隸校尉文帝征吳以襲爲尚書僕射統留事其後帝幸許昌襲復居守受詔作御樓船於陶河

試船遇風没帝爲之流涕

劉整爲士奔王嘉平中吳將諸葛恪圍合肥新城城中遣整出圍傳消息爲賊所得考問所傳語整曰諸葛公欲活汝汝可具服整罵曰死狗此何言也我當必死爲魏國鬼不苟求活逐汝去也欲殺我者便速殺之終無他辭遂殺之

鄭祿爲士時吳將諸葛恪圍合肥城中遣祿出城傳消息或以語恪恪遣馬騎尋圍跡索得祿還四五人的頭面縛將繞城表勑語祿使大呼言大軍已還雒不如早降祿不從其言更大呼城中曰大軍近在圍外壯士努力賊以刀築其口使不得言祿遂大呼令城中聞知而死後追賜祿爵關内侯

閻温字伯儉天水西城人也以凉州別駕守上邽令馬超來奔上邽郡人任養等舉衆迎之温止之不能禁乃馳還州超復圍州所治冀城其急州乃遣温密出告急於夏侯淵賊圍數重温夜從水中潛出明日賊見其迹遣人追遮之於顯親界得温執還詣超解其縛謂曰今成敗可見足下爲孤城請救而執於人手義何所施若從吾言反謂城中東方無救此轉禍爲福之計也不然今爲戮矣温僞許之超乃載温詣

城下温向城大呼曰大軍不過三日至勉之城中皆泣稱萬歲超怒數之曰足下不爲命計邪温不應時超攻城久不下故徐誘温冀其改意復謂温曰城中故人有欲與吾同者不温又不應遂切責之温曰夫事君有死無貳而卿乃欲令長者出不義之言吾豈苟生者乎超遂殺之

蜀傅僉（史不載其官）與武興督蔣舒守關口鍾會伐蜀別將攻之舒將出降乃詭謂僉曰今賊至不擊而閉城自守非良圖也僉曰受命保城惟全爲功今違命出戰若喪師負國死無益矣舒曰子以保城獲全爲功

我以出戰克敵爲功請各行其志遂率衆出僉謂其戰也而陰平已降朗烈烈乘虛襲城僉格鬭而死魏人義之

張遵爲尚書隨計葛瞻於綿竹與鄧艾戰而死

程畿字季然先主領益州牧辟爲從事祭酒後隨先主征吳遇大軍敗績泝江而還或告之曰後追已至解船輕去乃可以免畿曰吾在軍未曾爲敵走况從天子而見危哉追人雖及畿船畿身執戟戰敵船有覆者衆大至共擊之乃死

黃崇爲尚書郎隨衛將軍諸葛瞻拒鄧艾到涪縣瞻

冊府元龜　總録部　死節　卷之七百六十三　十九

盤桓未進崇屢勸瞻宜速行據險無令敵得入平瞻猶豫未納崇至於流涕會艾長驅而前瞻却戰至緜竹崇帥厲軍士期於必死臨陳見殺

晉毛凝司州刺史德祖次弟德祖戍武牢爲魏所没凝及弟辯並有志節凝死於盧循之難辯没於魯宗之役並奮不顧命爲世所歎

宋沈勁爲冠軍陳祐長史戍金墉城爲鮮卑慕容恪所陷不屈節見殺

荀璦潁陰人也宋元嘉末渡淮赴武陵王義爲元凶追兵所殺

王應之爲衡陽內史時晉安王子勛反應之起義拒湘州從事何惠文爲惠文所殺

南齊陳光靜爲郢州刺史張冲中兵參軍梁王義師起冲拒之梁王遣軍主曹景宗等過江攻郢城未及盡齊冲遣光靜等開門出擊爲義師所破光靜戰死

梁任孝恭爲中書通事舍人高祖太清三年侯景寇逼孝恭啓募兵隸蕭正德屯南岸及賊至正德率衆入賊孝恭還赴臺臺門已閉因奔入東府尋爲賊所攻城陷見害

蘭夏禮安南將軍欽子也侯景至歷陽其部曲邀擊

冊府元龜　總録部　死節　卷之七百六十三　二十

景兵敗夏禮死之

陳楊孝辯中領軍魯廣達友人也特賀若弼軍乘勝至宮城廣達爲中領軍苦戰不息孝辯時從廣達在軍中戰陷陣其子亦隨孝辯揮刃殺隋兵十餘人力窮父子俱亡

唐宗大業末爲朔方郡丞時梁師都舉兵將據郡城宗抗節不從遂遇害

唐尹元貞河間人也爲曲阿令天后文明元年徐敬業據揚州亂元貞在曲阿聞敬業攻陷潤州乃率兵赴救苦戰力屈爲賊所擒敬業臨以白刃脅令附已

元貞詞色慷慨竟不之屈尋遇害

李奐爲河間司法天寶末史思明圍饒州太守盧全誠陸渾令李系拒之奐以七千人救之爲思明所敗後賊將尹子奇圍河間四十餘日太原太守顏眞卿使將和琳領一萬一千人馬數百疋以救之官軍去城二十餘里北風嚴烈鼓聲絕不相聞思明使兵亂擊之官軍敗生擒和琳至城下思明旣至合勢賊軍大振從外築道爲高堤以入城城上戰不勝退至街巷又戰城中大潰奐爲賊所擒送至東京爲祿山所害

程景珂本潯陽人後家於濮州之鄄城倜儻有膽氣鄉里稱之貞明初與太原兵夾河而軍濮州隣境痍於俘剽景珂聚鄉邑入保永定驛固守踰年景珂戰殁衆潰

後唐王緘在莊宗幕府胡柳之役緘隨輜重前行沒於亂兵際曉盧質還營莊宗問副使所在日某初不之知也旣而緘凶問至莊宗流涕久之得其喪歸葬太原

安承規爲昭義軍都虞候光火賊武章等劫州獄奪其黨類承規獨禦之又無救應爲衆所殺

終

冊府元龜

巡按福建監察御史臣李嗣京　訂正

知閩縣事臣曹肖臣參閲

知建陽縣事臣黄國琦較釋

總録部一十四

義烈

孔子曰儒有刼之以衆沮之以兵見死不更其守曾子亦云託孤寄命臨大節而不可奪孟軻所謂舍生而取義者義烈之謂也若夫君子之行已烈士之柢操蓋將抗名城以全所守激孤風以勵浮俗義之所

在奮不顧死乃有受賢者而感廢命感知已而思報德忠所事而赴難存爇緒而踐言毒之以楚掠而無貳刼之以鋒刃而靡屈蹈危以紓患冒險以申冤嫉惡悯顛發憤不已莫不捐軀志死齎志畢命慷慨以引决感激以積分固已英槩薄於雲天雄名揭於日月千載之下凜乎其有生氣矣

鉏麑晉力士也靈公虐趙宣子驟諫公患之使鉏麑賊之賊殺也晨往則寢門闢矣盛服將朝尚早坐而假寐麑退歎而言曰趙孟敬哉夫不忘恭敬社稷之鎮也賊國之鎮不忠受命而廢之不信也享一名於此不若死觸庭之槐而死庭外朝之庭

公孫杵臼晉大夫趙朔之客也景公之三年屠岸賈欲誅趙朔韓厥告趙朔趣亡朔不肯曰子不絶趙祀朔死不恨厥許諾賈滅朔族朔妻成公姊有遺腹走公宫匿公孫杵臼謂友人程嬰曰胡不死程嬰曰朔之婦有遺腹若幸而男吾奉之即女也吾徐死耳居無何而朔婦免身生男屠岸賈聞之索於宫中夫人置兒袴中祝曰趙宗滅乎若號即不滅若無聲及索兒竟無聲已脱程嬰謂公孫杵臼曰今一索不得後必且復索之柰何公孫杵臼曰立孤與死孰難程嬰

曰死易立孤難耳公孫杵臼曰趙氏先君遇子厚子彊爲其難者吾爲其易者請先死乃二人謀取他人嬰兒而負之衣以文褓褓小兒被匿山中程嬰出謬謂諸將軍曰嬰不肖不能立趙孤誰能與我千金吾告趙氏孤處諸將皆喜許之發師隨程嬰攻公孫杵臼杵臼謬曰小人哉程嬰昔下宫之難不能死與我謀匿趙氏孤兒今又賣我縱不能死而忍賣之乎抱兒呼曰天乎天乎趙氏孤兒何罪請活之獨殺杵臼可也諸將不許遂殺杵臼與孤兒諸將以爲趙氏孤兒良已死皆喜然趙氏眞孤乃反在程嬰卒與俱匿山

中居十五年晉景公疾卜之大業之後不遂者爲祟
景公問韓厥厥知趙孤在乃曰大業之後在晉絶祀
者其趙氏乎夫自中衍者皆嬴姓也中衍人面鳥噣
降佐殷帝大戊及周天子皆有明德下及幽厲無道
而叔帶奔周適晉事先君文侯至於成公世有立功
未嘗絶祀今吾君獨滅趙宗國人哀之故見龜策惟
君圖之景公問趙尚有後子孫乎韓厥具以實告於
是景公乃與韓厥謀立趙孤兒召而匿之宮中諸將
入問疾景公因韓厥之衆以脅諸將而見趙孤趙孤
名曰武諸將不得已乃曰昔下宮之難屠岸賈爲之

矯以君命幷命群臣非然孰敢作難微君之疾羣臣
固且請立趙後今君有命群臣之願也於是召趙武
程嬰徧拜諸將遂反與程嬰趙武攻屠岸賈滅其族
復與趙武田邑如故及趙武冠爲成人程嬰乃辭諸
大夫謂趙武曰昔下宮之難皆能死我非不能死我
思立趙氏之後今趙武既立爲成人復故位我將下
報趙宣孟與公孫杵臼趙武啼泣頓首固請曰武願
苦筋骨以報子至死而子忍去我死乎程嬰曰不可
彼以我爲能成事故先死今我不報是以我事爲不
成遂自殺趙武服齊衰三年爲之祭邑春秋祠之世

世勿絶
王子閭楚平王子啟也白公勝作亂欲以子閭爲王
子閭不可遂刼以兵子閭曰王孫若靖楚國輔正王
室而後庇焉啟之願也敢不聽從若專利以傾王室
不顧楚國有死不能不能從遂殺之
石乞楚白公勝之徒也白公作亂國人攻之奔山而
縊其徒微之匿也生拘石乞而問白公之死焉對曰余
知其死所而長者使余勿言長者白公曰不言將烹乞曰
此事克則爲卿不克則烹固其所也何害乃烹石乞

侯嬴大梁人魏公子無忌姊爲趙平原君夫人秦圍
趙趙急請救於魏魏安釐王畏秦使將軍晉鄙將十
萬衆名爲救趙實持兩端公子數請終不聽公子計
不獨生而令趙亡欲赴秦軍俱死用侯嬴言請如姬
盜晉鄙兵符與朱亥俱救趙過謝侯嬴嬴曰臣宜從
老不能請數公子行日以至晉鄙軍之日北向自剄
以送公子公子與侯生決至軍侯生果北鄉自剄
要離吳人吳王欲殺王子慶忌而莫之能殺吳王闔閭光也
篡庶父僚而即其位慶忌者僚之子也故欲殺之慶忌有力捷疾而勇人皆畏之無能殺者也吳王
患之吳王之友曰要離謂吳王曰臣請殺之吳王曰
汝惡能惡安也吾嘗以六馬逐之江上矣而不能及射

之矢左右蒲把而不能中今汝拔劍則不能舉臂上
車則不能登汝惡能要離曰士患不勇耳奚患於不
能王誠助臣請必能吳王曰諾明旦加罪焉執其妻
子焚而揚其灰吳王僞加要離罪燒其妻子揚其灰也要離走往見王
子慶忌於衞王子慶忌喜曰吳王之無道也子之所
見也諸侯之所知也今子得免而去之亦善也要離
與王子慶忌居有閒謂王子慶忌曰吳王無道也愈
甚請王子往奪之國王子慶忌曰善乃與要離俱涉
於江中江拔劍以刺王子慶忌捽而投之江浮又取
而投之如此者三卒曰汝天下之國士也幸汝以成

其而名幸活也而汝也要離不死歸吳王大悅請與分國要
離曰不可臣請必死吳王止之要離曰夫殺妻子焚
而揚其灰以便事也臣已爲不仁便猶成也夫爲故主殺
新主臣已爲不義夫捽而浮乎江三入三出特王子
慶忌之爲賜而不殺耳矣特猶循也臣已爲辱夫不仁不
義又且已辱不可以生吳王不能止果伏劍而死果也
終
田文封孟嘗君相齊有舍人魏子爲孟嘗君收邑入
三反而不致一人孟嘗君問之對曰有賢者竊假與
之以故不致入孟嘗君怒而退魏子居數年人或毀
孟嘗君於齊湣王曰孟嘗君將爲亂及田甲劫湣王
湣王意疑孟嘗君孟嘗君乃奔魏子所與粟賢者聞
之乃上書言孟嘗君不作亂請以身爲盟遂自剄宮
門以明孟嘗君湣王乃驚而蹤跡驗問孟嘗君果無
反謀乃復召孟嘗君
王蠋晝邑人燕師入齊聞蠋賢齊西南近邑晝音獲令軍中曰
環晝邑三十里無人以王蠋之故已而使人謂蠋曰
齊人多高子之義吾以子爲將封子萬家蠋固謝燕
人曰子不聽吾引三軍而屠晝邑王蠋曰忠臣不事
二君貞女不更二夫齊王不聽吾諫故退而耕於野

國旣破亡吾不能存今又劫之以兵爲君將是助桀
爲暴也與其生而無義固不如烹遂經其頸於樹枝
自奮絕脰而死齊亡大夫聞之曰王蠋布衣也義不
北面於燕況在位食祿者乎乃相聚如莒求湣王子
發章立爲襄王
豫讓晉人故嘗事范中行氏而無所知名去而事智
伯智伯甚尊寵之及智伯伐趙襄子趙襄子與韓魏
合謀滅智伯之後而三分其地趙襄子最怨智伯漆
其頭以爲飲器豫讓遁逃山中曰嗟乎士爲知己者
死女爲悅己者容今智伯知我我必爲報讐而死以

報智伯則吾魂魄不愧矣乃變名姓爲刑人入宫塗厠中挾七首欲以刺襄子襄子如厠心動執問塗厠之刑人則豫讓內持刀兵曰欲爲智伯報讐左右欲誅之襄子曰彼義人也吾謹避之耳且智伯亡無後而其臣欲爲報讐此天下之賢人也卒釋去之居頃之豫讓又漆身爲厲音賴呑炭爲啞使形狀不可知行乞於市其妻不識也行見其友其友識之曰汝非豫讓邪曰我是也其友爲泣曰以子之才委質而臣事襄子襄子必近幸子近幸子乃爲所欲顧不易邪何乃殘身苦形欲以求報襄子不亦難乎豫讓曰既已

委質臣事人而求殺之是懷二心以事其君也且吾所爲者極難耳然所以爲此者將以愧天下後世之爲人臣懷二心以事其君者也既去頃之襄子當出豫讓伏於當過之橋下襄子至橋馬驚襄子曰此必是豫讓也使人問之果豫讓也於是襄子乃數豫讓曰子不嘗事范中行氏乎智伯盡滅之而子不爲報讐而反委質臣於智伯智伯亦已死矣而子獨以爲之報何讎之深也豫讓曰臣事范中行氏范中行氏皆衆人遇我我故衆人報之至於智伯國士遇我我固國士報之襄子喟然嘆息而泣曰嗟呼豫子子之爲智伯名既成矣而寡人赦子亦已足矣子其自爲計寡人不復釋子使兵圍之豫讓曰臣聞明主不掩人之義而忠臣有死名之義前君已寬赦臣天下莫不稱君之賢今日之事臣固伏誅然願請君之衣而擊焉以致報讎之意則雖死不恨非所敢望也敢布腹心於是襄子大義之乃使持衣與豫讓豫讓拔劍三躍而擊之曰吾可以下報智伯矣遂伏劍自殺死之日趙國志士聞之皆爲涕泣

漢田橫爲齊王高祖既立爲皇帝橫懼誅而與其徒屬五百餘人入海居島中高帝使使召橫橫乃與其

客二人乘傳詣雒陽至尸鄉自殺高帝發卒以王者禮葬之既葬二客穿其冢旁皆自剄從之高帝聞而大驚以橫之客皆賢吾聞其餘尚五百人在海中使使召之使至聞橫死亦皆自殺於是乃知田橫兄弟能得士也

周燕宣帝時爲郡决曹掾太守欲枉殺人燕諫不聽遂殺因而黜燕囚家守闕稱寃詔遣覆考燕見太守曰願謹定文書皆署燕名府君但言時病而已出謂掾史曰諸君被問悉當以罪推燕如有一言及於府君燕手劍相刃使乃收燕繫獄屢被掠楚辭無屈撓

當下蠶室乃嘆曰我平王之後正公玄孫豈可以刀鋸之餘下見先君遂不食而死

趙都殺栩人（趙姓都名殺丁活丁外二切栩許羽功）爲左馮翊馮野王部督郵掾而池陽令並（並謂池陽縣令史失其姓）素行貪汙輕野王外戚年少治行不改都案驗得其主守盜十金罪收捕並不首吏（不首吏謂不伏從收捕也）都格殺並並家上書陳冤事下廷尉都詣吏自殺以明野王京師稱其威信

李聖爲王莽揚州牧司命孔仁兵敗於山東聖格死仁將其衆降已而嘆曰吾聞食人食者死其事拔劍自刺死

曹竟字子期去官不仕於王莽莽死漢更始徵竟以爲丞相封侯欲親致賢人銷寇賊竟不受侯爵會赤眉入長安欲降竟竟手劍格鬬死

後漢王提爲隗囂大將囂爲漢軍所圍窮困提別在戎丘登城呼漢軍曰爲隗王城守者皆必死無二心願諸軍亟罷請自殺以明之遂自刎頸死

劉雄爲平原令永初二年劇賊畢豪等入平原界雄將士乘船追之至厭河次與賊合戰雄敗執雄以矛刺之時小吏所輔前叩頭求哀願以身代雄豪等縱雄而刺輔貫心洞背即死東郡太守捕得豪等具以狀上詔書追傷之賜錢二十萬除父奉爲郎中

徐福爲漁陽太守張顯主簿元初中鮮卑入寇顯拔刃追散兵虜射中顯福及功曹徐咸遽赴之顯遂墮馬福以身擁蔽虜并殺之

耿武爲冀州韓馥長史閔純爲别駕會袁紹至馥從事十人棄馥去唯恐在後獨武純仗刀拒戰紹兵不能禁紹後令田豐殺此二人

鄭益恩玄子也孔融在北海舉爲孝廉及融爲黄巾所圍益恩赴難殞身

關靖爲公孫瓚遼東長史瓚爲袁紹所敗靖曰吾聞

君子陷人於危必同其難豈可獨生乎乃策馬赴紹軍而死紹悉送其首於許

孫瑾爲當山相時遼東公孫瓚與幽州牧劉虞搆隙及虞見殺瑾與掾張逸張瓚等忠義憤發相與就虞罵瓚極口然後同死

臧洪字子源爲廣陵太守張超功曹超遣洪詣幽州牧劉虞行至河間袁紹以爲青州刺史遷東郡太守時魏太祖圍張超於雍丘甚危急超謂軍吏曰今日之事唯有臧洪必求救我或曰袁曹方睦而洪爲紹所用恐不能敗好遠來遘福取禍超曰子源天下義

士終非背本者也或見制強力不相及耳洪始聞袁圖乃徒跣號泣並勒所領將赴其難自以衆弱從紹請兵而紹竟不之聽超城遂陷張氏族滅洪由是怨紹絶不與通紹以兵圍之歷年不下使洪邑人陳琳以書譬洪示其禍福責以恩義洪答曰隔闊相思發於寤寐相去步武而趨舍異規其爲愴恨胡可勝言前日不遺比（比及也）辱雅況述叙禍福公私切至以子之才窮該典籍豈將闇於大道不達余趣哉是以捐棄翰墨一無所酬亦冀遥忖禍心粗識鄙性重獲來命援引紛紜雖欲無對而義篤其言僕小人也本乏

志用中因行役特蒙傾蓋恩深分厚遂竊大州寧樂今日自還接刃乎每登城臨兵觀主人之旗鼓瞻望帳幄感故友之周旋撫弦搦矢不覺流涕之覆面也何者自以輔佐主人無以爲悔主人相接過絶等倫當受任之初志同大事掃清寇逆共尊王室豈悟本州被侵郡將遘厄請師見拒辭行被拘使洪故君遂至淪滅區區微節無所獲申豈得復全交友之道重虧忠孝之名乎所以忍悲揮戈收淚告絶若使主人少垂古人忠恕之情來者側席去者克己則僕抗季札之志不爲今日之戰矣昔張景明登壇歃血奉辭奔走卒使韓牧讓印主人得地然後但以拜章朝主賜爵獲傳之故不蒙觀過之貸而受夷滅之禍呂奉先討卓來奔請兵不獲告去何罪復見斫刺劉子璜奉使踰時辭不獲命畏威懷親以詐求歸可謂有志忠孝無損霸道亦復僵尸麾下不蒙虧除慕進者蒙榮違意者被戮此乃主人之利非遊士之願也是以鑒戒前人守死窮城亦以君子之違不適敵國故也足下當見久圍不解救兵未至感婚姻之義推平生之好以爲屈節而苟生勝守義而傾覆也昔晏嬰不降志於白刃南史不曲筆以求存故身傳圖象名垂

後世況僕據金城之固驅士人之力散三年之蓄以爲一年之資蘇困補乏以悅天下何圖築室反耕哉但懼秋風揚塵伯珪馬首南向（伯珪公孫瓚字）張揚飛燕旅力作難北鄙將告倒懸之急股肱奏乞歸之計耳主人當鑒戒曹輩反旌退師何宜久辱盛怒暴威於吾城之下哉足下譏吾恃黑山以爲救獨不念黃巾之合從邪昔高祖取彭越於鉅野光武創基兆於綠林卒能龍飛受命中興帝業苟可輔主興化夫何嫌哉況僕親奉璽書與之從事行矣孔璋足下徼利於境外臧洪投命於君親吾子託身於盟主（盟主謂袁紹也）臧洪

策名於長安子謂余身死而名滅僕亦笑子生死而無聞焉本同末離努力努力夫復何言詔見洪書知無降意增兵急攻城中糧盡外無援救洪自度不免呼吏士謂曰袁紹無道所圖不軌且不救洪郡將洪於大義不得不死念諸君無事空與此禍可先城未破將妻子出將吏皆垂泣曰明府之於袁氏本無怨隙今為郡將之故自致危困吏人何忍當捨明府去也初尚掘鼠煮筋角久無所復食主簿啟內廚米三升請稍為饘粥洪曰何能獨甘此邪使為薄糜編班士衆又殺其愛妾以為食兵將咸流涕無能仰視男

女七八千人相枕而死莫有離叛城陷生執洪紹盛帷幔大會諸將見洪謂曰臧洪何相負若是今日服未洪據地瞋目曰諸袁事漢四世五公可謂受恩今王室衰弱無扶翼之意而欲因際會觖望非冀（觖猶冀也）多殺忠良以立姦威洪親見將軍呼張陳留為兄則洪府君亦宜為弟而不能同心戮力為國除害坐擁兵衆觀人屠滅惜洪力劣不能推刃為天下報讎何謂服乎紹本愛洪意欲屈服赦之見其辭切知終不為用乃命殺焉洪邑人陳容少為諸生親慕於洪隨為東郡丞先城未敗洪使歸紹時容在坐見洪當死起謂紹曰將軍興大事欲為天下除害而專先誅忠義豈合天意臧洪發舉為郡將柰何殺之紹慙使人牽出謂曰汝非臧洪儔空復爾為容顧曰夫仁義豈有常所蹈之則為君子背之則為小人今日寧與臧洪同日死不與將軍同日生也遂復見殺在紹坐者無不嘆息竊相謂曰如何一日戮二烈士先是洪遣司馬二人出求救於呂布比還城已陷皆赴敵死

審配字正南魏郡人少忠烈慷慨有不可犯之節袁紹領冀州委以心腹之任以為治中別駕幷總幕府紹長子譚少子尚紹愛尚欲以為後而未顯審配逢

紀與辛評郭圖爭權配紀與尚比評圖與譚比紹死衆以譚長欲立之配等恐譚立而評為已害乃奉尚代紹位繇是譚尚有隙舉兵相攻譚敗走平原尚使審配蘇繇守鄴復攻平原魏太祖攻鄴配兄子榮守東門夜開門內太祖生擒配聲氣壯烈終無撓辭見者莫不嘆息遂斬之初譚之去皆呼辛毗郭圖家得出而辛評家獨被收及配兄子開城門內兵時配在城東南角樓上望見太祖兵入忿辛郭壞敗冀州乃遣人馳詣鄴獄指殺仲治家是時辛毗在軍聞門開馳走詣獄欲解其兄家兄家已死是日生縛配將詣

帳下辛毗等遂以馬鞭擊其頭罵之曰奴汝今日眞死矣配顧曰狗輩正繇汝曹破我冀州恨不得殺汝也且汝今日能殺生我邪有頃太祖引見謂配知誰開卿城門配曰不知也曰自卿子榮耳配曰小兒不足用乃至此太祖復謂曰曩日孤之行圍何弩之多也配曰恨其少耳太祖曰卿忠於袁氏父子亦自不得不爾也有意欲活之配既無撓辭而辛毗等號哭不已乃殺之初冀州人張子謙先降素與配不善笑謂配曰正南卿竟何如我配厲聲曰汝爲降虜配爲忠臣雖死豈若汝生邪臨行刑叱持兵者令北向曰

我君在此

焉忠金城人漢末郡人陽成遠殺太守以叛忠赴尸號哭嘔血而死

吳詠張掖人爲護羌校尉馬賢所辟後爲太尉龐參掾參賢相誣罪應死各引爲證詠計理無兩直遂自刎而死參賢慙悔和穆至晉張軌爲凉州刺史皆祭其墓而旌其子孫

魏沮儁爲射聲校尉漢末李傕之亂儁被創墮馬李傕謂左右曰尚可活不儁罵之曰汝等凶逆逼迫天子亂臣賊子未有如此者傕使殺之

應余字子正夫丰姿方毅志尚仁義漢建安末爲郡功曹時吳蜀不賓疆埸多虞宛將侯音扇動山民保城以叛余與太守東里衮當擾攘之際逆竄得出音即遣騎追逐去城十里相及賊便射衮飛矢交流余前以身當箭被七創因謂追賊曰侯音狂狡造爲凶逆大軍尋至誅夷在近謂卿曹本是善人素無惡心當思反善何爲受其指揮我以身代君已被重創若身死君全殞没無恨因仰天號泣涕血俱下賊見其義烈釋衮不害賊去之後余亦命絶

曹眞本姓秦養曹氏或云其父伯南夙與太祖善興

平末袁術部黨與太祖攻劫太祖出爲寇所追走入秦氏伯南開門受之寇問太祖所在答云我是也遂害之繇此太祖思其功故變其姓一説眞父邵以忠篤有才智爲太祖所信初平中太祖興義兵邵募徒衆從太祖周旋時豫州刺史黄琬欲害太祖太祖避之而邵獨遇害

伍孚字德瑜少有大節爲郡門下書佐其本邑長有罪太守使孚出教勅曹下督郵收之孚不肯受教伏地仰諫曰君雖不君臣不可不臣明府柰何令孚受教勑外收本邑長乎乞更授他吏太守奇而聽之後

天將軍何進辟爲東曹屬稍遷侍中河南尹越騎校尉董卓作亂百僚震慄孚著小鎧於朝服裏挾佩刀見卓欲伺便刺殺之語闋辭去卓送至閤中孚因出刀刺之卓多力退卻不中即收孚卓曰卿欲反邪孚大言曰汝非吾君吾非汝臣何反之有汝亂國篡主罪盈惡大今是吾死日故來誅姦賊耳恨不車裂汝於市朝以謝天下遂殺孚

王象漢末爲人僕隸牧羊楊俊識之乃屬象爲娉娶立屋後象爲常侍俊爲南陽太守黃初三年文帝南巡來到宛有詔百官不得干豫郡縣及車駕到而宛

令不解詔旨閉市門帝聞之忿然曰吾是寇耶乃收宛令及太守楊俊詔問尚書漢明帝殺幾二千石時象見詔文知俊必不免乃當帝前叩頭流血竟面請俊減死一等帝不答欲釋入禁中象引帝衣帝顧謂象曰我知楊俊與卿本末耳今聽卿是無我也卿寧無俊邪無我邪象以帝言切乃縮手帝遂入決俊法然後乃出象自恨不能濟俊遂發病死

畢固字恭夏爲兖州刺史令狐愚别駕愚與王淩遍謀治中從事楊康與固皆知其計會愚病康應司徒名詣雒陽固亦疾解職康在京師露其事太傅（臣欽若等曰太傅即晉宣帝也）乃東取王淩到壽春固見太傅太傅問曰卿知其事爲邪固對不知太傅曰且置近事問卿令狐反乎固又曰無以楊康白事事與固連遂收捕固及家屬皆繫廷尉考實數十固故曰無有太傅録楊康與固同對相結固辭窮乃罵康曰老庸既負使君又滅我族顧汝當活邪覈定事上須報廷尉以舊皆聽得與其母妻子相見固見其母不仰視其母知其慙也母謂之曰恭夏汝本自不欲應州郡也我強故耳（臣欽若等曰固初不應令狐愚命其母強之固云）汝爲人吏自當爾耳此自門戶衰我無恨也汝本意與我語固復不仰又不

語以至於死

隱蕃有口才明帝使詐叛于吳令求作廷尉職重案大臣以離閒之既爲廷尉監衆人以據普與蕃親善嘗車馬雲集賓客盈堂及至事覺蕃亡走捕得考問黨與蕃無所言吳主使將入謂曰何乃以肌肉爲人受毒乎蕃曰孫君丈夫圖事豈有無伴烈士死不足相牽耳遂閉口而死

郭修字孝先素有業行著名西州姜維刦之修不爲屈蜀後主以爲左將軍修欲刺後主而不得親近每因慶賀且拜且前爲後主左右所遏事輒不克故因

費禕出護壽大會賓客座中手刃擊禕爲其所害

吳邵疇爲會稽太守郭誕功曹誕以不白妖言彼收惶遽無以自明疇進曰疇今自在疇之事明府何憂遂詣吏自列云不白妖言事繇於巳非府君罪吏上疇辭孫皓怒猶盛慮誕卒不免遂自殺以證之臨亡置辭曰疇生長邊陲不閑教道得以門資致身本郡踰越儕類位極朝右不能贊揚威化養之以福令妖訛橫興干國亂紀疇以噂嗒之語本非事實雖家誦人詠不足有慮天下重器而匹夫橫議疾其醜聲不忍聞見欲含垢藏疾不彰之翰筆鉗蹤歸靜使之自

息愚心勤勤每執斯旨故誕屈有所是默以見從此之爲愆實繇於疇謹不敢逃死歸罪有司唯乞天覽特垂清察吏收疇喪得辭以聞皓乃免誕大刑送付建安作船疇亡時年四十皓嘉疇節義詔郡縣圖形廟堂

晉孫拯能屬文初仕吳爲黃門郎吳平爲涿令時陸機爲孟玖所誣收拯考掠兩踝骨見終不變辭門生費慈宰意二人詣獄明拯拯譬遣之曰吾義不可誣枉知故卿何宜復爾二人曰僕亦安得負君拯遂死獄中而慈意亦死

宋矩字處規敦煌人慷慨有志節張重華據涼州以矩爲宛戍都尉石季龍遣將麻秋攻大夏護軍梁式執太守宋晏以城應秋秋遣晏以書致矩矩旣至謂秋曰辭父事君當立功與義苟功義不立當守名節矩終不背主覆宗偷生於世先殺妻子自刎而死秋曰義士也命葬之重華嘉其誠節贈振威將軍

車濟字萬度敦煌人果毅有大量張重華以爲金城令爲石季龍將麻秋所陷濟不爲秋屈秋必欲降之乃臨之以兵濟辭色不撓曰吾雖才非龐德而受任同之身可殺志不可移乃伏劍而死秋歎其忠節以

禮葬之後重華迎致其喪親臨慟哭贈宜禾都尉

虞悝長沙人與弟望並有士操譙王承臨州舉兵討王敦以悝爲長史望爲司馬督護諸軍湘東太守鄭澹敦之姊夫也不順承旨遣望討之望率衆一旅直入郡斬澹以徇四境及魏乂來攻望每先登力戰而死城破悝復爲乂所執將害之子弟對之號泣悝謂曰人生有死闔門爲忠義鬼亦何恨哉及王敦平贈悝襄陽太守望滎陽太守遣謁者至墓祭以少牢

杜莠字彥穎爲羅尚主簿州沒爲成賊李驤所得欲用之驤以莠不受見害

羅企生字宗伯豫章人多才藝殷仲堪鎭江陵引爲功曹累遷武陵太守未之郡而桓玄攻仲堪仲堪更以企生爲諮議參軍仲堪多疑少决企生深憂之謂弟遵生曰殷侯仁而無斷事必無成成敗天也吾當死生以之仲堪果走文武無送者唯企生從焉路經家門遵生曰作如此分離何可不執手企生迴馬授手遵生有勇力便牽下之謂曰家有老母將欲何之企生揮涕曰今日之事我必死之汝等奉養不失子道一門之中有忠與孝亦復何恨遵生抱之愈急仲堪於路待之企生遥呼曰生死是同願少見待仲堪

見企生無脱理策馬而去玄至荆州人士無不至者企生獨不往而營理仲堪家或謂之曰玄猜忍之性未能取卿誠節若遂不詣禍必至矣企生正色曰我是殷侯吏見遇以國士爲弟以力見制遂不我從不能共殄醜逆致此奔敗亦何面目復就桓求生乎玄聞之大怒然素待企生厚先遣人謂曰若謝我當釋汝企生曰爲殷荆州吏荆州奔亡存亡未判何顔復謝玄即收企生遣人問欲何言答曰文帝殺嵇康嵇紹爲晉忠臣從公乞一弟以養老母玄許之又引企生於前謂曰吾相遇甚厚何以見負今者死矣企生對曰使君既興晉陽之甲軍次潯陽並奉王命各還所鎭升壇盟誓口血未乾而生姦計自傷力劣不能翦滅凶逆恨死晚也玄遂害之時年三十七衆咸悼焉先是玄以羔裘遺企生母胡氏及企生遇害即日焚裘

王延仕前趙劉粲粲爲靳準所殺準自號漢大王置百官將以延爲左光祿延罵曰屠沽逆奴何不速殺我以吾左目置西陽門觀相國之入也右目置建春門觀大將軍之入也準怒殺之

前秦索泮字德林燉煌人爲張天錫所用苻堅見而

嘆曰凉州信多君子既而以泮河西德望拜别駕呂光既克姑臧泮固郡不降光攻而獲之光曰孤既平西域將赴難京師梁熈無狀絶孤歸路此朝廷之罪人卿何意阻郡固逆自同元惡泮厲色責光曰將軍受詔討叛胡可受詔亂凉州邪寡君何罪而將軍害之泮但苦力寡不能固守以報君父之讐豈如逆氏彭濟望風反叛主滅臣死禮之常也乃就刑于市神色不變弟菱有儁才仕張天錫爲執法中郎冗從右監苻堅世至伏波將軍典農都尉與泮俱被害

後秦姚洸部將趙玄與晉將毛德祖戰於柏谷以衆

寡而敗被創十餘據地大呼司馬褰鑒冑刃抱玄而
泣玄曰吾瘡已重君宜速去鑒曰若將軍不濟當與
俱死去將安之皆死於陣
宋張禕少有操行晉末官州府爲瑯琊王國郎中令
從王至雒還京都宋高祖封藥酒一甖付禕使密加
酖毒禕授既還於道自飲而卒
傅靈越清河人明帝初薛安都舉兵反靈越率衆應
之安都從子索肥兵敗死時武衛將王廣之領軍隸
劉勔攻殷琰於壽陽靈越奔逃爲廣之軍所生擒厲
聲曰我傅靈越也汝得賊何不即殺生送詣勔勔躬

自尉勞詰其叛逆對曰九州唱義豈獨在我勔又問
四方阻逆無戰不禽主上皆加以曠蕩即其才用卿
何不早歸天闕乃逃命草間乎靈越答曰薛公舉兵
淮北威震天下不能專任智勇委付子姪致敗之緣
實在於此然事之始末僕皆參豫人生歸於一死實
無面求活勔壯其意送還京師帝欲加原宥靈越辭
對如一終不迴改乃殺之
邊榮爲沈攸之郢州倉曹參軍事爲府錄事所辱攸
之自爲榮鞭殺錄事攸之自江陵下以榮爲留府司
馬守城張敬兒將至人或說之使詣敬兒降榮曰受
沈公厚恩共如此大事一朝緩急便改易本心不能
行也城敗見敬兒敬兒問曰邊公何不早來榮曰沈
公見留守城而委城求活所不忍也本不斷生何須
見問敬兒曰死何難得命斬之懽笑而去容無怍色
程邕之素依隨邊榮榮被誅邕之抱持榮曰與邊公
周旋不忍見邊公前死乞見殺兵不得行戮以告敬
兒敬兒曰求死甚易何爲不許先殺邕之然後及榮
三軍莫不垂泣曰奈何一日殺二義士比之臧洪及
陳容
梁王頍僧辯之長子爲侍中西魏寇江陵世祖遣頍

督城內諸軍事荆城陷頍隨王琳入北齊爲竟陵郡
守齊遣琳鎮壽春將圖江左陳既平淮南執琳殺之
頍聞琳死乃出郡城南登高冢上號哭一慟而絕
後魏孫道登彭城呂縣人永安初爲梁將韋休等所
虜面縛臨刃巡遶村塢令其招降鄉曲道登厲聲唱
呼但當努力賊無所能遂屠戮之
解奉君宋人降於魏孝文太和五年九月大享群臣
齊高帝時爲王遣使車僧朗入魏僧朗以班在宋使
殷靈誕之後辭不就席奉君刃僧朗於會中帝乃詔
誅奉君
終

冊府元龜

巡按福建監察御史臣李嗣京　訂正
新建縣舉人臣戴國士參閱
知建陽縣事臣黄國琦較釋

總録部一十五

攀附

易曰雲從龍風從虎斯言感召之至自然之理也而況王者膺命歷臨區寓故宜心膂之臣股肱之士仲協賛之力成經綸之功也乃有靈感先兆心期潜契或効謀於幕中或宣力於麾下或一言而脗合或千

里以相從或恩紀而見升或材智而授任並皆歷險阻建功名大則受封於土茅次則策名於簪笏書之信史傳於永世自非誠明夙著期運冥合豈富貴之可求者哉

漢張良字子房其先韓人亡匿下邳秦末陳涉等起良亦聚少年百餘人景駒自立爲楚假王在留良欲往從之行道遇沛公沛公將數千人畧地下邳遂屬焉沛公拜良爲廐將（官也）良數以太公兵法說沛公沛公善常用其策爲他人言皆不省（省視）良曰沛公殆天授（殆近也）故遂從不

張蒼陽武人秦時爲御史主柱下方書（柱下居殿柱之下若今侍立御史矣）有罪亡歸及沛公畧地過陽武蒼以客從攻南陽西入武關至咸陽沛公立爲漢王入漢中還定三秦陳餘擊走常山王張耳耳歸漢漢以蒼爲常山守

周昌沛人其從兄苛（音何）秦時皆爲泗水卒史及高祖起沛後破泗水守監於是苛昌以卒史從沛公沛公以昌爲職志（主旗志也志幟同音式異切）苛爲客（張晏曰爲帳下賓客不掌官也）

陸賈楚人以客從高祖定天下名有口辯居左右常使諸侯後爲大中大夫

叔孫通薛人秦時爲博士亡去之薛事項王漢二年

漢王從五諸侯入彭城通降漢王通儒服漢王憎乃變其服服短衣楚製（製謂裁衣之形製）漢王喜通之降漢拜通爲博士

石奮其父趙人趙亡徙溫（河內之縣）高祖東擊項過河内時奮年十五爲小吏侍高祖高祖與語愛其恭敬問曰若何有（若汝也有何戚）對曰有母不幸失明家貧有姊能鼓瑟高祖曰若能從我乎曰願盡力於是高祖召其姊爲美人以奮爲中涓受書謁（中涓官名主居中而涓絜者外有書謁令有受之也）徙其家長安中戚里

後漢王常潁川舞陽人王莽末與成丹張卬入南郡

藍曰號下江兵與荆州牧戰於上唐遂北至宜秋上唐鄉名在今隨州棗陽縣東北宜秋聚名日南郡是時漢兵與新市平林衆俱敗於小長安各欲觧去光武兄伯升聞下江軍在宜秋即與光武及李通俱造營王曰願見下江一賢將議大事成丹張卬共推遣營伯升見常說以合從之利常大悟曰王莽篡殺殘虐天下百姓思漢故豪傑並起今劉氏復興即真主也誠思出身為用輔成大功伯升曰如事成豈敢獨饗之哉遂與常深相結而去常還具為丹卬言之丹卬負其衆皆曰大丈夫既起當各自為主何故受人制乎常心獨歸漢乃稍曉

說其將帥曰往者成哀衰微無嗣故王莽得承間篡位既有天下而政令苛酷積失百姓之心民之謳吟思漢非一日也故使吾屬因此時起夫民所怨者天所去也民所思者天所與也舉大事必當下順民心上合天意功乃可成若負強恃勇合情恣欲雖得天下必復失之以秦項之勢尚至夷覆況今布衣相聚草澤以此行之滅亡之道也今南陽諸劉舉宗起兵觀其來言事者皆有深計大慮王公之才與之并合必成大功此天所以祐吾屬也下江諸將雖屈強少識然素敬常乃皆謝曰無王將軍吾屬幾陷於不義願敬受教即引兵與漢軍及新市平林合於是諸部齊心同力銳氣益壯遂俱進破殺甄阜梁丘賜及諸將議立宗室唯常與南陽士大夫同意欲立伯升而朱鮪張卬等不聽乃立更始焉

丁綝王莽末守潁陽尉光武略地潁陽潁陽城守不下綝說其宰遂與俱降光武大喜厚加賞勞

范升王莽末為大司空王邑議曹史稱病乞身邑不聽令乘傳使上黨外遂與漢兵會因留不還建武二年光武徵詣懷宮拜議郎

彭寵更始時行漁陽太守事漢安樂令及光武鎮慰

河北至薊以書招寵寵具牛酒將上謁會王郎詐立傳檄燕趙遣將徇漁陽上谷急發其兵北州衆多疑惑欲從之吳漢說寵從光武會上谷太守耿況亦使功曹寇恂詣寵結謀共歸光武寵乃發步騎三千人以吳漢行長史及都尉嚴宣護軍蓋延狐奴令王梁與上谷軍合而南及光武於廣阿光武承制封寵建忠侯賜號大將軍

魏荀彧潁川潁陰人漢末袁紹領冀州待以上賓之禮彧弟諶及同郡辛評郭圖皆為紹所任彧度紹終不能成大事時太祖為奮武將軍在東郡獻帝初平

二年或去紹從太祖太祖大悦曰吾之子房也以爲司馬時年二十九後至尚書令參太祖丞相軍事

荀攸字公達漢末以蜀漢險固人民殷盛乃求爲蜀郡太守道絶不得至駐荆州太祖迎漢帝都許遺攸書曰方今天下大亂智士勞心之時也而顧觀變蜀漢不已久乎於是徵攸爲汝南太守入爲尚書太祖素聞攸名與語大悦謂荀彧鍾繇曰公達非常人也吾得與之計事天下當何憂哉以爲將帥

程昱東郡東阿人初平中兗州刺史劉岱辟之不應後表昱爲騎都尉昱辭以疾劉岱爲黄巾所殺太祖

臨兗州辟昱昱將行其鄉人謂曰何前後之相背也昱笑而不應太祖與語說之以昱守壽張令

任俊字伯達河南中牟人太祖起關東入中牟界衆不知所從俊獨與同郡張奮議舉郡以歸太祖俊又别牧宗族及賓客家兵數百人願從太祖太祖大悦表俊爲騎都尉妻以從妹甚見親信

劉馥字元穎沛國相人避亂揚州漢建安初說袁術將戚寄秦翊使率衆與俱詣太祖太祖悦之司徒爲辟掾後至衛尉

趙儼潁川陽翟人漢末避亂荆州太祖爲鎮東將軍始迎獻帝都許儼謂繁欽曰曹鎮東應期命世必能匡濟華夏吾知歸矣建安二年年二十七遂扶持老弱詣太祖太祖以儼爲朗陵長

衛玆陳人建安中太祖到陳留與玆相見遂同盟計興武事玆荅曰亂生久矣非兵無以整之且言兵之興者自今始矣深見廢興首讃弘謀後從太祖之滎陽戰歿

邢顒字子昂河建鄭人漢末舉孝廉司徒辟皆不就易姓字適右北平從田疇游積五年而太祖定冀州顒謂疇曰黄巾起來二十餘年海内鼎沸百姓流離

今聞曹公法令嚴民厭亂矣極則平請以身先遂裝還鄉里田疇曰邢顒民之先覺也乃見太祖求爲鄉導以克柳城太祖辟顒爲冀州從事

周昕漢末爲丹陽太守太祖起義兵昕前後遣兵萬餘人以助征伐袁術之在淮南也昕惡其淫虐絶不與通

郭嘉字奉孝潁川陽翟人尚書令荀彧薦之於太祖太祖召見論天下事太祖曰使孤成大業者必此人也嘉出亦喜曰真吾主也後至軍祭酒洧陽亭侯

王朗爲會稽太守爲孫策所執後太祖表徵之朗自

曲阿展轉江海積年乃至拜諫議大夫參司空軍事

華歆漢末爲豫章太守爲孫策所執後策死太祖在官渡表天子徵歆孫權欲不遣歆謂權曰將軍奉王命始交好曹公分義未固使僕得爲將軍效心豈不有益乎今空留僕是爲養無用之物非將軍之良計也權悦乃遣歆後至太尉

朱靈漢末爲袁紹將太祖之征陶謙紹使靈督三營助太祖戰有功紹所遣諸將各罷歸靈曰靈觀人多矣無若曹公者此乃真明主也今已遇復何之遂留不去所將士卒慕之皆隨靈後靈後遂爲好將名亞

徐晃等位至後將軍封高唐亭侯

臧霸漢末爲琅邪相太祖破袁譚於南皮霸既會賀因求遣子弟及諸將父兄家屬詣鄴太祖曰諸君忠孝豈復在是昔蕭何遣子弟入侍而高祖不拒耿純焚室輿櫬以從光武不逆吾將何以易之哉後至執金吾位特進

李典漢末爲捕虜將軍封都亭侯典宗族部曲三千餘家居乘氏自請願徙詣魏郡太祖笑曰卿欲慕耿純邪典謝曰典駑下功微而爵寵過厚誠宜舉宗陳力加以征伐未息宜實郊遂之内以制四方非慕純也遂徙部曲宗族萬三千餘口居鄴太祖嘉之遷破虜將軍

劉放涿郡人漢末遭世大亂時漁陽王松據其土放往依之太祖討袁譚於南皮以書招松松舉雍奴泉州安次以附之放爲松荅太祖書其文甚麗太祖既善之又聞其說由是遂辟放建安十年與松俱至太祖大悦謂放曰昔班彪依竇融而有河西之功今一何相似也乃以放參司空軍事

閻柔廣陽人少没烏桓鮮卑中爲其種人所歸信柔乃因鮮卑衆殺烏桓校尉邢舉而代之袁紹因寵尉

柔以安北邊及紹子尚敗奔蹋頓時幽冀吏人奔烏桓者十萬餘戸尚欲憑其兵力復圖中國會太祖平河北柔率鮮卑烏桓歸附即以柔爲校尉

衛覬爲侍中與王粲並典制度文帝即王位徙爲尚書頃之還漢朝爲侍郎勸贊禪代之義爲文誥之詔文帝踐祚復爲尚書封陽吉亭侯

蜀簡雍字憲和涿郡人少與先主有舊隨從周旋先主至荆州雍與麋竺孫乾同爲從事中郎常爲談客往來使命

麋竺東海朐人漢末徐州牧陶謙辟爲别駕從事謙

卒竺奉謙遺命迎先主於小沛漢建安元年呂布乘先主之出拒袁術襲下邳虜先主妻子先主轉軍廣陵海西竺於是進妹於先主爲夫人奴客二千金銀貨幣以助軍資于時困匱賴此復振魏太祖表竺領嬴郡太守竺弟芳爲彭城相皆去官隨先主周旋先主將適荆州遣竺先與劉表相聞以竺爲左軍將軍從事中郎益州郎平拜爲安漢將軍班在軍師將軍之右竺雍容敦雅而幹翮非所長是以待之上賓之禮未嘗有所統御然賞賜優寵無與爲比

霍峻字仲邈南郡枝江人也兄篤於鄉里合部曲數

百人篤卒荆州牧劉表令峻攝其衆表卒峻率衆歸先主先主以峻爲中郎將

廖化襄陽人前爲關羽主簿羽敗屬吳思歸先主乃詐死時人謂爲信然因攜持老母晝夜西行會先主東征遇於秭歸先主大悅以化爲宜都太守

向朗字巨達襄陽宜城人荆州牧劉表以爲臨沮長表卒歸先主定江南使朗督秭歸夷道巫山夷陵四縣軍民事蜀既平以朗爲巴西太守

伊籍字機伯山陽人少依邑人鎮南將軍劉表先主之在荆州籍常往來自託表卒遂隨先主南渡江從入益州見待亞於簡雍孫乾後至昭文將軍

李恢建寧人仕郡督郵太守董和貢恢於州涉道未至聞先主自葭萌還攻劉璋恢知璋之必敗先主必成也乃託名郡使北詣先主遇於綿竹先主嘉之後至安漢將軍

何宗蜀郡人先主定益州四郡爲從事祭酒後援圖讖勸先主即尊號踐祚之後遷爲大鴻臚

吳董襲會稽人孫策入郡襲迎於高遷亭策見而偉之引署門下賊曹後至偏將軍

胡綜字偉則汝南固始人少孤母將避難江東孫策

領會稽太守綜年十四爲門下循行留吳與大帝共讀書策薨大帝爲討虜將軍以綜爲金曹從事從討黃祖拜鄂長大帝爲車騎將軍都京口召綜還爲書部與是儀徐詳俱典軍國密事

呂範避亂壽春孫策見而異之範遂自委昵將私客百人歸策時太妃在江都策遣範迎之徐州牧陶謙謂範爲袁氏覘候諷縣掠考範範親客健兒篡取以歸時唯範與孫河常從策跋涉辛苦危難不避策亦親戚待之每與升堂飲宴於太妃前後遷大司馬印綬未下卒

張紘字子綱避難江東孫策創業遂委質焉表爲正議校尉

陳武字子烈廬江松滋人孫策在壽春武往脩謁因從渡江征討有功拜部司馬

朱治既勸孫策還平江東後遷吳郡都尉是時吳景已在丹陽而孫策爲袁術攻廬江於是劉繇恐爲袁孫所并遂構嫌隙而策家門盡在州下治乃使人於曲阿迎太妃及大帝兄弟所以供奉輔護甚有恩紀後至安國將軍金印紫綬

吳範字文則會稽上虞人舉有道詣京都世亂不行

會大帝起於東南範委身服事每有災祥輒推數言狀其術多效遂以顯名後爲騎都尉領太史令封都亭侯

晉裴秀爲尚書僕射初文帝未定嗣而屬意舞陽侯攸武帝懼不得立問秀曰人有相否因以奇表示之秀後言於文帝曰中撫軍人望既茂天表如此固非人臣之相也由是世子乃定

陸曄吳郡吳人察孝廉除永世烏江二縣令皆不就元帝初鎮江左辟爲祭酒

顧榮吳國吳人永嘉初徵拜侍中行至彭城見禍難方作遂輕舟而還元帝鎮江東以榮爲軍師加散騎常侍凡所謀畫皆以諮焉榮既南州望士躬處右職朝野甚推敬之

紀瞻爲元帝丞相軍諮祭酒及長安不守與王導俱入勸進帝不許使殿中將軍韓績徹去御坐瞻叱績曰帝坐上應星宿敢有動者斬帝爲之改容帝踐位拜侍中

何無忌爲太學博士與宋高祖素相親結高祖東征孫恩無忌密至軍所潛謀舉義勸高祖於山陰起兵高祖以桓玄大逆未彰恐在遠舉事尅濟爲難若玄

遂竊天位然後於京口圖之事未晚也無忌乃還及義師之舉參贊大勳皆以英略攻取爲效後至鎮南將軍

魏詠之字長道任城人初爲州主簿與宋高祖遊款及桓玄篡位協贊義謀玄敗授建威將軍豫州刺史

檀憑之高平人爲桓脩長流參軍領東莞太守加寧遠將軍與宋高祖有州閭之舊又數同東討情好甚密義旗之建憑之與劉毅俱以私難墨絰而赴憑之雖才望居毅之後而官次及威聲過之高祖以爲建武將軍

宋劉敬宣晉末爲後將軍元顯從事中郎隆安五年孫恩入浹口高祖戍句章賊頻攻不能拔敬宣請往爲援賊恩於是退還入海是時四方雲擾朝廷微弱敬宣每慮艱難未已高祖既累破妖賊功名日盛故敬宣深相憑結情好甚隆元興元年與父牢之同謀襲桓玄不克牢之死敬宣渡江奔洛陽往來長安三年歸至淮泗間會高祖平京口手書召敬宣左右疑其詐敬宣曰吾固知其然矣下邳不誘我也即便馳還既至京師以敬宣爲輔國將軍晉陵太守襲封武岡縣男後爲江州刺史爲劉毅所惡自表解職高祖

數引與遊宴恩款周洽所賜錢帛車馬及器服玩好莫與比焉後至右將軍

孔季恭會稽山陰人高祖東征孫恩屢至會稽季恭曲意禮接贍給甚厚後至光祿大夫開封儀同三司

張邵父敞桓玄篡位時爲廷尉卿及高祖討玄邵白敞表獻誠欵帝大悅命署其門曰有犯廷尉者以軍法論後以敞爲吳郡太守邵爲揚州主簿時劉毅爲亞相愛才好士當世莫不輻湊獨邵不往或問之曰主公命世人傑何煩多問劉毅之聞以白帝帝益親之後至征虜將軍雍州刺史

劉簡之有志幹爲高祖所知高祖將謀復興收集才勇之士嘗再造簡之值有賓客簡之悟其意謂弟虔之曰劉下邳再來必當有意既不得共語汝可試往見之既至高祖已克京師虔之即便投義簡之聞之殺耕牛會聚徒衆率以赴高祖後歷官至通直常侍小府太尉諮議參軍

朱超石爲何無忌輔國右軍參軍事徐道覆破無忌得超石以爲參軍至石頭超石說其同舟人乘單舸走歸高祖高祖甚嘉之以爲徐州主簿

傅亮晉末爲中書黃門侍郎直西省高祖以久直勤

勞欲以爲東陽郡先以語兄迪迪大喜告亮亮不答即馳見高祖曰伏聞恩旨賜擬東陽家貧忝祿私計爲幸但憑廕之願實結本心乞歸天宇不樂外出高祖笑曰謂卿之須祿耳若能如此甚所望也後至左光祿大夫開府儀同三司

向靖世居京口與高祖少舊從平京城參建武軍事進平京邑板參政軍軍事

謝晦爲高祖從事中郎從政征司馬休之時徐逵之戰敗見殺高祖怒將自被甲登岸諸將諫不從怒愈甚晦前抱持高祖高祖曰我斬卿晦曰天下可無晦

不可無公晦死何有會胡蕃己得登岸賊敗退走乃
止宋臺建爲右衛將軍
王曇首爲瑯邪王大司馬屬從府公修復洛陽園陵
與從弟球俱詣高祖時謝晦在坐高祖曰此君並膏
梁盛德乃能屈志戎旅曇首荅曰既從神武之師自
使懦夫有立志晦曰仁者果有勇高祖悅後至撫軍
將軍荊州刺史
南齊崔慧景初仕宋爲長水校尉寧朔將軍太祖在
淮陰慧景與宗人祖思同時自結太祖欲北渡廣陵
使慧景具舡於陶家後渚事雖不遂以此見親後爲

平西將軍侍中護軍
褚淵初仕宋爲丹陽尹與從弟炤同載出道逢太祖
淵舉手指太祖車謂炤曰此非常人也出爲吳興太
祖餉物別淵又謂之曰此人才貌非常將來不可測
也及顛命之際引太祖豫焉後沈攸之事起淵時爲
衛將軍太祖召淵謀議淵曰西夏釁難事必無成公
當先備其內耳太祖密爲其備事平進中書監司空
劉善明初仕宋爲寧朔將軍時幼主初立群公秉政
善明獨結事太祖委身歸誠後至征虜將軍淮南宣
城二郡太守

李安民仕宋爲征虜將軍東中郎司馬行會稽郡事
安民將東太祖與別晏語淹留日夜安民密陳宋運
將盡曆數有歸蒼梧縱虐太祖憂迫無計民白太祖
欲於東峯江夏王躋起兵太祖不許乃止蒼梧廢太
祖徵安民使持節督北討軍事冠軍將軍及南兗州
刺史沈攸之反太祖召安民以本官鎮白下治城隍
加征虜將軍進西討又進前將軍行至盆城沈攸之
平仍授督郢州司州之義陽諸軍事郢州刺史持節
將軍如故
蘇侃初仕宋爲積射將軍遇太祖在淮上便自委結

太祖鎮淮陰以侃詳密取爲冠軍錄事參軍
崔祖思河東武城人初太祖在淮陰祖思聞風自結
爲上輔國主簿甚見親待參豫謀議宋朝初議封太
祖爲梁公祖思啟太祖曰讖書云金刀利刃齊刈之
今宜稱齊實應天命從之轉爲相國從事中郎
垣崇祖初仕宋爲東海太守遇太祖於淮陰太祖以
其武勇待之崇祖謂皇甫肅曰此真吾君也吾今逢
主矣所謂千載一時遂密布誠節後至五兵尚書領
驍騎將軍
劉懷慰宋末爲駕部郎懷慰宗從善明等爲太祖心

瓊以懷慰與沈攸之有舊令爲戒喻攸之太祖省之稱善後至安陸王北中郎將司馬

張瓌父永仕宋爲光祿大夫拒桂陽賊於白下潰散阮佃夫等欲加罪太祖固申明之瓌由此感恩自結轉通直散騎常侍驍騎將軍遭父喪還吳持服昇明元年劉秉有異圖弟退爲吳郡潛相影響因沈攸之事聚衆三千治攻具太祖密遣殿中將軍卞白龍令瓌取退諸張世有豪氣瓌宅中常有父時舊部曲數百退召瓌僞授官與叔恕領兵十八人入郡與房郡隊主瓏弩將軍郭羅雲進中齋取退退踰窻而走瓌

部曲頋憲子手斬之郡內莫敢動者獻捷太祖以告領軍張冲冲曰瓌以百口一擲出手得盧矣即授輔國將軍吳郡太守封瓌義成縣侯邑千戶太祖故以嘉名錫之

荀伯玉字弄璋賣卜自業建平王景素聞而招之伯玉不往太祖鎮淮陰伯玉歸身結事爲太祖冠軍刑獄叅軍後至散騎常侍

王玄載仕宋爲征虜將軍建寧太守沈攸之難玄載起義送誠太祖進號後軍將軍封鄂縣子

劉俊仕宋爲長沙內使行湘州事未發太祖霸業初建俊先致誠節沈攸之事起加輔國將軍

紀僧真爲太祖叅軍及太祖拜齊公已尅日有楊祖之謀於臨軒作難僧真請帝更選吉辰尋而祖之事覺帝曰無卿言亦當致小狼狽亦何異滹沱之氷轉齊國中書舍人

梁劉懷珎自宋世齊高帝爲舍人懷珎爲直閣相遇甲舊懷珎假還青州高帝有白驄馬齧人不可騎送與懷珎別懷珍報上百疋絹或謂懷珍曰蕭公此馬不可騎是以與君耳報百疋不亦多乎懷珍曰蕭君局量堂堂寧應負人此絹吾方欲以身名託之豈計

錢物多少高帝輔政懷珍內資未多欲爲都官尚書領前軍將軍以第四子晃代爲豫州刺史或疑懷珎不受代高帝曰我布衣時懷珍便推懷投款况在今日寧當有異晃發經日疑論不止帝乃遣軍主房靈民領百騎進送晃謂靈民曰議者謂懷珍必有異同我期之有素必不應耳卿是其鄉里故遣卿行非惟衛新亦以迎故也懷珎還仍授相國右司馬及齊臺建朝士人人爭爲臣吏以懷珍爲宋臺右衛懷珍謂帝曰人皆迎新臣獨送故豈以臣篤於本乎

陰智伯與高祖隣居少相友善常出入高祖卧內見

有奇氣成五色因握帝手曰公後必大貴非人臣也天下方亂安蒼生者在君乎帝曰幸勿多言於是情好轉密帝每有求索如外府焉及帝踐祚官至梁秦二州刺史

沈瑀仕齊爲選曹郎隨陳伯之軍至江州會義師圍郢城瑀説伯之迎高祖伯之泣曰余子在都不待出城不能不愛之瑀曰不然人情匈匈皆思改計若不早圖衆散難合伯之遂舉衆降瑀從在高祖軍中

伏挺齊末舉秀才對策第一高祖義師至挺迎謁於新林高祖見之甚悅謂曰顏子引爲征東行參軍時

年十八

席闡文仕齊爲雍州刺史蕭赤斧中兵參軍由是與其子穎胄善復歷西中郎中兵參軍領城局高祖之將起義也闡文勸穎胄同焉仍遣田祖恭私報帝并獻銀裝刀帝報以金如意

柳惔仕齊爲西戎校尉梁南秦二州刺史及高祖起兵惔舉漢中應義帝踐祚徵爲護軍將軍

范雲仕齊爲國子博士初與高祖遇竟陵王子良又嘗接里閈高祖深器之及義兵至京邑雲時在城内東昏既卞侍中張稷使雲銜命出城帝因留之便參帷幄仍拜黄門侍郎與沈約同心翊贊俄遷大司馬諮議參軍領録事

曹景宗仕齊爲游擊將軍高祖爲雍州刺史景宗深自結附數請帝臨其宅時天下方亂帝亦厚加意焉

江淹仕齊爲秘書監副領軍王瑩及義師至新林淹微服來奔高祖板爲冠軍將軍秘書監如故

康絢仕齊爲華州太守高祖起兵絢舉郡以應天監元年封南陽縣男

昌義之仕齊爲馮翊戍主高祖爲雍州義之因事高祖高祖亦厚遇之及起兵板爲輔國將軍每戰必捷

天監元年封永豐侯

韋叡仕齊爲上庸太守加建威將軍俄而太尉陳顯達護軍將軍崔惠景頻逼京師民心遑駭未有所定西土人謀之於叡叡曰陳雖舊將非命世才崔頗更事懦而不武其取赤族也宜哉天下真人殆興於吾州矣乃遣其二子自結於高祖義兵檄至叡率郡人伐竹爲筏倍道來赴有衆二千馬二百疋高祖見叡甚悅拊几曰他日見君之面今日見君之心吾事就矣

江革仕齊爲駕部郎中高祖入石頭時吳興太守袁

帥據郡拒義乃使華製書與昂於坐立成辭義典雅高祖深賞歎之因令與徐勉同掌書記

范縝仕齊爲宜都太守母憂去職歸居於南州義軍至縝墨經來迎高祖與縝有西邸之舊見之甚悅

徐勉初與長沙宣武王遊高祖深器賞之及義兵至京邑勉於新林謁見高祖甚加恩禮使管書記及踐祚拜中書侍郎

蕭穎孚齊西中郎府參軍穎達之弟也高祖舉義師穎孚自京師出亡廬陵循景智潛引南歸至廬陵景智及宗人靈祐爲起兵得數百人屯西昌藥山湖穎

達聞之假穎孚節督廬豫章臨川南康安成五郡軍事冠軍將軍時廬陵內史穎孚率靈祐等進據西昌東昏遣安西太守劉希祖自南江入湖拒之穎孚不能自立以其兵豯建安復奔長沙希祖遣之穎孚綠山踰嶂僅而獲免在道絕糧後因食過飽而卒高祖受禪贈穎孚右衛將軍

馮道根字巨基湘陽人也初以母喪在家聞高祖舉義兵道根謂所親曰金革奪禮古人不避揚名後代可謂孝矣因率鄉人歸高祖累迁左衛上將軍

陳吳明徹秦郡人高祖鎮京口深相要結明徹乃詣高祖高祖爲之降階執手即席與論當世之務後爲侍中司空

沈恪仕梁爲散騎侍郎時侯景作亂恪率兵援京城及京城陷恪間行歸鄉里高祖之討侯景遣使報恪乃於江東起兵相應賊平恪謁高祖於京口即日授都軍副尋爲府司馬

淳于量仕梁爲桂州刺史荊州陷量保據桂州王琳擁割湘郢累遣召量量外雖與琳往來而別遣使從間道歸於高祖受禪授持節散騎常侍平西大將軍給鼓吹一部都督刺史如故

儒昂仕梁爲王僧辯大司馬從事中書侍郎高祖在南徐州昂望氣知其當王遂寄孥焉因謂帝曰明年有大臣誅死後四代梁其待終天之曆數當歸舜後昔周滅殷氏封嬀汭于苑丘其裔子孫因爲陳氏僕觀明公天縱神武繼絕統者無乃是乎時帝陰有圖僧辯意聞其言大喜因而定策及受禪拜黃門侍郎

杜稜吳郡錢塘人也初游嶺南事梁廣州刺史新渝侯蕭映映卒從高祖常典書記侯景之亂命稜將領平蔡路養李遷仕皆有功後爲侍中右光祿大夫

謝哲仕梁爲廣陵太守侯景之亂以母老因寓居廣

陵高祖自京口渡江應接郭元建晳乃委質深被敬
重帝爲徐州刺史表晳爲長史帝受禪遷都官尚書
豫州大中正吏部尚書
後魏穆崇機捷便辟道武之居獨孤部崇常往來奉
給時人無有及者後至太尉宜都公
長孫肥代人道武之在獨孤及賀蘭部肥常侍從禦
侮左右道武深信仗之登國初與莫題等俱爲大將
軍後至衛尉
叔孫建少以智勇著稱道武之幸賀蘭部建常從左
右登國初以建爲外朝大人與安同等十三人迭典

庶事參軍國之謀後至征南大將軍
羅結代人其先世領部落爲國附臣劉顯之謀逆也
道武忌之結翼衛鑾輿從幸賀蘭部後至長秋卿
張恂參道武代王軍事言於道武宜建大業帝深器
異厚加禮焉皇始初拜中書侍郎帷幄密謀頗領以
參預
張衮純厚篤實好學有文才道武爲代王衮常參大
謀决策帷幄道武器之禮遇優厚衮每告人曰昔樂
毅杖策於燕昭公達委身於魏武蓋命世難可及千
載不易遇主上天姿傑邁逸志凌霄必能囊括六合

混一四海夫遭風雲之會不建騰躍之功者非人豪
也遂策名委質竭誠伏事後至奮武將軍幽州刺史
北齊高隆之初仕後魏爲給事中與高祖深自結託
高祖之臨晉州引爲治中行平陽郡事從高祖起義
山東以爲大行臺右封隆之仕後魏爲尚書右僕射
自義旗始建首參經畧奇謀妙筭密以啟聞手書削
藁罕知於外高祖嘉其忠謹每多從之
崔㥄仕魏爲太學博士坐事免歸鄉里高祖於信都
起義㥄歸焉高祖見之甚悅以爲諮議參軍
盧文偉仕魏爲范陽太守與高乾邕兄弟共相影響

屬高祖至信都文偉遣子懷道奉啟陽陳誠高祖嘉
納之除安東將軍安州刺史
李元忠仕魏爲趙郡太守值洛陽傾覆元忠棄官還
家潛圖義舉會高祖率衆東出便自往奉迎乘露車
載素箏濁酒以見高祖因進縱橫之策備陳誠欵深
見嘉納時刺史爾朱羽生阻兵據州元忠先聚衆於
西山仍與大軍相合擒斬羽生即令行殷州事後加
征南將軍武帝將納後即高祖之長女也詔元忠與
尚書令元羅致聘於晉陽高祖每於宴席論叙舊事
因撫掌欣笑云此人逼我起兵賜白馬一疋元忠戲

謂高祖曰若不遇侍中當更覓建義處高祖芺之曰
建義處不慮無止畏如此老翁不可遇耳元忠曰止
爲此翁難遇所以不去因將高祖鬚而大笑高祖亦
悉其雅義深相加重焉
李景遺少雄武有膽力以任俠名聞及高祖舉義於
信都景遺赴於軍門高祖素聞其名接之甚厚命與
李元忠舉兵於西山仍與大軍俱擒刺史爾朱羽生
以功除龍驤將軍
李愍仕魏爲樂平太守未之郡洛京傾覆愍率所部
西保石門山潛與幽州刺史劉靈助及高昂兄弟安

州刺史盧曹等同契義舉助敗愍遂入西山高祖建
義以書招愍愍奉書擁衆數千人以赴高祖高祖親
迎之除使持節征南將軍都督湘州諸軍事湘州刺
史兼尚書西南道行臺大都督
堯及仕魏爲滄州刺史屬義兵歸高祖從平鄴及破
爾朱兆進爵爲侯
薛嘉族仕魏正平太守屬高祖住信都嘉族聞而赴
義從平四胡於韓陵除華州刺史及賀拔岳拒命令
嘉族督騎河上以禦大軍嘉族遂棄其乘馬浮河而
渡歸於高祖由是拜揚州刺史

高慎仕魏爲光州刺史及兄韓死客弃州將歸高祖
魏孝武帝勑青州斷其歸路愼間行至晉陽高祖以
爲大行臺左丞
任延敬仕魏爲廣寧太守從高祖建義累遷光祿大
夫及斛斯椿釁發延敬棄官北走至河北郡因率土
民據之以待高祖
薛循義仕魏爲弘農河北河東正平四郡大都督時
高祖爲晉州刺史見循義待之甚厚後爲南汾州刺
史高祖起義信都破四胡於韓陵遣徵循義從至晉
陽以循義行并州事

段長遼西人仕魏爲懷朔鎮將軍見高祖甚異之謂
高祖云君有匡世之才終不徒然也請以子孫爲託
東魏孝靜與和中高祖啟贈司空辟子寧相府從事
郎中
劉貴初爲爾朱榮騎兵參軍累遷行汾州事高祖起
義貴棄城歸高祖於鄴
蔡儁字景彥廣寧石門人高祖微時深相親附高祖
舉義爲都督高祖平鄴及破四胡於韓陵儁並有戰
功後爲濟州刺史西魏武帝言於高祖以濟州要衝
欲令腹心據之陰部御史構儁罪狀欲以汝陽王代

雋內是轉行兗州事高祖以雋非罪啟復其任武帝不許除賈顯智爲刺史率衆赴州雋防守嚴備顯智憚之至東郡不敢前

麗蒼鷹大原人交遊豪俠厚待賓旅居於州城高祖客其舍蒼鷹知高祖有霸王之量每私加敬割其宅半以奉高祖由此遂蒙親識高祖之牧晉州引爲兼治中從事史行義寧郡事及義旗建蒼鷹乃棄家間行歸高祖以爲兼臺倉部郎中

庫狄廻代洛人初事爾朱榮爲統軍榮死隷尔朱兆高祖舉兵信都廻洛擁衆歸義從破四胡於韓陵以

軍功補都督加後軍將軍

婁昭高祖少親重之昭亦早知人嘗曲盡禮敬數隨高祖獵每致請不宜乘危歷險高祖將出信都昭贊成大業後至司徒出爲定州刺史

司馬子如雲中人少機警有口辯好交遊豪傑與高祖相結託分義甚深復爲南陵州刺史高祖入洛子如遣使啟賀仍叙平生舊恩尋追赴京師以爲大行臺尚書朝夕左右叅知軍國

破六韓常仕魏爲平西將軍高祖起義常將爲附化首與萬俟于東歸高祖高祖嘉之以爲撫軍

終

冊府元龜

巡按福建監察御史臣李嗣京　訂正
分守建南道左布政使臣胡維霖　叅閱
知建陽縣事臣黃國琦　較釋

總録部一十六

攀附第二

後周赫連達初姓杜字朔周魏末從清水公賀拔岳征討有功及岳爲侯莫陳悅所害軍中大擾趙貴建議迎太祖諸將猶豫未決達曰宇文夏州昔爲左丞明略過人一時之傑今日之事非此公不濟趙將軍

議是也達請輕騎告哀仍迎之諸將或欲南追賀拔勝或云東告朝廷達又曰此皆遠水不救近火何足道哉貴於是謀遂定令達馳往太祖見達慟哭問故達以實對太祖遂以數百騎南赴平凉引軍向高平及悅平加平陳將軍

寇雒初從賀拔岳西征萬俟醜奴爲右都督後侯莫平陳悅既害岳欲并其衆時初喪元帥軍中惶擾雒於諸將之中最爲舊齒素爲衆所信乃收集將士志在復讎共相糾合遂全衆而返既至原州衆咸推雒爲盟主統岳之衆雒與趙貴等議迎太祖後至侍中

趙善初仕魏爲行臺賀拔岳長史岳爲侯莫陳悅所害善共諸將翊戴太祖乃從平悅

呂思禮爲行臺賀拔岳所重岳爲侯莫陳悅所害趙貴等議遣赫連達迎太祖思禮預其謀及太祖爲關西大都督以思禮爲府長史

梁禦爲鎮西將軍從賀拔岳鎮長安及岳被害禦與諸將同謀翊戴太祖

若干惠爲中堅將軍從賀拔岳西征萬俟醜奴及岳爲侯莫陳悅所害惠與諸將翊戴太祖乃從平悅後至司空

梁臺爲假節衞將軍賀拔岳引爲心膂岳爲侯莫陳悅所害臺與諸將議翊戴太祖從討悅破之後至鄜州刺史

庫狄昌初從賀拔岳西征及岳爲侯莫陳悅所害昌與諸將議翊太祖從平侯莫陳悅後爲東夏州刺史

王德字天恩從賀拔岳平隴右爲龍驤將軍岳爲侯莫陳悅所害德與諸將定議迎太祖從平悅後至涇州刺史

裴果字戎昭仕魏太昌中爲陽平郡丞太祖曾使并州與果遇果知非常人密託附焉後爲眉復州刺史

申徽初仕東魏爲大尉府行參軍孝武初徽以雒陽兵難未巳遂間行入關見太祖與語奇之薦之於賀拔岳岳亦雅相敬待引爲賓客太祖臨夏州以徽爲記室參軍兼府主簿文帝察徽沉密有度量每事信委之乃爲大行臺郎中

王羆初爲後魏車騎大將軍涇州刺史未及之部屬太祖徵兵爲勤王之舉請前驅效命遂爲大都督鎮華州

田弘初從爾朱天光爲都督及太祖統衆弘求謁見乃論世事深被引納即處以爪牙之任太祖嘗以所

著鐵甲賜弘云天下若定還將此甲示孤也後爲少保襄州刺史

梁昕字元明安定烏氏人少溫恭見稱州里太祖之迎孝武軍次雍州昕以三輔望族上謁太祖見昕容貌瓌偉深賞異之即授右府長流參軍

周惠達自太祖在魏時即用爲秦州司馬安輯隴右及太祖爲大都督總管兵起雍復以惠達爲府司馬便委任焉魏孝武詔太祖尚馮翊長公主以惠達爲長史赴雒陽奉迎至潼關遇孝武巳西即令惠達先見太祖謂惠達曰昔周之東遷晉鄭是依今乘輿播越降臨關右吾雖猥當其任而才愧昔人卿宜勠力共成功業以取富貴也對曰惠達宦遊有年屬明公一平之運富貴之事非此敢望但願明公威德加於天下惠達得效其尺寸則志願畢矣

王思政自太祖爲魏丞相中軍大將軍思政雖被任委自以非相府之舊每不自安太祖曾在同州與群公宴集出錦罽及雜綾絹數段命諸將樗蒲取之物旣盡太祖又解所服金帶令諸人遍擲曰先得盧者即與之羣公將遍莫有得者次至思政乃斂容跪坐而自誓曰王思政羈旅歸朝蒙宰相國士之遇方願

盡心效命上報知巳若此誠有實令宰相賜之者願擲即爲盧若內懷不盡神靈亦當明之使不作也便當殺身以謝所奉辭氣慷慨一坐盡驚即拔所佩刀橫於膝上覽樗蒲枡髀擲之比太祖止之巳擲爲盧矣徐乃拜而受帶自此之後太祖寄賞更深轉驃騎將軍

郷虬初爲獨孤信開府從事中郎信出鎮隴右因爲秦州刺史以虬爲二府司馬雖處元僚不綜府事唯在信左右談論而巳因使見太祖被留爲相府記室追論歸朝功封美陽縣男邑二百戶

隋崔仲方年十五與後周太祖諸子同就學時高祖
亦在其中由是與高祖少相欵密後以明經累遷爲
少内史奉使淮南而還高祖爲丞相與仲方相見握
手極懽仲方亦歸心焉其夜上便宜十八事高祖並
嘉納之又見衆望有歸陰勸高祖應天授命高祖從
之後至太甞卿信都太守
龎晃仕周爲衛王直侍時高祖出爲隨州刺史路經
襄陽衛王令晃詣高祖晃知高祖非甞人深自結納
及高祖去官歸京師晃迎見高祖於襄邑高祖甚懽
晃因白高祖曰公相貌非甞名在圖籙九五之日希

顧不忘高祖笑曰何妄言也頃之有一雄雉鳴於庭
高祖命晃射之曰中則有賞然富貴之日持以爲驗
晃既射而中高祖撫掌大笑曰此是天意公能感之
而中也因以二婢賜之情契甚密晃爲甞山太守高
祖爲定州總管屢相往來俄而高祖轉亳州總管將
行意甚不悅晃陰白高祖曰燕代精兵之處今若動
衆天下不足圖也高祖握晃手曰時未可也及高祖
爲揚州總管奏晃同行既而高祖爲丞相進晃位開
府命督左右甚見親待
尉遲崇仕周爲儀同大將軍以兵鎮甞山時高祖爲
定州總管崇知高祖相貌非甞每自結納高祖甚親
待之及爲丞相尉遲迥作亂崇以宗族之故自囚於
獄遣使請罪高祖下書慰諭之即令馳驛入朝甞置
左右
盧賁仕周爲司武上士時高祖爲大司武賁知高祖
非甞人深自推結宣帝嗣位加開府及高祖初被顧
托群情未一乃引賁置於左右高祖將之東第百官
皆不知所去高祖潛令賁部伍仗衛因召公卿而謂
曰欲求富貴者當相隨來往偶語欲有去就賁嚴兵
而至衆莫敢動出崇陽門至東宮門者拒不内賁諭

之不去瞋目叱之門者遂却既而高祖得入賁甞典
宿衛後至懐州刺史
郎茂仕周爲陳州戸曹屬高祖爲亳州總管見而悅
之命掌書記時周武帝爲象經高祖從容謂茂曰人
主之所爲也感天地動鬼神而象經多糾法將何以
致茂竊歎曰此言豈甞所及也乃陰自結納高祖亦
親禮之後還家爲州主簿高祖爲丞相以書召之言
及疇昔甚歡後至尚書左丞晉陽宫留守
李諤自比齊歸周爲天官都上士諤見高祖有奇表
深自結納及高祖爲丞相甚見親待後至治書侍御

史出爲通州刺史
郭榮仕周爲司水大夫少與高祖相親狎情契極歡嘗與高祖夜坐月下因從容謂榮曰吾仰觀玄象俯察人事周歷已盡我其代之榮深自結納未幾高祖總百揆召榮撫其背而笑曰吾言驗矣即拜相府樂曹參軍後至左光祿大夫
柳裘仕周爲御飾大夫宣帝不豫留侍禁中與劉昉韋謩皇甫績同謀引高祖入總萬機高祖固讓不許裘進曰時不可再機不可失今事已終宜早定計天與不取反受其咎如更遷延恐貽後悔高祖從之進

位上開府拜內史大夫委以機密
竇榮定仕周爲佽飛中大夫其妻則高祖姊安成長公主也高祖少小與之情契甚厚榮定亦知高祖有人君之表尤相推結及高祖作相領左右宮伯使鎮守天臺總統露門內兩廂仗衛嘗宿禁中後拜右武衛大將軍
李禮成仕周爲民部中大夫妻竇氏早沒知高祖有非常之表遂聘高祖妹爲繼室情契甚歡及高祖爲丞相進位上大將軍遷司武上大夫委以心膂
陳茂河東猗氏人高祖爲隋國公引爲寮佐遇待與李圓通等每令典家事未嘗不稱旨高祖善之後遷上士委以心膂及受禪拜給事黄門侍郎
長孫平仕周爲小司冦高祖龍潛時與平情好款洽及爲丞相恩禮彌厚後至太常卿判吏部尚書事
李德林仕周爲御正下大夫高祖初授顧命令邗國公楊惠謂德林曰朝廷賜令總文武事經國任重非群才輔佐無以克成大業今欲與公共事必不得辭德林聞之甚喜乃答云德林雖庸懦微誠亦有所在若曲相提攜必望以死奉公高祖大悅即召與語劉昉鄭譯初矯詔召高祖受顧命輔少主總知內外兵

事諸衛既奉勑並授高祖節度鄭譯劉昉議欲授高祖冢宰鄭譯自攝大司馬劉昉又求小冢宰高祖私問德林曰欲何以見處德林曰即宜作大丞相假黄鉞都督內外諸軍事不爾無厭衆心及發喪便即依此以譯爲相府長史內史上大夫昉但爲相府司馬譯昉由是不平以德林爲丞相府屬加儀同大將軍未幾而三方構亂指授兵略皆與之參詳後爲內史令
張煚仕周爲儀同高祖爲丞相煚深自推結高祖以其有幹用甚親遇之及受禪拜尚書左丞

趙芬仕周爲東京小宗伯鎮雒陽高祖爲丞相尉遲迥與司馬消難陰謀往來芬察知之密白高祖由是深見親委遷東京左僕射

庾季才仕周爲開府儀同三司及高祖爲丞相嘗夜召季才而問曰吾以庸虛受茲顧命天時人事卿以爲何如季才曰天道精微難可意察切以人事卜之符兆已定季才縱言不可公豈復得爲箕潁之事乎高祖默然久之因舉首曰吾今譬猶騎虎誠不得下也因賜雜綵五十疋絹二百段曰愧公此意宜善爲思之後至通直散騎常侍均州刺史

于翼仕周爲幽州總管高祖爲丞相尉遲迥作亂遣人誘翼翼鏁其使送之長安高祖甚悅及高祖受禪翼入朝帝爲之降榻握手極歡數日拜爲大尉

李詢仕周爲司衛大將軍高祖爲丞相尉遲迥作亂遣韋孝寬擊之以詢爲元帥長史委以心膂軍至永橋諸將不一詢密啓高祖請重臣監護高祖遂令高熲監軍與熲同心協力唯詢而已及平尉遲迥進位上柱國改封隴西郡公賜帛千疋

段文振仕周爲天官都上士從韋孝寬經略淮南俄而尉遲迥作亂時文振老母妻子俱在鄴城迥遣人誘之文振不顧歸於高祖高祖引爲丞相掾領宿衛驃騎

宇文慶仕周爲寧州總管高祖爲丞相復以行軍總管南征江表師次白帝徵還以勞進位上大將軍高祖與慶有舊甚見親待令督丞相軍事委以心腹尋加柱國開皇初拜左武衛將軍進位上柱國數年出除原州總管歲餘徵還不任以職初帝龍潛時嘗從容與慶言及天下事帝謂慶曰天元實無積德（臣欽若等曰天元後周宣帝尊號）視其相貌壽亦不長加以法令繁苛耽恣聲色以吾觀之殆將不久又復諸侯微弱各令就

國曾無深根固本之計羽翮既翦何能及遠哉尉遲迥貴戚早著聲望國家有釁必爲亂階然智量庸淺子弟輕佻貪而少惠終致亡滅司馬消難反覆之虜亦非池內之物變在俄頃但輕薄無謀未能爲害不過自竄江南耳庸蜀險隘易生難阻王謙愚惷素無籌略但恐爲人所誤不足爲虞未幾上言皆驗及此慶恐帝遺忘不復收用欲見舊恩顧具錄前言爲奏而奏之曰臣聞知侔造化二儀無以隱其靈明同日月萬象不能藏其狀先天弗違實聖人之體道未萌見兆就達節之神祇伏惟陛下特挺生知徇齊誕御

懷五岳而猶輕吞八荒而不梗蘊妙見於胸襟運奇謨於掌握臣以微賤早逢天眷不以庸下親蒙推赤所奉成規纖毫弗衍尋惟聖慮妙出蓍龜驗一人之慶有徵賓天子之言無戲臣親聞親見貪榮實喜帝省表大悅下詔日朕之與公本來親密懷抱委曲無所不盡話言歲久尚能記憶今覽表奏方悟昔談何謂此言遂成實錄古人之先知禍福明可信也朕言之驗自是偶然公乃不忘爾表誠節深感至意嘉尚無已自是帝每加優禮

楊素仕周爲車騎大將軍及高祖爲丞相素深自結

納高祖甚器之以素爲汴州刺史

元景山仕周爲亳州總管高祖爲丞相尉遲迥稱兵作亂滎州刺史宇文胄與迥通謀陰以書諷景山景山執其使封書詣相府高祖甚嘉之進位上大將軍

李穆仕周爲大佐輔總管高祖作相尉遲迥之亂也遣使招穆穆鏁其使上其書穆子士榮以穆所居天下精兵處陰勸穆反穆深拒之乃奉十三環金帶於高祖蓋天子之服也李渾穆第十子仕周爲左侍上士尉遲迥反於鄴時穆在并州高祖慮其爲迥所誘遣渾乘驛往布腹心穆遣令渾入京奉熨斗於高祖曰願執威柄以尉安天下也高祖大悅又遣渾詣韋孝寬所而述穆意焉

柳昂仕周爲大內史致位開府高祖爲丞相深自結納高祖大悅之以爲大宗伯昂受拜之日遂得偏風不能視事高祖受禪昂疾愈加上開府拜潞州刺史

李安字玄德高祖作相引之左右遷職方中大夫復拜安弟哲爲儀同安叔父梁州刺史璋時在京師與周趙王謀害高祖誘哲爲內應哲謂安曰隨之則不忠言之則不義失忠與義何以立身安曰丞相父也其可背之遂陰白之及趙王等伏誅將加官賞安頓

首而言曰兄弟無汗馬之勞過蒙獎擢合門竭節無以酬謝不意叔父無狀爲兇黨之所熒惑覆宗絕嗣其并若讐蒙全首領爲幸實多豈可將叔父之命以求官賞於是俯伏流涕悲不自勝高祖爲之改容曰我爲汝特存璋子乃命有司罪璋止身高祖亦爲安隱其事而不言尋授安開府

唐崔善爲隋仁壽中爲樓煩郡司戶書佐高祖時爲太守甚禮遇之善爲以政傾頹乃密勸進高祖深納之

武士彠并州文水人家富於財頗好交結高祖初行

軍於汾晉休止其家因蒙顧接後爲晉陽宮留守府司鎧參軍事旣而隋政日亂盜賊蜂起士彠每歎息以夷難爲心而恨未遇眞主及高祖爲太原留守甚見接待數訪以時事士彠嘗詣朝於街內獨行聞空中有言曰唐公是天子士彠尋聲不見有人仍以此言白高祖幷進兵書高祖悅之曰勿多言兵書禁物尚能將來深識好心當同富貴耳其夜士彠夢高祖乘馬上天旦以狀聞高祖大悅於是入卧內委以心腹後至荊州都督

任環仕隋仁壽中爲韓城尉高祖討捕於汾晉環謁

高祖於轅門承制爲河東縣戶曹高祖將之晉陽留隱太子建成以託於環義師起環至龍門謁見高祖謂之曰隋氏失馭天下沸騰吾忝以外戚屬當重寄不可坐觀時變晉陽是用武之地士馬精強今率驍雄以拯國難卿將家子深有智謀觀吾此舉將爲濟否環曰後王殘酷無道征役不息天下恟恟思聞拯亂天縱神武親舉義師所下城邑秋毫無犯軍令嚴明將士用命關中所在蜂起唯待義兵仗大順從衆欲何憂不濟環在馮翊積年人情諳練願爲一介之使啣命入關同州已來必當歛伏於梁山釃濟直指韓城進逼郃陽分取蒲邑且蕭造文吏本無武略仰懼威靈理當自下孫華諸賊未有適從必當相率而至然後鼓行整衆入據永豐雖未得京城關中固已定矣高祖曰是吾心也乃授銀青光祿大夫遣陳演壽史大柰領步騎六千趨梁山渡河使環及薛獻爲招慰大使高祖謂演壽曰閫外之事宜與任環籌之孫華白玄度等聞兵且至果競來降幷具舟于河師遂利涉環說下韓城縣與諸將進擊飲馬泉破之拜左光祿大夫留守永豐倉

宇文士及仕隋爲尚輦奉御時高祖爲殿內少監士

及深自結託及隨兄化及至黎陽高祖手詔召之士及亦潛遣家僮間道詣長安申赤心又因使密貢金環高祖大悅謂侍臣曰我與士及素經共事今貢金環是其來意也化及至魏縣兵威日慼士及勸之西歸長安兄智及不從士及乃與封倫求於濟北徵督軍糧俄而化及爲竇建德所擒濟北豪右多勸士及發青濟之衆北擊建德收河北之地以觀形勢士及不納遂與封倫等來降高祖數之曰汝兄弟率思歸之卒爲入關之計當此之時若得我父子豈肯相存今欲何地自處士及謝曰臣之罪誠不容誅但臣早

奉龍顔久存心腹往在涿郡嘗夜中密論時事後於
汾陰宫復盡丹赤自陛下龍飛九五臣實乃心西歸
所以密申貢獻冀此贖罪耳高祖笑謂裴寂曰此人
與我言天下事至今已六七年矣公輩皆在其後時
士及妹爲昭儀有寵由是漸見親待授上儀同
唐儉父鑒與高祖有舊同領禁衛高祖於太原留守
儉與太宗周密從容進說以隋室昏亂天下可圖太
宗以白高祖乃詔入密訪時事對曰明公日角龍庭
李氏又在圖牒天下屬望非是一朝今開府庫納豪
傑北招戎狄東收燕趙長驅濟河據有秦雍海内之

權指麾可取願引達節以順羣望則湯武之業於公
不遠負鼎投竿亦先微願高祖曰湯武之事非所庶
幾今天下已亂言私則圖存語公則拯溺抑宜自愛
吾將思之後拜大將軍府簡較記室參軍
劉義節太原人高祖之作鎮也甚接以恩意又出入
王威高君雅之門然獨歸心於高祖義兵將起威與
君雅内懷疑二義節輙探得其計以白高祖及誅威
等頗申其力
劉文靜隋末爲晉陽令時高祖鎮太原文靜初觀太
宗謂裴寂曰非常人也大度類於漢高神武同於魏
帝其年雖少乃天縱也寂未然之於後文靜爲李密
親戚被煬帝勅禁太宗陰有異心以文靜可與語遂
入禁所看之文靜大喜而感賀亦覺太宗有非常之
意因歎曰天下大亂非有湯武高光之才不能定也
太宗知其意潛相感動報之曰卿安知無但恐常人
不别耳文靜起而謝曰久知郎君乃龍潛也今既時
事如此正是騰躍之秋素禀膺籙之資仍懷撥亂之
道此乃生人有息肩之望文靜知攀附之所矣太宗
日今入禁所相看非兒女之情相憂而已時事如此
知君君可與言故來與君圖舉大計若能如此深副

僕懷卿志識大佳宜籌其事文靜對曰今李密長圍
雒邑主上流播淮南大賊連州郡小盜阻山澤者以
千萬數矣但須真主驅駕取之誠能應天順人舉旗
大呼則四海不足定也今并州百姓避盜賊者入此
城文靜爲令數年知其豪傑一朝嘯集立地可數萬
人尊公所領之兵復且數萬一言出口誰敢不從乘
虛入關號令天下不盈半歲帝業可成帝笑曰卿言
善令人意於是部署賓客陰圖起義計議既定候機
當發欲白高祖慮必不從欲竊發之又恐驚於高祖
於是計無所决沈吟者久之旣見高祖厚於裴寂欲

因寂開說於是引寂交於太宗得通議謀及高祖被拘太宗又遣文靜共寂進說曰易稱知幾其神乎今大亂已作公處嫌疑之地當不賞之功何以圖全晉陽之上士馬精銳宮監之中府庫盈積以茲舉事可立大功關中天府代王沖幼酋豪竝起未有適從願公興兵西入以圖大事何乃拘於一介之使乎高祖然之太宗潛結死士與文靜等協議尅日舉兵會高祖得釋而止乃命文靜詐爲煬帝勑發太原鴈門馬邑數郡人二十以上五十以下悉爲兵以歲暮集涿郡將伐遼東由是人情大擾思亂者益衆文靜與裴

寂僞作符勑出宮監庫物以供留守資用募兵集衆及義兵起以文靜爲司馬勸改旗幟以章義舉後至兵部尚書

唐憲仕隋東宮左勳衛太子廢歸太原高祖之鎮太原也頗蒙親遇因與弟儉預義謀及大將軍府建拜正議大夫引置左右爲恩信從平宋老生破京城時隱太子爲左鎮大都督以憲爲長史累遷光祿大夫封安富縣公武德初拜爲太子右虞侯卒

于百億仕隋爲左翊衛高祖義旗之舉仗劒歸順授朝請大夫

盧赤松隋末爲河東令與高祖有舊聞義師至霍棄縣迎接拜行臺兵部郎中歷位率更令封范陽郡公

盧士叡高祖與之有舊及義兵起士叡率數百人謁高祖於汾陰令其兄子師浛諭賊帥孫華應時歸附又與劉弘基敗隋將桑顯和於飲馬泉累加右光祿大夫

竇抗與高祖少相親狎楊玄感之反也高祖統兵隴右言於高祖曰玄感抑爲發縱矣李氏當膺圖籙可見機而作也高祖不許隋末令於靈武巡長城伺盜及聞高祖定京師抗對衆而忭曰此吾家妹婿也豁

達有大度眞撥亂之主也因歸長安後至左武侯大將軍

田德平太原晉陽人隋末補鷹揚府正高祖留守太原引爲兵大蒙任寄義師起拜銀青光祿大夫歷大將軍兵曹參軍封漁陽縣公

蘭謨仕隋爲鷹揚郎將留守臨汾高祖義旗建帥所部來降授銀青光祿大夫

姜確字行本父碁從起太原官至秦隴二州刺史確自高祖義旗初舉以典籤從後歷通事舍人尚書水部二曹郎中封通川縣男

温大雅仕隋爲長安縣尉以父憂去職後以天下方亂不求仕進及義兵起高祖引爲記室參軍專掌文翰禪代之際與竇威參定朝儀後至禮部尚書

栢季纂隋末爲祁縣長有能名及義兵起歷大將軍府騎曹參軍從平京城累以軍功位至上柱國

段綸仕隋爲左親衛隱太子見而悅之妻以琅邪長公主令高祖之舊第數聞鼓吹之音視之無所覩綸謂主曰聞圖讖李氏當王今於第內有此禎祥必而家應籙之徵也及義兵西邁綸於藍田聚結兵馬得萬餘人迎接大軍拜金紫光祿大夫領親信左右從

平京城封龍岡郡公

寔仁弘仕隋爲武勇郎將高祖起義軍次蒲坂仁弘招率鄉曲得二千餘兵迎謁拜銀青光祿大夫

長孫敞隋末爲左衛郎將義旗入關敞率子弟以新豐縣來迎高祖大悅授銀青光祿大夫尋加上柱國

喬軌隋末爲右武侍及義師渡河軌乃迎謁授通議大大從平京城頻以戰功累加上柱國秦王府車騎將軍

顔師古仕隋爲襄州安養尉坐事免歸長安家貧以教授自業及高祖義兵入關師古於長春宮上謁授朝請大夫從平京城補秦府文學後至秘書監弘文館學士

崔幹略隋末爲醴泉縣令高祖義兵入關以縣來降授丞相府主簿及受禪遷黃門侍郎

靳孝謨仕隋朝邑縣法曹及義兵濟河以蒲津中潬二城歸義授正議大夫

竇軌隋末爲資陽郡東曹椽去官歸于家及義兵入關軌聚衆千餘人迎於同州高祖見之大悅降席起迎握手歡笑賞錫優厚尋令收兵於渭南得衆一萬拜丞相諮議參軍從平京師累加光祿大夫

孫華隋末坐事逃歸山賊郭伏願侵掠馮翊及義師起高祖見華貌寢初輕之及與語大悅握手引與同坐謂之曰吾昨夜夢乘白龍以濟黃河卿將日玄度來又具舟檝何與吾夢之相符也因拜爲光祿大夫前軍總管

甞達隋末爲隴州刺史爲降人忤仕政所劫権城中二千人叛入薛仁杲達性剛烈有武藝高祖龍潛時數從征伐甚蒙深待及義兵起達在霍邑從宋老生來拒戰既斬老生高祖謂達已死令人閲屍以求及達奉見高祖大悅因蒙任使屢有軍功

梁朱珍徐州豐人太祖起兵珍與龎師古許唐李暉丁會氏叔琮鄧季筠王武等八十餘人以中涓從攉堅陷陳所向盪決後署諸軍都指揮使

龎師古曹州南華人以中涓從太祖性端愿未嘗離左右及太祖鎮汴樹置戎伍始得馬五百匹即以師古爲偏將援陳破蔡累有戰功後至徐州節度使

謝瞳唐末舉進士不中第遂投跡於太祖洎居門下未嘗一日不在左右及太祖據同州遂署右職後爲宣義軍兩使留守

李振字興緒唐末爲台州刺史不克莅事因而歸過

汴求謁見太祖太祖與語大奇之辟爲從事以講武政於是陳耕戰之計進鳩合之策尊王室以圖諸侯興帝道以雜霸業嫉閹寺敦儒術尚名器審刑罰於是禮遇彌篤後至戶部尚書崇政院使

牛存節唐末勍事河陽節度使諸葛爽爽卒存節謂同輩曰天下汹汹當擇英主事之以圖富貴遂歸於太祖授宣義軍小將後至鄆州節度使

後唐康君立蔚州興唐人世爲邊豪唐乾符中爲雲州牙校事防禦使段文楚時群盜起河南天下將亂代北仍歲阻饑諸部豪傑咸有嘯聚邀功之志會文楚稍削軍人儲給戍兵咨怨君立與薛鐵山程懷信王行審李存璋謀曰段公儒人難與共事方今四方雲擾皇威不振丈夫不能於此時立功立事非人豪也吾等雖權部衆然以雄勁聞於時者莫若沙陁部落又李振武父子勇冠諸軍吾等合勢推之則代北之地旬月可定功名富貴事無不濟也君立等乃夜謁武皇言曰方今天下大亂天子付將臣以邊事歲遭荒飢便削儲給我等邊人焉能守死公家父子素以威惠及五部當共除虐帥以謝邊人孰敢異議者武皇曰明天子在上舉事當有朝典公等勿輕議予

家邊遠在振武萬一相迫候予稟命君立等曰事機已泄遲則變生曷候千里咨稟衆因聚譟擁武皇比及雲州衆且萬人師營鬬雞臺城中械文楚以應武皇之軍既收城推武皇爲大同軍防禦留後衆狀以聞後武皇授鴈門節度以君立爲左都押衙後至昭義軍節度使

蓋寓蔚州人世爲牙校武皇起雲中寓與康君立等推轂佐佑之因爲腹心武皇節制鴈門署職爲都押衙領嵐州刺史洎移鎮太原改左都押衙武皇與之決事言無不從凡出征行靡不衛從後至容館經略

使
劉彦琮雲中人唐末武皇作鎮晉陽有撥亂夷兇之志彦琮乃謁于軍門致之麾下自是從征興復王室後至邠州節度使

李承約爲山後八軍巡簡使屬劉守光因殺兄名儒宿將嘗事其父兄者多無辜被戮承約自以握兵在外心不自安時武皇召募英豪方開王業乃以所部二千騎歸於并州即補定覇都指揮使簡較右僕射兼貝州刺史

張遵誨父爲宗城令羅紹威殺衙軍之歳爲梁軍所

害遵誨奔太原武皇以爲牙門將時朱温簒逆據有兩京武皇與邠鳳同謀興復命遵誨知岐州留務在岐下累年莊宗平定山東遵誨以典客從歷幽鎮二府馬步都虞候

張廷裕代北人幼事武皇於雲中從平黄巢討王行瑜自行間漸升爲小將莊宗定魏補天雄軍左廂馬步都虞候歴蔚慈隰三州刺史

曹廷隱本魏州人爲本州典謁虞候賀德綸西迎莊宗於晉陽莊宗既得鄴城擢爲馬步都虞候軍中號爲稱職

何瓚閩人唐天祐三年登進士第謁莊宗於晉陽一見受知辟河東推官轉留府判官

段凝開封人唐末爲澠池主簿脱荷衣以事梁祖梁祖漸器之開平三年十月自東頭供奉官授右威衛大將軍充左軍巡使兼水北巡簡使

賈馥在鎮州幕府張文禮殺王鎔時莊宗未即尊位文禮遣馥至鄴都勸進自留鄴下棲遲郡舍莊宗即位授鴻臚少卿

王鎔唐末爲鎮州節度莊宗征劉守光廻鎔至承天軍與莊宗合宴同盟奉觴獻壽以申感慨莊宗以鎔

父友曲加敬異爲之聲歌鎔亦報之謂莊宗爲四十六舅飲中莊宗抽佩刀斷衿爲盟許以女妻鎔子昭誨因茲堅附于莊宗矣

孔循同光末權知汴州事會明宗自鄴都至循致饌勞軍供備充至明宗悦及定京師爲樞密使兼秘書監

晉高漢筠初仕梁爲衛州衙校後唐莊宗入魏分兵諭其屬郡漢筠以利病説衛之牧守俾送款於莊宗以漢筠爲功尋移継州都校後至左驍衛大將軍内省客使

皇甫立代北人後唐明宗刺代州署爲衙校從歷藩鎮性純謹明宗深委信之王建立安海策名委質皆在立後明宗踐祚以立爲忻州刺史

萇從簡初仕後唐爲潁州團練使高祖舉義淸泰末詔赴闕充副招討使隨駕至孟津除河陽節度使時趙延壽軍敗僞王斷浮橋歸雒從簡守河陽南城高祖自北而至從簡察軍情離散遂渡河迎謁焉後至左金吾衛將軍

桑維翰性明慧善詞賦後唐同光中登進士第高祖領河陽辟爲掌書記歷數鎮皆從之後至中書令

曹國珍高祖在藩時嘗通私謁以兄事之及即位國珍自此於巖陵上表叙舊由是自吏部郎中拜左諫議大夫給事中

孟承誨大名人始爲本州衙校遇高祖臨其地升爲客將後奏爲宗城當山棗城三令皆有善政高祖有天下擢爲閤門副使

周環晉陽人自高祖歷鎮藩翰用爲腹心累職至衙門都校凡帑廩出納咸以委環經十餘年未嘗以微累見譴高祖甚重之及即位命權判三司事後至安州節度使

李承福初爲高祖家臣高祖登極歷皇城武德宣徽使左千牛大將軍

劉處讓後唐末爲左驍衛大將軍河北都轉運使高祖舉義兵於太原處讓從至雒陽乃授宣徽北院使

劉繼勳衛州人高祖鎮鄴都時繼勳爲客將高祖愛其端謹籍其名於帳下從歷數鎮及即位擢爲閤門使

漢王景崇邢州人後唐明宗之鎮邢臺景崇爲衙將明宗以其明敏憐之自後累鎮皆自麾下明宗踐祚擢爲通事舍人歷引進閤門使晉末遷左金吾大將

軍充衙使嘗以時主用才不盡憤然不樂契丹蕭翰立許王李從益知軍國事署爲宣徽使監左藏庫蕭翰歸蕃景崇聞高祖起河東西陝幸滿乃私取庫金請行迎奉從益不能制遇高祖于河雒駕至汴削其僞官授右衛大將軍

任庭浩并州人業術數風雲之事晉高祖在太原重圍時高祖最爲親要庭浩以本業請見高祖甚加禮遇晉天福初庭浩授太原掾尋改交城文水令皆高祖獎薦之力也後爲殿中監

翟光鄴晉末爲宣徽使時虜犯闕以後唐明宗少子

許王從益爲曹州節度使從益母淑妃王氏白於虜長以從益未諳政術請以光鄴代知州事虜從之及蕭翰推從益僭位以光鄴爲樞密使虜去光鄴以高祖進兵汾水請從益去號稱梁王仍馳表稱臣論者賞之高祖入汴加右領衞大將軍

趙暉晉開運末爲軍校以部兵屯於陝屬北戎亂華慨然有憤激之意及聞高祖建義於并門乃與部將王晏侯章戮力叶謀戮契丹僞命官屬據有陝州郎時馳騎聞於高祖高祖乃命暉爲保義軍節度陝虢等州觀察處置等使高祖之幸東京出于陝暉戎服

朝於路左手控六龍達于行宫君臣之義如舊結焉

李守貞河陽人事本郡爲牙將晉高祖鎮河陽用爲典客從數鎮皆從之及即位累遷至省客使

聶文進并州人少給事于高祖帳下高祖鎮太原甚見委用職至兵馬押司官高祖入汴授樞密院承旨歷領軍屯衞大將軍遷右領軍大將軍并仍舊職

閻晉卿沂州人少仕并州歷職至客將高祖在鎮頗見信用後歷閤門使判四方館事

郭允明父嶶柔爲河東制置使嶶柔被誅允明遂爲高祖厮養服勤既久頗得高祖之歡心高祖鎮太原稍歷牙職及即位累遷至翰林茶酒使兼鞍轡庫使

周史彦超漢末爲龍棲都指揮使太祖之赴内難彦超以本軍從後至鄭州防禦使

李彦頵字德修本以商賈爲業太祖鎮鄴寘之左右及即位歷綾綿副使榷場使

陳光穗爲鄴都副留守廣順中高祖賜詔書曰汝潼淵倅職之時值漢室釁生之際潜齎密旨將陷朕躬神色不布於苞藏機事尋當於發露汝稟勳賢之指使効奔走之勤勞徑自河壖報於鄴下忠孝之規迥著旌酧之道未弘每憶朕懷仍宜公論宜膺列郡用

賞前功今授汝博州刺史

冊府元龜

冊府元龜

巡按福建監察御史臣李嗣京　訂正
知長樂縣事臣夏允彝叅閱
知建陽縣事臣黄國琦較釋

總錄部

儒學

周官著師儒之訓太史公論儒者之要始於傳習經藝之文祖述堯禹之道其後分而爲六家蔓而成九種至於憲章仁義順陰陽明天道宣教化正人倫以致乎至治固異端之不能奪也春秋之世施及戰國

聖師云没微言誕布學者閒出素風益郁雖復遭坑焚之變而鄒魯之俗弦誦無改大漢龍興罷出百家表章經術建立學官有以祿利修復黌校風以德化傳受彌廣藝文不墜盖西京之士彬彬矣中興崇學於兹爲盛魏晋以降未之或替豈不以六君子之訓四術之教乃百王之所取法千古所不易者也今悉其志學成業顯名於世者著於篇

倚相楚人爲左史能讀三墳五典八索九丘即上世帝王遺書也

孔子魯人爲兒嬉戲嘗陳俎豆設禮容其後適周問禮盖見老子時周室微而禮樂廢詩書缺追迹三代之禮序書傳上紀唐虞之際下至秦繆編次其事故書傳紀自孔子古者詩三千餘篇及至孔子去其重取可施於禮義上采契后稷中述殷周之盛至幽厲之缺始於衽席故曰關雎之亂以爲風始鹿鳴爲小雅始文王爲大雅始清廟爲頌始三百五篇孔子皆弦歌之以求合韶武雅頌之音禮樂自此可得述以備王道成六藝孔子晩喜易序彖繫象說卦文言讀易韋編三絶曰假我數年若是我於易則彬彬矣孔子以詩書禮樂教弟子盖三千焉身通六藝者七十

有二人孔子嘗爲魯司寇孔子卒後七十子之徒散游諸侯大者爲師傅卿相小者友教士大夫或隱而不見故子路居衛（按仲尼弟子列傳子路死於衛時孔子尚存）子張居陳澹臺子羽居楚子夏居西河子貢終於齊如田子方段干木吳起禽滑釐之屬皆受業於子夏之倫爲王者師（是時獨魏文侯好學後凌遲以至于始皇天下於戰國儒術既絀焉然齊魯之間學者獨不廢也）

孟軻鄒人生有淑質夙喪其父幼被慈母三遷之教長師孔子之孫子思知儒術之道通五經尤長於詩書

荀卿趙人與孟子咸遵夫子之業而潤色之以學顯於當世嫉濁世之政亡國亂君相屬不遂大道而營於巫祝信禨祥鄙儒小拘如莊周等又滑稽亂俗於是推儒墨道德之行事興懷序列著數萬言荀卿在齊三爲祭酒後適楚爲蘭陵令而卒於蘭陵

漢叔孫通（一云名何）薛人秦時以文學徵待詔博士高祖初爲漢王復拜爲博士漢五年已并天下諸侯共尊漢王爲皇帝叔孫通使徵魯諸生三十餘人與其弟子百餘人共起朝儀（事具掌禮制禮門）乃拜爲太常賜金五百斤叔孫通因進曰諸弟子儒生隨臣久矣與共爲

儀願陛下官之高帝悉以爲郎

申培公魯人以詩經爲訓高祖過魯申公以弟子從師入見高祖於魯南宮後官至大中大夫

伏勝濟南人故爲秦博士文帝時欲求能治尚書者天下無有乃聞伏生能治欲召之是時伏生年九十餘老不能行於是乃詔太常使掌故朝錯往受之

賈誼雒陽人年十八以能誦詩書屬文稱於郡中河南太守吳公徵爲廷尉言誼少通諸家之書文帝召爲博士修春秋左氏傳爲傳訓終於梁王傅

董仲舒廣川人少治春秋景帝時爲博士通五經能持論善屬文漢興至于五世之間唯仲舒爲明於春秋其傳公羊氏也

胡母生字子都齊人治公羊春秋景帝時爲博士齊之言春秋者多受胡母生

轅固生齊人以治詩景帝時爲博士

毛公趙人治詩爲河閒獻王博士

戴德字延君號大戴爲信都太傅

公孫弘菑川薛人學春秋雜說武帝初即位招賢良文學士是時弘年六十以賢良徵爲博士

兒寬千乘人治尚書有俊材初見武帝語經學帝曰

吾始以尚書爲樸學弗好及聞寬說可觀乃從寬問一篇位至御史大夫

丘壽王武帝時召待詔詔使從中大夫董仲舒受春秋高材通明遷爲侍中

馮野王通詩以父任爲太子中庶子

龔遂以明經爲昌邑郎中令

夏侯始昌魯人通五經以齊詩尚書教授自董仲舒韓嬰死後武帝得始昌甚重之時昌邑王以少子受上爲選師始昌爲太傅

張禹至長安學從沛郡施讎受易琅邪王陽膠東庸

生問論語旣皆明習有徒衆舉爲郡文學

韓嬰燕人爲常山王太傅推詩人之意作外傳數萬言武帝時與董仲舒論於帝前其人精悍處事分明悍勇悍仲舒不能難也

榮廣受穀梁先是公羊大興穀梁寖微廣高材捷敏與公羊大師眭孟等論數困之故好學者頗復受穀梁

蔡千秋字少君宣帝卽位聞衞太子好穀梁春秋以問丞相韋賢長信少府夏侯勝及侍中樂陵侯使高皆魯人也言穀梁子本魯經公羊氏乃齊學也宜興穀梁時千秋爲郎召見於公羊家並說帝善穀梁說

擢千秋爲諫大夫給事中

韋玄成宣帝時爲淮陽王中尉王未就國玄成受詔與太子太傅蕭望之及五經諸儒雜論同異於石渠閣條奏其對

劉向時爲諫大夫以僞鑄黃金減死論會初立穀梁春秋徵更生受穀梁講論五經於石渠

施讎爲博士甘露中與五經諸儒雜論同異於石渠閣石渠閣在未央殿北以藏秘書

梁丘臨爲黃門郎甘露中奉使問諸儒於石渠臨學精熟專行京房法瑯邪王吉通五經聞臨說善之

聞人通漢子方聞人姓也名通漢字子方以太子舍人論石渠

戴聖以博士論石渠

夏侯勝亦以儒顯名爲學精熟善說禮服徵爲博士

后蒼字近君東海郯人事夏侯始昌始昌通五經蒼亦通詩禮爲博士

周堪字少卿齊人與孔霸俱事大夏侯勝霸爲博士堪譯官令論於石渠經爲最高

張山拊字長賓平陵人事小夏侯建爲博士論石渠

張無故字子儒山陽人事山拊受尚書善修章句爲廣陵太傅

孔安國字子國孔子之後孔氏有古文尚書安國以今文字讀之因以起其家逸書得十餘篇蓋尚書玆多於是矣以安國爲諫大夫

韋賢爲人質朴欲篤志於學兼通禮尚書以詩教受號稱鄒魯大儒爲丞相薨子玄成復以明經歷位至丞相故鄒魯諺曰遺子黃金滿籯不如一經

康衡字稚圭父世農夫至衡好學家貧庸作以供資用尤精力過絶人諸儒爲之語曰無說詩衡鼎來鼎猶當也言衡且來也賈誼云天子春秋鼎盛其義亦同衡語詩解人頤衡後位至丞相

嚴彭祖與顔安樂俱事眭孟孟弟子百餘人惟彭祖安樂爲明由是公羊春秋有顔嚴學彭祖爲宣帝博士

翼奉字少君東海下邳人治齊詩與蕭望之匡衡同師三人經術皆明元帝初卽位諸儒薦之徵待詔宦者署後以中郎爲博士諫大夫卒

師丹字仲公治詩舉孝廉爲郎元帝末爲博士免建始中州舉茂材復補博士

翟方進爲小吏心厭之聞蔡父言當以經術封侯心喜因病歸家辭其後母欲西至京師受經母憐其幼

隨之長安織屨以給方進讀經博士受春秋積十餘年經學明習徒衆日廣諸儒稱之以射策甲科爲郎位至丞相

徐敖治詩授于九江陳俠爲王莽講學大夫由是言毛詩者本之徐敖

谷永於經書尤爲疏達與杜欽杜鄴畧等不能洽浹如劉向父子及揚雄也其於天官京氏易最密位至大司農

梅福字子真九江壽春人少學長安明尚書穀梁春秋爲郡文學後爲南昌尉

揚雄字子雲少而好學不爲章句訓詁通而博覽無所不見位至大夫

後漢卓茂字子康南陽宛人元帝時學於長安事博士江生習詩禮及歷筭究極師法稱爲通儒

賈逵父徽從劉歆受左氏春秋兼習國語周官又受古文尚書於徐惲學毛詩於謝曼卿作左氏條列二十一篇

桓譚博學多通徧習五經皆訓詁大義不爲章句能文章尤好古學數從劉歆揚雄辯析疑異譚後官至六安郡丞

張玄字君夏少習春秋嚴氏兼通數家法建武初舉明經補弘農文學

丁恭字子然習公羊顔氏春秋學義精明建武初爲諫議大夫博士

牟長字君高樂安臨濟人少習歐陽尚書不仕王莽將建武初大司空宋弘特辟拜博士

魏應字君伯少好學建武初詣博士受業習魯詩閉門誦習不交僚黨京師稱之應終騎都尉

洼丹字子玉世傳孟氏易建武初爲博士丹學義研深易家宗之稱爲大儒

杜林少好學沈深父鄴爲梁州刺史家旣多書又外氏張竦父子喜文采鄴少孤其母張敞女也鄴從敞子吉學得其家書竦卽吉之子博學文雅過於敞林從竦受學博洽多聞時稱通儒王莽敗避難客河西建武六年光武聞林已還三輔乃徵拜侍御史引見問以經書故舊及西州事甚悅之賜車馬衣被群僚知林以名德用甚尊憚之京師士大夫咸推其博洽河南鄭興東海衞宏等皆長於古學興嘗師事劉歆林旣遇之欣然言曰林得興等固諧矣使宏得林且有以益之宏見林闇然而服濟南徐巡始師事宏後皆更受林學林前於西州得漆書古文

尚書一卷常寶愛之雖遭艱困握持不離身出以示宏等曰林流離兵亂常恐斯經將絕何意東海衞子濟南徐生復能傳之世道竟不墜於地也古文雖不合時務然願諸生無悔所學巡益重之於是古文遂行位至大司空

任安字定祖少遊大學受孟氏易兼通數經除博士公車徵皆稱疾不就

甄宇字長文北海安丘人習嚴氏春秋建武中爲州從事徵拜博士

包咸子良少爲諸生受業長安師事博士右師細君姓右師習魯詩論語舉孝廉爲郎建武中入授皇太子論語又爲其章句

劉寬少學二陽尚書京氏易尤明韓詩外傳稱爲通儒入爲光祿勳卒

楊政字子行京兆人少好學從代郡范升受梁丘易善說經書京師爲之語曰說經鏗鏗楊子卿終於左中郎將

戴憑字次仲習京氏易年十六舉明經徵試博士

鍾興少從少府丁恭受嚴氏春秋恭薦興學行高明光武召見問以經義應對甚明帝善之位至左中郎

將卒

張玄少習春秋顏氏後舉孝廉爲郎會顏氏博士缺玄試策第一拜爲博士居數日諸生上言玄兼說嚴氏宣氏不宜專爲顏氏博士光武且令還署未及遷而卒

董鈞字文伯犍爲資中人習慶氏禮事大鴻臚王臨永平初爲博士當世稱爲通儒

衞宏字敬仲東海人少與河南鄭興俱好古學初九江謝曼卿精毛詩宏從曼卿受學後從大司空杜林更受古文尚書時濟南徐巡師事宏後從林受學亦

以儒顯由是古學大興光武以爲議郎
周防字偉公師事徐州刺史蓋豫受古文尚書經明
舉孝廉拜郎中太尉張禹薦補博士
楊倫字仲理少爲諸生師事司徒丁鴻習古文尚書
爲郡文學掾後特徵博士
李育字元春扶風漆人少習公羊春秋沈思專精博
覽書傳知名大學後爲侍中卒於官
何休字少公任城樊人精研六經世儒無及者位至
諫議大夫
謝該字文儀南陽章陵人善明春秋左氏爲世明儒

後拜儀郎以壽終
周燮十歲通詩論及長專精禮易徵之不就
陳元父欽習左氏春秋事黎陽賈護與劉歆同時而
别自名（元父欽字子佚以左氏授王莽自名陳氏春秋）後辟司徒歐陽歙府
以病去卒
鄭衆字仲師年十二從父興受左氏春秋精力於學
明三統歷廉通易詩知名於世位至大長秋封鄭鄉
侯卒
承宮少勤學不倦經典旣明歸家教授三府更辟皆
不應永平中徵詣公車車駕臨辟雍召宮拜博士

侯霸篤志好學師事九江太守房元治穀梁春秋爲
元都講（文從鍾寧君受律）位至大司徒
鄭興少學公羊春秋晚善左氏傳遂積精深思通達
其旨同學者皆師之（興從博士金子嚴爲左氏春秋）後爲連勺令坐
事免卒
魯恭始爲郡吏大傅趙熹聞而辟之章帝集諸儒於
白虎觀恭特以經明得召與其議後位至司空
王渙敦儒學術尚書讀律令略舉大義官至雒陽令
卒
周舉字宣光姿貌短陋而博學洽聞爲儒者所宗故

京師爲之語曰五經從橫周宣光終於光祿大夫
井丹字大春少受業太學通五經善談論故京師爲
之語曰五經紛綸井大春性清高沛王輔等五王更
請皆不能致
尹敏少爲諸生初習歐陽尚書後受古文兼善毛詩
穀梁左氏春秋後爲諫議大夫卒
許慎字叔仲性淳篤少博學經籍馬融嘗推敬之時
人爲之語曰五經無雙許叔仲卒於徐洨長（洨音侯交反）
蔡玄字叔陵學通五經徵辟並不就順帝時詔徵拜
議郎講論五經異同甚合帝意遷侍中出爲弘農太

守卒于官
宗資少在京師學孟氏易歐陽尚書
楊震字伯起少好學受歐陽尚書於太常桓郁明經博覽無不窮究諸儒爲之語曰關西孔子楊伯起位至太尉
趙曄詣杜撫受韓詩究竟其術作詩細歷神淵蔡邕至會稽讀詩細而歎息以爲長於論衡邕還京師傳之學者咸誦習焉
張馴字子儁濟陰定陶人少游太學能誦春秋左氏傳以大夏侯尚書教授辟公府舉高第拜議郎與蔡

邕共奏定六經文學擢拜侍中典領秘書近署
魏樂詳字文載少好學善左氏傳杜畿爲太守亦甚好學署詳文學祭酒使教後進於是河東學業大興至黄初中徵拜博士于時太學初立有博士十餘人學多褊狹又不熟悉略不親教備員而已惟詳五業並授其或難教質而不解詳無慍色以杖畫地牽譬引頌至忘寢食以是獨擅名於遠近
孫資字彦博講業太學博覽傳記同郡王允一見而奇之
董遇及賈洪邯鄲淳薛夏隗禧蘇林樂詳等七人爲儒宗
王基爲中書侍郎時散騎常侍王肅著諸經傳解及論定朝儀改易鄭玄舊説而基據持玄義常與抗衡
蜀許慈字仁篤師事劉熙善鄭氏學治易尚書三禮毛詩論語慈終於大長秋
譙周字允南爲光祿大夫周雖不與政事以儒行見禮時訪大議輒據經以對而後生好事者亦咨問所疑焉
來敏字敬達涉獵書籍善左氏春秋先主定益州署敏典教較尉

廖扶習韓詩歐陽尚書教授常數百人不應辟召時號北郭先生二子孟舉並知名
張裔字君嗣治公羊春秋涉經史位至輔漢將軍
文立字廣林少治毛詩三禮兼通群書
伍梁字德山以儒學節操稱從議郎遷諫議大夫五官中郎將
向朗字巨達領丞相長史初朗少時雖涉獵文學然不治素簡以吏能見稱自去長史優游無事垂三十年乃更潛心典籍孜孜不倦開門接賓誘納後進但講論古義不干時事以是見稱上自執政下及童冠

皆敬重焉後以功封顯名亭侯位特進卒
吳張昭字子布彭城人少好學從白侯子安受左氏春秋博覽衆書位至輔吳將軍
諸葛瑾字子瑜少游京師治毛詩尚書左氏春秋後拜大將軍左都護領豫州牧
闞澤字德潤爲太子太傅領中書每朝廷大議經典所疑輒諮訪之以儒學勤勞封都鄉侯
張紘字子綱廣陵人少游學京都紘入太學事博士韓宗治京氏易歐陽尚書又於外黃從濮陽闓受韓詩及禮記左氏春秋后曹公以紘爲會稽東部都尉

孫權以爲長史卒
劉游舉孝廉爲郎中祖父本師受經傳學群書號爲通儒舉賢良方正爲般長卒官伯父罷字祖榮受文業以經明行修舉孝廉光祿大夫察四行除東平陵令
程秉字德樞事鄭玄后避亂交州與劉熙考論大議遂博通五經士燮命爲長史孫權聞其名儒以禮徵秉既到拜太子太傅
嚴畯字曼才少耽學善詩書三禮又好學文終於尚書令

沈珩字仲山吳郡人少綜經藝尤善春秋內外傳
晉何嵩字泰基寬弘愛士博觀墳籍尤善史漢少歷清官領著作郎
闞纘字續伯僑居河南新安少游英豪多所交結博覽墳典該通物理纘位至漢中太守
杜預爲春秋左氏傳集解時王濟解相馬又甚愛之而和嶠頗聚斂預嘗稱濟有馬癖嶠有錢癖武帝聞之謂預曰卿有何癖曰臣有左傳癖
侯使光儒博學古歷官著續文華奏議皆有條理後終於少府

范甯爲中書侍郎時更營新廟博求辟雍明堂之制甯據經傳奏上皆有典證孝武帝雅好文學甚被親愛朝廷疑議輒諮訪之
摯虞字仲治京兆長安人少事皇甫謐才學通博著述不倦歷官至太常卿
戴若思弟邈字望之少好學尤精史漢才不逮若思儒學過之弱冠舉秀才位至尚書僕射
范平字子安吳郡錢塘人研覽墳索初仕吳爲臨海太守謝病還家敦悅儒學三子奭咸泉並以儒學至大官

杜夷字行齊盧江灊人世以儒學稱永嘉初公車徵拜博士不就

徐苗字叔胄高密淳于人累世相承皆以博士爲郡守

范弘之字長文雅正好學以儒術皆明爲太學博士

王歡字君厚樂陵人安貧樂道專精耽學遂爲通儒嗣後慕容暐襲號署官至祭酒

王隱以儒素自守不交勢援博學多聞受父遺業西都舊事多所諳究隱後爲著作郎賜爵平陵鄉侯

袁亮字貞固有學行亮子粲文學博識累爲儒官

凉茂字伯方少好學論議常據經典以處是非茂終於太子太傅

康峻歷郡功曹舉計椽州辟從事太常鄭袤見峻大奇之舉爲博士時重莊老而輕經史峻懼雅道陵遲乃潛心儒典

郗鑒字道徽少孤貧博覽經籍躬耕隴畝吟詠不倦以儒雅著名不應州命

陳邵字節良東海襄賁人郡察孝廉不就以儒學徵爲陳留内史累遷燕王師

董景道字文博明春秋三傳京氏易馬氏尚書韓詩皆精究大義三禮之義專遵鄭氏著禮通論非駁諸儒演廣鄭旨至劉曜時徵爲散騎常侍固辭遂以壽終

虞乘遊學官爲諸生備後能講論自以甲等每處下坐諸生博士皆就質問由是學中以下坐爲貴

范宣雖閑居屢空常以講誦爲業譙國戴逵等皆聞風宗仰自遠而至諷誦之聲有若齊魯後詔徵爲太學博士散騎郎並不就

華廙都督河北諸軍事坐事免官削爵土棲遲家巷垂十載教誨子孫講誦經典集經書要事名曰善文

行於世

姜龕天水人姚興時與東平淳于岐馮翊郭高等皆耆儒碩德經明行修各門徒數百教授長安諸生自遠而至者數千人興每於聽政之暇引龕等于東堂講論道藝錯綜明理涼州胡辨苻堅之末東徙雒陽教授弟子百餘人關中後進多赴之請業興勅關尉日諸生諮訪道義修己厲行往來出入勿拘常限於是學者咸勸儒風盛焉

冊府元龜

巡按福建監察御史臣李嗣京　訂正

知閩縣事臣曹臾臣叅閲

知建陽縣事臣黃國琦較釋

總錄部一十八

儒學第二

宋周續之字道祖晉時豫章太守范甯於郡立學招集生徒續之年十二受業居學數年通五經緯爲太子博士不就高祖踐祚復召之爲開館東郭外續之素患風痺不復堪講乃移病鍾山卒通毛詩六義及禮

雷次宗字仲倫少入廬山事沙門釋慧遠篤志好學尤明三禮毛詩時會稽朱膺之潁川庾蔚之並以儒學監總諸生次宗初不受徵辟元嘉中徵至都開館於雞籠山車駕數至後卒於鍾山

劉湛字弘仁博涉史傳諳前世舊典後以詹事爲丹陽尹

南齊關康之世居京口篤學以文義稱尤善左氏春秋高帝爲領軍時素好此學送本與康之康之手自點定徵之不就

張緒爲國子祭酒長於周易言精理奥見宗一時嘗云何平叔所不說易中七事諸卦中所有時義是其一也

梁鍾嶸仕齊永明中爲國子生明周易衛將軍王儉領祭酒頗賞接之

何修之字士威少好三禮讀禮論三百餘篇略皆上口仕齊爲國子助教

嚴植之字孝源少精解喪服孝經論語及長遍治鄭氏禮周易毛詩左氏春秋仕齊爲廣漢王國右常侍天監四年兼五經博士

司馬筠字真素少孤貧好學師沛國劉瓛强力專精深爲瓛器及長博通經術尤明三禮卒於始興內史子壽傳父業明三禮位尚書祠部郎

卞華字昭岳幼孤貧好學年十四召補國子生通周易既長遍治五經與平原明山賓會稽賀瑒同業友善天監中爲安城王功曹參軍兼五經博士

韋陵字威直性恬素以書史爲業博物强記當世士咸就質疑

沈峻字士嵩博通五經尤長三禮爲國子助教

崔靈恩清河武城人也少篤學從師遍通五經尤精

三禮三傳仕魏為太常博士天監中歸梁累遷步兵校尉兼國子博士
劉瓛講月令畢謂學生嚴之植曰江左巳來陰陽律數之學廢矣吾今講此曾不得其彷彿學者美其退讓
庾於陵清警博學有才思隨齊王子隆為荊州召為主簿使與謝朓宗夬抄撰群書
賀琛伯父瑒為世碩儒授經於琛瑒卒後琛家貧嘗往還諸暨販粟以自給閑則習業尤精三禮卒光祿大夫

徐勉為尚書博通經史多識前載朝儀國典婚冠吉凶勉皆預圖儀
後梁蔡大寶少孤而篤學不倦善屬文初以明經對策第一解褐武陵王國左常侍嘗以書干僕射徐勉大為勉所賞異令與子游處所有墳籍盡以給之遂博覽群書學無不綜
范適順陽人散騎常侍迪之弟適文采劣於迪而經術過之位至中衛東平王長史
宗希顏度支尚書如周之子有文學仕至中書舍人
希華亦如周之子博通經術為荊楚儒宗

陳龔孟舒治毛詩善談名理梁武世仕至潯陽郡丞元帝在江州遇之甚重躬師事焉
沈洙少方雅好學不妄交游治三禮春秋左氏傳精識强記五經章句諸子史書問無不答初仕梁為祠部郎中時年二十餘同學者多涉獵文史不為章句而洙獨積思經術吳郡朱异會稽賀琛甚嘉之及异琛於士林館講制旨義常使洙為都講
鄭灼幼而聰敏勵志儒學少受業於皇侃梁大通五年釋褐奉朝請
褚仲都善周易為當時之冠篤志研翫得其精微梁

太清初歷王國侍郎奉朝請俄轉國子助教兼司議郎專講詩易
陸詡少習崔靈恩三禮義梁世百濟國表求講禮博士詔令詡行位至尚書祠部郎
岑之敬始以經業進而博涉文史雅有詞筆不為醇儒官至征南府諮議參軍
徐伯陽敏而好學善色養進止有節年十五以文學稱學春秋左氏家有史書所讀者近二十餘卷終於新安王府諮議參軍
沈文阿字國衛父峻以儒學聞於梁世授桂州刺史

不行文阿性剛强有膂力少習父業研精章句祖舅
太史叔明舅王慧興正通經術而文阿頗傳之又博
採先儒異同自成義疏治三禮三傳
戚袞少聰慧遊學京都受三禮於國子助教劉文紹
一二年中大義略備
張機爲國子助教是時周弘正在國學發周易題弘
正第四弟弘直亦在講習機與弘正論議弘正乃屈
弘直危坐厲聲助其申理機乃正色謂弘直曰今日
義集辨正名理雖知兄弟急難四公不得有助弘直
曰僕助君師何爲不可舉座以爲笑樂

後魏梁越字玄覽新興人少而好學博綜經傳無所
不通道武時爲禮經博士
梁祚北地人篤志好學歷治諸經尤善公羊春秋鄭
氏易嘗以教授有儒者風而無當世之才與幽州別
駕平嘗有舊又姊先適范陽李氏遂攜家人僑居於
薊積十餘年雖羈旅貧窘而著述不倦嘗時相請屈
與論語經史
平嘗字繼叔燕國薊人耽勤讀誦研綜經籍鈎深致
遠多所博通歷中書博士祕書丞
劉獻之博陵饒陽人少而孤貧雅好詩傳曾受業於
渤海程玄後遂博觀衆籍時中山張吾貴與獻之齊
名海內皆曰儒宗太祖徵典內較書固以疾辭
劉蘭武邑人受春秋詩禮於中山王保安蘭讀左氏
五日一遍無通五經後爲國子助教卒
封軌爲考功郎中臺中稱爲儒雅奏請遣四門博士
明經學者簡試諸州學生詔從之
賈思伯位都官尚書爲侍講思伯少雖明經從官廢
業至是更延儒生夜講書
山偉爲侍中中書令愛尚文史老而彌篤
李郁字永穆好學沉靜博通經史

游肇外寬內剛直耽好經傳手不釋書治周易毛詩
尤精於三禮王肅自謂禮易爲長亦未能通其大義
也位至散騎常侍都督淮南軍事楊州刺史
邢虬字神虎少爲三禮鄭氏學明經有文思舉秀才
上第爲中書議郎
崔鴻字彥鸞少好讀書博綜經史
崔辯字神通博陵平人學涉經史風儀整峻獻文徵
拜中書博士散騎侍郎
陽晝字景文北平無終人少好學博通經籍官至幽
州平北府長史帶漁陽太守

索敞字巨振燉煌人爲劉昞助教專心經籍盡能傳
昞之業涼州平入國以儒學見拔爲中書教博士
宋欽少而好學有儒者之風博綜群言聲著河右後
拜著作郎
宋雅師事安邑李紹伯受諸經傳
李業興上黨人漁陽鮮于靈馥聚徒教授說左氏傳
業興問其大義數條靈馥不能對
張湛燉煌人好學能屬文仕沮渠蒙遜爲黃門侍郎
涼州平入國崔浩識禮之浩注易叙曰國家西平河
右燉煌張湛金城宋欽武威段根三人皆儒者並有

儁才見稱於西州每與余論易余以左氏傳卦解之
遂相勸爲注故因退朝之餘暇而爲之解焉其見稱
如此
劉芳才思深敏特精經義長子懌字祖欣雅有父風
頗好文翰位至太常卿
徐遵明字子判華陰人師屯留王聰受毛詩尚書禮
記後廣平王懷聞而徵焉至而尋退
北齊刁柔字子溫少好學綜習經史尤留心禮儀天
保初除國子博士
馮偉節中山安喜人少從李鉉遊學鉉重其聰敏嘗

試問之多所通解尤明禮傳後趙郡王將舉充秀才
固辭不就
邢峙字士峻河間鄚人少好學耽翫墳典遊學燕趙
之間通三禮左氏春秋天保初郡舉孝廉授四門博
士
馬敬德河間人少好儒術負笈隨大儒徐遵明學詩
禮畧通大義而不能精遂留意於春秋沉思研求晝
夜不倦教授於燕趙生徒隨者甚衆州將送至都詣
試經業授國子助教遷博士
孫靈暉明敏有器度得孫惠蔚手錄章疏研精尋問

更求師友三禮三傳皆通宗旨舉冀州秀才射策高
第累至國子博士授南陽王綽府諮議參軍子萬壽
聰識機警博涉群書禮傳俱通大義
李鉉字寶鼎教授鄉里生徒嘗至數百燕趙間能言
經者多出其門
劉軌思渤海人說詩甚精少事同郡劉敬和敬和事
同郡程師則故其鄉曲多爲詩者軌思天統中任國
子博士
平鑒字明達燕趙薊人父勝安州刺史鑒少聰敏頗
有志力受學於徐遵明不爲章句

鮑季祥渤海人甚明禮共摘文折衷自然大畧可解
兼通左氏春秋天統中卒於太學博士
劉偉好學善三禮吉凶儀制尤所留心位至雕州刺
史
後周樂遜字遵賢魏正光中聞碩儒徐遵明領徒趙
魏乃就受孝經喪服論語詩書禮易左氏春秋大義
歷太學助教博士
杜叔授字子㢤襄陽人屬精好學尤善左氏春秋仕
梁爲宜豐蕭修府中直兵參軍
韓襃字弘業少有志好學而不守章句其師怪而問

之對曰文字之間常奉訓誘至於商較異同請從
所好師因此大奇之及長涉獵經史深沉有遠畧
沈重字德厚吳興武康人專心儒學從師不遠千里
遂博覽群書尤明詩禮及左氏春秋梁大通三年起
家王國常侍歷國子助教五經博士
賓𢦟少從范陽祁忻受毛詩左氏春秋畧通大義位
至太傅
樊深字文深弱冠好學負書從師於三河講習五經
晝夜不倦太祖置學東館教誨諸將子弟以深爲博
士六官建拜太學助教遷博士

庾信尤善春秋左氏傳
柳虯字仲盤年十三便專精好學時貴遊子弟就學
者並車服華盛惟虯不事容飾遍受五經畧通大義
後爲車騎大將軍儀同三司
姚僧坦初仕梁爲湘東王府中記室參軍僧坦好文
史不留意於章句時商畧今古甚爲學者所稱
隋柳䛒字顧言少聰敏解屬文好讀書所覽將萬卷
仕梁釋褐著作佐郎
杜臺卿字少山博陵曲陽人性儒素每以雅道自居
及周武帝平齊歸于鄉里以禮記春秋教授子弟後

仕至著作郎
房暉遠字崇儒常山真定人世傳儒學暉遠幼有志
行治三禮春秋三傳詩書周易北齊南陽王綽爲定
州刺史召爲博士周武帝平齊搜訪儒俊暉遠首膺
辟命授小學下士及高祖受禪太常卿牛弘每稱爲
五經庫吏部尚書韋世康薦之遷太學博士
平彦之隴西狄道人九歲而孤不交非類博涉經史
與天水牛弘同志好學周太祖見而器之引爲中外
府禮曹開皇初爲國子祭酒
元善河南雒陽人少隨父至江南性好學遂通涉五

經尤明左氏傳官至國子祭酒

蕭該梁鄱陽王恢之孫性篤學詩書春秋禮記並通大義尤精漢書甚爲貴游所禮開皇初拜國子博士

馬光字榮伯武安人少好學從師數十年晝夜不息尤明三禮爲儒者所宗開皇初高祖徵山東義學之士光與張仲讓孔籠竇士榮張黒奴劉祖仁等俱至並授太學博士時人號爲六儒然皆鄙野無儀範朝廷不之貴也山東三禮學者自熊安生後唯宗光一人

楊伯丑好讀易隱於華山開皇初被徵入朝國子祭

酒何妥嘗詰之論易聞妥之言悠爾而笑曰何用鄭玄王弼之言乎久之微有辯答其所說辭義皆先儒之旨而思玄妙有徵論者以爲天然獨得非常人所及也

劉臻爲儀同三司左僕射精於兩漢書時人稱爲漢聖

魏澹世以文學自業年十五而孤專精好學博涉經史善受文詞釆贍逸齊博陵王濟聞其名引爲記室

張文詡河東人父琚開皇中爲洹水令以清正聞名有書數千卷教訓子姪皆以明經自達文詡博覽文籍特精三禮其周易詩書及春秋三傳並皆通習每好鄭玄注解以爲通博其諸儒異說亦皆詳究焉高祖引致天下名儒碩學之士其房暉遠張仲讓孔籠之徒並延之於博士之位文詡時游於太學暉遠等莫不推伏之學內翕然咸共宗仰

劉焯字士元信都昌亭人武强交津橋劉智海家素多墳籍焯就之讀書向經十載遂以儒學知名爲州博士時河間人劉炫聰明博學文亞於焯故時人稱二劉焉論者以爲數百年已來博學通儒無能出其右者位至太學博士

張羨初仕後周爲司成中大夫與國史周代公卿類多武將唯羨以素業自通甚爲當時所重

褚輝字高明吳郡人以三禮學稱於江南煬帝時徵天下儒術之士悉集內史省相次講論輝博辯時無能屈者繇是擢爲太學博士

包愷字和樂東海人其兄愉明五經愷悉傳其業又從王仲通受史記漢書尤稱精究大業中爲國子助教

杜正玄字慎徽其先本京兆人八世祖曼爲石趙從事中郎因家於鄴自曼至正玄世以文學相授

王孝籍平原人少好學博覽群言遍治五經頗有文翰與河間劉炫同志友善

顧彪字仲文明尚書春秋大業中爲秘書學士

唐徐文遠雒州偃師人博覽五經尤精春秋左氏傳後周時有大儒沈重講于太學聽者常千餘人文遠就質問數日便去或問曰何辭去之遠答曰觀其所說悉是紙上語耳僕皆先已誦之至於奥賾之境此君轍似未見有以其言告重者重與論義十餘反甚歎服之

馬嘉運隋末遊於劍南以講授爲務蜀士多頼其成

益者貞觀初徵爲越王東閤祭酒頃之自免居於白鹿山四方受業者常數百十人

陸郎字德明吳郡人初受學於周弘正善言玄理仕陳爲國子助教時年尚少而與博士張機齊名武德中爲秦府學士補太學博士

蓋文達信都人幼聰敏好讀書受業於同郡劉焯博涉經史尤明三傳性方雅美鬚貌見之者稱有君子之風時冀州刺史竇抗頗好文義乃廣集儒生令相難擊其大儒劉炫劉軌思等咸在講座文達與同郡孔穎達劉彥衡皆預焉旣論難文達抗音而請皆出其意表抗大奇之因問曰蓋生就誰而學焯從坐起曰此生岐嶷出自天然以多問寡焯爲師抗曰可謂氷生於水也

蓋文懿爲秘書博士嘗聞講發毛詩題公卿咸萃更相問難文懿發揚風雅甚得詩人之致亦以儒業被知章句頗優而儀範不逮文達官至國子博士時稱二蓋

孔穎達信都人初受業於同郡劉焯然焯號爲通儒門人甚衆初不之禮穎達察焯不能出己之右於是請質凝滯皆出其意表焯改容敬之穎達因辭歸焯

固留不可還家以教授爲務

朱子春蘇州吳人少從鄉人顧彪習春秋左氏傳後更覩子史善屬文隋末爲秘書學士武德四年隨杜伏威入朝授國子助教

張士衡瀛州樂壽人長從劉軌思受毛詩周易禮又從熊安生及劉焯受禮記皆精究大義後遍講五經尤工三禮貞觀中爲崇賢館學士

蕭德言博涉經史尤精春秋左氏傳好屬文每欲開五經必盥濯束帶危坐終日如是貞觀中爲弘文館學士

歐陽詢潭州臨湘人讀書數行俱下傳覽經史尤精三雅

谷那律魏州昌樂人貞觀中累補國子博士黃門侍郎褚遂良每稱爲九經庫

許叔牙潤州句容人尤明詩禮及史記漢書貞觀中累授晉王太學太常博士弘文館學士子儒亦傳父業

秦景通常州晉陵人與弟暐尤精漢書當時習漢書者皆宗師之常稱景通爲大秦君暐爲小秦君若不預其兄弟指授則謂之不經師匠無足採也

岑文本字景仁南陽棘陽人性沈敏有姿儀博考經史多所貫綜

高子貢和州歷陽人弱冠遊太學遍涉六經尤精史記歷秘書正字弘文館直學士

王紹宗少勤學遍覽經史尤工草隸家貧常傭筆寫佛經以自給則天拜太子文學轉秘書少監紹宗性澹雅以儒素見稱當時朝廷之士咸敬慕之

祝欽明雍州始平人少通五經兼涉衆史舉明經長安元年累遷太子率更令兼弘文館學士

尹知章絳州翼城人少勤學嘗夢神人以大鑿開其心以藥內之自是日益開朗盡通諸經精義未幾面諸師友北面受業焉長安中駙馬都尉武攸暨重其經學奏授其府文學

郭山惲蒲州河東人少通三禮景龍中累遷國子司業

裴炎少補弘文生在館垂十年尤曉春秋左氏傳及漢書後以明經擢第

張柬之字孟將襄陽人少補太學生涉獵經史尤好三禮國子祭酒令狐德棻重之

褚無量幼孤貧勵志好學及長精三禮及史記舉明

經歷國子博士司業祭酒

馬懷素潤州丹徒人博覽經書善屬文舉進士文學優贍科歷秘書監昭文館學士

劉子玄本名知幾與兄知柔俱以詞學知名代傳儒學之業子玄子貺博通經史

徐堅少好學遍覽經史爲東都留守王方慶判官方慶善三禮之學

吳兢汴州浚儀人勵志强學博通經史官至常王傅

李泌字長源周八柱國弼之裔也聰敏好學博涉經史精究易象及論語大義

馬位京兆人少有經學大曆初登五經秀才科建中末又登博學三史科累遷皇太子及諸王侍讀

鄭餘慶貞元中同平章事餘慶通究六經深旨奏對之際多以古義傳之

張薦字孝舉祖文成博學工文詞性好談諧七登文學科薦聰明強記歷代史傳無不貫通爲大師顏眞卿所稱賞遂知名

路泌少好學通五經尤嗜詩易左氏春秋能諷其章句皆究深旨子隨以通經累遷司勳郎中穆宗時與韋處厚同入翰林爲侍講學士

陸質吳郡人有經學尤深於春秋少師趙匡師啖助皆爲與儒質頗傳其學繇是知名

許孟容京兆長安人父鳴讜究通易象官至撫州刺史孟容少以文詞知名舉進士後究王氏易登科

韋處厚通五經博覽史籍而文思贍速舉進士應賢良方正擢居異等

鄭裀字文明少有奇志好學善屬文大曆中有儒學高明如張參蔣防楊綰常袞皆知重之

宇文籍字夏龜少好學尤通春秋性簡澹寡合耽玩經史精於著作

瞿植潛心經史尤精易象後爲中書侍郎平章事

劉蕡字去華博學善屬文尤精史左氏春秋

殷侑爲兒童力學不念家產長能通經以講習自娛五經登科第歷代沿革擢爲太常博士

李德裕字文饒幼有壯志苦心力學尤精西漢書左氏春秋

梁敬翔好讀書善禮學尤長刀筆應用敏捷

後唐藥縱之太原人少學爲儒依河東馬步軍都虞候揚守業有書數千卷太原俗尚武儒者少故縱之以儒爲業攝代州衙推明宗刺代以依之官至曹州

刺史

馬縞少嗜儒書頗通經義五禮五樂嘗所經心而著述文章亦粗諸流輩位終國子博士

張憲字允中晉陽人世以軍功爲衙較憲始童丱喜儒學而勵志横經不捨晝夜太原地雄邊服人多尚武恥於肄業唯憲與里人藥縱之精力遊學弱冠盡通諸經尤精左傳後爲太原尹北京副留守

周司徒翊少好讀書通五經大義官至太常卿致仕

冊府元龜

冊府元龜

巡按福建監察御史臣李嗣京　訂正
知甌寧縣事臣孫以敬叅閱
知建陽縣事臣黄國琦較釋

總録部一十九

自述

夫摛文奮藻修詞立誠蓋儒者之至業君子之盛德者也然則道有汚隆時有險易志之所藴用或未周則必垂訓成謨因文見意用彰敷述豈徒然哉故禮曰述者之謂明其是之謂也兩漢而下制用丕顯游

揚藝圃博約詞林託理以寄其懷譬道以揚其已觸類而長馳思無窮著之于篇可得而覽也

漢東方朔武帝時爲大中大夫久之朔上書陳農戰彊國之計因自訟獨不得大官欲求試用其言專商鞅韓非之語也指意放蕩頗復詼諧數萬言終不見用朔因著論設客難己用位卑以自慰諭其辭曰客難東方朔曰蘇秦張儀壹當萬乘之主而都卿相之位（都居也）澤及後世今子大夫修先王之術慕聖人之義諷誦詩書百家之言不可勝記著於竹帛脣腐齒落服膺而不可釋好學樂道之効明白甚矣自以爲智能海內無雙則可謂博聞辯智矣然悉力盡忠以事聖帝曠日持久官不過侍郎位不過執戟意者尚有遺行耶同胞之徒無所容居其故何也東方先生喟然長息仰而應之曰是故非子之所能備也彼一時也此一時也豈可同哉夫蘇秦張儀之時周室大壞諸侯不朝力政爭權相禽以兵并爲十二國未有雌雄得士者彊失士者亡故談說行焉身處尊位珍寶充內外有廩倉澤及後世子孫長享今則不然聖帝流德天下震慴諸侯賓服連四海之內以爲帶安於覆盂天下均平合爲一家動發舉事猶運之掌賢

與不肖何以異哉尊天之道順地之理無物不得其所故綏之則安動之則苦尊之則爲將卑之則爲虜抗之則在青雲之上抑之則在深泉之下用之則爲虎不用則爲鼠雖欲盡情效節安知前後夫天地之大士民之衆竭精談說並進輻輳者不可勝數悉力慕之困於衣食或失門戶使蘇秦張儀與僕並生於今之世曾不得掌故安敢望常侍郎乎天下無害雖有聖人安所施才上下和同雖有賢者無所立功故曰時異事殊雖然安可不務修身乎哉詩云鼓鍾于宮聲聞于外鶴鳴于九皋聲聞于天苟能修身何患

不榮太公體行仁義七十有二乃設用於文武得信厥說（師古曰設施也信讀曰伸）封於齊七百歲而不絕此士所以日夜孳孳敏行而不敢怠也（師古曰孳與孜同敏勉也）辟若鶺鴒飛且鳴矣傳曰天不爲人之惡寒而輟其冬地不爲人之惡險而輟其廣君子不爲小人之匈匈而易其行天有常度地有常形君子有常行君子道其常小人計其功詩云禮義之不愆何恤人之言故曰水至清則無魚人至察則無徒冕而前旒所以蔽明黈纊充耳所以塞聰（如淳曰黈音主謂以爲瑱用黈纊縣之也師古曰如說非也黈黃色也纊緜也以黃緜爲充用組縣之於冕垂兩耳旁示不外聽非玉瑱之縣）明有所不見聽有

所不聞舉大德赦小過無求備於一人之義也（師古曰論語曰仲弓問政於孔子孔子曰赦小過舉賢才周公謂魯公曰故舊無大故則不棄也毋求備於一人故朔引此言也士有百行功過相除不可求備也）枉而直之使自得之揆而度之使自索之（師古曰枉曲也索亦求也度音徒各反）蓋聖人教化如此欲自得之則敏且廣矣（師古曰敏疾也）今世之處士魁然無徒廓然獨居（魁讀曰塊）上觀許由下察接輿計同范蠡忠合子胥（許由堯讓以天下而恥聞之楚狂接輿佯狂匿跡范蠡佐句踐功成而退子胥忠諫至死不易）天下和平與義相扶寡耦少徒固其宜也（耦合也徒衆也）子何疑於我哉若夫燕之用樂毅秦之任李斯酈食其之下齊說行如流曲從如環所欲必得功若丘山海內定國家安是遇其時也子又何怪之邪語曰以筦闚天以蠡測海（蠡瓠瓢也）以莛撞鐘（謂槀莛也）豈能通其條貫考其文理發其音聲哉（考究也）繇是觀之譬猶鼱鼩之襲狗（鼱鼩小鼠）孤豚之咋虎（孤豚孤特之豚咋嚙也）至則靡爾何功之有（靡碎滅也爾語辭）今以下愚而非處士雖欲無因固不得已此適足以明其不知權變而終惑於大道也

揚雄字子雲哀帝時丁傅董賢用事諸附離之者或起家至二千石（離著也）時雄方草太玄有以自守泊如也（泊安靜也）或嘲雄以玄尚白（玄黑色也言雄作之不成其色猶白故無祿位也）

而雄解之號曰解嘲其辭曰客嘲揚子曰吾聞上世之士人綱人紀（爲衆人之綱紀也）不生則已生則上尊人君下榮父母析人之圭儋人之爵（析亦分也儋荷負也）懷人之符分人之祿紆青拖紫朱丹其轂（青紫謂綬色紆縈也拖曳也）今子幸得遭明盛之世處不諱之朝與群賢同行（同行謂同行列）歷金門上玉堂有日矣（金門金馬門也黃圖有大玉堂小玉堂殿也）曾不能畫一奇出一策上說人主下談公卿目如燿星舌如電光一從一橫論者莫當顧默而作太玄五千文枝葉扶疏獨說十餘萬言（扶疏分布也）深者入黃泉高者出蒼天大者含元氣纖者入無倫（纖微之甚無等倫）然而位

不過侍郎擢纔給事黃門纔淺也言僅得之也意者玄得無尚白乎何爲官之拓落也拓落不耦也楊子笑而應之曰客徒欲朱丹吾轂不知一跌將赤吾之族也跌足失厝也見誅殺者必流血故云赤族往者周綱解結羣鹿爭逸謂戰國時諸侯也離爲十二合爲六七十二謂魯衛齊楚鄭燕秦韓趙魏中山也六七者齊趙韓魏燕楚六國及秦爲七也四分五剖竝爲戰國道其分離之意四分則交五而裂如田字士無常君國無定臣得士者富失士者貧矯翼厲翮恣意所存言來如鳥之飛任所息也故士或自盛以橐或鑿坏以遁也自盛以橐謂范雎也鑿坏謂顏闔也魯君聞顏闔賢欲以爲相使者往聘因鑿後垣而亡坏壁是故騶衍以頡頏而取世資衍齊人也著書所言皆天事故齊人曰談天衍遊諸侯所

言則以爲迂闊遠於事情然終不屈嘗仕於齊位至卿頡頏上下不定也孟軻雖連蹇猶爲萬乘師連蹇難也言世之屯難也今大漢左東海右渠搜前番禺後陶塗小國也騊駼馬出北海上今此云後陶塗則是北方國名也本國出馬因以爲名今書本國陶字有作椒者流俗所改東南一尉都尉也西北一候燉煌玉門關侯也徽以糾墨制以質鈇言有罪則係於徽墨尤惡者則斬以鈇質也徽糾墨皆繩也質鍖也鈇莝刃也散以禮樂風以詩書風化也曠以歲月結以倚廬在倚廬行服三年也漢律以不爲親行三年服不得選舉以廬倚牆至地而爲之無楣柱天下之士雷動雲合魚鱗雜襲咸營于八區八區八方也家家自以爲稷契人人自以爲咎繇戴縰垂纓而談者皆擬於阿衡縰䌰髮者也五尺童子羞比晏嬰與

夷吾夷吾管仲也羞比之者以其不爲王者之佐當塗者升青雲失路者委溝渠旦握權則爲卿相夕失勢則爲匹夫譬若江湖之雀勃澥之鳥乘鴈集不爲之多雙鳬飛不爲之少乘鴈四鴈也雀字或作隺鳬字或作島島海中山其義兩通昔三仁去而殷虛論語稱微子去之箕子爲之奴比干諫而死孔子曰殷有三仁焉虛空也一曰虛讀曰墟言其亡國爲丘墟二老歸而周熾二老伯夷太公也子胥死而吳亡種蠡存而粵伯伯讀曰霸五羖入而秦喜樂毅出而燕懼五羖謂百里奚也買以羖羊之皮五故稱五羖也范雎以折摺而危穰侯蔡澤雖噤吟而笑唐舉噤吟頷頤之貌澤從唐舉相謂之曰聖人不相殆先生乎澤曰吾自知富貴故當其有事也非蕭曹子房平勃樊霍則不能安當

其亡事也章句之徒相與坐而守之亦亡所患章句小儒也故世亂則聖哲馳騖而不足世治則庸夫高枕而有餘夫上世之士或解縛而相管仲也或釋褐而傅甯戚也或倚夷門而笑侯嬴也爲夷門卒秦伐趙趙求救無忌將十餘人往辭嬴嬴無所戒更還嬴笑之以謀吉無忌也或橫江潭而漁漁父也或七十說而不遇孔丘也或立談閒而封侯薛公也或枉千乘於陋巷齊有小臣稷桓公一日三至而不得見從者曰可以止矣桓公曰士之傲爵祿者固輕其主主傲霸王者亦輕其士彼傲爵祿者吾庸敢傲霸王乎遂見之或擁篲而先驅鄒衍之燕昭王擁迎擁篲爲之先驅也篲以帚者也是以士頗得信其舌而奮其筆信讀曰申窒隙蹈瑕而無所詘也君臣上下有釁乘隙乘離之漸則可遂見取也窒塞也

當今縣令不請士郡守不迎師羣卿不揖客將相不
俛眉自高枕也俛低也言奇者見疑行殊者得辟辟罪法是以
欲談者卷舌而固聲欲行者擬足而投跡卷屈也固閉也擬疑
也鄉使上世之士處虖今世鄉讀曰嚮策非甲科行非孝
廉舉非方正獨可抗疏時道是非抗舉也謂上之也疏者疏條其事而
言之高得待詔下觸聞罷報聞而罷之又安得青紫且吾聞
之也炎炎者滅隆隆者絕觀雷觀火爲盈爲實天收
其聲地藏其熱炎炎火光也隆隆雷聲也人之觀火聽雷謂其盈實終以天收雷聲地藏
火熱則爲虛無言極盛者亦滅亡也高明之家鬼瞰其室鬼神害盈而福謙瞰視也
攫挐者亡默默者存攫挐亥有搏執牽引也位極者高危自守

者身全是故知玄知默守道之極爰靜爰淸游神之
庭惟寂惟寞守德之宅世異事變人道不殊彼我易
時未知如何或能勝之今子迺以鴟梟而笑鳳凰執蝘蜓
而嘲龜龍蝘蜓蜥蜴也不亦病乎子徒笑我玄之尚白吾
亦笑子病甚不遭臾跗與扁鵲也二人皆古之良醫者悲夫客
曰然則靡玄無所成名乎靡亦無范蔡以下何必玄哉
楊子曰范雎魏之亡命也折脅拉髂免於徽索髂骨也徽
繩也翕肩蹈背扶服入橐翕斂也激卬萬乘之主卬怒也言秦安
得王獨太后穰侯爾卬讀曰仰界涇陽抵穰侯而代之界間其兄弟使疏涇陽秦
昭王弟貴用事也當也言當其際蔡澤山東之匹夫顉頤折頞涕

涶流沫顉曲頤也西揖彊秦之相搤其咽而亢其氣拊其
背而奪其位蔡澤說范雎以功成而退禍福之機適值雎有閒於主因薦以自代搤謂急持
之咽頸亢絕也時也遇其時天下已定兵革已平都於雒陽婁
敬委輅脫輓掉三寸之舌建不拔之策舉中國徙之
長安不拔謂堅固不拔也中國謂京師適也中其適五帝垂典三王傳
禮百世不易叔孫通起於枹鼓之間解甲投戈遂作
君臣之儀得也得其所甫刑靡敝秦法酷烈聖漢權制
而蕭何造律宜也合其宜故有造蕭何律於唐虞之世
則誖矣誖乖有作叔孫通儀於夏殷之時則惑矣有建
婁敬之策於成周之世則繆矣有談范蔡之說於金

張許史之間則狂矣夫蕭規曹隨隨從也言蕭何始作規模曹參因而
從之留侯畫策陳平出奇功若泰山嚮若阺隤巴蜀人名山旁
推秀墮落曰阺雖其人之膽知哉亦會其時之可爲也非唯其人
膽知乃會時之可爲也故爲可爲於可爲之時則從爲不可爲
於不可爲之時則凶若夫藺生收功於章臺藺相如獻璧於
此臺謂齎璧如秦秦不與趙地相如詭取其璧使人間以歸趙也四皓采榮於南山
榮者聲名也一曰榮謂草木之英采取以充食公孫創業於金馬公孫弘對策金馬門
驃騎發迹於祁連司馬長卿竊訾於卓氏東方朔割
名於細君割損也言以肉遺細君是損割其名僕誠不能與此數公者
並故默然獨守吾太玄雄既著太玄經客有難玄太

深衆人之不好也雄解之號曰解難其辭曰客難楊
子曰凡著書爲衆人之所好也美味期乎合口工聲
調於比耳比和也今吾子迺抗辭幽說閎意眇指眇讀曰妙
獨馳騁於有亡之際而陶冶大鑪旁薄羣生旁薄猶言蕩薄
也歷覽者茲年矣而殊不寤茲益也茲年言其久不寤不曉其意亶費
精神於此而煩學者於彼亶讀曰但譬畫者畫於無形弦
者放於無聲殆不可乎放依也殆近也放甫往切楊子曰俞俞然也音
踰若夫閎言崇議幽微之塗蓋難與覽者同也昔人
有觀象於天視度於地察法於人者天麗且彌地普
而深麗著也日月星辰之所著也彌廣也普遍也昔人之辭迺玉迺金真寶

美麗如金如玉彼豈好爲艱難哉勢不得已也獨不見夫翠
虯絳螭之將登虖天必聳身於蒼梧之淵不階浮雲
翼疾風虛舉而上升則不能攙膠葛騰九閎攙揭也膠葛上
淸之氣也騰升也九閎九天之門攙音戠揭君足切日月之經不千里則不能
燭六合燿八紘燭炤也六合爲天地四方八紘八方之綱維也紘音宏泰山之
高不嶕嶢則不能浡滃雲而散歊烝嶕嶢高貌也浡滃盛也滃雲氣
貌歊烝氣上出也是以宓犧氏之作易也綿絡天地經以八
卦文王附六爻因而重也孔子錯其象而彖其辭然後發
天地之藏定萬物之基典謨之篇雅頌之聲不溫純
深潤則不足以揚鴻烈而章緝熙鴻大也烈業也緝繼續熙光明也

蓋胥靡爲宰胥相也靡無也言相師以無爲作宰者也寂寞爲尸道化以寂寞爲
主大味必淡大音必希淡謂無五味也大語叫叫大道低回叫讀
曰叫叫遠聲也低回紆衍也是以聲之眇者不可同於衆人之耳眇讀
曰妙形之美者不可棍於世俗之目棍亦同也辭之衍者不
可齊於庸人之聽衍旁廣也今夫絃者高張急徽追趨逐
耆則坐者不期而附徽琴徽也所以表發撫抑之處也追趨逐耆隨所趨嚮愛嗜而
追逐之也試爲之施咸池揄六莖發簫韶詠九成則莫有
和也揄引也和應也是故鍾期死伯牙絕絃破琴而不肯與
衆鼓優人亡則匠石輟斤而不敢妄斵優古之善塗墍者也施廣
領大袖以仰塗而領袖不汙有小飛泥誤著鼻因令匠石揮斤而斵知石之善斵故敢使之也墍即今之

仰泥也優拭也故謂塗者爲優人師曠之調鐘竢知音者之在後也
晉平公鑄大鐘工者以爲調美師曠曰臣竊聽之知其不調也質於師涓而果知鐘之不調是師曠欲善
調以爲後世之有知音孔子作春秋幾君子之前睹也幾讀曰冀老
聃有遺言貴知我者希老子德經云知我者希則我貴矣此非其操
與雄見諸子各以其知舛馳舛相背大氐詆訾聖人
即爲恠迂析辯詭辭以撓世事大氐大歸也詆訾毀也迂遠也析分也詭
異也言諸子之書大歸皆非毀周孔子之教爲功辯異辭以撓亂時政也雖小辯務破大
道而惑衆使溺於所聞而不自知其非也
後漢班固字孟堅明帝永平中爲郎典校秘書專篤
志於博學以著述爲業或譏以無功又感東方朔楊

雄自喻以不遭蘇張范蔡之時曾不折之以正道明君子之所守故聊復應焉其辭曰賓戲主人曰蓋聞聖人有一定之論烈士有不易之分亦云名而已矣唯貴得名也故太上有立德其次有立功夫德不得後身而特盛功不得背時而獨章是以聖哲之治棲棲皇皇不安之意也孔席不煖墨突不黔聮此言之取舍者昔人之上務著作者前列之餘事爾今吾子幸游帝王之世躬帶紱冕之服帶大帶也冕冠也浮英華湛道德湛讀曰沈華謂名譽也言外則有美名譽內則履道崇德也矕龍虎之文舊矣矕被也易曰大人豹變其文蔚也言文章之盛久也卒不能攄首尾奮翼鱗振拔洿塗

跨騰風雲攄申也洿停水塗泥也以龍為喻也使見之者景駭聞之者嚮震嚮讀曰響見影則駭聞響則震也徒樂枕經籍書紆體衡門紆屈也衡門橫一木於門上上無所蒂下無所根獨攄意虖宇宙之外銳思於豪芒之內潛神默記𦒢以年歲宇宙之內言宏廣也豪芒之內言細微也然而器不賈於當己用不効於一世賈讎也當已謂及已身尚在猶言當年也雖馳辯如濤波摛藻如春華大波曰濤摛布也藻文辭也猶無益於殿最意者且運朝夕之策定合會之計使存有顯號亡有美謚不亦優虖主人逌爾而笑曰逌笑貌也若賓之言斯所謂見埶利之華闇道德之實守突奧之熒燭未卬天庭而覩白日也爾雅東南隅謂之突西南隅謂之奧熒熒小光之燭曩者王塗蕪穢周失其御侯伯方軏戰國橫騖於是七雄虓闞分裂諸夏七雄秦及六國也龍戰而虎爭游說之徒風颺電激並起而救之其餘焱飛景附煜霅其間者蓋不可勝載焱疾風也煜霅光貌也當此之時搦朽摩鈍鉛刀皆能壹斷搦捉也是故魯連飛一矢而蹶千金虞卿以顧眄而捐相印也齊圍燕燕將保聊城魯連係帛書於矢射與之為陳利害燕將得之泣而自殺秦時圍邯鄲為却五十里趙王以千金為魯連壽不受魏齊為秦所購迫急走趙趙相虞卿與齊有故然怒其窮於是解相印間行與奔魏公子無忌也屣蹻也距也夫啾發投曲感耳之聲合之律度淫𧞣而不可聽者非韶夏之樂也啾發啾啾小聲而發也投曲趨合屈曲也感耳動應衆庶之耳也然

而合律度君子所不聽也淫𧞣非正之聲也不謂𧞣之鳴也因埶合變偶時之會風移俗易乖忤而不可通者非君子之法也雖偶當時之會而不可以移風易俗及至從人合之衡人散之亡命漂說羈旅騁辭漂浮也商鞅挾三術以鑽孝公李斯奮時務而要始皇三術王一霸二富國強兵三也彼皆躡風雲之會履顛沛之埶顛沛僵仆也據徼乘邪以求一日之富貴徼要也據可以要迎之時也徼當字或作激發也朝為榮華夕而焦悴福不盈眥禍溢於世當富貴之間視不滿目故言不盈眥也凶人且以自悔況吉士而是賴虖賴利且功不可以虛成名不可以僞立韓設辯以徼君呂行詐以賈國賈市賈也說難旣酋其身廼囚秦貨旣貴

厥宗亦墜酉雄也說難韓非書篇名也呂不韋物見子楚在趙而云此奇貨可居故班氏謂子楚爲秦貨賙是故仲尼抗浮雲之志孟軻養浩然之氣彼豈樂爲迂闊哉道不可以貳也迂遠也方今大漢灑掃羣穢夷險芟荒廓帝紘恢皇綱基隆於羲農規廣於黄唐其君天下也炎之如日威之如神函之如海養之如春函容也讀與含同是以六合之内莫不同原共流沐浴玄德原水泉之本也流者其末流也稟卬太和枝附葉著卬讀仰也譬猶草木之殖山林魚鳥之毓川澤殖生也長也得氣者蕃滋失時者苓落苓與零同參天墜而施化豈云人事之厚薄哉今子處皇世而論戰國燿所聞而疑所覿覿見也

欲從旄敦而度高虖泰山懷洪濫而測深虖重淵亦未至也爾雅前高曰旄丘如覆敦者敦丘側出曰汎泉上出曰濫泉賓曰若夫鞅斯之倫衰周之凶人既聞命矣敢問上古之士處身行道輔世成名可述於後者默而已虖主人曰何爲其然也若咎繇謨虞箕子訪周訪亦謀也言通帝王謀合聖神殷說夢發於傅巖周望兆動於渭濱齊甯激聲於康衢漢良受書於邳圯皆竢命而神交匪詞言之所信故能建必然之策展無窮之勲也近者陸子優繇新語以興優繇不仕也董生下帷發藻儒林劉向司籍辯章舊聞楊雄覃思法言太玄覃大也深皆及時君之

門闈究聖人之壼奧宮中門謂之闈宮中巷謂之壼婆娑乎術藝之場休息虖篇籍之囿以全其質而發其文用納乎聖聽烈炳於後人斯非其亞與亞次也與讀曰歟若迺伯夷抗行於首陽柳惠降志於辱仕辱仕謂爲士師三黜也顏耽樂於簞瓢孔終篇於西狩謂作春秋止於獲麟也聲盈塞於天淵真吾徒之師表也且吾聞之一陰一陽天墜之方迺文迺質王道之綱有同有異聖喆之常故曰愼修所志守爾天符委命共己味道之腴腴肥也神之聽之名其舍諸舍廢也諸之也言修志委命則神明聽之祐以福祿自然有名永不廢也賓又不聞龢氏之璧韞於荊石韞亦藏也隋侯之珠藏於蜯蛤虖歷

世莫眡不知其將含景耀吐英精曠千載而流夜光也應龍潛於潢汙魚黿媟之應龍龍有翼者潢汙停水也媟謂侮狎之不覩其能奮靈德合風雲超忽荒而躆顥蒼也躆以足據持顥顥天元氣浩汗故曰顥天其色蒼蒼故曰蒼天故夫泥蟠而天飛者應龍之神也先賤而後貴者龢隋之珍也時闇而久章者君子之貞也時闇有時而闇若迺牙曠清耳於管絃離婁眑目於豪分逢蒙絶技於弧矢班輸擢巧於斧斤逢蒙古善射者也班輸即魯公輸班也良樂軼能於相馭烏獲抗力於千鈞良王良也樂伯樂也軼與逸同相相馬也馭善馭也烏獲壯士也龢鵲發精於鍼石研桑心計於無垠和秦醫和也鵲扁鵲也研計研也一曰計兒亦曰計然桑桑弘羊也僕

亦不任厠技於彼烈故密爾自娛於斯文密淨也安也
崔駰字亭伯少游太學常以典籍爲業未遑仕進之
事時人或譏其太玄靜將以後名失實駰擬楊雄解
嘲作達旨以答焉其辭曰或說已曰易稱備物致用
可觀而後有所合故能扶陽以出順陰而入備物致用易繫
辭之文也可觀而有所合序封之文也鄭玄注易乾
鑿度曰陽起於子陰起於午天數大分以陽出離以
陰入坎坎爲中男離爲中女太一之行從中
男入從中女出因陰陽男女之偶爲終始也春發其
華秋收其實有始有極爰登其質今子韞櫝六經服
膺道術歷世而游高談有日俯鉤深於重淵仰探遠
乎九乾九乾謂天有九重也窮至賾於幽微測潛隱之無源然

下不步卿相之廷上不登王公之門進不黨以讚己
退不黷於庸人讀尤穢也獨師友道德合符曩真抱景特
立與士不羣蓋高樹靡陰獨木不林隨時之宜道貴
從凡老子曰和其光而同其塵故言道貴從凡于時太上運天德以君世
憲王僚而布官太上明帝也憲法也僚官也言法三王而建官也臨雍泮以
恢儒疏軒冕以崇賢天子辟雍諸侯泮宮皆所以立學垂教也率惇德以
厲忠孝揚茂化以砥仁義砥礪也選利器於良材求鏌
鋣於明智不以此時攀台階闚紫闥三台陛之三階三公之象也
據高軒望朱闕夫欲千里而咫尺未發八寸曰咫蒙切惑
焉故英人乘斯時也知過萬人謂之英猶逸禽之赴深林蝱
蚋之趣大沸蚋小蟲蚊之類孟子曰汚池沸澤胡爲嘿嘿而久沉滯
也答曰有是言乎子苟欲勉我以世路不知其跌而
失吾之度古者陰陽始分天地初制制惱韻音之設切皇網
亡緒帝紀乃設傳序歷數三代興滅昔大庭尚矣赫
胥罔識大庭赫胥古帝王號也尚遠也罔無也識記也淳樸散離人物錯
乖高辛攸降厥趣各違高辛氏帝嚳也道無常稽與時張弛
隨時弛張不考之於常道也失仁爲非得義爲是老子曰失道後德失德後仁失
仁後義失義後禮君子通變各審所履故士或掩目而淵潛
莊子曰北人無擇與舜爲友以天下讓之無擇乃自投淸泠之淵終身不反也或盥耳而山
棲盥洗也或草耕而僅飽伯成子高唐虞時爲諸侯舍去而耕禹往見之則耕在野

或木茹而長飢鮑焦衣木及食木實或重聘而不來狂接輿者楚人也耕
而食楚王聞其賢使者持金百鎰車二駟聘之曰願
先生理江南接輿笑而不應使者去而遠徙莫知所
之或屢黜而不去柳下惠爲士師三黜人曰可以去矣曰直道而事人何往而不三黜
也或冐詢以干進或望色而斯舉詢辱也伊尹蒙恥辱負鼎俎以干湯
論語曰色斯舉矣翔而後集或以役夫發夢於王公商高宗夢得說乃使百工
營求諸野得諸傳巖說賢而隱代胥靡築之以共食王公總而言也爾雅皇王后辟公侯君也或以
漁父見兆於元龜太公以釣于周渭水西伯將出卜之日所獲非龍非螭非熊非羆所
獲霸王之輔於是西伯獵果得太公謂水之陽與語大說元大也若夫紛纈塞路凶
虐播流方言云纈盛多人有昏墊之戹主有嚋咨之憂昏瞀墊溺
皆困水灾也尚書帝曰咨淡水滔天浩浩懷山襄陵有能俾乂條垂藟蔓上下相求

譖也癘於是乎賢人授手援世之灾孟子曰天下溺則援之以道嫂溺則援之以手也跋涉赴俗急斯時也草行爲跋昔堯含感而皐陶謨高祖歎而子房慮謨謀也堯遭洪水咨嗟憂愁訪下人有能治者皐陶大禹陳其謨高祖歎爲項羽所敗下馬踞鞍而問子房曰吾欲捐關以東誰可與共功者子房曰九江王布彭越韓信卽欲捐之此三人楚可破也禍不散而曹絳奮曹參及絳侯周勃皆從高祖征伐以定天下也結不解而陳平權高祖擊匈奴至白登被圍七日用陳平計得出及其策合道從克亂弭衝乃將鏤玄珪冊顯功珪玉也銘昆吾之冶呂尚作周太師其功銘於昆吾之鼎也勒景襄之鐘國語曰晉魏顆以其身退秦師于輔氏其勳銘于景鐘此兼言襄也與其有事則褰裳濡足冠挂不顧褰裳涉水也淮南子曰禹之趨時冠挂而不顧履遺而不取也人溺不拯則非

仁也當其無事則躡纓整襟規矩其步廣雅云躡持也言持纓整襟修其容止德讓不修則非忠也是以險則救俗平則守禮樂以公心不私其體今聖上之育斯人也樸以皇質雕以唐文孔子曰大哉堯之爲君煥乎其有文章故言唐文六合怡怡比屋爲仁壹天下之衆異齊品類之萬殊參差同量坯冶一陶坯土器未燒者羣生得理庶績其凝凝成也家家有以樂和人人有以自優威械藏而俎豆布六典陳而九刑厝械謂器械甲冑之屬也厝謂置之不用也周禮太宰之職掌建邦之六典以佐王理邦國一曰理典二曰敎典三曰禮典四曰政典五曰刑典六曰事典左傳周有亂政而作九刑齊茲兆庶出於平易之路雖有力牧之略尚父之厲力牧黃帝臣也尚父

呂望也厲謂容嚴厲伊皐不論奚事范蔡伊尹皐陶范睢蔡澤夫廣厦成而茂木暢遠求存而良馬縶廣厦成不求材故茂木條暢也遠求謂遠方珍異之物也存猶止息也言所求之物既止不資良馬之力也陰事終而水宿藏立冬之後盛德在水陰氣用事故曰陰事水宿謂北方七宿斗牛女虛危室壁也月令曰孟冬月昏危中仲冬昏壁中季冬昏婁中孟春昏參中水星伏不見也場功畢而大火入爾雅曰心爲大火詩豳風曰七月流火又曰九月場圃也方斯之際處士山積學者川流衣裳被宇冠蓋雲浮譬猶衡陽之林岱陰之麓山南曰陽山北曰陰穀梁傳曰林屬於山曰麓伐尋抱不爲之稀蕘拱把不爲之數八尺曰尋蕘薤也兩手曰拱數猶概數音疏角切悠悠罔極亦各有得悠悠衆多也罔極猶無窮也亦各有得言自以爲得也彼採其華我收其實舍之

則藏已所學也彼彼衆人也論語曰用之則行舍之則藏故進動以道則不辭執珪而秉柱國呂氏春秋曰得伍員者位執珪又爵名也又曰柱國楚官猶秦之相國也復靜以理則甘糟糠而安藜藿夫君子非不欲仕也恥夸毗以求舉夸毗謂佞人足恭善爲進退非不欲室也惡登牆而摟處孟子曰踰東家牆而摟其處子則得妻不摟則不得妻則將摟之乎其字從手處子處女也叫呼衒鬻縣旌自表非淸和之寶也暴智燿世因以干祿非仲尼之道也因字一作回回邪也游不倫黨苟以徇已倫謂等倫黨謂朋黨徇營也言人非其類苟以營已而已汗血競時利合而友汗血謂勞力也競時謂趍時也時合而友不以道義子笑我之沉滯吾亦病子屑屑而不已也屑屑猶區區也先人有則而我弗虧行

有枉徑而我弗隨枉曲也徑道也臧否在乎唯世所議固祟
因天質之自然誦上哲之高訓詠太平之清風行天
下之至順懼吾躬之穢德勤百畝之不耘尚書曰穢德彰聞禮
記曰夫人情者聖王之田脩禮以耘之陳義以種之講學以耨之古者夫田百畝耘除草也縶余
馬以安行俟性命之所存安行不奔馳天命之謂性言隱居以俟命昔孔
子起威於夾谷晏嬰發勇於崔杼曹劌舉節於柯盟
曹劌曹沫也以勇事魯莊公爲魯將與齊戰三敗莊公懼乃遂獻邑地以和猶以爲將齊桓公與莊公會
于柯盟桓公與莊公既盟於壇上曹沫執七首劫齊桓公左右莫敢動乃還魯之侵地卞嚴克
捷於疆禦新序曰卞莊子養母戰而三北交游非之國君辱之及母死三年齊與魯戰莊子請
從遂赴敵而鬭三獲甲首曰夫三北以養母也今志節小具而責塞矣吾聞之節工不以辱生遂反敵殺

十人而死君子曰三北以塞滅世斷宗於孝未終范蠡錯執於會稽錯置執謂誅也
史記曰吳王敗越於夫椒越王以餘兵五千保於會稽吳師追而圍之越王謂范蠡曰奈何蠡對曰卑辭
厚禮以遺之句踐乃命大夫種行成於吳膝行頓首曰句踐請爲臣妾吳王乃赦越王越王反國附循其
士范蠡曰可矣乃伐吳師敗越復棲吳王姑蘇之山伍員樹功於柏舉伍子胥名員楚
人也子胥父誅於楚子胥挾弓矢而干吳王闔閭闔閭甚勇之爲興師伐楚于栢舉楚師敗績魯連
辯言以退燕史記曰魯仲連齊人也燕將攻下齊聊城固保守之田單攻之不下魯仲連乃
爲書遺燕將燕將見書泣三日自殺遂平聊城包胥單辭而存楚左傳曰楚昭王爲吳
所敗奔隨申包胥如秦乞師曰吳爲封豕長蛇以荐食上國寡君越在草莽使下臣告急立依庭墻哭日
夜不絕聲勺飲不入口七日而秦師乃出敗吳師而復楚國唐且華顛以悟秦唐且
卽唐雎也戰國策曰齊楚伐魏魏使人請救不至魏人有唐雎者年九十餘矣西見秦王秦王曰丈人芒

然乃遠至魏來者數矣寡人知魏之急矣唐且曰夫魏萬乘之國也稱東藩者以秦之強也今齊楚之兵
已在魏郊矣大王之救不至魏急且割地是王亡一萬乘之魏而強二敵之齊楚秦王悟遽發兵救魏爾
雅曰顛頂也華韓詩白首也甘羅童牙而報趙甘羅下蔡人甘茂孫也年十二事秦
相呂不韋秦使張唐往相燕羅曰借臣車五乘請爲張唐先報趙不韋乃言之於始皇召見使甘羅於趙
趙襄王郊迎事見史記童牙爲幼小也原襄見薦於壺飧昔趙襄爲原大夫故曰原
襄左傳曰晉侯問原守於寺人勃鞮對曰昔趙襄以壺飧徒徑餒而不食故使處原見音乎殿切孟
宣收德於束脯呂覽曰昔趙孟宣將之絳見桑間有餓人孟宣止車下脯而食之再咽而
能視孟宣問之曰汝何爲而餓若是對曰臣宦於絳歸而糧絕羞行乞故至於此宣孟與脯三朐拜受而
弗敢食問其故曰臣有老母將以遺之孟宣曰食之吾更與汝乃復與脯二束吳札結信於
丘木史記曰吳公子季札使過徐君好季札劍口不敢言季札知之爲使上國未獻泊還至徐徐君

已死於是札解其寶劍繫之徐君冢樹而去展季效貞於門女展季柳下惠也韓詩
外傳曰魯有男子獨處夜暴風雨至婦人趨而託之男子閉戶不納曰吾聞男子不六十不同居婦人曰
子何不學柳下惠也然嫗不逮門之女國人不稱其亂焉顏回明仁於度穀程嬰
顯義於趙武程嬰解見馮衍傳度穀未詳僕誠不能編德於數者
竊慕古人之所序
張衡字平子順帝初再轉復爲太史令衡不慕當世
所居之官輒積年不徙自去史職五載復還乃設客
問作應間以見其志云間非也衡集云觀者觀余去史官五載而復還非進取之
勢也惟衡內識利鈍操心不攻或不我知者以爲失志矣用爲間余余應之以時有遇否性命難求因茲
以露余誠焉名之應間云有間余者曰蓋聞前哲首務務於不學

上達佐國理民有云爲也論語曰孔子曰下學而上達注云下學人事上知天命也朝有所聞則夕行之立功立事式昭德音尚書曰立功立事可以永年逸詩曰祈招之愔愔式昭德音式用也昭明也是故伊尹思使君爲堯舜而民處唐虞彼豈虛言而已哉必旌厥素爾尚書伊尹曰予弗克俾厥后惟堯舜其心愧恥若撻于市旌明素猶志也咎單巫咸寔守王家咎單巫咸並殷賢臣也尚書曰咎單作明居又曰巫咸保乂王家也申伯樊仲實幹周邦服袞而朝介圭作瑞申伯申國之伯也樊仲仲山甫也爲樊侯並周宣王之卿士詩大雅曰維申及甫維周之翰翰幹也服袞謂申伯爲冢宰服袞冕之服也又曰錫爾介圭以作爾寶注云寶瑞也圭長尺二寸爲之介也厥跡不朽垂烈後昆不亦丕歟且學非以要利而富貴萃之貴以行令富以施惠惠

施令行故易稱以大業易繫辭曰盛德大業至矣哉富有之謂大業繇日新之謂盛德賢以文美實繇華典縣頻雕飾爲好人以輿服爲榮吾子悟德體道篤信安仁約已博藝無堅不鑽以思世路斯何遠矣論語曰篤信好學又曰仁者安仁又曰鑽之彌堅傳或以文約我以禮曼滯日官今又原之日官吏官左傳曰天子有日官爾雅曰原再也雖老氏曲全進道若退然行亦以需老子曰曲則全枉則正又曰夷道若類進道若退易離卦曰需不進也必也學非所用術有所仰故臨川將濟而舟楫不存焉徒經思天衢內昭獨智固合理民之式也故嘗見誚于鄙儒天衢天道也言徒銳深思作靈憲渾天儀等厲淺揭隨時爲義曾何貪於支離而習其孤技焉揭褰衣也音丘例切詩邶風曰深厲淺揭爾雅曰帶上爲厲繇膝以下曰揭言遭時制宜遇深水則厲淺則揭也易隨卦隨時之義大矣哉莊子曰朱泙曼學屠龍於支離益單千金之家三年技成而無所用技音渠綺切責衡何獨妙思於機巧者也參音三輪可使自轉木雕猶能獨飛已垂翅而還故棲盍亦調其機而銛諸垂翅故棲謂再爲史官也盍何不銛利也諸之也間者言衡作三輪木雕尚能飛轉已乃垂翅故棲何不調其機關使利而高飛邪傳子曰張衡能令三輪獨轉也昔有文王自求多福詩大雅文王篇曰永言配命自求多福也人生任勤不索何獲左傳曰人生在勤勤則不匱又曰不索何獲吾欲求之曷若卑體屈已美言以相尅尅勝也衡集作美言以市也鳴于喬木乃金聲而玉振之詩小雅曰伐木丁丁鳥鳴嚶嚶出自幽谷遷于喬木喻求仕遷於高位振揚德音如金王之聲孟子曰金聲而玉振用後勳雪前吝婞很不

柔以意誰靳也吝恥也左傳曰宋公靳之杜預云戲而相愧曰靳應之曰是何觀同而見異也君子不患位之不尊而患德之不崇不恥祿之不夥而恥智之不博方言曰凡物盛而多齊宋之郊謂之夥音和果切是故藝可學而行可力也天爵高懸得之在命孟子曰仁義忠信樂善不倦此天爵也公卿大夫此人爵也案此謂天子高懸爵位得者命也或不速而自懷或羨旃而不臻速召懷來旃之也求之無益故智者面而不思面偝也阽身以徼幸固貪夫之所爲未得而豫喪也阽危也枉尺直尋議者譏之盈欲虧志孰云非羞孟子陳代問孟子曰枉尺而直尋若可爲也孟子曰昔齊景公田招虞人以旌不至將殺之志士不忘在溝壑知不待招而往何哉且夫枉尺而直尋者以利言也如以利則枉尋直尺而利亦可

爲欽趙岐注云志士守義者也君子固窮故虞人非其招尚不往如何君子不得其招而妄見也尺小尋大不可枉大就小而以要名也於心有猜則簋飧饌餔猶不屑餐旃瞀以之猜嫌也簋食器也飧音孫詩云有蒙簋飧饌音士倦切餔音補故切並謂食也屑猶介也以用也爰旌瞀餓人也一作爰精目列子曰東方有人焉爰精目將有適也而餓於道狐丘父之盜曰丘見而下壺飧以餔之爰精目三餔而後能視曰子何謂者也我孤丘父之人丘也爰旌目曰譆汝非盜邪吾義不食子之食也兩手據地而嘔之不出喀喀而死之也意之無疑則兼金盈百而不嫌辭孟軻以之孟子陳臻問曰前日齊王餽兼金一百而不受於宋餽七十鎰而受前日之不受是則今日之受非也孟子曰皆是也當在宋也予將有遠行行者必以贐予何爲不受若於齊則未有處也無處而餽之是貨之也焉有君子而可以貨取乎趙岐注云兼金好金也價兼倍於常者故曰兼金一百百鎰也三十兩爲鎰贐遠行者贈賂之禮也在齊時無事於義未有所處也義

無所處而餽之是以貨所取我欲使我懷惠也賄士或解褔褐而襲黼黻或委甬築而據文軒者度德拜爵量績受祿也解褔褐謂寗戚也委甬築謂傳說也褔音當主切方言曰自關而西謂襜褕短者謂之褔也輸力致膚受必有階受或作爰渾元初基靈軌未紀吉凶紛錯人用朣朦朣朦言未悟也黃帝爲斯深慘有風后者是焉亮之察二辰於上跡禍福乎下經緯歷數然後天步有常則風后之爲也史記曰黃帝迎日推策舉風后力牧以理人順天地之紀幽明之占又旁羅日月星辰春秋內事曰黃帝師於風后后善伏羲氏之道故推演陰陽之事藝文志陰陽流有風后十三篇當少昊清陽之末實或亂德人神雜擾不可方物重黎又相顓頊而申理之日月即次則重黎之爲也帝王紀曰少昊字淸陽國語楚觀射父曰少皞之衰也九黎亂德人神雜糅不可方物顓頊承之乃命南正重司天以屬神命火正黎司地以屬人重少昊氏之子黎顓頊氏之子人各有能因藝授任烏師別名四叔三正官無二業事不竝齊左傳郯子曰少皞鳥師而鳥名鳳皇氏歷正也玄鳥氏司分也伯趙氏司至也靑鳥氏司啓也丹鳥氏司閉也又晉蔡墨曰少皞氏有四叔曰重曰該曰修曰熙實能金木及水使重爲句芒該爲蓐收修及熙爲玄冥四叔分主三正言其不兼業也晝長則宵短日南則景北夏至日北極而影短晝六十刻夜四十刻冬至日南極而影長夜六十刻晝四十刻易通卦驗曰冬至日晷長丈三尺夏至日晷長尺五寸謂立八尺表之陰也天且不堪兼況以人該之該備夫玄龍迎夏則凌雲而奮鱗樂時也涉冬則淈泥而潛蟠避害也說文曰龍鱗蟲之長能幽能明能細能巨能短能長春分而登天秋分而入川言出入有時也賈逵注國語淈亂也淈

音骨公旦道行故制典禮以尹天下懼教化之不從有人不理尹正也道行言道得申也流俗本作行道者非也仲尼不遇故論六經以俟來辟辟君也公羊傳曰孔子制春秋以俟後聖也耻一物之不知有事之無範所考不齊如何可一衡集考字作丁丁當也夫戰國交爭戎車競驅君若綴旒人無所麗麗附也公羊傳曰君若贅旒然旒旒旒也言爲下所執持西東燭武縋而秦伯退師燭之武鄭大夫也縋縣繩於城而下也左傳曰秦伯圍鄭鄭伯使燭之武夜縋而出說秦伯爲之退師魯連繫箭而聊城弛柝魯仲連齊人也時燕將守聊城仲連爲書係箭射聊城中燕將自殺見史記弛廢也柝行夜木也從往則合橫來則離安危無常要在說夫張儀說諸侯連和事秦爲橫蘇秦說諸侯連兵拒秦爲從蘇秦往則從合張儀來則從散咸以得

人爲梟失士爲尤梟猶勝也猶人博逢梟則勝故樊噲披帷入見高祖前漢書曰樊噲沛人也封舞陽侯高帝嘗病惡見人卧禁中詔戶者無得入噲乃排闥直入流涕曰獨不見趙高之事乎帝笑而起也高祖踞洗以對酈生前漢書曰沛公方踞牀令兩女子洗足而見酈食其曰必欲聚徒合義兵誅無道不宜踞見長者於是沛公輟洗謝之當此之會乃鼃鳴而鼈應也喻君臣相感贛易林曰鼃鳴岐野鼈應於泉也故能同心勠力勤恤人隱隱病也國語曰勤恤人隱而除其害也奄受區夏遂定帝位皆謀臣之繇也故一介之策各有攸建子長諜之爛然有第前書音義曰諜譜第也與牒通司馬遷字子長作史記著功臣等傳爛然各有第序也夫女魃北而應龍翔洪與聲而軍容息女魃旱神也北猶退也應龍能興雲雨者也山海經曰蚩尤舉兵伐黃帝黃帝乃令應龍攻之冀州之野

應龍畜水蚩尤請風伯雨師從大風雨黃帝乃下天女曰風雨止遂殺蚩尤魃不得復上所居不雨魃亦魃也音步末切聲或作新容或作客衡集容作害並未詳也溽暑至而鶉火棲寒氷沍而鼃鼉蟄棲息也禮記月令曰季夏土潤溽暑鶉火午之宿也三月在午六月在酉言當季夏之時鶉火退於西沍凝也令也皇澤宣洽海外混同萬方億醜弁質共劑若修成之不暇尚何功之可立質劑猶今分支契也并共猶言交通也周禮曰凡買賣者質劑焉大市以劑鄭玄注云兩書一札同而別之長曰質短曰劑劑音子隨切立事有三言爲下列下列且不可庶奚冀其二哉左傳魯叔孫豹曰太上有立德其次有立功其次有立言杜預注云立德黃帝堯舜也立功禹稷也立言史佚周任臧文仲于茲縉紳如雲儒仕成林及津者風攄失塗者幽僻遭遇難要越偶爲幸世易俗異事勢舛殊不能通其變而一度以揆之易係辭曰通其變使人不倦也斯契舡而求劍守株而待兔也契猶刻也呂氏春秋曰楚人有涉江者其劍自舟中墜於水遽契其舟曰是吾劍所從墜也舟已行而劍不行若此求劍不亦惑乎韓子曰宋人有耕者田中有株兔走觸之折頸而死因釋耕守株冀復得兔爲宋國笑也冒愧逞願必無仁以繼之有道者所不履也越王句踐事此故厥緒不忝史記曰越王句踐伐吳典師吳王聞之悉發精兵擊越敗之於夫椒越王乃以餘兵五千保棲會稽此爲冒愧逞願自取敗也捷徑邪至我不忍以投步千進苟容我不忍以歛肩捷疾歛歛也孟子曰阿意事貴脅肩所尊偕之情也歛亦脅也雖有犀舟勁檝猶人涉卬否有須者也前書曰羌戎弓矛之兵器不犀利音義曰今俗謂刀兵利爲犀犀堅也詩衛風曰招招舟子人涉卬否人涉卬否卬須我友卬我也須待也鄭

玄注云人皆涉我友未至我獨待而不涉言室家之道非得所適貞女不行非得禮義婚姻不成喻仕當以道不求妄進姑以奉順敦篤守以忠信得之不休不獲不吝姑且也休美也吝恥也不見是而不惛居下位而不憂允上德之當服焉惛猶悶也易曰不見是而無悶樂則行之憂則違之又曰居上位而不驕在下位而不憂也方將師天老而友地典與之乎高睨而大談孔甲且不足慕焉稱殷彭及周聃帝王紀曰黃帝以風后配上台天老配中台五聖配下台謂之三公其餘知天規紀地典力牧常先封胡孔甲等或以爲師或以爲將藝文志陰陽有地典六篇殷彭卽老彭殷賢人也睨視也高視大談言不同流俗衒集作矢亦直也義通與世殊技偶孤是求技巧也音枝本或作語也予憂朱泙曼之無所用吾恨輪扁之無所教也輪扁謂爲輪者名扁也扁音皮殄切莊子曰輪扁對

齊桓公曰斲輪之法徐則甘而不固疾則苦而不入不疾不徐得之于手而應之心口不能言也臣不能以喻臣之子臣之子亦不能受之於臣言泙曼屠龍既無所用輪扁教輪亦不能教人也泙音匹萌反子覩木雕獨飛愍我垂翅故棲吾感去鼂附鴟悲爾先笑而後號也鼂蝦蟇也音胡媧切旅上九曰先笑而後號咷裴豹以斃督燔書禮至以掖國作銘左傳曰晉欒盈復入於晉欒氏之刀臣曰督戎國人懼之裴豹謂范宣子曰苟焚丹書我殺督戎宣子曰而殺之所不請於君焚丹書曰有如日乃殺之杜注曰蓋豹犯罪没爲官奴以丹書其罪左傳衞伐邢禮至與國子巡城掖赴外殺之禮至自爲銘曰余掖殺國子莫敢止國子邢正卿禮至邢衞人仕邢爲大夫掖謂扶之而投於城外也衞集豹字作隷也弦高以牛饒退敵墨翟以縈帶全城左傳曰秦師襲鄭及滑鄭商人弦高將市於周遇之以牛十二犒師曰寡君聞吾子將出於敝邑敢犒從者秦孟明曰鄭有備矣滅滑而還墨子曰公輸般爲

雲梯以攻宋墨子解帶爲城以牒爲械公輸設九攻墨子九拒公輸之攻盡墨子之守有餘楚王曰善哉吾請無攻宋矣貰高以端辭顯義蘇武以秃節效貞貫高趙相也端正也獨正言趙王不反高帝賢而赦之蘇武使匈奴中持節臥起節毛盡落並見前書也蒲且以飛矰逞巧詹何以沉鉤致精列子曰蒲且子之弋弱弓纖繳乘風振之連雙鶬於青雲之際又曰詹何以獨繭絲爲綸芒鍼爲鉤荆蓧爲竿剖粒爲餌引盈車之魚周禮曰矰矢用弋射鄭玄注云結繳於矢爲矰矰高也奕秋以棊局取譽王豹以清謳流聲奕圍棊也局所執之子秋名也孟子曰奕秋通國之善奕者又曰王豹處於淇而河西善謳僕進不能參名於二立退又不能匹群彼數子二立謂太上立德其次立功也上云立事有三言且不可庶況其二哉故言不能參名於二立之流也呂賢索古本作二立流俗本及衞集立守名仁匹非也數子謂裴豹以下也愍三墳之既頹惜八索之不理左傳曰楚左史倚相能讀三墳五典八索九丘孔安國以爲三墳五典三皇之書八卦之說謂之八索此以下言不能立德立功唯欲立言而已庶前訓之可鑽聊朝隱乎柱史前書東方朔曰首陽爲拙柱下爲工應劭曰老子爲周柱下史韓愍終身無患是爲上也且韞櫝以待價踵顏氏以行止論語子貢曰有美玉於斯韞櫝而藏諸求善價而沽諸子曰我待價者也又子謂顏淵曰用之則行舍之則藏唯我與爾有是夫曾不憮夫晉楚敢告誠於知己孟子曾子曰晉楚之富不可及也彼以其爵我以吾義何憮也猶羨也音苦華切

冊府元龜

巡按福建監察御史臣李嗣京　訂正

新建縣舉人臣戴國士叅閲

知建陽縣事臣黄國琦較釋

總録部二十

自述第二

後漢蔡邕字伯喈閒居翫古不交當世感東方客難及揚雄班固崔駰之徒設疑以自通（揚雄作解嘲班固作答賓戲崔駰作達旨）乃斟酌羣言韙其是而矯其非（韙亦是也）作釋誨以戒厲云爾有務世公子誨於華顛胡老（華顛謂白首也胡老元老

之稱）曰蓋聞聖人之大寶曰位故以仁守位以財聚人然則有位斯貴有財斯富行義達道士之司也故伊摯有負鼎之衎仲尼設執鞭之言（摯伊尹名也負鼎以滋味説湯致於王道論語孔子曰富而可求雖執鞭之士吾亦爲之）甯子有清商之歌百里有豢牛之事（甯戚欲干齊桓公窮困無以自達於是爲商旅將車以適於齊暮宿於郭門外牛車下望見桓公乃擊牛角而商歌桓公聞之曰異哉歌者非常人也命後車載之百里奚自鬻於秦衣褐食牛朞年而後穆公知之舉之牛口之下豢養也）夫如是則聖哲之通趣古人之明志也夫子生清穆之世稟醇和之靈覃思典籍韞櫝六經安貧樂賤與世無營沈精重淵抗志高冥包括無外綜析無形其已久矣曾不能拔萃出羣揚芳飛文登天庭序彝倫埽六合之穢慝淸宇宙之埃塵連光芒於白日屬炎氣於景雲時逝歲暮默而無聞小子惑焉是以有云方今聖上寬明輔弼賢知崇英逸偉不墜於地德弘者建宰相而裂土才羨者荷榮祿而蒙賜（羨本或作美）盍亦回塗要至俛仰取容（回曲也言履直道則不能有所至也）輯當世之利定不拔之功榮家宗於此時遺不滅之令蹤（遺猶留也）夫獨未之思邪何爲守彼而不通此（彼謂貧賤此謂榮祿）胡老傲然而笑曰若公子所謂覩曖昧之利而忘昭晢之害專必成之功而忽蹉跌之敗者已公子謖爾斂袂而興曰胡爲其然也（謖然翕斂

之貌）胡老曰居吾將釋汝（居猶坐也釋解也）昔自太極君臣始基（太極天地之始也）有羲皇之洪寧唐虞之至時（洪大也）三代之隆亦有緝熙五伯扶微勤而撫之於斯已降天綱縱人紘弛王塗壞太極陁（賈逵注國語曰小崩曰陁）君臣土分上下瓦解於是智者騁詐辯者馳說武夫奮畧戰士講銳（講習也）電駭風馳霧散雲披變詐乖詭以合時宜或畫一策而綰萬金或談崇朝而錫瑞珪（戰國策曰秦昭王見項弱曰韓天下之咽喉也魏天下之胷腹也王資臣萬金而游之天下可圖也秦王曰善乃資萬金使東游韓魏入其將相北游燕趙而殺李牧齊王入朝四國畢從項子說之也史記曰虞卿說趙孝成王一見賜黄金百鎰再見賜白璧一雙）連衡者六印磊落合從者駢組流離（連衡

謂張儀合從謂蘇秦並佩六國印騈並也流離光彩也隆貴翕習積冨無崖㠑
巧蹈機以忘其危夫華離蔕而萎條去幹而枯女冶
容而淫士背道而辜人毀其滿神疾其邪利端始萌
害漸亦牙速速方轂夭夭是加詩小雅曰速速方轂天天是椓速速陋也
轂祿也言鄙陋小人將貴而得祿也夭殺也椓破之也此作轂者盖謂小人乘寵方轂而行也欲豐
其屋乃蔀其家易豐卦上六曰豐其屋蔀其家蔀覆也屋厚覆陰之甚也是故天
地否閉聖哲潛形易文言曰天地閉賢人隱石門守晨沮溺耦耕
論語曰子路宿於石門晨門曰奚自子路曰自孔氏鄭玄注云石門魯城外門也晨門主晨夜開閉者又
日長沮桀溺耦而耕並隱遁之人也顔斶抱璞蘧瑗保生戰國策齊宣王謂顔斶曰
願先生與寡人遊斶辭曰玉生於山制則毀焉非不寶也然太璞不完士生鄙野選而祿焉非不貴也不

形神不全斶願得晚食以當肉安步以當車無罪以當貴清靜以自娛知足矣歸反於璞則終身不辱論
語曰蘧伯玉邦有道則仕邦無道則可卷而懷之此爲保其身也齊人歸樂孔子斯
征雍渠驂乘遊而遺輕論語曰齊人饋女樂季桓子受之三日不朝孔子行史記
曰衛靈公與夫人明車宦者雍渠驂乘孔子曰吾未見好德如好色者也於是醜之去衛適曹遺輕謂若
棄輕細之物而去言惡之甚也夫豈慠主而背國乎道不可以傾也
且我聞之曰南風至則黃鐘應融風動而魚上冰獺
賓統則微陰萌蕤葭蒼而白露凝月令仲冬律中黃鐘融風艮之風也
月令孟春東風解凍魚上冰又仲夏之月律中蕤賓微陰謂一陰爻生也詩秦風曰蒹葭蒼蒼白露爲霜
爾雅曰蕪兼也葭蘆也寒暑相推陰陽代興運極則化理亂相
承今大漢紹陶唐之鴻烈盪四海之殘災隆隱天之

高折紐地之基紐與亘同皇道惟融帝猷顯丕泯泯庶類
含甘吮滋泯泯齊貌檢六合之羣品濟之乎雍熙羣僚恭
巳於職司聖主垂拱乎兩楹君臣穆穆守之以平濟
濟多士端委縉綎端委禮衣也左傳曰太伯端委以持周禮說文曰縉赤白色也綎系
綬也鴻漸盈階振鷺充庭易曰鴻漸于陸喻君子仕進於朝詩曰振振鷺喻潔白之
士羣集君之朝也譬猶鍾山之玉泗濱之石累珪璧不爲之
盈採浮磬不爲之索山海經曰黃帝取玉山之玉策投之鍾山之陽尚書曰泗濱浮
磬注云水中見石可以爲磬言鍾山多玉泗水多石喻漢多賢人也曩者洪源辟而四
隩集武功定而干戈戢獫狁攘而吉甫宴城濮捷而
晉凱入辟開也謂禹理洪水而開導之尚書曰四隩旣宅隩居也武功定謂武王伐紂詩周頌曰

載戢干戈詩小雅曰薄伐獫狁至于太原吉甫燕喜旣多受祉鄭玄注曰吉甫旣伐獫狁而歸天子以燕
禮樂之也左傳晉與楚戰於城濮師敗績故晉凱樂而歸故當其有事也則蓑笠
竝載擐甲揚鋒不給於務蓑音素和切詩小雅曰荷蓑荷笠毛萇注云荷揭也
蓑所以備雨笠所以禦暑擐貫也當其無事也則舒紳緩佩鳴玉以
步綽有餘裕夫世臣門子暬御之族詩小雅曰曾我暬御注云暬御
侍御也天隆其祐主豐其祿抱膺從容爵位自從攝須
理髯餘官委貴其取進也順傾轉圓不足以喻其便
逡巡放屣不足以況其易夫有逸羣之才人人有優
贍之智童子不問疑於老成瞳矇不稽謀於先生心
恬澹於守高意無爲於持盈老子曰持而盈之不如其已注云持滿則傾不

如止也粲乎煌煌莫非華榮明哲泊焉不失所寧泊猶靜也狂淫振蕩乃亂其情貪夫徇財夸者死權賈誼鵩鳥賦之文也言夸華者必死於權勢也瞻仰此事體躁心煩闇謙盈之效迷損益之數易曰天道虧盈而益謙又曰損益盈虛與時偕行注云自然之質各定其分短者不爲不足長者不爲有餘損益將何加焉騁駑駘於修路慕騏驥而增驅卑俯乎外戚之門乞助乎近貴之譽榮顯未副從而顛踣踣協韻音赴下獲熏胥之辜高受滅家之誅班固書曰史遷熏胥以刑音義云謂相熏蒸得罪也誅叶韻音丁注切前車已覆襲軌而騖曾不鑒禍以知畏懼寻惟悼哉害其若是害也何天高地厚跼而蹐之詩小雅曰謂天蓋高不敢不跼謂地蓋厚不敢不蹐怨豈在明患生

不思戰戰兢兢必慎厥尤且用之則行聖訓也舍之則藏至順也論語孔子曰用則行舍則藏故言聖訓也夫九河盈溢非一堤所防九河謂河水分爲九道爾雅曰徒駭太史馬頰覆鬴胡蘇簡潔鉤般鬲津是謂九河也帶甲百萬非一勇所抗今子責匹夫以清宇宙庸可以水旱而累堯湯乎懼煙炎之毀熸何光芒之敢揚哉煙炎火之微細者言常懼細微以致毀滅杜預注左傳曰吳楚之間謂火滅爲熸音子廉切炎音焰且夫地將震而樞星直井無景則日陰食晏子見伯常騫問曰昔吾見維星絕樞星散地其動乎晏子春秋陰食謂不顯食也凡日陰食則井無影也元首寛則望舒朓侯王肅則月側匿望舒月也尚書大傳曰晦而月見西方謂之朓朔而日見東方謂之側匿側匿則侯王肅朓則侯王舒注肅急也舒緩也是以君子推微達著尋端見緒履霜知冰踐露知暑時行則行時止則止消息盈冲取諸天紀易坤文言曰履霜堅冰至艮卦曰時行則行時止則止豐卦曰天地盈虛與時消息利用遭泰可與處否樂天知命持神任巳羣車方奔乎險路安能與之齊軌思危難而自豫故在賤而不耻方將騁馳乎典籍之崇塗休息乎仁義之淵藪槃旋乎周孔之庭宇揖儒墨而與爲友舒之足以光四表收之則莫能知其所有若乃丁千載之運應神靈之符闓閶闔乘天衢擁華蓋而奉皇樞納玄策於聖德宣太平於中區計合謀從巳之圖也勳績不立予之辜也龜鳳山翳霧露不除踊躍草

萊祗見其愚不知我者將謂之迂龜鳳喻賢人霧露喻昏闇也迂曲也脩業思眞棄此焉如靜以俟命不斆不渝斆厭也渝變也百歲之後歸乎其居詩晉風也毛萇注云居墳墓也幸其獲稱天所誘也謂小人妄得稱舉者天之所誘後必遇害也罕漫而已非己咎也罕漫猶無所知聞也非君子之咎也昔伯翳綜聲於鳥語葛盧辯音於鳴牛董父受氏於豢龍奚仲供德於衡轄伯翳即秦之先伯益也能與鳥語葛盧東夷介國之君也介葛盧聘於魯聞牛鳴曰是生三犧皆用之矣問之如其言晉太史蔡墨曰昔有董父實甚好龍能求嗜欲以飲食之以服事帝舜帝賜姓曰董氏豢龍奚仲薛之祖也世本曰奚仲作車衡輗也輈轅也倕氏興政於巧工造父登御於驊騮非子享土於善圉狼瞫取右於禽囚倕舜之巧人也見尚書造父者秦之先也

爲周穆王御騄耳之乘非子亦秦之先善養馬周孝王使主馬於汧渭之間馬大蕃息分土爲附庸邑之於秦並見史記圉養馬人也見周禮左傳曰戰於殽晉襄公縛秦囚使萊駒以戈斬之囚呼萊駒失戈狼瞫取戈斬之遂以爲車右兮父畢精於筋骨佽飛明勇於赴流兮父兮工也闕子曰宋景公使兮工爲兮九年來見公公曰爲兮亦遲矣對曰臣精盡於兮矣獻兮而歸三日而死公張兮東向而射矢踰西霜之山集彭城之東其餘力逸勁飲羽於石梁呂氏春秋曰荆人佽飛入江斬蛟前書武帝時吾丘壽王創基於格五東方要幸於談優壽王字子贛以善格五待制格當今之簺也東方朔以善談笑俳優得幸班固曰朔應諧似優上官效力於執蓋弘羊據相於運籌僕不能參跡於若人故抱璞而優游上官桀武帝時爲期門郎從上甘泉大風車不得行解盖授桀雖風盖常屬車桑弘羊洛陽賈人也以能心計爲侍中於是公子仰首降階忸怩而

避忸怩心在胡老乃揚衡含笑援琴而歌衡眉目之間也歌曰練余心兮浸太清滌穢濁兮存正靈和液暢兮神氣寧情志泊兮心亭亭嗜欲息兮無繇生踔宇宙而遺俗兮眇翩翩而獨征太清謂天也和液謂和氣雲液也亭亭孤峻之貌踔猶越也音丑敎切

蜀郤正字令先爲秘書郎依則先儒假文見意號曰釋譏其文繼於崔駰達旨其辭曰或有譏余者曰聞之前記夫事與時並名與功偕然則名之與事前哲之急務也是故創制作範匪時不立流稱垂名匪功不記名必須功而乃顯事亦俟時以行止身沒名滅君子所恥是以達人研道探賾索微觀天運之符表考人事之盛衰辯者馳說智者應機謀夫演略武士奮威雲合霧集風擊電飛量時揆宜用取世資小屈大申存公忽私雖尺枉而尋直終揚光以發輝也今三方鼎峙九有未乂悠悠四海嬰丁禍敗嗟道義之沈塞愍生民之顛沛此誠聖賢拯救之秋烈士樹功之會也吾子以高朗之才珪璋之質兼覽博問留心道術無遠不致無幽不悉挺身取命幹茲奧秘躊躇紫闥喉舌是執九考不移有入無出尚書曰三載考績三考黜陟幽明九考則二十七年究古今之眞僞計時務之得失雖時獻一

策偶進一言釋彼官責慰此素飱固未能輸竭忠款盡瀝胃肝排方入直惠彼黎元俾吾徒草鄙並有聞焉也盍亦綏衡緩轡回軌易塗輿安駕肆思馬斯徂審厲揭以投濟要夷庚之赫憮播秋蘭以芳世副吾徒之披圖不亦盛與余聞而歎曰嗚呼有若云乎邪夫人心不同實若其面子雖光麗既美且良管闚筐舉守厥所見未可以言八紘之形埒信萬事之精練也或人率爾仰而揚衡曰是何言與余應之曰虞帝以面從爲戒孔聖以悅己爲尤若子之言良我所思將爲吾子論而釋之昔在鴻荒矇昧肇初三皇應籙

五帝承符爰曁夏商前典攸書雅衰道缺霸者翼扶嬴氏慘虐吞嚼八區於是從横雲起狙詐如星奇邪蠭動智故萌生或飾真以讎僞或挾邪以干榮或詭道以要上或鬻技以自矜背正崇邪棄直就佞忠無定分義無常經故鞅法窮而慝作斯義敗而姦成吕門大而宗滅韓辯立而身刑夫何故哉利回其心寵耀其目赫赫龍章鑠鑠車服媮幸苟得如反如淫邪荒迷恣睢自極和鸞未調而身在轅側庭宇未踐而棟折榱覆天收其精地縮其澤人弔其窮鬼芟其額礿升高崗終隕幽壑朝含榮潤夕爲枯魄是以賢

人君子深圖遠慮畏彼咎戾超然高舉寧曳尾於塗中穢濁世之休譽彼豈輕主慢民而忽時務哉蓋易有行止之戒詩有靖恭之歎乃神之聽之而道使之然也自我大漢應天順人政治之隆皓若陽春俯憲坤典仰式乾文播皇澤以熙世揚茂化之醲醇君臣履度各守厥眞上垂詢納之弘下有規救之責士無虛華之寵民有一行之迹粲乎亹亹尚此忠益然而道有隆窳物有興廢有聲有寂有光有翳朱陽否於素秋玄陰抑於孟春羲和逝而望舒係運氣匿而耀雲陳沖質不永桓雲墜敗英雄雲布豪傑蓋世家挾殊議人懷異計故從横者欲披其胷狙詐者暫吐其舌也今天綱已綴德樹西隣丕顯祖之宏規廢好爵於士人興五教以訓俗豐九德以濟民肅明祀以袮祭幾皇道以輔眞雖跱者未一僞者未分聖人垂戒蓋均無貧故君臣協美於朝黎庶欣戴於野動若重規靜若疊矩濟濟偉彥元凱之倫也有過必知顏子之仁也侃侃庶政冉季之治也鷹揚鷙騰伊望之事也總轡筏之上略含薛氏之三計敷張陳之秘策故力征以勤世援華英而不遑豈暇修枯籜於榛穢哉然吾不才在朝累紀託身所天心焉是恃樂滄海之

廣浮歎嵩嶽之高峙聞仲尼之贊商感鄉軻之並已彼平仲之和羹亦進可而替否故矇冒瞽說時有攸獻譬道人之有采於市閭游童之吟詠乎疆畔庶以增廣福祥輪力規諫若其合也則以闇協明進應靈符如其違也自我常分退守已愚進退任數不矯不誣循性樂天夫何恨諸此所以既入不出有而若無者也狹屈氏之常醒濁漁父之必醉溷柳季之卑辱褊夷叔之高懟合不以得違不以失得不克詘失不慘悴不樂前以顧軒不就後以慮輕不鬻譽以干澤不辭愆以忌誚何責之釋何飡之卹何方之排何貴

之入九考不移固其所執也方今朝士山積髦俊成羣猶鱗介之潛乎巨海毛羽之集乎鄧林游禽逝不爲之尠浮鮪臻不爲之殷且陽靈幽於唐葉陰精應於商時陽旰請而洪災息桑林禱而甘澤滋淮南子曰禹爲水以身請於陽盱之河湯苦旱以身禱於桑林之際聖人之愛民如此其明也行止有道啓塞有期我師遺訓不怨不尤委命恭己我又何辭辭窮路單將反初節綜墳典之流芳尋孔氏之遺藝綴微辭以存道憲先軌以投制躡叔肹之優游美疎氏之遐逝收止足以言歸汎浩然以容裔欣環堵以恬娛免咎悔於斯世顧兹心之未泰懼末塗之泥滯仍

永激而增憤肆中懷以告誓昔九方考績於至貴秦牙沈思於殊形淮南子曰伯樂塞風秦牙筦青所相各異其知馬一也蓋九方觀其精秦牙察其形薛燭察寶以飛譽越絶書曰昔越王句踐有寶劒五聞於天下客有能相劒者名薛燭王召而問之吾有寶劒五請以示子乃取豪曹巨闕薛燭曰皆非也又取純鈎湛盧薛燭曰觀其鈲鍔爛爛如列宿之行空觀其光渾渾如水之將溢觀其文渙渙如冰之將釋此所謂純鈎也王曰是也瓠梁託弦以流聲淮南子曰瓠巴鼓瑟而鱏魚聽之又曰瓠梁之歌可隨也而以歌者不可爲也齊隸拊髀以濟文楚客潛冠以保荊淮南子曰齊伐楚楚子發將師以當之兵三却楚賢大夫皆盡其計而悉其誠有善偷者進請曰臣有薄技願爲君行之君曰諾偷卽夜出解齊將軍之幬帳而獻之子發子發使人歸之曰卒有出採薪者得將軍之帳使使歸於執事明日又復往取枕子發又使歸之明日又復往取簪子發又使歸之齊師聞之大駭將軍與君吏謀曰今日不去楚君恐取吾頭矣卽旋師而去雍門援琴而挾說桓譚新論曰雍門周以琴見孟嘗君君曰先生鼓琴亦能令文悲乎雍門周曰然臣竊爲足下有所嘗悲夫角帝而困秦者君也連五國而伐楚者又君也天下未嘗無事不從卽衡從成則楚王衡成則秦帝夫以秦楚之強而報弱薛尤磨蕭斧而伐朝菌也有識之士莫不爲足下寒心天道不常盛寒暑更進退千秋萬歲之後宗廟必不血食高臺旣已傾曲池又已平墳墓生荊棘狐貍穴其中游兒牧豎躑躅其足而歌其上曰孟嘗君之尊貴亦猶若是乎於是孟嘗君喟然太息涕淚承睫而未下雍門周引琴而鼓之徐動宮徵叩角羽終而成曲孟嘗君遂歔欷而就之曰先生鼓琴令文若亡國之人也韓哀秉轡而馳名呂氏春秋曰韓哀作御盧敖翺翔乎玄闕若士竦身於雲清淮南子曰盧敖游乎北海經乎太陰入乎玄闕至於蒙轂之上見若士曰子殆可與敖爲交乎若士者齒然而笑曰嘻乎子中州民寧肯而遠至此吾與汗漫期於九垓之上吾不可以久於是舉臂而竦身遂入雲中盧敖

仰而視之弗見乃止吾此夫子也猶黃鵠之與壤蟲終日行而離咫尺自以爲遠不亦悲哉余實不能齊技於數子故乃靜然守己而自寧

晉皇甫謐字士安沈靜寡欲始有高尚之志以著述爲務自號玄晏先生著禮樂聖眞之論後得風痺疾猶手不輟卷或勸謐修名廣交謐以爲非聖人孰能兼存出處居田里之中亦可以樂堯舜之道何必崇接世利事官鞅掌然後爲名乎作玄守論以答之曰或謂謐曰富貴人之所欲貧賤人之所惡何故委形待於窮而不變乎且道之所貴者理世也人之所美者及時也先生年邁齒變飢寒不贍轉死溝壑其誰

知乎謚曰人之所至惜者命也道之所必全者形也性形所不可犯者疾病也若擾全道以損性命安得去貧賤存所欲哉吾聞食人之祿者懷人之憂[illegible]彊猶不堪况吾之弱疾乎且貧者士之常賤者道之實處常得實沒齒不憂孰與富貴擾神耗精者乎又庄爲人所不知死爲人所不惜至矣喑聾之徒天下之有道者也一人死而天下號者以爲損也一人生而四海笑者以爲益也然則號笑非益死損生也是以至道不損至德不益何哉體足也如迴天下之念以追損生之禍運四海之心以廣非益之病豈道德之

至乎夫唯無損則至堅矣夫唯無益則至厚矣堅則終不損厚則終不薄苟能體堅厚之實居不薄之真立乎損益之外遊乎形骸之表則我道全矣遂不仕

束晳字廣微性沉退不慕榮利玄居釋以擬客難其辭曰束子閑居門人竝侍方下帷深譚隱機而哈含毫散藻考撰同異在側者進而問之曰蓋聞道尚變通達者無窮世亂則救其紛時泰則扶其隆振天維以贊百務爲帝載而鼓皇風生則率土樂其存死則宇內哀其終是以君子屈已伸道不耻於時尚書有不索何獲之言周易著躍以求進之辭萃老負金鉉以陳烹割之說齊客當康衢而咏白水之詩今先生耽道修藝巖然山峙潛朗通微洽覽深識夜兼忘寐之勤晝騁鑽玄之思曠年累稔不墮其志鱗翼成而愈伏術業優而不試乃欲闔匵辭價泥蟠深處永戢琳琅之耀匿首窮魚之渚當唐年而慕長沮邦有道而反甯武識彼迷此愚竊不取若乃士以援登進必待求附勢之黨橫擢則林藪之彥不抽丹墀步綂袴之童東野遺白顛之叟蓋亦因子都而事博陸憑鷁首以涉洪流蹈翠雲以駭逸龍振光耀以驚沉鰓徒屈靈蟠於埳井眄天路而不遊學既積而身困夫何

爲乎秘丘且歲不我與時若奔駟有來無反難得易失先生不知盱豫之譏悔遲而忘夫朋盍之義務疾亦豈能登海湄而抑東流之水臨虞泉而招西歸之日徒以曲畏爲梏儒學自桎四大道於環堵苦形骸於蓬室豈若託身權戚憑勢假力擇棲芳林飛不待翼夕宿七娥之房朝享五鼎之食統三正則太階平贊五教而王繩直孰若茹藿飡蔬練身自匿哉束子曰居吾將導爾以君子之道諭爾以出處之事爾其明受余訊謹聽余志昔元一既啟兩儀肇立離光夜隱望舒晝戢羽族翔林蠊蛁赴濕物從性之所安士

樂志之所執或背豐榮以巖栖或排蘭闥而求入在野者龍逸在朝者鳳集雖軌迹不同而道無貴賤必安其業交不相羨稷契奮庸以宣道巢許洗耳以避禪同垂不朽之稱俱入賢者之流參名比譽誰劣誰優何必貪與二人爲羣恥爲七人之疇乎且道睽而通士不同趣吾竊綴處者之末行未敢聞子之高喻將忽蒲輪而不眄夫何權戚之云附哉昔周漢中衰時難自託福兆旣開患端亦作朝遊巍峩之宮夕墜崢嶸之壑晝笑夜歎晨華暮落忠不足以衞己禍不可以豫度是以士諱登朝而競赴林薄或毁名自污

或不食其祿比從政於匣笥之龜譬官者於郊廟之犢公孫泣涕而辭相楊雄抗論於赤族今大晉熙隆六合寧靜蜂蠆止毒熊羆輟猛五刑勿用八紘備整王無驕肆之怒臣無𦋺纓之請上下相安率禮從道朝養觸邪之獸庭有指佞之草禍戮可以忠逃寵祿可以順保且夫進無險懼而惟寂之務者率其性也兩可俱是而舍彼趣此者從其志也蓋無爲可以解天下之紛澹泊可以救國家之急當位者事有所窮陳策者言有不入翟璜不能迴西鄰之寇平勃不能正如意之立于木卧而秦師退四皓造而戚姬泣夫如是何舍何執何去何就謂山岑之林爲芳谷底之莽爲息守分任性唯天所授烏不假甲於龜魚不借足於獸何必笑孤竹之貧而羨齊景之富耻布衣以肆志寧文裘而拖繡且能約其躬則儋石之蓄以豐苟肆其欲則海陵之積不足存道德者則匹夫之身可榮忘大倫者則萬乘之主猶辱將研六籍以訓世守寂漠以鎭俗偶鄭老於海隅匹嚴叟於僻蜀且世以太虛爲輿玄鑪爲肆神游莫競之林心存無營之室榮利不擾其覺殷憂不干其寢捐夸者之所貪收躁務之所棄薙聖籍之荒蕪總羣言之一致全素履

於丘園背纓綏而長逸請子課吾業於千載無聽吾言於今日也

陸喜爲吏部尚書少有聲名好學有才思嘗爲自敘其略曰劉向省新語而作新序桓譚詠新序而作新論余不自量感子雲之法言而作言道覩賈子之美才而作訪論觀子政洪範而作古今歷覽將子通萬機而作審機讀幽通思玄四愁而作娛賓九思眞所謂忍愧者也

宋陶潛字元亮頴脫不羈嘗著五柳先生傳以自況曰先生不知何許人不詳姓字宅邊有五柳樹因以

為號焉閑靜少言不慕榮利好讀書不求甚解每有會意欣然忘食性嗜酒而家貧不能常得親舊知其如此或置酒招之造飲輒盡期在必醉既醉而退曾不吝情環堵蕭然不蔽風日短褐穿結簞瓢屢空晏如也常著文章自娛頗示己志忘懷得失以此時人謂之實錄以親老家貧起為州祭酒不堪吏職少日自解歸州召主簿不就躬耕自資遂抱羸疾復為鎮軍建威參軍事謂親朋曰聊欲絃歌以為三逕之資可乎執事者聞之以為彭澤令潛素簡貴不私事上官郡遣督郵至縣吏白應束帶見之潛歎曰吾不能

為五斗米折腰拳拳事鄉里小人邪義熈三年解印去縣其親朋好事或載酒肴而往潛亦無所辭焉每嘗有喜慍之色唯遇酒則飲時或無酒亦雅詠不輟一醉則大適融然又不營生業家務悉委之兒僕未嘗言夏月虛閑高卧北窗之下清風颯至自謂羲皇上人性解音而畜素琴一張絃徽不具每朋酒之會則撫而和之曰但識琴中趣何勞絃上聲貴賤造之者有酒輒設潛若先醉便語客我醉欲眠卿可去其直如此郡將候潛值其酒熟取頭上葛巾漉酒畢還復着

袁粲為東海太守嘗著傳以自況曰有妙德先生陳國人也氣志淵虛姿神清耿性孝履順栖冲業簡有舜之遺風先生幼夙多疾性疎嬾無所營尚然九流百氏之言雕龍談天之藝皆泛識其大歸而不以成名家貧嘗仕非其好也混其聲迹晦其心用故深交或迕俗察罔識所處席門常掩三逕裁通雖楊子寂漠嚴叟沉冥不是過也修道遂志終無得而稱焉

梁蕭子顯字景陽嘗為自序其畧云余為邵陵王友忝還京師遠思前比即楚之唐宋梁之嚴鄒追尋平生頗好辭藻雖在名無成求心已定若乃登高日極

臨水送歸風動春朝月明秋夜早鴈初鶯開花落葉有來斯應每不能已也前世賈傅崔馬邯鄲繆路之徒並以文章顯所以屢上歌頌自比古人天監十六年始預九日朝宴稠人廣坐獨受旨云今雲物甚美卿將不斐然賦詩詩既成又降帝旨曰可謂才子余退謂人曰一顧之恩非望而至遂方賈誼何如哉未易當也每有製作特寡思功須自其來不以力構少來所為詩賦則鴻序一作體兼衆製文備多方頗為好事所傳故虛聲易遠也

劉峻字孝標嘗為自序其畧曰余自比馮敬通而有

同之者三異之者四何則敬通雄才冠世志剛金石余雖不及之而節亮慷慨此一同也敬通値中興明君而終不試用余逢命世英主亦擯汗當年此二同也敬通有忌妻至於身操井臼余有悍室亦令家道轗軻此三同也敬通當更始之世手握兵符躍馬食肉余自少迄長慼慼無懽此一異也敬通有一子仲文官成名立余禍同伯道永無血胤此二異也敬通膂力方剛老而益壯余有犬馬之疾溘死無時此三異也敬通雖芝殘蕙焚終塡溝壑而爲名賢所慕其風流郁烈芬芳久而彌盛余聲塵寂漠世不吾知魂

魄一去將同秋草此四異也所以自力爲序遺之好事云

王筠自序曰余少好書老而彌篤雖遇見瞥然皆卽疏記後重省覽懽興彌深習與性成不覺筆倦自年十三四齊建武二年乙亥至梁大同六年四十六載矣幼年讀五經皆七八十遍愛左氏春秋吟諷甞爲口實廣略去取凡三過立抄餘經及周官義禮國語爾雅山海經本草並再抄子史諸集皆一遍未嘗倩人假手並躬自抄錄大小百餘卷不足傳之好事蓋以備遺忘而已

陳江總爲尚書令嘗自敘曰歷升淸顯備位朝列不邀世利不涉權幸甞撫躬而太息曰莊靑翟位至丞相無迹可紀趙元淑爲上計吏光乎列傳官陳以來未嘗逢迎一物干預一事悠悠風塵流俗之士頗致怨憎榮枯寵辱不以介意太建之世權移羣小諂疾作威屢被摧黜柰何命也後主昔在東朝留意文藝夙荷昭晉恩紀契闊嗣位之日時寄謬隆儀形天府釐正庶績八法六典無所不統昔晉武帝策荀公曾曰周之冢宰今之尚書令也況復才未半古尸素若茲晉太尉陸玩云以我爲三公知天下無人矣軒冕

儻來一物豈是預要乎弱歲歸心釋教年二十餘入鍾山就靈曜守則法師受菩薩戒暮齒官陳與攝山布上人遊欵深悟若空更復練戒運善於心行慈於物頗知自才而不能蔬非尚染塵勞以負愧平生耳

唐韓愈字退之元和初爲國子博士作進學解以自諭曰國子先生晨入太學招諸生立館下誨之曰業精于勤荒于嬉行成于思毁于隨方今聖賢相逢治具畢張拔去兇邪登崇俊良占小善者率以錄名一藝者無不庸爬羅剔抉刮垢磨光蓋有幸而獲選孰云多而不揚諸生業患不能精無患有司之不明行

患不能成無患有司之不公言未既有笑於列者曰先生欺予哉弟子事先生於茲有年矣先生口不絶吟於六藝之文手不停披於百家之篇記事者必提其要纂言者必鉤其玄貪多務得細大不捐燒膏油以繼晷常矻矻以窮年先生之於業可謂勤矣觝排異端攘斥佛老補苴罅漏張皇幽眇尋墜緒之茫茫獨旁搜而遠紹障百川而東之迴狂瀾於既倒先生之於儒可謂有勞矣沉浸醲郁含英咀華作爲文章其書滿家上規伊姚渾渾無涯周誥殷盤佶屈聱牙春秋謹嚴左氏浮夸易奇而法詩正而葩下逮莊騷

太史所錄子雲相如同工異曲先生之於儒可謂閎其中而肆其外矣少始知學勇於敢爲長通於方左右其宜先生之於爲人可謂成矣然而公不見信於人私不見助於友跋前疐後動輒得咎暫爲御史遂竄南夷三年博士冗不見治命與仇謀其敗幾時冬煖而兒號寒年登而妻啼飢頭童齒豁竟死何裨不知慮此而反教人爲先生曰吁子來前夫大木爲梁細木爲桷欂櫨侏儒椳闑扂楔各得其宜施以成室者匠氏之工也玉札丹沙赤箭青芝牛溲馬勃敗鼓之皮俱收並蓄待用無遺者醫師之良也登明選公

雜進巧拙紆餘爲妍卓犖爲傑校短量長惟器是適者宰相之方也昔者孟軻好辯孔道以明轍環天下卒老于行荀卿宋玉大論是弘逃讒于楚廢死蘭陵是二儒者吐詞爲經舉足爲法絶類離倫優入聖域其遇於世何如也今先生學雖勤不繇其統言雖多不要其中文雖奇不濟其用行雖修習不洎於衆猶且月費俸錢歲縻廩粟子不知耕婦不知織乘馬從徒安坐而食踵常途之促促窺陳篇以逃竊然聖主不加誅宰相不見斥此非其利哉動而得謗名亦隨之投閑置散乃分之宜若夫商財貨之有無計班資

之崇痺忘己量之所稱指前人之瑕疵是猶詰匠氏之不以杙爲楹而訾醫師之昌陽引年欲進其豨苓也執政覽其文而憐之以其有史才改比部郎中史館修撰

元稹穆宗朝爲相長慶末因編刪其文稾自叙曰劉秩云制不可削予以爲有可得而削之者有不可得而削之者貢謀猷持嗜欲君有之則譽歸于上臣專之則譽歸於下苟而存之其讓也非道也經制度明利害區邪正辨嫌惑存之則事分著去之則是非泯苟而削之其過也非道也元和初章武皇帝新即位

臣下未有以言刮視聽者予時始以對詔在拾遺中供奉繇是獻教本書諫議論事等表十數遍仍爲裴度李正辭韋纁訟所言當行而宰相曲道上語上頗悟召見問狀宰相大惡之不一月出爲河南尉後累歲補御史使東川譴以元和赦書劾節度使嚴礪籍塗山甫等八十八家過賦梓遂之民數百萬朝廷異之奪七刺史料悉以所籍歸於人會潘孟陽代礪爲節度使貪過礪且有所承迎雖不敢盡廢詔因命當得所籍者皆入資貿過其稱摧新盜賦無不爲仍爲礪密狀不當得醜謚予自東川還朋礪者潛切齒矣

無何分莅東都臺天子久不在都都下多不法者百司皆牢獄有栽接吏械人逾歲而臺府不得而知之者予因飛奏絶百司專禁錮河南尉叛官予劾之忤宰相旨監徐使死於軍徐帥郵傳其柩柩至雖其下歐詬主郵吏徙柩於外不得復乘傳浙西觀察使封杖決安吉令至死河南尹誣奏書生尹太階請死之飛龍使誘趙實家逃奴爲養子田季安盜娶雒陽衣冠女汴州沒入死商錢且千萬滑州賦於民以千授於人以八伯朝廷饋東師主計者俁命牛車四千三百乘飛芻越太行類是數十事或移或奏皆主之貞元已來不慣用文法内外寵臣皆喑嗚會河南尹房式詐鍰事發奏攝之前所喑嗚者叫譟宰相素以劾叛官事相銜乘是黜予江陵掾後十年始爲膳部員外郎穆宗初宰相更用事丞相段公一日獨得對因請亟用兵部郎中薛存慶考功員外郎牛僧孺予亦在請中上然之不十數日次用爲給舍他忿恨日夜構飛語予懼罪比上書自明上憐之三召與語語及兵賦洎西北邊事因命經紀之是後書奏及進見皆言天下事外間不知多臆度陛下盖憐其不漏禁中語詔入禁林且欲用爲宰相是時裴度在太原亦有

宰相望巧者謀欲俱廢之乃以予所無構於裴奏至驗之皆失實上以裴方握兵不欲較曲直出予爲工部侍郎而相裴之期亦衰矣不累月上盡得所構者雖不能暴揚之遂果初意卒用予與裴俱爲宰相復有購狂民告予借客刺裴者鞫之復無狀然而裴與予以故俱罷免始元和十八年八月得見上至是未二歲僣忝恩寵無是之速者遭罹謗咎亦無是之甚者是以心腹腎腸糜費於扶衛危亡之不暇又惡暇經紀陛下之所付哉然而造次顛沛之中前後列上兵賦邊防之狀可得而存者一百一十五苟而削之

是傷先帝之器使也至於陳暢辨謗之章去之則無以自明於朋友矣其餘郡縣之奏請賀慶之禮因亦附於件目始教本書至於爲人雜奏二十有七軸凡二百二十有七奏終發吾世貽之子孫式所以明經制之難行而銷毀之易至也其自敘如此欲知其作者之意蓋備於此篇

馮道仕漢爲太師平居自適一日著長樂老自敘云余世家宗族本始平長樂二郡歷代之名實具載國史家諜余先自燕亡歸晉事莊宗明宗閔帝清泰帝又事晉高祖皇帝少帝契丹據汴京爲戎二主所

制自鎮州與文武臣僚馬步將士歸漢朝事高祖皇帝今上顧以久叨祿位備歷艱危上顯祖宗下光親戚亡曾祖諱湊累贈至太傅亡曾祖母崔氏追封梁國太夫人亡祖諱景累贈至太師亡祖母褚氏追封吳國太夫人亡父諱良建秘書少監致仕累贈至尚書令亡母張氏追封魏國太夫人余階自將仕郎轉朝議郎朝散大夫朝議大夫銀青光祿大夫光祿大夫特進開府儀同三司職自幽州節度巡官河東節度巡官掌書記再爲翰林學士改授端明殿學士集賢殿大學士太微宮使再爲弘文館大學士又充諸道鹽鐵轉運使南郊大禮使明宗皇帝晉高祖皇帝山陵使再授定國軍節度司州管內觀察處置等使一爲長春宮使又授武勝軍節度鄧隨均房等州管內觀察處置等使官自攝幽府參軍試大理評士簡較尚書祠部郎中兼侍御史簡較吏部郎中兼御史中丞簡較太尉同中書門下平章事簡較太師兼侍中又授簡較太師兼中書令正官自行臺中書舍人再爲戶部侍郎轉兵部侍郎中書侍郎再爲門下侍郎刑戶吏尚書右僕射左僕射三爲司空兩在中書一守本官又授司徒兼侍中賜私門十六戟又授太

尉兼侍中又授戎太傅又授漢太師爵自開國男至開國公魯國公兩封秦國公梁國公燕國公齊國公食邑自三百戶至一萬一千戶食實封自一百戶至一千八百戶勳自柱國至上柱國功臣名自經邦致理功臣至守正崇德保邦致理功臣安時處順守義崇靜功臣崇仁保德寧邦翊聖功臣先娶故德州戶掾褚諱濆女早亡後娶故景州弓高縣孫明府諱師禮女累封蜀國夫人亡長子平自秘書郎授右拾遺工部度支員外郎次子吉自秘書省校書郎膳部金部職方員外郎屯田郎中第三亡子可自秘書省正

字授殿中丞工部戶部員外郎第四子幼亡第五子又自秘書改授銀青光祿大夫簡較國子祭酒兼御史中丞充定國軍衙內都指揮使職罷改授朝散大夫左春坊太子司議郎授太常丞第六子正自協律郎改授銀青光祿大夫簡較國子祭酒兼御史中丞充定國軍節院使職罷改授朝散大夫太僕丞長女適故兵部崔侍郎諱衍太僕少卿名絢封萬年縣君三女子早亡二孩幼亡唐長興二年敕瀛州景城縣庄來蘇鄉改爲元輔鄉朝漢里改爲孝行里雒南庄貫河南府雒陽縣三川鄉靈臺里奉晉天福五年敕

三川鄉改爲上相鄉靈臺里改爲中台里時守司徒兼侍中又奉八年敕上相鄉改爲太尉鄉中台里改爲侍中里時守太尉兼侍中靜思本末慶及存亡蓋自國恩盡從家法承訓誨之旨關教化之源在孝於家忠於國口無不道之言門無不義之貨所願者下不欺於地中不欺於人上不欺於天以三不欺爲素賤如是貴如是長如是老如是覩事君事長師人之道曠蒙夫恕累經難而獲多福曾陷蕃而歸中華非人之謀是天之祐六合之內有幸者百歲之後有歸所無以珠玉含當以時服斂以蘧篨葬及擇不食之地而葬焉以不及於古人故祭以特牛羊殺生也當以不害命之物祭無立神道碑以三代墳前不獲立碑故無請謚號以無德故又念自賓佐至王佐及領藩鎮時或有微益於國之事節皆形於公籍所著文章篇詠因多事散失外收拾得者編於家集其間見其志知之者罪之者未知衆寡矣有庄有宅有羣書有二子可以襲其業於此日五盥日三省尚猶日知其所亡月無忘其所能爲子爲弟爲人臣爲師長爲夫爲父有子有猶子有孫奉貞即有餘矣爲時乃不足不足者何不能爲大君致一統定八方誠有愧於

歷職歷官何以答乾坤之施時開一卷時飲一盃食味別聲被色老安於當代耶老而自樂何樂如之時乾祐三年朱明月長樂老序云

冊府元龜

巡按福建監察御史臣李嗣京　訂正
分守建南道左布政使臣胡維霖　參閱
知建陽縣事臣黃國琦　較釋

總録部

世官

傳曰世不失職又曰世濟其美不隕其名蓋古之守官者修其方而番裕宿其業以延嗣義訓攸篤軌迹彌劭故能介象賢之祉成善繼之名復治先職以載名譽至有官守無改故吏多在規度斯覩流風相接

出處更踐德聲宣聞系緒積累慶靈綿久自非恪居之績可述惟肖之質無忝茂昭前烈以塞群望者又曷能免世禄之議哉至有代諸父之任踵伯仲之武皆可類舉亦弁而叙焉

重黎帝嚳時居火正甚有功能光融天下帝嚳命曰祝融（祝火也始融明也）共工氏作亂帝嚳使重黎誅之而不盡帝乃以庚寅日誅重黎而以其弟吳回爲重黎後復居火正爲祝融

周造父爲繆王御西巡狩見西王母樂之忘歸而徐偃王反繆王日馳千里馬攻徐偃王大破之乃賜造父以趙城自造父下六世至奄父曰公仲宣王時伐戎爲御

鄭桓公武公父子並爲周司徒善於其職國人宜之故美其德賦緇衣之詩以明有國善善之功焉

觀從楚大夫也平王立（平王名棄疾）召觀從曰惟爾所欲（觀從教初王比殺棄疾棄疾今召用之明在君爲君之義）對曰臣之先佐開卜乃使爲卜尹（佐卜人開龜戌）

漢周勃以將軍從高帝遷爲太尉後以列侯事惠帝惠帝六年置太尉官以勃爲太尉文帝即位以勃爲右丞相居十餘月請歸相印許之十餘歳丞相陳平

卒復用勃爲相子亞夫爲中尉景帝三年吳楚反亞夫爲太尉東擊吳楚破平歸復置太尉官五歳遷爲丞相

金日磾字翁叔封秺侯有忠勤之節七葉爲侍中

石奮官至大中大夫東陽侯張相如爲太子太傅免選可爲傅者皆推奮爲太子太傅武帝元狩元年立太子選群臣可爲傅者奮子慶自沛守爲太子太傅

汲黯字長孺其先有寵於古之衛君（六國時衛弱至君但稱君也）黯十世世爲卿大夫

杜周武帝時爲御史大夫子延年宣帝五鳳中徵爲

御史大夫君父官府不敢當舊位坐臥皆易其處
韋賢爲丞相子玄成復以明經歷位至丞相故鄒魯
諺曰遺子黄金滿籯不如一經
平當爲丞相當子晏以明經歷位大司徒漢興惟韋
平父子至宰相漢安帝更名丞相爲大司徒
劉德長樂衛尉辟彊之子也德昭帝初爲宗正丞雜
治劉澤詔獄雜謂以他官共治之也劉澤孝齊王之孫謀欲叛殺青州刺史者也父爲
宗正徙大鴻臚丞遷大中大夫後復爲宗正雜案上
官氏蓋主事德子向本名更生元帝卽位前將軍蕭
望之諸吏光祿大夫周堪薦更生宗室忠直明經有

行擢爲散騎宗正給事中又德傳爵至孫慶忌復爲
宗正太常慶子岑嗣爲法曹中郎將列較尉至太常
史高爲侍中貴幸子丹以父位爲中庶子元帝卽位
爲駙馬都尉侍中九男皆以丹任爲侍中
馮野王與弟立相代爲上郡太守吏民嘉美歌之曰
大馮君小馮君兄弟繼踵相因循聰明賢智惠吏民
政如魯衛德化均周公康叔猶二君
後漢鮑永建武中爲司隸較尉其子昱中元初拜司
隸較尉詔昱詣尚書使封胡降檄光武遣小黄門問
昱有所怪不對曰臣聞故事通官文書不著姓名今
司徒露布怪使司隸下書而著名也帝報曰吾固欲
令天下知忠臣之子復爲司隸也昱在職奉法守正
有父風
馮魴字孝孫父子兄弟並帶青紫三代侍中
郭躬爲廷尉家世掌法弟子鎮又爲廷尉鎮子賀復
至廷尉賀弟禎亦以能法律至廷尉鎮弟子禧少明
習家業兼好儒學有名譽亦爲廷尉
廉范趙將廉頗之後也漢興以廉氏豪宗自苦陘徙
焉世爲邊郡守
陳寵爲尚書子忠辟司徒府三遷廷尉正司徒劉愷

舉忠明習法律宜備機密於是擢尚書使居三公曹
趙典爲司隸較尉子峻爲太傅以才器稱孫安世魯
相三葉皆爲司隸時稱其盛
袁安章帝元和三年代第五倫爲司空章和元年代
桓虞爲司徒安子京京子湯桓帝初爲司空累遷司
徒太尉湯子逢靈帝立爲司空又安子敞安帝元初
三年代劉愷爲司徒
王龔字伯宗安帝建光初爲司隸較尉累遷太常順
帝永建四年爲司空子暢字叔茂少以清實爲稱爲
齊相徵拜司隸較尉靈帝建寧初爲司空

楊震安帝永初四年徵入爲太僕遷太常永寧元年代劉愷爲司徒延光二年又代愷爲太尉中子秉桓帝時爲光祿大夫梁冀用權秉稱病六年冀誅後乃拜太僕遷太常後代劉矩爲太尉秉子賜靈帝熹平二年代唐珍爲司空五年代袁隗爲司徒免光和元年爲太常五年冬爲太尉免中平二年復代張溫爲司空子彪中平六年代董卓爲司空其冬代黄琬爲司徒免從入關爲太常免又代淳于嘉爲司空免復拜太常獻帝興平元年代朱儁爲太尉錄尚書事

魏劉馥爲揚州刺史馥子靖文帝黄初中從黄門侍

郎遷廬江太守詔靖父昔任彼州今卿復據此郡可謂克負荷者也

韋端從涼州牧徵爲太僕子康代爲涼州刺史時人榮之

杜畿爲河東太守子恕復爲太守恕所在務存大體而已其樹惠愛益得百姓歡心不及於畿

辛毗爲衛尉子敞官至衛尉

盧毓爲僕射典選舉子欽爲尚書僕射領選

蜀呂祥子及孫世爲永昌太守

吳孫鄰字公達雅性精敏幼有令譽九歲代父賁領豫章

朱才爲較尉領兵後弟亦以較尉領兵

周瑜字公瑾從祖父景景子忠皆爲漢太尉

顧譚祖父雍爲丞相平尚書事卒數月拜譚太常代雍平尚書

晉山濤武帝咸寧中除尚書僕射領吏部子簡懷帝永嘉初爲尚書左僕射領吏部

何曾子劭爲侍中尚書劭庶兄遵爲侍中遵子綏爲侍中尚書

虞悝與弟望並有士操孝悌廉信爲鄉黨所稱而俱

好臧否以人倫爲己任少仕州郡兄弟更爲治中別駕

杜軫成都人爲犍爲太守甚有聲譽當遷會病卒弟烈明政事察孝廉歷平康安陽令所居有異績遷衡陽太守聞軫亡因自表兄子幼弱求去官詔轉犍爲太守蜀士榮之

謝奕從兄尚爲豫州刺史尚有德政既卒爲西藩所思朝議以奕立行有素必能嗣尚事乃遷都督豫司冀并四州軍事安西將軍豫州刺史

滕修爲安南將軍廣州牧後修孫含爲平南將軍廣

州刺史在任積年甚有威惠
袁猷少與兄瓌齊名代瓌爲吕令復相繼爲江都令
繇是俱渡江
陶璜父基爲吳交州刺史璜復爲交州牧在州三十
年威恩著於殊俗後璜子威領刺史在職甚得百姓
心三年卒威弟淑子綏後並爲交州自基至綏四世
爲交州者五人
薛兼字令長清素有器宇資望故如上國不似吳人
歷位二宫丞相長史元帝踐祚累遷太子少傅自綜
至兼三世傳東宫

周訪爲南中郎將督梁州諸軍梁州刺史卒子撫後
爲益州刺史穆帝永和初進督梁州之漢中巴西梓
橦陰平四郡軍事升平中進鎮西將軍在州三十餘
年哀帝興寧三年卒子楚起家參征西將軍事從父
入蜀拜鷹揚將軍犍爲太守父卒以楚監梁益二州
假節襲爵建城公世世在梁甚得物情撫弟光少有
父風光子仲孫興寧初爲寧州刺史桓溫以梁益多
寇周氏世有威稱復除仲孫監益州梁州之三郡自
訪以下三世爲益州
棗據善文辭爲太子中庶子子嵩字臺產才藝尤美
爲太子中庶子
祖約逖之弟也逖有功於譙沛約漸見任遇逖卒自
侍中代逖爲西平將軍豫州刺史領逖之衆
庾闡能屬文爲給事中領著作其子肅之亦有文藻
著稱歷給事中
徐苗字叔胄累世相承皆以博士爲郡守
鄧嶽字伯山督交廣二州軍事建武將軍平越中郎
將廣州刺史假節加平南將軍卒嶽弟逸字茂山亦
有武幹嶽卒後以逸交監廣州建威將軍平越中郎
將廣州刺史假節

孔愉爲會稽内史卒於山陰之私第後其子孔國孫
靜並再爲會稽内史
王珉父洽嘗爲中書令至珉復居之時人以爲奕世
令望
孔巖爲吳興太守善於宰牧甚得人和後從姪廞廞
子琳之並爲吳興太守
丁潭爲散騎常侍子話後亦至散騎侍郎
桓石秀代叔父沖爲寧遠將軍江州刺史領鎮蠻護
軍西陽太守在州五年以疾去職其弟石民爲梁郡
太守時叔父沖鎮荆州及沖薨詔以石民監荆州軍

事西中郎將荆州刺史桓氏世荏荆土石民兼以才望甚爲人情所仰

宋陸仲元者晉太尉玩曾孫以事用見知歷吏部郎右衛將軍侍中吳郡太守自玩洎仲元四世爲侍中時人方之金張一族

殷淳曾祖融祖元並爲晉太常淳歷中書黃門侍郎淳弟冲亦歷中書黃門吏部郎冲弟淡亦歷黃門吏部郎

張暢爲侍中代子淹領太子右衛率

毛虎生及子璩並爲益州刺史

王淮之任宋臺御史中丞爲僚友所憚淮之父訥之祖臨之曾祖彪之自彪之至淮之四世並居此職

何偃爲吏部尚書父尚之去選未五載偃復襲其職世以爲榮

杜驥爲冀州刺史徵拜左軍將軍兄坦代爲刺史北土以爲榮

杜弘文交州刺史慧度子也弘文初爲九真太守及繼父爲刺史亦以寛和得衆襲爵龍編侯

朱修之爲司徒從事中郎文帝謂之曰卿曾祖昔爲王導丞相中郎卿今又爲王弘中郎可謂不忝爾祖矣

南齊柳世隆元景弟之子也出爲虎威將軍上庸太守帝謂元景曰卿昔以虎威之號爲隋郡今復以授世隆使卿門世不絶公也

沈淡與弟淵冲並歷御史中丞又云中丞案裁之職被憲者多結怨母孔氏在東隣家失火疑爲人所焚焚大呼曰我三兒皆作御史中丞與人豈有善者

顧憲之爲給事中黃門侍郎兼尚書吏部郎中宋世其祖覬之嘗爲吏部庭植嘉樹謂人曰吾爲憲之種耳至是憲之果爲此職

傳琰字季珪山陰令僧祐子也宋明帝泰始六年琰

又爲山陰東土大縣難爲官長僧祐在縣有稱琰尤明察又著名琰父子並著奇績江左鮮有匹云諸傳有治縣譜子孫相傳不以示人

梁謝覽爲吏部尚書覽自祖至孫三世居選部當世以爲榮

劉季連爲輔國將軍益州刺史季連父宋世爲益州貪鄙無政績州人猶以義故故善待季連季連下車存問故老撫納新舊見父時故吏故吏皆對之流涕

蕭昂字子明景之第三弟也武帝天監初爲輕車將軍監南兗州初景再爲兗州德惠在人及昂來代時

人方之馮氏
夏侯夔爲豫州刺史夔兄亶先經此任至是夔居焉
兄弟並有恩惠於鄉里百姓歌之曰我之有州頻仍
夏侯前兄後弟布政優優夔在州七年甚有聲績遠
近多附之
謝舉爲五兵尚書遷掌吏部舉祖莊宋世再典選至
舉又三爲此職前代未有也又遷侍中中書監未拜
還太子詹事翼左將軍舉父瀹齊世終此官累表乞
改授勅不許久之授職
到沆爲洗馬管東宮書記散騎省天監三年詔尚書

郎在職清能或人才高妙者爲侍郎以沆爲殿中曹
侍郎沆從父兄溉洽並有才名時皆相代爲殿中當
世榮之
王承除國子祭酒承祖儉及父暕嘗爲此職三世爲
國師前代未之有也當世以爲榮
孔僉歷官國子助教三爲五經博士子叔玄頗涉文
學官至太學博士
沈峻爲五經博士卒子文阿傳父業尤明左氏傳太
清中除國子助教爲五經博士
陳袁憲爲左僕射參掌選事先是憲長兄樞爲左僕
射至是爲右僕射臺省目樞爲大僕射憲爲小僕射
朝廷榮之
賀德基字承業世傳禮學祖文發父淹仕梁俱爲祠
部並有名當世德基於禮記稱爲精明累遷尚書祠
部德基雖不至大官而三世儒學俱爲祠部時論美
其不墜焉
樊毅南陽人也隸王僧辯討河東王譽以功除假
節威戎將軍右中郎將代兄俊爲梁興太守
後魏庾業延父及兄和辰世典畜牧
司馬楚之爲侍中鎮西大將軍開府雲中鎮大將朔

州刺史琅琊王楚之尚魏諸女河內公主生子金龍
後襲爵拜侍中鎮西大將軍開府雲中大將朔州刺
史金龍弟躍字寶龍尚趙郡公主拜駙馬都尉代兄
爲雲中鎮將朔州刺史楚之父子相繼鎮雲中朔土
服其威德
辛穆與其子馥並爲平原相吏民懷安之
韋朏爲荆郢和糴大使南郢州刺史丑夷啓稱朏父
珍往任荆州恩洽夷夏乞朏充南道將別領荆州號
勇共爲腹背詔從之
皮豹子爲都督秦雍荆梁益五州諸軍事開府仇池

鉀將豹子子喜高祖初拜侍中都督秦雍荆梁益五州諸軍事開府仇池鉀將以其父豹子昔鉀仇池有威信故也
楊津華陰人爲右將軍華州刺史與兄播前後皆牧本州當世榮之
畢衆敬爲兗州刺史子元賓後亦爲兗州刺史父子相代爲本州當世榮之
邢祐假員外散騎常侍使于宋祐子產復假員外散騎常侍使于南齊仍世將命時人榮之
傅敬和豎眼長子也豎眼前爲益州刺史敬和孝莊時復爲益州刺史朝廷以其父有遺惠故也

汇文遥爲汝州刺史卒于州長史許思祖等以文遥遺愛在民復推其子果行州事旣聞州任乃遣使奉表莊帝嘉之除果通直散騎侍郎假節龍驤將軍行汝州事
北齊鄭述祖爲兗州刺史初其父道昭爲兗州於彭城南小山起齊亭刻石爲記述祖時年九歲及爲刺史往尋舊迹得一破石有銘云中嶽先生鄭道昭之白雲堂述祖對之鳴咽悲動群寮
後周泉企上雒豐陽人曾祖景言任魏假宜陽郡守世襲本縣令父安志復爲宜陽郡守領本縣令企年十二鄉人皇平陳合等三百人詣州請企爲縣令州爲申上時吏部尚書郭祚以企年少未堪宰民請別選遣終此一限令企代之宣武詔曰企向成立且爲本鄉所樂何爲捨此世襲更求一限遂依所請
李旭爲黄門侍郎太祖嘗謂旭曰卿祖昔在中朝爲御史中尉卿操尚貞固理應不墜家風但孤以中尉彈劾之官愛憎所在故未卽授耳然此職久曠無以易卿乃奏旭爲御史中尉
裴文舉遂之子也武帝保定三年遷絳州刺史遂之

莅正平也以廉約自守每行春省俗單車而已及文舉臨州一遵其法百姓美而化之
奚達武爲大宗伯父震嘗爲此職時論榮之
于翼爲渭州刺史翼兄寔嘗莅此州頗有惠政翼又推誠布信事存寬簡夷夏感悦比之大小馮君焉
隋田式字顯標馮翼下邽人也祖安典父長樂仕魏俱爲本郡太守式仕周又爲本郡太守親故屛迹請託不行武帝聞而善之
庾季才爲大中大夫藝術精通子質復爲太史令質子儉亦傳父業兼有學識仕歷襄武令元德太子學

士義寧初爲太子令

唐濮陽王㙍高祖武德中代兄孝恭爲荆州都督

溫彥博歷中書侍郎時弟彥將亦爲中書侍郎

趙道興貞觀中爲左武侯中郎將隋武侯大將軍才之子也明閑宿衞號爲稱職太宗嘗謂曰卿父爲隋武侯將軍甚有當官之譽卿今克傳弓冶可謂不墜家聲因擢授右武侯將軍其父時廨宇仍舊不改時人以爲榮

唐盧承慶博學有才幹貞觀中歷雍州別駕尚書左丞弟承業亦有才幹與承慶相次爲尚書左丞雍州

刺史時人榮之

李百藥德林子也百藥貞觀元年爲中書舍人子安期高祖永徽中爲中書舍人自德林至安期三世皆掌制誥安期孫萬冲又爲中書舍人

戴胄貞觀中爲民部尚書以本官參預朝政胄兄子至德乾封中累遷西臺侍郎同東西臺三品轉戶部尚書依舊政事父子十數年間相繼爲尚書皆預知國政時以爲榮

崔仁師貞觀中爲中書舍人累遷中書侍郎平章事子湜中宗景龍中爲中書舍人再爲中書侍郎平章事

蕭均貞觀中爲中書舍人有名於時均曾姪孫嵩開元初爲中書舍人嵩子華肅宗上元初拜中書侍郎平章事華孫復建中末吏部尚書平章事華子嘗嘗子俛穆宗初爲中書侍郎平章事尋轉門下侍郎嘗弟悟子倣懿宗咸通末爲兵部侍郎平章事

閻立本工部尚書立德之弟也高宗顯慶中立本自將作大匠遷拜工部尚書兄弟相代時人榮之

薛元超隋內史侍郎道衡孫也元超高宗朝爲中書舍人中書省有一盤石初道衡爲內史侍郎嘗踞而

草制元超每見此石未嘗不泫然流涕肅宗上元三年復爲中書侍郎元超從子稷睿宗景雲中又爲中書侍郎

韓休伯父大敏則天初爲鳳閣舍人休歷遷中書舍人禮部工部侍郎知制誥休子汯亦歷知制誥休孫臯德宗朝爲考功郎中知制誥遷中書舍人臯父滉代宗大曆中爲尚書左丞臯德宗貞元末爲尚書右丞滉弟洄興元初爲京兆尹臯貞元十四年爲京兆尹

張說則天初爲鳳閣舍人子均玄宗朝爲中書舍人

姚璹與弟班數年間俱爲定州刺史戸部尚書時人榮之

易頴叔則天聖曆中爲天官侍郎自其高祖景伯至頴叔四代咸居選部時論榮之

韋承慶弟嗣立長壽中代承慶爲鳳閣舍人長安三年承慶又代嗣立爲天官侍郎頃之又代嗣立知政事當時以爲榮

劉知幾長安中累遷左史修國史開元初遷左散騎常侍子貺餗秩貺終於起居郎修國史餗累爲給事中尚書左丞左散騎常侍秩給事中尚書右丞

李景伯中宗景龍中爲給事中子彭年玄宗開元中又遷給事中

王維與弟縉以詞學齊名玄宗開元初縉爲監察御史天寶初維亦爲監察御史

賈曾初爲中書舍人以父名忠固辭乃拜諫議大夫知制誥開元初復拜中書舍人子至天寶末爲中書舍人玄宗幸蜀肅宗卽位于靈武玄宗遣至爲傳位册文玄宗歎曰昔先宗遜位於朕册文則卿之先父所爲今朕以神器付儲君卿又當演誥可謂繼美矣

韋斌天寶中拜中書舍人其兄陟先爲中書舍人而斌又繼遷時人美之

韋見素天寶五年爲諫議大夫充江西山南黔中嶺南黜陟使還拜給事中改尚書左丞吏部侍郎子諤諤皆至給事中孫顗以蔭補千年累遷給事中尚書左丞吏部侍郎

于休烈嗣子益次子肅相繼爲翰林學士

孫成父遜兄宿繼掌綸言三十年間更番西掖時論榮之

盧奕懷愼之少子也天寶十一年爲御史中丞始懷愼及奐並爲此官父子三人爲中丞清節不易時人

美之

郭英乂隴右節度使知運之季子也少以父業習知武藝策名河隴間以軍功累遷諸衛員外將軍至德初肅宗興師朔野英乂以將門子特見任用遷隴右節度使

崔渙乾元中累遷御史大夫子縱德宗建中中爲大理少卿魏州都糧料使與李懷光同赴奉天拜京兆尹懷光反德宗行幸梁州或曰縱素善懷光今不來矣帝曰縱吾能保其心不數日縱至拜御史大夫

張守珪字獻誠守珪弟守瑜守瑜子獻恭並爲山南

西道節度使
李峴肅宗幸靈武應召至行在拜扶風太守兼御史大夫既收京師拜禮部尚書守京兆尹復兼御史大夫時峴兄峘爲戶部尚書兼成都尹乾元初玄宗還京自蜀至又兼御史大夫兄弟俱判臺事國初已來兄弟並拜大夫未有其比
李希言爲禮部侍郎子紓代宗大曆中亦歷禮部侍郎
崔祐甫德宗初爲門下侍郎平章事專中書侍郎平章事修國史祐甫子植穆宗長慶初拜中書侍郎平

章事
鄭絪貞元中爲起居郎絪孫顥懿宗咸通中爲起居郎
李晟貞元中爲鳳翔節度子愬憲宗元和中爲隨唐鄧節度既平蔡州憲宗有意收復河湟故地授愬鳳翔節度使踰歲闕下會李師道再叛詔徵兵討之遂改愬爲徐泗節度與兄愿交換其城旬日間再踐父兄之任弟聽文宗開成中授鳳翔節度使父晟兄愬兄愿皆鎮鳳翔時人榮之
鄭餘慶貞元十三年爲工部侍郎子澣穆宗長慶中遷中書舍人文宗太和二年遷禮部侍郎餘慶憲宗元和中爲山南西道節度觀察使興元尹太和中澣自左丞出爲山南西道節度觀察使興元尹餘慶之鎮興元創儒官設學館至澣來復繼前美澣子處誨累遷工部刑部侍郎又遷宣武軍節度使處誨弟從讜宣宗大中中遷中書舍人懿宗咸通三年拜禮部侍郎專刑部又爲宣武軍節度使以兄殁於宣武詑一政不於公署舉樂
王緯字文卿父之咸初爲長安尉緯舉明經又書判入等歷長安縣尉

杜佑再爲淮南節度貞元十九年入朝拜簡較司空同平章事順宗即位初進簡較司徒憲宗時再拜司徒平章事佑孫悰武宗會昌中拜中書侍郎同平章事尋出鎮西川俄復入相加司空繼加司徒復歷淮南節度
竇常憲宗元和中爲國子祭酒弟牟穆宗長慶初亦爲國子祭酒
孔戣元和中自華州刺史入爲大理卿穆宗長慶中自吏部侍郎爲右散騎常侍弟戢自汝州刺史爲大理卿湖南觀察爲右散騎常侍

令狐楚爲失方員外郎知制誥元和九年入翰林遷中書舍人十二年罷内職守中書舍人十四年自河陽節度入拜中書侍郎同平章事楚子綯宣宗大中二年考功郎中知制誥其年入翰林拜中書舍人四年拜兵部侍郎平章事綯子渙位至中書人翰林學士

薛存誠自兵部郎中爲給事中子廷老自刑部郎中遷給事中廷老子保遜位至給事中

韓克中書令弘之弟爲河陽昭義衙門將及弘節制宣武召歸主親兵軍中奏官累至御史大夫元和十

五年代姪公武爲鄜坊節度使加簡較工部尚書穆宗長慶元年又自鄭滑節度充宣武軍節度使

張弘靖祖加貞爲中書舍人相玄宗爲中書令謚恭肅父延賞爲中書舍人相德宗爲左僕射平章事謚成肅弘靖亦爲中書舍人復相憲宗

韋貫之穆宗長慶初爲河南尹子澳咸通中爲河南尹

鄭覃長慶四年遷御史中丞文宗太和九年爲右僕射平章事加門下侍郎監修國史弟朗武宗會昌中爲御史中丞宣宗大中中爲禮部尚書平章事加中書侍郎監修國史

高鉞長慶四年正拜中書舍人充翰林學士如故文宗太和三年授刑部侍郎遷吏部侍郎弟銖開成三年自江西觀察入爲刑部侍郎弟鍇太和七年爲中書舍人開成中轉吏部侍郎鉞子湜懿宗咸通中再爲中書舍人

崔鄲爲給事中敬宗即位選爲翰林侍講學士轉中書舍人轉禮部侍郎子瑶累至中書舍人宣宗大中六年知貢舉旋拜禮部侍郎瑶弟瑾懿宗咸通中拜禮部侍郎鄲弟鄲太和三年以考功郎中充翰林學士轉中書舍人

路群文宗太和四年爲翰林學士五年正拜中書舍人子巖宣宗大中中累遷中書舍人

高元裕開成三年爲諫議大夫充翰林侍講學士兄少逸開成四年遷諫議大夫代元裕爲翰林侍講學士兄弟迭處禁密儒林榮之

李德裕自淮南節度使授門下侍郎同平章事初德裕父吉甫年五十一出鎮淮南五十四自淮南復相德裕鎮淮南復入相一如父之年亦爲異事

崔珙武宗會昌初累遷戶部侍郎充諸道鹽鐵轉運

使等弟璪宣宗大中初爲兵部侍郎充諸道鹽鐵轉
運使璪弟輿大中七年權知戶部侍郎轉兵部侍郎
張裼以宣宗大中中宰相于琮判度支召爲司勳員
外郎判度支尋用爲翰林學士轉郎中知制誥拜中
書舍人戶部侍郎學士承旨子文蔚昭宗乾寧中以
祠部郎中知制誥正拜中書舍人崔衎與文蔚同年
進士尤相善用爲翰林學士戶部侍郎
王龜懿宗咸通中爲浙東觀察使兄式宣宗大中時
廉問于此會破草賊裘甫亦著善政至是越人咸喜
焉

後唐趙犨唐僖宗光啓中爲陳州刺史其後犨弟昶
珝皆相繼爲陳帥
封舜卿莊宗同光已來累歷清顯封氏自太和以來
世居兩制以文筆稱於時舜卿從子渭昭宗遷雒時
爲翰林學士舜卿爲中書舍人叔姪對掌內外制從
子翹於梁貞明中亦爲翰林學士
劉遂清末帝清太元年以前興州刺史爲西京副留
守代其兄遂雍爲淄州刺史

册府元龜

冊府元龜

巡按福建監察御史臣李嗣京　正
分守建南道左布政使臣胡維霖　訂
知建陽縣事臣黃國琦　較

總錄部

志節

男子之生懸弧於門亦將有事於四方也蓋古之志士樹勲於世揚名於後者未始不懷慷慨之操厲剛果之節因事感發挾義倜儻或境處窮約或遭罹困辱而能壯圖内激英槩外見發乎心術形於話言卒

能踐之斯可復也至有服膺刻意研味前說矯尾厲角歷干當世不喜卑冗之役無事貴游之樂輕章句之誦習慕豪英之風軌專講王霸之術好論將帥之事靡尚細節罔循常簡是皆魁梧磊落之人也豈擬擬廉謹云乎哉

申包胥楚大夫初與伍員爲友伍員之亡也謂包胥曰我必復楚國也（復報）包胥曰勉之子能復之我必能興之及昭王在隨包胥如秦乞師

吳起衛人少時家累千金游仕不遂遂破其家鄉族笑之吳起殺其謗已者三十餘人而東出衛郭門與其母訣齧臂而盟曰起不爲卿相不復入衛後爲楚相

蘇秦者東周雒陽人也東事師於齊習之於鬼谷先生（潁川陽城有鬼谷蓋是其人所居因爲號風俗通曰鬼谷先生六國時從横家）出游數歲大困而歸兄弟嫂妹妻妾皆笑之曰周人之俗治産業力工商什二以爲務今子釋本而事口舌困不亦宜乎蘇秦聞之而慙自傷乃閉室不出出其書徧觀之曰夫士業已屈首受書而不能以取尊榮雖多亦奚以爲於是得周書陰符伏而讀之期年以出揣摩（戰國策曰乃發書陳篋數十得太公陰符之謀大而誦之簡練以爲揣摩讀書欲睡引錐自刺其股血流

至踵曰安有說人主不能出其金帛錦綉取卿相之尊者乎期年揣摩成鬼谷子有揣摩篇）曰此可以說當世之君矣後佩六國相印終齊客卿

張儀者衛人也始嘗與蘇秦俱事鬼谷先生學而游說諸侯嘗從楚相飲已而楚相亡璧門下意張儀曰儀貧無行此必盜相君之璧共執張儀掠笞數百不服釋之其妻曰嘻子毋讀書游說安得此辱乎張儀謂其妻曰視吾舌尚在否其妻笑曰舌在也儀曰足矣後終於秦相

蔡澤者燕人也游學于諸侯小大甚衆不遇而從唐舉相（荀卿曰梁有唐舉）曰吾聞先生相李兌曰百日之内持

國秉政有之乎曰有之曰若臣者何如唐舉熟視而笑曰先生曷鼻巨肩(徐廣曰曷一作偈偈一作抑巨一作渠)魋顔蹙齃膝攣(攣兩膝曲也)吾聞聖人不相殆先生乎蔡澤知唐舉戲之乃曰富貴吾所自有吾所不知者壽也願聞之唐舉曰先生之壽從今以往者四十三歲蔡澤笑謝而去謂其御者曰吾持梁刺齒肥(持梁作飯也刺齒二字當作齧又作齒也)躍馬疾驅懷黃金之印結紫綬于腰揖讓於人主之前食肉富貴四十三年足矣後爲秦相

李斯者楚上蔡人也年少時爲郡小吏見吏舍厠中鼠食不絜近人犬數驚恐之斯入倉觀倉中鼠食積

粟居大廡之下不見人犬之憂於是李斯乃歎曰人之賢不肖譬如鼠矣在所自處耳乃從荀卿學帝王之術學已成度楚王不足事而六國皆弱無可爲建功者欲西入秦辭於荀卿曰斯聞得時無怠今萬乘方爭時游者主事今秦王欲吞天下稱帝而治此布衣馳騖之時而游說者之秋也處卑賤之位而計不爲者此禽鹿視肉人面而能彊行者耳故詬莫大於卑賤而悲莫甚於窮困久處卑賤之位困苦之地非世而惡利自託於無爲此非士之情也始皇時斯位至丞相

陳勝陽城人少時嘗與人傭耕輟耕之壟上悵悵久之曰苟富貴無相忘傭者笑而應曰若爲傭耕何富貴也勝太息曰嗟乎燕雀安知鴻鵠志哉

漢陳平陽武戶牖人貧不事業一縣中盡笑其所爲里中社平爲宰(主切割肉也)分肉甚均里父老曰善陳孺子之爲宰平曰嗟乎使平得宰天下亦如此肉後爲丞相

韓信淮陰人家貧母死無以葬迺行營高燥地令傍可置萬家者(言其有大志也)後爲淮陰侯

朱買臣字翁子吳人也嘗刈薪樵賣以給食擔束薪

行且讀書其妻亦負載相隨數止買臣無歌謳道中買臣愈益疾歌妻羞之求去買臣笑曰我年五十當貴今已四十餘矣苦女日久待我富貴報女功後爲會稽太守丞相長史

主父偃臨淄人也上疏言事遷謁者中郎中大夫大臣皆畏其口賂遺千金或說偃曰大橫偃曰臣結髮游學四十餘年身不得遂親不以爲子昆弟不收賓客棄我我阸日久矣丈夫生不五鼎死則五鼎烹耳後爲齊相誅

朱雲字游平陵人事蕭望之受論語皆能傳其業好

倜儻大節當世以是高之終於槐里令
趙充國字翁孫隴西人爲人沈勇有大畧好將帥之節而學兵法通知四夷事爲後將軍卒
叚會宗字子松天水上邽人會宗爲人好大節矜功名位至左曹中郎將光祿大夫
終軍者濟南人也初從濟南當詣博士步入關關吏予軍繻繻帛邊也舊關出入皆以傳煩因裂繻頭合以爲符信也軍問以此何爲吏曰爲復傳復返也謂返出關吏以爲傳還當以合符軍曰丈夫西游終不復傳還棄繻而去軍爲謁者使行郡國建節東出關關吏識之曰此使者迺前棄繻生也

班伯爲奉車都尉與王許子弟爲羣在於綺襦紈袴之間非其好也
翟方進字子威汝南上蔡人家世微賤年十二三失父孤學給事太守府爲小史號遲頓不及事數爲掾史所詈辱方進自傷迺從汝南蔡父相問巳能所宜言從何術蓺可以自達蔡父大奇其形貌謂曰小史有封侯骨當以經術進努力爲諸生學問方進既厭爲小史聞蔡父言心喜因病歸家辭其後母欲西至京師受經方進讀經博士受春秋積十餘年經學明習徒衆日廣諸儒稱之以射策甲科爲郎

後漢耿弇少好學父況爲朔調連率弇常見郡尉試騎士建旗鼓隸馳射繇是好將帥之事後終建威大將軍
王霸世好文法父爲郡決曹掾霸亦少爲獄吏常慷慨不樂吏職其父奇之遣西學長安後終於上谷太守
馬援年十二而孤少有大志諸兄奇之嘗受齊詩意不能守章句乃辭兄況欲就邊郡田牧況曰汝大才當晚成良工不示人以樸且從所好後爲伏波將軍封新息侯援曰方今匈奴烏桓尚擾北邊欲自請擊

之男兒要當死于邊野以馬革裹屍還葬耳何能卧牀上在兒女子手中耶
馮衍字敬通幼有奇才二十而博通群書王莽時諸公多薦舉之者衍辭不肯仕然有大志不戚戚於貧賤居嘗慷慨歎曰衍少事名賢經歷顯位懷金乘紫揭節奉使不求苟得嘗有凌雲之志三公之貴千金之富不得其願不槩於懷貧而不衰賤而不憾年雖疲曳猶庶幾名賢之風修道德於幽冥之路以終身名爲後世法居貧年老卒于家衍官至司隸從事
鄧訓字平叔禹第六子也少有大志不好文學禹嘗

非之訓終於護羌較尉

郭丹從師長安買符入函谷關乃慨然歎曰丹不乘使者車終不出關既至京師常爲都講諸儒咸敬重之大司馬嚴尤請丹辭病不就王莽又徵之遂與諸生逃于北地更始一年三公舉丹賢能徵爲諫議大夫持節使歸南陽安集受降丹去家十有二年果乘高車出關如其志焉

梁竦安定人高山侯統子也竦言生長京師不樂本土自負其才鬱鬱不得意嘗登高遠望歎息言曰大丈夫居世生當封侯死當廟食如其不然閑居可以

養志詩書足以自娛州郡之職徒勞人耳後辟命交至並無所就

梁慬有勇氣常慷慨好功名官至謁者

第五倫爲京兆督鑄錢掾每讀詔書常歎息曰此聖主也一見決矣等輩笑之曰爾說郡將尚不下安能動萬乘乎（華嶠書曰蓋延代鮮于褒爲馮翊多非法倫數切諫延憾之故滯不得舉郡將謂郡守）倫曰未遇知己道不同故耳位至司空

班超爲人有大志不修細節然內孝謹居家常執勤苦不恥勞辱與母隨至雒陽家貧嘗爲官傭書以供養久勞苦嘗輟業投筆歎曰大丈夫無它志畧猶當效傅介子張騫立功異域以取封侯安能久事筆硯間乎左右皆笑之超曰小子焉知壯士志哉後爲西域都護封定遠侯

趙曄會稽山陰人也少嘗爲縣吏奉檄迎督郵曄恥於廝役遂棄車馬去到犍爲資中（資中縣名今資州資陽縣）詣杜撫受韓詩究竟其術撫卒乃歸州召補從事不就

楊震嘗客居于湖不荅州郡禮命數十年衆人謂之晚暮而震志愈篤後位至太尉

徐淑交接英雄嘗有非志舉茂才除渤海修令遷琅琊都尉

趙温爲京兆郡丞嘆曰大丈夫當雄飛安能雌伏遂棄官去

盧植從馬融學終辭歸闔門教授性剛毅有大節常懷濟世志後爲議郎

張奐少立志節嘗與士友言曰大丈夫處世當爲國家立功邊境及爲將帥果有動名爲度遼將軍轉太常卒

馮良字君郎出於孤微少作縣吏年三十爲尉從佐奉檄迎督郵即路慨然耻在廝役因壞車殺馬毀裂衣冠乃遁至犍爲從杜撫學

戴封年十五詣太學師事鄮令東海申君申君卒送喪到東海道當經其家父母以封當還豫爲娶妻封暫過拜親不宿而去還京師卒業後爲中山相徵拜爲太常卒

郭泰字林宗家世貧賤早孤母欲使給事縣廷林宗曰大丈夫安能處斗筲之役乎遂辭就成臯屈伯彥學後以有道徵不就

符融少爲都官從事主察舉百官犯法者融恥爲其吏而去後游太學師事少府李膺

范冉（冉或作丹）少爲縣小吏年十八奉檄迎督郵冉恥之

乃遁去游學後爲萊蕪長不到官卒

陳蕃年十五嘗閑處一室而庭宇蕪穢父友同郡薛勤來候之謂曰孺子何不洒掃以待賓客蕃曰大丈夫處世當掃除天下安事一室乎勤知其有清世志甚奇之位至太尉

逢萌家貧給事縣爲亭長時尉行過亭萌候迎拜謁旣而擲楯歎曰大丈夫安能爲人役哉遂去之長安學通春秋經後隱於勞山連徵不起卒

周黨家產千金少孤爲宗人所養而遇之不以禮及長又不還其財黨詣鄉縣訟主乃歸之旣而散與宗族悉免遣奴婢遂至長安游學建武中徵爲議郎以病去職

杜密字周甫潁川陽城人也爲人沈實少有厲俗志後爲太僕黨事旣起免歸本郡

岑晊南陽棘陽人也雖在閭里慨然有董正天下之志後太守弘農成瑨請爲功曹

范滂少厲清節爲州里所服舉孝廉光祿四行時冀州飢荒盜賊羣起乃以滂爲清詔使案察之滂登車攬轡慨然有澄清天下之志

王允少好大節有志於立功常習誦經傳朝夕試馳

射三公並辟以司徒高第爲侍御史

鄭玄年十一二隨母還家正臘會同列十數皆美服盛飾語言閑通玄獨漠然如不及母私督數之乃曰此非我志不在所願也後徵司農卿不就

魏夏侯稱字叔權征西將軍淵之子也自孺子而好合聚童兒爲之渠帥戲必爲軍旅戰陳之事有違者輒嚴以鞭笞衆莫敢逆淵陰奇之使讀項羽傳及兵書不肯曰能則自爲耳安能學人與文帝爲布衣之交年十八卒

婁圭字子伯少有猛志嘗歎息曰男兒居世會當得

數萬兵千匹騎著後耳儕輩笑之後詣太祖以爲大
將
鄧艾少時每見高山大澤輒規度指畫軍營處所時
人多笑焉後位至征西將軍
留贊字正明會稽長山人爲郡吏與黄巾賊帥吳桓
戰手斬得桓贊一足被創遂屈不伸然性烈好讀兵
書及三史每覽古良將戰攻之勢輒對書獨歎因呼
諸近親謂曰今天下擾亂英豪並起歷觀前世富貴
非有恒人而我屈躄在閭巷之間存亡無以異今欲
刳引吾足幸不死而足伸幾復見用死則已矣親戚

皆難之有間贊乃以刀自割其筋血流滂沲氣絶良
久家人驚怖亦以旣爾遂引伸其足足伸創愈以得
蹉步淩統聞之請與相見甚奇之乃表薦贊遂被試
用
賈逵字梁道自爲兒童戲弄嘗設部伍祖父習異之
日汝大必爲將率口授兵法數萬言終於豫州刺史
黄朗字文達沛郡人也爲人弘通有性實父爲本縣
卒朗感其如此抗志游學錄是爲方國及其郡士大
夫所禮特異
裴潛少時不爲父所知又自感所生微賤無舅氏又
爲父所不禮卽折節仕進雖多所更歷清省恪然後
爲光祿大夫卒
蜀姜維字伯約天水冀人也少孤與母居好鄭氏學
爲人好立功名陰養死士不修布衣之業後爲大將
軍
吳呂蒙字子明汝南富陂人也少南渡依姊夫鄧當
當爲孫策將數討山越蒙年十五六竊隨當擊賊當
顧見大驚呵叱不能禁止歸以告蒙母母恚欲罰之
蒙曰貧賤難可居脫誤有功富貴可致且不探虎穴
安得虎子母哀而舍之後爲南郡太守

黄蓋少孤嬰丁凶難辛苦備嘗然有壯志雖處貧賤
不自同於凡庸嘗以負薪餘閒學書疏講兵事後爲
偏將軍
潘璋東郡人性博蕩居貧好賒酤債家至輒言後豪
富相還後爲右將軍
張奮昭之弟也年二十造作攻城大攻車爲步騭所
薦昭不願曰汝年尚幼何爲自委於軍旅乎奮對曰
昔童汪死難子奇治阿奮實不才耳於年不爲少也
遂領兵馬將軍連有功效至平州都督封樂鄉亭侯
晉杜預字元凱京兆杜陵人也祖畿魏尚書僕射父

恕幽州刺史頎傳學多通明於興廢之道嘗言德不可以企及立言可庶幾也後爲鎮南大將軍都督荆州諸軍事

王濬慨廓有大志嘗起宅開門前路廣四十步人或謂之何太過濬曰吾欲使容長戟幡衆咸笑之濬曰陳勝有言燕雀安知鴻鵠之志後爲撫軍大將軍

劉卞字叔龍東平須昌人也本兵家子質直少言少爲縣小吏功曹夜醉如厠使卞執燭不從功曹銜之以他事補亭子卞後從令至雒得入太學試經爲臺四品吏訪問令寫黄紙一鹿車卞曰劉卞非爲人寫

黄紙者也訪問知怒言於中正退爲尚書令史或謂卞曰君才簡略堪大不堪小不如作守（行守之義）舍人卞從其言後爲吏部令史遷齊王攸司空主簿

魏舒字陽元任城樊人也少孤爲外家甯氏所養甯氏起宅相宅者云當出貴甥外祖母以盛氏甥小而慧意謂應之舒曰當爲外祖成此宅相久乃别居年四十餘郡上計掾察孝廉宗黨以舒無學業勸令不就可以爲高耳舒曰若試而不中其負在我安可虚竊不就之高以爲已榮乎於是自課百日習一經因而對策升第除澠池長

趙至字景眞代郡人也寓居雒陽緱氏令初到官至年十三與母同觀母曰汝先世本非微賤世亂流離遂爲士伍耳爾後能如此不至感母言詣師受業聞父耕叱牛聲投書而泣師怪問之至曰我小未能榮養使老父不免勤苦師甚異之年十四遊太學後占籍遼西舉郡計吏到雒與父相遇時母已亡父欲令其宦歷弗之告仍戒以不歸至乃還遼西幽州三辟部從事斷九獄見稱精審太康中以良吏赴雒知母亡初至自恥士伍欲以官學立名期於榮養既而其志不就號憤慟哭嘔血而卒

左思少學鍾胡書及鼓琴並不成父雍謂友人曰思曉解不及我少時思遂感激勤學兼善陰陽之術貌寢口訥而詞藻壯麗不好交游惟以閑居爲事思嘗爲秘書郎

陳頵字延思陳國苦人也少好學有文義父訢立宅起門頵曰當使容馬車訢笑而從之後州辟部從事乘馬車還家宗黨榮之

李矩字世回平陽人也童亂時與羣兒聚戲便爲其率計畫指授有成人之量後終於征西將軍司州刺史

易雄字興長長沙瀏陽人也少爲縣吏自念卑賤無錄自達乃脫幘挂縣門而去因習律令及施行故事交結豪右州里稍稱之後爲舂陵令

丁紹爲冀州刺史自以爲才足爲物雄當官涖政每事克舉視天下之事若運於掌握遂慨然有董正四海之志矣是時王浚盛於幽州苟晞盛於青州然紹視二人蔑如也永嘉三年暴疾而卒臨終歎曰此乃天亡冀州豈吾命哉

閻纘不護細行而慷慨多大節後終於漢中太守

劉琨少負志氣有縱横之才善交勝己頗浮誇與范

陽祖逖爲友聞逖被用與親故書曰吾枕戈待旦志梟逆虜嘗恐祖生先吾着鞭其意氣相期如此後爲幽州刺史

王恭字伯孝光祿大夫蘊子定皇后之兄也少有美譽清操過人自負才地高華嘗有宰輔之望讀左傳至奉王命討不庭每輟卷而歎起家爲著作郎歎曰仕宦不爲宰相才志何足以騁因以疾辭後爲輔國將軍

劉殷性至孝時人嘉其至性通感競以穀帛遺之殷受而不謝直云待後貴當相酬耳性倜儻有濟世之志儉而不陋清而不介望之頹然而不可侵也鄉黨親族莫不稱之後仕劉聰至太保

夏統字仲御會稽永興人也幼孤貧養親以孝聞睦於兄弟每採梠求食星行夜歸或至海邊拘蠯蠘以資養雅善談論宗族勸之仕謂之曰卿清亮質直可作郡綱紀與府朝接自當顯至如何甘辛苦於山林畢性命於海濱也統悖然作色曰諸君待我乃至此乎使統屬太平之時當與元凱評議出處遇濁代念與屈生同污共泥若污隆之間自當耦耕沮溺豈有辱身曲意於郡府之間乎聞君之談不覺寒毛盡戴

白汗四匝顏如渥丹心熱如炭舌縮口張兩耳壁塞也言者大慚

祖逖與劉琨俱爲司州主簿情好綢繆共被同寢中夜聞荒雞鳴蹴琨覺曰此非惡聲也因起舞逖琨並有英氣每語世事或中宵起坐相謂曰若四海鼎沸豪傑並起吾與足下當相避於中原耳琅琊王拓定江南未遑北伐乃以逖爲奮威將軍豫州刺史逖渡江中流擊揖而誓曰祖逖不能清中原而復濟者有如大江辭色壯烈衆皆慨嘆

王導從元帝鎮建康過江人士每至暇日相要出新

亭飲宴周顗中坐而歎曰風景不殊舉目有江河之異皆相視流涕惟導愀然變色曰當戮力王室克復神州何至作楚囚相對泣邪衆收淚而謝之導位至宰相

陶侃嘗語人曰大禹聖者乃惜寸陰至於衆人當惜分陰豈可逸遊荒醉生無益於時死無聞於後是自棄也後爲廣州刺史在州無事輒朝運百甓於齋外暮運於齋內人問其故荅曰吾方致力中原過爾優逸恐不堪事其勵志勤力皆此類也

谷儉桂陽人中興初以學較陵遲特聽不試孝廉而

秀才依舊策試甘卓爲湘州刺史備禮舉儉爲秀才儉辭不獲命州厚禮遣之諸州秀才聞當考試皆憚不行惟儉一人到臺遂不復策試儉恥其州少士乃表求試以高第除中郎儉少有志行寒苦自立博涉經史于時南土凋荒經籍道息儉不能遠求師友惟在家研精雖所得實淺未有名譽又恥衒耀取達遂歸終身不仕卒於家

孔安國羣從諸兄並乏才名以富强自立惟安國與兄汪少厲孤貧之操汪既以直亮稱安國亦以儒素顯後歷尚書左右僕射卒

劉毅字希樂少有大志不修家人產業後爲衛將軍荆州刺史

魏詠之生而兔缺年十八聞荆州刺史殷仲堪帳下有名醫能療之貧無行裝謂家人曰殘醜如此用活何爲遂齎數斛米西上以投仲堪既至造門自通仲堪與語嘉其盛意召醫視之醫曰可割而補之但須百日進粥不得語笑詠之曰半生不語而有半生亦當療之況百日邪仲堪於是處之別室令醫善療之詠之遂閉口不言惟食薄粥其厲志如此及差仲堪厚資遣之後爲荆州刺史

前趙劉宣師事樂安孫炎學成而返不出門閭蓋數年每讀漢書至蕭何鄧禹傳未曾不反覆詠之曰大丈夫若遭二祖終不令兩公獨擅美於是矣晉武時爲右部都尉

前秦王猛字景畧隱於華陰山懷佐世之志希龍顏之主斂翼待時候風雲而後動後爲苻堅丞相

宋蒯恩蘭陵人高祖征孫恩縣差恩爲征民使伐馬芻恩常負大束兼倍餘人每捨芻於地歎曰大丈夫彎弓三石奈何充馬士高祖聞之卽給器仗恩大喜自征妖賊常爲先登後爲世子司馬

傳弘之少倜儻有大志爲本州主簿舉秀才不行

劉鍾字世之彭城人也少孤依鄉人中山太守劉廼共居幼有志力嘗慷慨於貧賤後從高祖征伐爲右衛將軍

垣護之少倜儻不拘小節形狀短陋而氣幹强果從高祖征司馬休之爲世子中軍府長史兼行參軍

王鎮惡年十三而苻氏敗亡關中擾亂流寓殽澠之間嘗寄食澠池人李方家方善遇之謂方曰若遭遇英雄主要取萬戶侯當厚相報方答曰君丞相孫人才如此何患不富貴至時願見用爲本縣令足矣鎮

惡終於安西將軍

劉湛弱年便有宰世志嘗自比管夷吾諸葛亮不爲文章不喜談議本州辟主簿不就除著作佐郎又不拜後位至丹陽太守

宗慤字元幹南陽人也叔父炳高尚不仕慤方少時炳問其志慤曰願乘長風破萬里浪炳曰汝不富貴即破我家矣後爲雍州都督

沈攸之慶之從子也攸之初詣領軍將軍劉遵考求補白丁隊主遵考以爲形陋不堪攸之歎曰昔孟嘗君身長六尺爲齊相今求士取肥大者哉因隨慶之征討後爲荊州刺史

曹景宗新野人頗愛史書每讀穰苴樂毅傳輙放卷歎息曰大丈夫當如是

南齊垣榮祖少學騎馬及射或謂之曰武事可畏何不學書榮祖曰昔曹操曹丕上馬橫槊下馬談論此於天下可不負飲食矣君輩無自全之伎何異犬羊乎榮祖在淮陰見太祖自比韓信白起咸不信惟帝獨許之後爲兗州大中正

李安民少有大志嘗歎曰大丈夫處世富貴不可希取三將五較何難之有太祖時位至中郎領軍封康

樂侯

王敬則臨淮射陽人也性倜儻不羈好刀劍嘗與暨陽吏鬪謂曰我若得暨陽縣當鞭汝小吏背吏唾其面曰汝得暨陽縣我亦得司徒公矣敬則後自直閤將軍補暨陽令昔日鬪吏亡叛令出遇之甚厚曰我已得暨陽縣汝何時得司徒公邪

樊遜字孝謙河東北猗氏人也遜少學嘗爲兄仲所優饒既而自責曰名爲人弟獨受安逸可不愧於心乎欲同勤事業母馮氏謂之曰汝欲謹小行邪遜感母言遂專心典籍嘗書壁作見賢思齊四字以自勸

勉後寓居鄴中爲臨漳小吏縣令裴鑒擢爲主簿
王儉少時便有宰臣之志賦詩云稷契贊虞夏伊呂
翼商周及生子字曰玄成取世仍作相之義後爲衛
將軍尚書令
梁吉士瞻字梁客馮翊蓮勺人也少有志氣不事生
業時徵士吳苞見其姿容勸以經學士瞻因誦鮑昭
詩云豎儒守一經不足識行藏拂衣不顧後爲西陽
武昌二郡太守
馮道根廣平人本郡召爲主簿不就曰吾當使封侯
廟食安能爲儒吏邪後爲左右上將軍封侯

裴之橫字如岳之高第十三弟也少好賓游重氣俠
不事產業之高以其縱誕乃爲狹被蔬食以激厲之
之橫歎曰大丈夫富貴必作百幅被遂與僮屬數百
人於芍陂大營田墅俄致殷積簡文在東宮聞而要
之以爲河東王常侍
陳吳明徹微涉書史天文孤虛遁甲通其妙頗以英雄
自許高祖深奇之高祖受禪拜安南將軍
周文育本姓項氏年十一歲義與人周薈養爲己子
命凡子弘讓教之書計弘讓善隸書寫蔡邕勸學及
古詩以遺文育不之省也謂弘讓曰豈能學此取富
貴耶但有丈槊耳弘讓壯之教騎射文育大悅後爲鎮
南將軍
魯廣達字遍覽吳州刺史悉達之弟也少慷慨志立
功名位至中領軍
後魏崔亮父元孫爲沈文秀所害亮時年十歲常依
季父幼孫居家貧傭書自業時隴西李沖當朝任事
亮從兄光往依之謂亮曰安能久事筆硯而不往託
李氏也彼家饒書因可得學亮曰弟妹飢寒豈可獨
飽自可觀書於市安能看人眉睫
宋繇燉煌人繇生而父僚爲張邕所誅繇少有志尚

喟然謂妹夫張彥曰門戶傾覆負荷在繇不能銜膽
自厲何以繼承先業遂隨彥至酒泉追師就學閉室
誦書晝夜不倦博通經史諸子羣言靡不綜覽後終
於安遠將軍
李曾趙郡人也郡辟功曹不就門人勸之曾曰功曹
之職雖是鄉選高第猶是郡吏耳北面事人亦何容
易後終於趙郡太守
李瑒俶儻有大志好飲酒篤於親知每謂弟郁曰士
大夫學問稽博古今而罷何用專經爲老博士也後
爲鎮遠將軍岐州刺史

揚佩字士業播之子也頗愛琴書尤好計畫時播一門貴蒲朝廷兒姪早通而佩獨不交游公卿罕有識者親朋勸其出仕佩曰苟有良田何憂晚歲但恨無才具耳後終於右光祿大夫

王肅少而聰辯涉獵經史頗有大志位至揚州刺史

傳永年二十餘有友人與之書而不能答請於叔父洪仲洪仲深讓之而不爲報永乃發憤讀書涉獵經史兼有才華後位至光祿大夫

李苗少有節操志尚功名每讀蜀書見魏延請出長安諸葛不許嘗歎息謂亮無奇計及覽周瑜傳未曾

不咨嗟絶倒後終冠軍將軍

夏侯道遷譙國人少有志操年十七父母爲結婚韋氏道遷云欲懷四方之志不願取婦家人咸謂戲言及至婚日求覔不知所在於後訪問乃云逃入益州後爲瀛州刺史卒

李業興上黨長子人少耿介志學精力雖在貧賤嘗自矜負若禮待不足縱於權貴不爲之屈後終於齊文襄王中外府諮議參軍

庫狄昌字恃德神武人也少便騎射有膂力膽氣壯烈每以將帥自許

北齊高昂幼稚時便有壯氣長而俶儻父翼爲求嚴師令捶撻昂不遵師訓專事馳騁每言男兒當橫行天下自取富貴誰能端坐讀書作老博士也後位至司徒公

趙彥深年三歲母傅氏便孀居彥深五歲傅謂之曰家貧兒小何以能濟彥深泣而言曰若天哀矜兒大當仰報傅感其意對之流涕及彥深拜太常卿還母子相泣久之

魏收年十五頗已屬文及隨父赴邊好習騎射欲以武藝自達滎陽鄭伯調之曰魏郎弄戟多少收慙遂

折節讀書以文章顯後爲尚書右僕射

後周孟信廣川索盧人也家世貧寒頗傳學業信嘗曰窮則變變則通吾家世傳儒學而未有通官當繇儒非世務也遂感激棄書從軍

薛憕字景猷河東汾陰人也曾祖弘敞值黑連之亂率宗人避地襄陽憕早喪父家貧躬耕以養祖母有暇則覽文籍時人未之奇也江表取人多以世族憕旣羇旅不被擢用然負才使氣未嘗趣世祿之門左中郎將京兆韋潛度謂憕曰君門地非下身材不劣何不褰椐數參吏部憕曰世胄躡高位英俊沉下僚

古人以爲歎息竊所未能也潛度告人曰此年少極慷慨但不遵時耳與族祖安都之子懷雋相善懷雋每日汝還鄉里不營產業不肯取妻豈復欲南乎憕以恬然自處不改其舊後爲安東將軍

劉璠初仕梁爲王國常侍非其好也璠少慷慨好功名志欲立事邊城不樂隨牒平進會宜豐侯蕭循出爲北徐州刺史即請爲經車府主簿兼記室參軍後爲華陽太守屬侯景渡江梁室大亂循以璠有才畧甚親委之時寇難繁與未有所定璠乃喟然賦詩以見志其末章曰隨會平王室夷吾成霸功虛薄無時

用從然慕昔風太祖時爲黃門侍郎儀同三司

宇文貴少從師受學嘗輟書歎曰男兒當提劍汗馬以取公侯何能如先生爲博士也後爲大將軍

王勵字醜典性忠果有才幹年十七從太祖嘗謂之曰爲將坐見成敗者上也被堅執銳者次也勵曰意欲兼之太祖大笑後爲千牛備身直長

李弼字景和遼東襄平人少有大志膂力過人屬魏室兵亂語所親曰丈夫生世會須履鋒刃平寇難安社稷以取功名安能碌碌依階資以求榮位後以戰功爲柱國大將軍終於太師

楊寬少有大志每與諸童游處必擇高大之物而坐之見者咸異焉後終於梁州刺史

李遠字萬歲幼有器局志度恢然嘗與羣兒爲戰鬬之戲指麾部分便有軍陣之法郡守見而異之召使更戲羣兒懼而散遠持杖叱之復爲向勢意氣雄壯殆甚於前郡守曰此小兒所爲非恒人也及長涉獵書傳略知指趣而已官至柱國大將軍

蔡佑高平人少有大志與鄉人李穆布衣齊名嘗謂曰大丈夫當建立功名以取富貴安能久處貧賤邪言訖各大笑後皆如其言位至宜州刺史

宇文深字奴干性鯁正有器局年數歲便累石爲營伍并折草作旌旗布置行列皆有軍陣之勢父永過見之乃大笑曰汝自然如此於後必爲名將後終於司命中大夫

侯植其先家北地之三水爲州郡冠族植少倜儻有大節容貌奇偉武藝絶倫後爲司倉下大夫

隋宇文慶字神慶沈深有器局少有聰敏見知周初受業東觀頗涉經史既而謂人曰書足記姓名而已安能久事筆硯爲腐儒之業後終於源州總管

王誼字宜君河南雒陽人也父顯周鳳州刺史誼少

慷慨有大志便弓馬遍覽羣言周閔帝時爲左中侍
上士
于仲文父實仕周周六左輔仲文倜儻有大志氣調
英拔當時號爲名公子起家爲趙王屬
宇文忻字仲樂本朔方人徙京兆祖莫豆干魏安平
公父貴周大司馬許國公忻幼而敏慧爲童兒時與
羣輩遊戲輙爲部伍進止行列無不用命有識者見
而異之年十二能左右馳射驍捷若飛嘗謂所親曰
自古名將惟以韓白衛霍爲美談吾察其行事未足
多尚若使與僕並時不令豎子獨擅高名也其少小

慷慨如此後爲右領大將軍
崔廓字士玄博令安平人也少孤貧而母賤繇是不
爲邦族所齒初爲里佐屢逢屈辱於是感激逃入山
山遂博覽典籍多所通涉山東學者皆宗之旣還鄉
里不應辟命
王頍好讀書又曉兵法益有縱横之志每嘆不逢時
嘗以公相自許後爲王諒府諮議參軍
張定和字處謐京兆萬年人也少貧賤有志節初爲
侍官會平陳之役定和當從征無以自給其妻有嫁
時衣服定和將鬻之妻靳固不與定和於是遂行以
功拜儀同賜帛千匹遂棄其妻
沈光少驍捷大業中煬帝徵天下驍果之士以伐遼
左光預焉同類數萬人皆出其下光將詣行在所賓
客送至灞上者百餘騎光酹酒而誓曰是行也若不
能建功立名當死於高麗不復與諸君相見矣後爲
折衝郎將
元巖字君山好讀書不治章句剛鯁有器局以名節
自許高祖受禪拜兵部尚書進爵平昌郡公
來護兒幼而卓犖初讀詩至擊鼓其鏜踴躍用兵羔
裘豹飾孔武有方因捨書歎曰大丈夫在世當如是

會爲國滅賊以取功名安能區區專事筆硯也羣輩
驚其言而壯其志及長雄畧秀出志氣英遠涉獵書
史不爲章句學後位至開府儀同三司
唐房玄齡幼仕隋爲隰城縣尉坐事除名鬱鬱不自
得時天下方亂嘗慨然有安王濟時之志後位至司
空
李靖涉獵書傳不爲章句之學嘗云大丈夫若遇明
君撥亂膺期當立功立事以取富貴耳後終於左僕
射
竇威家世勳貴眈翫文史時諸兄並以軍功致仕通

顯交結豪貴賓客盈門而威職掌閑散諸兄更謂威曰昔孔丘積學成聖猶狼狽當時棲遑若此汝效此道復欲何求名位不達固其宜矣威笑而不荅後終於内史令

魏徵字玄成鉅鹿曲城人也少孤貧落拓有大志不事生業好讀書多所通涉見天下漸亂尤屬意縱橫之說後爲太子太師知門下省事

武士彠太原人才器詳敏少有大節及長深沈多大略每讀書見扶主立忠之事未嘗不三復研尋嘗以慷慨揚名爲志後終荆州都督

馬周字賓王少孤貧好讀書尤明詩傳而落拓不事生產不爲州里所敬武德中補博州助教日飲醇酒不以講授爲心刺史達奚恕屢加咎責乃拂衣游於曹汴之境復爲浚儀令崔賢首所辱周遂感激西游長安至新豐宿於逆旅主人惟供設諸商販而不顧周遂命酒一斗八升悠然獨酌主人翁深異之後爲中書令兼太子右庶子

狄仁傑字懷英并州太原人也兒童時門人有被害者縣吏就詰之衆皆接對惟仁傑堅坐讀書吏責之仁傑曰黄卷之中聖賢備在猶不能接對何暇偶俗吏而見責邪後終於内史

褚無量杭州鹽官人也幼孤貧勵志好學家近臨平湖中有龍鬭傾里閈就觀之無量時年十三讀書晏然不動後爲左散騎常侍皇太子侍讀

哥舒翰倜儻任俠好然諾年四十遭父喪客居西京爲長安尉不禮慨然發憤折節仗劍之河西後位至尚書左僕射同平章事

崔圓少孤貧志尚閎儻好讀兵書有經濟宇宙之心後至黄門侍郎平章事

馬璘扶風人璘少孤落拓年二十因讀馬援傳至大

丈夫當死於邊野慨然嘆曰豈使吾祖勳業墜於地乎乃仗劒從戎西至安西以奇功累遷左金吾衛員外將軍

馬燧少嘗與諸兄讀書乃輟卷嘆曰天下將有事矣丈夫當立功伐以濟四海安能碌碌爲一儒也後位司徒兼侍中北平王

張建封兗州人頗愛屬文以立功名爲己任後終於徐州節度使

李德裕幼有壯志苦心力學尤精西漢書左氏春秋恥與諸生從鄉賦不喜科試年纔及冠志業大成後

位至太尉平章事
張仲武范陽人也少業左氏春秋擲筆爲薊北雄武軍使
梁趙犨髫齔之時與隣里小兒戲於道左嘗分布行列爲部伍戰陣之狀自爲董帥指顧有節如夙習焉羣兒皆禀而從之無敢亂其行者其父目而異之曰吾家千里駒也必大吾門耳弱冠有壯節好功名後爲忠武軍節度使
後唐袁象先性寬厚不忤於物幼遇亂慨然有憂時之意後爲歸德軍節度使

晉李專美舊學爲文以父樞唐昭宗時嘗應進士舉爲覆試所落不許再入專美心愧之繇是不遊文場後終於大理卿
桑維翰字國僑雒陽人也父珙事河南尹張全義爲客將維翰身短面廣殆非恒人既壯每對鑑自歎曰七尺之身安如一尺之面繇是慨然有公輔之望後位至中書令

冊府元龜

冊府元龜

巡按福建監察御史臣李嗣京　訂正
知閩縣事臣曹冄臣參閱
知建陽縣事臣黃國琦較釋

總錄部七百七十三

幼敏

書曰惟人萬物之靈若夫幼而慧少而成者益可貴矣中古而下英妙間出乃有特禀異資迥越倫萃岐嶷兆於襁褓穎悟發於齠齔學疑宿習動彰默識或未就外傅已遍羣籍甫及志學即爲人師識洞於未

萌智表於先見心計足以成務口辯足以解紛老成之姿著於容止賦笔之麗成於俄頃至行出於天性玄譚絶於流俗時輩推尚英聲騰騖斯仲尼所謂生知之者歟

后稷名棄爲兒時屹如巨人之志其遊戲種樹麻菽麥及成人遂好耕農相地之宜宜穀者稼穡焉民皆法則之帝堯聞之舉棄爲農師

楚蔿賈爲大夫楚子將圍宋使子文治兵於睽終朝而畢不戮一人子玉復治兵於蔿終日而畢鞭七人貫三人耳國老皆賀子文子文飲之酒賈尚幼後至不賀子文問之對曰不知所賀子之傳政於子玉曰以靖國也靖諸內而敗諸外所獲幾何子玉之敗子之舉也舉以敗國將何賀焉且子玉剛而無禮不可以治民過三百乘其不能以入矣苟入而賀何後之有（子玉果敗於城濮）

周王孫蒲尚幼秦師過周北門左右免冑而下超乘者三百人王孫蒲觀之言於王曰秦師輕而無禮必敗（謂過天子門不卷甲束兵超乘示勇）輕則寡謀無禮則脫（脫易也）入險而脫又不能謀能無敗乎（晉果敗秦師于殽獲秦三帥以歸）

范匄晉大夫也士燮之子（士燮范文子也）晉楚遇於鄢陵楚

晨壓晉軍而陳軍吏患之匄趨進曰塞井夷竈陳於軍中而疏行首（疏行首者當陳前決開營壘爲戰道也）晉楚惟天所授何患焉文子執戈逐之曰國之存亡天也童子何知焉

國僑字子產鄭大夫也魯襄公八年其父子國與子耳侵蔡獲蔡司馬公子燮鄭人皆喜子產不順（子產不順衆而喜）曰小國無文德而有武功禍莫大焉楚人來討能勿從乎從之晉師必至晉楚伐鄭自今鄭國不四五年弗得寧矣子國怒之曰爾何知國有大命而有正卿童子言焉將爲戮矣是秋楚子囊伐鄭討其侵

蔡鄭及楚平九年十月晉帥諸侯伐鄭鄭人恐乃行成十一月楚子伐鄭鄭及楚平十年九月晉帥諸侯伐鄭鄭及晉平楚救鄭鄭與楚人盟十一年晉伐鄭自是鄭遂服

衛公孫彌牟字子之衛大夫也初魯哀公十二年秋衛侯會吳吳人藩衛侯之舍旣歸效夷言子之尚幼曰君必不免其死於夷乎執焉而又說其言從之固矣出公輙後卒死於越

孔子爲兒嬉戲嘗陳俎豆設禮容

閭丘印齊人年十八道遮齊宣王曰家貧親老願得

小仕宣王曰子年尚稚未可也閭丘印對曰不然臣聞昔有顓項行年十二而治天下秦項橐七歲爲聖人師繇此觀之印不肖年不稚矣宣王曰未有咫角驂駒而能服重致遠者也繇此觀之夫士亦華髮墮顛而後可用耳閭丘印曰不然夫尺有所短寸有所長驊騮騄驥天下之俊馬也使之與貍鼬試之於塗竈之間其疾未及能過貍鼬也黃鵠白鶴一舉千里使之與燕服翼試於堂廡之下廬室之間其便未必能過燕服翼也辟閭巨闕天下之利劍也擊石不缺刺石不銼使之與管槖决耳出眯其便未必能過管槖也繇此觀之華髮墮顛與印何以異哉宣王曰善子有善言則何見寡人之晚也印對曰夫雞豚讙噭即奪鐘鼓音雲霧充咽則奪日月明讒人在側是以見晚也詩曰聽言則對誦言則退庸得進乎宣王拊軾曰寡人有過遂載與之俱歸而用焉

田文齊人號孟嘗君靖郭君嬰之子也嬰有子四十餘人文母其賤妾也文以五月五日生嬰告其母曰勿舉也其母竊舉生之及長其母因兄弟而見其子文於嬰嬰怒其母曰吾令若去此子而敢生之何也文頓首因曰君所以不舉五月子者何故嬰曰五月

子者長與戶齊將不利其父母文曰人生受命於天乎將受命於戶耶嬰默然文曰必受命於天君何憂焉必受命於戶則可高其戶耳誰能至者嬰曰子休矣

甘羅者甘茂之孫年十二事秦相文信侯呂不韋爲舍人秦始皇帝使剛成君蔡澤於燕三年而燕王喜使太子丹入質於秦秦使張唐往相燕欲與燕共伐趙以廣河間之地張唐謂文信侯曰臣嘗爲秦昭王伐趙趙怨臣曰得唐者與百里之地今之燕必經趙臣不可以行文信侯不快未有以彊也甘羅曰君侯

何不快之甚也文信侯曰吾令剛成君蔡澤事燕三年燕太子丹已入質矣吾自請張卿相燕而不肯行甘羅曰臣請行之文信侯叱曰去我身自請之而不肯汝焉能行之甘羅曰夫項槖生七歲爲孔子師今臣生十二歲於茲矣君其試臣何遽叱乎於是甘羅見張卿曰卿之功孰與武安君卿曰武安君南挫强楚北威燕趙戰勝攻取破城墮邑不知其數臣之功不如也甘羅曰應侯之用於秦也孰與文信侯專張卿曰應侯不如文信侯專甘羅曰卿明知其不如文信侯專歟曰知之甘羅曰應侯欲攻趙武安君難之

去咸陽七里而立死於杜郵今文信侯自請卿相燕而不肯行臣不知卿所死處矣張唐曰請因孺子行令裝治行行有日甘羅謂文信侯曰借臣車五乘請爲張唐先報趙文信侯及入言之於始皇曰昔甘茂之孫甘羅年少耳然名家之子孫諸侯皆聞之今者張唐欲稱疾不肯行甘羅說而行之今願先報趙請許遣之始皇召見使甘羅於趙趙襄王郊迎甘羅甘羅說趙王曰王聞燕太子丹入質秦歟曰聞之曰聞張唐相燕歟曰聞之曰燕太子丹入秦者燕不欺秦也張唐相燕者秦不欺燕也燕秦不相欺者伐趙危也燕秦不相欺無異故欲攻趙而廣河間王不如齎臣五城以廣河間請歸燕太子與强趙攻弱燕趙王立自割五城以廣河間秦歸燕太子丹趙攻燕得上谷三十城令秦有十一甘羅還報秦乃封甘羅爲上卿復以始甘茂田宅賜之

漢外黃令舍人兒（史失其姓名）年十三時項羽擊陳留外黃不下數日降羽悉令男子年十五以上詣城東欲阬之舍人兒（令之舍人兒也）往說羽曰彭越强刼外黃恐故且降待大王大王又皆阬之百姓豈有所歸心哉從此以東梁地十餘城皆恐莫肯下矣羽然其言乃赦

外黃當阬者而東至睢陽聞之皆爭下

張辟彊留侯之子也呂太后哭惠帝而泣不下（泣謂淚）辟彊爲侍中年十五謂丞相陳平曰太后獨有帝今哭而不悲君知其解未（解謂解說其意）陳平曰何解辟彊曰帝無壯子太后畏君等今請拜呂台呂產爲將將兵居南北軍及諸呂官居中用事如此則太后心安君等幸脫禍矣（脫免也）丞相如辟彊計請之太后說其哭廼哀

賈誼雒陽人年十八能誦詩書屬文稱於郡中後爲長沙王簿

張湯杜陵人父爲長安丞出湯爲兒守舍還鼠盜肉父怒笞湯湯掘熏得鼠及餘肉劾鼠掠治傳爰書訊鞫論報傳謂傳逮追送若今之追逆赴對也爰換也以文書代換其口辭也訊考問也鞫窮也謂考問之也論報謂上論之而獲報也幷取鼠與肉具獄磔堂下父見之視文辭如老獄吏大驚遂使書獄後爲御史大夫

終軍少好學以辯博能屬文聞於郡中年十八選爲博士弟子至府受遣太守聞其有異材召見軍甚奇之與交結軍揖大守而去後軍死世謂之終

桑弘羊武帝時以心計年十三爲侍中

張禹爲兒數隨父至市喜觀於卜相者前久之頗曉

其别蓍布卦意時從旁言卜者愛之又奇其面貌謂禹父曰是兒多知可令學經後位特進封安昌侯

童烏楊雄子也雄嘗曰吾家之童烏九齡而與我論玄

後漢鄧禹字仲華南陽新野人年十三能誦詩受業長安時光武亦遊學京師禹年雖幼而見帝知非常人遂相親附後位至太傅

魯恭父爲茾陵太守卒官時恭年十二弟丕年七歲晝夜號踊不絶聲郡中賻贈無所受乃歸服喪禮過成人鄉里奇之恭年十五與丕居太學兄弟俱爲諸儒所稱學士爭歸之後爲司徒

張堪年十六受業長安志美行厲諸儒號曰聖童光武微時見堪志操嘗嘉焉官至漁陽太守

馮衍幼有奇才年九歲能誦詩書至二十而博通羣書後爲司隸從事以文過其實廢於家

杜安年十歲名稱鄉里至十五入太學號曰神童

朱勃年十二能講詩書嘗候馬援兄況勃衣方領能矩步辭言嫺雅卒爲雲陽令

馬客卿援子也幼而岐嶷年六歲能應接諸公專對賓客嘗有死罪亡命者來過客卿逃匿不令人知外

若訥而沈敏援甚奇之以爲將相器故以客卿字焉及援卒客卿亦夭殁

周防年十六仕郡小吏光武廵狩汝南召掾吏試經防尤能誦讀拜爲守丞

任延年十二爲諸生學於長安明詩易春秋顯名太學學中號爲任聖童後爲河南太守卒

丁鴻年十三從桓榮受歐陽尚書三年而明章句善論難爲都講官至司徒

范升少孤依外家居九歲通論語孝經

班固年九歲能屬文誦詩賦後爲聊城令坐事免

吳祐字季英陳留長垣人父恢爲南海太守祐年十二隨從到官恢欲殺青簡以寫經書青者以火炙簡令汗取其漬易書復不蠹謂之殺青亦謂之汗簡祐諫曰今大人踰越五嶺遠在海濱其俗誠陋然舊多珍恠上爲國家所疑下爲權戚所望此書若成則載之兼兩昔馬援以薏苡興謗王陽以衣囊徼名嫌疑之間誠先賢所慎也恢乃止撫其首曰吳氏世不乏季子矣季子謂季札也後爲大將軍梁冀長史

張霸年數歲而知孝讓雖出入飲食自然合禮鄉人稱爲張曾子七歲通春秋復欲進餘經父母曰汝小

未能也霸曰我饒爲之故字曰伯饒後四遷爲侍中卒

楊終年十三蜀郡人爲郡小吏太守奇其才遣詣京師受業習春秋一云蜀郡有雷震洪曹終上白以爲斷獄煩苛所致太守乃令終賦雷電之意而奇之後爲郎中卒

楊厚母與前妻子不相安厚年九歲思令和親乃託疾不言不食母知其指瞿然改意恩養加篤徵拜議郎三遷至侍郎

虞翊字升卿陳國武平人也十二能通尚書後辟太尉府旋遷郎中至尚書令

謝廉汝南人與河南趙建章年始十二各能通經尚書左雄並奏拜童子郎於是負書來學雲集京師知名太學

崔駰年十三能通詩易春秋博學有偉才盡通古今訓詁百家之言善屬文少游太學與班固傅毅同時齊名以處士辟車騎將軍椽

周燮始在髫鬌而知廉讓十歲就學能通詩論後安帝以玄纁羔幣聘燮不起

馬續七歲能通論語十三明尚書十六治詩博觀羣籍善九章筭術順帝時爲護羌較尉遷度遼將軍

陳蕃字仲舉汝南平輿人也年十五嘗閑處一室而庭宇蕪穢父友同郡薛勤來候之謂蕃曰孺子何不洒掃以待賓客蕃曰大丈夫處世當掃除天下安事一室乎勤知其有清世志終位至大尉太傅錄尚書事

荀爽幼而好學年十二能通春秋論語太尉杜喬見而稱之曰可爲人師後位至司空

黃香江夏安陸人也年十二太守劉護召之署門下遂博學經典究精道術能文章京師號曰天下無雙江夏黃童初除郎中終魏郡太守

黄琬江夏安陸人少失父早而辯慧祖父瓊初爲魏郡太守桓帝建和元年正月日食京師不見而瓊以狀聞太后詔問所食多少瓊思其對而未知所况琬年七歲在傍曰何不言日食之餘如月之初瓊大驚卽以其言應詔而深奇愛之後瓊爲司徒琬以公孫拜童子郎辭病不就知名京師時司空盛允有疾瓊遣琬候問會江夏上蠻賊事副府（副本諸公府也）允發書視畢微戲琬曰江夏大邦而蠻多士少琬奉手對曰蠻夷猾夏責在司空因拂衣辭去允甚奇之後位至司徒太尉

臧洪年十五以父功拜童子郎知名太學後爲東郡太守

陳實爲太丘長出於單微自爲兒童雖在戲弄爲等類所歸

荀悅爲秘書監侍中初年十二能説春秋貧無書每之人間所見篇牘一覽多能誦記

孔融爲北海相幼有異才年十歲隨父詣京師時河南尹李膺以簡重自居不妄接士賓勑外自非當世名人及與通家皆不得白融欲觀其人故造膺門語門者曰我是李君通家子弟門者言之膺請融問日高明祖父嘗與僕有恩舊乎融曰然先君孔子與君先人李老君同德比義而相師友則融與君累世通家衆坐莫不歎息大中大夫陳煒後至坐中以告煒煒曰夫人少而聰了大未必奇融應聲曰觀君所言將不早慧乎膺大笑曰高明必爲偉器融後爲曹公所殺融二子皆齠齓融既見收顧謂二子曰何以不辭二子俱曰父尚如此復何以辭以爲必俱死也（一云二子年八歲時方奕棊融被收二子端坐不起左右日若父見執而不起何也二子曰安有巢毁而卵不破者）

魏邴原年十一而喪父家貧早孤鄰有書舍原過其

傍而泣師問曰童子何悲原曰孤者易傷貧者易感夫書者必皆具有父兄者一則羨其不孤二則羨其得學心中惻然而爲涕零也師亦哀原之言而爲之泣曰欲書可耳答曰無錢資師曰童子苟有志我徒相教不求資也於是遂就書一冬之間誦孝經論語自在童亂之中嶷然有異後爲五官將長史卒

賈逵字梁道河東襄陵人自爲兒童戲弄嘗設部伍祖父習異之曰汝大必爲將率口授兵法數萬言終豫州刺史

司馬朗字伯達九歲人有道其父字者朗曰慢人親

者不敬其親也客謝之十二歲試經爲童子郎監試者以其身體壯大疑朗匿年劾問朗曰朗之内外累世長大朗雖羸弱無仰高之風損年以求蚤成非志所爲也監試者異之後至兗州刺史

王弼字輔嗣幼而察慧年十餘歲好左氏通辯能言後爲尚書

鍾會太尉繇小子敏慧夙成五歲繇遣見蔣濟濟甚異之曰非常人後爲司徒

任昭先名嘏世爲著姓夙智蚤成鄉人爲之語曰蔣氏翁任氏童年十四始學疑不再問三年中誦五經

皆曉其義兼包羣言無不綜覽於時學者號之爲神童

荀攸字公達彧從子也祖父曇廣陵太守攸少孤及曇卒故吏張權求守曇墓攸年十三疑之謂叔父衢曰此吏有非常之色殆將有姦衢寤乃推問果殺人亡命繇是異之（一云攸年十八歲衢曾醉誤傷攸耳而攸出入遊戲常避護不欲令衢見衢後聞之大驚其夙智如此）位至尚書令

常林河内温人年七歲有父黨造門問林伯先在否汝何不拜林曰雖當下客臨子字父何拜之有於是咸共嘉之後爲光祿大夫

管輅年八九歲便喜仰視星辰得人輒問其名夜不肯寐父母常禁之猶不可止自言我年雖少然眼中喜視天文常云家雞野鵠猶尚知時況於人乎與隣比兒共戲土壤中輒畫地作天文及日月星辰每答言說事語皆不常宿學耆人不能折之皆知其當有大異之才父爲瑯琊郡丘長時年十五來至官舍讀詩論語及易本便開胸布筆辭義斐然于時黌上有遠方及國内諸生四百餘人皆服其才也瑯琊太守單子春雅有才度聞輅一黌之儁欲得見輅父卽遣造之太原賓客百餘人坐上有能言之士輅問子春

府君名士加有雄貴之資輅既年少膽未堅剛若欲相觀懼失精神先飲三升清酒然後而言之子春大喜便斟三升清酒獨使飲之酒盡之後問子春今欲與輅爲對者若府君四坐之士邪子春曰吾欲自與卿旗鼓相當輅言始讀詩論語易本學問微淺未能上引聖人之道陳秦漢之事但欲論金木水火土鬼神之情耳子春言此最難者而卿以爲易邪於是唱大論之端遂經於陰陽文采葩流枝葉横生少引聖籍多發天然子春及衆士互共攻詰論難鋒起而輅人人答對言皆有餘至日向暮酒食不行子春語衆

人曰此年少盛有才器聽其言論正似司馬大子遊獵之賦何其磊落雄壯英神以茂必能明天文地理變化之數不徒有言也於是發聲徐州號之神童後爲少府丞

蜀諸葛瞻字思遠亮子也亮與兄瑾書曰瞻今已八歲聰慧可愛嫌其蚤成不爲重器耳十七尚公主拜騎都尉後爲衛將軍

吳虞翻少好學有高氣年十二客有候其兄者不過翻翻追與書曰僕聞虎魄不取腐芥磁石不受曲針過而不存不亦宜乎客得書奇之繇是見稱仕爲騎

都尉

陸績年六歲於九江見袁術術出橘績懷三枚去拜辭墮地術謂曰陸郎作賓客而懷橘乎績跪答曰欲歸遺母術大奇之孫策在吳張昭張紘秦松爲上賓共論四海未泰須當用武治而平之績年少末坐遙大聲言曰昔管夷吾相齊桓公九合諸侯一匡天下不用兵車孔子曰遠人不服則修文德以來之今論者不務道德懷取之術而惟尚武績雖童蒙竊所未安也昭等異焉後爲鬱林太守

諸葛恪少有才名發藻岐嶷辨論應下莫與爲對大帝見而奇之謂父瑾曰藍田生玉眞不虛也位至太傅荆揚州牧督中外諸軍事

朱桓子異張惇子純與張儼俱童少往見驃騎將軍朱據據聞三人才名欲試之告曰老鄙相聞渴甚矣夫驥褭以迅驟爲功鷹隼以輕疾爲妙其爲吾各賦一物然後乃坐儼乃賦犬曰守則有威出則有獲韓盧宋鵲書名竹帛純賦席曰席以冬設簟爲夏施揖讓而坐君子攸宜異賦弩曰南嶽之幹鍾山之銅應機命中獲隼高墉三人各隨其目所見而賦之皆成而後坐據大歡悅桓後爲前將軍青州牧

沈友豫章人年十一太守華歆出行風俗見而異之因呼曰沈郎可登車語乎友逡巡却曰君子講好會宴以禮今仁義陵遲聖道漸壞先生銜命將以裨補先生之教整齊風俗而輕脫威儀猶負薪救火無乃更崇其熾乎歆慙曰自桓靈以來雖多英彥未有幼童若此者仕爲丹陽太守

丁覽山陰人八歲而孤家又單微清身立行用意不苟推賄從弟以義讓稱爲功曹守始平長

徐平字伯先大末人童亂知名虞翻甚愛之屢稱歎焉後爲武昌左都督

終

冊府元龜

巡按福建監察御史臣李嗣京　訂正
知甌寧縣事臣孫以敬　叅閲
知建陽縣事　臣黄國琦較釋

總録部二十四

幼敏第二

晉荀顗魏太尉彧之第六子幼爲姊婿陳羣所賞性至孝總角知名博學洽聞理思周密位至侍中太尉行太子太傅

荀勗漢司空爽曾孫祖棐射聲校尉父肹早亡勗依

於舅氏岐嶷夙年十餘歲能屬文從外祖魏太傅鍾繇曰此兒當及其曾祖及長遂博學達於政事後爲守中書監侍中卒

羅憲年十三能屬文早知名師事譙周周門人稱爲子貢終於陵江將軍節度領武陵太守

裴秀魏尚書令潛之子也少好學有風操八歲能屬文叔父徽有盛名賓客甚衆秀年十餘歲有詣徽出則過秀時人爲之語曰後進領袖有裴秀位至司空

潘岳少以才頴見稱鄉邑號爲奇童謂終賈之儔後官至給事黄門侍郎

王戎年六七歲嘗與羣兒戲於道側見李樹多實等輩競趣之戎獨不往或問其故戎曰樹在道邊而多子必苦李也取之信然終於司徒

王衍父乂爲平北將軍嘗有公事使行人列上不時報衍年十四在京師造僕射羊祜申陳事狀辭甚辯祜名德貴重而衍幼年無屈下之色衆咸異之位至太尉尚書令

王澄生而警悟雖未能言見人舉動便識其意終於軍諮祭酒

盛彦少有異才年八歲詣吳太尉戴昌昌贈詩以觀

之彦於坐答之辭甚慷慨彦仕吳至中書侍郎吳平劉頌舉爲小中正卒

陸雲六歲能屬文吳尚書廣陵閔鴻見而奇之曰此兒若非龍駒當是鳳雛後舉雲賢良時年十六後官至太尉都督前鋒

周光少有父風年十一見王敦敦謂曰貴郡未有將誰可用者光曰明公不恥下問竊謂無復見勝敦笑以爲寧遠將軍尋陽太守

高崧少好學善史書總角時司空何充稱其明慧充爲揚州引崧爲主簿益相欽重

范宣年十歲能誦詩書嘗以刀傷手捧手改容人問
痛否答曰不足爲痛但受全之體而致毁傷不可處
耳家人以其年幼而異焉後詔徵太學博士散騎郎
並不就
王允之總角時從從伯敦敦與錢鳳謀逆而允之時
飲酒醉帳中卧悉聞其言慮敦疑之便於卧處吐涕
狼藉敦果疑遣看之見吐唾以爲醉不復疑之允之
爲衛將軍會稽内史卒
王儉字元衡内史下邳陳邵擅名徐州邵聞儉年十
四善屬文請作祝文邵請郡客曰此生爲文有可觀

採命爲督鄱王簿邵遷給事中儉每爲定表
褚陶弱不好弄少而聰慧清淡閑默以墳典自娯年
十三作鷗鳥水碓二賦見者奇之位至中尉
庾闡好學九歲能屬文後爲著佐吳國内史卒
李矩童齓時與羣兒聚戲便爲其率計畫指授有成
人之量年終於安西將軍司州刺史
孔衍少好學年十二能誦詩書位至廣陵太守
賀循會稽山陰人吳中書令邵之子邵爲孫皓所殺
徙家屬邊郡循少嬰家難流放海隅吳平乃還本郡
操尚高厲童齓不羣言行進止必以禮讓國相丁乂

請爲五官掾
戍公綏幼而聰敏博涉經傳性寡欲不營資產家貧
歲饑嘗如也少有俊才詞賦甚麗後爲中書郎卒
韓康伯母殷氏高明有行家貧窶伯年數歲至大寒
母方爲作襦令伯捉熨斗而謂之曰且著襦尋當作
複褌伯曰不復須母問其故對曰火在斗中而柄尚
熱今既著襦下亦當煖母甚異之位至丹陽尹吏部
尚書領軍將軍
張憑祖鎮爲蒼梧太守憑年數歲鎮謂其父曰我不
如汝有佳兒憑曰阿翁詎宜以子戲父耶憑後爲吏

部郎御史中丞卒
荀羡清和有準纔年七歲遇蘇峻難隨父在石頭峻
甚愛之嘗置膝上羨陰白其母曰得一利刀子足以
殺賊母掩其口曰無妄言羡終於右軍將軍
王珉珣之弟也有外國沙門名提婆妙解法理爲珣
兄弟講毗曇經珉時尚幼講未半便云已解即於別
室與沙門法綱等數人自講法綱歎曰大義皆是但
小未精耳
謝尚鯤之子八歲神悟夙成鯤嘗携之送客或曰此
兒一坐之顔回也尚應聲答曰坐無尼父焉別顔回

廂賓莫不歎異年十餘歲遭父憂丹陽尹温嶠弔之
尚號咷極哀旣而收涕告謝舉止有異嶠甚奇
之
謝安總角神識沉敏風宇條暢善行書父奕爲剡令
有老人犯法奕以醇酒飲之醉猶未已安時年七八
歲在奕膝邊諫止奕爲改容遣之安位至太保
謝玄安之兄子少頴悟與從兄朗俱爲安所器安嘗
戒約子姪因曰子弟亦何豫人而正欲使其佳諸人
莫有言者玄答曰譬如芝蘭玉樹欲使其生於堦庭
耳安悅玄終於散騎常侍左將軍會稽內史

謝朗安之兄子善言玄理文義豔發名亞於玄總角
時病新起體甚羸未堪勞於安前與沙門支道講論
遂至相苦其母王氏再遣信令還安欲留使竟論王
氏因出云新婦少遭難一生所寄惟在此兒流涕携
郎去朗後位至東陽太守
王獻之年數歲嘗觀門生樗蒲曰南風不競門生曰
此郎亦管中窺豹時見一斑獻之怒曰遠慚荀奉倩
近愧劉眞長遂拂衣而去獻之官至建威將軍吳興
太守
孫放字齊莊盛之次子幼稱令慧年七八歲在荆州
與父俱從庾亮獵亮謂曰君亦來邪應聲答曰無小
無大從公于邁亮又問欲齊何莊邪放曰欲齊莊周
亮曰不慕仲尼邪答曰仲尼生而知之非希企所及
亮大奇之曰輔嗣弗過也庾翼子爰客嘗候盛見放
而問曰安國何在放答曰庾稚恭家爰客大笑曰諸
孫大盛有兒如此也放又曰未若諸庾翼翼旣而語
人曰我故得重呼奴父也放啓於長沙相
戴逵總角以雞卵汁溲白瓦屑作鄭玄碑又爲文而
自鐫之詞麗器妙時人莫不驚歎逵武帝時以大學
博士給事中累徵不起

王修明秀有美稱善隸書號曰流奕清舉年十二作
賢全論父濛以示劉惔曰此論便足以參微言修終
於著作郎
范喬年二歲時祖馨臨終撫喬首曰恨不見汝成人
因以所用硯與之至五歲祖母以告喬喬便執硯涕
泣九歲詣學在同輩之中言無媟辭喬後除樂安令
辭疾不拜
宋謝瞻六歲能屬文爲紫石英讚果然(果然獸名)詩當時
才士莫不歎異後爲護南蠻較尉荆州刺史
蔡興宗幼爲父廓所重廓與親故書曰小兒四歲神

氣似可不入非類室不與小人遊故以興宗爲之名
興宗年十歲失父哀毀有異凡童父廓罷豫章郡還
起二宅先成東宅與弟軌廓亾而館宇未立軌罷長
沙郡還送錢五十萬以補宅直興宗年十歲白母曰
一家繇來豐儉必共今日宅價不宜受也母悅而從
焉軌有愧色謂其子談曰我年六十行事不及十歲
小兒興宗終於光祿大夫

謝弘微童幼時精神端審時然後言所繼叔父混名
知人見而異之謂弘微父思曰此兒深中夙敏方成
佳器有子如此足矣年十歲出係從叔峻所係父於

弘微本緦麻親戚中表素不相識率意承接皆合禮
衷後爲右衛將軍卒

謝莊年七歲能屬文通論語位至金紫光祿大夫

沈林子字敬士少有大度年數歲隨王父在京口王
恭見而奇之曰此兒王子師之流也與衆人共見遺
寶咸爭趨之林子直去不顧

徐湛之年數歲與弟淳之共車行牛奔車壞左右人
馳來赴之湛之先令取弟衆咸歎其幼而有識後終
於尚書僕射領護軍將軍

沈璞童孺時神意閑審有異於衆太祖問其父林子
曰聞君小兒器質不凡甚欲相識林子令璞進見太
祖奇璞應對謂林子曰此非常兒年十許歲智度便
有大成之姿

王絢彧之子年七歲讀論語至周監於二代外祖何
尚之戲之曰耶耶乎文哉絢即答曰草翁之風必偃
位至祕書丞相卒

王曾綽左光祿大夫曇首之子幼有大成之度弱年
衆以國器許之好學有理思練悉朝典年十三喪父
太祖引見下拜便流涕哽咽帝亦悲不自勝襲封豫
章縣侯尚太祖長女東陽獻公主官至吏部尚書

袁叔少有風氣年數歲伯湛謂家人曰此非凡兒至
十餘歲爲姑夫王弘所賞不爲章句之學而博涉多
通好屬文辭采遒豔縱橫才辯終於太子左衛率

王僧達太保弘少子幼聰敏弘爲州時僧達年七歲
遇有通訟者竊覽其辭謂爲有理及人訟者亦進弘
慰其小留左右僧達爲申理闇誦不失一句文帝聞
其早慧召見於德陽殿問其書學及家事應對閑敏
帝甚知之妻以臨川王義慶女位至中書令

謝靈運晉車騎將軍玄之孫幼便穎悟玄甚異之官
至臨川內史

謝惠連幼而聰敏年十歲能屬文族兄靈運深相知賞後爲彭城王法曹後參軍卒

何承天五歲失父其母徐氏廣之姊也聰明博學故承天幼漸訓義儒史百家莫不該覽位至廷尉

裴松之年八歲學通論語毛詩博覽墳籍立身簡素後爲大中大夫卒

南齊顧歡年六七歲書甲子有簡三篇歡析計遂知六甲家貧父使驅田中雀歡作黄雀賦而歸雀食稻過半父怒欲撻之見賦乃止永明元年詔徵爲大學博士不就

謝瀹年七歲王彧見而異之言於宋孝武召見於稱人廣衆之中瀹舉動閑詳應對合旨帝甚悦詔尚公主值景和敗事寢後終於太子詹事

王慈僧虔之子年十歲與蔡興宗子約入寺禮佛遇沙門懺約戲慈曰衆僧今可謂虔慈應聲曰卿如此何以與蔡氏之宗

劉瓛篤志好學博通訓義年五歲聞舅孔氏熙先讀管寧傳欣然欲讀舅更爲説之精意聽受曰此可及也嘗爲會稽郡丞後除步兵較尉不拜卒

虞愿祖賚給事中監利侯中庭橘樹冬熟子孫競來取之愿數歲獨不取賚及家人皆異之位至廷尉東觀祭酒

褚淵字彦回幼有清譽宋元嘉末魏軍逼瓜步百姓咸負擔而立時淵父湛之爲丹陽尹使其子弟並著芒屩於齋前習行或譏之湛之曰安不忘危也彦回時年十餘歲甚有慙色湛之有一牛至所愛無故墮聽事前湛之率左右躬自營救之郡中喧擾彦回下簾不視又有門生盜其衣彦回遇見謂曰可密藏之勿使人見此門生慙而去不敢復還淵位至司徒

江厥字偉卿祐弟子也厥年十二祐被誅聞報至謂

家人曰伯既如此無心獨存赴井死

張欣泰少有志節不以武業自居好隸書讀子史年十餘歲詣吏部尚書褚淵淵問之曰張長弓馬多少欣泰答曰性怯畏馬無力牽弓淵甚異之官至雍州刺史

劉懷珍幼隨伯父奉伯至壽陽豫州刺史趙伯符出獵百姓聚觀懷珍獨避不視奉伯異之曰此兒方興吾家後位至光祿大夫

梁范雲年八歲遇宋豫州刺史殷琰於塗琰異之要就席雲風姿應對旁若無人琰令賦詩操筆便就坐

者數焉
謝朏莊之子幼聰慧莊器之嘗置左右年十歲能屬文莊遊土山賦詩使朏命篇朏攬筆便就琅邪王景文謂莊曰賢子足稱神童後爲後來特達莊笑因撫朏背曰眞吾家千金孝武帝遊姑孰勑莊攜朏從駕詔使爲洞井贊於坐奏之起家撫軍法曹行參軍
樂藹晉尚書令廣之六世孫世居江夏其舅雍州刺史宗慤嘗陳器物試諸甥姪藹時尚幼而所取唯書慤繇此奇之又取史傳各一卷授藹等使讀畢言所記藹略讀具舉慤益善之終於平越中郎將廣州刺

史
江蒨幼聰慧敏警讀書過目便能諷誦選爲國子生通尚書舉高第起家祕書郎
王泰幼敏悟年數歲時祖母集諸孫姪散棗栗於牀上羣兒競之泰獨不取問其故對曰不取自當得賜繇是中表異之位至吏部尚書
王承字安期七歲通周易選補國子生年十五射策高第位至東陽太守
柳惲少子偃字彥游年十二引見詔問讀何書對曰尚書又曰何爲美句對曰德惟善政政在養民衆咸異之詔尚長城公主拜駙馬都尉鄱陽內史卒
陸雲公字子龍五歲誦論語毛詩九歲讀漢書略能記憶從祖倕沛國劉顯質問十事雲公對無所失倕顯歎異之終於中書黃門郎
徐勉幼孤貧早勵清節年六歲時屬霖雨家人祈霽率爾爲文見稱耆宿後位至右光祿大夫侍中衞將軍
陸纘早慧七歲通經爲童子奉車郎
裴邃十歲能屬文善左氏春秋後爲豫州刺史
明山賓七歲能言名理十三博通經傳位至散騎常

侍兼國子祭酒假節攝北兗州事卒
王僧孺幼聰慧年五歲讀孝經問授者此書所載述曰論忠孝二事僧孺曰若爾常願讀之有愧其父東李先以一輿之僧孺不受曰大人不見不容先嘗六歲能屬文既長好學家貧嘗傭書以養母所寫既畢諷誦亦通七歲能讀千萬言後爲北中郎咨議參軍入直西省知撰譜事卒
任昉幼而聰敏早稱神悟七歲誦詩數十篇八歲能屬文自制月儀辭義甚美褚彥回嘗謂昉父遙曰聞卿有令子百不爲多一不爲少繇是聞聲籍甚年十

二從叔咎有知人之量見而稱其小名曰阿堆吾家千里駒也終於西安太守

張率年十二能屬文嘗日限為詩一篇稍進作賦頌至年十六向二千許首齊始安王籥遥光為揚州召迎主簿不就後歷位黄門侍郎出為新安太守卒

劉顯幼而聰敏六歲能誦呂相絶秦賈誼過秦論瑯琊王思遠吳國張融見而稱賞號曰神童族伯瓛儒學有重名卒無嗣齊武帝詔顯為後時年八歲終於西平府諮議參軍

劉孝綽幼聰敏七歲能屬文舅中書郎王融深賞異

之嘗與同載識親友號曰神童融每言曰天下文章若無我當歸阿士阿士孝綽小字也時父繪掌詔誥孝綽年未志學繪嘗使代草之父黨沈約任昉范雲等聞其名並命駕先造焉昉尤相賞好范雲年長繪十餘歲其子孝才與孝綽年十四五及雲通孝綽便申伯季乃命孝才拜之孝綽官至祕書監卒

陳慶之子昕七歲能騎射十二隨父入雒於路遇疾還京師詣鴻臚卿朱异訪北間形勢昕聚土畫地指麾分別异甚奇之昕終於雲旗將軍

王筠字元禮幼警悟七歲能屬文年十六為芍藥賦甚美官至太子詹事

蕭乾年九歲補國子周易主祭酒袁昂深敬之

張緬字元長父弘策從高祖義師入伐留緬襄陽年始十歲每聞軍有勝負憂喜形於顔色後為御史丞遷侍中未拜而卒

王規年十二五經大義並畧能通既長好學有口辯位至左戸尚書

褚玠七歲而孤為叔父驃騎從事中郎隨所養早有令譽先達多以才器許之終於御史中丞

宗懍少聰敏好學晝夜不倦鄉里號為童子學士仕

梁官至吏部尚書

褚向年數歲父母相繼亾没向哀毁若成人者親表咸異之官至北齊郎廬陵王長史卒

劉霽年九歲能誦左氏傳宗黨咸異之霽官至建康正

劉褒年七歲能屬文外祖司空袁昂愛之謂賓客曰此兒當成吾宅相褒仕梁官左僕射

劉孺幼聰敏七歲能屬文後位至吏部尚書

劉覽字孝智十六通老易經於左丞

蕭洽幼敏悟年七歲誦楚詞畧能上口官至司徒左

長史卒
蕭修爲力貞固威儀嚴整九歲通論語十一能屬文
鴻臚卿裴子野見而賞之初封宜豐侯官至太保
謝舉年十四嘗贈沈約五言詩爲約稱賞終尚書令
何遜八歲能賦詩嘗爲尚書水部郎卒於仁威廬陵
王記室
謝幾卿幼清辯當世號曰神童官至左光祿長史卒
蕭密字士機幼聰敏博學有文詞
王籍七歲能屬文後爲唐侯相卒
傅昭六歲而孤哀毀如成人爲外祖所養十歲於朱

雀航賣曆日雍州刺史袁顗見而奇之顗嘗來昭讀
書自若神色不改顗歎曰此兒神情不凡必成佳器
位至散騎常侍金紫光祿大夫
顧協幼孤隨母養於外從祖右光祿大夫張永永嘗
携內外孫姪遊武丘山協年數歲永撫之曰兒欲何
戲協曰兒正欲枕石漱流永歎息曰顧氏興於此子
及長好學以精力稱後拜通直散騎侍郎兼中書通
事舍人守鴻臚卿卒
劉歊幼有識慧四歲喪父與羣兒同處獨不戲弄六
歲誦論語毛詩意所不解便能問難十二讀莊子逍
遥篇曰此何解耳客因問之隨問而答皆有情理家
人每異之歊終不娶不仕卒於家
伏挺幼敏悟十歲通孝經論語挺後客遊吳興卒
庾子輿幼而岐嶷五歲讀孝經手不釋卷或曰此書
文句不多何用自苦答曰孝德之本何謂不多後除
巴陵內史卒
劉昭幼清警七歲通老莊義卒於剡令
庾於陵七歲能言玄理弟肩吾八歲能賦詩特爲於
陵所友悌後於陵終於鴻臚卿肩吾位至江州刺史
領義陽太守

許懋字昭哲少孤好學爲州里所稱十四入大學受
毛詩且領師說覆講座下聽者常數十百人官至中
庶子
到沆幼聰敏五歲時父爲於屏風抄古詩沆請讀一
遍便能諷誦無所遺失終於北中郎諮議參軍
到鏡溉之子也五歲便口授爲詩甚有辭況位至太
子舍人卒
丘遲八歲能屬文父靈鞠嘗謂氣骨似我黃門侍郎
謝超宗徵士何點並見而異之終於司空從事中郎
陶季直早慧祖愍祖甚愛異之愍祖嘗以四函銀列

置於前令諸孫各取季直時甫四歲獨不取人問其故季直曰若有賜當先父伯不應度及諸孫是故不取愍祖益奇之季直官至太中大夫

江革幼而聰敏早有才思六歲便解屬文父柔之深加賞器曰此兒必興吾門革子從簡少有文情年十七作採荷調以刺何敬容爲當時所賞後爲度支尚書謝病還家除光祿大夫卒

劉之遴八歲能屬文十五舉茂才對策沈約任昉見而異之位至都官尚書太常卿

陳袁憲字德章武帝撰孔子正言章句詔下國學宣

制旨義憲時年十四被召爲國子生博士周弘正謂憲父君正曰賢子今茲策試不數日君正遣門下客岑文豪與憲候弘正會弘正將登講坐弟子畢集乃延憲入室授以麈尾令憲樹義時謝收何妟在座弘正謂曰二賢雖窮奧賾得無憚此後生耶何謝於是遞起義端深極理致相與往復數番譬對閑敏弘正謂安曰恣卿所問勿以童稚相期時學衆滿堂觀者重沓而憲神色自若辯論有餘弘正亦起數難終不能屈因告文豪曰卿還咨袁吳郡此郎已堪見代爲博士矣時生徒對策多行賄賂文豪請具束修君正曰我豈得用錢爲兒買第耶學司銜之及憲試爭起剥難憲隨問抗答剖析如流到溉顧憲曰袁君正其有後矣及君正將之吳郡溉祖道於征虜亭謂君正曰昨策生蕭孫徐孝克非不解義至於風神氣局去賢子遠矣憲歷官至昌州刺史復授晉王長史卒

姚察幼有至性事親以孝聞六歲誦書萬餘言若不好弄博奕雜戲初不經心勤苦精厲以夜繼日十二便能屬文十三梁簡文帝時在東宮盛修文義即引於宣猷堂聽講論難爲儒者所稱後爲太子內舍人卒

陸瓊父雲公梁給事中黃門侍郎掌著作瓊幼聰慧有詞理六歲爲五言詩頗有詞采大同末雲公受梁武帝詔較定棊品到溉朱异以下並集瓊時年八歲於客前覆局繇是京兆號曰神童异言之武帝有勑召見瓊風神警亮進退詳審帝甚異之瓊位至吏部尚書領大著作

顧野王幼學七歲讀五經知大旨九歲能屬文嘗製日賦梁領軍朱异見而奇之年十二隨父之建安撰建安地記二篇後爲黃門侍郎光祿卿卒

陸從典瓊之第三子幼而聰敏年八歲讀沈約集見

見愬文硯銘從典援筆擬之便有佳致十三作柳賦其詞甚美瓊時爲東宮管記官寮盛一時俊偉瓊示以此賦咸奇其異才從父瑜特所賞愛及瑜將命終家中墳籍皆付從典乃集瑜文爲十卷仍製集序其文甚工後爲南陽縣主簿卒

陸辯惠侍中繕之子年數歲詔引入殿内辯惠應對進止有父風高宗因賜名辯字敬仁

張正見幼好學有才梁簡文在東宮正見年十三獻頌簡文深贊賞之簡文雅尚學業每自昇座說經正見嘗預講筵請决疑義吐納和韻進退詳雅四座咸

屬目焉終於尚書度支郎

岑之敬年五歲讀孝經每燒香正坐親戚咸加歎異十六策春秋左氏制旨孝經義擢爲高第御史奏曰皇朝多士例止明經若顏閔之流乃應高第梁武帝曰何妨我復有顏閔耶因召入面試令之敬昇講座勑中書舍人朱异執孝經唱士章武帝親自論難之敬剖釋縱横應對如響左右莫不嗟服乃除童子奉車郎賞賜優厚後爲侍御史征南府諮議參軍卒

杜之偉幼精敏有逸才七歲受尚書稍習詩禮畧通其學十五遍觀文史禮儀故事時輩伏其早成僕射徐勉嘗見其文重其有筆力位至太中大夫

徐儆成幼敏慧好讀書少機警善占對結交文義之士以識鑒知名位至安州刺史

馬樞四歲而父母俱喪爲其姊所養六歲能誦孝經論語老子後邵陵王綸引爲學士

虞寄少聰敏年數歲客有造其父者遇寄於門因嘲之曰郎君姓虞必當無智寄應聲答曰文字不辯豈得非愚客大慚入謂其父曰此子非常人文學之對不足過也終於太中大夫卒

虞荔幼聰敏有志操年九歲隨從伯闡候太常陸倕

問五經凡有十事荔隨問輒應無有遺失倕甚異之又嘗詣徵士何胤時太守衡陽王亦造焉胤言之於王王欲見荔荔辭曰未有板刺無容拜謁王以荔有高尚之志雅相欽重還郡即辟爲主簿荔又辭以年少不就後爲太子中庶子領大著作卒

韋載梁黃門侍郎正之子少聰慧篤志好學年十一叔父稜見沛國劉顯問漢書十事載隨問應答曾無疑滯及長博涉書史流敏有器局位至散騎常侍太子右衛卒

謝貞年七歲母王氏授論語孝經讀訖便誦八歲嘗

爲春日閑居五言詩從舅尚書王筠奇其有佳致謂所親曰此兒方可大成至如風定花猶落乃追步謝惠連矣祿是名輩知之年十三畧通五經大旨尤善左氏傳工章隸蟲篆終於南平王友掌記室事

徐陵八歲能屬文十二通莊老義旣長博涉史籍縱橫有口辯陵子份少有父風年九歲爲夢賦陵見之謂所親曰吾幼屬文亦不如此後爲左光祿大夫太子少傅卒

裴忌少聰敏有識量頗涉史傳爲當時所稱解褐豫章王法曹叅軍終於上開府

周弘正幼孤及弟弘讓弘直俱爲叔父捨所養年十歲通老子周易捨每與談論輒異之曰觀汝神情穎悟清理警發後世知名當出吾右十五召補國子生仍於國學講周易諸生傳習其義以季春入學孟冬應舉學司以其日淺勿之許爲博士到洽議曰周郎年未弱冠便自講一經雖日諸生實堪師表無俟策試起梁家大學博士

傅縡幼聰敏七歲誦古詩賦至十餘萬言長好學能屬文後爲祕書監右衛將軍兼中書通事舍人掌詔誥

蔡徵幼聰敏精識強記年六歲詣吏部尚書河南褚翔翔嗟其穎悟位至給事郎

張譏幼聰俊有思理年十四通孝經論語篤好玄言受學於汝南周弘正每有新意爲先輩推伏終於國子博士東宮學士

陰鏗幼聰慧五歲能誦詩賦日千言後官至晉陵太守員外散騎常侍

王元規八歲而孤兄弟三人隨母依舅氏往臨海郡時年十二郡土豪劉瑱者資財巨萬欲妻以女母以其兄弟幼弱欲結強援元規泣請曰因不失其親古

人所重豈得苟安異壤輒婚於非類母感其言而止終於秦王東閤祭酒

巡按福建監察御史臣李嗣京　訂正
新建縣舉人臣戴國士參閱
知建陽縣事臣黄國琦較釋

總録部

幼敏第三

後魏賈彝字彦倫父爲苻堅鉅鹿太守坐訕謗繫獄年十歲詣長安訟父獲申遠近歎之僉曰此子英俊賈誼之後莫之與京後太祖即位拜尚書左丞加給事

崔玄伯少有俊才號曰冀州神童苻融牧冀州虚心禮敬拜陽平公侍郎領冀州從事後位至天部大人進爵爲公

李丞字伯業寶之子也少有奇畧太武時寶欲謀歸效民僚多有異議丞時年十三勸寶速定大計於是遂决仍令丞隨表入質太武深相器異禮遇甚優賜爵始減侯

陸琇字伯琳馛第五子馛有以爵傳琇之意琇年九歲馛謂之曰汝祖東平王有十二子我爲適長承襲家業今已年老屬汝幼冲詎堪爲陸氏宗首乎琇對曰苟非闘力何患童稚馛奇之遂立琇爲世子

韋纘荆州刺史彌之子年十三補中書學生聰敏明辯爲博士李彪所稱除祕書中散

裴安祖少而聰慧年八九歲就師講詩至鹿鳴篇語諸兄云鹿雖禽獸得食相呼而况人也自此之後未曾獨食

裴駿字神駒幼而聰慧親表異之稱爲神駒因以爲字位至中書侍郎

胡叟字倫許少聰慧年十三辯疑釋理知名鄉國其意之所悟與成人交論尠有屈焉叟以姚氏將衰遂入長安觀風化隱匿名行懼人見知時京兆韋祖思

少閱典墳多蔑時彦知叟至召而見之祖思習常待叟不足聊與溫良叟拂衣而出祖思固留之日當與君論天人之際何遽而反乎叟對曰論天人者其亡久矣與君相知何夸言若是也遂不坐而去至主人家賦韋杜二族一宿而成時年十有八歲具述前載無違舊美叙中世有協時事而末及鄙黷人皆奇其才畏其筆世有傳誦之以爲笑狎叟後拜武威將軍賜爵始復男卒

李志字鴻道博學有幹才年十餘歲便能屬文父彪

甚奇之

李安世太尉祥之子幼而聰悟興安二年文成引見侍郎博士之子簡其秀儁者欲爲中書學生安世年十一帝見其尚小引問之安世陳説父祖甚有次第即以爲生帝每幸國學常獨被引問詔曰汝但守此至大不慮不富貴

祖瑩范陽人八歲能誦詩書十二爲中書學生内外親屬呼爲聖小兒後歷秘書監遷車騎將軍

李琰之字景珍司空韶之族弟早有盛名時人號曰神童位至兼侍中車騎大將軍左光禄大夫

袁翻子聿修九歲州辟主簿性深沉有鑒識清靖寡欲與物無競姨夫尚書崔林深知所賞

李謐涿郡人年十三通孝經論語毛詩尚書歷數之術尤盡其長州閭鄉黨有神童之號後徵拜著作郎辭以授弟郁公府二辟皆不就及卒命謚曰貞靜處士表其門曰文德里曰孝義

北齊邢邵十歲便能屬文雅有才思聰明強記日誦萬餘言族兄巒有文鑒謂子弟曰宗室中有此兒非常人後爲太常卿中書監攝國子祭酒復授特進卒

杜弼幼聰敏家貧無書年十二寄郡學受業教授之際師每奇之位至膠州刺史

王紘性機敏應對辯捷年十三見揚州刺史太原郭元貞元貞撫其背曰汝讀何書對曰誦孝經曰孝經云何曰在上不驕爲下不亂元貞曰吾作刺史豈其驕乎紘曰公雖不驕君子防未萌亦願留意元貞稱善年十五隨父在北豫州行臺侯景與人論掩衣法爲當左爲當右尚書敬顯儁曰孔子云微管仲吾其被髮左衽矣以此言之左衽爲是紘進曰國家龍飛朔野雄步中原五帝異儀三王殊制掩衣左右何足是非景奇其早慧賜以名馬後官至散騎常侍兼侍中

李繪字敬文年六歲便自願入學家人以偶年俗忌約而弗許遂伺其伯姊筆牘之閒而輒竊用未幾遂通急就章内外異之以爲非常兒也天保初爲司徒右長史卒

徐之才幼而儁發五歲誦孝經八歲畧通義旨曾與從兄康造梁太子詹事汝南周捨宅聽老子捨爲設食乃戲之曰徐郎不用心思義而但事食乎之才答曰蓋聞聖人虚其心而實其腹捨嗟賞之年十三召爲大學生粗通禮易彭城劉孝綽河東裴子野吴郡

張嵊等每共論周易及喪之服儀酬答應之如響咸
共歎曰此神童也位至僕射卒
楊愔字遵彦小名秦王弘農華陰人父津魏時累爲
司空侍中愔兒童時口若不能言而風度深敏出入
門閭未嘗戲弄六歲學史書十一受易好左氏春秋
幼喪母曾詣舅源子恭子恭與之飲問讀何書曰誦
詩子恭曰誦至渭陽未邪愔便號泣感噎子恭亦對
之歔欷遂爲之罷酒子恭後謂津曰嘗謂秦王不其
察慧從今已後更欲刮目視之愔一門四世同居家
甚隆盛昆季就學者三十餘人學庭前有李樹實落

地衆兒咸爭之愔頹然坐其季父暐適入學館見之
因大嗟異顧謂賓客曰此兒恬裕有我風宅内有茂
竹遂爲愔於林邊別葺一室命獨處其中常銅盤具
盛饌以飯之因以督厲諸子曰汝輩但如遵彦謹慎
自得竹林別室銅盤重肉之食愔從父兄黄門侍郎
昱特相器重曾謂人曰此兒駒齒未落已是我家龍
文更十歲後當求之千里外後拜尚書令又拜特進
驃騎大將軍
李稚廉趙高邑人齊州刺史義深之弟少而寡欲爲
兒童時初不從家人有所求請嘗故以金寶授之終
不取強付輒擲之於地州牧以其蒙稚而廉故名曰
稚廉聰敏好學年十五頗尋覽五經章句嘗爲青州
刺史未幾徵爲并省都官尚書卒
孫靈暉深州武強人魏大儒祕書監惠蔚靈暉之族
曾王父也靈暉少明敏有器度惠蔚一子早卒其家
書籍多在焉靈暉年七歲便好學日誦數千言惟尋
討惠蔚手録章疏不求師友三禮及三傳皆通宗旨
然始就鮑季詳熊安生質問疑滯其所發明熊鮑無
以異也後爲大將軍司馬
蘇瓊字珍之幼時隨父在邊嘗謁東荆州刺史曹芝

芝戲問曰卿欲官否對曰設官求人非人求官芝異
其對署爲府長流參軍後爲博陵太守
和士開幼而聰慧選爲國子學生解悟捷疾爲同業
所尚武平元年封淮王除尚書令録尚書事
後周檀翥字鳳翔高平金鄉人六世祖毓晉步兵校
尉父江始還北任至太常少卿翥十歲喪父還京師
宅與營人雜居幼孤寒不與鄰人來往好讀書解屬
文能鼓琴早爲瑯琊王誦所知
宗懍少聰敏好讀書晝夜不倦語輒引古事鄉里呼
爲小兒學士後拜車騎大將軍卒

韋瓌字世珍聰敏有夙成之量閭里咸敬異之後位至侍中驃騎大將軍

柳慶年十三時父僧習爲潁川郡地接都畿民多豪右將選鄉官皆依倚貴勢競來請託選用未定僧習謂諸子曰權貴請託吾并不用其使欲還皆須有答汝等各以意爲吾作書也慶乃具書草云下官受委大邦選吏之日有能者進不肖者退此乃朝廷常典僧習讀書歎曰此兒有意氣大丈夫理當如是即依慶所草以報後爲宜州刺史入爲司會卒

李旭頓丘臨黃人小名那祖彪名重魏朝爲御史中

尉父游亦有才行爲當世所稱游兄志爲荆州刺史游從至州屬爾朱之亂與志俱奔江左旭性峻愿不雜交游幼年已解屬文有聲雒下時雒陽創置明堂旭年十數歲爲明堂賦雖優洽未足才制可稱觀者咸曰有家風矣

長孫澄字士亮魏太師稚之子年十歲司徒李玦之見而奇之遂以女妻焉十四從征討有策謀勇冠諸將後拜大將軍封義門公爲玉壁總管卒

李賢字賢和九歲從師受業畧觀大旨而已不尋章句或謂之曰學不精勤不如不學賢曰夫人各有志賢豈能強學待問領徒受業耶惟當粗聞教義補已不足至如忠孝之道實銘之於心問者慚服位至大將軍

賢子崇文字永隆以父賢勳封廻雒縣侯時年少拜爵親族相賀崇獨泣下賢問之對曰無勳於國幼少封侯當報主恩不得終於孝養是以悲耳賢繇此大奇之位至大府中丞大夫

斛斯徵字士亮太傅尚書令椿之子幼聰穎五歲誦孝經周易識者異之及長涉羣書尤精三禮後爲太子太保

柳霞幼而爽邁神彩嶷然髫歲便有成人之量篤好文學動合規矩其世父慶遠特器異之後爲驃騎大將軍霍州刺史卒

劉祥幼而聰慧占對俊辯賓客見者號爲神童年十歲能屬文十二通五經

顏之儀幼穎悟三歲能讀孝經位至集州刺史

蕭大圜幼而聰敏神情俊悟年四歲能誦三都賦及孝經論語七歲居母喪便有成人之性後爲內史侍郎西河郡守卒

蕭撝字智遐梁武帝弟安成王秀之子也性溫裕有

儀表年十二入國學博觀經史雅好屬文在梁封永豐縣侯

沈重字德厚吳興武康人性聰悟有異嘗童七歲而孤居喪合禮位至散騎常侍太常卿

張元字孝始年六歲祖父成以夏中熱欲將元就井浴元固不肯從謂其貪戲乃以杖擊其脛曰汝何爲不肯洗浴元對曰衣以蓋形爲覆其褻不能露其體於白日之下祖異而捨之南鄰有二杏樹杏熟多落元園中有諸小兒競取而食之元所得者送還其主

鄭譯年十餘歲嘗詣相府司錄李長宗長宗於衆中

戲之譯從容謂長宗曰明公位望不輕瞻仰斯屬輒相戲狎無乃喪德長宗甚異之

隋王述字長述後周驃騎大將軍羆之孫少聰敏有識度年八歲周太祖見而奇之曰王公有此孫足爲不朽後位至大將軍後授行軍總管

于仲文後周大佐軏實之子九歲嘗於云陽宮見周太祖問曰聞兒好讀書書有何事仲文對曰資父事君忠孝而已太祖甚嗟嘆之後爲右翊衛大將軍進位光祿大夫卒

裴政字德表幼學明敏博聞強記達於時政爲當世所稱年十五辟邵陵王府法曹參軍事終於襄州總管

于宣敏字仲達少沉密有才思年十一詣周趙王命之賦詩宣敏爲詩甚有幽貞之志王大奇之坐客莫不嗟賞位至奉車都尉

史萬歲京兆杜陵人父靜周滄州刺史萬歲少英武善騎射驍捷若飛好讀兵書兼精占候年十五値周齊戰於邙山萬歲時從父入軍旗鼓相望萬歲令左右趣治裝急去俄而周師大敗其父繇是奇之後爲河州刺史行軍總管

蘇夔八歲誦詩兼解騎射年十三從父威至尚書省與安德王雄馳射賭得駿馬而歸十四詣學與諸儒議論詞致可觀見者皆稱善位至通議大夫

李德林幼聰敏年數歲誦左思蜀都賦十餘日便畢高隆之見而嗟嘆遍告朝士云若假其年必爲天下偉器鄴京人士多就宅觀之月餘日中車馬不絶年十五誦五經及古今文集日數千言後終於懷州刺史

宇文欣字仲樂幼而敏慧爲兒童時與羣輩戲輒爲部伍進止行列無不用命者位至右領軍大將軍

韋師字公頴少沉謹有至性初就學始讀孝經捨書而歎曰名教之極其在茲乎終於汴州刺史

楊昇字文殊美風儀沉深有器局鄴亂就學日誦千言見者奇之後爲刑部尚書除吳州總管卒

柳肅少聰敏閑於占對起家周齊王文學武帝見而異之召拜宣納上士位至工部侍郎

韋世康幼而沉敏有器度年十歲州辟主簿後拜豳州總管卒於家

劉顯字嗣芳幼而聰敏當時號曰神童

辛德源字孝基沉靜好學年十四解屬文及長博覽

書記後爲諮議參軍

陸爽字開明少聰敏年九歲就學日誦二千餘言齊尚書僕射楊遵彦見而異之曰陸氏代有人焉官至太子洗馬

胡克讓年十四釋褐梁湘東王法曹參軍時舍人朱异在儀賢堂講老子克讓與焉堂邊有修竹异令克讓詠之克讓攬筆輒成其卒章曰非君多愛賞誰貴此貞心异甚奇之後爲通直散騎常侍卒

游元字楚客少聰敏年十六齊司徒徐顯秀以爲參軍事後位至朝請大夫兼侍御史

何妥字棲鳳西域人少機警八歲游國子學助教顧良戲之曰汝既姓何是荷葉之荷爲是河水之河應聲答曰先生姓顧是眷顧之顧是新故之故衆咸異之終於國子祭酒

庾質字行修少而明敏早有志向八歲誦梁世祖玄覽言志等十賦拜童子郎位至太史

袁充少警悟年十餘歲其父黨至門時冬初充尚衣葛衫客戲充曰袁郎子絺兮綌兮凄其以風充應聲答曰惟絺與綌服之無斁以是大見嗟賞後位至祕書令

盧大翼字協昭河間人本姓章仇氏七歲詣學誦數千言州里號曰神童及長閑居味道不求榮利卒於維陽

庾季才幼穎悟八歲誦尚書十二通周易好古玄象後爲通直散騎常侍

崔賾字祖濬七歲能屬文容貌短小有口才開皇初秦孝皇薦之射策高第後爲越王長史

薛道衡字玄卿河東汾陰人祖聰魏齊州刺史父孝通嘗山太守道衡六歲而孤專精好學年十三講左氏傳見子產相鄭之功作國僑贊頗有詞致見者奇

之後才名益著位至司隸大夫

許善心字務本九歲而孤爲母范氏所鞠養幼聰明有思理所聞輙能誦記多聞默識爲當世所稱家有舊書萬餘卷皆遍通涉十五解屬文牋上父友徐陵大奇之謂人曰才調極高此神童也後爲給事中

薛世雄爲兒童時與羣輩游戲輙畫地爲城郭令諸兒爲攻守之勢有不從令者世雄輙撻之諸兒畏憚莫不齊整其父見而奇之謂人曰此兒當興吾家矣位至左禦衛大將軍

房彥謙字孝沖早孤不識父爲母兄之所鞠養長兄

詢雅有清鑒以彥謙天性穎悟每奇之親教之讀書年七歲誦數萬言爲宗黨所異終於涇陽令

鄭茂少敏慧七歲誦騷雅日千餘言後爲尚書左丞

鮑宏字潤身父機仕梁爲治書侍御史宏七歲而孤爲兄泉之所愛育年十二能屬文嘗和湘東王繹詩嗟賞不已引爲中記室位至均州刺史

唐陳叔達初在陳年十餘歲嘗侍宴賦十韻援筆便就僕射徐陵甚奇之貞觀中位至吏部尚書

蘇世長父振仕周爲岩州刺史武帝時世長十餘歲上書言事帝以其年少召問讀何書對曰讀孝經論語武帝曰孝經論語何所言對曰孝經云治國者不敢侮於鰥寡論語云爲政以德帝善其對令於獸門館讀書武德中爲天策府軍諮秦府開引爲學士

高士廉幼而精爽絶倫占對敏慧位至開府儀同三司

李百藥字重規博陵安平人父德林仕隋内史令百藥幼而聰敏年數歲德林於燈下教以四聲一聞便解七歲頗能屬文齊中書舍人陸乂嘗過德林宴齊有誦徐陵文者云將刈琅邪之稻坐客並不識其事百藥進日傳稱鄅人籍稻杜預注云鄅國在瑯琊開

陽縣乂等驚喜云此兒神童也官至宗正卿

百藥子安期幼聰辯七歲解屬文終於荆州大都督府長史

孔穎達年八歲就學日讀千餘言至暮更誦未嘗嬉戲有異凡童三禮義宗盡能闇記官至國子祭酒

房玄齡幼而聰敏五歲能誦毛詩及乎志學尤上草隸博覽墳史位至司空

呂方毅才之子年七歲能誦周易毛詩太宗聞其幼敏召見甚奇之賜以縑帛

王勃字子安太常博士福畤子也六歲善屬文與兄

勔勴俱稱少俊父友杜易簡嘗稱曰比王氏三株樹也

楊炤幼聰敏博學善屬文應神童舉拜較書郎爲崇文館學士

孫思邈京兆華原人也七歲就學日誦千餘言顯慶中高宗召拜諫議大夫不受

狄仁傑字懷英爲兒童時門人有被害者縣吏就詰之衆皆接對惟仁傑堅坐讀書吏責之仁傑曰黄卷之中聖賢備在尤不能接對何暇偶俗吏而見責耶位至内史

元萬頃河南人德州總管白澤之孫也幼解屬文起家爲通事舍人

孫逖幼而英俊文思敏速始年十五謁雍州長史崔日用日用小之令爲土火爐賦握翰即成辭理典贍日用覽之駭然遂爲忘年之交以是價譽益重開元初應哲人奇士舉

韋陟字殷卿尚書左僕射安石之子少聰穎頗異嘗童自幼風標整峻獨立不羣安石尤愛之位至吏部尚書東京留守

蘇震京兆武功人少以門蔭補千牛聰敏好學博涉經史年未志學有老成人風伯項異之嘗謂所親曰吾家有子矣

嚴武中書侍郎挺之之子神氣俊爽敏於聞見幼有成人之風讀書不究精義涉獵而已弱冠以門蔭策名隴右節度使哥舒翰奏充判官後爲成都尹改簡較吏部尚書封鄭國公

楊綰生而聰慧年四歲處羣從之中敏識過人嘗夜宴親賓客舉座中物以四聲呼之諸賓未言綰應聲指鐵燈樹曰燈盞柄曲衆咸異之位至中書侍郎同中書門下平章事

劉晏字士安曹州南華人年七歲舉神童授祕書省正字終於忠州刺史

高郢字公楚其先渤海蓚人九歲通春秋能屬文郢子定幼聰警絶倫年七歲時讀尚書湯誓問郢曰奈何以臣伐君郢曰應天順人不爲非道又問曰用命賞於祖不用命戮於社是順人乎父不能對定仕至京兆參軍

房孺復太尉綰之子少慧黠年七八歲即解綴文親黨奇之位至容州刺史本管經畧使

權德輿生四歲能諷詩十五爲文數百篇編爲董蒙

集十卷名聲日大後爲簡較吏部尚書出鎮回元卒
蔣義字德源其先常州義興人後徙家於河南國子司業集賢學士蔣明之子史官吳兢之外孫代以儒學稱年七歲讀庾信哀江南賦數遍而能暗記始以聰敏精強聞於親黨弱冠該博羣籍時論以史職許之位至祕書監
令狐楚字殼士世以儒雅著稱楚少強記年十五善屬文位至簡較左僕射興元尹充山南西道節度使
李聰西平王太尉晟之第十三子七歲以蔭授太常寺協律嘗入公署胥吏小之不敬聰鞭之見血西平

因大奇之
元稹九歲能屬文十五明兩經擢第太和中終於簡較戶部尚書兼鄂州刺史
李德裕宰相吉甫之子幼而壯志苦心力學吉甫每以敏辯誇於同列武元衡曾召之謂曰吾子在家所嗜何書意欲探其志也德裕不應翊日元衡具以告吉甫因戲曰公誠涉大癡耳吉甫歸以責之德裕曰武公身爲帝弼不問理國調陰陽而問所讀書書者成均禮部之職也其言不當所以不應吉甫復告元衡大慚繇是振名德裕會昌中爲太尉宣宗時爲東都留守後累貶崖州司馬卒
郭承嘏字復卿汾陽王子儀曾孫生而異乳保之間卽好筆硯比及成童能誦五經
楊收七歲喪父居喪有如成人而母長孫夫人知書親自教授十三畧通諸經義善於文詠吳人稱爲神童兄發戲令詠蛙卽日澗邊分玉樹龍底耀銅儀會當同鼓吹不復問官私又令詠筆仍賦鑽字卽日雖非囊中物何堅不可鑽一朝操政事定使冠三端每良辰美景吳人造門觀神童請爲詩什觀者壓敗其藩後自宣歙觀察使貶端州司馬尋削官封

梁羅周敬年七八歲學賦詩往往傳於人口
後唐馬希範湖南節度使殷之第三子少而溫雅稍涉文史開平中授著作佐郎國子博士俄解金紫光祿大夫簡較右僕射典湖南親軍同光中殷遣希範入貢莊宗問洞庭廣狹希範對日洞庭至狹若車駕南巡止可飲馬莊宗拊背嘉之超授簡較太保永州刺史
李琪年十三詞賦詩頌大爲王鐸所知然亦疑其假手一日鐸召父穀讌於公署密遣人以漢高祖得三傑賦題就其第試之琪援筆立成賦尾云得士則昌

非賢罔共龍頭之友斯貴鼎足之臣可重宜哉項氏之所以亾一范增而不能用鐸覽而駭之曰此兒大器也將擅文價

趙美幽州節度使德鈞之孫天成四年德鈞奏美年五歲黙念何論孝經令於汴州取解就試勑封尉之孫能念儒書備彰家訓不勞就試特與成名宜賜别勑及第仍附今年春牓

晉盧質幼聰慧善屬文年十六陝帥王重盈奏授芮城令

安元信幼爲兒童時嘗與里中同輩戲爲營陣獨申

明進退交繫之勢宛成部分邑之耆老有尚懷古者謂元信父萬金曰此子成人必達軍旅之事若賦以壽則爲將爲侯爾其志之後至耀州團練使

漢李崧深州饒陽人父舜卿本州録事參軍崧幼而聰敏十餘歲爲文家人奇之弱冠本府署爲參軍其父嘗謂宗人李鏻曰大醜坐處奇形氣異前途應不居徒勞之地賴吾兒誨激之大醜即崧之小字也後至宰相

周皮台符字光信深州武強人幼善屬文唐同光中擢進士第釋褐爲鎮定從事位至翰林學士

扈凝幼而聰敏姿狀秀拔神彩射人少好學書一覽者咸達其大義後至相位

王朴幼警慧好學善屬文位至樞密使

册府元龜

巡按福建監察御史臣李嗣京　訂正
分守建南道左布政使臣胡維霖　參閲
知建陽縣事臣　黄國琦較釋

總録部二十六

名望

夫爲萬物之靈稟五行之秀而不能馳聲於當年揚名於没世者奚足謂之賢哉故有德美淵騫英華發越扶義倜儻懷才超拔志節抗邁公廉絶俗經術深厚風裁詳雅繇茲而稱於儕伍聞於州里著於官次

顯於朝廷布於天下流於絶域者蓋有之焉其或同時接武齊名並駕爲游談之矜式聳士類之慕何傳所謂死而不朽者皆是之謂歟

子産鄭人簡公二十三年諸公子爭寵相殺又欲殺子産公子或諫曰子産仁人鄭所以存者子産也勿殺乃止

澹臺滅明事孔子既以受業南游至江從弟子三百人設取予去就名施乎諸侯

晏平仲嬰者萊之夷維人也事齊靈公莊公景公三世顯名於諸侯

越范蠡三徙成名於天下非苟去而已所止必成名李老死于陶故世傳曰陶朱公

吳起衛人魏武侯封起爲西河守甚有聲名

井茂下蔡人起下蔡閭閻顯名諸侯

漢張耳陳餘皆大梁人張耳少時爲魏公子無忌客與陳餘兩人魏之名士也陳涉起蘄至陳張耳陳餘上謁涉（上謁若今之通名）涉及左右生平數聞耳餘賢未嘗見見即大喜

陸賈勸陳平交驩太尉周勃以此游漢廷公卿間（廷謂朝廷）名聲藉甚（言狼藉甚盛）孝文即位爲大中大夫

季布楚人也布弟季心氣蓋關中嘗殺人亡吳從爰絲匿長事爰絲（言以兄長之禮事也）弟畜灌夫籍福之屬嘗爲中司馬（中尉司馬）中尉郅都不敢加少年多時竊借其名以行（詐自稱爲心之賓客徒黨也）當是時季心以勇聞布以諾聞關中後爲河東守

韓安國爲人多大略知足當世取舍（舍止也取舍言可取則取可舍則舍）而出於忠厚貪財利然所推舉皆廉士賢於已者於梁舉壺遂臧固至它皆天下名士（於梁舉二人至於他余所舉皆名士也）士亦以此稱慕之惟天子以爲國器官至御史大夫

鄭當時字莊陳人也脫張羽於阸(梁孝王將楚祖之弟也)聲聞梁楚間後爲大司農未嘗名吏與官屬言若恐傷之聞人之善言進之上惟恐後山東諸公以此翕然稱鄭莊

鄒陽齊人與吳嚴忌枚乘等俱仕吳皆以文辯著名爲梁上客而卒

灌夫字仲孺潁陰人吳楚反時夫父孟爲軍尉戰死夫不肯隨喪歸奮曰願取吳王若將軍頭以報父讎於是乃從奴十餘騎入吳軍至戲下亡其奴獨與一騎歸夫身中大創十餘適有萬金良藥故得無死創

少瘳又請復往將軍壯而義之恐亡夫乃言太尉(大尉周勃也)太尉固止之吳軍破夫以此名聞天下後至燕相

漢李陵少爲侍中建章監善騎射愛人謙下士甚得名譽

楊惲司馬遷外孫也以材能稱好交英俊諸儒名顯朝廷官至光祿勳

尹翁歸爲政雖任刑其在公卿之間清潔自守語不及私然溫良謙退不以行能驕人甚得名譽於朝廷爲右扶風病卒

辛慶忌遷校尉將吏士屯焉耆國還爲謁者尚未知名元帝初補金城長史舉茂材遷郎中車騎將軍朝廷多重之者轉爲校尉遷張掖太守徙酒泉所在著名

雋不疑治春秋爲郡文學進退以禮名聞州郡官至京兆尹

趙廣漢爲潁川太守威名流聞匈奴降者言匈奴中皆聞廣漢名

邴曼容漢兄之子也亦養志自脩其名過出於漢官至六百石輒免去

樓護字君卿爲京兆吏甚得名譽護爲人知小精辯論議常依名節與谷永俱爲五侯上客長安號曰谷子雲之筆札樓君卿之脣舌護官至天水太守永至大司農

杜欽字子夏少好經書家富而目偏盲故不好爲吏茂陵杜鄴與欽同姓字俱以材能稱京師故衣冠謂欽爲盲杜子夏以相別欽惡以疾見詆迺爲小冠高廣才三寸(方與緫同)繇是京師更謂欽爲小冠杜子夏而鄴爲大冠杜子夏欽不仕鄴官至凉州刺史

龔勝字君賓龔舍字君倩皆楚人也兩人相友並著

名節故世謂之楚兩龔勝官至光祿大夫舍亦至光祿大夫稱病不起

楊雄少時從嚴君平游巨而仕京師顯名除爲郎給事黄門

紀逡王思琅邪人薛方子容齊人郇越吕仲郇相稚賓大原人唐林子高唐尊伯高沛郡人皆成帝至王莽時清名之士也皆以明經飾行顯名於世飾謹也

陳遵字孟公少與張竦相親友哀帝之末俱著名字爲後進冠爲後進人之冠首也所到衣冠懷之惟恐在後時列侯有與遵同姓字者每至入門曰陳孟公坐中莫不

震動既至而非因號其人曰陳驚坐遵官至河内都尉

後漢張湛自太子太傅退居中東門侯舍故時人號曰東門君

承宫爲左中郎將名播匈奴時北單于遣使求得見宫明帝勑自整飾宫對曰夷狄眩名非識實者也臣狀醜不可以示遠宜選有威容者帝乃以大鴻臚魏應代之

祭肜子孫多爲邊吏者皆有名稱

崔駰少游大學與班固傅毅同時齊名官至長岑長

馮豹好儒學以詩春秋教麗山鄉里爲之語曰道德彬彬馮仲文位至尚書

卓茂與同縣孔休陳留蔡勳安衆劉宣楚國龔勝上黨鮑宣六人同志不仕王莽時並名重當時光武卽位以爲太傅

王扶爲議郎有節行臨邑侯劉復着漢德頌盛稱扶爲名臣

第五種字與先少厲志義爲吏冠名州郡官至兖州刺史

李咸字元貞汝南人累經州郡以廉幹知名在朝清

忠權倖憚之

鄧彪字智伯與同郡宗武伯翟敬伯陳綏伯張弟伯同志好齊名南陽號曰五伯彪位至大傅錄尚書事

栢彬字彥林少與蔡邕齊名舉孝廉拜尚書郎

召馴俶儻不拘小節以志義聞鄉里號之曰德行恂恂召伯春仕至光祿勳

樓望操節清白著稱鄉里仕至左中郎將

周澤字稚都孫堪字子稚堪行類於澤故京師號曰二稚澤位至太常堪至侍中騎都尉

韓融少能辯理而不爲章句學聲名甚盛五府並辟

位至太僕

荀爽字慈明聰思經史慶弔不行徵命不應潁川爲之語曰荀氏八龍慈明無雙後遭黨錮隱於海上又南遁漢濱積十餘年以著述爲事遂稱爲碩儒位至司空

袁閎字奉高數辭公府之命不修異操而致名當時

金元休名尚京兆人與同郡韋休甫第五文休俱著名號爲三休尚獻帝初爲兗州刺史東之郡而魏太祖已臨兗州尚依袁術術僭號欲以尚爲太尉不敢顯言私使諷之術亦不敢強也建安初尚逃還爲術

所害

黃香博學經典究精道術能文章京師號曰天下無雙江夏黃童官至魏郡太守

矯慎隱遁山谷與馬融蘇章鄉里並時融以才博顯名章以廉貞爲稱然皆推先慎

賈彪少游京師志節慷慨與同郡荀爽齊名後至新息長

董扶少游太學與鄉人任安齊名仕至蜀郡屬國都尉

侯瑾嘗以禮自牧徵召不到覃思著述西河人敬其才而不敢名之皆稱爲侯君公車徵不至

蘇純字桓公有高名姓強勁而持毀譽士友咸憚之至乃相謂曰見蘇桓公患其教責人不見又思之三輔號爲大人（大人長者之稱尊信者也）仕至南陽太守

何顒少游學雒陽顒雖後進而郭林宗賈偉節等與之相好顯名太學後辟司空府

郭泰字林宗太原介休人也不應辟召桓帝時大學諸生三萬余人郭林宗賈偉節爲其冠與李膺陳蕃王暢更相褒重學中諸生曰天下模楷李元禮不畏強禦陳仲舉天下俊秀王叔茂海內希風之流遂共

相標榜指天下名士爲之稱號上曰三君次曰八俊次曰八顧次曰八及次曰八厨猶古之八元八愷也竇武劉淑陳蕃爲三君君者言一世之所宗也李膺荀昱杜密王暢劉祐魏朗趙典朱寓爲八俊俊者言人之英也郭林宗宗慈巴肅夏馥范滂尹勳蔡衍羊陟爲八顧顧者言能以德行引人者也張儉岑晊劉表陳翔孔昱范康檀敷翟超爲八及及者言其能導人追宗者也度尚張邈王考劉儒胡母班秦周蕃向何王章爲八厨厨者言能以財救人者也

劉表字景升山陽人少知名號八俊仕至荊州牧（張璠

漢紀曰表與同郡人張隱薛郁王訪宣靖公褚恭劉
祗田林爲八交或謂之八顧漢末名士録云表與汝
南陳翔字仲麐范滂字孟博魯國孔昱字世元勃海
范康字仲真山陽檀敷字文友張儉字元節南陽岑
晊字公孝爲人友胡母班字季皮太山人少與山陽
度尚東平張邈等八人並輕財赴義振濟人士世謂
之八廚

李膺爲司隸校尉是時朝廷日亂紀綱穨弛膺獨持風裁以聲名自高士有被其容接者名爲登龍門

鍾瑾李膺姑子好學慕名有退讓風與膺同年俱有聲名辟州府未嘗屈志

杜密轉太僕黨事既起免歸本郡與李膺俱坐而名行相次故時人亦稱李杜焉前有李固杜喬故言亦也

竇武少以經行著稱常教授於大澤中不交時事名顯關西後至大將軍

鍾浩潁川長社人時郡中先輩爲海内所歸者蒼梧太守定陵陳稚叔黎陽令潁陰荀淑及皓少府李膺常宗此三人曰荀君清識難尚陳鍾至德可師淑至朗陵侯相棄官歸皓累徵不就

陳實與子紀高名並著而紀弟諶又配之世號曰三君每宰府辟命率皆同時羔鴈成群丞掾交至豫州百姓皆圖畫實紀諶之形象實至大丘長紀至大鴻臚諶史不載官

段紀明武威姑臧人與皇甫威明張然明並知名顯達京師稱爲涼州三明云

任安字定祖少游太學受孟氏易兼通數經又從同郡楊厚學圖讖究極其術時人稱曰欲知仲栢問任安又曰居今行古任定祖

趙壹舉郡上計到京師河南尹羊陟與司徒袁逢共稱薦之名動京師士大夫想望其風采十辟公府不就

王烈通識達道秉義不回以潁川陳大丘爲師二子爲友時潁川荀慈明賈偉節李元禮韓元長皆就陳

君學見烈器業過人歎服所履亦與相親由是英名著於海内

孔融與平原陶立洪陳留邊讓並以俊秀爲後進冠蓋融持論經理不及讓等而逸才宏博過之融官至少府太中大夫洪辟太尉府讓至九江太守

魏李豐字安國故衛尉李義子也文帝時以父任召隨軍始爲白衣時年十七八在鄴下名爲清白識別人物海内翕然莫不注意後隨軍在許昌聲稱日隆其父不願其然遂令閉門勑使斷客明帝在東宮豐在文學中及即尊位得能吳降人問江東聞名士爲

誰降人云聞有李安國者是時豐爲黃門郎明帝問左右所在左右以豐對帝曰豐名乃被於吳越邪位至中書令

華歆平原人與北海邴原管寧俱游三人相善時人號三人爲一龍歆爲龍頭原爲龍腹寧爲龍尾歆至大尉原至五官將長史寧至太中大夫固辭不受

張泰鉅鹿人爲鴻臚龐迪扶風人爲河南尹以清賢稱荀綽冀州記曰鉅鹿張邈字邵虎祖父泰字伯陽有名於魏父邈字叔遼遼東太守著名自然好學論在嵇康集爲人弘深有遠識恢恢然使求之者莫之能測也官歷二官後爲城陽太守未行而卒

邢顒字子昂太祖辟爲冀州從事時人稱之曰德行堂堂邢子昂位至太常

徐宣字寶堅廣陵海西人避亂江東又辭孫策之命還本郡與陳矯並爲綱紀二人齊名而私好不協然俱見器於太守陳登位至侍中光祿大夫

鮑勛清白有高節知名於世後至宮正

趙儼潁川陽翟人與同郡辛毗陳群杜襲並知名號曰辛陳杜趙云毗官至衛尉群儼並至司空襲至尚書太中大夫

蒲寵字子偉以格度知名官至衛尉

徐邈同郡韓觀曼游有鑒識器幹與邈齊名而在孫禮盧毓先邈位至司隸校尉

王昶字文舒大原晉陽人也少與同郡王淩俱知名淩年長昶兄事之位至司空

韓暨爲大鴻臚暨爲大賢韓宣在後爲鴻臚亦稱職故鴻臚中爲之語曰大鴻臚小鴻臚前後治行曷相如

沐並字德信爲三府長史時吳使朱然諸葛瑾攻圍樊城遣船兵於峴山東斫材牂牁兵人作食有先熟者呼後熟者言共食來後熟者答曰不也呼者曰汝欲作沐德信邪其名流布播於異域如此雖自華夏

不知者以爲前世人也

蜀習禎字文祥襄陽人有風流善談論名亞龐統而在馬良之右子忠亦有名仕至南廣漢太守

蔣琬字公琰零陵湘鄉人弱冠與外弟泉陵劉敏俱知名琬至大司馬敏至右護軍

費禕字文偉江夏鄳人與汝南許叔龍南郡董允齊名禕位至大將軍允侍中守尚書令

楊戲字文然犍爲武陽人少與巴西程祁公引巴郡楊汰季儒蜀郡張表伯達並知名戲每推祁以爲冠首丞相諸葛亮深器之仕至射聲校尉

姜維字伯約為大將軍時蜀官皆天下英俊無出維
右
吳徐陵字元大為零陵太守朝廷待以列卿之位故
虞翻與書曰元大受上卿之遇叔向在晉未若於今
其見重如此
周瑜時年二十四吳中皆呼為周郎後至偏將軍領
南郡太守
顧邵字孝則博覽書傳好樂人倫少與舅陸績齊名
而陸遜張敦朴静皆亞焉邵仕至豫章太守績至偏
將軍遜至丞相敦至海昏令静至剡令

步騭字子山大帝為討虜將軍召為主記歲餘騭以
疾免與琅邪諸葛瑾彭城嚴畯俱游吳中並着聲名
為當時英俊位至驃騎將軍領冀州牧
顧譚為太子友時四方之俊畢集太傅諸葛恪以雄
奇蓋衆而譚以清識絶倫獨見推重自太尉范慎謝
景羊徽之徒皆以秀稱其名而悉在譚下位至太常
晉應貞字吉甫善談論以才學稱夏侯玄有盛名貞
詣玄玄甚重之位至散騎常侍
劉湛字潤甫以才學知名為征南從事中郎深為羊
祐所器重

胡威字伯武一名貔淮南壽春人也質以忠清著
稱少與鄉人蔣濟朱績俱知名於江淮間官至青州
刺史
何曾字頴考陳國陽夏人父夔魏太僕陽武亭侯曾
少襲爵好學博聞與同郡袁侃齊名曾位至大宰侍
中侃至尚書
歐陽建字堅石世為冀方右族雅有理思才藻富贍
擅名北州時人謂之語曰渤海赫赫歐陽堅石仕至
馮翊太守
石浚字景倫清儉有鑒識敬愛人物位至黄門侍郎

為當世名士
傅祗字子莊父嘏魏太常祗性至孝早知名以才識
明練稱位至侍中遷司徒不拜
劉毅幼有孝行少厲清節然好臧否人物王公貴人
望風憚之位至尚書僕射光禄大夫
裴憲為侍中王浚承制以為尚書郞石勒為右光禄
大夫司徒太傅封安定郡公憲歷官無幹績之稱然
在朝玄默未嘗以物務經懷但德重名高動見尊禮
王罕字子綸愷子也幼有門風才望不及愷以淑行
致稱為清平佳士

和嶠少有風格慕舅夏侯玄之為人厚自崇重有盛名於世朝野許其能整風俗理人倫位至尚書令

王濟字武子少有逸才風姿英爽氣蓋一時好弓馬勇力甚絶人善易及莊老文詞俊茂伎藝過人有名當世與姊夫和嶠及裴楷齊名位至侍中河南尹

秦秀字玄良少敦學行以忠直知名終於博士

華嶠字叔駿才學深博少有令名位至秘書監散騎常侍

山簡濤之子也性温雅有父風後與譙國嵇紹沛郡劉謨弘農楊淮齊名位至征南將軍鎮襄陽

王玄衍之子少慕簡曠亦有俊才與衛玠齊名玄衍為陳留太守玠後至太子洗馬

荀闓字道明亦有名稱京都謂之語曰雒中英英荀道明

羊曼任達頽縱好飲酒温嶠庾亮阮放桓彝同志友善並為中興名士時州里稱陳留阮放為宏伯高平郗鑒為方伯泰山胡毋輔之為達伯濟陰卞壼為裁伯陳留蔡謨為朗伯阮孚為誕伯高平劉綏為委伯而曼為黯伯凡八人號兗州八伯蓋擬古之八儁也曼位至前將軍放至楊威將軍交州刺史鑒至太尉輔之至楊武將軍湘州刺史壼至領軍將軍謨至司徒不拜孚至鎮南將軍廣州刺史綏至荊州刺史

江統字應元靜默有遠志時人諸之語曰嶷然稀言江應元與鄉人蔡克俱知名位至黄門侍郎散騎常侍

劉輿字慶孫儁朗有才局與弟琨並尚書郭奕之甥名著當時京師為之語曰雒中奕奕慶孫越石輿官至潁川太守琨官至司空廣武侯

祖逖字士稚博覽書記該涉古今往來京師見者謂逖有贊世才具官至豫州刺史

華軼字彦夏少有才氣聞於當世汎愛博納衆論美之官至江州刺史

劉琨少得儁朗之名與范陽祖納俱以雄豪著名琨位至司空納至光禄大夫

劉耽字敬道少有行檢以義尚流稱為宗族所推位至特進金紫光禄大夫

周馥字祖宣浚從父弟也父蕤安平太守馥少與友人成公簡齊名俱起家為諸王文學

裴楷字叔則明悟有識量弱冠知名尤精老易少與王戎齊名位至光禄大夫開府儀同三司戎至司徒

裴秀少好學有風操八歲能屬文時人爲之語曰後進領袖有裴秀裴王一族盛於魏晉之世時人以爲八裴方八王徽比王祥楷比王衍康比王綏綽比王澄瓚比王敦遐比王導頠比王戎邈比王玄秀位至司空

顧榮字彦先吳國吳人爲南士著姓祖雍吳丞相父穆宜都太守榮機神頴悟弱冠仕吳爲黄門侍郎太子輔義都尉吳平與陸機兄弟同入雒時人號爲三俊例拜爲郎中

徐邈姿性端雅勤行勵學博涉多聞少與鄉人臧壽

齊名後至驍騎將軍

諸葛恢字道明穎川荀闓字道明陳留蔡謨字道明與恢俱有名譽號曰中興三明時人爲之語曰京都三明各有名蔡氏儒雅荀葛清恢位至侍中金紫光祿大夫

薛兼字令長丹陽人父瑩有名吳朝吳平爲散騎常侍兼清素有器宇少與同郡紀瞻廣陵閔鴻吳郡顧榮會稽賀循齊名號爲五俊初入雒司空張華見而奇之曰皆南金也兼瞻並位至散騎常侍鴻仕吳至尚書榮至鎮東軍司散騎常侍循至大常

褚翜字謀遠以才藝楨幹稱襲爵關内侯

張輔字世偉南陽西鄂人漢河間相衡之後也少有幹局與從母兄劉喬齊名輔爲馮翊太守喬至豫州刺史

索靖字幼安敦煌人官至游擊將軍靖少有逸群之量與鄉人氾衷張甝索紾索永俱詣大學馳名海内號稱敦煌五龍

牽秀字成叔武邑觀津人也祖招魏鴈門太守秀博辯有文才性豪俠弱冠得美名爲太保衛瓘尚書崔洪所知秀位至中書令

衛瓘貞静有名理以明識清允稱位至太保

裴頠爲人弘雅有遠識博學稽古履行高整自少知名位至尚書僕射

荀羨字令則崧之子清和有準年十五尚尋陽公主拜駙馬都尉弱冠與琅邪王齊名

周顗少有重名廣陵戴若思東南之美舉秀才入雒素聞顗名往候之終坐而出不敢顯其才辯位至護軍將軍

祖約逖之弟永嘉末隨兄過江元帝稱制引爲掾屬與陳留阮孚齊名位至右將軍散騎常侍

胡毋輔之與王龍王敦庾敳俱爲太尉王衍所昵號
曰四友
譙獻之巴西南充人有重名於西土
衛玠字叔寳風神秀異玠妻父樂廣有海內重名議
者以爲婦翁氷清女壻玉潤玠好言玄理王澄及王
玄王濟並有盛名然皆出玠下世云王家三子不如
衛家一兒于時中興名士惟王承及玠爲當時第一
玠官至太子洗馬
王承字安期湛之子也弱冠知名太尉王衍雅貴異
之比南陽樂廣爲東海太守去官東渡江及至建業

爲元帝鎮東府從事中郎甚見優禮承少有重譽而
推誠接物盡弘恕之理故衆咸親愛焉渡江名臣王
導衛玠周顗庾亮之徒皆出其下
王謐字稚遠有美譽與譙國桓脩王綏齊名位至侍
中揚州刺史
周玘字宣佩強毅沉斷有父風而文學不及閉門絜
已不妄交游士友咸望風敬憚焉故名重一方位至
建武將軍南郡太守
庾氷字季堅兄亮以名德流訓氷以雅素垂風諸弟
相率莫不好禮爲世論所重亮常以爲庾氏之寳氷
位至車騎將軍江州刺史
孔愉字敬康與同郡張茂字偉康丁潭字世康齊名
時人號曰會稽三康愉位至鎮軍會稽內史
周嵩字泰玄性虛簡時人稱爲淸士位至尚書郎
孔衍宗人夷吾有美名博學不及衍涉世聲譽過之
元帝以爲主簿
王坦之字文度弱冠與郗超俱有重名時人爲之語
曰盛德絶倫郗嘉賓江東獨步王文度嘉賓超小字
也坦之仕至北中郎將徐兗二州刺史超至司徒左
長史

王忱字元達弱冠知名與王恂俱流譽一時歷位驃
騎長史嘗造其舅范甯與張玄相遇甯使與玄語玄
正坐歛衽待其有發忱竟不與言玄失望便去甯讓
忱曰張玄吳中之秀何不與語忱笑曰張祖希欲相
識自可見詣甯謂曰卿風流俊望真後來之秀忱曰
不有此舅焉有此甥既而甯使報玄玄束帶造之始
爲賓主忱位至建武將軍
龔壯字子瑋巴西人也絜已自守與鄉人譙秀齊名
不仕而卒
褚裒少有簡貴之風與京兆杜乂俱有名冠于中興

位至衛將軍徐兗二州刺史
謝韶字穆度方之子少有名時謝氏尤彥秀者稱封胡羯末封謂韶胡謂朗羯謂玄末謂川皆其小字也韶位至車騎司馬朗至東陽太守玄至左將軍川早卒
謝安寓居會稽累辟不就時安弟萬爲西中郎將摠藩任之重安雖處衡門其名猶出萬之右自然有公輔之望處家常以儀範訓子弟能爲雒下書生詠有鼻疾故其音濁名流愛其詠而不能及或掩鼻以教之位至太保

袁宏有三子其季日明子有父風最知名官至臨賀太守
謝玄爲會稽内史時吳興太守晉寧侯張玄之亦以才學顯自吏部尚書與玄同年之郡而玄之名亞於玄時人稱爲南北二玄論者美之
習鑿齒字彥威襄陽人也少有志氣博學洽聞以文章著稱後至荊州別駕
孔沉與魏顗虞球虞存謝奉並爲四族之俊
王珉爲侍中代王獻之爲長兼中書令二人素齊名世謂獻之爲大令珉爲小令

郄僧施字惠脫襲爵南昌公弱冠與王揔綏栢胤齊名累居清顯仕至南蠻校尉
吳隱之字處默美姿容善談論博涉文史以儒雅標名位至光祿大夫加金章紫綬
單胤爲征西長史遂顯于朝廷時惟單與吳隱之以寒素博學知名于世
王恭字孝伯少有美譽清操過人自負才地高華當有宰輔之望與王忱齊名友善慕劉惔之爲人謝安常曰王恭人地可以爲將來伯舅位至平北將軍兗青二州刺史

宋謝莊少有美才文帝元嘉二十七年魏冠彭城魏遣尚書李孝伯來使與鎮軍長史張暢共語孝伯訪問莊及王徽其名聲遠布如此後莊爲中書令金紫光祿大夫
王景文美風姿好言理少與陳郡謝莊齊名位至中書監領太子太傅
謝超宗陳陽夏人也祖靈運臨川內史父鳳元嘉中坐靈運事同徙嶺南早卒超宗元嘉末得還與惠休道人來往好學有文辭盛得名譽仕至臨川太守
袁覬好學善屬文有清譽於世官至司徒從事中郎

張敷好讀玄言與高士南陽宗少之談繫象少文每屈塵尾歎曰吾道東矣於是名價日重後爲司徒左長史

江夷字茂遠少自藻厲爲後進之美位至吏部尚書吳郡太守蔡廓爲祠部尚書年位並輕而爲時流所推重每至歲時皆束帶到門

王弘字休元少好學以清恬知名與尚書僕射謝昆善位至太保

顏延之與陳郡謝靈運俱以辭彩齊名自潘岳陸機之後文士莫及也江左稱顏謝焉所著並傳於世延

之位至金紫光祿大夫

孔本少骨鯁有風力以是非爲己任口吃讀書早知名初舉揚州秀才補主簿後至輔國將軍行會稽郡事

王敬弘所居舍亭山林環周修登臨之美時人謂之王東山

褚炫爲中書侍郎司徒右長史順帝時炫以清尚與劉俁謝朏江斆入殿侍文義號爲四友

冊府元龜

巡按福建監察御史臣李嗣京　訂正

知長樂縣事臣夏允彝　參閱

知建陽縣事臣黃國琦　較釋

總錄部二十七

名望第二

南齊張率爲太子舍人武帝請曰卿東南物望朕宿昔所聞祕書丞天下淸官今以相處爲卿定名譽尋以爲祕書丞

王績字叔素侍武帝爲撫軍吏部尚書張岱選績爲長史呈選牒帝笑曰此可謂素望

何修之盧江灊人明帝建武中爲鎮北記室參軍侍皇太子講時步兵較尉劉瓛徵士吳苞皆已卒京邑碩儒惟修之而已

何戢爲吏部尚書美容儀動止與褚淵相慕時人呼爲小褚公

陸慧曉爲司徒右長史時陳郡謝朏爲左長史府公竟陵王子良謂王融曰我府二上佐求之前世誰可爲比融曰兩賢同時便是未有前例

陸子真吳郡人王僧達貴公子以才傲物爲吳郡太守入閶門曰彼有人焉顧琛一公兩掾英英門戶陸子真五世內侍我之流亞

張融父暢有名於世後融爲南陽王友接對北使李道固就席道固顧而言曰張融是宋彭陽長史張暢子不融頻蹙久之曰先君不幸名達六夷

張寶積融弟也建武中出爲廬陵太守時名流謝瀹何點陸惠曉孔稚珪至融弟鐵之舍點造坐便曰今日可謂盛集二五我兄弟之流阿六張氏保家之子顧見王思遠曰卿詐作善非實得也五謂孔稚珪及融並弟五

朱異以義烈知名官至江夏王參軍吳平令

孔廣字淹源會稽人同郡孔逭皆才學知名廣美容止吐納王儉張緒咸美之儉嘗云廣來使人廢簿領逭不須來來則莫聽去緒數巾車詣之每歎云孔廣使吾成輕簿祭酒仕至揚州治中從事逭抗直有才藻製東都賦于時才士稱之陳郡謝瀹年少時游會稽還父莊問入東何見見孔逭不其見重如此

王筠字元禮又字德柔瑯琊臨沂人少擅才名與劉孝綽見重當世位至太子詹事

傅昭字茂遠北城靈州人祖和之父淡知名宋世或

有稱昭於廷尉虞愿乃遣車延昭時愿宗人通之在坐並當世名流官至散騎常侍

張纘字伯緒爲太子洗馬歷中舍並掌管記與琅邪王錫齊名普通初魏遣彭城人劉善明詣京師請和求識纘時年二十三善明見而嗟服後至平北將軍

顔協爲湘東王國常侍世祖出鎮荆州轉記室時吳郡顧協亦在藩邸與協同名才學相亞府中稱爲二協

何思澄與宗人遜子郎俱擅文名時人語曰東海三何子郎最多思澄聞之曰此言誤耳如其不然故當

歸遜思澄意宜在已也位至宣惠武陵王中録事

伏挺字玄耀曼容之子幼傳父業能言玄理與樂安任昉彭城劉曼俱知名官至給事黄門侍郎

柳褒字茂和義與太守明之子少聰慧弱冠有令名歷尚書郎駙馬都尉

後梁蔡太業爲太常卿有五子允恭最知名起家著作佐郎

柳惔爲黄門侍郎與琅邪王峻兵俱爲中庶子時人號爲方王

王操爲尚書令有七子次子衡最知名有才學起家祕書郎

陳沈照字孔明吳興武康人少有俊才爲當時所重後至明威將軍

宗元饒南郡人少好學以孝敬聞位至吏部尚書

顧野王父烜爲臨賀王記室以儒術知名野王少以著學至性知名爲太子率更令時官僚有濟陽江揔吳國陸瓊北地傅縡吳興姚察並以才學顯著論者推重焉

周弘正字思行汝南人仕梁爲左民尚書散騎常侍元帝著金樓子曰余以諸僧重招提琰法師隱士重

華陽陶貞白士大夫重汝南周弘正其於義理清轉無窮亦一時之名士也位至尚書右僕射

徐陵字孝穆名高一代位至尚書僕射

王冲字長深善與人交貴游之中聲名籍甚位至左光祿大夫領丹陽尹

王通琅邪人父琳有子九人並知名通位至左光祿大夫加特進侍中

張種吳郡人少恬靜居處雅正不妄交游時人爲之語曰宗稱敷演梁則卷充清虚學尚種有其風（敷演卷充四人皆張氏有名者也）種至光祿大夫

蕭引爲吏部郎卒子德言最知名引宗族子弟多以行知名

陸緒幼有志尚以雅正知名位至左僕射

顏晃琅邪人家世单門傍無戚援而介然脩立爲當世所知官至散騎常侍兼中書舍人

後魏崔玄伯清河東武城人與同郡董謐文京崔康時廣陽霍原等俱以碩學播名遼海位至天部大夫進號爲公

高勸太尉謐之子以器度知名卒於侍御中散

崔棕三齊人以才學知名舉冀州秀才

公孫軌字元慶少以文學知名後爲中書郎

屈遵字子皮昌黎徒河人博學多才藝名著當時位至侍中

李順字德正博涉經史有才策知名於世官至散騎常侍

李騫字希義博涉經史文藻富盛年十四爲國子學生以聰達見知

李惲字善祖小字藥囊少有高名爲中書侍郎

李承燉煌公寶之子方裕有鑒裁爲時所重

薛聰字延智有世譽累遷治書侍御史直閤將軍

房宣明靈建之子以文學著稱雅有父風爲中書博士

房堅字千秋少有才名爲祕書郎

房靈賓文藻不如兄靈建而辯悟過之靈建在南官至州治中渤海太守以才名見稱兄弟俱入國爲平齊民雖流漂屯圮操尚卓然

高韜少以英朗知名同郡封懿雅相敬爲慕容垂太尉從事中郎

盧文甫字元祐少有器尚涉歷文史有譽於時

崔綽博陵安平人少孤學行修謹有名於世

呂羅漢仁篤慎密弱冠以武幹知名官至內都大官

張蒲甚爲明元所委在謀臣之列屢出爲將朝廷清論當爲稱首後爲湘州刺史

趙柔字元順金城人少以德行才學知名河右官至河內太守

張湛字子然一字仲玄燉煌人弱冠知名凉士好學能屬文冲素有大志爲沮渠蒙遜黃門侍郎

李孝伯美名聞於遐邇孝彪使於齊武帝謂之曰在北有李孝伯位至尚書

游雅字伯度小名黃頭廣平任人少好學有高才太

武時與勃海高允等俱知名徵拜中書博士東宮內
侍長
游明根孝文初與高閭以儒老學業特被禮遇公私
出入每相追隨而閭以才華時侔明根世號高游焉
明根位至太鴻臚卿閭後至中書監
李神儁小名提少以才學知名爲太常劉芳所賞位
至侍中
宋弁字義和廣平列人人也祖愔與從叔宣博陵崔
建俱知名太武歷位中書博士員外散騎常侍
張烈字徽仙少孤貧涉獵經史有氣槩時青州有崔

徽伯房徽叔與烈並有令譽時人號曰三徽後至瀛
州刺史
陽尼博通經籍與上谷侯天護頓丘李彪同志齊名
官至幽州北平府長史
祖瑩與陳郡袁翻齊名秀出時人爲之語曰京師楚
楚袁與祖雒中翩翩祖與袁瑩位至車騎大將軍翻
至撫軍將軍
比齊邢邵字子才十歲能屬文文章典麗既贍且速
年未二十名動衣冠與濟陰溫子昇爲文士之冠世
論謂之溫邢鉅鹿魏收雖天才豔發而年事在二人
後故子昇死後方稱邢魏焉卲位至中書監
魏收字伯起小字佛助與河間邢子才及收叔季景
並以文章顯世稱大邢小魏言尤儁也溫子昇邢子
才世號三才收少子才十歲子才每曰佛助寒人之
儁後收稍與子才爭名文宣貶子才曰爾才不及魏
收收益得色自序去先稱溫邢後曰邢魏然收內陋
邢心不許也位至尚書右僕射
崔㥄狀貌偉麗善於容止少有名望爲當世所知趙
郡李渾嘗讌聚名輩詩酒正讙譁㥄後到一坐無復
談話者鄭伯猷歎曰身長八尺面如刻畫爲謦欬洪

鍾響胷中貯千卷書使人那得不畏服位至東兖州
刺史
鄭述祖字恭文滎陽開封人少聰敏好屬文有風簡
爲先達所稱譽釋褐司空行參軍
陸卬字雲駒少機悟美風神好學不倦博覽群書五
經多通大義善屬文甚爲河間邢卲所賞卲文與卬
父子彰交游嘗謂子彰曰吾以卿老蚌遂出明珠意
欲爲郡拜紀可乎由是名譽日高儒雅搢紳尤所推
許爲吏部郎中
李廣博涉群書有才思文義之美少與趙郡李騫齊

名爲刑魏之亞而訥於言敏於行官至侍御史
皮子信大將軍景和之子機悟有風神徽涉書傳後
主時爲衛將軍於勳貴子弟之中稱其鑒識
盧公順早以文學見知爲符璽郎待詔文林館與博
陵崔君洽隴西李師上同志友善從駕晉陽寓居僧
寺朝士謂唐寺三少爲物論推許
陽林之俊爽有風槩少勤學愛文藻弱冠擅聲爲後
來之俊秀位至中書監
祖班字孝徵神情機警詞藻遒逸少馳令譽爲世所
推起家秘書郎

後周庾固襄陽人居家孝友爲州里所重官至昌州
刺史
韋孝寬爲浙陽郡守時獨孤信爲新野郡守同隸荆
州與孝寬情好款密政術俱美荆部吏人號爲連璧
韋壽字世齡鄭國公孝寬之子以貴公子早有令譽
爲右侍上士
柳莊字思敬少有器量博覽墳藉兼善辭令濟陽蔡
大寶有重名於江右時爲岳陽王蕭詧諮議見莊歎
曰襄陽水鏡復在於茲大寶遂以其女妻之俄而詧
辟爲參軍

蘇亮好屬文善章奏與弟湛等皆著名西土年二十
餘舉秀才至雒陽過河内嘗景景深器之退而謂人
曰秦中才舉可以抗山東者將此人乎位至侍中
宇文神舉偉風儀善辭令博涉經史性愛篇章尤工
騎射臨戎對寇勇而有謀莅職當官每著聲績兼好
施愛士以雄豪自居故得任兼文武聲彰外内百僚
無不仰其風采先輩舊齒于今稱之位至并州總管
隋李德林字公輔初仕周爲内史上士武帝嘗於雲
陽宮作鮮卑語謂郡臣云我嘗日惟聞李德林名及
見其與齊朝作移檄我正謂其是天上人豈意今日

得其驅使復爲我作文書極爲大異德林既少有才
名重以貴顯凡製文章動行於世或不知者謂爲古
人焉位至上儀同贈定州刺史
柳裘字茂和少聰慧弱冠有令名官至曹州刺史
何妥字棲鳳少聰警年十七以技巧仕梁湘東王後
知其聰明召爲誦書左右時蘭陵蕭眘亦有俊才住
青陽巷妥住白陽頭時人爲之語曰世有兩俊白楊
何妥青陽蕭眘見其美如此官至國子祭酒
劉綽以儒學知名劉炫聰明博學名亞於綽故時人
稱爲二劉焉綽官至太學博士炫至旅騎尉

元暉尚書左僕射翌之子頗好涉獵書記少得美名於京下

王眘字元恭琅邪臨沂人傳學多通少有盛名於江左歷太子洗馬中舍人

裴政字南金位膳部郎中學涉有文藻以輕財貴義稱

陸彥師字雲房少有行簡爲邦族所稱位至吏部侍郎

宇文愷字安樂愷少有器局家世武將諸兄並以弓馬自達愷獨好學博覽書記解屬文多伎藝號爲名

公子位至金紫光祿大夫

崔儦字岐叔北齊待詔文林館歷殿中膳部員外三曹郎中儦與頓丘李若俱見稱重時人爲之語曰京師灼灼崔儦李若

王冑字承基爲著作佐郎與虞綽齊名同志友善于時後進之士咸以二人爲準的冑官至朝散大夫綽至著作佐郎

蘇夔尚書右僕射威之子少有盛名於天下引致賓客四海士大夫多歸之官至通議大夫

于仲文倜儻有大志氣調英拔當時號爲名公子起家爲趙王屬

游元仕後周歷壽春令譙州司馬俱有能名

敬肅字弘儉少以貞介知名仕至潁川郡丞

陳孝意少有志尚弱冠以貞介知名仕至鴈門郡丞

唐李百藥德林子也以名臣之子才行相繼四海名流莫不宗仰位至宗正卿

杜淹聰辯多才藝弱冠有美名於京邑位至御史大夫

薛收與從子元敬及薛德音俱有才名時人謂之河東三鳳呼收爲長離德音爲鸑鷟元敬最小謂鵷鶵

收仕至天策府記室元敬至天策府參軍兼直記室

郎余令少以博學知名爲霍王元軌府參軍元軌深禮之先是余令從父知年爲霍王友元軌謂人曰郎氏兩賢人之望也

王績字無功絳州人嘗躬耕於東皐故時人號東皐子

白履忠陳留浚儀人博涉文史隱居于古大梁城時人號梁丘子

孔紹安少與兄紹新俱以文詞知名外兄虞世南歎異之時有詞人孫萬壽與紹安篤忘年之好時人稱

爲孫孔紹安官至秘書監
鄭世異鄭州滎陽人弱冠有盛名後爲楊州錄事參軍
謝偃善爲賦李百藥工爲五言詩時人稱爲李詩謝賦仕至湘潭令
許叔牙爲太子洗馬兼崇賢館學士又有臨淮劉子翼彭城劉儔之與叔牙相次爲學士並以文學知名
楊照華州華陰人少與絳州王勃范陽盧照鄰東陽駱賓王皆以文詞知名海內稱爲王楊盧駱亦號爲四傑照至盈川令勃至虢州參軍照鄰至新都尉賓

王至臨海丞
張昌齡冀州人弱冠以文詞知名仕至襄州司戶北門脩撰
趙元楷性機辯明於簿領隋末任上郡東曹掾以幹理見稱煬帝聞其名遷署歷陽郡丞
孟利貞與薰思恭元思敬同時並以文藻知名利貞仕至著作郎弘文館學士思恭至太史思敬至協律郎
劉禕之少與孟利貞高知周郭正一俱以文藻知名時人目爲劉孟高郭禕之官至中書侍郎同中書門下三品知周至右散騎常侍正一至陝州刺史
林輔元汾州浚儀人與伯父德仁同郡剡縣丞爨師玄齊王文學王孝逸羅川戶曹靖居亮司隸從事鄭祖咸軍城縣長鄭師善王充中書舍人李行簡處士惕咸見重於隋代號爲陳留八俊
邢文偉滁州人與和州高子貢俱以傳學知名於江淮間仕至內侍史出爲珍州刺史
蓋文達博涉經史其宗人文懿亦以儒業知名當時稱爲二蓋焉文達位至蜀王師文懿至國子博士
杜易簡博學有高名姨兄岑文本甚推重之仕至開

州司馬
周思茂貝州漳南人少與弟思鈞俱早知名仕至麟臺少監文館學士
喬和之同州馮翊人少與弟侃備並以文詞知名和之尤稱俊才官至左司郎中侃至襄陽令
富嘉謨雍州武功人與新安吳少微屬文皆以經典爲本時人欽慕之稱爲吳富體初嘉謨爲晉陽尉與少微同官魏郡谷倚爲太原主簿皆以文詞著名時人謂之北京三傑嘉謨少微並官至監察御史倚後流寓客死

韓滉宰相休之子幼有美名所與結交皆時之俊彥非公忠正直者不與之親密位至右僕射
沈佺期善屬文尤長五言之作與宋之問齊名時人稱爲沈宋佺期官至太子詹事
宋之問父令文有勇力而工書善屬文世人以爲三絶之問以文詞知名弟之悌有勇力之遜善書議者云各得父之一絶之問後至越州長史之遜至太原尹
徐彥伯交州瑕丘人少以文章擅名爲蒲州司兵參軍時司戸韋暠善判事司士李亘工於翰札而彥伯

以文詞雅美時人謂之河中三絶
陸象先初爲雒陽尉以宰相子問望甚高
蘇晉與雒陽人張循之仲之兄弟爲友並以學業著名
劉允濟善屬文絳州王勃早齊名特相友善官至鳳閣舍人左遷青州長史
蘇味道少與李嶠俱以文學知名時人謂之蘇李味道位至鳳閣侍郎同鳳閣鸞臺三品嶠至中書令
蘇瓌中宗朝歷左右僕射同中書門下三品子七人頲冰詵又頴鋭顏頲最知名官至中書侍郎平章事詵戸部員外瓌與李嶠同居相位嶠有才華其子不肖瓌以幹理而頲有文詞故代稱蘇瓌有子李嶠無兒
薛登博涉文史少與徐堅劉子玄齊名友善登官至太子賓客堅至右散騎常侍子玄至左散騎常侍貶安州別駕
趙驊與殷寅顏眞卿柳芳陸據蕭頴士李華邵軫同志友善故天寶中語曰殷顏柳陸蕭李邵趙以其重行義敦交道也驊至秘書少監
蔣沇性耿介獨好學早有名稱官至左散騎常侍

蕭嵩長子華兵部侍郎少子衡尚新昌公主拜駙馬都尉並風流簡肅士族稱之
韋陟中書令安石之子開元初丁父憂居喪過禮自此杜門不出八年于兹與弟斌相勸勵探討墳索不捨晝夜文華當代俱有盛名官至吏部尚書東都留守
李邕爲滑州刺史上計京師邕素負美名頻被貶斥皆以邕能文養士賈生信陵之流執事忌勝剥落在外人間有此聲後生不識京雒阡陌聚觀以爲古人或將眉目有異衣冠望風尋訪閭巷又中使臨問索

其新文復爲人陰中竟不進
賀知章會稽人少以文詞知名神龍中知章與越州賀朝萬齊融楊州張若虛邢巨湖州包融俱以吳越之士文詞俊秀楊名於上京位至銀青光祿大夫正授兼祕書監
蕭穎士字茂挺與李華同年登進士第開元中承平人物駢集如賈曾席豫張垍韋述輩皆有盛名而穎士皆與之游繇是搢紳多譽之是時外夷亦知穎士之名新羅使入朝言國人願得蕭夫子爲人師其名動華夷若此

王維以詩名盛於開元天寶間凡諸王駙馬豪右貴勢之家無不拂席迎之代宗時弟縉爲宰相嘗謂縉曰卿之伯氏天寶中詩名冠代位至尚書右丞
李白少與魯中諸生孔巢父韓準裴政張叔明陶沔等隱於徂來山時號竹溪六逸白後待詔翰林辭永王璘從事
杜甫字子美天寶末詩人甫與李白齊名後至簡較工部員外郎
路群志行貞愨不茹葷食肉養親以孝聞自長慶以來高名重價歷踐清華及卒時論嗟惜

楊綰素以德行著稱清識過人凡所知友皆一時名士位至中書侍郎平章事
李栖筠字貞一趙郡贊皇人幼孤貧而器度雄遠體貌瓌傑博覽墳籍無所不通屬文勁迅然本於理道教化性嚴重寡言造次不妄交接故當時高名之士皆敬慕之爲御史大夫以剛正爲元載所惡天下之士重其高義雖三尺童子皆知敬慕稱爲贊皇公而不名焉
張涉以經學爲儒官嘗舉日試萬言當時呼爲張萬言官至散騎常侍

李承少有雅望至其從官頗以貞廉才術見稱於時累官襄州潭州刺史
崔造與韓會盧東美張正則爲友皆僑居上元好談論經濟之略嘗以王佐自許時人號爲四夔造後至給事中平章事
常夏卿早有時稱其所與游皆一時名士位至東都留守選太子少保
趙昌字洪祚祖不器父居貞皆有名於時昌官至太子少保
郗士美善與人交然諾之際豁如也當時名稱甚茂

位至忠武軍節度使
呂元膺學識深遠處事得體正色立朝有台輔之望位至太子賓客
薛戎爲浙東觀察使兄弟五人季弟放最知名放至江西觀察使
韓皐字仲文夙負令名而器質重厚有大臣之度後爲杭州刺史再爲尚書右丞遷武昌鎭海忠武三節度所至皆有聲績大率用簡儉爲理及位高益爲時人所重
錢起與韓翃李端盧綸司空曙輩十人俱以能詩出

入貴游之門時號十才子形於圖畫位終尚書郎
錢徽起之子也以文學操行立名於時官至吏部尚書郎致仕
孔敏行字至之文宣王四十代孫父述睿有高名於貞元間敏行名臣子少時脩絜爲人所稱慕及游宦與當時豪俊爲友其名華爲一時歸湊
崔鄲與兄邠等皆有令譽而鄲踈財恢廓弟兄所不及鄲位至浙西觀察使邠至太常卿
元稹字微之聰警絶人年少有才名與太原白居易友善工爲詩善狀詠風態物色當時言詩者稱元白焉稹至工部侍郎平章事卒於武昌軍節度使居易至刑部尚書致仕
李商隱字義山與太原溫庭筠南郡段成式齊名時號三才子商隱後至東川節度判官檢校工部郎中庭筠至隋縣尉成式至江州刺史
王凝咸通中知禮闈時凝擅價一時與路岳相齊語曰王凝路岳見便脫殼位至宣州觀察使
後唐宰相趙光裔唐天祐中歷官省闥伯仲皆以廉絜方正流聞于時自梁革未亡時趙氏伯仲之名北人皆所傾慕位至平章事

賈馥性恬澹與物無競爲鎭州士人之秀位至鴻臚卿致仕
趙光逢幼嘗墳典動守規檢議者目之爲玉界尺昭宗朝登進士第踰月辟度支巡官臺省內外俱制俱有能名後爲太保致仕
晉鄭韜光唐宣宗之外孫萬壽公主之所出也生三日賜一子出身銀章朱紱及長美容止神爽氣徹不妄喜怒而秉執名節爲甲族所稱後爲戶部尚書致仕

冊府元龜

巡按福建監察御史臣李嗣京訂正

知閩縣事臣曹鸿臣參閱

知建陽縣事臣黄國琦較釋

總録部二十八

高尚

易曰高尚其事仲尼之稱儒有不臣不仕者焉斯蓋抱樸以自守處晦而無悶不降其志獨善其身絶俗以高蹈確乎其不可拔也三代以還乃有恥廁家陪之列不覦驕君之餌棄卿相之位辭封爵之富安車

徵聘而靡屈公府交辟而不起雖復蒲帛賁于丘園羔鴈陳於庭戶視之蔑如也非夫德充於內道茂乎已厲行無爽處躬有裕又安能不隕穫而充詘哉然而當時之君亦昌嘗不優容全度以成其高世之節令並採其事迹者之于篇或有雖在早歲抗志而避名暨及晚年逢辰而貴仕出處有道亦無媿焉

閔損字子騫魯人孔子弟子也不仕大夫不食汚君之祿季氏使子騫爲費宰子騫曰善爲我辭焉(不欲爲季氏宰語使者善爲我作辭說令不復召我)如有復我者(復我者重來召我)必在汶上矣(去之汶水之上欲北如齊)

莊周蒙人也楚王(史記作威王)遣使者持金千斤白璧百雙聘欲以爲相莊子固辭而不許使者曰黄金白璧寶之至重卿相之位至尊先生辭而不受何也莊子曰子所謂見其一未知其二者也獨不見入廟之牲乎衣以文繡飼以芻穀出則清道而行止則居帳之內此寧不貴邪及其不免於死庖宰執刀於前或持办在後當是之時雖欲爲孤豚伍雞鼠游豈得乎哉僕聞之左手攴天下之圖右手刎其喉愚者不爲也何則身重於天下也又况卿相之位乎終辭而不受

魯仲連齊人也好奇偉俶儻之畫策而不肯仕宦任

職好持高節游於趙會秦圍趙魏王使客將軍新垣衍間入邯鄲因平原君欲令趙尊秦爲帝魯連責而歸之秦軍引去於是平原君欲封魯連魯連辭讓使者三終不肯受平原君乃置酒酒酣起前以千金爲魯連壽魯連笑曰所謂貴於天下之士者爲人排患釋難解紛亂而無取也即有取者是商賈之事也而連不忍爲也遂辭平原君而去終身不復見其後復爲齊將田單遺燕將書下聊城田單欲爵之魯連逃隱於海上曰吾與富貴而詘於人寧貧賤而輕世肆志焉

淳于髡齊人客有見髡於梁惠王惠王再見之而終無言也知王之志在驅逐音聲也後復見一語連三日三夜無倦惠王欲以卿相位待之髡因謝去於是以安車駕駟束帛加璧黄金百鎰終身不仕

顔蠋齊人宣王謂蠋請受教爲弟子且先生與寡人游食必太牢出必乘車妻子衣服麗都顔蠋辭去曰夫玉生於山制則破焉非弗寶貴矣然大璞不完士生乎鄙野推選則禄焉非不得尊遂也然而形神不全蠋願得歸蔬食以當肉安步以當車無罪以當貴清静貞正以自虞制言者王也盡忠直言者蠋也言

要道已備矣願得賜歸安行而反臣之邑屋則再拜而辭去曰蠋知足矣歸反撲則終身不辱也

漢鄭子眞耕於谷口非其服弗服非其食弗食大將軍王鳳以禮聘子眞子眞遂不屈

後漢王扶客居瑯邪國相張宗謁請不應欲強致之遂杖策歸鄉里連請固病不起太傅鄧禹辟不至

廡范丧親服竟詣京師受業事博士薛漢京兆隴西二郡更請召皆不應後舉茂才累遷至蜀太守

承宫少勤學不倦經典既明乃歸家教授三府更辟皆不應 三府謂太尉司徒司空府

鄭均常稱病家庭不應州郡辟召郡將欲必至之使縣令譎將詣門既至卒不能屈均於是客於濮陽建初三年司徒鮑昱辟之後舉直言並不詣

趙典性明達至節清亮益州舉茂才以病辭太尉黄瓊胡廣舉有道方正皆不應

栢燁舉孝廉有道方正茂才三公並辟皆不應

張衡雖才高於世而無驕尚之情嘗從容淡静不好交接俗人永元中舉孝廉不行連辟公府不就安帝雅聞衡善術學公車特徵拜郎中累遷至尚書

周燮字彦祖汝南安城人專精禮易不讀非聖之書

不脩賀問之好有先人草廬結于岡畔下有陂田常肆勤以自給非身所耕漁則不食也鄉黨宗族希得見者舉孝廉賢良方正特徵皆以疾辭延光二年安帝以玄纁羔幣聘燮及南陽馮良二郡客遣丞掾致禮宗族更勸之曰夫脩德立行所以爲國自先世以來勲寵相承君獨何爲守東岡之陂乎燮曰吾既不能隱處巢穴追綺季之跡而猶顯然不遠父母之國斯固以滑泥揚波同其流矣夫脩道者度其時而動動而不時焉得亨乎因自載到潁川陽城遣生送敬 送敬猶致謝也 遂辭疾而歸良亦載病到近縣送禮而還詔

書告二郡歲以羊酒養病至七十餘而卒
孫期習京氏易古文尚書牧豕於大澤中以養親郡
舉方正遣吏齎羊酒請期期驅豕入草不顧司徒黄
琬特辟不行終於家
李固司頴益州並命郡舉孝廉辟司空掾皆不就（謝承
書曰五察孝廉益州再舉茂才不應五府連辟皆辭以疾）後公卿舉固對策以爲
議郎累加至太尉
張芝少持高節以名臣子勤學文爲儒宗武爲將表
太尉辟公車有道徵皆不至號張有道
周勰汝南汝陽人父舉光禄大夫以父任爲郎自免

歸家父故吏河南召夔爲郡將卑身降禮致敬於勰
恥交報之因杜門自絶後太守舉孝廉復以疾去時
梁冀貴盛被其徵命者莫敢不應惟勰前後三辟皆
不能屈後舉賢良方正不應又玄纁備禮固辭廢疾
常隱處身慕老聃清静杜絶人事巷生荆棘十有余
歲至延熹二年乃闢門延賓游談宴樂及秋而梁冀
誅年終而勰卒時年五十蔡邕以爲知命
姜肱諸公争加辟命皆不就二弟名聲相次亦不受
徵聘時人慕之桓帝乃下彭城使畫工圖其形狀肱
以被韜面終不得見年七十七卒
徐稺屢辟公府不起時陳蕃爲太守以禮請署功曹
稺不免之既謁而退建武中卒於家
趙曅受韓詩州召補從事不就舉有道卒于家
張康山陽人習韓詩號有道傳士徵不就卒於家
宗慈南陽人舉孝廉九辟公府有道徵皆不就後爲
脩武令棄官去徵拜議郎未到道疾而卒
侯瑾州郡累召公車有道徵並稱疾不到
李南少篤學明風角後舉有道辟公府並不行終于
家
孔喬幽居脩志鋭意典籍至歷年身不出門鄉里莫

得瞻見公車徵不行卒于家
桓鸞以世濁州郡多非其人恥不肯仕
黄憲汝南人太守王龔在郡進禮賢達多所降致卒
不能屈憲初舉孝廉又辟公府有人勸其仕憲亦不
拒之蹔到京師而還意無所就年四十八終天下號
日徵君
法真字高卿（高一作喬）性恬静寡欲不交人間事太守請
見之真乃幅巾詣謁太守日昔魯哀公雖爲不肖而
仲尼稱臣太守虚薄欲以功曹相屈光賛本朝如何
真日以明府見待有禮故敢自同賓未若欲吏之真

將在北山之北南山之南矣太守僶然不敢復言辟
公府舉賢良皆不就同郡田羽薦真日處士法真體
兼四業學窮典奥幽居恬泊樂以忘憂將蹈老成之
高蹤不爲玄纁屈也臣願聖朝就加衮職必能唱清
廟之歌致來儀之鳳矣會順帝西廵羽又薦之帝虚
心欲致前後四徵真日吾既不能避形遠世豈飲洗
耳之水哉遂深自隱絶終不降屈友人郭正稱之日
法真名可得而聞身不可得而見逃名而名我隨避
名而名我追可謂百世之師者矣乃共刻石頌之號
日玄德先生年八十九以壽終

董扶有重名永康元年日有蝕之詔舉賢良方正之
士策問得失左馮翊趙廉等舉扶扶以病不詣還於
長安上封事遂稱疾篤歸家前後宰府十辟公車三
徵再舉賢良方正博士有道皆不就名稱尤重
許邵有高行辟公府掾拜鄢陵令方正徵皆不就避
亂江南所歷之國必翔而後集終于豫章宗人許相
沈没榮利致位司徒舉宗莫不匍匐相門承風而驅
官以貶戚惟邵不過其門
申屠蟠再舉有道不就前後徵辟文書悉挂于樹初
不顧眄也大將軍何進連徵不詣進必欲致之使蟠
同郡黄忠書勸日前幕府初開至如先生特加殊禮
優而不名申以手筆設几杖之坐經過二載而先主
杭志彌高所尚益固竊論先生高節有餘於則未也
今潁川荀爽載病在道北海鄭玄北面受署彼豈樂
覊牵哉知時不可逸豫也昔人之隱遭時則放聲滅
跡巢棲茹薇其不遇也則裸身大笑披髮狂歌今先
生處平壤游人閒吟典籍襲衣裳事異昔人而欲遠
蹈其跡不亦難乎孔子可師何必首陽蟠不荅太尉
黄瓊辟不就及瓊卒歸葬江夏四方名豪會帳下者
六七千人互相談論莫有及蟠者惟南郡一生與相

酬對既引執蟠手日君非聘則徵如是相見於上京
矣蟠勃然作色日始吾以子爲可與言也何意乃相
狗效樂貴之徒邪因振手而去不復與言年七十四
終于家
劉淑隱居講授州郡禮請五府連辟並不就永興二
年司徒种暠舉淑賢良方正辭以疾桓帝聞淑名勅
責州郡使與病詣淑不得已而赴雒陽對策爲天下
第一累遷至侍中虎賁中郎將
陳實嘗爲太丘長以沛相賦斂違法乃解印綬去及
黨禁始解大將軍何進司徒袁隗遣人敦實欲特表

以不次之位實乃謝使者曰實父絶人事飾巾待終而已時三公每缺議者歸之累見徵命遂不起閉門懸車捿遲養老實子紀遺黨錮着書數萬言黨禁解四府並命無屈就

种岱字公祖學養志舉孝廉茂才辟公府不就辟車特徵病卒

楊彪字文先少傳家學初舉孝廉州舉茂才辟公府皆不應

郭林宗游於雒陽名震京師司徒黄瓊辟太常趙典舉有道或勸林宗仕進者對曰吾夜觀乾象晝察人

事天之所廢不可及也遂並不應卒于家

田盛與郭林宗同好亦名知人優游不仕並以壽終

孟敏游學十年遂知名三公倶辟並不屈

頴容通春秋左氏郡舉孝廉州辟公府徵皆不就初平中避亂荆州劉表以爲武陵太守不肯起卒于家

皇甫嵩朝那人也太尉陳蕃大將軍竇武連辟並不到靈帝公車徵爲議郎後拜太尉其冬以流星策免復拜光禄大夫遷太常卒

鍾皓九辟三府徵廷尉正博士林慮長皆不就年六十九卒

張玄字處虚沉深有才略以時亂不仕司空張温數以禮辟不能致及董卓秉政辟以爲掾舉侍御史不就卓臨之以兵不得已彊起病終

鄭玄袁紹舉茂才爲左中郎將皆不就公車徵爲大司農給安車一乘所過長吏送迎玄乃以病自乞還家年七十四而卒

李燮父固誅後亡匿遇赦乃還鄉里追服州郡禮命四府並辟皆無所就後徵拜議郎擢遷河南尹

賀純字仲真會稽山陰人少爲諸生博極群藝十辟公府三舉賢良方正五徵博士四公車徵皆不就

袁弘恥其門族貴埶乃變姓名徒步師門不應徵辟終於家初弘嘗入太學其從父逢爲太尉呼弘與相見遇逢宴會作樂弘伏稱頭痛不聽聲音而退遂不往紹術兄弟亦不與通

仲長統每州郡命召輙稱疾不就常以爲凡遊帝王者欲以立身揚名耳而名不常存人生易滅優遊偃仰可以自娱欲卜居清曠以樂其志論之曰使居有良田廣宅背山臨流溝池環匝竹木周布場圃築前果園樹後舟車足以代步涉之艱使令足以息四體之役養親有兼珍之膳妻孥無苦身之勞良朋萃止

則陳酒肴以娛之嘉時吉日則烹羔豚以奉之蹰躇畦苑遊戲平林濯清水追凉風釣游鯉弋高鴻風於舞雩之下詠歸高堂之上安神閨房思老氏之玄虛呼吸精和求至人之彷彿與達者數子論道講書俯仰二儀錯綜人物彈南風之雅操發清商之妙曲消搖一世之上睥睨天地之間不受當時之責永保性命之期如是則可以陵霄漢出宇宙之外矣豈羡夫入帝王之門哉又作詩二篇以見其志尚書令荀彧舉爲尚書郎後參丞相曹操軍事

孔融與平原陶丘洪陳留邊讓齊聲稱州郡禮命皆

不就後獻帝徵爲將作大匠遷少府復拜大中大夫

廖扶汝南平輿人嘗歎曰老子有言名與身孰親吾豈爲名乎遂絶志世外專精經典尤明天文讖緯風角推步不應辟召時人號爲北郭先生

趙壹郡舉上計名動京師及還州郡爭致禮命十辟公府並不就終於家

王烈字彥方太原人察孝廉三府辟皆不就避地遼東太守公孫度欲以爲長史烈乃爲商賈自穢得免曹操聞烈高名遣徵不至建安二十四年終於遼東

繆斐字文雅該覽經傳事親色養徵博士六辟公府獻帝在長安公卿傳舉名儒時舉斐任侍中並無所就

張儉爲山陽東部督郵坐黨事亡命中平元年黨事解乃還鄉里大將軍三公並辟又舉敦朴公車特徵起家拜少府皆不就

王雋爲人外靜而内明不應州郡獻帝之都許復徵爲尚書又不就

張奉字公先弟表字公儀河内人兄弟少有高節諸公連徵不就謂之張氏兩賢

襄楷平原隰陰人（在齊州臨邑縣西）好學博古延熹中宦官

專朝政刑暴濫又比失皇子災異尤數楷自家詣闕上書其詞切直坐論司寇及靈帝即位以楷書爲然太僕陳蕃舉方正不就鄉里宗之每太守至輒致禮請中平中與荀爽鄭玄俱以博士徵不至卒于家

魏邴原字根矩少與管寧俱以操尚稱州府辟命皆不就孔融爲北海相舉原有道後從署丞相徵事代凉茂爲五官將史

管寧字幼安漢末避亂遼東黄初中來歸司徒華歆舉寧詔以寧爲太中大夫固辭（傅子曰寧上書天子且以疾辭曰臣聞傅說發夢以感殷宗呂尚啟兆以動周文以通神之才悟於聖主用能輔佐帝業克成大勳臣之器朽實非）

其人雖貧清時釋體蟬蛻內省疾病日薄西山惟陛下聽野人山藪之願使一老者得盡微命書奏帝覩覽焉
明帝即位太尉華歆遜位讓寧遂下詔曰太中大
夫管寧躭懷道德服膺六藝清虛足以侔古廉白可
以當世曩遭王道衰缺浮海遁居大魏受命則襁負
而至斯盖應龍潛升之道聖賢用舍之義而黃初以
來徵命屢下每輒辭病拒違不至豈朝廷之政與生
殊趣將安樂山林往而不能反乎夫以姬公之聖而
考德不降則鳴鳥弗聞以秦穆之賢猶思詢乎黃髮
況朕寡德曷能不願聞道于子大夫哉今以寧爲光
祿勳禮有大倫君臣之道不可廢也望必速至稱朕

意焉又詔青州刺日寧抱道懷真潛翳海隅比下徵
書違命不至盤桓利居高尚其事雖有素履幽人之
貞而失考父茲恭之義使朕虛心引領歷年其何謂
邪徒欲懷安必肆其志不惟古人亦有翻然改節以
隆斯民乎日逝月除時方已過澡身浴德將以曷爲
仲尼有言吾非斯人之徒與而誰與哉其命別駕從
事郡丞掾奉詔以禮發遣寧詣行在所給安車吏從
茵蓐道在廚食上道先奏寧稱草莽臣上疏曰臣海
濱孤微罷農無伍祿運幸厚橫蒙陛下纂承洪緒德
侔三皇化溢有唐久荷渥澤積祀一紀不能仰答陛
下恩養之福沈委篤痾寢疾彌留逋違臣隸顛倒之
節夙宵戰怖無地自厝臣元年十二月被公車司馬
令所下州郡八月甲申詔曰徵臣更賜安車衣被茵
蓐以禮發遣光寵並臻優命屢至怔營竦息悼心失
圖思自陳聞申展愚情而明詔抑割不令稍修章表
是以鬱滯訖于今日誠謂乾覆恩有紀極不意靈潤
彌以隆赫奉今年二月被州郡所下三年十二月辛
酉詔書重賜安車衣服別駕從事與郡功曹以禮發
遣又特被璽書以臣爲光祿勳躬秉勞謙引喻周奏
損上益下受詔之日精魄飛散靡所投死臣重自省

揆德非園綺而蒙安車之榮功無竇融而蒙璽封之
寵榮稅駕下荷棟梁之任垂沒之命獲九棘之位懼
有朱博鼓妖之眚又年疾日侵有加無損不任扶輿
進路以塞元責望慕閶闔徘徊闕庭謹拜章陳情乞
蒙哀省抑恩聽放無令骸骨塡於衢路自黃初至於
青龍徵命相仍常以八月賜牛酒詔書問青州刺史
程喜寧爲守節高乎審老疾尫頓邪喜上言寧有族
人管貢爲州吏與寧比隣臣常使經營消息貢說寧
常着皂帽布襦袴布裙隨時單複出入閨庭能自任
杖不須扶持四時祠祭輒自力強改加衣服着絮巾

故在遼東所有白布單衣親薦饌饋跪拜成禮寧少而喪母不識形象嘗特加觴泫然流涕又居宅離水七八十步夏時詣水中澡洒手足闚於園圃臣揆寧前後辭讓之意猶自以生長潛逸耆艾智衰是以栖遲每執謙退此寧志行所欲必全不爲守高正始二年中書侍郎王基薦寧於是安車蒲輪束帛加璧聘焉會寧卒

胡昭字孔明潁川人養志不仕始避地冀州亦辭袁紹之命遁還鄉里太祖爲司空丞相頻加禮辟昭往應命既至自陳一介野生無軍國之用歸誠求去太

祖曰人各有志出處異趣勉卒雅尚義不相屈昭乃轉居陸渾山中躬耕樂道以經籍自娛閭里敬而愛之徒宅宜陽幽州刺史杜恕嘗過昭所居草廬之中言事論理辭義謙敬恕甚重焉太尉蔣濟辟不就

張臻字子明鉅鹿人少游太學學兼內外後歸鄉里袁紹前後辟命不應移居上黨并州牧高幹表除樂平令不就徙遁常山門徒且數百人遷居任縣太祖爲丞相辟不詣太和中詔求隱學之士能消灾復異者郡累上臻發遣老病不行廣平太守盧毓到官三日綱紀白承前致版謁臻毓教曰張先生所謂上不事天子下不友諸侯者也豈此版謁所可光飾哉但遣主簿奉書致羊酒之禮

徐奕字季才東莞人避難江東孫策禮命之奕改姓名微服還本郡太祖爲司空辟爲掾後拜諫議大夫卒

王暢字叔茂少以清實爲稱無所交黨初舉孝廉辭病不就

張楷字公超司隸舉茂才除長陵令不至官隱居弘農山中學者隨之所居成市後華陰山南遂有公超市五府連辟舉賢良方正不就漢安元年順帝特下

詔告河南尹曰故長陵令張楷行慕原憲操擬夷齊輕貴樂賤竄跡幽藪高志確然獨拔群俗前比徵命盤桓未至將主者翫於嘗優賢不足使其難進歟郡使以禮發遣楷復告疾不到建和三年下詔安車備禮聘之辭以篤疾不行

楊厚字仲桓廣漢人潛身藪澤耦耕自給司徒楊震表薦其高操公車不徵不就

蜀秦宓緜竹人少有才學州郡辟命輒稱疾不往劉璋時宓同郡王商爲治中從事與宓書曰貧賤困苦亦何時可以終身卞和衒玉以耀世宜一來與州尊

稍見宓苔書曰昔堯優許繇非不弘也洗其兩耳楚聘莊周非不廣也執竿不顧易曰確乎其不可拔夫何術之有且以國君之賢子爲良輔不以是時建蕭張之策未足爲智也僕皆睎背乎隴畝之中誦顔氏之簞歌詠原憲之蓬戸時翺翔於林澤與沮溺之等儔聽玄猿之悲吟察鶴鳴於九皐安身爲樂無憂爲福處空虚之名居不靈之龜知我者希則我貴矣斯乃僕得志之秋也何困苦之戚焉及丞相亮領益州迎爲別駕累遷至大司農卒

楊慮字威方儀之兄也少有德行爲江南冠冕州郡

禮召諸公辟請皆不能屈年十七夭鄉人宗貴號曰德行楊君

周舒字叔布少學術於廣漢楊厚名亞董扶任安數被徵不詣

吳張紘字子綱少游學京都還本郡舉茂士公府辟皆不就（吳書曰大將何進大尉宋儁司空荀爽三府辟爲掾皆稱疾不就）避難江東孫策創業表爲正議較尉後權以爲長史

晉郭象字子玄少有才理州郡辟召不就嘗閑居以文論自娱後辟司徒掾稍至黄門侍郎東海王越引爲太傅主簿卒

李喜字季和上黨銅鞮人父佺漢大鴻臚喜少有高行博學研精與北海管寧以賢良徵不行累辟三府不就及景帝輔政命喜爲太將軍從事後累遷至尚書僕射拜特進光祿大夫以年老遜位

徐苗郡察孝廉州郡從事治中別駕舉異行公府五辟博士再徵並不就武惠時以疾居臺帝輙訪其安不終于家

氾毓濟北盧人奕世儒素或薦之武帝召補南陽王文學祕書郎太傅參軍並不就于時青土隱逸之士劉兆徐苗等皆務教授惟毓不蓄門人清靜自守時

有好古慕德者諮詢亦傾懐開誘以一隅示之七十一而卒

孫綽字興公博學善屬文少與高陽許詢俱有高尚之志居于會稽游訪山水十有餘年後徵爲太學博士累轉至廷尉卿領著作卒

皇甫謐字士安安定朝那人沉靜寡欲始有高尚之志以著述爲務自號玄晏先生著禮樂聖真之論後得風痺循手不輟卷或勸謐脩名廣交謐以爲非聖人孰能兼存出處居田里之中亦可以樂堯舜之道何必崇接世利事官鞅掌然後爲名乎作玄守論以

咎之魏郡召上計掾舉孝廉景元初相國辟皆不行
其後鄉親勸令應命謐爲釋勸論以通志焉其後武
帝頻下詔敦逼不已謐上疏自稱草莽臣曰臣以尫
弊迷於道趣因疾抽簪散髮林阜人綱不閑鳥獸爲
群陛下披榛採蘭并收蒿艾是以臯陶振褐不仁者
遠臣惟頑蒙備食晋粟猶識唐人擊壤之樂宜赴京
城稱壽闕外而小人無良致災速禍久嬰篤疾軀半
不仁右脚偏小十有九載又服寒食藥違錯節度辛
苦荼毒于今七年隆冬裸袒食水當暑煩悶加以咳
逆或若温瘧或類傷寒浮氣流腫四支酸重於今困

劣救命呼噏父兄見出妻息長訣仰迫天威扶輿就
道所苦加篤不任進路委身待罪伏枕歎息臣聞韶
衛不並奏雅鄭不兼御故郤子入周禍延王叔虞兵
稱覺樊姬掩口君子小人禮不同器況臣糠麲糅之
彫胡庸夫錦衣不稱其服也竊聞同命之士咸以畢
到惟臣疾疢抱釁牀蓐雖貪明時懼斃命路隅設臣
不疾居遭堯舜之世執志箕山猶當容之臣聞上有
明聖之王下有輸實之臣上有在宥之政下有委情
之人惟陛下留情垂恕更旌瓌俊索隱於傳巖收釣
於渭濱無令泥滓久濁清流謐辭切言至遂見聽許

歲餘又舉賢良方正並不起咸寧初又詔曰男子皇
甫謐沉靜履素守學好古與俗流異趣其以謐爲太
子中庶子謐固辭篤疾帝初雖不奪其志尋發詔徵
爲議郎又詔補著作郎司隸校尉劉毅請爲功曹並
不應

劉寔字子真平原高唐人也漢濟北惠王壽之後父
廣斥丘令寔少貧苦賣牛衣以自給然好學手約繩
口誦書傳通古今清身潔已行無瑕玷郡察孝廉州
舉秀才皆不行後入雒調爲河南尹丞至懷帝時爲
太尉

郤詵字廣基博學多才瓌偉倜儻不拘細行州郡禮
命並不應

王接字祖游馮牧薦接於江東太守劉原即時禮命
接不受原乃呼見曰君欲慕肥遯之高邪對曰接薄
祜少孤而無兄弟母老疾篤故無心爲吏及母終柴
毀骨立居墓次積年

毛長文字德獻廣漢郪人少以才學知名而放蕩不
羈州府辟命皆不就州辟别駕乃微服竊出舉州莫
知所之後於成都市中蹲踞齧胡餅刺史知其不屈
以禮遣之閉門自守不交人事太康中蜀土荒饉開

倉振貸長文貧貸多後無以償州郡切責逃長文劉州刺史徐幹捨之不謝而去後成都王穎引爲江源令梁王肜爲丞相以爲從事中郎卒

劉兆字延世濟南東平人博學洽聞武帝時五辟公府五徵博士皆不就安貧樂道潛心著述不出門庭數十年後以壽終

杜夷博覽百家筭曆圖緯靡不畢究寓居汝潁之間十載足不出門年四十餘始還鄉里閉門教授生徒千人惠帝時三察孝廉州命別駕永嘉初公車徵拜博士太傅東海王越辟並不就

范喬字伯孫父粲字武威粲陽狂不言喬與二弟並棄學業絶人事侍疾家庭至粲没足不出邑里司隷校尉劉毅嘗抗論於朝庭曰使范武威疾若不篤是爲伯夷叔齊復存於今如其信篤益是聖主所宜哀矜其子久侍父疾名德著茂不加叙用深爲朝庭惜遺賢之譏也元康中詔求廉讓沖退履道寒素者不計資以參選叙尚書郎王琨乃薦喬曰喬稟德真粹立操高潔儒學精深含章内奥安貧樂道棲志窮巷簞瓢詠業長而彌堅誠當今之寒素著厲俗之清彦時張華領司徒天下所舉凡十七人於喬特發優論又吏部郎郗隆亦思求海内幽遁之士喬供養衡門至于白首於是除樂安令辭疾不拜喬凡一舉孝廉八薦公府再舉清白異行又舉寒素一無所就

伍朝字世明武陵漢壽人少有雅操閑居樂道不修世事性好學以博士徵不就刺史劉弘薦朝爲零陵太守主者以非選例不聽尚書郎胡濟奏曰臣以爲當今資喪亂之餘運承百王之遺弊進趨者秉國政以僥倖守道者懷蘊匱以終身故今敦褒之化虧退讓之風薄案朝廷游心物外不屑時務守靜衡門志道日新年過耳順而所尚無虧誠江南之奇才丘園

之逸老也不加飾進何以勸善且白衣爲郡前漢有舊宜聽光顯以奬風尚事可而朝不就終于家

虞喜少立操行博學好古諸葛恢臨郡屈爲功曹察孝廉州舉秀才司徒辟皆不就元帝初鎮江左上疏薦喜懷帝即位公車徵拜博士不就喜邑人賀循爲司空先達貴顯每詣喜信宿忘歸自云不能測也太寧中與臨海任旭俱以博士徵不就復下詔曰夫興化致政莫尚乎崇道教明退素也喪亂以來儒道陵夷每覽子衿之詩未嘗不慨然增歎臨海任旭會稽虞喜並絜靜其操歲寒不移研精墳典居今行古志

操足以厲俗慱學足以明道前雖不至其更以慱士徵之喜辭疾不赴咸和末詔公卿舉賢良方正直言之士大嘗華嘗舉喜爲賢良會國有軍事不行咸康中内史何充上疏曰臣聞二八舉而四門穆十亂用而天下安徽猷克闡有自來矣方今聖德欽明思恢遐烈旌輿整駕俟賢而動伏見前賢良虞喜天挺貞素高其志束脩立德皓首不倦加以傍綜廣深慱聞強識鑽堅研微有弗及之勤處靜味道無風塵之志高枕柴門怡然自足宜使蒲輪紆衡以旌殊操一則翼贊大化二則敦厲薄俗疏奏詔曰潯陽翟湯會稽

虞喜並守道清貞不營世務躭學高尚操擬古人往雖徵命而不降屈豈素絲難染而搜引禮簡乎政道須賢宜納諸廟其並以散騎當侍徵之又不起年七十六卒

任旭字次龍元帝初鎮江東聞其名召爲參軍手書與旭欲使必到旭固辭以疾帝進位鎮東大將軍復召之及爲左丞相辟爲祭酒並不就卒于家

冊府元龜

廵按福建監察御史臣李嗣京　訂正
分守建南道左布政使臣胡維霖　叅閱
知建陽縣事臣　黄國琦較釋

總録部

高尚第二

晉韓績字興齊廣陵人其先避亂居于吳之嘉興父建仕吳至大鴻臚績少好文學以潛退爲操布衣蔬食不交當世繇是東土並宗敬焉司徒王導聞其名辟以爲掾不就咸康末召拜博士老病不起

張茂字成遜處靖好學不以世利嬰心建興初南陽王保辟從事中郎又薦爲散騎侍郎中壘將軍皆不就二年徵爲侍中以父老固辭

翟湯字道深尋陽人篤行仁讓不屑世事司徒王導辟不就成帝徵爲國子博士不起康帝復以散騎常侍徵湯固辭老疾不至年七十三卒於家

王舒字處明丞相導之從弟也父會侍御史舒少爲從兄敦所知以天下多故不營當時名當處私門潛心學植年四十餘州禮命太傅辟皆不就及元帝鎮建康因秀質焉參領東軍事後授撫軍將軍會稽內史以軍功封彭澤縣侯卒

祖逖字士稚范陽人僑居陽平年二十四陽平郡察孝廉司隷再辟舉秀才皆不行嘗爲司州主簿後終於鎮西將軍

蔡謨弱冠察孝廉州辟從事舉秀才東海王越召爲掾皆不就時明帝爲東中郎將引爲參軍後卒於左光祿大夫

卞壼弱冠有名譽司兗二州齊王冏辟皆不就遇家禍還鄉里永嘉中除著作郎後爲尚書令右將軍復加領將軍給事中

陸玩字士瑶器量淹雅弱冠有美名賀循每稱其清允平當郡檄綱紀東海王越辟爲掾皆不就及元帝初鎮江左辟爲祭酒後至侍中司空薨

伏滔字玄度有才學少知名州舉秀才辟别駕皆不就大司馬桓温引爲參軍後累遷至游擊將軍卒

劉毅東萊掖人漢齊悼惠王肥之後也美姿容善自任過交結時豪名著海岱間士咸慕之舉賢良辟司空掾並不就幽州刺史王浚表爲渤海太守後至平南將軍都督江州卒

孔沉字德度有美名何充薦沉於王導曰文思通敏

宜登宰門辟丞相司徒掾瑯邪王文學並不就
孫晷司空何充爲揚州檄晷爲主簿司徒蔡謨辟爲掾屬並不就尚書張國明州土之望表薦晷公車特徵會卒時年三十八朝野嗟痛之
葛洪字稚川大安中石氷作亂吳興太守顧祕爲義軍都督與周玘等起兵討之祕檄洪爲將兵都尉攻氷別率破之遷伏波將軍氷平洪不論功賞徑至雒陽欲搜求異書以廣其學洪見天下已亂欲避地南土乃參廣州刺史嵇含軍事及含遇害遂停南土多年征鎮檄命一無所就後還鄉里禮辟皆不就起于

實深相親友薦洪才堪國史選爲散騎常侍領大著作洪固辭不就
孫惠曰訥好學有才識州辟不就寓居蕭沛之間永寧初赴齊王討趙王倫功封晉興縣侯後累遷廣武將軍安豐內史
成公簡字公舒東郡人家世二千石性樸素不求榮利潛心味道罔有干其志者後官至太子中庶子散騎常侍
何準字幼道穆帝皇后父也高尚寡欲弱冠知名州府交辟並不就兄充爲驃騎將軍勸令其仕準曰第五之名何減驃騎準兄弟中第五故有此言充居宰輔之重權傾一時而準散帶衡門不及人事徵拜散騎侍郎不起卒
劉鯿字長魚高密人邴郁字弘文城陽人並有高名鯿幼不慕俗長而希古篤學勵行化流邦邑郁魏徵士原之曾孫少有原風劬身謹潔口不妄說耳不妄聽端拱恂恂舉動有禮咸康中成帝博求異行之士鯿郁並被公卿薦舉於是依韓績及翟湯等例以博士徵之郁辭以疾鯿隨使者到京師自陳年老不拜各以壽終

江惇有高節蘇峻之亂避地東陽山太尉郗鑒檄爲兗州治中又辟太尉掾康帝爲司徒亦辟焉征西將軍庾亮請爲儒林參軍徵拜博士著作郎皆不就邑里宗其道有事必諮而後行東陽太守阮裕長陽令王濛皆一時名士並與惇游處深相欽重養志二十餘年永和九年卒
江逌陳留圉人避蘇峻之亂屏居臨海絕棄人事剪茅結宇耽翫載籍有終焉之志本州辟爲從事佐著作郎並不就征北將軍蔡謨命爲參軍後乃仕至太常卒

庾衮篤好學問事親以孝聞鄉黨薦之州郡交命察
孝廉舉秀才淸白異行皆不降志世遂號之爲異行
元康末潁川太守召爲功曹衮服造役之衣杖鍤荷
斧不俟駕而行曰請受下夫之役太守餙車而迎衮
逡巡辭退請徒行入郡將命者遂逼扶升車納於功
曹舍既而衮自取已車而寢處焉形雖恭而神有不
可動之色太守知其不屈乃歎曰非常士也吾何以
降之厚爲之禮而遣焉
王談父爲竇度所殺談後以鍤斬度太守孔嚴宥之
後太守孔廞宼其義行元興三年舉談爲孝廉時稱

其得人談不應召終于家
孟陋字少孤簡文帝輔政命爲參軍稱疾不起桓温
親往造焉或謂温曰孟陋高行學爲儒宗宜引在府
以和鬥味温歎曰會稽王尚不能屈非敢擬議也陋
聞之曰桓公正當以我不往故耳億兆之人無官者
居其九豈皆高士哉我疾病不堪忝相王之命非敢
爲高也繇是名稱益重以壽終于家
索襲字偉祖燉煌人虛靖好學不應州郡之命舉孝
廉賢良方正皆以疾辭年七十九而卒
翼玄之字道玄武陵漢壽人父登歷長沙相散騎嘗
侍玄之好學潛默安於陋巷州舉秀才公府辟不就
孝武下詔徵爲散騎嘗侍領國子博士郡縣敦逼苦
辭疾篤不行卒于家
戴逵字安道譙國人居會稽剡縣孝武帝時以散騎
嘗侍國子博士累徵辭父疾不就郡縣敦逼不已乃
逃于吳國內史王珣有別舘在武丘山逵潛詣之與
珣游處積旬會稽內史謝玄慮逵遠遁不反乃上疏
曰伏見譙國戴逵希心俗表不嬰世務棲遲衡門與
琴書爲友雖策命屢加幽操不回超然絶跡自求其
志且年垂耳順嘗抱羸疾時或失適轉至委篤今王

命未回將離風霜之患陛下既已愛而器之亦宜使
其身名並存請絶其召命疏奏帝許之逵復還剡終
于家
桓石秀幼有令名風韻秀徹博涉群書尤喜老莊嘗
獨處一室簡於應接時人方之庾純甚爲簡文帝所
重尋代叔父冲爲寧遠將軍江州刺史鎭南蠻護軍
西陽太守以疾去職卒
殷浩字深源三府辟皆不就征西將軍庾亮引爲記
室參軍累遷司徒左長史安西庾翼復請爲司馬除
侍中安西軍司並稱疾不起遂屏居墓所幾將十年

于時撫之管葛王濛謝尚猶伺其出處以卜江左興亡因相與省之知浩有確然之志旣反相謂曰深源不起當如蒼生何庾翼貽浩書曰當今江東社稷安危內委何褚諸君外託庾桓數族恐不得百一無憂亦朝夕而弊足下少標令名十餘年間位經內外而欲潛居利貞斯理難全且夫濟一時之務須一時之勝何必德均古人韻齊先達邪王夷甫先朝風流士也然吾薄其立名非真而始終莫取若以道非虞夏自當超然獨往而不能謀始大合聲譽極致名位正當抑揚名教以靜亂源而乃高談莊老說空終日雖

云談道實長華競及其末年人望猶存思安懼亂寄命推務而甫自申述徇小好名旣身囚胡虜棄言非所凡明德君子遇會處際寧可然乎而世皆然之益知名實之未定弊風之未革也浩固辭不起後簡文帝時在藩始綜萬機徵浩爲建武將軍揚州刺史上疏陳讓自三月至七月乃受後爲中軍將軍假節都督揚豫徐兗青五州軍事坐事廢爲庶人卒

郭荷略陽人明究群籍特善史書不應州郡之命張祚遣使者以安車束帛徵爲博士祭酒使者廹而致之及至署太子友荷上疏乞還祚許之遣以安車蒲輪送還張掖東山卒諡曰玄德先生

索紞燉煌人太守陰澹命爲西閤祭酒紞辭曰少無山林之操游學京師交結時賢希申鄙藝會中國不靖欲養志終年老亦至矣不求聞達又少不習勤老無吏幹濛汜之年弗敢聞命澹以束帛禮之日致羊酒卒于家

辛謐字叔重少有志尚恬靜不妄交游召拜太子舍人諸王文學累徵不赴劉聰特加中大夫固辭不受石季龍之世不應辟命終于家

楊軻天水人少好易劉曜僭號徵拜太常固辭不赴

石季龍備玄纁束帛安車徵之以疾辭

鄧粲長沙人也少以高絜著名與南陽劉驎之南郡劉尚公同志友善並不應州郡辟命荊州刺史卑辭厚禮請爲別駕粲佳其好賢乃起後以疾乞骸骨

孫畧字文度吳人終日屢空恬然自足辟命皆不就尚書張闓表薦畧公車特徵會卒

范宣少尚隱遁博綜衆書徵辟並不應卒于家

阮裕字思曠成帝時徵侍中不就還剡山後赴成帝山陵事畢便還諸人相與追之裕亦審時流必當逐己而疾去至方山不相及劉惔嘆曰我入東山當泊

安石潜下耳不敢復延思曠傍裕在東山久之復徵
散騎常侍領國子祭酒俄而復以爲金紫光祿大夫
經年敦逼並無所就
何琦毋服闋乃慨然歎曰所以出身仕者非謂有尺
寸之能以效智力實利微祿私展供養一旦煢然無
復怙恃豈可復以朽鈍之質塵黷清朝哉於是養志
衡門不交人事司空陸玩太尉桓溫並辟命皆不就
詔徵博士又不起簡文帝時爲撫軍欽其名行召爲
參軍固辭以疾公車再徵通直散騎侍郎散騎常侍
不行繇是君子仰德莫能屈也桓溫嘗登琦縣界山

喟然歎曰此南山有人焉何公真止足者也琦善養
性老而不衰布褐蔬食終身
後蜀范長生巖居穴處求道養志李雄欲迎立爲君
而臣之長生固辭
宋王弘之字方平瑯琊臨沂人少孤貧爲外祖徵士
何准所撫育從叔獻之重之晉安帝隆安中爲司徒
主簿家貧而性好山水以病歸兄衛尉鎮之安成郡
弘之同行家在會稽上虞從兄敬弘爲吏部尚書奏
徵之爲庶子不就太祖即位敬弘爲左僕射又陳弘
之高行表於初業若節彰於暮年今內外晏然當脩

太平之化宜招空谷以敦冲退之美又徵爲通直散
騎常侍不就
沈道虔吳興武康人也少仁愛好老易居縣北石山
下孫恩亂後饑荒縣令庾肅之迎出縣南廢頭里爲
立宅臨溪有山水之玩時復還石山精廬與諸孫兄
子共釜庾之資困不改節愛琴於戴逵王敬弘深貴
重之郡州府凡十二命皆不就文帝聞之遣使存問
賜錢三百萬米二百斛給賞委供孤兄子嫁娶徵員
外散騎侍郎不就
宗炳有孝行植玄殷仲文辟皆不就及高祖平荊州

辟爲主簿不起問其故答曰栖丘隱谷三十餘年高
祖善其對妙善琴書精於言理每遊山林往輒忘歸
征西長史王敬弘每從之未嘗不彌日也乃下入廬
山就釋惠遠考尋文義兄臧爲南平太守逼與俱還
乃於江陵三湖立宅閑居無事高祖召爲太尉參軍
不就二兄早卒孤累甚多家貧無以相贍頗營稼穡
高祖數致餼賚宋受禪徵爲太子舍人元嘉初又徵
庶子並不應好山水愛遠遊西陟荊巫南登衡岳因
而結宇衡山欲懷尚平之志有疾還江陵歎曰老疾
俱至名山恐難徧遊惟當澄懷觀道卧以遊之凡所

遊覽皆圖之於室

陶潛字淵明或云字元亮尋陽柴桑人曾祖侃晉大司馬潛少有高趣自彭澤令棄官而歸嘗著五柳先生傳云先生不知何許人不詳姓字宅邊有五柳樹因以為號焉閑靜少言不慕榮利好讀書不求甚解每有會意欣然忘食性嗜酒而家貧不能常得親舊知其如此或置酒招之造飲輒盡期在必醉既醉而退曾不吝情去留環堵蕭然不蔽風日短褐穿結簞瓢屢空晏如也嘗著文章自娛頗示己志忘懷得失以此自終時人謂之實錄義熙末徵著作郎不就

龔祈字孟道武陵漢壽人也父黎民及祈並不應徵辟祈風姿端雅容止可觀中書郎范述見而歎曰此荊楚仙人也祈時或賦詩言不及世事卒

郭希林武昌人也曾祖翻晉世高尚不仕希林少守家業徵召一無所就卒子蒙亦隱居不仕

宋或之字叔粲少文從父弟也早孤事兄恭謹家貧好學雖文義不逮少文而真澹過之徵辟一無所就元嘉初大使陸子真觀採風俗三詣或之每辭疾不見告人曰我布衣草萊之人少長壟畝何宜枉軒冕之客子真還表薦之又不就徵卒於家

宋景徵太子庶子不就有高名

王曇首太保弘少弟也幼有素尚除著作佐郎不就

南齊劉善明少而靜處讀書刺史杜驥聞名候之辭不相見後刺史劉道隆辟為從事位至淮南宣城太守

庾易字幼簡新野人徙居江陵太祖建元初刺史豫章王辟為驃騎參軍不就世祖永明三年詔徵太子舍人不就以文義書樂安西長史袁彖欽其風通書致遺易以連理機竹翹書格報之明帝建武二年詔復徵為司徒主簿不就卒

蔡薈字休明陳留人清抗不與俗人交李撝謂江敩曰古人稱安貧清白日夷湼而不緇日白至如蔡休明者可不謂之清白乎

宗尚之字敬文好山澤宋末刺史武陵王辟為贊府豫章王辟為別駕並不就世祖永明中與劉虬同徵為通直郎和帝中興初又徵為諮議並不就壽終

陶季直好學澹於榮利徵召不起時人號曰聘君

王延之少而靜默不交人事州辟主簿不就舉秀才北中郎法曹行參軍轉署外兵尚書外兵郎司空主簿並不就

沈儼之字士恭吳郡人徐州刺史辟主簿並徵太子洗馬中書郎不赴

封延伯字仲璉渤海人也有學行不與世人交事寡嫂甚謹州辟主簿舉秀才不就

吳苞字天蓋濮陽人善三禮及老莊鬱林王隆昌元年詔曰處士濮陽吳苞栖志窮谷秉操真固沉情味古白首彌厲徵太學博士以終

辛普明字文達少就關康之受業豫章王嶷爲揚州徵爲議曹從事不就

徐伯珍字文楚東陽太末人也少孤貧好莊老明道

術太守瑯邪王曇生吳郡張淹並加禮辟伯珍應召便退如此者凡十二焉卒于家

梁沈顗吳興人讀書不爲章句著述不尚浮華獨處一室人罕見其面顗從叔勃貴顯齊世每還吳興賓客填咽顗不至其門勃就見顗送迎不越於閫勃歎息曰吾乃今知貴不如賤俄徵爲南郡王左常侍不就永明二年徵著作郎建武二年徵太子舍人永元二年徵通直郎俱不就

庾詵性託夷簡特愛林泉十畝之宅山池居半蔬食弊衣不治產業高祖少與詵善雅推重之及起義署爲平西府記室參軍詵不屈平生少所遊得河東柳惲欲與之交詵拒而不納後湘東王臨荊州板爲鎮西府記室參軍不就普通中詔徵中書侍郎勒州縣敦遣又稱疾不就

諸葛璩世居京口幼事徵士關康之齊建武初南徐州行事江祀薦璩於明帝曰璩安貧守道悅禮敦詩未嘗投刺邦宰曳裾府寺如其簡退可以揚清厲俗請辟爲議曹帝許之璩辭不去後舉秀才不就

劉凝之字隱安小名長生南郡枝江人也慕老萊嚴子陵爲人立屋於野外非其力不食辟召一無所就

江紑性靜好老莊玄言尤善佛義不樂進仕

范元琰字伯珪吳郡錢塘人也祖悅之太學博士徵不至元琰居常不出城市獨坐如對嚴賓見之者莫不改容正色沛國劉瓛深加器異嘗表稱之齊建武二年始徵爲安北參軍事不赴天監九年縣令管惠辯上言義行揚州刺史臨川王宏辟命不至

韓懷明上黨人客居荊州居母憂水漿不入口一旬既除喪蔬食終身衣衾無改天監初刺史始興王憺表言之州累辟不就卒于家

陳陸慶吳郡人少好學遍通五經天嘉初徵爲通直

散騎侍郎不就永陽王爲吳郡大守聞其名欲與相
見慶固辭以疾時宗人陸榮爲郡五官慶嘗詣焉王
乃微服往榮所穿壁以觀之王謂榮曰觀陸慶風神
凝峻殆不可測嚴君平鄭子眞何以尚兹鄱陽晉安
王俱以記室徵並不就乃築室屛居以禪誦爲事蓋
是傳經受業者盖鮮矣
後魏高𡲬字秀和小字淳于亦有文才太武每詔徵
辭疾不應嘗譏笑兄允屈折允官棲泊京邑𡲬嘗從
容於家
李謐字永和涿郡人少好學博通諸經州再舉秀才

公府二辟並不就惟以琴書爲業有絶世之心謐不
飲酒好音律愛樂山水高尚之情長而彌固一遇其
賞悠爾忘歸及卒詔謚曰貞靜處士表其門曰文德
里曰孝義
劉獻之博陵人門徒數百皆經通士本郡舉孝廉非
其好也逼遣之乃應命至京稱疾而還孝文幸中山
詔徵典内較書獻之喟然歎曰吾不如莊周散木遠
矣一之爲甚其可再乎固以疾辭
張咸字崇仁有器業不應州縣之命
吳遜爲右僕射能遲賓客人有譏其靖默不能趣時
者嘗服東方朔之言陸沉世俗避世金馬何必深山
蒿蘆之下遂借陸沉公子爲主人擬客難製荅客毎
以自廣後崔暹大會賓客大司馬襄城王元旭時亦
在坐論欲命府僚暹指遜曰此人學富才高佳行參
軍也旭目之曰豈能就耶遜曰家無蔭弟不敢當此
張僧皓歷涉群書工於談說有當世名孝明熙平初
徵爲諫議大夫正光五年以國子博士徵之孝昌二
年徵爲散騎侍郎並不赴世號爲徵君焉
眭夸趙郡高邑人高尚不仕寄情丘壑同郡李順願與
之交拒而不許少與崔浩爲莫逆之交浩爲司空奏

徵爲郎辭疾不赴州郡逼遣不得已入京都與浩相
見經留數日惟飲酒談說平生不及世利浩毎欲論
屈之竟不能發言其敬憚如此浩後遂投詔書於夸
懷亦不開口夸曰桃簡卿已爲司徒何足以此勞國
士也吾便於此將別桃簡浩小名也浩慮夸即還時
乘一騾更無兼騎浩乃以夸騾内之廐中冀相維縶
夸遂託鄉人輸租者謬爲御車乃得出關浩知而歎
曰眭夸獨行士本不應以小職辱之又使其人杖策
復路吾當何辭以謝也時朝法甚峻夸既私還將有
私歸之咎浩仍相左右始得無坐經年送夸本騾兼

遺以所乘馬爲書謝之夸更不受其騾馬亦不復書
及浩誅爲之素服受鄉人弔唁經一時乃止歎曰崔
公既死誰能更容胜夸遂作朋友篇辭義爲時人所
稱婦父鉅鹿魏攀當時名達之士未嘗備子聟之禮
情同朋好或人謂夸曰吾聞有大才者必居貴仕子
何獨在桑榆乎遂著知命論以釋之
高和仁少淸簡有文才嘗有高尚之志後爲雒州錄
事參軍不赴服餌於汲郡白鹿山未幾卒時人悼惜
之
北齊祖茂頗有詞情然好酒性率不爲時重太寧中

以經學爲本鄉所薦除給事以疾辭仍不復仕從父
兄珽受任寄故令呼茂茂不獲已暫來就之珽與官
茂乃逃去
盧懷仁涉學有辭情性恬靖嘗蕭然得閑放之致歷
太尉記室弘農郡守不之任卜居陳留界
後周韋敻字敬遠志尚夷簡澹於榮利弱冠被召拜
雍州中從事非其好也遂謝疾去前後十見徵辟皆
不應命號逍遥公
隋張文詡河東人博覽文籍高祖引致天下名儒碩
學之士延之於博士位時文詡游太學其門生多詣
文詡請質疑滯文詡輙博引證據辯說無窮惟其所
擇洽書侍御史皇甫誕一時朝彦嘗執弟子之禮適
至南臺遽餙所乘馬就學邀屈文詡每牽馬步進意
在不因人以自致也右僕射蘇威聞名而召之與語
大悅勸令從官文詡意不在仕固辭焉仁壽末學廢
文詡策杖而歸灌園爲業州郡頻舉皆不應命每閑
居從容長歎曰老冉冉而將至恐脩名之不立以如
意擊几皆有處所時人方之閔子騫原憲焉終於家
年四十鄉人爲立碑頌號曰張先生
李士謙字子約趙郡人博覽經籍兼善天文術數齊

吏部尚書辛術召署員外郎趙郡王叡舉德行皆稱
疾不就和士開亦重其名將諷朝廷擢爲國子祭酒
士謙知而固辭得免隋有天下畢志不仕
武僉雅好墳籍養素丘園州縣屢徵不就
崔廓字士玄博陵安平人博覽書籍多所通涉山東
學者皆宗之既還鄉里不應辟命
唐衛大經者篤學善易口無一言則天降詔徵之辭
疾不起
李元愷者博學然性恭慎口未嘗言鄉人宋璟年少
時師事之及璟作相使人遣元愷東帛將薦舉之皆

拒而不荅

白履忠陳留浚儀人也博涉文史嘗隱居于古大梁城時人號爲梁丘子景雲中徵拜較書郎尋弃官而歸開元十年刑部尚書王志愔薦履忠隱居讀書身苦守操有古人之風堪代褚無量馬懷素入閤侍讀十七年國子祭酒楊瑒又表薦履忠堪爲學官乃徵赴京師及至辭以老病不任職

王績絳州龍門人也少與李播吕才爲莫逆之交大業中應孝悌廉絜舉揚州六合縣丞非其所好棄官還鄉里績河渚中先有田十數頃鄰渚有隱士仲長

子先服食養性績重其眞素願與相近乃結廬河渚以琴酒自樂嘗遊北山因爲北山賦以見志又嘗躬耕於東皋故時人號東皋子或經過酒肆動經數日往往題壁作詩多爲好事者諷詠

田佐時滁州人也佐時倜儻容儀涉獵經史好大言時務德宗建中三年徵爲左拾遺集賢院直學士黜陟使裴洎言上薦故拜官宰相張鎰以爲徵命稍輕請加恩禮優有詔褒美賜絹百疋粟百石仍令州縣長吏就家以禮徵聘竟不起貞元元年八月以佐時爲諫議大夫佐時隱居於滁州懷道高尚觀察使李抱眞數薦之自拾遺至諫議皆不起

楊播少隱居至德中賜號玄靖先生寶應初授諫議大夫致仕

鄭瑜字元伯鄭州滎澤人丧父遭安祿山之亂躬耕陸渾山下以養母及撫弟妹未嘗干擾州里轉運使劉晏連奏爲寧陵宋城二縣尉皆不起山南節度使張獻誠奏爲梁州南鄭丞亦辭不就

韋楚京兆尹鼎長之兄文宗太和八年以楚爲左拾遺內供奉竟以自樂閒澹不起

晉崔掄松之兄也有隱德好釋氏閒居滑州嘗欲訪

人於白馬津比及臨岸歎日波勢洶湧如此安可濟乎乃止後徵授左拾遺辭疾不起

巡按福建監察御史臣李嗣京　正
分守建南道左布政使臣胡維霖　訂
知建陽縣事臣黃國琦　較

總錄部三十

博識

夫好古博雅多識前言斯可以謂之君子矣三代而下蓋不乏其人焉至乃明休咎之庶徵達典經之格訓究鬼神之幽賾練方策之故實識官族之源派詳地志之本末隨問能辯比撞鐘之善應發機迎解同

炙輠之無滯非夫強學以立志多聞而求益聰明博達性理沖與者其孰能與於此乎

周惠王內史過爲中大夫十五年有神降于莘降下言也自上而下有聲象以接人也莘虢地王問於內史過過其名掌爵祿廢置及策命諸侯卿大夫曰是何故固有之乎故事固當對曰有之國將與其君齊明衷正齊一衷中精潔惠和其德足以昭其馨香惠愛也馨香芳馨之升聞者也其惠足以同其民人同一神饗而民聽民神無怨故明神降之觀其政德而均布福焉國之將亡其君貪冒辟邪冒抵冒也淫失荒怠麤穢暴虐其政腥臊腥臊臭惡登上也芳馨不上聞于神神不饗也傳曰黍稷非馨明德惟馨馨香不登其刑矯誣以詐用法曰矯加誅無罪曰誣也百姓攜貳攜離貳明神弗蠲蠲絜而民有遠志欲叛也民神怨痛無所依懷故神亦往焉觀其苛慝而降之禍是以或見神以興亦或以亡昔夏之興也融降于崇山融祝融崇崇高山夏在陽城崇高所也其亡也回祿信于聆隧回祿火神再宿爲信聆隧地名商之興也檮杌次於丕山檮杌鯀也過信曰次丕大山在河東及其亡也夷羊在牧夷羊神獸牧商郊野周之興也鸑鷟鳴於岐山鸑鷟鳳之別名詩云鳳凰鳴矣于彼高岡其在岐山之脊乎其衰也杜伯射王於鄗鄗京也杜國伯爵陶唐氏之後周春秋曰宣王殺杜伯不辜後三年宣王會諸侯田于圃日中杜伯起於道左衣朱冠操朱弓矢射宣王中心折脊而死也是皆明神之志者也志記謂記錄在史籍者王曰今是何

神也對曰昔昭王娶於房曰房后昭王瑕周成王之孫康王之子房國名也實有爽德協於丹朱爽貳協和也丹朱堯子也丹朱憑身以儀之生穆王焉憑依也儀匹也詩云實惟我儀言房后之行有似丹朱丹朱憑依其身而匹偶之生穆王焉實炤臨周之子孫而禍福之繇是觀之其丹朱乎王曰其誰受之對曰在虢土言神在虢虢其受之臣聞之道而得神是謂逢福逢迎淫而得神是謂貪禍以貪取禍今虢少荒其亡乎王曰吾其若之何對曰使太宰以祝史帥狸姓奉犧牲粢盛玉帛往獻焉太宰太卿掌祭祀之式玉幣之事祝太祝掌祈福祥史太史掌次主位狸姓丹朱之後神不歆非類故帥以往也純色曰犧無有祈也勿有求請之而已也王曰虢其幾何對曰昔堯臨民以五

五年一巡狩也 繇是觀之不過五年王使太宰巳父 周公巳父 帥
傅氏及祝史 傅氏貍姓也在周爲傅氏 奉犧牲玉鬯往獻焉 玉鬯鬯酒
之圭長尺二寸有贊所以灌地降神之器 過史過從至虢 從太宰往內史不祭祝王
以其賢使聽之 虢公亦使祝史請土焉 祝史虢之祝史祝應史嚚 內史過
歸告王曰虢必亡矣不禋於神而求福焉神必禍之
潔祀曰禋 不親於民而求用焉民必違之 用其財力 精意以享
禋也 享獻 慈保庶民親也 慈愛保養 今虢公動匱百姓以逞
其違 逞快違邪 離民怒神而求利焉不亦難乎 求利謂請土也 十
九年晉取虢 左傳魯莊三十二年秋七月有神降于莘惠王問諸內史過曰是何故也對曰
國之將興明神降之監其德也將亡神又降之觀其惡也故有得神以興亦有以亡虞夏商周皆有之王
冊府元龜　總錄部博識　卷之七百八十　三
曰若之何對曰以其物享焉其至之日亦其物也王從之內史過往聞虢請命反曰虢必亡矣虐而聽於
神神居莘六月虢公使祝應宗區史嚚享焉神賜之土田史嚚曰虢其亡乎吾聞之國將興聽於民將亡
聽於神神聰明正直而一者也依人而行虢多涼德其何土之能得
士弱晉大夫也魯襄公九年宋災樂喜爲政知有火
災素戒爲備晉侯問於士弱 弱士渥濁之子莊子也 曰吾聞之
宋災於是乎知有天道何故 問宋何故自知天道將災 對曰古之
火正或食於心或食於火以出內火是故咮爲鶉火
心爲大火 謂火正之官配食于火星建辰之月鶉火星昬在南方則令民放火建戌之月大火
星伏在日下夜不得見則令民內火禁放火 陶唐氏之火正閼伯居商丘
陶唐堯有天下號閼伯高辛氏之子傳曰遷閼伯于商丘主辰辰大火也地今爲宋星然則商丘在宋也

祀大火而火紀時焉 謂出內火時 相土因之故商主大火
相土契孫商之祖也始代閼伯之後居商丘祀大小 商人閱其禍敗之釁必始
於火是以日知其有天道也 閱猶數也商人數所更歷皆多火災宋是殷商
之後故知天道之災必火 公曰可必乎對曰在道國亂無象不可
知也 言國無道則災變亦殊故不可必知
子產鄭大夫也魯昭公元年六月晉平公有疾鄭伯
使公孫僑如晉聘且問疾叔向問焉曰寡君之疾病
卜人曰實沈臺駘爲祟史莫之知敢問此何神也子
產曰昔高辛氏有二子伯曰閼伯季曰實沈 高辛帝嚳 居
于曠林不相能也 曠林地名 日尋干戈以相征討也 尋用 后
冊府元龜　總錄部博識　卷之七百八十　四
帝不臧 后帝堯也臧善也 遷閼伯于商丘主辰 商丘宋地主祀辰星辰大
火也 商人是因故辰爲商星 商人易先相土封商丘因閼伯故國祀辰星 遷
實沈于大夏主參 大夏今晉陽縣 唐人是因以服事夏商 唐人
君劉累之等累遷魯縣此在大夏 其季世曰唐叔虞 唐人之季世其君曰叔虞 當
武王邑姜方震大叔 邑姜武王后齊大公之女懷胎爲震大叔成王之弟叔虞 夢
帝謂己余命而子曰虞 帝天取唐君之名 將與之唐屬諸參
而蕃育其子孫及生有文在其手曰虞遂以命之及
成王滅唐而封大叔焉故參爲晉星 叔虞封唐是爲晉侯 繇是
觀之則實沈參神也昔金天氏有裔子曰昧爲玄冥
師生允格臺駘 金天氏帝少皞裔遠也玄冥水官昧爲水官之長 臺駘能業

共官蓁昧之業宣汾洮宣猶通也汾洮二水名障大澤陂障之以處大原太原晉陽也臺駘之所居帝用嘉之封諸汾川帝顓頊沈姒蓐黃實守其祀四國臺駘之後今晉主汾而滅之矣滅四國也繇是觀之則臺駘汾神也抑此二者不及君身山川之神則水旱疫癘之災於是乎禜之有水旱之災則禜祭山川之神若臺駘者周禮四日禜祭爲禜攢用幣以祈福祥日月星辰之神則雪霜風雨之不時於是乎禜之星辰之神若實沈者若君身則亦出入飲食哀樂之事也山川星辰之神又何爲焉言實沈臺駘不爲君疾七年三月子產聘于晉晉侯有疾韓宣子逆客私焉私語也曰寡君寢疾于今三月矣並走羣望晉所望祀山川皆走往祀

禱有加而無瘳今夢黃熊入於寢門其何厲鬼也對曰以君之明子爲大政其何厲之有昔堯殛鯀于羽山羽山在東海祝其縣西南其神化爲黃熊以入于羽淵實爲夏郊三代祀之鯀禹父夏家郊祭之厲殷周二代亦通在羣神之數并見祀門晉爲盟主其或者未之祀乎言周衰晉爲盟主得佐天子祀羣神韓子祀夏郊祀鯀也晉侯有間間差也鄭伯既殺伯有是後鄭人相驚以伯有曰伯有至矣則皆走不知所往言其鬼至或夢伯有介而行介甲也曰壬子余將殺帶也駟帶助子皙殺伯有壬子六年三月三日明年壬寅余又將殺段也公孫段豐氏黨壬寅此年正月二十八日及壬子駟帶卒國人益懼齊燕平之月此年正月壬寅公孫段卒國人愈懼其明月子產立公孫洩及良止以撫之乃止公孫洩子孔之子也襄十九年鄭殺子孔良止伯有子也立以爲大夫使有宗廟子大叔問其故子產曰鬼有所歸乃不爲厲吾爲之歸也大叔曰公孫洩何爲子孔不爲厲問何爲復立洩子產曰說也爲身無義而圖說伯有無義以鬼故立之恐惑民並立洩使若自以大義存誅絕之後者以解說民心從政有所反之以取媚也民不可使知之故治政或當反道以求媚于民不媚不信說而後信之不信民不從也及子產適晉趙景子問焉景子晉中軍佐趙城曰伯有猶能爲鬼乎子產曰能人生始化曰魄魄形也既生魄陽曰魂陽神氣也用物精多則魂魄強物權勢是以有精爽至於神明爽明也匹

夫匹婦強死其魂魄猶能馮依於人以爲淫厲強死不病也人謂匹夫匹婦賤身況良霄我先君穆公之胄子良之孫子耳之子敝邑之卿從政三世矣鄭雖無腆腆厚也抑諺曰蕞爾國蕞小貌而三世執其政柄其用物也弘矣其取精也多矣其族又大所馮厚矣良霄魂魄所馮者貴重而強死能爲鬼不亦宜乎傳言子產之博物

申豐魯大夫也昭公四年大雨雹季武子問於申豐曰雹可禦乎禦止也對曰聖人在上無雹雖有不爲災古者日在北陸而藏冰陸道也謂夏十二月日在虛危冰堅而藏之西陸朝覿而出之謂夏二月日在昴畢蟄蟲出而用冰春分之中奎星朝見東方其藏冰

也深山窮谷固陰沍寒於是乎取之沍閉也必取積陰之氷所以道
達其氣寒不爲災其出之也朝之祿位賓食喪祭於是乎用
之言不獨其公其藏之也黑牡秬黍以享司寒黑牡黑牲也秬黑黍
也司寒玄冥北方之神故物皆用黑有事於氷故祭其神其出之也桃弧棘矢以
除其災桃弓棘箭所以立除凶邪將御至尊也其出入也時食肉之祿
氷皆與焉食肉之祿謂在朝廷治其職事就官食者大夫命婦喪浴用氷
命婦大夫妻祭寒而藏之享司寒獻羔而啓之謂二月春分獻羔祭韭始
開氷室公始用之公先用優尊火出而畢賦人星昏見東方謂三月四月注
自命夫命婦至於老疾無不受氷老致仕在家者山人取之
縣人傳之山人虞官縣人遂屬輿人納之隸人藏之輿隸皆賤官夫

氷以風壯氷因風寒而堅而以風出順春風而散用其藏之也周周密
也其用之也偏以老疾則冬無愆陽愆過也謂冬溫夏無伏陰
伏陰謂夏寒春無淒風淒寒也秋無苦雨霖雨爲人所患苦雷出不
震雷霆也無菑霜雹癘疾不降癘疫氣也民不夭札短死爲夭夭死
爲札今藏川池之氷棄而不用既不藏深山窮谷之氷又火出不畢賦有餘則
棄之風不越而殺雷不發而震越散也言陰陽失序言風爲害雹之爲
菑誰能禦之七月之卒章藏氷之道也
郯子來朝魯公與之宴昭子問焉曰少皥氏鳥名官
何故也少皥金天氏黃帝之子己姓之祖也問何故以鳥名官郯子曰吾祖也
我知之昔者黃帝氏以雲紀故爲雲師而雲名黃帝軒轅

氏姬姓之祖也黃帝受命有雲瑞故以雲紀事百官師長皆以雲爲名號縉雲氏蓋其一官也炎帝
氏以火紀故爲火師而火名炎帝神農氏姜姓之祖也亦有火瑞以火紀事
名百官共工氏以水紀故爲水師而水名共工以諸侯霸有九州者
在神農前大皥後亦受水瑞以水名官大皥氏以龍紀故爲龍師而龍
名大皥伏羲氏風姓之祖也有龍瑞故以龍命官我高祖少皥摯之立也鳳
鳥適至故紀於鳥爲鳥師而鳥名鳳鳥氏歷正也鳳鳥
知天時故以名歷正之官玄鳥氏司分者也玄鳥燕也以春分來秋分去伯趙
氏司至者也伯趙伯勞也以夏至鳴冬至止青鳥氏司啓者也青鳥鶬鴳
也以立春鳴立夏止丹鳥氏司閉者也丹鳥鷩雉也以立秋來立冬去入大水爲蜃止
四鳥皆歷正之屬官祝鳩氏司徒也祝鳩鵻鳩也性孝故爲司徒主敎民鵻鳩氏

司馬也鵻鳩王鳩也摯而有別故爲司馬主法制鳲鳩氏司空也鳲鳩鴶鵴也鳲
鳩平均故爲司空平水土爽鳩氏司寇也爽鳩鷹也猛鷙故爲司寇主賊盜鶻鳩
氏司事也鶻鳩鶻鵰也春來冬去故爲司事五鳩鳩民者也鳩聚也治民生
聚故以鳩爲名五雉爲五工正五雉雉有五種西方曰鷷雉東方曰鶅雉南方曰翟雉北
方曰鵗雉伊雉之南曰翬雉利器用正度量夷民者也夷平也九扈
爲九農正扈有九種也春扈鳻鶞夏扈竊玄秋扈竊藍冬扈竊黃棘扈竊丹行扈唶唶宵扈嘖
嘖桑扈竊脂老扈鷃鷃以九扈爲九農之號各隨其宜以敎民事扈民無淫者也扈止
也止民使不淫放自顓頊以來不能紀遠乃紀於近爲民師
而命以民事則不能故也顓頊氏代德不能致遠而以民事命官仲尼
聞之見於郯子而學之於是仲尼年二十八既而告人曰吾聞

之天子失官學在四夷猶信失官官不修其職也傳言聖人無常師昭子魯大夫也昭公十七年夏六月甲戌朔日有食之祝史請所用幣禮正陽之日日食當用幣於社故請之昭子曰日有食之天子不舉不舉盛伐鼓於社責羣陰諸侯用幣於社請上公伐鼓於朝過自責禮也平子禦之禦禁也曰止惟正月朔慝未作日有食之於是乎有伐鼓用幣禮也其餘則否太史曰在此月也正月謂建巳正陽之月也於周爲六月於夏爲四月慝陰氣也四月純陽用事陰氣未動而浸陽災重故有伐鼓用幣之禮也平子以爲六月非正月故太史荅言在此月也日過分而爲至過春分而求夏至三辰有災三辰日月星也日月相侵又犯氐宿故三辰皆爲災於是乎百官降物降物素服君不舉辟

移時辟正寢過日食時樂奏鼓伐鼓祝用幣用幣於社史用辭用辭以自責故夏書曰辰不集于房逸書也集安也房舍也日月不安其舍則食瞽奏鼓瞽樂師嗇夫馳庶人走車馬曰馳步曰走爲救食備也此月朔之謂也當夏四月是謂孟夏言此六月當夏家之四月平子弗從昭子退曰夫子將有異志不君君矣安君之災故曰有異志

游吉字太叔鄭大夫也魯昭公二十五年諸侯會于黃父太叔見趙簡子簡子問揖讓周旋之禮焉對曰是儀也非禮也簡子曰敢問何謂禮對曰吉也聞諸先大夫子產曰夫禮天之經也經者道之常地之義也義者利之宜民之行也行者人所履天地之經而民實則之則天之明日月星辰天之明也因地之性高下剛柔地之性也生其六氣謂陰陽風雨晦明用其五行金木水火土氣爲五味酸鹹辛苦甘發爲五色青黃赤白黑發見也章爲五聲宮商角徵羽淫則昏亂民失其性滋味聲色過則復性是故爲禮以奉之制禮以奉其性爲六畜馬牛羊雞犬豕五牲麋鹿麏狼兎三犧祭天地宗廟三者謂之犧以奉五味爲九文謂山龍華蟲藻火粉米黼黻也華若草華藻水草大畫火粉米若白米黼若斧黻若兩已相戾傳曰火龍黼黻昭其文也六采畫繪之事雜用天地四方之色青與白赤與黑玄與黃皆相次謂之六色五章以奉五色青與赤謂之文赤與白謂之章白與黑謂之黼黑與青謂之黻五色備謂之繡集此五章以奉成五色之用爲九歌八風七音六律以奉五聲解見二十年爲君臣上下以則地義君臣有尊卑法地有高下爲夫婦外內以經

二物夫治外婦治內各治其物爲公子兄弟姑姊甥舅昏媾姻亞以象天明六親和睦以事嚴父若衆星之共辰極也妻父曰昏重昏曰媾婿父曰姻兩婿相謂曰亞爲政事庸力行務以從四時在君爲政在臣爲事在君功曰庸治功曰力行其德教務其時要禮之本也爲刑罰威獄使民畏忌以類其震曜殺戮雷震電曜天聖之威也人作刑獄以類象之爲溫慈惠和以效天之生殖長育民有好惡喜怒哀樂生于六氣此六者皆稟陰陽風雨晦明之氣是故審則宜類以制六志爲禮以制好惡喜怒哀樂六志使不過節哀有哭泣樂有歌舞喜有施舍怒有戰鬬喜生於好怒生於惡是故審行信令禍福賞罰以制死生生好物也死惡物也好物樂也惡物哀也哀樂不失

乃能協于天地之性是以長久協和也簡子曰甚哉禮之大也對曰禮上下之紀天地之經緯也經緯錯居以相成者民之所以生也是以先王尚之故人之能自曲直以赴禮者謂之成人不亦宜乎曲直以弼其性簡子曰鞅也請終身守此言也鞅能守此言故終免於晉陽之難

觀射父楚大夫也昭王問昭王楚平王之子昭王熊軫也曰周書所謂重黎寔使天地不通者何也周書穆王之相甫侯所作呂刑也重黎顓頊之臣呂刑曰乃命重黎絕地天通謂少皞之嵩氏臣雜蹂不可方物顓頊受之命南正重司天以屬神火正黎司地以屬民是謂絕地與天相通之道若無然民能登天乎若重黎不絕天地民豈能上天也對曰非此之謂也古者民神不雜雜會與司

民司神之官各異民之精爽不攜貳者而又能齊肅衷正爽明攜離貳二齊一肅敬衷中也其知能上下比義義宜其聖能光遠宣朗聖通朗明其明能光照之其聽能聽徹之徹達如是則明神降之降下在男曰覡在女曰巫覡見鬼者周禮男亦曰巫是使制神之處位次主處居也位祭位次主其尊卑先後而爲之牲器時服牲牲之毛色小大也器所當用也時服四時服色所宜也而後使先聖之後之有光烈烈也而能知山川之號號名高祖之主高祖廟之先也宗廟之事昭穆之世父昭子穆先後之次春秋躋僖公謂之逆祀也禮節之宜威儀之則忠信之質質誠禋潔之服潔祀曰禋而敬恭明神者以爲之祝祝大祝掌祈福使名姓之後能知四時之生名姓謂舊族若伯夷炎帝之後爲堯秋宗也生嘉穀韭卵之屬犧牲之物玉帛之類五服之宜彝器之量彝六彝器俎豆量小大也次主之度度疏數度也屏攝之位周氏云屏并也并攝主人之位昭謂屏屏攝形如今要翁皆以分別尊卑爲祭祀之位近漢亦然壇場之所降地曰場上下之神氏姓之出所自出也而心率舊典者爲之宗宗太宗伯掌祭祀之禮於是乎有天地神明類物之官是謂五官類物謂別善惡器用之官各司其序不相亂也禍災不至所求不匱及少皞之衰也九黎亂少皞黃帝之子金天九黎氏九人也民神雜糅不可方物同位故雜糅方猶別也物名也夫人作享家爲巫史夫人人人享祀也巫主接神史次位嘗言人人自爲之無有要質質誠民匱于祀而不知其福言民因匱於祭祀而不獲其福神狎民則

不蠲其爲狎習則法蠲潔也其爲所爲也嘉生不降無物以享禍災薦臻莫盡其氣薦重臻至氣壽命之氣也顓頊受之少皞氏沒顓頊氏作受承乃命南正重司天以屬神南陽位正長也同至屬會也所以會羣神使各有分序不相干亂周禮則宗伯掌祭祀命火正黎司地以屬民唐尚書云火當爲地北陰位周禮則司徒掌土地人民使復舊常無相侵瀆侵犯是謂絕地天通絕地民與天神相通之道其後三苗復九黎之德其後高辛氏之季年三苗九黎之後高辛氏衰三苗爲亂行其凶德如九黎之爲堯典而誅堯復育重黎之后使復典之長育也堯繼高辛氏平三苗之亂紹育也重黎之后典天地之官羲和氏以至于夏商故重黎氏世敘天地而別其分主者也敘次分位也其在周程伯休父其後也當宣王時失其官守

爲司馬氏程國伯爵休父名也失官守謂失天地之官而以諸侯爲大司馬詩曰王謂尹氏命程伯休文是也寵神其祖以取威於民曰重實上天黎實下地寵尊也言休父之后世尊神其祖以威燿其民言重能舉上天黎能抑下地令相遠故不復通遭世之亂而莫之能禦也亂謂幽王以下禦止也不然夫天地成而不變言天地成不復變改也何比之有不相比近又楚子期祀平王子期楚平王之子結也平王恭王子昭王父祭以牛俎於王致牛俎於昭王王問於觀射父曰祀牲何及王感俎肉而問牲用所及對曰祀加于舉加增也舉人君朔望之盛饌天子舉以太牢祀以會太牢牛羊豕會會三太牢舉四方之貢諸侯舉以特牛祀以太牢特一卿舉以少牢祀以特牛少牢羊豕大夫舉以特牲祀以少牢特豕也士食

魚炙祀以特牲庶人食菜祀以魚上下有序民則不慢王曰其小大何如對曰郊禘不過繭栗角如繭栗郊禘祭天烝嘗不過把握把握長不出狀王曰何其小也對曰夫神以精明臨民者也故求備物不求豐大備物體具而精潔者是以先王之祀也以一純二精一純心純一明潔爲精二精玉帛三牲四時五色六律七事八種七事天地民四時之務八種八音九祭十日十二辰以致之九祭九州助祭也十日甲至癸也十二辰子至亥也擇其吉日令辰以致神也百姓千品萬官億醜兆民經入畡數以奉之百姓百官官受氏姓也千品姓有徵品十爲千品五物之官陪屬萬爲萬官官有十醜天子之田九畡以食兆民王取經入以食萬官毛以示物物色血以告殺明不因故接誠拔取以

牲具爲齊敬也接誠於神扶毛取血獻其備物也齊潔也詩云執其鸞刀以啓其毛取其血膋敬不可久民力不堪故齊肅以承之肅疾承奉王曰芻豢幾何草養曰芻穀養曰豢對曰遠不過三月近不過浹日遠謂三牲近謂雞鶩之屬浹日十日王曰祀不可以已乎已止對曰祀所以昭孝息民昭孝養民蕃息使撫國家定百姓也不可以已夫民氣縱則底氣志氣縱放底者也底則滯滯久不振滯廢震懼也言無祭祀則民無所畏忌無所畏忌則志放志放則逐廢滯難後恐懼也生乃不殖生人物也殖長也不長神不降福也是用不從不從上令其生不殖不可以封封國是以古者先王日祭月享時類歲祀以奉類日祭祖考月薦於曾高時類及二祧歲祀於壇墠諸侯舍日有月享卿大夫舍月有時祭士庶人

舍時歲乃祭也天子偏祀羣神品物品物謂若八蜡所者祭猶虎昆蟲之類諸侯祀天地三辰及其土之山川三辰日月星祀天地謂二王後非二王後祭分野星山川而已卿大夫祀其禮禮謂五祀及祖所自出士庶人不過其祖禰王父日月會于龍豬豬龍尾謂周十二月夏十月也日月合辰於尾上月令孟冬在尾土氣含收含收收縮萬物含藏天明昌作昌盛作起也謂天氣上也是月純坤用事百嘉備舍嘉善也時物畢成舍入空羣神頻行頻竝也竝行欲求食國於是乎烝嘗家於是乎嘗祀烝冬祭嘗百物也月令孟冬太飲烝傳曰閉蟄而烝百姓夫婦擇其令辰令辰奉其犧牲敬其齊盛潔其糞除慎其采服禋其酒醴帥其子姓禋潔也子姓衆子姪同姓也從其時享虔其祝宗宗主祭禮祝主祀祈道其順辭以昭

祀其先祖肅肅濟濟如或臨之於是乎合其州鄉朋友婚姻比爾兄弟親戚合會比親也於是乎弭其百苛殄其讒慝弭止苛妳殄覆也止覆讒解怨除恨合其嘉好結其親暱合結謂於此更帝固之億其上下以申固其姓上所以教民虔也下所以昭事上也天子禘郊之事必自射其牲牲牛王后必自舂其粢粢器實也諸侯宗廟之事必自射牛刲羊擊豕刲刺擊殺夫人必自舂其盛在器曰盛上言粢下言盛互其文況其下之人其誰敢不戰戰兢兢以事百神天子親舂禘郊之盛師后舂之王后親繅其服服祭服祭義夫人繅三盆則王后其一盆與周語王耕一發班三之自公以下至於庶人其誰敢不齊肅恭敬致

力於神民所以攝固者也若之何其舍之也如何廢之王曰所謂一純二精七事者何也對曰聖王正端冕以其不違心帥其群臣精物以臨享祀無有惡於神者謂之一純端玄端之服冕大冠監祀也不違心爲心思端正服則端冕也玉帛爲二精明潔爲精天地民及四時之務爲七事王曰三事者何也對曰天事武乾稱剛健故武地事文地質柔順故文易曰坤爲文民事忠信以忠信爲行王曰所謂百姓千品萬官億醜兆民經入畡數者何也對曰民之徹官百徹達也自以名達於上者有百官也王公之子弟之質能言能聽徹其官者質有賢質也能言能聽其官職也而物賜之姓以監其官是爲百姓物事也以功事賜之姓官有世功則有官族若司馬太史之屬是姓有徵品十於王謂之千品一謂官之職其寮屬徵於王者有十品百官故有千品十之五物之官陪屬萬爲萬官五物謂天地神民類物之官也臣之臣爲陪謂有陪貳相佐助復有十等千品故萬官也矣官有十醜爲億醜醜類也以十醜承萬爲十萬十萬曰億古數也今以萬萬爲億天子之田九畡以食兆民九畡九州之內有畡數也食兆民耕而食其中也天子曰兆民王取經入焉以食萬官經常入正稅

晏子名嬰爲齊大夫景公舉兵將伐宋師過泰山公夢見二大夫立而怒其怒甚盛公恐覺辟門召占夢者占夢者至公曰今夕吾夢二大夫立而怒不知其所言其怒甚盛吾猶識見其狀識其聲占夢者曰師

過泰山而不用事故泰山之神怒請召祝史祠乎泰山則可公曰諾明日晏子朝見公告之如占夢之言也公曰占夢之言曰師過泰山而不用事故泰山之神怒今欲使人召祝史晏子俯有間對曰占夢者不識也此非泰山之神也是宋之先湯與伊尹也公疑以爲泰山神晏子曰公疑之則嬰請言湯伊尹之貌湯質皙以長顏以髯兌上豐下倨身而揚聲公曰然是已伊尹黑而短蓬而髯豐上而兌下僂身而下聲公曰然是已今若何晏子曰夫湯太甲武丁祖乙天下之盛君也不宜無後今惟宋爾矣而公伐之故湯

伊尹怒請散師乎乎宋景公不用終伐宋晏子曰公伐無罪之國以怒明神不易行以續𠚃進師以近過非嬰之所知也師若果進軍必有殃軍進舍鼓毀將殖公乃辭乎晏子散師不果伐宋

魏管輅見平原太守劉邠邠曰此郡官舍連有變怪使人恐怖其理何繇輅曰或因漢末之亂亂兵馬擾攘軍尸流血汙染丘山故因昏夕多有怪形也明府道德高妙自天祐之願安百禄以光休寵

晉東晳爲尚書郎武帝嘗問摯虞三月曲水之事虞對曰漢章帝時平原徐肇以三月初生三女至三日

俱亡村人以爲怪乃招攜之水濱洗祓遂因水以汎觴其義起此帝曰必如所談便非好事晳進曰虞小生不足以知臣請言之昔周公城雒邑因流水以汎酒故逸詩云羽觴隨波又秦昭王以三日置酒河曲見金人奉水心之劍曰令君制有西夏乃霸諸侯因此立爲曲水二漢相緣皆爲盛集帝大悅賜晳金五十斤宋沈約案周禮女巫掌歲時祓除釁浴如今三月上巳如水上之類也釁浴謂以香薰草藥沐浴也韓詩曰鄭國之俗三月上巳之溱洧兩水之上招魂續魄秉蘭草祓不祥此則其來甚久非起郭虞之遺風今世之度水也月令暮春天子始乘舟蔡邕章句曰陽氣和暖鮪魚時至將取以薦寢廟故因是乘舟浮於名川也論語暮春浴乎沂自上及下古有此禮今三月上巳祓於水濱蓋出此也邕之言然張衡南都賦祓於陽濱又是也或用秋漢書八月祓於霸上劉楨魯都賦素秋二七天漢指隅人胥祓除國子水嬉又是用七月十四日也自魏以後但用三日不以巳也

潘京爲武陵主簿太守趙廞問京曰貴郡何以名武陵京曰鄙郡本名義陵在辰陽縣界與夷相接數爲所攻光武時移東山遂得全完共議易號傳曰止戈爲武詩稱高平曰陵於是改名焉

南齊崔慰祖好學聚書至萬卷爲始安王記室建武中詔舉士從兄惠景舉慰祖及平原劉孝標並碩學帝欲試以百里慰祖辭不就國子祭酒沈約吏部郎謝朓嘗於吏部省中賓友俱集各問慰祖地里中所

不悉十餘事慰祖口吃無華辭而酬據精悉一坐稱服之朓歎曰假使班馬復生無以過此

梁范雲字彦龍齊建元初竟陵王子良爲會稽太守雲始隨王王未之知也會游秦望使人視刻石文時莫能識雲獨誦之王悅自是寵冠府朝王爲丹陽尹召爲主簿深相親任時進見齊高帝值有獻白烏者帝問此爲何瑞雲位卑最後荅曰臣聞王者敬宗廟則白烏至時謁廟始畢帝曰卿言是也感應之理一至此乎

王檮東海人以博學見知齊尚書令王儉嘗集才學

之士總較虛實類物隸之謂之隸事隸事自此始也
儉嘗使賓客隸事多者賞之事皆窮惟廬江何憲爲
勝乃賞以五花簟白團扇坐簟執扇容氣甚自得摛
後至儉以所隸示之曰卿能奪之乎摛操筆便成文
章既與辭亦華美舉坐擊掌摛乃命左右抽憲簟手
自掣衣取扇登車而去儉笑曰所謂大力者負之而
趨摛歷尚書左丞竟陵王子良較試諸學士惟摛問
無不對永明中天忽黄色炤地衆莫能解摛云是榮
光世祖大悦
裴子野爲著作舍人時西北遠邊有白題及滑國遣

使繇岷山道入貢此二國歷代弗賓莫知所出子野
曰漢穎陰侯斬白題將一人服虔注云白題胡名也
又定遠侯擊虜入滑此其後乎時人服其博識
樂藹爲御史中丞時長沙宣武王將葬而車府忽於
庫失油絡欲推主者藹曰昔晉武庫火張華以爲積
油萬石必然今庫若有灰非吏罪也旣而簡之果有
積灰
劉杳在天監初爲太常博士任昉坐有人餉昉榿
酒而作榐字昉問杳此字是不杳對曰葛洪字苑作
木旁丕昉又曰酒有千日醉當是虛言杳云桂陽程
縣有千里酒飲之至家而醉亦其例也昉大驚曰吾
自當遺忘實不憶杳云出楊元鳳所撰置郡事元鳳
是魏代人此書仍載其賦云三重五品商溪擢里昉
即簡桂陽記言皆不差王僧孺被勅撰姓譜訪杳血
脈所因杳云桓譚新論云太史三世表旁行邪上並
效周譜以此而推當起周代僧孺歎曰可謂得所未
聞周捨又問杳尚書官着紫袷相傳云挈囊竟何所
出杳荅曰張安世傳曰槖筆事孝武皇帝數十年韋
昭張晏注竝云囊也近臣簪筆以待顧問范岫撰字
書音訓又訪杳焉其博識皆此類也

范岫爲太子家令傳涉多通尤悉魏晉以來吉故
事沈約嘗稱曰范公好事該博胡廣無以加南鄉范
雲謂人曰諸君進止威儀當問范長頭以岫多識前
代舊事也
王僧孺爲安成王參軍事鎮中右記室參軍僧孺多
識古事侍郎全元起欲注素問訪以砭石僧孺荅曰
古人當以石爲針必不用鐵說文有此砭字許慎云
以石刺病也東山經高氏之山多針石郭璞云可以
爲砭針春秋美疢不如惡石服子慎注云石砭石也
季世無復佳石故以鐵代之耳

張綰字孝卿少與兄纘齊名湘東王繹嘗策之百事綰對爾其六號爲六百公位員外散騎侍郎

北齊魏收初仕後魏爲中書侍郎孝武嘗宴百寮問何名人日皆莫知收對曰晉議郎董勳答問稱俗云正月一日爲雞二日爲狗三日爲猪四日爲羊五日爲牛六日爲馬七日爲人時邢邵在側甚恧焉

隋王劭爲太子舍人待詔文林館時祖孝徵魏收楊休之等嘗論古事有所遺忘討閱不能得因呼劭問之劭具論所出取書驗之一無舛誤自是大爲時人所許稱其博物

唐李守素爲文學館學士天策府倉曹參軍尤工譜學自晉宋已降四海士流及諸勳貴華戎閥閱莫不詳究當時號爲行譜嘗與虞世南共談人物言江左山東世南猶相酬對及言北地諸侯次第如流皆有援證世南但撫掌而笑不復能答歎曰行譜可畏許敬宗因謂世南曰李倉曹以善談人物乃得此名雖爲善事然非雅目公既言成準的宜當有以改之世南曰昔任彥昇善談經籍梁代稱爲五經笥今曰倉曹爲人物志可矣

李百藥字重規隋內史令安平公德林子也七歲解屬文父友齊中書舍人陸乂馬元熙嘗造德林讌集有讀徐陵文者云既取成周之禾將刈瑯琊之稻並不知其事百藥時侍立進曰傳稱鄅人藉稻杜預注云鄅國在琅琊南陽乂等大驚異之

虞世南爲秘書監時隴右山摧大蛇屢見山東及江淮多大水太宗以問世南對曰春秋時山摧晉侯召伯宗而問焉對曰國主山川故山摧川竭君爲之不舉降服乘縵徹樂出次祀幣以禮焉梁山晉所主也晉侯從之故得無害漢文帝元年齊楚地二十九山同日摧水出令郡國無來貢獻施惠於天下遠近觀

治亦不爲災後漢靈帝時青蛇見御坐晉惠帝時大蛇長三百步見齊地經市入廟案蛇宜在草野而入市朝所以可謂怪耳今蛇見山澤蓋深山大澤必有龍蛇亦不足怪也又山東足雨雖則其常然陰滔過久恐有冤獄宜省繫囚庶幾或當天意且妖不勝德惟修德可以銷變太宗以爲然因遣使者賑恤饑餒申理獄訟多所原宥星孛于虛危歷于氐百餘日乃滅太宗謂群臣曰天見彗星是何妖也世南曰昔者齊景公時有彗星見公問晏嬰對曰公穿池沼畏不深起臺榭畏不高行刑罰畏不重是以天見彗星爲

公誠耳景公懼而修德後十六日而星沒臣聞天時不如地利地利不如人和若德義不修雖獲麟鳳終是無補但政事無闕雖有災異何損於時然願陛下勿以功高古人而自矜伐勿以太平漸久而自驕怠慎終如始彗星雖見未足爲憂

褚遂良爲諫議大夫貞觀十七年四月有雉飛集東宮顯德殿前太宗問羣臣曰頃來頻有雉集是何祥也遂良曰昔秦文公時有童子化爲雉雌者鳴於陳倉雄者鳴於南陽童子言曰得雄者王得雌者霸文公遂以爲寶雞祠漢光武得雄遂起南陽而有四海

陛下舊封秦王故雄雉見於秦地既古來將爲祥貺所以彰表明德太宗曰立身之道不可無學遂良所對深爲可重

許敬宗爲侍中監修國史高宗因於古長安城游覽問侍臣曰朕觀古城舊基宮室似與百姓雜居自秦漢以來幾代都此敬宗對曰秦都咸陽郭邑連跨渭水故云渭水貫都以象天河至漢惠帝始築此城其後苻堅姚萇後周竝都之帝又問昆明池是漢武帝何年中開鑿敬宗對曰武帝遣使通西南夷而爲昆明滇池所閉欲伐昆明國故因鎬之舊澤以穿此池用習水戰元狩三年事也帝因令敬宗與弘文學士具簡秦漢已來歷代宮室處所以奏其年代麟德三年十一月封禪至濮陽竇德玄騎而從許敬宗在後帝問德玄曰濮陽爽凱信良邑也古謂之帝丘何也德玄不能對敬宗策馬而前曰臣能知之昔者帝顓頊實居此地以王天下其後夏后居之爲寒浞所滅后相方娠逃自出竇在此也其後昆吾氏因之而爲夏伯昆吾既衰殷湯滅之尚頌曰韋顧既伐昆吾夏桀是也至春秋時衛成公自楚丘徙居之左傳稱相奪予享以都奪其地故也既是顓頊所居故謂之帝

丘爰在漢晉隸于東郡臣聞有德者啓其國土失道則喪其封疆自古名都美邑者不一姓故有國有家不可不愼也帝曰書稱浮于濟漯今之濟水與濟源斷絕不相屬何故然也對曰禹貢道流水東流爲濟入于河郎今自濟源至溫而入河是也其水自此潛流地下過河而南浸出爲滎澤又復潛流至曹濮之間散出平地漸合而東流自南注之郎所謂泆爲滎東出于陶丘北又東會于汶是也古者五行皆有官守水官不失其職能辨其味與色潛流復出合而更分皆能識之尚書所載與今同矣帝曰天下洪流巨

谷多不載於祀典濟水微細而稱四瀆何也對曰臣按爾雅瀆者獨也言不因餘水獨能赴海故也且天有五星運而爲四時地有五嶽流而爲四瀆人有五事用而爲四支五陽數也四陰數也有竒有偶有陰有陽陽者光曜陰者晦昧故辰星隱伏而難見濟水潛流而屢絶狀雖微細其實尊也上稱善敬宗退而告人曰大臣不可無學吾向見德玄不能對心實羞之德玄聞之曰人各有能不能善守其拙不强其所不知吾所能也李勣曰敬宗多信美矣德玄之言亦善也

梁張策少聰警好學父同仕唐官至容管經略所居雒陽敦化里嘗浚井得古鼎耳有篆字曰魏黄初元年春二月匠吉千且又製作竒巧同甚寶之策時在父傍徐言曰建安二十五年曹公薨改年爲延康其年十月文帝受漢禪始號黄初則是黄初元年無二月明矣鼎文何謬歟同大驚亟還啓書室取魏志展讀不失所言宗族竒之

李珽爲諫議大夫宣徽副使從征至魏縣過内黄太祖顧曰此何故名内黄珽曰河南有外黄小黄故比有内黄又曰在何許對曰秦有外黄都尉理外黄其故壚令在雍丘小黄爲高齊所廢其故壚令在陳留太祖稱獎數四

冊府元龜

巡按福建監察御史臣李嗣京　訂正

分守建南道左布政使臣胡維霖　參閲

知建陽縣事　臣　黄國琦　較釋

總録部三十一

節操

夫雪霜大摯知松柏之後凋風雨如晦識鷄鳴之不已盖士之立誠自守秉節無貳同夫介石至于没齒者其若是乎東周之後西漢而下乃有顧義遺利守識求舊居無苟合動不踰矩挺操而罔屈處亂而匪

汙深拒權倖絶覬驕餌意趣非偶靡降心而與游才任過分必投劾而引去鄙斥邪佞保全名節凛然之栥聳於前聞卓爾之行冠乎群萃非夫天爵内富性理冥合蹈道而經德秉彝而守正又曷能篤志終始確乎不拔者哉

鄭太子忽齊侯欲以文姜妻之忽辭人問其故太子曰人各有耦齊大非吾耦也詩云自求多福在我而已大國何爲君子曰善自爲謀及其敗戎師也齊侯又請妻之固辭人問其故太子曰無事於齊吾猶不敢今以君命奔齊之急而受室以歸是以師昏也民其謂我何遂辭諸鄭伯假父之命以爲辭

高哀宋大夫爲蕭封人以爲卿蕭宋附庸仕附庸還外爲卿不義宋公而出遂來奔魯出而待放從放所來故曰遂書曰宋子哀來奔貴之也貴其不食汙君之禄辟禍速也

楚鍾儀伶人也晉侯觀于軍府見鍾儀問之曰南冠而縶者誰也南冠楚冠縶拘執有司對曰鄭人所獻楚囚也使稅之鄭獻鍾儀在十年稅解也召而弔之再拜稽首問其族對曰伶人也伶人樂官公曰能樂乎對曰先父之職官也敢有二事言不敢學他事使與之琴操南音南音楚聲公曰君王何如對曰非小人之所得知也固問之對曰其爲太子

也師保奉之以朝于嬰齊而夕于側也嬰齊令尹子重側司馬子反言其尊卿敬老不知其他公語范文子文子曰楚囚君子也言稱先職不背本也樂操土風不忘舊也稱太子抑無私也舍其近事而遠稱少小以示性所自然而至誠名其二卿尊君也尊晉君也不背本仁也不忘舊信也無私忠也尊君敏也敏達也仁以接事信以守之忠以成之敏以行之事雖大必濟言有此四德必能成大事君盍歸之使合晉楚之成公從之重爲之禮使歸求成

閔損字子騫季氏使爲費宰費季氏邑季氏不臣而其邑宰數畔聞子騫賢故欲用之也閔子騫曰善爲我辭焉不欲爲季氏宰語使者善爲我辭説令不

復召我如有復我者復我者重來召我也則吾必在汶上矣去之汶水上欲北如齊

顏叔子獨處于室鄰之嫠婦又獨處于室夜暴風雨至而室壞婦人趨而至顏叔子納之而使執燭放乎旦而燭盡破屋椽之自以為辟嫌之不審矣一云魯人有男子獨處于室鄰之嫠婦又獨處于室夜暴風雨至而室壞婦人趨而託之男子閉戶而不納婦人自牖與之言曰子何為不納我乎男子曰吾聞之也男女不六十不同居今子幼吾亦幼不可以納子婦人曰子何不若柳下惠然不拒逮門之女國人不稱其亂男子曰柳下惠則可吾固不可吾將以吾之不可學柳下惠之可

漢朱建楚人嘗為淮南王黥布相為人有口辯刻廉剛直行不苟合義不取容辟陽侯行不正得幸呂太后欲知建建不肯見

趙禹為人廉倨倨亦傲也為吏以來舍無食客公卿相造請禹終不行報謝務在絕知友賓客之請以此意告報公卿孤立行一意而已後為燕相免歸

嚴彭祖宣帝時為博士至河南東郡太守以高第入為左馮翊遷太子太傅廉直不事權貴或說曰天時不勝人事君以不修小禮曲意亡貴人左右之助經誼雖高不至宰相願少自勉強彭祖曰凡通經術固當修行先王之道何可委曲從俗苟求富貴乎

雋不疑為京兆尹大將軍光欲以女妻之不疑固辭不肯當

任安田仁俱為衛將軍舍人衛將軍從二人過平陽公主家令兩人與騎奴同席而食此二子拔刀劍斫席別坐主家皆怪而惡之莫敢呵

蕭望之字長倩東海蘭陵人也好學治齊詩經京師諸儒稱述焉是時大將軍霍光秉政長史丙吉薦儒生王仲翁與望之等數人皆召見先是左將軍上官桀與蓋主謀殺光光既誅桀等後入自備吏民當見者露索去刀兵兩吏挾持索搜也露形體而搜也望之獨不肯

聽自引出閤曰不願見吏牽持匈匈光聞之告吏勿持望之既至前說光曰將軍以功德輔幼主以流大化致於治平令太平之化通治四方也是以天下之士延頸企踵爭願自効以輔高明今士見者皆先露索挾持恐非周公相成王躬吐握之禮致白屋之意周公攝政一沐三握髮一飯三吐餔以接天下之士白屋謂白蓋之屋以茅覆之賤人所居於是光獨不除用望之而仲翁等皆補大將軍史三歲間仲翁至光祿大夫給事中望之以射策甲科為郎射策者謂為難問疑義書之於策量其大小署為甲乙之科列而置之不使彰顯有欲射者隨其所取得而釋之以優劣射之言投射也對策者顯問以政事經義令各對之而觀其文辭定高下也署小苑東門候署補署也

門候至候時而開閉也仲翁出入從蒼頭盧兒皆官府之給使役者也蘇林曰…顧身傳下車趨門傳呼甚寵趨向也下車而向門傳聲而呼侍從者甚有尊寵也謂望之曰不肯錄錄反抱關爲錄錄謂循常也言望之能循例婁素以違㢘執政不得大官而守門也望之曰各從其志後位至前將軍

後漢孔休自哀帝時爲新都令後王莽秉權休去官歸家及莽篡位遣使齎玄纁束帛請爲國師遂嘔血託病杜門自絶光武即位求子孫賜穀以旌顯之

桓譚字君山哀帝時董賢爲大司馬聞譚名欲與之交譚先奏書於賢說以輔國保身之術賢不能用遂不與通後爲六安丞

薛方爲郡掾祭酒嘗徵不至及王莽以安車迎方方因使者辭謝曰堯舜在上下有巢繇今明主方隆唐虞之德小臣欲守箕山之節也使者以聞莽說其言不強致

譙玄爲繡衣使者持節分行天下未乃終而王莽居攝玄於是縱使者車變易姓名間竄歸家因以隱遁

車茂爲京部丞及王莽居攝以病免歸與同縣孔休陳留蔡勳安衆劉宣楚國龔勝上黨鮑宣六人同志不仕莽世並名重當時

蔡勳字君嚴邕六世祖也好黃老平帝時爲郿令王莽初授以厭戎連率王莽改隴西郡曰厭戎郡守曰連率勳對印綬仰天歎曰吾策名漢室死歸其正昔曾子不受季孫之賜況可二姓哉遂攜將家屬逃入深山與鮑宣卓茂等同不仕新室

宣秉字巨公少修高節顯名三輔哀平之際見王氏據權專政侵削宗室有逆亂萌遂隱遁深山州郡連召常稱疾不仕王莽爲宰衡辟命不應及莽篡位又遣使者徵之秉固稱疾病建武初始爲大司徒司直

杜林字伯山初爲郡吏王莽敗盜賊起與弟成俱客河西隗囂素聞林志節深相敬待以爲持書平後因

疾告辭還祿食囂復欲令彊起遂稱疾篤囂意雖相望且欲優容之望猶恨也東觀記曰林寄囂地終不降志辱身至簪蒿席草不食其粟乃出令日杜伯山天子所不能臣諸侯所不能友蓋伯夷叔齊恥食周粟今且從師友之位須道開通使順所志林雖拘於囂而終不屈節後位至大司空

崔篆王莽時爲建新大尹不得已單車到官稱疾遂去建武初朝廷多薦言之者幽州刺史又舉篆賢良篆自以宗門受莽僞寵慚愧漢朝遂辭歸不仕

蔡茂哀平間還侍中遇王莽居攝以病自免不仕莽朝會天下擾亂茂素與竇融善因避難歸之融欲以

為張掖太守固辭不就每所餉給計口取足而已
胡剛清高有志節大司徒馬宮辟之值王莽居攝解
其衣冠縣府門而去遂亡命交阯隱於屠肆之間後
莽敗乃歸鄉里
孫憚王莽時左豫大夫逯普（逯姓也）署為吏憚不詣曰
昔文王拔呂尚於渭濱高宗禮傅說於巖築桓公取
管仲於射鈎故能立弘烈就元勳未聞師相伸父而
可為吏位也非闚天者不可與圖遠君不授驥以重
任驥亦俛首累足而去耳遂不受署積學將軍傳俊
東徇揚州禮請憚為將兵長史授以軍政所向皆下

後還京師而上論之憚恥以軍功取位遂辭歸鄉里
杜安年十三入太學洛陽令周紆自往候安安謝不
見京師貴戚慕其行或遺之書安不發悉壁藏之及
後捕案貴戚賓客安開壁出書印封如故
高詡世傳魯詩以信行清操知名王莽篡位父子稱
盲逃不仕莽世
楊寶王莽時與兩龔蔣詡俱徵遂遁不知所處（龔勝字君賓龔舍字君倩蔣詡字元卿並以高節著名）光武高其節建武中公車特徵
老病不到卒於家
王霸少有清節初王莽篡位弃冠帶絶交賓

欒恢為騎都尉性廉直介立行不合己者雖貴不與
交初信陽侯陰就數致禮請恢恢絶不答
朱暉字文季為尚書令性矜嚴進止必以禮永平初
明帝舅信陽侯陰就慕暉賢自往候之暉避不見復
遣家丞致禮暉遂閉門不受就聞曰志士也勿奪其
節
鄭興更始時為涼州刺史會天水有反者攻殺郡守
興坐免時赤眉入關東道不通興及西歸隗囂虛心
禮請而興恥為之屈稱疾不起及囂遣子恂入侍將
行興因恂求歸葬父母囂不聽而徙興舍益其秩禮

興入見囂曰前遭赤眉之亂以將軍僚舊故敢歸身
明德幸蒙覆載之恩復得全其性命興聞事親之道
生事之以禮死葬之以禮奉以周旋弗敢失墜今為
父母未葬請乞骸骨若以增秩徙舍中更停留是以
親為餌無禮甚矣將軍焉用之囂曰囂將不足留故
耶興曰將軍據七郡之地擁羌胡之衆以戴本朝德
莫厚焉威莫重焉居則為專命之使入必為鼎足之
臣興從俗者也不敢深居屏處因將軍求進不患不
達因將軍求進何患不親此興之計不逆將軍者也
興業為父母請不可以已願留妻子獨歸葬將軍又

何猜焉嚚日幸甚促爲辦裝遂令與妻子俱東
任延爲河内太守初學於長安號爲聖童值倉卒避
兵之隴西時隗囂已據四郡遣使請延延不應
任永字君業犍爲人與同郡馮信並好學博古公孫
述連徵命待以高位皆託青盲以避世難
王丹資性方絜疾惡豪強河南太守同郡陳遵關西
之大俠也自以知名欲結交於丹丹拒而不許後徵
爲太子少傅時大司徒侯霸欲與交友及丹被徵遣
子昱候於道昱迎拜車下丹下荅之昱日家公欲與
君結交何爲見拜丹日君房侯霸字也有是言丹未之許

也丹後爲太子太傅
竇章家於外黄居貧蓬戶蔬食躬勤孝養然講讀不
輟太僕鄧康鄧珍之子禹之孫聞其名請欲與交辭不肯許
康以此益重焉
趙岐少明經有才藝娶扶風馬敦女宗姜敦兄子融
外戚豪家岐常鄙之不與融相見融嘗至岐家多從
賓友與從妹宴飲作樂日夕乃出過問趙處士所在
岐亦厲節不以妹婿之故屈志於融也與其友書日
馬季長雖有名當世而不持士節三輔高士未曾以
衣裾撤其門也岐嘗讀周官二義不通一往造之戢
融如此後官至太常
張升少好學多關覽而任情不羈其意相合者則傾
身交結不問窮賤如乖其志好者雖王公大人終不
屈從嘗歎日死生有命富貴在天其有知我雖胡越
可親苟不相識從物何益後爲内黄令
成翊世不應三公府先是順帝廢爲濟陰王翊世上
書訟之安帝不從及濟陰立爲順帝司空張晧以翊
世前訟太子之廢薦爲議郎翊世自以其功不顯耻
於受位自劾歸
蔡衍爲議郎有節令梁冀聞衍賢請欲相見衍辭疾

不往冀恨之
橋玄補雒陽左尉梁不疑爲河南尹玄以公事當詣
府受對耻爲所辱棄官還鄉里
蔡邕陳留圉人妙操音律中常侍徐璜左悺等五侯
擅恣聞邕善鼓琴遂白天子勅陳留太守督促發遣
邕不得已行到偃師稱疾而歸後爲左中郎將
楊康遷平原令時同郡徐曾中常侍璜之兄也康耻
與接事託疾牧豕袁山松書楊一名章字叔康
夏馥少爲書生言行質直同縣高氏蔡氏並皆富殖
郡人畏而事之惟馥閉門不與交通繇是爲豪姓所

譬後入林慮山中而卒

張儉山陽高平人初舉茂才以刺史非其人謝病不起後爲衛尉

鄭玄字康成北海高密人家貧客居東萊及黨事起被禁錮遂隱修經業杜門不出靈帝末黨禁解大將軍何進聞而辟之州郡以進權戚不敢違意遂迫脅玄不得已而詣之進爲設几杖禮待甚優玄不受朝服而以幅巾見一宿逃去後公車徵爲大司農以病自乞還家

許劭字子將汝南平輿人從祖敬敬子訓訓子相並

爲三公相以諂事宦官自致台司數遣請劭劭惡其薄行終不候之後司空楊彪辟舉方正敦樸皆不就

魏張範字公儀河內修武人初太傅袁隗欲以女妻範範辭不受性恬靜樂道忽於榮利徵命無所就範與弟承避地揚州袁術備禮招請範稱疾不往術不強屈遣承與相見後太祖表爲諫議大夫

袁渙與陳群父子皆在呂布軍中布破群父子見太祖皆拜渙獨高揖不爲禮太祖甚嚴憚之時太祖又給衆官車各數乘使取布軍中物惟其所欲衆人皆重載惟渙取書數百卷資糧而已衆人聞之大慚渙謂所親曰脫我以行陳今宜發足以爲行糧而已不以此爲我有爵是厲名也大悔恨之太祖益以此重焉後至郎中令行御史大夫

何夔陳郡陽夏人初避亂淮南後袁術至壽春辟之夔不應然遂爲術所留久之術與橋蕤俱攻圍蘄陽蘄陽爲魏太祖固守術以夔彼郡人欲脅令說蘄陽夔謂術謀臣李業曰昔柳下惠聞伐國之謀而有憂色曰吾聞伐國不問仁人斯言何爲至於我哉遂遁匿灊山術知夔終不爲己用乃止術從兄山陽太守遺母夔從姑也是以雖恨夔而不加害及夔將還鄉

里度術必急追乃間行得免後位至太僕

王烈管寧邴原同避亂至遼東烈於時名聞在原寧之右辭公孫度長史商賈自穢太祖命爲丞相掾未至而卒

崔琰字季珪袁紹以爲騎都尉紹卒二子交爭欲得琰琰稱疾固辭由是獲罪幽於囹圄賴陰夔陳琳營救得免官至中尉

王朗爲會稽太守爲孫策所執譴讓之使張昭私問朗朗誓不屈策忿而不敢害也留至曲阿建安三年太祖表徵朗策遣之

桓階字伯緒劉表辟爲從事祭酒欲妻以妻妹蔡氏階自陳已結婚拒而不受因辭疾告退

李敏爲河内太守去官還鄉里遼東太守公孫度欲强用之敏乘輕舟浮滄海莫知所終

杜襲字子緒漢末避亂荊州劉表待以賓禮同郡繁欽數見奇於表襲諭之曰吾所以與子俱來者徒欲龍蟠幽藪待時鳳翔豈謂劉牧當爲撥亂之主而規長者委身哉子若見能不已非吾徒也吾其與子絶矣欽慨然曰請敬受命襲遂南適長沙官至大中大夫

陳矯字秀弼廣陵廣陽人也避亂江東及東城辭孫策袁術之命還本郡後位至司徒

吳陳化妻早亡化以古事爲鑒乃不復娶大帝聞而貴之以其年壯勑宗正妻以宗室女化固辭以疾帝不違其志

虞翻會稽餘姚人曹公爲司空辟翻翻曰盜蹠欲以餘財汙良家邪遂拒不受後歸吳爲騎都尉

晉石偉字公操吳人也少好學修節不怠介然獨立有不可奪之志吳平後武帝太康二年詔曰吳故光禄大夫石偉秉志清白皓首不渝雖處危亂廉節可紀年已過邁不堪遠涉其以偉爲議郎加二千石秩以終厥世偉遂陽狂及盲不受晉爵年八十三太熙元年卒

諸葛靚父誕魏司空爲文帝所誅靚奔吳爲大司馬吳平逃竄不出武帝與靚有舊靚姊又爲瑯邪王妃帝知靚在姊間因就見焉靚逃于廁帝又逼見之謂曰不謂今日復得相見靚流涕曰不能漆身皮面復覩聖顔詔以爲侍中固辭不拜歸于鄉里終身不向朝廷而卒

王襃父儀爲司馬文王所殺襃與濟南劉兆俱以不

仕顯名襃以父爲文王所濫殺終身不應徵聘未嘗西向坐以示不臣於晉也

王衍字夷甫楊駿欲以女妻爲衍耻之遂陽狂自免後位至太尉

帛忠有節操家貧蔾藿不充人不堪其憂而忠不改其樂裴頠爲僕射數言之於司空張華華辟之辭疾不起人問其故忠曰吾茨簷賤士本無宦情且茂先（張華字也）華而不實裴頠慾而無厭棄典禮而附賊后若此豈大丈夫之所宜行邪裴嘗有心託我恐洪濤蕩岳餘波見漂況可臨尾閭而闚沃焦哉

僻系字少連武帝時荀勗門宗彊盛朝野畏憚之勗
諸子謂系等曰我與卿爲友應何我公拜勗又曰我
與尊先使君親厚系曰不奉先君遺教公若與先君
厚往日哀顏當有書問親厚之誨非所敢承勗父子
大慚當世壯之官至雍州刺史揚烈將軍

郗鑒爲中書侍郎東海王越辟爲主簿舉賢良不行
征東大將軍苟晞檄爲從事中郎晞與越方以力爭
鑒不應其召從兄旭晞之別駕恐禍及己勸之赴召
鑒終不迴晞亦不之逼也及京師不守寇難蜂起鑒
遂陷於陳午賊中邑人張寔先求交於鑒不許至是

寔於午營來省鑒疾旣而卿鑒鑒謂寔曰相與邦壤
義不及通何可怙亂至此邪寔大慚而退午以鑒有
名於世將逼爲主鑒逃而獲免午尋潰散鑒得歸鄉
里趙王倫辟爲掾知倫有不臣之跡稱疾去職及倫
篡其黨皆至大官而鑒閉門自守不染逆節

賀循山陰人在郡遇陳敏之亂詐稱詔書以循爲丹
陽內史循辭以腳疾手不制筆又服寒食散露髮袒
身示不可用敏意不敢逼是時州內豪傑皆見維縶
或有老疾就加秩命惟循與吳郡朱誕不預其事及
敏破征東將軍周馥上循領會稽相尋除吳國內史
公車徵賢良皆不就

虞望少有節操元帝爲丞相招延四方之士多辟府
掾時人謂之百六掾望亦被召恥而不應

陸玩爲元帝丞相參軍時王導初至江左思結人情
請婚於玩玩對曰培塿無松柏薰蕕不同器玩雖不
才義不爲亂倫之始導乃止後位至侍中司空

庾袞字叔褒諸父並貴盛惟袞父獨守貧約袞躬親
稼穡以給供養而執事勤恪與弟子樹籬跪以授條
或曰今在隱屏先生何恭之過袞曰幽顯易操非君
子之志也舉孝廉郡功曹皆不屈

王濛爲司徒左西屬濛以此職有譴則應受杖固辭
詔爲停罰猶不就徙中書郎

顏含爲光祿勳桓溫求婚於含含以其盛滿不許惟
與鄧攸深交

王述子坦之爲桓溫長史溫欲爲子求婚於坦之及
還家省父而述愛坦之雖長大猶抱置膝上坦之因
言溫意述大怒遽排下曰汝竟癡邪詎可畏溫面而
以女妻兵也坦之乃辭以他故溫曰此尊君不肯耳
遂止官至衛將軍散騎常侍尚書令

王獻之爲謝安衛將軍長史孝武太元中新起太極

殿安欲使獻之題牓以爲萬代寶而難言之試謂曰魏時夌雲殿牓未題而匠者誤釘之不可下乃使韋仲將懸登書之比訖鬚鬢盡白裁餘氣息還語子弟宜絶此法獻之揣知其旨正色曰仲將魏之大臣寧有此事使其若此有以知魏德之不長安遂不之逼

江績字仲元有志氣除祕書郎以父與謝氏不穆故謝安之世辟召無所從論者多之安薨始爲會稽王道子驃騎主簿

孫潛爲豫章太守殷仲堪之討王國寶也潛時在郡仲堪逼以爲諮議參軍固辭不就

王敬弘少有清尚起家本國左常侍衞軍參軍性恬靜樂山水爲天門太守其妻桓玄姊也敬弘之郡玄時爲荊州遣信要令過敬弘至江陵謂人曰靈寶（桓玄字也）見要正當欲與其姊集聚耳我不能爲桓氏贅壻乃遣別船送妻往江陵妻在桓氏彌年不迎

謝方明少有志節桓玄剋京邑丹陽尹卞範之勢傾朝野欲以女嫁方明使尚書吏部郎王騰譬説備至方明終不回桓玄聞而賞之方明後爲會稽太守

龔穎爲益州刺史毛璩從事璩爲譙縱所殺穎獨不屈節縱僭號備禮徵又不至乃收穎付獄脅以兵刃執志彌堅終無廻改至于蜀平遂不屈節

范騰字無忌燉煌人舉孝廉除郎中屬天下兵亂去官還家太守張閎造之閉門不見禮遺一無所受歎曰生於亂世貴而能貧乃可以免散家財五十萬以施宗族柴門灌園琴書自適張軌徵之爲司馬騰曰門一杜其可開乎固辭病月餘而卒

崔遊年七十餘敦學不倦劉元海僭位命爲御史大夫固辭不就卒家家

楊軻學業精微養徒數百劉曜僭號徵拜太常軻固辭不起曜亦敬而不逼遂隱于隴山

桑虞諸兄仕於石勒之世咸登顯位惟虞恥臣非類陰欲避地海東會丁母憂遂止哀毀骨立廬於墓側五年後石勒以爲武城令虞以密邇黃河去海微近將申前志欣然就職石季龍太守劉徵甚器重之徵遷青州刺史請虞爲長史帯祝阿郡徵遇疾還鄴令虞監行州府屬季龍死國中大亂朝廷以虞名父子必能立功海岱潛遣東莞人華挺授虞寧朔將軍青州刺史虞曰功名非吾志也乃附使者啓讓刺史端若海右不交境外雖屢僞朝而不豫亂世以此高之

高瞻隨東夷校尉崔毖伐慕容廆于棘城毖奔敗瞻

隨衆降于寵寵署爲將軍瞻稱疾不起寵敬其姿器數臨候之撫其心曰君之疾在此不在餘也今天子播越四海分離蒼生紛擾莫知所託孤思與諸君興復帝室剪鯨豕于二京迎天子於吳會廓清八表侔勳古烈此孤之心也孤之願也君中州大族冠冕之餘宜痛心疾首枕戈待旦柰何以華夷之異有懷介然且大禹出於西羌文王生于東夷但問志略何如耳豈以殊俗不可降心乎瞻仍辭疾篤寵深不平之瞻又與宋該有隙該陰勸寵除之瞻聞其言彌不自安遂以憂死

吳喬車騎將軍壹之孫歿李雄軍中三十年不爲雄屈

譙秀字元彥巴西人祖周以儒學著稱顯名蜀朝秀少而靜默不交於世知天下將亂預絕人事雖內外宗親不與相見郡察孝廉州舉秀才皆不就及李雄據蜀略有巴西雄叔父驤驤子壽皆慕秀名具束帛安車徵之皆不應嘗冠皮弁弊衣躬耕山藪龔壯嘗歎服焉

嵇紹爲侍中齊王冏秉政紹嘗詣冏咨事遇冏宴會召華艾葛旟等共論時政艾言於冏曰嵇侍中善於絲竹公可令操之左右進琴紹推不受冏曰今日爲歡卿何吝此邪紹對曰公與復社稷當軌物作則垂之於後紹雖虛鄙忝備嘗伯腰紱冠冕鳴玉殿省豈可操執絲竹以爲伶人之事若釋公服從私宴所不敢辭也冏大慚艾等不自得而退

戴逵字安道嘗以琴書自娛太宰武陵王晞聞其善鼓琴使人召之逵對使者破琴曰戴安道不爲王門伶人晞怒乃更引其兄述述聞命欣然擁琴而往以國子祭酒散騎常侍徵皆不至

後蜀龔壯巴西人父叔爲李特所害壯說李壽討特

孫期以報讎果剋之壯謂百行之本莫大忠孝既假壽殺其私讎又欲使其歸朝以明臣節壽既不從壯遂稱聾又云手不制物終身不復至成都惟研考經典覃思文章至李勢時卒

前涼辛理美姿貌張駿欲奪其妻以寡妹妻之理割鼻自誓

宋庾炳之字仲文初爲中書太子舍人劉粹征北長史廣平太守兄登之爲謝晦長史炳之往省之時晦位高權重朝士莫不加敬炳之獨與抗禮時論韙之

顏延之妹適東莞劉憲之穆之子也穆之既與延之

通家又聞其美將仕之先欲相見延之終不往也延之位至金紫光祿大夫領湘東王師

王景文美風姿好言理太祖甚相欽重故爲明帝娶景文妹高祖第五女新安公主先適太原王景深離絕當以適景文景文固辭以疾故不成婚景文後領中書令常侍僕射揚州刺史

顧覬之爲吳郡太守幸臣戴法興權傾人主而覬之未嘗降意左光祿大夫蔡興宗與覬之善嫌其風節過峻覬之曰辛毗有云不事孫劉不過使吾不爲三公耳及世祖晏駕法興遂以覬之爲光祿大夫加金

章紫綬

杜慧度交州刺史瑗之第五子爲九眞太守瑗卒府州綱佐以交土接寇不宜曠職共推慧度行州府事辭不就

垣閎字叔通齊高帝輔政使褚彥回爲子晃求閎女閎辭以齊大非偶帝雖嘉其退讓而心不能歡即以晃婚王伷女謂豫章王嶷曰前欲以白象與垣公婚者重其夷澹事雖不遂心嘗依然白象晃小字也及高帝即位有誠心封爵如故卒於金紫光祿大夫謚曰定

袁淑從母兄劉湛欲其附已而淑不爲改意繇是大相乖失淑乃賦詩曰種蘭忌當門懷璧莫向楚楚少別玉人門非植蘭所尋以久疾免官

蔡廓爲吏部尚書廓因北地傅隆問傅亮選事若悉以見付不論不然不能拜也亮以語錄尚書徐羨之曰黃門郎以下悉以委蔡吾徒不復厝懷自此以上故宜共參同異廓曰我不能爲徐干木署紙尾也遂不拜干木羨之小字也選案黃紙錄尚書與吏部尚書連名故廓云署紙尾也羨之亦以廓正直不欲使居權要徙爲祠部尚書

南齊褚賁淵之長子歷侍中淵薨服闋見世祖賁流涕不自勝帝甚嘉之以爲左民尚書不拜表稱疾讓封與弟蓁世以爲賁恨淵失節於宋室故不復仕

褚炤彥回之從父弟也少有高節王儉嘗稱才堪保傅爲成安郡還以一目眇召爲國子祭酒不拜嘗非彥回身事二代回子賁往問訊炤炤問曰司空今日何在賁曰奉璽紱在齊大司馬門炤正色曰不知汝家司空將一家物與一家亦復何謂彥回拜司徒賓客滿坐炤歎曰彥回少立名行何意披猖至此門戶不幸乃復有今日之拜使彥回作中書郎而死不當

是一名士耶名德不昌遂有期顒之壽彥回性好戲
以軺車給之炤大怒曰著此辱門戶那可令人見索
火燒之馭人奔車乃免
崔慰祖少與江祀款密及祀貴嘗來候之而慰祖不
往爲始安王遙光記室王好碁數召慰祖對戲慰祖
輙辭拙奇非朔望不見也建武中帝欲試以百里慰
祖不就
王秀之爲太子舍人吏部尚書褚淵見秀之正潔欲
與結婚秀之不肯以此頻轉爲兩府外兵參軍
王僧祐太尉儉從祖兄也竟陵王子良聞僧祐善彈

琴於座取琴進之不肯從命卒於黃門郎
劉悛婦弟王法顯同宋桂陽王作亂悛遂啓與婦別
居終身不復見之悛以五兵尚書授散騎常侍領驍
騎將軍卒
梁江蒨爲吏部郎僕射徐勉權重自遇蒨與抗禮勉
因蒨門客翟景爲第七兒繇求蒨女婚蒨不荅景再
言之乃枷景四十繇此與勉有忤除散騎常侍不拜
裴子野遭父憂居喪盡禮天監初尚書僕射范雲嘉
其志行將表奏之會雲卒不果樂安任昉有盛名爲
後進所慕遊其門者昉必相薦達子野於昉爲從中
表獨不至昉亦恨焉子野爲鴻臚卿領步兵較尉知
著作郎兼中書舍人卒
阮孝緒鄱陽忠烈王妃孝緒之姊王嘗命駕欲就之
遊孝緒鑿垣而走卒不肯見天監十二年傳昭薦之
徵不到
臧嚴性孤介於人門未嘗造請僕射徐勉欲識之嚴
終不詣卒於鎮南諮議參軍
江子一直華林省其姑夫右衞將軍朱异權要當朝
休暇之日賓客輻湊子一未嘗造門其高潔如此子
一少好學有志操以客貧闕養因蔬食終身終於南

津較尉
王承性簡貴有風格時右衞朱异當朝用事每休暇
車馬填門時有魏郡申筴好危言高論以忤權右嘗
指异門曰此中輻湊皆以利往能不至者惟有大小
王東陽耳小東陽即承弟稺也當時惟承兄弟及褚
翔不至异門世以此稱之嘗任國子祭酒出爲東陽
太守卒
吉翂字彥霄其父爲人所誣罪當大辟翂求代父死
高祖乃宥其父丹陽尹王志求欲於歲首舉充純孝
之選翂曰異哉王尹何量翂之薄乎夫父辱子死斯

道固然若猶有醜而目當其此舉則是因父置名一何甚辱拒之而止後湘州刺史柳忱召爲主簿

陳王元規父瑞梁武陵王府中記室參軍元規八歲而孤兄弟三人隨母依舅氏往臨海郡時年十二郡豪劉瑱者資財巨萬以女妻之元規母以其兄弟幼弱欲結強援元規泣請曰因不失親古人所重豈得苟安異懷輒婚非類母感其言而止

虞寄爲梁岳陽王中記室候景之亂寄隨兄荔入臺除鎮南湘東王諮議參軍加貞威將軍京城陷遁還鄉里及張彪往臨川強寄俱行寄與彪將鄭瑋同舟

而載瑋嘗忤彪意乃刼寄奔于晉安時陳寶應據有閩中得寄甚喜高祖平侯景寄勸令自結寶應從之乃遣使歸誠承聖二年除和戎將軍中書侍郎寶應愛其才託以道阻不遣每欲引寄爲僚屬委以文翰寄因辭獲免及寶應結婚留異潛有逆謀寄微知其意言說之際每陳逆順之理微以諷諫寶應輒引說他事以拒之又嘗令左右誦漢書卧而聽之至蒯通說韓信曰相君之背貴不可言寶應蹶起曰可謂智士寄正色曰覆酈驕韓未足稱智豈若班彪王命識所歸乎寄知寶應不可諫慮禍及已乃爲居士服以拒絕之嘗居東山寺僞稱脚疾不起寶應以爲假託使燒寄所卧屋寄安卧不動親近將扶寄出寄曰吾命有懸避欲安往所縱火者旋自救之寶應自此方信及寶應既擒凡諸賓客微有交涉者皆伏誅惟寄以先識免禍

後魏穆紹宣武時爲侍中性方重罕接賓客元乂當權曾候紹紹迎送下階而已後除車騎大將軍固辭不拜又除侍中託疾不起莊帝立爾朱榮遣人徵之紹以爲必死哭辭家廟及往見榮於邙山捧手不拜榮亦矯意禮之顧謂人曰穆紹不虚大家兒

賈景興清峻鯁正少爲州主簿遂栖遲不仕後葛榮陷冀州爲榮所虜稱疾不拜景興每捫膝而言曰吾不負汝以不拜葛榮故也

裴美字師伯少有美名舉秀才州主簿太尉咸陽王雅相賞愛欲以女妻之美拒而不納

盧義僖爲太中大夫散秩多年澹然自得李神俊勸其干謁當途義僖曰學先王之道貴行先王之志何能求官貴也後遷散騎常侍時靈太后臨朝黄門侍郎李神軌勢傾朝野求結婚姻謂義僖曰昔人不以一女易五男卿豈易之也義僖曰所以不從正爲此

耳從之恐禍大而速乃堅握義僖之手曰我聞有命不敢以告人遂適他族臨婚之夕靈太后遣中常侍服景就家勑停内外惶怖義僖夷然自若

游肇爲黄門侍郎時尚書令高肇宣武之舅爲百僚慴憚以肇名與巳同欲令改易肇以孝文所賜秉志不許高肇甚銜之宣武喜其剛梗

崔挺爲光州刺史景明初自代歸闕散騎常侍趙脩得幸宣武挺雖同州壤未嘗詣門北海王詳爲司徒録尚書事以挺爲司馬於後詳攝選衆人競稱考第以來遷叙挺獨無言詳曰崔光州考級並未加授宜

投一牒當爲申請遵伯玉耻獨爲君子亦何故黙然挺對曰階級是聖朝大例考課亦國之常典下官雖慚古賢不伐之美至於自衒求進竊以羞之詳大相稱歎曰爲司馬詳未曾呼名常稱州號以示優禮

楊津爲符璽郎津以身在禁密不外交遊司徒馮誕與津少結交遊而津見其貴寵每嘗退避及相招命多辭疾不往誕以爲恨而津逾遠焉人或謂之曰司徒君之少舊宜蒙進達何遽自外也津曰爲勢家所厚復何容易但全吾今日亦以足矣

崔光韶河東武城人爲廷尉卿永安末還鄉里刺史元弼前妻是光韶之繼室兄女而弼貪婪多諸不法光韶以親情亟相非責弼銜之時耿翔反於州界弼誣光韶子通與賊連結囚其合家考掠非理而韶與之辯爭辭不屈會樊子鵠爲東道大使知其見枉理出之時人勸令詣樊陳謝光韶曰羊舌大夫巳有成事何勞往也子鵠亦歎尚之

皇甫徽字子玄安定朝那人仕梁歷諸王參軍郡守及夏侯道遷入國徽亦因地内屬徽妻即道遷之兄女道遷列上勳書欲以徽爲元謀徽曰叛謀之始本不關豫雖貪榮賞實内愧於心遂拒而不許

裴粲爲弘農太守免官時僕射高肇以外戚之貴勢傾一時朝士見者咸望塵拜謁粲候肇惟長揖而巳及還家人尤責之粲曰何可自同凡俗也

北齊楊愔孝昌中父津爲定州刺史隨父之職及中山爲杜雒周陷全家被囚縶未幾雒周滅又没葛榮榮欲以女妻之又逼以僞職愔乃託疾密含牛血數合於衆中吐之仍佯瘖不語榮以爲信然乃止

裴諏之少有儒學司空高乾致書曰相屈爲戸曹參軍諏之復書不受署

元景皓魏陳留王祀之子祀卒景皓嗣天保時諸元

帝室親近者多被誅戮踈宗如元景安之徒議欲請姓高氏景皓云豈得棄本宗逐他姓大丈夫寧可玉碎不能瓦全景安遂以其言白文宣乃收景皓誅之家屬徙彭城縣是景安獨賜姓高氏自外聽從本姓

司馬膺之性方古不會俗舊與楊愔同爲黄門郎至愔爲尚書令抗禮如初愔嘗有從姊喪尚書卿尹皆跪弔膺之執手而出會路逢愔威儀導引乃於樹下側避之愔於車望見令呼謂曰兄何意避弟膺之曰我自避赤棒本不避卿愔甚重之然以其踈簡傲物竟天保間淪滯不齒

房豹以齊滅還鄉園自養頻徵辭疾終於家

後周崔謙爲京畿司馬族弟暹當時寵要謙與之舊僚同門非吉凶未嘗造請以雅道自居

韋夐高尚不仕時兄孝寛爲延州總管夐至州與孝寛相見將還孝寛以所乘馬及轡勒與夐夐以其華飾心弗欲之笑謂孝寛曰昔人不棄遺簪墜履者惡與之同出不與同歸吾之操行雖不逮前烈然捨舊録新亦非吾志也於是乃乘舊馬以歸

裴俠累遷河北郡守躬履儉素清慎奉公從弟伯鳳世彦時並爲丞相府佐笑曰人生仕進須身名並裕清苦若此竟欲何爲俠曰夫清者莅職之本儉者持身之基況我大宗世濟其美故能存見稱於朝廷沒流芳於典策今吾幸以凡庸濫蒙殊遇其窮困非慕名也志在自修懼辱先也翻被嗤笑知復何言伯鳳等慚而退

隋李孝貞爲給事中于時黄門侍郎高乾親要用事求婚於孝貞孝貞拒之

辛德源仕周爲宣納上士周因取急詣相州會尉遲作亂以爲中郎德源辭不獲免遂亡去

蔡允恭大業中爲起居舍人與虞世南同爲學士煬

帝遣教宮人允恭自介每以爲辱因稱氣疾不時應命於後稍被踈絶

唐陸德明初王充僭號署散騎常侍濮王師將行束修之禮德明服巴豆散卧東壁下王充之子入跪牀前德明對之遺痢竟不與語遂移病於成皋杜絶人事後歸國爲國子博士

李懷遠字廣德趙郡栢人人也早孤貧好學屬文有宗人欲以高䕃相假者懷遠退而歎曰因人之勢高士不爲假蔭求官豈吾本志未幾應四科舉擢第位至兵部尚書同中書門下三品

李勉初爲太常少卿肅宗將大用會李輔國寵任意欲勉降禮於已勉不爲之屈竟爲所抑出汾虢二州刺史

蕭復代宗時爲太子僕屬連歲不稔穀價翔貴復家累百口無以自給將鬻昭列別業時宰相王縉聞其林泉之美心欲之乃使弟紘誘焉紘曰足下之才固宜居右職姑以別業奉吾兄吾兄當以要地處足下矣復對曰僕之鬻舊業以拯孀孤儻以美職售之姑姊弟姪受凍餒非鄙夫之願也縉旣憾之受廢者數年復處之自若

崔縱爲金部員外孝悌修飭自以父爲元載所排退居十餘年左官外府訖載得罪不求聞達

杜黄裳爲太常卿時順宗即位王叔文之竊權黄裳終不造其門

李藩貞元中爲祕書郎王紹持權邀藩一相見紹終不就王仲舒韋成季呂洞輩爲郎官朋黨輝赫日會聚歌酒慕藩名強致同會藩不得已一至仲舒輩好爲詭語徘戲後召藩堅不去曰吾與仲舒輩終日不曉所與言何也後數人果敗

元正爲河南連帥崔光遠從事屬史思明陷河雒正與弟同侍親潛伏林藪寇黨誘以高位不出遇害

崔應爲滄景從事節度使程執恭嘗欲娶其妹不可遂棄職歸雒中執恭銜之遣賊就殺不克

韋貫之爲長安丞德宗末年京兆尹李實權移宰相言其可否必數日而詔行人有以貫之之名薦於實者荅曰是其人居與吾同里亟聞賢但吾得識其面而進於上舉笏示說者曰實已記其名氏矣說者喜驟以其說告於貫之且曰子今日詣實而明日受賀矣貫之唯唯數歲終不往

李渤祖玄珪官至衛尉寺主簿父鈞官至殿中侍御

史以母喪不舉流于施州渤少時耻其家汚堅苦不仕勵志於文學隱嵩山之下讀書爲文以自課

宇文籍爲監察御史坐王承系貶江陵戸曹至任節度使將議署置之賓佐文籍日以君命黜當以君命升假榮偷奬非所願也

後唐李敬義德裕之孫居於平泉昭宗之都雒也徵爲司勳郎中特爲河南尹張全義所知給遺頗厚俄而朱温簒位誓心不事僞室及温徵命拒而不應退居衛州

晉庫部郎中李專美少篤學爲文以父樞唐昭宗時

嘗應進士舉爲覆試所落不許再入專美心愧之謂是不游文場

冊府元龜總録部節操卷之七百八十一　三十三

冊府元龜

巡按福建監察御史臣李嗣京　訂正

知長樂縣事臣夏允彝　參閱

知建陽縣事臣黃國琦　較釋

總録部

榮遇

易曰崇高莫大於富貴詩曰爲龍爲光盖士之趨世者或道合時主或功濟大業然後享豐禄齒高位澤及于宗黨寵被于閨壼度越群品蜚爲美談者斯有之矣若乃出於困辱奮自卑冗終以貴盛申其志節

以至期運亨會勢望熏灼明詔敦奬徽美擧集或褁服歸于故郡或榮養及於庭闈或展墓以達永懷或即家而爲公府至乃父子更任於劇職宗戚迭處於要任以壯齒而躋顯仕因請老而還舊貫中外更踐便蕃增秩時君異其恩禮擧將更其出處斯皆才命吝契福禄來同致光景之振耀聳人倫之欽慕非夫保告驚之訓得持盈之道又曷能克終而寡悔哉

蘇秦雒陽人出游數歲大困而歸兄弟嫂妹妻妾皆笑之及爲從約長并相六國北報趙王及行過雒陽車騎輜重諸侯各發使送之甚衆擬於王者周顯王聞之恐懼除道使人郊勞[賓至近郊君使卿朝服用束帛勞]蘇秦之昆弟妻嫂側目不敢仰視俯伏侍取食蘇秦笑謂其嫂曰何前倨而後恭也嫂委蛇蒲服以面掩地而謝曰見季子位高而金多也[蘇秦字季子]蘇秦喟然嘆曰此一人之身富貴則親戚畏懼之貧賤則輕易之況衆人乎且使我有雒陽負郭田二頃吾豈能佩六國相印乎於是散千金以賜宗族朋友

漢嚴助會稽吳人爲中大夫助侍燕從容武帝問助居鄉里時助對曰家貧爲友壻富人所辱[友壻同門之壻]帝問所欲對願爲會稽太守於是拜爲會稽太守

朱買臣字翁子會稽吳人家貧妻求去買臣不能留即聽去後買臣爲會稽太守武帝謂買臣曰富貴不歸故鄉如衣繡夜行今子何如買頓首辭謝初買臣免待詔常從會稽守邸者寄居飯食拜爲太守買臣衣故衣懷其印綬步歸郡邸直上計時會稽吏方相與群飲不視買臣買臣入室中守邸與共食食且飽少見其綬守邸怪之前引其綬視其印會稽太守章也守邸驚出語上計掾吏皆醉大呼曰妄誕耳守邸曰試來視之其故人素輕買臣者入內視之還走疾呼曰實然坐中驚駭白守丞[漢舊郡國丞相長史與計吏俱送計也謂之守]

丞者繫太守而言也相推排陳列中庭謁拜買臣徐出戶有頃
長安廄吏乘駟馬車來迎故事大夫乘官車駕駟如今州牧刺史矣買臣
遂乘傳去會稽聞太守且至發民除縣長吏並送迎
車百餘乘入吳界見其故妻妻夫治道買臣駐車呼
令後車載其夫妻到太守舍置園中給食之居一月
妻自經死買臣乞其夫錢令葬悉召見故人與飲食
諸嘗有恩者皆報復焉
司馬相如字長卿蜀郡成都人武帝時以中郎將至
蜀太守以下郊迎縣令負弩矢先驅蜀人以爲寵
薛廣德沛郡相人爲御史大夫乞骸骨賜安車駟馬

黃金六十斤罷廣德東歸沛太守迎之界上沛以爲
榮懸其安車傳子孫
疏廣爲太子太傅廣兄子受爲太子少傅太子每朝
因進見太傅在前少傅在後父子並爲師傅朝廷以
爲榮
班伯高祖壹始皇之末避地於樓煩漢孝惠時以財
雄邊伯後爲定襄太守歲餘成帝徵伯伯上書願過
郡上父祖冢有詔太守都尉以下會其所因召宗族
各以親疏加恩施散數百金北州以爲榮長老紀焉
後漢馮異潁川父城人爲孟津將軍光武建武二年
征陽翟賊嚴終趙根破之詔異歸上冢使太中大夫
齎牛酒令二百里內太守都尉已下及宗族會焉
景丹馮翊櫟陽人爲驃騎大將軍建武二年定封丹
櫟陽侯光武謂丹曰今關東故王國雖數縣不過櫟
陽萬戶邑夫富貴不歸故鄉如衣繡夜行故以封卿
耳
岑彭南陽棘陽人建武六年爲征南大將屯津鄉南
還有詔過家上冢大長秋以朔望問大夫人起居
王恒潁川舞陽人爲漢中將軍平沛郡賊建武六年
徵恒還雒陽令人夫迎恒於舞陽歸家上冢

吳漢南陽人建武十二年爲大司馬平蜀振旅浮江
而下至宛詔令過家上冢賜穀二萬斛
傅燮北地靈州人太守范津舉燮孝廉及津爲漢陽
與燮交代合符而去鄉邦榮之
韓稜潁川華陽人爲南陽太守特聽稜得過家上冢
鄉里以爲榮
韋端自京州牧徵爲太僕其子康代爲凉州刺史時
人榮之
魏張既馮翊高陵人漢末自尚書出爲雍州刺史太
祖謂既曰還君本州可爲衣繡畫行矣

張遼爲前將軍屯合肥進遼爵都鄉侯給遼母輿車及兵馬送遼家詣屯勑遼母至導從出迎所督諸軍將吏皆羅拜道側觀者榮之

吳朱治丹陽故鄣人大帝黄武二年拜安國將軍領吳郡是時丹陽深地頻有姦叛亦以年向老思戀土風自表屯故鄣鎮撫山越諸父老故人莫不詣門治皆引進與共飲宴鄉黨以爲榮在故鄣歲餘還吳

全琮吳郡錢塘人黄武七年爲東安太守還經過錢塘修祭墳墓麾幢節蓋曜於舊里請會邑人平生知舊宗族六親施散惠與千有餘萬本土以爲榮

諸葛恪爲撫越將軍領丹陽太守授棨戟武騎三百拜畢太帝命恪備威儀作鼓吹導引歸家時年三十三

紀陟景帝時父亮爲尚書令陟爲中書令每朝會詔以屏風隔其座焉

晉鄭球字瑜少辟宰府七侍二宫

裴瓌與弟猷俱渡江瓌爲丹陽猷爲武康兄弟列宰名邑論者美之

陶侃家于潯陽後爲江夏太守加鷹揚將軍侃備威儀迎母官舍鄉里榮之

荀羨除北中郎將徐州刺史監徐兖二州揚州之晉陵諸軍事時年二十八中興方伯未有如羨之少者

韋謏前後四登九列六在尚書三爲侍中再爲太子太傅封京兆公陳軍國之宜多見允納

宋鄭鮮之爲高祖太尉諮議高祖北伐以爲右長史鮮之曾祖墓在開封相去三百里乞求拜省高祖以騎送之

南齊王奐仕宋領驍騎將軍又遷征虜將軍臨川王鎮西長史領南蠻校尉南郡内史一歲三遷

張岱吳郡人高帝建元元年出爲左將軍吳郡太守

太祖知岱歷任清直至郡未幾手勑岱曰大邦任重乃未欲迴換但總戎務殷宜須望實今用卿爲護軍加給事中岱拜竟詔以家爲府

孫瑒吳郡人自湘州刺史徵爲散騎常侍中領軍未拜而武帝從容謂瑒曰昔朱買臣願爲大郡卿豈有意乎乃改授持節安東將軍吳郡太守給鼓吹一部及將之鎮乘輿幸近畿餞送鄉里榮之

梁范雲爲散騎常侍吏部尚書嘗侍讌高祖謂臨川王宏鄱陽王恢曰我與尚書少親善申四海之敬今爲天下主此禮卽革汝宜代我呼范爲兄二王下席

拜與雲同車還向書下省時人榮之

呂僧珍東平范人爲左衛將軍領太子中庶子僧珍去家久表求拜墓高祖欲榮之使爲本州乃授使持節平北將軍南兖州刺史

柳慶遠河東解人爲使持節都督雍梁南北秦四州諸軍事征虜將軍寧蠻校尉雍州刺史高祖餞於新亭謂曰卿衣錦還鄉朕無西顧之憂矣

到洽以天監二年爲司徒主簿直待詔省敕使抄甲部書遷尚書殿中郎洽兄弟群從遞居此職時人榮之

王僧孺幼貧其母鬻紗布以自業嘗攜僧孺至市道遇中丞鹵簿驅迫溝中及僧儒爲丞引騶清道悲感不自勝

朱异爲中書通事舍人遷散騎常侍累遷中領軍异居權要三十餘年歷官自員外常侍至侍中四職並驅鹵簿近代未之有也

張綰爲御史中丞舊制元日僕射中丞坐位東西相當大同四年綰兄纘爲僕射及有司就列兄弟導騶兩塗前世未有也時人榮之

孔休源初爲中書舍人司徒臨川王記室參軍後臨川王爲揚州刺史薨高祖與群臣議王代居州任者久之時貴戚王咸望遷授高祖曰朕已得人孔休源實應此選乃授宣惠將軍監揚州休源初爲臨川王行佐及王薨而管州任時論榮之

劉之遴南郡涅陽人自太學博士出爲南郡太守高祖謂曰卿母年德並高故令卿衣錦還鄉盡榮養之理

陳侯安都始興人爲司空征北將軍南徐州刺史父文得爲始興內史卒於官文帝徵安都還京師爲發喪尋起復本官贈其父散騎常侍金紫光祿大夫拜

母爲清遠國太夫人仍迎還都母固求停鄉里帝乃下詔改桂陽郡之汝城縣爲盧陽郡分衡州之始興安遠二郡合三郡爲東衡州以安都從弟曉爲刺史安都第三子祕年九歲帝以爲始興內史並令在鄉侍養

王瑜字子珪早歷清顯三十官至侍中

袁憲爲右僕射參掌選事先是憲長兄樞爲左僕射至是臺省目樞爲大僕射憲爲小僕射朝廷榮之

後魏崔浩白馬公玄伯之長子浩爲祭酒每至郊祠父子並乘軒軺時人榮之

畢衆敬爲兖州刺史其子元賓亦爲兖州刺史父子相代爲州當世榮之

甄琛中山毋極人爲征北將軍定州刺史衣錦晝遊大爲稱滿

李憲爲散騎侍郎以母老乞歸養憲趙郡平棘人也因拜趙郡太守

李元護遼東襄平人爲齊州刺史經拜舊墓延省故宅享賜村老莫不欣暢

崔鴻爲尚書都兵郎中宣武詔太師彭城王勰以下公卿朝士儒學才明者三十人議定律令於尚書上

省鴻與父光俱在其中時論榮之

孫惠蔚歷國子祭酒祕書監出爲平來將軍齊州刺史還京除光祿大夫魏初以來儒生寒官惠蔚最爲顯達

董徵頓丘衛國人爲輔國將軍除安州刺史徵因述職路次過家置酒高會大享邑老乃言曰腰龜返國昔人稱榮仗節還家云胡不樂因誡二三子弟曰此之富貴匪自天降乃勤學所致耳時人榮之

茹皓舊吳人與趙脩俱侍直禁中爲脩所姤出爲濮陽太守其父護之因皓訟理舊勳先除兖州陽平大守賜以子爵父子剖符名邦郡境相接

趙邕南陽人爲殿中將軍初邕父怡歷郢州刺史停家久之以邕寵召拜太常少卿尋爲荆州大中正出除征虜將軍荆州刺史邕弟尚中書舍人出除南陽太守怡辭荆州也尚求解郡與父俱還未至京師逆除步兵校尉

陸彰字明遠以衛將除齊州刺史又加驃騎將軍行懷州事轉北豫州刺史仍除徐州刺史將軍並如故一年歷三州當世榮之

房士達清河人爲京北王騎兵參軍其鄉人劉均房

須等作亂攻陷郡縣士達父憂在家刺史元欣以士達爲將士達率州人悉破平之就家拜平原太守孝莊帝時轉濟南太守士達不入京師而頻爲本州郡時人榮之

楊逸字遵道爲西平將軍南秦州刺史年二十九歲時方伯之少未有先之者

北齊魏收字伯起初仕後魏節閔時爲散騎侍郎尋勑典起居注并修國史俄兼中書侍郎時年二十六

邢卲字子才仕東魏爲太常卿中書監攝國子祭酒是時朝臣多守一職帶領二官甚少卲頻居三職並

是文學之首當世榮之

崔贍爲文宣相府司馬使于東魏孝静帝其父㥄侍宴又勅贍令近御座亦有應詔詩詔問邢卲等曰此詩何如其父咸云㥄博雅弘麗贍詞氣清新並詩人之冠晃讌罷共嗟賞之咸云今日之讌倂爲崔贍父子

後周楊檦正平高凉人魏孝武入關時爲建武刺史鎮車箱檦久從軍役以未及葬父至是表請還葬詔贈其父車騎大將軍儀同三司晉州刺史贈其母夏陽縣君並給儀衛州里榮之

蘇亮武功人仕西魏爲岐州刺史朝廷以其牧本州特給路車鼓吹先還其宅并給騎士三十列羽儀遊鄉黨經過故人歡會旬日然後入州世以爲榮亮自文帝大統以來無歲不轉官一年或至三遷僉曰才至不怪其速也

赫連達雲中盛樂人仕西魏爲帥都督封魏昌伯太祖以達勳望兼隆乃除雲州刺史進爵爲公拜大都督

田弘字廣略平原人西魏大統中自帥都督授原州刺史時以弘勳望兼至故以衣錦榮之

叚永仕西魏爲嘗州刺史于時朝貴多其部人謁永之日冠蓋盈路當時榮之

鄭雛初仕北齊爲尚書郎趙郡李祖昇兄弟不甚敬憚及楊愔奏授雛趙郡太守祖昇兄弟具服至雛門投刺拜謁文宣聞之喜笑曰足得殺李家兒矣

李穆除原州刺史又以兄賢子爲平高郡守遠子爲平高縣令並加鼓吹穆自以叔姪一家三人皆牧宰鄉里恩遇過隆固辭不拜太祖不許

王傑金城直城人仕西魏爲驃騎大將軍孝閔踐阼進爵張掖郡公增邑一千戸出爲河州刺史朝廷以

傑勳望俱重授本州

馮遷閔帝時爲晉公護府掾後以其朝之舊齒欲以錦衣榮之乃授陜州刺史進爵隆山郡公增邑通前二千戸遷本寒微不爲時輩所重一旦刺舉本州唯以謙恭接待鄉人無怨者

令狐整爲中外府樂曹叅軍時諸功臣多爲本州刺史晉公護謂整曰以公勳望應得本州但朝廷藉公委任無容遠出然公一門之内須有衣錦之榮乃以弟休爲燉煌郡守

劉雄臨洮子城人爲内史大夫除候正高祖嘗從容

謂雄曰古人云富貴不歸故鄉猶衣錦夜遊今以鄉爲本州何如雄稽首拜謝於是詔以雄爲河州刺史雄先已爲本縣令復有此授鄉里榮之

柳敏河東解人年未弱冠起家員外散騎侍郎累遷河東郡丞朝議以敏本邑故有此授

唐瑾爲蔡州刺史歷柘州硤州轉荆州總管府長史入爲吏部中大夫歷御正納言中大夫會未十旬遂遷四職搢紳咸以爲榮

辛威隴西人爲鄜州刺史時望既重朝廷以桑梓榮之遷河州刺史本州大中正

薛愼爲膳部下大夫愼兄善又任工部並居清顯時人榮之

王士良其先太原晉陽人後因避地涼州初仕齊爲豫州刺史後歸周爲鄜州刺史轉金州刺史士良去鄉既久忽臨本州舊若故人猶有存者遠近咸以爲榮

李遷哲安康人世爲山南豪族後爲車騎將軍從開封府賀若敦徇地巴濮以功除直州刺史即本州也仍給軍儀鼓節

柳檜爲撫軍將軍大都督時檜兄虬爲秘書丞弟慶爲尚書左丞檜嘗謂兄弟曰兄則職典簡牘襃貶人倫弟則管轄郡司股肱朝廷可謂榮寵矣然而四方未静車書不一檜唯當蒙矢石履危難以報國恩耳

隋劉弘彭城人初仕北齊西楚州刺史及齊亡周武帝以爲本郡太守

田式字顯標馮翊下邽人祖安與父長樂仕魏俱爲本郡太守式仕周又爲本郡太守

蘇威煬帝時爲納言與左翊衛大將軍宇文述黄門侍郎裴矩御史大夫裴蘊内史侍郎虞世基參掌朝政時人稱爲五貴從征遼東還至涿郡詔威安撫關

中以威孫尚輦直長儇爲副其子鴻臚少卿夔先爲關中簡黜大使一家三人俱奉使關右三輔榮之

樊子蓋廬江人爲武威太守朝於江都宫煬帝謂之曰富貴不還故鄉真衣繡夜行耳勑廬江郡設三千人會賜米麥六千石使謁墳墓宴故老當時榮之

來護兒江都人爲右翊衛大將軍煬帝幸江都謂護兒曰衣錦晝遊古人所重卿今是也乃賜物三千段并牛酒令謁先人墓宴鄉父老仍令三品已上並集其宅酣飲一日朝野榮之

唐張鎭州同安人武德中爲舒州都督舒州即本邑

也鎮州乃多市酒肴就望江舊宅盡召故人親戚與之酣宴散髪箕踞敦疇昔之歡十日贈以金帛旣而垂泣謂親賓曰此者張鎮州與故人爲歡今日巳後舒州都督治百姓耳君民禮隔不得交遊因與之訣

姜謩秦州上邽人武德初平薛仁杲拜秦州刺史高祖謂曰衣錦還鄉古人所尚今以本州相授用荅元功涼州之路近爲荒梗宜弘方略有以靜之謩至州撫以恩信州人相謂曰吾輩復見太平官府矣盜賊悉來歸首士庶安之

張士貴弘農盧氏人武德中以戰功授虢州刺史高

祖謂曰欲卿衣錦晝遊耳

温大雅武德元年爲黄門侍郎弟彦將爲中書侍郎別居近侍議者榮之高祖從容謂曰我起義晉陽爲卿一門耳

張行成定州義豐人爲刑部侍郎太子詹事遼東之役從太子於定州監國即行成本邑也太子謂行成曰今者送公衣錦還鄉於是令有司祀其先人墓

薛收與從父兄子元敬俱爲文學館學士

賈敦實爲饒陽令時制大功已上不得聯職敦實兄敦賾復爲瀛州刺史朝廷以其兄弟廉謹特許令同州竟不遷替時人榮之

劉禕之爲左史弘文館直學士時又密令參決以分宰相之權時人謂之北門學士禕之兄懿之時爲給事中兄弟並居兩省論者美之

韋承慶弟嗣立則天長壽中始代承慶爲鳳閣舍人長安三年承慶又代嗣立爲天官侍郎頃之又代嗣立知政事時以爲榮

蘇頲中宗神龍中累遷給事中加修文館學士轉中書舍人時頲父瓌同中書門下三品父子同掌樞密時以爲榮

賀知章爲祕書監請度爲道士求還鄉里天寶三載正月庚子遣左右相已下祖別於長樂坡帝賦詩以贈

李峴信安王禕之第三子肅宗至德中爲京兆尹兼御史大夫時峴兄峘爲戶部尚書兼成都尹乾元初玄宗還京峘自蜀至又兼御史大夫兄弟俱判臺事自國初以來兄弟並拜大夫未有其比時長安士庶皆賦詩美之

于休烈嗣子益次子肅相繼爲翰林學士

歸崇敬德宗興元初爲散騎常侍宣慰兩河及還上

表請歸拜墓許之賜以繒帛儒者榮之
楊懷賓與其子朝晟並爲邠寧節度韓遊瓌裨將父子同軍皆爲開府賓客御史中丞異姓王榮於軍中
陸贄爲翰林學士時贄母韋氏在江東德宗遣中使迎至京師搢紳榮之
吳通微自壽安縣令入爲金部郎中充翰林學士尋改職方郎中知制誥與弟通玄同職禁署人士榮之
趙宗儒爲右拾遺翰林學士父驊爲祕書少監與父並命出於中旨當時榮之
田弘正自魏博節度移統鎮冀其子希文爲河陽三

城懷州節度父子同日拜命皆領節制
崔邠爲吏部侍郎兄弟同時奉朝請者四人後改太常卿故事大卿初上大閲四部樂於官署觀者縱焉邠自私第去幘親導母輦公卿逢者爲迴騎避之衢路以爲榮
王鍔爲容管經嶺南淮南河中太原四任節度受旃節居方面凡二十餘年仍加同平章事
柳公綽爲吏部侍郎與舅左丞崔從同省人士榮之
孫德昭與孫承誨董從實以反正功德昭爲簡較太保靜海軍節度使承誨邕州節度使從實容州節度使並同平章事時人呼爲三使相恩澤俱冠世
後唐張全義爲忠武軍節度使全義於本朝迨朱氏之世自尚書僕射司空司徒平章事侍中守太師太傅太保太尉中書令尚書令封王食邑至一萬三千戶自維鄆陝滑宋三蒞河陽再領許州相繼十換麾幢歷二十九任位冠人臣善保終吉者一人而已
李琪與兄班俱登進士第爲梁太祖所知及革命以班爲崇政學士琪爲翰林學士昆仲並處禁林
康思立本出陰山諸部性純厚善撫御明宗素重之故郎位之始以應州所生之地授焉

封舜卿爲中書舍人從子渭爲翰林學士叔姪對掌內外制又從子翹仕梁亦爲翰林學士
晉劉昫初仕後唐爲兵部侍郎端明殿學士長興四年行中書侍郎兼刑部尚書平章事入謝日遇大祠明宗不御中興殿昫至中興殿門閤門使日舊禮宰臣謝恩須於正殿通喚今日上以大祠不坐正殿請候來日樞密使趙延壽曰命相之制下已三日中謝無宜後時即奏聞昫遂中謝於端明殿廷昫自端明學士拜相而謝於本殿人士榮之
孔崇弼初仕後唐自吏部郎中授給事中時族兄昭

序孫給事中改左常侍兄弟同居門下時論榮之
王建立爲昭義軍節度使進封韓王仍割遼沁二州
爲昭義屬郡以建立本遼州人用成其衣錦之美也
漢龍敏幽州永清人也初仕後唐爲御史中丞敏父
咸式年七十咸式之父年九十餘敏供養二尊朝夕
無懈咸式以敏貴得秘書監致仕敏爲兵部侍郎奉
使幽州鄉里耆舊留宴盡歡

册府元龜

册府元龜

巡按福建監察御史臣李嗣京　訂正

知閩縣事臣曹肸臣叅閲

知建陽縣事臣黄國琦較釋

總録部　十四

世德　兄弟齊名

世德

詩曰維其有之是以似之傳曰世濟其美不隕其名斯皆錫羡餘慶象賢秉哲奕世載德克篤前烈之謂也中代已降宗冑派别家聲系譜叅諸簡冊乃有學古從政繼志隆業貞固以幹事端謹而植操篤守忠孝敦尚儒雅方正無撓謙恭不競奉身以約處衆以㢘行能傑出知用周達義風英烈耀映前後以至爵秩通貴名望充塞無忝爾祖能世其家業素彌邵淑般載路爲論者之歎服增士倫之景行信可以懲激亩族而敦厲衰緒者矣

隰叔子違周難於晉國生子輿爲大理（士蔿也）以正於朝朝無姦官爲司空以正於國國無敗績世及武子佐文襄於諸侯諸侯無二心（士蔿生成伯缺缺生士會）

漢石奮孝文時官至大夫恭謹學無與比長子建次乙次慶皆以馴行孝謹至二千石

金日磾武帝時爲侍中著忠孝節日磾子安上少亦爲侍中惇篤有智安上子敞元帝時爲中郎將侍中帝晏駕故事近皆隨陵爲園郎敞以世名忠孝太后詔留侍成帝爲奉車水衡都尉敞爲人正直敞子涉明經節儉諸儒稱之官至長信少府

王崇爲大司空御史大夫駿之子邑中尉吉之孫也自吉至崇世名清廉然材器名稱稍不能及父而禄位彌隆

翟方進經學明習内行脩飾成帝時爲丞相子宣亦明經篤行君子人也及方進在爲關都尉南郡太守（言方進未死之時宣已爲此官）方進少子義所居著名有父風烈

後漢㢘范曾祖父褒成哀間爲右將軍祖父丹王莽時爲大司馬庸部牧皆有名前世

陸康字季寧吳郡吳人父褒有志操連徵不至康少仕郡以義烈稱

桓榮子郁郁孫鸞曾孫彬郁中子焉孫典鸞孫曄郁孫驎並有名行自榮至典父子兄弟代作帝師

爰延清苦好學能通經教授慤少言桓帝時位大鴻臚子驥白馬令亦稱善士

郭賀字喬卿雒陽人祖父堅伯父游君並脩清節不仕王莽

周舉子勰曾祖父楊至勰孫恂六世一身皆知名舉官終光祿大夫

佗覽王子皆有文史才少子玄最知名覽嘗爲考城主簿

陳球歷世著名爲永樂少府球子瑀吳郡太守瑀弟琮汝陰太守弟子珪沛相珪子登廣陵太守並知名謝承後漢書陳瑀舉孝廉辟公府雒陽市長後辟太尉府未到永漢元年就拜議郎遷吳郡太守不之官球見子珪字漢瑜舉孝廉劇令去官舉茂才濟北相珪子登字元龍學通今古處身循理非法不行性兼

文武有雄姿異畧領廣陵太守魏志曰珪在廣陵有威名有功加伏波將軍年四十卒

楊震少子奉奉子敷篤志博聞議者以爲能世其家震中子秉秉子賜賜子彪自震至彪四世大尉德業相繼與袁氏俱爲東京名族華嶠書曰東京楊氏袁氏累世宰相爲漢名族然袁氏車馬衣服極爲奢僭能守家風爲世所貴不及楊氏也

伏湛琅琊東武人九世祖勝所謂濟南伏生者也湛光武時爲大司徒封陽侯卒二子隆翕嗣爵卒子光嗣光卒子晨嗣晨卒子無忌嗣無忌卒子質嗣質卒子完嗣自伏生以後世傳經學清靜無競故東州號爲伏不鬬

徐稺字孺子豫章南昌人恭儉義讓所居服其德屢辟公府不起卒子胤篤行孝弟亦隱居不仕

陳禪巴郡安漢人仕郡功曹舉善黜惡爲邦內所畏子順帝時爲司隸校尉子澄有清名官至漢中太守曾孫寶亦剛壯有禪風爲州別駕從事顯名州里

李固漢中南鄭人父郃爲司徒郃通五經外質朴人莫識固究覽墳籍結交英賢四方有志之士多慕其風而來學京師咸歎曰是復爲李公矣言繼其父爲公冲帝即位以固爲太尉與梁冀參錄尚書事及帝晏駕固以清河王蒜年長有德欲立之冀不從乃立

樂安王子纘年八歲號爲質帝固子燮爲安平相先是安平王續在國無政爲妖賊角所畧國家贖王得還朝廷議復其國燮上奏曰續在國無政爲妖賊所虜守藩不稱損辱聖朝不宜復國時議者不同而續竟歸藩燮以謗毀宗室輸作左校未滿歲王果坐不道被誅乃以燮爲議郎京師語曰父不肯立帝子不肯立王

吳祐長子鳳官至樂浪太守少子愷新息令鳳子馮鯛陽侯伯鯛陽縣屬汝南郡皆有名於世陳留耆舊傳曰鳳字君雅馮字子高

陳寔爲太丘長子紀爲大鴻臚紀子群魏司空群子

秦爲左僕射四世於漢魏二朝並有重名而共德漸漸小減時人爲之語曰公慙卿卿慙長紀弟諶字季方與紀齊德同行父子並著高名時號三君每宰府辟召常同時旌命羔鴈成群當世者靡不榮之諶早終先賢行狀曰豫州百城圖畫寔紀諶形像焉

荀淑字季和潁川潁陰人少有高行博學而不好章句鄉里知名有子八人號曰八龍緄生衍衍子紹位至太僕紹子融字伯雅與王弼鍾會俱知名爲雒陽令參大將軍軍事與弼會論易著義傳於世荀氏家傳曰愇字長倩俁字叔靖詵字曼倩俁子寓字景伯世語曰寓少與裴指王戎杜默俱有名京邑仕晉位至尚書

名甚顯著子嗣位至尚書

魏鮑勛漢司隸校尉宣之九世孫勛父信靈帝時爲騎都尉信父丹官至少府侍中世以儒雅顯

袁渙陳郡扶樂人漢司徒滂之子滂素寡慾終不言人之短渙清淨舉動必以禮太祖時爲郎中令行御史大夫事渙子侃亦清粹閑素有父風歷位郡守尚書袁氏世紀曰渙有四子保寓與準侃字公然論議清當柔而不犯善與人交在廢興之間人之所趣務者常謙退不爲也時人以是稱之歷位黃門選部郎考爲清平稍遷至尚書早卒寓字宣厚精辯有機理好道家之言少被病求官而卒與字公榮行足以厲俗言約而理當終於光祿勳準字孝尼忠信公正不恥下問唯恐人之不勝己以世事多險故嘗恬退而不敢求進著書十餘萬言論治世之務爲易周官詩傳於世此準之自序也荀綽九州記稱準有儁才泰始中爲給事中袁氏子孫世有名位貴達至今

劉馥沛國相人漢末爲揚州刺史子靖文帝黃初中爲鎮北將軍靖子熙嗣建成鄉侯熙弟弘晉武帝爲車騎大將軍自馥至弘世不曠名而有政事才

劉邠本名炎犯晉太子諱改邠位至太子僕子粹字純嘏至侍中次宏字終嘏至太常次漢字仲嘏至光祿大夫漢清冲有貴識名亞樂廣宏子咸徐州刺史次耽晉陵內史耽子恢字眞長尹丹陽中興名士也

管寧北海朱虛人齊相管仲之後其先田氏有齊而管仲去之或適魯或適楚漢興而管少卿爲燕令始

家朱虛世有名節九世而生寧正始中特具安車蒲輪束帛加璧聘焉會寧卒

鄭渾字文公河南開封人高祖父衆爲漢太師衆父興爲諫議皆爲名儒渾官至侍御史加駙馬都尉爲陽平沛郡二太守

蜀張翼犍爲武陽人高祖父司空浩曾祖父廣陵太守綱皆有名迹翼位至左車騎將軍領冀州刺史

譙周巴西西充國人也貌體專朴惟誠不飾潛識內敏晉泰始中拜騎都尉少子同亦以忠篤質素爲行舉孝廉

謝炤幼以仁孝爲行明達有才令弟貞履蹈法度篤學尚義舉孝廉

吳虞翻會稽餘姚人官至騎都尉子汜最知名爲散騎常侍汜弟忠貞固幹事爲宜都太守忠子潭字思奥清身有節操外如退弱内堅正有膽幹仕晉歷位内外終於衛將軍

賀齊爲將子達及景皆有令名爲佳將

陸遜吳郡吳人爲上大將軍祖紆字叔盤敏淑有思學守城門校尉父駿字季才淳懿信厚爲邦族所懷官至九江都尉

晉華表平原高唐人父歆清德高行爲魏太尉表以苦節垂名官至太常卿子廙弘敏有才義廙位光祿大夫開府儀同三司弟嶠才學深博少有令問爲内臺中書散騎著作廙子混清貞簡正位至侍中尚書

羊祐字叔子泰山南城人世吏二千石至祐九世並以清德聞祖續仕漢南陽太守父衜上黨太守祐位征南大將軍

胡威父質以忠清著稱仕魏至荆州刺史威早厲志尚質之爲荆州也威自京定省十餘日告歸父賜絹一疋爲裝威曰大人清高不審於何得此質曰是吾俸祿之餘威受之其父子清愼如此

盧欽范陽涿人位尚書僕射祖植性剛毅有大節爲漢侍中父毓魏司空少居名位不顧財利清虚淡泊動循禮典欽清澹有遠識

范粲字承明陳留外黄人漢萊蕪長丹之孫也高亮貞正有丹風

束晳字廣微祖混隴西太守父龕馮翊太守並有譽名

韓壽魏司徒暨之孫侍御史洪之子自暨以下世治素業壽能敦尚家風

龔玄之武陵漢壽人也好學潛默州舉秀才公府辟不就武帝詔徵散騎常侍領國子祭酒不行弟子元壽亦有德操高尚不仕舉秀才及州辟召並稱疾不就帝以太學博士散騎侍郎給事中累徵遂不起

許奇字子泰弟猛子豹魏尚書允之子也並有治理才學奇爲司隸校尉猛爲幽州刺史奇子遐字思祖以清尚稱位至侍中猛子式字儀祖有才幹至濮陽内史平原太守

裴秀河東聞喜人時稱後進領袖位僕射秀子頠雅有遠識爲僕射頠子嵩有父祖風

庾峻潁州鄢陵人也祖乘才學洽聞漢司徒辟有道徵皆不就伯父嶷中正簡素仕魏爲太僕父道廉退貞固養志不仕牛馬有蹊齧者恐傷人不貨於市及諸子貴賜拜大中大夫峻少好學有才思嘗游京師魏散騎常侍蘇林老疾在家往候之林嘗就乘學見峻流涕良久曰尊祖高才而性退讓慈和汎愛清靜寡慾不營當世惟脩德行而已鄢陵舊五六萬戶聞今裁有數百君二父孩抱經亂獨至今日尊伯爲當世令器君兄弟復俊茂此尊祖積德之所致也位至常侍

潘尼位太常卿祖勗漢東海相父滿平原內史並以學行稱

郭荷字承休雒陽人六世祖整漢安順之世公府八辟公車五徵皆不就自整及荷世以經學致位荷明究群籍特善史書不應州郡之命

楊佺期弘農華陰人漢太尉震之後曾祖準爲太常自震至準七世有名德祖林少有才望值亂沒胡父亮少仕僞朝後歸國終於梁州刺史以貞幹知名

袁質陳郡陽夏人五世祖渙魏郎中令自渙至質並以道素繼業惟其父琥以雄豪著質又以孝行稱歷瑯琊內史東陽太守

劉邁琨之祖也有經國之才爲相國參軍散騎常侍琨父蕃清高沖儉位至光祿大夫

滿奮寵之孫也寵仕魏爲太尉奮官至尚書令司隸較尉性清平有識簡體量通雅有寵風

吳隱之爲廣州刺史清操踰厲常食不過菜及乾魚而已子延之復厲清操爲鄱陽太守延之弟及子爲郡縣者常以廉慎爲門法雖才學不逮隱之而孝悌絜敬猶爲不替

王承字安期父湛祖昶自昶至承世有高名論者以爲祖不及孫孫不如父承爲元帝鎮東府從事中郎而卒

孔愉字敬康會稽山陰人其先世居梁國曾祖潛太子少傅漢末避地會稽因家焉祖竺吳豫章太守父恬湘東太守從兄侃大司農俱有名江左

翟湯潯陽人也篤行純素仁讓廉潔康帝以散騎常侍徵不至莊公車徵不至莊子矯亦有高操屢辭辟命矯子法賜孝武帝以散騎郎徵亦不至世有隱行

戴逵累徵散騎常侍不就逵卒長子勃有父風安帝

義熙初以散騎侍郎徵不起
范宣高潔不就徵嘗以講誦爲業子輯歷守國子博士大將軍從事中郎自免歸亦以講授爲事義熙中連徵不至
宋袁湛字士深陳郡陽夏人也祖耽歷陽太守父質瑯琊内史並知名
南齊劉瓛沛國相人也晉丹陽尹惔六世孫惔少清遠有擇寄爲政清整瓛舉秀才丹陽尹袁粲於後堂夜集瓛在坐粲指庭中柳樹謂瓛曰人謂此是劉尹時樹每想高風今復見卿清德可謂不衰矣

潘詞爲高平太守有清節子亮爲昌慮令亦著廉名
郭原平有孝行爲鄉里所宗父世道亦以至行旌表門閭原平三子一弟並在門行長子伯林舉孝廉次子靈馥舉儒林祭酒皆不就
王秀之祖裕性貞正徐羨之傳亮當朝裕不與來往及致仕隱吳興與秀之父瓚之書曰吾欲使汝處不競之地瓚之歷官至五兵尚書未嘗一詣朝貴江湛謂何偃曰王瓚之今便是朝隱及柳元景顏師伯令僕貴要瓚之竟不候之至秀之爲尚書又不與令王儉款接三世不事權貴時人稱之

梁劉歊字士光祖乘民宋冀州刺史父懷慰齊正員郎世爲二千石皆有清名
王志字次道瑯琊臨沂人祖曇首宋左光祿大夫豫寧文侯父僧虔齊司空簡穆公並有重名
謝朏字敬冲陳郡陽夏人也祖弘微宋太常卿父莊右光祿大夫並有名前代
傅岐字景平北地靈州人祖琰齊世爲山陰令有治能自縣擢爲益州刺史翽武帝時歷山陰建康令亦有能名官至驃騎諮議
陳張稚才少孤介特立爲太常卿子周還爲司農廷

尉卿所歷並以清白稱
蕭弘宗族子弟多以德行知名弟彤以恬靜好學官至太子中庶子南康王長史密字士機幼而聰敏博學有文詞祖琛梁特進少而朗悟有縱橫才弘爲吏部郎中
後魏穆壽父觀封宜都王明元時總攝朝政事無巨細皆關決焉壽明敏有父風太武愛重之擢爲下大夫
張蒲字玄則河内脩武人父攀慕容垂御史中丞其部尚書以清方稱蒲少有父風頗涉文史以端謹見

知爲相州刺史卒
盧度世寧朔將軍兼散騎常侍玄之子也少以學行
爲時流所重子淵昶等並循父風遠親疏屬叙爲尊
行長者莫不異拜致敬閨門之禮爲世所推度世爲
青州刺史卒
後周張元字孝始河北芮城人祖成假平陽郡守父
延儁仕州郡累爲功曹主簿並以純至爲鄉里所推
元性謙謹有孝行不仕而卒
王褒字子淵曾祖儉齊侍中太尉南昌文憲公祖騫
梁侍中金紫光祿大夫南昌安侯父規梁侍中左民

尚書南昌章侯並有重名於江左褒位至宜州刺史
唐蕭德言曾祖思話宋尚書右僕射祖介梁都官尚
書父引陳吏部侍郎並有名當代德言官終銀青光
祿大夫
虞世南字伯施越州餘姚人祖簡梁始興王諮議父
荔陳太子中庶子俱有重名世南終祕書監
褚亮字休明爲銀青光祿大夫弘文館學士曾祖湮
梁御史中丞祖蒙太子中書舍人父玠陳祕書監並
著名前史
韋虛心父維爲左庶子伯湊河南尹皆以忠正聞虛
心舉孝廉累至侍御史中宗時推按大尉時僕射竇
懷忠侍中劉幽求意欲寬假虛心堅執法令有不可
奪之志
于休烈官至工部尚書卒嗣子益次子肅相繼爲翰
林學士父子儒行著聞肅子敖以家世文史盛名志
行二爲刑曹侍郎
崔渙博陵人祖玄暐父璩並先朝名臣渙少以士聞
博綜經籍尤善談論累遷尚書司門員外郎
楊綰字公權華陰人祖溫玉則天朝爲戶部侍郎國
子祭酒父侃開元中醴泉令皆以儒行稱綰終於相

位
穆贊河南人父寧有名節贊雅嗣其門風終於宣州
觀察使
李藩少恬淡脩簡雅容儀好學祖奢及曾祖至遠皆
以志行名重一時父承爲湖南觀察使亦有名藩爲
相終
高霞寓范陽人祖先父栖鶴皆以孝聞凡五代同爨
德宗朝採訪使洪經綸奏旌表其門至今鄉里共稱
其事霞寓位至右金吾衛大將軍
薦侁官至左僕射致仕家代有忠節祖父國初宋國

公瑀肅宗朝徐國公華德宗門下侍郎平章事復悉以剛鯁不附權倖藏名國史至僥之行止當澆末嚣競之俗可謂冠被當時比肩於前代名臣

薛廷老故給事中存誠之子存誠憲宗時有重名廷老少有令譽頗得父風文宗初爲右拾遺

後唐崔協曾祖邠爲太常卿祖瓘吏部尚書咸有名德朝議稱仰協終相位

晉鄭受益唐宰相餘慶之曾孫也餘慶生澣澣生從讜從讜兄處誨汴州節度使家襲淸儉深有士風中朝禮法以鄭氏爲甲處誨生受益受益亦以文學身

累歷臺閣

兄弟齊名

夫以剛健純粹之氣賦于人者幾希而昆弟競爽並爲希矣乃有善慶之胄髦英間出同氣至親馳轂並騖或以行義著或以才藻聞或以吏幹俱仕或以武經偕用或孝友篤於宗黨或風規邁於儕伍詵詵之盛幾至於七八者焉詩曰原隰裒矣兄弟求矣蓋原隰相聚而能定高下之名兄弟相求亦能立榮顯之譽三代而下咸用詮次焉

周有八士伯達伯适仲突仲忽叔夜叔夏季隨季騧周時四乳生八子皆爲顯士

蘇秦弟蘇代蘇厲兄弟三人皆游說諸侯以顯秦終於齊相

漢季布楚人爲任俠有名弟季心氣蓋關中遇人恭謹爲任俠當是時季心勇布以諾聞關中布位河東守

馮立與兄野王相代爲西河上郡太守民歌之曰大馮君小馮君兄弟繼踵相因循聰明賢知惠吏民政如魯衛德化鈞周公康叔猶二君

鄭昌字次卿弟弘字稚卿俱明經通法律政事昌爲

太原涿郡太守弘爲南陽太守皆著治迹條教法度爲後所述

後漢馬嚴字威卿援之子仕郡督郵援嘗與計議委以家事嚴弟敦字孺卿亦知名援卒後嚴乃與敦俱歸安陵居鉅下三輔稱其義行號曰鉅下二卿

韋義字季卿京兆杜陵人兄順字叔文爲平輿令有高名次兄豹字季明累辟公府最以事去義少與二兄齊名

賈彪字偉節兄弟三人並有高名而彪最優故天下稱曰賈氏三虎偉節最怒彪位新息長

劉才寵之弟爲山陽太守有二子岱字公山琁字正禮兄弟齊名稱平原陶丘洪薦琁欲令舉茂才刺史日前年舉公山今何復舉正禮洪曰若使明君用公山於前擢正理於后所謂御二龍於長途騁騏驥於千里不亦可乎

荀淑字季和爲朗陵令有子八人儉緄靖燾汪爽肅專並有名稱時人謂八龍或問汝南許章曰爽與靖孰賢章曰皆玉也慈明外朗叔慈內潤慈明爽字叔慈靖字

許劭字子將潁川平輿人與兄虔並知名汝南人稱平輿淵有二龍焉平輿故城今潁川汝陽縣東北有二龍鄉月旦里又劭與從兄靖少俱知名並有人倫臧否之稱劭司空楊彪辟舉方正敦樸皆不就

陳紀及弟諶皆有盛名冠當時位大鴻臚

魏司馬朗字伯達懿字仲達孚字叔達馗字季達恂字顯達進字惠達通字雅達敏字要達俱知名故時號爲八達焉朗位兖州刺史

應劭弟恂子瑒瑒弟璩咸以文章顯劭位袁紹軍謀校尉

劉詡葛喬字伯松亮兄瑾之第二子也本字仲慎與兄元遜俱有名於時論者以謂喬才不及兄而學業過之喬後拜駙馬都尉

李朝字偉南弟邵字永南又一弟早亡各有才望時人號之李氏三龍

馬良字季常襄陽宜城人兄弟五人並有才名鄉里爲之諺曰馬氏五常白眉最良良眉中有白毛故以稱之良位侍中

晋繆休祖安平獻王外孫也與從兄播名譽略齊休祖位太僕卿

張載字孟陽弟協字景陽亢字季陽皆有重名亢才藻不逮二昆亦有屬綴又解音樂伎術時人謂之三張載位中書侍郎

陸機字士衡弟雲字士龍吳丞相抗之子兄弟齊名

雲雖文章不及機而持論過之號曰二陸太康末與弟雲俱入雒造太常張素重其名如舊相識曰伐吳之役利獲二俊機位平原內史

武陵字元夏沛國竹邑人沉敏有識量早獲時譽與二弟韶叔夏茂季夏並總角知名雖諸父兄弟及鄉閭宿望莫能覺其優劣同郡劉公榮有知人之鑒嘗造周周見其三子焉公榮曰皆國士也元夏最優有輔國之才陳力就列可爲亞公叔夏季夏不減常伯納言也陵位開府儀同三司

束皙字廣微博學多聞與兄璆俱知名皙位尚書郎

王導二弟穎敞少與導俱知名時人以穎方溫太眞以敞比鄧伯導導位至丞相

胡奮兄弟六人兄廣弟烈並知名廣字宣祖位至散騎常侍少府

溫羨字長卿兄弟六人並知名於世號曰六龍羨位至司徒

劉宏字終嘏爲光祿勳兄粹字純嘏爲侍中弟漢字仲嘏爲吏部尚書並有名中朝時人語曰雒中雅雅有三嘏

桓嗣字恭祖征西大將軍豁弟沖之子少有清譽與

豁子石秀並爲桓氏子姪之冠嗣位江夏相

顏含三子髦爲侍中光祿勳謙至安成太守約零陵太守並有聲譽

荀闓荀遂大寧中過江明帝嘗從容問王廙曰二荀兄弟孰賢廙荅以闓才明過遂帝以語庾亮曰遂眞粹之地亦闓所不及於是議者莫能定其兄弟優劣

卞粹字玄仁以清辨鑒察稱兄弟六人並登宰相府世稱卞氏六龍玄仁無雙

解系二及弟結育並清身潔己甚得聲譽系至雍州刺史

王珣小字法護弟珉小字僧彌少有才藝善行書名出珣右時人爲之語曰法護非不佳僧彌難爲兄珣位散騎常侍

孔安國廣州刺史汪之弟年少諸兄三十餘歲群從諸兄並乏才名以富彊自立唯安國與汪少厲孤貧之操汪既以直亮稱安國亦以儒素顯安國位至左僕射

宋王球字倩玉瑯琊臨沂人太常惠從父弟與惠齊名球位尚書僕射

張暢字少微吳郡人少與從兄敷齊名爲後進之秀

暢位會稽太守

張岱吳郡人少與兄太子中書舍人演新安太守鏡征北將軍永弟廣州刺史辯俱知名謂之張氏五龍演鏡名最高永辯岱不及也

劉善明爲青冀二州刺史弟僧副與善明俱知名於州里

戴法興二兄延壽延興並脩立延壽善書法興好學山陰有陳載者家富有錢三千萬鄉人咸去戴碩子二兒敵陳載三千萬錢法興位越騎校尉

南齊沈冲與兄淡淵名譽有優劣世號爲腰鼓兄弟

冲位五兵尚書

陸惠曉三子僚任倕並有美名時人謂之三陸初授惠曉兗州三子依次第各作一讓辭並雅麗時人歎服

梁張稷性疎率朗悟有子路與族兄充融卷等俱知名時稱之曰充融卷稷是爲四張稷位鎭北將軍

樂法才字元簡幼與弟藏俱有美名法才位江夏太守

到溉少孤貧與弟洽俱聰敏有才學早爲任昉所知繇是聲名益廣溉位散騎常侍事

韋叡與兄纂闡並早知名叡位護軍

王筠字元禮清淨好學與從兄泰齊名陳郡謝覽覽弟舉亦有重譽時人爲之語曰謝有覽舉王有養炬炬是泰養郎筠並小字也位太子詹事

謝舉字言揚中書令覽之弟也幼好學能清言與覽齊名覽嘗侍宴華林園高祖問舉於覽覽對曰識藝過臣甚遠唯飲酒不及於臣高祖大悅江淹一見並相欽挹曰所謂馭二龍於長途者也舉位尚書令

劉孝綽之弟孝勝與兄孝儀弟孝威孝先並善五言詩見重於世孝綽嘗云三筆六詩三即孝儀六謂孝威也孝綽又與從弟孺苞齊名苞早卒孺亦貴顯

蕭子範少與弟子顯子雲才名略相比而風彩容止不逮故宦途有優劣每讀漢書杜緩兄弟五人至大官唯中弟欽官不至而最知名嘗吟諷之况已也子範位光祿大夫

江革爲征北記室參軍弟觀爲行參軍兼記室時吳興沈約樂安任昉並相賞重昉與革書云此段雍府妙選英才文房之職總卿昆季可謂馭二龍於長途騁騏驥於千里

柳惔世隆之子少與長兄悅齊名王儉謂人曰柳氏

二龍可謂一日千里儉爲尚書左僕射嘗造世隆宅世隆謂爲詣已徘徊久之及至門唯求悅及見惔遣謂世隆曰賢子俱有盛才一日見顧今故報禮若仍相造似非本意恐年少窺人惔位祕書監

裴子野字幾原河東聞喜人兄黎弟楷綽並有盛名所謂四裴也子野位鴻臚卿

徐嗣徽及弟宗並有武用

王銓雖學業不及弟錫而孝行齊焉時人以爲銓錫二王可謂玉昆金友錫位至吏部郎中

顧協二子之儀之推並早知名之推承聖中仕中書

舍人
薛暉爲領軍將軍有六子子建子尚知名
岑善方爲起部尚書有七子並有操行之元之利之
彖最知名
陳陸瑜字幹玉少篤學美詞藻爲東宮學士兄琰時
爲晉記並以才學娛侍左右時人比之二應
杜崱兄弟五人兄嵩岑嶷巘岸及弟幼安並知名當
世崱位江州刺史
後魏高湖字大淵渤海蓨人少機敏有器度與兄謐
俱知名於時雅爲鄉人崔逞所敬異湖位至寧西將

軍
尉地干爲侍輦郎奉上忠謹弟侯頭襲地干職爲庫
部尚書侯頭弟力斤亦以忠謹聞歷位御史中尉
李順與從兄靈從弟孝伯並以學識器業見重於時
故能砥礪宗族競各脩尚順位安西將軍
陸暐字道暉與弟恭之並有時譽雒陽令賈禎見其
兄弟嘆曰僕以年老更覩雙璧又兄弟共候黃門郎
孫惠蔚謂諸賓曰不意二陸復在坐隅吾德謝張公
無以延譽
劉休賓字處幹北海人少好學有文才兄弟六人乘
民延和等皆有時譽休賓位懷寧令
陽鳴鵠與弟季智俱有名於時前後並爲幽州司馬
崔勵爲中書侍郎與從兄鴻俱知名於世
崔亮字敬儒爲散騎常侍有三子士安士和士泰並
以殭幹善於當世士安位諫議大夫
尹循爲太原太守弟家遼西太守兄弟皆有政事才
楊大眼有三子長甑生次領軍次征南皆潘氏所生
氣幹咸有父風大眼位荊州刺史
高宗爲雒陽令子謙之爲河陰令損益治體名爲故
事謙之弟道穆爲御史亦有能名

北齊李瑾六子彥之倩之壽之禮之行之凝之並有
氣望行之與兄弟深相友愛又風素夷簡爲士友所
稱范陽盧思道是其舅子嘗贈詩云水衡稱逸人潘
楊有世親形骸預冠蓋心思出風塵時人以爲實錄
瑾位至光祿大夫
司馬子結兄弟三人皆涉文學陽休之牧西兗子廉
子尚子結與諸朝士各有詩言贈陽捴爲一篇酬答
郎詩云三馬俱白眉者子結爲南陽王晉記
王昕兄弟九人並風流蘊藉世號王氏九龍位銀青
光祿大夫

盧叔武與兩兄觀仲並以文章顯於雒下叔武爲散騎常侍

韋道遜與兄道密道建道儒並以文章知名位至光祿大夫

宋世良與弟世軌俱有孝友之譽

後周裴寬儀貌瓌偉博涉群書弱冠爲州里所稱與二弟漢尼並知名寬位涉州刺史

寇儁字祖儁上谷昌平人性寬雅幼有識量好學強記兄祖訓祖禮及儁並有志行儁位驃騎將軍

蘇亮少與從弟綽俱知名然綽文章稍不逮亮至於

經書進趣亮又減之故世稱二蘇亮弟湛字景儁少有志行與亮俱著名西土亮位衛將軍南汾州刺史

隋杜正玄字愼徵鄴人聰敏博涉多通弟正藏字爲善好學善屬文兄弟數人俱未弱冠並以文章才辯籍甚三河之間大業中應詔舉秀才兄弟三人一時詣闕論者榮之正玄位豫章王記室

尹正卿弟彥卿河間人俱有儁才名德顯於世

賀德仁越州人少與兄德基俱事國子祭酒周弘正咸以詞學見稱時人語曰學行可師賀德基文質彬彬賀德仁兄弟八人時人方之荀氏德仁弟子紀敳亦以博學知名德仁爲趙王友

盧昌衡字子均小字龍子風神澹雅容止可法博涉經史工行草書從弟思道小字釋奴宗中俱稱英妙故幽州爲之語曰盧家千里釋奴龍子昌衡位太子左庶子

唐虞世南初仕陳爲西陽王友陳滅與兄世基同入長安俱有重名時人方之二陸

郎餘令祖楚之少與兄蔚之俱重名隋大業中蔚之爲左丞楚之爲尚書民曹郎煬帝重其兄弟稱爲二郎

温彥博兄弟三人父友薛道衡李綱見之曰皆卿相才也彥博位至中書侍郎

薛萬徹父世雄大業末卒於涿郡太守萬徹少與兄萬均隨父幽州俱以武略爲羅藝所親待位寧州刺史

杜正倫相州洹水人隋仁壽中與兄正玄正藏俱以秀才擢第才摠十人正倫一家有三秀才甚爲當時稱美仕至中書令

張昌宗冀州南宮人少與兄昌齡俱以文詞知名昌宗位至春官侍郎

温大雅性至孝少好學以才辯知名季弟大有字彥將聰明好古幼有令譽才學亞於二昆而篤行過之本雅位右僕射

唐臨與兄皎俱有令名皎歷位吏部侍郎臨亦以文史著稱爲吏部尚書

王勃與兄勔勮俱稱少俊父友考功員外郎杜易簡嘗稱曰此王氏三珠樹也勃位虢州參軍

賈敦實爲雒州長史初敦實兄敦頤爲雒州刺史甚有惠政百姓共樹碑于大市通衢及敦實去職復刻石頌其德政立於兄碑之側故時人呼爲棠棣碑焉

韋斌鄖國公安石之子早脩整遊心文藝與兄陟齊名斌位至臨安太守

楊慎矜父崇禮太府卿二十餘年時議稱職及崇禮罷太府玄宗訪堪委其父任者宰臣稱慎矜慎餘慎名三人皆勤恪清白有父風時慎矜汝陽令有能名因召拜監察御史知太府出納慎餘授太子舍人監倉尋丁父憂服闋累遷侍御史仍知太府出納慎名授大理評事攝監察御史充含嘉倉出納使甚承恩顧慎矜在臺數年風格甚高遷擢判御史中丞充京畿採訪使太府出納如故

盧奕黃門監懷慎之少子也與其兄奐齊名謹愿寡恐不尚輿馬克已自勵開元中任京兆司錄參軍天寶初爲鄠縣令兵部郎中所歷有聲皆如奐之所歷

王之咸爲長安縣尉與昆弟之瀆之渙皆善屬文

王維與弟縉皆才秀以詞學齊名維位尚書右丞

張知謇家于岐與兄知立知晦弟知泰知默勵志讀書皆明經擢第位大理卿致仕

辛雲京河西之大族代掌戎旅兄弟數人並以將帥知名雲京仕至河東節度使

蔣沇爲監察御史與兄演溶弟清俱以幹局吏事擅

能名於天寶中長吏韓明宗裴迪咸以推覆簡勾之任委之處事平允剖斷精當動爲群僚楷式

路敬淳與弟敬潛俱早知名敬淳位太子司議郎

陸象先爲太子少保弟景倩爲監察御史景融歷左右丞工部尚書景獻屯田員外郎景裔庫部郎中皆有美譽僧一行少時嘗與象先昆弟相善嘗謂人曰陸氏兄弟皆有才行古之荀陳無以加也其爲當時所稱如此

孫成幼涉學兄宿絳早知名位至桂州刺史

柳渾初名載少孤志學工爲文章與兄識齊名位至

兵部侍郎平章事

吳通玄與兄通微俱博學善屬文詞彩綺麗通玄幼應神童舉建中初策賢良方正等科通玄應文詞清麗登乙第皆以文學知名同爲翰林學士

蘇弁與兄衮皆以友悌儒學稱弁位杭州刺史

楊憑字虚受弘農人工文詞少負氣節與母弟凝凌相友愛皆有時名位京兆尹

韋綬爲翰林學士其弟纁有精識與學爲士林所器故其兄弟令稱推於一時

柳登字成伯右司郎中集賢學士芳之子少嗜學其

弟福建觀察使冕咸以該博著稱位右散騎常侍致仕

崔鄘與兄邠等皆有令譽而鄘踈財恢廓弟兄所不及位爲浙西觀察使

馮定與兄宿皆有文學而定過之貞元中皆舉進士時人比以漢朝二馮君定位至工部尚書致仕

李景儉弟景儒景信景仁皆有藝學知名於時景信景仁皆登進士第

穆寧子贊質員賞質兄弟俱有令譽而和粹世以滋味目之贊俗而有格爲酪質美而多文爲酥員爲醍醐賞爲乳腐近世士大夫言家法者以穆氏爲高寧位秘書監致仕

崔琯弟珙琮璪璵球珦璵兄弟八人皆至達官時人以比漢之荀氏號曰八龍

後唐李琪十三爲賦頌舉進士擢第琪兄珽亦登進士第才藻富贍兄弟齊名琪位太子少傅致仕

劉昫字輝遠涿州歸義人也兄暄弟皞俱有鄉曲之譽昫位平章事

趙光裔光逢之弟俱以詞藝知名登進士第光裔仕梁歷清顯官伯仲之間咸以方雅自高北人聞其名

者皆望風欽重光裔位至平章事

任圜京兆三原人祖清成都少尹父茂弘避地太原奉授西河令有子五人曰圖回圜團四風彩俱異圜位平章事

周竇禹鈞有子五人儀儼侃偁僖皆擢進士第禹鈞任澶州兼判時馮道贈詩云澶察竇中郎於家有義方靈椿一株老仙桂五枝芳

冊府元龜

册府元龜

延按福建監察御史臣李嗣京　訂正
知甌寧縣事臣　孫以敬叅閱
知建陽縣事臣　黄國琦較釋

總録部

壽考

洪範五福其一日壽詩人之述黄耉易象之紀大耋皆其事也蓋夫民稟天地之中以生其札瘥大閼中道而殞者不可勝數矣乃有鮐背鯢齒儲儲華皓而筋力靡耗精爽不衰以至餙巾待期啓手無恨此乃

康寧終命盡其天年者歟傳之所載八十九十日耄百年日期頤人之享年及於耄期誠足貴矣三代而下悉用論次其有百歲以上至數百歲者豈特稟異氣哉

周太公望呂尚者爲太師佐武王平商而王天下封於營丘蓋太公之卒百有餘年

衛武公年九十五警於國人曰苟在朝者無謂我老而舍我也必恭恪於朝夕以警我聞一言志誦納之以訓道

鮁丘人齊人也桓公見之日叟言年幾何對日臣年八十三公曰美哉壽也

老子周守藏室之吏也百有六十餘歲或言二百餘歲以其修道而養壽也

榮啓期年老白首衣獘服鼓琴樂孔子問日先生年老而窮何樂也啓期日吾有三樂天生萬物以人爲貴吾得爲人一樂也人生以男爲貴吾得爲男二樂也人生命有傷夭吾年九十餘是三樂也貧者士之常死者人之終居常以守終何不樂乎

唐祖魏人也年九十餘會齊楚約攻魏祖謂魏王日老臣請西說秦令兵出可日敬諾遂約車遣之見秦

遽發兵救之

漢東園公角里先生綺里季夏黄公四人年皆八十有餘鬚眉皓白衣冠甚偉惠帝爲太子畢辭安車因使辯士固請來以爲客

班壹避地於樓煩當孝惠高后時以財雄邊年百餘歲以壽終

伏生者伏生名勝濟南人故秦博士也孝文欲求能治尚書者天下無有聞伏生能治召之是時伏生年九十老不能行乃詔太常掌故鼂錯往受之

張蒼爲丞相免後口中無齒食乳女子爲乳母妻妾

以百數嘗孕者不復幸年百餘歲廼卒
馮唐文帝時爲車騎都尉景帝立以唐爲楚相武帝即位求賢良舉唐唐時年九十餘不能爲官廼以子遂爲郎
申公楚人武帝遣使迎之至問治亂之事時年八十餘
轅固生武帝時以賢良徵固已九十餘
公孫弘武帝時爲丞相御史大夫年八十終丞相位
劉辟彊爲光祿大夫守長樂衞尉時已八十矣
蘇武爲典屬國年八十餘神爵二年病卒

趙充國爲後將軍甘露二年薨年八十六
夏侯勝爲太子太傅年九十卒官
韋賢爲丞相致仕八十二薨孫賞爲大司馬車騎將軍亦年八十餘以壽終
嚴君平蜀人卜筮於成都年九十餘遂以其業終蜀人愛敬之
貢禹爲光祿大夫上書曰犬馬之齒八十一乞骸及身出居鄉里死無恨矣
後漢樊重湖陽人貲至巨萬縣中推爲三老年八十餘終

郭伋爲太中大夫卒時年八十六
嚴光建武十七年復特徵不至年八十終於家
郭丹爲司徒坐考隴西太守鄧融事無所據策免卒於家年八十七
伏恭爲司徒乞骸骨年九十
第五倫爲司徒上疏乞身卒年八十餘
馮魴爲執金吾建初三年以老病乞身帝許之其冬爲五更詔魴朝賀就列侯位元和二年卒時年八十六禮天子父事老兄事五更
魯恭爲司徒以老病策免卒年八十一

郭躬習小杜律爲郡法曹掾用法平年九十五卒
袁湯爲太尉以災異策免卒年八十六
薛包爲侍中稱疾賜告歸年八十餘以壽終
王堂爲汝南太守免歸家年八十六卒
李充爲左中郎將年八十以爲國三老安帝時嘗進見賜以几杖卒於家
樓望少習嚴氏春秋爲左中郎將年八十永元十二年卒於官
祭順以至孝稱舉孝廉不能遠離墳墓遂不就年八十終于家

楊統位至光祿大夫年九十卒

楊厚爲侍中病免歸年八十二卒於家

胡廣爲太傅錄尚書事時年已八十而心力克壯盛弘之荊州記曰菊水出穰縣芳菊被涯水極甘香谷中皆飲此水上壽百二十七八十者猶以爲夭太尉胡廣所患風疾休沐南歸嘗飲此水後疾遂瘳年八十二薨也

冷壽光年可百五十六歲行容成公御婦人法容成公能修補導之事取精於玄牝其要谷神不死守生養氣者也髮白復黑齒落復生御婦人之術謂握固不瀉還精補脛也嘗屈頸鷮息鷮音居妖反詩曰有集維鷮注曰鷮雉也山海經曰女几之山多白鷮郭璞曰似雉長尾白鬚髮盡白而色理如三四十時老死於江陵

計子勳者不知何郡縣人皆謂數百歲

唐虞魯女生者皆與華佗同時唐虞道赤眉張步家居里落若與相及死於鄉里不其縣魯女生數說顯宗時事甚明了識者疑其時人也董卓亂後莫知所在

折像廣漢人能通京氏易好黃老卒年八十四

李郃爲太尉策免年八十餘卒於家

廖扶汝南人州郡公府辟召皆不就號北郭先生年八十終于家

王真上黨人年且百歲視之面有光澤似未五十者

李尤少以文章顯爲樂安相年八十三卒

法真前後四徵終不降屈友人郭正稱之曰可謂百世之師者矣乃共刊石頌之號曰玄德先生年八十九中平五年以壽終

檀敷補蒙令以郡守非其人棄家去年八十卒於家

董扶學圖讖爲蜀郡屬國都尉去官還家年八十二

張儉建安初徵爲衛尉不得已而起儉見曹氏逆德已萌乃闔門懸車不豫政事歲餘卒于許下年八十四

華佗一名旉舉孝廉辟大尉府皆不就曉養性之術年且百歲而猶有壯容時人以爲仙

甘始東郭延年封君達三人皆方士壽皆百餘歲及二百歲

陳寔爲太丘令中平四年年八十四卒于家

楊彪爲司徒免年八十四黃初六年薨

趙岐爲太常年九十餘建安六年卒先自爲壽藏壽藏謂冢壙也稱壽者取其久遠之意也猶如壽宮壽器之類冢在今荊州古郢州城中也圖季札子產晏嬰叔向四像居賓位又自畫其像居主位爲贊頌

吳祐爲河間相因自免歸家不復仕躬灌園蔬以經

書教授年九十八卒
張皓為司空年八十三卒
魏田豫為衛尉稱疾乞遜位拜太中大夫食卿祿年八十二薨
管寧累徵不至正始二年卒年八十四
胡昭居陸渾山中嘉平二年公車特徵會卒年八十九拜子纂郎中
焦先字孝然隱者也亡時年八十九矣一日可百餘歲乃卒
扈累字伯重京兆人初平中山東人有青牛先生者字正方客三輔年似五六十者人或親識之謂其巳

百餘歲矣累隨正方游學嘉平中年九十病亡
張臶養志不仕學兼內外正始元年戴鵀之鳥巢臶門陰臶告門人曰夫戴鵀陽鳥而巢門陰此凶祥也乃援琴歌詠作詩二篇旬日而卒時年一百五歲
蜀孟光為大司農嘗直言無所迴避為代所嫌後坐事免官年九十餘卒
來敏以語言不節前後數貶削後主以敏為執慎將軍欲令以官重自警戒也年九十七景曜中卒
杜瓊字伯瑜少受學於任安精究安術後為太常年八十

夫士燮為交阯太守在郡四十餘歲黃武五年年九十卒
呂岱為太司馬九十六卒子凱嗣遺令殯以素棺疏巾布構葬送之制務從約儉凱皆奉行之
晉太宰安平王孚泰始八年薨時年九十三
王祥字休徵為太保疾篤著遺令訓子孫曰夫生之有死自然之理吾年八十有五啓手何恨
劉寔為司空薨時年九十一
鄭袤拜司空固辭以疾就第薨年八十五
石鑒元康初為太尉年八十餘克壯慷愷自遇若少

年時人美之
顏含為光祿勳致仕二十餘年年九十三卒
何琦養志衡門不交人事前後徵辟皆不就年八十二卒
許孜元康中郡察孝廉不起巾褐終身年八十餘卒于家
黃泓魏郡人為慕容暐太史靈臺諸署統暐敗以老歸家善天文祕術年九十七卒
崔遊為氏池長以病免就家拜郎中卒年九十三
續咸貞素好學為并州從事中郎沒于石勒年九十

七死于石季龍之世
鮑靚爲南海太守嘗見仙人陰君授道訣百餘歲卒
戴作吳末爲臺吏後託病不仕有神術年八十餘所占驗者不可勝紀
陳訓歷陽人爲諫議大夫去職還鄉善占候年八十餘卒
丁潭爲光祿大夫卒年八十
譙秀巴西人遭蕭敬叛亂避難宕渠川中鄉人宗族馮依者以百數秀年八十衆人以其篤老欲代之負擔秀拒曰各有老弱當先營救吾氣力自足堪此不

以垂朽之年累諸君也後十餘年卒於家年九十餘
范粲陳留外黃人爲太宰中郎後稱疾不出不言三十四年卒年八十四
郭荷雒陽人明究群籍特善史書張祚徵爲太子友上疏乞還年八十四卒
公孫永襄平人隱平郭南山年餘九十操尚不虧
單道開好山居後入羅浮山獨處茅茨蕭然物外年百餘歲卒于山舍
宋纖不應辟命張祚徵爲太子友遷太傅不食而卒年八十二

後秦姚興時西胡梁國兒爲鎮北將軍封平輿男年八十餘卒
宋傅隆爲太常博學多通特精三禮卒年八十三
營浦侯遵考高祖族弟元徽初卒年八十二
顧琛元徽中爲員外常侍中散大夫卒年八十六
劉鎮之朗居京口未嘗應召後以左光祿大夫徵不就元嘉二年年九十餘卒于家
王玄謨爲南豫州刺史加都督性嚴刻少恩薨年八十一
裴松之字世期爲國子博士致仕卒年八十

南齊徐伯珍隱居九嵒山家甚貧窶兄弟四人皆白首相對時人呼爲四皓建武四年卒年八十四
王琨爲侍中卒年八十四
沈驎士字雲禎吳興武康人隱居不仕卒年八十六
梁袁昂爲司空侍中薨年八十
賀瑒爲步兵校尉領五經博士天監九年遇疾卒于館時九十
孫謙爲零陵太守天監九年以年徵爲光祿大夫既至高祖嘉其清潔甚禮異焉每朝見猶請劇自効高祖笑曰朕當使卿智不使卿力十四年詔曰光祿大

夬孫謙清愼有聞白首不怠高年舊齒宜加優秩可
給親信二十人并給杖謙年逾九十強壯如五十者
每朝會輙先衆到公門十五年卒于官時年九十二
高祖爲舉哀甚悼惜之
顧思遠鍾離人新渝侯映爲北徐州刺史徵還思遠
挺义行部伍中映見甚老使人問對曰年一百一十
二歲凡七娶有子十二死亡略盡今唯小者年已六
十又無孫息家闕養乏是以行役映大異之召賜之
食食兼於人簡其頭有肉角長寸許遂命後車載還
都謁見天子與之言往事多異所傳擢爲散騎侍郎

賜以俸宅朝夕進見年一百三十卒又普通中北侵
攻穰城城內有人年二百四十歲不復能食穀唯飲
曾孫婦乳問文帝命勞之賜以束帛
荊州上津鄉人張元始年一百一十六歲膂力過人
進食不異至年九十七方生兒兒遂無影將亡與人
告別乃至山林樹木履履行少日而終時人以爲
知命湘東王愛奇重異留其枕
後魏元法僧爲太尉始安王薨年八十三
裴安祖河東聞喜人州辟主簿年八十三卒于家
長孫嵩太武時爲太尉北平王薨年八十

長孫道生太武帝時爲司空上黨王薨年八十二
嚴稜太武帝時爲中山太守有廉清之稱年九十卒
于家
寇讚爲南雍州刺史讚在州十七年甚獲公私之譽
年老表求致仕眞君九年卒年八十六
王憲爲并州刺史及還京師以憲元老特賜錦綉布
帛錦綵珍羞禮膳獻文帝天安初卒年八十九
李崇獻文帝時爲北幽州刺史卒年八十一
刁雍晉人爲特進征南大將軍太和八年卒年九十
五

高允太和二年爲鎮南大將軍領中書監高祖詔允
議定律令雖年漸期頤而志識無損猶心存舊職搜
考史書談說舊事了無所遺十一年卒年九十八
尉元太和十三年爲司徒以年老致仕十七年七月
元疾篤高祖親幸省疾八月元薨時年八十一
羅結代人爲侍中年一百七歲精爽不衰後詔聽歸
老賜太東川以爲居業并爲築城郎號曰羅侯城年
一百二十歲卒
梁祚爲散令清貧守素不交勢貴年八十七太和十
二年卒

王琚閹人也高祖時累遷散騎常侍養老於家嘗飲牛乳如處子太和二十年卒時年九十

游明根高祖時爲五更太和二十三年卒於家年八十二

爾朱代勤高祖末假寧南將軍除四州刺史卒年九十一

新興公丕仕歷六世垂七十年位極公輔景明四年薨年八十二

傅永爲平東將軍光祿大夫熙平元年卒年八十三

北齊侯莫陳相爲太傅汾州刺史武平中薨於州年

八十三

斛律金爲太師咸陽郡王天統三年薨年八十

後周冦儁爲驃騎將軍保定三年卒時年八十二高祖嘆惜之

熊安生字植之武帝宣政元年徵拜露門學博士下大夫其時年已八十餘壽致仕卒於家

樂遜爲東揚州刺史卒年八十二

張羡爲司城中大夫卒年八十四

姚僧坦爲太醫下大夫至隋開皇三年卒時年八十五

隋沈重吳興武康人仕梁爲太常卿後周大象二年來朝京師開皇三年卒年八十四

裴政開皇中爲襄州總管卒官年八十九

楊慶字伯悅開皇中爲儀同三司年八十九終於家

庾季才爲太史中大夫藝術精通後免職以半祿歸第所有祥異使人就家訪焉仁壽三年卒年八十八

公孫景茂大業初爲淄州刺史卒官年八十七

柳儉大業末以上大將軍卒於家時年八十九

敬肅字弘儉太業末以前潁川郡丞終於家時年八

十

唐裴矩貞觀初爲民部尚書年八十而精爽不衰

歐陽詢貞觀初歷太子率更令加銀青光祿大夫弘文館學士封渤海縣男年八十餘卒

虞世南字伯施爲祕書監後表請致仕優制許之仍授銀青光祿大夫弘文館學士祿壽卒年八十一

褚亮爲員外散騎常侍弘文館學士後致仕卒年八十八

丘和爲特進貞觀十一年卒年八十六

傅奕貞觀中爲太史令年八十餘卒於官

李百藥貞觀中任宗正卿卒時年八十五

張後裔貞觀中爲國子祭酒致仕卒年八十三上爲之輟朝三日贈禮部尚書陪葬昭陵謚曰康

趙弘智高祖朝爲國子祭酒崇賢館學士卒時年八十三

張道鴻少遊名山得服食之術後居人間每佩金沖時年一百四十六歲

甄權精曉藥術爲天下之最初仕隋爲祕書省正字後稱疾免貞觀十七年權年一百三歲太宗幸其家視其飲食訪以藥性因授朝散大夫

孫思邈京兆華原人也自云開皇辛酉歲生至今年

九十三矣詢之鄉里咸云數百歲人話齊周間事歷歷如眼見以此參之不啻數百歲人矣永淳元年卒

李客師衛國公靖之弟爲冠軍大將軍總章二年卒時年九十

許敬宗高宗朝爲中書令又册拜太子少師久之抗表乞骸骨詔聽致仕加特進俸禄如舊及薨年八十一

丘行恭爲右武候大將軍請致仕拜光禄大夫卒年八十

員敦實爲懷州刺史永淳初以年老致仕及病篤子孫迎醫視之敦實日未聞良醫能治也不肯服藥垂拱四年卒時年九十餘

高智周永淳中爲左散騎常侍卒年八十二

劉仁軌光宅初爲文昌左相同鳳閣鸞臺三品卒年八十四

王及善爲内史聖曆二年拜文昌左相旬日薨年八十二

唐休璟景雲中爲朔方道行軍總管卒時年八十六

蘓珦爲太子賓客簡較詹事以年老致仕卒年八十一

葉法善世爲道士法善少傳符籙自高宗則天中宗睿宗殆五十年數詔入禁中法善生隋大業之丙子死於開元之庚子凡一百七歲

嚴善思爲左散騎常侍年八十五卒善思父延爲徐州長史子向爲太常員外卿皆年八十五卒向兄宙爲越郡司馬長向十歲向卒時宙並無恙

張果不知何許人也時人傳其有長年祕術自云數百歲矣

王友貞懷州河内人也爲太子中舍人員外制置玄宗在東宮表請禮徵之以年老竟辭疾不起年九十

餘卒

王希夷徐州滕人也孤貧好道嘗餌松栢葉及雜花散玄宗東巡勅州縣以禮徵召至駕前時年已九十六令中書令張說訪以道義宦官扶入宮中與語甚悅授國子博士聽致仕尋壽終

李元愷博學善天文□未嘗言之年八十餘壽終

王知遠為道士年一百十六歲

潘師正為道士師事王知遠永淳元年卒年九十八

司馬承禎字子微河內溫人為道士事潘師正傳其符籙及辟穀導引服餌之道卒于王屋山時年八十

九

信安郡王禕天寶二年十月薨年八十餘玄宗聞而痛惜之

孫逖父嘉之進士擢第又以書判拔萃授蜀州新津縣主簿歷曲周襄邑二縣令以宋州司馬致仕卒時年八十二

賀知章開元中為祕書監歸會稽壽終年八十六

裴道慶為右僕射年九十餘終於位

王縉為平章時元載用事縉卑附之元載得罪連坐貶處州刺史德宗登極徵為太子賓客東都留守卒時年八十三

丘為為散騎常侍致仕年八十餘而繼母尚無恙

于邵貞元中終於江州別駕年八十一

郭子儀為尚父太傅中書令建中二年薨年八十五

蕭昕為太子少傅兼禮部尚書致仕貞元七年卒年九十一

韋倫貞元中為太子少師致仕卒時年八十三

嗣滕王湛然貞元中卒年八十四

歸崇敬貞元中為兵部尚書致仕卒時年八十八

張萬福貞元二十一年以左散騎常侍致仕元和元

年卒年九十萬福自始從軍至卒祿食七十餘年未嘗一日病

趙宗儒為太子太傅拜疏請老詔以司空致仕卒年八十七

趙昌元和六年自工部尚書為華州刺史候辭於麟德殿時年八十餘趨拜輕捷占對詳明憲宗退而嘆異宜命宰臣密訪其頤養之道以奏焉

閻濟美為祕書監以年邁懸車上表陳乞授工部尚書致仕寶曆元年歿于家年近九十

裴向以吏部尚書致仕享年八十贈太子少保

張正甫以吏部尚書致仕卒年八十三
栁公度善攝生年八十餘步履輕便位止光祿少卿
栁公權爲太子少師卒年八十八
王起爲山南東道節度使在鎮二年以老疾求代不許卒於鎮時年八十八
後唐錢鏐爲尚書令吳越國王薨時年八十一
馬縞長興四年爲戸部侍郎縞時年已八十及爲國子祭酒八十餘矣形氣不衰
許寂授工部尚書致仕卜居于雒時寂已年高精彩猶健冲淡寡言時獨語奇怪可怪人莫知其際卒時

年八十餘
晉盧損爲祕書監拜章辭位乃授戸部尚書致仕退居潁川時李鏻年將八十善服氣導引損以鏻之還壽有道術酷慕之仍以潁川通城市乃卜居陽翟立隱舍誅茅種藥山衣野服逍遥於隱几之間出則柴車鴻鷩自稱具茨山人晚年與同遊五六人於大隗山中古宮觀址疏泉鑿坯爲隱所誓不復出山氣多寒被病而卒時年八十餘齒髮不衰而有壯容
周弘知濬父延緘左武衛大將軍致仕年九十餘卒
李建崇歷河陽邢州兵馬留後漢初入爲右衛大將軍年逾七十神氣不衰建崇始自代北事後唐武皇至是四十餘年前後所掌兵麾下部曲多至節鉞零落殆盡唯建崇雖位不及籓屏而康强自適以至期耄太祖即位授左監門衛上將軍廣順三年春卒贈黔南節度使
晉蕭愿爲太子賓客愿唐宰相倣之曾孫也倣入相接賓之次愿爲兒童之戲倣謂客曰予豈敢得位而喜所幸奕世壽考吾今又有曾孫在目前矣愿年七十餘其母猶在一門壽考人罕及者
楊凝式爲太子少師分司於雒廣順中表求致政壽

以右僕射得請顯德初改左僕射又改太子太保並懸車以疾薨于第年八十五

冊府元龜
巡按福建監察御史臣李嗣京　訂正
新建縣舉人臣戴國士　參閱
知建陽縣事臣黄國琦　較釋

總録部三十五

守道　知足

守道

孔子曰士志於道而恥惡衣惡食者未足與議也然
則卷懷昏亂養素丘樊不爲利回不爲物忤杜門謝
絶陋巷晏然或琴書以自娛或樵蘇而不釁驕餌不

可誘汙君莫能臣安貞吾常誓志終老者良足多矣
亦有逃榮避地篤學俟時不歷當塗之門獨樂先王
之道時王欽慕風聲自遠至或濯纓仕籍忘懷得喪
託庇彊宗棲心恬薄端默以自守耿介而不渝懿乎
之操於茲可尚盖聞其風者足使貪夫廉懦夫有立
志者焉

孔子爲魯大夫公山弗擾以費畔召子欲往 弗擾爲季氏宰
與陽虎共執季桓魋而召孔子 子路不悦曰未之也已何必公山氏
之之也 之適也無可之則止何必公山氏之適 子曰夫召我者而豈徒
哉如有用我者吾其爲東周乎 興周道於東方故曰東周 又佛肸
以中牟畔子之欲往也如之何子曰然有是言也不
曰堅乎磨而不磷不曰白乎涅而不緇 磷薄也涅可以染皂言至
堅者磨之而不薄至白者染之於涅而不黑喻君子雖在濁亂濁亂不能汙 吾豈匏瓜也
哉焉能繫而不食 匏瓠也言匏瓜得係一處者不食故也吾自食物當東西南北不得
如不食者物係滯一處 又楚聞孔子在陳蔡之間使人聘之蔡
大夫謀曰孔子賢者今楚大國也孔子用於楚郡陳
蔡用事大夫危矣於是乃相與發徒役圍孔子於野
孔子講誦弦歌不衰子路慍見曰君子亦有窮乎孔
子曰君子固窮小人窮斯濫矣 濫溢也君子固亦有窮時但不如小人窮
則濫溢爲非 孔子知弟子有慍心召子路而問曰詩云匪

兕匪虎率彼曠野 率循也言非兕虎而循曠也 吾道非邪吾何爲
於此子路曰意者吾未仁耶人之不我信也 言人之不信吾
豈以未仁故乎 意者吾未知耶人之不我行也 言人不使通行而困窮者
豈以吾未智乎 孔子曰有是乎繇譬使仁者而必信安有伯
夷叔齊使智者而必信安有王子比干子路出子貢
入見孔子曰賜詩云匪兕匪虎率彼曠野吾道非耶
吾何爲於此子貢曰夫子之道至大故天下莫能容
夫子夫子盖少貶焉孔子曰賜良農能稼而不能爲
穡 種之爲稼斂之爲穡言良農能言種之未必能斂穫之 良工能巧而不能爲
順 言良工能巧而已不能每順人之意 君子能修其道綱而紀之統而

理之而不能爲容今爾不修爾道而求爲容賜而志不遠矣子貢出顏回入見孔子曰回詩云匪兕匪虎率彼曠野吾道非耶吾何爲於此顏回曰夫子之道至大故天下莫能容雖然夫子推而行之不容何病不容然後見君子夫道之不修也是吾醜也夫道旣已大修而不用是有國者之醜也不容何病不容然後見君子孔子欣然而笑曰有是哉顏氏之子使爾多財吾爲爾宰宰主財者也爲汝主財言志之同也孔子在衛王孫賈問曰與其媚於奥寧媚於竈何謂也王孫賈衛大夫奥内也以喻近臣竈以喻執政賈執政者欲使孔子求昵之微以世俗之言感動之子曰不然獲罪於

天無所禱也天以喻君孔子拒之曰如獲罪於天無所禱於衆神又曰富而可求也雖執鞭之士吾亦爲之富貴不可求而得之當修德以得之若於道可求者雖執鞭賤職我亦爲之如不可求從吾所好所好者古人之道又子貢曰有美玉於斯韞匵而藏諸求善賈而沽諸韞藏也匵匵也謂藏諸匵中沽賣也得善賈寧肯賣之耶子曰沽之哉沽之哉我待賈者也又冉有謂子貢曰夫子爲衛君乎爲猶助也衛君者謂輒也衛靈公逐太子蒯聵公薨而立孫輒後晉趙鞅納蒯聵於戚城衛石曼姑帥師圍之故問其意助輒否乎子貢曰諾吾將問之入曰伯夷叔齊何人也曰古之賢人也曰怨乎曰求仁而得仁又何怨夷齊讓國遠去終於餓死故問怨邪以讓爲仁豈有怨乎出曰夫子不爲也父子爭國惡行孔子以伯夷叔齊爲賢且仁故知不助衛君明矣又孔子疾病子路使門人爲臣孔子嘗爲大夫故子路欲使弟子行其臣之禮病間曰久矣哉繇之行詐也無臣而爲有臣吾誰欺欺天乎少差曰間言子路久有是心非今日也且予與其死於臣之手也無寧死於二三子之手乎無寧寧也二三子門人也就使我有臣而死其手我寧死於弟子之手乎且予縱不得大葬君臣禮葬予死於道路乎就使我不得此君臣禮葬有二三子在我寧當憂弃於道路乎又孟子曰孔子之去齊接淅而行去魯曰遲遲吾行也去父母國之道也可以速而速可以久而久可以處而處可以仕而仕孔子也

蘧伯玉衛大夫邦有道則仕邦無道則可卷而懷之卷而懷之謂不與時政柔順不忤於人

顏子名回魯人也當世亂居於陋巷一簞食一瓢飲人不堪其憂回也不改其樂孔子賢之當亂世安陋巷者不用於世窮而樂道也故孔子賢之也

曾點字晳晳曾參父侍孔子孔子曰言爾志點曰春服旣成冠者五六人童子六七人浴乎沂風乎舞雩詠而歸莫春者季春三月也春服旣成衣單袷之時我欲得冠者五六人童子六七人浴於沂水之上風凉於舞雩之下歌詠先王之道歸於夫子之門孔子喟然嘆曰吾與點也善點之能知時也

曾子名參寢疾病疾謂疾困樂正子春坐於牀下子春曾參弟子

曾元曾申坐於足 元申曾參之子 童子隅坐而執燭 隅坐不與成人並 童子曰華而睆大夫之簀與 華畫也簀謂牀下也說者以睆爲刮節目 子春曰止 以病困不可動 曾子聞之瞿然曰呼 呼虛憊之聲 曰華而睆大夫之簀與曾子曰然斯季孫之賜也我未之能易也元起易簀 未之能易已病故也 曾元曰夫子之病革矣不可以變幸而至於旦請敬易之 言夫子者曾子親沒之後齊嘗聘以爲卿而不爲也革急也變動也幸顚也 曾子曰爾之愛我也不如彼 彼童子 君子之愛人也以德 成己之德 細人之愛人也以姑息 息猶安也言苟容取安也 吾何求哉吾得正而斃焉斯已矣 斃休也 舉扶而易之反席未安而沒 言病雖困猶勤於禮

澹臺滅明字子羽武城人也孔子弟子也既已受業退而修行行不繇徑非公事不見卿大夫

公晳哀字季次齊人也孔子曰天下無行多爲家臣仕於都唯季次未嘗仕

漆雕開字子開孔子使開仕對曰吾斯之未能信 仕進之道未能信者未能究習 孔子說 善其志道深

柳下惠魯人爲士師 士師典獄之官魯士師也 三黜人曰子未可以去乎曰直道而事人焉往而不三黜 苟直道以事人至之國俱當復三黜 枉道而事人何必去父母之邦

墨子宋人名翟弟子公上過語墨子之義於越王悅之謂公上過曰子之師苟肯至於越請以故吳之地陰江之浦書社三百以封夫子 二十五家爲社七千四百家也 公上過往於墨子墨子曰子觀越王能聽吾言用吾道乎公上過曰殆未能也墨子曰不唯越王不知翟之意雖子亦不知翟也若王聽吾言用吾道翟度身而衣量腹而食比於賓萌未敢言士 賓客萌民 越王不聽吾言不用吾道雖全越以予我吾無所用之不聽不用而受其國是以義翟也何必越雖中國可矣

孔伋字子思孔子孫也魯繆公亟見於子思曰古千乘之國以友士何如子思不悅曰古之人有言曰事

之云乎豈曰友之云乎 孟子曰子思之不悅也豈不曰以位則子君也我臣也何敢與君友也以德則子事我者也奚可以與我友千乘之君求與之友而不可得也而況可召與

孟子爲卿於齊出弔於滕王使蓋大夫王驩爲輔行王驩朝暮見反齊滕之路未嘗與之言行事 孟子嘗爲齊卿出弔滕君蓋齊下邑也王以治蓋之大夫王驩輔行輔副使也王驩齊之諂人也有寵於王後爲右師孟子不悅其爲人雖與同使而行未嘗與之言行事不願與之相比也 公孫丑曰齊卿之位不爲小矣齊滕之路不爲近矣反之未嘗與之言行事何也曰夫既或治之予何言哉 孟子曰夫人既有自謂治行事我將復何言哉

顏斶齊人也見齊宣王王曰斶前 使之就己 斶亦曰王前

宣王不悅左右曰王人君也觸人臣也王曰觸前觸亦曰王前可乎觸對曰夫觸前爲慕勢王前爲趍士欲使觸爲趍勢不如使王爲趍士王忿然作色曰王者貴乎士貴乎對曰士貴耳王者不貴王曰有說乎觸曰有昔者秦王攻齊令有敢去柳下季壟五十步而樵采者死不赦令曰有能得齊王頭者封萬戶侯賜金千斤繇是觀之齊王之頭曾不若死士之壟也齊王默然不說左右皆曰觸來觸來大王據千乘之地而建千石鍾萬石簴天下之士仁義皆來役處辯知並進莫不來語東西南北莫敢不服來萬物無不

備具而百姓無不親附今夫士之高者乃稱匹夫徒步而處農畝下則鄙野監門閭里士之賤也亦甚矣觸對曰不然觸聞古大禹之時諸侯萬國何德厚之道得貴士之力也故虞舜起農畝出於野鄙而爲天子及至商湯之時諸侯三千當今之世南面稱寡人者乃二十四繇此觀之非得失之策與稍稍誅滅滅亡無族戚亡無族之時欲爲監門閭里安可得而有乎哉是故易傳不云乎居上位未得其實以喜其爲名者必以驕奢爲行倨慢驕奢則凶必從之是故無其實而喜其名者削無德而望其福者約無功而受其祿者辱禍必渥故曰矜功不立虛願不至此皆諸樂其名華而無其實德者也以是堯有九佐舜有七友禹有五丞湯有三士自古及今而能虛成名於天下者無有也是以君王無羞亟問不愧下學士故成其道德而揚功名於後世者堯舜禹湯周文王是也故曰無形者形之君也無端者事之本也夫上見其源下通其流至聖人明學何不吉之有哉老子曰雖貴必以賤爲本雖高必以下爲基是以侯王稱孤寡不穀是士賤之本與非夫孤寡者人之困賤下位也而侯王以自謂豈非下人而尊貴士與夫堯傳舜舜

傳禹周成王任周公旦而世世稱曰明王是以明乎士之貴也宣王曰嗟乎君子焉可侮哉寡人自取病耳乃今聞君子之言乃今聞細人之行願請受爲弟子

漢申公魯人也少與楚元王交俱事齊人浮丘伯受詩元王薨子郢嗣立申公傳太子戊戊不好學病申公申公媿之歸魯退居家教終身不出門復謝賓客獨王命召之乃往

嚴彭祖字公子東海下邳人也爲宣帝博士至河南東郡太守以高第入爲左馮翊廉直不事權貴或說

日天時不勝人事君以不修小禮曲義亡貴人左右之助經義雖高不至宰相願少自勉强彭祖曰凡通經術固當修行先王之道何可委曲從俗苟求富貴乎

翼奉字少君東海下邳人治齊詩與蕭望之等同師望之施之事而奉惇學不仕好律曆陰陽之說元帝徵待詔宦者署時平昌侯王臨以宣帝外屬侍中稱詔欲從奉學其術奉不肯與言後爲諫大夫

孫寶字子嚴以經明爲郡吏御史大夫張忠辟寶爲屬欲令授子經更爲除舍（除謂修飾掃除也）設儲偫（謂豫備器物也）

（音丈紀切）寶自劾去忠固遝之心內不平後署寶主簿寶徙入舍祭竈請比鄰忠陰察怪之使所親問寶前大夫爲君設除大舍子自劾去者欲爲高節也今兩府高士俗不爲主簿子既爲之徙舍甚說（說讀曰悅）何前後不相副也寶曰高士不爲主簿而大夫君以寶爲可一府莫言非（言大夫以爲寶通可爲主簿耳府中之人又不以爲不當也）士安得獨自高前日君男欲學文而移寶自近（文禮書也）禮有來學義無往教道不可詘身詘何傷且不遣者可無不爲況主簿乎（言士不遭遇知己則當屈辱無所不爲也）忠聞之甚慙後終於大司農

揚雄哀帝時爲郎待詔時丁傅董賢用事諸附離之者或起家至二千石時雄方草太玄有以自守泊如也

桓譚當王莽居攝篡弑之際天下之士莫不近褒稱德美作符命以求媚譚獨自守默無言後終於六安郡丞

後漢孔子建魯國人也少遊長安與崔篆友善及篆仕王莽爲建新大尹（莽改千乘國曰建新郡守曰大尹）嘗勸子建仕對曰吾有布衣之心子有衮冕之志各從所好不亦善乎道既乖矣請從此辭遂歸終於家

包咸字子良會稽曲阿人也習魯詩論語王莽末去歸鄉里於東界爲赤眉賊所得遂見拘執十餘日咸晨夜誦經自若賊異而遣之後終於騎都尉

杜撫字叔和犍爲武陽人也少有才受業於薛漢後歸鄉里教授沈靜樂道舉動必以禮後爲公車令

馮衍更始時爲立威將軍更始使鮑永安集河北永以衍領狼孟長屯太原光武郎位遣使者招永衍不肯降審知更始已歿乃共罷兵幅巾降於河內帝怨衍等不時至永以立功得贖罪遂任用之而衍獨見黜永謂衍曰昔高祖賞季布之罪誅丁固之功今遭

明主亦何憂哉衍曰記有之人有挑其鄰人之妻者挑其長者長者詈之挑其少者少者報之後其夫死而取其長者或謂之曰夫非詈爾者耶夫在人欲其報我在我欲其詈人也夫天命難知人道易守守道之臣何患死亡衍後爲曲陽令

仇覽字季智陳留考城人也入太學時諸生同郡符融有高名與覽比宇賓客盈室覽嘗自守不與融言融觀其容止心獨奇之乃謂曰與先生同郡壤鄰房牖今京師英雄四集志士交結之秋雖務經學守之何固覽乃正色曰天子修設太學豈但使人游談其

中高揖而去不復與言後融以告郭林宗因與融齎刺就房謁宿林宗嗟嘆下牀爲拜覽初爲本縣主簿後歸鄉里卒

楊賜嘗退居隱約不答州郡禮命後辟大將軍梁冀府非其好也出除陳倉令因病不行公車徵不至連辭三公之命後拜尚書令數日出爲廷尉賜自以代非家法言曰三后成功惟殷于民臯陶不與焉蓋吝心也尚書曰伯夷降典折人惟刑禹平水土主名山川稷降播種農殖嘉穀一后成功殷於人言臯陶不與其數者蓋恥之遂固辭以特進就第

魏邴原自遼東歸曹公辟爲司空掾原女早亡時太祖愛子蒼舒亦沒太祖欲求合葬原辭曰合葬非禮也原之所以自容於明公公之所以待原者以能守訓典而不易也若聽明公之命則是凡庸也明公焉以爲哉太祖乃止魏太子爲五官中郎將天下向慕賓客如歸而原獨守道持嘗自非公事不妄舉動太祖徵使人從容問之原曰吾聞國危不事冢宰君老不奉世子此典制也於是乃轉五官長史

晉庾敳字子嵩爲吏部郎是時天下多故機變屢起敳嘗靜默無爲

陳袁樞字踐言家世顯貴資產充足而樞獨居處率

素傍無交往端坐一室非公事未嘗出遊榮利之懷淡如也王僧辯平侯景鎮京城衣冠爭往造請樞獨杜門靜居不求聞達後爲丹陽尹

後魏胡方回爲中書侍郎司徒崔浩及當時朝賢並愛重之清貧守道以壽終

崔模字牧軌長者篤厚不營榮利頗爲崔浩輕侮而守志確然不爲浩屈後位至征東將軍

北齊盧熙裕襲父爵爲固安伯虛淡守道有古人之風爲親表所敬重

後周于謹字思敬河南雒陽人性沉浮有識量略窺

經史尤好孫子兵書屛居閭里未有仕進之志或勸之者謹曰州郡之職昔人所鄙台閣之位須待時來吾所以優游鄉邑聊以卒歲耳太宰元天穆見之嘆曰王佐才也後爲太傅大宗伯

隋房彦謙爲司隸刺史時隋政漸亂朝廷靡然莫不變節彦謙直道守常介然孤立爲執政者之所嫉出爲涇陽令

李禮成字孝諧年七歲與姑之子蘭陵太守滎陽鄭顥隨魏武帝入關顥母每謂所親曰此兒平生未嘗回頭當爲重器耳及長深有行檢不妄通賓客釋褐

著作郎周受禪拜平東將軍散騎常侍于時貴公子皆競習弓馬被服多爲軍容禮成雖善騎射而從容儒服不失素望

裴矩煬帝時爲右光祿大夫于時皇綱不振人皆變節左翊衛大將軍宇文述內史侍郎虞世基等用事文武多以賄聞唯矩守常無贓穢之響以是爲世所傳

李文博爲薛道衡所奏爲司隸從事于時朝政浸壞人多贓賄唯文博不改其操論者以此貴之遭離亂播遷不知所終

唐虞世南於隋大業初累授祕書郎遷起居舍人時兄世基當朝貴盛妻子被服擬於王者世南雖同居而躬履勤儉不失素業

竇威字文蔚扶風平陵人隋太傅熾之子也沈深有器局博覽羣言多所通涉家風尚武諸兄並以武功致位通顯皆哂威所爲而終不改也隋內史令李德林舉其有文學釋褐祕書郎

趙宗儒自中書侍郎平章事罷授右庶子退居守道奉朝請而已德宗聞而嘉之遷吏部侍郎召見勞之曰知卿閑六年故有此拜曩者與先臣並命尚念之

耶因俯伏流涕

盧紹廣明初遷給事中大寇犯邊避地江左雖生計屢空而端慤自守未嘗以事干侯伯人所難者紹力行之

後唐李愚昭宗在鳳翔汴軍攻蒲華愚避難東歸維陽時衛公李德裕孫道古在平泉舊墅愚往依焉子弟親採梠負薪以給朝夕未嘗干人

知足

夫知足不辱知止不殆老氏之訓也故大雅明哲之士乃能察盈虛之理蹈卑約之戒使其任不踰量居

嘗遠禍克保身吉而終無祗悔焉至乃辭婚當途移疾避位用清白爲家法故不益田廬謂贏餘爲自苦故不須富貴逮乎妨賢竊祿之媿發於話言懷田述志之樂形於賦詠斯皆究易象知退之旨識天道槪滿之意寡欲易足不忮不求內全節而無苟世聞風而競勸其激人之令範歟

漢張良封留侯爲太子少傅良言天下事甚衆乃稱曰家世相韓及韓滅不愛萬金之資爲韓報仇彊秦天下震動今以三寸舌爲帝者師封萬戶位列侯此布衣之極於良足矣願弃人間事欲從赤松子游耳

赤松子仙人也

劉德爲宗正嘗持老子知足之計妻死大將軍光欲以女妻之德不娶畏盛滿焉

疏廣宣帝時爲太傅廣兄子受爲少傅在位五歲皇六子年十二通論語孝經廣謂受曰吾聞知足不辱知止不殆功遂身退天之道也今仕宦至二千石宦成名立不去懼有後悔豈如父子相隨出關歸老故鄉以壽命終不亦善乎受叩頭曰從大人議即日父子俱移病移病謂移病書言病也滿三月賜告廣遂稱篤上疏乞骸骨宣帝以其年老皆許之詔賜黃金二十斤皇太子贈五十斤疏廣疏受既歸鄉里日令家共具設酒食共讀曰供日日設之也請族人故舊賓客相娛樂數問其家金餘尚有幾所趣賣以共具幾所猶言幾許也趣讀曰促居歲餘廣子孫竊謂其昆弟老人廣所愛信者曰子孫幾及君時頗立產業基址幾讀曰冀今日飲食費且盡宜從丈人所勸說君買田宅丈人嚴莊之稱也故親而老老者皆稱焉老人即以閒暇時爲廣言此計廣曰吾豈老誖不念子孫哉誖惑也音布內切顧自有舊田廬顧思念也令子孫勤力其中足以共食與凡人齊今復增益之以爲贏餘但教子孫怠惰耳賢而多財則損其志愚而多財則益其過且夫

富者衆之怨也吾既無以教化子孫不欲益其過而生怨又此金者聖主所以惠養老臣也故樂與鄉黨宗族共饗其賜以盡吾餘日不亦可乎於是族人說服說讀曰悅皆以壽終

郇曼容養志自修爲官不肯過六百石輒自免去

後漢馬援爲伏波將軍封新息侯食邑三千戶援乃擊牛釃酒勞享軍士釃猶濾也音所宜反從容謂官屬曰吾從弟少游嘗哀吾慷慨多大志曰士生一世但取衣食裁足乘下澤車車行澤者欲短轂御款段馬款猶緩也言形段遲緩爲郡掾吏守墳墓鄉里稱善人斯可矣致求盈餘但自

苦耳當吾在浪泊西里間虜未滅之時下潦上霧毒氣重蒸仰視飛鳶跕跕墮水中（鳶鴟也跕跕墮貌跕音都琜泰埭二切）卧念少游平生時語何可得也今賴士大夫之力被蒙大恩猥先諸君紆佩金紫且喜且慙吏士皆伏稱萬歲及軍還將至故人多迎勞之平陵人孟冀名有計謀於坐賀援援謂之曰吾望子有善言反同衆人邪昔伏波將軍路博德開置七郡裁封數百戶今我微勞猥享大縣功薄賞厚何以能常久乎先生奚用相濟冀曰愚不及

張霸爲會稽太守視事三年謂掾吏曰太守起自孤

册府元龜　總錄部　知足　卷之七百八十五　十七

生致位郡守蓋日終則移月滿則虧老氏有言知止不辱遂止病

魏程昱爲奮武將軍從太祖屢立功及天下漸平昱宗人奉牛酒大會昱曰知足不辱吾可以退矣乃自表歸兵闔門不出

晉羊祜爲征南大將軍開府儀同三司嘗與弟琇書曰既定邊事當角巾東路歸故里爲容棺之墟以白士而居重位何能不以盛滿受責乎疏廣是吾師也

南齊王秀之爲晉平太守至郡朞年謂人曰此郡豐壤祿俸常充吾山資已足豈可久留以妨賢路上請代時人謂王晉平恐富求歸

丘靈鞠爲尚書左丞世祖即位轉通直常侍領東觀祭酒靈鞠曰久居官類數遷使我終身爲祭酒不恨也

梁陶季直初仕齊爲尚書左丞遷建安太守爲政清靜百姓便之梁臺建爲給事黃門侍郎常稱仕至二千石始願畢矣無爲久預人間事

江淹爲散騎常侍左衞將軍嘗謂子弟曰吾本寒素不求貴富今之忝竊遂至於此平生言止足之事亦以備矣人生樂耳須富貴何時吾功名既立正欲歸

册府元龜　總錄部　知足　卷之七百八十五　十八

身草萊耳

陳虞寄字次安官至戎昭將軍太中大夫卒前後所居官未嘗至秩滿裁朞年數月便自求解退常曰知足不辱吾知足矣

後魏裴宣爲益州刺史家世以儒學爲業常慕廉退每嘆曰以賈誼之才仕漢文之世不歷公卿將非運也乃謂親賓曰吾本閭閻之士素無當世之志直隨牒推移遂至於此祿厚養親效不光國瞻言往哲可以言歸矣因奉表求解世宗不許乃作懷田賦以叙心焉

北齊鄭述祖文宣天保初累遷太子少師儀同三司
兖州刺史病篤乃自言之且曰吾今老矣一生富貴
足矣以清白之名遺子孫死無所恨遂卒於州
後周蕭太圜梁簡文帝子也國亡於周爲麟趾殿學
士大圜深信因果心安閑放嘗言之曰拂衣褰裳無
吞舟之漏網挂符懸節慮我志之未從儻獲展會之
先有美慈明之進如棠北叟之於實勝濟南之徵其
故何哉夫閭闔者有優游之美朝廷者有簪珮之累
蓋繇來久矣留侯追蹤於松子陶朱成術於辛文良
有以焉况乎智不逸羣行不高物而欲辛苦一生何

其僻也豈如知止蕭然無累北山之北弃絶人間南
山之南超踰世網面川原而帶流水倚郊甸而枕平
皋築蝸舍於蹊林構環堵於幽薄近瞻煙霧遠聯風
雲藉纖草以蔭長松結幽蘭而援芳桂俯翔禽於百
仞俯泳魚於千尋果園在後開窻牖以臨花卉蔬圃
居前坐簷楹而看灌畦二頃以供饘粥十畝以給絲
麻侍兒五三可充紝織家僮數四足代耕耘沽酪牧
羊協潘生之志畜雞種黍應莊叟之言獲菽尋氾氏
之書露葵徵尹君之錄烹羔豚而分春酒迎伏臘而
候歲時披良書採至賾歌纂纂唱烏烏可以娛神可
以散慮有朋自遠揚搉古今田畯近至劇談稼穡斯
亦足矣樂不可支永保性命何畏憂責豈若慶足入
絆申頸就羈遊帝王之門趨宰衡之勢不慮飄塵之
少選寧覺年祀之斯須萬物營營靡存其意天道昧
昧安可問哉嗟乎人生若浮雲朝露俟長繩繫景實
所願言執燭夜遊驚其迅速耳百年何幾擎跽曲拳
四時如流俛眉躡足出處無成語默奚當非直丘明
所恥抑亦宣臣恥之
隋梁睿字恃德初仕後周爲柱國益州總管高祖受
禪自以周代舊臣久居重鎮內不自安屢請入朝於

是徵還京師及引見帝爲之興命睿上殿握手極懽
睿退謂所親曰功遂身退今其時也遂謝病閭門自
守不友當時
韋世康以高祖開皇初爲絳州刺史性恬素好古不
以得喪干懷在州嘗慨然有止足之志與子弟書曰
吾生因緒餘夙霑纓弁驅馳不已四紀於茲亟登衮
命頻莅方岳志除三惑心慎四知以不貪而爲寶處
脂膏而莫潤如斯之事頗爲時悉今耄雖未及壯年
已謝霜早梧楸風先蒲柳眼闇更劇不見細書足疾
彌增非可趍走禄豈須多防滿則退年不待暮有疾

便覩况孃春秋巳髙温凊宜奉晨昏有闕罪在我躬
今世穆世文並從戎役吾與世冲復嬰遠任睽﨑瞻
望此情彌切搄屺之悲倍深嘗戀意欲上聞乞終養
禮未𠡠汝等故遣此及與言遠慕㦙咽難勝弟報以
事恐難遂於是遂止
于宣敏爲奉車都尉嘗以滿盛之誡昔賢所重每懷
静退著述志賦以見其志焉
唐岑本文字景仁爲中書令有勸其營產業者文本
歎曰南方一布衣徒步入關疇昔之望不過祕書郎
一縣令耳而無汗馬之勞徒以文墨致位中書令斯

亦極矣荷俸禄之重爲懼巳多何得更言產業乎言
者人息而退
李日知以玄宗先天元年轉刑部尚書罷知政事頻
請致仕許之初日知將有陳請而不與妻謀歸家而
使左右飭裝將出居別業妻驚曰家產屢空子弟名
宦未立何爲遽辭也日知曰書生至此巳過本分人
情無厭若恣其心是無止足之日及歸田園不事產
業但繕構池亭多引後進與之談宴

册府元龜

巡按福建監察御史臣李嗣京　訂正

分守建南道左布政使臣胡維霖　叅閲

知建陽縣事臣　黄國琦　較釋

總録部三十六

博學　多能

博學

夫學知乎不足廣業在勤友貴乎多聞孤陋爲耻葢夫自强不息之士以好古博雅爲念泛覽篇籍之囿索隱天人之際以至九流七略之奥諸子百家之言

龜筴曆象之精微方伎術數之玄妙史書蟲篆之叢脞穀樂鐘律之鏗鏘逮乎地理山經玄文釋典咸能探其幽賾洞乎指趣始躡時習之利終成待問之名群居之言必及於義專門之學自可名家仲尼所謂好古敏以求之者乃斯人之謂矣

漢司馬談學天官書於唐都（郎律歷所云唐都者）受易於楊何（何字叔元）習道論於黄子（景帝時人謂之黄生）仕於建元元封之閒愍學者不達其意而師誖（誖惑也爲習師法惑於所身）乃論六家之要指（六家謂陰陽儒墨名法道也）位至太史公

司馬遷字子長其涉獵者廣博貫穿經傳馳騁古今上下數十載閒位至太史

李尋治尚書與張儒鄭寛中同師寛中等守師法教授尋獨好洪範災異又學天文月令陰陽位至騎都尉

翼奉字少君博學不倦好律歷陰陽之占位至諫大夫

翟方進雖受穀梁然好左氏傳天文星歷其左氏則國師劉歆星歷則長安令田終術師也（言劉歆及田終術二人皆受學於方進也）位至丞相

楊雄字子雲少好學不爲章句訓詁通而已（詁謂指也）博

覽無所不見而潭思渾天（潭深也渾天天象也）參摹而四分之（三折而四分天之宿度甲乙也）極於八十一旁則三摹九据（据位也處也）極之七百二十九贊亦自然之道也位至大夫

後漢王景少學易遂廣闚衆書又好天文術數之事沈深多伎藝位至廬江太守

班固字孟堅年九歲能屬文誦詩賦及長遂博貫載籍九流百家之言無不研究（九流謂道儒墨名法陰陽縱横）所學無常師不爲章句大義而已位至大將軍中護軍

崔駰能通詩易春秋博學有偉才盡通古今訓詁百家之言善屬文少游太學與班固傅毅同師齊名位

至長岑長
徐淑寬裕博雅好學樂道隨父愼在京師鑽孟氏易春秋公羊禮記周官善誦太公六韜位至度遼將軍
劉寬少學歐陽尚書京氏易尤明韓詩外傳星官風角筭曆皆究極師法稱爲通儒未嘗與人爭勢利之事後爲太尉
梁鴻扶風平陵人也受業太學家貧而尚節介博覽無不通而不爲章句
翟酺四世傳詩酺好老子尤善圖緯天文內曆筭位至將作大匠

胡廣有雅才學究五經古今術藝皆畢覽之位至太傅
蔡邕少博學師事太傅胡廣好辭章術數天文位至左中郎將
延篤從馬融受業博通經傳及百家之言能著文章有名京師位至京兆尹
劉洪篤信好學觀乎六藝群書意以爲天文數術探賾索隱鈎深致遠遂專心鋭思
唐檀少遊太學習京氏易韓詩顏氏春秋尤好灾異星占位至郎中

任安字定祖少遊太學受孟氏易兼通數經又從同郡楊厚學圖讖究極其術時人稱曰欲知仲桓問任安又曰居今行古任定祖安初仕州郡後徵辟皆不就
法眞南郡太守雄之子好學而無常家博通內外圖典爲關西大儒辟公府舉賢良皆不就
公沙穆習韓詩公羊春秋尤鋭思河雒推步之術位至遼東屬國都尉
樊志張漢中南鄭人也博學多通隱身不仕
韓說博通五經尤善圖緯之學仕至江夏太守

樊英少受業三輔習京氏易兼明五經又善風角星筭河雒七緯推步灾異（七緯者易緯稽覽圖乾鑿度坤靈圖通卦驗是類謀辨終備也書緯璇璣鈐考靈曜刑德放帝命驗運期授也詩緯推度灾汜歷樞含神務也禮緯含文嘉稽命徵斗威儀也樂緯動聲儀稽耀嘉汁圖徵也孝經緯援神契鉤命決也春秋緯演孔圖元命苞文耀鈎運斗樞感精符合誠圖考異郵保乾圖漢含孶佑助期保誠圖潛潭巴說題辭）位至光祿大夫
申屠蟠陳留外黃人也隱居精學博貫五經兼明圖緯後以博士徵不至
徐雅少爲諸生學嚴氏春秋京氏易歐尚書兼綜風角星官筭曆河圖七緯推步四察孝廉五辟宰府三舉茂才

李固改易姓名杖策驅驟負笈追師三輔學五經積十餘年博覽古今明于風角星筭河圖讖緯仰察俯占窮神知變位至太尉

賀純字仲真會稽山陰人少爲書生博極群藝徵拜議郎數陳災異上便宜數百事多見省納遷江夏太守

周斲字大明少游京師事太傅陳蕃博覽群書明于風角善推災異

鄭玄少爲鄉嗇夫得休歸嘗詣學官不樂爲史父數怒之不能禁遂造太學受業師事京兆第五元先造

通京氏易公羊春秋三統厯九章筭術徵大司農不就

應劭字仲遠博學多識尤好事諸所撰述風俗通等凡百餘篇辭雖不雅世服其博聞位至袁紹軍謀校尉

魏樂詳字文載學左氏傳又善推步三五別高貴鄉公時授部與太史典定律厯太守杜畿亦甚好學署詳文學祭酒

蜀孟光字孝裕博物識古無書不覽尤鋭意三史長於漢家舊典位至大司農

李譔字欽仲五經諸子無不覽該位至右中郎將

譙岍字榮始巴西充國人也治尚書兼通諸經及圖緯州郡辟請皆不應

譙周岍子也周字允南研精六經尤善書札頗曉天文潛識内斂爲益州典學從事總州之學者後入晉拜騎都尉

吳陸績字公紀容貌雄壯博學多識星厯筭數無不該覽位至偏將軍

王蕃字永元博覽多聞兼通術藝蕃爲後主所誅丞相陸凱上疏曰嘗侍王蕃黄中通理知大和物位至散騎中常侍

晉鄭沖覽博究儒術及百家之言仕魏爲司徒時文帝輔政命賈充羊祜等分定禮儀律令皆先諮于沖然後施用

張華學業優博辭藻温麗宏贍多通圖緯方伎之書莫不詳覽位至司空

虞喜字仲寧會稽餘姚人博學好古專心經傳兼習讖緯乃著安天論以難渾蓋以散騎常侍徵不起

劉殷弱冠時博通經史綜核群言文章詩賦靡不該覽位至新興太守

索靖該博經史兼通内緯位至遊擊將軍

索紞字叔徹燉煌人游京師受業太學博綜經籍遂爲通儒明陰陽天文善術數占候仕至郎中

黄泓魏郡斥丘人泓之父也善天文秘術泓從父受業精妙踰深兼博覽經史尤明禮易性忠勤非禮不動

邵續字嗣祖朴素有志烈博覽經史善談理義妙解天文仕至沁水令

杜夷字行齊博覽經籍百家之書筭圖曆緯靡不畢究位至國子祭酒

范平字子安研覽墳索遍該百氏姚信賀邵之徒皆從受業位至臨海太守

鮑靚字太玄學兼內外明天文河雒書

宋徐廣字野民世家好學至廣尤精百家數術無不研覽後爲秘書監性好讀書老猶不倦答禮問百餘條用於今世仕至中散大夫

梁顧協博極群書於文字及禽獸草木尤稱精詳位至員外散騎常侍

庾承先潁川鄢陵人也弱歲受學於南陽劉虬強記成識出於群輩玄經釋典靡不該悉九流七略咸所正練不就徵辟隱居而終

不詵字彥實新野人也幼聰警篤學經史百家無不該綜緯候書射並一時之絕初高祖起義署爲西府記室參軍

羊侃字祖忻雅愛文章博涉書記尤耽左氏春秋及孫吳兵法

徐摛爲皇太子家令兼掌管記高祖問五經大義次問歷代史及百家雜說末論釋教摛商較縱橫應答如響高祖甚嘉歎異

陳顧野王幼學七歲讀五經知大旨長而遍觀經史精記嘿識天文地理蓍龜占候蟲篆奇字無所不通位至光祿卿

馬樞博極經史尤善佛經及周易老子義文帝徵爲度支尚書不應命

顧越字允南勵精學業不捨晝夜至於微言玄旨九章七曜音律圖緯盡其精微歷北海安西湘東王府參軍及武帝撰制旨新義選諸儒在所流通遣越還吳敷揚講義越遍該經藝深明毛詩傍通異義特善莊老尤長論難求至太中大夫

孔奐數歲而孤爲叔父虔孫所養好學善屬文經史百家莫不通涉沛國劉顯時稱學府每共奐討論深相歎乃執奐手曰昔伯喈墳素悉付仲宣吾當希蔡

君足下無愧王氏所保書籍尋以相付位至弘範官
衞尉卿
周確字士潛美容儀寬大有行簡博涉經史篤好玄
言位至都官尚書
徐孝克陵之第三弟也少爲周易有口辯能談玄理
旣長遍通五經博覽史籍後入隋爲國子博士
後魏燕鳳字子章代人少好學博綜經史明習陰陽
讖緯位至鎮遠將軍
高謙之少以老聞及長屏絶人事專意經史天文筭
曆圖緯之書多所該涉好文章留意老易位至國子

博士
崔浩字伯淵清河人也白馬公玄伯之長子少好文
學博覽經史玄象陰陽百家之言無不關綜研精理
義時人莫及之位至侍中撫軍大將左光祿大夫
高允溥通經史天文術數尤好春秋公羊位至光祿
大夫
高祐博涉經史好文字雜說位至光祿大夫
孫紹字世慶少好學通涉經史頗有文才陰陽術數
多所貫涉位至左衞將軍右光祿大夫
李業興上黨長子人博涉百家圖緯風角天文占候
無不討練尤長筭曆獨守圓一講肄經典二十餘年
時人號爲儒林先生後爲齊文襄王中外府諮議參
軍
信都芳好學善天文筭數甚爲安豐王延明所知延
明家有群書欲抄集五經筭事爲五經宗及古今樂
事爲樂書又取渾天歌器地動銅烏漏刻候風諸圖
爲器準並令芳筭之會延明南奔芳乃自撰注位中
外府田曹參軍
劉芳爲太子庶子芳才思深敏特精經義博聞強記
兼覽蒼雅尤長音訓辨所無疑於是禮遇日隆賞賚

豐渥
常爽字仕明河內人好學博聞強記明習緯候五經
百家多所研綜州郡禮命皆不就性好墳籍鳩集不
已手自補治躬加題帖其家所有垂將萬卷覽讀不
息多有異聞諸儒服其淵博至於學術精微當時莫
及後爲宣威將軍
北齊權會字正理河間人也志尚沉雅動遵禮則少
受鄭易探賾索隱妙盡幽微詩書三禮文義該洽兼
明風角妙識玄象位至國子博士
後周沈重字德厚吳興武康人學業該博爲當世儒

宗至於陰陽圖緯道經釋典靡不畢綜位至太常卿
柳敏字白澤性好學涉獵經史陰陽卜筮之術靡不
習焉
盧光字景仁性温謹博覽群經精於三禮善陰陽解
鍾律又好玄言位至陝州總管府長史
樊深旣專經又讀諸史及蒼雅篆籀陰陽卜筮之書
位至露門學博士下大夫
隋李德林幼聰敏該博墳典陰陽候緯無不通涉後
至懷州刺史
明克讓字弘道少儒雅善談論博涉書史所覽將萬
冊府元龜　總錄部　博學　卷之七百八十六　十一
卷三禮禮論尤所精研龜筴曆象咸得其要位至通
直散騎常侍
房暉遠字崇儒恒山眞定人也世傳儒學暉遠幼有
志治三禮春秋三傳詩書周易兼善圖緯位至國子
博士
韋鼎字超盛少通脫博涉經史明陰陽逆刺尤善相
術位至光州刺史
王頍性識甄明精力不倦好讀諸子偏記異書當代
稱爲博物爲漢王諒府諮議參軍
潘徽字伯彥吳郡人也性聰敏少受禮於鄭灼受毛
詩於施公受書於張冲講莊老於張譏並通大義尤
精三史仕至西海郡咸定縣主簿
劉焯以儒學知名專以教授著述爲務孜孜不倦賈
馬王鄭所傳章句多所是非九章筭術周髀七曜曆
書十餘部推步日月之經量度山海之術莫不覈其
根本窮其秘奧著稽極十卷曆書十卷五經述議並
行於世位至太學博士
劉炫少以聰敏見稱與王劭同脩國史俄直門下省
兼直內省考定群言炫雖遍直三省竟不得官爲縣
司責賦役炫自陳於內史送詣吏部尚書韋世康問
冊府元龜　總錄部　博學　卷之七百八十六　十二
其所能炫自爲狀曰周禮禮記毛詩尚書公羊左傳
孝經論語孔鄭王何服杜等注凡十三家雖義有精
粗並堪講授周易儀禮穀梁用功差少史子文集嘉
言美事咸誦於心天文律曆窮覈微妙至於公私文
翰未嘗假手吏部竟不詳試然在朝知名之士十餘
人保明炫所陳不謬於是拜殿內將軍
盧太翼河間人也閑居味道不求榮利博綜群書爰
及佛道皆得其精微尤善占候筭曆之術初隱於白
鹿山後卒於雒陽
王眞字仲逸梁郡陳留人少聰敏好學善毛詩禮記

左傳周易諸史百家無不畢覽後不舉秀才授縣尉
卒
馬光字榮伯武安人少好學從師數十人晝夜不息
圖書讖緯莫不畢覽尤明三禮爲儒者所宗位至太
學博士
唐孔頴達初以教授爲務尤明服氏傳鄭氏尚書王
氏易毛詩禮記兼善筭曆博究群言解屬文頗習政
事位至國子祭酒
薛登博涉文史每與人談論前代故事必廣引證驗
有如指掌位至泉州刺史

楊綰生而聰惠其長好學不倦博通經史九流七略
諸子諸集無不該覽位至中書侍郎平章事
徐岱蘇州嘉興人少好學六籍諸子悉所探究位至
給事中
王起自幼及耄手不釋卷天下之書無不該覽文宗
曾私撰數字以示之起曰臣書中所不識者唯八駿
圖中三五字而已今此字臣未知出於何書文宗嘉
而奇之故待之如師友目曰當代仲尼位至山南東
道節度使

多能

昔夫子以將聖之姿擅多能之譽蓋夫經藝之富數
術之廣專之者易而兼之者難君子所不求備於人
者良有旨也其有挺洽聞彊識之美稟聰明博達之
智周覽圖傳兼通衆技至於觀天之象察地之理精
和鵲之鍼石辨夔牙之鍾石極研桑之心計曉孫吳
之兵法及至圖畫卜筮篆籀草隸擊劍盤稍投壺奕
棊或才至兼人或品稱第一雖曰小道必有可觀借
云異端豈有所害自非英偉茂異亦曷能臻此焉
商瞿孔子弟子年長無子其母爲取室孔子使之齊
瞿母請之孔子曰無憂瞿言四十後當有五丈夫子

五男也 已而果然
漢司馬相如少時好讀書學擊劍擊劍者以刺擊擊而中之非斬刺也
爲文園令
劉向本名更生以父德任爲輦郎擢爲諫大夫宣帝
持更生以通達能屬文獻賦頌凡數十篇帝復興神
僊方術之事而淮南有枕中鴻寶苑秘書書言神仙
使鬼物爲金之術及鄒衍重道延命方世人莫見而
更生父德武帝時治淮南獄得其書更生幼而讀誦
以爲奇獻之言黃金可成帝令典尚方鑄作
馮奉世昭帝時爲武安長學春秋涉大義讀兵法

後漢馬嚴妙學劍習騎射後從平原楊太伯講學專心墳典能通春秋左氏仕郡督郵

桓譚父成帝時爲太樂令譚以父任爲郎因好音律善鼓琴博學多通徧習五經皆訓詁大義不爲章句

蔡邕少博學好辭章數術天文妙操音律官至左中郎將

馬融高才博洽爲世通儒又善鼓琴好吹笛桓帝時爲南郡太守

楊球能擊劍習弓馬性嚴厲好申韓之學後爲郡尉

酈炎字文勝范陽人有文才解音律州郡辟命皆不

就

皇甫嵩少有文武志介好詩書習弓馬後至太尉

魏王弼性和理樂遊宴解音律善投壺爲尚書郎

蜀諸葛亮性長於巧思損益連弩木牛流馬皆出其意推演兵法作八陣圖咸得其要位至丞相

譙周字允南研精六經尤善書札頗曉天文後爲光祿大夫魏封陽城亭侯

李仁字德賢博學伎藝筭術卜數醫藥弓弩機械之巧皆致思焉爲州書佐尚書令史

吳王蕃字永元博覽多聞兼通術藝爲散騎常侍

沈友字子正吳郡人弱冠博學多所貫綜善屬文辭兼好武事注孫子兵法又辯於口每所至衆人皆默然莫與爲對咸言其筆之妙舌之妙刀之妙三者皆過絕於人

晉傅玄少孤貧博學善屬文解鍾律後至司隸校尉

阮籍字嗣宗博覽群籍尤好莊老嗜酒能嘯善彈琴爲步兵校尉

嵇康學不師受博覽無不該通好老莊彈琴詠詩自足於懷拜中散大夫

王廙字世將少能屬文多所通涉工書畫善音樂射

御博奕雜伎後爲平南軍護南蠻校尉荊州刺史

郭璞好古文奇字妙於陰陽筭曆爲著作佐郎

王裒字偉元城陽營陵人也氣辭雅正博學多能隱居教授三徵七辟皆不就

索襲字偉祖燉煌人也虛辭好學不應州郡之命舉孝廉賢良皆以疾辭游思於陰陽之術著天文地理十餘篇多所啓發

戴逵字安道譙國人也少博學好談論善屬文能鼓琴工書畫其餘巧藝靡不畢綜後以太學博士散騎侍郎給事中徵不起

前秦王墮字安生博學有雄才明天文圖緯爲苻洪
司馬
宋王懿字仲德少沉審有意略通陰陽解數律爲鎮
北將軍
劉敬宣字萬壽多伎藝弓馬音律無事不善爲左衛
將軍散騎常侍
張永涉獵書史能爲文章善隸書曉音律騎射雜藝
觸類兼善又有巧思益爲太祖所知紙及墨皆自營
造帝每得永表啓輒執玩咨嗟自歎供御者了不也
也仕至吏部尚書

孔琳之彊正有志力好文義解音律能彈棊妙善草
隸爲祠部尚書
王微字景玄瑯琊臨沂人少好學無不通覽善屬文
能書畫兼解音律醫方陰陽術數官至中書侍郎
沈勃好爲章善彈琴能圍棊爲給事中
范曄少好學傳涉經史善爲文章能隸書曉音律爲
左衛將軍太子詹事
劉休爲桂陽王征北參軍明帝頗有好尚朼箸飲食
休多藝能爰及鼎味問無不解
蕭思話涉獵書傳頗能隸書解音律便弓馬爲侍中

領前將軍
江湛愛好文義善彈棊鼓琴兼明算術爲吏部尚書
南齊祖冲之解鍾律博塞當時獨絶莫能對者爲長
水校尉
柳世隆少立功名晚專以談義自業善彈琴世稱柳
公雙璅爲士品第一嘗自云馬矟第一清談第二彈
琴第三爲侍中衛將軍
杜栖吳郡錢塘人少從儒士劉瓛受學善清談能彈
琴飲酒與父京產共隱居不仕
梁庾詵字彥寶新野人也幼聰警篤學經史百家無

不該綜緯候書射棊算機巧並一時之絶湘東王召
爲鎮西記室不就又徵中書侍郎不起
陶弘景字通明丹陽秣陵人爲奉朝請諸王侍讀讀
書萬餘卷善琴棊工草隸又性好著述尚奇異顧惜
光景老而彌篤尤明陰陽五行風角星筭山川地理
方圖產物醫術本草著帝王年曆又嘗造渾天象云
脩道所須非止史官是用
張孝秀爲建安王別駕傳涉羣書精釋典善談論工
隸書凡諸藝能莫不明習
朱异既長涉獵文史兼通雜藝博奕書算皆其所長

年二十詣都尚書令沈約面試之回戲弄曰卿年少何乃不廉弃逡巡未達其旨乃曰天下唯有文義棊書卿一時將去可謂不廉也後爲中領軍

柳惲好學善尺牘學彈琴特窮其妙又工篇什及品定棊譜登格者二百七十八人第其優劣爲棊品三卷惲爲第二焉帝謂周舍曰吾聞君子不可求備至如柳渾可謂具美分其才藝足了十人惲著卜杖龜經性好醫術盡其精妙爲吳興太守

江祿幼篤學有文章工書善琴爲廬陵威王續驃騎諮議參軍

柳悏好學工製文尤曉音律爲南安將軍湘州刺史

蕭駿善草隸工文章晚更習武藝力絶人與永安侯確其類爲超武將軍封南安侯

陳蔡凝幼聰悟美容止旣長博涉經傳有文詞尤工草隸爲黃門侍郎

陳禹聰敏有識量涉獵經史解風角兵書頗屬文便騎射官至五府諮議

孫瑒少倜儻好謀略博涉經史尤便書翰爲五兵尚書

吳明徹徵涉書史經傳就汝南周弘正學天文孤虛遁甲略通其妙官至南兗州刺史

侯安都工隸書能鼓琴涉獵書史爲五言詩亦頗清靡兼善騎射爲邑里雄豪後爲征南大將軍江州刺史

後魏古弼少忠謹好讀書又善騎射官至尚書令

李同軌學綜諸經多所治誦兼讀釋氏又好醫術官至通直散騎常侍

裴詢字敬叔美儀貌多藝能音律博奕咸所開解起家奉朝請

劉懋聰敏好學博綜經史善草隸書多識奇字爲輕

車將軍

崔巨倫字孝宗幼孤及長涉獵經史有文章武藝仕光祿大夫

王繇字茂道好學有文才尤善草隸又工摹畫爲時人所服仕至尚書郎

裴敬憲工草隸解音律爲太學博士

北齊李元忠粗覽史書及陰陽術數解鼓箏兼好射彈有巧思又善於方技官至侍中

李偡字德沉少聰敏有才藝音律博奕之屬多所通解爲尚書儀曹郎

祖珽字孝徵天性聰明事無難學凡諸技藝莫不措懷文章之外又善音律解四夷語及陰陽占候醫藥之術尤是所長文宣每嫌其數犯憲法而愛其才技官至尚書左僕射
祖孝隱孝徵之弟也有文學早知名詞章雖不逮兄亦機警有口辯兼解音律位至通直散騎常侍
祖君信孝徵之子也涉獵書史多諸雜藝位至散騎常侍
後周唐令則瑾之子也次子令則性好篇章兼解音律文多輕艷爲時人所傳官至樂部下大夫

韓盛字文熾南陽堵陽人也幼有操行涉獵經史兼善騎射膂力過人仕至新平郡守
蕭撝善草隸名亞於王褒算數醫方咸亦留意所著詩賦雜文數萬言頗行於世官至少傅封蔡陽公
隋王誼字宜君少有大志便弓馬博覽群言爲大司徒
令狐熙字長熙博覽群書尤明三禮善騎射頗知音律起家以通經爲吏部上士
宇文愷少有器局諸兄並以弓馬自達愷獨好學博覽書記解文多伎藝爲名公子累遷御正中大夫儀同三司
鄭譯字正義頗有學識兼知鍾律善騎射爲上柱國
李敏幽州總管崇之子起家千牛美姿儀善騎射歌舞管弦無不通解爲柱國
盧賁字子徵略涉書記頗解鍾律爲太子左庶子
長孫熾字仲光性敏慧美姿儀頗涉群書兼長武藝爲戶部尚書
長孫晟字季晟性通敏涉獵書史工彈善射矯勇過人仕至淮陽太守右驍騎將軍
楊素少與天水牛弘同游好學研精不倦多所通涉

善屬文工草隸頗留意於風角爲司徒
陳政字弘道太僕卿茂之子少養宮中美風儀有幹局便弓馬解鍾律工文翰兼有口辯十七爲太子千牛備身
閻毗七歲襲封石保縣公及長好經史受漢書令蕭該毗通大旨能篆書工草隸尤善畫爲當時之妙周武帝見而悅之命尚清都公主大隋爲將作少監
唐竇璡性寬厚工書解鍾律兼有巧思歷潁川南郡扶風太守
盧藏用善琴棊尤工篆隸爲尚書右丞

主維爲右丞有俊才傳學多藝以詩名盛於開元天寶間書畫特臻其妙筆蹤措思參於造化

韓滉爲右僕射平章事封晉國公滉尤工書善丹青以繪事非急務自晦其能未嘗傳之好易象及春秋著春秋通例及天事序議各一卷

李勉爲太子太師善鼓琴好屬文詩妙知音律能自制琴又有巧思

李皐爲江陵尹嘗運心巧思爲戰艦挾二輪蹈之翔風鼓疾若掛帆席所造省易而久固又造欹器進入內中

歸登有文學工草隸爲工部尚書

蕭祐閑澹貞退善琴工書畫好五言詩嘗寄情於雲林泉石之間故當時與之遊者皆名人清士卒爲桂州觀察使

後唐李嚴幽州人本名讓坤仕燕爲刺史涉獵書傳便弓馬多曲藝以功名自許後爲客省使

晉李從昶秦王茂貞之第三子也爲左龍武統軍少習華侈以逸遊燕樂爲務而音律圖畫無不通之

巡按福建監察御史臣李嗣京 訂正

知長樂縣事臣夏允彝 參閱

知建陽縣事臣黃國琦 較釋

總録部

德行

德

苞五常之性冠四科之首在醜則爲君子立教則爲人師者其唯德也歟故卷懷自守雖幽蔀而靡攸忠信以行於蠻貊而何問其大也喻神靈之變化其達也爲朝野之規矩見之者皆欣而且慕親之者不孤

而有隣若乃蒞其浮居尉爲仁里讓之高位發於言歎屈王公而盡禮來州將之致恭其有當叔世遷訛暴亂横起處廣澤而自若得衆力之全護或惡乎望風而引避哀小人聞言而改操爭訟繇之取決禮讓爲之興行豈辭小官自成德化長幼咸服薰灼彌廣雖復考終長逝義形嗟泣飾終之禮畢盡繇乘至有身輕鴻毛願贖其死孟軻所謂以德服人者斯之謂歟

老子者苦楚縣厲鄉曲里人姓李名耳字伯陽周守藏室之史也孔子適周將問禮於老子老子曰子所言者其人與骨已朽矣獨其言在耳且君子得其時則駕不得其時則蓬累而行吾聞之良賈深藏若虛君子盛德容貌若愚去子之驕氣與多欲態色與淫志是皆無益於子之身吾所以告子若是而已孔子去謂弟子曰鳥吾知其能飛魚吾知其能游獸吾知其能走走者可以爲網游者可以爲綸飛者可以爲矰至於龍吾不能知其乘風雲而上天吾今日見老子其猶龍耶

孔子曾大夫也於鄉黨恂恂如也似不能言者恂恂温恭

之貌其在宗廟朝廷便便言爲謹爾便便辯也雖辯而謹敬朝與下大夫言侃侃如也侃侃和樂之貌

顏回字子淵孔子弟子孔子曰自吾有回門人益親回爲孔子胥附之有能使門人日親曾子曰以能問於不能以多問於寡有若無實若虛犯而不較較報也言見侵而不報昔者吾友嘗從事於斯矣友謂顏淵

漢嚴尊字君平蜀人卜筮於成都市以爲卜筮者賤業而可以惠人有邪惡非正之問則依蓍龜爲言於害與人子言依於孝與人弟言依於順與人臣言依於忠爲因勢導之以善從吾言者已過半矣揚雄少

時從游學已而仕京師顯名數爲朝廷在位賢者稱君平德季強爲益州牧喜謂揚雄曰吾眞得嚴君平矣及至蜀致禮與相見卒不敢言以爲從事

後漢卓茂南陽宛人性寬仁恭愛鄉黨故舊雖行能與茂不同皆愛慕欣欣焉後終於太傅

周黨字伯况太原廣武人勑身脩志州里稱其高行王莽竊位託疾杜門自後賊暴縱横殘滅郡縣唯至廣武過城不入建武中徵爲議郎以病去職

荀恁太原廣武人隱居山澤以求厥志王莽末匈奴寇其本縣廣武聞恁名節相約不入荀氏閭

夏恭梁國蒙人王莽末盜賊縱横攻没郡縣恭以恩

信爲衆所附擁兵固守獨獲安全光武即位召拜郎中遷太山都尉

樊宏南陽湖陽人王莽末與宗家親屬作營塹自守老弱歸之者千餘家時赤眉賊掠唐子鄉多所殘殺欲前攻宏營宏遣人持牛酒米穀勞子赤眉赤眉長老先聞宏仁厚皆稱曰樊君素善且今見待如此何心攻之引兵而去遂免寇難

逢萌字子康北海都昌人居瑯琊勞山養志脩道人皆化其德北海太守素聞其高遣吏奉謁致禮萌不答太守懷恨而使捕之吏叩頭曰子康大賢天下共聞所在之處人敬如父往必不獲祇自毀辱太守怒收之繫獄更發他吏行至勞山人果相率以兵弩捍禦吏被傷流血奔而還

蔡衍汝南項人以禮讓化鄉里有爭訟者輙詣衍决之其所平處皆曰無怨

宗慈字孝初南陽安衆人爲脩武令棄官徵拜議郎未到道疾卒南陽郡士皆重其義行

孟嘗會稽上虞人爲合浦太守病自上被徵隱處窮澤身自耕傭隣縣士民慕其德就居止者百餘家

陳寔潁川人爲太丘長在鄉閭平心率物其有爭訟

輙求判正曉譬曲直退無怨者至及嘆曰寧爲刑罰所加不爲陳君所短寔卒大將軍何進遣使弔祭海內赴者三萬餘人制衰麻者以百數

司馬均字少賓安貧好學隱居教授不應辟命信誠行乎州里鄉人有所計爭輙令呪賔不直者終無敢言

爰延字季平陳留外黄人爲鄉嗇夫仁化本行人但聞嗇夫不知郡縣

鄭玄北海高密人自徐州還高密道遇黄巾賊數萬人見玄皆拜相約不敢入縣境後爲大司農

任旐字子旟傳昌人以至行稱黄巾賊起天下飢荒人民相食寇到傳昌聞旐姓字乃相謂曰宿聞任子旟天下賢人也今雖作賊那可入其鄉耶遂相帥而去繇是教聞遠近

許劭字子將汝南平輿人爲郡功曹太守徐璆甚敬之府中聞子將爲吏莫不改操飾行同郡袁紹公族豪俠去濮陽令歸車徒甚衆將入郡界乃謝遣賓客曰吾輿服豈可使許子將見遂以單車歸家

孔嵩字仲山爲新野縣阿里長正身厲行街中子弟皆服其訓化遂辟公府之京師道宿下亭盜共竊其

馬尋問知其嵩也乃相責曰孔仲山善士豈宜侵盜乎於是送馬謝之

王扶少脩節行客居郎琊不其縣所止聚落化其德

徐稺豫章南昌人與行矯時俗閭里服其德化有失物者縣以相還道無拾遺太守請署功曹後舉有道家拜太原太守並不就

蘇純字桓公扶風平陵人性強切而持毀譽士友咸憚之至乃相謂曰見蘇桓公患其教責人不見又思之三輔號爲大人大人長老之稱言尊事之也後官至南陽太守

孫期濟陰成武人少爲諸生習京氏易古文尚書遠人從其學者皆執經壟畔以追之里落化其仁讓黄巾賊起過期里陌相約不犯孫先生舍

桓曄字文林沛郡人也議郎鸞之子避地會稽浮海客交阯越人化其節至閭里不爭訟仕爲郡功曹

王孫瑞每三公缺楊彪皇甫嵩皆讓位於瑞後官至僕射

劉虞東海郯人爲幽州刺史以疾歸家時鄉曲有所訴訟不以詣吏自投虞以情理爲之論判皆小大敬從不以爲恨

王烈字彥方太原人少師事陳寔以義行稱鄉里有盜牛者主得之盜請罪曰刑戮是甘乞不使王彥方知也烈聞而使人謝之遺布一端或問其故烈曰盜懼吾聞其過是有恥惡之心旣有恥惡必能改善故以此激之後有老父遺劍於路行道一人見而守之至暮老父還尋得劍因而問其姓名以事告烈烈使推求之乃先盜牛者也諸有爭訟曲直將質之於烈或至塗而反或望廬而還其以德感人若此察孝廉三府並辟皆不就會董卓作亂避地遼東躬秉農器編於四民布衣蔬食不改其樂東域之人奉之若君

府衰世弊議真者少朋黨之人互相譏謗自避世在東國者多爲人所害烈居之歷年未嘗有患使遼東強不淩弱衆不暴寡商賈之人市不二價曹公累徵不至

龐德公襄陽人諸葛孔明每至其家獨拜牀下德公初不令止荊州刺史劉表數延請不能屈後携妻子登鹿門山採藥不返

魏徐爵漢末盜賊縱横敬爵禮行轉相約勅不犯其閭

管寧漢末避地遼東民化其德左右無鬭訟之聲禮

讓移於海表與人子言教以孝與人弟言訓以悌言及人臣誨以忠貌甚順觀其行邈然若不可及即之熙熙然甚柔而温因其事而導之於善是以漸之者無不化焉寧之亡天下知與不知聞之無不嗟歎醇德之所感若此不亦至乎後詔書徵不起而卒

胡昭潁川人轉居陸渾山信行著於鄉黨百姓聞馬超叛避兵入山者千餘家飢乏漸相劫掠昭常遜辭以解之於是寇難消息衆咸宗焉故其所居部落中三百里無相侵暴者

蜀向朗爲諸葛亮丞相長史免官歸成都開門接賓誘納後進講論古義不干時事以是見稱上自執政下及童冠皆敬重焉

楊儀兄慮字威方少有德行爲江南冠冕州郡禮召諸公辟請皆不能屈年十七夭鄉人宗貴號曰德行楊君爲諸葛亮丞相長史中軍師

朱冲字巨容南安人居近夷俗羌戎奉之若君冲亦以禮讓爲訓邑里化之路不拾遺村無凶人毒蟲猛獸皆不爲害

晉蔡克陳留考城人博涉書記爲邦族所敬性公亮守正行不合己雖富貴不交也高平劉整恃才縱誕

服飾詭異無所拘忌嘗行造人遇克在坐整終席慙不自安克時爲處士而見憚如此

束晳陽平元城人爲趙王倫記室罷歸教授門徒年四十卒元城市里爲之廢業門生故人立碑墓側

華表爲太常以光祿大夫致仕表性清淡常慮天下退理司徒李胤司隸王密等常稱曰若此人者不可得而貴不可得而賤不可得而親不可得而踈

賀循爲元帝軍諮祭酒有清德伏於一時廷尉張闓住在小市將奪左右近宅以廣其居乃私作都門早閉晏開人多患之訟於州府皆不見省會循出至破

鬬速爭詣循質之循日見張廷尉嘗爲言及之閭閻
而遂毁其門詣循致謝其爲世所敬服如此
宋張進之永嘉安固人少有志思行義聞於鄉里時
劫掠充斥每入村抄暴至進之門輒相約勒不得侵
犯其信義所感如此歷郡五官主簿
范叔孫吳郡錢塘人少而仁厚周窮濟急鄉里貴其
義行莫有呼其名者除竟陵王國中軍將軍不就
南齊何伯璵廬江人與弟幼璵俱厲節操誨人不倦
鄉里呼爲人師郡守下車莫不修謁
梁嚴植之性謹厚不以所長高人又仁慈好陰德雖

在闇室未嘗怠也官至中撫軍記室參軍兼五經博
士
陳虞寄會稽餘姚人爲建安王諮議以疾加大中大
夫及謝病私庭每諸王爲州將下車必造門致禮命
釋鞭板以几杖侍坐嘗出遊近寺閭里轉相告語老
幼羅列望拜道左或言誓爲約者但指寄便不欺其
至行所感如此
馬樞扶風郿人傳極經史尤善佛經少屬亂離每居
之處盜賊不入依託者常數百家文帝以度支尚書
徵不起

後魏呂顯字明東平壽張人性廉直鄉人分爭者皆
就而質焉
北齊李元忠趙郡伯大夫也後魏孝明時盜賊蜂起
清河有五百人西戍還經南趙趙郡以路梗共投元
忠奉絹千疋元忠唯受一疋殺五羊以食之遣奴爲
導曰若逢賊但道李元忠遣送奴如其言賊皆捨避
終於驃騎大將軍開府儀同三司
隋李士謙趙州平棘人仕魏爲廣平王府參軍自以
少孤未嘗飲酒食肉口無殺害之言隋有天下畢志
不仕開皇八年終於家時年六十六趙郡士女聞者

莫不流淚曰我曹不死而令李參軍死乎會葬者萬
餘人鄉人李景伯等以士謙道著丘園條其狀詣尚
書省請先生之謚事寢不行遂相與樹碑於墓
徐孝肅汲郡人宗族數千家多以豪侈相尚肅性儉
約事親以孝聞雖在幼齒宗族間每有爭訟皆至肅
所平論之爲肅所短者無不引咎而退後母卒負土
成墳廬於墓所四十餘載而卒
張文詡江東人每以德化人鄉黨移風俗閭居而卒
年四十而鄉人立碑號張先生焉
柳儉河東解人也少有局量立行清苦爲州里所敬

雖至親昵無敢狎侮官至上大將軍

唐張玄素蒲州虞鄉人隋末爲景城縣户曹竇建德攻陷景城玄素被執將戮縣民千餘人號泣請代其命曰此人清慎殺之乃無天地大王將定天下當深加禮接以招四方如何殺之使善人解體建德遽命釋之

楊綰華州華陰人素以德行著或造之者清談終日未嘗及名利或有客欲以世務干者見綰言必玄遠不敢發辭内愧而退位至中書侍郎平章事

陽城字亢宗隱河東條山下遠近慕其德行來學者

相繼於道閭里有爭者不詣官府詣城以決之終於道州刺史

甄濟字孟成中山無極人隱居衛縣青巖山環山之人服其操行約不畋漁探訪使表薦爲范陽節度掌書記

德行

夫孔門四科德行爲首是知行者人倫之本衆善之源故君子立身行道造次不違秉之以端方守之以淳固仁近之矣乃有能降其志不苟於得必以中慮匪以利回靡息曲木之陰罔取非義之給盛衰一致死生等節至於千里赴弔於知己皓首罔渝於締交豲是白圭無玷闇室不欺敦厚之風行於鄉里徽音之美播於簡書士之所爲良足尚矣

孔子絶四毋意以道爲度故不任意毋必用之則行舍之則藏故無專必毋固無可無不可故無固行毋我述古而不自作處群而不自異唯是之從故不有其身

顔回字子淵閔損字子騫冉耕字伯牛冉雍字仲弓孔子皆以爲有德

子路有聞未之能行唯恐有聞前所聞未及行故恐後有聞不得並行

柳下惠少連降志辱身言中倫行中慮其斯而已矣但能言應倫理行應思慮如此而已

後漢淳于恭初遭賊寇百姓莫事農桑恭嘗獨力耕田鄉人止之曰時方淆亂死生未分何空自苦爲恭曰縱我不得它人何傷墾擗不輟後至侍中騎都尉

承宫嘗出行得虎所殺鹿持歸肉分門下取皮上師不受宫因棄之人問其故宫曰旣已與人義不可復取後至侍中祭酒

張湛字子孝右扶風人以篤行純淑鄉里歸德雖居幽闇自整頓三輔以爲儀表爲太中大夫

徐穉公府辟皆不就人有死喪負笈赴弔嘗於家豫炙雞一隻以兩緜絮漬酒中暴乾以裹雞徑到所赴

冢墜外以水漬縣使有酒氣斗米飯白茅爲藉以雞
置前醊酒畢留謁則去不見喪主稱嘗爲太尉黃瓊
所辟不就及瓊卒歸葬稱乃負糧徒步到江夏赴之
設雞酒薄祭哭畢而去不告姓名

魏袁與行足以厲俗言約而理當終於光祿勳

任嘏幼號神童及漢末荒亂家貧賣魚會官稅魚魚
貴數倍嘏取直如嘗又與人共買生口各雇八疋後
生口家來贖時價直六十疋共買者欲隨時價取贖
嘏自取本價八疋共買者慙亦退還取本價

吳陳表少知名與諸葛恪顧譚張休等並侍東宮皆

共親友尚書暨豔亦與表善後豔遇罪時人咸自營
護信厚言薄表獨不然士以此重之表爲太子中
庶子拜翼正都尉

晉羊祜妻夏侯霸之女及霸之降蜀也姻親多告絶
祜獨安其室恩禮有加焉徵拜中書侍郎

劉寔少貧窶杖策徒行每所憩止不累主人薪水之
事皆自營給後至太甞

宋阮長之爲散騎侍郎在中書省直夜往鄰省誤著
屐出閤依事自列門下門下以閤夜人不知不受列
長之固遣送之日一生不悔闇空

郭世道察孝廉不就少有學行仁厚之風行於鄉里
鄰村大小莫有呼其名者嘗與人共於山陰市貨物
誤得一千錢當時不覺分背方悟請其伴以求此錢
追還本主伴大笑不答世道以已錢充數送還之錢
主驚歎以半直與世道世道委之而去

朱百年會稽山陰人也少有高情親亡服闋攜妻孔
氏入會稽南山伐樵採藥爲業以樵藥置道頭輒爲
行人所取明旦又復如此人稍怪之積久方知是朱
隱士所賣隨其所取多少留錢取樵藥而去

南齊崔慰祖爲始安王刑獄參軍賣宅四十五萬買

者云寧有減不答曰誠慙韓伯休何容二價買者又
曰君但賣四十六萬一萬見與慰祖曰是郎同君欺
人豈是我心乎

虞悰爲正員嘗侍卒性敦實與人知識必相存訪親
疎皆有終始世以此稱之

徐伯珍徵辟不就舉動有禮過曲木之下趨而避之
辛普明兄將葬鄰人嘉其義賻助甚多普明初受後
皆反之贈者甚恠普明曰本以兄墓不周故不逆來
意今何恐止者餘物以爲家財

周山圖爲黃門郎與人周旋皆白首不異

梁甄彬有行業鄉黨稱善嘗以一束苧就州長沙寺庫質錢後贖苧還於苧束中得五兩金以手巾裹之彬得送還寺庫道人驚云近有人以此金質錢時有事不得舉而失檀越乃能見還輒以金半仰酬往復十餘彬堅然不受因詠曰五月披羊裘而負薪豈拾遺金者耶卒還金

何遠東海郯人爲東陽太守免歸還輕財好義周人之急言不虛妄蓋天性也遠無戲言嘗語人云卿能得我一妄語則謝卿以一縑衆共伺之不能記也

陳歐陽頠爲廣州刺史征南將軍初交州刺史袁曇

緩密以金五百兩寄頠令以百兩還合浦太守龔爲四百兩付兒智矩餘人弗之知也頠尋爲肅勃所破資財並盡唯所寄金獨在曇緩亦尋卒至是頠並依信還之時人莫不嘆伏其重然諾如此

殷不佞爲散騎常侍兼尚書右丞不佞事寡嫂張氏甚謹所得祿俸不入私室

後魏崔降宗爲大將軍府長史仁信待物出以至誠故見重於世也

辛穆字叔宗舉茂才爲雍州別駕初隨父在下邳與彭城陳敬文友善敬文弟敬武少爲沙門從師遠學經久不反敬文病臨卒以雜綾二十疋寄穆與敬武穆久訪不得經二十餘年始於雒陽見敬武以物還之封題如故世稱其廉信

趙柔少以德行知名爲河内太守柔嘗在路得人所遺金珠一貫價直數百縑柔呼主還之後有人遺柔鏵數百枚與子善明鬻之於市有人從柔買素絹二十疋有商人知其賤與柔三十疋善明欲取之柔曰與人交易一言便定豈可以利動心也遂與之搢紳之流聞而敬服

鹿悆嘗詣徐州馬疲附船而至大梁夜睡從者上岸

竊禾四束以飼其馬船行數里悆覺問得禾之處從者以告悆大忿即停船上岸至取禾處以縑三丈置禾束下而反後至梁州刺史

趙琰天水人皇興中京師儉婢簡粟糴之琰遇見切責勑留輕粃嘗送子應冀州聘室從者於路邊得一羊行三里而琰知之令送於本處又遇路傍主人設羊羹琰訪知盜殺卒辭而不食遣人買耜刃得剩六百琰令送還刃主刃主高之義而不受琰命委之而去後至淮南王府長史

後周寇雋性廉恕不以財利爲心家人曾賣物與人

而剩得絹五疋雋於後知之乃曰惡木之陰不可暫息盜泉之水無容誤飲得財失行吾所不取也遂訪主還之其雅志如此後至驃騎將軍開府儀同三司

隋張虔威爲謁者大夫攝江都贊治嘗在途見一遺囊恐其主永失因令左右負之而後數日物主來認悉以付之

趙軌開皇初爲齊州別駕其東鄰有桑椹落其家軌遣人悉拾還其主誡其諸子曰吾非此求名意者非機杼之物不願侵人汝等宜以爲誡爲原州總管司馬在道夜行其左右馬逸入田中暴人禾軌駐馬待

明訪禾主酬直而去原州人吏聞之莫不改操

唐于邵爲太子賓客性孝悌內行脩絜老而彌篤

武儒衡字庭碩才度俊偉氣直貌莊言不妄發與人交友終始不渝

班肅長慶元年自前坊州刺史爲司封員外郎時宰臣上言曰將欲清風俗必在厚人倫竊見皇甫鎛專權位盛時班行之中多所親附及得罪後議論立變憎嫉如讎俗之衰薄一至於此唯班肅以曾爲郎官判度支案始終如一獨送出城周行之閒多美其事今郡秩已罷望授一省官以表其行故有是拜

後唐趙光逢爲司空平章事以疾辭授司徒致仕嘗有女冠寄黃金一鎰於其室家併屬離亂女冠委化於他土後二十年金無所歸納於河南尹張全義請付諸宮觀其舊封尚在

冊府元龜

巡按福建監察御史臣李嗣京訂正
知閩縣事臣曹昺臣參閱
知建陽縣事臣黃國琦較釋

總錄部三十八

智　智識

智

五恒之性智居其一小則挈瓶是守大則萬物可周彰獨見於未萌爲天下之達德喻於水也動而可樂比諸符也公必是契乃有計慮沉斂立脫身禍機變

互設終求藝勝亦有紓解人難辨明物性知凶咎之至發姦詐之端準若蓍龜通乎芒芴荷以恬而相養防其蔽而弗蕩庶可尙也已

管仲得於魯魯束縛而檻之使役人載而送之齊皆謳歌而引管子恐魯之止而殺已也欲速至齊因謂役人曰我爲汝歌汝爲我和其所唱適宜徒役人不倦而取道甚遠

孫臏至齊田忌客待之齊諸公子馳逐重射孫子見其馬足不甚相遠馬有上中下輩於是孫子謂田忌曰君第重射臣能令君勝田忌信然之與王及諸公子逐射千金及臨質孫子曰今以君之下駟與彼上駟取君上駟與彼中駟取君中駟與彼下駟旣馳三輩畢而田忌一不勝而再勝卒得王千金於是忌進孫子於威王

樗里子者名疾秦惠王之弟也樗里子滑稽多智秦人號曰智囊

漢陳平事項王懼誅而平身間行仗劍亡渡河船人見其美丈夫獨行疑其亡將要下當有寶器金玉因之欲殺平心恐廼解衣臝而佐刺船（自露其形示無所懷挾）船人知其無有廼止平遂至修武降漢

鼂錯爲太子家令（茂陵中書太子家令秩八百石）以其辯得幸太子太子家號曰知囊（言其一身所有皆是智筭若囊之盛物也）

魯康王莽時爲羲和有權數號曰智囊（康設六筦之法以窮工商故曰權數）

後漢任文公巴郡閬中人也公孫述時武擔石折文公曰噫西州智士死我乃當之自是常會聚子孫設酒食後三月果卒故益部爲之語曰任文公智無雙

魏賈詡武威姑臧人察孝廉爲郎疾病去官西還至汧道遇叛氐同行數十人皆爲所執詡曰我段公外孫也汝別埋我我家必厚贖之時太尉段熲昔久

爲邉將威震西土故詡假以懼氐氐果不敢害與盟而送之其餘悉死詡實非賈甥權以濟事咸此類也

桓範爲大司農出赴曹爽蔣濟言於晉宣帝曰智囊往矣

晉習鑿齒爲桓温府從事温有大志追蜀人知天文者問國家祚運修短答云世祀方永温不悦乃止異日送絹一疋錢五千文以與之星人乃馳詣鑿齒曰家在益州被命遠下今受旨自裁無羿致其骸骨緣君仁厚乞爲標碣棺木耳鑿齒問其故星人曰賜絹一疋令僕自裁惠錢五千以買棺耳鑿齒曰君幾誤

死君嘗聞干支星宿有不覆之義乎此以絹戲君以錢供道中資是聽君去耳星人大喜明便詣温別温問去意以鑿齒言答温笑曰鑿齒憂君誤死君定是誤活然徙三十年看儒書不如一詣習主簿

宋戴顒有高名居於吳先是漢世始有佛像形制未工父逵時善其事顒亦參焉宋世子鑄丈六銅像於瓦棺寺既成面恨瘦工人不能治乃迎顒看之顒曰非面瘦乃臂胛肥耳既銷減臂胛瘦患即除無不歎服

陳蔡徵爲尚書大建中麥鐵杖結聚爲群盜廣州刺史歐陽頠俘之以獻沒爲官戶配執御傘每罷朝後行百餘里夜至南徐州踰城而入行火光刼盜旦還及牙時仍又執傘如此者十餘度物主識之州以狀奏朝士見鐵杖每旦嘗在不之信也後數告變徵曰此可驗耳於伏下特賺一百金求人送詔書與南徐州刺史鐵杖出應募齎勅而往明旦及奏事宣帝曰信然爲盜明矣

後魏李惠爲雍州刺史征南大將軍長安大將惠長於思察雍州廳事有燕爭巢鬬已累日惠令人掩獲試命綱紀斷之並辭曰此乃上智所測非下愚所知

惠乃使卒以弱竹彈兩燕既而一去一留惠笑謂吏屬曰此留者自計爲巢功重彼去者既經楚痛理無留心群下伏其深察

智識

易曰惟幾者能成天下之務詩曰既明且哲其智識之謂乎乃有識明内蘊通敏無滯極表微之至慮兆未萌之獨見深究得失之理先知言動之賾見義必爲而事以撥濟度德而舉而身無悔吝避泰盛之寵畫解紛之策定辭發論可以垂於世範臨危決機于以適乎時變用能洞人倫之情僞著方策之龜鑒非

夫挺周物之淵識稟生民之上智奚以及是哉

重館人（傳無姓名）魯人也僖公三十一年晉文公分曹地以賂諸侯魯使臧文仲往宿重館（高平方與縣西北有重鄉城）重館人告曰晉新得諸侯必親其共不速行將無及也從之分曹地自洮以南東傳於濟盡曹地也（濟水自滎陽東過魯之西樂安入海）

孫叔敖遇狐丘丈人狐丘丈人謂之曰僕聞之有三利必有三患子知之乎孫叔敖蹙然易容曰小子不敏何足以知之敢問何謂三利何謂三患狐丘丈人曰夫爵高者人妬之官大者主惡之祿厚者怨處之

之謂也孫叔敖曰不然吾爵益高吾志益下吾官大吾心益小吾祿厚吾施益博可以免於患狐丘丈人曰善哉言乎堯舜其猶病諸

淳于髡齊人也博聞彊記學無所主其諫說慕晏嬰之爲人也然而承顏觀色爲務客有見髡於梁惠王惠王屏左右獨坐而再見之終無言也惠王怪之以讓客曰子之稱淳于先生管晏不及及見寡人寡人未有得也豈寡人不足爲言邪何故哉客以謂髡髡曰固也吾前見王王志在驅逐後復見王王志在音聲吾是以默然客具以報王王大駭曰嗟乎淳于先生誠聖人也前淳于先生之來人有獻善馬者寡人未及視會先生至後先生之來人有獻謳者未及試亦會先生之來寡人雖屏人然私心在彼有之後淳于髡見一語連三日三夜無倦惠王欲以卿相位待之髡因謝之

馮驩齊人既見孟嘗君居朞年無所言孟嘗君時相齊封萬戶於薛其食客三千人邑入不足以奉客使人出錢於薛歲餘不入貸錢者多不能與其息客奉將不給孟嘗君憂之問左右何人可使收債於薛者傳舍長曰代舍客馮公形容狀貌甚辯長者無他伎

（亦作枝）能宜可令收債孟嘗君乃進馮驩而請之曰賓客不知文不肖幸臨文者三千餘人邑入不足以奉賓客故出息錢於薛歲不入民頗不與其息今客食恐不給願先生責之馮驩曰諾辭行至薛召取孟嘗君錢者皆會得息錢千萬乃多釀酒買肥牛召諸取錢者能與息者皆來不能與息者亦來皆持取錢之券書合之齊爲會日殺牛置酒酒酣乃持券如前合之能與息者與爲期貧不能與息者取其券而燒之曰孟嘗君所以貸錢者爲民之無者以爲本業也所以求息者爲無以奉客也今富給者以要期貧窮者

燔券書以捐之諸君彊飲食有君如此豈可負哉坐者皆起再拜孟嘗君聞馮驩燒券書怒而使使召驩至孟嘗君曰文食客三千人故貸錢於薛文奉邑少而民尚多不以時與其息客食恐不足故請先生收責之聞先生得錢即以多具牛酒而燒券書何驩曰然不多具牛酒即不能畢會無以知其有餘不足有餘者爲要期不足者雖守而責之十年息愈多急即以逃亡自捐之若急終無以償上則爲君好利不愛士民下則有離上抵負之名非所以厲士民彰君聲也焚無用虛債之券捐不可得之虛計令薛民

親君而彰君之善聲也君有何疑焉孟嘗君乃拊手而謝之

漢田肯以高祖六年既執楚王韓信肯賀帝曰甚善陛下得韓信又治秦中治謂都之也秦中謂關中秦地也秦形勝之國也得形勢之勝便也帶河阻山縣隔千里縣音懸此本古之縣字耳後人轉用爲州縣字乃更加心以別之非常借音持戟百萬秦得百二焉百二得百中之二二萬人也秦地險固二萬人足當諸侯百萬人也地勢便利其以下兵於諸侯譬猶居高屋之上建瓴水也瓴盛水瓶也居高屋之上而播瓴水言其向下之勢易也建音居偃反夫齊東有琅邪即墨之饒二縣近海財用之所出南有泰山之固西有濁河之限齊西有平原河水東北過高唐高唐即平原也孟津號河東故曰濁河也北有渤海之利地方二千里持戟百萬縣隔千里之外齊得十二焉秦得百二者二萬人當諸侯百萬人也齊得十二者二十萬人當諸侯百萬也所以言縣隔千里之外者除去秦地而齊乃與諸侯計利焉此東西秦也非親弟子莫可使王齊者帝曰善賜黃金五百斤

田叔爲雲中守後數歲坐法失官梁孝王使人殺漢議臣爰盎景帝召叔案梁具得其事還報帝曰梁有之乎對曰有之事案在按其文狀也叔曰上無以梁事爲問也言不須更論之也今梁王不伏誅是廢漢法也如其伏誅太后食不甘味臥不安席此憂在陛下於是帝大

賢之以爲魯相

韓安國字長孺爲御史大夫時田蚡與竇嬰廷辯蚡已罷朝出止車門召安國載韓安國也載謂與乘車怒曰與長孺共一禿翁何爲首鼠兩端禿翁言嬰無官位扳援也首鼠一前一却也安國良久謂蚡曰君何不自喜何不自讓遜爲可喜之事也喜音許吏反夫魏其毀君君當免冠解印綬歸歸印綬於天子也曰臣以肺腑幸得待罪固非其任魏其言皆是如此帝必多君有讓多猶重也不廢君魏其必媿杜門齰舌自殺杜塞也齰齧也音仕客反今人毀君君亦毀之譬如賈豎女子爭言何其無大體也蚡謝曰爭時急不知出此於是帝使御

史籌責嬰（籌責以文籌一一責之）
疏廣宣帝時爲太子太傅兄子受爲太子少傅俱乞
骸骨帝加賜黄金二十斤太子贈五十斤廣旣歸鄉
里日令家共具設酒食（日日設之也共讀曰供）請族人故舊賓
客相與娛樂數問其家金餘尚有幾所趣賣以共具
（幾所猶言幾許也）居歲餘廣子孫竊謂其昆弟老人廣所愛
信者曰孫幾及君時頗立產業基址今日飲食廢且
盡宜從丈人所勸說君買田宅（宜令意自從丈人所出無泄我言也丈人
嚴莊之稱也故親而老者皆稱也）老人卽以閒暇時爲廣言此計廣
曰吾豈老誖不念子孫哉（誖惑也）顧自有舊田廬（顧思念也）

冊府元龜　總錄部　智識　卷之七百八十八　九

令子孫勤力其中足以共衣食與凡人齊今復增益
之以爲贏餘但教子孫怠惰耳賢而多財則損其志
愚而多財則益其過且夫富者衆之怨也吾旣亡以
教化子孫不欲益其過而生怨又此金者聖主所以
惠養老臣也故樂與鄉里宗族共受其賜以盡吾餘
日不亦可乎於是族人悅服皆以壽終
後漢馬援初爲隗囂綏德將軍囂甚敬重之與決謀
籌策是時公孫述稱帝於蜀囂使援往觀之援素
與述同里閈相善以爲旣至當握手歡如平生而述
盛陳陛衛以援入交拜禮畢使出就館更爲援製都
布單衣交讓冠會百官於宗廟中立舊交之位述鸞
旗旄騎警蹕就車磬折而入禮饗官屬甚盛欲授援
以封侯大將軍位賓客皆樂留援曉之曰天下雄雌
未定公孫不吐哺走迎國士與圖成敗反修飾邊幅
如偶人形此子何足久稽天下士乎因辭國歸囂曰
子陽井底蛙耳而妄自尊大不如專意東方
樊儵特進宏之子也明帝時爲長水校尉封燕侯儵
弟鮪爲子賞求娶楚王英女敬鄉公主儵聞而止之
曰建武時吾家並受榮寵一宗五侯時特進一言女
可以配王男可以尚主但以貴寵過盛卽爲禍患所

冊府元龜　總錄部　智識　卷之七百八十八　十

不爲也且爾一子柰何棄之於楚乎鮪不從其後楚
事發覺帝追念儵謹恪又聞其止婚事故其諸子得
不坐
鄭衆字仲師興之子建武中皇太子及山陽王荆因
虎賁中郎將梁松以縑帛聘請衆欲爲通義引籍出
入殿中衆謂松曰太子儲君無外交之義漢有舊防
蕃王不宜私通賓客遂辭不受松復諷衆以長者意
不可逆衆曰犯禁觸罪不如守正而死太子及荆聞
而奇之亦不彊也及梁氏事敗賓客多坐之唯衆不
染於辭位大司農

焉組父煥安帝時爲幽州刺史疾忌姦惡數致其罪
時玄菟太守姚光亦失人和建光元年怨者乃詐作
璽書譴責煥光賜以歐刀又下遼東都尉龐奮使速
行刑奮卽斬光收煥煥欲自殺組疑詔文有異止煥
曰大人在州志欲去惡實無他故必是凶人妄詐規
肆姦毒願以事自上甘罪無晚煥從其言上書自訟
果詐者所爲徵奮抵罪會煥病死獄中帝愍之賜煥
光錢各十萬以子爲郎中組繇是知名
折像廣漢雒人也父國有貲財二億家僮八百人及
國卒像感多藏厚亡之義乃散金帛資產周施親疎

或譏像曰君三男兩女孫息盈前當增益產業何爲
坐自單竭乎像曰昔鬭子文有言我乃逃禍非避富
也吾門戶殖財日久盈滿之咎道家所忌今世將衰
子又不才不仁而富謂之不幸牆隙而高其摧必疾
也智者聞之咸服焉
徐穉豫章南昌人嘗爲太尉黃瓊所辟不就及瓊卒
歸葬穉乃負糧徒步到江夏赴之設雞酒薄祭哭畢
而去不告姓名時會者四方名士郭林宗等數十人
聞之疑其穉也乃選能言語生茅容輕騎追之及於
塗容爲設飯共言稼穡之事臨訣去謂容曰爲我謝
郭林宗大樹將顛非一繩所維何爲栖栖不遑寧處
顛仆也維繫也喻時將衰季豈一人可能救邪
孟敏字叔達鉅鹿陽氏人客居太原荷甑墮地不顧
而去郭林宗見而問其意對曰甑已破矣視之何益
林宗以此異之因勸令遊學
鄭泰字公業河南開封人何進爲大將軍輔政徵用
名士以公業爲尚書侍郎遷侍御史進將誅閹宦欲
召并州牧董卓爲助泰謂進曰董卓彊忍寡義志欲
無厭若藉之朝政授以大事將恣凶慾必危朝廷明
公以親德之重據阿衡之權秉意獨斷誅除有罪誠

宜假卓以爲資援也且事留變生殷鑒不遠又爲陳
時務之所急數事進不能用乃棄官去謂潁川人荀
攸曰何公未易輔也進尋見害卓果作亂
魏劉劭廣平人漢末爲計吏詣許建安中將正會而
太史上言正旦當日蝕朝士疑會否共諸尚書令荀
彧時劭在坐曰梓愼禆竈古之良史猶占水火錯失
天時諸侯旅見天子入門不得終禮者四日蝕在一
然則聖人垂制不爲變異豫廢朝禮者或災消異伏
或推術謬誤也彧及衆人咸善而從之遂朝會如舊
日亦不蝕劭繇此顯名位散騎常侍

司馬朗河内温人漢末關東兵起故冀州刺史李邵家居野王近山險欲徙居温朗謂邵曰脣齒之喻豈唯虞虢温與野王即是也今去彼而居此是爲避朝士之期耳且君國人之望也今寇未至而先徙帶山之縣必駭是搖動民之心而開姦宄之原也竊爲郡内憂之邵不從邊山民果亂内徙或爲寇鈔朗位至兖州刺史

婁圭字子伯少與太祖有舊會天下義兵起子伯亦合衆與劉表相依後歸太祖遂爲所待軍國大計當與焉劉表亡太祖向荆州表子琮降以節迎太祖諸

將皆疑詐太祖以問子伯子伯曰天下擾攘各貪王命以自重今以節來是必至誠太祖曰大善遂進兵位大將

劉曄字子揚淮南城悳古德字人太祖徵曄及蔣濟胡質等五人皆揚州名士每舍亭傳未曾不講所以見重内論國邑先賢禦賊固守行軍進退之宜外料敵之變化彼我虛實戰爭之術夙夜不懈而曄獨卧車中終不一言濟怪而問之曄答曰對明主非精神不接精神可學而得乎及見太祖太祖果問揚州先賢賊之形勢四人爭對待次而言再見如此太祖每和悦而曄終不一言四人笑之後一見太祖止無所復問曄乃設遠言以動太祖太祖適知使止若是者三其旨趣以爲遠言宜微精神獨見以盡其機不宜於猥坐說也太祖已探見其心矣坐罷尋以四人爲令而授曄以心腹之任每有疑事輒以函問曄至一夜數十至位至太中大夫

蔣濟楚國平阿人仕郡計吏州別駕使於譙太祖問濟曰昔孤與袁本初對官渡徙燕白馬民民不得走賊亦不敢鈔今欲徙淮南民何如濟對曰是時兵弱賊强不從必失之自破袁紹北拔柳城南向江漢荆

州交臂威震天下民無他志然百姓懷土實不樂徙懼必不安太祖不從而江淮間十餘萬衆皆驚走吳後濟使詣鄴太祖迎見大笑曰本但欲使避賊今更驅盡之拜濟丹陽太守

楊阜天水人凉州刺史韋康辟爲別駕參軍事馬超之戰敗渭南也走保諸戎太祖追至安定而蘇伯反河間將引軍東還阜時奉使言於太祖曰超有信布之勇甚得羌胡心西州畏之若大軍還不嚴爲之備隴上諸郡非國家之有也太祖善之而軍還倉卒爲備不周超率諸戎渠帥以擊隴上郡縣隴上郡縣皆

應之
桓階字伯緒長沙臨湘人也仕郡功曹太守孫堅舉階孝廉除尚書郎後太祖與袁紹相拒於官渡劉表舉州以應紹階說其太守張羨曰夫舉事而不本於義未有不敗者也故齊桓率諸侯以尊周晉文逐叔帶以納王今袁氏反此而劉牧應之取禍之道也明府必欲立功明義全福遠禍不宜與之同也羨曰然則何如而可階曰曹公雖弱仗義而起救朝廷之危奉王命而討有罪孰敢不服今若舉四郡保三江以待其來而爲之內應不亦可乎羨曰可乃舉長沙及

旁三郡以拒表遣使詣太祖太祖大悅會紹與太祖連戰軍未得南而表急攻羨羨病死城陷階遂自匿久之太祖定荊州聞其爲張羨謀也異之辟爲丞相掾主簿
徐宣爲丞相東曹掾出爲魏郡太守太祖終於雒陽群臣入殿中發哀或言可易諸城守用譙沛人宣厲聲曰今者遠近一統人懷效節何必譙沛而沮宿衛者心文帝聞曰所謂社稷臣也
鄧艾爲汝南太守吳諸葛恪圍合肥新城不克退歸艾言於司馬景王曰孫權已沒大臣未附吳名宗大族皆有部曲阻兵仗勢足以建命恪新秉國而內無其主不念撫恤上下以立根基競於外事虐用其民悉國之衆頓於堅城死者萬數載禍而歸此恪獲罪之日也昔子胥吳起商鞅樂毅皆見任時君主沒而敗況恪才非四賢而不知大患其亡可待也恪歸果見誅
陳騫尚書令矯之次子也明帝時劉曄以先進見幸因譖矯專權矯懼以問長子本本不知所出騫曰主上明聖大人大臣今若不合不過不作公耳後數日帝見矯矯又問二子騫曰陛下意解故見大人也既

入盡日帝曰劉曄構君朕有以迹君朕心故已了以金五餅授之矯辭帝曰豈以爲小惠君已知朕心顧君妻子未知故也騫後仕晉爲大司馬
張緝字敬仲嘗對司馬大將軍料諸葛恪雖得勝於邊上見誅不久大將軍問其故緝云威震其主功蓋其國欲不死可得乎及恪從合肥還吳果殺之大將軍聞恪死謂衆人曰諸葛恪多輩耳近張敬仲懸論恪謂必見殺今果然如此敬仲之智爲勝恪也位光祿大夫
蜀諸葛亮瑯琊人從父玄與劉表有舊玄往依之表

長子琦亦深器亮表受後妻言愛少子琮而長子琦不自寧嘗與亮謀自安之術亮初不對後乃共升高樓因令去梯謂亮曰可以言未亮答曰君不見申生在內而危重耳居外而安乎琦意感悟陰規出計會表將江夏太守黃祖死得出遂爲江夏太守亮後位丞相

龐統字士元襄陽人郡命爲功曹性好人倫勤於長養每所稱述多過其才時人怪而問之統答曰當今天下大亂雅道陵遲善人少而惡人多方欲興風俗長道業不美其譚卽聲名不足慕企而善者少矣今

拔十失五猶得其半而可以崇邁世教使有志者自勵不亦可乎

晉鄧騫字長真長沙人少有志氣爲鄉里所重嘗推誠行己能以正直全於多難之時刺史譙王承命爲主簿使說甘卓卓留爲参軍欲與同行以母老辭卓而反承爲魏乂所敗以虞悝兄弟爲承黨乂盡誅之而求騫甚急鄉人皆爲之懼騫笑曰欲用我耳彼新得州多殺忠良是以求賢之時豈以行人爲罪乃往詣乂乂喜曰君所謂古之解揚也以爲別駕

范汪弱冠至京師屬蘇峻作難王師敗績汪乃遁逃西歸庾亮温嶠屯兵尋陽時行李斷絶莫知峻之虛實或恐賊強未敢輕進及汪至嶠等訪之汪曰賊政令不一貪暴縱橫滅亡已兆雖彊易弱朝廷有倒懸之急宜時進討嶠深納之是日護軍平南二府禮命交至始解褐参護軍軍事

陳元達字長宏爲前趙劉元海黃門侍郎初元海之爲左賢王聞而招之元達不答及元海僭號人謂元達曰往劉君相屈君蔑而不顧今稱號龍飛君其懼乎元達笑曰是何言邪彼人姿度卓犖有籠羅宇宙之志吾固知之乂矣然往日所以不往者以期運未

至不能無事喧喧彼亦自知有以亮吾矣卿但識之吾恐不過二三日驛書必至及暮元海果徵元達爲黃門郎人曰君殆聖乎

古成詵南安人爲後秦姚萇尚書郎初關西雄傑以苻氏既終萇雄略命世天下之事可一旦而定萇旣與苻登相持積年數爲登所敗遠近咸懷去就之計左僕射尹緯與姚晃謂詵曰苻登窮寇歷年未滅姦雄鴟峙所在糾扇夷夏皆貳將若之何詵曰主上權略無方信賞必罰賢能之士咸懷樂推豈慮大業不成氐賊不滅乎緯曰登寇未滅姦雄所在扇合吾等

寧無懼乎詵曰三秦天府之國主上十分已有其八今所在可慮者苻登楊定雷惡地耳自餘瑣瑣焉足論哉然惡地地狹衆寡不足爲憂苻登藉烏合犬羊偷存假息料其智勇非至尊之匹霸王之起必有驅除然後剋定大業昔漢魏之興也皆十有餘年乃能一同於海內五六年間未爲久也主上神略內明英武外發可謂無敵於天下耳取登有餘力願布德行仁招賢納士厲兵秣馬以候天機如其鴻業不成者詵請釁斬以謝明公緯言之於萇萇大悅賜詵爵關內侯

宋范泰字伯倫荆州刺史王忱泰外弟也請爲天門太守忱當有意立功謂泰曰今城池旣立軍甲亦克將欲掃除中原以伸宿昔之志伯通意銳伯通南蠻校尉殷覬字也當令擁戈前驅以君持重欲相委留事何如泰曰百年逋冠前賢挫屈者多矣功名雖貴鄙生所不敢謀

栁世隆爲護軍將軍張緒問曰觀君舉措當以清名遺子孫世隆答曰一身之外亦復何須子孫不才將爲爭府如其才也不如一經

張邵字茂宗王謐爲揚州召邵爲主簿時劉毅爲亞相愛才好士當世莫不輻湊獨邵不往或問之邵曰主公命世人傑何煩多問劉穆之聞以白武帝益親之

蔡興宗除南郡太守兼荆州事不行時前廢帝凶暴興宗外甥袁顗爲雍州刺史勸興宗行曰朝廷形勢人所共見在內大臣朝夕難保舅今出居陝西爲八州事顗在襄沔地勝兵強去江陵咫尺水陸通便若朝廷有事可共桓文之功豈與受制凶狂禍難不測同年而語乎今不去虎口而守此危逼求復豈得哉興宗曰吾素門平進與主上甚疏未容有患宮省內

外人不自保會應有變若內難得弭外釁未必可量汝欲在外求全我欲居內免禍各行所見不亦善乎時京城危懼衣冠咸欲遠徙後皆流離外難百不一存

南齊劉善明從弟僧副爲宋安城王撫軍參軍蒼梧肆暴太祖憂恐嘗令僧副微行伺察聲論使僧副密告善明及東海太守垣崇祖曰人多見勸北固廣陵恐一旦動足非爲嘗筭今秋風行起卿若能與垣東海微共動虜則我諸計可立明善曰宋氏將亡愚智所辨胡虜若動反爲公患公神武世出唯當靜以待

之因機奮發功業自定不可遠去根本自貽猖蹷遂
部曲從兒數十人隨僧副還請領軍府太祖納之蒼
梧廢徵善明爲冠軍將軍
裴昭明河東聞喜人建武初爲廣陵太守代還嘗謂
人生事須聚蓄一身之外亦復何須子孫若不才我
聚彼散若能自立則不如一經故終身不治產業
梁徐勉爲中書令雖居顯位不營產業家無蓄積俸
祿分贍親族之窮乏者門人故舊或從容致言勉乃
答曰人遺子孫以財我遺之以清白子孫才也則自
致輜軿如其不才終爲他有

陳何之元初仕梁爲信義令宗人敬容者勢位隆重
頻相顧訪之元終不造焉或問其故之元曰昔楚人
得寵於觀起有馬者皆亡夫德薄任隆必近覆敗吾
恐不獲其利而招其禍識者以是稱之
後魏高允領著作郎遼東公翟黑子有寵於太武奉
使并州受布千疋事尋發黑子請計於允曰主上問
我首與諱乎允曰公帷幄寵臣答詔宜實又自告忠
誠罪必無慮中書侍郎崔鑒公孫質等咸言首實罪
不可測宜諱之黑子以鑒等爲親已而反怒允曰如
君言誘我死何其不直遂與允絶黑子以不實對爲
太武所疎終獲戮死
崔光爲黃門與馮聿俱直聿廢后同產兄也光謂之
曰君家富貴太盛終必衰敗聿云我家何負四海乃
咒我也光云以古推之不可不慎時聿兄熙爲太保
兄誕司徒太子太傅修侍中尚書聿黃門廢后在位
禮愛未弛是後歲餘修以罪去熙誕喪亡后廢聿退
時人以爲盛極必衰也
北齊王晞字叔朗孝昭初封恒山公晞以選爲友孝
昭即位後爲太子太傅帝欲以爲侍中苦辭不受或
勸晞勿自踈晞曰我少年以來閱要人多矣充詘少

時鮮不敗績且性實踈緩不堪時務人主恩私何由
可保萬一披猖求退無地非不愛作熱官但思之爛
熟耳
邢劭字子才有書甚多而不甚讎校嘗笑曰何愚之
甚天下書至死讀不可遍焉能復校此且誤書思之
更是一適妻弟李季節才學之士謂子才曰世間人
多不聰明思誤書何由能得子才曰若思不能得便
不勞讀書子才位至特進
後周薛憕初仕後魏普泰中爲伏波將軍及齊神武
起兵憕乃東遊陳梁間謂族人孝通曰高歡阻兵陵

上喪亂方始關中形勢之地必有霸王居之乃與孝通俱遊長安侯莫陳悅聞之召爲行臺郎中徐鎮遠將軍步兵較尉及悅害賀拔岳軍人咸相慶慰憕獨謂所親日悅才略本寡輒害良將敗亡之事其則不遠吾屬今即爲人所虜何慶慰之有乎聞者以憕言爲然乃有憂色尋而太祖平悅引憕爲記室參軍

馮景字長明在魏時梁人寇抄徐揚景謂蕭寶寅曰今梁寇憑凌朝廷思靖邊之將王若能先驅效命非唯雪家國之耻亦是保身之長策也寶寅深然之及寶寅爲大都督以景爲功曹參軍

賀若敦東魏潁州長史統之子初統謀執刺史田迅歸順慮事不果又以累弱既多難以自援沉吟者久之敦時年七十乃進策曰大人往事葛榮已爲將帥後入爾朱禮遇尤重韓陵之後屈節高歡既非故人又無功効今日委任無異於前者正以天下未定方藉英雄之力一旦清平豈有相容之理以敦愚計恐將來有危亡之憂願思全身遠害不得有所顧念也統流涕從之遂定謀歸太祖位中州刺史

楊略乾運之兄子也初乾運爲梁武陵王蕭紀所署梁州刺史鎮潼州封萬春縣公邑四千戶時紀與其兄湘東王繹爭帝遂連兵不息略謂乾運曰自侯景逆亂江左沸騰今大賊新平生民離亂理宜同心戮力保國寧民今乃兄弟尋戈取敗之道也可謂朽木不可雕世衰難以佐古人有言危邦不入亂邦不居又云見機而作不俟終日今者適彼樂土送款關中必當功名兩立貽慶於後乾運深然之後至京師太祖喜其忠款禮遇隆渥

王羆爲右將軍除西河內史辭不拜時人謂之曰西河大邦俸祿重厚何爲致辭羆曰京雒材木盡出西河朝貴營第宅者皆有求假如其私辦即力所不堪

若科發民間又違法憲以此辭耳

隋劉炫字光伯少以聰敏見稱開皇中典較書史吏部尚書王弘嘗從容問炫曰案周禮士多而府史少今令史百倍於前判官減則不濟其故何也炫對曰古人委任責成歲終考其殿最案不重較文不繁悉府史之任掌要目而已今之文簿嘗慮覆治鍛鍊若其不密萬里追證百年舊案故諺云老吏抱案死今古不同若此之相懸也事繁政弊職此之繇弘又問魏齊之時令史從容而已今則不遑寧捨其事何繇炫對日齊氏亡州不過數十三府行臺遞相統領文

書行下不過十條今州三百其繁一也往者州唯置綱紀郡置守丞縣唯置令而已其所具寮則長官自辟受詔赴任每州不過數十今則不然大小之官悉繇吏部纖介之跡皆屬考功其繁二也省官不如省事省事不如清心官事不省而望從容其可得乎弘甚善其言而不能用

唐房玄齡在隋時嘗隨父彦謙至京師時天下寧晏論者咸以爲國祚方永玄齡乃避左右而告父曰隋帝本無功德但誑惑黔黎不爲後嗣長計混淆嫡庶使相傾奪儲后藩枝競崇淫侈終當內相誅夷不足

保全宗國今雖清平亡可翹足而待彦謙驚而異之彦謙有才識開皇中見平陳之後天下一統論者咸云將致太平謙私謂所親趙郡李少通曰主上性多忌尅不受諫諍太子卑弱諸王擅威在朝唯行苛酷之政未弘遠大之體天下雖安方憂危亂少通切謂不然及仁壽大業之際其言皆驗　位至司空

張嘉貞雖久歷淸要然不立田園及在定州所親有勸田業者嘉貞曰吾忝歷官榮曾任國相未死之際豈憂饑餒若負譴責雖富田莊亦無用也比見朝士廣占良田身沒之後皆爲無賴子弟作酒色之資甚無謂也聞者皆歎伏位至中書令

薛克構爲戶部郎中族子紹陽城公主子也尚太平公主紹之將婚也兄顗以公主寵盛深憂之以問克構克構曰帝甥尚主繇來故事若以恭愼行之亦何懼也然室有傲婦善士所惡故鄙諺曰娶婦得公主平地買官府遠則平陽蓋主妖孽致敗近則新城晉安爲時所誡吾聞新城以病而卒夫子受其戮辱晉安之醜迹上聞有勑推案其事沂州司法李思齊有司禦獨孤元康等以穢汚之狀同時配流决杖者十有一人帷簿彰露有如此者非夫天資淑德以配君子欲求無患者難矣哉顗雖大懼而竟不敢言

王昱上官昭容姨弟也神龍中引爲左拾遺昭容附

韋氏通武三思將不利於國昱謂上官母鄭氏曰主上往在房州則武氏得志矣今有天命所以能興天之所與不可二也武三思有異志天下知之必不能成昭容爲上所信而附會三思誠破家之徵願姨思之鄭以爲然言於上官上官怒曰昱之謬言不復信矣及三思被誅李多祚於玄武樓下索韋氏及上官等首及兵釋上官氏驚懼以昱言而有徵遂廻心王室

巡按福建監察御史臣李嗣京訂正
知甌寧縣事臣孫以敬參閲
知建陽縣事臣黄國琦較釋

總録部

知幾

易稱知幾其神又曰幾者事之微也微而可見不亦神乎是故君子處出語默消長盈虚唯道是從不失其正應其速則豈俟乎終日順其義則姑務於隨時不見是圖唯變所適若夫叔世蹇剥禍機紛擾大道

斯隱小人乘器或察言而觀色或入國而審政其或恣苛暴以隳絶人紀樹凶狡以專侮政柄夸辨横起天理棄滅將欲攘美於賢俊盗名於仁義萌朕已見情僞斯得繇是遜辭以防患矯迹以自晦保全始終之分不處嫌疑之地進或屑就退必高翔雖干戈相尋亦能方圓自任矣

周武王封太公於齊營丘東就國道宿行遲逆旅之人曰吾聞時難得而易失客寢甚安殆非就就者也太公聞之夜衣而行黎明至國而萊侯來伐與之爭營丘

孔子繇大司寇攝行相事與聞國政齊人聞而懼曰孔子爲政必霸霸則吾地近焉我爲之先并矣盍致地焉犂鉏曰請先嘗沮之沮之而不可則致地庸遲乎於是選齊國中女子好者八十人皆衣文衣而舞康樂文馬三十駟遺魯君陳女樂馬於魯城南高門外季桓子微服往觀再三將受乃語魯君爲周道游往觀終日怠於政事子路曰夫子可以行矣孔子曰魯今且郊如致膰乎大夫(膰祭肉)則吾猶可以止桓子卒受齊女樂三日不聽政郊又不致膰俎於大夫孔子遂行宿乎屯而師已送曰夫子則非罪孔子曰吾

歌可乎歌曰彼婦之口可以出走彼婦之謁可以死敗(言婦人之請謁足以憂使人死敗故可以出走也)蓋優哉游哉維以卒歲(言仕不遇也故且優游以終歲)師已反桓子曰孔子亦何言師已以實告桓子喟然歎曰夫子罪我以群婢故也夫子遂適衛居頃之或譖孔子於衛靈公靈公使公孫餘假一出一入孔子恐獲罪焉居十月去衛月餘復反靈公夫人有南子者使人謂孔子曰四方之君子不辱欲與寡君爲兄弟者必見寡小君寡小君願見孔子辭謝不得已而見之夫人在絺帷中孔子入門北面稽首夫人自帷中再拜環珮玉聲璆然孔子曰吾鄉

爲弗見見之禮答焉子路不悅夫子矢之曰予所否
者天厭之天厭之見南子者猶文王之拘羑里也天厭之者言我之否屈乃天命所厭
也蔡謨曰矢陳也夫子爲子路陳天命也居衛月餘靈公與夫人同車宦
者雍渠參乘出使孔子爲次乘招搖市過之孔子曰
吾未見好德如好色者也疾時薄於德厚於色故此言也李充曰使好德如好色則棄邪而反正矣於是醜之去過曹孔子既不得用於衛將
西見趙簡子至於河而聞竇鳴犢舜華之死也或作鳴犢
竇犨臨河而歎曰美哉水洋洋乎丘之不濟此命也夫
子貢趨而進曰敢問何謂也孔子曰竇鳴犢舜華晉
國之賢大夫也趙簡子未得志之時須此兩人而後

從政及其已得志殺之乃從政丘聞之也刳胎殺夭
則麒麟不至郊竭澤涸漁則蛟龍不合陰陽覆巢毁
卵則鳳凰不翔何則君子諱傷其類也夫鳥獸之於
不義也尚知避之而況乎丘哉乃還息乎陬鄉作爲
陬操以哀之陬操琴曲名也而反乎衛入主蘧伯玉家他日
靈公問兵陳軍陳行列之法孔子曰俎豆之事則嘗聞之軍
旅之事未之學也萬二千人爲軍五百人爲旅軍旅末事本未立不可教以末也明
日與孔子語見蜚雁仰視之色不在孔子孔子遂行
初衛太叔疾娶於宋子朝疾卿齊也子朝宋人仕衛爲大夫其娣嬖
娣所娶女之娣子朝出出奔孔文子使疾出其妻而妻之疾使

侍人誘其初妻之娣寘於犁犁衛邑而爲之一宮如二
妻文子怒欲攻之訪於仲尼仲尼曰瑚簋之事則嘗
學之矣瑚簋禮器名夏曰瑚周曰簋甲兵之事未之聞也退命駕
而行曰鳥則擇木木豈能擇鳥以鳥自喻文子遽止之曰
圉豈敢度其私訪衛國之難也圉文子名度謀也將止仲尼止
魯人以幣召之乃歸於是自衛反魯樂正雅頌各得其所初陽貨欲見
孔子孔子不見陽貨陽虎也季氏家臣而專魯國之政欲見孔子使仕歸孔子
豚欲使往謝故遺孔子豚孔子時其亡也而往拜之遇諸塗謂
孔子曰來予與爾言曰懷其寶而迷其邦可謂仁乎
曰不可好從事而亟失時可謂知乎曰不可日月逝

矣歲不我與孔子曰諾吾將仕矣
范蠡爲越相與越王勾踐苦身戮力二十餘年竟滅
吳夫差蠡以爲大名之下難以久居且勾踐爲人可
與同患難與處安樂爲書辭勾踐曰臣聞主憂臣勞
主辱臣死昔者君王辱於會稽所以不死爲此事也
今既以雪恥臣請從會稽之誅勾踐曰孤將與子分
國而有之不然將加誅于子范蠡曰君行令臣行意
乃裝其輕寶珠玉自與其私徒屬乘舟浮海以行終
不反
魏公子無忌爲魏將自知再以毁廢乃謝病不朝與

賓客爲長夜飲飲醇酒多近婦人日夜爲樂飲者四
歲竟病酒而卒
范雎魏人秦昭王使謁者王稽於魏王稽載范雎入
秦至湖關望見車騎從西來范雎曰彼來者爲誰王
稽曰秦相穰侯東行縣邑范雎曰吾聞穰侯專秦權
惡内諸侯客此恐辱我我寧且匿車中有頃穰侯果
至勞王稽因立車而語曰關東有何變曰無有又謂
王稽曰謁君得無與諸侯客子俱來乎無益徒亂人
國耳王稽曰不敢即別去范雎曰吾聞穰侯智士也
其見事遲鄉者疑車中有人忘索之於是范雎下車

走曰此必悔之行十餘里果使騎還索車中無客乃
已王稽遂與范雎入咸陽雎後代穰侯爲丞相
王翦爲秦將將兵六十萬人代荆始皇自送至灞上
王翦行請美田宅園池甚衆始皇曰將軍行矣何憂
貧乎王翦曰爲大王將有功終不得封侯故及大王
之嚮臣臣亦及時以請園池爲子孫業耳始皇大笑
王翦既至關使使還請善田者五輩（善一作蕃）或曰將軍
之乞貸亦已甚矣王翦曰不然夫秦王怚（音麄）而不信
人（怚一作粗）今空秦國甲士而專委於我我不多請田宅
爲子孫業以自堅顧令秦王坐而疑我矣

漢叔通薛人（薛縣名屬魯國）秦時以文學徵待詔博士（於博士中
待詔）數歲陳勝起二世召博士諸儒生問曰楚戍卒攻
蘄入陳於公何如博士諸生三十餘人前曰人臣無
將將則反罪死無赦（將有其意）願陛下急發兵擊之二世
怒作色（不許其言陳勝爲反作色謂變動其色）通前曰諸生言非夫天
下爲一家毀郡縣城鑠其兵示天下弗復用（鑠銷也）且
明主在上法令具於下吏人人奉職四方輻輳（輳聚也言
如車輻之聚於轂也字或作湊並音千豆切）安有反者此特群盜鼠竊狗
盜（如鼠之竊如狗之盜）何足置齒牙間哉郡守尉今捕誅何足
憂二世喜盡問諸生諸生或言反或言盜於是二世

令御史按諸生言反者下吏非所宜言諸生言盜者
皆罷之乃賜通帛二十匹衣一襲（一襲上下皆具也今人呼爲一副也）
拜爲博士通已出反舍（還其所居也）諸生曰生何言之諛
也通曰公不知我幾不免虎口（幾音鉅依切）迺亡去之薛
蕭何秦末爲沛主吏掾秦御史監郡者欲從事辨之
（何與共事備辨明何素有方略也秦時無刺史以御史監郡）何乃給泗水卒史（泗水
郡沛所屬也何爲郡卒史）秦御史欲入言徵何可固請得無行（御史
以何明辨欲因入奏事之次言於朝廷徵何用之何心不願以情固請而御史故止得不行也）何位
至相國
陳平封户牖侯高帝末燕王盧綰反樊噲以相國將

兵擊之旣行人有短惡噲者高帝怒用平計詔平乘馳傳載周勃代噲將至軍中卽斬噲二人馳傳未至軍行計曰樊噲帝之故人功多又呂后女弟須夫有親且貴帝以忿怒故欲斬之卽恐後悔寧囚而致上令上自誅之未至軍爲壇以節召噲噲受詔卽反接（反縛兩手也）載諸長安而令周勃代將平行聞惠帝立平恐呂后及呂須怒乃馳傳先去逢使者詔平與灌嬰屯於滎陽平受詔立復馳至宮哭殊悲因奏事喪前呂后哀之曰君出休矣平畏讒之就（就成也言畏讒毒已者得成其計）因固請之得宿衛宮中太后乃以爲郎中令曰傅

教帝（傅相也）是後呂須讒乃不得行

穆生與白生申公爲楚元王中大夫元王敬禮申公等穆生不耆酒（耆讀曰嗜）元王每置酒嘗爲穆生設醴（醴甘酒也少麴多米一宿而熟不齊之）及王戊卽位嘗設後忘設穆生退曰可以逝矣醴酒不設王之意怠不去楚人將鉗我於市（鉗以鐵束頸也音其炎切）稱疾臥申公白生強起之曰獨不念先王之法與（與讀曰歟）今王一旦失小禮何足至此穆生曰易稱知幾其神乎幾者動之微吉凶之先見者也（見音胡電切）君子見幾而作不俟終日先王之所以禮吾三人者爲道之存故也今而忽之是忘道也忘道之人胡可與久處豈爲區區之禮哉遂謝病去申公白生獨留王戊稱淫暴二人諫不聽胥靡之

王仲本瑯琊不其人好明道術明天文諸呂作亂齊哀王襄謀發兵而數問於仲及濟北王興居反欲委兵師仲仲懼禍及乃浮海東奔樂浪山中因而家焉

董仲舒爲膠西相膠西王聞仲舒（素聞其賢也）大善待之仲舒恐其久獲罪病免

金賞爲太僕其妻霍光女也霍氏有事萌牙上書去妻（萌牙者言始有端緒若草之始生）宣帝亦自哀之獨得不坐

陳咸爲尚書平帝時王莽輔政多改漢制咸心非之

及莽因呂寬事誅不附已者何武鮑宣等咸乃嘆曰易稱君子見幾而作不俟終日吾可以逝矣卽乞骸骨去職及莽篡位召咸以爲掌寇大夫謝病不肯應時三子參豐欽皆在位乃悉令解官父子相與歸鄉里閉門不出

後漢崔篆駰之祖父也王莽時太保甄豐舉爲步兵校尉不就後王莽以篆爲建新大尹篆不得已乃歎曰吾生無妄之世值澆羿之君上有老母下有兄弟安得獨潔已而危所生哉乃遂單車到官稱疾不視事三年不行縣

樊宏當更始之立欲以宏爲將宏叩頭辭曰書生不習兵事竟得免歸世祖卽位拜光祿大夫

卓茂爲更始侍中祭酒從至長安知更始政亂以年老乞骸骨歸建武中位至太傅

竇融字周公更始大司馬趙萌薦融爲鉅鹿太守融見更始新立東方尚擾不欲出關而高祖父嘗爲張掖太守從祖父爲護羌校尉從弟亦爲武威太守累世在河西知其土俗獨謂兄弟曰天下安危未可知河西殷富帶河爲固張掖屬國精兵萬騎漢邊郡置屬國一旦緩急杜絶河津足以自守此遺種處也兄弟皆然

之融於是日往守萌守猶求也辭讓鉅鹿圖出河西萌爲言更始乃得爲張掖屬國都尉融大喜卽將家屬而西

賈復爲左將軍封膠東侯知光武欲偃干戈脩文德不欲功臣擁衆京師乃與高密侯鄧禹並剽甲兵敦儒學帝深然之遂罷左右將軍復以列侯就第加位特進剽削也謂削除甲兵

鄭敬爲汝南太守歐陽歙門下掾歲十月享會歙出教曰西部督郵繇延忠貞公方今與諸儒共顯之於朝功曹郅惲愀然曰司正舉觥延恣性貪邪明府以惡爲善股肱以直從曲敬曰君明臣直明府德也歙曰敬奉觥惲歸府稱病延亦自退敬素與惲厚見其言怍歙乃相招去曰子廷爭繇延君猶不納延今雖去其勢必還直心無諱誠三代之道然道不同者不相爲謀吾不能忍見子有不容君之危盍去之乎惲曰孟軻以強其君之所不能爲忠量其君之所不能爲賊惲業已露之矣障君於朝旣有其直而不死職罪也延退而惲又去不可敬乃獨隱於弋陽山中居數月歙果復召延惲於是乃去從敬上魚釣自娛

馬嚴爲陳留太守將之官言於章帝竇固竇勳家不

宜親近京師時勳女爲皇后有側聽嚴言者以告竇憲兄弟繇是失權貴心後遷將作大匠坐事免旣爲竇氏所忌遂不復在位及竇太后臨朝乃退居自守訓教子孫卒於家

崔寔召拜尚書寔以世方阻亂稱疾不視事數月免歸

楊秉爲光祿大夫是時大將軍梁冀用權秉稱病六年冀誅後乃拜太僕

許劭汝南平輿人初爲郡功曹後司空楊彪辟舉方正敦樸徵皆不就或勸劭仕對曰方今小人道長王

室將亂吾欲避地淮海以全老幼乃南到廣陵徐州刺史陶謙禮之甚厚劭不自安告其徒曰陶恭祖外慕聲名内非真正待吾雖厚其勢必薄不如去之遂投揚州刺史劉繇於河曲其後陶謙果捕諸寓士寓寄也

陳紀爲平原相往謁董卓時議欲以爲司徒紀見禍亂方作不復辦嚴即時之郡

魏桓字仲英桓帝時數被徵其鄉人勸之行桓曰夫干祿求進所以行志也今後宫千數其可損乎廄馬萬匹其可減乎左右悉權豪其可去乎皆對曰不可

桓乃慨然歎曰使桓生行死歸於諸子何有哉遂隱身不出

郭泰字林宗太原介休人游於雒陽名震京師司徒黄瓊辟太尉趙典舉有道或勸林宗仕進者對曰吾夜觀乾象晝察人事天之所廢不可支也遂並不應林宗雖善人倫臣欽若等曰范曄着後漢書諱其父名故稱字也而不爲危言激論故宦官擅政而不能傷也及黨事起知名之士多被其害唯林宗及汝南袁閎得免焉

袁閎從父逢隗並貴盛閎見時方險亂而家門富盛嘗對兄弟歎曰吾先公福祚後世不能以德守之而競爲驕奢與亂世爭權此即晉之三郤矣延熹末黨事將作閎遂散髮絶世欲投迹深林以老母不宜遠遁乃築土室四周於庭不爲户自牖納飲食而已旦於室中東向拜母母思閎時往就視母去便自掩閉兄弟妻子莫得見也及母殁莫不爲制服設位時莫能名或以狂生潛身十八年黄巾賊起攻没郡縣百姓驚散閎通經不移賊相約語不入其閭鄉人就閎避難皆得全免卒於土室

蒯越爲大將軍何進東曹掾越勸進誅諸閹宦進猶豫不决越知進必敗求出爲汝陽令

申屠蟠陳留外黄人也再舉有道不就先是京師游士汝南范滂等非訐朝政自公卿以下皆折節下之蟠獨歎曰昔戰國之世處士横議列國之王至爲擁篲先驅卒有坑儒燒書之禍今之謂矣乃絶迹於梁碭之間居二年滂等果羅黨錮或死或刑蟠確然免其疑論其後董卓廢弘農王立獻帝蟠及荀爽韓融陳紀等復俱公車徵唯蟠不到衆人咸勸之蟠笑而不應居無幾爽等爲卓所脅迫西都長安京師擾亂及大駕西遷公卿多遇兵飢室家流散融等僅以身脱唯蟠獨處亂末終全高志

賈彪少遊京師志節慷慨先是岑晊以黨事逃亡親友多匿焉彪獨閉門不納時人望之彪曰傳言相時而動無累後人公孝臣欽若等曰公孝晊字也以要君致釁自遺其咎吾以不能奮戈相待反可容隱之乎於是咸服其裁正位至新息長

袁術爲虎賁中郎將時董卓將欲廢立以術爲後將軍術畏卓之禍出奔南陽

韓嵩字德高義陽人少好學貧不改操知世將亂不應三公之命後爲劉表從事中郎荊州平就拜大鴻臚

士孫瑞爲尚書僕射與司徒王允同誅董卓瑞頗有才謀瑞以允自專討董卓之勞故歸功不侯所以獲免於難

楊彪爲太尉見漢祚將終遂稱脚攣不復行

魏和洽字陽士汝南西平人舉孝廉大將軍辟皆不就袁紹在冀州遣使迎汝南士大夫洽獨以冀州土平民強英傑所利四戰之地本初乘資雖能強大然雄豪方起全未可必也荊州劉表無他遠志愛人樂士土地險阻山夷民弱易依倚也遂與親舊俱南從表表以客待之洽曰所以不從本初避爭地也昏世之主不可黷近久而阽危必有讒慝間其中者遂南渡武陵後位至太常

田疇右北平人漢末率宗族入徐無山中袁紹數遣使招命又卽授將軍印因安輯所統疇皆拒不當紹死其子尚又辟焉疇終不行後拜爲議郎

韓暨漢末避袁術命召徙居山都之山荊州牧劉表禮辟遂遁逃南居孱陵界所在見敬愛而表深恨之暨懼應命除宜城長

張承字公先漢末以方正徵拜議郎遷伊闕都尉董卓作亂承欲合徒衆與天下共誅卓承弟昭時爲議

郎適從長安來謂承曰今欲誅卓衆寡不敵且起一朝之謀戰阡陌之民士不素撫兵不練習難以成功卓阻兵而無義固不能久不若擇所歸待時而動然後可以如志承然之乃解印綬間行歸家與兄避地揚州

管寧北海朱虛人也與邴原値亂往遼東依公孫度邴原性剛直淸議以格物度巳下心不安之寧謂原曰潛龍以不見成德言非其時皆招禍之道也密遣令西還寧後徵拜太中大夫不受

劉曄淮南人漢光武子阜陵王延之後揚士多輕俠

有鄭寶張多許乾之屬各擁部曲寶最驍果才力過人一方所憚欲驅略百姓越江來以曄高族名人欲強曄使唱導此謀曄內憂之而未有緣會太祖遣使詣州有所按問曄往見爲論事勢寶從數百人齎牛酒來候曄曄因自引取佩刀斫殺寶斬其首令其軍云曹公有令敢有違令者與同罪郎乘寶馬詣寶營門諭以禍福慰撫安懷咸悉悅服推曄爲主曄覩漢室漸微已爲支屬不欲擁兵遂委其部曲與廬江太守劉勳勳恠其故曄曰寶無法制其衆素以鈔略爲利僕宿無資而整齊之必懷怨難久故相與耳位至

大中大夫

毛玠避亂荊州未至聞劉表政令不明遂往魯陽太祖臨兗州辟爲治中從事

高柔字文惠陳留圉人父靖漢末爲蜀郡都尉柔留鄉里謂邑中曰今者英雄並起陳留四戰之地也曹將軍雖據兗州本有四萬之圖未得安坐守也而張君先得志於陳留吾恐變乘間作也欲與諸君避之衆人皆以張邈與曹公善柔又年少不然其言後邈畏太祖終爲袁紹擊已也心不自安叛太祖柔位至太尉

賈詡爲宣義將軍李傕郭汜鬬長安中是時將軍段煨屯華陰與詡同郡遂去傕託煨詡素知名爲煨軍所望煨內恐其見奪而外奉詡禮甚備詡愈不自安張繡在南陽詡陰結繡繡遣人迎詡將行或謂詡曰煨待君厚矣君安去之詡曰煨性多疑有忌詡意禮雖厚不可恃久將爲所圖我去必喜望吾結大援於外必厚吾妻子繡無謀主亦願得詡則家與身必俱全矣詡遂往繡執子孫禮煨果善視其家後爲魏大中大夫自以非太祖舊臣而策謀深長懼見猜嫌闔門自守退無私交男女嫁娶不結高門天下之論智

計者歸之

袁徽陳郡扶樂人也以儒素稱遭天下將亂避難交州司徒辟不至初徽從兄渙慨然嘆曰漢室凌遲亂無日矣苟天下擾攘逃將安之若天未喪道民以義存唯彊而有禮可以庇身乎徽曰古人有言知幾其神乎見幾而作君子所以元吉也天理盛衰漢其亡矣夫有功必有大事此又君子之所以深識退藏於密者也且兵革既興外患必衆徽遠迹山海以求免身及亂作各行其志

裴潛字文行河東聞喜人避世亂荊州劉表待以賓

禮潛私謂所親王粲司馬芝曰劉牧非覇王之才乃欲西伯自處其亂無日矣遂南適長沙後位至光祿大夫

冊府元龜

冊府元龜 總錄部 知幾 卷之七百八十九 十七

冊府元龜

巡按福建監察御史臣李嗣京　訂正
新建縣舉人臣戴國士參閱
知建陽縣事臣黄國琦較釋

總錄部　四十

知幾第二

吳曾肅臨淮東城人爲袁術東城長肅見術無綱紀不足與立事乃攜老幼將輕俠少年百餘人南到居巢就周瑜瑜之東渡因與同行肅位至橫江將軍

石偉爲光祿勳及孫晧卽位朝政昏亂偉乃辭老耄

痼疾乞身就拜光祿大夫

晉阮籍初仕魏爲尚書郎少時又以病免及曹爽輔政召爲參軍籍因以疾辭屏於田里歲餘而爽誅時人服其遠識文帝初欲爲武帝婚於籍籍醉六十日不得言而止鍾會數以事問之欲因其可否而致之罪皆以酣醉獲免

華表仕魏爲散騎黄門郎中正元初石苞來朝盛稱高貴鄉公以爲魏武更生時聞者流汗沾背表懼禍作頻稱疾歸下舍故免於大難

羊祜仕魏爲黄門侍郎及陳留王立以少帝不願爲侍臣求補吏徙秘書監

武陵武帝時爲吏部尚書左僕射開府陵以在魏已爲大臣本非佐命之功數懷遜讓不得已而居位故在官職無所荷任夙夜思恭而已終始全潔當世以爲美譚

束晳爲趙王倫相國記室晳辭疾罷歸教授門徒及倫誅獲免

王衍素輕趙王倫之爲人及倫簒位衍陽狂斫婢以自免後位至司徒

潘尼爲著作郎及趙王倫簒位孫秀專政忠良之士

皆罹禍酷尼遂稱疾篤取假拜掃墳墓

張翰字季鷹吳郡人爲齊王冏大司馬東曹掾冏時執權翰謂同郡顧榮曰天下紛紛禍亂未已夫有四海之名者求退良難吾本山林間人無望於時子善以明防前以智慮後榮執其手愴然曰吾亦與子採南山蕨飲三江水耳翰因見秋風起乃思吳中菰菜蓴羮鱸魚鱠曰人生貴得適志何能羈宦數千里以要名爵乎遂命駕而歸著首丘賦俄而冏敗人皆謂之知幾

顧榮字彥先吳人爲齊王冏大司馬主簿冏擅權驕

懼及禍終日昏酣不綜府事以情告友人長樂馮熊熊謂冏長史葛旟曰以顧榮爲主簿所以甄拔才望委以事機不復計南北親疏欲平海內之心也今府大事殷非酒客之政旟曰榮江南望士且居職日淺不宜輕代易之熊曰可轉爲中書侍郎榮不失清顯而府更賓才旟然之白冏以中書侍郎不復飲酒人或問之曰何前醉而後醒耶榮懼罪乃復更飲與州里楊彥明書曰吾爲齊王主簿常慮禍及見刀與繩每欲自殺但人不知耳及冏誅榮以討葛旟功封嘉興伯

儲燛（山甲切）爲冠軍參軍于時長沙王乂擅權成都河間阻兵於外燛知內難方作乃棄官避地幽州

李産字子喬范陽人少剛厲有志永嘉之亂同郡祖逖擁衆部於南土力能自固産遂往依之逖素好縱橫弟約有大志産微知其旨乃率子弟十數人間行還鄉里

桑冲爲黃門郎河間王顒執權引爲司馬冲知顒必敗就職一旬便稱疾求退

索統字叔徹燉煌人明天文善術數占候司徒辟除郎中統知中國將亂避世而歸鄉人從統占問吉凶門中如市統曰攻乎異端戒在害已無爲多事多事多患遂詭言虛說無驗乃止

張載爲中書侍郎載見世方亂無復仕進意遂稱疾篤告歸卒於家

張協爲河間內史在郡清簡寡欲于時天下已亂所在寇盜協遂棄絕人事屛居草澤守道不競以屬咏自娛

董養字仲道陳留浚儀人永嘉中雒城東北步廣里中地陷有二鵝出焉其蒼者飛去白者不能飛養歎曰昔周時所盟會狄泉卽此地也今有二鵝蒼者胡

象白者國家之象豈可盡言乎顧謂謝鯤阮孚曰易稱知幾其神乎君等可深藏矣乃與妻荷擔入蜀莫知所終

荀邃爲陳留相懷帝欲納邃女先徵爲散騎常侍邃懼西都危逼故不應命而東渡江元帝以爲軍諮祭酒邃爲侍中與刁協婚親時協執權欲以邃爲吏部尚書邃深拒之尋而王敦討協協黨與並及於難唯邃以疎協獲免

陶臻侃之兄子江州刺史華軼表侃爲揚武將軍使屯夏口又以臻爲參軍軼與元帝表不平臻懼亂作

託疾而歸白佩曰華彥夏有憂天下之志而才不足
且與瑯琊不平難將作矣佩怒遣臻還軼臻遂東歸
於元帝帝見之大悅臻爲參軍
衛玠懷帝末過江以王敦豪爽不群而好居物上恐
非國之忠臣求向建鄴玠卒於太子洗馬
羊曼爲王敦右長史敦旣與朝廷乖貳羈錄朝士曼
知敦不臣終日酣醉諷議而已敦以其士望厚加禮
遇不委以事故得不涉其難
劉喬爲吏部郎王敦素與喬交甚欽貴之請爲右司
馬喬知敦有不臣心託疾不視事以是忤敦意出爲

豫章太守辭以脚疾詔就家授印綬
桓彝爲尚書吏部郎名顯朝廷于時王敦擅權嫌忌
士望彝以疾去職
阮裕爲太宰掾大將軍王敦命爲主簿甚被知遇裕
以敦有不臣之心乃終日酣觴以酒廢職敦謂裕非
當世實才徒有虛譽而已出爲溧陽令復以公事免
官繇是得遣敦難論者以此貴之
郭文河內軹人隱居臨安結廬舍於山中臨安令萬
寵迎置縣中及蘇峻反破餘杭而臨安獨全人皆異
之以爲知幾

阮孚成帝初爲丹陽尹時太后臨朝政出舅族孚謂
所親曰今江東雖累世而年數實淺主幼時艱運終
百六而庾亮年少德信未孚以吾觀之將兆亂矣會
廣州刺史劉顗卒遂苦求出王導等以孚疏放非京
尹才乃除都督交廣寧三州軍事鎮南將軍領平越
中郎將廣州刺史假節未至鎮卒尋而蘇峻作逆識
者以爲知幾
徐邈東莞姑幕人會稽王道子將用爲吏部郎邈以
波競成俗非己所能節制苦辭乃止後爲中書侍郎
領太子衛率

宋羊欣爲桓玄平西參軍轉主簿參預機要欣欲自
疏時自漏密事玄覺其此意愈重之以爲楚臺殿中
郎謂曰尚書政事之本殿中禮樂所出卿昔處股肱
方此爲輕也欣拜職少日稱疾自免
何承天爲桓偉參軍時殷仲堪桓玄等互舉兵北向
朝廷承天懼禍亂未已解職還益陽
王敬弘爲桓偉安西長史南平太守去官居作塘縣
界桓玄輔政及篡位屢召不下
劉榮祖爲輔國將軍時領將軍謝晦浮接待之廢立
之際要榮祖榮祖固辭獲免及晦出鎮州荊楚欲請

爲南蠻校尉榮祖又固止之晦果誅死
顔覬之爲護軍司馬時大將軍彭城王義康秉權與殷景仁有隙覬之不欲與景仁久接事乃辭脚疾自免歸在家每夜嘗於牀上行脚家人竊異之而莫曉其意後義康徙廢朝廷多以異同受禍覬之竟免
張穆之爲員外郎散騎侍郎與吏部尚書江湛太子左率袁淑善淑薦之于始興王濬濬浮弘納爲穆之監其禍萌思違其難言于湛求外出湛將用爲東縣固乞遠郡久之得爲寧遠將軍交阯太守
王秀之爲桂陽王休範司空從事中郎秀之知休範

將反辭疾不就
江智淵爲竟陵王誕從事中郎誕將爲逆智淵悟其機請假先返誕事發即除中書侍郎
南齊王儉初仕宋爲司徒長史蒼梧暴虐儉憂懼告袁粲求出引晉新安王婿王獻之爲吳興例補義興太守
劉繪爲豫章王嶷大司馬咨議嶷與文惠太子以年秩物論謂宮府有疑繪苦求外出爲南康相後遷寧朔將軍行南徐州事
梁王義師起朝廷以繪爲持節督雍梁南北秦四州郢州之竟陵司州之隋郡諸軍事輔國將軍領寧蠻校尉雍州刺史固讓不就衆以朝廷昏亂爲之寒心繪終不受東昏敗用張欣泰
梁宋史仕宋爲皇太孫書記太孫即位多過失德史頗自疎得爲秣陵令遷尚書都官郎隆昌末少帝見誅寵舊多罹其禍唯史及傅昭以清正免
傅昭幼孤爲外祖所養宋司徒建安王休仁欲致昭昭以宋氏多故遂不往齊永明初以昭爲南郡王侍讀王嗣帝位故時臣隷爭求權寵唯昭及南陽宋史保身守正無所參入竟不罹其禍

主晏爲太子中庶子世祖在東宮專斷朝事多不聞啓晏慮及罪稱疾自疎尋領射聲校尉不拜
呂僧珍仕齊爲羽林監東昏即位司空徐孝嗣管朝政欲與共事僧珍揣不久安竟弗往時高祖已臨雍州僧珍固求西歸
陳謝貞爲侍郎及始興王叔陵爲揚州刺史引祠部侍郎阮卓爲記室辟貞爲主簿貞不得已乃行尋遷府錄事參軍領丹陽丞貞度叔陵將有異志因與卓自疎于王每有宴遊輒辭以疾未嘗參預叔陵雅重之弗之罪也俄而叔陵作逆府僚多相連逮唯貞與

卓猗不坐

後魏車路頭爲忠貞將軍明元性明察群臣多以職事遇譴至有杖罪故路頭優游不任事侍宿左右從容譚笑而已

張湛仕沮渠蒙遜爲兵部尚書涼州平入國崔浩識禮之每歲贈浩甞報答及浩被誅湛懼悉焚之閉門却埽慶弔皆絶以壽終

胡叟初在涼州沮渠牧犍遇之不重叟亦本無附之之誠乃以爲詩示所知廣平程伯遠其略曰群犬吠新客佞闇排疎賓直途旣已塞曲路非所遵望衞惋

祝佗聘楚悼靈均何用宣憂懷託翰寄輔仁伯遠見詩謂吏曰涼州雖地居戎域然自張氏以來號有華風今則憲章無虧曷祝佗之有叟曰古人有言君子聞鞞鼓之聲則思戰爭之士貴主奉正朔而不淳慕仁義而未允地僻陋而僭徽號居小事大豈若兹乎徐偃之轍故不旋踵矣吾之擇人夙在大魏與子暫違非久濶也歲餘牧犍破降叟旣先歸國朝廷以其識機拜武威將軍賜爵始復男

陸旭孝文時爲散騎常侍知天下將亂遂隱于太行山孝莊卽位屢徵不起

茹晧宣武時與趙脩同侍直禁中爲脩所忌尋遷濮陽太守晧忻然而去內不以疎外爲慼及趙脩等敗竟獲全免

穆紹宣武時爲侍中謝事還家詔諭乆乃起除車騎大將軍開府定州刺史固辭不受又除侍中託疾不起河陰之役故得免害

北齊魏收初仕後魏爲中書舍人時孝武猜忌神武內有間隙收遂以疾固辭而免其舅崔孝芬怪而問之收曰懼有晋陽之甲尋而神武南上帝西入關

李愍初仕後魏安樂王元鑒表授武騎常侍時陽平

巳北皆爲賊有鑒命愍討之頗有斬獲及鑒謀逆愍乃詐患風鑒信之因此得免

李渾初仕後魏爲給事中時四方多難乃謝病求爲青州征東府司馬與河間邢卲北海王昕俱奉老母携妻子同赴青齊未幾而爾朱榮入雒衣冠殲盡論者以爲知幾

李曉仕魏爲員外侍郎爾朱榮之害朝士曉時衣冠爲鼠所噬不成行得免河陰之難及遷都鄴曉便寓居清河託從母兄崔㥄宅給良田二十頃曉遂築室安居訓勗子姪無復宦情武定末以世道方泰乃入

郗從仕除頓丘守
叱列平初仕後魏爲右衛將軍時爾朱氏凌替平嘗慮危禍會神武起義平鄴破四胡於韓陵仲遠既走以平爲東郡大行臺
平鑒爲開府儀同三司時和士開以佞幸勢傾朝列令人求鑒愛妾劉氏鑒即送之仍謂人曰老公失阿劉與死何異要自爲身作計不得不然繇是除齊州剌史
後周黎季明初仕後魏爲步兵軟尉及孝武西遷季明乃寓居伊雒侯景徇地河外召季明從軍除黎陽

郡守季明從至懸瓠察景終不足恃遂去之客於頴川以世路未清欲優遊卒歲時王思政鎮頴川累使召季明不得已出與相見留於内館月餘太祖又徵之遂入關
高賓初仕東魏後棄家歸闕太祖嘉之授安東將軍及明帝初除咸陽郡守政存簡惠甚得民和帝聞其能賜田園於郡境賓既羈旅歸國親屬在齊嘗慮見疑無以取信乃於所賜田内多將竹木盛備堂宇并鑿池沼以環之有終焉之志朝廷以此知無二焉
柳機爲御正大夫宣帝失德屢諫不聽恐禍及已託於鄭譯陰求出外於是拜華州剌史
隋蘇威周度支尚書美陽公綽子也威周爲郡功曹大冢宰宇文護見而禮之以其女新興主妻焉威見護專權恐禍及已逃入山中爲叔父所逼卒不獲免然每屏居山寺諷讀爲娱未幾授持節車騎大將軍儀同三司改封懐道縣公武帝親總萬幾拜稍伯下大夫前後所授並辭不拜
梁睿爲益州總管既平王謙自以威名太盛時高祖總百揆恐爲所忌遂大受金賄以自穢繇是勲簿多不實詣朝堂稱屈者前後百數帝令有司案驗其事

王者多獲罪睿惶懼上表陳謝歸大理帝慰諭遣之
王世積爲上柱國見高祖性忌刻功臣多獲罪繇是縱酒不與執政言及時事高祖以爲有酒疾舍之宫内令醫者療之世積詭稱疾愈始得就第
裴矩爲右光祿大夫從煬帝在江都時四方盜賊蜂起而驍衛大將軍屈突通敗問至矩以聞帝失色矩素勤謹未嘗忤物又見天下方亂恐爲身禍其待遇人多過其所望皆得其歡心
唐竇威初仕隋爲蜀王秀記室以秀行事多不法稱疾還田里乃秀廢黜府僚多獲罪唯威以先見保全

李百藥初隋太子舍人東宮學士或有譖百藥者懼不自安乃託疾免去

徐文遠隋末爲越王侗國子祭酒爲李密軍所執其後復入東都王世充給其廩食而文遠盡見之先拜或問曰聞君踞見李密而敬王公何也答曰李密君子也能受酈生之揖王公小人也有殺故人之義相時而動豈不然歟

杜楚客右僕射如晦之弟武德中見其兄爲太宗所任隱太子尤忌之楚客恐禍及已遂隱於嵩山後爲工部尚書坐事貶虔化令卒

尉遲敬德貞觀中累遷開府儀同三司封鄂國公末年靜居閑處脩理池臺嘗奏清商樂一部厚自奉養不與外人交

權臯爲貝州臨清尉玄宗天寶中安祿山以幽州長史充河北按察使假其才名署從事臯陰察祿山有異志畏其猜虐不可以絜退欲潛去又慮禍及老母天寶十四年祿山使臯獻戎俘自京師廻過福昌福昌尉仲謩臯從父妹壻也密以計約之比至河陽詐以疾亟召醫醫至臯示已喑瞪醫乃勉哀而哭手自唅襲既逸臯而葬其棺人無知者從吏以詔書還臯母初不知聞臯死慟哭傷行路祿山不疑其詐死許其母歸臯時微服匿跡候母於淇門既得侍其母乃奉母晝夜南去及渡江祿山已反矣繇是名聞天下

孔巢父玄宗天寶末隱於徂徠山永王璘起兵江淮聞其賢以從事辟之巢父知其必敗側身潛遁繇是名位至給事中

張孝忠德宗貞元中事李寶臣爲易州刺史後寶臣疑忌殺大將李獻誠等四五人使召孝忠曰將無狀聯頸受戮孝忠懼死不敢往亦不敢叛猶公之不覲於朝慮禍而已無他志也孝節泣曰兄之不行吾歸

死矣孝忠曰偕則併命吾留若無患也及歸果安孝忠後爲橫海軍節度使

田弘正貞元中爲魏博衙內兵馬使時節度使田季安唯務侈靡不恤軍務屢行殺罰弘正每從容規諷軍中甚賴之季安以人情歸附乃出爲臨清鎮將欲捃摭其過害之弘正假以風痺請告灸灼滿身季安謂其無能爲

李紳元和初爲國子助教非其好也東歸金陵觀察使李錡愛其才辟爲從事紳以錡所爲專恣不受其書幣錡怒將殺紳遁而獲免錡誅朝廷嘉之

後唐張全義爲忠武軍節度使自昭宗文德元年以後託附梁祖垂三十年初梁祖猜忌元勳舊將多遭屠戮唯全義畢身曲事所有家財率先納賂自栢鄉喪師後全義每月獻馬鎧仗以補其軍兵儲稍乏則入粟爲助梁祖季年欲害全義者數四以服勤盡瘁無以加諸而止

許寂少有山水之好久棲四明山不干時譽昭宗聞其名徵赴闕召對於內殿會昭宗方與伶人調品篳篥事訖方命坐賜湯果問易義既退寂謂人曰君在深殿不在政矣寂聞君人者將昭德塞違以臨炤百

官或象之今不厭賤事在自求其工君道替矣尋請還山後爲工部尚書致仕

晉張筠爲興元節度罷居雒下表乞歸咸陽俄而雒下有張從賓之亂獨免其難人咸謂筠有五福之具焉

周王朴漢乾祐中擢進士第依樞密使楊邠館於第是時漢室寖亂大臣交惡朴度其必危因乞告東歸未幾李業輩作亂害邠等三族凡遊其門下者多被其害而朴獨免後位至樞密使

冊府元龜

冊府元龜

巡按福建監察御史臣李嗣京　訂正
分守建南道左布政使臣胡維霖　參閱
知建陽縣事臣黄國琦　較釋

總錄部七百九十一

知賢

傳曰觀其所繇察其所安人焉廋哉若夫稟融朗之識洞幾神之表懷㨾掄之鑒達語默之要固亦言必有中而物無遁形惟夫賢人之爲德也居正而處厚安仁而守約直而不激和而不流進退之得宜言色

之無失純粹中積而誠以待人洵美外彰而謙以行已秉彛而君簡敦信而繇禮固其舉錯之際淺深可覘品藻所及淑慝以分至或識其名才知未遠至終有所立見稱於時傳諸美談皆可以徵也已

臧孫紇魯大夫也襄公二十三年秋八月孟孫卒初孟孫惡臧孫（不相善）季孫愛之及孟孫卒臧孫入哭甚哀多涕出其御曰孟孫之惡子也而哀如是李孫若死其若之何臧孫曰季孫之愛我疾疢也（背志相順從身之害）孟孫之惡我藥石也（背志相違猶藥石之療疾）美疢不如惡石夫石猶生我（愈已疾也）疢之美其毒滋多孟孫死吾亡無日矣

趙孟晉大夫也魯襄公二十七年宋向戍請弭諸侯之兵爲會於宋楚子木問於趙孟曰范武子之德何如（士會賢聞於諸侯故問之）對曰夫子之家事治言於晉國無隱情祝史陳信於鬼神無愧辭（祝陳馨香德足副之故不愧）子木歸以語王王曰尚矣（上也）上能歆神人（歆享也使神享其祭人享其德）宜其光輔五君以爲盟主也（五君謂文襄靈成景也）

子木楚令尹魯襄公二十七年宋公享晉楚之大夫子木歸語王曰宜晉之伯也有叔向以佐其卿楚無以當之不可與爭

鄭罕虎字子皮魯襄公三十年十月授子產政（伯有死子皮知政以子產賢故讓之）辭曰國小而偪族大寵多不可爲也（爲猶治也）子皮曰虎帥以聽誰敢犯子子善相之國無小（言治在政）小能事大國乃寬（爲大所恤故也）子產爲政及魯昭公十三年晉會諸侯於平丘子產子太叔相鄭伯以會子產歸未至聞子皮卒哭且曰吾已（已猶竟也）無爲爲善矣惟夫子知我

晏嬰字平仲齊大夫也魯昭公五年鄭罕虎如齊娶於子尾氏（自爲逆也）晏子驟見之陳桓子問其故對曰能用善人民之主也（謂授子產政）又越石父賢在縲紲之中

晏子出遭之塗解左驂贖之載歸弗謝入閨久之越石父請絶晏子瞿然攝衣冠謝曰嬰雖不仁免子於厄何子求絶之速也石父曰不然吾聞君子詘於不知己而信於知己者方吾在縲紲中彼不知我也夫子既以感悟而贖我是知己知己而無禮固不如在縲紲之中晏子於是延入爲上客

孔子遭齊程本子於郯之間傾蓋而語終日有間顧子路曰束帛十疋以贈先生子路不對間又顧曰繇束帛十疋以贈先生子路率爾而對曰昔者繇也聞之於夫子士不中道相見女無媒而嫁者君子不行

也孔子曰夫詩不云乎野有蔓草零露漙兮有美一人清陽婉兮邂逅相遇適我願兮且夫齊程本子天下之賢士也吾於是而不贈終身不之見也大德不踰閑小德出入可也又曰吾與回言終日不違如愚退而省其私亦足以發回也不愚又曰語之而不惰者其回也與子謂顔淵曰惜乎吾見其進也未見其止也又子游爲武城宰子曰女得人焉爾乎曰有澹臺滅明者行不繇徑非公事未嘗至于偃之室也儀封人請見曰君子之至於斯也吾未嘗不得見也從者見之出曰二三子何患於喪乎天下之無道也久矣天將以夫子爲木鐸

南宫适問於孔子曰羿善射奡盪舟俱不得其死然禹稷躬稼而有天下夫子不荅南宫适出子曰君子哉若人尚德哉若人

孟軻字子輿鄒人也魯欲使樂正子爲政孟子曰吾聞之喜而不寐公孫丑曰樂正子彊乎曰否有知慮乎曰否多聞識乎曰否然則奚爲喜而不寐曰其爲人也好善又浩生不害問曰樂正子何人也孟子曰善人也信人也何謂善何謂信曰可欲之謂善有諸己之謂信充實之謂美充實而有光輝之謂大大而

化之之謂聖聖而不可知之之謂神樂正子二之中四之下也

侯嬴魏隱士也年七十家貧爲大梁夷門監者公子聞之往請欲厚遺之不肯受曰臣修身潔行數十年終不以監門困故而受公子財公子於是乃置酒大會賓客坐定公子從車騎虛左自迎夷門侯生侯生攝敝衣冠直上載公子上坐不讓欲以觀公子公子執轡愈恭侯生又謂公子曰臣有客在市屠中願枉車騎過之公子引車入市侯生下見其客朱亥睥睨故久立與其客談微察公子公子顔色愈和當是時

魏將相宗室賓客滿堂待公子舉酒市人皆觀公子執轡從騎皆竊罵侯生侯生視公子色終不變乃謝客就車至家公子引侯生坐上坐徧贊賓客賓客皆驚酒酣公子起爲壽侯生前侯生因謂公子曰今日嬴之爲公子亦足矣（爲一作羞）嬴乃夷門抱關者也而公子親枉車騎自迎嬴於衆人廣坐之中不宜有所過今公子故過之然嬴欲就公子之名故久立公子車騎市中過客以觀公子公子愈恭市人皆以嬴爲小人而以公子爲長者能下士也於是罷酒遂以侯生爲上客

魏齊亡間行念諸侯莫可以急抵者乃復之梁欲因信陵君以走楚信陵君聞之畏秦猶豫未肯見曰虞卿何如人也時嬴在旁曰人固未易知知人亦未易也夫虞卿躡屩擔簦一見趙王賜白璧一雙黃金百鎰再見拜爲上卿三見卒受相印封萬戸侯當此之時天下爭知之夫魏齊窮困過虞卿虞卿不敢重爵祿之尊解相印捐萬戸侯而間行急士之窮而歸公子公子曰何如人人固不易知知人亦未易也信陵君大慙命駕迎之

魏公子無忌留趙公子聞趙有處士毛公藏於博徒薛公藏於賣漿家（漿或作醪）公子欲見兩人兩人自匿不肯見公子公子聞所在乃間步往從此兩人游甚歡平原君聞之謂其夫人曰始吾聞夫人弟公子天下無雙今吾聞之乃妄從博徒賣漿者游公子妄人耳夫人以告公子公子乃謝夫人去曰始吾聞平原君賢故負魏王而救趙以稱平原君平原君之游徒豪舉耳不求士也無忌自在大梁時嘗聞此兩人賢至趙恐不得見以無忌從之游尚恐其不我欲也今平原君乃以爲羞其不足從游矣乃裝爲去夫人具以語平原君乃免冠謝固留公子平原君門下聞之去

半平原君歸公子天下士復往歸公子公子傾平原君客公子留趙十年不歸

後漢馬援扶風人爲伏波將軍初劉龔字孟公長安人善論議援與班彪並器重之（彪與京師丞郭季通書曰劉孟公藏器於身用心篤實瑚璉之器宗廟之器也）

陳蕃汝南人位至三公時有黃憲字叔度同郡人也蕃臨朝歎曰叔度若在吾不敢先佩印綬矣

皇甫規爲度遼將軍解官歸安定鄉人有以貨得鴈門太守者亦去職還家書刺謁規規臥不迎旣入而問卿前在郡食鴈美乎有頃又白王符在門規素聞

符各乃驚遽而起衣不及帶屣履出迎援符手而還與坐極歡時人爲之語曰徒見二千石不如一縫掖言書生道義之爲貴也

蔡邕字伯喈爲中郎將桓彬卒邕等共論序其志僉以爲彬有過人者四夙智早成岐嶷也學優文麗至通也仕不苟祿絶高也辭隆從窊絜操也乃共樹碑而頌焉又郭林宗卒四方之士千餘人皆來會葬同志者乃共刻石碑邕爲其文旣而謂涿郡盧植曰吾爲碑銘多矣皆有慙德惟郭有道無愧色耳林宗舉有道不應喈又見王粲奇之曰吾家書籍文章盡當與之博物

志曰蔡邕有書萬卷末年載數車與王粲亡後所與粲書悉入粲族子業

郭泰字林宗太原人舉有道不應行見茅容耕於野時與等輩避雨樹下衆皆夷踞相對容獨危坐愈恭林宗奇其異遂與共語因請寓宿旦日容殺雞爲饌林宗謂爲已設旣而以供其母自以草蔬與客同飯林宗起拜之曰卿賢乎哉因勸令學卒以成德

楊賜爲太尉大將軍竇武辟陳寔爲掾屬賜及司徒陳耽每拜公卿群僚畢賀賜等歎寔大位未登愧於先之

魏杜恕位至建威將軍張閣字子臺官至永寧太僕以簡質聞恕著家戒稱閣曰張子臺視之似鄙樸人然其心中不知天地間何者爲美何者爲好敦然似與陰陽合德者作人如此自可不富貴然而禍患當何從來世有高亮如子臺者皆當力慕體之不如也

陳群爲尚書僕射劉巴入蜀爲尚書令卒群與丞相諸葛亮書問巴消息稱曰劉君子初甚敬重焉

管輅字公明平原人官至少府丞劉智爲潁川太守輅嘗謂人曰吾與劉潁川兄弟語使人神思清發昏不假寐自此之外殆白日欲寢矣

王粲字仲宣山陽人爲侍中潘濬爲人聽察對問有

機理粲見而貴異之繇是知名

蜀秦宓字子勑官至大司農時任安與董扶俱以學行齊名後丞相諸葛亮問宓以安所長宓曰記人之善忘人之過

袁徽陳國人寄寓交州時許靖避難至交州太守士燮厚加敬待徽與尚書令荀彧書曰許文林靖字英才偉士智略足以計事自流宕以來與群士相隨每有援急常先人後己與九族中外同其饑寒其紀綱同類仁恕惻隱皆有效事不能復一二陳之耳

諸葛亮爲丞相初先主領荊州牧辟武陵人廖立爲

從事年未三十擢爲長沙太守先主入蜀亮鎮荆州孫權遣使通好於亮因問士人皆誰相經緯者亮答曰龐統廖立楚之良材當贊興世業者也

吳牟衎爲始興太守鍾離牧字子幹爲南海太守有異政衎與太常滕胤書曰鍾離子幹吾昔知之不熟定見其在南海感恩部伍智勇分明加操行清純有古人之風其見貴如此

張紘爲會稽東部都尉與孔融書曰虞仲翔虞翻字也前頗爲論者所稱实寶爲質雕摩益光不足以損

虞翻字仲翔爲騎都尉初山陰丁覽太守徐陵翻一

見之便與友善終成顯名覽子固字子賤翻與同僚書曰丁子賤塞淵好德堂構克舉野無遺薪斯之爲懿其实優矣令德之後惟此君嘉耳

晉吳奮爲河內太守郡人孫鑠少樂爲縣吏奮以爲主簿鑠自微賤登綱紀時僚大姓猶不與鑠同坐奮大怒遂薦鑠於司隸校尉劉訥甚知賞之時奮又薦鑠於大司馬石苞苞辟爲掾鑠將應命行達許昌會臺已密遣輕軍襲苞于時汝陰王鎮許鑠過謁之王先識鑠以鄉里之情私告鑠曰無與禍鑠既出即馳詣壽春爲苞畫計苞賴而獲免還尚書郎在職駁議十有餘事爲當時所稱

張華爲太常時陸機與弟雲俱入雒造華華重其名如舊相識曰伐吳之役利獲二俊

周浚爲揚州刺史時陸雲初入雒浚召爲從事謂人曰陸士龍當今之顏子也

周弼爲御史中丞時裴頠弘雅有遠識博學稽古自少知名弼見而歎曰頠若武庫五兵縱横一時之傑也

嵇康爲中散大夫時阮种弱冠有殊操爲康所重康著養生論所稱阮生即种也

山濤河內人官至僕射郭奕少有重名濤稱其高簡有雅量

王綏司徒戎之子也裴瓚字國寶楷子也特爲綏所重每從其游戎謂綏曰國寶初不來汝數往何也對曰國寶雖不知綏綏自知國寶綏官至荆州刺史

衛瓘爲尚書令見樂廣而奇之曰自昔諸賢既歿嘗恐微言將絶而今乃復聞斯言於君矣命諸子造焉曰此人之水鏡見之瑩然若披雲霧而覩青天也

傅玄位至侍中初燉煌人索靖該博經史兼通内緯州辟別駕郡舉賢良方正對策高第玄及張華與靖

一面皆厚與之相結

郭奕太原人官至尚書阮咸與叔父籍爲竹林之游奕高爽有識量知名於時少所推先見咸心醉不覺歎焉奕初爲野王令羊祜嘗過之奕歎曰羊叔子何必減郭大業少選復往又歎曰羊叔子去人遠矣遂送祜出界數百里坐此免官

王述太原人官至尚書令陸訥字祖言少有清操貞厲絶俗述雅敬重之

庾敳爲東海王軍諮祭酒有重名爲縉紳所推而聚斂積實談者譏之都官從事溫嶠奏之敳更器嶠目

嶠森森如千丈松雖磊砢多節用施之大廈有棟梁之用

劉頌廣陵人爲廷尉同郡華譚素以才學爲東土所推頌見之歎息曰不悟鄉里乃有如此才也

張宣子新與人達識之士也同郡劉殷郡命主簿州辟從事皆以供養無主辭不赴命司空齊王攸辟爲掾征南將軍羊祜召參軍事皆以疾辭宣子勸殷就徵殷日當今二公有晉之棟楹也吾方希達如榱椽耳不悉之豈能立乎吾今王母在堂既應他命無容不竭盡臣禮便不得養子輿所以辭齊大夫良以色養無主故耳宣子曰如子所言豈庸人所識哉而今而後吾子當爲吾師矣遂以女妻之宣子者并州豪族也家富於財其妻怒曰我女年始十四姿識如此何慮不得爲公侯妃而遽以妻劉殷乎宣子曰非爾所及也誡其女曰劉殷至孝冥感兼才識超世此人終當表表爲世名公汝其謹事之張氏性亦婉順事王母以孝聞奉殷如君父焉

劉岱廣陽人也同郡霍原年十八觀太學行禮因留習之貴游子弟聞而重之欲與相見以其名微不欲晝往乃夜共造焉岱原之父友也將舉之未果而病

篤臨終勑其子沈曰霍原慕道清虚方成奇器汝後必薦之及沈爲國大中正惠帝元康中進原爲二品司徒不過沈乃上表理之詔下司徒參論中書監張華令陳準奏爲上品詔可元康末原與王褒等俱以賢良徵累下州郡以禮發遣皆不到

李喬爲司徒華表以苦節垂名李及司隸王宏等並歎美表清澹退靜以爲不可得貴賤而親疏也

王曠爲侍中裴郃有器望元帝爲安東將軍郃爲長史曠與司馬越書曰裴郃在此雖不治事然識量弘遠此下人士大敬附之

賁嵩爲司徒掾時同郡周顗少有重名嵩見顗歎曰汝頴固多奇士自頃雅道陵遲今復見周伯仁將振起舊風清我邦族矣伯仁顗字也

桓彝爲散騎常侍初過江時晉國初建以王導爲丞相軍諮祭酒彝見朝廷微弱謂周顗曰我以中州多故來此欲求全活而寡弱如此將何以濟憂懼不樂往見導極談世事還謂顗曰向見管夷吾無復憂矣又褚裒字季野名冠中興彝見而目之曰季野有皮裏陽秋言其外無臧否而內有所褒貶也

謝安爲太保雅重褚裒嘗云裒雖不言而四時之氣

亦備矣

溫嶠爲驃騎將軍嶠初至江左王導周顗謝琨庾亮桓彝等並與親善于時江左草創綱紀未舉嶠殊以爲憂及見王導共談歎然曰江左自有管夷吾吾復何慮嶠嘗謂謝琨子尚曰尊大君豈惟識量弘遠至於神鑒沈深雖諸葛瑾之喻孫權不是過也

王敦爲荆州牧庾亮爲散騎常侍時敦在蕪湖元帝使亮詣敦籌事敦與亮談論不覺改席而前退而歎曰庾元規賢於裴頠遠矣元規亮字也

諸葛恢爲內史時楊方好學有異才爲郡鈴威儀公事之暇輒讀五經鄉邑未之知恢見而奇之待以門人之禮繇是始得周旋貴人間時虞喜兄弟以儒學立名雅愛方爲之延譽恢嘗遣方爲文薦郡功曹主簿虞預稱美之以示賀循循報書曰此子開拔有志意只言異於凡猥耳不圖偉才如此其文甚有奇分若出其胸臆乃是一國所推豈但牧豎中逸群耶聞處舊黨之中好有謙冲之行此亦立身之一隅然世衰道喪人物凋弊每聞一介之徒有向道之志冀之願之如方者乃荒萊之將苗鹵田之善秀姿質已良但沾染未足耳移植豐壤必成嘉穀足下才爲世英

位爲朝右道隆化立然後爲貴昔許子將拔樊仲昭於賈豎郭林宗成魏德公於畝畝足下志隆此業二賢之功不爲難及也循遂稱方於京師司徒王導辟爲掾轉東安太守遷司徒參軍事方任都邑搢紳之士咸厚遇之

周顗字伯仁安東將軍浚之子也王羲之幼訥於言人未之奇年十三嘗謁顗顗察而異之時重牛心炙坐客未噉顗先割啗之羲之於是始知名及長辯贍以骨鯁稱又桓彝與茂倫爲顗所重顗嘗歎曰茂倫嶔崟歷落可笑人也顗官至護軍將軍

褚裒爲征北將軍以義興太守荀羡爲長史既到裒謂佐吏曰荀生負逸群之氣將軍有冲天之舉諸君宜善事之

盧諶爲司空劉琨從事中郎楊穆字士倫爲慕容皝大將軍左司馬諶每稱之曰吾及晉之清平歷覲朝士多矣忠清簡毅篤信義烈如楊士倫者實亦未幾及死皝甚悼之

萬寵爲臨安令郭文曠達不仕既病甚寵迎置縣中及其卒寵葬之於所居之處而祭哭之葛洪庾闡並爲作傳贊頌其美云

王澄字平子爲軍諮祭酒謝琨爲王敦大將軍長史澄在敦坐見鯤談話無倦惟歎謝長史可與言都不眄敦其爲人所慕如此

桓溫爲大司馬錄尚書事王猛字景略隱於華陰懷佐時之志溫入關猛披褐而詣之一面談當時之事捫虱而言旁若無人溫察而異之

宋沈懷文爲隋王誕府主簿謝莊爲諮議參軍時江智淵爲佐在襄陽誕待之甚厚懷文及莊並與智淵友善懷文每稱之曰人所應有盡有人所應無盡無者其江智淵乎

南齊殷沖初仕宋爲吳興令時張岱爲水部郎出爲東遷令沖謂人曰張東遷親貧須養所以栖遲下邑然名器方顯終當大至

周顒爲中書郎吳郡錢塘杜栖少爲同郡張融所知栖出京師從儒士劉瓛受學善清言能彈琴飲酒名儒貴游多敬待之顒與栖父京產書曰賢子學業清標後來之秀嗟愛之懷豈知云已所謂人之英彥若巳有之也

梁范述曾仕齊爲永嘉太守時蕭景爲永寧令述曾居郡號稱廉平雅服景爲政乃勞郡門曰諸縣有疑

滯者可就永寧令決

任昉字彥昇位至新安太守劉孝綽爲著作佐郎歸沐以詩贈昉昉報章曰彼美洛陽子投我懷秋作詎慰耋嗟人徒深老夫託其爲名流所重如此謝舉傳云此詩昉贈舉

劉瓛爲會稽府丞賀瑒祖道力善三禮瑒少傳家瓛見瑒深器異之嘗與瓛造吳郡張融指瑒謂融曰此生神明聰敏將來當爲儒者宗

范雲爲侍中時孔休源初到京寓於宗人少府卿孔登以祠事入廟雲一與相遇深加褒賞曰不期忽覯

脩顔頵袪鄙悋觀天披霧驗之今日後雲命駕到少
府門登便拂筵整帶謂當詣巳旣而獨造休原高談
盡日同載還家
沈約爲尚書令當朝貴顯軒蓋盈門時孔休源初到
京或時後來必虛襟引接處之坐右商畧文義其爲
達人所推如此又王筠自元禮爲殿中郎約每見筠
文咨嗟吟咏以爲不逮也嘗謂筠曰昔蔡伯喈見王
仲宣稱曰王公之孫也吾家書籍悉當相與僕雖不
敏請附斯言自謝眺諸賢零落巳後平生意好殆將
都絶不謂疲暮復逢於君

後魏郭祚字季祐官至雍州刺史嘗謂子景尚曰封
軌高綽二人並幹國之才必應遠至吾平生不妄進
舉而每薦此二公非直爲國進賢亦爲汝等將來之
津梁也
賈禎爲雒陽令陸暐字道暉與弟恭之並有時譽禎
見其兄弟歎曰僕以年老更覩雙璧
孫蕙蔚爲黄門郎陸暐與弟恭之共候蕙蔚蕙蔚謂
諸賓曰不意二陸復在坐隅吾得謝張公無以延譽
汜潛燉煌人胡叟少孤言及父母則淚下春秋當祭
之前先求旨酒美膳盡孝思之敬潛家善釀酒每節
送一壺與叟河東裴定等謂潛曰再三之惠以爲過
厚矣子惠於叟何其嘗也潛曰我嘗給祭者以其嘗
於孝思論者以潛爲君子
隋祖孝徵爲侍中初李德林器量深沈時人未能測
惟任城王湝趙彥深魏收陸卬大相欽重延譽之言
無所不及北齊武王初爲中書舍人加通直散騎侍
郎三年孝徵入爲侍中尚書左僕射趙彥深出爲兗
州刺史朝士有先爲孝徵所待遇者問德林云是彥
深黨不可仍掌機密孝徵曰德林人滯縫衣我嘗憾
彥深待賢未足内省文翰方以委之壽當有佳處不

宜妄說
楊素字處道位至太子太師楊達爲上開府達爲人
弘厚有局度楊素每言曰有君子之貌兼君子之心
者惟楊達耳
薛道衡爲吏部侍郎時李文博爲羽騎尉特爲道衡
所知嘗令在廳事帷中披簡書史弁察巳行事若遇
治政善事卽抄撰記錄如選用疏謬卽委之臧否道
衡每得其語莫不欣然從之

巡按福建監察御史臣李嗣京　訂正

知長樂縣事臣夏允彝參閱

知建陽縣事臣黃國琦較釋

總錄部　四十二

慕賢　思賢

慕賢

詩云我思古人實獲我心語曰見賢思齊焉蓋夫立志之士抗心希古緬慕前哲踵武時彥所以勵自訟之操申樂與之願見於行事跂而及之知其為人進

吾往也斯皆崇德廣業修身踐言瞻之在前猶恐不及者也至其降心屈體從游請益冒涉危難樂聞道義形於詠歌著之繪素不憚行役期揖符采遠撫風尚以自儉傚詩曰高山仰止景行行止其斯之謂歟

趙文子晉大夫與叔譽觀乎九原叔譽叔向也晉羊舌大夫之孫名肹文子曰死者如可作也作起也吾誰與歸叔譽曰其陽處父乎陽處父襄公之太傅文子曰行并植於晉國不沒其身其知不足稱也并猶專也謂剛而專己為狐射姑所殺沒終也植或為特其舅犯乎文子曰見利不顧其君其仁不足稱也謂久與文公辟難至將反國無君君之心及河授璧請亡要君以利是我則隨武子乎利其君不忘其身謀其身不遺其友武子士會也食邑於隨范字季晉人謂文子知人見其所善於前則知其來所舉

孔子之所嚴事於周則老子於衛蘧伯玉外寬而内直自娛於隱括之中直而不沒人之善存亡汲汲蓋蘧伯玉之行於齊晏平仲於楚老萊子於鄭子產君擇臣而使之臣擇君而事之有道順命無道衡命蓋晏平仲之行於魯孟公綽數稱臧文柳下惠孝恭慈仁允德圖義約貨去怨蓋柳下惠之行銅鞮伯華介山子然孔子皆後之不並世子曰述而不作信而好古竊比於我老彭老彭商賢大夫好述古事我若老彭但述之耳

淳于髡者齊之贅婿也事齊威王髡博聞強記學無所主其諫說慕晏嬰之為人也

漢袁盎景帝時為太常與大將軍竇嬰素相善是時諸陵長安中賢大夫爭附兩人車騎隨者日數百乘

汲黯為主爵都尉好游俠任氣節行脩絜其諫犯主之顏色嘗慕傅伯爰盎之為人

鄭當時為世子舍人其慕長者如恐不稱恐不稱其意自見年少官薄然其知友皆太父行天下有名之士

司馬相如字長卿蜀郡成都人少時名犬子既學慕藺相如之為人也更名相如藺相如義而有勇故追慕之終文園令

司馬遷為太史令嘗曰晏子諫說犯君之顏此所謂

進思盡忠退思補過者哉假令晏子而在余雖爲之執鞭所忻慕焉又曰詩有之高山仰止景行行止雖不能至然心鄉往之余讀孔氏書想見其爲人適魯觀仲尼廟堂車服禮器諸生以時習禮其家余低回留之不能去

後漢張純爲太司空在位慕曹參之跡務於無危

申屠剛扶風茂陵人也質性剛直常慕史鰌汲黯之爲人爲太中大夫病去官卒於家

侯霸字君房爲大司徒時京兆王丹隱居養志質性方絜建武中徵丹爲太子少傅霸欲與交友及被徵

霸遣子昱候於道昱迎拜車下丹下荅之昱曰家公欲與君結交何爲見拜丹曰君房有是言丹未之許也

梁鴻字伯鸞扶風平陵人也漢末入霸陵山中以耕織爲業詠詩書彈琴以自娛仰慕前世高士而爲四皓以來二十四人作頌

鄧鷹爲虎賁中郎將當朝貴盛聞侍中張霸名行欲與爲交霸逡遁不荅

馮冑字世威奉世之後爲司徒李郃門人常慕周伯況閔仲叔之爲人後隱處山澤不應徵辟

荀爽字慈明少時嘗就謁李膺因爲其御旣還喜曰今日乃得御李君矣其見慕如此爽後位至司空

張楷字公超蜀郡成都人侍中霸之子也通嚴氏春秋古文尚書門徒常百人賓客慕之自父黨夙儒皆造門焉車馬塡街徒從無所止黄門及貴戚之家皆起舍巷次以候過客往來之利楷疾其如此輒徙避之建和三年下詔安車備禮聘之辭以篤疾不行

崔瑗爲濟北相李固爲太山太守美瑗文雅奉書禮敬殷勤

范丹字史雲陳留外黄人好違時絶俗爲激詭之行

常慕梁伯鸞閔仲叔之爲人爲萊蕪令不到官後辟太傅司空府

馬寔字伯騫所欲友接負笈荷擔不遠萬里王暢未仕時寔慕其高名往爲之

郭泰字林宗太原介休人也林宗有母憂徐穉往弔之置生芻一束於廬前而去衆怪不知其故林宗曰此必南州高士徐孺子也詩不云乎生芻一束其人如玉又嘗於陳梁閒行遇雨巾一角折時人乃故折巾一角以爲林宗巾其見慕皆如此（泰别傳曰泰名顯士爭歸之載刺常盈車）林宗卒四方之士千餘人皆會來葬同志者乃

共刻石立碑蔡邕爲其文旣而謂涿郡盧植曰吾爲碑銘多矣皆有慙德惟郭有道無愧色耳

黄憲字叔度汝南愼陽人也同郡戴良才高倨傲而見憲未嘗不正容及歸罔然若有失也其母問曰汝復從牛醫兒來邪對曰良久不見叔度自以爲不及旣覩其人則瞻之在前忽然在後固難得而測矣同郡陳蕃周舉嘗相謂曰時月之閒不見黄生則鄙吝之萌復存乎心憲初舉孝廉又辟公府竟無所就天下號曰徵君

陳寔爲太丘長遭黨錮隱居荆山遠近宗師之何進

輔政引用天下名士徵寔欲以爲參軍以老病遂不屈節寔之亡也司空荀爽太僕令韓融並制緦麻執子孫禮四方至者車數千乘自太原郭泰等無不造門（寔亡天下致弔會其葬者三萬人制衰麻者以百數）

鍾皓字季明潁川長社人也少以篤行稱皓及荀淑並爲士大夫所歸慕九辟公府徵爲廷尉正博士林慮長皆不就及終於家諸儒頌之曰林慮懿德非禮不處悦此詩書弦琴樂古五就州招膺台輔逡巡王命卒歲容與

袁紹字太初汝南汝陽人時何顒與陳蕃李膺善蕃膺之敗遂爲宦官所陷顒乃改名姓亡匿汝南閒所至皆親其豪傑有聲荆豫之域紹慕之私與往來及黨錮解辟顒司空府

魏邴原北海人黄巾起將家屬至遼東原在遼東一年中往歸原居者數百家游學之士授教之聲不絶後得歸太祖辟爲司空掾原至謁訖而出軍中士大夫詣原者數百人

蘇則字文師扶風武功人也性剛直疾惡嘗慕汲黯之爲人卒於東平相

管寧字幼安北海朱虚人累以安車蒲輪束帛加璧

聘不起卒初寧妻先卒知故勸更娶寧曰每省曾子王駿之言意嘗嘉之豈自遺之而違本心哉

田豫漁陽人爲衛尉遜位拜大中大夫罷官歸居魏縣病亡戒其妻子曰葬我必於西門豹墓邊妻子難之言西門豹古之神人那可葬於其邊乎豫言豹所履行與我敵等耳使死而有靈必與我善妻子從之

吳曹暠燉煌人爲滎陽令東海相趙咨之官道經滎陽暠慕咨之故孝廉也路迎謁候咨不爲留暠送至亭次望塵不及謂主簿曰趙君名重今過界不見必爲天下笑即棄印綬追至東海謁咨畢辭歸家

曾傳咸字長虞剛簡有大節推賢樂善嘗慕季文子仲山甫之為人至元康中為司隸校尉卒

和嶠字長輿汝南西平人也少有風格以雅重稱嘗慕其舅夏侯玄之為人厚自崇重有盛名於世起家為太子舍人

劉疇字王喬位至司徒左長史爭為閻鼎所殺司空蔡謨每歎曰若使劉王喬得南渡司徒公之美選也又王導初拜司徒謂人曰劉王喬若過江我不獨拜公也其為名流之所推服如此

王尼字孝孫本兵家子寓居雒陽卓犖不羈初為護

軍府軍士胡毋輔之與琅邪王澄北地傅暢中山劉輿潁川荀邃河東裴遐迭屬河南功曹甄述及雒陽令曹攄請解之攄等以制旨所及不敢輔之等齎羊酒詣護軍門門吏疏名呈護軍歎曰諸名士持羊酒來將有以也尼時以給府養馬輔之等入遂坐馬廐下與尼炙羊飲酒醉飽而去竟不見護軍護軍大驚即與長假因免為兵

嵇紹為侍中及過害門人故吏思慕遺愛行服墓次畢三年者三十餘人

王機字令明長沙人也嘗慕王澄為人澄亦雅知之以為已亞遂為友善內綜心膂外為爪牙爭用為成都內史

王導為司徒以帑藏空竭庫中惟有練布數千端鬻之不售而國用不給導患之乃與朝賢俱制練布單衣於是士人翕然競服之練遂踊貴乃令主者出賣端至一金其為時所慕如此

阮脩字宣子嘗居貧年四十餘未有室王敦等斂錢為婚皆名士也時慕之者求入錢而不得後為太傅行參軍太子洗馬

謝安字安石少有盛名時多愛慕過江為太保專朝

政鄉人有罷中宿縣者還詣安問其歸資答曰只有蒲葵扇五萬安乃取其中者捉之京師士庶競市價增數倍安本能為雒下書生詠有鼻疾故其音濁名流愛其詠而弗能及或手掩鼻以斆之

孫晷字文度吳國富春人恭孝清約學識有理義濟陽江惇少有高操闇晷學行過人自東陽往候之始面便終日譚宴結歡而別司空何充為揚州辟晷為主簿

郗超為司徒左長史死之日貴賤操筆而為誄者四十餘人其為衆所宗貴如此

尹緯字景亮天水人也仕後秦姚萇爲左僕射緯性剛簡清亮慕張子布之爲人

宋王弘爲太保凡動止施爲及書翰義體後人皆依放之謂爲王太保家法

劉湛字弘仁南陽平陽人也少負其志氣嘗慕汲黯崔琰爲人故名長子曰黯字長孺第二子曰琰字季珪湛後爲丹陽尹光祿大夫

謝靈運爲琅邪王大司馬行參軍襲封康樂公性奢豪車服鮮麗衣裳器物多改舊制世共宗之咸稱謝康樂也

劉凝之字志安南郡支江人少慕老萊嚴子陵爲人立屋野外州里重其德三禮辟不就

王弘之字方平琅邪臨沂人也有高尚之操謝靈運顏延之並相欽重弘之初爲衛軍參軍後解職家會稽上虞及卒顏延之欲爲作誄書與弘之子曇生曰家君高世之節有識歸重豫染毫翰所應載述况僕託慕末風竊以敘德爲事但恨短筆不足書美誄竟不就

袁粲陳郡夏陽人爲司徒中書監初名　幼慕荀奉倩之爲人白孝武求改名爲粲不許至後言於明帝乃改爲粲字景倩

南齊何戢字慧景廬江灊人美容儀動止與褚淵相慕時人呼爲小褚公爲左將軍吳興太守卒

柳世隆河東解人少有風器當時名士張緒王延之沈淡之徒雅相欽慕以爲君子之交爲左光祿大夫侍中卒

徐伯珍東陽太末人也於蒙山立精舍講授宋明帝除奉朝請固乞不受早喪妻晚不復重娶自比曾參

王寂僧虔子也性迅動好文章讀范滂傳未嘗不歎挹爲祕書郎卒

周顒字彥倫汝南安成人無賓友會同虛席晤語辭韻如流轉國子博士故太學諸生慕其風爭事華辯

宗測隱居廬山侍中王秀之彌所欽慕乃令陸探微畫其形與己相對又貽書曰昔人有圖畫僑札輕以自方耳王儉亦雅重之贈以蒲褥筍席頃之測送弟喪還西仍留舊宅永業寺絕賓友惟與同志庾易劉虬宗人尚之等往來講說荊州刺史隨王子隆至遣別駕宗沂口致勞問測咲曰貴賤理隔何以及此竟不答

劉璡爲武陵王曄參軍行至吳璡謂人曰吾聞張融

與陸慧曉並宅其間有水此水必有異味遂往酌而飲之曰飲此水則鄙吝之萌盡矣

梁韋叡爲護軍居家無事慕萬石陸賈之爲人因書之於壁以自玩

王騫字思寂性疏簡慕樂廣爲人未嘗言人之短不事產業有田墅在鍾山八十餘頃與諸宅及故舊共佃之嘗爲人曰我不如鄭公業有田四百頃而食嘗不周以此爲愧後爲度支尚書卒

王筠初除尚書殿中郎王氏過江以來未有居郎署者或勸之逡巡不就筠曰陸平原東南之秀陸機曾爲殿中

郎後爲平原内史王文度王坦之字文度獨步江東吾得比蹤昔人何所多恨乃欣然就職

陶弘景字通明丹陽秣陵人在齊爲諸王侍讀奉朝請後辭祿止于句容之句曲山深慕張良之爲人云古賢莫比

沈顗字處默吳興武康人也顗幼清靜有志行慕黄叔度徐孺子之爲人屢徵南陽王左常侍太子舍人皆不起

馮道根字巨基湘陽人也微時不學既貴初讀書自謂少文嘗慕周勃之器量累遷左右上將軍

後魏傅永爲平東將軍嘗登北邙於平坦處奮矟躍馬盤旋瞻望有終焉之志遠慕杜預近好李冲王肅欲葬附其墓遂買左右地數頃遺勅子叔偉曰此吾之永宅也

崔承宗齊州人其父仕漢中母喪因殯彼後青徐歸國遂爲隔絶承宗性至孝萬里投險偷路負喪還京師黄門侍郎孫惠蔚聞之曰吾於斯人見廉范之情矣於是弔贈盡禮如舊相識

北齊司馬膺之字仲慶好讀太玄經注楊雄蜀都賦每云我欲與楊子雲周旋河清末爲光祿大夫

盧叔武范陽涿人也少機悟豪率輕俠好奇策慕諸葛亮之爲人徵太子中庶子不起

後周裴寬字長寬河東聞喜人也銀青光祿大夫靜慮子也親沒撫諸弟以篤孝聞滎陽鄭穆嘗謂其從弟文直曰裴長寬兄弟天倫篤睦人之師表吾愛之重之汝可與之遊處寬後官至涉州刺史

于謹封燕公時驃騎大將軍開府儀同三司唐瑾賜姓宇文氏謹勳高望重朝野所屬白文帝言瑾學行兼脩願與之同姓結爲兄弟庶子孫承其餘論有益義方文帝歎異者久之更賜謹姓萬紐于氏謹乃深

相結納敦長幼之序璡亦庭羅子孫行弟姪之敬譴為朝望所宗如此

楊敷字文衍華山公寬之子也少有志操重然諾每覽書傳見忠臣烈士之事嘗慨然思慕之官至汾州刺史

韋夐高尚不仕陳遣其尚書周弘正來聘素聞夐名請與相見朝廷許之弘正乃造夐談讌盡日恨相遇之晚後請夐至賓館夐不時赴弘正仍贈詩曰德星猶未動真車詎肯來其為時所欽挹如此

隋虞慶則京兆櫟陽人初以弋獵為事中便折節讀

書嘗慕傳介子班仲叔為人大業中桂州道行軍總管

唐崔敦禮雍州咸陽人少涉文史重節義嘗慕蘇子卿之為人顯慶初為太子少師同中書門下三品

李綱觀州蓨人也初名瑗字子玉讀後漢書張綱傳慕而改之字文紀卒為太子少師

楊師道為侍中性周慎謹密未嘗漏洩內事嘗曰昔少窺漢史至孔光不言溫室之樹每欽餘風

潘好禮初為鹿城縣主簿則天朝徐有功為地官員外郎好禮深慕其為人因著論焉

陸象先為工部尚書象先與禮部侍郎集賢院學士充皇太子侍讀賀知章族姑子也知章性放曠善諧謔當時賢達皆傾慕之象先與知章特相友善象先嘗謂人曰賀兄言論倜儻真可謂風流之士吾與子弟離闊都不思之一日不見賀兄則鄙吝生矣

李進太僕少卿韋子樂善愛才慕當時名士與之交結

裴冕為左僕射自創巾子其狀新奇市肆因竊其貨謂曰僕射樣也

後唐宰相李愚少慕晏嬰之為人故初名晏平

思賢

詩有彼留之嗟語有則亡之感故知賢者既往遺思是深乃有服其嘉言念其婉畫失師律以追悼不聞過而增歎以至經舊遊而慟哭瞻高壠而盡哀乃知擅其風流必加欽慕雖年祀寖遠而聲猷益彰故曰高山仰止景行行止

趙簡子晉大夫劉文公會諸侯大夫伐楚反自召陵鄭子太叔未至而卒簡子為之臨甚哀曰黃父之會（在魯昭二十五年）夫子語我九言曰無始亂無怙富無恃寵無違同無敖禮無驕能（以能驕人）無復怒（復也）無謀非德

非所謀也無犯非義傳曰簡子能用善言所以進與又簡子有臣曰周舍
立於門下三日三夜簡子使問之曰子欲見寡人何
事周舍對曰願爲愕愕之臣墨筆操牘從君之過而
日有記也月有成也歲有効也簡子居則與之居出
則與之出居無幾何而周舍死簡子後與諸大夫飲
於洪波之臺酒酣簡子涕泣諸大夫皆出曰臣有罪
而不自知巳簡子曰大夫無罪昔者吾友周舍有言
曰千羊之皮不如一狐之腋衆人唯諾不如一士之
愕愕昔者紂王默默而亡武王愕愕而昌今自周舍
之死吾未嘗聞過吾亡無日矣是以寡人泣也

孔子哭顏淵慟慟哀過也從者曰子慟矣曰有慟乎不自知巳
之悲哀過非夫人之爲慟而誰爲又曰噫噫痛傷之聲天喪予
天喪予天喪予者若喪巳也重言之者痛惜之甚
叔向晉大夫也見司馬侯之子撫而泣之曰自此其
父之死吾蔑之與比而事君矣昔者其父始之我終
之我始之夫子終之無不可無不可言皆從
後漢梁鴻友人高恢字伯達少好老子隱華陰及鴻
東遊思恢作詩
田豐字元皓爲袁紹別駕天姿瓌傑權畧多奇紹軍
之敗也土崩奔北徒衆略盡軍將皆撫膺而泣曰向
使田豐在此不至於是
蜀諸葛亮爲丞相先主將東征吳以復關羽之恥群
臣多諫一切不從章武二年大軍敗績還住白帝亮
歎曰法孝直法正字孝直若在則能制主上令不東行就
復東行必不傾危矣
賴尤荊州人爲丞相西曹令史隨諸葛亮於漢中早
夭亮甚惜之與留府長史叅軍張裔蔣琬書曰令史
失賴尤掾屬喪楊顒爲朝中損益多矣楊顒爲諸葛亮東曹屬典選舉顒死亮垂泣三日
蔣琬爲大將軍問張休曰漢嘉前輩有王元泰今誰

繼者休對曰至於元泰州里無繼況鄙郡乎其見重
如此王謀字元泰漢嘉人也有容止操行先主以謀爲少府
晉羊曇太山人知名士也爲謝安所愛重安薨後輟
樂彌年行不繇西州路嘗因石頭大醉扶路唱作樂
不覺至州門左右白曰此西州門曇悲不巳以馬策
扣扉誦曹子建詩曰生存華屋處零落歸山丘因慟
哭而去
孫惠爲大將軍叅軍陸機及弟雲雲弟耽爲成都王
所害惠與淮南內史朱誕書曰不意三陸相攜闇朝
一旦湮滅道業淪喪痛酷之深荼毒難言國喪儁望

悲豈一人
謝鯤爲王敦長史時衛玠卒葬於南昌鯤哭之慟人問曰子有何恤而致斯哀答曰棟梁折矣不覺哀耳
王衍爲領軍阮柯爲長史性純篤閑雅好禮無違存心經誥博學浩聞及卒衍哭之甚慟
何充爲吏部尚書咸康六年司空庾亮薨及葬充會之歎曰埋玉樹於土中使人情何能已
劉惔爲丹陽尹雅善言理簡文初作相與王濛並爲談客濛卒臨殯惔以犀把麈尾置棺中因慟久之
孫悼字興公善屬文有高尚之志丹陽尹劉惔卒惔字

真長綽爲之誄云居官無官之事處事無事之心時人以爲名言後綽嘗詣褚裒言及惔流涕曰可謂人之云亡邦國殄瘁裒大怒曰真長生平何嘗相比數而卿今日作此面向人邪其爲名流所敬重如此
桓玄聞王珣卒與會稽王道子書曰珣神情爽悟經史明徹同流之美公私所寄雖逼嫌謗用才不盡然君子在朝弘益自多時事艱難忽衛喪失歎懼之深但風流相悼而已其崎嶇之九折風霜備經雖賴明公神鑒亦識居之故也棄以壽終殆無所哀但情發去來賓之未易耳

宋顏竣爲湘東王師時會稽太守張暢卒于官竣表世祖曰張暢遂不救疾東南之秀早樹風範聞之悽愴深切嘗懷
梁殷芸陳郡人也累遷秘書監任昉好獎進士友延譽者卒多升擢時人慕之號曰任君言如漢之三君也及卒芸與建安太守到溉書曰哲人云亡儀表長謝元龜何寄指南誰託其爲士友所推如此
劉之遴爲南郡太守劉顯爲邵陵王長史及卒之遴啓皇太子曰嘗聞夷叔柳下惠不逢仲尼一言則西山餓夫東國黜士不朽之事寄之題目懷珠抱玉歿

世而名不稱者可謂長太息孰過於斯竊痛澣國劉顯號讀藝文聰明特達今棺郢都魂歸上國下宅有日須鐫墓板畧撰其事今輒上呈伏願鴻慈降茲睿藻其柿背以慰幽魂乃命誌銘
後魏蘇湛中書侍郎姜儉從母兄也儉爲蕭寶寅雍州從事寶寅反敗儉爲城人所殺湛每謂人曰以姜儉才志堪致富貴惜其不遇命也如何
李神儁爲儀同路法嘗少而脩立爲郡功曹早卒神儁與之有舊每云諸路前輩中有路法嘗足爲名士謂必遠至而竟無年天下事誠難之也

隋楊素字處道高祖時爲御史大夫柳弘卒於官相楊素誄之曰山陽王弼風流長逝潁川荀粲零落無時脩竹夾池永絕梁園之賦長楊映沼無復雒川之文其爲士友所痛惜如此

唐房玄齡魏徵俱爲相並美戴冑才用與之親善及冑卒後嘗見其遊處之地數爲之流涕

宋璟爲相魏知古爲工部尚書卒璟聞而歎曰叔向古之遺直子產古之遺愛能兼者其在魏公乎

周馮道爲相初漢劉審交爲汝州刺史卒道聞之曰予嘗爲劉汝州僚佐知其爲人廉平慈善無害之長

也刺遼磁治陳襄青皆稱平允不顯殊尤理汝也又安有異哉民之租賦不能減也徭役不能息也寒者不能衣也餒者不能食也百姓自汲汲然而使君何有於我哉然身死之日致黎民懷感如此者誠以不行鞭撲不行刻剝不因公以徇私不害物以利己確然行長利之事薄罰宥過謹身節用安俸祿守禮分而已凡從事於斯者孰不能乎但前之守土者不能如是是以汝民咨嗟愛慕之今天下戎馬之後四方凶盜之餘杼軸空而賦斂繁人民稀而倉廩匱謂之康泰未易輕言侯伯牧宰若能哀矜之不至聚斂不殺無辜知民是邦本政爲民命和平寬易即劉君之政安足稱耶復何患不至於令名哉道仍爲著哭詞六章鐫於墓碑之陰焉

冊府元龜

巡按福建監察御史臣李嗣京 訂正
知閩縣事臣曹[illegible]臣參閱
知建陽縣事臣黄國琦較釋

總録部 四十三

長者

仲尼有言曰巳所不欲勿施於人又曰君子成人之美不成人之惡皆長者之謂歟然則訥言敏行寬柔溫淼篤誠心以待物守不欺而無貳致美於它人處衆之所惡斯葢急病讓夷薰心濡首弃氏之攸重禮

經之爲貴也至有臨難無茍免覩過以知仁御下以至寛誨盜以歸善州里率德而咸服政教不嚴而自治使民無爭而怨亡信爲天地之紀有道之極致乎

漢田叔爲漢中守十餘年文帝召叔問曰公知天下長者乎對曰臣何足以知之帝曰公長者宜知之叔頓首曰故雲中守孟舒長者也

直不疑爲郎事文帝其同舍有告歸誤持其同舍郎金去已而同舍郎覺亡意不疑(疑其盜取)不疑謝有之(告去實取)買金償後告歸者至而歸金亡金郎大慙不疑學老子言其所臨爲官如故惟恐人知之其爲吏迹也不好立名稱爲長者

張歐爲御史大夫歐爲吏未嘗言案人剸以誠長者處官官亦以爲長者亦不敢大欺

後漢趙孝以父任爲郎其父普王莽時爲田禾將軍孝每告歸嘗白衣步擔嘗從長安還欲止郵亭亭長先時聞孝當過以有長者客掃灑待之孝旣至不自名亭長不肯內因問曰聞田禾將軍子當從長安來何時至乎孝曰尋到矣於是遂去

卓茂初辟丞相府史事孔光光稱爲長者時嘗出行

有人認其馬茂問曰子亡馬幾何時對曰月餘日矣茂有馬數年心知其謬嘿解與之挽車而去顧曰若非公馬幸至丞相府歸我他日馬主别得亡者乃詣府送馬叩頭謝之茂惟不好爭如此

甄宇建武中爲博士每臘詔書賜博士一羊羊有大小肥瘦時博士祭酒議欲殺羊分肉又欲投鉤宇甚恥之宇因先自取其最瘦者繇是不復有爭訟後召會問瘦羊博士所在京師因以號之

苞恂經明行脩名重朝廷時稱其長者有宰相器位執金吾

梁鴻扶風平陵人也牧豕於上林苑中曾誤遺火延及它舍鴻乃尋訪燒者問所去失悉以豕償之其主猶以爲少鴻曰無它財欲以身居作主人許之因爲執勤不懈朝夕鄰家耆老見鴻非常人乃共責讓主人而稱鴻長者於是始敬異焉悉還其豕鴻不受而去

周嘉汝南人仕郡主簿太守何敞討賊爲賊所圍嘉號泣請以死贖後太守寇恂舉爲孝廉拜尚書侍郎光武引見問以遭難之事嘉對曰太守被傷命懸寇手臣實駑怯不能死難帝曰此長者也

陳重舉孝廉爲郎有同署郎負息錢數十萬責主日至詭求無已重乃密以錢代還郎後覺知厚辭謝之重曰非我之爲將有同姓名者終不言惠又同舍郎有告歸寧喪者誤持鄰舍郎絝以去主疑重所取重不自申說而市絝以償之後寧喪者歸以絝還主其事乃顯

劉寵爲大尉以日食策免歸鄉里嘗出京師欲息舍亭吏止之曰整頓灑掃以待劉公不可得也寵無言而去時人稱其長者

劉寬嘗坐客遣蒼頭市酒迂久大醉而還客不堪之罵曰畜產寬須臾遣視奴疑必自殺顧左右曰此人也罵言畜產辱孰甚焉故言懼其死寬嘗行有人失牛者乃就寬車中認之寬無所言下駕步歸有頃認者得牛而送還叩首謝曰慙負長者隨所刑罪寬曰物有相類事容脫誤幸勞見歸何爲謝之州里張其不較（較報也論語曰子曰犯而不較）

陳寔潁川人也爲郡功曹時中常侍侯覽託太守高倫用教署爲文學掾寔知非其人懷檄請見言曰此人不空用而侯常侍不可違寔乞從外署不足以塵明德倫從之於是鄉論怪其非舉寔終無所言倫後

被徵爲尚書郡中士大夫送至倫氏傳舍倫謂衆人言曰吾前爲侯常侍用吏陳君密持教還而於外自署比聞議者以此少之此咎繇故人畏憚強禦陳君可謂善則稱君過則稱己者也寔固自引愆聞者方歎息繇是天下服其德建寧中歲荒民儉有盜夜入其室止於梁寔陰見乃起自整拂呼命子孫正色訓之曰夫人不可不自勉不善之人未必本惡習以性成遂至於此梁上君子者是矣盜大驚自投於地稽首歸罪寔徐譬之曰視君狀貌不似惡人宜深克己反善然此當繇貧困令遺絹二疋自是一縣無復盜

淳于恭家有山田果樹人或侵盜輒助爲牧採又見偷刈禾者恭念其愧因伏草中盜去乃起里落化之位侍中騎都尉

劉虞在鄉里時嘗有失牛者骨體毛色與虞牛相似因以爲是虞便推與之後主自得本牛乃還謝罪位太尉

姜肱彭城廣戚人也嘗遇盜但掠奪衣資而已旣至郡中見肱無衣服怪問其故肱託以他辭終不言盜盜聞而感悔後乃就精廬求見徵君肱與相見皆叩

頭謝罪而還所掠物肱不受勞以酒食而遣之

高鳳南陽葉人鄰里有爭財者持兵而鬭鳳往解之不已乃脫巾叩頭固請曰仁義遜讓奈何棄之於是爭者懷感投兵謝罪

戴封遇賊財物悉被掠奪唯餘縑七疋賊不知處封乃追以與之曰知諸君之乏故送相遺賊驚曰此賢人也盡還其器物位太常

承宮琅邪人嘗在蒙陰山中耕種禾黍熟人就認之宮便傳而去繇是發名位侍中祭酒

公沙穆北海膠東人嘗養豬豬有病使人賣之於市語之言如售當告買者言病賤取其直不可言無病欺人取貴價也賣豬者到市卽售亦不言病其直過價穆怪之問其故齎半直追以還買豬人告語言豬實病欲賤賣不圖賣者人相欺乃取貴直買者言賣買私約亦復辭錢不取穆乃不受錢而去仕至遼東屬國都尉

段熲爲護羌校尉坐討羌無功輸作左校吏人守闕訟段以千數朝廷知段爲郭閎所誣詔問其狀段但謝罪不敢言枉京師稱爲長者

滕延爲京兆尹有名理世稱爲長者

高順爲呂布將布後疏順以魏續有內外之親悉奪順所將兵以與續及當攻戰故令順將續所領兵順亦終無恨意

魏管寧北海朱虛人鄰有牛暴寧田者寧牽牛著涼處自爲飲食過於牛主牛主得牛大慙若犯嚴刑

吳陸遜爲大將軍屯蕪湖會稽太守淳于式表遜枉取民人愁擾所在遜後詣都言次稱式嘉吏大帝曰式白君而君薦之何也遜對曰式意欲養民是以白遜若遜復毀式以亂聖聽不可也帝曰此誠長者之事顧人不能爲耳

鍾離牧字子幹會稽山陰人漢魯相意七世孫也少居永興躬自墾田種稻二十餘畝臨熟縣民有識認之牧曰本以田荒故墾之耳遂以稻歸焉縣長聞之召民繫獄欲繩以法牧爲之請長曰君慕承宮自行義事僕爲民主當以法率下何得寢公憲而從君邪牧曰此是郡界緣君意顧故來蹔住今以少稻而殺此民何以復留遂出裝還山陰長自往止之爲釋民繫民慙懼率妻子舂所取稻得六十斛米送還牧牧閉門不受民輸置道旁莫有取者牧繇此發名

晉庾純與荀販俱爲大將軍所辟販整麗車服純率

素而已販以爲愧恨後純坐事免復爲散騎常侍販奏純前坐不孝免黜不宜升進侍中甄德奏販以私議貶奪公論誣罔朝廷販坐免官販既免黜純更以此愧之亟往慰勉之時人稱純通恕

阮裕嘗以人不須廣學正應以禮讓爲先故終日靜默無所修綜而物自宗焉在剡曾有好車借無不給有人葬母意欲借而不敢言後裕聞之乃歎曰吾有車而使人不敢借何以車爲遂命焚之位東陽太守

鄧攸既陷石勒長史張賓先薦之勒以禮焉勒每東西置攸車營中勒夜禁火犯之者死攸與胡鄰轂胡夜失火燒車吏按問胡乃誣攸攸度不可與爭遂對以弟婦對燈溫酒爲辭勒赦之既而胡人深感自縛詣勒以明攸而陰遺攸馬驢諸胡莫不歎息宗敬之位右僕射

王延西河人也家牛生一犢他人認之延牽而授與初無吝色其人後自知妄認送犢還延叩頭謝罪延仍以與之不復取也

桑虞魏郡黎陽人有園在宅北數里瓜果初熟有人踰垣盜之虞以園援多棘刺恐踰者見人驚走而致傷損乃使奴爲之開道及偷負瓜將出見道通利知

虞使除之乃送所盜瓜叩頭請罪虞乃歡然盡以瓜與之嘗行寄宿逆旅同宿客失脯疑虞爲盜虞默默無言便解衣償之主人曰此舍數失魚肉雞鴨多是狐狸偷去君何以疑人乃將脯主山冢間尋求果得之客求還衣虞投之不顧位寧朔將軍

周訪字士達漢末避地江南因家廬江尋陽鄉人盜訪牛於冢間殺之訪得之密埋其肉不使人知

庾亮爲征西將軍所乘馬有的顱殷浩以爲不利於主勸亮賣之亮曰曷有己之不利而移之於人浩慙而退

鄧騫字長真長沙人少有志氣爲鄉里所重嘗推誠行已有節操忠信兼識量弘遠善與人交久而益敬太尉庾亮稱之以爲長者官至大司農卒

郭文隱居餘杭大辟山採竹葉木實貿鹽以自供人或酬下價者亦即與之後人識文不復賤酬食有餘穀輒恤窮匱人有致遺取其麄者示不逆而已有猛獸殺大鹿於菴側文語人人取賣之分錢與文文曰我若須此自當賣之所以相語正以不須故也聞者皆嗟歎之

范喬陳留縣外黄人字伯孫高尚不仕邑人臘夕盜

斫其樹人有告者喬陽不聞邑人愧而歸之喬往諭曰卿節日取柴欲與父母相歡娛耳何以愧爲其通物善導皆此類也外黄令高顒歎曰諸士大夫未有不及私者而范伯孫恂恂率道名諱未嘗經於官曹士之貫異於今而見大道廢而有仁義信矣其行身不穢爲人所歎服如此

孫晷吳國富春人時年饑穀貴人有生割其稻者晷見而避之須去而出既而自刈送與之鄉鄰感愧莫復侵犯

郭翻字長翔少有志操辭州郡辟及賢良之舉家於臨川不交世事惟以漁釣射獵爲娛居貧無業欲墾荒田先立表題經年無主然後乃作稻將熟有認之者悉推與之縣令聞而詰之以稻還翻翻遂不受嘗以車獵去家百餘里道中逢病人以送之徒步而歸其漁獵所得或從買者便與之而不取直亦不告姓名繇是士庶咸敬焉翻嘗墜刀於水路人有爲取者因與之路人不取固辭翻曰爾向不取我豈能得路人曰我若取此將爲天地鬼神所責矣翻知其終不受復沉刀於水路人悵焉乃復沉没取之翻於是不逆其意乃以十倍刀價與之

朱冲字巨容南安人也少有至行閑靜寡欲好學而貧嘗以耕藝爲事鄰人失犢認冲犢以歸後得犢於水上大慙以犢還冲冲竟不受有牛犯其禾稼冲屢持芻送牛而無恨色主愧之乃不復爲暴位太子右庶子

宋謝弘微口不言人短長而兄曜好臧否人物曜每言論弘微嘗以他語亂之位侍中

謝方明性尤愛惜未嘗有所是非爲牧守承代前人不易其政必宜改者則以漸移使無迹可尋

邢原平有志行爲鄉里所推每出市賣物人問幾錢

裁言其半如此積時邑人皆共識悉輒加本價與之彼此相讓欲買者稍稍減價要取微賤然後取直居宅下濕遶宅爲溝以通於水宅上種小竹春月夜有盜其筍者原平偶起見之盜者奔走墜溝原平自以不能廣施至使此人顛沛乃於所植竹處溝上立小橋令足通行又採筍置籬外鄰曲慙愧無復取者又嘗於縣南郭鳳埭助人引船過有相鬬者爲吏所録鬬者逃散惟原平獨住吏執以送縣縣令新到未相識悉將加嚴罰原平解衣就罪義無一言左右小大咸稽顙請救然後得免位會稽太守

沈道虔吳興人居石山下有人竊其園菜者外還見之仍自逃隱待竊者去乃出人又拔其屋後筍令人止之曰惜此筍欲令成林更有佳者相與乃令人買大筍送與之盜者慙不敢受道虔使置其門內而還嘗以捃拾自資同捃者或爭穟道虔諫之不止悉以其所得與之爭者愧恧後每爭輒云勿令居士知吳國義興人也有義讓之美人有竊其稻者乃引還爲設酒食以米送之

劉凝之字安隱南郡枝江人嘗爲封里所誣一年三輸公調有認其所著屐笑曰僕著已敗令家中覓新者備之此人後於田中得所失屐乃送還不肯復取凝之宋書梁書皆有傳

南齊沈麟士吳興武康人嘗行路鄰人認其所著屐麟士曰是卿屐耶即跣而反鄰人得屐送前者還之麟士曰非卿屐邪笑而受之

韓係伯襄陽人也襄陽土俗鄰居種桑樹於界上爲誌係伯以桑枝蔭妨他地遷界上開數尺鄰畔隨復侵之係伯輒更改種久之鄰人慙愧還所侵地躬往謝之

梁王志家世居建康禁中里馬糞巷父僧虔以來門

風多寬恕志尤惇厚所歷職不以罪咎劾人門下客嘗盜脫志車幰賣之志知而不問待之如初賓客遊其門者專覆其過而稱其善兄弟子姪皆篤實謙和時人號馬糞諸王爲長者位散騎常侍

裴子野遷廷尉正時三官通署獄牒子野嘗不在同僚輒署其名奏有不允子野從坐免職或勸言諸有司可得無咎子野笑而答曰雖慙柳季之道豈因訟以受服自此免黜久之終無恨意

明山賓性篤實家中嘗乏用貨所乘牛既售錢乃謂買主曰此牛經患漏蹄治差已久恐後脫發無容不

語買主遽退取錢處士阮孝緒聞之歎曰此言足使
延淳反樸激薄停澆矣位至侍中
何點廬江灊人也嘗行經朱雀門街有自車後盜點
衣者見而不言傍有人擒盜與之點乃以衣施盜盜
不敢受點命告有司盜懼乃受之催令急去
庾詵新野人也嘗乘舟從田舍還載米一百五十石
有人寄載二十石既至宅寄載者曰君三十斛我百
五十石詵嘿不言恣其取足
范元琰吳郡錢塘人性謙敬不以所長驕人家貧惟
以園蔬爲業嘗出行見人盜其菜元琰遽退走母問

冊府元龜　總錄部　長者　卷之七百九十三　十三

其故具以實答問盜者爲誰答向所以退畏其愧恥
今啓其名願不泄也於是母子秘之或有涉溝盜其
筍者元琰因伐木爲橋以渡之自是盜者大慙一鄉
無復草竊
蔡凝自中書侍郎遷晉陵太守及之郡更令左右脩
緝中書廨宇謂賓友曰庶來者無勞不亦可乎
後魏高允爲尚書散騎常侍光祿大夫太和十年四
月有事西郊詔以御馬車迎允就郊所板
忽驚奔車覆傷眉三處孝文明太后遣醫藥護治存
問相望司駕將處重坐允啓陳無恙乞免其罪先是
命中黃門蘇興壽扶持允曾雪中遇犬驚倒扶者大
懼允慰勉之不令聞徹
李孝伯嘗引綱紀或有言事者孝伯恣其所陳假有
是非終不抑折及見太武言其所長不隱人姓名以
爲已善故衣冠之士服其雅正位泰州刺史
崔光韶其家資產皆弟光伯所理光伯亡悉焚其契
河間邢子才曾貸錢數萬後送還之光韶曰此亡弟
相貸僕不知也竟不納位太傅諮議參軍
邢臧和雅信厚有長者之風爲時人所愛敬位尚書
令

冊府元龜　總錄部　長者　卷之七百九十三　十四

李元忠家素富在鄉多有出貸求利元忠焚契免責
鄉人甚敬之孝莊時盜賊蜂起清河有五百人西戍
還經南趙郡以路梗共投元忠奉絹千餘疋元忠惟
受一疋殺五牛以食之遣奴爲導曰若逢賊但道李
元忠遣如言賊皆捨避位驃騎大將軍
爾朱代勤爲立義將軍曾圍山而獵部民射獸誤中
其髀代勤乃令拔箭竟不推問曰此既過誤何忍加
罪部內聞之咸感其意
宇文測爲駙馬都尉在雒陽之日曾被竊盜所盜之
物即其妻陽平主之衣服也州縣擒盜并物俱獲測

恐此盜坐之以死乃不認焉遂遇赦得
趙琰字叔起初苻氏亂琰爲乳母携奔壽春年十四
乃歸孝心色養飪熟之節必親調之皇興中京師儉
婢簡粟糶之琰遇見切責勑留輕粃嘗送子應冀州
娉室從者於路偶得一羊行三十里而琰知之令還
於本處人買耜刃得剩六耜卽命送還刃主刃主高
之義而不受琰命委之而去後爲淮南王府長史
北齊崔暹爲吏部郎主議麟趾格暹親遇日隆好篤
人士言邢邵宜任府僚可以兼管機密宣武因以徵
邵甚見親重言論之際邵遂毀暹宣武不悅謂暹曰

卿說子才之長子才專言卿短此癡人也暹曰子才
言暹短暹說子才長皆是實事不爲嫌
元文遙後魏昭成皇帝六世孫也有地十頃與物無
競仕齊爲侍中魏之將季孫姓被侮有人冒相侵奪
文遙卽以與之及貴此人尚在乃將家逃竄文遙大
驚追加慰撫還以與之彼人愧而不受彼此俱讓遂
爲閑田
後周孟信魏末爲趙平太守及去官居貧無食惟有
一老牛其兄子賣之擬供薪米券契已訖市法應知
牛主在任所信適從外來見買牛人方知其賣也因
告之曰此牛先來有病小用便發君不須買也杖其
兄子買牛人嗟異良久呼信曰孟公但見與牛未必
須其力也苦請不得乃罷買牛者文帝帳下人也文
帝深歎異焉
趙軌爲衞王爽原州總管司馬在道夜行其左右馬
逸入田中暴人禾軌駐馬待明於是方知禾主酬直
而去原州人吏聞之莫不改操
隋盧昌衡嘗行至浚儀所乘馬爲他牛所觸因致死
牛主陳謝求還價直昌衡謂之曰六畜相觸自關常
理此豈人情也君何謝也拒而不受性寬厚皆此類

也位儀同三司
張文詡爲博士仁壽末學廢策杖而歸嘗有人夜中
竊割其麥者見而避之盜因感悟棄麥而謝文詡慰
諭之自誓不言固令持去經數年盜者向鄉人論之
始爲遠近所悉隣家築墻心欲直之文詡因毀舊堵
以應之詡嘗有腰疾會醫者自言善禁文詡令禁之
遂爲刃所傷至於頓伏牀枕醫者叩頭請罪文詡遽
遣之因謂其妻子曰吾昨風眩落坑所致其掩人短
者皆此類也
李士謙趙郡平棘人隋有天下畢志不仕有牛犯其

田者士謙牽置宗處飼之過於本主望見盜割其禾黍者黙而避之其家僮嘗執盜粟者士謙慰諭之曰某窮困所致義無相責遽令放之
元褒字孝整爲原州總管有商人爲賊所劫其人疑同伴者而執之褒察其色寛而辭正遂捨之商人詣闕訟褒受金縱賊帝遣使窮治之使者薄責褒曰何故利金而捨盜也褒便即引咎初無異詞使者與褒俱詣京師遂坐免官其盜尋發於他所帝謂褒曰公朝廷舊人位望隆重受金捨盜非善事何至自誣也對曰臣受委一州不能息盜賊臣之罪一也州民爲

人所謗不付法司懸即放免臣之罪二也牽率愚誠無顧刑法不持文書約束至今爲物所疑臣之罪三也臣有三罪何所逃責臣又不言受賂使者復將有所窮究然則縲紲横及良善重臣之罪是以自誣帝歎異之稱爲長者
唐楊再思鄭州原武人也少舉明經授玄武尉充使詣京師止於客舍會盜竊其囊裝再思邂逅遇之盜者伏罪再思謂曰足下當苦貧匱至此無行速去勿風聲恐爲他人所擒幸留公文餘財盡以相遺盜者賫去再思初不言其事假貸以歸

王友貞口不言人過時論以爲真君子後特授太子中舍人員外
源乾曜玄宗時爲京兆尹仍京師留守乾曜政存寛簡不嚴而理嘗有仗内白鷹因縱逸遂失所在帝令京兆切捕之俄於野外獲之其鷹挂於叢棘而死官吏懼得罪相顧失色乾曜徐曰事有邂逅死亦常理主上仁明當不以此寘罪必其獲戾吾自當之不須懼也遂入自請失旨之罪帝一切不問衆咸伏乾曜臨事不懾而能引過在己也尹京三年政令如一
孔述睿爲祕書監史館修撰時令狐峘亦充修撰與

述睿同職多以細碎之事侵述睿皆讓之竟不與爭時人稱爲
杜黄裳性雅澹寛恕心雖從長口不忤物位平章事
任迪簡爲天德軍使李景略判官性重厚嘗有軍宴行酒者誤以醯進迪簡知誤以景略法嚴慮坐主酒者乃勉飲盡之而僞容其過以酒薄白景略請換之於是軍中皆感悦
錢徽爲禮部侍郎長慶元年知貢舉放進士鄭明等及覆落郎等十人貶徽爲江州刺史先是宰臣段文昌翰林學士李紳懇言進士楊子渾周漢賓二人於

徽縱以私書及徽貶有諷徽令盡獻文昌李紳等私書帝必開悟者徽曰不然苟無愧心得喪一致脩身慎行安可以私書相證邪命子弟焚之時議以爲君子

後唐王正言爲魏州觀察判官莊宗平定魏博正言仍舊職任小心端慎與物無競嘗爲同職司空頲所凌正言降心下之

晉崔棁屬詞頗工凡受託而作者必親札致之即焚其藁懼泄人之假手位太子賓客

冊府元龜

巡按福建監察御史臣李嗣京　訂正

知甌寧縣事臣孫以敬參閱

知建陽縣事臣黄國琦較釋

總錄部四十四

知禮　家法　矜嚴

知禮

夫衣冠中而動作慎有方之士也是故君子以禮自防擇地而蹈著誠而去僞别嫌而明微如衡誠懸豈輕重之或爽猶水在器故方圓而有準處閨門則宗

族序在朝廷則君臣正祗肅之德於是乎生殆辱之尤無自而入信哉釋回增美安上治民捨禮何以哉

石祁子衛大夫駘仲之子也駘仲卒無適子有庶子六人卜所以爲後者曰沐浴佩玉則兆卜者言齊絜沐浴則得吉兆五人者皆沐浴佩玉石祁子曰孰有執親之喪而沐浴佩玉者乎不沐浴佩玉心正且知禮石祁子兆衛人以龜爲有知也

季武子魯大夫武子成寢武子魯公子季友之曾孫季孫杜氏之葬在西階之下請合葬焉許之入宮而不敢哭武子曰合葬非古也自周公以來未之有改也自見夷人寢墓以爲宅欲文過吾許其大而不許其細何居命之哭訖此者善其又奪人之恩

延陵季子吳公子也適齊於其反也其長子死葬於嬴博之間季子名札讓國居延陵因號焉春秋傳謂延州來嬴博齊地今泰山縣是也孔子曰延陵季子吳之習於禮者也往而觀其葬焉往弔其坎深不至於泉以生怨死其斂以時服以行時之服不改制節既葬而封廣輪揜坎其高可隱也既封左袒右還其封且號者三曰骨肉歸復于土命也若魂氣則無不之也無不之也還圍也號哭且言也命猶性也而遂行行去也孔子曰延陵季子之於禮也其合矣乎

陳尊巳魯人乾昔之子乾昔寢疾屬其兄弟而命尊

巳曰如我死則必大爲我棺使吾二婢子夾我婢子妾也乾昔死其子曰以殉葬非禮也况又同棺乎弗果殺善尊巳不陷父於不義

孔子在衛有送葬者而夫子觀之曰善哉爲喪乎足以爲法矣小子識之子貢曰夫子何善爾也曰其往也如慕其反也如疑慕謂小兒戀父母啼呼疑者哀親之在彼如不欲還然子貢曰豈若速反而虞乎子曰小子識之我未之能行也哀戚本也祭祀末也

仲繇字子路爲季氏宰宰治邑吏也季氏祭逮闇而祭日不足繼之以燭謂舊時也雖有強力之容肅敬之心皆倦

息矣以其久也有司跛倚以臨祭其爲不敬大矣偏任爲跛依物爲倚他日祭子路與室事交乎戶堂事交乎階質明而始行事晏朝而退室事祭㫊堂事儐尸孔子聞之曰誰謂繇也而不知禮乎多其知禮

曾參武城人與客立於門側其徒趨而出徒謂客之旅曾子曰爾將何之曰吾父將死出哭於巷以爲不可發凶於人館曰反哭於爾次次舍也禮館人使專之若其自有焉曾子北面而弔焉

曾子寢疾病病謂疾困樂正子春坐於床下子春曾參弟子曾元曾申坐於足元申曾參之子童子隅坐而執燭隅坐不與成人並坐童子曰華而睆大夫之簀與華畫也簀謂床第也說者以睆爲刮節目字或爲刮

子春曰止以病困不可動曾子聞之瞿然曰呼呼虛憊之聲曰華而睆大夫之簀與曾子曰然斯季孫之賜也我未之能易也元起易簀未之能易已病故也曾元曰夫子之病革矣不可以變幸而至於旦請敬易之言夫子若曾子親沒之後齊嘗聘以爲卿而不爲也革急也變動也幸覬也曾子曰爾之愛我也不如彼彼童子也君子之愛人也以德成己之德細人之愛人也以姑息息猶安也言苟容取安也吾何求哉吾得正而斃焉斯已矣斃仆也舉扶而易之反席未安而沒言命雖困猶勤於禮

言偃字子游孔子弟子也曾子弔於負夏負夏衛地主人旣祖塡池祖謂移柩車去載處爲行始也塡池當爲奠徹去聲之誤也奠徹謂遣奠徹祖推柩而反之反之於載處曾子欲更始降婦人而後行禮禮旣祖而婦人降今反柩婦人辟之復升堂矣柩無反而復反之而又降婦人蓋欲矜賓於此皆非禮也從者曰禮與怪之曾子曰夫祖者且也且未定之辭其不可以反宿也從者又問諸子游曰禮與疑曾子言非子游曰飯於牖下小斂於戶內大斂於阼殯於客位祖於庭葬於墓所以卽遠也故喪事有進而無退明反柩非曾子聞之曰多矣乎予出祖者子游且服曾子襲裘而弔子游裼裘而弔曾子指子游而示人曰夫夫也爲習於禮者如之何其裼裘而弔也曾子蓋知臨喪無飾夫夫猶言此夫也子游於時明爲知禮主人旣小斂袒括髮子游趨而出襲裘帶絰而入於主人變乃變

也所弔者朋友曾子曰我過矣我過矣夫夫是也服且善子游

卜商字子夏孔子弟子也孔子之喪有自燕來觀者舍於子夏氏子夏曰聖人之葬人與人之葬聖人也子何觀焉與及也昔者夫子言之曰吾見封之若堂者矣封築土爲壟堂形四方而高見若坊者矣坊形旁殺平上而長見若覆夏屋者矣夏屋今之門廡也其形旁廣而卑見若斧者矣斧形旁殺刃上而長從若斧者焉孔子以爲刃上難登狹又易爲功馬鬣封之謂也俗間名今一日而三斬板而已封板蓋廣一尺長六尺斬板謂斷其縮也上斷止之旁殺蓋高四尺其廣袤未聞也詩云縮板以載尚行夫子之志乎哉尚庶幾也

孔伋字子思魯人孔子之孫也子思之母死於衞子思

伯魚之子伯魚卒其妻嫁於衛柳若謂子思曰子聖人之後也四方於子乎觀禮子盍慎諸柳若衛人也見子思欲為嫁母服恐其失禮戒之嫁母齊衰期子思曰吾何慎哉吾聞之有其禮無其財君子弗行也謂時可行而財不足以備禮有其禮有其財無其時君子弗行也謂財足以備禮而時不得行者吾何慎哉時所止則止時所行則行無所疑也喪之禮如子贈襚之屬不踰主人曾子謂子思曰伋吾執親之喪也水漿不入於口者七日言已以疾時禮而不如子思曰先王之制禮也過之者俯而就之不至焉者跂而及之故君子之執親之喪也水漿不入於口者三日杖而後能起為曾子言難繼以禮御之

縣子魯人也陳莊子死赴於魯魯人欲勿哭君無哭都國大夫之禮陳莊子齊大夫陳常之後名伯繆公召縣子而問焉縣子曰古之大夫束脩之問不出境雖欲哭之安得而哭之言時若弱臣強政在大夫專盟會以交接且臣聞之哭有二道有愛而哭之有畏而哭之以權微勸之公曰然然則如之何而可縣子曰請哭諸異姓之廟於是與哭諸縣氏

漢石奮為中大夫過宮門闕必下車趨見路馬必軾焉路馬天子路車之馬軾謂撫軾蓋為敬也

後漢馬援為伏波將軍嘗有疾梁松友候之獨拜牀下援不答松去後諸子問曰梁伯孫帝壻貴重朝廷公卿以下莫不憚之大人奈何獨不為禮援曰我乃松父友也雖貴何得失其序乎禮記曰見父之執友不謂之進不敢進不謂之退不敢退不問不敢對鄭玄曰敬父同志如事父也

張湛為左馮翊後告歸平陵望寺門而步主簿進曰明府位尊德重不宜自輕湛曰禮下公門軾路馬孔子於鄉黨恂恂如也父母之國所宜盡禮何謂輕哉

吳虞聳為河間太守疾俗喪祭無度弟昺卒祭以少牢酒飰而已當時族黨並尊行之

宋王弘晉末為會稽王道子驃騎參軍父珣卒未免喪後將軍元顯以為諮議參軍加寧遠將軍知記室

事固辭不就道子復以為諮議參軍加建威將軍領中兵又固辭時內外多難在喪者皆不終其哀惟弘固執得免

南齊殷叡字文子晉荊州刺史仲堪五世孫叡解義有口才司徒褚淵甚重之謂之曰諸殷自荊州以來無出卿右者叡斂容答曰殷族衰悴誠不如昔若此旨為虛故不足降此旨為實彌不可聞

梁謝朏初仕宋為齊將軍長史明帝嘗勑朏與謝鳳子超宗從鳳莊門入二人俱至超宗曰若命不可以不往乃趨而入朏曰君處臣以禮進退不入時人兩

稱之以比王尊王陽

後魏李諧爲給事黃門侍郎遭母憂還鄉里徵爲素尹將軍知故以禫制未終表辭朝儀亦以爲優仍許其讓

唐王珪爲侍中子敬直尚帝女南平公主禮有婦見舅姑之儀自王姬下降此事多畧珪曰此禮之廢絲來乆矣今陛下欽明動循法制吾受公主謁見豈爲身榮哉所以成國家之美耳於是夫妻西向坐公主親執笄行盥饋之道禮成而退物議善之自是公主有舅姑者備婦禮自珪始也

李大亮爲長安副留守遇疾臨終歎曰吾聞禮男子不死婦人之手於是命屏婦人言終而卒

苗晉卿上黨壺關人爲魏郡太守河北採訪使會入計因陳表請歸鄉里既至壺關望縣門而步小吏進曰太守位高德重不宜自輕晉卿曰下公門軾路馬況父母之國所宜尊敬汝何言輕哉大會鄉黨縱飲累日而去

崔造爲建州刺史興元元年詔徵至藍田自以源休之甥休與朱泚作亂上疏請罪不敢赴闕帝以爲有禮優詔慰勉拜吏部郎中

後唐宋令詢不知何許人也事閔帝藩邸知書樂善動皆蹈禮

晉張礪初仕後唐爲翰林學士未幾父之妾卒初妾在世礪以久侍先人左右頗亦敬奉諸幼子以祖母呼之及卒礪疑其事詢於同僚未有以對礪即託故歸於金陽閑居三年不行其服論情制宜識者韙之

馬全節爲鄴都留守以元城是桑梓之邑具白襴詣縣庭謁拜縣令沈遘遘逡巡避之不敢當禮全節曰父母之鄉自合致敬勿讓之也州里榮之

家法

易曰家人嗃嗃悔厲吉傳曰父子篤兄弟睦夫婦和家之肥也蓋夫閨門之內德範所出位在乎正治尚乎嚴故能致恭肅之美流敦睦之譽古之君子莫不先內治而後施於有政者也乃有禮同賓饋法如官司進止有常體貌無僻繇是少長咸敘孝慈兼篤茂亢宗之德諧王家之訓聳人倫之瞻仰著方來之楷模非夫仁厚成性德義居質者亦何能及是哉

冀缺晉人晉大夫臼季使舍於冀野冀缺耨其妻饁之敬相待如賓（夫婦相敬如賓）

士會晉人爲大夫家事治

漢石奮孝景季年以上大夫祿歸老於家子孫爲小吏來歸謁奮必朝服見之不名子孫有過失不譙讓爲便坐便坐於便側之處非正室也對案不食然後諸子相責因長老肉袒固謝罪改之乃許子孫勝冠者在側雖燕必冠申申如也申申整敕之貌僮僕訢訢如也訢訢敬謹之貌唯謹謹以謹敬爲先帝特賜食於家必稽首俯伏而食如在帝前其執喪哀戚甚執喪禮記曰執親之喪子孫遵教亦如之奮家以孝謹聞乎郡國雖齊魯諸儒質行皆自以爲不及質重也子慶出爲齊相齊國慕其家行不治而齊國大治不治言無所治罰

後漢李守通父也爲王莽宗師卿爲人嚴毅居家如官廷守居家與子孫尤謹閨門之內如官廷也

鄧禹有子十三人各使守一藝脩整閨門教養子孫皆可以爲後世法禹位至太傅

樊重南陽湖陽人也性溫厚有法度二世共子孫朝夕禮敬嘗若公家

張湛字子孝扶風平陵人動止有則居處幽室必自脩整雖遇妻子若嚴君焉昜家人卦曰家人有嚴君焉父母之謂也位大中大夫

馮艮字君卿志行高整非禮不動遇妻子如君臣鄉黨以爲儀表

仇覽初爲蒲亭長後入太學學畢歸鄉里州郡並請皆以疾辭雖在宴居必以禮自整妻子有過輒免冠自責妻子庭樹候覽冠乃敢升堂家人莫敢喜怒聲色之異

陳紀字元方大丘長寔之子兄弟孝養閨門雝和後進之士皆推慕其風位大鴻臚

司馬防歷官京兆尹以年老轉拜騎都尉養志閭巷闔門自守諸子雖冠成人不命曰進不敢進不命曰坐不敢坐不指所有問不敢言父子之間肅如也

魏裴潛清潔守道每爲牧守而父在京師出入薄軍車羣弟之田盧嘗步行家人小大或并日而食其家教上下相奉事有似於石奮其履簡較度自魏興少能及者

嘗林好學帶經耕鉏妻嘗自饋餉之林雖在田野其相敬如賓位光祿大夫

曹純仍父業富於財僮僕人客以百數純綱紀督御不失其理鄉里咸以爲能位議郎參司空軍事

吳劉基字正輿繇之子也基遭多難妻子困苦潛處味道不以爲戚與羣弟居嘗夜臥早起妻妾希見其

面諸弟敬憚事之猶父不妄交游門無雜賓位光祿勳

晉何曾性至孝閨門整肅自少及長無聲樂嬖幸之好年老之後與妻相見皆正衣冠相待如賓已南向妻北面再拜上酒酬酢既畢便出一歲如此者不過再三焉位太傅

庾亮風格峻整動繇禮節閨門之內不肅而威時人或以爲夏侯大初陳長文之倫也（大初玄字長文羣字）位安西將軍

孫盛性方嚴有軌憲雖子孫班白而庭訓愈峻位祕

書監

宋謝弘微從叔峻以爲嗣事係親之黨恭謹過甞伯叔二母歸宗兩姑晨夕瞻奉盡其誠敬內外或傳語通訊輒正其衣冠位右衛將軍

南齊王延之爲右光祿大夫竟陵王師家訓方嚴不妄見子弟雖節歲問訊皆先冠日子倫之見兒子亦然

劉璡爲武陵王曄征虜參軍璡兄瓛夜隔壁呼璡其語璡不答方下牀著衣立然後應瓛問其久璡曰向束帶未竟其立操如此

梁劉潛奉寡嫂甚謹家內巨細必定諮嫂與妻子朝夕供事未嘗失禮人稱之位豫章內史

范雲爲僕射雲性篤睦事寡嫂盡禮家事必先諮而後行

陳王錫爲左僕射兄弟三十餘人居家篤睦每歲時饋遺遍及近親敦誘諸弟並稟其規訓

後魏李敷兄弟敦崇孝義家門有禮至於居喪法度吉凶書記皆合典則爲北州所稱美

崔浩母盧氏湛孫也浩著食經敘曰予自少及長耳目聞見諸母諸姑所脩婦功無不蘊習酒食朝夕養

舅姑四時祭祀雖有功力不任僮使甞手自親焉昔遭喪亂饑饉仍臻饘蔬餬口不能具其物用十餘年間不復備設先妣慮久廢志後生無知見而少不習業書乃占授爲九篇文辭約舉婉而成章聰辯強記皆此類也位撫軍上將軍

楊椿弟津孝友大至兄弟皆有孫唯椿有曾孫年十五六矣椿甞欲爲之早娶望見玄孫自椿子昱以下率多學尚時人莫不欽羨焉一家內男女百口緦服同爨庭無間言魏世以來唯有盧淵兄弟及椿昆季當世莫逮焉椿位太保

盧度世子淵昶等父母亡後百口同居親從昆弟當旦省諸父出坐別室至暮乃入廟府之外不妄交遊其相率以禮如此

許詢字伯禮頗有業尚閨門雍睦三世同居吏部尚書李神儁嘗稱其家風

朱推字季預性清嚴治家如官府

鄭瓊兄弟雍睦其諸娣姒亦咸相親愛閨門之內有無相通爲時人所稱美

辛少雍爲給事中性仁厚有禮義門內之法爲時所重少雍卒妻王氏有德義與其從子懷仁兄弟同居

懷仁等事之甚謹閨門禮讓人無間焉士大夫以此稱美

崔挺子孝芬孝暐兄弟孝義慈厚弟孝演孝政先亡孝芬等哭泣哀慟絕肉蔬食容貌損瘠見者傷之孝暐等奉孝芬盡恭順之禮坐食進退孝芬不命則不敢也鷄鳴而起旦參顏色一錢尺帛不入私房吉凶有需聚對分給諸婦亦相親愛有無共之始挺兄弟同居孝芬叔振既亡之後孝芬等奉承叔母李氏若事所生旦夕溫凊出入啓謹家事巨細一以諮決每兄弟出行有獲財物尺寸以上皆內李氏之庫四時分賚李自裁之如此者二十餘歲撫從弟宣伯子朗如同氣焉挺弟振字延根少有學行亦居家孝友爲宗族所稱挺位北海王詳司馬

北齊高隆之爲太保錄尚書事姊爲尼事之如母訓督諸子必先文義世甚以此稱之

崔㥄爲侍中㥄一門婚嫁皆是衣冠之美吉凶儀範爲時所稱位東兗州刺史

羊烈家傳素業閨門脩飾爲世所稱一門女不再醮太和中於兗州造一尼寺女寡居無子者竝出家爲尼咸存戒行位驃騎將軍

後周李和爲柱國大將軍和立身剛簡老而愈厲諸子趨事若奉嚴君

裴俠撰九世伯祖貞侯潛傳述裴氏清公欲使後生奉而行之宗室中知者咸付一通

柳靖河東解人也爲廣德郡守隋文帝受禪遂退居鄉里閉門自守子弟奉之若嚴君焉其有過者靖必下帷自責於是長幼相率拜謝庭下靖然後見之勗以禮法鄉里亦慕而化之或有不善者皆曰唯恐柳廣德知也

隋柳敏有高名好禮篤學治家如官位太子太保

崔弘度理家如官子弟班白動行䇲楚閨門整肅爲當時所稱位簡較太府卿

唐李勣爲司空閨門之內肅若嚴君位太子太師

崔祐甫字貽孫太子賓客沔之子家以清儉禮法爲士流敬慕位中書侍郎平章事

李晟封西平王理家以嚴稱諸子姪非晨昏不得謁見言不及公事視王氏甥如已子嘗正歲崔氏女歸省未及階晟却之曰爾有家况姑在堂婦當奉酒供以待賓客遂不視而遣還家其達禮敦教如此

郭曜尚父汾陽王子儀長子曜性孝友廉謹子儀出

征居外曜當留治其家少長千人各得其所位太子少保

穆寧子贊與弟質員賞皆以家行人才爲搢紳所仰贊官達父毋尚無恙家法清嚴贊兄弟奉指使笞責如僮僕贊最詳謹至今言家法者以穆寧爲嚴訓之家寧位祕書監

晉張仁愿兄仁頼善治家勤而且約婦女衣不曳地什物多歷年所如新市焉位大理卿

周裴羽爲左常侍性謙恭靜守居家嚴肅累將命於四方不渝所履頃在錐邑其隣未嘗聞一日諠譁歡終身無玷時論多之

鄭受益唐宰相餘慶之曾孫也餘慶生澣澣生從讜爾爲太原節度使再登相位從讜兄處誨爲汴州節度使家襲清儉渾有士風中朝禮法以鄭氏爲甲處誨生受益受益亦以文學致身累歷臺閣

矜嚴

容止可觀傳紀孝熈之德威儀不忒詩稱宜弟之風豈君子佩服前訓淑慎厥躬方正積中而端莊發外風範詳雅而進退矜嚴周旋中規折旋中矩動有常度識視而不差居無惰容造次而罔失維處闇而必

整抑在野而益嚴正色詳言對妻子而無斁開居燕處聞雷雨而必變遠暴慢於朋友化真厚於閨門足以儀表薦紳鎮靜雅俗仲尼云正其衣冠尊其瞻視儼然人望而畏之其是之謂乎

漢董仲舒進退容止非禮不行學士皆師尊之後爲膠西王相

雋不疑字曼倩渤海人爲郡文學武帝末直指使者暴勝之至渤海遣吏請與相見不疑冠進賢冠帶櫑具劍古長劍首似玉作井鹿盧形上刻木作山形刻似蓮花初生未敷今大劍木首其狀以此佩環玦帶玉環又有玉玦褒衣博帶褒大裾也言著褒大之裾廣博之帶也盛服

至門上謁（上謁若今通名上）門下欲使解劍不疑曰劍者君
子武備所以衞身不可解請退吏白勝之勝之開閤
延請望見不疑容貌莊嚴衣冠甚偉勝之躧履起迎（履不着跟曰躧謂納履來正曳之而行言其遽也）後爲京兆尹
霍光爲大將軍封博陸侯爲人沈靜詳審出入下殿
門進止有常處郎僕射竊識視之不失尺寸其資性
端正如此
後漢李忠初以父任爲郎署中數十人而忠獨以好
禮脩整稱王莽時爲新博屬長（王莽改信都國曰新博郡尉屬長也）郡
中咸敬信之

侯霸字君房爲太子舍人矜嚴有威容
張湛字子孝扶風平陵人也矜嚴好禮動止有則居
處幽室必自脩整及在鄉黨詳言正色三輔以爲儀
表終太中大夫
朱暉性矜嚴進止必以禮諸儒稱其高位至尚書令
徐防明帝永平中舉孝廉除爲郎體貌矜嚴占對可
觀帝異之
刁避爲東海相嘗以法度自整家人莫見其惰容焉
魏郎爲尚書被黨議免歸家性矜嚴閉門整法度家
人不見惰容

鄧訓雖寬中容衆而於閨門甚嚴兄弟莫不敬憚諸
子進見未嘗賜席接以溫色後爲護羌校尉
朱穆少有英才學明五經性矜嚴疾惡不交非類年
二十爲郡督郵
袁安爲人嚴重有威敬見於州里初爲郡功曹
茅容字季偉陳留人年四十餘耕於野時與等輩避
雨樹下衆皆夷踞相對（夷平也踞蹲也）容獨危坐愈恭郭林
宗行見之而奇其異遂與共言
侯瑾敦煌人也嘗以禮自持獨處一房如對嚴賓焉
州郡累召公車有道徵稱疾不到

司馬防性質直方雖閒居宴處威儀不忒位至騎都
尉
魏崔琰爲中尉甚有威重朝士瞻望而太祖亦敬憚
焉
王郎高才博雅而性嚴整慷慨多威儀位至司空
吳呂範爲揚州牧性好威儀州民如陸遜全琮及貴
公子皆脩敬虔肅不敢輕脫
晉和嶠字長輿少有風槩慕舅夏侯玄之爲人厚自
崇重有盛名於世朝野許其能整風俗理人倫位至
太子太傅

王劭字敬倫美姿容有風操雖家人近習未嘗見其惰替之容桓溫甚器之終吳國內史

孫晷吳國富春人恭孝清約學識有理義每獨處幽闇之中容止瞻望未嘗傾邪徵辟並不就

庾亮字元規年十六東海王越辟爲掾不就隨父在會稽巍然自守時人皆憚其方嚴莫敢造之

宋謝弘微性嚴整舉止必脩禮度婢僕之前不妄言笑繇是尊卑小大敬之若神位至侍中

王敬弘形狀短小而坐起端方桓玄謂之彈棊八勢位至左光祿大夫

王玄謨性嚴未嘗妄笑時人言玄謨眉頭未曾伸後終於都督

孔顗爲安陸王冠軍長史又隋府轉後軍長史凡二府長史典籤諮事不呼前不敢前不令去不敢去

顏竣爲吏部尚書容貌嚴毅

謝方明初爲高祖主簿性嚴恪雖處闇室未嘗有惰容無他伎能自然有雅韻

范藹曄之子幼而整潔衣服竟歲未嘗有塵點及曄反伏誅

袁粲字景倩峻於儀範清整有風操自遇甚高梁僕射張稷曰公見人輒矜嚴位至司徒侍中

南齊江軻字伯倫真嚴有孝行宗人江槩位至侍中性豪侈唯見軻則敬抑焉

王思遠立身簡潔明帝弟季敞性甚豪縱使詣思遠令見禮度都水使者季珪之嘗日見王思遠終日安坐不妄言笑簪帽衣領無不整潔便憶丘明士見明士蓬頭散帶終日酣醉吐論縱橫唐突卿宰便憶見思遠言其兩反也思遠位至侍中

梁范岫恭敬嚴恪進止以禮位至金紫光祿大夫

王茂爲中權將軍居處方正在一室衣冠儼然雖僕

妾莫見其惰容

何敬容爲太子中庶子性矜莊衣冠尤事鮮麗每公庭就列容止出入

後梁柳洋河東解人少有文學以禮度自居與王湜俱以風範方正爲當時所重位至吏部尚書

陳蕭引字叔休方正有器局望之儼然雖造次之間必繇法度釋褐著作郎

顧野王少篤學至性知名在物無過辭失色觀者貌似不能言及其勵精履行皆人所莫及位終光祿卿

後魏封軌善自脩潔儀容甚偉或曰學士不事脩飾

此賢何獨如此軌聞笑曰吾聞君子整其衣冠尊其瞻視何必蓬頭垢面然後爲賢言者慙退位至征虜將軍

嘗奕嚴正有志槩雖家人僮隸未嘗見其寬誕之容後爲宣威將軍

裴粲爲弘農太守免官詣清河王懌下車始進便屬暴雨粲容步舒雅不以霑濡改節懌乃令人持蓋覆之歎謂左右日何代無奇人

北齊崔瞻字彦通清河東武城人聰明强學有文情善容止神采嶷然言不妄發年十五刺史高昂署主

簿

劉禕字彦英彭城人性弘裕有威重身長六尺容止可觀雖昵友密交朝夕遊處莫不加敬位至睢州刺史

趙將父彦深有七子將最知名沈敏有父風溫良恭儉雖妻子亦未嘗怠慢終日儼然位爲散騎常侍

後周長孫紹遠魏太師稚之子性寬容有大度望之儼然朋儕莫敢褻狎位至少司空

唐瑾爲中大夫兼内史瑾性方重有風格退朝休暇嘗著衣冠以對妻子遇迅雷烈風雖閑夜宴寢必起冠帶端笏危坐

長孫僉少方正有操行狀貌魁梧神彩嚴奕雖在私室終日儼然性不妄交非其同志雖貴遊造門亦不與相見及爲太行臺尚書兼相府司馬嘗與羣公侍坐於太祖及退太祖謂左右曰此公閑雅孤每與語嘗肅然畏敬恐其所失後爲荆州總管嘗詣闕奏事時値大雪遂立於雪中待報自旦達暮竟無惰容其奉公勤至皆此類也

裴邃河東聞喜人性方嚴爲州里所推挹爲從事中郎

隋令狐熙性嚴重有雅量雖在私室終日儼然不妄通賓客凡所交結必一時名士起家吏部上士

唐李暠爲太常卿歷工部尚書東都留守風儀秀整所歷皆以威重見稱

韋陟自幼風標整峻獨立不羣位至吏部尚書

韋斌好脩整尚文藝容止嚴厲有大臣體位至太常少卿

鄭瑜爲河南尹迎送中使皆有常處吏窺之馬足差跌不出三五步

崔鄲資質偉秀神情雅重人望愛之終不可洽不知

者以爲事高簡拘靜黙耳終于浙江觀察使
令狐楚威儀儼整望之若不可犯性寬厚愛重而門
無雜賓嘗與從事醼語方酣有非類偶至因立命徹
去筵席毅形語色故累居重任正直之稱如初
梁趙凝爲襄州節度使氣貌甚偉好自脩簡每整衣
冠必使人持巨鑑前後炤之對客之際烏巾上微覺
有塵即令侍妓持紅拂以拂之人有誤犯其家諱者
往往遭其檟楚其方嚴也如是
後唐趙光逢風神秀異從微至著動守規簡見者肅
然議者器之自爲玉界尺位至司空平章事

巡按福建監察御史臣李嗣京　訂正
新建縣舉人臣戴國士參閱
知建陽縣事臣黃國琦較釋

總錄部七百九十五

先見

伊尹曰予天民之先覺者也予將以斯道覺斯民也非予先覺之而誰也孔子曰抑亦先覺者其賢乎蓋識在機先智周物表見於未萌明於未兆達於事變知微知彰導生人之耳目真賢人之高跡也辨興亡

明理亂知進退定禍福立身行道以御于邦家不臻斯理未盡善也是故入竟知化入國知政色斯舉矣翔而後集觀其容而辨其心聽其音而審其變烏巢高而舊屋大識其政暴要我飮而樂不作知彼誠哀謂被髮而將戎覩超乘而必敗先見之明皆斯類也

殷箕子爲太師紂始爲象箸箕子歎曰彼爲象箸必爲玉盃爲玉盃則必思遠方珍怪之物而御之矣輿馬宮室之漸自此始不可振也

周太公始封周公問何以治齊太公曰舉賢而上功周公曰後世必有篡弒之臣其後二十九世爲彊臣田和所滅而和自立爲齊侯周公始封太公問何以治魯周公曰尊尊而親親太公曰後世寖弱矣故魯自文公以後祿去公室政在大夫季氏逐昭公陵夷微弱三十四世而爲楚所滅

王孫滿周大夫也襄王二十四年秦師將襲鄭過周北門左右免冑而下超乘者三百乘王孫滿尚幼觀之言于王曰秦師必有謫王曰何故對曰師輕而驕輕則寡謀驕則無禮無禮則脫寡謀自陷入險而脫能無敗乎晉人敗諸殽獲其三帥丙術視

芮良夫周大夫也周厲王說音悅榮夷公良夫曰王室

其將卑乎夫榮公好專利而不知大難夫利百物之所生也天地之所載也而或專之其害多矣以是教王王能久乎夫王人者將導利而布之上下者也使神人百物無不得極猶日怵惕懼恐難之來也故頌曰思文后稷克配彼天立我蒸民莫匪爾極大雅曰陳錫載周是不布利而懼難乎故能載周以至于今今王學專利其可乎匹夫專利猶謂之盜王而行之其歸鮮矣榮公若用周必敗也厲王不聽卒以榮公爲卿士諸侯不朝王流于彘

史伯周大夫也鄭桓公爲司徒甚得周衆與東土之

人問于史伯曰王室多故余懼及焉其何所以逃死史伯對曰王室將卑戎翟必昌不可偪也當成周者南有荊蠻申呂應鄧陳蔡隨唐荊蠻芊姓之蠻鬻熊之後申呂姜姓應蔡唐皆姬姓應武王子所封鄧曼姓陳嬀姓也北有衛燕翟鮮虞路雒泉徐蒲衛康叔之封燕召公之封皆姬姓翟北翟也鮮虞姬姓在翟者也路雒泉徐蒲皆赤翟隗姓也西有虞虢晉隗霍楊魏芮八國皆姬姓虞虞仲之後虢虢叔之後西虢也東有齊魯曹宋滕薛鄒莒齊姜姓魯曹滕皆姬姓宋子姓也薛任姓鄒曹姓東夷也是非王之支子母弟甥舅也則皆蠻荊戎翟之人也非親則頑不可入也其濟雒河潁之間乎是其子男之國虢鄶爲大虢東虢仲之後姬姓也鄶妘姓當幽王時於子男比二國爲大虢叔恃

勢鄶仲恃險是皆有驕侈怠慢之心而加之以貪冒君若以周難之故寄孥與賄焉不敢不許晏子曰孥賄財也周亂而弊是驕而貪必將背君君若以成周之衆奉辭伐罪無不克矣若克二邑二邑虢鄶鄔蔽補舟依𩥉歷莘君之土也言克虢鄶則此八國皆可得若前莘後河右雒左濟主芣騩而食溱洧修典刑以守之惟是可以少固公曰南方不可乎對曰惟荊實有昭德若周衰其必興矣姜嬴荊芊實與諸姬代相干也姜齊姓嬴秦姓荊芊楚也代更干犯也言其代強更相犯也姜伯夷之後也伯夷堯秩宗炎帝之後四岳之族也嬴伯翳之後也伯翳男虞官少皞之後伯益也伯夷能禮於神以佐堯者

也伯翳能議百物以佐舜者也百物草木鳥獸議使各得其所也其後皆不失祀而未有興者周衰其將至矣公曰謝西之九州何如謝宣王之舅申伯之國今在南陽謝西有九州二千五百家曰州也對曰其民沓貪而忍不可因也惟謝郟之間間謂郟南謝北也虢鄶在焉郟後屬鄭襄楚取之魯昭公元年傳曰葬王于郟謂之郟敖者是也其冢君侈驕其民怠沓其君而未及周德怠慢也忠信爲周言民慢瀆其君而未及於忠信也若更君而周訓之是易取也更以君道道之則易取且可長用也長用之處公曰周其弊乎對曰殆於必弊者太誓曰民之所欲天必從之今王棄高明昭顯而好讒慝暗昧惡角犀豐盈而近頑童窮固角犀謂顏角有伏犀豐盈謂頰輔豐滿皆賢明

之相也去和而取同夫和實生物同則不繼以他平它謂之和故能豐長而物生之若以同裨同盡乃棄矣故先王以土與金木水火雜以成百物是以和五味以調口剛四支以衞體和六律以聰耳正七體以役心役榮也七體首七竅謂目爲心視耳爲心聽口爲心談鼻爲心芳平八索以成人平正也八索者謂八體以應八封乾爲首坤爲腹震爲足巽爲股離爲目兌爲口坎爲耳艮爲手建九紀以立純德建立也純純一不駮也九紀九藏正藏五藏又有胃膀胱腸膽也紀所以紀性命立純德也周禮曰九藏之動也賈唐云九紀九功也合十數以訓百體所謂近取諸身遠取諸物也賈唐云十數自王以下位有十等王臣公公臣大夫大夫臣士士臣皁皁臣輿輿臣隸隸臣僚僚臣僕僕臣臺百體百官百官各有體也合此十數之位以訓導百官之體也出千

品具萬方百官有徹品十於王位謂之千品五物之官位陪屬萬位謂之萬方方道也計億事材兆物收經入行姟極計算也材裁也賈唐說皆以萬萬爲億鄭司農云十萬曰億十億曰兆從古數也經常姟備也數極於姟萬方曰姟自十等至千品萬方轉相生故有億兆物王收其常入舉九姟之數也故王者居九畡之田收經入以食兆民周訓而能用之和樂如一夫如是和之至也於是乎先王聘后於異姓求財於有方擇臣取諫工而講以多物務和同也聲一無聽物一無文味一無果物一不講王將棄是類而與剸同天奪之明欲無弊得乎夫虢石父讒諂巧從之人也而立以爲卿士與剸同也棄聘后而立內妾好窮固也侏儒戚施實御

在側近頑童也周法不昭而婦言是行用讒慝也不建立卿士而妖試幸措行暗昧也試用也措置也不建立有德之人以爲卿士而妖孽之臣用之於位佞倖之臣置之於側者也是物也不可以久且宣王之時有童謠曰檿弧箕服實亡周國山桑曰檿弧箕木名服矢房也於是宣王聞之有夫婦鬻是器者王使執而戮之府之小妾生女而非王子也懼而棄之此人也收之以奔褒褒人有獄而以爲入天之命此久矣其又可爲乎訓語有之曰夏之衰也褒人之神化爲二龍以同於王庭共處曰同而言曰余褒之二君也夏后卜殺之與去之與止之莫吉卜請其漦而藏之吉乃布幣

焉而策告之龍亡而漦在櫝而藏之傳郊之至殷周莫之發也及厲王之末發而觀之漦流于庭不可除也王使婦人不幃而譟之裳正幅曰幃化爲玄黿以入于王府黿或爲蚖蚖蛇蜴象龍府之童妾未既齔而遭之既笄而孕當宣王時而生不夫而育故懼而棄之夫爲弧服者方戮在路夫婦哀其夜號也而取之以逸逃于褒褒人褒姁有獄而以爲入于王褒姁褒君王遂置之置赦也而嬖是女也使至於爲后而生伯服天之生此久矣其爲毒也大矣將俟淫德而加之焉毒之酋腊者其殺也滋速精熟爲酋腊極也滋益也申繒西戎方彊申姜姓幽王前后太子宜

臼舅繒姒姓申之與國西戎亦黨於申周衰故戎狄強王室方騷將以縱欲不亦難乎王欲殺太子以成伯服必求之申申人弗畀必伐之畀予若伐申而繒與西戎會以伐周周不守矣繒與西戎方將德申申呂方強其隩愛太子亦必可知也凡周存亡不三稔矣君若欲避其難速規所矣時至而求用恐無及也公曰若周衰諸姬其孰興對曰其在晉乎公曰姜嬴其孰興對曰秦仲齊侯姜嬴之雋也且大其將興乎秦仲嬴姓附庸秦公伯之子爲宣王大夫詩敘云秦仲始大齊侯齊莊公姜姓之有德者此二人爲姜嬴之雋且國大故近興也公說乃東寄帑與賄虢鄶受之十邑皆有寄地十邑謂虢鄶鄔蔽補丹依𩃬歷莘也後桓

公之子武公取十邑之地而居之今河南新鄭是也幽王八年而桓公爲司徒九年而王室始騷騷亂也十一年而斃及平王之末而秦晉齊楚代興

衆仲魯大夫衛州吁弒桓公自立公問於衆仲曰衛州吁其成乎對曰臣聞以德和民不聞以亂亂謂阻兵而安忍以亂猶治絲而棼之也絲見棼緼益所以亂夫州吁阻兵而安忍阻兵無衆安忍無親衆叛親離難以濟矣恃兵則民殘民殘則衆叛安忍則過刑刑過則親離也夫兵猶火也弗戢將自焚也夫州吁弒其君而虐用其民於是乎不務令德而欲以亂成必不免矣秋衛人殺州吁于濮

洩伯鄭大夫陳及鄭平陳五父如鄭涖盟及盟歃如忘洩伯曰五父必不免賴盟矣洩伯鄭洩駕良佐鄭大夫如陳涖盟亦知陳之將亂也入其國觀其政治故總言之也

師服晉大夫也魯惠公之二十四年晉始亂故封桓叔于曲沃晉文侯卒子昭侯元年危不自安故封成師爲曲沃伯靖侯之孫欒賓傅之靖侯桓叔之高祖父言得貴寵公孫爲傅相師服曰吾聞國家之立也本大而末小是以能固故天子建國立諸侯也諸侯立家卿大夫稱家卿置側室側室衆子也得立此一官大夫有貳宗適子爲小宗次子爲貳宗以爲相輔貳也士有隸子弟士卑自以其子弟爲僕隸庶人工商各有分親皆有等衰庶人無復尊卑惟以親疏爲分別也衰殺也是以民服事其上而不無覬覦下不冀望上位今晉甸侯也而建國本既弱矣其能久乎文晉穆侯之夫人姜氏以條之役生太子命之曰仇條晉地太子文侯也意取於戰相仇怨其弟以千畝之戰生命之曰成師桓叔也西河界休縣南有地名千畝意取能成其衆師服曰異哉君之名子也夫名以制義名之必可言也義以出禮禮從義出禮以體政政以禮成政以正民是以政成而民聽易則生亂反易禮義則亂生也嘉耦曰妃怨耦曰仇古之命也自古有此言今君命太子曰仇弟曰成師始兆亂矣兄其替乎穆侯愛少子桓叔俱取於戰以爲名所附意異故師服知桓叔之黨必盛於晉以傾宗國故因名以諷諫

鬬伯比楚大夫也魯桓公十三年春楚屈瑕伐羅鬬伯比送之還謂其御曰莫敖必敗舉趾高心不固矣趾足也遂見楚子曰必濟師難言屈瑕將敗故以益師諷諫楚子辭焉不解其旨故拒之入告夫人鄧曼鄧曼曰大夫其非衆之謂鄧曼楚武王夫人言伯比意不在於益衆也其謂君撫小民以信訓諸司以德而威莫敖以刑也莫敖狃於蒲騷之役將自用也狃伏也蒲騷役十一年必小羅君若不鎮撫其不設備乎夫固謂君訓衆而好鎮撫之撫小民以信也召諸司而勸之以令德訓諸司以惠也見莫敖而告諸天之不假易也諸之也言天不借貸慢易之人威莫敖以刑也不然夫豈不知楚師之盡行也楚子

使頼人追之不及縣大敗之莫敖縊于荒谷

騅甥聃甥養甥皆鄧祁侯之甥莊公六年楚文王伐申過鄧鄧祁侯曰吾甥也（祁謚也姊妹之子曰甥）止而享之三甥請殺楚子（皆鄧甥任於鄧氏也）鄧侯弗許三甥曰亡鄧國者必此人也若不早圖後君噬臍（若腹臍噬不可及）其及圖之乎圖之此爲時矣鄧侯曰人將不食吾餘（言自害其甥必爲人所賤）對曰若不從三臣抑社稷實不血食而君焉取餘（言君無復餘）弗從還申年楚子伐鄧（伐申還之年）十六年楚復伐鄧滅之

原伯周大夫也莊公二十年冬王子頽享五大夫樂

冊府元龜　總錄部　先見　卷之七百九十五　九

及徧舞（皆舞六代之樂）鄭伯聞之見虢叔（叔虢公字）曰寡人聞之哀樂失時殃咎必至今王子頽歌舞不倦樂禍也夫司寇行戮（司寇刑官）君爲之不舉（去盛饌）而況敢樂禍乎奸王之位禍孰大焉臨禍忘憂憂必及之莊二十一年鄭伯殺子頽享王于闕西辟樂備（闕象魏也樂備備六代之樂也）原伯曰鄭伯效尤其亦將有咎（原伯原莊公也言效子頽舞徧樂也）五月鄭厲公卒

史蘇晉大夫也獻公伐驪戎克之滅驪子獲驪姬以歸立爲夫人生奚齊其娣生卓子驪姬請使申生處曲沃以速縣（縣縊也）重耳處蒲城夷吾處屈奚齊處絳以儆無辱之故公許之史蘇朝告大夫曰二三大夫其戒之乎亂本生矣伐木不自其本必復生塞水不自其源必復流滅禍不自其基必復亂（基始也）今君滅其父而畜其子禍之基也畜其子又從其欲子思報父之恥而信其欲雖好色必惡心（好美也）不可謂好好其色必授之情彼得其情以厚其欲（厚益也）從其惡心必敗國且深亂必自女戎三代皆然驪姬果作難殺太子而逐二公子（二公子重耳奔翟夷吾奔梁）君子曰知難本矣（謂史蘇知難本）

士蔿晉大夫也魯閔公元年晉侯作二軍（晉本一軍見莊十六

冊府元龜　總錄部　先見　卷之七百九十五　十

年）公將上軍太子申生將下軍趙夙御戎畢萬爲右（爲公御右也夙趙衰兄也畢萬魏犨祖父也）以滅耿滅霍滅魏（平陽皮氏縣東南有耿永安縣東北有霍大山三國皆姬姓）還爲太子城曲沃賜趙夙耿賜畢萬魏以爲大夫蔿曰太子不得立矣分之都城而位以卿先爲之極又焉得立（位以卿謂將下軍）不如逃之無使罪至爲吳太伯不亦可乎（太伯周太王之適子知父欲立季歷故讓位而適吳）猶有令名愈其及也（言雖去猶有令名勝於留而及禍）且諺曰心苟無瑕何恤乎無家天若祚太子其無晉乎（爲晉殺申生傳張本）卜偃曰畢萬之後必大（卜偃晉掌卜大夫）萬盈數也魏大名也以是始賞天啓之矣天子曰兆民諸侯曰萬民

今名之大以從盈數其必有衆

僕人贊晉太子申生之僕也晉獻公使申生伐東山衣之偏裻之衣佩之金玦裻在中左右異故曰偏玦如環而缺以金爲之僕人贊聞之曰太子殆哉殆危也君賜之奇奇生怪怪生無常無常不立奇異不立不得立使之出征先以觀之觀其用衆故告之以離心而示之以堅忍之權離心偏中分也堅忍金玦玦亦離傳曰金寒玦離則必惡其心而害其身矣惡其心必內險之險危害其身必外危之外危使之攻伐也危自中起難哉且是衣也狂夫阻之衣也狂夫方相氏之士也阻古詛字將服是衣必先詛之周禮方相氏黃金四目玄衣朱裳執戈揚楯以驅疫也其言曰盡敵而反言謂狂夫祭詛

之言雖盡敵其若內讒何申生勝翟而反讒言作於中君子曰知微知微謂僕人贊

舟之僑虢大夫也閔公元年虢公敗犬戎于渭汭犬戎西戎別在中國者渭水出隴西東入河水之隈曲曰汭舟之僑曰無德而祿殃將至矣遂奔晉明年晉滅虢

虢射晉大夫也魯僖公八年晉里克帥師梁繇靡御虢射爲右以敗狄于采桑傳言前年事也平陽北屈縣西南有采桑梁繇靡曰狄無恥從之必大克不恥失故可逐里克曰懼之而已無速衆狄恐怨深而群黨來報虢射曰期年狄必至示之弱矣夏狄伐晉報采桑之役也復期月明期年之言

郭偃晉大夫也惠公既殺里克而悔之曰芮也使寡人過殺我社稷之鎮芮冀芮鎮重也偃聞之曰不謀而諫者冀芮也不圖而殺者君也不謀而諫不忠不圖而殺不祥不忠受君之罰不祥罹天之禍受君之罰死戮罹天之禍無後嗣無後志道者勿忘將及矣志識及至及文公入文公重耳秦人殺冀芮而施之冀芮既納文公又悔將殺之文公知之潛會秦伯于王城冀芮焚公宮求公不得遂如河上秦伯誘而殺之陳尸曰施

宰孔周大夫也僖公九年齊會諸侯於葵丘宰孔先歸既會先諸侯而去遇晉侯曰可無會也晉侯欲來會葵丘齊侯不務德而勤遠畧故北伐山戎在莊公三十一年南伐楚在四年

而爲此會也東畧之不知西則否矣言或向東必不能復畧西其在亂乎君務靖亂無勤於行在亂也微戒獻公言晉將有亂晉侯乃還

卜偃晉大夫也僖公二年虢公敗戎于桑田桑田虢地在弘農陝縣東北卜偃曰虢必亡矣亡下陽不懼而又有功是天奪之鑒鑒所以自照而益其疾也驕則生疾也必易晉而不撫其民矣不可以五稔稔熟也爲下五年晉滅虢張本也

內史過周大夫也魯僖公十一年周使內史過賜晉惠公命受王惰過歸告王曰晉侯其無後乎王賜之命而惰於受瑞先自棄也已其何繼之有禮國之幹

也敬禮之輿也不敬則禮不行禮不行則上下昏何以長世二十一年晉惠公卒子懷公立晉人殺之更立文公

王孫說周大夫也周簡王八年魯成公朝周使叔孫僑如先聘且告見（使先修聘且告將朝）說與之語說言於王曰魯叔孫之來也必有異焉其享覲之幣薄而言諂殆請之也若請之必欲賜也魯執政惟彊故不歡焉而後遺之（魯執政之人惟畏其彊難拒其欲故不歡說而後遺之也）且其狀方上而銳下宜觸冒人王其勿賜若貪陵之人來而盈其願是不賞善也且財不給故聖人之施捨也議之其喜

怒取予也亦議之是以不主寬惠亦不主猛毅（主猶名也）主德而已（賞得人罰當罪是爲德象也）王曰諾使私問諸魯請之也王遂不賜禮如行人及魯侯至仲孫蔑爲介（在賓爲界上介所以佐相禮儀）王孫說與之語說讓說（說好也言蔑好讓也）以語王王厚賄之

辛有周大夫也初平王之東遷也（周幽王爲大戎所滅平王嗣立故東遷雒邑）辛有適伊川見被髮而祭於野者曰不及百年此其戎乎其禮先亡矣（被髮而祭有象夷狄）僖二十二年秋秦晉遷陸渾之戎于伊川

石癸鄭大夫也鄭公子蘭出奔晉事晉文公甚謹晉文公欲入蘭爲太子以告鄭石癸曰吾聞姞姓乃后稷之元妃（姞姓之女爲后稷妃）其後當有興者子蘭母其後也且夫人子盡已死餘庶子無如蘭賢今圍急晉以爲請利孰大焉遂許晉與盟卒而立子蘭爲太子晉兵乃罷去蘭立是爲繆公

先軫晉大夫也秦晉戰于殽晉獲百里孟明視西乞術白乙丙以歸文公夫人秦女謂襄公曰秦欲得其三將戮之公許遣之先軫聞之謂襄公曰患生矣軫乃追秦將渡河已在舟中頓首謝卒不及後三年秦果使孟明伐晉報殽之敗取晉汪以歸

叔仲惠伯魯人也魯文公九年冬楚子越椒來聘執幣傲叔仲惠伯曰是必滅若敖氏之宗傲其先君神弗福也宣四年楚滅若敖氏

王子伯廖鄭大夫鄭公子曼滿與王子伯廖語欲爲卿伯廖告人曰無德而貪其在周易豐䷶（離下震上豐）之離䷝（豐上六變而爲純離也周易論變故雖不筮必以變言其義豐上六曰豐其屋豐其屋蔀其家闚其戶闃其無人三歲不覿凶義取無德而大其屋不過三歲必滅亡）弗過之矣（不過三年）間一歲鄭人殺之

晏桓子齊大夫也公孫歸父會齊侯于穀見晏桓子與之言魯樂桓子告高宣子（桓子晏嬰父宣子高固也）曰子家其

亡乎懷於魯矣（子家歸父字懷思也）懷必貪貪必謀人謀人亦
謀己一國謀之何以不亡（十八年歸父奔晉）
劉康公周卿士也魯成公十三年公及諸侯朝王遂
從劉康公伐秦成子受脤于社不敬（脤宜社之肉也盛以脤器故曰脤宜社者出兵祭社之名）劉子曰吾聞之民受天地之中以生所
謂命也是以有動作禮義威儀之則以定命也能者
養之以福（養威儀以致福）不能者敗以取禍是故君子勤禮
小人盡力勤禮莫如致敬盡力莫如敦篤敬在養神
篤在守業國之大事在祀與戎祀有執膰（膰祭肉也）戎有
受脤神之大節也（交神之大節）今成子惰棄其命矣（惰則失中

和之氣）其不反乎（爲成肅公卒于瑕張本）晉侯使趙同獻狄俘于
周不敬劉康公曰不及十年原叔必有大咎（原叔趙同也）
天奪之魄矣後晉人殺趙同
士貞伯晉大夫也魯成公六年鄭伯如晉拜成（謝前年再盟）
子游相（子游公子偃也）授玉于東楹之東（禮授玉兩楹之間鄭伯行疾故東過）
士貞伯曰鄭伯其死乎自棄也已視流而行速不
安其位宜不能久（視流不端諦也行速不詳緩也）
季文子魯大夫也魯成公四年季文子相公如晉晉
侯見公不敬季文子曰晉侯必不免（言將不能壽終也）詩曰
敬之敬之天惟顯思命不易哉（詩商頌言天道顯明受其命甚難不可不
敬以奉之）夫晉侯之命在諸侯矣可不敬乎
申公巫臣晉大夫也魯成公八年晉侯使巫臣如吳
假道於莒與渠丘公立于池上（渠丘公莒子朱也池城池也渠丘邑名莒縣有渠里也）曰城已惡莒子曰辟陋在夷其孰以我爲虞（虞度也）
對曰夫狡焉（狡猾之人）思啓封疆以利社稷者何國
蔑有惟然故多大國矣惟或思或縱也（世有思開封疆者又有縱其暴掠者莒人當以此爲戒）
勇夫重閉況國乎（明年莒潰）
寗惠子名殖衛大夫也成公十四年衛定公享苦成
叔敖寗惠子相苦成叔敖寗子曰苦成家其亡乎古
之爲享食也以觀威儀省禍福也故詩曰兕觥其觩

旨酒思柔彼交匪傲萬福來求今夫子傲取禍之道
也後三年苦成家亡
孟獻子魯大夫也成公十三年晉郤錡乞師于魯將
事不敬獻子曰郤氏其亡乎禮身之幹也敬身之基
也郤子無基且先君之嗣卿也受命以求師將社稷
是衛而惰棄君命也不亡何爲（十七年郤氏亡矣）又晉欒黶
來乞師獻子曰有勝矣（卑讓有禮故知其將勝楚）又襄公十年六
月鄭子耳伐宋七月侵魯西鄙九月侵宋北鄙孟獻
子曰鄭其有災乎師競已甚（競爭競也）周猶不堪競況鄭
乎（周謂天王）有災其執政之三士乎（鄭簡公幼少子駟子國子耳秉政故知三

士任其禍也爲下
盜殺三大夫傳
韓獻子晉大夫也魯成公十五年晉三郤害伯宗譖
而殺之及欒弗忌欒弗忌賢大夫伯州犁奔楚伯宗子韓獻子
曰郤氏其不免乎善人天地之紀也而驟絶之不亡
何待既殺伯宗又及弗忌故曰驟也十七年晉殺三郤初伯宗每朝其妻必
戒之曰盜憎主人民惡其上子好直言必及於難
范文子晉大夫也晉厲公敗荊於鄢而反文子謂其
宗祝曰君驕泰而有烈夫以德勝者猶懼失之而況
驕泰乎君多私今以勝歸私必昭昭私難必作吾恐
及焉凡吾宗祝爲我祈死先難爲免七年夏范文子

卒冬難作始於三郤卒於公
長魚矯晉大夫也厲公殺三郤長魚矯乃脅欒中行
而言于公曰不殺此二子者憂必及君公曰一旦而
尸三卿不可益也對曰臣聞之亂在内爲宄在外爲
姦禦宄以德禦姦以刑今治政而内亂不可謂德除
鯁而避彊不可謂刑德刑不立姦宄並至臣脆弱弗
能忍俟也乃奔翟三月厲公弑
單襄公周大夫也晉既克楚于鄢使郤至告慶于周
未將事王叔簡公飲之酒王叔簡公周大夫王叔陳生也交酬好貨
皆厚飲酒宴語相説也明日王叔子譽諸朝郤至見

召桓公與之語召公以告單襄公曰王叔子譽溫季
以爲必相晉國相晉國必大得諸侯勸二三君子必
先導焉可以樹今夫子見我以晉國之克也爲己實
謀之曰微我晉不戰矣楚有五敗晉不知乘我則彊
之背宋之盟一也華元善楚令尹子重又善晉欒武子故遂合二國之盟在魯成十二
年至十六年楚鄭背盟而伐宋薄德而以地賂諸侯二也鄭人不從楚以汝陰
之田賂鄭叛晉從楚也棄壯之良而用幼弱三也壯之良諸申叔時幼弱司
馬子反建立卿士而不用其言四也夷鄭從之三陳而
不整五也夷楚東之夷也三陳夷鄭楚罪不繇晉晉得其民四軍
之帥旅力方剛卒伍治整諸侯與之是有五勝也有

辭一也得民二也軍帥彊禦三也行列治整四也諸
侯輯睦五也有一勝猶足用也有五勝以伐五敗而
避之者非人也不可以不戰欒范不欲我則彊之欒欒
書范士燮戰而勝是吾力也且夫戰也微謀吾有三伐勇
而有禮反之以仁吾三逐楚君之卒勇也見其君必
下而趨禮也能獲鄭伯而赦之仁也若是而知晉國
之政楚越必朝吾曰子則賢矣吾召桓公自謂抑晉國之舉
也不失其次吾懼政之未及子也郤子位在七人下故恐次未及也
謂我曰夫何次之有昔先大夫荀伯自下軍之佐以
政趙宣子未有軍行而以政今欒伯自下軍往是三

子也吾有過於四之無不及三子荀趯欒也得[illegible]至四人言己之材及優於往四人也三人之承無有所不及若佐新軍而升為政不亦可乎將
必求之是其言也君以為奚若襄公曰人有言曰兵
在其頸其郤至之謂乎君子不自稱也非以讓也惡
其蓋人也蓋揜夫人性陵上者也不可蓋也求蓋人其
抑下滋甚故聖人貴讓且諺曰獸惡其網民惡其上
今郤至在七人之下而上之是求蓋七人也其亦有
七怨怨在小醜猶不可堪而況在侈卿乎其何以待
之晉之克也天有惡于楚也故儆之以晉而郤至佻
天以為已功不亦難乎佻天不祥乘人不義不祥則

天棄之不義則民叛之且郤至何三伐之有夫仁禮
勇皆民之為也以義死國謂之勇奉義順則謂之禮
蓄義豐功謂之仁姦仁為佻姦禮為羞姦勇為賊有
三姦以求替其上遠於德政矣以吾觀之兵在其頸
不可久也雖吾王叔未能違難在太誓曰民之所欲
天必從之王叔欲郤至能勿從乎郤至歸明年死難
及伯輿之獄王叔陳生奔晉又柯陵之會單襄公見
晉厲公視遠步高晉郤錡見單子其語犯犯陵犯人郤犫
見其語迂犫晉卿錡之族父步揚之子苦成也迂迂回加誣人郤至見其語伐
伐好自伐其功齊國佐見其語盡盡者盡其心意善惡褒貶無所諱魯成公
見言及晉難及郤犫之譖單襄公曰君何患焉晉將
有亂其君與三郤其當之乎魯侯曰寡人懼不免於
晉今君曰將有亂敢問天道乎抑人故也對曰臣非
瞽史焉知天道臣見晉君之容而聽三郤之語矣殆
必禍者也夫君子目以定體足以從之是以觀其容
而知其心矣目以處義足以步目今晉侯視遠而足
高目不在體而足不步目其心必異矣目體不相從
何以能久夫合諸侯民之大事也於是乎觀存亡故
國將無咎其君在會步言視聽必皆無謫則可知德
矣視遠曰絶其義足高曰棄其德言爽曰反其信聽

淫曰離其名故不可不慎也偏喪有咎喪亡也步言視聽四者而
亡其一為偏喪也有咎咎偏及身也既喪則國從之既四者盡喪國從而亡晉侯
爽二吾是以云夫郤氏晉之寵人也三卿而五大夫
可以戒懼矣高位實疾僨厚味實腊毒厚味喻重祿腊亟也讀若
廟若酒焉味厚者其毒亟今郤伯之語犯叔迂季伐伯錡也叔犫季至也犯
則陵人迂則誣人伐則揜人有是寵也而益之以三
怨其誰能忍之雖齊國子亦將與焉立於淫亂之國
而好盡言以招其過怨之本也惟善人能受盡言齊
其有乎吾聞之國德而鄰於不修必受其福國德已國有德
也鄰於不修與不修德者為鄰今君偪於晉而鄰於齊齊晉有禍可

以取覇無德之患何憂於晉曰夫長翟之人利而不義長翟之人叔孫僑如也父得臣敗翟于鹹獲長翟僑如因名其子爲僑如好利不義過于穆姜欲逐季氏而專魯國其利淫矣流之若何言其所利驕淫之事流之放之者何也魯侯歸乃逐叔孫僑如簡王十一年諸侯會于柯陵十二年晉殺三郤十三年晉侯殺于翼東門葬以車一乘齊人殺國武子又晉孫談之子周適周事單襄公立無跛視無還聽無聳言無遠言敬必及天言忠必及意言信必及身言仁必及人言義必及利言智必及事言勇必及制言教必及辯言孝必及神言惠必及和言讓必及敵晉國有憂未嘗不慼有慶未嘗不

怡襄公有疾召其子頃公而告之曰必善晉周將得晉國夫敬文之恭也忠文之實也信文之孚也仁文之愛也義文之制也智文之輿也勇文之帥也教文之施也孝文之本也惠文之慈也讓文之材也此十一者夫子皆有焉夫子晉周天六地五數之常也天有六氣陰陽風雨晦冥地有五行金木水火土也經之以天緯之以地以六氣爲經以五行爲緯而成之也經緯不爽文之象也文王質文故天祚之以天下夫子被之矣言文王質性有文德故得天下晉周則被服之可以得國其昭穆又近可以得國夫立無跛正也視無還端也聽無聳成也言無遠愼也夫正德之道也端德之信也成德之終也愼德之守也守終純固道正事信明令德矣愼成端正德之相也爲晉休感不背本也被文相德非國何取被服文德又以四行輔助之必得國也成公之歸也吾聞晉之筮之也遇乾之否曰配而不終君三出焉乾天也君也故日配配先君也不終子孫不終爲君也乾下變爲坤坤地也臣也天地不交也故曰否變有臣象三爻故三世終上有乾乾天子也五亦天子五體不變周天子國也三爻有三變故君三出於周也一既往矣後之不知其次必此一謂成公已往爲晉君也後之不知不知最後者在誰也其次必此次成公而往者必周且吾聞之成公之生也其母夢神規其臀以墨曰使有晉國三而畀驩之孫畀予也三世爲君而更予驩之孫驩晉襄公名也孫會孫周也自孫以下皆稱孫詩云周公之孫孫詩僖公故名之

曰黑臀於今再稱矣襄公曰驩此其孫也此周子者晉襄公之孫也而令德孝恭非此其誰且其夢曰必驩之孫實有晉國其卦曰必三取君於周其德又可以君國三襲焉襲合也三合得夢卦也吾聞之太誓故曰朕夢協于朕卜襲于休祥戎商必克以三襲也晉仍無道而鮮胄其將失之矣仍數鮮寡胄後也晉厲公數行無道晉公族之後又寡少殆將失國也必早善晉子其當之也頃公許諾及厲公之亂召周子立之是爲悼公

士莊子晉大夫也魯襄公十年三月齊高厚相太子光以先會諸侯于鍾離不敬吳子未至光從東道與諸侯會過非本期地故

不書會高厚高固子也士莊子曰高子相太子以會諸侯將社稷是衛而皆不敬厚與光俱不敬棄社稷也其將不免乎爲十九年齊殺高厚二十五年殺其君光傳

叔孫穆子魯大夫也襄公七年衛孫文子聘于魯公登亦登叔孫穆子相趨進曰諸侯之會寡君未嘗後衛君今吾子不後寡君未知所過吾子其少安孫文子亡辭亦亡悛容穆子曰孫子必亡爲臣而君過而不悛亡之本也十四年孫子逐其君而外叛

叔豫楚人也魯襄公二十一年夏楚子庚卒楚子使薳子馮爲令尹訪于叔豫叔豫叔孫時叔豫曰國多寵而

王弱王弱政教微多寵而貴臣強國不可爲也遂以疾辭方暑闕地下氷而牀焉重繭衣裘鮮食而寢繭綿衣楚子使衣視之復曰瘠則甚矣瘠瘦也而血氣未動言無疾乃使子男爲君令子男公子追舒也二十二年殺追舒

臧紇魯大夫也魯襄公二十三年齊侯將爲臧紇田與之正邑臧孫聞之見齊侯與之言伐晉齊侯自道伐晉之功對曰多則多矣抑君似鼠夫鼠晝伏夜動不穴於寢廟者畏人故也今君聞晉之亂而後作焉作起兵也寧將事之非鼠而何乃弗與田臧孫知齊侯將敗不欲受邑故以鼠比之欲使其怒而止仲尼曰知之難也有臧武仲之知謂能辭齊禍而不容于魯國抑有繇也作不順而施不恕也夏書曰念茲在茲逸書也念此身言行事當皆念在己身也順事恕施也

然明鄭大夫也魯襄公二十四年冬晉侯嬖程鄭使佐下軍代欒盈也鄭行人公孫揮如晉聘揮子羽也程鄭問焉曰敢問降階何繇問自降下之道何繇子羽不能對以語然明然明鬷蔑也然明曰是將死矣不然將亡貴而知懼懼而思降乃得其階階猶道也下人而已又何問焉且夫既登而求降階者知人也不在程鄭其有亡釁乎不然其有惑疾將死而憂也言鄭本小人爲明年程鄭卒張本

太叔文子衛大夫也魯襄公二十五年衛獻公自夷

儀使與甯喜言求復國也甯喜許之太叔文子聞之太叔儀也曰嗚呼詩所謂我躬不說遑恤我後者甯子可謂不恤其後矣遑暇也詩小雅言今我不能自容說何暇念其後乎謂甯子必受禍不得恤其後也將可乎哉殆必不可君子之行思其終也思始終可成思其復也思其可復也書曰愼始而敬終終以不困逸書詩曰夙夜匪懈以事一人一人喻君今甯子視君不如奕棊奕圍棊也其何以免乎奕者舉棊不定不勝其耦而況置君而弗定乎必不免矣九世之卿族一舉而滅之可哀也哉甯氏出自衛武公及喜九世也

趙孟晉大夫也魯襄公二十七年鄭伯享趙孟于垂

龐伯有賦鶉之賁賁（鶉之賁賁詩鄘風衛人刺其君淫亂鶉鵲之不若義取人之無良我以爲兄我以爲君也）趙孟曰牀第之言不踰閾況在野乎非使人之所得聞也（第簀也此詩刺淫亂故云牀第之言閫門限也使人趙孟自謂也）卒享文子告叔向曰伯有將爲戮矣詩以言志志誣其上而公怨之以爲賓榮（言誣則鄭伯未有其實趙孟倡賦詩有誣上之言公怨之以爲賓榮）其能久乎幸而後亡（言必先亡）叔向曰然已侈所謂不及五稔者夫子之謂矣（稔年也爲三十年鄭殺良傳）

子產鄭大夫也魯襄公二十八年蔡侯歸自晉入于鄭鄭伯享之不敬子產曰蔡侯其不免乎（不免禍）日其過此也（往日至晉時）君使子展廷勞於東門之外而傲（廷往）

也吾曰猶將更之今還受享而惰乃其心也君小國事大國而惰傲以爲己心將得死乎若不免必繇其子其爲君也淫而不父（通太子班之妻）僑聞之如是者當有子禍（爲三十年蔡世子班弒其君）三十年六月子產如陳蒞盟歸復命告大夫曰陳亡國也不可與也（不敢與結好）聚禾粟繕城郭恃此二者而不撫其民其君弱植公子侈太子卑大夫傲政多門（政不繇一人）以介于大國（介間也）能無亡乎不過十年矣（爲昭八年楚滅陳傳）昭公十一年秋季孫意如會晉韓起齊國弱宋華亥衛北宮佗鄭罕虎曹人杞人于厥慭謀救蔡也（不書救蔡不能書）鄭子皮將行子產曰行不遠不能救蔡也蔡小而不順楚大而弗德天將棄蔡以壅楚盈而罰之（楚盈惡）蔡必亡矣且喪君而能守者鮮矣三年王其有咎乎美惡周必復王惡周天（元年楚子弒君而立歲在大梁後三年十三歲星周復於大梁也）晉人使狐父請蔡于楚弗許（狐父晉大夫）

游吉鄭大大也襄公二十八年鄭伯使游吉如楚歸復命告子展曰楚子將死矣不修其政德而貪昧于諸侯以逞其願欲久得乎周易之有在復䷗（震下坤上）之頤䷚（震下艮上頤復上變得頤）曰迷復凶（復上六爻亂也復反也極陰反陽之卦上處極位迷而復反失道已遠遠而無應故凶）其楚子之謂乎欲復其願

（謂欲得鄭朝以復其願）而棄其本（不修德）德歸無所是謂迷復（失道已遠又無所歸）能無凶乎君其往也送葬而歸以快楚心（言楚君必死君往當送之）楚不幾十年未能恤諸侯也（幾近也言失道者復之亦遠）吾乃休吾民矣（休息也言楚不能復爲害）是年鄭伯如楚康王卒

汝齊晉大夫也襄公二十九年齊高子容與宋司徒見晉知伯汝齊相禮賓出汝齊語知伯曰二子皆將不免子容專司徒侈皆亡家之主也專則速及侈將以其力斃專則人實斃之將及矣九月高子出奔燕

季札吳公子也魯襄公二十九年來聘遂聘于齊說

晏平仲謂之曰子速納邑與政(納歸之公)無邑與政乃免於難齊國之政將有所歸未獲所歸難未歇也(歇盡也)故晏子因陳桓子以納政與邑是以免於欒高之難

穆叔魯大夫也襄公三十一年穆叔會晉歸告孟孝伯曰趙孟將死矣其語偷不似民主且年未盈五十而諄諄焉如八九十者弗能久矣若趙孟死爲政者其韓子乎吾子盍與季孫言之可以樹善君子也孝伯曰民生幾何誰能無偷朝不及夕將焉用樹穆叔告人曰孟孫將死矣吾語諸趙孟之偷也而又甚焉九月孟孝伯卒又襄公作楚宮(適楚好其宮歸而作之)穆叔曰

太誓云民之所欲天必從之(今尚書太誓亦無此文故諸儒疑之)君欲楚也夫　作其宮若不復笽楚必死是宮也俄而公薨于楚宮立胡女敬歸之子子野子野卒立敬歸之娣齊歸之子公子稠(齊諡稠昭公名)穆叔不欲曰太子死有母弟則立之無則立長(立庶子則以年)年鈞擇賢義鈞則卜古之道也(先人事後卜笽也義鈞謂賢等也)非適嗣何必娣之子(言子野適嗣)且是人也居喪而不哀在慼而有嘉容是謂不度不度之人鮮不爲患若果立之鮮不爲季氏憂武子不聽卒立之比及葬三易衰衰衽如故衰(言其嬉戲無度)於是昭公十九年矣猶有童心君子是以知其不能終也(爲昭公二十五年公孫于齊傳)

北宮文子衛大夫也襄公三十一年衛侯在楚文子見楚令尹圍之威儀言於衛侯曰令尹似君矣將有宛志雖獲其志弗能終也公曰子何以知之對曰詩云敬慎威儀惟民之則令尹無威儀民無則焉民所不則以在民上何以終世

屈狐庸吳行人也魯襄公三十一年聘于晉(狐庸巫臣之子也成七年適吳爲行人)通路也(通吳晉之路)趙文子問焉曰延州來季子其果立乎(延州來季札邑)巢隕諸樊(在二十五年)閽戕戴吳(在二十九年吳余祭也)天似啓之何如對曰不立是二王之

命也非啓季子也若天所啓其在今嗣君乎(嗣君謂夷昧)甚德而度德不失民(民歸德)度不失事(審事情)民親而事有序其天所啓也有吳國者必此君之子孫實終之季子守節者也雖有國不立(言其三兄雖欲傳國與之終不肯立)

子服惠伯魯大夫也魯襄公薨滕成公來會葬惰而多涕(惰不敬也)子服惠伯曰滕君將死矣怠于其位而哀已甚兆於死所矣(有死兆)能無從乎

劉定公周卿士也昭公元年周使劉定公勞晉趙孟因曰子弁冕以治民臨諸侯盍亦遠績禹功而大庇民乎對曰老夫罪戾是懼焉能恤遠吾儕偷食朝不

謀夕何其長也劉子歸以語王曰諺所謂老將知而耄及之者其趙孟之謂乎爲晉正卿以主諸侯而儕於隸人朝不謀夕棄神人矣神怒民叛何以能久趙孟不復年矣

晏嬰齊大夫也齊侯使晏嬰請繼室于晉既成婚晏子受禮叔向從之宴相與語叔向曰齊其何如（問與衰）晏子曰此季世也吾弗知齊其爲陳氏矣（不知其他官惟知齊將爲陳氏）公棄其民而歸於陳氏（棄民不恤）齊舊四量豆區釜鍾四升爲豆各自其四以登于釜（四豆爲區區斗六升四區爲釜六斗四升登成也）釜十爲鍾（六斛四斗）陳氏三量皆登一焉鍾乃大

矣（登加也謂加舊量之一也以五升爲豆五豆爲區五區爲釜則區二斗釜八斗鍾八斛）以家量貸而以公量收之（貸厚而收薄）山木爲市弗加於山魚鹽蜃蛤弗加于海（賈如在山海不加貴）民參其力二入於公而衣食其一（言公重賦斂）公聚朽蠹而三老凍餒（三老謂上壽中壽下壽皆八十已上不見養遇也）國之諸市屨賤踊貴（刖足者多）民人疾痛而或燠咻之（燠咻痛念之聲爲陳氏也）其愛之如父母而歸之如流水欲無獲民將焉辟之箕伯直柄虞遂伯戲（四人皆舜後陳氏之先）其相胡公大姬已在齊矣（胡公四人之後周始封陳之祖大姬其妃也言陳氏雖爲人臣然將有國其先祖鬼神已與胡公共在齊）叔向曰然雖吾公室今亦季世也戎馬不駕卿無軍行（言晉衰弱不能征討敵諸侯也）公乘無人卒列無長（百人爲卒言人皆非其人非其長）庶人罷敝而宮室滋侈（滋益也）道殣相望（餓死爲殣）而女富溢尤（女嬖寵之家）民聞公命如逃寇讎欒郤胥原狐續慶伯降在皁隸（公姓晉舊臣之族也皁隸賤官）政在家門（大夫專政）民無所依君日不悛以樂慆憂（慆藏也悛改也）公室之卑其何日之有（言今至）讒鼎之銘（讒鼎名也）曰昧旦丕顯後世猶怠（昧旦早起也丕大也言夙興以務大顯後世猶懈怠）況日不悛其能久乎晏子曰子將若何（問何以免此也）叔向曰晉之公族盡矣肸聞之公室將卑其宗族枝葉先落則公從之肸之宗十一族（同祖爲宗也）惟羊舌氏在而已肸又無子（無賢子）公室無度（無法度）幸而得

死（言得以壽終爲幸）豈其獲祀後皆如之（又云齊晏來聘與叔向語叔向曰晉季世也公厚賦爲臺池而不恤政在私門其可久乎晏子然之又田釐子乞事齊景公爲大夫其收賦稅於民以小斗受之其粟予民以大斗行陰德於民而景公弗禁繇此田氏得齊衆心宗族益强民思田氏晏子數諫景公弗聽已而使于晉與叔向私語曰齊國之政其卒歸于田氏者矣）

叔向晉大夫也聘于周發幣於大夫及單靖公靖公享之儉而敬賓禮贈餞視其上而從之宴無私送不過郊語說昊天有成命單之老送叔向告之曰異哉吾聞之曰一姓不再興今周其興乎其有單子也昔史佚有言曰動莫若敬居莫若儉德莫若讓事莫若咨單子之況我禮也皆有焉夫宮室不崇器無雕鏤

儉也身聳除潔外內齊給敬也寔好享賜不踰其上讓也賓之禮事放上而動咨也如是而加之以無私重之以不殺能避怨矣其有不興乎且其語說昊天有成命頌之盛德也其詩曰昊天有成命二后受之成王不敢康夙夜基命宥密緝熙亶厥心肆其靖之是道成王之德也成王能明文昭能定武烈者也始於德讓中於信寬終於固龢故曰成單子儉敬讓咨以應成德單若不興子孫必蕃後世不忘詩曰其類維何室家之壼君子萬年永錫祚胤類也者不忝前哲之謂也壼也者廣裕人民之謂也萬年也者令聞

不忘之謂也祚胤也者子孫蕃育之謂也單子朝夕不忘成王之德可謂不忝前哲矣膺保明哲以佐王室可謂廣裕民人矣若能類善物以混厚民人者必有章譽蕃育之祚則單子必當之矣單若有闕必茲君之子孫實續之不出於他矣魯昭公十一年葬齊歸公不慼晉士之送葬者歸以語史趙曰必為魯郊言昭公必出在郊野不能有國侍者曰何故曰歸姓也不思親祖不歸也姓生也言不思親則不為祖考所歸祐叔向曰魯公室其卑乎君有大喪國不廢蒐謂蒐比蒲有三年之喪而無一日之慼國不恤喪不忌君也忌畏也君無慼容不顧親也國不忌君君不顧親能無卑乎殆其失國單子會韓宣子于戚單子單成公視下言徐叔向曰單子其將死乎朝有著定著定朝內列位常處謂之表著會有表野會設表以為位衣有禬帶有結禬領會帶結也會朝之言必聞于表著之位所以昭事序也視不過禬結之中所以道容貌也言以命之容貌以明之失則有闕今單子為王官伯而命事於會視不登帶言不過步貌不道容而言不昭矣不道不共不昭不從貌正曰共言順曰從無守氣矣是年單成公卒昭十三年楚公子干立韓宣子問叔向曰子干其濟乎對曰不就宣子曰同惡相求如市賈焉謂國人共惡相求者如市賈之

人求利何為不就對曰無與同好誰與同惡言無寵於內當與誰共同好惡取國有五難有寵無人一也寵無賢人而固有人無主二也雖有賢人當須內主為應有主無謀三也謀策謀也有謀而無民四也有民而無德五也子干在晉十三年矣晉楚之從不聞達者可謂無人晉楚之士從子干游皆非達人族盡親叛可謂無主無釁而動可謂無謀為羈終世可謂無民亾無愛徵可謂無德楚人無愛念者王虐而不忌靈王暴虐無所畏忌將自亾子干涉五難以弒君誰能濟之有楚國者其棄疾乎君陳蔡方城外屬焉苛慝不作盜賊伏隱私欲不違民無怨心先神命之國民信之芊姓有亂必季實

立楚之嘗也子干之官則右尹也數其貴寵則庶子也以神所命則又遠之民無懷焉將何以立宣子曰齊桓晉文不亦是乎皆庶子而出奔對曰齊桓衛姬之子也有寵於僖公有鮑叔牙賓須無隰朋以爲輔佐有莒衛以爲外主齊桓公出奔莒自莒先入衛人助之也有高國以爲內主國子高子皆高之正卿從善如流施惠不倦有國不亦宜乎昔我文公狐季姬之子也有寵于獻公好學而不貳生十七年有士五人有先大夫子餘子犯以爲腹心子餘趙衰有魏犨賈佗以爲股肱有齊宋秦楚以爲外主有欒郤狐先以爲內主亾十九年守志彌篤惠懷棄民

民從而與之文公有國不亦宜乎子干無施於民無援於外去晉晉不送歸楚楚不迎何以有國子干果不終焉卒立棄疾如叔向言也昭公十五年荀樂如周葬穆后籍談爲介既葬除喪以文伯宴樽以魯壺籍談歸以告叔向叔向曰王其不終乎吾聞之所樂必卒焉今王樂憂若卒以憂不可謂終王一歲而有三年之喪二焉天子絕期惟服三年故后雖期通謂之三年喪也於是乎以喪賓宴又求彝器樂憂甚矣且非禮也彝器之來嘉功之繇非繇喪也三年之喪雖貴遂服禮也天子諸侯除喪當在卒哭今王既葬而除故譏其不遂王雖弗遂宴樂以早亦非禮也言今雖不能遂服猶當靜默而便宴樂又失禮也禮王之大經也一動而失二禮無大經矣失二禮謂既不遂服又設宴樂言以考典考成也典以志經亡經而多言舉典將焉用之爲二十二年王室亂傳趙文子問于叔向曰晉六將軍其孰先亾乎六將軍韓趙魏范中行知伯也對曰中行知氏文子曰何乎對曰其爲政也以苛爲察以切爲明以刻下爲忠以計多爲功譬之猶廓華者也廓之大則大矣裂之道也故老子曰其政惛惛其民沌沌其政察察其民缺缺

子服昭伯魯大夫也魯昭公十六年公在晉晉人止公以取鄭故也夏四月公至自晉晉人德公得歸子服昭伯語季

平子昭伯惠伯之子子服回也隨公從晉還曰晉之公室其將遂卑矣君幼弱六卿彊而奢傲將因是以習習實爲常能無卑乎平子曰爾幼惡識國昭伯尚幼年平子不信其言冬十月季平子如晉葬昭公平子曰子服回之言猶信自往見之乃信回言子服氏有子哉有賢子也

萇弘周大夫也魯昭公十七年秋晉侯使屠蒯如周請有事於雒與三塗屠蒯晉侯之膳宰也以忠諫見進雒雒水也三塗山名在陸渾南萇弘謂劉子曰客容猛非祭也其伐戎乎陸渾氏甚睦於楚必是故也君其備之乃警戎備警戒以備戎也欲因晉以合勢九月丁卯晉荀吳帥師涉自棘津河津名使祭史

先用牲于雒陸渾人弗知師從之庚午遂滅陸渾數
之以其二於楚也陸渾子奔楚其衆奔甘鹿甘鹿周地周
大獲先警戒備故獲魯昭公十八年春二月已卯周毛得殺
毛伯過毛伯周大夫得過之族而代之也居位萇弘曰毛得必亾
是昆吾稔之日也侈故之以昆吾夏伯也稔熟也侈惡積熟以已卯日與桀
同而毛得以濟侈于王都不亾何待毛得果亾二十
三年八月丁酉南宮極震經書紀云地震魯地也丁酉南宮極震周地亦震也
爲室所壓而死萇弘謂劉文公曰君其免之先君之力可濟
也文公劉蚠也先君謂蚠之父獻公亦立于猛未及而卒周之亾也其三川震
謂幽王時也三川涇渭雒水也地動謂川崖摧也今西王之大城亦震天棄

之矣子朝布王城故謂西王東王必大克敬王居狄泉在王城之東故曰東王既
而子朝亾
鬬且楚大夫也延見令尹子常鬬且楚大夫子常子囊之孫囊瓦也子
常與之語問蓄貨聚馬歸以語其弟曰楚其亾乎不
然令尹其不免乎吾見令尹令尹問蓄聚積實如餓
豺狼焉殆必亾者也夫古者聚貨不妨民衣食之利
聚馬不害民之財用國馬足以行軍國馬民馬也十六井爲丘有戎
馬一疋牛三頭足以行軍公馬足以稱賦公馬公之戎馬稱舉也賦兵賦也不是
過也公貨足以賓獻賓享贈獻貢也家貨足以共用不是過
也夫貨馬郵則闕於民郵過也民多闕則有離叛之心

將何以封矣昔鬬子文三舍令尹無一日之積恤民
之故也成王聞子文之朝不及夕也於是乎每朝設
脯一束糗一筐以羞子文至于今令尹秩之成王每
出子文之祿必逃王止而後復人謂子文曰人生求
富而子逃之何也對曰夫從政者以庇民也庇覆民多
曠者而我取富焉是勤民以自封也死無日矣我逃
死非逃富也故莊王之世滅若敖氏惟子文之後在
至于今處鄖爲楚良臣是不先恤民而後已之富乎
今子常先大夫之後也先大夫子囊也而相楚君無令名于
四方民羸餒日日已甚羸瘠日甚也四境盈壘道殣相望

盜賊司目民無所倣倣依是之不卹而蓄聚不厭其速
怨于民多矣積貨滋多蓄怨滋厚不亾何待夫民心
之慍也若防大川焉潰而所犯必大矣慍怨犯敗子常其
能賢於成靈乎成不禮於穆纇食熊蹯不獲而死成王
穆王之父欲黜商臣而立其弟職商臣圍成王王請食熊蹯而死不聽遂月殺蹯掌也靈王不
顧於民一國棄之如遺迹焉子常爲政而無禮不顧
甚於成靈其獨何力以待之待猶備也期年乃有柏舉之
戰子常奔鄭昭王奔隨
叔孫昭子名婼魯大夫也昭公十二年夏宋華定來
聘通嗣君也宋元公新卽位享之爲賦蓼蕭弗知又不答賦

蓼蕭詩小雅義取燕笑語兮是以有譽處兮樂與華定燕語也又曰既見君子爲龍爲光欲以寵光賓也
又曰宜兄宜弟令德壽豈言賓有令德可以壽樂也又曰和鸞雍雍萬福攸同言欲與賓同福祿者也
昭子曰必亡宴語之不懷懷思也寵光之不宣宣揚也令
德之不知同福之不受將何以在爲二十年華定出奔傳二十
一年三月葬蔡平公蔡太子朱失位位在卑不在適子位以
長幼齒大夫送葬者歸見昭子昭子問蔡故以告昭子
歎曰蔡其亡乎若不亡是君也必不終詩曰不解于
位民之攸塈詩大雅今蔡侯卽位而適卑身將從之十
月蔡侯朱出奔楚其年秋七月日有食之於是叔輒
哭日食意在於憂哭昭子曰子叔將死非所哭也八月叔

輒卒二十五年春昭子聘于宋桐門右師見之右師樂大
心居桐門語卑宋大夫而賤司城氏司城樂氏之大宗也卑賤謂其才德昭
子告其人曰右師其亡乎君子貴其心而後能及人
是以有禮推禮可以貴身貴身故尚禮今夫子卑其大夫而賤其
宗是賤其身也賤人人亦賤已能有禮乎無禮必亡
師曠晉大夫也晉平公新說聲師曠曰公室其將卑
乎君之明兆于衰矣夫樂以開山川之風以耀德於
廣遠也風德以廣之風山川以遠之風物以聽之修
詩以詠之修禮以節之夫德廣遠而有時節是以遠
服而亦不遷

叔孫豹魯大夫也晉趙武會諸侯於虢楚公子圍設
服離衛得君服二人執戈東設前以自衛離陳也叔孫穆子曰楚公子美
矣君哉美服似君鄭子皮曰二執戈者前矣禮國君行有二執戈者在
前蔡子家曰蒲宮有前不亦可乎公子圍在會將緝蒲爲王殿屏蔽以
自殊異言既造王宮而居之服無所怪之也楚伯州犂曰此行也辭而假
之寡君聞諸大夫譏之故言假以飾令尹過鄭行人揮曰假不反矣言將
遂爲君伯州犂曰子姑憂子晳之欲背誕也襄三十年鄭子晳殺
伯有背命放誕將爲國難言子但自憂此無爲憂令尹不反戈也子羽曰當璧猶在
假而不反子其無憂乎子羽行人揮當璧謂棄疾事在昭十三年言棄疾有當璧
之命圍雖取國猶將有難無不憂之也齊國子曰吾代二子愍矣國子國弱

也二子謂子圍及伯州犂圍此冬便篡位不能自終伯州犂又尋爲圍所殺故言可愍陳公子招
曰不憂何成二子樂矣言以憂生事事成而樂衛齊子曰苟或
知之雖憂何害齊子齊惡也言先知雖有憂難無所損害宋合左師曰大
國令小國共吾知共而已共承大國命不能知其禍福晉樂王鮒
曰小旻之卒章善矣吾從之小旻詩小雅其卒章義取非惟暴虎憑河之可
畏也不敬小人亦危殆王鮒從斯義故不敢譏議公子圍也退會子羽謂子皮曰
叔孫絞而婉絞切也譏其似君反謂也美故曰婉宋左師簡而禮無所臧否
故曰簡其事大國故曰禮樂王鮒字而敬字愛也不犯凶人所以自愛敬子與子
家持之子子皮子家卽蔡公孫歸生持之言無所取與也皆保世之主也齊
衛陳大夫其不免乎國子代人憂子招樂憂齊子雖

憂弗害夫弗及而憂與可憂而樂與憂而弗害皆取憂之道也憂必及之太誓曰民之所欲天必從之逸書三大夫兆憂憂能無至乎開憂兆也言以知物其是之謂矣物類也察言以知禍福之類八年陳昭殺太子國弱齊惡當身各無患后子名鍼秦伯之弟也魯昭公元年后子出奔晋見趙孟曰吾子其曷歸問何時當歸對曰鍼懼選於寡君是以在此將待嗣君趙孟曰秦君何如對曰無道孟曰亡乎對曰何爲一世無道國未艾也艾絶也國於天地有與立焉言欲輔助之者多不數世淫弗能斃也趙孟曰天乎對曰有焉趙孟曰其幾何對曰鍼聞之國無道而

年穀和熟天贊之也贊佐助也鮮不五稔鮮少也少尚當歷年五多則不啻趙孟視蔭曰朝夕不相及誰能待五蔭日景也趙孟意衰以景自喻故言朝夕不及誰能待五后子出而告人曰趙孟將死矣主民翫歲而愒日翫慣也愒貪也其與幾何五年秦后子復歸于秦景公卒故也終五之年

行人揮鄭大夫也昭公元年晋侯有疾鄭伯使公孫僑如晋聘與叔向言叔向出行人揮送之送叔向問鄭故焉且問子晳對曰其與幾何言將敗不久無禮而好凌人怙富而卑其上弗能久矣

沈尹戌楚莊王曾孫葉公諸梁父也魯昭公十九年冬楚人城州來沈尹戌曰楚人必敗十三年吳城州來今就城而取之昔吳滅州來在十三年子旗請伐之王曰吾未撫吾民今亦如之而城州來以挑吳能無敗乎侍者曰王施舍不倦息民五年可謂撫之矣戌曰吾聞撫民者節用於內而樹德於外民樂其性而無寇讎今宫室無量民人日駭勞罷死轉轉遷徙也忘寢與食非撫之也傳言平王所以不能霸昭二十四年楚子爲舟師以略吳疆略行也行吳界將侵之沈尹戌曰此行也楚必亡邑不撫民而勞之吳不動而速之速召也吳踵楚躡楚踵跡而疆埸無備邑能無亡乎楚大夫胥犴勞王於豫章之汭汭水名楚公子

倉歸王乘舟歸遺也倉及壽夢帥師從王壽夢楚大夫王及圉陽而還圉陽楚地吳人踵楚而邊人不備遂滅巢及鍾離而還鍾離不書告敗畧也沈尹戌曰亡郢之始於此在矣王一動而亡二姓之師二姓之師守巢鍾離大夫幾如是而不及郢詩曰誰生厲階至今爲梗詩大雅厲惡階道梗病也其王之謂乎爲定四年吳入郢傳

閔馬父魯大夫也魯昭公二十二年周王子朝奔京叔鞅至自京師葬景王還言王室之亂也經所以書閔馬父曰子朝必不克其所與者天所廢也閔馬父閔子馬也所廢謂羣喪職秩者

樂祁宋大夫也魯昭公二十五年春宋公享昭子賦新宮逸詩昭子賦車轄詩小雅周人思得賢女以配君子昭子將爲季孫迎宋公女故賦之明日宴飲酒樂宋公使昭子右坐坐宋公右以相近言改禮坐語相泣也樂祁佐助宴禮退而告人曰今茲君與叔孫其皆死乎吾聞之哀樂可樂而哀而樂哀可哀而樂皆喪心也心之精爽是謂魂魄魂魄去之何以能久爲此冬叔孫宋公傳公若從從昭子謂曹氏勿與魯將逐之曹氏宋元夫人曹氏告公公告樂祁樂祁曰與之如是魯君必出政在季氏三世矣文子武子平子魯君喪政四公矣宣成襄昭無民而能逞其志者未之有也國君是以鎮撫其民詩曰人之云

亡心之憂矣詩大雅言無人則憂虞至魯君失民矣焉得逞其志靖以待命猶可動必憂爲下公孫于齊傳

子家子魯大夫也昭公在鄆季氏使孟懿子陽虎伐鄆陽虎季氏家臣伐鄆欲奪公鄆人將戰子家子曰天命不慆久矣慆疑也言棄君不疑使君亡者必此衆也言君據鄆衆以與魯戰必敗亡天既禍之而自福也不亦難乎猶有鬼神此必敗也呼爲無望也夫其死于此乎公使子家子如晉公徒敗于且知

冊府元龜

巡按福建監察御史臣李嗣京　正
分守建南道左布政使臣胡維霖　輯
知建陽縣事臣黃國琦　較

總録部

先見第二

女叔寬晉大夫也魏舒合諸侯之大夫城成周三旬而畢乃歸諸侯之戍齊高張後不從諸侯(後期不及諸侯之役)晉女叔寬曰周萇弘齊高張皆將不免(叔寬女寬也)萇叔違天高子違人(天既厭周德萇弘欲遷都以延其祚故曰違天諸侯相帥以崇天子而高

子後期故曰違人也)天之所壞不可支也衆之所爲不可奸也(爲哀三年周人殺萇弘六年高張來奔起地)

彪傒衛大夫也魯定公元年晉魏舒合諸侯之大夫于狄泉將以城成周魏子涖政(涖臨也代天子大夫爲政)傒曰將建天子(立天子之居)而易位以令非義也大夫奸義必有大咎晉不失諸侯魏子其不免乎是行也魏獻子屬役於韓簡子及原壽過(簡子韓起孫不信也原壽過周大夫)而田於大陸焚焉(禹貢大陸在鉅鹿北絕遠疑荒蕪之地大田年見燒也蜀北田在汲部廣平曰原)還卒於寗(寗今脩武縣近矣濘)

陳寅宋大夫也定公六年秋宋樂祁使於晉趙簡子逆而飲之酒於緜上獻楊楯六十於簡子(楊木名)陳寅曰昔吾主范氏今子主趙氏又有納焉以楊楯賈禍弗可爲也已(知范氏必怨將歸禍)然子死晉國子孫必得志於宋(以其爲國死)

史鰌衛大夫也公叔文子朝而請饗靈公(欲令公臨其家)退見史鰌而告之(史鰌史魚)史鰌曰子必禍矣子富而君貪罪其及乎文子曰然吾不先告子是吾罪也君既許我矣其若之何史鰌曰無害乎臣可以免(言能知富臣禮)而能臣必免於難上下同之(言尊卑皆然)戍也驕其亡乎(戍文子之子)富而不驕者鮮吾唯子見之驕而不亡者未

之有也戍必與焉(與禍難)及文子卒衛侯始惡於公叔戍以其富也公叔戍又將去夫人之黨(靈公夫人南子黨宋朝之德)夫人愬之曰戍將爲亂(爲明年戍來奔)

闘辛楚大夫也魯定公四年冬十有一月庚辰吳入郢(弗也日稱子史入吳不畧文)五年冬楚子入于郢(吳師已歸)初闘辛聞吳人之爭宮也曰吾聞之不讓則不和不和不可以遠征吳爭於楚必有亂有亂則必歸焉能定楚

曾子貢衛人定公十五年春邾隱公來朝(邾子益)子貢觀焉邾子執玉高其容仰公受玉卑其容俯(王朝者之贄)子貢曰以禮觀之二君者皆有死亡焉夫禮死生存

亡之體也將左右周旋進退俯仰於是乎取之朝祀
喪戎於是乎觀之今正月相朝而皆不度不合法度心已
亡矣嘉事不體何以能久嘉事朝禮高仰驕也卑俯替也
驕近亂替近疾君爲主其先亡乎爲此年公薨哀七年邾子益歸傳
仲尼卒魯哀公誄之曰旻天不弔不憖遺一老俾屏
余一人以在位煢煢余在疚嗚呼哀哉尼父無自
律子貢曰君其不沒于魯乎夫子之言曰禮失則昏
名失則愆失志爲昏失所爲愆生不能用死而誄之
非禮也稱余一人非名也服虔曰天子自謂一人非諸侯所當名也君兩
失之亡國之風

伍員字子胥吳大夫也哀元年吳王夫差敗越子夫
椒報檇李也越子使大夫種因伯嚭以行成吳子將
許之伍員曰不可臣聞之樹德莫如滋去疾莫如盡
昔有過澆殺斟灌以伐斟鄩澆寒浞子封于過者二傳曰澆用斟夏同姓諸
侯襄四年師滅斟灌滅夏后相夏后相啓孫也后相失國依于二斟後爲澆所滅后緡
方娠逃出自竇后緡相妻娠懷孕也歸于有仍后緡有仍氏女生少康
焉爲仍牧正牧官之長惎澆能戒之惎毒也戒備也澆使椒求之
椒澆臣逃奔有虞爲之庖正以除其害虞舜后諸侯也梁國有虞縣庖
正掌膳羞之官北以得除其害賴虞思於是妻之以二姚思有虞君也虞思自
以二女妻少康姚虞姓而邑諸綸有田一成有衆一旅方十里爲成五

人爲旅能布其德而兆其謀兆始以收夏衆撫其官職襄四
年自有高氏收二國傳曰靡之以滅已而立少使女艾諜澆女艾少康臣諜候也使季
杼誘豷豷也澆弟少康子季杼后杼也遂滅過戈復禹之績過澆國戈豷國
祀夏配天不失舊物物事也今吳不如過而越大於少
康或將豐之不亦難乎言與越成是使越豐大必爲吳難勾踐能親
而務施施不失人所加厚賜皆得其人親不棄勞推親愛之誠則不違小勞
與我同壤而世爲仇讎於是乎克而弗取將又存之
違天而長寇讎猶言天與不取後雖悔之不可食已食消也已止也
姬之衰也日可俟也姬吳姬言可計日而待介在蠻夷而長寇
讎以是求信必不行矣弗聽退而告人曰越十年生

聚而十年教訓生民聚財富而後教之二十年之外吳其爲沼
乎謂吳宮室廢壞當爲汙池二十二年越入吳起十一年吳將伐齊越子率
其衆以朝焉王及列士皆有饋賂吳人皆喜唯子胥
懼曰是豢吳也夫豢養也若人養犧牲非愛之將殺之也諫弗聽使於
齊屬其子於鮑氏爲王孫氏反役王聞之賜屬鏤以
死艾陵後也屬鏤劍名將死曰樹吾墓檟檟可材也吳其亡乎
三年其始弱矣盈必毀天之道也越人朝之伐齊勝之盈之極也爲三十年越伐吳起
公孫彌牟衛人哀公十二年衛侯會吳吳人藩衛侯
之舍既歸效夷言子之尚幼子之公孫彌牟曰君必不免其

死於寃乎執焉而又說其言從之固矣出公輒后卒死於越
智伯晉大夫伯氏之族智襄子伐鄭還自衛三卿宴
于藍臺三卿智襄子韓康子魏桓子智襄子戲韓康子而侮段規
段規魏桓子相也智伯國聞之諫曰主不備難必至曰難將
繇我我不爲難誰敢興之對曰異於是夫郄氏有車
轅之難郄犨與長魚蟜爭田執而梏之與其父母妻子同一轅蟜戕殺於厲公而殞三郄在魯成十
年趙有孟姬之讒趙同趙括孟姬趙文子母莊姬通於趙嬰二兄同括欲殺之孟姬愬
慫讒於景公公殺之魯成十八年欒有叔祁之難欒欒盈也叔祈范宣子女盈之母也
與其老惟賓通患盈之初懟於宣子遂滅欒氏范中行有函冶之難函冶范皐夷之
尾也皐夷無寵於范吉射欲爲亂於范氏中行寅與范氏相睦故皐夷謀逐二子卒滅之在魯定十三年

皆主之所知也夏書有之曰一人三失怨豈在明不
見是圖周書有之怨不在大亦不在小夫君子能勤
小物故無大患也物事今主一宴而恥人之君相君康子相
段規又弗備曰不敢興難無乃不可乎蚋蟻蜂蠆皆能
害人況君相乎弗聽自是五年乃有晉陽之難段規
乃首難而殺智伯于師言段規首爲策作難又智伯者遂滅智氏
智果智氏之族也智宣子將以瑶爲後智果曰不如
霄也宣子曰霄也佷對曰霄之佷在面瑶之佷在心
心佷敗國面佷不害瑶之賢於人者五其不逮者一
美鬢長大則賢射御足力則賢伎藝必給則賢巧文
辯惠則賢強毅果敢則賢如是而甚不仁以其五賢
凌人而以不仁行之其誰能待之若果立瑶也智宗
必滅弗聽智果別族于太史爲輔氏及智氏之亡也
唯輔果在太史屠黍晉大夫也見晉之亂以其圖法
歸周周威王見而問曰天下國孰先亡對曰晉也臣
嘗不敢直言示晉公以天妖日月星辰之行多以不
當公曰是何害爲又示以人事多不義百姓皆鬱怨
公曰是何傷又示以鄰國不服賢良不舉公曰是何
害如是是不知所以亡也故臣曰晉先亡居三年晉
果亡威王又見屠黍而問曰孰次之對曰中山次之

威公問其故對曰天生民而令有別有別人之義也
所以異於禽獸也君臣上下所以立也中山之俗以
晝爲夜男女切倚固無休息康樂歌謠好悲其主不
知惡此亡國之風也臣故曰中山次之居二年中山
果亡威公又見屠黍而問曰孰次之屠黍嘿而不對
威公固問對曰君次之威公乃懼求之長者得義蒔
田邑而禮之二賢人得史驎趙駢以爲諫臣去苛政之
三十九以告屠黍屠黍曰其尚終君之身乎曰臣聞
之國之興也天遺之賢人與格言格至也國之亡也天
與之亂人與善諛之言威公薨肂九月不得葬周乃

分爲二稽柩置地上謂之肆
白圭之中山中山之王欲留之白圭固辭乘輿而去
又之齊齊王欲留之圭又辭而去人問其故曰二國
者皆將亡所舉有五盡矣何謂五盡曰莫之必忠則
言盡矣莫之必譽則名盡矣莫之必愛則親盡矣行
者無糧居者無食則財盡矣不能用人不能自用則
功盡矣國有此五者無倖必亡中山齊皆當此

孟子齊人盆成括仕於齊孟子曰死矣盆成括盆成姓括名也嘗欲學於孟子問達未道而去後仕於齊孟子聞而嗟嘆曰死矣盆成括言其必死盆成括見殺門人問曰夫子何以知其將見殺門人問孟子何以知之也

曰其爲人也小有才未聞君子之大道也則足以殺
其軀而已矣

淳于髡齊人說鄒忌子必趨出過門而面其僕曰是
人者吾語之微言且其應我若響之應聲是人必封
不久矣齊稷下先生喜議政事鄒忌既爲齊相稷下先生淳于髡之屬七十二人皆輕鄒忌以爲設以爲辭鄒忌必不能及相與俱往見鄒忌淳于髡之徒禮踞鄒忌之禮卑淳于髡等稱辭鄒忌知之如應響淳于髡等辭詘而去鄒忌之禮踞淳于髡之禮卑故所以尚于將莫邪者貴其立斷也所以尚騏驥者爲其立至也必且曆日曠久則絲氂能挈石駑馬亦能致遠是以聰明捷敏人之美才也居朞
年封以下邳號曰成侯

徐子外黃人魏太子申爲大將軍過外黃徐子劉叔別錄曰徐子外黃人也外黃時屬宋謂太子曰有百戰百勝之術太子曰
可得聞乎客曰固願効之曰太子自將攻齊大勝並
莒則富不過有魏貴不益爲王若戰不勝齊則萬世
無魏矣此臣之百戰百勝之術也太子曰諾請必從
公之言而還矣客曰太子雖欲還不得矣彼勸太子
戰攻欲啜汁者衆太子雖欲還恐不得矣太子因欲
還其御曰將出而還與北同太子果與齊人戰敗於
馬陵徐廣曰左元城齊虜魏太子申殺將軍涓軍遂大敗

吳起衛人仕魏治西河之外王錯譖之魏武侯吳起衛人也爲魏將善用兵故能治西河之外謂北邊也武侯文侯之子也武侯使人召之吳

起至於岸門岸門邑名也上車而望西河泣數行而下其
僕謂吳起曰竊觀公之意視釋天下若釋躧釋棄也今
去西河而泣何也吳起抆泣而應之曰子不識識知君
知我能而使我畢能西河可以王能力也盡力爲之可以致君於王也
今君聽讒人之議讒人王錯也議言也而不知我西河之爲秦
不久矣魏國從此削矣秦將取之不復久也魏失西河故從此削弱也吳起
果去魏入楚有閒西河畢入秦秦日益大果猶盡也此吳
起之所先見而泣也

屈宜舊楚大夫也韓昭侯二十五年旱作高門屈宜
舊曰昭侯不出此門何也不時吾所謂時者非時日

也人固有利不利時昭侯嘗利矣不作高門往年秦拔宜陽今年旱昭侯不以此時卹民之急而顧益著此時絀舉贏二十六年高門成昭侯卒果不出此門也

秦趙良孝公時商君作相十年宗室貴戚多怨望者趙良見商君商君曰鞅之得見也從孟蘭皐今鞅請得交可乎趙良曰僕弗敢願也孔丘有言曰推賢而戴者進聚不肖而王者退僕不肖故不敢受命僕聞之曰非其位而居之曰貪位非其名而有之曰貪名僕聽君之義則恐僕貪位貪名也故不敢聞命商君

曰子不說吾治秦與趙良曰反聽之謂聰內視之謂明自勝之謂彊虞舜有言曰自卑也尚矣君若不道虞舜之道無爲問僕矣商君曰始秦戎翟之教父子無別同室而居今我更制其教而爲其男女之別大築冀闕營如魯衛矣子觀我治秦也孰與五羖大夫賢趙良曰千羊之皮不如一狐之掖千人之諾諾不如一士之諤諤武王諤諤以昌殷紂墨墨以亡君若不非武王乎則僕請終日正言而無誅可乎商君曰語有之矣貌言華也至言實也苦言藥也甘言疾也夫子果肯終日正言鞅之藥也鞅將事子子又何辭焉趙良曰夫五羖大夫荆之鄙人也聞秦繆公之賢而願望見行而無資自鬻於秦客披褐食牛期年繆公知之舉之牛口之下而加之百姓之上秦國莫敢望焉相秦六七年而東伐鄭三置晉國之君一救荆國之禍發教封內而巴人致貢施德諸侯而八戎來服由余聞之款關請見（韋昭曰款叩也）五羖大夫之相秦也勞不坐乘暑不張蓋行於國中不從車乘不操干戈功名藏於府庫德行施於後世五羖大夫死秦國男女流涕童子不歌謡舂者不相杵（鄭玄曰相謂送杵聲以音聲自勸之也）此五羖大夫之德也今君之見秦王也因嬖人景監

以爲主非所以爲名也相秦不以百姓爲事而大築冀闕非所以爲功也刑黥太子之師傅殘傷民以駿刑是積惡蓄禍也教之化民也深於命民之效上也捷於令今君又左建外易非所以爲教也君又南面而稱寡人日繩秦之貴公子詩曰相鼠有體人而無禮人而無禮胡不遄死以詩觀之非所以爲壽也公子虔杜門不出已八年矣君又殺祝懽而黥公孫賈詩曰得人者興失人者崩此數事者非所以得人也君之出也後車數乘從車載甲多力而駢脅者爲驂乘持矛而操闟（所反切）戟者（徐廣曰一作氂盧之徑矛干將之雄戟）旁車

而雜此一物不具君固不出書曰恃德者昌恃力者亡君之危若朝露尚將欲年延益壽乎則何不歸十五都灌園於鄙勸秦王顯巖穴之士養老存孤敬父兄序有功尊有德可以少安君尚將貪商於之富寵秦國之教畜百姓之怨秦王一旦捐賓客而不立朝秦國所以收君者豈其微哉亡可翹足而待商君弗從後五月而秦孝公卒太子立公子虔之徒告商君欲反發吏捕商君商君亡至關下欲舍客舍客人不知其是商君也曰商君之法舍人無驗者坐之商君喟然嘆曰嗟呼爲法之敝一至此哉去之魏魏人怨

其敗公子卬而破魏師弗受商君欲之他國魏人曰商君秦之賊秦彊而賊入魏弗歸不可遂內秦商君既復入秦走商邑與其徒屬發邑兵北出擊鄭徐廣曰京兆鄭縣也秦伐兵攻商君殺之於鄭黽池徐廣曰黽或作彭秦惠王車裂商以狥曰莫如商鞅反者遂滅商君之家

樗里子卒葬於渭南章臺之東曰後百歲是當有天子之宮夾我墓樗里子疾室在於昭王廟西渭南陰鄉樗里故俗謂之樗里子至漢興長樂宮在其東未央宮在其西武庫正直其基秦人諺曰力則任鄙智則樗里

宋義楚將也項梁數破秦軍有驕色宋義諫曰戰勝而將驕卒惰者敗今少惰矣秦兵日益臣爲君畏之梁不聽迺使宋義於齊道遇齊使者高陵君顯高陵君名顯琅邪有高陵縣曰公將見武信君乎曰然義曰臣論武信君軍必敗公徐行則免死疾行則及禍秦果悉起兵益章邯夜銜枚擊楚大破之定陶梁死

范增楚西人鴻門曾勸項羽擊沛公項羽不忍沛公脫去使張良留謝獻璧項羽羽受之又獻玉斗范增增怒撞其斗起曰吾屬今爲沛公虜矣

漢賈誼文帝時上疏曰今陛下所以爲藩扞及皇太

子之所恃者惟淮陽王武代王參二國爾臣頗奏淮南地以益淮陽割淮陽北邊二三列城與東郡以益梁從代王而都睢陽於是文帝從誼徙封淮陽王武爲梁王又封淮南厲王四子爲列侯誼知上將復王之也上疏諫曰此謂假賊兵爲虎翼也後文帝末景帝立三年而吳楚趙與四齊王合從舉兵四齊王膠東膠西菑川濟南也西鄉京師鄉讀曰嚮梁王扞之卒破七國至武帝時淮南厲王子爲王者兩國亦反誅誼至太中大夫

穆生楚元王敬禮申公白生穆生穆生不嗜酒元王嘗爲設醴及王戊即位嘗設後忘設焉穆生退曰可

以逝矣醴酒不設王之意怠不去楚人將鉗我於市
鉗以鐵束頸也音其炎切稱病卧申公白生彊起之曰獨不念先
生之德與與讀曰歟今王一旦失小禮何至此穆生曰易
稱知幾其神乎幾者動之微吉凶之先見者也君子
見幾而作不俟終日先王之所以禮吾三子者爲道
之存故也今而忽之是忘道也忘道之人胡可以久
不豈爲區區之禮哉遂病去申公白生獨留王戊稍
淫暴二十年爲薄太后服私姦削東海薛郡乃與吾
通謀二人諫不聽胥靡之聯繫相隨而服役之故謂之胥靡猶今之役囚徒以
鎖聯綴耳衣之赭衣使杵臼椎春於市

霍光爲大將軍張千秋與霍光子禹俱爲中郎將將
兵隨度遼將軍范明友擊烏桓還謁大將軍光問千
秋與戰鬬方畧山川形勢千秋口對兵事畫地成圖
無所忘失光復問禹禹不能記曰皆有文書光繇是
賢千秋以禹爲不材歎曰霍氏世衰張氏興矣及禹
誅滅而安世子孫相繼自宣元以來爲侍中中常侍
諸曹散騎列校尉者凡十餘人
徐生茂陵人宣帝時霍氏奢侈徐生上書曰霍氏必
亡夫奢則不遜不遜必侮上侮上者逆道也在人之
右衆必害之右上也害傷也霍氏秉權日久害之者多矣天
下害之而又行以逆道不亡何待遂上疏言霍氏泰
盛陛下卽愛厚之宜以時抑制無使至亡書三上輒
報聞其後霍氏誅滅而告霍氏者皆封人爲徐生上
書曰臣聞客有過主人者見其竈直突傍有積薪客
謂主人更爲曲突遠徙其薪不者且有火患主人嘿
然不應俄而家果失火鄰里共救之幸而得息於是
殺牛置酒謝其鄰人灼爛者在於上行行音胡郎切餘各
以功次坐而不錄言曲突者人謂主人曰鄉使聽客
之言不費牛酒終亡火患鄉讀曰向下亦同今論功而請賞
曲突徙薪亡恩澤燋頭爛額爲上客耶主人乃寤而

請之今茂陵徐福數上書言霍氏且有變宜防絶之
鄉使福說得行則國亡裂土出爵之費臣無逆亂誅
滅之敗往事旣亡而福獨不蒙其功唯陛下察之貴
徙薪曲突之策使居燋髮灼爛之右帝迺賜福帛十
疋後以爲郎
劉向爲宗正王氏專政向數上書言祿去公室權在
外家非所以保社稷固後嗣也向卒後十三歲王氏
果代漢
蕭咸前將軍望之子也父爲郡守病免爲中郎將兄
弟並列董賢父恭慕之欲與結婚姻中常侍王閎爲

賓弟駙馬都尉寬信求咸女爲婦咸惶恐不敢當私爲閎曰董公爲大司馬册文言允其中此迺堯禪舜之文非三公故事長老見者莫不心懼此豈家人子所能堪邪閎性有智畧聞咸言亦悟迺還報恭深達咸自謙薄之意恭歎曰我家何用負天下而爲人所畏如是哀帝末賢果誅死

逢萌北海都昌人爲縣亭長去之長安時王莽殺其子宇萌謂友人曰三綱絶矣不去禍將及人卽解冠挂東都城門歸將家屬浮海客於遼東萌素明陰陽知莽將敗有頃乃首戴瓦盎哭於市曰新乎新乎因

遂潛藏

後漢樊宏光武初起破王莽將王尋王邑於昆陽光武兄伯升又拔宛自是兄弟威名益甚更始君臣不自安遂共謀誅伯升乃大會諸將以成其計更始取伯升寶劍視之繡衣御史申徒建隨獻玉玦（玦決也令早決斷也）更始竟不能發及罷會宏謂伯升曰昔鴻門之會范增舉玦以示項羽今建此意得無不善乎伯升笑而不應後果遇害

馬援爲伏波將軍初兄子壻王磐字子石王莽從兄平陽侯仁之子也莽敗磐推富貲居故國爲人尚氣節而愛士好施有名江淮間後游京師與衛尉陰興大司空朱浮齊王章共相友善援謂姊子曹訓曰王氏廢姓也子石當屏居自守而反游京師長者用氣自行多所陵折其敗必也後歲餘磐果與司隸校尉蘇鄴丁鴻事相連坐死雒陽獄而磐子肅出入北宮及王侯邸第援謂司馬呂种曰建武之元名爲天下重開自今以往海内日當安耳但憂國家諸子並壯而舊防未立若多通賓客則大獄起矣卿曹戒懼之及郭后薨有上書者以爲肅等受誅之家客因事生亂慮致貫高任章之變帝怒及下郡縣收捕諸王

賓客更相牽引死者以千數呂种亦預其禍臨命嘆曰馬將軍神人也又援初出屯襄國詔百官祖道援謂黄門郎梁松竇固曰凡人爲貴當使可賤如卿等不可復賤居高堅自持勉思鄙言松後果以貴滿致災禍亦幾不免

杜安清高絶俗雒陽令周紆數候安安嘗逃避不見時貴戚慕安高行多有與書輒不發以慮後患嘗鑿壁藏書後諸與書者果有大罪推捕所交者吏至門安乃發壁出書印封如故當時皆嘉其慮遠

李郃爲漢中户曹史時大將軍竇憲納妻天下郡國

皆有禮慶郡亦遣使郃進諫曰竇將軍椒房之親不脩禮德而專權驕恣危亡之禍可翹足而待願明府一心王室勿與交通太守固遣之郃不能止請求自行許之郃遂所在留遲以觀其變行至扶風而憲就國自殺支黨悉伏其誅凡交通憲者皆爲免官唯漢中太守不豫焉

皇甫規安定朝郡人也永和六年西羌大寇三輔圍安定西征將軍馬賢將諸郡兵擊之不能克規雖在布衣見賢不卹軍事審其必敗乃上書言狀尋而賢果爲羌所沒

周舉爲梁商從事中郎將三月上巳日商大會賓客讌于雒水舉時稱疾不往商與親暱酣飲極歡及酒闌唱罷繼以薤露之歌坐中聞者皆爲掩涕太僕張种時亦在焉會還以事告舉歎曰此所謂哀樂失時非其所也殃將及乎商至秋果薨

申屠蟠游大學先是京師游士汝南范滂等非訐朝政自公卿以下皆折節下之太學生爭慕其風以爲文學將興處士復用蟠獨歎曰昔戰國之世處士橫議列國之王至爲擁篲先驅卒有坑儒燒書之禍今之謂矣乃絶迹於梁碭之間因樹爲屋自同傭人居二年滂等果罹黨錮或死或刑者數百人蟠超然免於評論

劉寬爲光祿勳以先策黃巾逆謀以事上聞封逯鄉侯六百戶逯音錄

陳寔靈帝時竇武辟爲掾屬時中常侍張讓權傾天下讓父死歸葬潁川雖一郡畢至而名士無往者讓甚恥之寔乃獨弔焉及後大誅黨人讓感寔故多所全宥

華歆平原高唐人與同郡陶丘洪皆知名自以明見過歆時王芬與高傑謀廢靈帝芬呼歆洪共定計洪

欲行歆止之曰夫廢立大事伊霍所難芬性疎而不武此必無成而禍將及族子其無往洪從歆言而後芬果敗洪乃服歆後仕魏至司徒

盧植爲尚書靈帝崩大將軍何進謀誅中官乃召并州牧董卓以懼太后植知卓凶悍難制必生後患固止之進不從及卓至果陵虐朝廷

荀彧永漢元年舉孝廉拜守宮令董卓之亂求出補吏除亢父令遂棄官歸謂父老曰潁川四戰之地也天下有變當爲兵衝宜亟之無久留鄉人多懷土猶豫會冀州牧同郡韓馥遣騎迎之莫有隨者後卓遣

李傕等出關東所過虜掠至潁川陳留而還鄉人留者多見殺掠

田豐爲袁紹謀主紹之南征也豐止之紹不從豐懇諫紹怒甚以爲沮衆械繫之紹軍旣敗或謂豐曰君必見重豐曰若君有利吾必全今軍敗吾其死矣紹還謂左右曰吾不用田豐言果爲所笑遂殺之

劉曄淮南成德人廬江太守劉勳兵彊於江淮之閒孫策惡之遣使卑辭厚幣以書說勳曰上繚宗民數欺下國忿之有年矣柰道路不便願因大國伐之上繚甚實得之可以富國請出兵爲外援勳信之又得

策珠寶葛越喜悅外內盡賀曄獨不動問其故對曰上繚雖小城堅池深攻難守易不可旬日而舉則兵疲於外而國內虛策乘虛而襲我則後不能獨守是將軍進屈於敵退無所歸若軍必出禍今至矣勳不從興兵伐上繚策果襲其後勳窮蹙遂奔曹曄後至大鴻臚

魏郭嘉字奉孝潁川陽翟人初北見袁紹謂紹謀臣辛評郭圖曰夫智者審於量主故百舉百全而功名可立也袁公徒欲效周公之下士而未知用人之機多端寡要好謀無決欲與共濟天下大難定霸王之業難矣於是遂去之孫策轉鬭千里盡有江東聞太祖與袁紹相持於官渡江北襲許衆聞皆懼嘉料之曰策新并江東所誅皆豪傑英雄能得人死力者也然策輕而無備雖有百萬之衆無異於獨行中原也若刺客伏起一人之敵耳以吾觀之必死於匹夫之手策臨江未濟果爲許貢客所殺嘉爲軍祭酒卒

裴潜爲代郡太守三年還爲丞相理曹掾太祖襃稱治代之功潜曰潜於百姓雖寬於諸胡爲峻今計者必以潜爲理過嚴而事加寬惠彼素驕恣過寬必弛又將攝之以法此怨讟之所繇生也以勢料之代必

復叛於是太祖深悔還潜之速後數十日三單于反問至乃遣鄢陵侯彰爲驍騎將軍征之

程昱事太祖爲東中郎將時劉備失徐州來歸太祖昱說太祖殺備太祖不聽後又遣備至徐州要擊袁術昱與郭嘉說太祖曰公前日不圖備昱等誠不及也今借之以兵必有異心太祖悔追之不及會術病死備至徐州遂殺車胄舉兵背太祖

管寧避地遼東時公孫康已死嫡子不立而立弟恭恭儒弱而康孽子淵有雋才寧曰廢嫡立庶下有異心亂之所繇起也乃將家屬乘海即受徵寧在遼東

積二十七年乃歸其後淵果襲奪恭位叛國家而南連吳僭稱王明帝使相國宣王往滅之遂東之死者以萬計如寧所籌

周瑜初見袁術術欲以瑜爲將瑜觀術終無所成故求爲居巢長欲假塗東歸術聽之遂自居巢還吳後至偏將軍

晉何曾爲太宰侍中薨嘗侍武帝宴退而告子遵等曰國家應天受禪創業垂統吾每宴見未嘗聞經國遠圖惟說平生常事非貽厥孫謀之兆也及身而已後嗣其殆乎此子孫之憂汝等猶可獲沒指諸孫曰

此輩必遇亂亡也及孫綏誅死兒嵩哭之曰我祖其大聖乎

韋忠有節操家貧藜藿不充人不堪其憂而忠不改其樂裴頠爲僕射數言之於司空張華華辟之辭疾不起人問其故忠曰吾茅簷賤士本無宦情且茂先華而不實裴頠貪慾而無厭棄典禮而附賊后若此豈丈夫之所宜行邪裴嘗有心託我常恐洪濤蕩嶽餘波見漂況可臨尾閭而闚沃焦哉

劉寔爲太嘗妻盧氏生子濟而卒華氏將以女妻之寔弟智諫曰華家類貪必破門户辭之不得竟婚華氏而生子夏寔竟坐夏賂免官頃之爲大司農又以夏罪免

山濤年四十始爲郡主簿功曹上計掾舉孝廉州辟部河南從事與石鑒共宿濤夜起蹴鑒曰今爲何等時而眠耶知太傅臥何意鑒曰宰相三不朝與尺一令歸第卿何慮也濤曰咄石生無事馬蹄間耶投傳而去未二年果有曹爽之事

羊祜初與王沉俱被曹爽辟沉勸就徵祜曰委質事人復何容易與爽敗沉以故吏免因謂祜曰常識卿前語祜曰此非知慮所及其先識不遠如此

杜預初爲魏鍾會鎮西長史鄧艾平蜀以過檻車以徵及鍾會作亂艾復還將入成都衛瓘遣田續討艾續謂曰可以報江由之辱矣杜預言於衆曰伯玉（衛瓘字）其不免乎身爲名士位居揔帥既無德音又不御下以正是小人而乘君子之器將何以堪其責乎瓘聞之不俟駕而謝終如預言

蒯欽爲引訓少府欽楊駿之姑子也少而相昵亶亮不回駿輔政大失人望欽屢以正言犯駿駿之弟珧濟爲之寒心欽曰楊文長雖闇猶知人之無罪不可

妄殺必當昧我我得昧外可以不與俱死不然傾宗覆族其能久乎

董養字仲道陳留浚儀人泰始初到雒陽不干祿求榮及楊后廢養因游太學升堂歎曰建斯堂也將何爲乎每覽國家赦書謀反大逆皆赦至於殺祖父母父母不敢赦者以爲王法所不容也柰何公卿處議文飾禮典以至於此乎天人之理既滅大亂作矣因著無禮論以非之

馬隆泰始中稍遷司馬督都初凉州刺史楊欣失羌戎之和隆陳其必敗俄而欣爲虜所滅

索靖拜酒泉太守有先識遠量惠帝即位知天下將亂指雒陽宮門銅駝歎曰會見汝在荆棘中耳

何綏字伯蔚位至侍中尚書自以繼世名貴奢侈過度性既輕物廢禮簡傲城陽王尼上綏書疏謂人曰伯蔚居亂而矜豪乃爾豈其免乎人曰伯蔚聞言必相危害尼曰伯蔚未聞我言已死矣未幾綏果爲東海王越所殺

江統爲山陰令時關隴屢爲氐羌所擾孟觀西討自擒氐帥齊萬年統深恨四夷亂華宜杜其萌乃作徙戎論上之惠帝不能用未及十年而夷狄亂華時人服其深識

王敦爲中書監時東海王越自滎陽來朝敦謂所親曰今威權悉在太傅而選用表請尚書猶以舊制裁之太傅今至必有誅罰俄而越收中書令繆播等十餘人殺之

郭璞以母憂去職未期王敦起璞爲記室參軍是時潁川陳述爲大將軍掾有美名爲敦所重未幾而沒璞哭之哀甚呼曰嗣祖嗣祖焉知非福未幾而敦作難

孔坦爲尚書左丞蘇峻反坦謂人曰觀峻之勢必破

臺城自非戰士不須戎服既而臺城陷戎服者多死白衣者無他時人稱其先見

劉琰爲丹陽尹每奇桓温才而知其有不臣之迹及温爲荆州還琰言於簡文曰温不可使居形勝地其位號常宜抑之勸簡文自鎮上流而已爲軍司帝不納又請自行復不聽及温伐蜀時咸謂未易可制惟琰以爲必尅或問其故云云以蒲博驗之其不必得則不爲也恐温終專制朝廷及後竟如言

前凉張寔平麴儒徙元惡六百餘家治中令狐瀏曰夫除惡人猶農夫之去草令絕其本勿使能滋今宜

悉徙以絶後患寔不納儁黨果叛寔討平之

後趙石勒年四十隨邑人行販雒陽倚嘯上東門王衍見而異之顧謂左右曰向者胡雛吾觀其身視有奇志恐將爲天下之患馳遣收之會勒已去

前燕慕容儁終慕容輿慕容根與皇甫眞慕容恪等俱受顧托輿根將謀爲亂眞陰察知之乃言於恪請除之恪未忍顯其事俄而根誅發伏謀恪謝眞曰不從君言幾成禍敗

南燕慕容盛字道運寶之庶長子少沉敏多謀畧苻堅誅慕容氏盛潛奔于冲及冲稱尊號有自得之志

賞罰不均政令不明盛年十二謂叔父柔曰今中山王智不先衆才不出下恩未施人先自驕大以盛觀之鮮不覆敗俄而冲爲段木延所殺中山冲所封也

後蜀李雄將立兄蕩子班爲太子李驤諫不從竟立班驤退而流涕曰亂自此始矣雄死班立爲雄子越所殺

宋蔡興宗爲吏部侍郎時廢帝即位興宗親奉璽綬廢帝容色自若了無哀貌興宗出謂親故曰魯昭在戚而有嘉容終之少禮詒大臣昭子請死國家之禍其在此乎

南齊桓榮下邳人宋孝建中州辟主簿後軍伯父豫州刺史護之子襲祖爲淮陽太守宋孝武以事徙之嶺南護之不食而死帝疾篤又遣使殺襲祖臨死與榮祖書曰帝嘗勸我危行言遜今果敗矣

王思遠爲司徒左長史初明帝廢立之際思遠謂兄晏曰兄荷武帝厚恩今一旦贊人如此事彼可以權計相須未知兄將何以自立及此引决猶可保全門户不失後名晏曰方啖粥未暇此事及拜驃騎會子弟謂思遠兄思徵曰阿戎勸吾自裁若用其語豈有今日思遠遽應曰如阿戎所見猶未晚也晏竟不能

謙退位處朝端事多專斷內外要職並用門生帝外迹甚美內相疑異思遠謂曰時事稍異兄弟覺不凡人多拙於自謀而巧於謀人晏默不答思遠退後晏方歎曰天下人遂勸人自殺旬日晏及禍明帝後知思遠有此言謂江祐曰王晏早用思遠語當不至此乃遷侍中

阮孝緒屏居一室家人莫見其面親友因呼爲居士外兄王晏貴顯屢至其門孝緒度之必至顛覆嘗逃匿不與相見曾食醬美問之云是王家所得便吐飱覆醢及晏誅其親戚咸爲之懼孝緒曰親而不黨何

坐之及竟獲免

江淹爲秘書丞齊永元中崔惠景舉兵圍京城衣冠悉投名刺淹稱疾不往及事平世服其先見

梁昌義之爲北徐州刺史武帝崇佛道至於祭祖禰不設牲牢義之聞之曰雖僭同王者然其宗廟實不血食祭上祖須血食古禮百王不易時武帝祖父墓前一旦失石麟義之告有職者曰蕭祚將盡乎後果爲侯景所滅王侯妃主及裔冑子弟爲景軍所掠漂流入他國者蓋數十萬義之亦歸于陳

何敬容爲侍中侯景於渦陽退敗未得審實傳者乃

云其將纂顯及景身與衆共没朝廷以爲憂敬容答見東宮太子謂曰淮北始更有信侯景定得身免不如所得敬容對曰得景遂死深是朝廷之福太子失色問其故敬容曰景翻覆亂臣終當亂國

陳虞寄家閩中陳寶應據有閩中寄寶應所留及寶應起兵作逆有沙門惠摽作五言詩以遺之曰送馬猶臨水離旗稍引風好看今夜月當入紫薇宮寶應得之甚悅惠摽齎以示寄寄一覽便止正色無言惠摽退寄謂所親曰摽公既以此始必以此終摽後竟坐是終寄至昭戎將軍加大中大夫

後魏高允爲中書侍郎領著作與司徒崔浩述成國記時著作令史閔湛勸浩刊所撰國史于石以彰直筆允聞之謂著作郎宗欽曰閔湛所營分寸之間恐爲崔門萬世之禍吾徒無噍類矣未幾而難作浩竟族滅餘皆身死宗欽臨刑歎曰高允其殆聖乎

穆多侯爲司衛監孝文末乙渾專權時司徒陸麗在代郡温湯療病渾忌之遣多侯追麗多侯謂麗曰渾有無君之心大王衆所望也去必危宜徐歸而圖之麗不從遂爲渾所害多侯亦見殺謚曰烈

北齊陽休之右北平爲州主簿後魏孝昌中杜雒周

破城休之與宗室及鄉人數千家南奔章武轉至青州是時葛榮亂河北流民多湊青部休之知將有變乃請其族叔伯彥等曰客主勢異競相凌侮禍難將作如鄙情所見宜潛歸京師避之諸人多不從休之垂涕别去俄而形果作亂伯彥等咸爲士民所殺一時遇害諸陽死者十人唯休之兄弟獲免

後周薛整爲大將軍晉公護之初執政也欲委整以腹心整知亂辭不敢當頗忤其意護以此疎之及護誅附會者咸伏法而整獨保全時人稱其先覺

姚僧垣仕梁爲晉安王府諮議其時雖克平大亂而

任用非才朝政混淆無復紀綱僧垣深憂謂親故曰吾觀此形勢禍敗不久今時上策莫若杜門闔者皆掩口竊笑及大軍克荊州僧垣侍元帝不離左右爲軍人所止涕泣而去入仍爲上開府儀同大將軍

隋韋鼎初仕陳爲大府卿後主至德初鼎盡貨田宅寓居僧寺友人大匠卿毛彪問其故答曰江東王氣盡於此矣吾與爾當葬長安期運將及故破産耳

原師字踐言初仕周爲外節中又攝祠部後劉孟夏以龍見請雩時高阿那肱爲相謂眞龍出見大驚喜問龍所在師整容報曰此是龍星初見依禮當雩祭

郊壇非謂眞龍別有所降阿那肱忿然作色曰何乃先知星宿祭竟不行師出而竊歎曰國家大事在祀與戎禮旣廢也其能久乎齊亡無日矣

唐劉幽求初爲朝邑尉桓彥範敬暉等雖誅張易之兄弟而不及武三思幽求謂桓敬等曰莽操雖去産祿猶存噬臍無及桓敬不能從後果爲三思誣搆死于嶺外

田庭玠爲相州刺史建中初族弟悦代承嗣爲魏博節度志圖兇逆慮庭玠不從召爲節度副悦奸謀頗露庭玠謂悦曰爾藉伯父遺業可禀受朝廷法度坐享富貴何若與鎮鄆同爲叛臣耶自兵亂以來誅叛國家者可以歷數鮮有保完宗族者爾若狂志不悛可先殺我無令我見田氏之赤族也乃謝病不出悦過其第而謝之庭玠杜門不納將吏請謁建中三年鬱憤而卒

皇甫鏞爲河南少尹時兄鎛爲宰相領度支恩寵殊異鏞惡其太盛每兄弟讌語即極言之鎛頗不悦乃求分司除右庶子及鎛獲罪朝廷素知鏞有先見之明不之罪徵爲國子祭酒

梁趙犨唐末爲忠武軍節度使雖盡忠唐室保全陳

州然默識太祖雄傑每降心託跡爲子孫之計故因解圍之後以愛子結親又請爲太祖立生祠於陳夕謁拜數年之間悉力委輸凡所徵調無不率先故能保其功名

後唐許寂字閑閑久棲四明山不干時譽唐昭宗聞其名徵赴闕召對於內殿昭宗方與伶人調品篳篥事訖方命坐賜湯果問易義旣退寂謂人曰君在湛殼不在政矣寂聞君人者將昭德塞違以臨照百官百官或象之今不厭賤事自求其工君道替矣尋請還山

晉安元信唐清泰三年遷雄義都指揮使授詔屯於代州代守張郎遇之甚厚元信亦以兄事之是歲五月高祖建義於太原俄聞北虜有約赴難元信入說郎曰張敬達雖圍晉陽而兵尚未合代郡當雁門之衝虜至其何以禦僕觀石令公素長者舉必成事若使人道意歸款俟其兩端亦永全之上策也郎不納

張礪爲戎王翰林學士開運末與虜居南松門之內軒轡交織多繼燭接洽無厭倦色因客言曰此胡用法如此豈能久處漢地及北去道路有觴酒豆肉必遺故客屬僚死之日橐裝惟酒食器皿而已識者無不高之

冊府元龜

冊府元龜

巡按福建監察御史臣李嗣京　訂正
知長樂縣事　臣　夏允彝　參閱
知建陽縣事　臣　黃國琦　較釋

總錄部

博物

古之學詩者多識於鳥獸草木之名其博物之謂乎且品彙之衆賦象各異小大隱見變化紛紜方輿廣厚靡所不載或總括地志或傳流人間遠者隔越九州曠絶千載幽者埋没泉壤磨滅篆刻不時而出是

爲奇恠眩惑衆視莫質所疑苟非智賾萬殊識洞群性洽聞强記目擊道存則何以徧閲名數周察毫芒別白臧否如指諸掌謂之君子不其然乎

管仲字夷吾爲齊桓公相桓公北征孤竹未至卑耳之谿十里闟然立瞠然視（闟坐立貌瞠瞽視貌）援弓將射引而未發謂左右曰見是前人乎左右對曰不見也公曰事其不濟乎寡人大惑今者寡人見人長尺而人物具焉冠右祛衣走馬前疾事其不濟乎寡人大惑豈有人若此者乎管仲對曰臣聞登山之神有俞兒者長尺而人物具焉霸王之君興而登山之神見且走馬前道也祛衣示前有水也右祛衣示從右方涉也至卑耳之谿有贊水者（謂贊引渡水者）曰從左方涉其深及冠從左方涉其深至膝已涉其大濟桓公坐拜管仲之馬前曰仲父之聖至若此寡人之抵罪也久矣（抵當也不知仲父之聖是寡人當有罪久矣）管仲對曰夷吾聞之聖人先知無形今已有形而後知之臣非聖也善承教也（善承古人之教也）

介葛盧介國之君也葛盧聞牛鳴曰是生三犧皆用之矣其音云問之而信（言人聽或通鳥獸之情）

展禽柳下季也爲魯士師海鳥爰居止於魯東門之

外三日臧文仲使國人祭之（文仲不知以爲神）展禽曰越哉臧孫之爲政也（越迂也言迂闊不知政要也）夫祀國之大節也而節政之所成也故愼制祀以爲國典今無故而加典非政之所宜也夫聖王之制祀也功施於民則祀之以死勤事則祀之以勞定國則祀之以能禦大災則祀之能捍大患則祀之非是族也不在祀典今海鳥至矣不知而祀之以爲國典難以爲仁且智矣夫仁者講功智者處物無功而祀之非仁也不知而不問非智也今茲海其有災乎夫廣川之鳥獸嘗知而避其災是歲也海多大風冬煖爰居所避文仲聞柳下

李之言使書以爲三筴筴簡書也三筴三卿三通也謂司馬司徒司空
公孫僑字子產爲鄭大夫晉平公有疾鄭伯使公孫
僑如晉聘且問疾叔向問焉曰寡君之疾病卜人曰
實沈臺駘爲祟史莫之知敢問此何神也子產曰昔
高辛氏有二子伯曰閼伯季曰實沈高辛帝嚳居于曠林
不相能也曠林地濶日尋干戈以相征討也尋用后帝不臧
后帝堯也臧善也遷閼伯于商丘主辰商丘宋地主祀辰星辰大火也商人
是因故辰爲商星商人湯先相土封商丘因閼伯故國祀辰星遷實沈于
大夏主參大夏今晉陽縣唐人是因以服事夏商唐人若劉累之等累
遷魯縣北在大夏其季世曰唐叔虞唐人之季世其君曰叔虞當武王邑

姜方震大叔邑姜武王后齊太公之女懷胎爲震大叔成王之弟叔虞夢帝謂己
曰命而子曰虞帝取唐君之名將與之唐屬諸參而蕃育其
子孫及生有文在其手曰虞遂以命之及成王滅唐
而封大叔焉故參爲晉星叔虞封唐是爲晉侯繇是觀之則實
沈參神也昔金天氏有裔子曰昧爲玄冥師生允格
臺駘金天氏帝少皡裔遠也玄冥水官昧爲水官之長臺駘能業其官纂昧之業
宣汾洮宣猶通也汾洮二水名障大澤陂障之以處太原太原晉陽也臺
駘之所居帝用嘉之封諸汾州帝顓頊沈似蓐黃實守其祀
四國臺駘之後今晉主汾而滅之矣滅四國繇是觀之則臺駘
汾神也抑此二者不及君身山川之神則水旱癘疫

之灾於是乎禜之有水旱之灾則禜祭山川之神若臺駘者周禮曰禜祭也禜攢用幣
川祀群神日月星辰之神則雪霜風雨之不時於是乎禜
之星辰之神若實沈者若君身則亦出入飲食哀樂之事也日
月星辰之神又何爲焉言實沈臺駘不爲君疾僑聞之君子有
四時朝以聽政聽國政晝以訪問問可否夕以脩令令所施
夜以安身於是乎節宣其氣宣散也勿使有所壅閉湫
底以露其體湫集也底滯也露羸也壅閉湫底則血氣集滯而體羸露茲心不爽而
昏亂百度茲此也爽明也百度百事之度今無乃一之同四時也則生疾
矣僑又聞之內官不及同姓其生不殖內官嬪御殖長也美
先盡矣則相生疾同姓之祖與先美矣美極則盡盡則生疾君子是以惡

之故志曰買妾不知其姓則卜之違此二者古之所
愼也一四時二同姓者古人所愼男女辨姓禮之大司也辨別也今
君內寔有四姬焉同姓四人其無乃是也乎若繇是二
者弗可爲也已爲治也四姬有省猶可無則必生疾矣
乎據異姓去同姓故言省叔向曰善哉肹未之聞也此皆然矣
晉侯聞子產之言曰博物君子也重賄之後六年子
產復聘于晉晉侯有疾韓宣子逆客私焉私語曰寡君
寢疾於今三月矣並走群望晉所望祀山川皆走往祈禱有加而
無瘳今夢黃熊入於寢門其何厲鬼也對曰以君之
明子爲大政其何厲之有昔堯殛鯀之羽山羽山在東海祝

其縣西南其神化爲黃熊以入于羽淵寔爲夏郊三代祀
之鯀禹父夏家郊祭之歷殷周二代又通在群神之數并見祀晉爲盟主其或者
未之祀乎言周衰晉爲盟主得佐天子祀群神韓宣子祀夏郊祀鯀晉侯
有間賜子產莒之二方鼎言鼎莒所貢
蔡墨晉太史昭公二十九年項公時龍見于絳郊絳晉
國都魏獻子問於蔡墨曰吾聞之蟲莫知於龍以其不
生得也謂之知信乎對曰人寔不知非龍寔知言龍無知
乃人不知之耳古者畜龍故國有豢龍氏有御龍氏豢御養也獻
子曰是二氏者吾亦聞之而不知其故是何謂也對
曰昔有飂叔安飂古國名叔安其君名有裔子曰董父裔遠也玄孫之

後爲裔寔甚好龍能求其嗜欲以飲食之龍多歸之乃
擾畜龍以服事帝舜帝賜之姓曰董氏曰豢龍豢龍官名
官有世功則以官氏封諸鬷川鬷夷氏其後也鬷水上夷皆董姓故帝
舜氏世有畜龍及有夏孔甲擾于有帝孔甲少康之后九世君也
其德能順於天帝賜之乘龍河漢各二各有雌雄孔甲不能
食而未獲豢龍氏有陶唐氏既衰其後有劉累陶唐堯所
治也學擾龍於豢龍氏以事孔甲能飲食之夏后嘉之
賜氏曰御龍夏后孔甲以更豕韋之後更代也以劉累代彭姓之豕韋累尋
遷曾縣豕韋復國至商而滅累之後世復承其國爲豕韋氏在襄公二十四年龍一雌死潛
醢以食夏后潛藏也藏以爲醢明龍不知夏后享之既而使求之

求致龍也懼而遷于魯縣不能致龍故懼遷魯縣自貶退也魯縣今魯陽范氏其
後也
仲尼魯人季桓子穿井得土缶中后羊羊生羊也故謂之恠也
問仲尼云得狗獲羊而言狗者以孔子博物則知之仲尼曰以丘所聞
羊也丘聞之木石之恠夔魍魎木石謂土也或云夔一足越人謂之山魈
也或言獨是魍魎山精好學人聲而迷惑人也水之恠龍罔象龍神獸也非嘗見故曰怪
或云罔象食人一名沐腫土之恠羵羊羵羊雌雄未成者也吳王夫差伐越
墮會稽墮毀也得骨節專車骨一節其長專車專擅也王使使問仲
尼骨何者最大仲尼曰禹致群神於會稽山群神謂主山川
之君爲群神之主故謂之神也防風氏後至禹殺而戮之防風氏違命後至故

禹殺之陳尸爲戮其節專車此爲大矣吳客曰誰爲神仲尼
曰山川之神足以綱紀天下其守爲神守山川之祀者爲神謂諸
侯也足以綱紀天下守名山大川能興雲致雨以利天下也社稷爲公侯但守社稷無山
川之祀者直爲公侯而已皆屬於王者客曰防風何守仲尼曰汪
罔氏之君守封嵎之山封封山嵎嵎山在吳郡永安縣晉太康元年改永安爲武
康縣屬吳興郡爲釐姓在虞夏商爲汪罔於周爲長翟今謂
之大人罔之初及書孔子之時其名異也客曰人長幾何仲尼曰焦
僥氏三尺短之至也焦僥西南蠻之別名也在三泰國也長者不過十
之數之極也十之謂三丈也數極於此於是吳客曰善哉聖人在
陳湣公時有隼集於陳庭而死楛矢貫之砮矢長尺

有咫隼鷙鳥今之鶻也楛矢名砮鏃也石爲之八寸曰咫楛矢貫之墜而死公使使問
仲尼仲尼曰隼來遠矣此肅愼之矢昔武王克商通
道九夷百蠻九夷東方有九種也百蠻夷狄之百種使各以其方賄來
貢各以其國所有之物而來貢使無忘職業於是肅愼貢楛矢石
砮長尺有咫先王欲昭其令德以肅愼矢分大姬大姬武王女也
配虞胡公而封諸陳分同姓以珍玉展親展重也王謂若夏后氏之類
分異姓以遠方職貢使無忘服使無忘服從於王也
故分陳以肅愼矢試求之故府果得之故府舊府也
漢東方朔武帝時爲郎建章宫後閣重櫟中有物出
焉其狀似麋以聞帝往臨視之問左右群臣習事通

經術者莫能知詔東方朔視之朔曰臣知之願賜美
酒粱飯大飧臣臣朔乃言詔曰可已飧又曰某所有
公田魚池蒲葦數頃陛下以賜臣臣朔乃言詔曰可
於是朔乃言曰昔所謂騶牙者也遠方當來歸義而
騶牙先見其齒前後若一齊等無牙故謂之騶牙其
後一歲餘匈奴混邪王果將十萬衆來降漢乃復賜
東方朔錢財甚多
終軍爲孝廉郎武帝時得豹文鼮鼠單知之賜絹百疋
張敞爲京兆尹宣帝時美陽得鼎獻之美陽扶風之縣也下
有司議多以爲宜薦見宗廟如元鼎故事敞好古文
字案鼎銘勒而上議曰臣聞周祖始乎后稷后稷封
斄斄今武功故城是公劉發迹於邠今邠州是也太王建國於郊
梁梁山在岐山之東九嵕之西非夏陽之梁山也文武興於酆鎬酆今長安城西灃水
是也鎬在昆明池傍也繇此言之則郊梁酆鎬之間周舊居之
國宜宗廟壇場祭祀之臧今鼎出于郊東中有刻書
曰王命尸臣官此栒邑尸主事之臣也栒邑即邠地也賜爾旂鸞黼
黻琱戈蛟龍爲旂鸞謂有鸞之車飾也黼黻冕服也琱戈刻鏤也尸臣拜手稽首
曰敢對揚天子丕顯休命臣愚不足以述古文竊以
傳記言之此鼎殆周之所以褒賜大臣大臣子孫刻
銘其先功藏之宫廟也昔寳鼎之出於汾脽也河東

太守以聞詔曰朕巡祭后土祈爲百姓蒙豐年今穀
嗛未報嗛少意也言穀稼尚少未獲豐年也鼎焉爲出哉博問耆老意
舊臧與言鼎豈舊臧今此城欲考得事實也有司驗脽上非舊
臧處鼎大八尺一寸高三尺六寸殊異於衆鼎今此
鼎細小又有款識款識刻記也不宜薦見於宗廟制曰京
兆尹議是
後漢賈逵多智思明帝永平中有神雀集宫殿官府
冠羽有五采色明帝異之以問臨邑侯劉復復不能
對薦逵博義多識帝乃召見逵問之對曰昔武王終
父之業鸑鷟在岐宣帝威懷戎狄神雀仍集此胡降

之徵也帝勅蘭臺給筆札使作神雀頌拜爲郎與班固並較祕書應對左右遷位至侍中

魏王粲爲侍中漢末喪亂絶無王珮粲識舊珮始復作之今之王珮受法於粲也

管輅字公明平原人時劉邠爲平原太守邠謂輅曰此郡官舍連有變怪多形使人怖恐君似當達此數者厥理何繇輅言此郡所以名平原者本有原山無木石與地自然含陰不能吐雲含陽不能激風陰陽雖弱猶有微神微神不眞多聚凶姦以類相求魍魎成群或因漢末兵馬擾攘軍尸流血染汚丘嶽彊魂

相感變化無嘗故因昏夕之時多有怪形也昔夏禹文明不怪於黃龍周武信時不感於暴風今明府道德高妙神不懼妖自天祐之吉無不利願安百祿以光休寵也邠曰聽雅論爲近其理每有變怪輙聞皷角聲音或見弓劒形象夫以土山之精伯有之魂實能合會于卭明靈也邠問輅易言剛健篤實輝光日新斯爲不同也輅曰不同之名朝旦爲輝日中爲光

晉張華字茂先范陽方城人也雅愛書籍身死之日家無餘財惟有文史溢于機篋（若叶切）嘗徙居載書三十乘祕書監摯虞撰定官書皆資華之本以取正焉天下奇祕世所希有者悉在華所繇是博物洽聞世無與比惠帝中人有得鳥毛長三丈以示華華見慘然曰此謂海凫毛也出則天下亂矣陸機嘗餉華鮓于時賓客滿座華發器便曰此龍肉也衆未之信華曰試以苦酒濯之必有異旣而五色光起機還問鮓主果云園中茅積（紫賜反）下得一白魚質狀殊常以作鮓過美故以相獻武庫封閉甚密其中忽有雉雊華曰此必蛇化爲雉也開視雉側果有蛇蛻（舒芮反 託卧反）焉吳郡臨平岸崩出一石皷搥之無聲帝以問華華曰可取蜀中桐材刻爲魚形扣之則鳴矣如其言果聲

聞數里初吳之未滅也斗牛之間嘗有紫氣道術者皆以吳方強盛未可圖也惟華以爲不然及吳平之後紫氣愈明華聞豫章人雷煥妙達緯象乃要煥宿屛人曰可共尋天文知將來吉凶因登樓仰觀煥曰僕察之久矣惟斗牛之間頗有異氣華曰是何祥也煥曰寶劒之精上徹於天耳華曰君言得之吾少時有相者言吾年出六十位登三事當得寶劒佩之斯言豈效歟因問曰在何郡煥曰在豫章豐城華曰欲屈君爲宰密共尋之可乎煥許之華大喜卽補煥爲豐城令煥到縣掘獄屋基入地四丈餘得一石函光

氣非常中有雙劍並刻題一曰龍泉一曰太阿其夕斗牛間氣不復見焉煥以南昌西山北巖下土以拭劍光芒豔發大盆盛水置劍其上視之者精芒炫目遣使送一劍并土與華留一自佩或謂煥曰得兩送一張公豈可欺乎煥曰本朝將亂張公當受其禍此劍當繫徐君墓樹耳靈異之物終當化去不久爲人服也華得劍寶愛之嘗置坐側華以南昌土不如華陰赤土報煥書曰詳觀劍文乃干將也莫邪何復不至雖然天生神物終當合耳因以華陰土一斤致煥煥更以拭劍倍益精明華誅失劍所在煥卒子華爲

州從事持劍行經延平津劍忽於腰間躍出墮水使人没水取之不見劍但見兩龍各長數丈蟠縈有文章没者懼而反須臾光彩照水波浪驚沸於是失劍華乃曰先君化去之言張公終合之論此其驗矣華之博物多類此不可詳載

束晳爲尚書郎有人於嵩高山下得竹簡一枚上兩行科斗書傳以相示莫有知者司空張華以問晳晳曰此漢明帝顯節陵中策文也較驗果然

後趙續咸石勒時爲建德較尉王和參軍和掘得員石銘曰律權石重四均同律度量衡有新氏造識者未詳或以爲瑞咸曰王莽時物也其時兵亂之後典度湮滅遂命下禮官爲準程定式

前秦苻朗爲青州刺史降于晉朗善識味鹹酢及肉皆别所飬會稽王司馬道子爲朗設盛饌極江左精餚食訖問曰關中之食孰若此答曰皆好惟鹽味小生耳既問宰夫皆如其言或人殺鷄以食之既進朗曰此鷄棲常半露簡之皆驗又食鵝肉知黑白之處人不信記而試之無毫釐之差時人咸以爲知味

宋何承天傳通古今爲時所重張永開玄武湖遇古冢冢上得一銅斗有柄文帝以訪朝士承天曰此亡

新威斗王莽三公亡皆賜之一在冢外一在冢内時合葬江左者唯甄邯爲大司徒必邯之墓俄而又啓冢内更得一斗復有一石銘曰大司徒甄邯之墓承天位至御史中丞

南齊王僧虔高祖初爲撫軍將軍文惠太子鎭襄陽時有盜發古冢者相傳云是楚王冢大獲寶物玉屐玉屛風竹簡書青絲編簡廣數分長二丈皮節如新盜以把火自炤後人有得十餘簡以示僧虔云是科斗書考工記周官所闕文也

陸澄領國子祭酒竟陵王子良得器小口方腹而底

平可容七八升以問澄澄曰此名服匿單于以與蘇
武子良後視器底有字髣髴可識如澄所言
賈淵字希鏡宋孝武世青州人發古冢銘曰青州世
子東海女郎帝問學士鮑昭徐爰蘇寶生並不能悉
淵對曰此是司馬越女嫁苟晞兒簡訪果然繇是見
遇淵明帝時終北中郎將軍
梁劉顯爲中書侍郎與裴子野顧協連職禁中顯博
聞強識過於裴顧時人獻古器有隱起字無能識者
顯視文讀之無有滯礙考較年月一字不差高祖甚
嘉焉
冊府元龜　總錄部　博物　卷之七百九十七　十三
後魏高祐爲侍郎文成末兗州東郡吏獲一異獸送
之京師時人咸無識者詔以問祐祐曰此是三吳所
出厥名鯪鯉餘域率無今我獲之吳楚之地其有歸
國者乎又有人於零丘得玉印一以獻詔以示祐祐
曰印上有籀書二字文曰宋壽壽者命也我獲其命
亦是歸我之徵獻文初宋文帝子義陽王昶來奔薛
安都等以五州降附時謂祐言有驗
祖瑩爲散騎侍郎孝明孝昌中於廣平王第掘得古
玉印敕召瑩與黃門侍郎李琰之辨之瑩云此是于
闐國王晉太康中所獻乃以墨塗字觀之果如瑩言
時人稱爲博物
北齊徐之才博識多智時有以骨爲刀子靶者五色
斑斕之才曰此人瘤也問得處云於古冢見髑髏骨
長數寸試削視有文理故用之其明悟多通如此官
累至尚書左僕射
後周斛斯徵爲太常少卿時梁春平蜀得樂器人皆
莫之識徵見之曰此錞于也人弗之信徵遂依于寶
周禮注以芒筒將之其聲極振衆乃歎服徵取以合
樂焉
隋崔頤煬帝時爲起居舍人大業初從駕幸汾陽宮
冊府元龜　總錄部　博物　卷之七百九十七　十四
次河陽鎮藍田令王曇於藍田山得一玉人長三尺
四寸著大領衣冠幘奏之詔問群臣莫有識者頤答
曰謹案漢文巳前未有冠幘郎文帝以來所作也臣
見魏大司農盧元明撰嵩山廟記云有神人以玉爲
形象長數寸或出或隱則令世延長伏惟陛下應天
順人定鼎嵩雒岳神自見臣敢稱慶因再拜百官畢
賀天子大悅賜縑二百疋

冊府元龜

冊府元龜

巡按福建監察御史臣李嗣京　訂正

知閩縣事臣曹𢑴臣參閱

知建陽縣事臣黄國琦較釋

總錄部

勤學

書曰業廣惟勤傳曰人生在勤勤則不匱矧乃服膺素業講求善道時習而悅日知所亡稽古之能進以之干祿多聞之益居以之待問自非研精覃思探賾索隱勵拳拳之志罄孜孜之力又曷以覩聖人之奧

垂沒世之名者哉故尼丘立訓詁殆忘寢食繇茲以來學者間出乃有閉關刻意閱市周覽刺膚以忘其痛攻苦而安於貧求師以涉遠遭難而不懈在戎旅而無廢雖老耄而彌篤莫不練達古今該悉元本磅礴經義蔚爲儒宗以之涖事而無煩以之誨人而不倦上之則宣化而成俗內之則懷寶而獨善是故大禹之聖惜乎寸陰關子之戒慮其將落者此之謂乎

孔子晚而學易序彖繫象說卦文言讀易韋編三絶曰假我數年若是我於易則彬彬矣又曰吾嘗終日不食終夜不寢以思無益不如學也又曰十室之邑必有忠信如丘者焉不如丘之好學也後爲魯司寇

顏回孔子弟子爲人擇乎中庸得一善則拳拳服膺而弗失之哀公問孔子弟子孰爲好學孔子對曰有顏回者好學不遷怒不貳過不幸短命死矣今也則亡未聞好學者也凡人任情顏回任道怒喜怒遷移也不遷怒者怒當其理不移易也不貳過者有不善未嘗復行

孔文子爲衛大夫敏而好學不耻下問孔圉諡文

甯越中牟之鄙人苦耕稼之勞謂其友曰何爲而可以免此苦也其友曰莫如學學三十年則可以達矣越曰請以十五歲人將休吾不休人將卧吾不卧學

十五歲而周威公師之

蘇秦東周人發書陳篋數十得太公陰符之謀伏而誦之讀書欲睡引錐自刺其股血流至踵曰安有說人主不能出其金玉錦繡取卿相之尊者乎後用此結從約佩六國相印

漢孔安國貧無資用嘗爲弟子之養都凡衆也養主給烹炊者也資無資用故供諸弟子烹炊也時行賃作帶經而鉏休息輒讀其精如此後爲臨淮太守

賈嘉賈誼之孫最好學官至郡守

董仲舒少治春秋蓋三年不窺園其精如此爲膠西

相去位歸居終不問家產以脩學著書爲事後爲江都相

黄霸守丞相長史坐公卿大議庭中知長信少府夏侯勝非議詔書大不敬阿從不舉劾皆下廷尉繫獄當死霸因從勝受尚書獄中再踰冬積三年廼出霸欲從勝受尚書勝辭以罪死霸曰朝聞道夕死可矣勝賢其言遂受之繫再冬講論不怠後赦得出後至丞相

王尊字子贛少孤歸諸父使牧羊澤中尊竊學問能史書年十三求爲獄小吏數歲給事太守府問詔書行事尊無不對太守奇之除補書佐署守屬監獄署爲

守屬令監獄主四也久之尊稱病去事師郡文學官郡有文學官而尊事之以爲師治尚書論語略通大義後官至東郡太守

路温舒字長君父爲里監門使温舒牧羊舒取澤中蒲截以爲牒編用寫書小簡曰牒編聯次之稍習善求爲獄小吏因學律令轉爲獄吏縣中疑事皆問焉太守行縣見而異之署決曹吏又受春秋通大義舉孝廉爲山邑丞後至臨淮太守

劉向專積思於經術晝誦書傳夜觀星宿或不寐達旦後至中壘校尉

龔舍字君倩與龔勝相友少皆好學明經楚王入朝聞舍高名聘舍爲常侍固辭願卒學後至長安終其經業後徵爲諫議大夫

後漢魏應少好學光武建武初詣博士受業習魯詩閉門誦習不交僚黨京師稱之後爲騎都尉

魯恭年十五與母弟丕俱居太學習魯詩閉戶講誦絶人間事兄弟俱爲諸儒所稱學士爭歸之太尉趙熹慕其志每歲時遣子問以酒糧皆辭不受後至司徒

魯丕性沉深好學孜孜不倦遂杜絶交游不答候問之禮士友常以此短之而丕欣然自得遂兼通五經以魯詩尚書教授爲當世名儒後歸郡爲督郵功曹

郡將無不師友待之後爲侍中左中郎將

承宮少孤年八歲爲人牧豕鄉里徐子盛者以春秋經授諸生數百人宮過盛廬下棄其業因就聽經遂請留門下官過徐子盛好之因棄其豕而留聽經牧主怪其不還求索得官欲笞之門下生共禁止因留之爲諸生拾薪執苦數年勤學不倦後至侍中祭酒

桓榮少好學游長安習歐陽尚書事博士九江朱普朱普字公文受業於平當爲傳士徒衆尤盛貧窶無資常客傭以自給精力不倦十五年不窺家園榮初遭倉卒與族人桓元卿同飢厄而榮講誦不息元卿嗤榮曰但自苦氣力

何時復施用乎榮笑不應及爲太常元卿歎曰我農家子豈意學之爲利乃若是哉後爲五更封關内侯

崔瑗年四十餘始爲郡吏以事繫東郡發千獄（發千縣獄也）獄掾善爲禮瑗間考評特輙問以禮說其專心好學雖顛沛必於是後爲濟北相

竇章遭羌寇避難東國家於外黄居貧達蓬户蔬食講讀不輟後爲大鴻臚

高鳳少爲書生家以農爲業而專精誦讀晝夜不息妻嘗之田曝麥於庭令鳳護雞會天暴雨而鳳持竿誦經不覺潦水流麥妻還怪問鳳方悟之其後遂爲

名儒乃教授業於西唐山中自言農家子不應爲吏

侯瑾少孤貧依宗人居性篤學嘗傭作爲資暮還輙爇薪以讀書公車徵不至

宋均以父任爲郎時年十五好經書每伏日輙詣傳士受業通詩禮善論難後至河内太守

王充受業太學師事扶風班彪好博覽而不守章句家貧無書嘗游雒陽市肆閲所賣書一見輙能誦憶遂博通衆流百家之言後歸鄉里屏居教授

朱穆耽學鋭意講誦或時思至不自知亡失衣冠顛墜阬岸其父暉嘗以爲專愚幾不知數馬足穆愈更精篤後至尚書

樂恢長好經學事博士焦永永爲河東太守恢隨之官閉廬精誦不交人物後永以事被拷諸家弟子皆以通關被繫恢獨皎然不汚於法遂篤志爲名儒後至尚書僕射

曹褒少篤志有大度結髮傳父充業博雅疏通尤好禮事嘗感朝廷制度未備慕叔孫通爲漢禮儀晝夜研精沈吟專思寢則懷抱筆札行則誦習文書當其念至忘所之適後至侍中

郭顗明經典隱居海畔延致學徒嘗數百人晝研精

義夜占象度勤心鋭意朝夕無倦公車再徵不行

衛颯家貧好學問隨師無糧嘗傭以自給後至桂陽太守

甄承尤篤學未嘗視家事卒於梁相

李固司徒郃之子少好學嘗步行尋師不遠千里（文司馬彪續漢書載固少有俊才志雅學爲三公子嘗躬步驅驢負書隨師）後至太尉

杜喬累世吏二千石少好學治韓詩京氏易歐陽尚書以孝稱雖二千石子嘗步擔求師後至太尉

陳寔少作縣吏嘗給事厮役後爲都亭刺佐而有志好學坐立誦讀縣令鄧卲試與語奇之聽受業太學

後令復召爲吏乃避隱陽城山中後至太丘長
崔琦嘗耕於陌上懐書一卷息輒偃而詠之後至臨濟長
荀爽幼好學耽思經籍慶吊不行徵命不應後至司空
魏隗禧字子牙世單貧少好學漢初平中三輔亂禧南客荊州不以荒擾擔負經書每以樵採餘日則誦習之後至郎中
董遇字季直性質訥而好學漢興平中關中擾亂與兄季中依將軍段煨遇採梠負販而嘗挾持經書投

閑習讀其兄笑之而遇不改後爲侍中大司農
吉茂世爲著姓好書不耻惡衣惡食而耻一物之不知漢建安初關中始平茂與扶風蘇則共入武功南山隱處精思數歲州舉茂才除臨汾守
袁遺字伯業曹公稱長大而能勤學者惟吾與袁伯業耳後爲揚州刺史
趙昱少時就處士東莞綦母君受公羊傳兼該群業至歷年潛志不窺園圃親疏希見其面時入定省父母須臾即還後爲漢陵太守
賈逵爲諸生畧覽大義取其可用最好春秋左傳及爲牧守嘗課績之月嘗一遍後至豫州刺史
司馬孚溫厚廉讓博涉經史漢末喪亂與兄弟處危亡之中箪食瓢飲而披閱不倦後至太尉
鍾會有才能技藝而博學精練名理以夜繼晝䌇是獲聲譽後至鎮西將軍
嘗林少單貧性好學爲諸生帶經耕鉏後至光祿大夫
王象少孤爲人僕隷年十七見使牧羊而私讀書後領秘書監
蜀向郎少時涉獵文學更乃潛心典籍孜孜不倦年

踰八十猶手自校書後至左將軍位特進
譙周幼孤與母兄同居既長耽古篤學家貧未嘗問産業誦讀典籍欣然獨笑以忘寢食後至光祿大夫入晉至散騎常侍
郄正本名纂少而父死母嫁單煢隻立而安貧好學博覽墳典務冠能屬文後至秘書令入晉爲巴西太守
吳步隲字子山世亂避難江東以種瓜自給晝勤四體夜誦經傳後至丞相
魯肅爲人方嚴寡於玩飾雖在軍中手不釋卷後至

偏將軍
闞澤字德潤家世農夫至澤好學居貧無資爲人傭書以供紙筆寫書既畢誦讀亦遍追師諭講究覽群籍兼通歷數繇是顯名後爲太子太傅
張紘居貧躬耕帶經而鋤孜孜汲汲以夜繼日至于務冠無不窮覽後爲孫權長史
晉劉寔自幼及老篤學不倦雖居職務卷弗離手弟智貞素有兄風少貧窶每負薪自給讀誦不輟竟以儒行稱（晉中興書載寔精學不倦雖居官職至于皓首手不釋卷後至太尉）
華譚好學不倦爽慧有口辨爲鄉里所重後至散騎

常侍
束晳字廣微少遊國學或問博士曹志曰當今好學者誰乎志曰陽平束廣微好學不倦人莫及也後爲尚書郎
皇甫謐耽翫典籍忘寢與食時人謂之書淫或有箴其過篤將損耗精神謐曰朝聞道夕死可矣況命之脩短分定懸乎天徵議郎又召補著作郎並不應
石崇爲陽城太守在郡雖有職務好學不倦
曾芝字世英父爲郭汜所害芝繈褓流離年十七乃發居雍耽思墳典後至光祿大夫

虞溥字允源父祕爲偏將軍鎮隴西溥從父之官專心墳典屬郡武人爭視之溥未嘗寓目後至鄱陽内史
董景道字文博少而好學千里追師所在惟晝夜誦讀略不與人交遊（景道按史無官）
徐苗少家貧晝執鉏耒夜則吟誦弱冠與弟賈就博士濟南宋均受業遂爲儒宗徵辟並不就
褚陶嘗爲所親曰聖賢備在黃卷中捨此何求州郡辟不就
孫盛歷祕書監給事中篤學不倦自少至老手不釋

卷
荀崧歷右光祿大夫雖衰老而孜孜典籍世以此嘉之
范任字玄平少孤貧六歲過江依外家庾氏及長好學庾氏家貧無以資給任乃廬于園中布衣蔬食燃薪寫書寫畢讀誦亦遍遂博學多通善談玄理後至北安將軍
范甯爲豫章太守既免官家于丹陽猶勤學終年不輟
葛洪字稚川少好學家貧躬自伐薪以買紙墨夜輒

寫書諷習遂以儒學知名徵散騎常侍不就
范宣少尚隱遁加以好學手不釋卷以夜繼日遂博綜衆書尤善三禮詔徵不就
徐邈姿性端雅勤行勵學博涉名聞後至驍騎將軍
于寶字令升少勤學博覽書記以才器召爲著作郎
徐廣爲秘書監性好讀書老猶不倦
謝沉少孤事母至孝博學多識明練經史耕耨之暇研精墳典後至著作郎
紀瞻性凈黙少交遊讀書或手自抄寫後至驃騎將軍

王延少孤貧晝則傭賃夜則誦書遂究覽經史皆通大義後爲劉聰金紫光祿大夫
王歡字君厚樂陵人也安貧樂道專精耽學不營產業常丐食誦詩雖家無斗儲意怡如也其妻患之或焚毀其書而求改嫁歡笑而謂之曰卿不聞朱買臣妻耶時聞者多哂之歡守志彌固遂爲通儒（歡史不載官）
魏詠之家世貧素而躬耕爲事好學不倦後至荆州刺史
車胤恭勤不倦博覽多通家貧不常得油夏日則練囊盛數十螢火以照書夜以繼日後至吏部尚書

劉毅元字道光勵已脩學不以險難改以好星歷陰陽術數潜心易太玄不好讀史嘗謂同志曰誦書當味義根何爲費功於浮辭之文易者義之源太玄理之門能明此者即吾師也
王育字伯春少孤貧爲人傭牧羊每過學必歔欷時有暇即折蒲學書遂亡失羊爲羊主所責育將鬻已以償之同郡許子章敏達之士也聞而嘉之爲育償羊給其衣食使與子同學遂博通經史後至破虜將軍
劉宣字士則元海之從祖朴鈍少言好學脩絜師事

樂安孫炎沉精積思不捨晝夜好毛詩左氏傳
劉昺仕李暠遷撫夷護軍雖有政務手不釋卷暠曰卿嗜篇籍以燭繼晝白日且然夜可休息昺曰朝聞道夕死可矣不知老之將至孔聖稱焉昺何人斯敢不如此雖在兵難之中講誦不廢每儒士在門嘗倒屣出迎停寢政事引談經籍尤明斷决時事亦無滯也
張悕少孤貧隨母長於舅氏令其牧羊悕幼而好學事母以孝聞每日必於牧暇採樵二束萊二本一以供母一以顧人書晝則折木兼學書夜則誦所書

前秦苻朗初爲鎮東將軍青州刺史封樂安男不得巳起而就官及爲方伯有若素士耽翫經籍手不釋卷每談虛語玄不覺日之將夕

宋劉懷肅家世貧窶而躬耕篤學後至淮南歷陽二郡太守

鄭鮮之祖襲爲江乘令因居縣境鮮之下帷讀書絶交游之務後至尚書左僕射

王徽字景玄瑯琊臨沂人少好學無不通覽嘗住門屋一間尋書玩古如此者十餘年後追贈秘書監

王韶之家貧好學嘗三日絶糧執書不輟父母家人

或謂之曰困窮如此何不耕農爲求活乎韶之荅曰我嘗以典籍自耕耳後至祠部尚書

殷淳高簡寡欲早有淸高愛務文義未嘗違捨後至光祿大夫

沈攸之晚好讀書手不釋卷史漢事多所諳憶嘗歎曰早知窮達有命恨不十年讀書後至郢州刺史

傳隆爲光祿大夫歸老在家手不釋卷博學多通特精三禮謹於奉公嘗手自寫書

南齊王逡之爲大中光祿大夫加侍中逡之性率素衣裘不潮几案塵黑年老手不釋卷

王儉幼有神彩專心篤志手不釋書後爲尚書令

沈驎士少好學家貧織簾誦書手口不息及長隱居篤學不倦遭火燒書數千卷驎士年過八十耳目猶聰明手自抄寫燈下細書復成二三千卷滿數十篋人以爲養身靜默之所致也

江泌字士清少貧晝日研屧夜讀書隨月光握卷升屋後爲南中郎行叅軍

陸澄字彦淵少好學博覽無不知行坐眠食手不釋卷後至散騎常侍

顧歡幼聰慧家貧父使驅田中雀歡作黃雀賦雀食

稻過半父怒欲撻之見賦乃止鄉中有學舍歡貧無以受業於舍壁後倚聽無遺亡者八歲誦孝經詩論及長篤志好學母老躬耕誦讀夜則燃糠炤書同郡顧顗之臨縣見而異之遣諸子與游及孫憲之並受經句歡年二十餘更從豫章雷次宗諮玄儒諸義從徵太學博士不就

徐伯珍少孤貧書竹葉及地學書山水暴出漂溺宅舍村鄰皆奔走伯珍累床而止讀書不輟叔父璠之與顏延之友善還詣蒙山立精舍講授伯珍往從學積十年究尋經史遊學者多依之豫章王辟議曹從

事不就

虞龢少好學居貧屋漏恐濕墳典乃舒被覆書書獲全而被大濕時人以比高鳳

梁王泰少好學手所抄寫二千餘卷

傅昭幼孤爲外祖所養十歲於朱雀航賣曆日雍州刺史袁顗嘗來昭所昭讀書自若神色不動顗嘆曰此兒神情不凡必成佳器司徒建安王休仁聞而悅之因欲致昭昭以宋氏多故遂不往後至散騎常侍

張纘爲秘書郎好學兄緬有書萬餘卷晝夜披讀殆不輟手秘書郎有四員宋齊以來爲甲族起家之選

侍次入補其居職例百數十日便遷任纘固求不徙欲遍觀閣內圖籍嘗執四部書目曰若讀此君乃可言優仕矣

陶弘景未弱冠齊高帝作相引爲諸王侍讀除奉朝請雖在朱門閉影不交外物唯以披閱爲務朝儀故事多取決焉

沈約篤志好學晝夜不輟卷母恐其勞生疾嘗遣減油火而晝之所讀夜輒誦之遂博通群籍能屬文後至侍中丹陽尹特進

范雲嘗就親人袁炤學晝夜不怠炤撫其背曰卿精神秀朗而勤於學卿相才也後至右僕射

江革字休映謝朓雅相欽重朓嘗候革時大雪見革弊絮單席而耽學不勧嗟嘆久之乃脱所着襦并手割半氊與革充卧具而去後至光祿大夫領步兵校尉

韋愛情性介不妄交游而篤志好學每虛室獨坐游心墳素而埃塵滿席寂若無人年二十嘗游京師值天子出游南苑邑里諠譁老幼爭觀愛獨端坐讀書手不釋卷宗族見者莫不異焉後至寧蜀太守

王瞻字思範年數歲嘗從師受業時有伎經其門同

學皆出觀瞻獨不視習誦如初從父尚書僕射僧達聞而異之謂瞻父曰大宗不衰寄之此子後至侍中領驍騎將軍

蕭琛嘗言少壯有三好音律書酒年長以來二事都廢唯書籍不衰後至侍中特進

張緬少勤學自課讀書手不輟卷後至御史中丞

陸倕字佐公少勤學善屬文於家庭內起兩間茅屋杜絶往來晝夜讀書如此者數載後至國子博士中庶子

褚琮少孤貧篤志好學有才思

殷芸勵精勤學博洽群書幼而廬江何憲宗見之深相嘆賞後至通直散騎常侍秘書監

孔子祛少孤貧好學耕耘採常懷書自隨閑則讀誦勤苦自勵遂通經術尤明古文尚書後至步兵校尉

沈峻家世農夫至峻好學與舅大史叔明師事宗人沈麟士門下積年晝夜自課時或睡寐輒以杖自擊其篤志如此後至中書通事舍人

司馬筠孤貧好學師事沛國劉瓛彊力專精深爲瓛所器異後至始興內史

范縝年未弱冠聞沛國劉瓛聚講設縝往之卓越不

群而勤學瓛甚奇之親爲之冠後至中書郎國子博士

何佟之少好三禮師心獨學彊力專精手不釋卷讀禮論三百篇略皆上口齊太尉王儉雅相推重後至尚書左丞

王錫幼而警悟於兄弟受業衆皆休散嘗獨留不起年七八歲猶隨母儀與公主入宮高祖嘉其聰敏嘗爲朝士悅之精力不勧致損右目公主每節其業爲餘居室雖童稚之中一無所好後至吏部郎中

劉霽家貧與弟杳皦相勵篤學既長博涉多通累官建康令不拜

任孝恭精力勤學家貧無書崎嶇從人假借每讀一遍誦略無所遺後至兼中書通事舍人

臧嚴孤貧勤學行止書卷不離於手後至鎮南諮議參軍

鍾嶸與兄岏弟嶼並好學有思理後至晉安王記室

袁峻字孝高早孤篤志好學家貧無書每從人假借必皆抄寫自課日皆五十紙紙數不登則不休息後至員外散騎侍中

劉峻八歲爲魏人所掠徙桑乾峻好學家貧寄人廡

下自課讀書嘗燎麻炬從夕達旦時或昏睡爇其髮既覺復讀終於不寐其精力如此齊永明中從桑乾得還自謂所見不傳更求異書聞京師有者必往祈借後至荊州戶曹參軍

庾仲容幼孤爲叔父泳所養既長杜絕人事專精篤學晝夜手不輟卷後至黟縣令

張率與陸少玄善少玄家有父澄書萬卷餘率逐得盡讀其書建武三年舉秀才除太子舍人

司馬褧善三禮少傳家業彊力專精手不釋卷後至晉安王長史

陳元敬字子恭純孝有風格幼便篤學老而不倦後
至金紫光祿大夫特進
鄭灼家貧抄義疏以日繼夜筆毫盡每削用之灼嘗
蔬食講授多苦心熱若瓜時輒偃卧以瓜鎮心起便
誦讀其篤志如此後至中散大夫
陸瓊初以侯景作逆攜母避地于吳縣之北鄉勤苦
讀書晝夜不怠遂博學善屬文永定中州舉秀才
沈德威字懷遠少有操行梁大清末遁於天目山築
室以居雖處亂而篤學無倦遂治經業後至祠部入
隋官至秦王府主簿

江摠篤學有辭采家有賜書數千卷摠晝夜尋讀未
嘗輟手後至尚書令
章華家世農夫至華獨好學與士君子遊處頗覽經
史善屬文侯景之亂乃遊嶺南居羅浮山寺專精習
學後除大市令
歐陽頠長沙臨湘人也父喪累積悉讓諸兄州郡辟
頠不應乃廬于麓山寺傍專精習業傳通經史年三
十其兄逼令從官起家信武府中兵參軍
袁樞字踐言美容儀性沉靜好讀書手不釋卷位尚
書右僕射

姚察樂於墳籍無所不覩每有製述多用新奇人所
未見咸重富博且專志著書白首不倦手自抄撰無
時蹔輟好研覈古今諟正文字精采流瞻後至吏部
尚書
後魏崔祖虬少而好學下帷讀書不驅競當世舉秀
才不就
張袞年七十闔門守靜手執經書刊定得失愛好人
物善誘無倦士類以此高之後至給事黃門侍郎
崔玄伯立身雅正與世不群雖在亂猶屬志篤學不
以資產爲意妻子不免飢寒後至吏部尚書

古弼遷尚書令弼雖事務殷湊而讀書不輟
崔逞少好學有文才遭亂孤貧躬耕于野而誦讀不
廢後至御史中丞
宋隱性至孝年十三便有成人之志專精好學不以
兵難易操
游明根雅之從祖弟也幼年遭亂爲滎陽王氏奴主
使牧羊明根以粟倩人書字路邊畫地學之長安鎮
將竇瑾見之呼問知其姓名乃告游雅使人贖之教
書年十六辭雅歸鄉於白渠坎爲窟讀書積歲雅稱
薦之大武擢爲中書學生寡欲綜習經典文成踐祚

爲都督主書帝以敬愼每嗟美之
嘗景耽好經史愛翫文辭若遇新異之書殷勤求訪或復貨買不問價之貴賤必以得爲期後至儀同三司
房景先字光胄幼孤貧無資從事其母自授毛詩曲禮年十二請其母曰豈可使兄傭賃以供景先也請自求衣然後就學母哀其小不許苦請從之遂得一羊裘忻然自足晝則樵蘇夜誦經史自是精勤遂大通贍後至步兵較尉領尚書郎
高允少孤夙成有奇度性好文學擔笈負書千里就

業爲尚書散騎常侍加光祿大夫年九十餘恂恂善誨人不倦晝夜手常執書吟咏尋覽
李瑾爲車騎將軍大司農卿殷州大中正瑾淳好學老而不倦
宋繇少有志尚追師就學閑坐誦書晝夜不倦傳通經史諸子群言靡不覽綜後仕沮渠牧犍官至左丞世祖拜河西王右相
劉芳聰敏過人篤志墳典晝則傭書以自資夜則讀史終夕不寢後至太常卿
趙逸爲中書侍郎性好墳素白首彌勤年踰七十手不釋卷
游肇外寬柔內剛直耽好經傳手不釋書官至尚書右僕射
李彪字道固家世寒微少孤貧有大志篤學不倦高悅兄閭博學高才家富典籍彪遂於悅家手抄口誦不暇寢食後至御史中尉
崔光家貧好學晝耕夜誦傭書以養父母後至司徒侍中
崔休好學涉歷書史公事軍族之隙手不釋卷後至殿中尚書

李琰之歷侍中中書侍郎每休閑之際嘗閉門讀書不交人事嘗謂人曰吾所以好讀書不求身後之名但得異見異聞心之所願是以孜孜搜討欲罷不能豈爲異日轂名勞七尺軀也此乃天性非爲力強
崔挺少敦學業多所覽究手不釋卷後至北海王詳司馬
張普惠父曄爲齊州中水令隨父之縣愛業齊土專心墳典克厲不息乃還鄉里就程玄講習精於三禮兼善春秋百家之說多所窺覽諸儒稱之後至尚書右丞

祖瑩八歲能誦詩書十二爲中書學生好學耽書以晝夜繼父母恐其成癘禁之不能止嘗密於灰中藏火驅逐僮僕父母寢睡之後燃火讀書以衣被蔽塞窗戶恐漏光明爲家人所覺由是聲譽甚盛後至車騎大將軍

溫子昇初受學於崔靈恩劉蘭精勤以夜繼晝晝夜不倦後至中書郎

宋世景與弟道璵下帷誦讀博覽群言尤精經義族凡弁甚重之後至伏波將軍行榮陽太守

北齊李鉉字耳鼎渤海南皮人也九歲入學書急就

篇月餘便通家素貧苦嘗春夏務農冬乃入學年十六從李周仁受毛詩尚書張武劉子猛受禮記常山房虬受周官儀漁陽鮮于靈馥受左氏春秋鉉以鄉里無可師者遂與州里楊元懿河閒宗惠振等結侶詣大儒徐遵明受業居徐門下五年常稱高等二十三便自潛居討論是非用心精苦曾三秋冬不畜枕每至睡時假寐而已年三十六丁父喪服闋以鄉里寡文籍來遊京師讀所未見書後至國子博士

辛術爲東南道行臺尚書少愛文史晚更勤學雖在戎兵手不釋卷

張耀爲秘書監奉職恪勤未嘗有過好讀書春秋月一遍時人慕之賈良道趙彦深嘗謂耀曰君研尋左氏豈求服虔杜預之紕繆耶耀曰何爲然乎左氏之書備叙言事惡者可以自戒善者可以庶幾故厲己溫習非欲詆訶古人之失也

劉晝字孔昭渤海阜城人也少孤貧好學負笈從師服膺無倦與儒者李寶鼎同鄉里甚相親愛授其三禮又就馬敬德習服氏春秋俱通大義恨下里少墳典便杖策入鄴知太府少卿宋世良家多書乃造焉世良納之恣意披覽晝夜不息舉秀才不第終于家

劉逖彭城人也魏末世宗以爲門府行參軍遠離鄉家倦於羇旅發憤自勵專精讀書晉陽都會之所霸朝人士攸集咸務於宴集逖在遊宴之中卷不離手值有文籍所未見者則終日諷誦或通夜不歸其好學如此亦留心文藻頗工詩詠後至散騎常侍奏門下事

馮偉節少從李寶鼎遊學李重其聰敏嘗試問之多所通解尤明禮傳後還鄉里閉門不出將三十年不問產業不交賓客專精覃思無所不通舉秀才不就

魏收年十五隨父赴邊好習騎射因榮陽鄭伯調之

日麪郎弄戟多少收慙遂折節讀書夏月坐板床隨
樹陰諷誦積年床板爲之鈋減而精力不輟以文華
顯後至尚書右僕射
後周樂遜字尊賢河東猗氏人弱冠爲群主簿魏正
光中聞碩儒徐遵明領徒趙魏乃就授孝經喪服論
語詩書禮易左氏春秋大義尋而山東寇亂學者散
逐遜於擾攘之中猶志道不倦
樊深字文淵河東猗氏人弱冠好學負書從師於三
河講習五經晝夜不倦後爲國子傳士性好學老而
不怠朝暮還往嘗據鞍讀書至馬驚墜地損折支體

終亦不改
裴漢嘗借人異書必躬自錄本至於疾疢彌年亦未
嘗釋卷後至車騎大將軍儀同三司
薛端字仁直河東汾陰人本名沙陁有志操與弟裕
勵精篤學不交人事後至基州刺史
宇文測字澄鏡性沉密少篤學每旬月不窺户牖後
至少保
宗懍少聰敏好讀書日夜不倦語輙引古事鄉里呼
爲小兒學士後至車騎大將軍
沈重字德厚專心儒學從師不遠千里遂博覽群書

仕後梁蕭巋至太常卿
吕思禮好學有文才雖務兼軍國而手不釋卷晝理
政事夜則讀書令蒼頭執燭燭燼夜有數升後至都
官尚書
薛憕初自孝昌中杖策還雒陽先是憕從祖真度與
族祖安都擁徐兗歸魏其子懷雋見憕甚相親善屬
爾朱榮廢立遂還河東至懷雋家不交人物終日讀
書手自抄畧將二百卷唯郡守元襲時相要屈與之
抗禮仕西魏至安東將軍
隋諸葛穎爲太子舍人周武平齊不得調杜門不出

者十餘年習周易圖緯蒼雅莊老頗得其要
楊尚希髫齡而孤年十歲辭母請業長安涿郡盧辯
見而異之令入太學專精不倦同輩者皆共推伏後
至蒲州刺史
劉行本起家梁武陵王國常侍遇蕭脩以梁州北附
遂與叔父璠歸周寓居新豐每以諷誦爲事精力忘
疲雖衣食乏絶晏如也後至太子右庶子
楊异字文殊幼丁父憂及免喪之後絶慶吊門而讀
書數年之間博覽書記後至吳州總管
李文博性介鯁直好學不倦至於教義名理特所留

心每讀書至治亂得失忠臣烈士未嘗不反覆吟翫
後至司隸從事
馬光少好學從事數十年晝夜不息後徵爲太學博
士
王邵字志學暨于暮齒篤好經史遺落世事用心既
專性頗恍忽每至對食閉目凝思盤中之肉輙爲僕
從所噉邵弗之覺唯責肉少數罰厨人以倩白依前
閉目伺而獲之厨人方免笞辱其專固如此後至秘
書少監
庾自直潁川人少好學沉靜寡欲至著作佐郎知起

居舍人
房彦謙受學於博士尹琳手不釋卷遂通涉五經解
屬文工草隸雅有辭辯風槩高人後至司隸刺史
劉炫字光伯河間景城人也少以聰敏見稱與信都
劉焯閉户讀書十年不出津橋宗人劉智海家素多
墳籍焯就之讀書向經十載雖衣食不繼晏如也遂
以儒學知名後爲瀛州户曹從事偏直三省而不得
官
盧思道字子行范陽人也思道聰爽俊辨通脫不羈
年十六遇中山劉松爲人作碑銘以示思道思道讀
之多所不解於是感激閉户讀書師事河間邢子才
後思道復爲文以示劉松松又不能甚解思道乃喟
然嘆曰學之有益豈徒然哉因就魏收借異書數年
之間才學兼著後至散騎侍郎奏内史侍郎事
劉臻爲皇太子學士無吏幹性恍惚耽悅經史終日
覃思至於世事多所遺忘
郎懋少敏慧七歲誦騷雅日千餘言十五師事國子
博士河間權會受詩書易三禮及玄象刑名之學又
就國子助教長樂張率禮受三傳群言至忘寢食家
人恐茂成病嘗節其燭燈後至尚書左丞

唐竇威字文蔚扶風平陵人威家世勳貴諸昆弟並
尚武藝而威耽翫文史介然自守諸兄哂之謂爲書
癡隋内史令李德林舉秀異射策甲科拜秘書郎秩
滿當遷而固守不調在秘書十餘歲其學業益廣
李密多籌筭養客禮賢無所愛悋後更折節下帷耽
學尤好兵書誦皆在口師事國子助教
包愷受史記漢書勵精忘勌愷門徒皆出其下
虞世南性沈靜寡欲篤志勤學少與兄世基居受學
於吳郡顧野王經十餘年精思不勌或累旬不盥櫛
後至秘書監

徐曠字文遠家貧無以自給其兄林鬻書爲事文遠每閱書於肆不避祁寒暑雨遂覽五經尤精春秋左氏傳

姚思廉吳興武康人性恬靜寡欲終日閉門披閱經史未嘗言及家事非公事不出門無所造請學有家風博通前載後至散騎常侍

張行成少師事河間劉炫勤不勌後至右僕射太子少傅

蕭德言博涉經史尤精春秋左氏傳貞觀中累除著作郎兼弘文館學士德言晚年尤篤志於學自晝達

夜晷無厭倦每欲開五經必盥濯束帶危坐對之妻子候間請曰終日如是無乃窮乎德言曰敬先聖之言豈憚如此

路敬淳尤勤學不窺門庭徧覽墳籍後至太子司儀郎

李襲譽好學手不釋卷博涉經史後至同州刺史

裴行儉初以門廕補弘文生累年在館惟閉户讀書館司將加薦舉固辭不就左僕射房玄齡問其故曰遭隋季亂私門書籍蕩盡與在館披閱有所成耳後至吏部侍郎

裴炎河東人也少補弘文生每休暇諸生多出遊炎獨觀書不輟後至內史

劉仁軌字正則汴州尉氏人也少恭謹好學遇隋末喪亂不遑專習每行坐所在輙書空畫地繇是博涉經史後至文昌左相

馬懷素少師事李善貧無燈燭晝採薪蘇夜燃讀書遂博覽經史解屬文開元中爲秘書監兼昭文館學士懷素雖居吏職而篤學手不釋卷

王友貞素好學讀九經皆百遍誨訓子弟如嚴君焉後至太子中書許令在家脩道

韋涉中書令安石之子開元初丁父憂居喪過禮自此杜門不出八年于茲與弟斌相勸勵探討墳索不捨晝夜文華當代俱有盛名後至禮部尚書東都留守

楊綰生而聰慧及長好學不倦博通經史官至中書侍郎平章軍國事

于休烈爲工部尚書篤好墳籍手不釋卷以至于終

崔元幹善屬文年近七年好學不倦官歷駕部員外郎知制誥

楊成字亢宗北平人也代爲官族子學貧不能得書

乃求入集賢院爲寫書吏竊官書讀之晝夜不出房經六年遂無所不通

李巽字令叔趙郡人少勤學孜孜自課以明經調補華州參軍應拔萃科授鄠縣尉

蔣仁自少好學雖甚寒暑未嘗釋卷後至秘書監

王起官至山南西道節度使自幼及耋手不釋卷

張建章太好經史聚書至萬卷所居有書樓但以披閲清淨爲事經涉之地無不理焉建章曾齎元戎命往渤海遇風濤乃泊其船囬及西岸經太宗征遼碑半在水中建章則以帛苞麥屑置于水中模而讀之

冊府元龜　總録部　勤學　卷之七百九十八　三十一

不失一字其篤學也如此後至幽州行軍司馬

李蹊在省臺日聚書至多手不釋卷時人號曰李書樓仕昭宗時位至宰相

梁孫騭雅好聚書有六經史漢洎百家之言凡數千卷皆簡翰精至披勘詳審得暇即朝夕耽翫曾無少息官至左散騎常侍

後漢劉岳初少孤以先人官卑群從之間最不調兩都喪亂流寓青齊丐食業文厲心苦節至大常卿

晋裴皞容止端秀性寔剛直無隱少而好學苦心文翰雖亂離斯瘼手不釋卷後至右僕射致仕

周馮道少純厚好學善屬文不耻惡衣食負米奉親之外唯以披誦吟哦爲事雖大雪擁户凝塵滿席湛如也後至中書令

張昭自歷清顯手不釋卷每得生書以舊有足病必卧而禮之舉朝服其好學

冊府元龜

冊府元龜　總録部　勤學　卷之七百九十八　三十二

巡按福建監察御史臣李嗣京　訂正

知睢寧縣事　臣　孫以敬　叅閲

知建陽縣事　臣　黃國琦　較釋

總錄部

彊記　聰悟

彊記

傳不云乎傳文彊識謂之君子蓋有目所暫閲耳所暫聞而成誦于口終身不忘者信乎其彊記也自漢而下能者間出咸性理聰悟機神警邁或博通前緒默識無謬或詳練故事遠數弗遺以至閲爵里而悉

舉其名氏經國邑而盡志其風土背碑靡失覆碁不誤自非宅粹精於心術彰敏慧于天性疇能及是哉

漢東方朔年十六學詩書二十二萬言十九學孫吳兵陣戰陣之具鉦鼓之教亦誦二十二萬言凡誦四十四萬言仕爲侍郎

張安世從武帝行幸河東嘗亡書三篋詔問莫能知唯安世識之（識記也）具作其事後購求得書以相較無所遺失帝奇其材擢爲尚書令

任安字少卿爲武功亭長邑中人民俱出獵安嘗爲人分麋鹿雉兎部署老小當壯劇易處眾人皆喜曰無傷也任少卿分別平有智畧明日復會會者數百人安日某子甲何爲不來乎諸人皆怪其見之疾也位至大司馬

後漢陸續幼孤仕郡爲户曹吏時歲荒民飢因太守尹興使續於都亭賑民饘粥續悉簡閲其民訊以名氏事畢興問所食幾何續因口說六百餘人皆分別姓字無有差謬

延篤少從潁川堂谿典受左傳旬日能諷之典深敬焉（先賢行狀曰篤欲寫左氏傳無紙堂谿典以廢牋記與之篤以牋記紙不可寫傳乃借本諷之糧盡

辭欲歸典曰卿寫傳何故辭歸篤曰已諷之矣典聞之嘆曰嗟乎延生雖復端木聞一知二未足爲喻若使尼父更起於洙泗君當顯名七十與游夏爭匹也後爲京兆尹）

應奉少聰明自爲童兒及長凡所經履莫不暗記讀書五行並下爲郡決曹吏行部四十二縣錄囚徒數百千人及還太守備問之奉口說罪繫名姓坐狀輕重無所遺脫時人奇之（又曰奉少爲上計吏許訓爲計掾俱到京師訓自發鄉里在路晝頫暮宿所見吏賓客亭長吏卒奴僕訓皆密疏姓名欲試奉還都歸示奉奉云前日潁川綸氏都亭亭長胡奴名以飲漿來何不在疏坐中皆驚又云奉年二十時嘗詣彭城相袁賀時出行閉門造車匠於內開扇出半面視奉奉即委去後數十年於路見車匠識而呼之）

虞延爲郡督郵光武東巡路縣小黃高帝母昭靈后

陵園在焉詔呼延引見問園林之事延占對可觀其
陵樹株蘖皆識其數俎豆犧牲頗曉其禮
王充家貧無書嘗遊雒陽肆閲所賣書輒能誦憶後
同郡謝夷上書薦充才學肅宗詔公車徵病不行
臧旻自匈奴中郎將徵拜議郎還京師太尉袁逢問
其西域諸國土地風俗人物種類旻具荅言西域本
三十六國復分爲五十五稍散至百餘國大小道里
遠近人數多少風俗澡濕山川草木鳥獸異物名種
不與中國同者口陳其狀手畫地形逢奇其才嘆息
曰雖班固作西域傳何以加此

尹默通諸經史又專精於左氏春秋自劉歆條例鄭
衆賈逵父子陳元方服虔注說咸畧誦述不復按本
後拜太中大夫
禰衡　公孫瓚　王粲　司馬防　隗禧　夏侯榮　已上事節附在此卷末
蜀張松爲劉璋益州從事識達精果有才幹劉璋遣
詣曹公曹公不甚禮松主簿楊脩深器之白公辟松
公不納脩以公所撰兵書示松松飲宴之間一看便
闇誦脩以此益異之
何祗補成都令使人投筭祗聽其讀而心計之不差
升合其精如此後爲郡督從事時諸葛亮用法峻密
陰聞祗游戲放縱不勤所職嘗亮往錄獄衆人咸爲
祗懼祗密聞之夜張燈火見囚讀諸解狀諸葛亮晨
往祗悉闇誦荅對解釋無所疑滯亮甚異之
胡潛字公興雖學不沾洽然卓犖彊識祖宗制度之
儀喪記五服之數皆指掌畫地舉手可採許慈並爲
博士
吳朱桓性彊識與人一面數十年不忘部曲萬口妻
子盡識之後領青州牧
闞澤字德潤好學居貧無資嘗爲人傭書以供紙筆
所寫既畢誦讀亦遍察孝廉除錢塘長

謝承字偉平博學洽聞嘗所知見終身不忘史不書
官位
晉劉輿爲東海王越所召輿密視天下兵簿及倉庫
牛馬器械水陸之形皆默識之是時軍國多事每會
議自潘滔以下莫知所對輿既見越應機辯畫越傾
膝酬接即以爲左長史
才協字玄亮少好學經籍博聞強記釋褐濮陽王文
學太興初爲尚書令
上珣爲桓温主簿軍中機務並委珣焉文武萬人悉
識其面

范宣字宣子陳留人也言談未嘗及老莊客有問人生與憂俱生不知此語何出珣曰出莊子至樂篇客曰君言不讀老莊何繇識此宣笑曰小時嘗一覽時人莫之測也太尉郗鑒命爲主簿詔徵太學博士散騎郎並不就

張華爲司空彊記默識四海之內若指諸掌武帝嘗問漢宮室制度及建章千門萬户應對如流聽者忘倦畫地成圖左右屬目帝甚異之時人比之子產

謝安爲太保初以晉自過江遂亡輿輦之制度率意造焉及破符堅於淮上獲京都舊輦形制無爽大小

冊府元龜 總錄部 彊記 卷之七百九十九 五

如一時人服其精記

吳熹初出身爲領軍府白衣吏少知書領軍將軍沈演之使爲起居注所寫既畢闇誦略皆上口演之嘗作讓表未奏失本熹經一見即便寫赴無所漏脫演之甚愛之因此涉獵漢史頗見古今演之門生諸童民入爲主書薦熹爲主書史進爲主圖令史

南齊蕭惠開拜益州刺史嚴用威刑蜀人號曰卧虎明識過人嘗有三千沙門一閱其名退無所失

梁陸倕所讀書一遍必誦於口嘗借人漢書失五行志四卷乃暗寫還之略無漏脫後爲中庶子加給事中揚州大中正復守太常鄉中正如故

任孝恭精力勤學家貧無書崎嶇從人假借每讀一徧諷誦略無所遺高祖聞其才學召入西省撰史初奉朝請進直壽光省爲司文郎俄兼中書通事舍人

劉子諒少好學有文才尤博識晉代時人號曰皮裏晉書歷官著作郎

張緬明後漢及晉代諸家客有執卷質緬者隨問便對略無遺失起家秘書郎

劉覽爲尚書左丞性聰敏尚書令史七百人一見並記姓名

冊府元龜 總錄部 彊記 卷之七百九十九 六

謝藺阮孝緒之甥孝緒以其有至性謂之曾子稍受以經史過目便能諷誦孝緒每曰吾家陽元也後吏部尚書蕭子顯表其至行擢爲王府法曹行軍參軍

何憲廬江灊人博涉該通群籍畢覽天閣寶秘人間散逸無脫漏焉任昉劉渢共執秘閣四部書試問其所知自甲至丁書說一事并敘述作之體連日累夜不竟所遺位本州別駕國子博士

臧嚴爲浙東王宣惠輕車府參軍兼記寶嚴於學多所暗記尤讀漢書諷誦略皆上口王嘗自執四部書目以試之嚴自甲至丁卷中各對一事并作者姓名

通無遺失其博洽如此
劉顯好學博涉多通任昉嘗得一篇缺簡書文零落莫能識者顯云是古文尚書删逸篇昉檢周書果如其說約命駕造焉於坐策顯經史十事顯對其九顯問其五約對其二陸倕聞之歎曰劉郎可差人雖吾家平原詣張壯武王粲謂蔡伯偕必無比對（陸機爲平原内史先是與弟雲同造壯武郡公張奉華表重其名如舊相識王粲徙長安蔡邕見而異之伯偕邕字也）累遷中書侍郎
陳陳疑少孤貧性質直彊勇力封永循縣開國侯尋授通直散騎常侍中領軍

陸倕幼長讀書晝夜不廢聰明彊記一覽無復失累遷永陽王文學太子洗馬中書舍人
後魏韓顯宗有才學沙門法撫三齊稱其聰悟嘗與顯宗較試抄百餘人名讀一遍隨即覆呼法撫猶有一二舛謬顯宗了無誤錯法撫歎曰貧道生平以來唯服郎耳舉秀才對策甲科除著作佐郎
楊大眼爲將軍雖不學嘗於人讀書坐而聽之悉皆記識令作露布皆口授之終平東將軍
胡叟披讀群籍再閱於目皆誦於口朝廷以其機識拜武威將軍
楊機爲雒陽令凡訴訟者一經其前後皆識其名姓并記事理世咸異之遷鎮軍將軍
闞駰博通經傳聰敏過人三史群言經目則誦時人謂之宿讀沮渠蒙遜甚重之拜祕書考課郎中
高謙之專意經史天文筭曆圖緯之書多所該涉日誦數千言釋褐奉朝請加宣威將軍
嘗景字永昌少聰敏初讀論語毛詩一受便覽廷尉公孫良舉爲協律博士
邢邵十歲便能屬文雅有才思聰明強記日誦萬言族兄巒有文鑒謂子弟曰宗室中有此兒非常人也

少在雒陽會天下無事專以山水遊宴爲娛不暇勤業嘗霖雨乃讀漢書五日略能徧記之後因飲讌倦方廣尋經史五行俱下一覽便無所遺嘗與右北平陽固河東裴伯茂從兄罘河南陸道暉等至北海王昕舍宿飲相與賦詩凡數十首皆在主人奴處旦日奴行諸人求詩不得邵皆爲誦之諸人不可認詩者奴還得本不誤一字諸人方之王粲後爲衛將軍國子祭酒
李神風骨穎秀舉博學多聞朝廷舊章及人倫氏族多所諳記仕至驃騎大將軍儀同三司

祖瑩年十二爲中書學士時中書博士張天龍講尚書選爲都講生徒悉集瑩夜讀書勞倦不覺天曉催講旣切遂誤持同房生趙郡李怡曲禮卷上座博士嚴毅不敢還取乃置曲禮於前誦尚書三篇不遺一字講罷孝怡異之向博士說舉學盡驚

北齊王琳雖無學業而彊記內敏軍府佐吏千數皆識其姓名自梁歸齊除驃騎大將軍進封巴陵郡王

楊愔幼聰敏從父兄黃門侍郎昱嘗與十餘人賦詩愔一覽便誦無所遺失愔典選聽記彊識半面不忘每有所召問或單稱姓或單稱名無有悞者後有選

人魯漫漢自言猥賤獨不見識愔曰卿前在元子思坊騎禿尾草驢經過見我不下以方麴障面我何不識卿漫漢驚服又謂之曰名以定體漫漢果自不虛後爲尚書令拜驃騎大將軍

裴諏之字士正少好學釋褐太學博士嘗從常景借書百卷十許日便返景疑其不能讀每卷策問應荅無遺景嘆曰應奉五行俱下禰衡一覽便記今復見之於裴生矣

祖珽爲神武開府倉曹參軍神武口授珽三十六事出而疏之一無遺失大爲僚類所賞

刁柔字子温少好學綜習經史尤留心禮儀性彊記至於氏族內外多所諳悉天寶除國子博士

馮子琮性聰敏涉獵書傳爲孝昭領軍府法曹典機密攝庫部孝昭曾閱簿領試令口陳子琮闇對無有遺失

唐邕初爲文宣大將軍府參軍後文宣頻年出塞邕必部從專掌兵機每識悟閑明承受敏速自督將以還軍吏以上勞效繇緒無不諳練每有顧問占對如響或於御前簡閱雖三五千人邕多不執文簿暗唱官位姓名未嘗謬誤文宣又嘗對邕白太后云唐邕

分明彊記每有軍機大事手作文書口且處分耳又聽受實是異人

後周韓果爲都督從太祖征討果性彊記兼有權略所之處山川形勢輒能記憶

長孫紹遠魏太師稚之子雅好墳籍聰慧過人時稚作牧壽春紹遠年甫十三稚管記王碩聞紹遠彊記心以爲不然遂白稚曰伏承世子聰慧之姿發於天性目所一見誦之於口此旣歷世罕有竊願驗之於是命紹遠試焉讀月令數紙纔一遍誦之若流自是碩乃嘆服累遷殿中尚書錄尚書事孝閔踐祚封上

黨公

柳慶幼聰敏有器量博涉群經不治章句好飲酒閑於占對年十三因暴書父習謂慶曰汝雖聰敏吾未經特試令於雜賦集中取賦一篇千有餘言慶立讀三遍便即誦之無所遺漏保定中爲司會

裴漢字仲霄操尚弘雅聰敏好學嘗見人作百字詩一覽便誦後魏孝初解褐員外散騎侍郎

韋師雅爲宇文護賓曹參軍知諸番風俗及山川險易其有夷狄朝貢師雅必接對論其國俗如視諸掌夷人驚服無敢隱情格高下亦如是卒爲揚州功曹

蔣乂爲右拾遺史館脩撰德宗嘗幸凌烟閣見左壁頹剝上有殘缺文記每行可辨三五字命錄之以問宰臣卒然無以對遽召乂訪之對曰此聖曆年侍臣圖贊也暗諷不失一字宰臣上奏德宗嘆曰虞世南暗寫列女傳無以加也

劉迺聰頴志學暗記六經日數千言爲給事中終朱泚之亂

陳諫彊記洽聞人罕及之王叔文之黨量移通州刺史卒

馬嘉運爲太學博士性聰贍異於衆人耳目所涉終身不忘尤善論難

梁敬翔爲樞密使開平三年宴宰臣邑從官新受西路行營行軍司馬崔公實時劉知俊西討鄜延又傳檄銀夏甚爲邠岐寇黨侵擾帝深憂其未濟中宴顧問侍臣翔承旨而對剖析山川險要郡邑虛實兵糧多少悉以條奏如素講摴左右莫不驚其聰悟人罕能及帝嗟賞

晉鄭琮大原人始事唐武皇爲左院軍小校屢有軍功莊宗在河上爲馬步都虞候戎伍之事一覩不忘凡所詰問應荅如流故所在知名唐同光末從明宗

伐魏州時軍情有變明宗退守魏縣未知趣向安重誨將徵兵於四方琮在帳中歷數諸道屯軍及主將姓名附口傳檄相次而至

聰悟

語曰生而知之者上也學而知之者次也誠哉聰悟之性天縱之能故世之所希矣若乃思理周物警慧過人耳目口手不相參涉晝誦數聽無所差忒賦古詩而達其意聞廋（昔搜隱辭也見國語）辭而究其理懸解默識洞察其精微屈指心討盡發其疑謬故爲稠人之所推服惇史之所流傳至如過衛頴悟靡虞漏師致不

客而失身者亦士子之攸戒也
叔向晉大夫也初諸侯伐秦及涇莫濟叔向見曾叔
孫穆子曰諸侯謂秦不恭而討之及涇而止於秦何
益穆子曰豹豹穆子名也之業在匏有苦葉矣不知其他
叔向退召舟虞與司馬曰夫苦匏不材於人共濟而
已曾叔孫賦匏有苦葉必將涉矣具舟除隧不共有
法
范燮為晉大夫有秦客廋辭於朝大夫莫之能對也
燮知三焉解其三事
顔回字子淵孔子弟子也子謂子貢曰女與回也孰

愈愈猶勝也對曰賜也何敢望回回也聞一以知十賜也
聞一以知二又子曰回也非助我者也於吾言無所
不說助益也言回聞言卽解無所發起增益於巳
卜商字子夏孔子弟子也子夏問巧笑倩兮美目盼
兮素以為絢兮何謂也倩笑貌盼動目貌絢文貌此上二句在衛風碩人之二章
其下一句逸詩子曰繪事後素繪畫文也凡畫繪先布衆色然後以素分布其間以成其
文喻美女雖有倩盼美質亦須禮成也曰禮後乎孔子言繪事後素子夏聞而解知以素喻
禮故曰禮後乎孔子曰商也始可與言詩巳矣
騶忌子以鼓琴見齊威王騶忌子見三月而受相印
淳于髡見之曰善說哉髡有愚志願陳諸前騶忌子
曰謹受教淳于髡曰得全全昌失全全亡騶忌子曰
謹受令請謹毋離前淳于髡曰豨膏棘軸所以為滑
也然而不能運方穿騶忌子曰謹受令請謹事左右
淳于髡曰弓膠昔幹一作乾所以為合也然而不能傅
合疏罅騶忌子曰謹受令請謹自附於萬民淳于髡
曰狐裘雖弊不可補以黃狗之皮騶忌子曰謹受令
請謹擇君子毋雜小人其間淳于髡曰大車不較不
能載其常任琴瑟不較不能成其五音騶忌子曰謹
受令請謹脩法律而督姦吏淳于髡說畢趨出至門
而其僕曰是人者吾與之微言五其應我若響之應

轂是人必封不久矣新序曰齊稷下先生喜議政事騶忌旣為齊相稷下先生淳于
髡之屬七十二人皆輕騶忌淳于髡之徒禮踞騶忌之禮甲淳于髡等稱辭騶忌知之如應響淳于髡等
辭詘而去騶忌之禮踞淳于髡之禮甲故所以尚于將莫耶者貴其立斷也所以尚騏驥者為其立至也
必且歷日曠久則絲氂能挈石駑馬亦能致遠是以聰明捷敏人之美才也居朞年封以
下邳號曰成侯
後漢應奉字世叔才敏善諷誦自為童兒及長凡所
經履莫不暗記故世稱應世叔讀書五行俱下位司
隸校尉
楊脩好學有俊才為丞相曹公主簿用事曹氏及曹
公自平漢中欲因討劉備而不得進欲守之又難為

功護軍不知進止何依曹公於是出教唯曰雞肋而已外曹莫能曉之獨曰夫雞肋食之則無所得棄之則如可惜公歸計决矣乃令外白稍嚴曹公於此迴師脩之旣决多幾如此類又甞出行籌曹公有問外事乃逆爲荅記勑守舍兒若有令出依次通之旣而果然如是者二曹公怪其速使廉之知狀

蜀費禕爲尚書令于時戰國多事公務煩猥禕識悟過人每省讀書記舉目暫視已究其意旨其速數倍於人終亦不忘

吳呂蒙少不脩書傳每陳大事甞口占爲牋疏仕南

郡太守封孱陵侯

顧譚每省薄書未甞下籌徒屈指心計盡發疑謬下吏以此服之加奉車都尉

晉范喬字伯孫友人劉彦秋夙有毅譽甞謂人曰范伯孫體應純和理思周密吾每欲錯其一事而終不能

阮瞻字千里性清虚寡欲自得於懐讀書不甚研求而默識其要遇理而辯辭不足而旨有餘永嘉中爲太子舍人

宋謝晦爲太尉參軍高祖甞訊囚其旦刑獄參軍有疾晦代之於車中一覽訊牒催促便下相府多事獄繫殷積晦隨問酬辨曾無遺謬高祖奇之卽日署刑獄賊曹

殷景仁爲中書侍郎學不爲文敏有思致口不談義深達玄理

劉穆之爲左僕射領監軍中軍二府軍司將領引選内總朝政外供軍旅决斷如流事無擁滯目覽詞訟手答牋書耳行聽受口兼酬應不相參涉

沈璞善屬文時有憶識之功尤練究萬事經目過耳人莫能欺仕至淮南太守

南齊王融少而神明警慧博涉有文才舉秀才仕至太子舍人

梁王訓字懐範幼聰警有識量徵士何胤一見奇之遷侍中終于位

周捨字昇逸父顒齊中書侍郎有名于時捨幼聰穎顒異之臨卒謂曰汝不患不富貴但當將之以道德旣長博學多通尤精義理善誦書背文諷說音韻清辯起家齊太學博士

陶弘景爲人圓通謙謹出處冥會心如明鏡遇物便了言無煩舛有亦輙覺齊高帝作相引爲諸王侍讀

除奉朝請辭祿而去
蔡徵爲中書令陳平隨例入關隋文帝聞其敏贍召
見顧問言輒會旨
後魏李預字元顗少爲中書學生聰敏彊識涉獵經
史
胡叟少聰慧學不師受友人勸之叟曰先聖之言精
義入神者其唯易乎猶謂可思而過半末世腐儒粗
别剛柔之位寧有探賾未兆者哉就道之義非在今
矣仕至武威將軍
程駿字驎駒少孤貧師事劉昞性機敏好學晝夜無

倦昞謂門人曰舉一隅而以三隅反者此子亞之也
始拜著作郎
陳奇河北人少孤家貧齠齓聰識有夙成之美性氣
剛亮與俗不群爲儒不用于世
邢臧如安東將軍爲特進博學有藻思曾共讀迴文
集臧獨先通之
北齊魏收爲太子少傅安德王延宗納趙郡李祖收
女爲妃後帝幸李宅宴而妃母宋氏薦二石榴於帝
前問諸人莫知其意帝投之收曰石榴房中多子王
新妃母欲子孫衆多帝大喜詔收卿還將來仍賜收
美錦二疋
邢劭字子才聰明強記廣尋經史五行俱下累遷尚
書令加侍中
庾信幼而俊邁聰敏博覽群經
隋薛胄字昭玄河東汾陰人也胄少聰明每覽異書
便曉其義嘗歎訓詁者不會聖人深旨輒以意辨之
諸儒莫不稱善襲爵文成郡公爲兗州刺史有善政
李德饒少敏聰好學有至性宗黨咸敬之弱冠爲校
書郎仍直内史省叅事文翰
劉炫字光伯河間景城人也少以聰敏見稱與信都

劉焯閉户讀書十年不出炫眸子精明視日不眩默
識強記莫與爲儔左畫方右畫圓口誦目數耳聽五
事同舉無所遺失初爲户曹從事
張虔雄少有才器秦孝王俊爲秦州總管選爲法曹
叅軍王嘗親按囚徒虔雄誤不持狀口對百餘人皆
盡事情同輩莫不歎焉
唐裴矩襁褓而孤博聞強記雅有智略善應對尤達
政
呂才博州淸平人少好學善陰陽方伎之書貞觀初
太子左庶子杜正倫太常少卿祖孝孫表薦之詔令

宣弘文館太宗嘗覽周武帝所撰三局象經不曉其旨太子洗馬蔡允恭年少時嘗爲此戲太宗召問亦廢而不通或稱才有敏思召使問焉才尋繹一宿便作圖解之恭覽之忻然記其舊法與才正同才繇是知名

歐陽詢雖貌甚寢陋而聰悟絶倫讀書數行俱下傳覽經史尤精三雅終司禮卿判納言事

楊綰清識過人至如徃哲微言五經奧義先儒未悟者綰一覽究其精理

袁滋陳郡汝南人弱歲彊學以外兄通州刺史元結

有重名徃依焉每讀書懸解旨奧結甚重之遷河南觀察使卒

鄭士美字和夫父純士美少好學博涉善記覽父友顔眞卿蕭穎士輩嘗與之討論經傳應對如流旣而相謂曰吾曹異日當交於二鄭之門矣卒忠武軍節度使

後唐蕭頃字子澄京兆萬年人故相倣之孫京兆廩之子頃幼聰悟善屬文昭宗朝擢進士第太常卿太子少保致仕卒

冊府元龜

冊府元龜

巡按福建監察御史臣李嗣京　訂正

新建縣舉人　臣戴國士參閱

知建陽縣事　臣黃國琦較釋

總録部

敏捷

夫言辭辯給應答無滯其敏捷之謂歟仲尼曰言及之而不言謂之隱又曰辭之不可以已也其或備人君之切問資朋友之燕居剖疑析滯渙若氷釋解嘲答難森然鋒起或因枝而振藥或蹱事以增華響應

無窮言必有中良足嘉也至夫嗇夫之利喋人之多貽如簧之譏致亂官之責亦所不敢取也

後漢戴寵年二十二爲督郵曾以職事見詰府君欲捷之寵曰今鄙郡遭明府咸以爲仲尼之君國小人少以寵爲顔回豈聞仲尼有捷顔回之義府君異其對即日教署主簿

張重日南計吏形容短小明帝問云何郡小吏答曰臣日南計吏非小吏也

魏陳登沛相陳珪子也吕布在下邳珪遣登詣太祖布因登求徐州牧不得登還布怒拔戟斫機曰卿父勸我協同曹公絶婚公路今吾所求無一獲而卿父子並顯重爲卿所賣耳卿爲吾言其説云何登不爲動容徐喻之曰登見曹公言待將軍譬如養虎當飽其肉則將噬人公曰不如卿言也譬如養鷹飢則爲用飽則颺去其言如此布意方解

王朗字景興太祖請同會嘲朗曰不能效君昔在會稽折秔米飯也朗仰而嘆曰宜適難値太祖問云何朗曰如朗昔者未可折而折如明公今日可折而不折也後爲司空

徐邈爲尚書郎時禁酒而邈私飲至醉較事趙達問

以曹事邈曰中聖人達白之後文帝幸許昌問邈曰頗復中聖人不邈對曰昔子反斃於穀陽御叔罰於飲酒臣嗜同二子不能自懲時復中之然宿瘤以醜見傳而臣以醉見識帝大笑顧左右曰名不虚立

吳虞昺字世文翻弟八子也少有倜儻之志仕吳黄門郎以捷對見異超拜尚書侍郎

張純字元基少厲操行學博才秀切問捷對容止可觀拜郎中

薛綜爲謁者僕射蜀使張奉於太官前列尚書闞澤姓名以嘲澤澤不能對綜下行酒因勸酒曰蜀者何

也有犬爲獨無犬爲蜀橫目勾身蟲入其腹奉曰不敢復刻君吳耶綜應聲曰無口爲天有口爲吳君臨萬邦天子之都於是衆坐喜笑而奉無以對其樞機敏捷皆此類也一云費禕聘於吳陛見公卿侍臣皆在座酒酣禕與諸葛恪相對嘲難言及吳蜀禕問曰蜀字云何恪曰有水者濁無水者蜀橫目勾身蟲入其腹禕復問吳字云何恪曰無口者天有口者吳下臨滄海天子之都

諸葛恪父瑾面長似驢大帝大會群臣使人牽一驢入長檢其面題曰諸葛子瑜恪跪曰乞請筆益兩字因聽與筆恪續其下曰之驢舉坐歡笑乃以驢賜恪他日復見帝問恪曰卿父與叔父孰賢對曰臣父爲

優帝問其故對曰臣父知所事叔父不知是以爲優帝又大噱命恪行酒至張昭前昭先有酒色不肯飲曰此非養老之禮也帝曰卿其能令張公辭屈乃當飲之耳恪難昭曰昔師尚父九十秉旄仗鉞猶未告老也今軍旅之事將軍在後酒食之事將軍在先何謂不養老也昭卒無辭遂爲盡爵後蜀使至群臣並會帝謂使曰此諸葛恪雅好騎乘還告丞相爲致好馬恪因下謝帝曰馬未至而謝何也恪對曰夫蜀者陛下之外廄今有恩詔馬必至也安敢不謝恪之才捷皆此類也帝嘗問恪頃何以自娛而更肥澤恪對曰臣聞富潤屋德潤身臣非敢自娛脩己而已又問卿何如滕胤恪答曰登階攝履臣不如胤運籌轉策胤不如臣恪嘗獻帝馬先鑿其耳范愼時在座嘲恪曰馬雖六畜稟氣於天今殘其耳豈不傷仁恪答曰母之於女恩愛至矣穿耳附珠何傷於仁曾有白頭烏集殿前帝曰此何鳥也恪曰白頭翁也張昭自以坐中最老疑恪以鳥戲之因曰恪欺陛下未嘗聞鳥有白頭翁者試使恪復求白頭母恪曰鳥名鸚母未必有對試使輔吳復求鸚父昭不能答坐中皆歡笑位至太傅

蜀張裔爲益州郡太守郡耆率雍闓不賓縛裔與吳會先主薨諸葛亮遣鄧芝使吳亮令芝言次可從孫權請裔裔自至吳數年流徙伏匿權未之知也故許芝遣裔裔臨發權乃引見問裔曰蜀卓氏寡女亡奔司馬相如貴士風俗何以乃爾乎裔對曰愚以爲卓氏之寡猶賢於買臣之妻權又謂裔曰君還必用事西朝終不作田父於閭里也將何以報我裔對曰裔負罪而歸將委命有司若蒙徼倖得全首領五十八已前父母之年也自此以後大王之賜也權言笑歡悅有器裔之色裔出閤深悔不能陽愚郎便就船倍

道兼行權果追之裔已入永安界數十里追者不能及

晉阮籍文帝引爲大將軍從事中郎有司言有子殺母者籍曰嘻殺父乃可至殺母乎坐者怪其失言帝曰殺父天下之極惡而以爲可乎籍曰禽獸有知母而不知父殺父禽獸之類也殺母禽獸之不如衆乃悅服

孫晧封歸命侯武帝嘗與王濟奕棊時晧在側濟謂晧曰何以好剝人面皮晧曰見無禮於君者則剝之濟時伸脚局下晧譏焉

吳彥爲建平太守吳亡彥始歸降晉武帝以爲金城太守帝嘗從容問薛瑩曰孫晧所以亡國者何也瑩對曰歸命侯臣晧之君吳昵近小人刑罰妄加大臣大將無所親信人人憂恐各不自安敗亡之釁繇此而作矣其後帝又問彥對曰吳主英俊宰輔賢明帝笑曰君明臣賢何爲亡國彥曰天祿永終歷數有屬所以爲陛下擒此蓋天時豈人事也張華時在坐謂彥曰君爲吳將積有歲年蔑爾無聞竊所惑矣彥厲聲曰陛下知我而卿不聞乎帝甚嘉之

孫楚與王濟友善楚少時欲隱居謂濟曰當欲枕石漱流誤云漱石枕流濟曰流非可枕石非可漱楚曰所以枕流欲洗其耳所以漱石欲礪其齒後爲馮翊太守

陸機字士衡入雒嘗詣侍中王濟濟指羊酪謂機曰卿吳中何以敵此荅云千里蓴羹未下鹽豉時人稱爲名對范陽盧志於衆中問機曰陸遜陸抗於君近遠機曰如君於盧毓盧珽志默然既起雲謂機曰殊邪遐遠容不相識何至於此機曰我父祖名播四海寧不知耶議者以此定二陸之優劣機位至平原守

陸雲性清正有才理與兄機齊名雖文章不及機而

持論過之雲與荀隱素未相識嘗會張華座華曰今日相遇可勿爲常談雲因抗手曰雲間陸士龍隱曰日下荀鳴鶴鳴鶴隱字也雲又曰既開青雲覩白雉何不張爾弓挾爾矢隱曰本謂是雲龍騤騤乃是山鹿野麋獸微弩彊是以發遲華撫手大笑後爲大將軍右司馬

王尼字孝孫初入雒詣東海王越云公負尼物越大驚曰寧有是也尼曰昔楚人亡布謂令尹盜之今尼屋舍資財悉爲公軍人所略尼今飢凍是亦明公之負也越大笑即賜絹五十疋諸貴人聞競往餉之辟

車騎府舍人不就

祖納爲大將軍王敦聞其賢遣其二婢而辟爲從事中郎有戲之曰奴價倍婢納曰百里奚何輕於五羖皮耶

諸葛恢嘗與司空王導戲爭族姓曰人言王葛不言葛王也恢曰不言馬驢而言驢馬豈驢勝馬耶恢後至尚書令

習鑿齒爲桓温户曹參軍時有桑門釋道安俊辯有高才自北至荆州與鑿齒初相見道安曰彌天釋道安鑿齒曰四海習鑿齒時人以爲佳對

戴逯字安丘處士逵之弟並驍果多權畧逵厲操東山而逯以武勇顯謝安嘗謂逯曰卿兄弟志業何如逯曰下官不堪其憂家兄不改其樂

王珣爲僕射王恭謂珣曰比來視君一似胡廣珣曰王陵廷爭陳平慎默但問歲終何如耳

孫綽高尚有志節所居齋前種一株松嘗自守護鄰人謂之曰樹子非不楚楚可憐但恐永無棟梁日耳綽答曰楓柳雖復合抱亦何所施行

潘京字世長武陵人爲州所辟因謁見問策探得不孝字刺史戲京曰辟士爲不孝耶京舉板答曰今爲忠臣不得爲孝子其譏辯皆此類京位至泉陵令

周處仕吳爲無難督及吳平王渾登建業宮釃酒謂吳人曰諸君亡國之餘得無戚乎處對曰漢末分離三國鼎立魏滅於前吳亡於後亡國之戚豈惟一人渾有慙色

袁甫爲淮南國大農郎中令石衍問甫曰卿名能辯豈知壽陽已西何以嘗旱壽陽已東何以嘗水甫曰壽陽已東皆是吳人夫亡國之音哀以思鼎足彊邦一朝失職憤歎甚積積憂成陰陰積成雨雨久成水故其域嘗澇也壽陽已西皆是中國新平彊吳美寶

皆入志盈心滿用長歡娛公羊有言魯僖甚害故致旱京師若能抑彊扶弱先疏後親則天下和平災害不生矣觀者嘆其敏捷

孟嘉爲征西桓温參軍人問聽伎絲不如竹竹不如肉何謂也嘉答曰漸近使之然一坐咨嗟

袁宏爲大司馬桓温記室謝安嘗賞其機對辨速後安爲揚州刺史宏自吏部出爲東陽郡乃祖道於冶亭時賢皆集安欲以卒迫試之臨別執其手顧就左右取一扇而授之曰聊以贈行宏應聲答曰輒當奉揚仁風慰彼黎庶時人嘆其率而能要焉

謝玄字幼度與從兄朗俱爲叔父安所器重安嘗戒約子姪因曰子弟亦何豫人事而正欲使其佳諸人莫有言者玄荅曰譬如芝蘭玉樹欲使其生於庭階耳安悅之後爲左將軍會稽史

顧悅之字君叔少有義行與簡文同年而髮早白帝問其故對曰松柏貞姿經霜獨茂蒲柳常質望秋先零帝悅其對歷尚書右丞

顧愷之爲大司馬桓溫參軍甚見親昵溫薨後愷之拜溫墓賦詩云山崩溟海竭魚鳥將何依或問之曰卿憑重溫公乃爾哭狀其可見乎荅曰聲如震雷破

山淚如傾河注海

虞嘯父爲侍中侍宴因大醉出拜不能起孝武顧曰扶虞侍中嘯父曰臣位未及扶醉不及亂非分之賜所不敢當帝甚悅

王楨之字公幹獻之兄徽之之子也爲大司馬長史桓玄爲太尉朝臣畢集問楨之我何如君亡叔在坐咸爲氣咽楨之曰亡叔一時之標公是千載之英一坐皆悅

劉邁爲殷仲堪中兵參軍桓玄嘗戲馬以矟拂仲堪邁謂玄曰馬矟有餘精理未足玄怒將殺之邁僅而免爾後玄得志邁詣門稱謁玄謂邁曰安知不死而敢相見邁對曰射鉤斬袪與邁爲三故知不死玄甚喜

張天錫自梁州歸命封西平郡公會稽王導嘗問其西土所出天錫應聲曰桑甚甜甘鴟鴞革響乳酪養性人無忌心

宋張敷爲中書郎敷小名查父邵小名梨文帝戲之曰查何如梨敷曰梨爲百果之宗查何可比

顧覬之嘗於文帝坐論江左人物言及顧榮袁淑謂覬之曰卿南人怯懦豈辯賊覬之正色曰卿乃復以

忠義笑人淑有愧色位至吏部尚書

沈慶之爲車騎大將軍孝武嘗勸飲普令群臣賦詩慶之手不知書眼不識字帝逼令作詩慶之曰臣不知書請口授師伯帝卽令顏師伯執筆慶之口授之曰微臣値多幸得逢時運昌朽老筋力盡徒步還南崗辭榮此聖世何媿張子房帝甚悅衆坐稱其辭意之美

沈懷文孝武嘗有事圜丘未至期而雨晦竟夜明旦風霽日色甚美帝升壇甚悅懷文稱慶曰昔漢后郊祀太一白日重輪神光四燭今陛下有事茲禮而富

雨迎夜前景麗朝斯寔聖明幽感所致臣願與侍臣賦之帝笑稱善後爲廣陵太守

謝莊爲左衛將軍孝武嘗賜莊寶劍莊以與豫州刺史魯爽送别爽後反叛世祖因宴集問劍所在答曰昔以與魯爽别竊爲陛下杜郵之賜帝甚悅當時以爲知言孝武嘗爲顔延年曰謝希逸月賦何如答曰美則美矣但莊始知隔千里兮共明月帝召莊以延年答語語之莊應聲曰延年作秋胡詩始知生爲久離别沒爲長不歸帝撫掌竟日又王玄謨問莊何者爲雙聲何者爲疊韻答曰玄護爲雙聲磝碻爲疊韻其捷速如此

巢尚之甚聰敏時百姓欲爲孝武立寺擬其名尚之應聲曰宜名天保詩云天保下報上也時服其機速累遷黃門侍郎

宗越爲後軍參軍督護隨王誕戲之曰汝何人遂得我府四字越答曰佛貍未死不憂不得諮議參軍誕大笑臣欽若等曰佛貍後魏道武小字也

殷叡字文子解義有口才司徒褚淵甚重之謂之曰諸殷自荆州以來無出卿右者叡斂容答曰殷侯衰悴誠不如昔若此旨爲虚故不足降此旨爲實彌不可聞

南齊褚炫初仕宋爲撫軍車騎記室正員外郎從明帝射雉至日中無所得帝甚猜羞召問侍臣曰吾旦來如皐遂空行可笑座者莫答炫獨曰今節候雖適而雲露尚凝故斯翬之禽驕心未警但得神駕游豫群情便爲載懽帝意解乃於雉場置酒

范柏年初爲州將劉亮使出都咨事見宋明帝帝言次及廣州貪泉因問柏年卿州復有此水不答曰梁州唯有文川武鄉廉泉讓水又問卿宅在何處曰臣廉讓之間帝嗟其善答因見知歷位内外終於梁州刺史

崔祖思爲刺史高帝既爲齊王置酒爲樂羮膾既至祖思曰此味故爲南北所推侍中沈文季曰羮膾吳食非祖思所解祖思曰炰鼈膾鯉似非句吳之詩文季曰千里蓴羮豈關魯衛帝甚悅曰蓴羮故應還沈祖思後爲青冀二州刺史

王儉爲吏部郎有客姓譚者詣儉求官儉謂曰齊桓滅譚那得有君答曰譚子奔莒所以有僕儉賞其善噓卒得職焉

王慈僧虔之子也謝鳳字超宗嘗謂慈曰卿書何當

及虔公慈曰我之不得仰及猶鷄之不得鳳也時人以爲名答慈位至豫章內史

王敬則爲太尉武帝御座賦詩敬則執紙曰臣幾落此奴度內帝問此何言敬則曰臣若知書不過尚書令史耳那得今日

虞長耀爲員外郎王敬則初使虜於北館種楊柳後長耀北使還敬則問我昔種楊柳樹今若大小長耀曰虜中以爲甘棠敬則笑而不答

周盤龍爲散騎常侍武帝戲之曰卿著貂蟬何如兜鍪盤龍曰此貂蟬從兜鍪中出耳

范文季爲散騎常侍領軍將軍武帝謂文季曰南土無僕射多歷年所文季對曰南風不競非復一日文季雖不學發言必有辭采當世稱其應對

周顒爲太子僕衛將軍王儉謂顒曰卿山中何所食顒曰赤米白鹽綠葵紫蓼文惠太子問顒菜食何味最勝顒曰春初早韭秋末晚菘時何胤亦精信佛法無妻妾太子又問顒卿精進何如胤顒曰三塗六難共所未免然各有其累太子曰所累伊何對曰周妻何肉其言辭應變皆如此也

庾杲之爲黃門吏部郎武帝酒後謂群臣曰我後當得何謚群臣莫有答王儉因目杲之後答曰陛下壽等南山方與日月齊明千載之後豈是臣子輕所仰量時人雅歎其辯荅杲之嘗兼主客郎對魏使使問杲之曰百姓那得家家題名帖賣宅答曰朝廷既欲掃蕩京雒克復神州所以家家賣宅耳魏使縮鼻而不答杲之後爲太子右衛率

謝瀹性甚敏贍嘗與劉俊飲推辭久之俊曰謝莊兒不可云不能飲瀹曰苟得其人自可沉湎千日俊甚慙無言勔俊父也瀹後爲太子詹事

劉繪性通悟出爲南康相郡人有姓賴所居名穢里

刺謁繪繪戲嘲之曰君有何穢而居穢里此人應聲曰未審孔丘何闕而居闕里繪默然不答亦無忤意歎其辯速

梁范雲初仕齊爲竟陵王丹陽尹主簿時進見齊高帝值有獻白烏者帝問此爲何瑞雲位卑最後答曰臣聞王者敬宗廟則白烏至時謁廟始畢曰卿言是也感應之理一至此

蕭琛仕齊爲司徒記室永明九年魏始通好琛再銜命至桑乾還爲通直散騎侍郎時魏遣李道固來使齊帝讌之琛於御筵舉酒勸道固道固不受曰公庭

無私禮不容受勸琛徐答曰詩所謂雨我公田遂及我私座者皆服道固乃受琛酒

王瑩爲尚書令性淸愼高祖深喜之時有猛獸入郭帝意不悦以問群臣群臣莫對瑩在御筵乃斂板答曰昔擊石拊石百獸率舞陛下膺籙御圖武象來格帝大悦衆咸服焉

謝幾卿爲西昌侯藻軍師長史將行與僕射徐勉別勉云淮肥之役前謝巳著奇功未知今謝何如幾卿應聲曰巳見今徐勝於前徐後謝何必愧於前謝勉默然

李膺爲西昌侯藻主簿使至都高祖悦之謂曰今李膺何如昔李膺對曰今勝昔問何故對曰昔日李膺事桓靈之主今日李膺逢堯舜之君帝嘉其對以如意擊席者久之乃以爲益州別駕

王份爲散騎常侍領步兵較尉高祖於宴席問群臣曰朕爲有爲無份對曰陛下應萬物爲有體至理爲無高祖稱善

曹景宗爲右衛將軍嘗於華光殿侍宴武帝連句令左僕射沈約賦韻景宗不得韻意色不平啓求賦詩帝曰卿技能甚多人才英拔何必止在一詩景宗巳醉求作不巳詔令約賦韻時韻巳盡唯餘競病二字景宗便操筆而成曰去時兒女悲歸來笳鼓競借問行路人何如霍去病帝嘆不巳約等驚嗟竟日

何敬容爲侍中大同三年正月朱雀門災高祖謂群臣曰此門制卑狹我始欲構遂遭天災並相顧未有答敬容獨曰此所謂陛下先天而天弗違時以爲名對

夏侯亶爲人美風儀寬厚有器量涉獵文史辯給能專對宗人夏侯溢爲衡陽内史辭日亶侍御高祖謂亶曰夏侯溢於卿疏近亶荅曰是臣從弟高祖知溢

於亶已疏乃曰卿傖人好不辯族從亶對曰臣聞服屬易疏所以不忍言族時以爲能對亶位至平北將軍

蕭子顯爲侍中高祖嘗從容謂子顯曰我造通史此書若成衆史何觀子顯對曰仲尼讚易道黜八索述職方除九丘聖製符同復在茲日以爲名對

陳顔晃字元明爲梁邵陵王兼記室參軍時東宮學士庾信嘗使于府中王使晃接對信輕其尚少曰此府兼記室幾人晃答曰猶當少於宮中學士當時以爲善對

後魏楊昱爲散騎侍郎初尚書令王肅除揚州刺史出頓於雒陽東亭朝貴畢集詔令諸王送別昱伯父播同在餞席酒酣之後廣陽王嘉北海王祥等與播論議競理播不爲之屈北海顧謂昱曰尊伯性剛不伏理大不如尊使君也昱前對曰昱父道隆則從其隆道誇則從其誇伯父剛則不吐柔亦不茹一坐歎其能言肅曰此非郎何得申二公之美也

邢巒爲中書侍郎孝文因行樂至司空府南見巒宅遣使謂巒曰朝行樂至此見卿宅乃住東望德館情有依然巒對曰陛下移構中京方建無窮之業臣意

在與魏昇降寧容不務永年之宅帝謂司空穆亮僕射李沖曰巒之此言其意不小

爾朱彥伯廢帝時爲侍中帝讌彥伯於顯陽殿時侍中源子恭黃門郎竇瑗並侍坐彥伯曰源侍中比爲都督與臣相持於河內當爾之時旗鼓相望眇如天隔寧期同事陛下今日之歡也子恭曰蒯通有言犬吠非其主昔日之事永安猶今日之事陛下耳帝曰源侍中可謂有射鉤之心也遂令二人極醉而罷

北齊盧詢祖初襲爵封大夏男有宿德朝士謂之曰大夏初成應嚴荅曰且得燕雀相賀又邢卲曾戲詢祖曰卿少年才學富盛戴角者無上齒恐卿不壽對曰詢祖初聞此言實懷恐懼見丈人蒼蒼在鬢差以自安卲甚重其敏贍

楊愔爲吏部尚書典選令史唱人名誤以盧士深爲士琛士深自言愔曰盧郎玉潤所以從玉又魏收昔在雒京輕薄尤甚人號曰魏收驚蛺蝶文襄曾遊東山令給事黃門侍郎元顥等宴文襄曰魏收恃才無宜適須出其短往復數番收忽大唱曰楊遵彥理屈已倒（遵彥愔字也）愔從容曰我綽有餘暇山立不動若遇當塗恐翩翩遂逝當塗者魏翩翩者蝶也文襄先知

之大笑稱善

王晞爲丞相嘗山王并州刺史嘗詣晉祠賦詩曰日落應歸去魚鳥見留連忽有相王使至（臣欽若等曰相王王爲丞相也）召晞不時至明日丞相西閣祭酒盧思道謂晞曰昨被召已朱顏得不以魚鳥致惟晞緩笑曰昨晚陶然頗以酒縈被責卿輩亦是留連之一物豈直在魚鳥而已

元文遥爲侍中子行恭少頗驕恣文遥令與范陽盧思道交遊文遥嘗謂思道云小兒比日微有所知是大弟之力然白擲劇飲甚得師風思道荅曰六郎辭

情俊邁自是克荷堂構而白㮛劇飲亦天性所得一
崔俊爲侍中其妹爲博陵王妃婚夕文宣舉酒祝曰新婦宜令孝順富貴俊奏曰孝順出自臣門富貴恩蹤陛下
宋遊道爲司州中從事時將還鄴會霖雨行旅擁於河橋遊道於幕下朝夕宴歌行者聞之曰何時節作此聲因大癡遊道應聲曰何時節不作此聲因大癡
孫搴爲散騎常侍搴學淺而行薄邢劭嘗謂之曰更須讀書搴曰精騎三千足敵君羸卒數萬
後周長孫澄初仕西魏爲征東將軍文帝嘗與太祖

及群公晏從容言曰孝經一卷人行之本諸公宜各引要言澄應聲曰夙夜匪懈以事一人座中有人忽云臣救其惡旣而出閤太祖深歎澄之合機而譏其次答
隋雲定興女爲太子勇昭訓生長寧王儼誕乳之初以報高祖高祖曰此郎皇太孫何乃生不得地定興奏曰天生龍種所以因雲而出時人以爲敏對位至屯衛大將軍
麥鐵杖爲汝南太守因朝集考功郎竇威嘲之曰麥是何姓鐵杖應聲對曰麥豆不殊那忽相怪威赧然無以應之時人以爲敏慧
唐蘇世長隋大業中王世充署爲太子太保與僞將豆盧褒俱鎮襄陽旣降京師高祖誅褒而責世長來晚之故世長頓顙曰自古帝王受命爲逐鹿之喻一人得之萬夫斂手豈有獲鹿之後忿同獵之徒問爭肉之罪也陛下應天順人布德施惠又安得忘管仲雍齒之事乎且臣武功之士經涉亂離死亡略盡唯臣殘命得見聖朝陛下若復殺之是絕其類也寔望天恩使有遺種高祖與之有故笑而釋之尋授玉山屯監後於玄武門引見語及平生恩意甚厚高祖曰

卿自謂諂佞邪正直耶對曰臣寔愚直高祖曰卿若直何爲背世充而歸我對曰雒陽旣平天下爲一臣智窮力屈始歸陛下向使世充尚在據漢南天意雖有所歸人事足爲勍敵高祖大笑嘗嘲之曰名長意短口正心邪棄忠貞於鄭國忘信義於吾家世長對曰名長意短寔如聖旨口正心邪未敢奉詔昔竇融以河西降漢十世封侯臣以山南歸國唯蒙屯監郎日擢拜諫議大夫

冊府元龜

巡按福建監察御史臣李嗣京　訂正

分守建南道左布政使臣胡維霖　參閱

知建陽縣事臣黃國琦　較釋

總錄部

義

傳曰不爲義疚又曰義者天下之制也蓋管氏以爲國維呂覽謂之事紀故在上者好之民莫敢不服者矣中古以還大道云喪邦乏純德之士鄉鮮不貳之老巧智競逐婾薄日滋乃有秉操殊特挺志英果捐

已以濟物捨生而殉名急病讓夷解紛排難收恤惸獨保障宗祊歷屯夷而無改來急難而必赴不謀舊國不忘故君蹈危機以明節冒白刃而舒患觸類而長其流寔繁皆本乎剛毅之存誠忠厚之成性蘊至德於深衷彰盛烈乎所履用能孤風激於頹俗英名傳於遐世凜然之氣久而益振仲尼所謂聞而不從者可憂見而不爲者非勇斯亦感激於衰世而發論也

晉祁彌明爲晉趙盾車右（祁大夫驂乘有車右有御者）靈公欲殺盾衆莫可使往者於是伏甲于宮中召趙盾而食之彌明者國之力士也仡然從乎趙盾而入（仡然壯勇貌）放乎堂下而立趙盾已食靈公謂盾曰吾聞子之劍蓋利劍也子以示我吾將觀焉（拔君劍當拔而進其首靈公因欲以推殺之）趙盾起將進劍彌明自下呼之曰盾食飽則出何故拔劍於君所趙盾知之躇階而走（躇猶超遽不服以次）靈公有周狗（周狗可以比周之狗所掠如此）謂之獒（大四尺曰獒）呼獒而屬之獒亦躇階而從之彌明逆而踆之（以足逆蹋曰踆）絕其頷趙盾顧曰君之獒不若臣之獒也然而宮中甲鼓而起（甲卽上所道伏甲約勒聞鼓聲當起殺盾）有起于甲中者抱趙盾而乘之（欲趨疾走）趙盾顧曰吾何以得子（尤曰吾何以得此救急之恩於子邪非所以意悟）

曰子某時所食活我於暴桑下者也（某時者記傳者失之暴桑蒲蘇桑傳道此者明人當素積恩德）趙盾曰子名爲誰（後欲報之）曰吾君孰爲介（介甲也猶曰我晉君爲誰介與此甲兵豈不爲盾乎）子之乘矣何問吾名（之乘卽上車也猶曰子已上車矣何不疾去而反徐問吾名乎）趙盾驅而出衆無留之者（明盾賢人不忍殺也左傳載晉侯飲盾酒伏甲將攻之其右提彌明知之登曰臣侍君宴過三爵非禮也遂伏以下公嗾夫獒焉明搏而殺之盾曰棄人用犬雖猛何爲鬬且出提彌明死之）

董安于爲晉趙孟臣十三年孟怒邯鄲午遂殺之趙稷涉賓以邯鄲叛上軍司馬籍秦圍邯鄲午荀寅之甥也荀寅范吉射之姻也（壻父曰姻荀寅子娶吉射女）而相與睦故不與圍邯鄲將作亂（作亂攻趙鞅）董安于聞之（安于趙氏臣）

告趙孟曰先備諸趙孟曰晉國有命始禍者死爲後
可也安于曰與其害於民寧我獨死（俱見攻必傷害民）請以
我說趙孟不可（晉國若討可殺我以自解說）十四年春衛侯逐公
叔戌與其黨故趙陽奔宋戌來奔（終史魚之言）梁嬰父惡
董安于謂知文子曰不殺安于使終爲政於趙氏趙
氏必得晉國盍以先發其難也討於趙氏文子使告
於趙孟曰范中行氏雖信爲亂安于則發之是安于
與謀亂也晉國有命始禍者死二子既伏其罪矣敢
以告（告使討安于）趙孟患之安于曰我死而晉國寧趙氏
定將焉用生人誰不死吾死莫矣乃縊而死趙孟尸

諸市而告於知氏曰主命戮罪人安于既伏其罪矣
敢以告知伯從趙孟盟（知伯荀躒）而後趙氏定祀安于於
廟

韓厥爲晉卿景公之三年司寇屠岸賈將作亂誅靈
公之賊趙盾趙盾已死矣欲誅其子趙朔韓厥止賈
賈不聽厥告趙朔令亡朔曰子必能不絕趙祀死不
恨矣韓厥許之及賈誅趙氏厥稱疾不出程嬰公孫
杵臼之藏趙孤趙武也厥知之景公十七年病卜之
大業之後不遂者爲祟韓厥稱趙成季之功今後獨
無祀以感景公景公問曰尚有世乎厥於是言趙武
而復與故趙氏田邑續趙氏祀

鄭國僑字子產爲相時鄭大夫伯有出奔許既而自
墓門之瀆入因馬師頡介于襄庫以伐舊北門（馬師頡子
羽孫）駟帶率國人以伐之（駟帶子西子皙之宗主）皆召子產（駟氏伯有
俱召）子產曰兄弟而及此吾從天所與（兄弟恩等無所偏助）故伯
有死於羊肆（羊肆市列）子產襚之枕之股而哭之斂而殯
諸伯有之臣在市側者既而葬諸斗城（斗城地名）鄭子駟
氏欲攻子產子皮怒之曰禮國之幹也殺有禮禍莫
大焉乃止（襄公三十年）

鑪金宦於楚大夫子期會吳伐楚楚子敗奔隨吳人

從之隨人隨吳吳乃退鑪金實與隨人要言（要言無以楚王
與吳并欲脫子期）王使見（王喜其意欲引見之以比隨人王臣且欲使盟隨人）辭曰不
敢以約爲利（此約謂要言也此一時之事非爲德舉故辭不敢見亦不肯爲盟主）主割
子期之心以與隨人盟（當子期心前割取血以盟示其至心）

吳句卑爲楚左司馬戌之臣吳伐楚楚子敗左司馬
戌及息而還（息汝南新息也聞楚敗故還）敗吳師于雍澨傷（司馬先敗
吳師而身被創）初司馬臣闔廬故恥爲禽焉（司馬嘗在吳爲闔廬臣是以今
恥於見禽）謂其臣曰誰能免吾首吳句卑曰臣賤可乎司
馬曰我實失子可哉（失不知子賢）三戰皆傷曰吾不可用
也已句卑布裳剄而裹之（司馬已死剄取其首）藏其身而以其

首尾（定公四年）
伍胥父舉事楚平王太子建平王聽讒殺舉太子建奔鄭胥亦奔鄭鄭又殺太子建建有子名勝伍胥懼乃與勝俱奔吳到昭關昭關欲執之伍胥遂與勝獨身步走幾不得脫追者在後走至江江上有一魚父乘船知伍胥之急乃渡伍胥伍胥既渡解其劍曰此劍直百金以與父父曰楚國之法得伍胥者賜粟五萬石爵執珪豈徒百金劍邪不受胥遂奔吳竟破楚

張柳朔晉人范氏之臣王生惡柳朔言諸昭子使爲柏人（爲柏人宰也昭子范吉射也）昭子曰夫非而讎乎對曰私讎

不及公（公家之事也）好不廢過惡不去善義之經也臣敢違之及范氏出（出柏人奔齊）柳朔謂其子爾從主勉之我將止死王生授我矣（授我死節）吾不可以僭之遂死於柏人（爲吉射距晉戰死）

趙公子勝爲趙相封平原君先是魏齊嘗辱范睢已而睢相秦魏齊懼走趙匿平原君家秦昭王欲爲范睢必報其仇乃佯爲好書召平原君爲十日之飲平原君入秦見昭王昭王與平原君飲數日昭王謂平原君曰昔周文王得呂尚以爲太公齊桓公得管夷吾以爲仲父今范君亦寡人之叔父也范君之仇在君之家願使人歸取其頭來不然吾不出君於關平原君曰貴而爲友者爲賤也富而爲交者爲貧也夫魏齊者勝之友也在固不出也今又不在臣所昭王乃遺趙王書趙孝成王乃發卒圍平原君家急魏齊夜亡出見趙相虞卿虞卿度趙王終不可說乃解其相印與魏齊亡之梁將見信陵君信陵君尤豫未肯見魏齊聞信陵君之初難見之遂自殺虞卿困於魏

漢夏侯嬰沛人秦末試補縣吏與高祖相愛高祖戲而傷嬰人有告高祖高祖時爲亭長重坐傷人（爲吏傷人其罪重）告故不傷嬰嬰證之後覆嬰坐高祖繫歲餘掠

笞數百終脫高祖高祖起沛嘗爲太僕竟高祖以太僕事惠帝

鄭君者鄭當時之先也嘗事項籍死而屬漢高祖令諸故項籍臣名籍（臣欽若等曰名籍謂令名呼項籍也）鄭君獨不奉詔詔盡拜名籍者爲大夫而逐鄭君

欒布爲燕將漢擊燕虜布梁王彭越聞布賢乃言於高祖請贖布爲梁大夫使於齊未反漢召彭越責以謀反夷三族梟首雒陽下詔有收視者輒捕之布還奏事彭越頭下祠而哭之吏捕以聞帝召罵布曰若與彭越反邪吾禁人勿收若獨祠而哭之與反明矣

越烹之方提趨湯顧曰願一言而死帝曰何言布曰方上之困彭越敗滎陽成皋間項王所以不能遂西徒以彭王居梁地與漢合從苦楚也當是之時彭王一顧與楚則漢破與漢則楚破且垓下之會微彭王項氏不亡天下已定彭王剖符受封亦欲傳之萬世今帝徵兵於梁彭王病不行而疑以爲反反形未見以苛細誅之臣恐功臣人人自危今彭王已死臣生不如死請就烹上乃釋布拜爲都尉

卜式河南人初以田畜爲事弟奇忽請於式欲分財異居式便脫身出唯取羊百頭遂入山放牧經十餘

年十倍於初却買田宅居焉弟奇悉破其產矣式輒分與之後爲御史大夫太子太傅

竇嬰封魏其侯爲丞相免後竇太后益疏不用無勢諸公稍自引而怠驁唯故齊相灌夫獨否故嬰墨墨不得意而厚遇夫也丞相田蚡會宗室列侯而夫醉罵坐被繫嬰銳爲救夫嬰夫人諫曰灌將軍得罪丞相與太后家迕寧可救邪嬰曰侯自我得之自我捐之無所恨且終不令灌仲孺獨死嬰獨生（仲孺灌夫字）乃匿其家竊出上書立召入具告言灌夫醉飽事不足誅武帝然之賜嬰食曰東朝廷辯之竟以太后故嬰及夫皆棄市

公孫敖爲騎郎與衛青友青姊子夫得入宮幸武帝皇后大長公主女也無子妒之大長公主捕青囚欲殺之敖與壯士往篡之故得不死帝聞乃召青爲建章監

孔車爲主父偃客偃方貴幸時客以千數及族死無一人視獨車收葬焉武帝聞之以車爲長者

任安初居衛青門下時青與霍去病俱爲大司馬青恩衰而去病日益貴青故人門下多去事去病輒得官爵唯獨安不肯去後爲益州刺史

朱博與陳咸爲友咸爲御史中丞坐漏泄省中語下獄博去吏間步至廷獄下候司咸事掠治困篤博詐得爲醫入獄得見咸具知其所坐罪博出獄又變如名爲驗治數百（爲被掠笞也）卒免咸死罪咸得論出而博以此顯名後至丞相

朱詡沛人爲董賢吏爲賢所厚賢死詡自劾去買棺衣收賢尸葬之王莽聞之而大怒以它辜擊殺詡

樓護爲天水太守免初有故人呂公無子歸護護身與呂公妻與嫗同食及護家居妻子頗厭呂公護聞之流涕責其妻子曰呂公以故舊窮老託身於我義

所當奉養呂公終身
原涉字巨先爲谷口令自劾去官亡命歲餘逢赦出
溥以振施貧窮赴人之急爲務人嘗置酒請涉涉入
里門客有道涉所知母病避疾在里宅者此在里之中宅也
涉即往候叩門家哭涉因入弔問以喪事家無所有
涉曰且絜歸除沐浴待涉還至主人對賓客歎息曰
人親臥地不收涉何必鄉此願徹去酒食賓客爭問
所當得涉乃側席而坐削牘爲疏具記衣被棺木下
至飯含之物分付諸客諸客奔走市買至日昳皆會
涉親閱視已謂主人曰願受賜矣既共飲食涉獨不

飽迺載棺物從賓客往至喪家爲棺歛勞倈畢葬其
周急待人如此後有人毀涉者曰姦人之雄也喪家
子即時刺殺言者
云敞師事吳章章坐王莽子宇腰斬初章爲當時名
儒教授尤盛弟子千餘人莽以爲惡人黨皆當禁錮
不得仕宦門人盡更名他師敞時爲大司徒掾自劾
吳章弟子收抱章尸歸棺歛之京師稱焉車騎將軍
王舜高其志節比之欒布表奏以爲掾薦爲中郎
後漢馮魴湖陽人爲郡族姓王莽末四方潰叛乃聚
賓客招豪傑作營壍以待所歸是時湖陽大姓虞都
尉反城稱兵先與同縣申屠季有仇而殺其兄謀滅
季族季亡歸魴魴將季欲還其營道逢都尉從弟長
卿來欲執季魴叱長卿曰我與季雖無素故士窮相
歸要當以死任之卿爲何言遂與俱歸季謝曰蒙恩
得全死無以爲報有牛馬財物願悉獻之魴作色曰
吾老親弱弟皆在賊城中今日相與尚無所顧何云
財物乎季慙不敢復言魴自是爲縣邑所敬信後至
執金吾
周嘉汝陽人仕郡主簿王莽末羣賊入汝陽城嘉從
太守何敞討賊敞爲流矢所中郡兵奔北賊圍繞數

十重白刃交集嘉擁敞以身扞之因呵賊曰卿曹皆
人隸也爲賊既逆豈有還害其君者邪嘉請以死贖
君命因仰天號泣羣賊於是兩相視曰此義士也給
其車馬遣送之
孫堪河南緱氏人以節介氣勇自行王莽末兵革並
起宗族老弱在營保間堪嘗力戰陷敵無所迴避數
被創刃宗族賴之郡中咸服其義勇後爲侍中騎都
尉卒官
第五倫京兆長陵人少介然有義行王莽末盜賊起
宗族閭里往往附之倫乃依險固築營壁有賊輒奮

厲其衆引彊持滿以拒之銅馬赤眉之屬前後數十
輩皆不能下時米石萬錢人相食倫獨收養孤兄子
外孫分糧共食死生相守鄉里以此賢之後至司空
黄顥南陽人與李守相善王莽末守子通從光武舉
兵守時爲王莽宗卿師通遣從兄子季之長安以事
報守季於道病死守密知之欲亡歸顥時爲中郎將
聞之謂守曰今關門禁嚴君狀貌非凡將以此安之
不如詣闕自歸事旣未然脫可免禍守從其計卽上
書歸死章未及報留闕下會事發覺通得亡走莽聞
之乃繫守於獄而顥爲請曰守聞子無狀不敢逃亡

守義自信歸命宮闕臣顥願質守俱東曉說其子如
遂悖逆令守北向刎首以謝大恩莽然其言會前隊
復上通起兵之狀莽怒欲殺守顥爭之遂并被誅
索盧放東郡人爲郡門下掾更始時使者督行郡國
太守有事當就斬刑放前言曰今天下所以苦毒王
氏歸心皇漢者實以聖政寬仁故也而傳車所過未
聞恩澤太守受誅誠不敢言但恐天下惶懼各生疑
變夫使功者不如使過願以身代太守之命遂前就
斬使者義而赦之繇是顯名
趙熹爲更始偏將軍更始敗熹爲赤眉所圍迫急乃
踰屋亡走與所善韓仲伯等數十人携小弱越山阻
徑出武關仲伯以婦色美慮有强暴者而已受其害
欲棄之於道熹責怒不聽因以泥塗仲伯婦面載以
鹿車身自推之每道逢賊或以還路熹輒言其病狀
以此得免旣入丹水遇更始親屬皆裸跣塗炭饑困
不能前熹見之悲感所裝縑帛資糧悉以與之將護
歸鄉里
劉恭爲更始侍中會赤眉立恭弟盆子爲帝恭自繫
詔獄聞更始敗乃出步從至高陵止傳舍右傳都尉
嚴本恐失更始爲赤眉所誅將兵在外號爲屯衛而

實囚之赤眉下書曰聖公降者封爲長沙王過二十
日勿受更始遣恭請降赤眉使其將謝祿往受之更
始遂隨祿肉袒詣長樂宮上璽綬於盆子赤眉坐更
始置庭中將殺之恭祿爲請不能得遂引更始出恭
追呼曰臣誠力極請先死拔劍欲自刎赤眉帥樊崇
等遽共救止之乃赦更始封爲畏威侯劉恭復爲固
請竟得封長沙王更始常依謝祿居恭亦擁護之三
輔苦赤眉暴虐皆憐更始而張卬等以爲慮謂祿曰
今諸營長多欲篡聖公者一旦失之合兵攻公自滅
之道也於是祿使從兵與更始共牧馬於郊下因令

縊殺之恭夜往收藏其屍光武聞而傷焉赤眉降恭爲更始報仇殺祿自繫獄赦不誅

劉茂爲太原郡門下掾建武二年赤眉二十餘萬衆攻郡縣殺長吏及府掾史茂負太守孫福踰墻藏空穴中得免其暮俱奔盂縣晝則逃隱夜求糧食積百餘日賊去乃得歸府明年詔書求天下義士福言茂曰臣前爲赤眉所攻吏民壞亂奔走趣山臣爲賊所圍命如縣髮賴茂負臣踰城出保盂縣茂與弟觸冒兵刃緣山負食臣及妻子得度死命節義尤高宜蒙表擢以厲義士詔書即徵茂拜議郎

楊賢爲隗囂刺客時杜林林客河西林弟成物故囂聽林持喪東歸既遣而悔追之令賢於隴坻遮殺之賢見林身推鹿車載致弟喪乃歎曰當今之世誰能行義我雖小人何忍殺義士因亡去

劉平爲郡楚守孫萌吏時平狄將軍龐萌反於彭城攻敗萌平冒白刃伏萌身上被七創困頓不知所爲號泣請曰願以身代府君賊乃斂兵止曰此義士也勿殺遂解去萌傷甚氣絶有頃蘇渴求飲平傾其創血以飲之後數日萌竟死平乃裹創扶送萌喪至其本縣

伏湛爲平原太守時倉卒兵起天下驚擾而湛獨晏然教授不廢謂妻子曰夫一穀不登國君徹膳今民皆饑奈何獨飽乃共食麤糲悉分俸祿以賑鄉里來客者百餘家

王青東郡人父隆建武初爲都尉功曹青爲小吏與父俱從都尉行縣道遇賊隆以身衛全都尉遂死於難青亦被矢貫咽音聲流喝前郡守以青身有金夷（夷與痍同）竟不能舉及張酺爲東郡太守見之歎息曰豈有一門忠義而爵賞不及乎遂擢用極右曹（臣欽若等曰案漢以前尚右言君曹掾之上也）

禮震字中威師事汝南太守歐陽歙歙在郡教授數百人徵爲大司徒坐在汝南贓罪千餘萬發覺下獄諸生守闕爲歙求哀者千餘人至有自髠剔者震年十七聞獄當斷馳之京師行到河內獲嘉縣自繫上書求代歙死曰伏見臣師大司徒歐陽歙學爲儒宗八世博士而以贓咎當伏重辜歙門單子幼未能傳學身死之後永爲廢絶上令陛下獲殺賢之譏下使學者喪師資之益乞殺臣身以代歙命書奏而歙已死獄光武嘉其仁義拜震爲郎中

高獲與光武有素舊師事歐陽歙歙下獄當斷獲冠

鐵冠帶鐵鑕詣闕請歙帝雖不赦而引見之謂曰歙公朕欲用子爲吏宜改嘗性獲對曰臣受性於父母不可改之於陛下出便辭去三公爭辟不應

杜眞字孟宗廣漢綿竹人也兄事同郡翟酺酺後被繫獄眞上檄章救酺繫獄笞六百竟免酺難京師莫不壯之

魏譚爲饑寇所獲等輩數十人皆束縛以次當烹賊見譚似謹厚獨令主爨暮輒執縛賊有夷長公特哀念譚密解其縛語曰汝曹皆應就食急從此去對曰譚爲諸君爨常得遺餘餘人家茹草萊不食我長公

義之相曉放遣得俱免永平中爲主家令

陳元爲歐陽歙大司徒掾歙建武中坐爲汝南太守贓罪千餘萬死獄中元上書追訟之言甚切至帝乃賜歙棺木贈印綬賻縑三千疋歙子復嗣

鮑永初爲更始尚書僕射建武十一年爲司隸校尉行縣到霸陵路經更始墓引車入陌從事諫止之永日親北面事人寧有過墓不拜雖以獲罪司隸所不避也遂下拜哭盡哀而去至扶風椎牛上苟諫冢帝聞之意不平問公卿曰奉使如此何如大中大夫張堪對曰仁者行之宗忠者義之主也仁不遺舊忠不忘君行之高者也帝意乃釋一云永爲揚州牧遭毋憂去官悉以財産與弟子孫

馬稜字伯威援之族孫少孤依從兄毅共居業恩猶同産毅卒無子稜心喪三年稜後至河内太守

朱暉南陽宛人爲郡吏太守阮況嘗欲車暉婢暉忤不從及況卒暉乃厚贈送其家人或譏焉暉曰前阮府君有求於我所以不敢聞命誠恐以財貨汚君令而相送明吾非有愛也後爲臨淮太守坐法免建初中南陽大饑米石千餘暉盡散其家資以分宗里故舊之貧羸者鄉族皆歸焉初暉同縣張堪有名德每

與相見嘗接以友道暉以堪宿望盛名未敢安之堪至把暉臂曰欲以妻子託朱生暉擧手不敢答堪後仕爲漁陽太守暉自爲臨淮太守絶相聞見將南陽饑堪妻子貧窮暉乃自往候視其家因分所有以賑給之暉又與同郡陳揖交善揖早卒有遺腹子友暉嘗哀之及司徒桓虞爲南陽太守召暉子駢爲吏暉辭駢而薦友虞嘆息遂召之其義烈如此

李善南陽淯陽人本同縣李元之蒼頭建武中疫疾元家相繼死沒唯孤兒續始生數旬而貲財千萬諸奴婢私共計議欲謀殺續分其財産善深傷李氏而

力不能制乃潛負續逃亡隱山陽瑕丘界中親自哺養乳爲生湩推燥居濕備嘗艱勤續雖在孩抱奉之不異長君有事輒長跪請白然後行之閭里感其行皆相率脩義續年十歲善與歸本縣修理舊業告奴婢於長史悉收殺之顯宗時善辟公府以能理劇再遷日南太守從京師之官道經濟陽過李元家未至一里乃脫朝服持鉏去草及拜墓哭泣甚悲身自炊爨執鼎俎以脩祭祀垂泣曰君夫人善在此盡哀數日乃去

任末少習齊詩遊京師友人董奉德於雒陽病亡末

乃身推鹿車載奉德喪致其墓所繇是知名爲郡功曹辭以病免

張歆守皐長有報父仇賊自出歆召囚詣閤曰欲自受其辭歆既入解械飲食便發遣遂棄官亡命逢赦出繇是鄉里服其高義歆卒子禹以田宅推與伯父身自寄止

廉范爲隴西太守鄧融功曹永平初融爲州所舉案范知事譴難解欲以權相濟乃託病求去融不達其意大恨之范於是東至雒陽變名姓求代廷尉獄卒居無幾融果徵下獄范遂得衛侍左右盡心勤勞融怪其貌類范殊不意乃謂曰卿何似我故功曹邪范訶之曰君困厄瞀亂邪語遂絕融繫出因病范隨而養視及死竟不言身自將車送喪至南陽葬畢乃去後至蜀郡太守坐法免肅宗崩奔赴敬陵時盧江郡掾嚴麟奉章弔國俱會於路麟乘小車塗深馬死不能自進范見而愍然命從騎下馬與之不告而去麟事畢不知馬所歸乃緣蹤訪之或謂麟曰故蜀郡太守廉叔度好周人窮急今奔國喪獨當是耳麟亦素聞范名以爲然即牽馬造門謝而歸之世服其好義

陸續會稽吳人爲郡戶曹史刺史尹興行部見續辟

爲別駕從事以病去還爲郡門下掾是時楚王英謀反陰疏天下善士及楚事覺明帝得其錄有尹興名乃徵興詣廷尉獄續主簿梁宏功曹史駟勳及掾史五百餘人詣雒陽詔獄就考諸吏不堪痛楚死者大半唯續宏勳掠考五毒饑肉消爛終無異辭遂得赦

鄧弘封西平侯收恤故舊無所遺失父所厚同郡郎中王臨年老貧乏私乞與衣裘輿馬施之終竟

鄭均好義篤實養寡嫂孤兒恩禮敦至東觀記曰均失兄養孤兒元子甚篤已冠娶出令別居並門盡推財與之使得一尊其存然後隨護視賑給之後至議郎

劉般收恤九族行義尤著時人稱之後至宗正

劉翊字子相會行於汝南界中有陳國張季禮遠赴師喪遇寒氷車毀頓滯道路翊見而謂曰君慎終赴義行宜速達即下車與之不告姓名自策馬而去季禮意其子相也後故到頴陰還所假乘翊閉門辭行不與相見後至陳留太守

任隗阿陵侯光之子嗣父爵淸靜寡欲所得俸秩嘗以賑恤宗族收養孤寡明帝聞之擢奉朝請

樂恢京兆人仕本郡户曹吏太守張恂坐法誅故人莫敢往恢獨奔喪行服坐以抵罪歸

許荆會稽陽羨人少爲郡吏兄子世嘗報讎殺人怨

者操兵攻之荆聞乃出門迎怨者跪而言曰世前無狀相犯咎皆在荆不能訓導兄旣早沒一子爲嗣如令死者傷其滅絶願殺身代之怨家扶荆起曰許掾郡中稱賢吾何敢相侵因遂委去荆名譽益著

李恂安定人大守頴川李鴻請署功曹未及到而州辟爲從事會鴻卒恂不應州命而送鴻喪還鄉里旣葬留起冢墳持喪三年

陳禪巴郡人仕郡功曹察孝廉州辟治中從事時刺史爲人所上受納贓賂禪當得考無它所齎但持喪斂之具而已及至笞掠無筭五毒畢加禪意自若辭對無變事遂散釋

戴封濟北人年十五詣太學師事鄮令東海申君申君卒送喪到東海還京師卒業時同學石敬溫病卒封養視殯斂以所齎糧市小棺送喪到家更斂見敬平時書物皆在棺中乃大異之後至太常卿

王忳廣漢新都人嘗詣京師於空舍中見一書生病困愍而視之書生謂忳曰我當到雒陽而被病命在須臾腰下有金十斤願以相贈死後乞藏骸骨未及問姓名而命絶忳卽鬻一斤營其殯葬餘金悉置棺下人無知者後歸數年縣署忳大度亭長初到之日

有馬馳入亭中而止其日大風飄一繡被復墮忳前卽言於縣縣以歸忳忳後乘馬到雒縣馬遂奔走牽忳入它舍主人見之喜曰今禽盜矣問忳所繇得馬忳具說其狀并及繡被主人悵然良久乃曰被隨旋風於馬俱亡卿何陰德而致此二物忳自念有葬書生事繇說之并道書生形貌及埋金之處主人大驚號曰是我子也姓金名彦前往京師不知所在何意卿乃葬之大恩久不報天以此彰卿德耳忳悉以被馬還之彦父不敢取又厚遺忳忳辭讓而去時彦父爲州從事因告新都令假忳休息自迎彦喪餘金具

存恤縣是顯名後爲郿令
茨充字子河初舉孝廉之京師同侶馬死充到前亭輒合車將馬還在相迎鄉里號之曰一馬兩車茨子河
繆肜汝南召陵人仕縣爲主簿時令被章見考吏皆畏懼自誣而肜獨證據其事掠考苦毒至乃體生蟲蛆因復傳換五獄踰涉四年令卒以自免太守隴西梁湛召爲決曹吏安帝初湛病卒官肜送喪還隴西始葬會西羌反叛湛妻子悉避亂它郡肜獨留不去爲起墳塚乃潛穿井傍以爲窟室晝則隱竄夜則負

土及賊平而墳已立其妻子意肜已死還見大驚關西咸稱傳之共給車馬衣資肜不受而歸鄉里
范式字巨卿山陽金鄉人受業大學時諸生長沙陳平子亦同在學與式未相見而平子被病將亡謂其妻曰吾聞山陽范巨卿烈士也可以託死吾歿後但以屍埋巨卿戶前乃裂素爲書以遺巨卿旣終妻從其言時式出行適還省書見瘞愴然感之胸墳揖哭以爲死友乃營護平子妻兒身自送喪於臨湘未至四五里乃委素書於柩上哭別而去其兄弟聞之尋求不復見

雷義爲尚書侍郎有同時郎坐事當居刑作義默自表取其罪以此論司寇同臺郎覺之委位自上乞贖義罪順帝詔皆除刑
童恢少仕州郡爲吏司徒楊賜聞其執法廉平乃辟之及賜被劾當免掾屬悉投刺去恢獨詣闕爭之
楊賜爲光祿勳時崔寔卒家徒四壁立無以殯斂賜與太僕袁逢少府段熲爲備棺槨葬具
楊康陳留人故爲太尉杜喬掾喬與李固被誅俱暴屍於城北家屬故人莫敢視者康聞之號泣星行到雒陽乃著故赤幘託爲夏門亭吏守衛屍喪驅護蠅

蟲積十二日都官從事執之以聞梁太后義而不罪康於是帶鐵鑕詣闕上書并乞李杜二公骸骨太后許之成禮殯斂送喬喪還家葬送行服隱匿不仕
郭亮汝南人年始成童遊學雒陽太尉李固爲梁冀所誅露固屍於四衢令有敢臨者加其罪亮乃左提章鉞右秉鐵鑕詣闕上書乞收固屍不許因往臨哭陳辭於前遂守喪不去夏門亭長呵之曰李杜二公爲大臣不能安上納忠而興造無端卿曹何等腐生公犯詔書干試有司乎亮曰亮含陰陽以生載乾履坤義之所動豈知性命何爲以死相懼亭長歎曰居

非命之世天高不敢不跼地厚不敢不蹐耳目追宜
視聽口不可以妄言也梁太后聞而不誅
董班南陽人少遊大學宗事李固聞固死乃星行奔
赴哭泣盡哀司隸案狀奏聞天子釋而不罪班得守
屍積十日不去桓帝嘉其義烈聽許送喪到漢中赴
葬畢而還也班遂隱身莫知所歸
裴瑜河東人察孝廉時太守史弼殺中常侍侯覽門
生覽大怒遂詐作飛章下司隸誣弼誹謗檻車徵吏
人莫敢近者唯瑜送到崤澠之間大言於路傍曰明
府摧折虐臣選德報國如其獲罪足以垂名竹帛願

不憂不懼弼曰誰謂荼苦其甘如薺昔人刎頸九死
不恨及下廷尉詔獄前孝廉魏劭毁變形服詐爲家
僮瞻護於弼弼遂受誣事當棄市劭與同郡人賣郡
邸（郡邸旅舍之寺邸也）行賂於侯覽得減死罪一等論瑜左校
時人或譏曰平原行貨以免君無乃蚩乎陶丘洪曰
昔文王牖里閎散懷金史弼遭患義夫獻寶亦何疑
焉於是議者乃息
孫嵩字賓石安丘人先是中常侍唐衡兄玹爲京兆
虎牙都尉郡人以玹進不繇德皆輕侮之京兆功曹
趙岐及從兄襲又數爲貶議玹深毒恨後爲京兆尹
岐懼禍及乃逃避之玹盡殺岐家屬岐遂逃難四方
江淮海岱靡所不歷自匿姓名賣餅北海市中嵩年
二十餘遊市見岐察非常人停車呼與共載岐懼失
色嵩乃下車帷令屏行人密問岐曰視子非賣餅者
又相問而色動不有重怨即亡命乎我北漢孫賓石
闔門百口勢能相濟岐素聞嵩名即以實告之遂以
俱歸嵩先入白母曰今日出行乃得死友迎入上堂
饗之極歡藏岐複壁中數年後諸唐死滅國赦乃出
後岐遷太僕興平中南說劉表時嵩亦寓於表表不
爲禮岐乃稱嵩素行篤烈因共上爲青州刺史

孫斌爲衛相第五種門下掾種以斌賢善遇之種遷
兗州刺史時中常侍單超兄子康爲濟陰太守種按
其罪超種懷恨忿遂以事陷種竟坐徙朔方超外孫
董援爲朔方太守稸怒以待之及當徙斥斌具聞超
謀乃謂其友人同縣閭子直及高密甄子然曰蓋盜
憎其主從來舊矣第五使君當投裔土而單超外屬
爲彼郡守夫危者易仆可爲寒心吾今方追使君庶
免其難若奉使君以還將以付子二人曰子其行矣
是吾心也於是斌將俠客晨夜追種及之太原遮險
格殺送吏因下馬與種斌自步從一日一夜行四百

餘里遂得脫歸種匿於閭甄二氏數年徐州從事臧旻上書訟冤會赦得出

朱震爲太尉陳蕃支蕃被殺震時爲銍令（鋌屬沛郡）聞而棄官哭之收葬蕃屍匿其子逸於甘陵界中事覺繫獄合門桎梏震受拷掠誓死不言故逸得免後黃巾賊起大赦黨人乃追還逸官至魯相

桓鸞沛郡人少立操行本郡太守向苗有名迹舉鸞孝廉遷爲膠東令始到官而苗卒鸞卽去職奔喪終三年然後歸淮汝之間高其義

桓典（鸞從子）舉孝廉爲郎居無幾會國相王吉以罪被誅沛相故人親戚莫敢至者典獨棄官收斂歸葬服喪三年負土成墳爲立祠堂盡禮而去

傳燮再舉孝廉聞所舉郡將喪乃棄官行服後至漢陽太守

蔡邕與叔父從弟同居三世不分財鄉黨高其義後至左中郎將

申屠蟠始與濟陰王子居同在大學子居臨歿以身託蟠蟠乃躬推輦車送喪歸鄉里遇司隸於河鞏之間從事義之爲封傳護送蟠不肯受投傳於地而去事畢還學（封傳封書以傳送也）累徵不至

景毅蜀郡人爲侍御史時李膺坐黨事死詔獄毅子顧爲膺門徒而未有錄牒故不及於譴乃慨然曰本謂膺賢遣子師之豈可以漏奪名籍苟安而已遂自表免歸時人義之

許敬字鴻卿汝南人與同郡周伯靈爲交友伯靈早亡敬育養其子

范滂汝南人爲郡功曹坐黨事繫獄吏將加掠拷滂以同囚多嬰病乃請先就格遂與同郡袁忠爭受楚毒（建寧二年大誅黨人詔下急捕滂等篤郵吳導至縣抱詔書閉傳舍伏牀而泣滂聞之日必爲我也郎自詣獄縣令郭揖大驚出解印綬引與俱亡日天下大矣子何爲在此滂日滂死則禍塞何敢以罪累

君遂死獄中）

荀爽爲郎中棄官去司空遠逢舉有道不應及奉卒爽制服三年當世往往化以爲俗後至司空

張儉山陽人獻帝初百姓饑荒而儉資計差溫乃傾財產與邑里共之賴其存者以百數後至衛尉

賈淑鄉里有憂患者淑輒傾身營救爲州閭所稱

李篤外黃人中常侍侯覽上書告東部督郵張儉與同郡二十四人爲黨儉得亡命止篤家外黃令毛欽操兵到門篤引欽謂曰張儉知名天下而亡非其罪縱儉可得寧忍執之乎欽因起撫篤曰蘧伯玉恥獨

爲君子足下如何自專仁義篤日篤雖好義明廷今日截其半矣欽歎息而去

彭脩字子陽會稽毗陵人州辟從事時賊張子林等數百人作亂脩與太守俱出擊賊賊望見車馬競交射之飛矢雨集脩以身障太守而爲流矢所中死太守得全賊素聞其恩信卽殺弩中脩者餘悉皆降散言曰自爲彭君故降不爲太守服也

胡騰桂陽人爲大將軍竇武掾武爲中官曹節所害騰以師事武獨殯斂行喪坐以禁錮武孫輔時年二歲逆竄得全事覺節捕之急騰乃令史南陽張敞共

逃輔於零陵界詐云已死騰以爲已子而使聘娶焉後舉桂陽孝廉至建安中荆州牧劉表聞而辟焉以爲從事使還竇姓以事列上會表卒

朱儁會稽人同郡周規辟公府當行假郡庫錢百萬以爲冠幘費而後倉卒督責規家貧無以備儁乃竊母繒帛爲規解對母旣失產業深恚責之儁曰小損當大益初貧後富必然理也儁稍歷郡職太守尹端署儁爲主簿端坐討賊許昭失利爲州所奏罪應棄市儁乃羸服間行輕齎數百金到京師賂主章吏遂得刊定州奏故端得輸作左校心喜於降免而不知共謀儁亦終無所言

廖扶汝南平輿人尤明天文讖緯推步之術逆知歲荒乃聚穀數千斛悉用給宗族姻親辟召並不應

王允太原人年十九爲郡吏時小黄門晉陽趙津貪横放恣爲一縣巨患允討捕殺之而津兄弟諂事宦官因緣譖訴桓帝震怒徵太守劉瓆遂下獄死允送喪還平原終畢三年然後歸家

兆溫爲京兆丞棄官去遭歲大饑散家糧以賑窮餓所活萬餘人

趙戩爲司徒王允故吏允爲李傕郭汜所害莫敢收

允屍者戩時爲平陵令棄官營喪

訾實爲射聲校尉沮俊督戰後與李傕戰死實負其屍而瘞之

張繡武威祖厲人邊章韓遂爲亂凉州金城麴勝襲殺祖厲長劉儁繡爲縣吏間伺殺勝郡内義之

公孫瓚遼西令支人爲郡小吏舉上計吏太守劉君坐事檻車徵官法不聽吏下親近瓚乃改容服詐稱侍卒身執徒養御車到雒陽太守當徙日南瓚具豚酒於北芒山祭辭先人酹觴祝曰昔爲人子今爲人臣當詣日南日南多瘴氣恐或不還便當長辭墳塋

慷慨悲泣再拜而去觀者莫不嘆息既行於道得赦
瓚還

尾敦爲幽州牧劉虞故吏虞爲公孫瓚所殺敦於路
刼虞首歸葬之

閻升故內黃小吏也冀州牧袁紹討公孫瓚南還州
郡兵反與黑山賊于毒等共覆鄴城升在賊中有善
心獨將部衆踰西城入閉守紹門不內他賊以車載
紹家及諸衣冠在州內者身自扞衛送到斥丘乃還
紹到遂屯斥丘以升爲建義中郎將

冊府元龜

巡按福建監察御史臣李嗣京 訂正
知長樂縣事臣夏允彝參閱
知建陽縣事臣黃國琦較釋

總録部五十二

義第二

魏文聘字仲業南陽宛人也爲劉表大將使禦北方表死其子琮立太祖征荆州琮舉州降呼聘欲與俱聘曰聘不能全州當待罪而已太祖濟漢聘乃詣太祖太祖問曰來何遲邪聘曰先日不能輔弼劉荆州

以奉國家荆州雖沒常願據守漢川保全土境生不負於孤弱死無愧於地下而計不得已以至於此實懷悲慙無顏早見耳遂欷歔流涕太祖爲之愴然曰仲業卿真忠臣也厚禮待之

荀彧素爲何顒所善顒爲董卓收顒繫獄自殺後彧爲尚書令遣人迎叔父司空爽喪使并置顒屍而葬之於爽冢傍

華歆字子魚平原人少以高行顯名避西京之亂與同志鄭泰等六七人間步出武關道遇一丈夫獨行願得俱北衆欲許之歆獨曰不可今已在危險之中

急將所領兵及諸從事數十人往赴譚至高密聞譚死下馬號哭曰無君焉歸遂詣太祖乞收葬譚屍太祖欲觀脩意默然不應脩日受袁君恩厚若得收歛譚屍然後就戮無所恨太祖嘉其義聽之以脩爲督軍糧還樂安譚之破諸城皆服唯管統以樂安不從命太祖命脩取統首脩以統亡國之忠臣因解其縛使詣太祖太祖悅而赦之後至太常

田疇右北平無終人幽州牧劉虞奉使至長安致命得報馳還未至虞已爲公孫瓚所害疇至乃於虞墓陳發章表哭泣而去瓚聞之大怒購求獲疇謂曰汝

何自哭劉虞墓而不送章報於我也疇答曰漢室衰頹人懷異心唯劉公不失忠節章報所言於將軍未美恐非所樂聞故不進也且將軍方舉大事以求所欲旣滅無罪之君又讐守義之臣誠行此事則燕趙之士將皆蹈東海死耳豈忍有從將軍者乎瓚壯其對釋不誅也拘之軍下禁其故人莫得與通或說瓚曰田疇義士君弗能禮而又囚之恐失衆心瓚乃縱遣疇疇得北歸率宗族入徐無山中袁紹死其子數遣使招命又卽授將軍印因安輯所統疇皆拒不留紹死其子尚又辟焉疇終不行後遼東斬送袁尚首

時有祝公道者與逵非故人而適聞其言憐其守正危厄乃夜盜往引出折械遣去不語其名姓後至豫州刺史

司馬朗河内温人八歲大饑人相食朗收恤宗族教訓諸弟不爲衰世解業後至兖州刺史

任俊河南中牟人爲典農中郎將於饑荒之際收恤其友孤遺中外貧宗周急繼乏信義見稱

王修字叔治年二十遊學南陽止張奉舍奉舉家得疾病無相視者脩親隱恤之病愈乃去北海相孔融召爲主簿舉孝廉以天下亂不行頃之郡中有反者

言孔融有難夜往奔融賊初發融謂左右曰能冒難來者唯王修耳言終而修至復署功曹融每有難修雖休歸在家無不即至融嘗賴修以免袁譚在青州辟脩爲治中從事袁紹死譚尚有隙尚攻譚譚軍敗修率吏民往救譚譚喜曰成吾軍者王別駕也譚之敗劉詢起兵漯陰諸城皆應譚歎息曰今舉州皆叛豈孤之不德邪脩曰東萊太守管統雖在海表此人不反必來後十餘日統果棄其妻子來赴譚妻子爲賊所殺譚更以統爲樂安太守太祖旣破冀州譚又叛太祖遂引軍攻譚於南皮脩時運糧在樂安聞譚

禍福患害義猶一也無故受人不知其義旣已受之若有進退可中棄乎衆不忍卒與俱行此丈夫中道墮井皆欲棄之歆曰已與俱矣棄之不義相率共還出之而後别去衆乃大義之後至太尉

袁渙陳郡人蜀先主初爲豫州舉渙茂才後渙爲呂布所拘留布初與先主和親後離隙布欲使渙作書罵辱先主渙不可再三彊之不許布大怒以兵脅渙曰爲之則生不爲則死渙顔色不變笑而應之曰渙聞唯德可以辱人不聞以罵使彼固君子邪且不耻將軍之言彼誠小人邪將復將軍之意則辱在此不

在於彼且渙他日之事劉將軍猶今日之事將軍也如一旦去此復罵將軍可乎布慙而止後至郎中令

毛玠字孝先雖居顯位嘗布衣蔬食撫育孤兄子甚篤賞賜以賑施貧族家無所餘後至尚書僕射

賈逵河東襄陵人爲絳邑長郭援之攻河東所經城邑皆下逵堅守之絳旣潰援捕得逵逵不肯拜謂援曰王府君臨郡積年（臣欽若等曰王府君謂河東太守也史失其名）不知足下何爲者也援怒曰促斬之諸將覆護乃囚於壺關閉著土窖中以車輪蓋上使人固守方將殺之逵從窖中謂守曰此間無健兒耶而當使義士死此中乎

令三軍敢有哭之者斬曙以嘗為尚所辟乃往弔祭太祖亦不問後至議郎

曹眞為大司馬少與宗人曹遵鄉人朱讚並事太祖遵讚早亡眞愍之乞所分食邑封遵讚子詔曰大司馬有叔向撫孤之仁篤晏平久要之分君子成人之美聽分眞邑賜遵讚子爵關內侯各百戶

崔琰字季珪清河東武成人也少樸訥好擊劍尚武事琰友人公孫方早卒琰撫孤息若己子後至中尉

臧霸字宣高泰山華人也黃巾起霸從陶謙擊破之後歸太祖太祖以霸為瑯邪相初太祖之在兗州以

徐翕毛暉為將兗州亂翕暉皆叛後兗州定翕暉亡命投霸太祖語蜀先主令語霸送二人首霸謂先主曰霸所以能自立者以不為此也霸受公生成之恩不敢違命然王霸之君可以義告願將軍為之辭先主以霸言白太祖太祖歎息謂霸曰此古人之事而君能行之孤之願也乃以翕暉皆為郡守

龐淯字子異初以涼州從事守破羌長會武威太守張猛反殺刺史邯鄲商猛令曰敢有臨商喪死不赦淯聞之棄官晝夜奔走號哭喪所詣猛門衷匕首欲因見以殺猛猛知其義士勑遣不殺繇是以忠烈聞酒泉太守徐揖請淯為主簿後郡人黃昂反圍城淯棄妻子夜踰城出圍告急於張掖燉煌二郡初疑未肯發兵淯欲伏劍二郡感其義遂為興兵軍未至而郡城已陷揖死淯乃收斂揖喪送還本郡行服三年乃還太祖聞之辟為掾

夏侯淵字妙才太祖居家曾有縣官事淵代引重罪太祖營救之得免（魏略曰時兗豫大亂饑乏棄其幼子而活亡弟孤女）後至征西將軍

閻溫字伯儉天水西城人守上邽令馬超奔上邽郡人任養等舉衆迎之溫止之不能禁乃馳還州超復

圍州甚急州乃遣溫密去告急於夏侯淵賊圍數重溫夜從水中潛出明日賊見其迹遣追遮之得溫執還詣超超解其縛謂曰今成敗可見若從吾言反謂城中東方無救此轉禍為福之計也不然今為戮矣溫偽許之超乃載溫詣城下溫向城大呼曰軍不過三日至勉之超怒數之曰足下不為命計邪溫曰夫事君有死無貳而公乃欲令長者出不義之名吾豈苟生者乎超遂殺之

韓珩為袁紹別駕及袁熙袁尚為其將焦觸張南所攻奔遼西烏丸觸自號幽州刺史驅率諸郡太守令

長背袁尚曹陳兵數萬殺白馬盟令日違命者斬衆莫敢語各以次歃至珩曰吾受袁公父子厚恩今其破亡智不能救勇不能死於義闕矣若乃北面於曹氏所弗能爲也一坐爲珩失色觸曰夫興大事當立大義事之濟否不待一人可卒珩志以勵事君太祖高珩節屢辟不至卒於家

成公英金城人中平末隨韓遂爲腹心建安中遂從華陰破走還湟中部黨散去唯英獨從

牽招字子經安平城西人年十餘歲詣同縣樂隱受學後隱爲車騎將軍何苗長史招隨卒業值京都亂

苗隱見害招與隱門生史路等觸蹈鋒刃共殯斂隱屍送喪還歸道遇寇鈔路等皆悉散走賊欲斫棺取釘招垂淚請赦賊義之乃釋而去繇此顯名招既事袁尚後歸太祖從討烏丸至柳城拜護烏丸校尉還鄴遼東送袁尚首縣在馬市招覩之悲感設祭頭下太祖義之

夏侯惇字元讓沛國譙人年十四求師就學人有辱其師者惇殺之繇是以烈氣聞後至大將軍

邢顒爲廣宗長以故將喪棄官有司舉正太祖曰顒篤於舊君一致之節勿問也

嘗林河内人漢末以太守酷虐乃避地上黨耕種山阿當時旱蝗林獨豐收盡呼比鄰升斗分之後至光祿大夫

趙儼字伯然潁川陽翟人漢末避亂荆州與杜襲繁欽通財同計合爲一家後至司空

楊俊漢末以兵亂方起而河内處四達之衢必爲戰場乃扶持老弱詣京密山間同行者百餘家俊振濟貧乏通共有無宗族知故爲人所畧作奴僕者凡六家俊皆傾財贖之本郡王象少孤特爲人僕隸年十七八見使牧羊而私讀書因被箠楚俊嘉其才質卽

贖象著家聘娶立屋然後與別後至南陽太守

高慎字孝甫敦厚少華有沈浮之量撫育孤兄子五人恩義甚篤瑯邪相何英嘉其行履以女妻焉（按慎魏高柔六代祖後漢人）

孫禮爲太祖司空軍謀掾初喪亂時禮與母相失同郡馬台求得禮母禮推家財盡以與台台後坐法當死禮私導令踰獄自首旣而曰臣無逃亡之義徑詣刺奸主簿溫恢恢嘉之具白太祖各減死一等

梁習字子虞初濟陰王思與習俱爲太祖丞相西曹令史思因宜白事失太祖旨太祖大怒教召主者

將加重辟時思近出習代往對已被收執矣思乃馳還自陳已罪罪應受死太祖歎習之不言思之職分曰何意吾軍中有二義士乎

脂習字元升與少府孔融親善太祖爲司空威德日盛而融故以舊意書疏倨傲習常責融欲令改節及融被誅當時許中百官先與融親善者莫敢收恤而習獨往撫而哭之曰文舉卿捨我死我當復與誰語者哀歎無已太祖聞之收習欲理之尋以其事直見原從許東土橋下習後見太祖陳謝前愆太祖呼其字曰元升卿故慷慨因問其居處以新移徙賜穀百

斛至黃初詔欲用之以其年老然嘉其敦舊有欒布之節賜拜中散大夫還家年八十餘卒

郭憲西平人以仁篤爲一郡所歸韓約失衆從羌中還依憲衆人多欲取約以徼功而憲皆責怒之言人窮來歸我云何欲危之遂擁護厚遇之其後約病死而田樂陽逵等就斬約頭當送之逵等欲條疏憲名憲不肯在名中言我尚不忍生圖之豈恐取死人以要功乎逵等乃止時太祖方攻漢中在武都而逵等送約首到太祖宿聞憲名及視條疏怪不在中以問逵等逵具以情對太祖歎其忠義乃并表列與逵等並賜爵關內侯繇是名震隴右黃初中病卒建始初追嘉其事復賜其子爵關內侯

王朗漢末爲會稽太守爲孫策所執雖流移窮困朝不謀夕而收恤親舊分多割少行義甚著少與南國名士劉陽交友陽爲莒令年未三十而卒故後世鮮聞初陽以漢室漸衰知太祖有雄才恐爲漢累意欲除之而事不會及太祖貴求其嗣子甚急其子惶窘走伏無所陽親舊雖多莫敢藏者朗乃納受積年及從會稽還又數開解太祖久乃赦之陽門戶繇是得全

袁侃明帝時與尚書選曹郎許允對直同坐職事皆收送獄詔旨嚴切當有死者正直者爲重允謂侃曰卿功臣之子法應八議不憂死侃知其指乃爲受重允刑竟復吏侃復歷郡守尚書

諸葛誕爲郎與僕射杜畿試船陶河遭風覆沒誕亦俱溺虎賁浮河救誕誕曰先救杜侯誕飄於岸絕而後蘇

皇甫晏者王經之故吏經之死刑及其母晏以家財收葬

蜀許靖漢末補御史中丞時董卓秉政靖懼誅奔豫

州刺史孔伷伷卒依揚州刺史陳禕禕死吳郡都尉許貢會稽太守王朗素與靖有舊故往保焉靖收恤親理經紀賑贍出於仁厚孫策東渡江皆走交州以避其難靖身坐岸邊先載附從踈親悉發乃從後去當時見者莫不歎息

姜冏維父也天水冀人冏昔爲郡功曹值羌戎叛亂身衛郡將沒於戰場賜維官中郎參本郡軍事

程畿巴西閬中人爲益州牧劉璋漢昌長縣有賨人種類剛猛昔高祖以定關中巴西太守龐羲以天下擾亂郡宜有武衞頗招合部曲有讒於璋說羲欲叛

璋陰疑之羲聞甚懼將謀自守遣畿子郁宣旨索兵自助畿報曰郡合部曲本不爲叛雖有交搆要在盡誠若必以懼遂懷異志非畿之所聞并勑郁曰我受州恩當爲州牧盡節汝爲郡吏當爲太守效力不得以吾有異志也羲使人告畿曰爾子在郡不從太守家將及禍畿曰昔樂羊爲將飲子之羹非父子無恩大義然也今雖復羹子吾必飲之羲知畿必不爲已厚陳謝於璋以致無咎璋聞之遷畿江陽太守

王連字文儀爲劉璋梓潼令先主起事葭萌進軍南來連閉城不降先主義之不彊偪也

張嶷字伯岐巴西郡南充國人弱冠爲縣功曹先主定蜀之際山寇攻縣縣長捐家逃亡嶷冒白刃攜負夫人夫人得免繇是顯名爲州從事得疾病困篤家素貧匱廣漢太守蜀郡何祗名爲通厚嶷宿與疎濶乃自轝詣祗託以治疾祗傾財醫療數年除愈

關羽爲先主守下邳城行太守事曹公東征擒羽以歸拜爲偏將軍禮之甚渥曹公壯羽爲人而察其無久留意謂張遼曰卿試以情問之遼以問羽羽歎曰吾極知曹公待我厚然吾受劉將軍恩誓以共死不可背之吾終不留吾要當效力以報曹公而後乃歸

遼以羽言報曹公公曰事君不忘其本天下義士也度何時去遼曰受公恩必效力而後去也及羽殺顏良曹公知其必去重加賞賜羽盡封其賞賜拜書告辭而奔先主左右欲追之曹公曰彼爲其主勿追也

揚戲篤於舊故居誠存重與巴西韓儼黎韜童幼相親厚後儼痼疾廢頓韜無行見捐戲經紀賑恤恩好如初卒於射聲校尉

譙周字允南丞相諸葛亮領益州牧以周爲勸學從事亮卒於敵庭周在家聞卽便奔赴尋有詔書禁斷惟周以速行得達

張齊字君嗣少與犍爲楊恭友善恭早死遺孤未數歲齊迎留與分屋而居事恭母如母恭之子息長大爲之娶婦買田宅產業使立門戶撫恤故舊賑贍衰宗行義甚篤後至輔漢將軍丞相長史

吳桓階字伯緒長沙臨湘人仕郡功曹太守孫堅舉階孝廉除尚書郎父喪還鄉里會堅擊劉表戰死階冒難詣表乞堅喪表義而與之　魏志

高岱字孔文吳郡人太守盛憲以爲上計舉孝廉許貢來領郡岱將憲避難於許昭家求救於陶謙謙未即救岱憔悴泣血水漿不入口謙感其忠壯有申包

胥之義許爲出軍以書與貢

虞翻字仲翔會稽餘姚人太守王朗命爲功曹孫策征會稽翻時遭父喪衰絰詣府門朗欲就之翻乃脫衰入見勸朗避策朗不能用拒戰敗績亡走浮海翻追隨營護到東部候官候官長閉城不受翻往說之然後見納

張紘爲廣陵太守趙昱察孝廉昱後爲笮融所殺紘甚傷憤而力不能討昱門戶絕滅及紘在東部遣主簿至瑯邪（趙昱瑯邪人）設祭并求親戚爲之後以書屬瑯邪相臧宣宣以趙宗中五歲男奉昱祀大帝聞而嘉之

駱統字公緒徐陵卒僮客土田或見侵奪統爲陵家訟之求與丁覽卜清等爲北權許焉後至偏將軍濡須督

陸瑁字子璋丞相遜之弟少好學篤義陳國陳融陳留濮陽逸沛郡蔣纂廣陵袁廸等皆單貧有志就瑁遊處瑁割少分甘與同豐約及同郡徐原爰居會稽素不相識臨死遺書託以孤弱瑁爲起立墳墓教導其子又瑁從父績早亡二男一女皆數歲以還瑁迎攝養之至長乃別後至選曹尚書

王固字子賤少喪父獨與母居家貧守約色養致敬族弟孤弱與同寒溫後至司空

陸康字季寧少惇孝悌勤修操行太守李肅察孝廉肅後坐事伏法康斂屍送喪還潁川行服

吳範爲騎都尉領太史令爲人剛直頗好自稱然與親故交接有終始素與魏滕同邑相善滕嘗有罪孫權責怒甚嚴敢有諫者死範謂滕曰與汝偕死滕曰死而無益何用死爲範曰安能慮此坐觀汝邪乃髡頭自縛詣門下使鈴下以聞鈴下不敢曰必死不敢白範曰汝有子邪曰有曰使汝爲吳範死子以屬我

鈴下曰諾乃排閤入言未卒權怒欲使投以戟逡巡出走範因突入叩頭流血言與涕並良久帝意釋乃免勝勝見範謝曰父母能生長我不能免我於死丈夫相知如汝足矣何用多焉

臧均臨淮人諸葛恪爲孫峻所殺夷三族均表乞收葬恪曰臣聞震雷電激不崇一朝大風衝發希有極日然猶繼以雲雨因以潤物是則天地之威不可經日浹辰帝王之怒不宜訖情盡意臣以狂愚不知忌諱敢冒破滅之罪以激風雨之會伏念大傳諸葛恪得承祖考風流之烈伯叔諸父遭漢祚盡九州鼎立

分託三方並履忠勤熙隆世業爰及於恪生長王國陶育聖化致名英偉服事累紀禍心未萌先帝委以伊周之任屬以萬幾之事恪素性剛愎矜已陵人不能敬守神器穆靜邦內興功暴師未期三出虛耗士民空竭府藏專擅國憲廢易繇意假刑劫衆大小屏息侍中武衛將軍都鄉侯俱受先帝囑寄之詔見其姦虐日月滋甚將恐蕩搖宇宙傾危社稷奮其威怒精貫昊天計慮先於神明智勇百於荊聶躬持白刃梟恪殿堂勳超朱虛功越東牟國之元害一朝大除馳首徇示六軍喜踊日月增光風塵不動斯實宗廟之神靈天人之同驗也今恪父子三首縣市積日觀者數萬詈聲成風國之大刑無所不震長老孩幼無不畢見人情之於品物樂極則哀生見恪貴盛世莫與貳身處台輔中間歷年今之誅夷無異禽獸觀訖情反能不憯然且已死之人與土壤同域鑿掘斫刺無所復加願聖朝稽則乾坤怒不極旬使其鄉邑若故民吏收以五土之服惠以三寸之棺昔項羽受殯葬之施韓信獲收斂之恩斯則漢高發神明之譽也唯陛下敦三皇之仁垂哀矜之心使國澤加於辜戮之骸復受不已之恩於以揚聲遐方沮觀天下豈不

弘哉昔欒布矯命彭城臣竊恨之不先請主上而專名以肆情其得不誅實爲幸耳今臣不敢章宣愚情以露天恩謹伏手書冒昧陳聞乞聖朝哀察於是廢帝及峻聽恪故吏斂葬

徐平字伯先爲諸葛恪從事意甚薄及恪輔政侍平益疏恪被害其子建亡走爲平部曲所得平使遣去別爲佗軍所獲其行義敦篤皆此類也

晉安平獻王孚性通恕陳留殷武有名於海內嘗罹罪譴孚往省之遂與同處分食譚者稱焉

何稚字茂伯河內人初仕郡爲主簿事太守王經及

經之死也雄哭之盡哀市人咸爲之悲後太守吳奮以少譴繫雄於獄司隸鍾會於獄中辟雄爲都官從事會死無人殯斂雄迎喪而葬之文帝時爲文王召雄責之曰往者王經之死卿哭經於東市我不問也今鍾會躬爲叛逆收葬若復相容其如王法何雄曰昔者先王掩骼埋胔仁流朽骨當時豈先卜其功罪而後葬之哉今王誅旣加於法巳備雄感義收葬教亦無闕法立於上教引於下何必使雄違生背死以立於時殿下讎枯骨而捐之中野爲將來仁賢不亦惜乎帝甚悅與譚宴而遣之

鄭袤父泰有高名袤早孤隨叔父渾避難江東時華歆爲豫章太守渾往依之歆素與泰善撫養袤如巳子年十七乃還鄉里後至光祿大夫

荀勗仕魏辟大將軍曹爽掾遷中書通事郎爽誅門生故吏無敢往者勗獨臨赴衆乃從之

戴顒丹陽人初仕吳廢帝時爲少府帝以廢黜之國道自殺至晉太康中顒迎亮喪葬之賴鄉（廢帝孫亮也吳志）

樊震爲積射將軍咸寧中爲西戎牙門得見辭武帝問震所繇進震自陳會爲鄧艾伐蜀時帳下將帝遂尋問艾震具申艾之忠言之流涕繇此遷艾孫朗爲定陵令

孫鑠字巨鄴河內懷人少樂爲縣吏太守吳奮轉以爲主簿鑠自微賤登綱紀時僚大姓猶不與鑠同坐奮大怒遂薦鑠爲司隸都官從事司隸較尉劉訥甚知賞之時奮又薦鑠於大司馬石苞苞辟爲掾鑠將應命行達許昌會臺巳密遣輕軍襲苞子時汝陰王鎮許鑠過謁之王先識鑠以鄉里之情私告鑠曰無與禍鑠旣出卽馳詣壽春爲苞畫計苞賴而獲免遷尚書郎在職駁議十有餘事爲當時所稱

劉繇爲衛瓘太保主簿瓘爲楚王偉所害繇冒難收

瓘而葬之

劉儈爲征南大將軍羊祜參佐初祜開府累年謙讓不辟士劉儈始有所命會卒不得除署杜預代祜鎮荊州儈與趙寅劉彌孫勃等牋詣預曰昔以謬選忝備官屬各得與前征南大將軍祜參同庶事祜執德冲虛操尚清遠德高而體卑位優而行恭前膺顯命來撫南夏旣有三司之義復加大將軍之號雖居其位不行其制至今海內渴佇羣雋望風歩其門者貪夫反廉懦夫立志雖夷惠之操無以尚也自鎮此境政化被乎江漢潛謀遠計闢國開疆諸所規摹皆有

執量志存公家以死勤事始辟四掾未至而隕夫舉賢報國台輔之遠任也搜揚側陋亦台輔之宿心也中道而廢亦台輔之私恨也履謙積稔晚節不遂此遠近所以爲之感痛者也昔召伯所憩愛流甘棠宣子所遊封植其樹夫思其人尚及其樹況生存所辟之士便當隨例放棄者乎乞蒙列上得依巳至掾屬頹表曰祐雖開府而不備僚屬引謙之至宜見顯明及扶疾辟士未到而沒家無血嗣官無命士此方之望隱憂載懷夫篤終追遠人德歸厚漢高祖不惜四千戶之封以慰趙子弟心請議之詔不許

何攀字惠興蜀郡人任州爲主簿屬刺史皇甫晏爲牙門張弘所害誣以大逆時攀適丁母喪遂詣梁州拜表證晏不反故晏冤理得申

段秀實喪父服終推財與兄弟

閻纘字續伯爲太傅楊駿舍人轉安復令駿之誅也纘棄官歸要駿故主簿潘岳掾崔基等共葬之基岳畏罪推纘爲主墓成當葬駿從弟模告武陵王澹將表殺造意者衆咸懼塡冢而逃纘獨以家財成墓葬駿而去

荀闓辟大司馬齊王冏掾冏敗暴屍三日莫敢收葬闓與冏故吏李述嵇含等露板請葬朝議聽之論者稱焉

束晳爲尚書郎與衛嘗甚善聞嘗遇禍自本郡迎喪

劉佑爲長沙王乂掾乂爲東海王越令長方勒兵所殺將殯於城東官屬莫敢往佑獨送之步持喪車悲號泣絶哀感路人張方以其義士不之問也

汲桑嘗事成都王穎穎之死也桑載穎棺於軍中每事設靈以行軍令桑敗棄棺於故井中穎故臣收之改葬於雒陽

桑虞五世同居閨門邕穆爲苻堅青州刺史苻朗甚

重之嘗詣虞家升堂拜其母時人以爲榮

庾袞撫諸孤以慈奉諸寡以仁事加於厚而教之義方使長者體其行幼者志其孤孤甥郭秀比諸子姪衣食每先之以舊宅與其長兄子賡翕及翕卒袞哀其早孤痛其成人而未娶乃撫柩長號哀感行路聞者莫不垂泣潁川太守召爲功曹竟不就

氾毓字稚春濟北盧人也奕世儒素敦睦九族客居青州逮毓七世時人號其家兒無常父衣無常主武帝召補太傅參軍不就

紀瞻有重名尚書閔鴻太常薛兼廣川太守河南褚

沉給事中宣城章遼歷陽太守沛國武嘏並與瞻素疎咸藉其高義臨終託後於瞻瞻悉營護其家爲起居宅同於骨肉爲少與陸機兄弟親善及機被誅瞻卹其家周至及嫁機女資送同於所生後至散騎常侍

鄧攸初經難棄其子而以弟子綏奔江東攸卒綏服攸喪三年子後至尚書右僕射

范廣字仲將舉孝廉除靈壽令值亂不之官姊適孫氏早亡有孫名邁廣負力南奔雖盗賊艱急終不棄之

王育少勤學太守杜宣命爲主簿俄而宣左遷萬年令杜令王攸詣宣宣不迎之攸怒曰卿往爲二千石吾所敬也今吾儕耳何故不見迎欲以小雀遇我使我畏死鷄乎育執刀叱攸曰君辱臣死自昔而然我府君以非罪黜降如日月之蝕耳小縣令敢輕辱吾君汝謂吾刀鈍邪敢如是乎前將殺之宣懼既下抱育乃止自此知名

易雄仕郡爲主簿張昌之亂也執太守萬嗣將斬之雄與賊爭論曲直賊怒叱使牽雄斬之雄趨出自若賊又呼問之雄對如此如此者三賊乃舍之嗣賴是獲免雄遂知名

郭舒始爲領軍校尉坐擅放司馬彪繫廷尉獄世多義之刺史夏侯含辟爲西曹轉主簿含坐事舒自繫理含事得釋刺史宗岱命爲治中喪母去職劉弘牧荆州引爲治中弘卒舒率將士推弘子璠爲主討逆賊郭勱滅之保全一州

祖逖爲濟陰太守母喪不之官及京師大亂逖率親黨數百人避地淮泗以所乘車馬載同行老疾躬自徒步藥物衣糧與衆共之又多權畧是以少長咸宗之推逖爲行主

高悝廣陵人寓居江州華軼辟爲西曹掾尋而軼敗悝藏匿軼二子及妻崎嶇經年旣而遇赦悝携之出首元帝嘉而宥之

孔祇字承祖太守周禮命爲功曹吏禮爲沈充所害故人賓吏莫敢近者祇冐刃號哭親行殯禮送喪還義與時人義之

郄鑒值永嘉喪亂在鄉里甚窮餒鄉人以鑒名德傳共餉之時兄子邁外甥周翼並小常携之就食鄉人曰各自饑困以君賢欲共相濟耳恐不能兼有所存鑒於是獨往食訖以飯著兩頰邊還吐與二兒後並

得存同過江邁位至護軍翼爲剡縣令鑒之薨也翼
追撫育之恩解職而歸席苫心喪三年後至太尉
華譚字令思廣陵人爲廬江內史在郡政嚴而與上
司多忤揚州刺史劉陶素與譚不善因法收譚下壽
陽獄鎮東將軍周馥與譚素相親善理而出之及甘
卓討馥百姓奔散馥謂譚已去遣人視之而更移近
馥馥歎曰吾嘗謂華令思是臧子源之疇今果效矣
甘卓嘗爲東海王越所捕下令敢有匿者誅之卓投
譚而免及此役也卓遣人求之曰華侯安在吾甘揚
威使也譚答不知遺絹二疋以遺之使反告卓卓曰

此華侯也覆求之譚已亡矣
韋弘京兆人喪亂之際親屬遇饑疫並盡客遊維陽
素聞應詹遂依託之詹與分甘共苦情若弟兄遂隨
從積年爲營伉儷置居宅并薦之於元帝弘後位至
少府卿旣受詹生成之惠詹卒遂製朋友之服哭止
宿草追趙氏祀程嬰杵臼之義祭詹終身
陶侃爲廬州主簿太守張夔妻有疾將迎醫於數百
里時正寒雪諸綱紀皆難之侃獨曰資於事父以事
君小君猶母也安有父母之疾而不盡心乎乃請行
衆咸服其義

顧悅之爲中軍將軍殷浩吏及浩廢爲庶人卒後將
改葬悅之上疏訟冤詔追復本官初悅之將抗表訟
浩浩親故多謂非宜悅之决意以聞又與朝臣爭論
故衆無以奪焉時人咸稱之
韓階長沙人性廉謹篤愼爲閭里所敬愛刺史譙王
承辟爲議曹祭酒轉西曹書佐及承爲魏乂所執送
武昌階與武延等同心隨從在承左右桓雄被害之
後二人執志愈固及承遇禍階延親營殯斂送柩還
都朝夕哭奠俱葬畢乃還
劉敏元字道光北海人也永嘉之亂自齊西奔同縣

管平年七十餘隨敏元而西行及滎陽爲盜所劫敏
元已免乃還謂賊曰此公孤老餘年無幾敏元請以
身代願諸君舍之賊曰此公於君何親敏元曰同邑
人也窮寡無子依敏元爲命諸君若欲役之老不堪
使若欲食之復不如敏元乞諸君哀也有一賊瞋目
叱敏元曰吾不放此公憂不得汝乎敏元奮劍曰吾
豈望生邪當殺汝而後死此公窮老神祇尚當哀憐
之吾親非骨肉義非師友但以見投之故乞以身代
諸大夫慈惠皆有聽吾之色汝何有醜面目而發斯
言顧謂諸盜長曰夫仁義何嘗寧可失諸君子上當

爲高皇光武之事下豈失爲陳項乎當取之蘇道使所過稱詠威德柰何容畜此人以損盛美當爲諸君除此人以成諸君霸王之業前將斬之盜長遽止之而相謂曰義士也害之犯義乃俱免之

何無忌爲東海王彦章中尉及桓玄害彦章於市無忌入市慟哭而出時人義焉

檀憑之從兄子韶兄弟五人皆稚弱而孤憑之撫養若已所生後至冀州刺史

後秦宗敞爲南凉州别駕初凉州刺史王尚在凉州甚有惠政姚興以禿髮傉檀代之尚旣至長安坐匿

呂氏宮人擅殺逃人等禁止敞與治中張穆主簿邊憲胡威等上疏理尚曰臣州荒裔鄰帶寇讎居泰無垂拱之安運否離傾覆之難自張氏穨基德風絶而莫扇呂數將終梟鴟以之翻翔羣生嬰罔極之痛西夏有焚如之禍幸皇鑒降眷純風遠被刺史王尚受任垂滅之州策成難全之際輕身率下躬儉節用勞逸豐約與衆同之勸課農桑時無廢業然後振王威以掃不庭廻天討以蕩氛穢則羣逆氷摧不俟朱陽之曜若秋霜隕籜豈待勁風之威何定遠之足高營平之獨美經始甫爾會朝算改授使希世之功不終於必成易失之機踐之而莫展當其時而明其事者誰不慨然旣遠役遐方劬勞於外雖效未酧恩而在公無闕自至京師一旬于今出車之命莫逮萋斐之責惟深以取呂氏宮人裴氏乃殺逃人薄禾等爲南臺所禁天鑒玄鏡暫免囹圄纖繩之文未離簡墨裴氏年垂知命首髮二毛發居本家不在高室年邁姿陋何用送爲邊藩要捍衆力是寄禾等私逃罪應憲墨以殺止殺安邊之義也假若以不送裴氏爲罪者正闕奚官之一女子耳論勳則功重言瑕則過微而執憲吹毛求疵忘勞記過斯先哲所以泣血於當年

微臣所以仰天而灑淚且尚之奉國歷事二朝能否效於旣往優劣簡在聖心就有微過功足相補宜弘罔極之施以彰覆載之恩臣等生自西川無翰飛之翼久沉僞政絶進趨之塗及皇化旣霑投竿之心寔發遂策名委質位忝吏端主辱臣憂故重繭披欵惟陛下亮之興覽之大悦乃赦尚之罪以爲尚書

巡按福建監察御史臣李嗣京　訂正

知閩縣事臣曹學佺臣參閱

知建陽縣事臣黄國琦較釋

總録部五十三

義第三

晉馬隆字孝興少而智勇好立名節魏末兖州刺史令狐愚坐事伏誅舉州無敢收者隆以武吏託稱過客以私財殯葬服喪三年列植松栢禮畢乃還一州以爲美談署武猛從事後至東羌較尉

邵續字嗣祖魏郡人段疋磾爲從弟末柸所敗北依續末柸又攻敗之疋磾被瘡謂續曰吾夷狄慕義以至破家君若不忘舊要與吾追討君之惠也續曰賴公威德續得效節今公有難豈敢不俱遂并力追末柸斬獲畧盡後進平北將軍假節封祝阿子

徐苗高密淳于人鄉鄰有死者便輟耕助營棺槨門生亡於家即斂於講堂其行已純至類皆如此遠近咸歸其義師而行焉徵辟並不就

范廣者范隆之疎族也隆幼孤無緦功之親廣愍而養之迎歸教書爲立祠堂隆好學脩謹奉廣如父（廣不載史名）

韋忠平陽人太守陳楚迮爲功曹會山羌破郡楚攜子出走賊射之中三創忠冐刃伏楚以身捍之泣曰韋忠願以身代君乞諸君哀之亦遭五矢賊相謂曰義士也舍之忠於是負楚以歸

桓冲字幼子温之弟也爲振武將軍鎮江州卒贈太尉初郗鑒庾亮庾翼臨終皆有表樹置親戚難冲獨與謝安書云妙靈靈寶尚小亡兄寄託不終（臣欽若等曰妙靈寶即桓温二子偉玄別名也）以此爲恨言不及私論者益嘉之

劉驎之字子驥車騎將軍桓仲辟長史不受驎之雖冠冕之族信義著於群小凡廝五之家婚娶葬送無不躬自造焉居于陽岐在官道之側人物來往莫不投之驎之躬自供給士君子頗以勞累更憚過焉凡人致贈一無所受去驎之家百餘里有一孤姥疾將死歎息謂人曰誰當埋我惟有劉長史耳何緣令知驎之先聞其有患故往候之值其命終乃身爲棺殯送之其仁愛隱惻若此卒以壽終

孫略吳國富春人見人饑寒並周贍之親有窮老者數人嘗往來告索人多厭慢之而略見之欣敬逾甚寒則與同衾食則與同器或解衣推被以恤之公車

徵會卒

朱綽有二兄憲斌俱爲西中郎袁眞所殺綽從桓溫平壽陽眞時已死輒發棺戮屍溫怒將斬之溫弟冲苦請得免綽爲人忠烈受冲更生之恩事冲如父叅冲車騎軍事西陽廣平太守及冲薨綽嘔血死冲諸子遇綽子齡石亦如兄弟

前燕李績范陽人父産仕於石氏爲本郡太守績爲郡功曹刺史王午辟爲主簿慕容儁之南征也隨午奔魯口儁嘗謂午績鄉里在北父已降燕今雖在此終不爲用方爲人患午曰績於喪亂之中捐家立義

情節之重有侔古烈若懷嫌害之必駭衆望儁乃止午恐績終爲儁所害乃資遣之及到儁責其背親後至績荅曰臣聞豫讓報知伯佐稱於前史既官身所在何事非君陛下方弘唐虞之化臣實未謂歸順之晚也儁曰此亦事主之一節耳

宋俞僉永嘉人爲郡吏晉末孫恩之亂太守司馬逸之被害妻子並死兵寇之際莫敢收藏僉以家財買棺歛逸之等六喪送致還郡塋畢乃歸鄉里元嘉中老病卒

王弘晉末爲司馬道子驃騎將軍府桓玄尅京邑收道子付廷尉臣吏畏恐莫敢贍送弘時尚在喪獨於道側拜攀車涕泣論者稱焉

何叔慶恭謹有行業姨適沛郡劉瓌與叔慶母早卒奉姨有若所生姨亡朔望必往致哀並設祭奠食並珍新躬自臨視若朔望應有公事則先遣送祭皆手自料簡流涕對之公事畢即往致哀以此爲常至三年服竟

張邵字茂宗初爲琅琊内史王誕龍驤府功曹桓玄徙誕於廣州親故咸離棄之惟邵情意彌謹流涕追送時變亂饑饉又饋送其妻子

朱齡石晉末爲殿中將軍嘗追隨桓脩兄弟爲脩撫軍叅軍在京口高祖克京城以爲建武叅軍從至江乘戰齡石言於高祖曰世受桓氏厚恩不容以兵刃相向乞在軍後高祖義而許之

朱超石晉末爲衛將軍桓謙行叅軍後歸高祖謙死超石收迎桓謙身首躬營殯葬

龔穎少好學益州刺史毛璩辟爲勸學從事璩爲譙縱所殺故佐吏並逃亡穎號哭奔赴殯送以禮縱後設宴延穎不獲已而至樂奏穎流涕起曰北面事人亡不能死何忍聞舉樂蹈跡逆亂乎縱大將譙道福

引出將斬之道福母卽穎姑跣出救之故得免

崔慰祖父慶緒爲梁州刺史父亡梁州之資家財千萬散與宗族漆器題爲日字日字之器流乎遠近後得父時假貸文疏謂族子紘曰彼有自當見還彼無吾何言哉悉火焚之

王曇首有識局智度喜怒不見於色閨門之內雍雍如也兄弟分財曇首惟取圖書而已後爲侍中驍騎將軍

謝弘微從叔峻無後以弘微爲嗣所繼叔父混義熙八年以劉毅黨見誅妻晉陵公主改適瑯琊王練公

主雖執意不行而詔與謝氏離絶公主以混家事委之弘微混累世相輔一門兩封田業十餘處僮僕千人惟有二女年數歲弘微經紀生業正若在公一錢尺帛出入皆有文簿遷通直郎高祖受命晉陵公主降東鄉君以混得罪前代東鄉君節義可嘉聽還謝氏自混亡至是九載而室宇脩整倉廩充盈門徒業使不異平日田疇墾闢有加於舊東鄉君嘆曰僕射平生重此子可謂知人僕射爲不亡矣中外姻親道俗義者見東鄉之歸者入門莫不嘆息或爲流涕感弘微之義也後至侍中

張暢吳郡人起家爲太守徐佩之主簿佩之被誅暢馳出奔赴制服盡哀爲論者所美

沈道虔冬月無複衣戴顒聞而迎之爲作衣服并與錢一萬及還分身上衣及錢悉供諸兄弟子無衣者鄉里年少相率受學道虔嘗無食以立學徒武康令孔頤之厚相資給受業者咸得有成文帝聞之遣使存問賜錢三萬米三百斛悉供孤兄子嫁娶徵員外散騎侍郎不就

范義爲竟陵王誕別駕誕舉兵反母妻子並在城內有勸義出降義曰我人吏也豈可自求活耶誕敗被

誅

蔡興宗字子度幼立風槩家行尤謹奉宗姑事寡嫂養孤兄子有聞於世太子左率王錫妻范聰明婦人也有才學與錫弟僧達書詰讓之曰昔謝太傅奉嫂王夫人如慈母今蔡興宗亦有恭和之稱其爲世所重如此興宗與王僧綽友善僧綽爲元凶所誅凶威方盛親故莫敢往興宗獨臨哭盡哀後爲侍中竟陵王誕據廣陵城爲逆事平興宗奉旨慰勞州別駕范義與興宗素善在城內同誅興宗至廣陵躬自收殯致喪還豫章舊墓孝武聞之甚不悅廬陵內史周朗

以正言得罪鎖付寧州親戚故人無敢贍送與宗在直請急詣朗別帝知尤怒後爲中書監左光祿大夫開府儀同三司常侍如故

孟詡嗣封臨波公南郡王義宣反問其子玉兵尚書宜陽侯愷於尚書寺内著婦人衣乘問訊車投詡詡於妻室内爲地窟藏之事覺收付廷尉詡伏誅

蕭惠開爲益州刺史罷還京師府録事參軍到希微負蜀人債將百萬爲債主所制未得俱還惠開與希微共事不厚以爲隨其同上不能携接得還意耻之廐中凡有馬六十匹悉以給希微償債

許昭先伯舅夫妻並疫病死亡家貧無以送昭先貴衣物以營殯葬舅子三人並幼贍護皆得成長本邑補主簿固辭

董陽西陽人五世同財爲鄉邑所美史無官

張進之永嘉安固人爲太守王味之吏味之有罪當見收逬避投進之家供奉經時盡其誠力以本村淺近移入池谿味之墮水沉没進之投水拯救相與沉淪危而得免

范叔孫吴郡錢塘人少而仁厚拯窮濟急同里范法先父母兄弟七人同時疫死惟餘法先病又危篤喪屍經月不收叔孫悉備棺器親爲殯埋又同里施淵夫病疾父母死不殯又同里范苗父子並亡又同里范敬宗家内六人俱得病二人喪没親隣畏遠莫敢營視叔孫並殯葬躬卹病者並皆得全鄉曲貴其義行莫有呼其名者世祖孝建初除竟陵王國中軍將軍不就

嚴世期會稽山陰人好施慕善出自天然同里張邁三人妻各產子時歲饑儉慮不相存欲棄而不收世期聞之馳往拯救分食解衣以贍其乏三子並得成長同縣俞陽妻莊年九十莊女蘭年七十各老病單

孤無所依世期衣飴之二十餘年死並殯葬宗親嚴弘鄉人潘伯等十五人荒年饑死露骸不收世期買棺器殯埋存育孩幼

徐耕晉陵延陵人元嘉二十一年大旱民饑耕詣縣陳辭曰今年元旱多稼不登民黎饑餒採掇存命聖上哀矜已垂存極但饑饉來久困殆者衆米穀轉貴羅索無所方涉春夏日月悠長不有微救永無濟理不惟凡鎖敢憂身外鹿鳴之求思同野草氣内之感能不傷心民羅得少米資供朝夕志欲自竭義存分飡今以千斛助官賑貸此境連年不熟今歲尤甚晉

陵境特爲偏枯此郡雖弊猶有富室承彼之家屢豐而是並皆保熟所失蓋微陳積之穀皆有巨萬旱之所弊是鍾貧民溫富之家各藏其財竊謂此等並宜助官得過儉月所損至輕所濟甚重令敢自勵爲勸造之端實願掘水揚塵崇益山海縣爲言上當時義者以耕比漢上式詔書褒美酬以縣令

嚴成東海人王道東莞人大明八年東土饑旱成等各以穀五百斛助官賑䘏史無官

王文和爲征北義陽王昶府佐昶於彭城奔魏部曲皆散文和獨送至界上昶謂曰諸人皆去卿有老母何獨不去文和乃去

沈文季爲晉平王休祐驃騎　用甍禮僚佐多不敢至文季獨往

劉休與陳郡謝儼爲友儼同丞相義宣反休坐匿之被繫尚方七年乃得出

南齊杜淵少有世譽父卒淵持財與弟惟取書數千卷爲司徒卒

劉善明平原人宋元嘉末青州饑荒人相食善明家有積粟躬食饘粥開倉以救鄉里多獲全濟百姓呼其家田爲續命田後至征虜將軍

虞悰初仕宋爲黃門侍郎宋明帝誅山陽王休祐至葬日寒雪厚三尺故人無至者惟悰一人來赴

劉璩字子珪宋末爲袁粲所薦除秘書郎不見用粲誅璩微服往哭并到賻助

何昌寓宋末爲建平王景素征北南徐州府主簿以風素見重母老求祿止爲湘東太守還爲高帝驃騎功曹昌寓在郡景素被誅昌寓痛之至是啓高帝理其冤又與司空褚彥回書極言高帝嘉其義

王思遠宋末辟建平王景素南徐州主簿景素被誅左右離散思遠親視殯葬手種松栢與廬江何昌寓

沛郡劉璡上表理之事感朝廷景素女廢爲庶人思遠分衣食以相資贍年長爲備笄總訪求素對傾家送遣又與顧暠之爲友暠之卒後家貧思遠迎其妻子隱䘏甚至

劉靈哲封霄城侯父懷珍卒當襲爵靈哲固辭以兄子在虜中存亡未測無容越當茅土朝廷義之後至寧朔將軍西陽王右軍司馬

吳達之嫂亡無以葬自賣爲士夫客以營冢槨從祖弟敬伯夫妻荒年被略賣江北達之有田十畝貨以贖之同財共宅

劉諷爲丹陽丞時始安王遥光記室崔慧祖與諷素善遥光據東府反慧祖在城内城未潰一日諷謂之日卿有老母宜其出矣命門者出之慧祖詣闕自首繫尚方病卒

王續蜀郡人郝道福華陽人並累世同爨明帝詔表門閭蠲調役

譚弘寶零陵人何弘華衡陽人陳從四世同居共衣食詔表門閭蠲租税

董僧惠爲晋安王子懋防閤子懋起兵徐玄慶既平子懋知其豫子懋之謀執之僧惠日晋安舉義兵僕

實豫議古人云非死之難得死之難僕得爲主人死不恨矣願至主人大斂畢退就湯鑊雖死猶生玄慶義而許之還具白明帝乃配東冶言及九江時事輒悲不自勝子懋子昭基九歲以方二寸絹爲書參其消息并遺錢五百以金假人崎嶇得至僧惠覩書對錢日此郎君書也悲慟而卒

陸超之吳人以清凈閑雅爲晋安王子懋所知子懋既爲于琳之所害人勸其逃亡荅日人皆有死此不足懼吾若逃亡非惟孤晋安之眷亦恐田横客笑人徐玄慶等以其義欲因還都超之端坐待命其門生周姓者謂殺超之當得重賞遂斬之

徐生東海人范安祖李聖伯范道根俱武陵人並五世同居

封延伯僑居東海三世同財爲此州所宗

邵榮興文獻叔並武陵人八世同居

陳玄子義與人四世同居戶口一百七人

韓靈敏早孤與兄靈珍並有孝性靈珍亡無子妻韓氏守節不嫁慮家人奪其志未嘗告歸靈敏事之如母

紀僧真宋末隨逐征西將軍蕭思話及子惠開皆被

賞遇惠開性苛僧真以微過見罰既而委任如舊及罷益州還都不得志而僧真事之愈謹惠開臨終歎日紀僧真方當富貴我不見也乃以僧真託劉康周顒後除司農卿

江泌字士清濟陽人也歷仕南中郎行參軍所給募吏去役得時病莫有舍之者吏扶杖投泌泌親自隱卹吏死泌爲買棺無僮役兄弟共輿埋之

夏侯恭叔譙國人柏宗祖爲豫州辟爲主簿宗祖被誅故人無敢至者獨恭叔以家財爲殯時人以比欒布

張融少爲封溪令兄與顧凱之有恩好凱之卒融身負墳土在南與交阯太守卞展有舊展於嶺南爲人所殺融挺身奔赴

梁陶季直初仕齊爲褚彦回司空司徒主簿彦回卒季直請王儉爲彦回立碑終始營護甚有吏節時人美之

曹景宗爲雍州中兵參軍督峴南與州里張道門厚善道門車騎將軍敬兒少子也爲武陵太守敬兒誅道門於郡伏法親屬故吏莫敢入景宗自襄陽遣人船到武陵收其屍骸迎還殯瘞鄉里以此義之

謝幾卿爲威戎將軍免官卒雖不持簡撿然於家門篤睦兄才卿早卒子藻幼孤幾卿撫養甚至及藻成立歷清官皆幾卿獎訓之力也

鄭紹叔仕齊爲壽州治中從事時刺史蕭誕以弟諶誅臺遣收兵卒至左右莫不驚散紹叔聞難獨馳赴焉誕死侍送喪柩衆咸稱之到京師司空徐孝嗣見而異之曰祖逖之流也

樂藹仕齊爲豫章王嶷荆州主簿後嶷還都藹後爲荆州治中及嶷薨藹解官赴喪率荆湘二州故吏建碑墓所

龐雲好節尚奇專趨人之急少時與領軍長史王咳善咳亡於官舍貧無居宅雲乃迎喪還家躬營殯殮後至僕射

袁昂爲武陵王衛軍長史丁內憂服未除而從兄彖卒昂幼孤爲彖所養乃制期服人有怪而問之者昂致書以諭之曰竊聞禮緣恩斷服以情申故小功他邦加制一等同爨有緦麻之典籍孫子夙以不天幼傾乾廕資敬未及過庭莫承藐藐冲人未達朱紫從兄提養訓孝示以義方每假其談價虛其聲譽得及人次實亦有繇兼開拓房宇處以華曠同財共有資

共取是爾來三十餘年憐愛之至無異己生姊妹孤姪就居一時篤念之深在終彌固此恩此愛畢壞不忘既情若同生而服爲諸從言心即事實未恐安昔馬稜與弟毅同居毅亡稜爲心服三年繇也之不除喪亦緣情而致制雖不及古誠實感慕常願千秋之後從服朞齊不圖衰禍猥集一旦草土殘息復罹今酷尋惟慟絶彌劇彌深今以餘喘欲遂素志庶寄其罔慕之痛少伸無已之情雖禮無明據乃事有先例率迷而至必欲行之君問禮所歸謹以諮白篤紙號哽言不識次

王份十四而孤解褐車騎主簿出爲寧遠將軍始安
内史袁粲之誅親故無敢視者份獨往致慟由是顯
名
周捨初辟丹陽尹王亮主簿後爲鴻臚卿王亮得罪
歸家時莫有至者捨獨敦恩舊及卒身營殯葬時人
稱之
楊公則爲散騎常侍爲人敦厚慈愛居家篤睦視兄
子過於其子家財悉委焉
顔協爲兼御史中丞協幼孤養於舅氏陳郡謝暕暕
卒協以有鞠養之恩居服如伯叔之禮議者重焉

庾詵鄰人有被誣爲盜者被治刻妄款詵矜之乃以
書質錢二萬令門下詐爲親代之酬備鄰人獲免謝
詵詵曰吾矜天下無辜豈期謝也其行多如此類卒
謚貞白處士
阮孝緒字士宗父彦之宋太尉從事中郎孝緒七歲
出從伯裔之（裔字本作太祖廟諱下字）裔之母周卒有遺財百餘
萬應歸孝緒孝緒一無所納盡以歸裔之姊瑯邪王
晏之母聞者咸歎異之卒謚文貞處士
劉璠爲上黄侯曄所知及曄終於毗陵故吏多分散
璠獨奉曄喪還都墳成乃退簡文時在東宫遇璠素
重諸不送者皆被劾責惟璠獨被優賞
庾泳兄子仲容幼孤泳養之仲容初爲安西法曹行
參軍泳時已貴顯吏部尚書徐勉擬泳子晏爲宫僚
泳垂泣曰兄子幼孤人才粗可願以晏嬰所忝迴授
之許焉因轉仲容爲太子舍人
孫謙力於仁義行已過人甚遠從兄靈慶嘗病寄於
謙謙出行還問起居靈慶曰向飲冷熱不調即時猶
渴謙退遣其妻有彭城劉融者行乞疾篤無所歸求
人與送謙舍謙開廳舍以待之及融死以禮殯葬之
衆咸服其行義終光禄大夫

劉凝之南郡枝江人隱居不仕荆州儀衛山王義季
慮凝之餒餉錢十萬凝之大喜將錢至市門觀有
饑色者悉分與之俄頃立盡
何點字子晳齊永元中崔惠景圍城人間無薪點悉
伐園樹以贍親黨累徵不就
任昉爲新安太守卒事兄嫂恭謹外氏貧缺嘗營奉
供養祿俸所收四方饋遺皆班之親戚即日便盡
庾黔婁爲鄧元起益州長史元起死于蜀部曲皆散
黔婁身營殯殮携持喪柩歸鄉里
龔愜遂寧人爲劉季連益州主簿後季連兵敗還京

師將發人莫之覩惟悵送焉
褚冕錢塘人爲康王子會理之舊會理欲圖侯景事敗冕亦囚於省問事之所起拷掠千計終無所言會理隔壁聞之遥曰褚郎卿豈不爲吾致此耶然勿言會理遇害冕竟以不服赦之
歐陽頠爲天門太守與左衛將軍蘭欽相善欽征交州頠同行欽度領以疾終頠除臨賀内史啓乞送欽喪還都然後之任
陳周文育本姓項氏義興人周薈養爲巳子同州刺史陳慶之與薈同郡素相善啓薈爲前將軍軍主慶

之使將五百人往新蔡懸瓠慰勞白水蠻謀執薈以入魏事覺與文育拒之時賊徒甚盛一日之中戰數十合文育前鋒陷陣勇冠軍中薈於戰陣死文育馳取其屍賊不敢逼及夕各引去文育身被九創創愈辭請還葬慶之壯其節厚加贈遺而遣之
吳明徹初仕梁東宫直後及侯景寇京師天下大亂明徹有粟麥三千餘斛而隣里饑餧乃白諸兄曰當今草竊人不圖久奈何有此而不與鄉家共之於是計口平分同其豊儉群盗聞而避焉賴以存者甚衆後爲侍中司空南平郡公

杜之偉幼精敏有逸才湘陰侯蕭昂爲江州刺史以之偉掌記室昂卒廬陵王續代之又手教招引之偉固辭不應命乃送昂喪柩還京
司馬暠梁承聖中爲太子庶子江陵陷隨例入關而梁室屠戮太子瘞殯失所暠以官臣乃抗表周朝求還江陵改葬辭甚酸切周朝優詔荅曰昔主父從戮孔車有長者之風彭越就誅欒布得陪臣之禮庶子鄉國已改猶懷送往之情始驗忠貞方知臣道即勑荊州以禮安厝
許亨梁末爲王僧辯太尉從事高祖受禪授中散大

夫領羽林監初僧辯之誅也所司收僧辯及其子頠於方山同坎瘞埋至是無敢言者亨以故吏抗表請葬之乃與故義徐陵張種孔奐等相率以家財營葬凡七柩皆改窆焉
陳智深爲蕭摩訶騎士及摩訶入隋授開府儀同三司與漢王諒同作逆伏誅其子光巳籍没智深收摩訶屍手自殯斂哀感行路君子義之
殷不佞字季卿陳郡長平人第三兄不疑次不占次不齊並早亡不佞最小事第二寡嫂張氏甚謹所得禄俸不入私室終於右丞散騎常侍

後魏栗法光上黨屯留人素敦信義中山王熙誅弟畧潛行自託舊識河内司馬始賔始賔便爲荻筏夜與俱渡盟津詣法光家法光忻而納之畧舊識刁雙爲西河太守復歸之停止經年雙乃令從子昌送畧渡江蕭衍甚敬禮之

崔寬爲鎮西將軍卒初自隴右歸世祖見司徒崔浩浩與齒次厚存撫之及浩誅以疎族獨得不坐遂家於武城居祖魏司空林舊墟以一子繼浩弟覽妻封氏相奉如親

長孫稚初生而母亡爲姨兄元洪超所養後爲太傅

録尚書事封開國子稚表請廻授洪超次子悍許之

刁整爲驍騎將軍丁父憂相州刺史山陽王熙在鄴起兵將誅元乂等事敗傳首京師熙之親故莫敢視整弟婦即熙姊遂收其屍藏之後乃還熙所親元畧曾於整坐泣謂黄門王誦尚書袁翻曰刁公收斂我家鄉即宜知

房景遠字叔遐重然諾好施與頻歲凶儉分贍宗親又於通衢以食餓者存濟甚衆以母疾不應州命

帛胐字尊顯少有志業年十八辟州主簿時屬歲荒儉胐發家粟造粥以飼饑人所活甚衆

盧義僖范陽涿人少時幽州頻遭水旱先有穀數萬石貸民義僖以年穀不熟乃燔其契州閭悅其恩德

邢晏篤於義讓初爲南兗州刺史例得一子解褐乃啓其孤弟子子慎爲奉朝請子慎年甫十二而其子已弱冠矣後爲滄州復啓孤兄子子昕爲府主簿而其子並未從官世人以此多之

鄭羆高陽人中書學生盧度世以崔浩事棄官逃於羆家羆匿之使者囚羆長子將加箠楚羆戒之曰君子殺身以成仁汝雖死勿言子奉命雖被拷掠至乃火爇其體因以物故卒無所言度世後令弟娶羆妹

以報其恩

盧度世爲濟州刺史國家初平升城太守房崇吉母傅氏度世繼外祖母兄之子婦也兗州刺史申纂妻賈氏崇之姑女也皆亡破軍途老病憔悴而度世推計中表致其恭恤每覲見傅氏跪問起居隨時奉送衣被食物亦存賑賈氏供其服膳青州既陷諸崔墜落多所收贖度世子淵昶等父母亡後同居共財自祖至孫家内百口在洛時有饑年無以自贍然尊卑怡穆豐儉同之

高允少孤夙成有奇度年十餘歲奉祖父喪還本郡

推財與二弟爲沙門名法淨未久而罷後爲尚書散騎常侍獻文平青齊徙其族望於代時諸士人流移遠至率皆饑寒徙人之中多允姻媾皆徒步造門允散財竭産以相贍賑慰問周至無不感其仁厚初尚書竇瑾坐事誅瑾子遵亡在山澤遵母焦没入縣官後焦以老得免瑾之親故莫有恤者允愍焦年老保護在家積六年遵始蒙赦其篤行如此高聰生而喪其祖母王撫育之大軍攻尅東陽聰徙入平城與蔣少游同爲雲中兵戶窘困無所不至族祖允視之若孫大加賙急

林伯奴京兆儒生時姑臧段暉因慕容璝內附暉歸國大武以爲上客從至長安有人告暉欲南奔帝斬

之於市暴屍數日白奴欽暉德音夜竊其屍置之柿井暉女爲燉煌張氏婦久而聞之乃何長安收葬

崔挺歷北海王司馬三世同居門有禮讓後值饑年家始分析挺與弟振推讓田宅舊資惟守墓田而已家徒壁立兄弟怡然

楊標字顯進正平高凉人少豪俠有志氣孝昌中爾朱榮殺害朝士大司馬城陽王元徽迯難標藏而免之孝莊帝立徽乃出後爲司州牧繇是標以義烈聞

陽猛上雒人爲大谷鎮將元顥入雒孝莊帝濟河范陽王誨脫身投猛猛保藏之及孝莊反正繇是知名儀而廣陵王恭僞瘖疾復來歸猛猛亦滘相保護孝武即位甚嘉之授征虜將軍行河北郡守

張亮少有幹用初仕爾朱兆拜平遠將軍以功封隰城縣伯邑五百戶高祖討兆於晉陽兆奔秀容兆左右皆密通誠欵惟亮獨無啓疏及兆敗竄於窮山令亮及蒼頭陳山提斬兆首以降皆不忍兆乃自縊於樹

鄭仲明滎陽人爾朱榮入雒彭城王劭以子韶寄仲明仲明尋爲城人所殺韶因亂與乳母相失遂與仲明兄子僧副避難雒中爲賊逼僧副恐不免因令韶

下馬僧副謂賊曰窮鳥投人尚或矜愍況諸王如何棄乎僧副舉刀逼之賊乃退韶遂一老母姓程哀之引於私家居十餘日莊帝訪而獲焉襲封彭城王

山偉爲中書令有弟少亡偉撫寡訓孤同居二十載恩義甚篤

明亮爲陽平太守屬相州刺史中山王熙引兵討元乂時并州刺史城陽王徽亦遣使詣亮密同熙謀熙敗亮詭其使辭繇是徽竟獲免

張讜妻皇甫氏被掠賜中宮爲婢皇甫遂乃詐癡不能梳沐後讜爲宋冀州長史因貨千餘疋贖求皇甫

高宗怪其納財之多也引見之時皇甫年垂六十矣帝曰爾人奇好能重室家之義此老母復何所任乃能如此致費也皇甫氏歸謙令諸妾境上奉迎數年卒

畢衆敬爲兗州刺史寧南將軍篤於姻類河有國士之風張讜之亡也躬往營視有若至親

王衍爲侍中車騎將軍篤於交舊有故人竺櫳於西兗州爲仲遠所害其妻子饑寒衍羅之於家累年贍卹世人稱其敦厚

甄密參中山王英軍事英鍾離敗還鄉人蘇良沒於

賊手密盡私財以贖之良既傾資報密密一皆不受謂良曰濟君之日本不求貨非相贈之意也

馮亮博覽諸書又篤好物理中山王英平義陽而獲焉英素聞其名以禮待接亮至雉隱居嵩山感英之德以時展覲及英亡亮奔赴盡其哀慟

刁沖渤海人爲裴植故吏植爲度支尚書與僕射郭祚都水使者韋儁等同時見害於後祚儁事雪加贈而植追復封爵而已仲上疏訟之於是贈植征南將軍尚書僕射揚州刺史乃改葬植

夏侯道遷初自南齊歸國封濮陽侯食千戶道遷以拔漢中歸誠本縣王穎興之計求分邑戶五百封之宣武不許靈太后臨朝道遷重求分封太后大奇其意議欲更以三百戶封穎興會卒遂寢

陽固爲清河王懌太尉從事中郎屬懌被害元乂秉政朝野震悚懌諸子及門生寮吏莫不慮禍隱避不出素爲懌所厚者爾不自安固以嘗被辟命遂獨詣喪所盡哀慟哭良久乃還僕射游肇聞而歎曰雖欒布王修何以尚也君子哉若人

張普惠初爲任城王澄所知及爲諫議大夫澄薨普惠吏民之義又荷其恩待朔望奔赴至於禫除雖寒

暑風雨無不必至又好有進舉敦於故舊與州人侯堅固少時與其游學早終其子長瑜普惠每於四時請祿無不減贍給其衣食及爲豫州啓長瑜解褐攜其合門極給之

劉仁之爲西兗州刺史性愛好文史敬重人流與齊州馮元興交欵元興死後積年仁之營視其家嘗出隆厚時人以此尚之

祖瑩性爽俠有節氣士有窮厄以命歸之必見存拯時亦以此多之至護軍將軍

汲宗交州人爲杜超故吏超寄皇后之兄也後從弟

遺子元賓謀反伏誅時朝議欲追削超爵位中書令
高允上表理之宗與故吏等以超子道儁坐爵受誅
委骸土壤求得收葬書奏詔義而聽之贈超散騎常
侍安南將軍南康公謚日昭
馮熙生於長安爲姚氏魏母所養以叔父樂陵公邈
因戰入蠕蠕魏母攜熙逃避至氐羌中撫育年十二
好弓馬有勇幹氐羌皆歸附之魏母見其如此將還
長安始就學士學從師受孝經論語好陰陽兵法後
授內都大官太師熙事魏母孝謹如事所生魏母卒
乃散髮徒跣水漿不入口三日詔不聽服熙表求依

趙氏之孤孝文以熙情難奪聽服齊衰期
崔巨倫以宣武挽郎除冀州鎮北府墨曹參軍太尉
記室參軍叔楷爲殷州巨倫仍爲長史在州陷賊歛
恤亡存爲賊所義後逃歸雖授別將北討初楷喪之
始巨倫收殯倉卒事不周固至是遂偷路改殯并竊
家口以歸
吳悉達雖於儉年糊饘不繼賓客經過必傾所有每
守宰殯喪私辦車牛送終葬所隣人孤貧困窘者莫
不解衣輟粮以相賑恤鄉閭五百餘人詣州稱頌焉
有司奏聞標閭復役以彰孝義

馬八龍輕財重義友人尹靈哲在軍喪亡八龍聞即
奔赴負屍而歸以家財殯葬爲制緦服撫其孤遺恩
如所生州郡高龍詔表門閭
杜纂字榮孤嘗山九門人少以清苦自立縣令齊羅
喪亡無親屬收瘞纂以私財殯葬繇是郡縣標其門
閭
高遵字世禮父濟陰太守遵賤出其兄矯等嘗欺侮
之及父亡不令在喪位遵遂馳赴平城歸從祖兄中
書令允允乃爲遵父舉哀以遵爲喪主京邑無不吊
集朝貴咸識之徐歸奔赴免喪允爲營宦路得補樂

浪王侍郎遵感成益之恩事允如諸父
趙令安孟蘭強天水白石人並四世同居行著州里
王閭北海密人數世同居有百口
劉業興大山人四世同居
蓋攜都郡人六世同居並共財產家門雍睦鄉里敬
異
石文德中山蒲陰人有行義真君初縣令黃宣在任
喪亡宣單貧無朞親文德祖父苗以家財殯葬持服
三年奉養宣妻二十餘載及亡乃衰經斂祔率禮無
闕自苗逮文德刺史守令卒官者制服送之凡五世同

居門庭雍睦

石祖興常山九門人太守田文彪縣令和真等喪亡祖興自出家絹二百餘疋營護喪事州郡表列高祖嘉之

張烈爲順陽太守以母老歸養積十餘年頻值凶儉烈爲粥以食饑人蒙濟者甚衆鄉黨以此稱之

李幾博陵安平人七世同居共財家有二十二房一百九十八口長幼濟濟風禮著聞至於作役卑幼競進鄉里嘆美標其門閭

張安祖襲世爵山北侯有元承貴曾爲河陽令家貧

且赴尚書求選逢天寒甚遂凍死路側一子幼停屍門巷棺殮無託安祖悲哭盡禮買木爲棺手自營作斂殯周給朝野嘉歎尚書聞奏標其門閭

汲固東郡梁城人爲兗州從事刺史李式坐事被收吏人皆送至河上時式子憲生始滿月式大言於衆曰程嬰杵臼何如人也固曰今古豈殊遂便潛還不復顧徑來入城於式婦閨抱憲歸藏及捕者收憲屬有一婢產男母以婢兒受之事尋泄固乃攜憲逃道遇赦始歸憲即爲固長育至十餘歲嘗呼固夫婦爲郎婆後高祐爲兗州刺史嘉固節義以爲主簿

劉侯仁豫州人郡人白早生殺刺史司馬悅據城南叛悅息䠠走投侯仁賊雖重加購募又嚴其捶楚侯仁終無漏泄䠠遂免禍事寧有司奏其操行請免府籍敘一小縣詔可

邵洪哲上谷沮陽人縣令范道榮先自朐城歸欵乃除縣令道榮鄉人徐孔明妄經公府訟道榮非勳道榮坐除名羈旅孤貧不能自理洪哲不勝忿憤遂代道榮詣京師明申曲直經歷寒暑不憚勤勞道榮卒得復雪又北鎮反亂道榮孤單無所歸附洪哲兄伯川復率鄉人來相迎接送達幽州道榮感其誠節訴

省申聞詔下州郡標其里閭

巡按福建監察御史臣李嗣京訂正
知甌寧縣事臣孫以敬參閱
知建陽縣事臣黄國琦較釋

總録部五十四

義第四

北齊王昕爲秘書監少與邢劭俱爲元羅賓友及守東萊劭舉室就之郡人以劭是邢杲從弟會兵將執之昕以身蔽伏其上呼曰欲執邢子才當先殺我劭乃免焉

盧文偉魏孝昌中行臺常景啓留爲行臺郎中及北方將亂文偉積稻穀於范陽城時經荒儉多所賑贍彌爲鄉里所歸

邢劭字子才後爲太常卿攝國子祭酒授特進内行修謹兄弟親姻之間稱爲雍睦事寡嫂甚謹養孤子恕慈愛特深在兖州有都信云恕疾便憂之廢寢食顔色貶損

朱瑒爲王琳故吏琳歸壽陽爲陳將吳明徹所殺傳首建業瑒致書陳尚書僕射徐陵求琳首曰竊以朝市遷代傳骨梗之風歷運推遷表忠貞之跡故典午將滅徐廣爲晉家遺老當塗已謝馬孚稱魏室忠臣用能播美於前書垂名於後世梁故建寧公琳雒濱餘胄沂水舊族立功代邸效績中朝當離亂之辰揔方伯之任爾乃輕躬徇主以身許國寔追蹤於往彥信踵武於前修而天厭梁德尚思救復徒蘊包胥之念終遘萇弘之眚洎王業光啓鼎祚有歸於是遠跡山東寄命河北雖輕旅臣之歎猶懷客卿之禮感茲知己忘此捐軀至使身没九泉頭行千里誠復馬革裹屍遂其平生之志原野暴骸會彼人臣之節然身首異處有足悲者封樹靡卜良可愴焉瑒早簉末寮

預參下席降薛君之吐握荷魏公之知遇是用霑巾雨袂痛可識之顔回腸疾首切猶生之面伏惟聖恩博厚明詔爰發赦王經之哭許田横之葬瑒雖芻賤切亦有心琳經蒞壽陽頗存遺愛曾游江右非無餘德比肩東閣之吏繼踵西園之賓願歸彼境還脩窀穸庶孤墳旣築或飛銜土之燕豐碑式樹時留墮淚之人近故舊王綰等已有論牒仰蒙制議不遂所陳昔梁公告逝即淝川而建塋域孫叔云亡仍芍陂而植楸檟豁此言之抑有其例不使壽春城下惟傳報葛之人滄州島上獨有悲田之客昧死陳祈伏待刑

寇陵嘉其志節又明徹亦數蓼琳求首並爲啓陳主而訴之仍與開府儀同主簿劉韶惠等持其首還于千淮南權瘗八公山側義故會葬者數千人瑒等乃間道北歸別議迎接壽有揚州人茅智勝等五人竊送喪柩達于鄴

羣榮貴魏末爲湘州隊主時楊愔一門四世同居家甚隆盛莊帝誅爾朱榮後愔父津爲并州刺史北道大行臺愔隨之任有邯鄲人楊寬者求義從出藩愔請津納之俄而孝莊被幽愔時適欲還都行達邯鄲遇楊寬家爲寬所執至相州見刺史劉誕以愔名家

盛德甚相哀念付長史慕容白澤禁止焉白澤遣榮貴防禁送都至安陽亭愔謂榮貴曰僕百世忠臣輸誠魏室家亡國破一至於此雖曰囚虜復何面目見君父之讎得自縊於一繩傳首而去君之惠也榮貴深相矜感遂與俱逃

宋遊道廣平人魏末廣陽王深北伐請爲鎧曹及爲定州刺史又以爲府佐廣陽王爲葛榮所殺元徽誣其降賊收録妻子遊道爲訴得釋與廣陽王子迎送反葬後爲司徒左長史時文襄疑黄門郎溫子昇知元覲之謀繫之獄而餓之食弊襦而死棄屍路隅遊道收而葬之并集子昇文爲三十五卷文襄謂曰吾近書與京師諸貴論及朝士卿僻於朋黨將爲一病今卿真是重舊節義人此情不可奪子昇吾本不殺之卿葬之何所憚天下人代卿怖者不知吾心也

盧叔武范陽涿人少機悟豪率輕俠在鄉時有粟千石每至春夏鄉人無食者令自載取至秋任其償都不計較而歲歲嘗得倍餘武平中爲太子詹事右光祿大夫齊滅歸范陽遭亂城陷叔武與族弟士遂皆以寒餒致斃周將宇文神舉以其有名德收而葬之

劉豐爲南汾州刺史八子俱非嫡妻所生每一子所生喪諸子皆爲制服三年武平中豐子暐所生喪諸弟並請解官朝廷義而不許

蘇景平陽人少勵志節以明經郡舉孝廉爲房謨所重謨與子結婚盧氏謨卒後盧氏將改適他姓景訟之臺府不爲理乃持繩詣神廟前北面大呼曰房謨清吏忠事高祖及其死也妻子見陵神而有知當助申之今引訣訴於地下便以繩自縊於樹衛士見之救解送所司朝廷哀其至誠命女歸房族

獨孤永業爲齊將周大司馬獨孤信爲冢宰宇文護

所誅其子羅寓居山中孤貧無以自給永業以宗族之故見而哀之爲買田宅遺以資畜

後周劉璠在梁爲雍州刺史蕭循司馬及璠爲達奚武所執時南鄭尚拒守未下達奚武請屠之太祖將許焉惟令全璠一家而已璠乃請之於朝太祖怒而不許璠流而固請移時不退柳仲禮侍側曰此烈士也太祖曰事人當如此烈士也遂許之城竟獲全璠力也

趙善魏末事爾朱天光天光拒齊神武於韓陵敗見殺善請收葬其屍齊神武義而許之後爲左僕射兼

侍中

趙貴武川人少頴悟有節槩初從賀拔岳平關中累遷大都督及岳爲侯莫陳悅所害將吏奔散莫有守者貴謂其黨曰吾聞仁義豈有常哉行之則爲君子違之則爲小人朱伯厚王叔治感意氣微恩尚能蹈履名節況吾等荷賀拔公國士之遇豈可同衆人乎於是從者五十人乃詣悅詐降因請收葬岳言辭慷慨悅壯而許之貴乃收岳屍還營糾合餘衆奔平凉共圖拒悅貴首議迎太祖至以貴爲大都督領府司馬平悅

達奚武少倜儻好馳射爲賀拔岳所知岳征關右引爲別將武遂委心事岳以戰功拜羽林監及岳爲侯莫陳悅所害武與趙貴收岳屍歸平原同翊載太祖從平悅

李穆爲小冢宰兄遠子植謀害晉公護植誅死穆亦坐除名時植弟基任沂州刺史例合從坐穆頻詣護請以子惇怡等代基死辭理酸切聞者莫不動容護矜之特免基死

豆盧寧爲岐州刺史薨初寧未有子養弟承恩子勣及生子讚親屬皆請讚爲嗣寧曰兄弟之子猶子也

吾何擇焉遂以勣爲世子世以此稱之

獨孤羅字羅仁父信隨魏孝武入關中羅遂爲高氏所囚及信爲宇文護誅羅始見釋寓居中山孤貧無以自給齊將獨孤永業以宗族故哀之爲買田宅遺以資畜

常禧字法寶少好任俠人有急難投之皆保存之魏末四方雲擾王公避難者或依之多得全濟以此爲貴遊所德後爲驃騎大將軍開府儀同三司

辛威爲上柱國其家門有義五世同居世以此稱之

樂運後梁人年十五而家陵滅運隨例遷長安其親

屬等多被籍没運積年爲人傭保贖免之及事毋及
寡嫂甚謹縣是以孝義聞廉故都官郎中瑯邪王澄
美之歎其行事爲孝義傳
韋孝寬爲驃騎大將軍早喪父母事兄嫂甚謹所得
俸祿不入私房親族有孤遺者必加賑贍朝野以此
稱之
張元爲獄卒宣帝時斛斯徵爲大宗伯上疏極諫指
陳帝失帝不納内史中大夫鄭譯因譖之遂下徵獄
元哀之乃佩刀穿獄墻遂出之元卒被拷而終無所
言徵遇赦得免

甝雋篤於仁義朞功之中孤幼者衣食豐約並與同
之
王思政爲驃騎大將軍河橋之戰被重創悶絶有帳
下督雷五安於戰處哭求思政會其已蘇遂相得乃
割衣褁創扶思政上馬夜久方得還
裴寬魏末西遷將家屬避難於大石嶺屬獨孤信鎮
雒陽始出見焉時汾州刺史韋子粲降於東魏子粲
兄弟在關中者咸已從坐其堂弟子爽先在雒窘急
乃投寬寬開懷納之遇有大赦或傳子爽合免因爾
遂出子爽卒以伏法獨孤信知而責之寬曰爽來見
歸義無執送今日獲罪是所甘心以經赦宥遂得不
坐
姚最爲齊王憲府水曹叅軍掌記室事特爲憲所禮
接賞賜隆厚宣帝嗣位憲以嫌疑被誅隋文帝作相
追復官爵最以陪遊積歲恩顧過隆乃錄憲功績爲
傳送上史局
申徽魏末爲元顥東徐州刺史元邃主簿顥敗邃被
檻車送雒陽故吏賓客並委去惟徽送之及邃得免
乃廣集賓友歎徽有古人風
隋蘇威綽子也爲車騎大將軍儀同三司綽有從父

妹適河南元世雄光與突厥有隙突厥入朝請世雄
及其妻子將甘心焉周遂遣之威以夷人貪利遂摽
賣田宅罄資產贖世雄論者義之
李士謙家富於財州里有喪事不辦者士謙輒奔走
赴之陏乏供濟出粟數千石以貸鄉人値年穀不登
債家無以償皆來致謝士謙曰吾家餘粟本圖賑贍
豈求利哉於是悉召債家爲設酒食對之焚契曰債
了矣幸勿爲念也各令罷去明年熟債家争來償士
謙拒之一無所受他年又大饑多有死者士謙罄竭
家資爲之糜粥賴以全活者將萬計收埋骸骨所見

無遺至春又出糧種分給貧乏
郭雋字弘文太原文水人也家門雍睦七葉共居犬
豕同乳烏鵲通巢時人以爲義感之應州縣上其事
高祖遣平昌公宇文弼詣其家勞問之持書御史柳
彧巡省河北表其門閭
辛大德爲信安令煬帝時虞綽爲著作左郎坐與楊
玄感交往帝怒徙綽未至長安而亡天水大德舍之
歲餘爲吏所執坐斬大德誅斬群盜甚得民情而與
綽俱爲使者所執其妻泣曰每諫君無匿學士今日
之事豈不哀哉大德笑曰我本圖脫長者反爲人告

之吾罪也當死以謝綽會有詔死罪得以擊賊自效
信安吏民詣使者叩頭曰辛君命所懸辛君若去亦
無信安矣使者留之以討賊帝怒斬使者大德獲全
唐李綱初仕後周爲齊王憲參軍憲之遇害也故人
皆散惟綱撫棺號慟哀感路人躬自埋瘞哭拜而去
大爲時論所嘉王女孀居子立綱自以齊王故吏每
加贍恤綱之卒也其女披髮號哭如喪考焉
魏徵爲秘書監以條定五禮當封一子爲縣男請讓
孤兄子叔慈太宗愴然曰卿之此心可以勵俗遂許
之

李德侶隋大業末爲離石郡司戶書佐太守楊子崇
特禮之及高祖義兵起子崇遇害棄屍城下德侶赴
哭盡哀收瘞之至介休詣義師請塟子崇太宗嘉之
因贈子崇官令德侶爲使者往離石禮塟之
張河字道源性清慤能苦節勵行嘗與友人客游友
人病中宵而卒河恐驚擾主人遂共屍安臥達曙方
哭親步營送至其本鄉高祖起義召拜大理卿時何
倜與士澄有罪家口籍沒仍以賜河河皆資給衣食
一時放去及歷職通顯不營家業所得左右皆放之
家無所驅使及卒之日妻子貧乏論者美之後至相

州都督
宇文士及爲右衞大將軍撫幼弟及孤兄子以友睦
見稱親戚故人貧乏者輒遺之
王龍德馮翊人王藏仁之蒼頭也藏仁父母先沒未
獲合塟既而從役物故其妻孀居旁無親屬龍德迎
致其屍并其父母而塟之因廬其墓次負土成墳每
有白雉飛鳴於墳上焉
李大亮爲太子右衞率兼工部尚書事兄嫂如父母
焉大亮討吐谷渾破之以功賜物九百段奴婢一百
五十人悉分遺親戚仍罄家資收塟五葉宗族之無

後者三十餘家送終之禮一時稱盛大亮死親戚孤遺爲大亮所鞠養服之如父者十有五人

褚亮隋大業中坐與楊玄感事有舊自大常博士左遷西海郡司戶時京兆博士潘徽亦以筆札爲玄感所禮降授威定縣主簿當時寇盜縱橫六親不能相救亮與徽同行至隴山徽遇患終亮親加棺斂瘞之路側愴然傷懷遂題詩於隴樹

蕭瑀爲雍州都督初關內產業並先給勳人至是特還其田宅瑀皆分給子弟惟留廟堂一所以奉蒸嘗

王雄誕者曹州濟陰人杜伏威之起也用其計屢有

克獲署爲驃騎將軍伏威後率衆渡淮與海陵賊李子通合後子通惡伏威雄武使騎襲之伏威被重瘡墮馬雄誕負之逃於葭蘆中伏威復招集餘黨攻刼郡縣隨將來整又擊破之亡失餘衆其部將西門君儀妻王氏勇决多力負伏威而走雄誕率麾下壯士十餘人衛護隨軍追至雄誕輒還禦之身被數瘡勇氣彌厲竟脫伏威時闞稜年長於雄誕故軍中號稜爲大將軍雄誕爲小將軍

李勣本姓徐隋末奉李密爲王武德二年密爲王世充所破擁衆歸朝其舊境東至于海南至于江西至於汝州北至魏郡勣並據之未有所屬謂長史郭恪曰魏公既歸大唐今此人衆土地魏公所有也吾若上表獻之即是利主之敗自爲己功以邀富貴吾所耻也今宜具録州縣名數及軍人戶口總啓魏公聽公自獻此則魏公之功也乃遣使啓密使人初至高祖聞其無表惟有啓與密甚怪之使者以勣意聞奏高祖方大嘉曰徐世勣感德推功實純臣也詔授勣黎州總管尋加右武侯大將軍改封曹國公賜姓李氏令勣總統河南山東之兵以拒王世充及李密反叛伏誅高祖以勣舊經事密遣使報其反狀勣表請

收葬詔許之勣服衰絰與舊僚吏將士葬密於黎山之南丘墳高七仞釋服而散朝野義之及平王世充獲其故人單雄信依例處死勣表稱其武藝絕倫若收之於合死之中必大感恩爲國家盡命請以官爵贖之高祖不許將就戮勣對之號慟割股肉以啖之曰生死已訣此肉同歸於土矣仍收養其子

江總爲尚書令歐陽詢父紇爲陳廣州刺史謀反誅詢獲免總與紇有舊收養之教以書計

王義方初舉明經因詣京師中路逢徒步者自云父爲潁上令聞病篤倍道將往焉徒步不前計無所出

義方解所乘馬與之不告姓名而去義方爲太子𢧐書魏徵張亮皆厚禮之亮誅坐與交通貶儋州安吉丞攺授洹水丞時張亮兄子皎配流在崖州來依義方而卒臨終託以妻子乃致屍還鄉義方與皎書自誓於海神使奴負柩令皎妻抱其赤子乘義方之馬身獨徒步而還先之原武塟皓告祭張亮送皎妻子歸其家

杜楚客如晦弟也少隨叔父淹没於王世充淹素與如晦兄弟不睦譖如晦兄於王行滿世充殺之并囚楚客幾至餓死楚客竟無怨色雒陽平淹當坐死楚

客泣涕請如晦救之如晦初不從楚客曰叔已殺大兄今兄又結恨棄叔一門之内相殺而盡豈不痛哉因欲自剄如晦感其言請於太宗淹遂蒙恩宥楚客後爲工部尚書攝魏王泰府事

趙持滿爲京州都督府長史其舊駙馬都尉長孫銓無忌族弟也中書令許敬宗誣持滿與無忌及銓等同反驛召至京拷訊終無異詞且曰身可殺詞不可奪竟招爲反而結奏之誅於城西

王方異與京州長史趙持滿爲友持滿爲許敬宗所誣被誅暴屍於城西親戚莫敢收視方異歎曰欒布之哭彭越大義也周文之掩枯骼至仁也絶友之義蔽主之仁何以事君乃收其屍具禮塟之高宗嘉其義竟捨而不罪後封太原郡公

劉審禮爲工部尚書再從同居家無異爨合門二百餘口人無間言

徐太玄爲杭州參軍在任時同僚有張惠犯贓至死太玄哀其母老乃詣獄自陳與會同受贓惠數既少遂得減死太玄亦坐免官不調十餘年及赴選司列少嘗伯李敬玄大嘆賞之擢鄭州司功參軍太玄繇是知名後官至秘書少監以德行爲時所重

李安仁永徽中爲太子左庶子屬太子被廢歸于陳邸官寮皆逃散無敢辭送者安仁獨泣涕拜辭而去朝野義之

朱敬則爲正諫大夫平章事後貶廬州刺史卒敬則重然諾善與人交每拯人急難不求其報又嘗與三從兄同居四十餘年財產無異

唐休璟爲特進初得實封時以絹數千疋散分親族又以家財數十萬大開塋域備禮塟其五服之親時人稱之

狄仁傑孝友絶人爲并州法曹有同府法曹鄭崇質

母老且病當充使絶域仁傑謂曰太夫人有危疾而公遠使豈可貽親萬里之憂乃詣長史藺仁基請代崇質而行時仁基與司馬李孝廉不協因相謂曰吾等豈獨無愧邪繇是相待如初後至納言

王晙爲朔方軍節度使時魏元忠爲張易之昌宗所搆左授高要尉晙密狀申明之宋璟時爲鳳閣舍人謂晙曰魏公且全矣子冐威嚴而理坐恐子之狼狽也晙曰魏公忠而獲罪晙爲義所激顛沛無恨璟歎曰璟不能申魏公之枉深負朝廷矣

盧藏用少與陳子昻趙貞固友善子昻貞固並早卒

冊府元龜　總録部　義四　卷之八百四　十五

藏用厚撫其子爲時所稱

張仁與澧陽人先天二年江西按察使上言仁與五代同居

甯嘉最爲永和縣丞中宗太子重俊以誅武三思兵敗過害官府寮吏莫敢近者嘉最解衣裹重俊首號哭時人義之宗楚客聞而大怒收付制獄貶授與平縣丞睿宗踐祚下制曰甯嘉最能重明節事高欒布何幽塗已往生氣凜然静言忠義追崇襃寵可贈永和縣令

陸南金初爲奉禮郎開元初太常少卿盧崇道犯罪流嶺表逃歸東都時南金以母喪在家崇道事急假稱弔賓造南金言情南金哀而納焉崇道俄爲讎人所發詔使侍御史王旭按其事遂捕獲崇道連引南金旭遂繩以重法南金弟趙璧詣旭自言藏崇道請代兄死南金固稱弟實自誣身請當罪兄弟讓死旭惟而問其故趙璧曰兄是長嫡又能幹家事亡母未塟小妹未嫁自惟幼劣生無所益身自請死旭遂列狀上玄宗嘉其友義並特宥之

劉九江單父人開元十四年宋州奏九江三代同居有慈烏巢于庭戸鄉里榮之名其鄉曰邕睦鄉里曰

冊府元龜　總録部　義四　卷之八百四　十六

同居里

李處恭鎮州鹿泉人與張義貞異姓同居于今三代百餘年

呂元簡青州北海人四代同居所養六畜皆與異母共乳

韓思訥華陰人三代同居

孔璋許州人天寶中陳州刺史李邕贓汚事發罪當死璋上書救邕曰臣聞明主御宇捨過舉能取材棄行烈士抗節勇不避死見危授命晉用林父豈念過乎漢用陳平豈念行乎禽息殞身豈愛死乎何若林

父誅陳平死百里不用晏嬰晃逐是晉無赤狄之士漢無皇極之尊秦不並西戎齊不霸東海矣臣伏見陳州刺史李邕學成師範文堪經國剛毅忠烈難不苟免往者張易之弄權人畏其口而邕折其角韋氏恃勢言出禍應而邕挫其鋒雖身受讁屈姦謀終損卽邕有大造於我邦家也且斯人所能者拯孤恤窮救乏賙急積而能散家無私聚今聞坐贓下吏鞫訊待報將寘極刑死在朝夕臣聞生無益於國不若殺身以明賢臣朽賤庸夫輪轅無取獸息禽視雖生何爲况賢爲國寶社稷之衛是臣痛惜深矣臣願六尺

之軀甘受膏斧以代邕死臣之死所謂落一毛邕之生有足照千里然臣與邕生平不款臣知有邕邕不知有臣臣不逮邕明矣夫知賢而舉仁也代人任患義也臣獲二善而死死且不朽則又何求陛下若以臣之賤不足以贖邕厲門逢掖有效矣伏惟陛下寬邕之生速臣之死令邕率德改行想林父之功使臣得瞑目黃泉附北郊之迹亦臣之大願畢矣陛下卽以陽和之始難於用鉞俟天成命敢忘伏鑕豈煩大刑然後歸死皇大后地實照臣之心昔吳楚七國叛因亞夫得劇孟則恐不足平夫以一賢之能敵七國之衆伏惟斅含垢之道存棄瑕之義遠思劇孟近取李邕豈惟成愷悌之澤實亦歸天下之望况大禮之後天地更新赦而復論人誰無罪惟明主圖之臣聞士爲知己者死且臣不爲死者所知甘於死者豈獨爲惜邕之賢亦成陛下矜能之德惟明主圖之疏奏邕以會赦減死貶爲欽州遵化縣尉璋亦配流嶺南而死璋按史無官

裴冕天寶中爲京畿採訪使王鉷判官鉷得罪伏法時宰臣李林甫操竊權柄人咸懼之鉷實佐數百不敢窺鉷門冕獨收鉷屍親自護喪瘞于近郊冕自是

知名

趙驊天寶末爲陳留少監安祿山陷陳留驊因脅于賊時有京兆韋氏夫任畿官以不供賊軍遇害韋氏陷賊沒入爲婢蓋江西觀察韋儇族兄弟也驊哀其冤抑以錢贖之置之別院厚供衣食而驊竟不見焉明年收復東都驊以家財資給因訪其親屬歸之識者重焉

王思禮天寶末爲哥舒翰元帥府馬軍都將翰兵敗潼關思禮所乘馬中流矢而斃張光晟時在騎卒之中因下馬授思禮思禮問其姓名不告而退思禮陰

訖其形貌嘗使人密求之無何思禮爲河東節度使其偏將辛雲京爲代州刺史因爲將較譖毀思禮怒焉雲京惶懼不知所出光晟時隷雲京麾下因進問曰光晟素有德於王司空比不言者恥以舊恩受賞今使君憂迫光晟請奉命一見司空則使君之難可觧雲京然其計即令之太原及謁思禮未及言舊思禮識之遽曰爾豈非吾故人乎何相見之晩也光晟遂陳潼關之事思禮大喜因執其手感泣曰吾有今日子之功也求子頗久竟此相遇何慰如之即命同榻而坐結爲兄弟光晟遂述雲京之屈思禮曰雲京

比涉謗言過亦不細今爲故人特釋之矣即日擢光晟爲兵馬使賚以田宅縑帛甚厚累奏特進試大嘗少卿委以心腹及雲京爲河東節度又奏光晟爲代州刺史

裴胄大暦中爲江西觀察李栖筠支使代宗以元載撓紊朝綱徵栖筠入朝内制授御史大夫方將大用載忮權柄栖筠居顧問刺舉之職與之不平及栖筠卒胄護栖筠喪歸維陽衆論危之胄坦然行心無所顧望

董思寵櫟陽縣人大暦七年京兆府上言思寵五代同居子孫凡八十餘人友愛敦睦鄉里稱之天寶末寇盜剽掠村閭此家獨全年遭水旱此家獨免至於征稅每先於人伏望族表門閭編諸史冊許之

裴何代宗朝宰相遵慶之子内外支屬百餘人何所得禄俸必同其費及領外任亦挈而隨之有孤惸病苦不能自恤者何尤周給至今稱其孝睦焉後爲吏部尚書致仕

梁崇義爲襄陽節度朱瑱右兵馬使朱瑱被誅朝廷授崇義節度使以代瑱崇義爲瑱立祠四時拜享不居瑱廳及正堂視事於東廂下構一小室而寢上表

抗疏哀請收葬優詔許之

殷亮爲較書郎朱瑱之被刑也門客四散掩于坎中亮後至獨哭於屍側貨所乘之驢以備棺衾夜詣縣令長孫演以情告之演義而從之亮夜葬祭步歸京師

段秀實爲安西節度李嗣業判官諸軍進戰于愁思岡嗣業爲流矢所中卒于陣衆推兵馬使荔非元禮代之秀實聞嗣業之喪乃遣先鋒將白孝德書令發卒護嗣業喪送河内秀實率將吏哭待於境傾私財以奉塋事元禮多其義奏試光禄少卿依前節度判

實參爲萬年尉同僚有直官曹者將久聞親疾參請代之會獄囚亡走京兆尹按直部將奏參遷請日後以不及狀謁參實代之宜當罪坐貶江夏尉人多義之參後至門下侍郎平章事

雍仙澤州人五代共居建中二年表其門閭

于頎字休甫河南人少以吏事聞累授京兆府士曹爲尹史鄜所知鄜出鎮襄陽奏爲御史充判官鄜爲亂軍所殺頎挺出收瘞遺骸時人義之

盧邁范陽人少以孝友謹厚稱深爲叔舅崔祐甫所

親重貞元中爲刑部員外郎以叔父兄弟姊妹悉在江介屬蝗旱歲饑懇求江南上佐於是授滁州刺史累遷給事中婚嫁甥姪之孤遺者時人以此稱之

裴佶建中年爲藍田尉時有詔命畿內諸縣城奉天時嚴郢爲京兆政尚峻暴加以朝旨甚迫尹正之命急如風雨本曹尉韋重規其室方娠而疾畏郢之暴不敢以事故免佶因請代之設無倦素當時義之

呂温以小吏事兵部尚書崔漢衡貞元三年漢衡爲會盟副使吐蕃背盟漢衡爲吐蕃所虜將殺之温趍往以背受刃吐蕃義之繇是與漢衡俱免

張萬福魏州元城人爲泗州刺史時魏州饑父子相賣餓死者接道萬福曰魏州吾鄉里也安可不救令其兄子將米百車往饋之又使人於汴口求魏人自賣者給車牛贖而遣之

陽城字亢宗北平人城妹夫客死他處家貧不能葬城親與其二弟昇扆以歸葬於其居之側往返千餘里後爲諫議大夫

盧坦爲庫部員外郎兼侍御史知雜事會李錡反有司請毁錡祖父廟墓坦嘗爲錡從事乃上言曰淮安王神通有功於草昧且古之父子兄弟罪不相及况

以錡叛可累五代祖乎乃不毁因賜神通墓五戶以備洒埽

方良琨睦州人元和五年睦州上言良琨六代同居請表門閭從之

王義爲御史中丞裴度步從人元和十年六月癸卯盗殺宰相武元衡時度亦遇盜通化里盜三以劍擊度初斷靴帶次中背纔絶其單衣後微傷其首度墮馬會度戴毡帽故瘡不至深賊又揮劍從度義自後來持賊而連呼甚急賊反劍斷義手乃得去時度墮溝中賊謂度已死遂捨去

梁涉爲豐州刺史李奉先騎卒奉先元和十年殺從事崔德玄没其家其妻太府鄉蕭曾之女也奉先以以配涉爲妻涉不敢受白奉先日德玄之罪未明已殺之矣今蕭氏列卿女也非涉賤卒所當者請歸之奉先義涉言乃以車一乘使蕭氏載德玄喪而歸

孟簡爲太子賓客分司東都簡少俊拔尚義烈重許與尤敦舊故早歲交友皆一時知名士後多顯達其或殁於中年簡憐䘏其孤極於周䘏議者以簡有前輩風

韓愈字退之爲吏部侍郎愈性弘通與人交榮悴不

易凡嫁内外及朋友之孤女僅十人

柳公綽爲吏部尚書外兄薛宫早卒一女孤綽爲配張毅資送甚於已子

閻鄴虢州玉城人寶曆元年刺史陸亘上言鄴五代同居

盧均爲廣州節度使管内多流寓者子孫貧困未歸均減俸俾營大事者數百家婚嫁孤弱賙惠困窮

柳宗元自朗州司馬移柳州時朗州司馬劉禹錫得播州刺史宗元謂所親日禹錫有母今爲郡蠻方絶域萬里如何與母偕行吾與禹錫爲執友胡忍見其若是即草奏請以柳州授禹錫自往播州禹錫終易連州

萬晏宣州涇縣人太和六年觀察使沈傳師奏萬晏自高祖萬頵至萬仲芳五代同居詔表其門閭

陳班宣州溧陽人開成二年觀察使崔鄲奏班五代同爨請蠲除税賦旌表門閭從之

徐晦繇進士第登直言科爲櫟陽尉皆自楊憑所薦及憑得罪貶官臨賀縣尉親交無敢相送獨晦至藍田與憑言别時故相權德輿與憑交分最深知晦之行因謂晦日今送臨賀誠爲厚矣無乃反爲累乎晦

日自布衣沐楊公之知今日不送他日相公爲姦邪所譖焉可不送相公乎德輿大慙因稱之於人不數日御史中丞李夷簡請爲監察晦至官之日白夷簡日晦不繇公門公何所取信而見拔於千萬人中哉荅日君送楊臨賀寧肯負國乎繇是名益振

劉鄴父三復爲浙西李德裕掌書記鄴六七歲能賦詩德裕尤憐之與諸子同硯席師學大中初德裕貶逐鄴無所依以文章客游江浙每有制作人皆稱誦高元裕廉察陜虢署爲團練推官得秘書省較書郎咸通初劉瞻高璩居要職以故人子薦爲左拾遺召

充翰林學士轉尚書郎知制誥正拜中書舍人戶部侍郎學士承旨鄭以李德裕貶死珠崖大中朝以令狐綯當權累有赦宥不蒙恩例懿宗即位綯在方鎮屬郊天大赦鄭奏論之曰故崖州司戶參軍李德裕其父吉甫元和中以直道明誠高居相位中外咸理許謀有功德裕以偉望宏才繼登台衮險夷不易勁正無群稟周勃厚重之姿慕楊秉忠貞之節頃以微累竄于遐荒旣迫衰殘竟歸冥寞其子燁坐貶象州立山縣尉去年遇陛下布惟新之命覃作解之恩移授郴州縣尉今已殁於貶所儻德裕猶有親援可期

振揚微臣固不敢上論以招浮議今骨肉將盡生涯已空皆傷棨戟之門遽作荆蓁之地孤骨未歸於京兆一男又殁於湘江特乞聖明俯垂哀愍俾還遺骨兼賜贈官上弘録舊之仁下激徇公之節詔從之

梁謝彥章許州人幼事葛從周爲養父從周念其敏慧教以兵法彥章盡得其訣及壯事太祖爲騎將以戰功領河陽節度使及從周卒臨喪行服躬預壅事時人義之

後唐劉贊天成中爲中書舍人與學士竇夢徵同年登第鄰居友善夢徵卒贊與同年楊凝式緦麻爲位而哭其家無嫡長與親表辜䘏其孀稚人士稱之

符習趙州昭慶縣人少以軍卒事節度使王鎔積功至都較自莊宗爲晋王經略河朔與鎔連衡嘗令習率師從征鎔爲大將王德明所害德明據鎮州時習在德勝行臺德明上書請習歸藩莊宗詔習謂之曰王德明召爾歸藩自爲行計習雨泣而進曰臣本趙人家世事王氏嘗效忠義而德明乃幽滄叛卒趙王知人不盡過意任使果致此反噬臣等雖不武頗在覇府血戰而死不能委身於寇首被其屠割莊宗曰爾等旣懷舊君之恩則能復仇乎吾當助爾習等舉

身投地號慟感激良久謝曰王必以故使輔翼之勞雪其寃耻臣不敢期師旅爲助但悉本軍可以誅其逆竪莊宗即令閻寶史建瑭助習與師討德明乃以習爲鎮冀節度留後及德明誅將正受鉞習不敢當其任辭曰臣緣故主未塋無嗣息臣合服斬衰候臣禮制畢聽命及莊宗兼領鎮州乃割相衛二州置義寧軍以習爲節度使習奏曰魏博六州霸王之府不宜分割以示弱但授臣河南一鎮得自攻取便也乃授天平軍節度鄆齊棣觀察東南面招討等使

烏震初爲鎮州隊長以功漸歷都將與符習從征於

河上頗得士心聞張文禮殺王鎔臣欽若等謹案五代史文禮初爲王而養子名德明志復主讎雪泣請行兵及鎮陽文禮執其母
妻洎兒女十口誘之不廻攻城日急文禮忿之咸割
鼻斷腕不絕於膚縱至軍門觀者皆不忍正視虔一
慟而止憤激自勵身先矢石鎮州平以功歷濘趙二
州刺史

李再豐故鎮帥王鎔之裨較張文禮害王鎔時再豐
與別將符習趙仁真在德勝聞鎮州歸梁號哭請兵
於莊宗誓擒文禮及事定用爲冀州刺史

張守素爲馮贇故吏贇死妻子俱伏法惟小兒三歲

守素匿之遇赦獲全

朱漢賓亳州人爲右衛上將軍以太子少保致仕東
還亳郡見鄉舊親戚淪没者有瑩兆未辨則給以棺
殯有婚嫁未畢則助以資幣受其惠者數百家郡人
義之

淳于晏登州人以明經登第自霍彥威爲小較晏寄
食於門下彥威嘗因兵敗獨脫其身左右莫有從者
惟晏仗劒從之徒步草莽自是彥威高其義相得甚
歡及歷數鎮皆爲從事

李震湖南人鎮州王鎔爲張文禮所害鎔次子昭誨
當鎔被禍之夕爲軍人攜出府第置之地穴十餘日
乃髠其髮披以僧衣屬震南還軍士既以昭誨託於
震震置之茶褚中既至湖湘乃令依南嶽寺僧習業
歲給其費昭誨年長思歸震即賫送而還時鎔故將
符習爲汴州節度使會昭誨來即表其事令赴闕明
宗賜衣一襲令脫僧服頃之特授朝議大夫簡較考
功郎中司農少卿賜金紫符習因以女妻之

紀生者爲右丞史圭食客圭長興中出爲貝州刺史
罷免歸常山會清泰末常山有秘瓊之亂史圭家財
一夕盡焉生自刃中負圭以行獲免其害

晉李周年十六爲内兵捕賊將以任俠自負時河朔
群盜充斥南北交兵行旅無援者不敢出郡邑有士
人盧岳家於太原攜妻子囊橐寓於逆旅進退無所
保惟與所親相對流涕周憫之請援送以歸行經西
山中有賊聞其聲夜於林麓間候之射岳中其馬周
大呼曰爾爲誰耶賊聞其聲相謂曰李君至此矣即
時散走岳全其行裝至於家

趙玉幽薊人滄帥劉守文以其弟守光囚父于幽州
乃舉兵以伐之尋爲守光所敗滄之吏民共立守文
之子延祚爲帥以節度判官呂袞爲謀主以拒守光

及守光攻陷滄州寃被擒族之亥子琦時年十五爲吏追攝將就戮焉玉乆游於亥之門下見琦臨危乃紿監者曰此子某之同氣也幸無濫焉監者信之即列之俱去行未數舍琦困於徒步以足病告玉負之而行逾數百里因變姓名乞食於路乃免其禍

李自綸鉼州下博人天福二年本州奏自綸五世義居

曹顒鉼州元氏縣人七世義居鄉黨稱其和義

翹溫頴州汝陰縣人六世同居親屬一百六十口和孝稱於鄉里

李罕通冀州阜縣人五世義居

趙犨爲太子太保犨姓豁達輕財重義凡親友以窮厄告者必傾其資而賙之人士以此多之

周馮道初爲太原掌書記有大軗遺之細口者不得已而留焉乃寘於他室竟訪其主以還之及爲翰林學士丁父憂持服於景城遇歲儉分得俸餘悉散賑鄉里道之所居惟蓬茨而已凡庶牧饋遺斗粟疋帛無所受焉

裴羽後唐明宗朝在即署與右常侍陸崇使于閩風飄不便憩適兩浙時樞密使安重誨怒絶錢氏朝貢越人以兵守二使於館崇頻有不遜之語幾欲害之經歲崇以疾殁羽得歸朝又不許將崇靈柩汎海羽謂錢鏐曰崇奉君命不獲生還安得以海上之俗忌不令歸塟則寄死之所豈無仁人哉繇是鏐厚加待遇因託附羽表而復命闕庭羽以錢氏之表達重誨厲色而問曰表有何言羽曰遠方實封不委其事及發函乃引咎伏辜之詞也明宗甚悅復通朝貢羽盡崇之柩及資金毫末無缺悉付其家士人稱之後至左散騎常侍

徐台符先與漢故太子太傅李崧爲執友乾祐中崧

爲部曲葛延遇李澄等誣告族滅廣順中台符爲兵部侍郎自於宰府請誅延遇等宰相馮道以延遇等已經赦宥未之許也時王峻執政聞台符之言深加歎服因奏於大祖遂誅延遇等時人義之

李穀河南人爲宰相以其所居地置蘭若餘立垣屋凡族人可任官者皆致於祿仕不可任官者分田以居之令督農桑俾其經久以是宗族皆得其所

冊府元龜

廵按福建監察御史臣李嗣京　訂正
新建縣舉人　臣　戴國士參閱
知建陽縣事　臣　黄國琦較釋

總録部五十五

高絜　棄官

高絜

夫脩身立操不以窮改節砥名厲號不以利傷行鱛然高舉毅然有守義不苟取志不易曾蓋夫絜廉之士篤尚清白者嘗從事於斯矣故曰窮視其所不爲

貧視其所不取雖有饑寒之憂猶無滋垢之汚故志愈高而行愈絜身益困而名益彰俾貪者勵其廉懦夫有所立志斯誠至士守道者之所趨也若乃不受其問遺靡干於鄉邑非其粟而不饗非其衣而不服介然自脩終焉彌固克尚貞絜匪爲華行亦何代無其人哉

伯夷叔齊處於孤竹孤竹國在遼西殷諸侯也伯夷叔齊其二子也周之將興也二人相謂曰吾聞西方有偏伯焉似將有道者也今吾奚爲處乎此哉二子西行如周至於岐陽則文王没矣没終也武王即位至觀周德則王使叔旦就膠鬲於四内四内地名而與之盟曰加富三等就官一列爲三書同辭要之以牲埋一於四内皆以一歸又使保召公就微子開於共頭之下共頭山名也而與之盟曰世爲長侯守殷常祭祀相奉桑林相言使奉桑林之樂且私孟諸孟諸澤名以爲私邑爲三書同辭要之以牲埋一於共頭之下皆以一歸伯夷叔齊聞之相視而笑曰語異乎哉此非吾所謂道也昔者神農氏之有天下也時祀盡敬而不祈福焉時四時也祈求也其於人也忠信盡治而無求焉無所求於民也樂與正爲正樂與治爲治不以人之壞自成也不以人之卑自高也今周見殷之僻也僻邪也

而遽爲之正與治遽疾也上謀而行貨阻兵而葆威也行貨謂與膠鬲盟加富三等也阻依也葆持也割牲而盟以爲信因四内與共頭以明行揚夢以說衆揚武王滅殷之夢以喜衆民殺伐以要利以此紹殷是亂以易亂暴以易暴也紹續也吾聞古之士遭乎治世不避其任遭乎亂世不爲苟存今天下闇周德衰矣與其並乎周以漫吾身也漫汙也不若避之以絜吾行二子北行至首陽山而餓死

袁旌於一作族目東方之士也將有所適而餓於道狐父之盜丘見之下壺飡以與之袁旌目三餔而能視仰而問焉子誰也曰我狐父之盜丘也袁旌目曰嘻汝

乃盜也何爲而食我以吾不食也兩手據地而嘔之
不出喀喀然遂伏地而死
子列子窮容貌有饑色客有言之於鄭子陽者子列
子圍寇盖有道之士也居君之國而窮君無乃爲不
好士乎子陽令官遺之粟數十乘子列子出見使者
再拜而辭使者去子列子入其妻望而拊心曰聞爲
有道者妻子皆得佚樂今妻子皆有饑色矣君過而
遺先生又辭豈非命也哉子列子笑而謂之曰君非
自知我也以人之言知我以人之言而遺我粟也至
其罪我也又且以人之言此吾所以不受也且受人

之養不死其難不義也死其難是死無道之人豈義
也哉其後民果作難殺子陽
漢田仁魯相田叔之少子叔卒魯以百金祠之仁不
受日義不傷先人名
原涉字巨先涉父哀帝時爲南陽太守天下殷富大
郡二千石死官賦斂送葬皆千萬以上妻子通共受
之以定產業涉父死讓還南陽賻送行喪冢廬三年
禮畢扶風謁請爲議曹禮畢行喪終服也衣冠慕之
後漢魯恭爲司徒初恭父爲武陵太守卒時恭年十
二郡中賻贈一無所受年十五與母及弟丕俱居太

學習魯詩閉户講誦絶人間事兄弟俱爲諸儒所稱
學士爭歸之太尉趙熹慕其心志每歲時遣子問以
酒糧皆辭不受問遺也
姜詩事母孝赤眉經詩里弛兵而過曰勿驚大孝必
觸鬼神時歲荒賊乃遺詩米肉受而埋之後爲江陽
令卒
桓典字公雅大尉焉之孫少立廉操不取於人門生
故吏問遺一無所受仕至光祿勳卒
李恂罷武威大守時歲荒司空張敏司徒魯恭等各
遺子饋糧悉無所受徙居新安關下拾橡實以自資

吉茂脩行室如懸磬其或饋遺一不肯受雖不以此
高人亦心疾不義而貴且富者
公沙穆隱居東萊山學者自遠而至有富人王仲致
產千金謂穆曰方今之世以貨自通吾奉百萬與子
爲資何如對曰來意厚矣夫富貴在天得之有命以
貨求位吾不忍也後舉孝廉高第爲主簿
檀敷字文有山陽瑕丘人也少爲諸生家貧而志清
不受鄉里施惠後補蒙令棄官去卒
閔仲叔世稱節士雖周黨之絜清自以弗及也黨見
其含菽飲水遺以生蒜受而不食一云仲叔曰我省煩耳今更作擾累

受而不食客居安邑老病家貧不能得肉日買豬肝一片
屠者或不肯與安邑令聞勑吏常給焉仲叔怪而問
之知乃歎曰閔仲叔豈以口腹累安邑邪遂去客沛
以壽終
袁閎字夏甫父賀爲彭城相卒郡閎兄弟迎喪不受
賻贈累徵聘舉召皆不應居處側陋以耕學爲業從
父逢隗並貴盛數餽之無所受
吳祐字季英陳留長垣人也喪父居無儋石而不受
贈遺後終河間相
孫斎隱居林藪躬耕稼穡勤則誦經貧屢困乏執志

彌固不受惠於人也
孫堪明經學有志操清白貞正愛士大夫然一毫未
嘗取於人以節介氣勇自行後仕至侍中
桓礹避地到吳郡揚州刺史劉繇賑給穀食衣服所
乏者悉不受後東適會稽住止山陰縣故魯相鍾離
意舍太守王朗餉給糧食布帛牛羊一無所受當臨
去之際屋中尺寸之物悉疏付主人纖微不漏移居
揚州從事屈豫室中中庭橘樹一株遇實熟乃以竹
藩樹四面吹風落兩實以繩繫着樹枝每危亡之急
其志彌固賓客從者皆肅其行

魏管寧年十六喪父中表愍其孤貧咸共賻贈悉辭
不受漢末避地遼東中國少安客人皆還惟寧晏然
若將終焉黃初四年詔公卿舉獨行君子司徒華歆
薦寧文帝徵寧遂將家屬浮海還郡公孫恭送之南
郊加贈服物自寧之東也公孫度康恭前後所資皆
受而藏諸既已西渡盡封還之初太尉華歆遜位讓
寧不起後即拜太中大夫卒
焦先河東人嘗結草爲廬於河之湄獨止其中雖有
緊急不與人語遺以食物皆不受河東太守杜恕嘗
以衣服迎見而不與語

范騰字無忌燉煌人舉孝廉除郎中屬天下兵亂去
官還家太守張閔造之閉門不見禮遺一無所受歎
曰生於亂世貴而能貧乃可以免
吳劉基字正輿年十四居父繇喪盡禮故吏餽餉皆
無所受
晉王戎父渾爲凉州刺史渾卒凉州故吏贈賻數百
萬戎辭而不受繇是顯名後終於司徒
劉寔爲大司農以子夏罪免每還州里鄉人載酒肉
以候之寔難逆其意輒共啖而反其餘
常忠字子節平陽人少慷慨有不可奪之志好學通

傳性不虛諾閉門脩已不交當世每至吉凶親表贈遺一無所受後太守陳楚廹爲郡功曹

吳隱之弱冠而介立有清操雖日晏歠菽不饗非其粟儋石無儲不取非其道終光祿大夫

王裒字偉元城陽營陵人少立操尚隱居教授家貧躬耕計口而田度身而蠶或有助之者不聽諸生密爲刈麥裒遂棄之故舊有致遺者皆不受

王舒字處明少爲從兄敦所知及敦爲青州舒往依焉時敦被徵爲秘書監以寇難路險輕騎歸洛陽委棄公主時輜重金寶甚多親賓無不競取惟舒一無

所取益爲敦所賞位至安南將軍監浙東五郡軍事

南齊庾易志性恬隱不交外物建元元年刺史豫章王嶷爲驃騎參軍不就臨川王映臨州獨重易上表薦之餉麥百斛易謂使人曰民樵採麋鹿之伍終歲鮮毛之衣馳騁日月之車得保自耕之祿於大王之恩亦已深矣辭不受

梁阮孝緒陳留尉氏人義師圍京城家貧無所爨僮妾竊鄰人樵以繼之孝緒知之乃不食更令撤屋而炊又鄱陽忠烈王妃孝緒之姊也諸甥歲時饋遺一無所納人或怪之荅云非我始願故不受也

陳馬樞隱於茅山後鄱陽王卑辭厚意數邀之待以師友門人勸之出仍居竹林中每王公饋餉辭不獲已者率十分受一

後魏胡叟不治產業乘一牸牛敝韋袴褶而已尚書李敷嘗遺之以財都無所取

北齊馮偉節聰敏無所不通趙郡王出鎮定州時舉秀才固辭不就歲餘請還王知其不願拘束以禮發遣贈遺甚厚一無所納惟受時服而已及還終不交人事郡守縣令每至其門歲時或置羊酒亦辭不納門徒束脩一毫不受耕而飯蠶而衣簞食瓢飲不改

其樂竟以壽終

宋遊道父季預爲渤海太守遊道弱冠隨父在郡父亡吏人贈遺一無所受

後周韋夐高尚不仕武帝嘗與夐夜宴大賜之縑帛令侍臣數人負以送出夐惟取一疋示承恩旨而已帝以此益重之

隋張文詡河東人博覽文籍以灌園爲業州郡頻舉皆不應州縣以其貧素將加賑卹輒辭不受每閑居從容長歎曰老冉冉而將至恐脩名之不立以如意擊几皆有處所時人方之閔子騫原憲

唐郝處俊父爲滁州刺史處俊年十歲餘其父卒於
滁州父之故吏賻送甚厚僅滿千餘疋悉辭不受
盧伯瑗一名浩然善書畫屬文不婚娶寡慾隱於嵩
高有終焉之志玄宗使通事舍人禮徵稱疾不就所
賜束帛亦辭不受
梁鄭雲叟隱居於華山與梁朝近臣李振善振欲祿
之拒而不諾及振南遷千里省之識者高焉華州連
帥劉遂凝嘗以貨貝遺之一無留者

棄官

孟子曰有官守者不得其職則去蓋士君子進退之

宜也若夫器用宏博志操貞峻言不苟合動惟秉義
居然公輔之量宜爲王者之師而屈膝下僚折腰吏
職適遭權勢之所迫不爲公府之見禮旁覗同列殊
非我類可利於國莫能自專繇是欝抑不申慨然興
歎或以罪自劾或稱疾而徃投板懸綬比諸浮雲者
何可勝道哉其或亂離斯瘼玉石將焚屐不測之危
避無妄之禍掛冠季世免陷匪人明哲保身於是乎
在至有天資孝謹篤於養親脫略公卿不交士類遺
榮避世高蹈長鶩斯亦各行其志也已然而泰寧之
世貧賤爲恥其或獨善其身守一介之分索居偏智
達通人之旨斯亦有識之致誚也
漢陸賈惠帝時爲太中大夫呂太后用事欲王諸呂
賈自度不能爭之乃病免以好畤田地善徃家焉（好畤即今雍州好畤縣也）
枚乘字叔淮陰人景帝時召爲弘農都尉乘久爲大
國上賓與英俊並游得其所好不樂郡吏以病去官
汲黯爲滎陽令耻之稱病歸田里貢禹舉賢良爲河
南令歲餘以職事爲府官所責（大守之府）免冠謝禹曰冠
一免安可復冠也遂去官
梅福九江壽春人也少學長安明尚書穀梁春秋爲

郡文學補南昌尉（豫章之縣）後去官歸壽春
龔勝爲郡吏三舉孝廉以王國人不得宿衛補吏再
爲尉一爲丞勝輒至官乃去州舉茂材爲重泉令（重泉在馮翊縣也）病去官
後漢劉茂爲沮陽令會王莽簒位茂棄官避世弘農
山中教授
譙玄巴郡閬中人也平帝時爲中散大夫與大僕任
惲等分行天下觀覽風俗未及終而王莽居攝玄於
是縱使者車變易姓名間竄歸家因以隱遁
李業廣漢梓潼人也平帝元始中舉明經爲郎會王

莽攝業以病去官
載遵汝南慎陽人也平帝時爲御史王莽篡位稱病歸鄉里
江革明帝永平初補楚太僕月餘自劾去楚王英馳遣官屬追之遂不肯還
王充上虞人明帝時仕郡爲功曹以數諫諍不合去刺史董勤辟爲從事轉治中自免還家
樂恢辟司空牟融府會第五倫代融爲司空恢以與倫同郡不肯留薦潁川杜安而退
王良爲沛郡太守至蘄縣稱病不之府官屬皆隨就

之良遂上病篤乞骸骨徵拜太中大夫後爲大司徒司直以病歸
崔篆爲建新大尹行縣治獄平理所出二千餘人椽史叩頭諫曰朝廷初政州牧峻刻宥過申枉誠仁者之心然獨爲君子將有悔乎篆曰邾文公不以一人易其身君子謂之知命如殺一大尹贖二千人蓋所願也遂稱病去
張霸爲會稽太守視事三年謂椽史曰太守起自孤生致位郡守蓋日中則移月滿則虧老氏有言知足不辱遂上病後徵四遷爲侍中

郎宗善風角爲吳令占知京師當有大火果如其言諸公聞而表上以博士徵之宗恥以占驗見知聞徵書到縣夜置印綬於縣庭而遁去遂終身不仕
宗慈爲脩武令時太守出自權豪取貨賂慈遂棄官去
孔昱爲雒陽令以師喪棄官卒於家
檀敷爲蒙令以郡守非其人棄官去家無產業子孫同衣而出年八十卒於家（一云敷子孫同衣而行并日而食）
崔駰辟大將軍竇憲椽憲擅權驕恣駰數諫之憲不能容稍疎之因察駰高第出爲長岑長駰自以遠去

不得意遂不之官而歸
周磐和帝初拜謁者除任城長遷陽夏重合令頻歷三城皆有惠政後思母棄官還鄉里
橋玄補雒陽左尉時梁不疑爲河南尹玄以公事當詣府大對恥爲所辱棄官還鄉里
唐羌爲臨武長諫南海獻龍眼荔支和帝從之章報羌郎棄官還家不應徵召著唐子三十餘篇
李固自議郎出爲廣漢雒令至白水關解印綬還漢中（白水關今在梁州金牛縣西）杜門不交人事
楊章爲平原令時國相徐曾中常侍璜之兄也章恥

與掾事託疾牧豕
童翊爲須昌長聞將舉兄喪棄官
孫堪嘗爲縣令（臣欽若等曰史失縣名）謁府趨步遲緩門亭長譴堪堪便解印綬去不之官
巴肅察孝廉歷慎令貝丘長皆以郡守非其人辭病去
楊仁爲什邡令行兄喪去官
延篤爲平陽侯相以師喪棄官奔赴五府並辟不就
趙岐爲皮氏長會河東太守劉祐去郡而中常侍左悺兄勝代之岐恥疾宦官即日西歸

馬融字季長桓帝時爲南郡太守忤大將軍梁冀免官後復拜議郎重在東觀著述以病去官
吳祐爲大將軍梁冀長史冀誣奏太尉李固祐爭之不聽遂出爲河間相因自免歸家不復仕躬灌園蔬以經書教授
荀爽字慈明好學年十二能通春秋論語太尉杜喬見而稱之曰可爲人師桓帝延熹九年太常趙典舉爽至孝拜郎中對策陳便宜奏聞即棄官去
何休少府豹之子也雅有心思研精六經以列卿子詔拜郎中非其好也辭疾而去

陳蕃字仲舉汝南平輿人也刺史周景辟別駕從事以諫爭不合投傳而去（投棄也傳謂符也）
欒巴字伯文偃之子爲郎中非其好也去官
范滂爲光祿勳主事時陳蕃爲光祿勳滂執公儀詣蕃蕃不止之滂懷恨投板棄官而去後復爲太尉黃瓊所辟滂覩時方艱知意不行因投劾去
楊倫陳留人爲郡文學掾史歷數將志乖於時以不能人間事遂去職
皇甫規對策梁冀忿其刺己以爲下第拜郎中託疾免歸

范冉（冉或作冊）桓帝時辟太尉府議者欲以爲侍御史因遁身逃命於梁沛之間
應奉爲司隸校尉及黨事起乃慨然以疾自退
趙咨靈帝初爲博士會陳蕃竇武爲宦者所誅咨乃辭疾去
陳寔爲太丘長（太丘縣屬沛國）沛相賦斂違法乃解印綬去吏人追思之
孔融辟司徒楊賜府時河南尹何進當遷爲大將軍楊賜遣融奉謁賀進不時通融即奪謁還府投劾而去後爲侍御史與中丞趙舍不同託疾歸家

荀淑爲朗陵侯相頃之棄官歸閑居養志
劉焉魯恭王後也少任州郡以宗室拜郎中去官居陽城山精學教授
田豐辟大尉府舉茂才遷侍御史時閹宦擅朝英賢被害豐乃棄官歸
臧洪舉孝廉爲郎選爲郎丘長靈帝末棄官還家
陳重豫章人少與同郡雷義爲友俱拜尚書郎義代同時人受罪以此黜退重見義去亦以疾免後爲細陽令政有異化舉尤異當遷爲會稽大守遭姊憂去官

杜安爲宛令先是宛有報讎者其令不忍致理將與俱亡縣中豪強有告其處者致捕得安深疾惡之到官治戮肆之於市權有司繩彈遂自免
鄭泰字公業靈帝末大將軍何進以泰爲尚書侍郎遷侍御史爲進陳時務之所急數事進不能用乃棄官去
荀彧舉孝廉再遷亢父令董卓之亂棄官歸鄉里
邊讓署大將軍何進府令史後以高才擢進屢遷出爲九江太守不以爲能也獻帝初平中王室大亂讓去官還家
袁忠爲沛相天下大亂忠棄官客會稽上虞
金尚舉孝廉補尚書右丞董卓之亂棄官而歸
魏陶謙漢末爲舒令與郡守張磐有隙磐每欲搆之而謙在官清白無以糾舉祠靈星有羸錢五百欲以贓之謙委官而去
杜畿漢末舉孝廉除漢中府丞會天下亂棄官客荊州建安中乃還
鍾繇漢末舉孝廉除尚書郎陽陵令以疾去
趙昱漢末舉孝廉除莒長宣揚五教政爲國表會黃巾作亂陸梁五郡郡縣發兵以爲先辨徐州刺史巴

祗表功第一當受遷賞昱深以爲耻委官還家
杜恕爲趙相以疾去官一云恕去京師營宜陽一泉塢因其壘塹之固小大家焉明帝晏駕時人多爲恕言者去
趙起家爲河東太守歲餘遷河北都督護軍復以疾去
吳劉繇舉孝廉爲郎中除下邑長時郡守以貴戚託之遂棄官去
甘寧本南陽人其先客於巴郡寧爲吏舉計掾補蜀郡丞頃之棄官歸家
范平爲臨海太守政有異能孫皓初謝病還家

晉易雄舉孝廉爲州主簿別駕自以門寒不宜久處
上綱遂謝職還家
阮嗣宗辟大尉蔣濟府謝病歸
褚翜爲冠軍參軍于時長沙王乂擅權成都河間阻
兵于外翜知内難方作乃棄官避地幽州
蔡棨爲武威太守以母老罷官郡既接近羌戎棨以
重鎮輙去職朝廷尤之左遷樂涫令頃之轉太宰從
事中郎後遭母憂以至孝稱
孔坦爲尚書郎時典客令萬默領諸胡胡人相誣朝
廷疑默有所偏助將加大辟坦獨不署録是被譴遂

棄官歸會稽
王羲之少與王述相輕及述顯達羲之爲會稽内史
述後簡察會稽郡辨其刑政主者疲於簡對羲之深
恥之遂稱病去郡
李豊字宣國舉孝廉拜蒲坂令以病去官
氾騰燉煌人也舉孝廉除郎中屬天下兵亂去官還
家
陶侃爲武岡令與太守呂岳有嫌棄官歸
褐方爲司徒王導參軍自以地寒不願久留京華求
補遠郡求開居著述導從之上補高梁太守在郡積
年以年老棄郡歸導將進之臺閣固辭還鄉里終於
家
阮裕成帝咸和初爲尚書郎時事故之後公私弛廢
裕遂去官還家後即家拜臨海太守少時去職
桓玄大司馬溫之子孝武太元末出補義興太守鬱
鬱不得志嘗登高望震澤歎日父爲九州伯兒爲五
湖長棄官歸國
沈警字世明謝安命爲參軍警内足於財無進仕意
謝病歸安固留不止
謝冲晉末爲中書侍郎家在會稽謝病歸

宋謝靈運爲永嘉太守既不得志遂肆意遨遊在郡
未周稱疾去職從弟晦曜弘微等並與書止之不從
陶潜字淵明潯陽柴桑人有高節爲時所重以親老
家貧起爲州祭酒不堪吏職少日自解歸州召主簿
不就躬耕自資遂抱羸疾謂親朋日聊欲絃歌以爲
三徑之資可乎執事者聞之以爲彭澤令公田悉令
吏種秫稻妻子固請種粳乃使一頃五十畝種秫五
十畝種粳郡遣督郵至縣吏日應束帶見之潜歎日
我不能爲五斗米折腰向鄉里小人即日解印綬去
賦歸去來

張茂度爲義興太守解職還家
阮長之爲襄垣令督郵無禮鞭之去職
南齊到撝爲奉車都尉試守延陵令非所樂去官
樂頤有孝行湘州刺史王僧虔引爲主簿以同僚非
人棄官去
卞彬爲上虞令有剛氣會稽太守孟顗以令長裁之
積不能容脱幘投地曰我所以屈卿者正謂此幘耳
今已投之卿以一世勳門而傲天下國士拂衣而去
梁劉縚字言明好學通三禮武帝大同中爲尚書祠
部郎尋去職不復任

蕭眎素自中書侍郎求爲諸暨令到縣十餘日掛衣
冠而去
陳帝載爲輕車將軍太子右衛率文帝天嘉元年以
疾去官載有田十餘頃在嵊縣之白山至是遂築室
而居屏絶人事吉凶慶弔無所往來不入里門者幾
十載太建中卒於家
徐孝克天嘉中除剡令非其好也尋復去職
章華字仲宗家世業農華獨好學善屬文宣帝大建
中高宗使吏部侍郎蕭引騁廣州刺史馬靖令入子
爲質引奏華與俱行使還而帝晏駕後主即位朝臣
以華素非閥閲競非詆之乃除太市令既雅非所好
乃辭以疾而去鬱鬱不得志
後魏李曾趙郡人也辟主簿到官月餘乃歎曰梁叔
敬有云州郡之職徒勞人耳道之不行身之憂也遂
還家講授
北齊李公緒性聰敏博通經傳魏末爲冀州司馬以
疾去官後以侍御史徵不至
後周薛端年十七司空高乾邕辟爲參軍賜爵平陰
男端以天下擾亂遂棄官歸里
隋劉炫河間人納言楊達舉博學有文章射策高第

除太學博士歲餘以品卑去任
唐竇軌隋末爲資陽郡東曹掾以廉謹聞後去官歸
于家
竇威沈深有器局博覽群言隋煬帝時以其皇后姊
婿徵爲考功郎數侍晏遊非其所好又見隋政日亂
稱病去官
杜如晦隋末爲滏陽縣尉非其好也後乃棄官歸于
鄉里
于志寧隋末爲冠氏縣長時山東群盜起棄官歸于
鄉里

王績絳州龍門人隋大業中應孝悌廉絜舉授揚州六合縣丞非其所好棄官歸鄉里

李淳風父播爲高唐尉秩卑不得志棄官而爲道士頗有文學自號黄冠子

郝處俊爲著作佐郎再轉滕王友恥爲王官遂棄官歸耕

高智周爲蘭臺大夫高宗總章中請假歸葬其父母因謂曰知進而不知退患之道也遞稱疾去職

武攸緒爲右千牛衛將軍登封年扈從封岳便棄位隱居于嵩山陽

劉幽求則天聖曆中應制舉拜閬中尉刺史不禮乃棄官而歸

高子貢和州歷陽人學通五經及史記漢書以明經擢第歷祕書省正字弘文館直學士鬱鬱不得志棄官而歸

孫處玄爲左拾遺中宗神龍初功臣桓彥範等用事處玄遺彥範書論時事得失彥範終不用其言乃去官

白履中陳留浚儀人也睿宗景雲中爲較書郎尋棄官而歸

常況代宗大曆中隱居於嵩山守志樂道不屑于榮利孔述睿深器之及述睿徵拜諫議大夫薦況爲右拾遺不起未幾又以起居郎追赴闕廷半歲棄官東歸徙家于龍門別墅

楊憑德宗貞元中累佐使府徵爲監察御史不樂簡束遂求免官

李鄘爲馬燧河東從事尋以言不行歸養雒中

武元衡爲華原令時畿輔有鎮軍督將恃恩伐功者參□吏理元衡苦之乃移病去爲沉浮讌詠之遊

王正雅爲汝州刺史充本州防禦使有監軍中人怙

權正雅不能堪遂謝病免

李渤爲庫部員外郎以章疏切直大忤於時謝病東歸

後唐嚴譯爲亳州譙縣令母病篤陳假告即時去之歸德軍節度使奏擅去任大理言嚴譯毋疾篤有虧奏辭所屬律文不載詔律既無條釋放

李保殷爲大理卿未滿秩屢爲人所制保殷日人之多僻無自立僻乃謝病以歸卒于雒陽

第七頁十一行後脱七條
翟湯字道深尋陽人篤行純素仁讓廉潔不屑世事耕而後食人有饋贈雖釜庾一無所受始安太守于寶與湯通家遣船餉之勑吏云翟公廉讓卿致書訖便委船還湯無人反致乃貨易絹物因寄還寶寶本以為惠而更煩之益愧歎焉咸康中征西大將軍庾亮上疏薦之成帝徵為國子博士湯不起建元初安西將軍庾翼北征石季龍大發僮客以充戎役勑有司特蠲湯所調湯悉推僕使委之鄉吏奉旨一無所受湯

依所調限放免其僕使令編戶為百姓
郭文曠達不仕隱吴興大辟山中餘杭令顧颺與葛洪共造之而攜與俱歸颺以文山行或須皮衣贈以韋袴褶一具文不納辭歸山中颺追遣使者置衣室中而去文亦無言韋衣乃至爛于戶内竟不服用
崔遊字子相少好學儒術甄明恬靖謙退自少及長口未嘗語及財利泰始初就家拜郎中
范宣家貧好學太尉郗鑒命為主簿詔徵太學博士散騎郎並不就家于豫章太守殷羨見宣茅茨不完欲為改宅宣固辭之庾爰之以宣素貧加年荒疾疫厚餉給之宣又不受
宋劉凝之字安志有高節州辟不就妻梁州刺史郭銓女也遣送豐麗凝之悉散之親屬妻亦能去榮華與之共安儉苦夫妻共乘薄笨車出市買易周給之外輙以施人荆州年飢衡陽王義季慮凝之餧餓餉錢十萬凝之大喜將錢至門觀有飢色者悉分與之俄頃立盡
郭原平會稽永興人有孝行太守王僧朗察孝廉不就太守蔡興宗深加貴異餉以米百斛原

平固讓不受人或問曰府君嘉君淳行愍君貧老故加此贍豈必辭原平曰府君若以吾義行邪則無一介善不可濫荷此若以其貧老邪耋齒甚多屢空比室非吾一人而已終不肯納
姚吟山陰寒人也有高趣為衣冠所重顏竣為東揚州餉吟米二百斛吟亦辭之

冊府元龜

巡按福建監察御史臣李嗣京　訂正
分守建南道左布政使臣胡維霖　參閱
知建陽縣事臣黄國琦　較釋

總録部五十

賢德

傳曰太上立德又曰德成而上惟賢者必有德焉中古而下良士間作乃有禀純粹之氣挺中庸之美蹈道體和居簡行約躬履仁義力敦孝友處崇高之勢而志益下居困阨之會而道彌顯中語默之節得進

退之理或推挽時彥致之於光大或化導民俗濟之於淳厚或治家而有法或念舊而施惠亦有錙銖人爵糠粃塵務優游而自得恬澹而無欲者焉至若匪人革心而遷善鷙獸屏跡而不害斯又高義之所服精意之所感者已

伯夷叔齊孤竹君之二子也不念舊惡怨是用希

銅鞮伯華晉大夫也孔子曰國家有道其言足以興國家無道其默足以容蓋銅鞮伯華之所行孔子又歎曰銅鞮伯華無死天下有

漢張釋之爲廷尉王生者善爲黄老言處士嘗召居廷中公卿盡會立王生老人曰吾韈解韈音武伐切顧謂釋之爲我結韈釋之跪而結之結讀曰係既已人或讓王生獨奈何廷辱張廷尉如此王生曰吾老且賤自度終亡益於張廷尉廷尉方天下名臣吾故聊使結韈欲以重之諸公聞之賢王生而重釋之

衛綰爲中郎將郎官有譴常蒙其罪蒙謂覆蔽之不與它將爭有功常讓它將帝以爲廉忠實無它腸

鄭當時字莊武帝時爲大司農每朝候帝間說未嘗不言天下長者候天子閒隙之時其所稱說皆言長者也其推轂士及官屬丞史誠有味其言也推轂言薦擧人如車轂之運轉也有味者其言甚美也

嘗引以爲賢於已未嘗名吏與官屬言若恐傷之聞人之言進之上惟恐後山東諸公以此翕然稱鄭莊

韋玄成賢之子也以父任爲郎常侍騎謙遜下士出遇知識步行輙下從者與載送之輙從者之車馬也以爲常其接人貧賤者益加敬繇是名譽日廣

田甲爲張湯客甲雖賈人有賢操始湯爲小吏與錢通爲小吏之時與田甲爲錢財之交及爲大吏而甲所責湯行義有烈士風

後漢樊重南陽湖陽人貲至巨萬而賑贍宗族恩加鄉閭外縣何氏兄弟爭財重耻之以田二頃解其忿

縣中稱美推爲三老
張綱少明經學雖爲公子而厲布衣之節後爲廣陵
太守
王丹居家每歲農時輒載酒肴於田閒候勤者而勞
之東觀記曰載酒肴便於田頭大樹下飲食勸勉之因留其餘酒肴而去其墯孏者恥
不致丹皆兼功自厲孏與嬾同音力亶切邑聚相率以致殷富
其輕黠游蕩廢業爲患者輒曉其父兄使黜責之沒
者賻給親自將護其有遭喪憂者輒待丹爲辦鄉鄰
以爲嘗行之十餘年其化大治風俗以篤後徵爲太
子少傅

杜根爲郎中諫鄧太后歸政太后怒令撲殺之詐死
逃竄積十五年太后喪徵爲尚書郎或問根曰往者
遇禍天下同義知故不少何至自苦如此根曰周旋
民間非絕迹之處邂逅發露禍及知親故不爲也
張湛扶風平陵人也在鄉黨詳言正色三輔以爲儀
表人或謂湛僞詐湛聞而笑曰我誠詐也人皆詐惡
我獨詐善不亦可乎位終太中大夫
尹勳家世衣冠伯父睦爲司徒兄頌爲太尉宗族多
居貴位而勳獨持清操不以地勢尚人仕至大司農
鍾皓兄子瑾好學慕古有退讓風辟州府未嘗屈志
李膺謂之曰孟子以爲人無是非之心非人也弟何
期不與孟軻同邪瑾嘗以膺言白皓皓曰昔國武子
好招人過以致怨本卒保身全家爾道爲貴其體訓
所安多此類也
周燮汝南安城人居家清處非法不言兄弟父子室
家相待如賓鄉曲不善者皆從其教也安帝府以玄
纁羔鴈徵不至
陳寔爲太丘長解印綬去及後逮捕黨人事亦連寔
餘人多逃避求免寔曰吾不就獄衆無所恃乃請囚
焉遇赦得出

郭泰字林宗性明知人好獎訓士類褒衣博帶周遊
郡國及黨事起知名之士多被其害惟林宗袁閎免
焉泰徵有道不就
孫堪仕郡縣公正廉絜俸祿不及妻子皆以供賓客
及爲長吏所在有迹爲吏人所敬仰仕至侍中騎都
尉
劉虞爲幽州刺史後以疾歸家嘗降身隱約與邑州
閭同樂共卹等齊有無不以名位自殊鄉曲咸共宗
之
王烈字彦方太原人也通識達道秉義不回時在井

市步行有異人皆別之州閭承風咸競爲善時國中
有盜牛者牛主得之盜者曰我邂逅迷惑從今已後
將爲改過子既已赦宥幸無使王烈聞之人有以告
烈者烈以布一端遺之或問此人既爲盜畏君聞之
反與布何也烈曰昔秦穆公人盜其駿馬食之乃賜
之酒盜者不愛其死以救穆公之難今此盜人能悔
其過懼吾聞之是知耻惡知耻惡則善心相生故與
布勸爲善也間年之中行路老父擔重人代擔行數
十里欲至家置而去問姓名不以告頃之老父復行
失劍於路有人行而遇之欲置而去懼後人得之遂

守之至暮劍主還見之乃前者代擔人也老父擥其
袂問曰子前者代吾擔不得姓名吾將以告王烈乃
語之而去老父以告烈烈曰世有仁人吾未之見遂
使人推求之乃昔時盜牛人也烈歎曰韶樂九成虞
賓以和人能有感乃至於斯也遂使國人表其閭而
異之時人或訟曲直將質於烈或至塗而反望廬而
還皆相推以直不敢使烈聞之時國主皆親驂乘適
烈私館疇咨政令察孝廉三府並辟皆不就

孔融聞人之善若出諸已言有可採必演而成之面
詰其短而退稱所長薦達賢士多所奬進知而未言
以爲已過故海內英俊皆信服之後爲公府

魏田疇字子泰爲幽州牧劉虞從事奉使長安得報
還未至虞已爲公孫瓚所害疇北歸率舉宗族他附
從數百人掃地而盟曰君仇不報吾不可以立於世
遂入徐無山中營深險平敞地而居躬耕以養父母
百姓歸之數年間至五千餘家疇謂父老曰諸君不
以疇不肖遠來相就衆成都邑而莫相統一恐非久
安之道願推擇其賢長者以爲之主皆曰善同僉推
疇疇曰今來在此非苟安而已將圖大事復怨雪耻
竊恐未得其志而輕薄之徒自相侵侮偷快一時無

深計遠慮疇有愚計願與諸君共施之可乎皆曰可
疇乃爲約束相殺傷犯盜諍訟之法法重者至死其
次抵罪二十餘條又制爲婚姻嫁娶之禮興舉學校
講授之業班行其衆衆皆便之至道不拾遺北邊翕
然服其威信烏丸鮮卑並各遣譯使致貢遺疇悉撫
納令不爲寇

華歆漢末爲豫章太守孫策畧地江東歆以郡迎策
策親執子弟之禮禮爲上賓是時四方賢士大夫避
地江南者甚衆皆出其下人人望風每策大會坐上
莫敢先發言歆時起更衣則論議讙譁歆能劇飲至

石餘不亂衆人徽察嘗以其整衣冠爲異江南號之曰華獨坐曹公奏徽之及行賓客舊人送之者千餘人贈遺數百金歆皆無所拒密各題識至臨去悉聚諸物謂諸賓客曰本無拒諸君之心而所受遂多念單車遠行將以懷璧爲罪願賓客爲之計衆乃各留所贈而服其德

邴原北海朱虛人也避地遼東遼東多虎原之邑落獨無虎患原嘗行而得遺錢拾以繫樹枝此錢既不見取而繫錢者愈多問其故答者謂之神樹原惡其繇己而成淫祀乃辨之於是里中遂斂其錢以爲社

供及原自遼東歸魏太祖爲司空辟原署東閤祭酒曹公北伐三郡單于還住昌國燕士大夫酒酣曹公曰孤反鄴守諸君必將來迎今日明旦度皆至矣其不來者獨有邴祭酒耳言訖未久而原先至門下通謁曹公大驚喜攬履而起遠出迎原曰賢哉誠難測度孤謂君將不能來而遠自屈誠副饑虛之心謁訖而出軍中士大夫詣原者數百人曹公怪而問之時荀文若在坐對曰獨可省問邴原耳曹公曰此君名重乃亦傾士大夫心文若曰此一世異人士之精藻公宜盡禮以待之曹公曰固孤之宿昔也自是之後見敬益重原雖在軍歷署嘗以病疾高枕里巷終不當事又希會見河內張範名公之子也其志行有與原符甚相親敬令曰邴原名高德大清規邈世魁然而峙不爲孤用聞張子頗欲學之吾恐造之者富隨之者貧也

管寧字幼安北海朱虛人漢末避亂至遼東往見公孫度語惟經典不及世事還乃因山爲廬鑿坯爲室越海避難者皆來就之而居旬月成邑遂講詩書陳俎豆飾威儀明禮讓非學者無見也繇是度安其賢民化其德邴原與寧俱往而原性剛直清議以格物

度己下心不安之寧謂原曰潛龍以不見成德言非其時皆招禍之道也寧密遣令西還度亡子康代居郡外以將軍太守爲號而內實有王心卑己崇禮欲官寧以自鎮輔而終莫敢發言其敬憚如此寧居遼東所居屯落會井汲者或男女雜錯或爭井鬬鬩寧患之乃多買器分置井傍汲以待之又不使知來者得而怪之問知寧所爲乃各相責不復鬬訟後詔爲太中大夫固辭不受

袁準忠信公正不恥下問惟恐人之不勝己以世事多險故嘗恬退而不敢求進後爲給事中

袁侃論議清當柔而不犯善與人交在廢興之間人之所趣務嘗謙退不爲也時人以是稱之歷位黄門選部郎

徐幹清玄體道六行脩備輕官忽祿不耽世榮仕爲五官將文學

任嘏爲人純粹愷悌虚巳若不足恭敬如有畏其脩身履義皆沈默潛行不顯其美人少得稱之

管輅體性寛大多所含受憎巳不讐愛巳不褒每欲以德報怨謂忠孝性義人之根本不可不厚廉介細直士之浮飾不足爲務也自言知我者稀則我貴矣

安能斷江漢之流爲激石之清樂與季主論道不欲與漁父同舟此吾志也其事父母孝篤兄弟順愛士友皆仁和發中終無所闕臧否之士晩亦服焉後爲少府丞卒

雷義字仲公豫章鄱陽人初爲郡功曹皆擢舉善人不伐其功朱才爲武衛較尉本郡議者以才少處榮貴未留意於鄉黨才乃歎曰我初爲將謂跨馬蹈敵當身履鋒足以揚名不知鄉黨復追迹其舉措乎於是更折節爲恭留意於賓客輕財尚義施不望報聲名聞於遠近會葬卒

吳駱統字公緒事適母甚謹時饑荒鄉里及遠方客多有困乏統爲之飲食衰少其姉仁愛有行寡居無子見統甚哀之數問其故統曰士大夫糟糠不足我何心獨飽姉曰誠如是何不告我而自苦若是乃自以私粟與統又以告母母亦賢之遂使分施繇是顯名大帝以將軍領會稽大守統年二十試爲烏程相

丁覽字孝連八歲而孤家又単微清身立行用意不苟推財從弟以義讓稱爲人精微絜淨門無雜賓大帝深貴待之爲始平令未及擢用而病卒

晉樂廣字彦輔父方早卒廣孤貧僑居山陽寒素爲

業人無知者性冲約有遠識寡嗜慾與物無競廣値世道多虞朝章紊亂清巳中立任誠保素而巳時人莫有見其際焉仕至河南尹

阮瞻字千里嘗群行冐熱渇甚逆旅有井衆人競趨之瞻獨逡巡在後須飲者畢乃進其夷退無競如此後爲尚書令

鄭默寛冲博愛謙虚溫謹不以才地矜物事上以禮遇下以和雖童豎厮養不加聲色太康元年爲光祿勳卒

皇甫方回安定朝那人有文才永嘉初以博士徵不

起避亂荆州閉門閑居未嘗入城府爨而後炊耕而後食先人後己尊賢愛物南土人士咸崇敬之

鄭冲字文和起自寒微卓爾立操清恬寡欲耽玩經史遂博究儒術及百家之言有姿望動必循禮任真自守不要鄉曲之譽後爲太傅

張華少自脩謹造次必以禮度勇於赴義篤於周急後爲司空

李憙爲尚書僕射拜光禄大夫特進致仕憙自歷仕雖清非衆異而家無儋石親友故人乃至分衣共食未嘗私以王官

樂道融丹陽人少有大志好學不倦與朋友信每約已而務周急有國士之風爲王敦參軍

幸靈豫章建昌人也性少言與小人羣居見侵辱而無愠色邑里號之癡雖其父母兄弟亦以爲癡也嘗使守稻羣牛食之靈見而不驅待牛去乃往理其殘亂者其父母見而怒之靈曰夫萬物生天地之間各欲得食牛方食奈何驅之其父愈怒曰卽如汝言復用理壞者何爲靈曰此稻又欲得終其性牛自犯之靈可以不收乎

庾衮字叔褒明穆皇后伯父也母終服喪居於墓側歲大饑藜羹不糝門人欲進其飯者而衮每曰已食莫敢爲設及麥熟穫者已畢而采捃尚多衮乃引其羣子以退曰待其間及其捃也不曲行不旁掇跪而把之則亦大穫又與邑人入山拾橡分夷險序長幼推易居難禮無違者見齊王冏歸于京師踰年不朝日晉室卑矣寇難方興乃携其妻子適林慮山事其新鄉如其故鄉言忠信行篤敬比及朞年而林慮之人歸之咸曰庾賢及石勒攻林慮父老謀曰此有大頭山九州之絶險也上有古人遺迹可共保之惠帝遷於長安衮乃相與登於大頭山而田於其下年穀

未熟食木實餌石蕊同保安之有終焉之志及將收穫命子怞與之下山中塗目眩瞀墜崖而卒同保赴哭曰天乎獨不可舍我賢乎時人傷之曰庾賢絶塵避地超然遠跡固窮安陋木食山棲不與世同榮不與人爭利不免遭命悲夫衮學通詩書非法不言非道不行尊事耆老惠訓蒙幼臨人之喪必盡哀會人之葬必躬築勞則先之逸則後之言必行之行必安之是以宗族鄉黨莫不崇仰門人感慕爲之樹碑焉

孫駿字文度吳國富春人聞人之善欣若有得聞人之惡慘若有失見人饑寒並周贍之鄉里贈遺一無

所受後尚書張國明表薦晷公車特徵會卒
應詹幼孤爲祖母所養年十餘歲祖母又終家富於
財年又稚弱乃請族人共居委以貲產情若至親世
以此異焉弱冠知名性質素弘雅物雖犯而弗之較
以學藝文章稱司徒何劭見之曰君子哉若人官至
平南將軍
衛玠字叔寶嘗以人有不及可以情恕非意相干可
以理遣故終身不見喜愠之容及卒謝鯤哭之慟曰
棟梁折矣仕至太子洗馬
魏詠之爲荆州刺史持節都督六州領南蠻校尉詠

之初在布衣不以貧賤爲恥及居顯位亦不以富貴
驕人始爲殷仲堪之客未幾竟踐其位論者稱之
王延西河人也非其織不衣非其耕不食屬天下喪
亂隨劉元海遷於平陽農蠶之暇訓誘宗族侃侃不
勌年六十方仕於劉聰爲金紫光祿大夫
何琦字萬倫性沈敏有識度居於宣城陽穀縣養志
衡門不交人事耽玩典籍以琴書自娱不營產業節
儉寡欲豐約與鄉鄰共之鄉里遭亂姊没人家琦惟
有一婢便爲購贖然不爲小謙凡有贈遺亦不苟讓
但於己有餘輒復隨而散之任心而行率意而動不
占卜無所事仕至涇縣令
譙秀巴西人郡察孝廉州舉秀才皆不就避難巖渠
鄉里宗族依憑之者以百數秀年出八十衆人欲代
之負擔秀曰各有老弱當先營護吾氣力猶足自堪
豈以垂朽之年累諸君也
宋謝弘微陳郡陽夏人父思武昌太守弘微所繼叔
父混義熙中以劉毅黨見誅混妻晉陵公主宋初降
號東鄉君元嘉九年東鄉君薨資財千萬園宅十餘
所又在會稽吳興瑯琊諸處從祖司空琰時事業奴
僕猶有數百人公私咸謂室内資財宜歸二女田宅

奴僕應屬弘微弘微一無所取自以私祿營葬混女
夫殷叡素好樗蒱聞弘微不取財物乃濫奪其妻妹
及伯母兩姑之分以還錢債内人皆化弘微之讓一
無所爭弘微舅子領軍將軍劉湛不堪其非謂弘微
曰天下事宜有裁衷卿此不治何以治官弘微笑而
不答或有譏之曰謝氏累世財產充殷君一朝錢債
理之不允莫此爲大卿親而不言譬棄物江海以爲
廉耳設使立清名而令家内不足亦吾所不取也弘
微曰親戚爭財爲鄙之甚令内人尚能無言豈可導
之使爭今分多共少不至有乏身死之後豈復見關

沈道虔吳興武康人嘗以捃拾自資同捃者或爭穟道虔諫止之悉以其所得與之爭者愧恐後每事輒云勿令居士知

晉明字文達僑居會稽士子高其行當葬兄皆送金爲贈後至者不復肯受人問其故答曰本以兄墓不周故不逆親友之意今實已足豈可利亡者餘贈邪

齊豫章王嶷爲揚州徵議曹從事不就

何子平幼持操檢敦厲名行雖處闇室如接大賓學義堅明處之以默安貧守善不求榮進好退之士彌以貴之位至吳郡海虞令

沈林子簡泰廉靖不交接世務義讓之美著於閨門位至輔國將軍

南齊江泌爲南中郎行參軍領國子助教乘車至染烏頭見一老翁步行下車載之躬自步去

謝朓好獎人才會稽孔顗粗有才筆未爲時知孔珪嘗令草讓表以示朓朓嗟吟良久手自折簡寫之謂珪曰士子聲名未立應共獎成無惜齒牙餘論其好善如此朓爲吏部尚書郎

王騫儉之子也性凝簡慕樂廣爲人未嘗言人之短

梁張弘策爲人厚實篤於故舊雖居隆重不以貴勢自高故人賓客禮接如布衣時祿賜皆散之親友爲衛尉卿遇害莫不痛惜焉

劉苞性和而直與人交面折其罪退稱其美情無所隱士友咸以此歎惜之終太子洗馬

劉訏平原人也自少至長無喜愠之色每於可競之地輒以不競勝之或有加淩之者莫不退而愧服繇是衆論咸歸重焉本州辟主簿不就

傅昭所蒞官嘗以清淨爲政不尚嚴肅居朝廷無所請謁不畜門生不交私利終日端居以書記爲樂雖老不衰性尤篤愼子婦家嘗餉牛肉以進昭召其子

日食之則犯法告之則不可取而埋之其居身行已不負闇室類皆如此京師後進宗其學重其道人自以爲不逮仕至散騎常侍

庾黔婁新野人少好學多講誦孝經未嘗失色於人南陽高士劉虬宗測並歎異之起家本州主簿

劉杳治身清儉無所嗜好爲性不自伐不論人長短位至尚書左丞

諸葛璩處身清正妻子不見喜愠之色旦夕孜孜講誦不輟時人益以此宗之

庾承先字子通潁川鄢陵人也少沉靜有志操是非

不涉於言喜慍不形於色人莫能窺也後湘東王板爲法曹參軍不就

陳陸琰寡嗜慾鮮矜競遊心經籍晏如也終通直散騎常侍

王勵字公濟通之叔也美風儀博涉書史恬然淸簡未嘗以利欲干懷梁世爲國子周易生射策舉高第除秘書郎太子舍人

虞寄少篤行造次必於仁厚雖僮豎未嘗加以聲色至於臨危執節則辭氣懍然白刃不憚也終大中大夫

歐陽頠少質直有思理以言行篤信著聞於嶺表父喪毀瘠甚至蕭允爲光祿大夫未嘗以榮利干懷及晉安王出鎮湘州又苦携允允少與蔡景歷善景歷子徵脩父黨之敬聞允將行乃詣允曰公年德並高國之元老從容坐鎭日夕自爲列曹何爲方復辛苦在外答曰已許晉安豈可忘信其恬於榮勢如此

姚察性至孝有人倫鑒識沖虛謙遜不以所長矜人終日恬靜惟以書記爲樂在位多所稱引一善可録無不賞薦若非分相干咸以理遣盡心事上知無不爲侍奉機密未嘗洩漏且任遇已隆衣冠攸屬深懷退靜避於聲勢淸潔自處貲產每虛或有勸營生計笑而不答篤於宗屬所得祿賜咸充周卹爲吏部尚書入隋終太子內舍人

岑之敬性謙謹未嘗以才學矜物接引後進恂恂如也終征南府諮議參軍

後魏常景善與人交終始若一其遊處者皆服其深遠之度未嘗見其矜恡之心好飲酒澹於榮利自得懷抱不事權門終車騎將軍

裴敬憲字孝虞有志行學博才淸撫訓諸弟專以讀誦爲業澹於榮利風氣俊遠而情性和雅未嘗失色

於人而又世有仁義於鄉里孝昌中蜀賊陳雙熾所過殘暴至敬憲宅輒相約束不得焚燒爲盜所服如此除太學博士

王椿太原人爲瀛州刺史更滿還鄉齊神武之居晉陽霸朝所在人士輻湊椿禮敬親知多所拯接

李冲沉雅有大量兄承爲榮陽太守冲隨兄至官是時牧守子弟多侵亂民庶輕有乞奪冲與承長子韶獨淸簡皎然無所求取時人美焉顯祖末爲中書學生冲善交遊不妄戲雜流輩重之

游明根歷官內外五十餘年處身以仁和接物以禮

讓時論貴之
崔挺幼孤居喪盡禮推人受士州閭里親附焉每四時與鄉人父老書相存慰辭旨欵備得者榮之家徒四壁時穀糴踊貴鄉人或有贈遺者挺辭而後受仍亦散之貧困不爲蓄積故鄉邑更欽歎焉仕至北海王詳司馬
辛雄廉謹雅素不妄交友喜怒不形於色釋褐奉朝請
梁越字玄覽性純和篤信行無擇善爲光祿大夫
辛琛寬雅有度量涉獵經史喜愠不形於色當官奉

法所在有稱
韋休之爲安西將軍光祿大夫貞和自守未嘗以言忤物
北齊楊愔字遵彥魏司徒津之子也愔貴公子早著聲譽風表鑒裁爲朝野所稱家門遇禍唯有二弟一妹及兄孫女數人撫養孤幼慈旨温顏咸出人表重義輕財前後賜與多散之親族群從弟姪十數人並待而舉火頻遭迍厄冒履艱危一飡之惠酬答必重性命之讎捨而不問
趙彥深幼孤貧事母至孝性敏聰善書記安閑樂道不雜交遊爲雅論所歸服昧爽輒自掃門外不使人見率以爲常後位至司徒
後周樂遜性柔謹寡於交遊立身以忠信爲本不自矜尚每在衆中言論未嘗爲人之先學者以此稱之仕至大將軍
韋㚳高尚不仕又雅好名義虛襟善誘雖耕夫牧豎有一介可稱者皆接引之
楊薦秦郡寧夷人也父寳冒平郡守薦幼孤早有名譽性廉謹喜怒不形於色終梁州刺史
段永累官至大將軍歷任內外所在頗有聲稱輕財

好士朝野以此重焉
皇甫璠性平和小心奉法安貧守志嘗以清白自處當時號爲善人終隋州刺史
薛善字仲良家素富僮僕數百人兄元信仗氣豪侈每食方丈坐客嘗滿絃歌不絶而善獨恭巳率素愛樂閑靜終隆州刺史
柳霞性温裕略無喜愠之容弘獎名教未嘗論人之短尤好施與家無餘財終驃騎大將軍
隋令狐熙字長熙性嚴重有雅量雖在私室終日儼然不妄通賓客凡所交結必一時名士起家吏部上

士

房彥謙歷官司隷刺史被執政所嫉出爲涇陽令卒家無餘財車服器用務存素儉自少及長一言一行未嘗涉私雖致屢空怡然自得嘗從容獨笑顧謂其子玄齡曰人皆因祿富我獨以官貧所遺子孫在於清白

郭榮容貌魁岸外疎内密與之交者多愛之終右候將軍

李士謙趙郡平棘人齠齔喪父母以孝聞士謙自以少孤未嘗飲酒食肉李氏宗黨豪盛每至春秋二社

必高會極歡無不沉醉諠亂嘗集士謙所盛饌盈前而先爲設黍謂羣從曰孔子稱黍爲五穀之長荀卿亦云食先黍稷古人所尚容可違乎少長肅然不敢弛惰退而相謂曰既見君子方覺吾徒之不德也士謙聞而自責曰何乃爲人所踈頓至於此又士謙家富於財州里有兄弟分財不均至相鬩訟士謙聞而出財補其少者令與多者相埒兄弟媿懼更相推讓卒爲善士謙擢國子祭酒不就終於家

唐李百藥性寛容汎愛爲時文宗引進後生提獎不倦

王友貞口不言人過尤好釋典屏絶羶味出言未嘗負諾時論以爲真君子神龍初徵太子中舍人以疾固辭

趙驊肅宗時爲秘書少監性孝悌敦重交友雖經難危不改其操

楊綰尤攻文詞藻思清贍而宗尚玄理沉靜寡欲嘗獨處一室左右經書塵埃滿室澹如也含光用晦不欲名彰每屬文恥於自白非知巳不可得而見位至相薨

楊於陵爲左僕射致仕於陵器量弘整進止有常度

在朝三十餘年崇踐中外始終不失其正居官奉職亦善操守時人皆仰其風德

孔述睿謙和退讓與物無競每親朋集會恂恂似不能言人皆敬之終太子賓客

韋夏卿有風韻善談讌與人同處終年而喜愠不形於色

許孟容方勁富有文學又雅好推轂樂善拔士士多歸之

崔從少以貞晦恭讓自處不交權利忠厚方嚴爲正人宿儒所推階品合立門戟終不之請四爲方鎮無

聲妓之娛終淮南節度副大使
武儒衡字庭碩丞相元衡從父之弟才度俊偉氣直
貌莊言不妄發與人交有終始終兵部侍郎
盧元輔自曾祖以名節顯著元輔端靜貞介不失門
風歷踐清貫人士歸美不以其父杞之惡爲累終兵
部侍郎
後唐李琪初仕梁爲翰林承旨琪之名播於海内重
然諾憐才獎善家門雍睦
晉尹玉羽性仁恕好靜默與朋友交無怨棄御僕隸
不好詈辱有過則諭而戒之有罪則禮而遣之家雖

屢空不渝其廉時雖亂離不廢其業仕至光祿少卿
鄭韜光自襁褓迨於懸車凡事十一君踰七十載所
任無官謗無私過三持使節不辱君命士無賢不肖
皆恭己接納晚年背傴時人咸曰鄭傴不汚平生交
友之中無怨隙親族之間無愛憎恬和自如性尚平
簡及爲戸部尚書致政歸雒甚愜終焉之美
崔棁字子文性恬淡不汲汲於榮利笑不至哂怒不
至詈倰新進後生未嘗有誨群居公會寡言嘗云非
止致人愛憎且或干人祖禰之諱指命僕役亦用禮
節隆暑祁寒不使冒犯終太子賓客

程遜性溫厚辭是非所履循繩墨與善惡人交皆無
侮客朝野賢達咸慕而畏之終太常卿

冊府元龜

冊府元龜

巡按福建監察御史臣李嗣京　訂正
分守建南道左布政使臣胡維霖　參閱
知建陽縣事臣黄國琦較釋

總録部

知言　清廉　辭賞

知言

夫古之君子達語默之要識幾微之朕發而必中出而有章考求而足徵詮理而可範斯之謂知言矣三代而下賢英間作流風遺議粲然可覩乃有明性守

之分述世道之變敘忠公之訓究神理之説陳教化之本較盛衰之意以至甄確賢文之損益品藻人才之勝劣形於嘉話藹乎前聞蓋所謂善言之無瑕吉辭之蓋寡邈千里而斯應垂百世而不朽者焉

申叔時楚大夫也魯成公十五年楚將北師（侵鄭衛）子囊曰新與晋盟而背之無乃不可乎反曰敵利則進何盟之有（晋楚盟在十一年子囊莊王子公子貞也）申叔時老矣在申（老歸本邑）聞之曰子反必不免信以守禮禮以庇身信禮之亡欲免得乎

單子周卿周卿士也魯成公十六年晋侯使郤至獻楚捷于周與單襄公語驟稱其伐（伐功）單子（即襄公）語諸大夫曰温季其亡乎（温季郤至）位於七人之下（佐新軍位在八）而求掩其上（稱己之伐上功）怨之所聚亂之本也多怨而階亂何以在位（恐爲亂階）夏書曰怨豈在明不見是圖（逸書也不見細微也）將愼其細也今而明之其可乎（言郤至稱己功所以明怨）

士鞅晋大夫也魯襄公十四年士鞅奔秦秦伯問於士鞅曰晋大夫其誰先亡對曰其欒氏乎秦伯曰以其汰乎對曰然欒黶汰虐已甚猶可以免其在盈乎秦伯曰何故對曰武子之德在民如周人之思召公焉愛其甘棠況其子乎（武子欒書黶之父也召公奭聽訟舍於甘棠之下周人之

思不害其樹而作勿伐之詩）欒黶死盈之善未能及人武子所施没矣而黶之怨實章將於是乎在秦伯以爲知言爲之請於晋而復之（二十一年晋滅欒氏）

晏子齊大夫晋叔向問晏子曰進不能事上退不能爲家傲世樂業枯槁而名不疑其所守者可謂能行其道乎對曰嬰聞之古之能行其道者世可以正則正不可以正則曲其正也不失上下之倫其曲也不失仁義之理道用與世樂業不用有所依歸不以傲上華世不以枯槁爲名故道者世之所以治而身之所安也今以不事上爲道以不顧家爲行以枯槁爲

名世行之則亂身行之則危且天之與地而上下有衰矣明王始立而居國爲制矣政教錯而民行有德矣今以不事上爲道及天地之衰矣以不顧家爲行倍先聖之道矣以枯稿爲名則世塞政教之塗矣有明上可以爲下遺亂世不可以治亂說若道謂之惑行若道謂之狂惑者狂者木石之樸也而道義未載焉叔向又問晏子曰人何如則可謂保其身對曰旣明且知以保其身夙夜匪懈以事一人不庶幾不要幸先其難而後幸得之時其所也失之非其罪也可謂保其身矣又曾子問晏子曰古者嘗有上不諫上

下不顧民退處山谷以成行義者乎對曰察其身無能也而託乎不欲諫上謂之誕意也上惽亂德義不行而邪辟朋黨賢人不用士亦不易其行而從邪以求進故有隱有不隱其行法士也乃夫議上則不取也夫上不諫上下不顧民退處山谷嬰不識其何以爲成行義者也又梁丘據問晏子曰子事三君君不同心而子俱順焉仁人固多心乎對曰嬰聞之順愛不解可以使百姓暴强不忠不可以使一人一心可以事百君百心不可以事一君仲尼聞之曰小子識之晏子以一心事百君者也

臧武仲魯大夫也昭公十年秋七月平子伐莒取郠(郠莒邑取郠不書公見討於平丘魯諱之)獻俘始用人於亳社(以人祭殷社)臧武仲在齊聞之曰周公其不饗魯祭乎周公饗義魯無義詩曰德音孔昭視民不恌(詩小雅恌偷也言明德君子必愛民)恌之謂甚矣而一用之將誰福哉(一同也同人於畜牲也)

閔子馬魯大夫也魯昭公十八年秋葬曹平公往者見周原伯魯焉(原伯魯周大夫)與之語不說學歸以語閔子馬閔子馬曰周其亂乎夫必多有是說然後及其大人(國亂俗壞言者適多之大人以及大人大人在位者)大人患失而惑又曰可以無學無學不害(患有學而失道者以惑其意)不害而不學則苟而

可(以爲無害遂不學則皆懷苟且)於是乎下陵上替能無亂乎夫學殖也不學將落原氏其亡乎(殖生長也言進德如農之殖苗日新日益)

彪傒衛大夫也魯昭公三十二年冬十一月晉魏舒韓不信如京師合諸侯之大夫于狄泉尋盟且令城成周(尋平丘盟)魏子南面(居君位)衛彪傒曰魏子必有大咎干位以令大事非其任也詩曰敬天之怒不敢戲豫敬天之渝不敢馳驅(詩大雅戒王者言當敬畏天之譴怒不可遊戲逸豫馳驅自恣渝變也)況敢干位以作大事乎

史墨晉大夫也魯昭公三十二年十二月己未公薨于乾侯言失其所也(不薨于路寢言失所也)晉趙簡子問於史

墨曰季氏出其君而民服焉諸侯與之君死於外而
莫之或罪也對曰物生有兩有三有五有陪貳故天
有三辰地有五行體有左右各有配偶王有公諸侯
有卿皆有貳也天生季氏以貳諸侯爲日久矣民之
服焉不亦宜乎魯君世從其失季氏世脩其勤民忘
君矣雖死於外其誰矜之社稷無常奉奉之無常人言惟在德也
君臣無常位自古以然史墨迹古今以實言故詩曰高岸爲谷
爲深爲陵詩小雅言高下有變易三后之姓於今爲庶王可知
也三后夏商周在易卦雷乘乾曰大壯䷡乾下震上大壯震在乾上
故曰雷乘乾天之道也乾爲天子震爲諸侯而在乾上君臣易位猶臣大强壯若天上有雷

昔成季友桓之季也文姜之愛子也始震而卜卜人
謁之曰生有嘉聞嘉名聞於世其名曰友爲公室輔及生
如卜人之言有文在其手曰友遂以名之旣而有大
功於魯立僖公受費以爲上卿至於文子武子文子行父武子
宿世增其業不廢舊績魯文公薨而東門遂殺適立
庶魯君於是乎失國失國權政在季氏於此君也四公
矣民不知君何以得國是以爲君愼器與名不可假
人器車服名爵號
子思鄭子產子國參也魯哀公五年鄭駟秦富而侈
嬖大夫也而嘗陳卿之車服於其庭鄭人惡而殺之
子思曰詩曰不解于位民之攸塈詩大雅攸所也塈息也不守
其位而能久者鮮矣商訟曰不僭不濫不敢怠皇命
以多福僭差也濫溢也皇暇也言駟秦違詩商訟故受禍
孔子在魯或謂孔子曰子奚不爲政或人以爲居位乃是爲政子
曰書云孝乎惟孝友于兄弟施於有政是亦爲政奚
其爲爲政孝乎惟孝美孝之辭友于兄弟善於兄弟施行也所行有政道即與爲政同
子思孔子孫也子思之母死於衛子思伯魚子伯魚卒其妻嫁於衛
柳若謂子思曰子聖人之後也四方於子乎觀禮子
蓋愼諸柳若衛人也見子思爲嫁母服恐其失禮戒之嫁母齊衰期子思曰吾何
愼哉吾聞之有其禮無其財君子弗行也謂時可行而財不足

以備禮有其禮有其財無其時君子弗行也謂財足以備禮而時
不得行者吾何愼哉時所止則止時所行行則行無所疑也
閔損字子騫魯人爲長府閔子騫曰仍舊貫如之何
何必改作長府藏名也藏財貨曰府仍因也貫事也因舊事則可何必復更改作子曰
夫人不言言必有中言必有中者善其不欲勞民改作
卜商字子夏司馬牛憂曰人皆有兄弟我獨亡牛兄桓魋
行惡脫身絕之故曰我無兄弟子夏曰商聞之矣死生有命富貴在
天君子敬而無失與人恭而有禮四海之內皆兄弟
也君子何患乎無兄弟也君子疏惡而友賢九州之人皆可以禮親
端木賜字子貢子禽問於子貢曰夫子至於是邦也

必聞其政求之與抑與之與子禽孔子弟子陳亢也子貢孔子弟子姓端木名賜亢怪孔子所至之邦必與聞其國政求而得之邪抑人君自願與之爲治子貢曰夫子溫良恭儉讓以得之夫子之求之也其諸異乎人之求之與言夫子行此五德而得之與人之求之異明人君自與之棘子成曰君子質而已矣何以文爲舊說云棘子成衛大夫子貢曰惜乎夫子之說君子也駟不及舌惜乎夫子之說君子也過言一出駟馬追之不及文猶質也質猶文也虎豹之鞟猶犬羊之鞟皮去毛曰鞟虎豹與犬羊別者正以毛文異耳今使文質同者何以別虎豹犬羊邪

魯人白公謂孔子曰若以石投水奚若孔子曰没人能取之曰若以水投水奚若孔子曰淄澠之合者易

牙嘗而知之白公曰然則人固不可微言乎孔子曰胡爲不可唯知言之謂者爲乎

公明賈衛大夫也孔子問公叔文子於公明賈曰信乎夫子不言不笑不取乎公叔文子衛大夫公孫拔文益公明賈對曰以告者過也夫子時然後言人不厭其言樂然後笑人不厭其笑義然後取人不厭其取子曰其然豈其然乎美其得道嫌不能悉然

孟子鄒人也謂弟子公孫丑曰我知言我善養吾浩然之氣曰何謂知言曰詖辭知其所蔽淫辭知其所陷邪辭知其所離遁辭知其所窮人有險詖之言引事以褒人若賓孟言雄鷄自斷其尾之事能知其欲以譽子朝蔽于猛也有溢美不信之辭若麗姬勸晉獻公與申生能知其欲以陷害之有邪僻不正之辭若豎牛勸仲任賜環之事能知其欲行讒毁以離之雄叔孫也有陷遁之辭若秦客之安辭於朝能知其欲以窮晉諸大夫也

漢夏侯勝爲諫大夫給事中嘗見出道上語入見天子而以其言爲小人道之宣帝聞而讓勝讓責也勝曰陛下所言善臣故揚之堯言布於天下至今見誦臣以爲可傳故傳耳

後漢桓譚好古學數從揚雄辯析疑義大司空王邑納言嚴光聞揚雄死謂譚曰子嘗稱揚雄書豈能傳於後世乎譚曰必傳顧君與譚不及見也顧見凡人也

賤近而貴遠親見揚子雲揚雄字祿位容貌不能動人故輕其書者老聃著虛無之言兩篇謂道德經也薄仁義非禮學然後好之者尚以爲過於五經自漢文景之君及司馬遷皆有是言今揚子之書文義至深而論不詭於聖人詭違聖人周公孔子若使遭遇時君更閱賢知爲所稱善更音工行切則必度越諸子矣後至議郞給事中出爲六安郡丞

李法爲侍中上疏失旨免爲庶人還鄉里杜門自守故人儒生時有候之者言談之次問其不合上意之繇法未嘗應對友人固問之法曰鄙夫可與事君乎

哉苟患失之無所不至孟子有言夫仁者如射正巳而後發發而不中不怨勝巳者反諸身而巳矣

魏張掖鉅鹿人養志不仕明帝青龍四年詔書張掖郡玄川溢涌激波奮蕩寶石負圖狀像靈龜宅于川西嶷然磐峙蒼質素章麟鳳龍馬煥炳成形文字告命粲然著明太史令高堂隆上言古皇聖帝所未嘗蒙實有魏之禎命東序之世寶事班天下任令于綽連齎以問張掖掖密謂綽曰夫神以知來不追巳往禎祥先見而後廢興從之漢巳久亡魏巳得之何所追興禎祥乎此石當今之變異而將來之禎祥也

蜀孟光為大司農後進文士秘書郎郤正數從光諮訪光問正太子所習讀并其情性好尚正答曰奉親虔恭夙夜匪懈有古世子之風接待羣僚舉動出於仁恕光曰如君所道皆家戶所有耳吾今所問欲知其權略智謀何如也正曰世子之道在於承志竭歡旣不得妄有所施為其智謀藏於胸懷權略應時而發此之有無焉可豫設也光解正慎宜不為放談乃曰吾好直言無所回避每彈射利病為世人所譏嫌疑省君意亦不甚好吾言然語有次今天下未定志意為先智意雖有自然然不可力彊致也此諸君讀書寧當效吾等竭力博識以待訪如博士探策講試以求爵位邪當務其急者正深謂光言為然

晉王戎字濬冲琅邪臨沂人鍾會伐蜀過與戎別問計安出戎曰道家有言為而不恃非成功難保之難也及會敗議者以為知言戎襲父爵辟相國掾後至司徒

樂廣字彥輔善清言為河南尹是時王澄胡毋輔之等皆亦任放為達或至裸體者廣聞而笑曰名教中自有樂地何必乃爾

虞喜字仲寧會稽餘姚人也初吳呂岱為孫權大司

馬權病篤召諸葛恪輔政臨去岱戒之曰世方多難子每事必十思恪答曰昔季文子三思而後行夫子曰再思可矣今君令恪十思明恪之劣也岱無以答當時咸謂之失言喜曰夫託以天下之至重也以人臣行主威至難也兼二至而管萬機能勝之者鮮矣自非採納羣謀詢于芻蕘虛巳受人常若不足則功名不成勳績莫著況呂侯國之元老知度經遠而甫以十思戒之而便以示劣見拒此元遜之疏乃機神不俱者也若因十思之義廣諮當世之務聞善速於雷動從諫急於風移豈得隕首殿堂死凶豎之手世

人奇其英辯造次可觀而哂呂侯無對爲陋不思安
危終始之慮是樂春藻之繁華而忘秋實之甘口者
也昔魏人伐蜀蜀人禦之精嚴垂發六軍雲擾士馬
擐甲羽檄交馳費禕時爲元帥荷國任重而與來敏
圍棊意無厭倦敏臨別謂禕曰君必能辦賊者也言
其明略内定貌無憂色況長寧以爲君子臨事而懼
好謀而成者且蜀爲蕞爾之國而方向大敵所規所
圖唯守與戰何可矜已有餘晏然無戚斯乃性之寬
簡不防細微卒爲降人郭脩所害豈非兆見於彼而
禍成於此哉往聞長寧之甄文偉今覩元遜之逆呂

侯二事體同故並而載之可以鏡誡于後永爲世鑒
華譚字令思爲祕書監或問譚曰諺言人之相去如
九牛毛寧有此理乎譚對曰昔許由巢父讓天子之
貴市道小人爭半錢之利此之相去何啻九牛毛也
聞者稱善
賈充族子模字思範少有志尚頗覽載籍而沉深有
智筭確然難奪深爲充所信愛每事籌之焉充年衰
疾劇嘗憂已謚傳模曰是非久自見不可掩也
劉寔平原高唐人爲大司農還州里寔有高行而諸
子多受賂或謂寔曰君行高一世而諸子不能遵何
不旦夕切磋使知過而自改邪寔曰吾之所行是所
聞見不相祖習豈復教誨之所得乎世以寔言爲當
裴楷字叔則阮籍喪母楷往弔之籍散髮箕踞醉而
直視楷弔唁畢便去或問楷凡弔者主哭客乃爲
禮籍既不哭君何爲哭楷曰阮籍既方外之士故不
從禮典我俗中之士故以軌儀自居時人歎爲兩得
楷位至侍中
潘京字世長武陵人爲州所辟因謁見問策探得不
孝字刺史戲京曰辟士爲不孝邪京舉板答曰今爲
忠臣不得爲孝子其機辯皆此類京位至泉陵令

周處仕吳爲無難督及吳平王渾登建業宮釃酒謂
吳人曰諸君亡國之餘得無戚乎處對曰漢末分離
三國鼎立魏滅於前吳亡於後亡國之戚豈惟一人
渾有慚色
袁甫爲淮南國大農郎中令石珩問甫曰卿名能辯
豈知壽陽已西何以嘗旱壽陽已東何以嘗水甫曰
壽陽已東皆是吳人亡國之音哀以思鼎足強邪一
朝失職憤歎甚積積憂成陰陰積成雨久成水故其
城嘗澇也壽陽已西皆是中國新平疆吳美寶皆聚
志盈心滿用長歡娛公羊有言魯僖甚悅故致旱京

師若能抑強扶弱先疎後親則天下和平災害不生矣觀者難其敏捷

孟嘉爲征西桓温參軍人問聽妓絲不如竹竹不如肉何謂也嘉答曰漸近使之然一坐咨嗟

袁宏爲大司馬桓温記室謝安嘗賞其機對辯速後安爲楊州刺史宏自吏部出爲東陽郡乃祖道於冶亭時賢皆集安欲以卒迫試之臨别執其手顧就左右取一扇而授之曰聊以贈行宏應聲答曰輒當奉揚仁風慰彼黎庶時人歎其率而能要焉

謝玄字幼度與從兄朗俱爲叔安所器重安嘗戒約

子姪因曰子弟亦何豫人事而正欲使其佳諸人莫有言者玄答曰譬如芝蘭玉樹欲使其生於庭階耳安悅之後爲左將軍會稽内史

顧悅之字君叔少有義行與簡文同年而髮早白帝問其故對曰松栢之姿經霜猶茂蒲柳常質望秋先零帝悅其對歷尚書右丞

顧愷之爲大司馬桓温參軍甚見親眄温薨後愷之拜温墓賦詩云山崩溟海竭魚鳥將何依或問之曰卿憑重桓公乃爾哭狀其可見乎答聲如震雷破山淚如傾河注海

秦秀爲博士性忌讒佞疾之如讎素輕鄙賈充及伐吳之役聞其爲大都督謂所親曰充文案小才乃居伐國大任吾將哭以送師或止秀曰昔蹇叔知秦軍必敗故哭送其子耳今吳君無道國有自亡之形群率踐境將不戰而潰子之哭也既爲不智乃不赦之罪於是乃止及孫皓降于王濬充未之知方以吳未可平抗表請班師充表與告捷同至朝野以充位居人上智出人下僉以秀爲知言

殷浩爲風流談論者所宗或問浩曰將莅官而夢棺將得財而夢糞何也浩曰棺本臭腐故將得官而夢

尸錢本糞土故將得錢而夢穢時人以爲名言浩終尚書令

顏含爲光祿勳人嘗論少正卯盜跖其惡孰深或曰正卯雖姦不至剖人充膳盜跖爲甚含曰爲惡彰露人思加戮隱伏之姦非聖不誅繇此言之少正爲甚衆咸服焉

南齊桓榮祖爲寧朔將軍兗州刺史領東平太守兗州大中正巴東王子嚮事方鎮皆啓稱子嚮爲逆榮祖曰此非所宜言正應云劉寅等孤負恩獎逼迫巴東使至於此時諸啓皆不得道事平後帝乃省視以

榮祖爲知言
梁柳悛爲太子詹事悛嘗侍座高祖曰徐元瑜違命嶺南周書罪不相及朕已宥其諸子何如悛對曰罰不及嗣賞延於世今復見之聖朝時以爲知言
王規爲中書黄門侍郎勅與殷均王錫張緬同侍東宫俱爲昭明太子所禮時湘東王爲京尹與朝士宴集屬規爲酒令規從容對曰自江左以來未有茲舉特進蕭琛金紫傅昭在坐並謂爲知言
後魏劉獻之博陵饒陽人博覽衆籍見名法之言掩卷而笑曰若使楊墨之流不爲此書千載誰知其小

也曾謂其所親曰觀屈原離騷之作自是狂人死其宜矣何足惜也吾嘗謂濯纓洗耳有異人之迹哺糟歠醨有同物之志而孔子曰我則異於是無可無不可誠哉斯言實獲我心獻之後舉孝廉以疾辭
北齊房豹爲行臺郎中隨慕容紹宗紹宗自云有水厄遂於戰艦中浴并遂投於水冀以厭當之豹曰夫命也在天豈人理所能延促公若實有災眚恐非禳所能加若其實無何禳之有紹宗笑曰不能免俗聊復爾耳未幾而紹宗遇溺時論以爲知微
後周蕭大圜梁簡文帝子國亡入周爲滕王逌友逌嘗問大圜曰吾聞湘東王作梁史有千餘傳乃可抑揚帝紀奚若隱則非實記則攘羊對曰言者之妄也如使有之亦不足怪昔漢明爲世祖紀章帝爲顯宗紀殷鑒不遠足爲成例且君子之過如日月之食彰於四海安得而隱之如有不彰亦安得而不隱蓋子爲父隱直在其中諱國之惡抑又禮也逌乃大笑其後大軍東討攻拔晋州或問大圜曰齊遂克不對曰高歡昔以晋州肇基偽迹今本既拔矣能無亡乎所謂以此始者必以此終也居數日齊民果滅聞者以爲知言

隋高勱北齊宗室齊亡入周高祖作相謂勱曰齊所以亡者繇任邪佞公父子忠良聞於鄰境宜善自愛勱再拜謝曰勱亡齊末屬世荷恩榮不能扶危定傾以至淪覆既蒙獲宥恩幸已多況復濫叨名位致速官謗高祖甚器之後爲洮州刺史坐事免
唐蘇世長隋末王世充僭號署爲太子太保與世充兄子弘烈俱鎮襄陽武德四年雒陽平世長首勸弘烈歸降既至京師高祖責世長來晚故世長頓顙曰自古帝王受命爲逐鹿之喻一人得之萬夫斂手豈有獲鹿之後忿同獵之徒問爭肉之罪也陛下應天

順人布德施惠又安得志管仲雍齒之事乎且臣武功之士經涉亂離死亡畧盡唯臣殘命得見聖朝陛下若復殺之是絶其類也實望天恩使有遺種高祖與之有故笑而釋之尋授玉山屯監

清廉

夫砥石勵節不以利汙行惡衣非食所以志於道絜已以進臨財以廉處脂膏而不能自潤委貨財而不顧其義克全其操動不累高不以身之察察而受物之汶汶者斯君子之至行也中古而下蓋不乏其人焉乃有居貧守約寡欲易足靡受饋餉不營資產處

官遵量人之用在困無苟得之志非夫立義爲富秉德不回者亦奚以臻此哉古人有云貧者視其不取老者戒之在得蓋亦固窮自守不爲義疚者鮮矣

夫子罕宋人也宋人或得玉獻諸子罕子罕弗受獻玉者曰以示玉人玉人能治玉者玉人以爲寶也故敢獻之子罕曰我以不貪爲寶爾以玉爲寶若以與我皆喪寶也不若人有其實稽首而告曰小人懷璧不可以越鄉言必爲盗所害納此以請死也請免死子罕寘諸其里使玉人爲之攻之攻治也富而後使復其所賣玉得富

公儀休爲魯相而嗜魚一國獻魚公儀子不受其弟子諫曰夫子嗜魚弗受何答曰夫惟嗜魚故弗受夫受魚而免於相雖嗜魚不能自給魚毋受魚而不免於相則能長給魚

漢趙禹以佐史補中都官用廉爲令史

尹翁歸爲平陽市吏公廉不受饋饋亦餽字也百賈畏之

黄霸爲左馮翊二百石卒史使領郡錢穀計計謂出入之數也簿書正以廉稱言無所侵隱故人書皆正不虚謬也察補河東均輸長以廉見察而遷補復察廉爲河南太守丞

鄭相王莽時爲太子四友病死莽太子遣使襚以衣衾其子攀棺不聽曰死父遺言師友之送勿有所受

令於皇太子得託友官故不受也京師稱之

後漢鄧禹封高密侯資用國邑不脩產利光武益重之

第五倫脩行清白光武嘗召見問曰聞卿爲吏不過從弟兄飯寧有之邪倫對曰臣生遭饑饉米石萬錢不敢妄過人家

張禹父歆爲汲令禹性篤厚節儉父卒汲吏人賻送前後數百萬悉無受

第五頡爲郡功曹州從事公府辟舉高第爲侍御史南頓令桂陽南陽廬江三郡太守諫議大夫雒陽無

主人鄰里無田宅客止靈臺中或十日不炊司隸校尉南陽左雄太史令張衡尚書盧江朱建孟興皆與頡故舊各致禮餉終不受

江革爲五官中郎將恩寵有異於是京師貴戚衛尉馬廖侍中竇憲慕其行各奉書致禮革無所報受帝聞而益善之

楊秉爲太常免官田里雅素清儉家至貧寠并日而食任城故孝廉景慮齎錢百餘萬就以餉秉閉門拒絶不受

魏張範太祖時爲議郎參丞相軍事救恤窮乏家無

所餘中外孤寡皆歸焉贈遺無所逆亦終不用及去皆以還之

鮑勛黄初中左遷治書執法被誅勛内行既脩廉而能施死之日家無餘財

李豐爲中書令仕歷三朝不以家計爲意仰俸稟而已爲司馬景王所誅有司籍其家無餘積

王昶字子良大有通識在朝忠正所居有稱乃心存公有匪躬之節尚令袁毅餽以駿馬知其貪財不受毅竟以黷貨而敗

晉羊篇太傅祜之兄子也爲鉅平侯奉祜嗣歷官清愼有私牛於官舍產犢及遷而留之

裴憲爲北中郎將王浚承制以爲尚書浚爲石勒所破勒乃簿王浚官僚親屬皆貲至巨萬惟憲與荀綽家有書百餘袠鹽米各十數斛而已勒聞之謂其長史張賓曰名不虛也吾不喜得幽州喜獲二子署從事中郎

顧衆父秘爲交州刺史秘卒州人立衆兄壽爲刺史壽爲州人所害衆往交州迎喪值杜弢之亂崎嶇六年乃還秘曾蒞吳興吳興義故以衆經離寇難共遺錢二百萬一無所受

羅含弱冠州三辟不就含父嘗宰新淦新淦人楊羨後爲含州將引含爲主簿含傲然不顧羨招致不已辭不獲而就焉及羨去職含送之到縣新淦人以含舊宰之子咸致賂遺含難違而受之及歸悉封置而去縣是遠近推伏焉

胡威字伯武魏荊州刺史質之子少勵志尚質之爲荊州也威自京都定省家貧無車馬僮僕自驅驢單行每至客舍躬放驢取樵炊㸑食畢復隨侶進道既至見父停廐中十餘日告歸父賜絹一匹爲裝威曰大人清高不審於何得此絹質曰是吾俸祿之餘以

爲汝糧爾威受之辭質帳下都督先威未發請假還
家陰資裝於百餘里要威爲伴每事佐助行數百里
威疑而誘問之旣知乃取所賜絹與都督謝而遣之
後因他信以白質質杖都督一百除吏名其父子清
愼如此於是名譽著聞
魏舒清貧不營財産官至司徒
周顗爲僕射爲王敦所殺籍其家笥簏中有故絮而
已酒五甕米數斛在位者服其清約
陽騖爲前燕太尉清貞謙謹老而彌篤旣以宿望舊
齒自慕容恪已下莫不畢拜性儉約嘗乘弊車瘠馬

及死無歛財
皇甫眞爲前燕太尉性清儉寡慾不營産業
宋王曇首爲侍中非祿賜所及一毫不受於人
王韶之居身簡素凡所經歷務存不擾在江州俸祿
外一無所受後爲左僕射卒
沈林子以佐命功封漢壽伯林子清公勤儉賞賜重
疊皆散於親故家無餘財未嘗問生産之事
孔顗弟道存代顗爲後軍長史江夏内史時東土大
旱都邑米貴一斗將百錢道存慮顗甚乏遣吏載五
百斛米餉之顗呼吏謂之曰我在彼三載去官之日
不辦有路糧二郎至彼未幾那能便得此米耶可載
米還彼吏曰自古以來無有載米上水者都下米貴
乞於此貨之不聽吏乃載米而去
南齊陶季直官至太中大夫清苦絶倫後又屏居十
餘載及死家徒四壁子孫無以殯訣聞者莫不傷其
志
裴昭業元徽中出爲長沙郡丞罷任刺史王蘊謂之
曰卿清貧必無還資湘東人士須一札之命者我不
愛也昭業曰下官忝爲邦佐不能光益上府豈以鴻
都之事仰累清風

梁韋叡外兄杜幼文爲梁州刺史要叡俱行梁土富
饒往者多以賄敗叡時雖幼獨用廉聞
范岫累官至金紫光祿大夫每所居官以廉潔著稱
江革歷官八府長史四王行事三爲二千石傍無姬
侍家徒壁立世以此高之
嚴植之爲中撫軍記室參軍兼博士卒于館自疾(食)
便不受廩俸妻子困乏旣卒喪無所寄生徒爲市宅
乃得成喪焉
陳姚察爲吏部尚書自居顯要甚勵淸節嘗有門生
送南布一端花練一匹察謂之曰吾所衣著止於麻

布蒲練幸不須此此人遂請猶冀受納寮厲色驅出
自此伏事者莫敢饋也
後魏賈秀為中書侍郎自始至終歷奉五帝雖不至
大官常掌機要而廉清儉約不營資產
成淹小心畏法典客十年四方貢聘皆有私遺毫釐
不納乃至衣食不充遂啓乞外祿景明三年除平陽
太守
北齊孟業字敬業鉅鹿安國人家本寒微少為州吏
性廉謹同僚諸人侵盜官絹分三十匹與之拒而不
受後為魏彭城王韶典籤業惟有一馬因瘦而死韶

以業家貧令州府官人同食馬肉欲令厚償韶固辭
不敢韶乃戲業曰卿邀名人也對曰業以微細伏事
節下既不能裨益寧可損敗清風後高祖書與韶云
典籤姓孟者極能用心何不置之目前
蘇瓊為南清河太守遭憂解印故人贈遺一無所受
後周王悅進爵河北郡公性儉約不營生業雖位至
榮顯家徒四壁而已明帝手勅勞勉之
唐陸贄為鄭縣尉罷官東歸省母張鎰為受州刺史
有重名贄故遊壽州謁鎰鎰初不甚知留三日得再
見遂大稱賞請結交贄辭去惠錢百萬曰願以備太
夫人一日之膳贄辭謝不受受新茶一串以行曰敢
不承公賜鎰益賢之後為翰林學士丁母憂歸雒陽
寓居嵩山豐樂寺藩鎮賻及別陳餉遺一無所受

辭賞

古人有言爵祿束帛者天下之砥石所以厲世摩鈍
也若乃宣其忠力克成茂勳既排難以解紛或運籌
而決勝封邑亟至好賜是加而乃謙挹不居辭讓切
至惟思公家之利靡懷乃身之寵為臣之行不其高
乎
子產鄭大夫也鄭伯賞入陳之功饗子展賜之先輅

三命之服先八邑賜子產次輅再命之服先六邑子
產辭邑自上而下降殺以兩禮也臣之位在四且子
展之功也臣不敢及賞禮請辭邑公固與之乃受三
邑公孫揮曰子產其將知政矣讓不失禮
申包胥楚大夫也吳敗楚包胥如秦乞師楚子入郢
賞申包胥申包胥曰吾為君也非為身也君既定矣
又何求且吾尤子旗其又為諸子旗蔓成然也以有德於平王求欲無厭平王殺之遂逃賞
魯仲連者齊人也適遊趙會秦圍趙魏王使客將軍
新垣衍令趙帝秦仲連說之行不復敢言帝秦秦將

聞之爲郤軍五十里而引去於是平原君欲封魯連連辭讓使者三終不肯受平原君乃置酒酒酣起前以千金爲魯連壽魯連笑曰所謂貴於天下之士者爲人排患釋難解紛亂而無取也即有取者是商賈之事也而連不忍爲也遂辭平原君而去終身不復見

董安于以下邑之役趙簡子賞之辭固賞之對曰方臣之少也進秉筆贊爲名命稱於前世立義諸侯而至弗恴及臣之壯也耆其股肱以從司馬苛慝不產及臣之長也端委韠帶以隨宰人民無二心今臣一

旦爲狂疾而曰必賞汝是以狂疾賞也不如亡趨而出乃釋之

漢張良字子房高祖平項羽漢六年封功臣良未嘗有戰鬭功高祖曰運籌帷幄之中決勝千里之外子房功之首食齊三萬戶良曰始臣起下邳與帝會留此天以臣授陛下陛下用臣計幸而時中臣願封留足矣不敢當三萬戶乃封良爲留侯邑萬戶

後漢鮑永初爲更始尚書僕射行大將軍事旣歸光武拜諫議大夫至乃說更始河内太守於是開城而降帝大喜與永對食賜永雒陽商里宅固辭不受

魏田疇右北平人嘗忿烏丸昔多賊殺其郡守蓋有欲討之意會太祖北征烏丸舉疇爲脩令不之官隨軍次無終時方夏雨而濱海洿下軍不得進太祖患之以問疇疇曰舊北平郡道出盧龍達于柳城尚有微徑可從路近而便掩其不備可不戰而禽也太祖令疇將其衆爲鄉導上徐無山出盧龍歷平岡登白狼堆去柳城二百餘里虜乃驚覺單于親自臨陣太祖與交戰遂大斬獲追奔逐北至柳城軍還入塞論功行封封疇亭侯邑五百戶疇自以始爲居難率衆遁逃志義不立反以爲利非本意也固讓太祖知其

至心許而不奪太祖令曰昔伯成棄國夏后不奪將欲使高尚之士優賢之王不止於一世也其聽疇所執太祖追念疇功殊美恨前聽疇之讓曰是成一人之志而虧王法大制也於是乃復以前爵封疇疇上疏陳誠以死自誓太祖不聽欲引拜之至于數四終不受有司劾疇狷介違道苟立小節宜免官加刑太祖重其事依違者久之乃下世子大臣博議世子以疇同於子貢辭祿申胥逃賞宜勿奪以優其節尚書令荀彧司隸校尉鍾繇亦以爲可聽是時文帝爲世子議曰昔薳敖逃祿傳載其美所以激濁世勵貪夫賢於尸祿素飧之人也故可得而小不可得而毁至於田疇方斯近矣免官加刑於法爲重魏畧載教曰昔夷齊棄爵而譏武王可謂愚闇孔子道以爲求仁

得仁嶹之所守雖不合道但欲淸高耳使天下悉如嶹志即墨翟兼愛尚同之事而老聃使民結繩之道也外議雖善爲復使令司隸以決之魏書載荀彧議以爲君子之道或出或處期於爲善而已故匹夫守志聖人各因而成之鍾繇以爲原思辭粟仲尼不與子路拒牛謂之止善雖可以激淸勵濁猶不足多也嶹雖不合大義有益推讓之風宜如世子議太祖猶欲侯之嶹素與夏侯惇善太祖語惇曰且往以情喩之自從君所言無告吾意也惇就嶹宿如太祖所戒嶹揣知其指不復發言惇臨去乃拊嶹背曰田君主意殷勤曾不能顧乎嶹答曰是何言之過也嶹負義逃竄之走耳蒙恩全活爲幸多矣豈可賣盧龍之塞以易賞祿哉縱國私嶹嶹獨不愧於心乎將軍雅知嶹者猶復如此若必

不得已請願效死刎首於前言未卒涕泣橫流惇具答太祖太祖喟然知不可屈乃拜爲議郎

楊阜爲定安長吏以討馬超功賜爵關內侯讓曰阜君存無扞難之功君亡無死節之効於義當絀於法當誅超又不死無宜苟荷爵祿太祖報曰君與羣賢共建大功西土之人以爲美談子貢辭賞仲尼謂之止善君其剖心以順國命尋以爲益州刺史

吳張紘爲會稽東部都尉大帝討江夏命紘居守遥領所職太帝廻以紘有鎭守之勞欲論功加賞紘厚自挹損不敢蒙寵大帝不奪其志

晉衛瓘爲廷尉卿鄧艾鍾會之伐蜀也瓘以本官持節監艾會軍事事平朝議封瓘瓘以尅蜀之功羣帥之力二將跋扈自取滅亡雖運智謀而無搴旗之效固讓不受

何攀爲散騎嘗侍以與誅楊駿功封西域侯邑萬戶賜絹萬匹弟逄平鄉侯兄子逵關中侯攀固讓所封戶及絹之半餘所受者分給中外宗親畧不入已

賀循爲吳國內史以討華軼功將封鄉侯循自以卧疾私門固讓不受

後魏高植爲濟州刺史率州軍討破元愉別將有功

當蒙封賞不受云蒙荷重恩爲國致效是其嘗節何足以應進陟之報懇惻發於至誠

後周李棠初事後魏行東萊都事孝武西遷遂仕東魏爲北豫州掾刺史高仲密遣棠詣闕歸欵太祖拜棠衛將軍右光祿大夫封廣宗縣公邑一千戶棠固辭曰臣世荷朝恩義當奉國而往者見拘逆命不獲陪駕西巡今日之來免罪爲幸何敢以此微庸冒受天爵如此者再三優詔不許

司馬裔爲北徐州刺史太祖令山東立義諸將能率衆入關者並加重賞裔領戶千室先至太祖欲以封

裔裔辭曰立義之士遠歸皇化者皆是其誠心内發豈裔能率之乎今以封裔便是賣義士以求榮太祖善而從之

薛善族兄崇禮爲齊神武守河東太祖遣李弼圍之崇禮固守不下善密說崇禮猶持疑不決會善從弟馥妹夫高子信爲防城都督守城南面遣馥來詣善云意欲應接西軍但恐力所不制善即令弟濟將門生數十人與信馥等斬關引弼軍入時預謀者並賞五等爵善以背逆歸順臣子常情豈容闔門大小俱叨封邑遂與弟愼並固辭不受太祖嘉之以善爲汾

陰令

隋王頒梁太尉僧辯之子其父爲陳武帝所殺頒既入隋爲開府獻取陳之策及陳平有司録其戰功將加柱國賜物五千段頒固辭曰臣緣國威靈得雪怨恥本心徇私非是爲國所加官賞終不敢當高祖從之

冊府元龜

巡按福建監察御史臣李嗣京　訂正

分守建南道左布政使臣胡維霖　叅閲

知建陽縣事臣　黄國琦較釋

總録部

遠名勢　避嫌　嫉惡

遠名勢

詩曰既明且哲以保其身又語曰以約失之者鮮矣故士君子藴明哲之心秉貞静之操畏權臣之盛滿將求婚而輙拒避貴戚之氣焰彼願交而不答不屑

毁譽而盡心納忠静退守貞而罔求干預或不矜於富貴或不就其徵辟時人重其立志來者仰其清風載諸縑緗斯可尚矣

漢劉德爲宗正妻死大將軍霍光欲以女妻之德不敢畏盛滿也

雋不疑爲京兆尹大將軍霍光欲以女妻不疑固辭不敢當

後漢鄧禹封高密侯以特進奉朝請禹以天下既定常遠名勢

王丹京兆下邽人資性方絜鄧禹表丹領左馮翊稱疾不視事免歸後徵爲太子太傅時大司徒侯霸欲與交友及丹被徵遣子昱候於道昱迎拜車下丹下答之昱曰家公欲與君結交何爲見拜丹曰君房有是言丹未之許也

張霸爲侍中時皇后兄虎賁中郎將鄧騭當朝貴戚聞霸名行欲與爲交霸逡巡不答

李通尚寧平公主爲大司空通性謙恭常避權勢謝病不視事

馬廖援子也少以父任爲郎明德皇后立爲虎賁中郎將廖性質誠畏愼不愛權勢聲名盡心納忠不屑

毁譽

王謙父暢祖龔皆爲三公謙爲大將軍何進長史進以謙名公之胄欲與爲婚見其二子使擇焉謙勿許以疾免卒於家

晉鄭默爲光禄勳后父楊駿先欲以女妻默子豫默曰吾每讀雋不疑傳常想其人畏遠權貴奕世所守遂辭之

解系梁州刺史脩之子也清身絜已時荀勗門宗彊盛朝野畏憚之勗諸子謂系曰我與卿爲友應向我公拜勗又曰我與尊先使君親厚系曰不奉先君遺

敎公若與先君厚往日哀頓當垂書問親厚之誨非所敢承

宋謝瞻晉末爲宋國中書黃門侍郎相國從事中郎弟晦時爲宋臺右衛權遇已重於是還都迎家賓客輻輳門巷填蒲時瞻在家驚駭謂晦曰汝名位未多而人歸趣乃爾吾家素以靜退爲業不願干豫時事交遊不過親朋而汝遂勢傾朝野此豈門戶之福耶乃籬隔門庭曰吾不忍見此及還彭城言於高祖曰臣本素士父祖位不過二千石弟年始三十志用凡近榮寵臺府位任顯密福過災生其應無遠特乞降

黜以保衰門前後屢陳高祖欲以瞻爲吳興郡又自陳請乃爲豫章太守晦或以朝廷密事語瞻瞻輒向親舊陳說以爲笑戲以絕其言晦遂建佐命之功任寄隆重瞻愈憂懼永初二年在郡遇疾不肯自治幸於不永晦聞疾奔往瞻見之曰汝爲國大臣又總戎重萬里遠出必生疑謗時果有訴告晦反者瞻疾篤還都高祖以晦禁旅不得出宿使瞻居于晉南郡公主壻羊賁故第在領軍府東門瞻曰吾有先人弊廬何爲於此臨終遺晦書曰吾得啓體幸全歸骨山足亦何所多恨弟思自勉厲爲國爲家遂卒時年三十五謝皭晦弟也初爲州主簿中軍行參軍太子舍人俄遷祕書丞自以兄居權貴已蒙超擢固辭不就

王敬弘臨沂人也文帝元嘉中爲左光祿大夫東歸後徵爲太子少傅不就子恢之被召爲祕書郎敬弘爲奉朝請與恢之書曰祕書有限故有競朝請無限故無競吾欲使汝處於不競之地太祖嘉而許之

謝弘微爲右衛將軍元嘉六年東宮始建領中庶子又尋加侍中弘微志在素宦畏忌權寵固讓不拜乃聽解中庶子

孟顗字彥重本昌安人兄昶貴盛顗不就徵辟昶死

後起家爲東陽太守

江湛爲彭城王義康司徒主簿太子中舍人司空檀道濟爲子求湛妹婚不許義康有命又不從時人重其立志義康欲引與日夕湛固求外出乃以爲武陵內史

後魏楊津有六子長子遁字山才其家貴顯諸子弱冠咸縻王爵而遁性澹退年近三十方爲鎮西府主簿

北齊韓晉明嗣封東萊王有俠氣朝廷處之貴要必以疾辭告人云廢人飲美酒對名勝安能作刀筆吏

披返故紙乎武平末爲僕射百餘日便解官
後周蔡祐明帝時爲小司馬帝之公子也與祐友昵及即位禮遇彌隆祐嘗辭疾避之至於婚姻尤不願交於勢要
唐薛元敬收之從父兄子也爲天策府參軍兼直記室與收俱爲文學館學士時房杜等處心腹之寄深相友託敬畏於權勢竟不之狎如晦嘗云小記室不可得而親不可得而疎
王義方泗州漣水人也少孤貧事毋甚謹博通五經而謇傲獨行初授晉王府參軍直弘文館特進魏徵

甚禮之將以姪女妻之義方固辭無幾徵卒義方竟娶徵之姪告人曰昔不附宰相之勢今感知己之言故也
楊於陵爲潤州句容主簿韓滉節鎮金陵以女妻之秩蒲爲岳鄂江西二府從事累官至侍御史韓滉自江南入朝總將相財賦之任德宗頗任遇權傾中外於陵自江西府罷卜築於建昌以讀書山水爲樂滉殁德宗貞元八年徵拜膳部員外郎
韓公武自宣武馬部都虞候將兵誅蔡賊授鄜州節度使憲宗元和十四年父弘入朝公武乞罷節度入爲右金吾將軍既而弘出鎮河中季父充乃移鎮宣武歎曰二父聯居重鎮吾以孺子當執金之職家門之盛懼不克勝堅辭宿衛改右驍衛將軍性頗恭遜不以富貴自處
王龜宣宗大中中爲太常少卿以弟鐸入相不願在朝出爲同州防禦使
後唐孔邈兗州曲阜人文宣王四十一代孫乾寧五年登進士第除校書郎崔遠在中書奏萬年尉充集賢校理以親舅獨孤損方在廊廟避嫌不赴職

避嫌

夫處簪纓之族任臺閣之官而有服之親不敢相臨蓋避嫌之道也若乃父秉國鈞而靡求仕進兄居柄用而固辭近職此蓋奉公之亮節飭身之遠謀雖與内不避親疎不避仇者殊然而閑邪存誠防微杜漸亦足尚矣
宋傅隆爲尚書左丞以族弟亮爲僕射緦服不得相臨徙太子率更令
王球爲義興太守從兄弘爲揚州以服親不得相臨遂加宣威將軍
唐蘇頲弟詵初拜給事中時頲爲中書侍郎上表讓

詵所授玄宗曰古來有内舉不避親乎頲曰晉祈奚是也玄宗曰若然則朕用蘇詵何得屢言近日卿父子猶同在中書兄弟有何不得卿言非至公也

馬炫以左散騎常侍以弟燧拜司徒兼侍中以親避轉刑部侍郎

李德裕字文饒幼有壯志苦心力學尤精西漢書左氏春秋恥與諸生從鄉賦不喜科試年纔及冠志業大成貞元中以父吉甫譴蠻方隨侍左右不求仕進元和初以父再秉國鈞避嫌不仕臺省累辟諸府從事

杜從郁爲左拾遺司徒佑之子也元和元年九月以從郁爲祕書丞郁始自太子司議郎爲左補闕右補闕崔羣韋賢之左拾遺獨孤郁等上疏以爲宰相之子不合爲諫諍之官於是降爲左拾遺羣等又奏云拾遺與補闕雖資品不同而皆是諫官父爲宰相而子爲諫官若政有得失不可使子論父於是改授

權德輿元和五年入相起居郎翰林學士獨孤郁以德輿之壻命守本官罷學士

鄭瀚爲考功員外郎故國子博士史館脩撰以父任僕射故也

王起爲吏部侍郎文宗太和元年六月以起爲兵部侍郎充集賢殿學士判院事時起兄播爲僕射平章事起在選部非便故移於他曹以集賢之職兼之

梁趙光裔爲翰林學士中書舍人開平三年以光祿太常少卿以兄光逢擢升相位固辭近職避親嫌也

後唐孔邈爲萬年尉充集賢校理以親舅獨孤損在中書避嫌不赴職

楊注爲戶部侍郎充翰林學士宰相涉之弟也哀帝二年三月敕兄既秉於樞衡弟故難居宥密可守本官罷内職

嫉惡

仲尼有言曰惟君子能好人能惡人蓋有挺勁直之性稟直清之操嫉夫姦佞形於言色以至當官而行守法無貳抗志靡惑繇衷自信或裂裳履足以長鶩或操觚著論以申貶周愛陳迹以洩其憤怒激厲薄俗以扶於名教責敗田之夫鄙其繇徑譏貝錦之子斥是讒言惡彼犬羊之質奮茲鷹鸇之志非剛毅中立卓然有守者孰能及於是哉其或覩過所從不於其黨多僻之世疾之已甚良非斯人之徒與

齊公子元其弟商人弒其君舍而自立是爲懿公公

子元不順懿公之爲政也終不曰公曰夫巳氏（猶言某甲）介子推晉人秦送文公至河舅犯曰臣從君周旋天下過亦多矣臣猶知之況於君乎請從此去矣重耳曰若反國所不與子犯共者河伯視之乃投璧河中以與子犯盟是時介子推從在船中乃笑天實開公子而犯以爲巳功而要市於君固足羞也吾不忍與同位乃自隱

陳文子齊大夫崔子弑其君陳文子有馬十乘棄而違之（崔杼作亂陳文子惡之捐其四十匹馬違而去也）至於他邦則曰猶吾大夫崔子也

子產鄭大夫也鄭徐吾犯之妹美（犯鄭大夫）公孫楚聘之矣（楚子南穆公孫）公孫黑又强委禽焉（禽鴈也納采用鴈）犯懼告子產子產曰是國無政非子之患也惟所欲與犯請於二子使女擇焉皆許之子晳盛飾而入布幣而出（布陳贄幣子晳公孫黑）子南戎服入左右射超乘而出女自房觀之曰子晳信美矣抑子南夫也（言丈夫）夫夫婦婦所謂順也適子南氏子晳怒既櫜甲以見子南欲殺之而取其妻子南知之執戈逐之及衝擊之以戈（衝交道）子晳傷而歸告大夫曰我好見之不知其有異志也故傷大夫皆謀之子產曰直均幼賤有罪罪在楚也（先聘子南直也用戈子晳直也子產力未能討故均其事歸罪於楚）乃執子南而數之曰國之大節有五女皆奸之（奸犯也）畏君之威聽其政尊其貴事其長養其親五者所以爲國也今君在國女用兵焉不畏威也奸國之紀不聽政也（奸國之紀謂傷人）子晳上大夫女嬖大夫而弗下之不尊貴也幼而不忌不事長也（忌畏也）兵其從兄不養親也君曰余不女忍殺宥女以遠勉速行乎無重而罪鄭放游楚於吳將行子南子產咨於太叔（太叔游楚之兄子）太叔曰吉不能亢身焉能亢宗（亢蔽也）彼國政也非私難也子圖鄭國利則行之又何疑焉周公殺管叔而蔡蔡叔（蔡放也）夫豈

不愛王室故也吉若獲戾子將行之何有於諸游昭公二年秋鄭公孫黑將作亂欲去游氏而代其位（游氏太叔之族黑爲游楚所傷故欲害其族）傷疾作而不果（前年游楚所擊創）駟氏與諸大夫欲殺之（駟氏黑之族）子產在鄙聞之懼弗及乘遽而至（遽傳驛）使吏數之（責數其罪）曰伯有之亂以大國之事而未爾討也（務共大國之命不服治女罪）爾有亂心無厭國不女堪專伐伯有而罪一也昆弟爭室而罪二也（謂爭徐吾犯之妹）薰隧之盟女矯君位而罪三也（謂使太史書七子）有死罪三何以堪之不速死大刑將至再拜稽首辭曰死在朝夕無助天爲虐子產曰人誰不死凶人不終命

也作凶事爲凶人不助天其助凶人不乎請以印爲褚師（印子皙之子褚師市官）子產曰印也若才君將任之不才將朝夕從女女罪之不恤而又何請焉不速死司寇將至七月壬寅縊尸諸周氏之衢（衢道也）加木焉（書其罪于木以加尸上）又子產治鄭鄧析務難之與民之有獄者約大獄一衣小獄襦袴民之獻衣襦袴而學訟者不可勝數以非爲是以是爲非是非無度而可與不可日變所欲勝因勝所罪鄭國大亂民口讙譁子產患之於是殺析民心是非乃定法律乃行

向戌爲宋左師魯襄公十七年華閱卒華臣弱皐比

之室（臣閱之弟皐比閱之子弱侵易之）使賊殺其宰華吳賊六人以鈹殺諸盧門合左師之後（盧門宋城門合全師向戌也賊殺華吳于向戌屋後）左師懼曰老夫無罪賊曰皐比私有討于吳遂幽其妻（幽吳妻也）曰畀余而大璧（畀與也）宋公聞之曰臣也不唯其宗室是暴大亂宋國之政必逐之左師曰臣也亦卿也大臣不順國之恥也不如蓋之乃舍之左師爲已短策苟過華臣之門必騁昭公六年寺人柳有寵（有寵于平公）太子佐惡之華合比曰我殺之（欲以求媚太子）柳聞之乃坎用牲埋書（詐爲盟書）而告公曰合比將納亡人之族（亡人許華臣也）既盟于北郭矣公使視之有焉遂逐華合比合比奔衛于是華亥欲代右師（亥合比弟也欲代合比得其處）乃於寺人柳比從爲之徵曰聞之久矣（聞合比欲納華臣爲右師）公使代之（代合比）見于左師左師曰女夫也必亡（女夫謂華亥）女喪而宗室于人何有人亦於女何有（言人亦不能愛汝）詩曰宗子維城毋俾城壞毋獨斯畏（詩大雅宗子之固若城俾使也）女其畏哉

叔孫昭子魯大夫也昭公十年昭子聘晉齊高彊奔魯昭子至自晉大夫皆見高彊見而退（高彊子良）昭子語諸大夫曰爲人子不可不愼也哉昔慶封無子尾多受邑而稍致諸君君以爲忠而甚寵之將死疾于公

宮（在公宮被疾）輦而歸君親推之（推其車而送之）其子不能任是以在此忠爲令德其子弗能任罪猶及之唯不愼也喪夫人之力棄德曠宗以及其身不亦害乎（夫人謂子尾曠空也）詩曰不自我先不自我後其是之謂乎（言禍亂不任他正當身以偷高彊自取此禍）

孔子謂季氏八佾舞於庭是可忍也孰不可忍也（孰誰也佾列也天子八佾諸侯六卿大夫四士二八人爲列八八六十四人魯以周公之故受王者禮有八佾之舞季桓子僭于其家廟舞之故孔子譏之）又季氏旅于泰山子謂冉有曰女弗能救與（旅祭名也禮諸侯祭山川在其封內者今陪臣祭泰山非禮也冉有時任于季氏救猶止也）對曰不能子曰嗚呼曾謂泰山不如林放

乎神不享非禮放尚知問禮太山之神反不如林放耶欲誣而祭之又季氏富于周
公周公天子之宰卿士而求也爲之聚斂而附益之冉求爲季氏宰爲之
急賦稅子曰非吾徒也小子鳴鼓而攻之可也小子門人也鳴
鼓聲其罪以責之又公伯寮愬子路於季孫愬譖伯寮魯人弟子子服
景伯以告魯大夫郈伯回子也告告孔子曰夫子固有惑志季孫信讒恚子
路於公伯寮吾力猶能肆諸市朝吾勢力猶能辨子路之無罪于季孫
使誅寮而肆之有罪既刑陳其尸曰肆子曰道之將行也與命也道之
將廢也與命也公伯寮其如命何又孔子爲大司寇
攝行相事于是誅魯大夫亂政者少正卯又琴張聞
宗魯死琴張孔子弟子字子開名牢將往弔之仲尼曰齊豹之盜而

孟縶之賊女何弔焉信齊豹所以爲盜孟縶所以見賊皆繇宗魯不爲
利疚于回疚病回邪也以利故不能去故病身于邪不以回待人知難不告以邪
待人不蓋不義以周事豹是蓋不義周終竟也不犯非禮以二心事禁是非禮又
原壤夷俟原壤魯人孔子故舊踞俟待也踞行孔子子曰幼而不孫弟
長而無述焉老而不死是爲賊賊謂賊害以杖叩其脛孔曰
叩擊也脛腳孔子曰巧言令色足恭足恭便辟貌左丘明恥之
丘亦恥之左丘明魯大夫匿怨而友其人心自相怨而外詐親左丘明
恥之丘亦恥之
仲繇字子路魯哀公十四年小邾射以句繹來奔曰
使季路要我吾無盟矣子路信誠故欲得與相要誓而不須盟使子路
子路辭季康子使冉有謂之曰千乘之國不信其盟
而信子之言子何辱焉對曰魯有事于小邾不敢問
故死其城下可也彼不臣而濟其言是義之也繇弗
能
漢汲黯字長孺濮陽人也爲內右史坐小法會赦免
官後爲淮陽太守既辭過大行李息曰黯棄逐居郡
不得與朝廷議矣然御史大夫湯張湯智足以拒諫詐
足以飾非非肯正爲天下言專阿主意主意所不欲
因而毀之主意所欲因而譽之好興事舞文法舞猶弄也
內懷詐以御主心外挾賊吏以爲重公列九卿不早

言之何言何不早言也公與之俱受其戮矣息畏湯終不敢
言
李當戶爲郎武帝與韓嫣戲少不遜當戶擊嫣走于
是帝以爲能
後漢朱震字伯厚初爲州從事奏濟陰太守單康臧
罪并連康兄中常侍車騎將軍超桓帝收康下廷尉
以譴超詣獄謝三府諺曰車如雞棲馬如狗疾惡如
風朱伯厚
岑晊爲南陽太守成瑨功曹張牧爲中賊曹吏宛有
富賈張汎者桓帝美人之外親善雕鏤玩好之物頗

以賂遺中官以此並得顯位恃其佞巧用勢縱橫暱與收勸瑨收捕汎等既而遇赦暱竟誅之并收其宗族賓客殺二百餘人後乃奏聞于是中常侍侯覽使汎妻上書訟其寃帝大震怒徵瑨下獄死暱收逋逃亡匿齊魯之間會赦出

范滂爲汝南太守宗資功曹委任政事滂在職嚴整疾惡其有行違孝悌不軌仁義者皆掃迹斥逐不與共朝

蓋勳獻帝初爲越騎校尉董卓不欲令典禁兵出爲潁川太守還勳强直不屈而内厭於董卓不得意疽

發背卒遺令勿受卓賻贈

張奐燉煌人爲太常以黨罪禁錮歸田里奐少立志節董卓慕之使其兄遺縑百疋奐惡卓爲人絶而不受

王允太原人年十九爲郡吏時小黄門晉陽趙津貪横放恣爲一縣巨患允討捕殺之後位至司徒

魏袁亮貞固有學行嫉何晏鄧颺等著論以譏切之位至河南尹尚書

晉閻纘爲西戎校尉司馬趙王倫死既葬纘以車轢其冢

劉暾爲司隷校尉其父毅疾馮紞姦佞欲奏其罪未果而卒紞位宦日隆暾慨然曰使先人在不令紞得無患

王澄少歷顯位累遷成都王穎從事中郎穎嬖豎孟玖譖殺陸機兄弟天下切齒澄發玖私姦勸穎殺玖穎乃誅之士庶莫不稱善

秦秀爲博士性忌讒佞疾之如讎素輕鄙賈充及伐吳之役聞其爲大都督謂所親曰充文案小才乃居伐國大任吾將哭以送師

傅咸字長虞爲議郎長兼司隷校尉剛簡有大節風

俗峻整識性明悟疾惡如仇

周馥爲廷尉惠帝幸鄴成都王穎以馥守河南尹陳昣上官巳等奉清河王覃爲太子加馥衛將軍録尚書辭不受覃令馥與上官巳合軍馥以巳小人縱暴終爲國賊乃共司隷滿奮等謀共除之謀洩爲巳所襲奮被害馥走得免及巳爲張方所敗召馥還攝河南尹

應詹字思遠成都王穎辟爲掾府騎從事中郎諸葛玫委長沙王乂奔鄴盛稱乂之非玫浮躁有才辨臨漳人士無不詣之詹與玫有舊歎曰諸葛仁林何異

樂毅之相詭乎卒不見之致聞甚愧

孔羣字敬林有智局志尚不羈蘇峻入石頭時匡術有寵於峻賓從甚盛羣與從兄愉同行於横塘遇之愉止與語而羣初不視術術怒欲分之愉下車抱術曰吾弟發狂卿爲我宥之乃獲免後峻平王導保存術嘗因衆坐令術勸羣酒以釋横塘之憾羣答曰羣非孔子厄同匡人雖陽和布氣鷹化爲鳩至於識者猶憎其目導有愧色羣仕至中丞

溫嶠爲江州刺史持節都督平南將軍鎮武昌在鎮見王敦畫象曰敦大逆宜加斵棺之戮受崔杼之刑

古人闔棺而定謚春秋大居正崇王父之命未有受戮於天子而圖形於羣下命削去之

范甯爲中書郎儒雅方正其舅王國寶從妹爲會稽王道子妻國寶持威權扇動內外甯嫉其阿諛勸孝武帝黜之

范弘之爲太學博士議殷浩贈謚爲僕射王珣所怨出爲餘杭令將行與會稽王道子牋曰下官輕微寒士謬得側在俎豆實懼辱累清流惟塵聖世竊以人君廟堂之上智周四海之外者非徒聰明內照亦賴羣言之助也是以舜之佐堯以啓闢爲首咎繇謨禹以侃侃爲先故下無隱情之責上收神明之功敢緣斯義志在輸盡嘗以謝石贓累應被清澄殷浩忠貞宜蒙褒顯是以不量輕弱先衆言之而惡直醜正其徒實繁雖仰恃聖主欽明之度俯賴明公愛物之隆而交至之患實有無賴下官與石本無怨忌生不相識事無相干正以國體宜明不應稍計彊弱與浩年時邈絶世相及復無藉聞故老語其遺事耳於下官之身有何痛痒而當爲之犯時干主耶每覽載籍志士仁人有發中心任直道而行者有懷智陽愚負情曲從者所用雖異而並傳後世故比干處三仁之中

箕子爲名賢之首後人用捨參差不同各信所見率應而至或榮名顯赫或禍敗繼踵此皆不量時趣以身嘗禍雖有硜硜之稱而非大雅之致此亦下官所不及也世人乃云下官正直能犯艱難斯談實過下官知主上聖明明公虛己思求格言必不使盡忠之臣屈於邪枉之門也是以敢獻愚誠布之執事豈與昔人擬其輕重亦以臣之事君惟思盡忠而已不應復計利鈍事不允心則讜言保主義感於情則陳辭靡悔若懷情藏意蘊而不言此乃古人所以得罪於明君明君所以致法於羣下者也桓溫事迹布在天

朝逆順之情暴之四海在三者臣子情豈或異凡厥黔首誰獨無心舉朝嘿嘿未有唱言者是以頓筆按氣不敢多云桓溫於亡祖雖其意難測求之於事止免黜耳非有至怨也亡父昔為溫吏推之情禮義兼他人所以每懷憤發痛若身首者明公有以尋之王珣以下官議殷浩謚不宜暴揚桓溫之惡珣感其提拔之恩懷其入幙之遇託以廢黜昏闇建立聖明自謂此事足以明其忠貞之節明公試復以一事觀之昔周公居攝道致升平禮樂刑政皆自己出以德言之周公大聖以年言之成王幼弱猶復遠避君位復

子明辟漢之霍光大勳赫然孝宣年未二十亦反萬機故能君臣俱隆道邁千歲若溫忠為社稷誠存本朝便當仰遵二公式是令矩何不奉還萬機退守籓屏方提勒公王臣總朝廷豈為先帝幼弱未可親政邪將德桓溫不能聽政邪又逼脅袁宏使作九錫備物光赫其文具存朝廷畏懼莫不景從惟謝安王坦之以死守之故得稽留耳會上天降怒姦惡自亡社稷危而復安靈命墜而復構晉自中興以來號令威權多出強臣中宗肅祖斂袵於王敦先皇受屈於桓氏今主上親覽萬機明公光讚百揆政出王室人無異望復不於今大明國典作制百代不審復欲待誰先王統物必明其典誥貽厥孫謀故令問休嘉千歲承風願明公遠覽殷周近察漢魏慮其所以危求其所以安如此而已

古成詵為後秦給事黄門侍郎詵風韻秀舉確然不羣每以天下是非為己任時京兆韋高慕阮籍之為人居母喪彈琴飲酒詵聞而泣曰吾當私刃斬之以崇風教遂持劍求高高懼逃匿終身不敢見詵

宋孔甯子初為高祖太尉主簿與王華為司馬並有富貴之願太祖初徐羨之等秉權日夜揚之於太祖

甯子嘗東歸至金昌亭左右欲泊船甯子命去之曰此弒君亭不可泊也華每閒居諷詠嘗詠王粲登樓賦曰冀王道之一平假高衢而騁力出入逢羨之等每切齒憤咤歎曰當見太平時不元嘉二年甯子病卒三年誅羨之等華遷護軍侍中如故

北齊魏蘭根為定州長流參軍丁母憂居喪有孝稱將葬恒山郡境先有董卓祠祠有柏樹蘭根以卓兇逆無道不應遺祠至今乃伐柏以為椁村人或勸之不伐蘭根盡取之了無疑懼

斛律光字明月為左丞相時祖珽為尚書左僕射爾

任宅在義井坊大事脩築陛媪自往案行勢傾朝野光甚惡之還見鞠罵云多事乞索小人欲行何計數嘗謂諸將云邊境消息處分兵馬趙令亘與吾等參論之肓人掌機密來全不共我輩語正恐誤他國家事

隋王誼周閔帝時爲左中侍上士時大冢宰宇文護執政勢傾王室帝時拱默無所關預有朝士於帝側微爲不恭誼勃然而進將擊之其人惶懼請罪乃止自是朝士無敢不肅

唐韋倫爲太常卿爲宰相盧杞所惡改太子少保德

宗幸奉天倫亦尋赴行在及盧杞自志貞趙贊等貶官關播罷相爲刑部尚書倫於朝堂嗚咽而言曰宰相不能弼諧啓沃使天下一至於此今仍爲尚書天下何繇致理聞者敬憚之及扈從還京特擢用盧杞爲荆州刺史倫又再上表切言不可深爲忠正之士所稱歎

陸贄爲中書舍人初翰林學士贄受張鎰知得居内職及鎰爲盧杞所排贄嘗憂惴及杞貶黜始敢上書言事德宗好文益深顧遇奉天解圍後德宗言及違離宗廟嗚咽流涕曰致寇之繇實朕之過贄亦流涕而對曰臣思致今日之患者羣臣之罪也贄意蓋爲盧杞趙贊等言也上欲掩杞之失則曰雖朕德薄致兹禍亂亦運數前定事不繇人贄又極言杞等罪狀帝雖貌從心頗不説吳通微兄弟俱在翰林亦承德宗寵遇文章才器不迨贄而能交結權倖共拒贄於帝前故劉從一姜公輔自卑品蒼黄之中皆登輔相而贄爲朋黨所擠同職害其能加以言事激切動失帝之歡心故久之不爲輔相

權德輿爲太常卿時李繁者宰相泌之子初與翰林學士梁肅友善泌嘗命繁持所著文請肅爲序繁亦

自有學術肅待之頗厚因得日熟其門及肅卒繁竊亂其配士君子無不歎駭積年擯棄後起爲太常博士德輿奏請斥之

栁公綽爲山南東道節度使有道士獻丹藥試之有驗問所從來曰鍊此丹於薊門時朱克融方叛公綽遽謂之曰惜哉至道來於賊臣之境雖驗何益乃沉之于江

晉張希崇爲靈州節度使性雖仁恕或遇姦惡嫉之若仇讎

冊府元龜

巡按福建監察御史臣李嗣京　訂正

知甌寧縣事臣孫以敬　叅閱

知建陽縣事臣黃國琦　較釋

總録部　五十九

隱逸

夫隱居以求志遯世而無悶含華匿耀高翔遠引非夫德充而義富學優而誠篤又孰能懷道自晦絶俗而孤舉哉故仲尼之序逸民馬遷之述隱君子班范而下罔不論次焉觀其明哲兼茂卷懐自得潔己而

無汚亢節而靡屈遺榮去羨保和養素忘機委順達至逸命得喪不嬰其慮悔吝靡集其躬乃至形于詬言晦其名氏混於屠釣同其出處辟避徵聘轉造窮僻屏跡長往流風莫揖人遐室邇形於歎息斯固素履之君子考槃之碩人視富貴如浮雲入山林而不返者歟

牧者不知姓名齊人也吳延陵季子遊於齊見遺金呼牧者取之牧者曰何子居之高而視之下也貌之君子而言之野也吾有君不臣有侯不友暑衣葛寒衣裘吾豈取金者乎延陵子知其爲賢者請問姓字牧者曰子乃皮相之士也何足語姓字哉遂去延陵季子立而望之不見乃止

老子脩道德爲周守藏室之史孔子往問禮焉其學以自隱無名爲務居周久之見周之衰乃遂去孔子死後百二十九年而周太史儋見秦獻公或曰儋即老子或曰非也世莫知其然否老子隱君子也

楚狂接輿歌而過孔子（接輿楚人佯狂而來歌欲以感切孔子也）曰鳳兮鳳兮何德之衰（比孔子爲鳳待聖王乃見非孔子周行求合故曰衰也）往者不可諫（已往所行不可復諫止也）來者猶可追（自今已來可追自止避亂隱居）已而已而今之從政者殆而（言已而者言世亂已甚不可復治也再言之者傷之深也）

孔子下欲與之言（下下車也）趨而去之不得與之言

長沮桀溺耦而耕孔子以爲隱者使子路問津焉長沮曰彼執輿者爲誰子路曰爲孔丘曰是魯孔丘與曰然曰是知津矣（言數周流自知津處）桀溺謂子路曰子爲誰曰爲仲繇曰子孔丘之徒與曰然桀溺曰滔滔者天下皆是也而誰以易之（滔滔者流而不反之意言當今天下治亂同空舍此彼適故曰誰以易）且而與其從辟人之士者豈若從辟世之士哉（士有辟人之法有辟世之法長沮桀溺謂孔子之爲士從辟人之法者也己之爲士則從辟世之法也）耰而不輟（耰覆種也輟止也覆種不止不以津告也）子路行以告孔子憮然（爲其不達己意而非己）曰鳥獸不可與同羣（隱于山林是同羣）天

下有道丘不與易也凡天下有道者丘皆不與易也已大而人小故也

晨門者石門之闇人也子路宿於石門晨門曰奚自

子路曰自孔氏曰是知其不可而爲之者與言孔子知世不可爲而彊爲之

有荷蕢而過門者曰有心哉擊磬乎時孔子擊磬於衛蕢草器也有心契契然也硜硜乎莫已知也夫而已矣此硜硜者徒信已而已言亦無益也深則厲淺則揭以衣涉水爲厲揭衣也言隨世以已行若過水必以濟知其不可則當不爲子曰果哉末之難矣未知已志而便丈人以杖荷篠丈人老人也篠竹器子路問曰子見夫子乎丈人曰四體不動五穀不分孰爲夫子丈人勤勞四體不分猶云不辨五穀誰爲夫子而索之邪植其

杖而芸植倚也除草曰芸子路拱而立未知所以答止子路宿殺雞爲黍而食之見其二子焉明日子路行以告夫子曰隱者也使子路反見之至則行矣子路反至其家丈人出行不在

伯夷叔齊虞仲夷逸朱張柳下惠少連此七人皆逸民賢者

顔闔得道之人也魯君聞之使人以幣先焉顔闔守閭鹿布之衣而自飯牛魯君之使者至顔闔自對之使者曰此顔闔之家邪顔闔對曰此闔之家也使者致幣顔闔對曰恐聽謬而遺使者罪不若審之恐誤謬致幣而得罪故勸令審之也使者還審之後來求之則不得顔闔踰垣而逃之故不辱

漢東園公甪里先生綺里季夏黄公年皆八十有餘鬚眉皓白四人者皆以高祖慢侮人故逃匿山中義不爲漢臣

安丘望之少持老子經恬靜不求進官號曰安丘上人成帝聞欲見之望之辭不肯見爲巫醫於人間也

谷口鄭子眞蜀嚴君平地理志謂君平爲嚴尊三輔決録云子眞名僕君平名尊則君平子眞皆其字也皆修身自保非其服弗服非其食弗食大將軍王鳳以禮聘子眞子眞遂不詘而終君平卜筮成都市杜陵李彊素善揚雄久之爲益州牧喜謂雄曰吾眞得嚴君平矣雄曰君備禮以待之彼可見而不可得詘也彊心以爲不然及至蜀致禮與相見卒不敢言以爲從事乃歎曰揚子雲誠知人君平年九十餘

遂以其業終蜀人愛敬至今稱焉

後漢梅福爲南昌尉居家嘗以讀書養性爲事平帝元始中王莽顓政福一朝棄妻子去九江至今傳以爲仙其後人有見福於會稽者變姓名爲吳市門卒

涪翁者不知何出嘗魚釣於涪水因號涪翁乞食人閒見有疾者時下針石輒應而効乃著針經診脈法傳於世弟子程高尋求積年翁乃授之高亦隱跡不仕

逄萌北海都昌人也居瑯邪勞山養志脩道光武詔書徵萌萌以老耄迷路東西語使者云朝廷所以徵

我者以其益於政尚不知方向所在安能濟時乎即便駕歸連徵不起以壽終

王霸字孺仲太原廣武人也少有清節建武中徵至尚書拜稱名不稱臣有司問其故霸曰天子有所不臣諸侯有所不友司徒侯霸讓位於霸閻陽毀之曰太原俗黨孺仲頗有其風遂止太原多晉公族子孫以詐力相傾矜夸功名兼佻過直漢與號爲難化以病歸隱居守志茅屋蓬戶連徵不至以壽終

淳于恭不暴榮名州郡連召不應建武中郡舉孝廉司空辟皆不應客隱瑯邪黔陬山數十年

嚴光字子陵會稽餘姚人少有高名與光武同遊學及光武即位光乃變名姓隱身不見帝思其賢乃令以物色訪之後至舍於北軍車駕幸其館良久乃張目熟視曰昔唐堯著德巢父洗耳士故有志何至相迫乎除爲諫議大夫不屈乃耕於富春山建武十七年復特徵不至終於家

馮胄隱處山澤不應徵辟

樊英南陽魯陽人隱於壺山之陽受業者四方而至州郡前後禮請不應公卿舉賢良方正有道皆不行

鄭敬字次都清志高世光武連徵不至隱處於大陂中逢陰就虞延並遊不行同郡鄧敬因折芰爲坐以荷薦肉瓠以盈酒言談彌日蓬廬草門琴書自娛

野王二老者不知何許人也初光武貳於更始會關中擾亂遣前將軍鄧禹西征送之於道既反因於野王獵路見二老者即禽即就也光武問禽何向並舉手西指言此多虎臣每即禽虎亦即臣大王勿往也光武曰苟有其備虎亦何患父曰何大王之謬邪昔湯即桀於鳴條而大城於亳武王亦即紂於牧野而大城於郟鄏彼二王者其備非不深也是以即人者人亦即之雖有其備庸可忽乎光武悟其言旨顧左右

曰此隱者將用之辭而去莫知所在

向長字子平河內朝歌人隱居不仕性尚中和好通老易王莽大司空王邑辟之連年乃至欲薦之於莽固辭乃止潛隱於家讀易至損益卦喟然歎曰吾已知富不如貧貴不如賤但未知死何如生耳建武中男女娶嫁既畢勑斷家事勿相關當如我死也於是遂肆意與同好北海禽慶俱遊五嶽名山竟不知所終

王君公平原人曉陰陽懷德穢行王莽末遭亂儈牛自隱儈謂平會兩家賣買之價時人爲之語曰避世牆東王君公

稽康高士傳曰君公明易爲郎數言事不用乃自汚與官婢通免歸徉狂僧牛口無二價也
梁鴻字伯鸞扶風平陵人也嘗欲隱居避患乃與妻孟光共入霸陵山中因東出關過京師作五噫之歌曰陟彼北芒兮噫顧覽帝京兮噫宮室崔嵬兮噫人之劬勞兮噫遼遼未央兮噫肅宗聞而悲之求鴻不得乃易姓運期名燿字侯光與妻子居齊魯之間有頃又去適吳將行作詩至吳依大家皋伯通居廡下爲人賃舂每歸妻爲具食不敢於鴻前仰視舉案齊眉伯通察而異之曰彼傭能使其妻敬之如此非凡人也乃方舍之于家鴻潛閉著書十餘篇

韋逵泰以經行知名不應州郡之命大將軍梁冀辟不就桓帝公車備禮徵至霸陵稱病歸乃入雲陽山采藥不反有司舉泰加罪帝特原之
高鳳字文通南陽葉人也年老執志不倦名聲著聞太守連召請恐不得免自言本巫家不應爲吏又詐與寡嫂訟遂不仕將作大匠任隗舉鳳直言到公車託病逃歸推其財産與兄子隱身漁釣終於家
臺佟字孝威魏郡鄴人隱於武安山鑿穴爲居採藥自業章帝建初中州辟不就刺史行部乃使從事致謁佟載病往謝刺史乃執贄見佟曰孝威居身如是甚苦如何佟曰佟幸得保終性命存神養和如明使君奉宣詔書夕惕庶事反不苦邪遂去隱逸終不見
韓康字伯休一名恬休京兆霸陵人家世著姓嘗采藥名山賣長安市口不二價三十二年時有女子從康買藥康守價不移女子怒曰公是韓伯休耶乃不二價乎康歎曰我本欲避名今小女子皆知有我焉何用藥爲乃遯入霸陵山中博士公車徵之不至桓帝乃備玄纁之禮以安車聘之使者奉詔造康不得已乃許詔辭安車乃乘柴車冐晨先使者發至亭亭長以韓徵君當過方發人牛脩道橋及見康柴車幅

巾以爲田叟也使奪其牛康即釋駕與之有頃使者至奪牛翁乃徵君也使者欲奏殺亭長康曰此自老子與之亭長何罪乃止康因道逃遁以壽終
矯慎字仲彥扶風茂陵人少好黃老隱遯山谷因穴爲室仰慕喬松導引之術汝南吳蒼甚重之因遺書以觀其志曰仲彥足下勤處隱約雖乘雲行泥棲宿不同每有西風何嘗不歎蓋聞黃老之言乘虛入冥藏身遠遯亦有理國養人施於爲政至如登山絕迹神不著其證人不覩其驗吾欲先生從其可者於意何如昔伊尹不懷道以待堯舜之君方今明明四海

開闢巢許無爲箕山夷齊悔入首陽足下審能騎龍弄鳳翔嬉雲間者亦非狐兎燕雀所敢謀也愼不答年七十餘竟不肯娶後忽歸家自言死日及期果卒後人有見愼於燉煌者故前世異之或云神仙焉

馬瑤隱於汧山以兎罝爲事所居俗化百姓美之號馬牧先生

戴良汝南愼陽人舉孝廉不就再辟司空府彌年不到州郡追之乃遯辭詣府悉將妻子旣行在道因逃入江夏山中優游不仕以壽終初良五女並賢每有求姻輙便許嫁疏裳布被竹笥木屐以遣之五女能遵其訓皆有隱者之風焉

漢陰老父者不知何許人也桓帝延熹中幸竟陵過雲夢臨沔水百姓莫不觀者有老父獨耕不輟尚書郎南陽張溫異之使問曰人皆來觀老父獨耕不輟何也老父笑而不對溫下道百步自與言老父曰我野人耳不達斯語請問天下亂而立天子邪理而立天子邪立天子以父天下邪疲天下以奉天子邪昔聖王宰世茅茨采椽而萬人以寧今子之君以勞人自縱逸遊無忌吾爲子羞之子何忍欲人觀之乎溫大慙問其姓名不告而去

陳留老父者不知何許人也桓帝世黨錮事起守外黃令陳留張升去官歸鄉里道逢友人共班草而言升曰吾聞趙殺鳴犢仲尼臨河而反覆巢竭淵龍鳳逝而不至今宦豎日亂陷害忠良賢人君子其去朝乎夫德之不建人之無援將性命之不免奈何因相抱而泣老父趨而過之植其杖太息言曰吁二大夫何泣之悲也夫龍不隱鱗鳳不藏羽網羅高縣去將安所雖泣何及乎二人欲與之語不顧而去莫知所終

龐公者南郡襄陽人也居峴山之南未嘗入城府夫妻相敬如賓荊州刺史劉表數延請不能屈乃就候

之謂曰夫保全一身曷嘗保全天下乎龐公笑曰鴻鵠巢於高林之上暮而得所栖黿鼉穴於深淵之下夕而得所宿夫趨舍行止亦人之巢穴也且各得其棲宿而已天下非所保也因釋耕於壠上而妻子耘於前表指而問曰先生若居畎畝而不肯官祿後世何以遺子孫乎龐公曰世人皆遺之以危今獨遺之以安雖所遺不同未爲無所遺也表歎息而去後遂携其妻子登鹿門山因采藥不反

魏焦先字孝然河東人後漢中平末白波賊起時先年二十餘與同郡侯武陽相隨武陽年小有母先與

相扶接避白波東客楊州取婦建安初來西還陽武
詣大陽占戶先留陝界至十六年關中亂先失家屬
獨竄於河渚間食草飲水無衣履大陽長朱南望見
之謂為亡士欲遣船捕取武陽語縣此狂癡人耳遂
注其籍給廩日五升後有役病人多死者縣常使埋
藏童兒豎子皆輕易之然其行不踐邪徑必循阡陌
及其捃拾不取大穗饑不苟食寒不苟衣結草以為
裳科頭徒跣每出見婦人則隱翳須去乃出自作一
蝸牛廬淨掃其中營木為牀布草蓐其上至天寒時
構火以自炙呻吟獨語饑則出為人客作飽食而已

不取其直又出於道中邂逅與人相遇輒下道藏匿
或問其故嘗言草茅之人與狐兔同群不肯妄語明
帝太和青龍中嘗持一杖南度淺河水輒獨云未可
也繇是人頗疑其不狂至齊王嘉平中太守賈穆初
之官故過其廬先是穆再拜穆與語不應與食不食
穆謂之曰國家使我來為卿作君我食卿卿不肯食
我與卿語卿不應我如是我不中為卿作君當去耳
先乃曰寧有是邪遂不復語其明年大發卒將伐吳
有竊問先今討吳何如先不肯應而謬歌曰祝衄祝
衄非魚非肉更相追逐本心為當殺牂羊更殺其羖
瘂邪郡人不知其謂會諸軍敗好事者乃推其意疑
牂羊謂吳羖瘂謂魏於是後人僉謂之隱者也議郎
河東董經特加異節與先非故人密往觀之經到乃
奮其白鬚為如與之有舊者謂曰阿先濶乎念共避
白波時不先熟視而不言經素知其昔受武陽恩因
復曰念武陽不先乃曰已報之矣經又復挑欲與語
遂不肯復應後歲餘病亡時年八十九矣高士傳曰世莫知先
所出或言生乎漢末自陝居太陽無父母兄弟妻子
見漢室衰乃自絕不言及魏受禪嘗結草為廬於河
之湄獨止其中冬夏常不著衣臥不設席又無草蓐
以身親土其體垢汙皆如泥漆五形盡露不行人間
或數日一食欲食則為人賃作人以衣衣之乃使限
功受直足得一食輒去人欲多與終不肯取亦有數

日不食時行不踐邪徑目不與女子逆視口未嘗言
雖有驚急不與人語遺以食物皆不受河東太守杜
恕嘗以衣服迎見而不與語司馬景王聞而使安定
太守董經因事過視又不肯語經以為大賢其後野
火燒其廬先因露寢遭冬雪大至先袒臥不移人以
為死就視如故不以為病人莫能審其意度年可百
歲餘乃卒或問皇甫謐曰焦先何人也曰吾不足以
知之也考之於表可略而見矣夫世之所嘗趣者榮
味也形之所不可釋者衣裳也身之所不可離者室
家也言之所不能已者言語也心之不可絕者親戚
也今焦先棄榮味釋衣服離室宅絕親戚閉口不言
曠然與天地為棟宇闇然合至道之前出羣形之表
入玄寂之幽一世之人不足以挾其意四海之廣不
能以回其顧妙乎與夫三皇之先者同矣結繩已來
未及其至也豈羣言之所能髣髴常心之所得測量
哉彼行人所不能行堪人所不能堪犯寒暑不以傷
其性居曠野不以恐其形遭驚急不以迫其慮離榮
愛不以累其心損視聽不以汙其耳目舍足於不損
之地居身於獨立之處延年歷百壽越期頤雖上識
不能尚也自羲皇已來一人而已矣故梁州刺史耿

輔以先爲仙人也北地傳玄謂之性同禽獸並爲之傳而莫能則之
扈累字伯重京兆人後漢初平中山東人有青牛先
生者字正方客三輔曉知星曆風角鳥情嘗食青葙
芫華年似五六十者人或親識之謂其已百餘歲矣
初累年四十餘隨正方遊學人謂之得其術有婦無
子建安十六年三輔亂又隨正方南入漢中漢中壞
正方入蜀累與相失隨徙民詣鄴遭疾疫喪其婦至
文帝黄初元年又徙詣雒陽遂不復娶婦獨居道側
以甎甓爲障施一厨牀食宿其中晝日潛思夜則仰
視星宿吟詠内書人或問之閉口不肯言至齊王嘉

平中八九十才若四五十者縣官以其孤老給廩日
五升五升不足食頗行傭作以裨糧糧盡復出人與
不取食不求美衣弊緼故後一二年病亡
寒貧者本姓石字德林安定人也後漢建安初客三
輔是時長安有宿儒欒文博者門徒數千德林亦就
學始精詩書後好内事於衆輩中最玄默至十六年
關中亂南入漢中初不治産業不畜妻孥嘗讀老子
五千文及諸内書晝夜吟詠到二十五年漢中破隨
衆還長安遂癡愚不復識人食不求味冬夏常衣弊
布連結衣體如無所勝目如無所見獨居窮巷小屋
無親里人與之衣食不肯取郡縣以其鰥窮給廩日
五升食不足頗行乞乞不取多人問其姓字口不肯
言故因號之寒貧也或素有與相知者往存卹之輙
拜跪繇是人謂其不癡車騎將軍郭淮以意氣呼之
問其所欲亦不肯言淮因與脯糒及衣不取其衣取
其脯一朐糒一升而止
蜀譙秀字元彦巴西人性清静不交於世知將大亂
豫絶人事從兄弟及諸親舊不與相見州郡辟命及
李雄盜蜀安車徵秀又雄叔父驤子壽辟命皆不應
常冠鹿皮躬耕山藪

晉孫登字公和汲郡共人無家屬於郡北山爲土窟
居之夏則編草爲裳冬則披髮自覆好讀易撫一絃
琴見者皆親樂之性無恚怒人或投諸水中欲觀其
怒登既出便大笑時遊人間所經家或設衣食者無
所受辭去皆捨棄嘗任宜陽山有作炭人見之知非
常人與語登亦不應文帝聞之使阮籍往觀於蘇門
山遇之與商畧終古及棲神導氣之術登皆不應籍
因長嘯而退至半嶺聞有聲若鸞鳳之音響乎巖谷
乃登之嘯也遂歸著大人先生傳嵇康從之游三年
問其所圖終不答康每歎息將別謂曰先生竟無言

乎登乃曰子識火乎火生而有光而不用其光果在於用光人生而有才而不用其才果在於用才故用光在乎得薪所以保其耀用才在乎識真所以全其年今子才多識寡難乎免於今之世矣子無求乎康不能用果遭非命仍作幽憤詩曰昔慙柳下今愧孫登〻以謂登以魏晋去就易生嫌疑故或嘿者也竟不知所終

董京字威輦不知何郡人初與隴西計吏俱至雒陽被髮而行逍遥吟詠嘗宿白社中時乞於市得殘碎繒絮結以自覆全帛佳緜則不肯受或見推排罵辱

曽無怒色孫楚時爲著作郎數就社中與語遂載與俱歸京不肯坐楚乃貽之書勸以今堯舜之世胡爲懷道迷邦京荅之以詩其卒章云萬物皆賤惟人爲貴動以九州爲狹靜以圜堵爲大後數年遁去莫知所之於其所寢處惟有一石竹子及詩二篇

朱冲南安人少學而貧武帝咸寧四年詔補博士冲稱疾不應尋又詔曰東宮官屬亦宜得履蹈至行敦悦典籍者以其冲爲太子右庶子冲每聞徵書至輒逃入深山時人以爲梁管之流

夏統字仲御會稽永興人幼孤貧養親以孝聞睦於兄弟每採梠求食星行夜歸或至海邊拘螊蟚以資養雅善談論宗族勸之仕謂之曰卿清亮質直可作郡綱紀與府朝接自當顯至如何甘辛苦於山林畢性命於海濱也統勃然作色曰諸君待我乃至此乎使統屬太平之時當與元凱評議出處遇濁代念與屈生同汙共泥若汙隆之間自當耦耕沮溺豈有辱身曲意於郡府之間乎聞君子之談不覺寒毛盡戴白汗四布顏如渥丹心熱如炭舌縮口張兩耳壁塞也言者大慙統自此遂不與宗族相見會母疾統視醫藥宗親因得見之

郭文字文舉河内軹人少愛山水尚嘉遯年十三每遊山林彌旬忘返父母終服畢不娶辭家遊名山歷華陰之崖以觀石室之石函雒陽陷乃步擔入吳興餘杭大辟山中窮谷無人之地倚木於樹苫蓋其上而居焉亦無壁障時猛獸爲暴入室害人而文獨宿十餘年卒無患害嘗著鹿裘葛巾不飲酒食肉區種菽麥獵者時往寄宿文夜爲擔水而無勌色王導聞其名遣人逆之文不肯就船車荷擔徒行既至導置之西園園中果木成林又有鳥獸麋鹿因以居文焉於是朝士咸共觀之文頽然箕踞傍若無人溫嶠嘗

問文曰人皆有六親相娛先生棄之何樂文曰本行學道不謂遭世亂欲歸無路是以來也又問曰饑而思食壯而思室自然之性先生安獨無情乎文曰情緣意生不憶故無情又問曰先生獨處窮山若疾病遭命則爲烏鳥所食顧不酷乎文曰藏埋者亦爲螻蟻所食復何異乎又問曰猛獸害人人之所畏而先生獨不畏邪文曰人無害獸之心則獸亦不害人又問曰苟世不寧身不得安今將用先生以濟時若何文曰山草之人安能佐世

張忠字巨和中山人永嘉之亂隱于太山恬靜寡欲

清虛服氣食芝餌石修導養之法冬則緼袍夏則帶索無琴書之適不修經典勸教但以至道虛無爲宗其居依崇巖幽谷鑿地爲窟室弟子亦以窟居去忠六十餘步五日一朝其教以形不以言弟子受業觀形而退立道壇于窟上每旦朝拜之食用瓦器鑿石爲釜左右居人饋之衣食一無受好事少年頗或問以水旱之祥忠曰天不言而四時行焉萬物生焉陰陽之事非窮山野叟所能知之其遺諸外物皆此類也年在期頤而視聽無爽苻堅遣使徵之使者至忠沐浴而起謂弟子曰吾餘年無幾不可以逆時主之意浴訖就車及至長安堅賜以冠衣辭曰年朽髮落不堪衣冠請以野服入覲從之及見堅謂之曰先生考槃山林研精道素獨善之美有餘兼濟之功未也故遠屈先生將任齊尚父忠曰昔因喪亂避地太山與鳥獸爲侶以全朝夕之命屬堯舜之世思一奉聖顏年衰志謝不堪展効尚父之況非敢竊擬山棲之性情存巖岫乞還餘齒歸死岱宗堅以安車送之

范長生隱蜀西山巖居穴處求道養志後蜀李雄欲立爲君而臣之長生固辭

謝敷字慶緒會稽人性澄靜寡欲入太平山十餘年

鎮軍郗愔召爲主簿臺徵博士皆不就初月犯少微少微一名處士星占者以隱士當之譙國戴逵有美才人或憂之俄而敷死會稽人士以嘲吳人云吳中高士便是求死不得死

陶淡侃之孫於長沙臨湘山中結廬居之養一白鹿以自偶親故有候之者輒移渡澗水莫得近之州舉秀才淡聞遂轉逃羅縣埤山中終身不反莫知所終

宋纖燉煌效穀人隱居于酒泉南山太守楊宣畫其象於閣上出入視之作頌曰爲枕何石爲漱何流身不可見名不可求酒泉太守馬岌高尚之士也具威

儀鳴鐃皷造馬織高樓重閣距而不見岌數日名可聞而身不可見德可仰而形不可覩吾今而後知先生人中之龍也銘詩于石壁曰丹崖百丈青壁萬尋奇木蓊鬱蔚若鄧林其人如玉維國之琛室邇人遐實勞我心

葛洪爲人木訥不好榮利閉門却掃未嘗交遊於餘杭山見何幼道郭文舉目擊而已各無所言洪尤好神仙導養之法從祖玄吳時學道得仙號曰葛仙公以其鍊丹祕術授弟子鄭隱洪就隱學悉得其法焉後師事南海太守鮑玄玄亦內學逆占將來見洪深

重之以女妻洪洪傳玄業兼綜鍊醫術後選爲散騎常侍領大著作洪固辭不就以年老欲鍊丹以祈遐壽聞交阯出丹求爲句漏令成帝以洪資高不許洪曰非欲爲榮以有丹耳帝從之洪遂將子姪俱行至廣州刺史鄧嶽留不聽去洪乃止羅浮山鍊丹嶽表補東莞太守又辭不就嶽乃以洪兄子望爲記室參軍在山積年優游閒養著述不輟後忽與嶽疏云當遠行尋師尅期便發嶽得疏狼狽往別而洪坐至日中兀然若睡而卒嶽至遂不及見時年八十一視其顏色如生體亦柔軟舉尸入棺甚輕如空衣世以爲尸解得仙云

許邁字叔玄一名映丹陽句容人家世士族而邁少恬靜不慕仕進未弱冠嘗造郭璞璞爲之筮遇太之上六爻發璞謂曰君元吉自天宜學升遐之道時南海太守鮑靚隱跡潛遁人莫之知邁乃往候之探其至要父母尚存未忍違親謂餘杭懸霤山近延陵之茅山是洞庭西門潛通五嶽陳安世茅季偉嘗所遊處于是立精舍于懸霤而往來茅嶺之洞室放絕世務以尋仙館朔望時節還家定省而已父母既終乃遣婦孫氏還家携其同志徧遊名山焉初採藥于桐

廬縣之桓山餌术涉三年映欲斷穀以此山近人不得專一四面藩之好道之徒欲相見者登樓與語以此爲樂嘗服氣一氣千餘息穆帝永和二年移入臨安西山登巖茹芝眇爾自得有終焉之志乃改名玄字遠遊與婦書告別又著詩十二首論神仙之事焉王羲之造之未嘗不彌日忘歸相與爲世外之交玄遺羲之書云自山陰南至臨安多有金堂玉室仙人芝草左元放之徒漢末諸得道者皆在焉羲之自爲之傳述靈異之迹多不可詳記玄自後莫測所終好道者皆謂之羽化矣

翟莊字祖休湯之子少以孝友著名遵湯之操不交人物耕而後食語不及俗唯以弋釣爲事及長不復獵或問漁獵同是害生之事而先生止去其一何哉莊曰獵自我釣自物未能頓盡故先節其甚者且夫貪餌吞鈎豈我哉時人以爲知言晚節亦不復釣端居蓽門歠菽飲水州府禮命及公車徵並不就

瞿硎先生者不得姓名亦不知何許人也海西公太和末嘗居宣城郡界文春山中有瞿硎因以爲名焉大司馬桓溫嘗往造之既至見先生被鹿裘坐于石室神無色忤溫及僚佐數十人皆莫測之乃命伏滔爲

之銘贊竟卒于山中

孟陋武昌少而貞立清操絶倫布衣蔬食以文籍自娛口不及世事未曾交游時或弋釣孤興獨往雖家人亦不知其所之也

劉驎之字子驥南陽人光禄大夫耽之族也驎之少尚質素虛退寡欲不脩儀操人莫知之好游山澤志存遯逸嘗採藥至衡山深入忘反見有一澗水南有二石囷一囷閉一囷開水深廣不得過欲還失道遇伐弓人問徑僅得還家或說囷中皆仙靈方藥諸雜物驎之欲更尋索終不復知處也車騎將軍桓沖聞其名請爲長史驎之固辭不受沖嘗到其家驎之于樹條桑使者致命驎之曰使君既枉駕光臨宜先詣家君沖聞大愧於是乃造其父父命驎之然後方還拂短褐與沖言話父使驎之于内自持濁酒蔬菜供賓沖勑人代驎之斟酒父辭曰若使從者非野人之意也沖慨然至昏乃退

公孫鳳字子鸞上谷人隱于昌黎之九城山谷冬衣單布寢處土牀夏則并食于器停令臭敗然後食之彈琴吟永陶然自得人或異之莫能測也慕容暐以安車徵至鄴及見暐不言不拜衣食舉動如在九城

賓客造請歎得與言數年病卒

公孫永字子陽襄平人少好學恬虛隱于平郭南山不娶妻妾非身所墾植則不衣食之吟永巖間欣然自得年餘九十操尚不虧與公孫鳳俱被慕容暐徵至鄴及見暐不拜王公已下造之皆不與言雖經隆冬盛暑端然自若一歲餘詐狂暐送還平郭後苻堅又將備禮徵之難其年耆路遠乃遣使者致問未至而永亡堅深悼之謚曰崇虛先生

石垣字洪孫自云北海劇人居無定所不娶妻妾不營產業食不求美衣必塵敝或有遺其衣服受而施

人人有喪葬輒杖策弔之路無遠近時有寒暑必在其中或同日共時咸皆見焉又能闇中取物如晝無差姚萇之亂莫知所終

王嘉隴西安陽人不食五穀不衣美麗清虛服氣不與世人交游隱於東陽谷鑿崖穴居弟子受業者數百人亦皆穴處石季龍之末棄其徒衆至長安潛隱于終南山結菴廬而止門人聞而復隨之乃遷于倒獸山苻堅累徵不赴公侯已下咸躬往參請好尚之士無不師宗之

郭瑀燉煌人隱于臨松薤谷鑿石窟而居服栢實以

冊府元龜　總録部　隱逸　卷之八百九　二十三

輕身作春秋墨說孝經錯緯弟子著録千餘人張天錫遣使者孟公明持節以蒲輪玄纁備禮徵之遺瑀書曰先生潛光九臯懷真獨遠心與至境冥符志與四時消息豈知蒼生倒懸四海待拯者乎孤忝承事運負荷大業思與賢明同贊帝道昔傳說龍翔殷朝尚父鷹揚周室孔聖車不停軌墨子駕不俟旦以黔首之禍不可以不救君子獨立道繇人弘故也況今九服分爲狄場二都盡爲戎穴天子僻陋江東名教淪于左衽創毒之甚開闢未聞先生懷濟世之才坐觀而不救其于仁智孤竊惑焉故遣使者虛左授綏鶴企先生乃眷下國公明至山瑀指翔鴻以示之曰此鳥也安可籠哉遂深逃絶跡公明拘其門人瑀歎曰吾逃祿非避罪也豈得隱居行義害及門人乃出而就徵及至姑臧値天錫母卒瑀括髮入弔三踊而出還于南山及天錫滅苻堅又以安車徵瑀定禮儀會父喪而止

董景道弘農人晋永平中知天下將亂隱于商雒山衣木葉食樹果彈琴歌嘯以自娛毒蟲猛獸皆遶其傍是以劉元海及聰屢徵皆礙而不達至劉曜時出山廬于渭汭曜徵爲太子少傅散騎常侍並固辭竟

冊府元龜　總録部　隱逸　卷之八百九　二十四

以壽終

宋韋玄避吏隱于長安南山武帝入關以太尉掾徵不至

戴顒字仲若父逵兄勃並隱遁有高名顒年十六丁父憂幾滅性乃與勃居桐廬及卒顒以桐廬僻遠難以養疾乃出居吳下吳下士人共爲築室聚石飲水于林間少時繁密有若自然乃述莊周大旨著逍遥論注禮記中庸三吳將守及郡内衣冠要其同遊野澤堪行便去不爲矯介衆論以此多之武帝命爲太尉行參軍不就及踐阼徵爲通直郎散騎常侍皆不

起文帝每欲見之嘗謂黄門侍郎張敷曰吾東廵之日當讌戴公山也

孔淳之字彦深魯郡人父粲秘書監徵不就淳之少有高尚愛好墳籍爲太原王恭所稱居會稽剡縣性好山水每所游必窮其幽峻或旬日忘歸嘗遊山遇沙門釋法崇因留共止遂停三載法崇歎曰緬想人外三十年矣今乃傾蓋于兹不覺老之將至也及淳之還反不告以姓除著作不就與徵士戴顒王弘之及王敬弘等共爲人外之遊敬弘以女適淳之子尚會稽太守謝方明苦要入郡終不肯往茅室蓬户庭

草蕪徑唯牀上有數帙書元嘉初復徵爲散騎乃逃于上虞縣界弟默之爲廣州刺史出都與别即日命駕東歸遂不顧也

雷次宗字仲倫豫章南昌人也少入廬山事沙門釋慧遠篤志好學尤明三禮毛詩隱退不交世務以散騎侍郎徵並不就文帝元嘉十五年徵次宗至京師開館于鷄籠山聚徒教授置生百餘人會稽朱膺之頴州庾蔚之並以儒學監總諸生時國子學未立文帝留心藝術使丹陽尹何尚之立玄學太子率更令何承天立史學司徒謝元立文學凡四學並建車駕數幸次宗學館資給甚厚又除給事終不就久之還廬山公卿以下並設祖道二十五年詔散騎侍郎徵詣京邑爲築室于鍾山西巖下謂之招隱館使爲皇太子諸王講喪服經次宗不入公門乃使自華林東門入延賢堂就二十五年卒于鍾山

劉凝之字志安小名長年南郡枝江人也父期公衡陽太守兄盛公高尚不仕凝之慕老萊嚴子陵爲人推家財與弟及兄子立屋于野外非其力不食州里重其德行州三禮辟不就後又徵爲秘書郎不就臨川王義慶使存問凝之答書頓首稱僕不脩民禮人

或譏焉凝之曰昔老萊何楚王稱僕嚴陵亦亢禮光武未聞巢許稱臣堯舜時戴顒與衡陽王義季書亦稱僕凝之性好山水一旦携妻子泛江湖隱居衡山之陽登高山嶺絶人迹爲小屋居之采藥服食妻子皆從其志元嘉二十五年卒

朱百年會稽山陰人少有高情親亡服闋携妻入會稽南山樵採爲業頗能言玄理時爲咏歌往往有高勝之言除太子舍人不就卒山中

關康之字伯愉河東陽人世居京口寓平昌少而篤學元嘉中文帝聞康之有學義詔徵之不起棄人事

守志閒居下邳趙繹以文義見稱康之與友善嘗進
顏延之等當時名士十許人入山候之見其散髮被
黃布帊席松葉枕一塊白石而卧了不相眄延之等
咨嗟而退不敢干也孝武即位遣大使巡行天下使
反薦康之宜加徵聘不見省康之性清約獨處一室
希與妻子相見不通賓客明帝時與平原明僧紹俱
徵辭以疾
王素少有志德家貧母老任東陽隱居不仕頗營田
園之資而得以自立愛好文義不以人俗累懷孝武
即位欲聘揚隱退下詔召爲太子中舍人不就
冊府元龜 總錄部 隱逸 卷之八百九 二十七
周續之字道祖鴈門廣武人好讀老易入廬山事沙
門釋慧遠時彭城劉遺民遁迹廬山陶淵明亦不應
徵命謂之尋陽三隱以爲身不可遺餘累宜絕遂終
身不娶布衣蔬食徵爲太學博士不就江州刺史每
相招請續之不尚節峻頗從之遊嘗以稽康高士傳
得出處之美因爲之注
有漁父者不知姓名亦不知何許人也孫緬爲尋陽
太守落日逍遥渚際見一輕舟凌波隱顯俄而漁父
至神韻蕭灑垂綸長嘯緬甚異之乃問有魚賣乎漁
父笑而答曰其釣非釣寧賣魚者耶緬益怪焉遂褰
裳涉水謂曰觀生有道者也終朝鼓枻良亦勞止吾
聞黃金白璧重利也駟馬高堂榮世也今方王道文
明守在海外隱鱗之士靡然向風子故不贊緝熙之
美何晦用其若是也漁父曰僕山海狂人不達世務
未辨賤貧先論榮貴乃歌曰竹竿籊籊河水浟浟相
忘爲樂貪餌吞鉤非夷非惠聊以忘憂于是悠然鼓
棹而去
王弘之字方平瑯邪臨沂人性高尚從兄敬弘嘗薦
于朝徵之不就敬弘又嘗解貂裘與之即著以采藥
性好釣上虞江有一處名三石頭弘之嘗垂綸于此
冊府元龜 總錄部 隱逸 卷之八百九 二十八
經過者不識之或問漁師得魚賣不弘之曰亦自不
得得亦不賣且夕載魚入至上虞郭經親故門各以
一兩頭置門內而去始寧汰川有佳山水弘之又依
巖築屋
翟法賜尋陽柴桑人曾祖湯湯子莊莊子矯並高尚
不仕逃避徵辟矯生法賜少守家業立屋於廬山頂
母喪後便不復還家不食五穀以獸皮結草爲衣徵
拜著作佐郎補散騎侍郎皆不就後家人至石室尋
求因復遠徙違避徵聘遁迹幽深尋陽太守鄧文子
表法賜隱跡廬山于今四世栖身幽巖人罕見者如

當遣以王憲束以崇科驛山獵草以期脅獲慮致頗殞有傷盛化乃止後卒于巖石之間

冊府元龜總録部隱逸 卷之八百九 二十九

冊府元龜卷終

册府元龜

巡按福建監察御史臣李嗣京　訂正

分守建南道左布政使臣胡維霖　參閲

知建陽縣事臣黄國琦較釋

總録部　六十

隱逸第二

南齊宗測字敬微南陽人宋徵士炳孫也世居江陵測少静不樂人間歎曰家貧親老不擇官而仕先哲以爲美談余竊有惑誠不能潜感地靈冥致江鯉但能用天道分地利孰能食人厚祿而憂人重乎州舉

秀才主簿不就驃騎豫章王徵爲參軍測答府召云何爲謬傷海鳥横斤山木豫章王復遣書請之辟爲參軍測答曰性同鱗羽愛止山壑眷戀松筠輕迷人路縱宕巖流有若狂者忽不知老至而今鬚鬢已白豈容課虚責有恨魚慕鳥哉世祖永明三年詔徵太子舍人不就欲遊名山乃寫祖炳所畫尚子平圖於壁上測長子官任京師知父此旨便求祿還爲南郡丞付以家事刺史安陸王子敬長史劉寅以下皆贈送之送迎也測無所受賫老子莊子二書自隨子孫拜辭悲泣測長嘯不視遂往廬山止祖炳舊宅魚復侯子響爲江州厚遣贈遺測曰少有狂疾尋山採藥遠來至此量腹而進松朮度形而衣薜蘿澹然已足豈容當此横施子響命駕造之測避不見後子響不告而來奄至所住測不得已巾褐對之竟不交言子響不悦而退尚書令王儉餉測蒲褥頃之測送弟喪還西仍留舊宅永業寺絶賓友唯與同志庾易劉虬宗人尚之等往來講説刺史隋王子隆至鎮遣別駕宗哲致策問測笑曰貴賤理隔何以及此竟不答明帝建武二年徵爲司徒主簿不就卒

臧榮緒東莞人少孤躬自灌園以供祭祀隱居京口

教授南徐州辟西曹舉秀才不就太守初鎮揚州徵爲主簿不到自號被褐先生與關康之俱隱在京口世號爲二隱

顧歡字景怡吴郡人幼聰敏及長篤志好學年二十餘母亡廬于墓次遂隱遁不仕開館聚徒受業者嘗近百人太祖輔政而悦歡風教徵爲揚州主簿遣中使迎歡乃践跡及至歡稱山谷臣顧歡上表曰臣聞舉綱提綱振裘持領綱領既理毛目自張然則道德綱也物勢目也上理其綱則萬機其序下張其目則庶官不曠是以湯武得勢師道則祚延秦項忽道任

勢則身黎矣天門開闔自古有之四氣相新絺裘代
進今火澤易位三靈改憲天樹明德對時育物搜揚
仄陋野無伏賢是以窮谷愚夫敢露編管譴删撰老
氏獻治綱一卷伏願稽古百王不以芻蕘棄言不以
人微廢道率土之賜也微臣之幸也賜一疏則上下
交泰雖不求民而民悅不祈天而天應應天悅民則
皇基固矣臣志盡幽深無定榮勢自足雲霞不須禄
養陛下既遠見尋求敢不盡言言既盡矣請從此退
武帝永明元年詔徵歡爲太學博士同郡顧黯爲散
騎郎黯字長儒有隱操與歡俱不就徵

沈驎士字雲禎吴興武康人少勤於學宋文帝令尚
書僕射何尚之抄撰五經訪舉學士縣以驎士應選
尚之謂子偃曰山東故有奇士也少時驎士稱疾歸
鄉更不與人物通養孤兄子義著鄉曲或勸驎士仕
答曰魚縣獸檻天下一契聖人在悟所以每履吉先
吾誠未能景行坐忘何爲不希企日損乃作玄散賦
于是以絶世太守孔山士辟不應宗人徐州刺史曇
侍中懷文左率勃來候之驎士未嘗答也隱居餘不
吴差山講經教授從學者千人征北張永爲吴興請
驎士入郡驎士聞郡後堂有好山水乃往停數月永
欲請爲功曹使人致意驎士曰明府德履素冲留心
山谷是以被褐負杖忘其疲病而必欲飾渾沌以蛾
眉冠越客於文冕走雖不敏請附高節永乃止順帝
昇明末徵爲奉朝請不就世祖永明中中書郎沈約
表薦詔徵爲太學博士明帝建武二年徵爲著作郎
東昏永元二年徵爲太子舍人並不就守操終老
杜京產吴郡人少恬靜閉意榮官郡命主簿州辟從
事皆稱疾去除奉朝請亦不就始平東山開舍授學
孔稚珪及光禄大夫陸澄祠部尚書虞悰太子右率
沈約司徒右長史張融表薦京產曰竊見吴郡杜京

產絜靜爲心謙虚成性通和發於天挺敏達表於自
然學遍玄儒博通史子流連文藝沉吟道奥泰初之
朝掛冠辭世遁捨家業隱於太平葺宇窮巖採芝幽
澗耦耕自足薪歌有餘確爾不羣淡然寡欲麻衣藿
食二十餘載雖古之志士何以加之謂宜釋巾幽谷
結組登朝則巖谷含懽薜蘿起抃矣不報建武初徵
爲員外散騎侍郎京產曰莊生持釣豈爲白璧所回
辭疾不就年六十四永元元年會稽孔道徵守志業
不仕京產與之友善
徐伯珍東陽太末人有儒學好釋氏老莊明道術宅

居九里有高山班固謂之九巖山後漢龍岳長隱處也山多龍鬚栢望之五采世呼爲婦人巖二年伯琛移居之門前生梓樹一年便合抱館東石壁夜忽有赤光洞照俄爾而滅白雀一隻棲其戶牖論者以隱德之感焉永明中刺史豫章王辟議曹從事不就

會稽鍾山有人姓蔡不知名山中養鼠數千頭呼來即來遣去便去言語狂易時謂之謫仙不知所終

樓惠東陽人有道術居金華山禽獸毒螫者皆避之宋明帝聞之勑出住華林園除奉朝請固乞不受求東歸忽乘白驪向臨安縣衆不知所以尋而唐寓之

賊破郡文惠太子忽出住蔣山求歸見許武帝勑爲立館

盧度有道術隱居西昌三顧山鳥獸隨之夜有鹿觸其壁度曰汝壞我壁應聲去屋前有池養魚魚次第來取食乃去逆知死年月與親友別永明末以壽終

褚伯玉吳郡錢塘人隱居剡之瀑布山在山三十餘年隔絶人事王僧達爲吳郡苦禮致之伯玉不得已停郡信宿才交數言而退寧朔將軍丘珍孫與僧達書曰聞褚先生出居貴館此子滅影雲棲不事王侯抗高木食有年載矣自非折節好士何以致人望其還策之日蹔紆清塵亦願初爲譬說答曰褚先生從白雲遊舊矣此子索然惟朋松石介於孤峯絶嶺者積數千載近故要其來此冀慰日夜比談討芝桂借訪荔蘿若已窺煙波臨滄洲矣如君欲見之當爲申譬太祖即位手詔吳會二郡以禮迎遣又辭疾上不欲違其志勑於剡白石山立太平館居之

劉虬字靈預南陽涅陽人也舊族徙居江陵虬少而抗節好學太祖建元初豫章王爲荆州教（教令也）辟虬爲別駕與同郡宗測新野庾易並遣書禮請虬等各脩牋答而不應辟命武帝永明三年刺史廬陵王子

卿表虬及同郡宗測宗尚之庾易劉昭五人請加蒲車束帛之命詔徵爲通直郎不就竟陵王子良致書通意虬答曰虬四節卧病三時營灌暢餘陰於山澤託暮情於魚鳥寧非唐虞重恩周召宏施虬進不研機入玄無洙泗稷館之辯退不擬心出累非冢間樹下之節遠澤既灑仁規先著謹收撫牧之嫌敬加軾睡之義劉昭與虬同宗州辟祭酒從事不就隱居山中

孔道徽少厲高行隱居南山終身不窺都邑豫章王嶷爲揚州辟西曹書佐不至鄉里宗親慕之道徽兄

弟持心操行遇饑寒不可得衣食縣令吳興丘仲薦
之除竟陵王侍郎不至
明僧紹字承烈平原鬲人也祖玩州治中父略給事
中僧紹宋文帝元嘉中再舉秀才明經有儒術廢帝
永光中鎮北府辟功曹並不就隱長廣郡嶗山聚徒
立學淮北沒虜及南渡江明帝泰始六年徵通直郎
不就太祖爲太傅徵爲記室參軍不至武帝永明初
世祖勑召稱疾不肯見詔徵國子博士不就卒
梁陶弘景字通明丹陽秣陵人齊武帝永明中除奉
朝請既辭祿止于句容之句曲山嘗曰此山下是第

八洞宮名金陽華陽之天周迴一百五十里昔漢有
咸陽三茅君得道來掌此山故謂之茅山乃中山立
館自號華陽隱居始從東陽孫遊岳受圖經符法遍
歷名山尋訪仙藥每經澗谷必坐臥其間吟詠盤桓
不能已已時沈約爲東陽郡守高其志節累書要之
不至東昏永元初更築三層樓弘景處其上弟子居
其中賓客至其下與物遂絶唯一家僮得侍其所特
愛松風每聞其響欣然爲樂有時獨遊泉石望見者
以爲仙人弘景既得神符秘訣以爲神丹可成而苦
無藥物武帝給黃金朱砂曾青雄黃等後合飛丹色
如霜雪服之體輕及帝服飛丹有驗益敬重之每得
其書燒香虔受帝使造年曆至己巳歲而加朱點寔
武帝太清三年帝手勑詔之賜以鹿皮巾後屢加禮
聘並不一唯畫作兩牛一牛散放水草之間一牛着
金籠頭有人執繩以杖驅之帝笑曰此人無所不作
欲斅曳尾之龜豈有可致之理國家每有吉凶征討
大事無不前以咨詢月中嘗有數信時人謂山中宰
相二官公王貴要參候相繼贈遺未嘗脫時多不納
受縱留者即作功德
阮孝緒陳留尉氏人所居惟有一鹿牀竹樹環繞天

監初御史中丞任昉尋其兄履之欲造而不敢望而
歎曰其室雖邇其人甚遠爲名流所欽尚如此
何點字子晳廬江灊人博通琴書善談論家本家族
親戚多貴仕點不入城府而遨遊人世不簪不帶或
駕柴車躡草屩恣心所適致醉而歸與陳郡謝瀹吳
國張融會稽孔稚珪爲莫逆友從弟遁以東籬門園
居之稚珪爲築室焉園內有卞忠貞冢點植花卉於
冢側每飲必舉酒酹之豫章王命駕造點點從後門
遁去司徒竟陵王子良欲就見之點時在法輪寺子
良乃往請點角巾登席

何胤點之弟也爲左民尚書嘗懷止足齊建武初築
室郊外號曰小山嘗與學徒遊處其內至遂賣園宅
欲入東山未及發聞謝朏罷吳郡不還胤恐後之乃
拜表辭職不待報輒去明帝大怒使御史中丞袁昂
奏收胤尋有詔許之胤以會稽山多靈異往遊焉居
若耶山雲門寺初胤二兄求點並棲遁求先卒至是
胤又隱世號點爲大山胤爲小山亦曰東山東昏永
元中徵太常太子詹事並不就高祖霸府建引胤爲
軍謀祭酒與書曰想當清豫縱情林壑致足歡也既
內絕心戰外勞物役以道養和履候無爽若耶擅美

東區山川相屬前世嘉賓是爲樂土僕推遷薄宦自
東徂西晤言素對用成睽闊傾首東顧曷日無懷疇
昔歡遇曳裾儒肆實欲卧遊千載畋漁百氏一行爲
吏此事遂乖屬以世道威夷離屯故投袂數十免出
釁禍思得矚眷諮疑遇情古昔夫豈不懷事與願謝
君清襟素懷栖寄不近中居人世殆同隱淪既俯拾
青組又脫屣朱黻但禮存用捨義貴隨時往識禍萌
實爲先覺超然獨善有識欽嗟今者爲邦貧賤咸恥
好仁由己幸無凝滯比别具白此未盡言今遣候承
音息矯首還翰慰其引領胤不至高祖踐祚詔爲特
進右光祿大夫手勅曰吾猥當期運膺此樂推而顧
己蔽昧於理道雖復劬勞日昃思致隆平而先王遺
範尚藴方策自舉之用存乎其人兼以世道澆暮爭
詐繁起改俗遷風良有未易自非以儒雅引朝高尚
軌物則汨流所至莫知其限治人之與治身獨善之
與兼濟得失去取爲用孰多吾雖不學頗好博古尚
想高塵每懷擊節今世務紛亂憂責是當不得屈道
巖阿共成美世必望深達往懷不吝濡足今遣領軍
司馬王果宣旨諭意遲面在近果至胤單衣鹿巾執
經卷下牀跪受詔書就席伏讀胤因謂果曰吾昔於

齊朝欲陳兩三條事一者欲正郊丘二者欲更鑄九
鼎三者欲樹雙闕世傳晉室欲立闕王丞相指牛頭
山云此天闕也是則未明立闕之意闕者謂之象魏
懸法於其上浹日而收之象者法也魏者當塗而高
大貌也鼎者神器有國所先故王孫滿斥言楚子頓
盡圓丘南郊舊典不同南郊祠五帝靈威仰之類圓
丘祠天皇大帝北極大星是也往代合之郊丘先儒
之巨失今而梁德告始不宜遂因前謬卿宜詣闕陳
之果曰僕之鄙劣豈敢輕議國典此當敬俟叔孫通
耳胤曰卿詎不遣傳詔還朝拜表留與我同遊耶果

愕然曰古今不聞此例胤曰檀弓兩卷皆言物始自卿而始何必有例果曰今君遂當邈然絶世猶有致身理不胤曰卿但以事見推吾年已五十有七月食四斗米不盡何容復有宦情昔荷聖主眄識今又蒙旌賁甚願詣闕請恩但比腰脚大惡此心不遂耳果還以胤意奏聞有勑給白衣尚書祿胤固辭又勑山陰庫錢月給五萬胤又不受

張孝秀字文逸南陽宛人性通率不好浮華嘗冠穀皮巾躡蒲履手栟櫚皮麈尾服寒食散盛冬能臥於石上

庾承光潁州人少沉靜有志操強記敏識郡辟功曹不就乃與道士王僧鎮同遊衡嶽晚以弟疾還鄉里遂居于七臺山鄱陽忠烈王尤加欽重徵州主簿湘東王亦板爲法曹參軍並不赴

劉訏平原人也本州刺史張譏辟爲主簿不就王者檄召訏訏乃掛檄於樹而逃嘗與族兄劉歊聽講於鍾山諸寺因共卜築宋熙寺東澗有終焉之志及卒宗人至友相與刊石立銘謚曰玄貞處士

劉歊博學有文才不娶不仕與族弟訏並隱居求志以山水書籍相娛而已卒時年三十二親故誄其行迹謚曰貞節處士

陳馬樞扶風郿人也初在梁遇侯景之亂邵陵王綸舉兵援臺乃留書二萬卷付樞樞肆志尋覽殆將周徧乃喟然歎曰吾聞貴爵位者以巢由爲桎梏愛山林者以伊呂爲管庫束名實則芻芥柱下之言翫清虛則糠粃席上之說稽之篤論亦各從其好也比求志之士望塗而息豈天之不惠高尚何山林之無聞甚乎乃隱于茅山有終焉之志孝文天嘉元年帝徵爲度支尚書辭不應命時樞親故並居京口每秋冬之際時往遊焉及鄱陽王爲南徐州刺史欽其高尚

鄙不能致乃卑辭厚意令使邀之樞固辭以疾門人勸請不得已乃行至王別築室以處之樞惡其崇麗乃于竹林間自營茅茨而居每以王公餽餉辭不獲已者率十分受一樞少屬亂離凡所居處盜賊不入依託者嘗數百家目精洞黃能視暗中物以宣帝大建十三年卒

後魏鄭修北海人也少隱於岐南九谷中依巖結宇獨處淡然屏迹人事不交世俗耕食水飲皮冠草服雅好經史專意玄門前後州將每徵不至岐州刺史魏蘭根頻遣致命脩不得已暫出見蘭根尋還山舍

胡叟字倫許安定臨涇人也家於密雲蓬室草庭唯以酒自適謂友人金城宗舒曰我此生活似勝焦先志意所棲謝其高矣叟不治產業嘗苦饑貧然不以爲恥養子字螟蛉以字其養每至貴勝之門嘗乘以牸牛敝韋褲褶而已作布囊容三四斛飲啖醉飽便盛肉餅以付螟蛉見車馬榮華者視之蔑如也尚書李敷嘗遺之以財都無所取及高閭曾造其家値叟短褐曳柴從田歸舍爲閭設濁酒蔬食皆手自辦案其館宇卑陋園疇褊局而飯菜精潔醯醬調美見其二妾並年衰跛耻衣布穿弊閭見其貧約以衣服直

十餘匹贈之亦無辭媿

北齊王晞澹雅有器度好學不倦魏孝莊永安初其兄暉聘梁啓晞釋褐除員外散騎侍郎徵者廣平王開府功曹史晞願養母竟不受署母終後乃屬遷鄴遊遨輦雒悅其山水與范陽盧元明鉅鹿魏季景結侶同契任天陵山浩然有終焉之志及西魏將獨孤信入雒署爲開府記室晞稱先被大傷困篤不赴

隋崔郭傳陵安平人也初爲里佐屢逢屈辱於是感激逃入山中遂博覽書籍多所通涉山東學者時宗之不應辟命

徐則東海郯人也幼沉靜寡嗜慾受業於周弘正善三玄精於論議聲擅都邑則歎曰名者實之賓吾其爲賓乎遂還栖隱之操策杖入縉雲山後學數百人苦請教授則謝而遣之不娶妻嘗服布褐陳大建府應召來憩於至貞觀朞月又辭入天台山因絕粒養性所資惟松朮而已雖隆冬沍寒不服綿絮太傅徐陵爲之開山立頌

盧太翼河間人也閑居味道不求榮利隱於白鹿山數年徙居林慮山茱萸嶺請業者自遠而至初無所拒後憚其煩逃於五臺山地多藥物與弟子數人廬

於巖下蕭然絕世以爲神仙可致

楊伯醜馮翊武鄉人也好讀易隱於華山開皇初徵入朝見公卿不爲禮無貴賤皆汝之人不能測也召與語竟無所答帝賜之衣服至朝堂捨之而去於是被髮陽狂遊行市里形體垢穢未嘗櫛沐時有張永樂者賣卜京師伯醜每從之遊永樂爲卦有未能決者伯醜輒爲分析爻象尋幽入微永樂嗟服自以爲非及也

唐孫思邈京兆華原人也七歲就學日誦千言弱冠善談莊老及百家之說兼好釋典雒州總管獨孤信

見而歎曰此聖童也但恨其器大適小難爲用也周宣帝時思邈以王室多故乃隱居太白山隋文帝輔政徵爲國子博士稱疾不起嘗謂所親曰過是五十年當有聖人出吾方助之以濟人及太宗即位召詣京師嗟其容色甚少謂曰故知有道者誠可尊重羨門廣成豈虛語哉將授以爵位固辭不受

朱桃椎者蜀人也澹泊爲事隱居披裘帶索沉浮人間竇軌之鎮益州也聞而召之遺以衣服逼爲鄉正桃椎口竟無言棄衣於地逃入山中結菴澗曲夏則裸形冬則樹皮自覆人有贈遺一無所受每爲屩致

之於路人見之者曰朱居士之屩也爲鬻米置於本處桃椎至夕而取之終不與人相見議者以爲焦先之流高士廉爲益州都督府長史下車以禮致之及至降階與語桃椎不答直視而去士廉高之差人存問桃椎見使者輒入林自匿近代以來多輕隱逸之士廉獨加褒禮蜀中以爲美談

田遊巖京兆三原人也高祖永徽初補太學生後罷歸遊於太白山每有林泉會意輒留連不能去其母其妻有方外之志與遊巖周遊山水二十餘年後自巴蜀將遊荆楚行至夷陵之青溪節有終焉之志遂結廬溪側荆州長史李安期薦之制追赴京至汝州便辭疾入箕山於許繇廟東築室而居自稱許繇東鄰頻召辟不受

史德義者蘇州崑山人也咸亨中隱居武丘山鹿裘葛巾琴書自適或騎牛帶瓢出入郊郭高宗聞其名徵赴雒陽尋而稱疾歸公卿已下皆賦詩餞別德義亦以詩留贈其文甚美

王希夷徐州滕人也孤貧好道父母終爲人牧羊以收庸供葬葬畢隱于嵩山後竟居兖州徂徠山與道士劉玄博爲棲遁之友

盧鴻乙范陽人也徙家雒陽少有學業頗善籀篆楷隸隱於高山開元初遣使備禮再徵不至六年玄宗至東都謁見不拜諫議大夫放還山又賜隱居之服并其草堂一所

白履忠陳留浚儀人也博涉文史嘗隱居於古大梁城時人號爲梁丘子

崔覲梁州城固人爲儒不樂仕進以耕稼爲業老而無子乃以田宅財產分給奴婢令各爲生業覲夫妻遂隱於城固南山家事一不問約奴婢遞過其舍至則供給酒食而已夫婦林泉相對以嘯咏自娛鄭餘

慶爲山南西道節度使聞其風辟爲節度叅謀覲至府亦若不達人事餘慶容之文宗太和八年左補闕王直方上疏論事帝嘉之屢召便殿語及時務直方與覲城固山爲鄰居因薦焉特詔以起居郎徵之竟不奉詔

許寂字閑閑祖秘名聞會稽寂少有山水之好泛覽經史窮三式尤明易象久棲四名山不干時務昭宗聞其名徵赴闕召對於內殿會昭宗方與伶人調品篳篥事訖方命坐賜湯果問易義既退寂謂人曰君在溼聲不在政矣寂聞君人者將昭德塞違之以臨

炤百官百官象之今不厭賤事自求其工君道替矣尋請還山寓居於江陵以茹芝絕粒自適其世天祐末節度使趙凝昆季深禮遇之師授保養之道居末除諫議不起漢南謂之徵君

晉鄭雲叟白馬人也少好學耿介不屈爲文敏速道麗昭宗朝嘗應進士不第拂衣歎曰天命之謂性率性之謂道性與道在乎已而不能取焉用浮名之攖我心使欝欝然若是耶因欲攜妻子隱於林壑其妻非而不行雲叟乃薄遊諸郡獲數百緡以贍其家辭訣而去尋入少室山著擬峯詩三十六章以道其趣人多傳之後妻以書達意勸其還家雲叟未嘗一覽悉投於火其絕累如此俄聞西嶽有五鬣松淪脂千年能去三尸因居於華陰與李道殷羅隱之友善時人目爲三高士道殷有釣魚之術釣而不易又能化易金石無所不至雲叟嘗目觀其事信而不求雲叟與梁室權臣李振善振欲祿之拒而不諾及振南遷雲叟千里徒步以省之識者高焉後妻兒繼謝而每聞凶訃一哭而止特唯青衿二童一琴一鶴從其遊處好碁塞之戲遇同侶則以晝繼夜雖寒風大雪臨簷對局手足皸裂亦無倦焉唐天成中召拜左 拾遺

不起嘗與羅隱之朝夕遊處隱之以藥術取利雲叟以山田自給俱好酒吟詩善長嘯有大瓢云可辟寒置酒于其中經時未不壞日攜就花木水石之間一酌一詠嘗因酒酣聯詩鄭曰一壺天上有名物兩個世間無事人羅曰醉却隱之雲叟外不知何處是天真高祖即位聞其名遣齋書致禮徵爲右諫議大夫雲叟稱疾不赴上表陳謝高祖覽表嘉之賜近臣傳觀尋賜號逍遙先生以諫議大夫致仕月給俸祿雲叟好酒嘗爲詠酒詩千二百言海內好名者書於縑緗以爲贈祝復有越千里之外使畫工潛寫其形容

列於屏障者焉其爲世重也如此天福末以壽終時年七十四

册府元龜總録部隱逸二　卷之八百十　十九

册府元龜

冊府元龜

巡按福建監察御史臣李嗣京　訂正

分守建南道左布政使臣胡維霖　參閱

知建陽縣事　臣　黄國琦　較釋

總錄部　六十一

游學　賜書　聚書　晚學

游學

傳曰玉不琢不成器人不學不知道又曰不學將落故士之立誠志道自强不息潛心大業思齊古人曷嘗不主善以爲師多聞而求友遵來學之訓聳游方之操裂裳裹足不遠千里造太學抵名都修庠序之儀徇切磋之益因之而交勝已講前言游道日廣知類通達總經術之奥傑然名家膺推擇之命躋彼高位强識而讓爲世所宗稽古之力與時偕盛自非多聞爲富廣業以勤方來時習脱乎匏瓜之繫親仁約禮霑乎霧露之潤亦曷能有所立哉

孔子爲魯司寇已而去魯困於陳蔡之間於是反魯南宫敬叔言於魯君曰請與孔子適周魯君與之一乘車兩馬一竪子俱適周問禮見老子

陳良楚人悦周公仲尼之道北學於中國北方之學者未能或之先也

蘇秦雒陽人與魏人張儀同師事鬼谷先生（潁陽城有鬼谷蓋是其人所居因號爲鬼谷先生六國時從横家也）秦後并相六國

甘茂者楚下蔡人也爲秦左丞相初事下蔡史舉先生學百家之説

李斯爲秦相始從荀卿學帝王之術學已成乃西入秦

漢

鼂錯潁川人也（錯音措）景帝時爲御史大夫初學申商刑名於軹張恢生所（軹縣之儒生姓張名恢錯從之受申商法也）與雒陽宋孟及劉帶同師

司馬談學天官於唐都（即律曆志所云方士唐都者）受易於楊何（何字叔元菑川人見儒林傳）習道論於黄子（景帝時人也儒林傳謂之黄生與轅固爭論於上前謂湯武非受命乃殺之）官至太史令子遷生于龍門年十歲則誦古文二十而南游江淮上會稽探禹穴窺九疑浮沅湘北涉汶泗講業齊魯之都觀夫子遺風鄉射鄒嶧（鄒縣名嶧山名於此行鄉射之禮）過梁楚以歸亦爲太史令

夏侯勝字長公始昌之族子少孤好學從始昌受尚書及洪範五行傳説災異後事簡卿（姓簡名卿簡音奸）又從歐陽氏問爲學精熟所問非一師也善説禮服（禮之喪服也）徵爲博士

蕭望之字長倩東海蘭陵人也徙杜陵以田爲業至望之好學治齊詩事同縣后倉且十年以令詣太常受業令郡國官有好文學敬長肅政教者二千石奏上與計偕詣太常受業如弟子復事同學博士白奇嘗同於后倉受業而奇後爲博士又從夏侯勝問論語禮服禮之喪服京師諸儒稱述焉官至前將軍

樓護字君卿齊人父世醫也元始中封息鄉侯列於九卿護少隨父爲醫出入長安貴戚家誦本草方術十數萬言長者咸愛重之共謂曰以君卿之材何不宦學乎繇是辭其父學經傳官至廣漢太守

杜鄴字子夏本魏郡繁陽人也祖父武帝時徙茂陵

鄴少孤其母張敞女鄴壯從敞子吉學問得其家書以孝廉爲郎哀帝時遷涼州刺史

班彪字叔皮幼與從兄嗣共遊學家有賜書內足於財好古之士自遠方至父黨揚子雲以下莫不造門嗣雖修儒學然貴老嚴之術叔皮唯聖人之道然後盡心焉謂莊嗣貴老莊之術彪後爲徐令以病去官

後漢丁鴻字孝公潁川定陵人鴻年十三從桓榮受歐陽尚書三十而明章句善論難爲都講遂篤志精銳布衣荷擔不遠千里永元中爲司徒

馬嚴字威卿援兄子也章帝時爲御史中丞嚴少孤而好擊劍習騎射後乃白援從平原楊太伯講學專心墳典能通春秋左氏因覽百家羣言遂交結英賢京師大夫咸器異之

周磐字堅伯汝南安成人和帝初爲謁者父業建武初爲天水太守磐少遊京師學古文尚書洪範五行左氏傳好禮有行非典謨不言諸儒宗之官至重合令

張衡南陽西鄂人少善屬文遊於三輔因入京師觀太學遂通經貫六藝永元中爲侍中

景鸞字漢伯廣漢梓潼人也少隨師學經涉七州之

地能理齊詩施氏易兼受河雒圖緯之書州郡辟命不就

崔瑗字子玉涿郡安平人早孤銳志好學十八至京師從侍中賈逵質正大義逵善待之瑗因留游學遂明天官曆數京房易傳六日七分諸儒宗之漢安初爲濟北相

崔琦瑗之弟也少游學京師以文章博通稱後爲臨濟長

李固字子堅司徒郃之子也少好學嘗改易姓名杖策驅驢負笈追師三輔學五經積十餘年博覽古今

明於風角星算河圖讖緯仰察俯占窮神知變每到太學密入公府定省父母不令同業諸生知是郤子冲帝時爲太尉

杜喬字叔榮河南林慮縣人少好學雖二千石子嘗步擔求師建和初爲太尉

黄昌字聖真會稽餘姚人也本出孤微居近學宫數見諸生修庠序之禮因好之遂就經學漢安初爲大司農

王奐明五經負笈追業賓貨灌園恥交勢利後爲議郎

范冉字史雲陳留外黄人少爲縣吏遁去到南陽受業於樊英又遊三輔就馬融通經歷年乃還嘗爲萊蕪長後去官辟太尉府以疾不行

何顒字伯求南陽襄鄉人少從郭泰賈彪等遊學雒陽泰等與同風好顒顯名太學於是中朝名臣太傅陳蕃司隷李膺等皆深接之辟司空府

戴封字平仲濟北剛人年十五詣太學師事鄮令東海申君爲西華令

仲長統字公理山陽高平人少好學博涉書記贍於文辭年二十餘遊學青徐并冀之間與交者多異之後爲尚書郎

承宫瑯邪姑幕人也時鄉里徐子盛者以春秋經授諸生宫過息廬下樂其業因就聽經遂請留門下爲諸生拾薪執苦數年勤學不倦後爲侍中祭酒

郭泰字林宗太原介休人也家世貧賤母欲使給事縣廷林宗不從遂辭就成皐屈伯彦學三年業畢博通墳典善談論美音制乃游於雒陽司徒黄瓊辟大常趙典舉有道並不就

魏王基字伯輿東萊曲城人也少孤與叔翁居年十七郡召爲吏非其好也遂去入瑯邪界游學後爲征

南將

樂詳河東人少好學聞謝該善左氏傳乃與南陽步陟詣許從該問難諸要今左氏問七十二事詳所撰太和中爲騎都尉

邴原字根矩北海朱虛人年十一而喪父家貧早孤鄰有書舍原過其傍而泣師問曰童子何悲原曰孤者易傷貧者易感夫讀書者必皆具有父兄者一則羨其不孤二則羨其得學心中惻然而爲涕零也師亦哀原之言而爲之泣曰欲書可耳荅曰無錢資師曰童子茍有志我徒相教不求資也於是遂就書一冬

之間誦孝經論語自在童齓之中嶷然有異及長金玉其行欲遠游學詣安丘孫嵩嵩辭曰君鄉里鄭君君知之乎原答曰然嵩曰鄭君學覽古今博聞強識鈎深致遠誠學者之師模也君乃舍之躡足千里所謂以鄭君爲東家丘者也君似不知而曰然者何原曰先生之說誠可爲苦藥良鍼矣猶然未達僕之微趣也人各有志所規不同故乃有登山而採玉者有入海而採珠者豈謂登山者不知海之深入海者不知山之高哉君謂僕以鄭君爲東家丘君以僕爲西家愚夫耶嵩辭謝焉又曰兖豫之士吾多所識未有

若君者當以書相介原重其意難辭之持書而別原心以爲求師啟學志高者通非若交游待介而成也書何爲哉乃藏書於家而行原舊能飲酒自行之後八九年間酒不向口單步負笈苦身持行至陳留則師韓子助潁川則宗陳仲弓汝南則交范孟博涿郡則親盧子幹臨别師友以原不飲酒會米肉送原原曰本能飲酒但以荒思廢業故斷之耳今當遠别因見貺餞可以一飲燕於是共坐飲酒終日不醉歸以書還孫嵩解以不致書之意後爲郡所召署功曹主簿

華佗一名旉音敷字元化沛國譙人游學徐土兼通數經沛相陳珪舉孝廉太尉黄琬辟皆不就

蜀尹默字思潜梓潼涪人益部多貴今文而不崇章句默知其不博乃遠游荆州從司馬德操宋仲子等受古學皆通諸經史又專精左氏春秋爲大中大夫卒

李仁字德賢與同縣尹默俱游荆州從司馬徽宋忠等學

吳士燮字威彦蒼梧廣信人也少游學京師事潁川劉子奇治左氏春秋察孝廉補尚書郎

晉范晷字彦長南陽順陽人也少游學清河遂徙家僑居郡命爲五官掾

葛洪字稚川丹陽句容人也少好學時或尋書問義不遠數千里崎嶇涉期於必得遂究覽典籍後還

大著作固辭不就

趙至字景真代郡人寓居雒陽緱氏年十四詣雒陽游太學遇嵇康於學寫石經徘徊視之不能去而請問姓名康曰年少何以問邪曰觀君風器非常所以問耳康異而告之後乃亡到山陽求康不得而還又將遠學母禁之至遂陽狂走三五里輒追得之年十六游鄴復與康相遇隨康還山陽後至遼西幽州三辟部從事

梁周興嗣字思纂世居姑孰年十三游學京師積十
餘載遂博通記傳善屬文後爲給事中直西省
沈峻字士嵩吳興武康人世農夫至峻好學初事宗
人沈麟士麟士卒後乃出郡遍遊講肆遂博通五經
尤長三禮官至國子五經博士
陳戚袞字公文吳郡鹽官人袞少聰慧游學京都受
三禮於國子助教劉文紹三年中大義略備對策高
第除揚州祭酒從事
陳賀德基字承業祖文事梁俱爲祠部有名當世德
基少游學于京邑積年不歸衣資罄乏又耻服故敝

歲冬止衣袷襦稍累遷尚書祠部郎
後魏公孫表字玄元燕郡廣陽人也遊學爲諸生慕
容冲以爲尚書郎
邢巒字洪賓河間鄚人也少而好學負笈尋師家貧厲
節遂博覽史傳有文才幹略州郡表貢拜中書博士
高允渤海人性好文學擔笈負書千里就業博通經
史郡召補功曹
馮元興字子盛東魏郡肥鄉人也少有操尚世父僧
襲爲平原太守隨僧襲在平原因就中山張吾貴嘗
山房虬學通禮傳頗有文才

徐遵明華陰人也幼孤好學年十七隨鄉人毛靈和
等詣山東求學至上黨乃師屯留王聰受毛詩尚書
禮記一年便辭聰詣燕趙師事張吾貴貴門徒甚盛
遵明伏膺數月乃私謂其友人曰張生名高而義無
簡格凡所講說不愜吾心請更從師遂與平原田猛
略就范陽孫買德受業一年復欲去之猛略謂遵明
曰君年少從師每不終業千里負帙何去就之甚如
此用意終恐無成遵明曰然吾今始知眞師所在猛
略曰何在遵明乃指心曰正在於此乃詣平原唐遷
納之居於蠶舍讀孝經論語毛詩尚書三禮不出門院

凡經六年時彈筝吹笛以自娛慰又知陽平館陶趙
世業家有服氏春秋是晉世永嘉舊本遵明乃往讀
之復經數年是後教授門徒蓋寡久之乃盛後廣平
王懷聞而徵焉至而尋退
孫惠蔚武邑人年十五粗通詩書及孝經論語十八
師董道季講易十九師程玄讀禮經及春秋三傳周流
儒肆有名於冀方歷中書博士侍讀東宮
董徵頓丘人年十七師清河監伯陽受論語毛詩春
秋周易就河內高望崇受周官後於博陵劉獻之遍
受諸經數年中大義精練太和末爲四門小學博士

北齊李鉉字寶鼎年十六從李周仁受毛詩尚書章武劉子猛受禮記常山房虬受周官儀禮漁陽鮮于靈馥受左氏春秋天保初詔鉉與殿中尚書邢邵中書令魏收等參儀律仍兼國子博士

劉晝字孔昭河間鄚人少貧篤從師伏膺無勌恨下里少墳籍便杖策入都知太府少卿宋世良多書乃造焉世良納之恣意披覽河清初還冀州舉秀才入京考策不第

邢峙字士峻河間鄚人少翫典墳游學燕趙之間後為清河太守

馬敬德河間人少好儒術負笈從大儒徐遵明學詩禮後為國子祭酒

張雕家世貧賤而慷慨有志節雅好古學精力絶人負篋從師不遠千里起家殄寇將軍北史作張雕武

後周熊安生字植之長樂阜城人也少好學勵精不倦初從陳達受三傳又從房虬受周禮並通大義後事徐遵明服膺歷年東魏天平中受禮於李寶鼎遂博通五經河清中楊休之等特奏為博士

盧損范陽人世任嶺表父頡遊宦京師損少學文隨父客沂雒間

沈重字德厚吳興武康人專心儒學從師不遠千里遂博覽羣書尤明詩禮及左氏春秋梁大通三年起家王國常侍初在梁為散騎常侍高祖徵為露門學士

樊深字文深河東猗氏人弱冠好學負書從師於三河講習五經晝夜不倦永安中隨軍征討以功除盪寇將軍

隋薛濬字道賾幼好學有志行尋師於長安時初平江陵何妥歸國見而異之授以經業天和中襲爵虞城侯

公孫景茂字元蔚河間阜城人少好學博涉經史初仕後魏察孝廉射策甲科為襄城王長史兼行參軍

劉焯字士元信都昌亭人也少與河間劉炫為友同受詩於同郡劉軌思受左傳於廣平郭懋嘗問禮阜城熊安生皆不卒業而去武強交津橋劉智海家素多墳籍焯就之讀書向經千載雖衣食不繼晏如也遂以儒學知名官至員外將軍

盧思道年十六遇中山劉松為人作碑以示思道讀之多不解於是感激讀書師事河間邢子才又就魏收借異書數年之間才學兼著解褐司空參軍長史

唐張士衡瀛州樂壽人父友國子博士劉軌思授以毛詩周禮又從熊安生及劉焯受禮記皆精究大義初仕隋爲餘杭令太宗貞觀中爲崇賢館學士

高子貢和州歷陽人弱冠遊太學遍涉六經尤精史記舉明經歷祕書正字弘文館直學士

賜書

中祕之書藏諸私室西漢而下殆踰千禩而得之者甚鮮豈非君恩之賜特出非常儒者之榮舉無倫比者乎只有名動搢紳譽高宗室或在公成績或爲政有方繇是溥發德音出推眷奬幽經祕記咸所寵賜

垂之編簡足爲美談者也

漢班斿爲右曹中郎將與劉向校祕書每奏事斿每奏藪書之事斿以選受詔進讀羣書於天子前讀書帝嘉其能賜以祕書之副斿孫彪幼與從兄嗣共游太學家有賜書內足於財好古之士自遠方至時東平王求書不得而斿獲賜祕書明見寵異

後漢王景明帝時辟司空伏恭府永平十二年議修汴渠乃引見景問以理水形便景陳其利害應對敏給帝善之又以嘗修浚儀渠功業有成乃賜景山海經河渠書

東平王蒼光武子章帝建武初七年遣諸王歸國帝時留蒼賜以祕書列仙圖道術方

黃香字文強章帝賜香淮南子孟子各一本位至尚書令

蔡邕陳留人有賜書四千許卷位至左中郎將

晉皇甫謐自表就武帝借書帝送一車書與之謐雖羸疾而披閱不怠守學好古不應徵命

南齊晉安王子懋啟求所好書武帝曰知汝嘗以書讀在心足爲深欣也賜子懋杜預手所定左傳及古今善言

王儉爲左僕射領太子少傅國子祭酒高帝建元三

年省總明觀悉以四部書充儉家

蕭晉蘭陵人家有賜書志學不倦

梁西陽王大鈞年七歲高祖嘗問讀何書對曰學詩因命諷誦音韻清雅高祖因賜王羲之書一卷

陳江總篤學有辭采家有賜書數十卷總晝夜尋讀未嘗輟手位至尚書令

唐李大亮爲凉州都督以惠政聞太宗嘗賜荀悅漢紀一部下書曰卿立志方直竭節至公處職當官每副所委方大任使以申重寄公事之閑宜尋典籍然此書叙致既明論議深博極爲政之體盡君臣之義

今以賜卿宜加尋閱也

聚書

士大夫以詩禮立身儒素爲業廣聚墳典以遺子孫若良農之儲耒耜百工之利刀尺也繕其簡編飾諸緗帙手自刊校心無倦怠至於義畜百家室盈千卷觀乎迪素達聖哲之心遺之子孫有清白之業異夫金玉滿堂貲幣潤屋多藏爲累後亡可俟者也

後漢杜林扶風人家多書王莽末客河西於河西得漆書古文尚書經一卷每遭困厄握抱此經位至大司空

魏王修家不滿斗斛有書數百卷太祖嘆曰士不妄有名也官至奉常

蜀向朗潛心典籍積聚篇卷於時最多也年八十手自較書刊定謬誤位至特進

晉張華爲司空領著作嘗徙居載書三十乘祕書監摯虞撰定官書皆資華之本以取正焉天下奇祕世所希有者悉在華所繇是博物洽聞世無與比身死之日家無餘財惟有文史溢于几篋

葛洪博聞深洽抄五經史漢百家之言方伎雜事三百一十卷金匱藥方一百卷肘後要急方四卷洪後爲諮議參軍

裴憲爲尚書與荀綽家俱有書百帙

宋王曇首太保弘之弟也幼有素尚兄弟分財曇首唯取圖書而已

南齊崔慰祖清河東武城人也好學聚書至萬卷隣里年少好事者來從假借日數十帙慰祖親自取與未嘗爲辭

范蔚家世好學有書七千餘卷遠近來讀書者嘗有百餘人蔚爲辦衣食

沈驎士吳興武康人累徵不就火燒書數千卷驎士

年過八十耳目猶聰明乃手寫細書復成二三千卷滿數十篋

梁陸少玄光祿大夫澄之子家有父書萬餘卷張率與少玄善遂通書籍盡讀其書

沈約聰明過人好墳籍聚書至二萬卷京師莫比位至特進侍中

任昉爲祕書監墳籍無所不見家雖貧聚書至萬餘卷率多異本昉卒後高祖使學士賀縱共沈約勘其書目官所無者就昉家取之

袁峻字孝高篤志好學家貧無書從假借必皆抄寫

自課日課十紙紙數不登一則不止仕至員外散騎侍
郎
王僧孺為南康王諮議參軍好墳籍聚書至萬餘卷
率多異本與沈約任昉家書相埒
張緬性愛墳籍聚書至萬餘卷抄後漢晉書衆家異同
爲後漢紀四十卷晉抄三十卷又抄江左集未及成
文集五卷位至御史中丞
孔休源為光祿大夫聚書盈七千卷手自較理
陳姚察年十二能屬文父上開府僧坦知名梁代二
宮禮遇優厚每得供賜皆回給察為游學之資察並

用聚書圖畫繇是聞見日博仕至吏部尚書求天下
書逢郎寫錄所得萬餘卷無所不覽
北齊郎基字世業中山人為鄭州長史潁川郡守基
性涉墳籍淸慎無所營求嘗語人云任官之所木枕
亦不須作况重於此乎唯頗令人寫書潘子義曾遺
之書曰在官寫書亦是風流罪過基答曰觀過知人
斯亦可矣
辛術為東南道行臺尚書及定淮南凡諸貲物一毫
無犯唯大收典籍多是宋齊梁時佳本鳩集萬餘卷
并顧陸之徒名畫二王已下書法數亦不少

後周裴漢借人異書必躬自錄本至于疾彌年亦
未嘗釋書仕至車騎大將軍儀同三司
隋陸爽字開明初仕北齊為中書侍郎齊滅周武帝
聞其名與陽休之袁叔德等十餘人俱徵入關諸人
多將輜重爽獨載書數千卷至長安授宣納上士
唐王方慶聚書甚多不減祕閣至於圖畫亦多異本
諸子莫能守其業卒後尋併散亡仕至太子左庶子
李襲譽居家淸儉凡祿俸必散之宗親其餘但寫而
已及從揚州罷藏經史遂盈數車仕至涼州都督
吳兢家聚書頗多嘗自錄其卷第號吳氏西齋書目

仕至左庶子
蘇弁聚書至二萬卷皆手自刊較至今言蘇氏書次
於集賢芸閣焉官至戶部侍郎
韋處厚聚書萬卷手自刊較官至相位
王涯字廣津太原人也以詞藝登科踐揚清峻家書
數萬卷侔於書府名畫人所保惜者必以厚貨致之
函奩皆飾之金寶為垣竅而藏之覆壁後為相
梁孫騭開平初歷諫議嘗侍騭雅好聚書有六經史
漢百家之言凡數千卷洎李善所注文選皆簡斡精
至較勘詳審

趙凝鎭襄州凝好聚書至數千卷
後唐王都爲定州節度好聚圖書自恒山始破汴州初平令人廣將金帛收市以得爲務不責貴賤書至三萬卷名畫樂器各數百皆四方之精妙者萃於其府
張憲沉靜寡慾喜聚圖書家書五千卷視事之餘手自刊較仕至太原尹
賈馥故鎭州節度使王鎔判官家聚書三千卷馥手自刊較

晚學

夫學者所以博綜古今而發明道義者也故仲尼曰生而知之者上也學而知之者次也困而學之者又其次也若夫習童蒙之性負剛毅之氣或栖身丘躬樵牧之役或結黨豪俠爲奔走之事爰動子孫之刺聿興牆面之誚則有逮遲暮之歲厭泥塗之辱攺節不怯服勤自修覃研六藝之文砥礪五常之行致位卿相垂名簡册者比比而有以至旣居顯赫之任方從來學之業斯乃朝聞夕死老而彌篤者之謂也
晉平公問師曠曰吾年七十欲學恐晚如何對曰少年而學如日出之光二十而學如日中之光老學如炳燭之明孰與夜行乎公曰善哉
仲繇字子路卞人也少孔子九歲子路性鄙好勇力直伉陵暴孔子孔子設禮稍誘子路後儒服委質因門人請爲弟子
谷永少爲長安小吏後博學經書位太中大夫
魏崔琰字季珪性少樸訥好擊劍尚武事年二十三鄉舉爲正始感激讀論語韓詩至年二十九乃結公孫方等就鄭玄受學太祖時爲中尉
孟康以郭后外屬轉散騎侍郎于時皆共輕之號爲阿九康旣無才敘因在冗官博讀書傳後遂有所彈

駮其文義雅而切要衆人乃更加意
蜀向朗字巨達領丞相長史初朗少時雖涉獵文學然不治素簡以吏能見稱自去長吏優游無事垂三十年乃更潛心典籍孜孜不倦年踰八十猶手自較書刊定謬誤積聚篇卷於時最多誘納後進講論古義時上自執政下及童冠皆敬重焉
晉唐彬字儒宗魯國鄒人也彬有經國大度而不拘行簡少便弓馬好遊獵長八尺走及奔鹿強力兼人晚乃敦悅經史尤明易經隨師受業還家教授嘗數百人初爲郡門下掾

胡奮家世將門晚乃好學有刀筆之用所在有聲績
居邊特有威惠武帝時位至太僕射
周處字子隱義興陽羨人也少好馳騁田獵不修細
行州曲患之處自知爲人所患慨然有改勵之志入
吳尋二陸時機不在見雲具以情告曰欲自修而年
已蹉跎恐將無及雲曰古人貴朝聞夕改君前塗尚
可俱患志之不立何憂名之不彰處遂勵志好學有
文思志存義烈言必忠信克已朞年州府交辟仕吳
爲東觀左丞
宋沈攸之順帝時爲車騎大將軍晚學讀書手不釋

卷史漢事多所諳憶嘗嘆曰早知窮達有命恨不十
年讀書
梁張充字延符少好逸遊父緒嘗告歸至吳始入西
郭逢充獵右臂鷹左牽狗遇緒船至便放紲脫韝拜於
水次父緒曰一身兩役無乃勞乎跪曰充聞三十而
立今二十九矣請至來年緒曰過而能改顏氏子焉
及明年便修身改節學不盈載多所該通起家撫軍
參軍
劉峻字孝標平原人自以少時未開悟晚更厲精明
惠過人苦所見不博聞有異書必往祈借清河崔慰

祖謂之書淫於是博極羣書文藻秀出故其字序云
黌中濟濟皆升堂亦有愚者解衣裳言其少年曾鈍
也峻後遊東陽紫巖山築室居焉
後魏谷渾父袞膂力兼人彎弓三百斤渾少有父風
任俠好氣以父母在嘗自退抑晚乃折節受經業遂
覽羣書被服類儒若後爲儀曹尚書
劉蘭武邑人年二十餘始入小學書急就篇家人覺
歛遂令從師受春秋詩禮於中山王保安家貧無以
自資且耕且學三年之後便白其兄欲講書其兄
笑而聽之爲立黌舍聚徒二百後爲國子助教

後周楊汪少凶躁好與人羣鬭拳所毆擊無不顛踣
長更折節勤學專精左氏通三禮解褐冀王侍讀
隋豆盧勣周明帝時爲左武伯中大夫勣自以經業
未通請解職遊露門學帝嘉之勑以本官就學
王頍字景文齊州刺史頒之弟年數歲值江陵陷隨
諸兄入關少好遊俠年二十尚不知書爲其兄顒所
責怒於是感激始讀左傳禮易詩書乃嘆曰書無不
可讀者勤學累載遂遍通五經究其旨趣大爲儒者
所稱
唐李安遠少時好飛鷹走狗遊蕩無度家代爲將甚

富於財然數從博徒遊至於破業晚始折節讀書敬慕名士但逢勝己皆傾心而與遊焉後爲懷州刺史終

侯君集拜吏部尚書進位光祿大夫君集出自行伍素無學術及被任遇方始讀書

姚元崇少居廣成澤不知書唯以射獵爲事年四十張憬藏謂元崇曰當以文學備用將相無自棄爾遂折節讀書後爲相

梁韓建爲華州刺史比不知書治郡之暇日課學習遣人於器皿牀榻之上各題其名建視之既熟乃漸

通文字

册府元龜

巡按福建監察御史臣李嗣京　訂正

分守建南道左布政使臣胡維霖　參閱

知建陽縣事臣黄國琦　較釋

總録部六十二

富　好施

富

洪範之述五福其二曰富仲尼亦云富人之所欲也故潤屋之訓見紀於策書素封之重非藉乎祿位又何况編列之戸以財力相君游談之士以貧賤爲耻

者哉三代以下乃有陪臣擬於公室匹夫敵於國君財力雄於京師射獵比於王者莫不藉其世資因其邑入占山澤之貨憑商賈之業或浮耕以多積或居物而射利以至權倍稱之息廣畜牧之術精於方伎處于浩穰以致夫生生之厚焉然而老氏戒乎多藏仲尼鄙其不義自非保之以禮節約之以卑幅又曷能免充詘之誚逃偏重之譏哉

管仲爲齊大夫富擬於公室有三歸反坫齊人不以爲侈

秦后子有寵於桓公（后子秦穆公子也景公之母弟公子鍼）如二君於景其母曰不去懼選（選數也后子奢富弗去君將數其罪而加戮）鍼適晉其車千乘（言其富也）后子饗晉侯造舟於河十里舍車（舍置也相次十里一車自雍及絳用車百乘也）自雍及絳歸取酬幣終事八反（昭公元年）

慶封齊大夫曾襄公二十八年慶封奔吳句餘予之朱方（句餘吳子夷末也朱方吳也）聚其族焉而居之富於其舊子服惠伯謂叔孫曰天殆富淫人慶封又富矣穆子曰善人富謂之賞淫人富謂之殃天其殃之也其將聚而殲旃（殲盡也旃之也爲昭四年殺慶封傳）

孟獻子曾大夫聘於晉韓宣子觴之飲三徙鍾石之

懸不移而具獻子曰富哉宣子曰子之家孰與我富獻子曰吾家甚貧我有二士顔固慈無虛此士者使吾邦家安平百姓和協客出宣子曰彼君子也以畜賢爲富我鄙人也以鍾石金玉爲富孔子曰孟獻子之富也可著於春秋也

公叔文子衛大夫也朝而請享靈公退見史鰌而告之史鰌曰子必過矣子富而君貧罪其及子乎文子曰君既許我矣其若之何史鰌曰無害也子能執臣禮可以免富而能臣必免於難戍也驕（戍文子之子公叔戍也）其亡乎

駟秦鄭變大夫也富而後嘗陳卿之車服於庭鄭人惡而殺之

端木賜字子貢衛人旣學於仲尼退而仕衛發貯鬻財曹魯之間（多有積貯聚時而發鬻賣之也）七十子之徒賜最爲饒（言於弟子之中最爲富）而顏淵簞食瓢飮在於陋巷（簞笥也食飯也瓢瓠勺也一簞之飯一瓢之飮至貧也）子貢結駟連騎束帛之幣聘享諸侯所至國君無不分庭與之亢禮（爲賓主之禮）然孔子賢顏淵而譏子貢曰回也其庶乎屢空賜不受命而貨殖焉億則屢中（顏回庶幾聖道雖數空匱而樂在中子貢不受教命唯財是殖億度是非幸而中爲）子貢好廢舉與時轉貨殖（廢舉謂停貯也與時謂逐時也夫物

賤則買而停貯貴卽逐時轉易貨賣取資利也）嘗相魯衛家累千金卒終于齊

范蠡爲越大夫越王勾踐困於會稽之上乃用范蠡計然（計然者濮上人也博學無所不通尤善計算嘗游南越范蠡早身事之其書則有萬物錄著五方所出皆述之一號計研晉中經簿又吳越絕並作倪研及然聲相近）計然曰知鬭則修備時用則知物二者形則萬貨之情可得而見矣（形顯也）故旱則資舟水則資車物之理也（旱極則水水極則旱故於旱時而預蓄舟水時預蓄車以侍其貴要其利也）推此類而修之十年國富厚賂戰士遂報强吳刷會稽之耻（刷謂拭除之也）范蠡嘆曰計然之策十用其五而得意旣以施國吾欲施之家乃乘扁舟浮江湖變名姓適齊爲鴟夷子皮（自號鴟夷者言若盛酒之鴟夷多所容受而可卷懷與時張弛也鴟夷皮之所爲故曰子皮）之陶爲朱公（陶卽今之陶也）以爲陶天下之中諸侯四通貨物所交易也乃治產積居與時逐（言預居貨物隨時爲逐利）而不貴於人故善治產者能擇人而任時十九年之間三致千金再分散於貧友昆弟後年衰老聽子孫修業而息之（息生也）遂至鉅萬故言富者稱陶朱公（一云范去越浮海出齊變姓名自謂鴟夷子皮耕于海畔苦身戮力父子治產居無幾何致產數千萬齊人聞其賢以爲相范蠡喟然嘆曰居家則致千金居官則至卿相此布衣之極也久受尊名不祥乃歸相印盡散其財以分與知友鄉黨而懷其重寶閒行以去止于陶以爲此天下之中交易有無之路通爲生可以致富矣於是自謂陶朱公復約

要父子耕畜廢居候時轉物逐什一之利居無何則致貲累巨萬天下稱陶朱公）

猗頓魯之窮士耕則嘗饑桑則嘗寒聞朱公富往而問術焉朱公告之曰子欲速富當畜五牸於是乃適西河大畜牛羊于猗氏之南十年之間其息不可計貲擬王公馳名天下以興富於猗氏故曰猗頓（一云猗頓用盬鹽起盬鹽於池盬造鹽故曰盬鹽）

白圭周人當魏文侯時李克務盡地利而白圭樂觀時變故人棄我取人取我與夫歲熟取穀予之絲漆繭出取布絮與之食太陰在卯穰明歲衰惡至午旱明歲美至酉穰明歲衰惡至子大旱明歲美有水至

邪積著率歲倍欲長錢取下穀長石斗取上種能薄飲食忍嗜欲節衣服與用事僮僕同苦樂趨時若猛獸摯鳥之發故曰吾治生產猶伊尹呂尚之謀孫吳用兵商鞅行法是也是故其智不足與權變勇不足以決斷仁不能以取予彊不能有所守雖欲學吾術終不告之矣蓋天下言治生祖白圭其有所試矣能試有所長非苟而已也

魏冉秦昭王母宣太后弟穰侯富於王室出關輜車千乘有餘

呂不韋陽翟大賈人往來販賤賣貴家累千金乃爲

丞相家僮萬人

郭縱邯鄲人以鐵冶成業與王者埒富

烏氏嬴畜牧烏氏姓也嬴名也其人爲畜牧之業也及衆斥賣畜牧蕃盛其數多則出而賣之也求奇繒物間獻戎王避時之禁故伺戎王間隙私遺戎王戎王十倍其償予之畜畜至用谷量牛馬言其饒不可計算數故以山谷多少言之始皇令嬴比封君以時與列臣朝請

卓氏之先趙人也用鐵冶富秦破趙遷卓氏之蜀夫妻推輦步車曰輦行諸遷虜少有餘財爭與吏求近處處葭萌縣名唯卓氏曰此地狹薄吾聞岷山之下沃野下有蹲鴟至死不饑蹲鴟謂芋用其根可食以充糧故無饑年華陽國志曰汶上郡都安縣有大芋如蹲鴟也民工作布易賈乃求遠遷致之臨卬大喜即鐵山鼓鑄即就也運籌算賈傾滇蜀之民行販賣於滇蜀之間也富至童八百人田池射獵之樂擬於人君

程鄭山東遷虜也亦冶鑄賈魋結之民富埒卓氏推髻漢書作魋結西南夷也言程鄭行賈求其利於人也埒等也程卓既衰至成哀間成都羅裒訾至鉅萬言其自有數十萬初裒賈京師隨身數十百萬言其且至百萬爲平陵石氏持錢其人強力石氏訾次如苴其人強力謂羅裒也訾次如苴自謂石氏之饒財也親信厚資遣之令往來巴蜀數年間致千餘萬裒舉其半賂遺曲陽定陵侯謂王根淳于長也依其權力賒貸郡國人莫敢負擅鹽井

之利期年所得自倍遂殖其貨

宛孔氏之先梁人也用鐵冶爲業秦滅魏遷孔氏南陽大鼓鑄規陂田連騎游諸侯因通商賈之利有游閑公子之名言其志寬大不在急促公子若今貴人之子也言其舉動性行似之也若今言諸郎矣然嬴得過當愈於孅嗇愈勝也孅約也嗇細恡也言其於利雖不汲汲苟得然所獲嬴餘多於細恡者也下云周人既孅義類此家致千金南陽行賈盡法孔氏之雍容

丙氏曹人也曹俗儉嗇而丙氏尤甚以鐵冶起富至鉅萬然家自父兄子弟約頫有拾仰有取俯仰必有所取拾無鉅細好惡也貰貸行賈徧郡國鄒魯以其故多去文學而

趨利

刁間齊人也俗賤奴虜而刁間獨愛貴之刁姓間名也桀黠奴人之所患唯刁間收取使之逐魚鹽商賈之利或連車騎交守相然愈益任之終得其力起數千萬故曰寧爵無刁刁間能畜豪奴奴或有連車騎交守相奴自謂寧欲免去作民有爵耶無將止為刁氏作奴乎無發聲助也言能使豪奴自饒而盡其力也

師史周人轉轂百數轉轂為以車載物而逐利者賈郡國無所不至雒陽街居至齊秦楚趙之中富貴相矜以久賈言雒陽之地居在諸國之中要衝之所若大街衢故其賈人無所不至而多得利不憚久行也中音竹仲切過邑不入門設用此等故師史能致十千萬十千萬即萬萬

也言其財至萬萬也一曰至千萬者十焉

漢任氏宣曲人其先為督道倉吏於京師四方諸道督其租耳道者非謂上道也秦之敗也豪傑爭取金玉任氏獨窖倉粟取倉粟而窖藏之也楚漢相距滎陽人不得耕種米石至萬錢而豪傑金玉盡歸任氏任氏以此起富富人奢侈而任氏折節為力田畜人爭取賤賈任氏獨取貴言其居買之物不計貴賤在良美也善富者數世折節力日務於本業先公後私率道閭里故云善富然任公家約非田畜所生不衣食公事不畢則不得飲酒食肉任公任氏之公也言家為此私約制也以此為閭里率故富而主上重之

毋鹽氏關中人吳楚兵之起長安中列侯封君行從軍旅齎貸子錢家行者須齎糧而出於子錢家貸之也貸謂求假之也子錢家以為關東成敗未決莫肯予唯毋鹽氏出捐千金貸貸謂假與之其息十之三月吳楚平一歲之中則毋鹽氏息十倍用此富關中

杜氏安陵人關中富商大賈大抵盡諸田抵歸也田牆田蘭韋家栗氏杜氏亦鉅萬

班一始皇之末避墜於樓煩墜古地字樓煩鴈門之縣致馬牛羊數千羣值漢初定與民無禁當孝惠高后時以財雄邊國家不設衣服車旗之禁故班氏以多財而為邊地之豪出入弋獵旌旗鼓

吹年百餘歲以壽終故北方多以壹為字者馬邑人聶一之類也今流俗書本多改此傳一字為壹非也

鄧通文帝倖臣也帝使善相人相鄧通曰當貧餓死帝曰然富通者在我何說貧於是賜通蜀嚴道銅山得自鑄錢鄧氏錢布天下其富如此通官至上大夫

橋桃漢塞之斥也唯橋桃以致馬千匹牛倍之羊萬粟以萬鍾計塞斥者言國家斥開邊塞更令寬廣故橋桃得恣其畜牧也以萬鍾計者不論斗斛千萬之數每率舉萬鍾而計之著其饒多也

甯成武帝時為內史外戚多毀成之短抵罪髡鉗是時九卿死即死少被刑而成刑極自以為不復收刑極

著言殘毀之重也乃解脫詐刻傳出關歸家輒解脫鉗鐵亡去也傳所以出關之符也稱曰仕不至二千石賈不至千萬安可比人乎賈謂販賣也乃貲貸陂田千餘頃貲貸假取之也假貧民役使數千家假謂僱貸也數年會赦致產數千萬

張安世宣帝時爲大司馬領尚書事安世以父子封侯在位太盛乃辭祿詔都內別藏張氏無名錢以百萬數都內主藏官也安世以還官官不簿也安世尊爲公侯食邑萬戶然身衣弋綈弋黑色也綈厚繒也夫人自紡績家童七百人皆有手技作事內治產業累積纖微是以能殖其貨富於大將軍光

杜周始爲廷史有一馬廷史廷尉史也及大任事列三公而兩子夾河爲郡守家訾累巨萬矣

史丹曾國人也盡得父財又食大國邑數見褒賞賞賜累千金僮奴以百數後房妾數十人後爲左將軍

廉平當以訾百萬自下邑徙平陵當後爲丞相賜爵關內侯

樊嘉杜陵人也自元成訖王莽京師富人嘉與茂陵摯綱平陵如氏苴氏長安丹王君房鼓樊少翁王孫大卿爲天下高訾王君房賣丹樊少翁及王孫大卿賣豉亦致高訾高訾謂多資財嘉五千萬其餘皆鉅萬矣王孫卿以財養士與雄傑交王莽以爲京師市司漢司東市令也此其章章尤著者也其餘郡國富民兼業顓利以貨賂自行取重於鄉里者不可勝數故秦楊以田農而甲一州以田地過限從此而富爲州中第一也翁伯以販脂而傾縣邑張氏以賣醬而隃侈質氏以洒削而鼎食洒濯也削謂刀劍室也謂人有刀劍削故惡者王爲洒削之去其垢穢更飾令新也濁氏以胃脯而連騎今大官常以十月作沸湯燂羊胃以末椒薑扮之暴使燥是也張里以馬醫而擊鍾

姓偉姓姓名偉臨菑人成哀間訾五千萬

張長叔薛子仲雒陽人成哀王莽時訾亦十千萬莽皆以爲納言士欲法武帝然不能得其利法武帝者言用卜式

東郭咸陽孔僅等爲官也

後漢王丹字仲回京兆人哀平時仕州郡家累千金隱居養志

陰識南陽新野人其先祖子方至孝有仁恩當臘日晨炊而竈神形見子方再拜受福家有黃羊因以祠之自是以後暴至巨富有田七百餘頃輿馬僕隸比於封君子方嘗言我子孫當強大至識三世而遂繁昌故後常臘日祠竈而以黃羊識官至執金吾

樊宏南陽湖陽人父重世善農稼好貨殖嘗理產業物無所棄課役僮隸各得其宜故能上下戮力財利

歲倍至開廣田土五百餘頃其所廬舍皆有重堂高閣陂渠灌注酈元水經注三湖水支分東北爲樊氏陂東西十里南北五里亦謂之凡亭陂東樊氏故宅樊氏既滅庾氏取其陂諺曰陂汪汪下田良樊氏失業庾氏昌其陂至今猶名爲樊陂在今鄧州新野縣之西南也又魚池牧畜有求必給嘗欲作器物先種梓漆時人嗤之然積以歲月皆得其用向之笑者咸求假焉貲至巨萬

馬援轉游隴漢閒嘗謂賓客曰丈夫爲志窮當益堅老當益壯因處田牧至有牛馬羊數千頭穀萬斛後爲伏波將軍

李通字次元南陽宛人世以貨殖著姓後爲大司空

郭況爲大鴻臚光武數幸其宅賞金帛甚豐京師號況家爲金穴言其富貴也

杜篤子碩豪俠以貨殖聞篤仕郡文學掾

馬防爲光祿勳以病乞骸骨詔賜故中山王田廬以特進就第防兄弟貴盛奴婢各千人已上資貨巨億皆買京師膏腴美業又大起第觀連閣臨道彌亘街路多聚聲樂曲度比諸郊廟賓客犇至京兆杜篤之徒數百人常爲食客居門下

戴遵字子高富於貲產輕財好義賓客嘗三四百人時人名之關東大豪戴子高

折像父國有貲財二億家僮八百人國終廣漢太守

魏曹洪家富而性吝嗇初太祖爲司空時以己率下每歲發調使本縣平貲于時譙令平洪貲財與公家等太祖曰我家貲那得如子廉邪後爲驃騎將軍

婁圭字子伯初平中在荊州北界合衆詣太祖太祖以爲大將子伯家累千金太祖曰婁子伯富樂於孤但勢不如孤

蜀麋竺字子仲東海朐人祖世貨殖僮客萬人貲產鉅億爲安漢將軍

吳李衡嘗於武陵龍陽州上作宅種甘橘千株臨死

勑兒曰汝母惡吾治家故窮如是然吾州里有千頭木奴不責汝衣食歲一疋絹亦可足用耳衡亡後二十餘日兒以白母母曰此當是種甘橘也汝家失十戶客來七八年必汝父遣爲宅汝父嘗稱太史公言江陵千樹橘當封君家吾答曰且人患無德義不患不富若貴而能貧方好耳用此何爲吳末衡甘橘成歲得絹數千疋家道殷足晉咸康中其宅上枯樹猶在衡爲威遠將軍

晉石崇爲衛尉財產豐積室宇宏麗後房百數皆曳紈繡珥金翠絲竹盡當時之選庖膳窮水陸之珍與

貴戚王愷羊琇之徒以奢靡相尚愷以粭澳釜崇以
蠟代薪愷作紫絲步障四十里崇作錦步障五十里
以敵之崇塗屋以椒愷用赤石脂崇愷爭豪如此武
帝每助愷嘗以珊瑚樹賜之高二尺許枝柯扶疎世
所罕比愷以示崇崇便以鐵如意擊之應手而碎愷
旣惋惜又以爲疾已之寶聲色方厲崇日不足多恨
今還卿乃命左右悉取珊瑚樹有高三四尺者六七
株條幹絶俗光彩耀日如愷比者甚衆愷怳然自失
矣
麹允金城人與游氏世爲豪族西州爲之語曰麹與

游牛羊不數頭南開朱門北望青樓允爲驃騎將軍
刁逵字伯道弟暢字仲遠次弟弘字叔仁並歷顯職
逵爲廣州刺史領平越中郎將假節暢爲始興相弘
爲冀州刺史兄弟子侄並不拘名行以貨殖爲務有
田萬頃奴婢數千人餘資稱是高祖起義暢弘謀襲
之伏誅子姪無少長皆死刁氏遂滅刁氏素殷富奴
客縱横固吝山澤爲京口之蠹宋祖散其資蓄令百
姓稱力而取之彌日不盡在時天下饑獘編户賴之
以濟焉
宋孔靈符家本豐産業甚廣又於永興立墅周回三
十三里水陸地二百六十五頃含帶二山有果園九
處爲有司所糺詔原之終會稽太守
沈攸之爲荆州刺史富擬王侯夜中諸廊燃燭達曉
曳珠玉者數百人皆一時絶妙
徐湛之財産豐富室宇園池貴游莫及門生千餘皆
三吳富人子姿出入行遊塗巷盈蒲湛之爲尚書僕
射領護軍將軍
虞悰爲豫章内史將軍加故悰治家富殖奴婢無游
手雖任南土而會稽海味無不畢致焉
後魏莫含鴈門繁畤人也家世貨殖貲累巨萬其故

宅在桑乾川南世稱莫含壁或音訛謂之莫回城云
含終左將軍
畢衆敬善持家業猶能督課田産大致儲積爲平南
將軍兗州刺史
仇廣與弟盆並善營産業家于中山號爲巨富子孫
仕進至州主簿
張僧晧好産業孜孜不已藏鏹巨萬他資亦稱是第
自供儉約車馬瘦獘身服布裳而婢妾紈綺僧晧尤
好蒲奕戲不擇人是以獲譏於世
北齊婁昭字菩薩代郡平城人也祖父提雄傑有識

虔家僮千數牛馬以谷量性好周給士多歸附之終定州刺史

後周韓仲恭以貲干榮利郡辟為功曹中正仲恭辭不獲免乃應之申公李穆嘗謂仲恭曰君唯願安坐作富家公名級何緣可進須為子孫作資蔭寧止足於郡吏邪仲恭荅曰第五之號豈減驃騎乎

隋何妥字栖鳳西域人也父細明通商入蜀遂家郫縣事梁武陵王紀主知金帛因致巨富號為西州大賈妥終國子祭酒

王𢑥字謩畧馮翊蒲城人也祖訓以行商致富魏世出粟助給軍糧為假清河太守

唐郝處俊安州安陸人高宗儀鳳中為侍中時侍中許圉師處俊之舅早同州里俱官達於時又其鄉人田氏彭氏以殖貨見稱故江淮間為之語曰貴如許郝富如田彭

馬燧為司徒京師貲貨甲天下燧既卒子暢承舊業屢為豪幸邀取德宗貞元末中尉楊志廉諷暢令獻田園第宅順宗復賜焉

晉張錢初仕後唐始在雍州因春景舒和出游近郊憩於大塚之上忽有黃雀銜一銅錢置於前而去未幾復於衙院晝臥見二鸞相鬭畢各銜一錢落於錢首錢前後所獲三錢嘗祕於巾箱識者以為大富之徵莊宗同光末為西都知府先是魏王繼岌西征廻至咸陽時渭水暴漲錢斷浮橋魏王至渭南自經死所有隨行輜車蜀川珍貨女伎寶馬並為錢所有錢繇是家財巨萬明宗朝居環衛時湖南馬希範與錢有舊奏朝廷請命為使允之錢齎蜀之奇貨往焉又獲十餘萬緡以歸錢出入有庖者十人從行食皆水陸之珍鮮厚自奉養無與為比後終密州刺史

袁正辭父象先梁祖之甥為宋亳節度使在州十餘年積財百餘萬

趙在禮歷十餘鎮後為晉昌軍節度使善治生殖貨積財巨萬兩京及所涖藩鎮皆邸店羅列

宋彥筠為太子太師致仕彥筠性好貨殖能圖什一之利良田甲第相望于郡國及將終以伊雒之間莊十數區上進並籍於官焉

好施

夫富者是人之所欲者也蓋其易豢逸樂之所安焉者乃積而能散富而好禮德義生於心術仁愛出於

天然遂能發其多蓄不獨享其豐利繇是篤於故舊厚於宗族或恤其乏絕通乎有無或均其祿廪逮於鄉里是皆邁種其德周人之急博濟而不有其惠重施而匪求其報以至傾匱而不急乏絕而無悔者焉自非見義忘利爲仁繇己亦曷以臻此哉

欒懷子晉大夫欒盈也懷子好施士多歸之

漢蘇武再爲典屬國所賞賜盡以施予昆弟故人家無餘財

楊惲爲諸吏光祿勳親近用事初惲受父財五百萬及身封侯皆以分宗族後母無子財亦數百萬死皆

予惲惲盡復分後母昆弟再受貲千餘萬皆以分施其輕財好義如此

朱邑爲大司農居處儉節祿賜以供九族鄉黨家亡餘財

張臨安世曾孫嗣平原侯臨且死分施宗族故舊（言將死之時多以財分施）

樓護爲諫大夫使郡國護假貸（官以物假貸貧人令護監之）多持幣帛過齊上書求上先人冢因會宗族故人各以親疏與束帛一日散百金之費

郇越字臣仲太原人以明經飭行顯名於世越散其先人訾千餘萬以分施九族州里志節尤高郡舉孝廉數病出官

後漢馬援王莽時游隴漢間嘗謂賓客曰丈夫爲志窮當益堅老當益壯因處田牧至有牛馬羊數千頭穀數萬斛旣而嘆曰凡殖貨財產貴其能賑也否則守錢虜耳乃盡散以班昆弟故舊身衣羊裘皮袴位至伏波將軍

王丹京兆人王莽時連徵不起家累千金隱居養志好施周急後位太子太傅

樊重南陽湖陽人也營理產業貲至巨萬而賑贍宗

族恩加鄉閭外孫何氏兄弟爭財重恥之以田二頃解其忿訟縣中稱美推爲三老重年八十餘終其素所假貸人間數百萬遺令焚削文契債家聞者皆慙爭往償之諸子從敕竟不肯受

寇恂爲執金吾歷河内潁川汝南太守封雍奴侯恂經明行修名重朝廷所得秩俸厚施朋友故人及從吏士嘗曰吾因士大夫以致此其可獨享之乎時人歸其長者以爲有宰相器

郭伋爲并州牧徵爲大中大夫賜宅一區及帷帳錢穀以充其家伋輒散與宗親九族無所遺餘

梁竦字叔敬陵鄉侯統之子性好施不事產業長嫂舞陰公主臣欽若等曰竦兄松尚光武女贍給諸梁親疎有序特重敬竦雖衣食器物必有加異竦悉分與親族自無所服服猶用也辟命交至並不受

宋弘爲大司空封栒邑侯所得租俸分贍九族家無資產以清行致稱

包咸爲鴻臚明帝以咸有師傅恩而素清苦嘗特賞賜珍玩束帛俸祿增於諸卿咸散與諸生之貧者

童恢父仲玉琅琊姑幕人也遭世凶荒傾家賑恤九族鄉里賴全者以百數

周暢少孤微嘗修逆旅逆旅客舍也以供過客而不受其報

竇固爲大將軍性謙儉愛人好施士以此稱之

韋彪爲大鴻臚行司徒事彪清儉好施祿賜分與宗族家無餘財

廉范爲蜀郡太守數年坐法免歸鄉里范世在邊廣田地積財粟悉以賑宗族朋友

宣秉爲大司徒司直所得俸祿輒以牧養宗族其孤弱者分與田地自無擔石之儲

趙典爲太常每得賞賜輒分與諸生之貧者

張奮爲司空純之子襲爵富平侯少好學節儉行義嘗分損租俸贍恤宗親雖至傾匱而施與不怠

梁商爲大將軍每有饑饉輒載租穀於城門外賑與貧餧不宣已惠

桓鸞字始春少立操行推財孤寡分賄朋友泰於待賢狹於養已嘗著大布縕袍糲食醋餐位議郎

馮緄巴郡宕渠人父煥幽州刺史緄家富好施賑赴窮急爲州里所歸愛緄位廷尉

种暠父爲定陶令有財三千萬父卒暠悉以賑卹宗族及邑里之貧者

荀淑爲朗陵侯相頃之棄官歸閑居養志產業每增輒以贍宗族知友

鄧訓爲郎中樂施下士士大夫多歸之

傅育食祿數十年秩俸贍給知友妻子不免操井臼

折像廣漢雒人父國有貲財二億家僮八百人及國卒像感多藏厚亡之義乃散金帛貲產周施親疎或諫像曰君三男兩女孫息盈前當增益產業何爲坐自單竭乎像曰昔闘子文有言我乃逃禍非避富也吾門戶殖財日久盈滿之咎道家所忌今世將衰子又不才不仁而富謂之不幸牆隟而高其顛必疾也

知者聞之咸服焉

鄧禹為謁者屯田三輔臨發之日散千金之產分與兄弟甥舅族親各有差品

朱儁少為縣門下書佐好義輕財鄉閭敬之

荀悦少修清節資財千萬父越卒悉散與九族

劉翊潁川人家世豐產嘗能周施而不有其惠後黃巾賊起郡縣饑荒翊救給乏絕資其食者數百人鄉族貧者死亡則為具殯葬嫠獨則助營妻娶後遷陳留太守翊散所握珍玩唯餘車馬自載東歸出關數百里見士大夫病亡道次翊以馬易棺脫衣斂之又

逢知故困餒於路不忍委去因殺所駕牛以救其乏遂俱餓死

魏溫恢字曼基太原祁人父恕漢末為涿郡太守卒恢年十五送喪還歸鄉里內足於財恢曰世方亂安以富為一朝盡散振施宗族州里高之比之郇越位涼州刺史

田疇漢末不就袁尚辟盡將其家屬及宗人三百餘家居鄴太祖賜疇車馬穀帛皆散之宗族知舊

張範河內人太祖以為議郎參丞相軍事救恤窮乏家無所餘中外孤寡皆歸焉

毛玠陳留人為太祖丞相東曹掾雖居顯位賞賜以賑施貧族家無所餘

袁渙為太祖丞相軍祭酒前後得賜甚多皆散盡之家無所儲終不問產業乏則取之於人不為皦察之行然時人服其清

管寧北海朱虛人每所居姻親知舊鄰里有困窮者家儲雖不盈擔石必分以贍救之位大中大夫

吳張允為大帝東曹掾輕財重士名顯州郡

魯肅臨淮東城人生而失父與祖母居家富於財性好施與爾時天下已亂肅不治家事大散財貨摽賣

田地以賑窮弊結士為務甚得鄉邑歡心周瑜為居巢長將數百人過候肅并求資糧肅家有兩囷米各三千斛肅乃指一囷與周瑜瑜益知其奇也遂相親結定僑札之分肅位橫江將軍

朱據尚大帝公主為左將軍封雲陽侯謙虛接士輕財好施

陳武為五校督仁厚好施鄉里遠方客多依託之

全琮父柔為桂陽太守柔嘗使琮齎米數千斛到吳有所市易琮至皆散用空船而還柔大怒琮頓首曰愚以所市非急而士大夫方有倒懸之患故便振贍

不及敵報柔更以奇之是時中州士避亂而南依琮
居者以百數琮傾家給濟與共有無遂顯名遠近
嚴畯爲衛尉不畜祿賜皆散之親戚知故家嘗不充
晉劉實爲太傅以老疾遜位實雖處榮寵居無第宅
所得俸祿贍恤親故
盧欽歷宰州郡祿俸散之親故不營訾產
王衍字夷甫父乂爲平北將軍卒於北平送故甚厚爲
親識之所借貸因以捨之數年之閒家資罄盡出就
雒城西田園而居焉位至司徒
周訪少沉毅謙而能讓果於斷割周窮振之家無餘

財位梁州刺史
祖逖字士稚兄該納等並開爽有才幹逖輕財有節
尚每至諸田舍輒稱兄意散穀帛以賙貧乏鄉黨親
族以是重之位豫州刺史
郗超愔之弟愔聚斂積錢數千萬嘗開庫任超所取
超性好施一日中散與親故都盡超位司徒左長史
羅憲性方亮嚴整待士無倦輕財好施不營產業位
陵江將軍
宋劉懷愼爲五兵尚書加散騎常侍護軍將軍將祿
賜班於宗族家無餘財
劉虔之誕節不營產業輕財好施後爲江夏相
南齊褚炫自江夏內史入爲吏部尚書罷郡得錢十
七萬於石頭並分與親族病無以市藥表自陳解改
授散騎常侍領安成王師
崔慰祖父慶緒爲梁州刺史資財千萬散與宗族漆
器題爲日字日字之器流乎遠近
王騫歷黃門侍郎司徒右長史不事產業有舊墅在
鍾山八十餘頃與諸宅及故舊共佃之嘗謂人曰我
不如鄭公業有田四伯頃而食嘗不周以此爲愧
梁韋叡爲散騎常侍護軍將軍性慈愛撫孤兄子過

於己子歷官所得祿賜皆散之親故家無餘財
鄧元起當陽人性任俠好賑施鄉里年少多附之嘗
至其西沮田舍有沙門造之乞元起問田人曰有稻
幾何對曰二千斛元起悉以施之時人稱其有大度
康絢寬和少喜懼在朝廷見人如不能言號爲長厚
在省每寒見省官有襤褸者輒遣遺以襦衣其好施
如此位衛尉卿
張稷爲都督青冀二州刺史歷官無蓄聚俸祿皆頒
之親故家無餘財
范雲初爲郡號稱廉潔及居貴重頗通饋遺然家無

蓄積隨散之親友

何點廬江灊人也性通脫好施與遠近致遺一無所逆隨復散焉

蕭眎素爲太子中舍人丹陽尹丞初拜高祖賜錢八萬眎素一朝散之親友

范述曾爲大中大夫還鄉里述曾生平得俸祿皆以分施及老遂壁立無所資以天監八年卒

劉歊平原人少好施務周人之急人或遺之亦不拒也久而嘆曰受人者必報不則有愧於人吾固無以報人豈可嘗有愧乎

陳孫瑒爲侍中五兵尚書右軍將軍性通泰有財物散之親友

徐陵爲侍中太子少傅陵器局深遠容止可觀性又清簡無所營樹祿俸與親族共之大建中食建昌邑邑戸送米至于水次陵親戚有貧匱者皆令取之數日便盡陵家每致乏絶府僚怪而問其故陵云我車牛衣裳可賣餘家有可賣不其周給如此

後魏李沖爲南部尚書爲文明太后所幸恩寵日盛賞賜千萬沖家素清貧於是始爲富室而謙以自牧積而能散近自姻族逮於鄉閭莫不分及虛已接物垂念羇寒衰舊淪屈繇之躋叙者亦多矣時以此稱之

崔敬友爲梁郡太守會遭所生母憂不拜敬友恭寬接下修身厲節自景明已降頻歲不登饑寒請丐者皆取足而去又置逆旅於蕭然山南大路之北設食以供行者

宇文測尚陽平公主爲駙馬都尉性仁恕好施與衣食之外家無蓄積

呂顯爲鉅鹿太守清貞奉公務存贍卹妻子不免饑寒

胡叟爲武威將軍家於密雲左右皆祗仰其德歲時奉以麻衣穀麥叟隨分散之家無餘財年八十而卒

令狐仕兄弟四人孝著鄉邑而力田積粟博施不已

堯雄爲豫州刺史每受人物多所施與賓客往來禮遺甚厚亦以此見稱

北齊李元忠性仁恕家素富實其家人在鄉多有借貸求利元忠每焚契免責鄉人甚敬重之位驃騎大將軍

楊愔爲右僕射從尚書令愔自居大位門絶私交輕貨財重仁義前後賞賜積累巨萬散之九族架篋之

中唯有書數千卷

畢義雲爲兗州刺史兼七兵尚書性豪縱頗以施惠爲心累世本州刺史家富於財士之匱乏者多有拯濟

後周宇文貴好音樂耽奕棊留連不倦然好施愛士時人頗以稱之位太保

唐瑾爲司中大夫兼内史性好施與家無餘財所得祿賜嘗散之宗族其尤貧者又割膏腴田宅以賑之所留遺子孫者並墝埆之地朝野以此稱之

隋柳謇之爲光祿少卿十餘年送光化公主於吐谷

渾義成公主於突厥前後奉使得二國所贈馬二千餘匹雜物稱是皆散之宗族家無餘財

房彥謙終于涇陽令彥謙家有舊業貲產素殷又前後居官所得俸祿皆以周恤親友家無餘財車服器用務存素儉自少及長一言一行未嘗涉私雖致屢空怡然自得嘗從容獨笑顧謂其子玄齡曰人皆因祿富我獨以官貧所遺子孫在於清白

李士謙趙郡平棘人家富於財躬處節儉每以賑施爲務隋有天下畢志不仕

唐李軌字處則武威姑臧人有機辯頗窺書籍家富於財賑窮濟乏人亦以此稱之

李勣少與父蓋皆疎財好施拯濟貧乏勣位太子太師

李百藥不事產業見人士闕乏莫不極力遺之位宗正卿

黃居漢性和厚家富於財見宗族故人多少賑施位懷州刺史

劉德威閨門雍穆接物寬平嘗經管隸者頗懷其惠所得財貨多以分贍宗親位同州刺史

李進太僕少卿暈之子家素豐贍其於交友能賙貧

拯急繇是知名位兵部侍郎

張延河南偃師人也素輕財重施人有窘必傾產以給爲士友所宗位主客郎中

李藩父辛家富於財宗族弔者有挈去不禁愈務散施不數年以貧位平章事

王思敬瑯琊人順宗莊憲皇后曾祖思敬富於財而好濟人之急少從軍官至試太子賓客

薛苹爲浙西觀察使俸祿悉以散親族故人子弟

後唐趙鳳性豁達輕財重義凡士友以窮厄告者必傾其資而餉之或賓友過從飲之食之無倦色位至

平章事

册府元龜

册府元龜總錄部好施　卷之八百一十二　二十九

巡按福建監察御史臣李嗣京　訂正
知閩縣事臣曹甹臣參閱
知建陽縣事臣黄國琦較釋

總録部六十三

退迹

易小過曰飛鳥遺之音蓋處下安順之象也故賢者審進退之理見禍福之兆委跡世紛脱身羈網耶染指於五甹遂追迹於冥鴻致命遂志高翔遠引宅卑守約含華匿曠至有徵命屢至恩禮彌渥固以疾不

易其操在上者亦無以屈焉斯固視遠以見幾克巳而適道達大雅明哲之訓契仲尼用舍之説退處于寮高明令終者矣其或時遘太寧之運上有好賢之美乃復卷懐其道以見獨善亦異夫邦有道則穀之旨焉

范蠡大夫事越王勾踐苦身勠力二十餘年竟滅吳報會稽之恥爲書辭勾踐曰臣聞主憂臣勞主辱臣死昔者君王辱於會稽所以不死爲此事也今既以雪恥臣請從會稽之誅勾踐曰孤將與子分國而有之不然將加誅于子范蠡曰君行令臣行意乃裝其輕寶珠玉與其私徒屬乘舟浮海以行終不反於是勾踐表會稽山以爲范蠡奉邑蠡浮海出齊變姓名自謂鴟夷子皮耕于海畔

漢張良高祖時封留侯性多疾即導引不食穀（服辟穀藥靜居行氣）乃稱曰家世相韓及韓滅不愛萬金之資爲韓報仇强泰天下震動今以三寸舌爲帝者師封萬戸位列侯此布衣之極於良足矣願棄人間事欲從赤松子游耳（赤松子仙人號也神農時爲雨師服水玉教神農能入火不燒至昆崙上恒止西王母石室隨風雨上下炎帝少女追之亦得仙俱去）乃學道欲輕舉（道謂仙道）高祖晏駕呂后德良乃強食之曰人生一世間如白駒之

過隙何自苦如此良不得已強聽食（強聽其言而食也）

陸賈惠帝時爲太中大夫呂太后用事欲王諸呂畏大臣及有口者（有口謂辨言）賈自度不能爭之乃病免以好畤田地善往家焉有五男乃出所使越橐中裝賣千金分其子二百金令爲生產賈常乘安車駟馬從歌鼓瑟侍者十人寶劍直百金謂其子曰與女約過女女給人馬酒食極欲十日而更（又改向一子處）所死家得寶劍車騎侍從者一歲中以往來過它客率不過再過（非徒至諸子所又往來經過它處爲賓客率計一歲之中每子不過再過至也）數擊鮮毋久溷女爲也

袁盎文帝時爲楚相病免家居與閭里浮湛相隨行鬬雞走狗

汲黯武帝時爲右内史坐小法會赦免官於田園者數年

張摯字長公釋之之子也官至大夫免以不能取容當世故終身不仕

司馬相如爲郎口吃而善著書嘗有消渴病與卓氏婚饒於財故其事官未嘗肯與公卿國家之事嘗稱疾閒居不慕官爵

邴曼容養志自修爲官不肯過六百石輒自免去

朱雲元帝時爲槐里令時中書令石顯用事御史中丞陳咸上疏數毁毁顯雲坐與交結咸死爲城旦至成帝時上書願賜斬馬劍斷佞臣張禹頭自是之後不復仕常居鄠田時出乘牛車從諸生所過皆敬事焉時薛宣爲丞相雲往見之宣備賓主禮因留雲宿從容謂雲曰在田野亡事且留我東閣可以觀四方奇士曰小生乃欲相吏邪小生謂其新學後進言欲我以爲吏乎宣不敢復言

後漢鄭敬光武時爲汝南掾與功曹郅惲俱去官惲至在從政既乃喟然而嘆謂敬曰天生俊士以爲人也鳥獸不可與同羣子從我爲伊呂乎將爲巢許乎而父老堯舜也敬曰吾足矣初從生步重華於南野謂來歸爲松子赤松子也今幸得全軀樹類還奉墳墓盡學問之道雖不從政施之有政是亦爲政也吾老耄矣安得從子勉正性命勿勞神以害生惲於是告別而去

周黨建武中徵爲議郎以病去職遂將妻子居黽池復被徵不得已乃著短布單衣穀皮綃頭待見說文綃生絲也音消此字當作幧音此消反鄭玄注儀禮云如今著幓頭自項中而前交額上卻繞髻也尚書及光武引見黨伏而不謁自陳願守所志帝乃許焉

閔仲叔代稱節士雖周黨之絜清自以爲弗及也黨見其含菽飲水遺以生蒜受而不食建武中應司徒侯霸之辟既而投劾而去復徵博士不至

何寵爲千乘都尉以病免遂隱居不仕

韋彪好學洽聞雅稱儒宗建武末舉孝廉除郎中以病免復歸教授安貧樂道恬於進取三輔諸儒莫不慕仰之

蘇竟爲侍中病免以書曉延岑護軍鄧仲況及仲況謀主劉龔仲等遂降竟終不伐其功潛樂道術遂卒于家

鄭興爲蓮勺令（在今下邽縣東北）以免遂不復仕客授閿鄉三公連辟不肯應卒于家

王良爲沛郡太守至蘄縣稱病不之府徵拜太中大夫遷大司徒司直以病歸一歲復徵至滎陽疾篤不任進道乃過其友人友人不肯見曰不有忠言奇謀而取大位何其往來屑屑不憚煩也遂拒之良慙自後連徵輒稱病光武詔以玄纁聘之遂不應

王充會稽上虞人明帝時仕郡爲功曹以數諫爭不合去刺史董勤辟爲從事轉治中自免還家友人同郡謝夷吾上書薦充才學章帝特詔公車徵以病不

行

鄭均章帝時公車徵再遷爲尚書數納忠言帝敬重之後以病乞骸骨拜議郎告歸因稱病篤帝賜以衣冠（均遣子英奉章詣闕詔召見英問均所言賜以冠幘錢布）

樂恢辟司空牟融府會蜀郡太守第五倫代融爲司空恢以與倫同郡不肯留薦潁川杜安而退諸公多其行連辟之遂皆不應

韋豹安帝時數辟公府輒以事去司徒劉愷復辟之謂曰卿以輕好去就爵位不躋今歲垂盡當選御史意在相薦子其宿留乎豹曰大馬齒衰膂力已劣仰慕崇恩故未能自割且眩瞀滯疾不堪久侍選薦之私非所敢當遂跣而起愷追之徑去不顧

楊倫陳留東昏人初爲郡文學掾更歷數將志乖於時以不能人間事遂去職不復應州郡命講授於大澤中弟子至千餘人安帝元初中郡禮請三府並辟公車徵皆辭疾不就至陽嘉中補恒山王傅病不之官前後三徵皆以直諫不合旣歸閉門講授自絶人事公車復徵遜遁不行卒於家

王輔字公助平陸人學公羊傳援神契常隱居野廬以道自娛辟公府舉有道對策拜郎中陳災異甚吉

凶有驗拜議郎以病遜位安帝公車徵不行卒於家

王厚學圖緯業安帝永初中爲中郎鄧太后問以圖緯厚對不合免歸復習業犍爲不應州郡三公之命方正有道公車特徵皆不就永建二年順帝特徵詔告郡縣督促發遣厚不得已行到長安以病自上厚因稱疾求退帝許之太尉李固數薦言之太初元年梁太后詔備古禮以聘厚遂辭疾不就建和三年太后復詔徵之經四年不至

崔瑗順帝時辟車騎將軍閻顯府顯誅被斥久之大將軍梁商初開幕府復首辟瑗自以再爲貴戚吏不

遇破斥遂以病固辭
蘇章爲并州刺史以摧折權豪忤旨坐免隱身鄉里不交當世後徵爲河南尹不就
范冉（冉或作丹）陳留外黄人恒帝時辟太尉府議者欲以爲侍御史因遁身逃命於梁沛之間徒行敝服賣卜於市
應奉字世叔汝南南頓人爲司隸校尉以嚴厲爲名及黨事起奉乃慨然以疾自退
延篤爲京兆尹以病免歸前越巂太守李文德素善於篤時在京師謂公卿曰延叔堅（叔堅篤字）有王佐之才

奈何屈千里之足乎令引進之篤聞乃爲書止文德曰大道之將廢所謂命也流聞乃欲相爲求還荣觀來命雖篤所未敢當吾嘗昧爽櫛梳坐於客堂朝則誦羲文之易虞夏之書歷公旦之典禮覽仲尼之春秋夕則消揺内階詠詩南軒百家衆氏投間而作洋洋乎其盈耳也渙爛兮其溢目也紛紛欣欣兮其獨樂也當此之時不知天之爲蓋地之爲輿不知世之有人已之有軀也雖漸離擊筑傍若無人高鳳讀書不知暴雨方之於吾未足况也且吾自束髮已來爲人臣不陷爲不忠爲人子不陷於不孝上交不諂下交不黷從此而殁下見先君遠祖可不慙赧（色愧曰赧）如此而不以善止者恐如教羿射者也慎勿迷其本棄其生也
劉祐字伯祖中山安國人也桓帝世爲大司農以罪論祐輸左校後得赦出復歷三卿輒以疾辭乞骸骨歸田里詔拜中散大夫遂杜門絶迹每三公缺朝廷皆屬意於祐以譖毁不用延篤貽之書曰昔太伯三讓人無得而稱焉延陵高揖華夏仰風吾子懷蘧氏之可卷體甯子之如愚微妙玄通冲而不盈蔑三光之明未暇以天下爲事何其劭與

崔實桓帝時爲尚書實以世方阻亂稱疾不視事數月免歸建寧中病卒家徒四壁立
趙咨靈帝初爲博士會太傅陳蕃大將軍竇氏爲宦者所誅咨乃謝病去
任安廣漢綿竹人究極圖籍郡請功曹州辟治中别駕終不久居舉孝廉茂才太尉再辟除博士公車徵皆稱疾不就
吳孫靜堅之季弟也堅始舉事靜糾合鄉曲及宗室五百人爲保鄣及堅破周昕等靜有功表爲奮武校尉欲授之重任靜戀墳墓宗族不樂出身求留鎭守

策從之就遷聊義中郎將終於家

范平爲臨海太守政有異能後孫皓初謝病還家敦悅儒學及吳平晉太康中頻徵不起

晉任旭任漢爲郎中固辭歸家桓帝永康初博求清節儁異之士太守仇馥薦旭清貞絜素學識通博詔下州郡以禮發遣旭以朝廷多故志尚隱遯辭疾不行

氾騰字無忌燉煌人惠帝時舉孝廉爲郎中屬天下兵亂去官還家太守張閟造之閉門不見禮遺一無所受嘆曰生於亂世貴而能貧可以免散家財五十

萬以施宗族杜門灌園琴書自適張軌徵之爲府司馬騰曰門一杜其可開乎固辭病月餘而卒

華譚廣陵人爲元帝丞相軍諮祭酒領郡大中正薦于寶范珧於朝乃上牋求退曰譚聞霸王遠聽以求才爲務寮屬量身以審己爲分故疏廣告老漢宣不違其志干木偃息文侯就式其聞譚無古人之賢竊有懷遠之慕自登清顯出入二載執筆無贊事之功拾遺無補闕之績過在納言闇於舉善在寇未賓復之謀策年向七十志力日衰素飡無勞食宜辭退謹奉還所假左丞相軍諮祭酒板不聽

左思爲祕書郎祕書監賈謐請講漢書謐誅思退居宜春里專意典籍齊王冏命爲記室督辭疾不就

阮裕爲尚書郎成帝咸和初事故之後公私弛廢裕遂去職還家居會稽剡縣司徒王導引爲從事中郎固辭不就朝廷將欲徵之裕知不得已乃求爲王舒撫軍長史舒薨除吏部郎不就即家拜臨海太守少時去職司空郗鑒請爲長史詔徵祕書監皆以疾辭復除東陽太守尋徵侍中不就還剡山有肥遁之志久之復徵散騎常侍領國子祭酒俄而復以爲金紫光祿大夫領瑯琊王師經年敦逼並無所就御史中

丞周閔奏裕及謝安違詔累載並應有罪禁錮終身詔書貰之或問裕曰子辭徵聘而宰二郡何邪裕曰雖屢辭王命非敢爲高也吾少無宦情兼拙於人間既不能躬耕自活必有所資故曲躬二郡豈以騁能私計故耳

王羲之爲會稽內史雅好服食養性不樂在京師初渡浙江便有終焉之志會稽有佳山水名士多居之謝安未仕時以居焉孫綽李充許詢支遁等皆以文義冠世並築室東土與羲之同好後爲會稽內史去官於父母墓前自誓曰羲之不天夙遭閔凶不蒙過

庭之訓母兄鞠育得漸庶幾遂因人之榮國寵榮進無忠孝之節退違推賢之義每俯詠老氏周任之誠嘗恐死亡無日憂及宗祀豈在微身而已是用寤寐永嘆若墜深谷止足之分定之於今謹以今月吉辰肆筵設席稽顙歸誠告誓先靈自今之後敢渝此心貪冒苟進是有無尊之心而不子也子而不子天地所不覆載名教所不得容信誓之誠有如皦日遂與東土大士盡山水之游弋釣爲娛又與道士許邁共修服食採藥石不遠千里徧游東土諸郡窮諸名山泛滄海嘆曰我卒當以樂死謝安嘗謂羲之曰中年

以來傷於哀樂與親友別輒作數日惡羲之曰年在桑榆自然至此頃正賴絲竹陶寫常恐兒輩覺損其懽樂之趣朝廷以其誓苦亦不復徵之

郗愔爲臨海太守會弟曇卒益無處世意在郡優游頗稱簡默與姊夫王羲之高士許恂並有邁世之風俱棲心絕穀修黄老之術後以疾去職築宅章安十許年間人事殆絕簡文帝輔政薦之後爲太常固讓不拜深抱沖退樂補遠郡從之出爲輔國將軍會稽內史

沈警字世明惇篤有行業謝安命爲參軍甚相敬重警內足於財爲東南豪士無仕進意謝病歸安固留不止乃謂警曰卿有獨善之志不亦高乎警曰使君以道御物所以懷德而至既無用佐時故遂飲啄之願耳還家積載以素業自娛

宋徐廣以武帝永初元年任祕書監詔以廣學優行謹歷位恭肅可中散大夫廣上表曰臣年時衰耄朝敬永闕端居都邑徒增替息臣墳墓在晉陵臣又生長京口戀舊懷遠每興感慕心息道玄謬荷朝恩忝宰此邑乞相隨之宜歸終桑梓微志獲申殞沒無恨許之贈賜甚厚

謝靈運爲永嘉太守稱疾去職其父祖並葬始寧縣並有故宅及墅遂移籍會稽修營別業傍山帶江盡幽居之美與隱士王弘之孔淳之等縱放爲娛有終焉之志

張茂度爲義興太守解職還家徵爲都官尚書加散騎常侍固辭以疾就拜光祿大夫加金章紫綬茂度內足於財自絕人事經始本縣之華山以爲居止優游野澤如此者七年

傅隆字伯祚少孤又無近屬單貧有學行不好交遊後爲會稽征虜府參軍家在上虞及東歸便有終焉

之志

王徽瑯琊臨沂人年十六州舉秀才起家司徒祭酒
轉主簿始興王友父憂去官服闋除南平王鑠右軍
諮議參軍徽素無宦情稱疾不就仍除中書侍郎又
擬南瑯琊義興太守竝固辭吏部尚書江湛舉徽爲
吏部郎徽與湛書曰弟心病亂度非但蹇躄而已此
處鄙野所共知忽驅騎見招華門閭里咸以爲祥怪
君多識前世之載籍天植何其易傾弟受海内駭矣
不過如燕石秃鶖邪未知君何以自解於良史邪今
雖王道鴻唲或有激昂於天表必欲潛淵探寶傾海

冊府元龜　總錄部　退迹　卷之八百一十三　十三

求珠自可卜肆巫祠之間馬棧牛口之下賞劇孟於
博徒拔卜式於芻牧亦有西戎孤臣東都賤士上窮
範馳之御下書詭遇之能魚鱗雜襲者必不乏於世
矣且廬於承明署乎金馬皆明察之官又賢於晉庫
之末何爲叔勤通家疾疾人塵穢難甚之選將以靖
國不亦益贅乎書云任官惟賢才而君擢士先瘝瘵
芃芃棫樸似不如此且弟曠違兄姊迨將十載姊時
歸來終不任輿曳入閤兄守金城永不堪扶抱就路
若不愈疾非性僻而何此君日見表裏無假長目飛
耳也嘗謂生遭太公將卽華士之戮幸遇鮑叔必蒙
管仲之知光武以馮衍才浮其實故棄而不齒諸葛
孔明云來敏亂羣過於孔文舉況無古人之才槩敢
干周漢之常刑彼二三英賢足爲曉治與否恐君逢
此時或亦不免高閣乃復假名不知已者豈欲自比
衞賜邪君欲高敎山公而以仲容見處徒以挹提禮
樂本不參選鄙夫瞻彼固不任下走未知新沓何如
州陵耳而作不師古坐亂官政誣飾虹蜺冀招神龍
如復託以貞素者又不宜居華留名後世有玷風俗
君亦不至期人如此若交以爲人賜舉未以已勞則
商販之事又建所不忍聞也豈謂不肖者易擢貪者

冊府元龜　總錄部　退迹　卷之八百一十三　十四

易誘凡此數者君必居一焉雖假天口於齊駢藉鬼
說於周季公孫辟毛髮之文莊生縱淶瀁之極終不
能舉其契爲之辭矣子將明魂必靈咍於蒿里汝穎
餘彥將拂衣而不朝浮華必開風俗或從此而爽見
咎以揣情爲最難何思忖度之輕謬今有此書非敢
叨擬中散誠不能顧影負心純盜虛聲所以綿洽累
紙本不營尚書苦爪扳也成童便往來居舍晨省復
經周旋如有諸甥亦何得頓絕慶弔然生平之意自
於此都盡君平云生我名者殺我身天爵且猶滅名
安用吏部郎哉其舉可陋其事不經非獨搢紳者不

道僕妾皆將笑之忽忽不樂自知壽不得長且使千
載知弟不詐讓耳
王敬弘以侍中退居文帝元嘉十二年徵爲太子少
傅敬弘詣京師上表曰伏見詔書以臣爲太子少傅
承命振惶喜懼交悸臣抱疾東荒志絶榮觀不悟聖
恩猥復加寵榮東宮之重四海瞻望非臣薄德所可
居之今内外英秀應選者多且版築之下豈無高逸
而近私愚朽汚辱清朝詔不許表疏屢上終以不拜
東歸
南齊孔嗣之字敬伯宋世與太祖俱爲中書舍人非

所好也自廬陵郡去官隱居鍾山
顧歡幼聰敏及長篤志好學年二十餘母亡廬于墓
次遂隱遁不仕開館聚徒受業者嘗近百人太祖輔
政悦歡風教徵爲揚州主簿遣中使迎歡及踐阼乃
至歡稱山谷臣顧歡上表曰臣聞舉網提綱振裘持
領綱領既理毛目自張然則道德綱也物勢目也上
其綱則萬機時序下張其目則庶官不曠是以湯理
得勢師道則祚延泰項忽道任勢則身戮矣天門武
闔自古有之四氣相新緑裘代進今火澤易位三關
改寓大樹明德封時育物搜揚仄陋野無伏賢是靈
以窮谷愚夫敢露偏管謹删選老氏獻治綱一卷伏
願稽古百王不以芻蕘棄言不以人微廢道率土之
賜也微臣之幸也幸賜一覽則上下交泰雖不求民
而民悦不祈天而天應應天悦民則皇基固矣臣志
絶幽深無求榮勢自足雲霞不須祿養陛下既遠見
尋求敢不盡言言既盡矣請從此退
劉瓛在宋爲安成王撫軍行參軍以公事免太祖踐
阼召入華林園談語勑瓛使數入而瓛自非詔見未
嘗到宮門帝欲用瓛爲中書郎使吏部尚書何戢喻
旨戢謂瓛曰上意欲以鳳池相處恨君資輕可且就

前除少日當轉國子博士便即後授瓛曰平生無榮
進意今聞得中書郎而拜記室豈本心哉後以母老
闕養重拜彭城郡丞謂司徒褚淵曰自省無廊廟之
才所惟保彭城丞耳帝又以瓛兼總明觀祭酒除豫
章王驃騎記室參軍丞如故瓛終不就武帝永明初
竟陵王子良請爲征北司徒記室瓛與張融王思遠
書曰奉教使恭召會當停公事但念生平素抱有乖
恩顧吾性拙人間不習仕進昔嘗爲行佐便以不能
及公事見免黜此皆長者所共知也量已審分不敢
期榮夙嬰貧困加以疎懶衣裳容髪有足駭者中以

親老供養寡家徒步脫爾逮今二代一紀先朝使其更自修正免勵於階級之次自見其繿縷或復賜以衣裳袁褚諸公咸加勸勵終不能自及也一不復爲安可重爲哉昔人有以冠一見不重加於首每謂此得進止之儀古者以賢制爵或有秩滿而辭老者永瞻前良已在何若又上下年尊一不願居官次廢晨昏也先朝爲此由中從許故得連年不拜榮授而帶帖薄祿既習此歲久又齒張疾侵豈宜攝齊河間之德厠迹東平之僚本無絶俗之操亦非能偃蹇爲高此又諸賢所當淨察者也近奉初教便自希得託迹

於客遊之末而固辭榮級其故何邪以古之王侯大人或以此延四方之士甚美者則有輻輳燕路慕君王之義驤鑣魏闕高公子之仁繼有追申白而入楚羨鄒枚而遊梁吾非敢叨夫曩賢庶欲從九九之遺蹤既於聞道集泮不殊而幸無職司拘礙可得奉溫凊展私計志在此耳除步兵校尉並不拜

徐伯珍東陽人積學十年究尋經史遊學者多依之太守瑯琊王曇生吳郡張淹並加禮辟伯珍應召便退如此者凡十二焉

蕭惠基爲給事中其父思話先於曲阿起宅有閑曠之致惠基嘗謂所親日須婚嫁畢當歸老舊廬立身退素朝廷稱爲善士

王秀之爲輔國將軍吳興太守嘗云位至司徒左長史可以止足矣吳興郡隱業所在願爲之到郡治舊山移置輜重

梁謝朏仕齊爲領中領新安王師未拜固求外出仍爲征虜將軍吳興太守受詔便述職時明帝謀入嗣位朝之舊臣皆引參謀策朏內圖止足且實避事弟瀹時爲吏部尚書朏至郡致瀹數斛酒遺書曰可力飲此勿豫人事朏居郡每不治而嘗務聚斂衆頗譏

之亦不屑也建武四年詔徵爲侍中中書令遂抗表不應召遣諸子還京師獨與母留築室郡之西郭明帝下詔曰夫超然榮觀風流自遠蹈彼幽人英華罕値故長揖楚相見稱南國高謝漢臣取貴良史新除侍中中書令朏蚤藉羽儀夙標清尚登朝樹績出守馳聲遂斂跡康衢拂衣林沚抱箕潁之餘芳甘顦顇而無悶無事懷人載留欽想宜加優禮用旌素槩可賜牀帳褥席俸以卿祿嘗出在所

陶季直好學淡榮利起家仕齊桂陽王國常侍郎北中郎鎮西行參軍並不起時人號曰聘君後爲游擊

將軍兼廷尉梁臺建遷給事黄門侍郎辭疾還鄉里天監初就家拜太中大夫高祖日梁有天下遂不見此人十年卒于家時年七十五季直素清苦絶倫又屛居十餘載及死家徒四壁子孫無以殯斂聞者莫不傷其志焉

陶弘景字通明齊高帝爲相引爲諸王侍讀除奉朝請武帝永明末脱朝冠掛神武門上表辭祿詔許之賜以束帛及發公卿祖之於征虜亭供帳甚盛車馬塡咽咸云宋齊已來未有斯事朝野榮之

到洽字茂灌彭城武原人清警有孝行謝朓文章盛

於一時見洽深相賞好日引與談論每謂洽曰君非直名人乃亦兼資文武朓後爲吏部洽自南徐州西曹去職朓欲薦之洽覩世亂深相拒絶除晉安王國左常侍不就遂築室巖阿幽居積歲

劉俊爲荆州尹曹參軍以疾去官因遊東陽紫巖山築室居焉爲山栖志其文甚美

張孝秀字文逸南陽宛人也少仕州爲治中從事史遭母憂服闋爲建安王别駕頃之遂去職歸山居于東林寺有田數十頃部曲數百人率以力田盡供山衆遠近歸慕赴之如市

劉慧斐起家安西城于法曹行參軍嘗還都途經潯陽遊於廬山遇處士張孝秀相得甚歡遂有終焉之志固不仕居於東林寺又於山北構一園號曰離垢園時人仍謂爲離垢先生

蕭眎素爲司徒左西屬南徐州治中惟靜退少嗜欲好學能愼言榮利不關於口喜怒不形於色在人間及居職竝任性通率不自矜高天然簡素士人以此咸敬之及在京口便有終焉之志乃於攝山築室會徵爲中書侍郎遂辭不就因還山宅獨居屛事非親戚不得至其籬門妻太尉王儉女久與别居遂無子

卒親故迹其事行謚曰貞文先生

陳虞荔仕梁爲中書舍人領大著作及侯景之亂荔率親屬入臺除鎭西諮議參軍舍人如故臺城陷逃歸鄉里侯景平元帝徵爲中書侍郎貞陽侯授揚州别駕竝不就

馬樞博極經史邵陵王綸爲南徐州刺史引爲學士尋遇侯景之亂綸舉兵援臺乃留書二萬卷以付樞樞肆志尋覽殆將周遍乃喟然嘆曰吾聞貴爵位者以巢繇爲桎梏愛山林者以伊呂爲管庫束名實則芻芥柱下之言翫清虛則糠粃席上之說稽之篤論

亦各從其好也然姬文宥讓王之介嚴子有傲帝之
規千載美之所不廢也比求志之士望塗而息豈天
之不惠高尚何山林之無聞甚乎乃隱于茅山有終
焉之志文帝天嘉初徵爲度支尚書辭不應命時樞
親故並居京口每秋冬之際時往遊焉及鄱陽王爲
南徐州刺史欽其高尚鄙不能致乃卑辭厚意令使
者邀之前後數反樞固辭以疾門人或進曰鄱陽王
待以師友非關爵位市朝之間何妨静默樞不得已
乃行王別築室以處之樞惡其崇麗乃於竹林間自
營茅茨而居焉

虞寄仕梁起家宣城王國左常侍大同中嘗驟雨殿
前往往有雜色寶珠梁武觀之甚有喜色寄因上瑞
雨頌嘗謂寄兄荔曰此頌典裁清拔卿家之士龍也
將何如擢用寄聞之嘆曰美盛德之形容以申擊壤
之情耳吾豈買名求仕者乎乃閉門稱疾唯以書籍
自娛後除國子博士頃之又表求解職歸鄉里文帝
復肯報答許其東還仍除東揚州別駕寄又以疾辭
宣帝卽位徵授揚州治中及尚書左丞並不就

阮卓除南海王諮議參軍以疾卒不之官居里舍改
構亭宇修山池卉木招致賓友以文酒自娛

後魏宋隱爲尚書左丞領選屢以老病乞骸骨道武
不許尋以母喪歸列人旣葬被徵固辭以病而州郡
勸以期會隱乃棄妻子間行避焉後隱于長樂之經
縣數年而卒

李茂性謙愼以弟沖寵盛懼於盈滿遂託以老疾固
請遜位孝文不奪其志聽食大夫祿還私第因居定
州之中山自是優游里舍不入京師

裴安祖河東聞喜人弱冠州辟主簿後有人勸其入
仕安祖曰高尚之事非敢庶幾但京師遼遠實憚於
栖屑耳於是閑居養志不出城邑

庾導歷覽史傳善草隸書輕財重義初仕梁武爲右
中郎將助戍漢中及至維陽環堵弊廬多與儁秀交
游積十餘歲殊無宦情孝明正光中乃除幽州左將
軍主簿饒安令罷縣後仍客遊齊曾之間東魏天平
中卒於青州

袁衍初仕南齊爲陰平太守以宣武景明二年歸國
授直通郎初仕衍欲辭朝命請隱嵩高乃上表曰臣
乘旨運幸得奉盛化沐藉炎風飡佩唐德於生於運
已溢已榮但攝性乖和尚苦虛弱比風露增加精形
侵耗小人愚懷有願閑養伏見嵩岑極天苞育名草

修生救疾多遊此岫臣質無靈分性乖山水非敢追
蹤輕舉髣髴高蹤誠希藥此沉痾全養稟氣耳若所
療微瘥庶偶影風雲咏歌至德荷衣葛屨裁營已整
扶策納屐便陟山途謹附陳聞乞垂昭許詔曰知欲
養痾中岳煉石嵩嶺栖素雲根餌芝清壑騰跡之操
深用嘉焉但治缺古風有愧山客耳既志性難裁豈
容有抑便從來請
盧叔仁初舉秀才爲員外郎以親老辭歸就養景明
中初徵入雒授威遠將軍武賁中郎將非其好也尋
除鎮遠將軍通直散騎常侍並稱疾不朝乃出爲幽

州司馬又辭歸鄉里時咸稱其高尚焉
王椿正始初爲中散坐事免官椿僮僕千餘園宅華廣
聲妓自適無乏於時或有勸仕者椿笑而不荅雅有
巧思凡所營製可爲後法緐是孝明正光中元叉將
營明堂辟雍欲徵椿爲將作大匠椿聞而以疾固辭
徐遵明華陰人講學於外二十餘年廣平王懷聞而
徵焉至而尋退不好京輦孝明明昌末南渡河客於
任城以兗州有舊因徙居
崔元韶爲廷尉卿孝莊永安末擾亂之際遂還鄉里
尋除征東將軍金紫光祿大夫不起光韶以世道迍
邅朝廷屢變閉門却掃吉凶斷絕
崔孝直爲直閤將軍通直散騎常侍爾朱兆入雒孝
直以天下未寧去職歸鄉里勸督宗人務行禮義後
除安東將軍光祿大夫出帝太昌中又除衛尉軍光
祿大夫並辭不赴宗親勸孝直曰榮華人之所願何
故陸沉孝直不答
北齊李璵初仕魏爲東徐州刺史辭州還遂稱老疾
不求仕齊受禪追璵兼前將軍導從於圜丘行禮璵
意不願榮名兩朝雖以宿舊被徵過事即絕朝請
元彌字輪宗魏司空暉之子性剛正有文學位中散

大夫以世適應襲先爵爲季父尚書僕射麗因子氏
親寵遂奪彌王爵橫授同母兄子誕於是彌絕棄人
事託疾還私第宣武徵爲侍中彌上表固讓入嵩山
以穴爲室布衣蔬食
楊愔爲通直散騎常侍愔以世故未夷志在潛退乃
謝病與友人中直侍郎河間邢卲隱於嵩山
盧叔武爲賀拔勝荊州開府長史勝不用其計棄城
奔梁叔武歸本縣築室臨陂優游自適文襄降辟書
辭疾不到天保初復徵不得已布襆乘露車至鄴楊
愔往候之以爲司徒諮議稱疾不受

祖鴻勳涿郡范陽人也爲廷尉正後去官歸鄉里與陽休之書曰陽生大弟吾比以家貧親老時還故郡在本縣之西界有鵰山焉其處閑遠水石清麗高巖四匝良田數頃家先有野舍於斯而遭亂荒廢今復經始即石成基憑林起棟蘿生映宇泉流繞階月松風草緣庭綺合日華雲實傍沼星羅簷下浮煙茸雲氣而舒卷園中桃李雜椿栢而葱蒨時一褰裳涉澗負杖登峯心悠悠以孤上身飄飄而特遊杳然不復自知在天地間矣若此者久之乃還所住孤坐危石撫琴對水獨詠山阿舉酒望月聽風聲以興思聞鶴

唳以動懷坐莊老之逍遙慕尚子之清曠首戴萌蒲身衣縕裕出耗粱稻歸奉慈親緩步當車無事爲貴斯已適矣豈必撫塵而游哉而吾生既繫名聲之韁鏁就良工之剞劂振珮紫臺之上鼓袖丹墀之下采金匱之漏簡訪玉山之遺文敝精神於丘墳盡心力於河漢摘藻期之鞶繡發議必在芳香茲自美耳吾無取焉嘗試論之夫崐峯積玉光澤者前毀瑤山叢桂芳茂者先折是以東都有挂冕之臣南國見捐情之士斯豈惡粱錦好蔬布哉蓋欲保其七尺終其百年耳今弟官位既達聲華已遠象繇齒斃膏用明煎

覽老氏谷神之談體留侯止足之逸若能翻然清尚解珮捐簪則吾於茲山莊可辦一得把臂入林掛巾垂枝攜酒登巘舒席平山道素志論舊款訪丹法語玄書斯亦樂矣何必富貴乎去矣陽子途乖趣別緬尋此旨杳若天漢已矣哉書不盡意

隋搄翁初爲魏孝明帝挽郎其後司州牧城陽王元徽以翁爲從事非其好也尋謝病客遊三輔

李德林北齊天保末射策五條考皆爲上授殿中將軍既是西省散員非其所好又以天保季世乃謝病還鄉闔門守道

柳靖仕周爲河南廣德二郡守靖雅達政事所居皆有治術吏民畏而愛之然靖愛閑素其於名利澹如也及秩滿還鄉便有終焉之志文帝踐極特詔徵之以疾固辭優遊不仕閉門自守所樂唯琴書而已足不歷園庭殆將十載子弟奉之若嚴君焉

王貞善屬文詞不治產業每以諷讀爲娛開皇初汴州刺史樊叔畧引爲主簿後舉秀才授縣尉非其好也謝病于家

唐馬嘉運貞觀初徵爲越王東閣祭酒頃之自免居于白鹿山四方受業者嘗數千百人

王友貞爲長水令後罷歸田里中宗在春宮召爲司議郎不就神龍初拜太子舍人仍令有司以禮徵赴及至固以疾辭詔時致珍饍給全祿終身

李守節蘇州吳人也師事同郡張嘉會少習詩禮尤精史記年六十不求仕優游丘園天寶初以高道徵拜東宮率府長史兼諸王侍讀稍遷至太子右諭德其性簡素雖恩遇忘意不易於衡泌之下既辭闕庭便謝朝舊不言發期潛遁而去朝廷故友追送靡及莫不嗟嘆焉

權皋玄宗時爲監察御史丁憂因家洪州浙西節度

使顏眞卿表爲行軍司馬詔徵爲起居舍人又以疾辭嘗曰本自全吾志此豈受賞之名邪李季卿爲江淮黜陟使奏皐節行改著作郎不起

孔述睿隱於嵩陽好學不倦代宗廣德大曆中轉運劉晏懇表薦述睿有顏閔之行游夏之學繇是累授協律郎太常博士起居舍人司勳員外郎加史館修撰述睿唯再至朝廷謝恩旬日復固辭疾歸還林壑

郄高卿爲中書舍人處事不回爲元載所忌高卿遂以疾辭以前中書舍人居東雒凡十年自號伊川田父清名高節稱於天下

司空圖爲中書舍人以疾辭且欲赴近縣將息待愈再赴朝闕昭宗知其勇退從之其後除諫議戶部侍郎皆不起自號知非子時人高之竟善終于中條山

後唐崔貽孫以監察昇朝歷清資美職及爲省郎使于江南廻以橐裝營别墅於漢上之穀城退居自奉清江之上綠竹亘野狹徑深密維舟曲岸人莫造焉時人甚高之

李保殷同光初擢授殿中監保殷素有明閑法律之譽拜大理卿未滿秩屢爲人所制曰人之多辟無自立辟謝病以歸卒於雒陽思順里

晉尹玉羽爲光祿少卿滿歲退歸秦中以林泉詩酒自樂

巡按福建監察御史臣李嗣京　正
分守建南道左布政使臣胡維霖　訂
知建陽縣事臣黃國琦　較

總錄部六十四

讓

周禮大司徒以陽禮教讓則民不爭故先王之訓也觴酒豆肉讓而受惡衽席之上讓而坐下朝廷之位讓而就賤若太伯伯夷之倫仲尼曰可謂至德又曰古之賢人此其大者昭昭然揭日月而行也其餘官

秩之命封爵之拜或推之於賢者或移之於所親或堅辭不當或固與乃受皆可以崇廉耻之道激趨競之俗垂於方策爲之大訓孟子所謂聞伯夷之風頑夫廉懦夫有立志者斯之謂也

吳太伯（武王追封爲吳伯故曰吳太伯）太伯弟仲雍皆太王之子而王季歷之兄也季歷賢而有聖子昌太王欲立季歷以及昌於是太伯仲雍二人乃犇荆蠻文身斷髮示不可用以避季歷果立是爲王季

伯夷叔齊孤竹君之二子也父欲立叔齊及父卒叔齊讓伯夷伯夷曰父命也遂逃去叔齊亦不肯立而逃之國人立其中子

鮑叔牙齊人也桓公使爲宰鮑叔辭曰臣君之庸臣也君有加惠於其臣使臣不凍餒則是君之賜也若必治國家則非臣之能也其唯管夷吾乎臣之所不如管夷吾者五寬惠愛民臣不如也治國不失秉臣不如也（秉柄也柄所以操作事國秉者賞罰又綱要也）忠信可結於諸侯臣不如也禮義可法於四方臣不如也介胄執枹立于軍門使百姓皆加勇臣不如也（枹擊鼓椎）夫管子民之父母將欲治其子不可棄其父母

陳完字敬仲陳公子也齊侯欲使爲卿辭曰羇旅之

臣（羇寄也旅客也）幸若獲宥及於寬政（宥赦也）赦其不閑於教訓而免於罪戾弛於負擔（弛去離）君之惠也所獲多矣敢辱高位以速官謗請以死告（以死自誓）使爲工正

宋公子目夷宋桓公子也桓公疾太子茲父固請曰自夷長且仁君其立之（茲父襄公也自夷茲父庶兄子魚也）公命子魚子魚辭曰能以國讓仁孰大焉臣不及也且又不順（立庶不順禮）遂走而退

子良鄭穆公庶子也公子宋（子公也）與子家（公子歸生也）弒靈公（靈公穆公子也）鄭人立子良辭曰以賢則去疾不足（去疾子良名也）以順則公子堅長乃立襄公（襄公堅也）

趙衰晉大夫爲卿辭曰欒枝貞愼先軫有謀胥臣多聞皆可以爲輔臣弗若也乃使欒枝將下軍先軫佐之取五鹿先軫之謀也郄縠卒先軫代之胥臣佐下軍

公子臧曹宣公之子也宣公卒兄負芻殺太子而自立諸侯討而執之歸請京師諸將見子臧於王而立之子臧辭曰前志有之曰聖達節聖人應天命不拘常禮次守節謂賢者下失節愚者妄動爲君非吾節不能聖敢失守乎遂逃奔宋

句須魯施氏之家臣也鮑國去鮑氏而來爲施孝叔

冊府元龜 讓 總錄部 卷之八百一十四 三

臣施氏卜宰句須吉卜立家宰施氏之宰有百室之邑與句須邑使爲宰讓鮑國而致邑焉施孝叔曰子實吉對曰能與忠良吉孰大焉鮑國相施氏忠故齊人取以爲鮑氏後子叔聲伯魯大夫宣公弟叔肸之子公孫嬰齊也初叔孫僑如欲去季氏譖文子於晉晉人執之郄犨之妻聲伯外妹故魯成公使聲伯如晉謝郄犨欲予之邑弗受歸鮑國謂之曰子何以辭苦成叔之邑信讓耶抑知其不可耶對曰吾聞之不厚其棟不能任重重莫如國棟莫如德夫苦成家欲任兩國無大德其不在也亡無日矣譬之如疾余恐易焉苦成氏有三亡少德而多寵位下而欲上政無大功而欲大祿皆怨府也其君驕而多私勝敵而歸必立新家其身之不能定焉能予人邑鮑國曰我信不若子若鮑氏有釁吾不圖矣今子圖遠以讓邑必嘗立矣

吳季札吳子乘之子也乘卒長子諸樊立既除喪將立季札札諸樊少弟季札辭曰曹宣公之卒諸侯與曹人不義曹君曹君公子負芻也殺太子而自立事在成十三年將立子臧子臧去之遂弗爲之以成曹君君子曰能守節君義嗣也諸樊適子故曰義嗣誰敢奸君有國非吾節也札雖不才願附於子臧以無失節故立之棄其室而耕乃舍之傳言季札之讓

冊府元龜 讓 總錄部 卷之八百一十四 四

原季晉大夫文公使爲卿辭曰夫三德者偃之出也以德紀民其章大矣不可廢也三德謂勸文公納襄王以示民義伐原以示信大蒐以示民禮也偃狐偃也使狐偃爲卿辭曰毛之智賢於臣其齒又長毛偃之兄毛也不在位不敢聞命乃使狐毛將上軍狐偃佐之狐毛卒使趙衰代之辭曰城濮之役先且居之佐軍也善軍伐有賞伐功也善君有賞能其官有賞且居有三賞不可廢也且臣之倫箕鄭胥嬰先都在倫出也三子晉大夫乃使先且居將上軍公曰趙衰三

讓其所讓皆社稷之衛也廢讓是廢德也以趙衰之
故蒐于清原作五軍使趙衰將新上軍箕鄭佐之胥
嬰將新下軍先都佐之
韓獻子為晉上卿告老公族穆子有廢疾穆子韓厥長子成十
八年為公族大夫將立之代厥為卿辭曰詩曰豈不夙夜謂行多
露詩言豈欲早夜而行懼露濡己義取非禮不可妄也又曰弗躬弗親庶民
弗信詩小雅譏在位者不躬親政事則庶民不奉信其命言己有疾不能躬親政事無忌不
才讓其可乎請立起也無忌穆子名起無忌弟宣子也與田蘇游而
曰好仁田蘇晉賢人蘇言起好仁詩曰靖共爾位好是正直神之
聽之介爾景福靖安也介助也景大也是小雅言君子當思不出其位求正直之人與之

並立如是則神明順之致大福也恤民為德靖共其位所以恤民正直為正正己
心正曲為直正人曲參和為仁德正直三者備乃為仁如是則神
聽之介福降之立之不亦可乎言起有此三德庚戌使宣子
朝遂老韓厥致仕晉侯謂韓無忌仁使掌公族大夫
士匄晉大夫襄公十三年荀罃士魴卒晉侯蒐于綿
上以治兵為將命軍帥也必蒐而命之所以與衆共使士匄將中軍辭曰
伯游長伯游荀偃昔臣習於知伯是以佐之非能賢也七年
韓厥老知罃代將中軍士匄佐之匄今將讓故謂爾時之舉不以己賢事見九年請從伯游
荀偃將中軍代荀罃士匄佐之代佐如故使韓起將上軍辭
以趙武又使欒黶以武位卑故不聽更命黶辭曰臣不如韓起韓

起願上趙武君其聽之使趙武將上軍武自新軍超四等代荀偃
韓起佐之代佐如故欒黶將下軍魏絳佐之黶亦如故絳自新軍佐超
一等代士魴新軍無帥將佐皆在晉侯難其人使其什吏率其
卒乘官屬以從於下軍禮也得慎舉之禮晉國之民是以
大和諸侯遂睦君子曰讓禮之主也范宣子讓其下
皆讓欒黶為次弗敢違也晉國以平數世賴之刑善
也夫
張老晉大夫悼公使為卿辭曰臣不如魏絳夫絳之
志能治大官其仁可以利公室不忘其勇不疾於刑
其學不廢先人之職若在卿位外內不平且鷄丘之

會其官不犯而辭順不可不賞也公五命之固辭乃
使為司馬使魏絳佐新軍
公子啟楚昭王兄也楚子在城父將救陳卜戰不吉
卜退不吉王曰然則死也再敗楚師不如死前已敗於柏舉
今若退還亦是敗棄盟逃讎亦不如死死一也其死讎乎命
公子申為王不可則命公子結亦不可則命公子啟
子西結子期啟皆昭王兄五辭而後許將戰王有疾王攻大冥
卒於城父大冥陳地吳師所在子閭退曰君王舍其子而讓羣
臣敢忘君乎從君之命順也從君許立立君之子亦順也
二順不可失也與子西子期謀潛師閉塗逆越女之

子章立之而後還潛師密發也開塗不過外僕也越女昭王妾章惠公子郢衛靈公子也初衛侯遊於郊子南僕子南子郢也僕御也公曰余無子將立女蒯聵奔無太子不對他日又謂之對曰郢不足以辱社稷君其改圖君夫人在堂三揖在下三揖卿大夫士君命祗辱言立適當以禮與內外同之今君私命事必不從適爲辱公卒夫人曰命公子郢爲太子君命也對曰郢異於他子言用意不同且君沒於吾手若有之郢必聞之言嘗以臨死爲正且亡人之子輒在輒蒯聵之子出公也靈公適孫乃立輒

齊淳于髡齊王欲以傅太子髡辭曰臣不肖不足以當此大任也王不若擇國之長者而使之

漢張良初以成信侯從漢王漢王六年封功臣良未嘗有戰鬭功高帝曰運籌帷幄中決勝千里外子房功也自擇齊王萬戶良曰始臣起下邳與上會留此天以臣授陛下陛下用臣計幸而時中臣願封留足矣不敢當三萬戶乃封良爲留侯

韋玄成宣帝時爲大河都尉今東平郡本爲齊東郡後王國除入河郡玄成兄弘爲太常丞職奉宗廟典諸陵邑煩劇多罪過父賢以弘當爲嗣故敕令自免恐其有罪見繫妨爲繼嗣故令以疾去官也弘懷謙不去官謂若欲代父爲侯故避謙不肯也以賢病篤弘竟坐宗廟事繫獄罪未決室家問賢當爲後者賢恚恨不肯言於是賢門生博士義倩等與宗家計議博士姓義名倩也宗家賢之同族也共矯賢令使家丞上書言太行爲文書於大行以言其事也以太河都尉玄成爲後賢薨玄成在官聞喪又言當爲嗣玄成深知其非賢雅意即陽爲病狂臥便利妄笑語昏亂便利大小便徵至長安既葬當襲爵以狂不應召大鴻臚奏狀章下丞相御史案驗玄成素有名聲士大夫多疑其欲讓爵辟兄者案事丞相御史乃與玄成書即案驗玄成事者曰古之辭讓必有文義可觀故能垂榮於後今子獨壞容貌蒙恥辱爲狂癡光耀晻而不宣微哉子之所託名也名聲名也僕素愚陋過

爲宰相執事過謬也願少聞風聲不然恐子傷高而僕爲小人也玄成友人侍郎章亦上疏言聖王貴以禮讓爲國宜優養玄成勿枉其志使得自安衡門之下衡門謂橫一木於門上貧者之所居也而丞相御史遂以玄成實不病劾奏之有詔勿劾引拜已受爵宣帝高其節以玄成爲河南太守兄弘太山都尉

張延壽歷位九卿既嗣侯國在陳留別邑在魏郡租入歲千餘萬延壽自以無功德何以能久堪先人大國數上書讓減戶邑又因弟陽都侯彭祖口陳至誠天子以爲有讓乃徙封平原并一國戶口如故而

租稅叔半

後漢朱鮪爲更始大司馬更始封爲膠東王鮪辭曰臣非劉宗不敢干典遂讓不受乃徙鮪爲左大司馬

郭丹更始二年爲諫議大夫更始敗歸鄉太守杜詩請爲功曹丹薦鄉人長者自代而去詩乃嘆曰昔明王興化卿士讓位今功曹推賢可謂至德勑以丹事編署黃堂以爲後法（黃堂太守之廳事）

梁統字仲寧安定烏氏人也更始二年召補中郎將使安集涼州拜酒泉太守會更始敗赤眉入長安統與竇融及諸郡守起兵保境謀共立帥初以位次咸

共推統固辭曰昔陳嬰不受王者以有老母也今統内有尊親又德薄能寡誠不足以當之遂共推融爲河西大將軍

桓榮爲議郎建武中博士缺帝欲用榮榮叩頭讓曰臣經術淺薄不如同門生郎中彭閎揚州從事皐弘帝曰俞往女諧

桓郁榮子也以父任爲郎榮卒郁當襲爵上書讓於兄子汎明帝不許不得已受封悉以租入與之

王閎樂浪郡人爲郡三老更始敗土人王調殺郡守劉憲自稱大將軍樂浪太守建武六年光武遣太守王遵將兵擊之至遼東閎與郡功曹史楊邑等殺王調迎遵皆封爲列侯閎獨讓爵帝奇而徵之道病卒

杜詩爲南陽太守詩自以無勞不安久居大郡求欲降避功臣乃上疏曰陛下亮成天工克濟大業偃兵修文羣帥反旅（反旅謂班師也）海内協和萬世蒙福天下幸甚唯匈奴未譬（一猶曉也）聖德威武二垂（二垂謂西與北也）陵虐中國邊民虛耗不能自守臣恐武猛之將雖勤亦未得辭甲櫜弓也夫勤而不息亦怨勞而不休亦怨怨恨之師難復責功臣伏覩將帥之情功臣之望與一休足於內郡（休足止行役也）然後即戎出命不敢有恨臣愚

以爲師克在和不在衆陛下雖垂念北邊亦當頗泄用之（泄猶離也）昔湯武善御衆故無忿鷙之師（鷙擊也無忿怒而擊也）陛下起兵十有三年將帥和睦士卒鳧藻（言其和睦歡悦如鳧之戲於水藻也）今若使公卿郡守出於軍壘則將帥自厲士卒之復（復謂優寛也）比於宿衛則戎士自伯（士卒得比於郎則人百其勇）何者天下已安各重性命大臣以下咸懷樂土不譬其功而厲其用無以勸也陛下誠宜虛缺數郡以俟振旅之臣重復厚賞加於久役之士如此緣邊屯戍之師競而忘死乘城拒塞之吏不辭其勞則烽火精明守城堅固聖王之政必因人心今猥用愚薄

塞功臣之望誠非其宜臣詩伏自惟忖本以史吏一介之才遭陛下創制大業賢俊在外空乏之間超受大恩收養不稱奉職無效久竊祿位令功臣懷恨誠惶誠恐八年上書乞避功德陛下殊恩未許放退臣詩蒙恩尤深義不敢苟冒虛請誠不勝至願願退大郡受小職及臣齒壯力能經營劇事如使臣詩必有補益復受大位雖折珪受爵所不辭也惟陛下哀矜

帝惜其能遂不許之

范升字辯卿代郡人也建武二年爲議郎遷博士上疏讓曰臣與博士梁恭山陽太守呂羌俱修梁丘易

二臣年並耆艾經學深明而臣不以時退與恭並立深知羌學又不能達聽貪二老無顏於世誦而不行知而不言不可開口以爲人師推博士以避恭羌帝不許然繇是重之

鍾興字次文汝南汝陽人也光武時爲中郎將詔以經授皇太子又使宗室諸侯從興受章句封關內侯興自以無功不敢受爵帝曰先教訓太子及諸王侯非大功耶興曰臣師丁恭於是復封恭而興遂固辭不受爵卒於官

丁鴻字孝公潁川定陵人鴻父綝建武中爲河南太守以功封陵陽侯初綝從世祖征伐鴻獨與弟盛居僕盛幼小而共寒苦及綝卒鴻當襲封上書讓國於盛不報既葬乃挂縗絰於冢廬而逃去留書與盛曰鴻貪經書不顧恩義弱而隨師生不供養死不飯唅皇天先祖並不祐助身被大病不任茅土前上疾狀願辭爵仲公（仲公盛字也）章寢不報迫且當襲封謹自放棄遠求良醫如遂不瘳永歸溝壑後同學鮑駿責以大義乃還就國

鄧彪字智伯南陽人也父邯中興初以功封鄳侯仕至渤海太守彪少勵志修孝行父卒讓國於異弟荊

鳳明帝高其節下詔許焉後終於太傅錄尚書事

劉愷字伯豫愷父般爲宗正封居巢侯卒愷當襲爵讓與弟憲遁逃避封久之章和中有司奏絕愷國章帝美其義特優假之愷猶不出積十餘年至永元十年有司復奏之侍中賈逵上書言之詔特聽焉後爲太尉

李郃爲司徒時北鄉侯病郃陰與少府陶範等謀立順帝會孫程等事先發郃功不顯明年策免將作大匠翟酺上郃潛圖大計以安社稷於是錄陰謀之功封郃涉都侯辭讓不受

徐衡父防封雁鄉侯卒衡當嗣讓封於其弟崇數歲不得已出就爵

郭賀太傅鎮之子也鎮封定頴侯及卒賀以長子當嗣爵讓與小弟時而逃去積數年詔大鴻臚下州郡追之賀不得已乃出受封累遷至廷尉

陳重字景公豫章宜春人也少與同郡雷義爲友俱學魯詩顔氏春秋太守張雲舉重孝廉重以讓義前後十餘通記雲不聽義明年舉孝廉重與俱在郎署後俱拜尚書郎義坐事黜退重見義去亦以病免一日雷義舉茂才讓於陳重刺史不聽義遂陽狂被髮走不應命鄉里爲之語曰膠漆自謂堅不如雷與陳

耿國年平侯況子也建武中爲駙馬都尉父況卒國於次當嗣上疏以先侯爵少子霸固自陳讓詔許焉

桓焉爲太嘗順帝爲皇太子被廢焉與太僕來歷諫之不能得後順帝即位以焉前廷議守正封陽平侯固讓不受

楊賜爲太尉免後桓帝得賜所上張角奏賜初爲司徒上言張角滋暴攻劫州縣簡別流民以孤其勢事留中及前侍講注籍乃感悟詔封臨晉侯邑千五百戸賜與太尉劉寬司空張濟並入侍講自以不宜獨受封賞上書願分戸邑於寬濟帝嘉歎復封寬及濟子

魏王修北海營陵人也初平中北海孔融召爲主簿舉孝廉修讓邴原融不聽融集有融答修教曰原之賢也吾知之以昔高陽氏有才子八人堯不能用舜實舉之原可謂不患無位之士以遺後賢不亦可乎修重辭融答曰掾清身絜己歷世艱難謀而鮮過惠訓不倦余嘉乃勳應乃懿德用先爾于王廷其可辭乎時天下亂遂不行後爲太嘗

蔡邕陳留外黃人也同郡申屠蟠有節行邕深重之及被州辟乃辭讓之曰申屠蟠稟氣玄妙性敏心通喪親盡禮幾於毀滅至行美義人所鮮能安貧樂潛味道守眞不爲燥濕輕重不爲窮達易節方之於邕以齒則長以德則賢後郡召爲主簿不行

崔琰清河東武城人也初爲武帝東曹掾記讓曰徵士邴原議郎張範皆秉德純懿志行忠方清靜足以厲俗貞固足以幹事所謂龍翰鳳翼國之重寶舉而用之不仁者遠

吳嚴畯字曼才彭城人也張昭進之於大帝帝以爲騎都尉從事中郎及橫江將軍魯肅卒帝以畯代肅督兵萬人鎮據陸口衆人咸爲畯喜畯前後固辭曰樸素書生不閑軍事非才而據咎悔必至發言慷慨至于流涕帝乃聽焉世嘉其能以實讓

陳表字文奥武之庶子也爲偏將軍從擊合肥戰死

後追錄功臣封裒兄修爲都亭侯修卒乃封裒爲都亭侯以繼舊表皆陳讓乞以傳修子延大帝不許

晉荀崧爲尚書右僕射從弟𨗴早亡二息序康年各數歲崧迎與共居恩同其子太尉臨淮公荀顗國嗣廢絶朝廷以崧近屬欲以崧子襲封崧哀序孤微乃讓封與序論者稱焉

衛瓘爲征北大將軍以功封一子亭侯瓘乞以封弟未受命而亡子密受封爲亭侯瓘六男無爵悉讓二弟遠近稱之

裴頠爲國子祭酒兼右軍將軍其兄子憬爲白衣頠

論述世勲賜爵高陽亭侯楊駿之誅也以功當封武昌侯頠請以封憬帝竟封頠次子該頠苦陳憬本承嫡宜襲鉅鹿先帝恩旨辭不獲命武昌之封已之所蒙特請以封憬該時尚主故帝不聽頠後爲侍中遷尚書侍中如故加光祿大夫每受一職未嘗不殷勤固讓表疏十餘上博引古今成敗以爲言覽之者莫不寒心

馮恢父爲弘農太守愛少子淑欲以爵傳之恢父終服闋乃還鄉里結草爲廬陽瘖不能言淑得襲爵

顧衆吳郡吳人爲鄱陽太守王敦構逆欲以爲吳興內史衆固辭舉吏部郎桓彝亦讓衆事並不行

熊遠字孝文有志尚縣召爲功曹不起強與衣幘扶之使謁十餘日薦於郡縣是辟爲文學掾遠曰辭大不辭小也固請留縣

前燕陽鶩仕慕容皝爲太尉慨然而歎曰昔常林徐邈先代名臣猶以鬥足任重而終辭三事以吾虛薄何德以堪之固求罷職言甚懇至皝優答不許

前秦王猛仕苻堅爲冀州牧堅召猛爲丞相猛至長安加都督中外諸軍事猛辭讓再三堅不許後爲尚書令轉司徒錄尚書事猛辭以無功不拜其後數年

復授司徒猛復上疏曰臣聞乾象盈虛惟后則之位稱不才官非則曠鄭氏翼周仍世載詠王叔昧寵政替身亡斯則成敗之殷監爲臣之炯戒竊惟鄙宰崇重參路天階宜妙盡時賢對揚休命魏祖以文和爲公貽笑孫后千秋以一言致相匈奴哂之臣何庸猗而應斯舉不但取嗤鄰遠實令爲虜輕秦昔東野窮馭顏子知其將弊陛下不復料度臣之才力私懼敗亡是及且上虧憲典臣何顏處之雖陛下私臣其如天下何願迴日月之鑒矜臣後悔使上無過授之謗臣蒙覆燾之恩堅竟不從

朱蔡景玄與宗子也與宗薨遺令薄葬奏還奉爵追
贈後授景玄固辭不受文奏還封表疏千餘上見許
詔曰景玄表如此故散騎常侍中書監左光祿大夫
開府儀同三司樂安縣開國伯興宗忠格立朝謀猷
宜著往屬時難勳亮帷幄錫珪分壤實允通誥而懇
誠慊祈備彰存沒廉槩素情有槩聲執景玄固陳先
志良以憮然雖彝典宜全而哀款難奪可特申不顒
之請永矜克讓之風

孔顗會稽山陰人初爲衡陽王義季安西主簿領南
義陽太守轉署記室奉牋固辭曰記室之局實惟華

要自非文行秀敏莫或居之顗遜業之學無聞於鄉
部情遊之貺有編於疲農直山淵藪引用不遐棄故
得抃風撫潤憑附彌年今日之命非所敢冐昔之學
優文富猶尚斯難況顗能薄質魯亦何容易顗聞居
方辨物君人所以官才陳力就列自下所以奉上顗
雖不敏嘗服斯言今竊藉惟舊舉非尚德恐無以提
衡一隅僉允視聽者也伏願皇天明炤其心乞改今
局授以閑曹則鳧鶴從方所憂去矣又曰夫以記室
之要且須通才敏思加性情倫密若顗學不綜實性
又疏惰何可以屬之祕記秉筆文闈儆吹之末方所
非濫顗少淪嘗簡本無遠植榮進之願何能忘懷若
實有螢爝增暉光景固其騰聲之日飛藻之辰也豈
敢自求從容保其淡逸伏願矜其曾拙業之有地則
曲成厚施終始優渥義季不能奪遂得免

南齊吳達之義興人也少有義行爲鄉里所稱郡命
爲主簿固以讓兄又讓世業舊田爲族弟弟亦不受
田遂閑廢建元二年詔表門閭

褚賁淵之長子也建元初爲侍中淵卒上表稱疾讓
封與弟蓁永明八年蓁改封巴東郡侯明年表讓封
還賁子霽詔許之

蔡陽公則爲中護軍寧都侯公則卒子瞟嗣有罪國
除高祖以公則勳臣特詔聽庶長子眺嗣眺固讓歷
年乃受

後魏李承字伯業鎮國大將軍燉煌公寶之子也太
武時爲爵姑臧侯寶卒承應傳先封以自有爵乃讓
弟茂時論多之文成時爲龍讓將軍滎陽太守卒

裴詢爲散騎常侍時大邑中正闕司徒召詢爲之詢
族叔昞自陳情願此官詢遂讓焉時論善之

封萬護父勅文爲鎮西將軍賜爵天水公獻文天安
元年五月卒萬護以長子讓爵於弟翰於時讓者唯

爲護及元氏侯趙辟惡子元伯讓其弟次興朝廷義
而許之
王肅爲輔國將軍長史賜爵開陽伯肅固辭伯爵許
之
崔光韶初除奉朝請與弟光伯雙生操業相侔特相
友愛遂經吏部尚書李冲讓官於光伯辭色懇至冲
爲奏聞孝文嘉而許之太和二十年以光韶爲司空
行參軍復請讓從叔和日臣誠微賤未登讓品屬逢
唐朝耻無讓德和亦謙退辭而不當孝武善之遂以
和爲廣陵王國常侍

崔光爲侍中領著作與李彪共撰國書光以彪意在
專功表辭侍中著作以讓彪宣武不許其子勵除祕
書郎中以父光爲著作固辭不拜
路侍慶陽平清淵人有幹用與廣平宋飜俱知名爲
鄉閭所稱相州刺史李安世並表薦之太和中除奉
朝請侍慶以從兄文舉有才望因推讓之孝文遂並
拜焉
盧同爲撫軍將軍兄綉少多大言常云公侯可致至
此始爲都水使者同啟求廻身二階以加綉遂除征
安州刺史論者稱之

賓瑗字世珍遼西傕陽人也爲爾朱榮北道大行臺
左丞從榮東討葛榮事平封容城縣開國伯邑五百
戶後除征虜將軍通直散騎常侍仍左丞瑗乞以容
城伯讓兄叔珍詔聽以新書男轉授之叔珍録是位
至太山太
李謐相州刺史晏世之少子好學博通諸經以公子
徵拜著作佐郎辭以授弟郁詔許之
盧道將字祖憔祕書監淵之長子淵卒襲父爵固安
伯而讓其第八弟道舒有司奏聞詔曰長嫡承重禮
之大經何得輒授也而道將引清河國王常侍韓子

熙讓弟仲穆曾陽男之列尚書李平重申奏詔乃聽
後爲燕郡太守司徒司馬
韓子熙麒麟之子爲清河王懌郎中令初麒麟以爵
讓弟顯宗不受子熙緣父素懷卒亦不襲及顯宗卒
子熙別蒙賜爵讓弟仲穆
北齊段韶爲武衛將軍封下雒縣男後以恩賜父榮
姑臧縣侯其下雒縣男啟讓繼母弟寧安文宣受禪
別封霸城縣侯韶讓其繼母弟孝言論者美之
司馬子如爲太尉兄子膺之自尚書郎歷中書黃門
郎子如別封須昌縣公廻授膺之

封隆之爲儀同三司表以先爵富城子及武城子轉授弟子孝琬等朝廷嘉而從之

李元忠爲太常卿殷州大中正後以從兄瑾年長以中正讓之

後周楊寬事魏爲華州別駕孝莊反正拜華州大中正封澄城縣伯孝武末請以澄城縣伯讓兄穆詔許之

陸通吳郡人也父政爲文帝行臺左丞原州長史封爵中都縣伯通以軍功又別封都昌伯及政卒乃讓父爵中都縣伯令弟逞襲之

隋乞伏慧馬邑鮮卑人也爲大將軍豫平尉遲迥功進位柱國賜爵西河郡公邑二千戶賚物二千二百段請以官爵讓兄朝廷不許論者義之

楊文思父寬開皇初爲左光祿大夫封正平郡公文思當襲父爵自以非嫡遂讓封於弟文紀當世多之

唐徐世勣父蓋爲上柱國舒國公詔宜封濟陰郡王食邑五千戶蓋後竟辭王爵許之

劉審禮刑部尚書彭城郡公德威之子貞觀中爲左驍衛郎將丁父憂服闋當襲爵累表讓弟朝議不許

許誠惑當襲爵讓弟誠言誠言固辭竟封誠惑制曰鴻臚少卿許誠惑門襲建侯地應立長而業存友愛嘗推邑以成名弟且能賢復讓封於義嗣是彰德舉足附前徽宜取正於承家俾有明於合禮可封璧山縣開國侯食邑一千戶

泉獻誠高麗人也則天天授元年遷左衛大將軍時內出金銀寶物令宰相於南北衙文武官內擇能射者五人共賭之內史張光輔先讓獻誠爲第一獻誠復讓右玉鈐衛大將軍薛咄摩之摩之又讓獻誠旣而獻誠奏曰陛下令簡能射五人所得者多非漢官也臣恐自此後無漢官功射之名伏望停寢此射則天嘉而從之

孔戢字方舉父岑著作郎屬季父巢父死難德宗憫悼加等俾與子姪一人官因授戢修武尉戢以長兄未仕固乞迴授後終京兆尹

梁張佶不知何郡人也唐乾寧初劉建峯據湖南獨邵州不賓命都將馬殷討之朞歲未尅而建峯爲部下所殺軍亂隣寇且至是時佶爲行軍司馬屬潭人謀帥曰張行軍郎所奉也佶不得已而視事旬日之間威聲大振寇亦解去乃謂將吏曰佶才能不如馬公况明庭重藩非其人不可因以牘召殷殷亦不疑

稟命而至佶受拜謁禮畢命升階讓殷爲帥佶即趨下率衆拜賀乃自請率師代殷攻郃州下之復爲行軍司馬垂二十年

册府元龜

冊府元龜

巡按福建監察御史臣李嗣京　訂正

新建縣舉人　臣　戴國士參閱

知建陽縣事　臣　黄國琦較釋

總録部六十五

誠感　陰德

誠感

禮曰至誠如神易曰觀其所感而天地萬物之情可見矣蓋夫鍾最靈之質胸中和之氣精懇内激寘期潛會乃至湍流自却金石爲開集天澤於旱暵燭異

光於幽晦神交於夢寐德柔於猛鷙殊類擾伏奇徵協應以至獄靈通感海神助順品物效止衆口不欺斯固錄衷以發寂然而通以至情而格于神明君子之爲貴者也

楚熊渠子夜行見寢石以爲伏虎彎弓而射之沒金飲羽下視知其石也因復射之矢摧無跡

漢李廣嘗出獵見草中石以爲虎而射之中石沒矢視之石也他日射之終不能入矣廣位至前將軍

王尊成帝時爲東郡太守久之河水盛溢泛浸瓠子金隄老弱奔走恐水決爲害尊躬率吏民投沈白馬劾水神河伯尊親執圭璧使巫策祝請以身塡金隄因止宿廬居隄上吏民數千萬人爭叩頭救止尊終不肯去及水盛隄壞吏民皆奔走唯一主簿泣在尊旁立不動而水波稍却廻還吏民嘉壯尊之勇節

後漢許楊汝南人太守鄧晨署楊都水掾使復立鴻郤陂豪右大姓因緣陂役競欲辜較在所楊一無聽遂共譖楊受取賂晨遂收楊下獄而械輒自解獄吏恐遽白晨驚曰晨果濫矣太守聞忠信可以感靈今其效乎卽夜行楊遣歸時天大陰晦道中若有火光炤之時人異焉

陳弇以尚書教授躬自耕種嘗有黄雀飛來隨弇翱翔

諒輔廣漢人仕郡爲五官掾時夏天旱太守自出祈禱山川連日而無所降轉乃自暴庭中慷慨呪曰輔爲股肱不能進諫納忠薦賢退惡和調陰陽承順天意至令天地否隔萬物焦枯百姓喁喁無所訴告咎盡在輔今郡太守改服責巳爲民祈福精誠懇到未有感激輔今敢自祈請若至日中不雨乞以身塞無狀於是積薪柴聚茭茅以自環搆火其傍將自焚焉未及日中時而天雲晦合須臾澍雨一郡沾潤世以

此稱其至誠

范式字巨卿與張元伯爲友元伯卒式忽夢見元伯玄冕垂纓屣履而呼曰巨卿吾以某日死當以爾時葬永歸黃泉子未我忘豈能相及式恍然覺寤悲歎泣下具告太守請往奔喪太守雖心不信而重違其情許之式便服朋友之服投其葬日馳往赴之式未及到而喪已發引旣至壙將窆而柩不肯進其母撫之曰元伯豈有望耶遂停柩移時乃見有素車白馬號哭而來其母望之曰必是范巨卿旣至叩喪言曰行矣元伯死生路異永從此辭會葬者千人咸爲揮

涕式自執紼而引柩於是乃前式後位至廬江太守

魏管寧北海人避難至于遼東所居左右無鬬訟之聲禮讓移於海表文帝卽位徵寧將家屬浮海還郡寧之還也在海中遇暴風船皆沒唯寧乘船自若時夜風晦冥船人盡惑莫知所泊望見火光輒趨之得島島無居人又無火燼行人咸異焉以爲神光之祐也後復以安車徵之會寧卒

朱冲南安人居近夷俗羌戎奉之若君冲亦以禮讓爲訓邑里化之路不拾遺村無凶人毒蟲猛獸皆不爲害卒以壽終

晉嵇康遇王烈共入山烈嘗得石髓如飴卽自服半餘半與康皆凝而爲石又於石室中見一卷素書遽呼康往取輒不復見烈乃歎曰叔夜志趣非常而輒不遇命也其誠心所感每遇幽異如此坐至中散大夫

徐苗有志行嘗宿亭舍有神告亭壞遽出得免苗雖徵辟皆不就

束皙陽平元城人太康中郡界大旱皙爲邑人請雨三日而雨洽衆謂皙誠感爲作歌曰束先生通神明請天三日甘雨零我黍以育我稷以生何以疇之報

束長生皙官至尚書郎

陸機吳郡人有駿犬名曰黃耳機在雒謂犬曰我家絕無書信汝能齎書取消息不犬搖尾作聲機乃爲書以竹筩盛之而繫其頸犬尋路南走遂至其家得報還雒其後因以爲常後河間王顒假機後將軍河北大都督

董景道永平中知天下將亂隱於商雒山衣木葉食樹果彈琴歌笑以自娛毒蟲猛獸皆繞其傍是以劉元海及聰屢徵皆礙而不達以壽終

顏含二親旣終兩兄旣沒次嫂樊氏因疾失明含課

厤家人盡心奉養每日自嘗省藥餌察問息耗必簪
屨束帶醫人疏方應須蚺蛇膽而尋求備至無繇得
之含憂嘆累時嘗晝獨坐忽有一青衣童子年可十
三四持一青囊授含開視乃蚺膽也童子逡巡出戶
化成青鳥飛去得膽藥成嫂病即愈繇是著名爲光
祿勳致仕卒喪在殯而鄰家失火移棺紼斷火將至
而滅僉以爲淳誠所感也
郭文隱居餘杭大壁山中窮谷無人之地倚木於樹
苫覆其上而居焉亦無壁鄣時猛獸爲暴入屋害人
而文獨宿十餘年卒無患害嘗著鹿裘葛巾不飲酒

食肉區種菽麥嘗有猛獸忽張口向文文視其橫骨
乃以手探去之猛獸明旦致一鹿於其室前
羅含爲當侍侍中在官舍有一白雀棲集堂宇及致
仕還家階庭忽蘭菊叢生以爲德行之感焉
徐義爲慕容永所獲械理其足將殺之義誦觀世音
經至夜中土開械脫於重禁之中若有人導之者遂
奔楊佺期佺期以爲雒陽令
宋謝述少有志行隨兄純在江陵純遇害述奉純喪
還都行至西塞値暴風純喪舫漂流不知所在述尋
小船尋求之經純妻庾舫過庾遣人謂述曰喪舫存

沒已應有在風波如此豈可小船所冒小郎去必無
及寧可存亡俱盡邪述泣答曰若安全至岸當須營
理如其已致意外述亦無心獨存因冒浪而進見純
喪幾沒述號叫呼天幸而獲免咸以爲精誠所致也
高祖聞而嘉之述後位至吳興太守
南齊江泌性行仁義衣弊蝨饑死乃復取置衣中數
日間終身無復蝨後武帝以爲南康王侍讀卒
顧歡晩節服食不與人通每旦出戶山鳥集其掌取
食事黃老道解陰陽書詔以太學博士徵之不就
謝昌寓陳郡人也爲廣州參軍孝性甚至嘗養一鴝

昌寓疾二旬而鴝二旬不食昌寓亡而鴝遂飛去
虞原爲晉平太守郡舊出蚺蛇膽可爲藥有餉愿蛇
者愿不忍殺放於二十里外山中一夜蛇還牀下復
送四十里經宿復還故處愿更令遠送乃不復歸論
者以爲人心所致也
盧度始與人有道述少隨張永北征永敗虜追急阻
淮水不得度過度心誓曰若得免死從今不復殺生
須臾見兩楯流來接之得免復隱居西昌三顧山鳥
獸隨之夜有鹿觸其壁度曰汝壞我壁鹿應聲去屋
前有池養魚魚次第來取食乃去永明末以壽終

何黙盧江灊人也累徵不就少時嘗患渴痢積歲不愈後在吳中石佛寺建講於講所晝寢夢一道人形貌非常授丸一掬夢中服之自此而差時人以爲淳德所感

何胤居虎丘西寺講論經義嘗禁殺有虞人逐鹿鹿徃來趍何伏而不動又有異鳥如鶴紅色集講堂馴狎如家禽焉後詔徵爲侍中不就卒

韋咢初爲梁邵陵王王簿侯景之亂咢兄昂卒於京城咢負尸出寄于中興寺求棺無所得咢哀憤慟哭忽見江中物流至竊竊異之徃視乃新棺也因以充殮元帝聞之以爲精誠所感

陳王固爲梁元帝相國戶曹屬掌晉記聘于西魏固宴饗之際請停殺一羊於固前跪拜

後周王思政初爲太祖丞相中軍大將軍雖被任委自以非相府之舊每不自安太祖在同州與羣公宴集出錦罽及雜綾絹數段命諸將樗蒲取之物旣盡太祖又觧所服金帶令諸人遍擲曰先得盧者卽與之羣公將軍莫有得者次至思政乃斂容跪坐而自誓曰王思政羇旅歸朋蒙宰相國士之遇方願盡心効命上報知己若此誠有實令宰相賜知者願擲卽爲盧若内懷不盡神靈亦當明之使不作也便當殺身以謝所奉辭氣慷慨一坐盡驚卽拔佩刀横於膝上覧樗蒲拊髀擲之比太祖止之擲爲盧矣徐乃拜而受自此之後太祖倚待更深轉驃騎將軍

李遠爲都督嘗較獵於莎栅見石爲叢薄中以爲伏兎射之而中鏃入寸餘就而視之乃石也太祖聞而異之賜書曰昔李將軍廣親有此事公今復爾可謂世載其德雖熊渠之名不能獨擅其美

張元字孝始河北芮城人年六歲村陌有狗子爲人所棄者元見卽收而養之其叔父怒曰何用此爲將

將欲更棄之元對曰有生之類莫不重其性命若天生天殺自然之理今爲人所棄而死非其道也若見而不收養無仁心也是以收而養之叔父感其言遂許焉未幾乃有狗母銜一死兎置元前而去

隋王伽河間章武人開皇末爲齊州行參軍初無雅稱後被州使送流囚李參等七十餘人詣京師時制流人並枷鏁傳送伽行次滎陽伽哀其辛苦悉呼而謂之曰卿輩旣犯國刑虧損名教身嬰縲紲此其職也今復重勞援卒豈獨不媿於心哉參等辭謝伽曰汝等雖犯憲法枷鏁亦大苦吾欲與汝等脫去行至

京師總集能不違期否皆拜謝曰必不敢違御於是悉脫其枷停援卒與期日某日當至京師如致前却吾當爲汝受死舍之而去流人感悅依期而至一無離叛帝聞而驚異之召見與語稱善久之於是悉召流人并令携負妻子俱入賜宴於殿庭而赦之擢御爲雍令

郭儁字弘文太原文水人家門雍穆七葉共居犬豕同乳烏鵲通巢時人以爲義感之應州縣上其事高祖遣平昌公宇文弢詣其家勞問之持書御史柳彧巡省河北表其門閭

唐裴寂字玄眞年十四州補主簿隋開皇中爲左親衛家貧無以自業每徒步詣京師嘗至華岳因祭神而祝曰裴玄眞窮困至此敢修誠謁神神之有靈鑒其運命若富貴可期當降吉夢再拜而去夜夢白頭翁謂寂曰卿年四十以後方可得志終當位極人臣耳

唐臨爲萬泉丞縣有輕囚十數人會春暮時雨臨白令請出之令不許臨曰明公若有所疑臨請自當其罪令因請假臨召囚悉令歸家耕種與之約期令歸繫所囚等皆感恩貸至時畢集詣獄臨因是知名

王隴德本蕩卽王藏仁之蒼頭也藏仁父母先沒未獲合葬旣而從役物故其妻孀居旁無親屬隴德迎致其屍并其父母而葬之因廬其墓以負土成墳每有雉悲鳴於墳上焉太宗幸長春宮記表其閭

王義方坐與張亮交遊貶授儋州吉安丞行至南海舟人將以酒脯致祭義方曰黍稷非馨義在明德乃酌水而祭爲文曰思帝鄉而北顧望海浦而南浮必也行忽諸已義負前修長鯨擊水天吳覆舟如因忠獲戾以孝見尤四維霧廓千里安流靈應如響無作神羞時當盛夏風濤蒸毒旣而開霽南渡數歲改授

洹水丞

歸崇敬大曆中爲倉部郎中充冊立新羅王使至海中流波濤迅急舟船壞漏衆咸驚駭舟人請以小艇載崇敬避禍崇敬曰舟人凡數百我何獨濟逡巡波濤稍息竟免爲害

李康成少好勇不徇小節自布素中以飲愽爲事漁陽士子多忌之曾一日與諸遊俠輩釣于桑乾赤欄橋之側自以酒禱曰吾若有幽州節度分則獲一大魚俄有餌釣者隨守持之得鯉魚長三尺餘人甚異焉後果鎭幽州

後唐內臣張承業爲監軍夾城之役遣承業求援於鳳翔時河中阻絕自離石渡河春氷方泮凌澌奔蹴艤舟不得渡因禱河神是夜夢神人謂曰子但渡流氷無患旣寤津吏報曰河氷合矣凌晨踐氷而濟旋踵氷觧

周徐台符晉末爲翰林學士契丹之陷中原也台符從虜帳北至於薊門及戎人內潰乃竄身南歸初台符所乘馬性好嘶鳴及自虜中廻嘗露宿於草中雖胡騎連羣經其左右而台符馬若箝其口然及行至漢地卽嘶鳴如故時人以爲積善之所感也

段希堯初任晉爲右諫議大夫使于吳越及乘舟汎海風濤暴越檝師僕從皆相顧失色希堯謂左右曰吾平生履行不欺暗室昭昭天鑒豈無祐乎汝等但以吾爲託必當無患言訖而風止乃獲利涉

陰德

夫明晦之際雖則有殊而善惡之報誠亦無忒是以爲善則錫之福而昌厥世爲惡則降之咎而殛其身蓋如影響之相須符契之胥合者也若乃濟危難恤羈孤愼罰緩死以存乎性命危言切諫以申乎幽寃洎及骼胔之類鳥獸之微莫不形惻隱之心成全活之惠故能恩洽於物慶流於家成必大之徵享無疆之祐貽孫翼子乃公乃侯足以見天道不之誣人心之可復者爾

魏顆父武子爲晉大夫有嬖妾無子武子疾命顆曰必嫁是疾病（疾甚日病）則曰必以爲殉及卒顆嫁之曰疾病則亂吾從其治也及輔氏之役顆見老人結草以亢杜回（亢禦也杜回秦之力士）杜回躓而顚故獲之夜夢之曰余而所嫁婦人之父也爾用先人之治命余是以報

韓厥晉人感晉景公紹趙孤之子武以成程嬰公孫杵臼之義此天下之陰德也韓氏之功於晉未覩其大者也然與趙魏終爲諸侯十餘世宜乎哉

孫叔敖楚人初爲兒出遊歸遂憂而不食其母問其故流而對曰吾聞見兩頭蛇必死吾恐人又見之殺而埋之母曰無憂汝不死矣吾聞有陰德者天必報之以福果不死矣

漢丙吉字少卿武帝末巫蠱事起吉以故廷尉監徵詔治巫蠱郡邸獄連歲不決後元二年武帝疾往來長楊五柞宮（長楊五柞宮並在盩厔往來二宮之間）望氣者言長安獄中有天子氣於是帝遣使者分條中都官詔獄繫（條謂疏錄之）亡輕重一切皆殺之內者令郭穰夜到郡邸獄

吉閉門拒使者不納曰皇曾孫在他人亡辜死者猶不可況親曾孫乎相守至天明不得入穫還以聞因劾奏吉武帝亦寤曰天使之也因赦天下郡邸獄繋者獨賴吉得生恩及四海也吉拒閉使者天子感寤乃普赦天下其郡邸繋于獄者旣因吉得生而赦宥之恩遂及四海也及曾孫立是爲宣帝吉爲人深厚不伐善自曾孫遭遇吉絶口不道前恩遭遇謂升大位也故朝廷莫能明功也後帝知吉有厚恩封吉爲博陽侯邑千三百戸臨當封吉疾病帝將使人加紼而封之及其生存也紼繫印之系也帝憂吉疾不起太子太傅夏侯勝曰此未死也臣聞有陰德者必饗其樂以及

子孫今吉未獲報而疾甚非其疾也後病果愈後五歲代魏相爲丞相

于定國父于公史失其名其閭門壞父老方共治之閭門里門也于公謂曰少高大閭門令容駟馬高車我治獄多陰德未嘗有所寃子孫必有興者至定國爲丞相永爲御史大夫封侯傳世

王翁孺爲綉衣御史逐捕羣盜及吏畏懦逗留當坐者翁孺皆縱不誅以奉使不稱嘆曰吾聞活千人有封子孫吾所活者萬餘人後世其興乎

後漢何敞六世祖比干字少卿經明行修兼通法律爲汝陰縣獄吏決曹掾平活數千人一云比干武帝時爲廷尉與張湯同時湯持法深而比干務仁恕數與湯爭雖不能盡得然所濟活者以千數後爲丹陽都尉獄無寃囚淮汝號曰何公武帝征和三年三月辛亥天大陰雨比干在家日中夢貴客車騎滿門覺以語妻語未已而門有老嫗可八十餘頭白求寄避雨雨甚而衣履不霑漬雨止送至門乃謂比干曰公有陰德今天賜君策以廣公之子孫因出懷中策符狀如簡長九寸凡九百九十枚以授比干子孫佩印綬者當如此算比干年五十八有男六又生三子宣帝本始元年自汝陰徙平陵代爲名族臣欽若等曰案後漢書比干生

蜀郡太守壽壽生京輔都尉顯顯生光祿大夫鄖鄖生濟南太守寵寵生五官中郎將敞也

鄧禹爲太傅嘗歎曰吾將百萬之衆未嘗妄殺一人其後代必有興者禹子陔又言嘗聞活人者子孫有封兄訓爲使者修石臼河歲活數千人天道可信家必蒙福臣欽若等曰按後漢書訓子騭悝弘閶皆封萬戸侯訓女即和熹皇后也

虞詡陳國武平人祖父經爲郡縣獄吏按法平允務存寛恕每冬月上其狀嘗流涕隨之嘗稱曰東海于公高爲里門而其子定國卒至丞相吾決獄六十年矣雖不及于公其庶幾乎子孫何必不爲九卿邪故字詡曰升卿詡後爲司隸校尉尚書僕射

梁商曾祖父統更始二年爲中郎將安集凉州商女即順烈皇后也后少善女工好讀書史商深異之竊謂諸弟曰我先人全濟河西所活者不可勝數雖大位不究而積德爲報若慶流子孫者儻興此女乎

袁安字邵公好學有威重明帝朝爲楚郡太守治楚王獄所申理者四百餘家皆蒙全濟安遂爲名臣章帝時至司徒生蜀郡太守京弟敞爲司徒京子湯爲太尉湯四子長子平平弟成左中郎將成弟逢逢弟隗皆爲公

楊震華陰人父寶年九歲時至華陰山北見一黄雀

爲鴟梟所搏墜於樹下爲螻蟻所困寶取之以歸置巾箱中唯食黄花百餘日毛羽成乃飛去其夜有黄衣童子向寶再拜曰我王母使者君仁愛救拯實感成濟以白環四枚爲寶令君子孫潔白位登三事如此環矣臣欽若等曰按後漢書震與子秉曾孫彪俱爲太尉孫賜爲司徒

王忳廣漢新都人嘗詣京師於空舍見一書生疾困愍而視之書生謂忳曰我當到雒陽而被病命在須臾腰下有金十斤願以相贈死後乞藏骸骨未及問姓名而命絶忳即鬻一斤營其殯葬餘金悉置棺下久無知者後歸數年縣署忳大度亭長初到之日有馬馳入亭中止其日大風飄一繡被復墮忳前即言之於縣縣以歸忳忳後乘馬到雒縣馬遂奔走牽忳入宅舍主人見之喜曰今擒盜矣問忳所繇得馬忳具說其狀并及繡被主人悵然良久乃曰被隨旋風與馬俱亡卿何陰德而致此二物忳自念有葬書生事因說之并道書生形貌及埋金之處主人大驚號曰是我子也姓金名彦前往京師不知所在何意卿乃葬之大恩久不報天以此章卿德耳忳悉以被馬還之彦父不取又厚遺忳忳辭讓而去時彦父爲州從事因告新都令假忳休息自迎彦喪餘金具存

忳繇是顯名

晋孔愉以討華軼功封餘不亭侯愉嘗行經餘不亭見籠龜於路者愉買而放之溪中龜中流左顧者數四及是鑄侯印而印龜左顧三鑄如初印工以告愉乃悟遂佩焉

毛寶初在邑武軍人有如市買得一白龜長四五寸養之漸大放於諸江中邾城之敗養龜人被鎧持刀自投於水中如覺墮一石上視之乃先所養白龜長五六尺送至東岸遂得免焉

殷仲堪遊於江濱見流棺接而葬焉旬日間門前之

溝忽起爲岸其夕有人通仲堪自稱伯玄云感君之惠無以報也仲堪因問門前之岸是何祥乎對曰水中有岸其名爲洲君將爲州言終而沒至是果臨荆州

後魏高允爲中書侍郎轉令監評刑三十餘載中外稱平以孝文太和十一年卒年九十八初允每謂人曰吾在中書有陰德濟救民命若陽報不差吾壽應享百年矣先卒旬外微有不適尤不寢臥呼醫請藥出入行止吟詠如常高祖文明太后聞而遣醫李循往脉視之告以無恙循入密陳允榮衛有異懼其不

久於是遣使備賜御膳珍羞自酒米至於鹽醢百有餘品皆盡時味及牀帳衣服茵被几杖羅列於庭王官往還慰問相屬允喜形於色語人曰天恩以我篤老大有所賚得以贍客矣表謝而已不有他慮如是數日夜中卒家人莫覺

唐徐有功則天時爲司刑丞酷吏周興來俊臣丘神勣等搆陷無辜皆抵極法詔下大理者有功皆議出之前後濟活數十百家累遷司刑少卿以諫奏枉誅者三經斷死而執志不渝酷吏錄是少衰時人比漢之于張焉先是潤州刺史竇孝諶妻龐氏爲奴所誣當坐斬有功明其無罪於是龐氏減死有功至則天長安中卒玄宗踐祚孝諶子希瑊等請以身之官爵讓有功子倫以報舊恩倫繇是自太子司議郎遷恭陵令

陸元方則天時爲宰相臨終曰吾陰德於人多矣其後庶幾福不衰矣元方子象先爲玄宗宰相景倩爲監察御史景融爲工部尚書景獻爲屯田員外郎景胤爲庫部郎中皆有美譽

裴度爲東都留守文宗太和九年十一月李訓王涯賈餗舒元輿等被誅其親屬門人從坐者數十百人

下獄訊劾欲加流竄度上疏理之全活者數十家

冊府元龜

巡按福建監察御史臣李嗣京 訂正
分守建南道左布政使臣胡維霖 參閱
知建陽縣事臣黄國琦較釋

總録部六十六

訓子

傳曰父慈而教蓋父子之道篤乎天性愛之所鍾咸欲其善誘掖導必以義方兼資以恭奬勵其志故士之克荷世德有立於世者未始不先乎嚴君之誨也是以子之能仕則曰父教之忠不就師傅則曰父

之罪也然則於其幼也嘗視無誑及其長也弗納於邪至於女子之有行亦結褵以申戒故能宜於夫族正其家道至於天倫致美義篤於昆弟猶子均愛情厚於諸父率有嘉話申乎勸率弁而述之咸可尚矣

周公相成王而使其子伯禽代就封於魯周公戒伯禽曰我文王之子武王之弟成王之叔父我於天下亦不賤矣然我一沐三捉髮一飯三吐哺起以待士猶恐失天下之賢今子之魯慎無以國驕人又曰君子不施其親 施易也不以他人之親易己之親 不使大臣怨乎不以 以用也怨不見聽用 故舊無大故則不棄也無求備於一人 大故謂惡逆之事 又曰善則得之不善則失之故君子於其身也且猶善則得之不善則失之况教其子孫乎

范武子晉大夫也將老 老致仕初受隨故曰隨武子后更受范復為范武子 召文子曰燮乎吾聞之喜怒以類者鮮 文子士會之子燮其名 易者實多 易遷怒也 詩曰君子如怒亂庶遄沮君子如祉亂庶遄已 詩小雅小遄速也沮止也祉福也 君子之喜怒以已亂也弗已者必益之郤子其或者欲已亂於齊乎不然余懼其益之也余將老使郤子逞其志庶有豸乎 豸解也欲使郤子從政快志以止亂 爾從二三子唯敬 二三子晉諸大夫 乃請老後文子暮退於朝武子曰何暮也對曰有秦客廋辭於朝

廋隱也謂以隱伏譎詭之言問於朝也 大夫莫之能對也吾知三焉武子怒曰大夫非其能也能讓父兄也爾童子而三掩人於朝吾不在晉國亡無日矣擊之以杖折委笄 委貌冠笄簪也

孔子謂其子鯉曰女為周南召南矣乎人而不為周南召南其猶正牆面而立也與 周南召南國風之始樂得淑女以配君子三綱之首五教之端故人而不為如向牆而立 陳亢問於伯魚曰子亦有異聞乎 亢以伯魚孔子之子所聞當有異 對曰未也嘗獨立 獨立謂孔子 鯉趨而過庭曰學詩乎對曰未也不學詩無以言鯉退而學詩他日又獨立鯉趨而過庭曰學禮乎對曰未

也不學禮無以立鯉退而學禮聞斯二者陳亢退而喜曰問一得三聞詩聞禮又聞君子之遠其子也

孟釐子魯大夫病且死誡其嗣懿子曰孔丘聖人之後聖人謂商湯滅於宋孔子六世祖孔父嘉為宋華督所殺其子奔魯也其祖弗父何始有宋而嗣厲公弗父何孔父嘉之高祖宋愍公之長子厲公之兄也何嫡嗣當立以讓厲公也及正考父佐戴武宣公正考父弗父何之曾孫三命茲益恭故鼎銘云三命上卿也考父廟之鼎一命而僂再命而傴三命而俯循牆而走亦莫敢余侮饘於是粥於是以餬余口其恭如是吾聞聖人之後雖不當世今有達者今孔丘少年好禮其達者歟吾即沒若必師之及

釐子卒懿子與魯人南宮敬叔往學禮焉

曾參仲尼弟子也參有疾其子曾元抑首曾華奉足曾子曰微乎吾無顏氏之言吾何以告汝哉雖然君子之務亦大有之矣夫鹿以山為卑而增巢乎其上魚鼈黿鼉以淵為淺而滑穴乎其中卒其所以得者餌也故君子能無以利害義則辱奚繇至哉

漢張負以女孫嫁陳平戒其孫曰毋以貧故事人不謹事兄伯如事迺父嫂如事迺母迺汝也

石奮號萬石君以上大夫祿歸老于家徙居陵里茂陵邑中之里中子內史慶醉歸入外門不下車奮聞之不食慶恐肉袒謝請罪不許舉宗及兄建肉袒萬石君讓曰內史貴人入閭里里中長老皆走匿而內史坐車中自如固當此譏責之也言內史貴人正固當爾迺謝罷慶告令去慶及諸子入里門趨至家

王吉為昌邑中尉坐昌邑王淫亂不能輔道被刑後戒子孫毋為王國吏子駿遷趙內史道病免官歸

韓延壽為左馮翊棄市三子皆為郎吏且死屬其子勿為吏以已為戒子皆以父言去官不仕至孫威乃復為吏

尹賞為執金吾病疾且死戒其諸子曰丈夫為吏正

坐殘賊免追思其功效則復進用矣一坐軟弱不勝任免終身廢棄無有赦時其羞辱甚於貪汙坐贓慎毋然賞四子皆至郡守長子立為京兆尹皆尚威嚴有治辦名

後漢陳寵父咸成哀間以律令為尚書性仁恕常戒子孫曰為人議法當依於輕雖有百金之利慎無與人重比

王丹子有同門生喪親家在中山白丹欲往奔慰結侶將行丹怒而撻之冊怒撻之五十令寄縑以祠焉寄白二疋以祠焉或問其故丹曰交道之難未易言也世稱管鮑次

則王貢丹官至太子太傅遜位卒於家
譙玄隱藏田野終公孫述之世時兵戈累年莫能脩
尚學業玄獨訓諸子勤習經書
鄧禹爲太傅有子十三人各使守一藝脩整閨門教
養子孫皆可以爲後世法
馬援爲伏波將軍兄子嚴敦並喜譏議而通輕俠客
援前在交阯遺書誡之曰吾欲汝曹聞人過失如聞
父母之名耳可得聞口不可得言也好論議人長短
妄是非正法此吾所大惡也寧死不願聞子孫有此
行也汝曹知吾惡之甚矣所以復言者施衿結褵申

父母之戒欲使汝曹不忘之耳龍伯高敦厚周愼口
無擇言謙約節儉廉公有威吾愛之重之願汝曹效
之杜季良豪俠好義憂人之憂樂人之樂淸濁無所
失父喪致客數郡畢至吾愛之重之不願汝曹效也
效伯高不得猶爲謹勑之士所謂刻鵠不成反類鶩
者也效季良不得陷爲天下輕薄子所謂畫虎不成
反類狗者也訖今季良尚未可知郡將下車輒切齒
州郡以爲言吾常爲寒心是以不願子孫效也季良
名保後果爲仇人訟免官
竇武爲城門校尉兄子紹爲虎賁中郎將紹性疎簡
奢侈武每數切厲相戒猶不覺悟乃上書求退紹位
又自責不能訓導當先受罪繇是紹更脩節大小莫
敢違犯
鄭玄北海高密人嘗疾篤自慮以書戒子益恩曰吾
家舊貧爲父母群弟所不容去廝役之吏游學周秦
之都往來幽幷兗豫之域獲覲乎在位通人處逸大
儒得意咸從捧手有所受焉遂博稽六藝粗覽傳記
時覩秘書緯術之奧年過四十乃歸供養假田播殖
以娛朝夕遇閹尹擅勢坐黨禁錮十有四年蒙赦令
舉賢良方正有道辟大將軍三司府公車再召比牒

併名早爲宰相唯彼數公懿德大雅克堪王臣故宜
式序吾自忖度無任於此但念述先聖之元意思整
百家之不齊亦庶幾以竭吾才故聞命罔從而黃巾
爲害萍浮南北復歸邦鄉入此歲來已七十矣宿業
衰落仍有失誤案之禮典便合傳家今吾告爾以老
將閑居安性覃思終業自非拜國君之命問族親之
憂展敬墳墓觀省野物胡嘗扶杖出門家事大小汝
一承之咨爾煢煢一夫曾無同生相依其勗求君子
之道研鑽勿替敬愼威儀以近有德顯譽成於僚友
德行立於己志以致聲稱亦有榮於所生可不勝念

哉吾雖無紱冕之緒頗有議爵之高自樂以論贊之功庶不遺後人之羞未所憤憤者徒以亾親墳壟未成所好群書率皆腐敝不得於禮堂寫定傳與其人日西方暮其後圖乎家今差多於昔勤力務時無恤饑寒菲飲食薄衣服節夫二者尚令吾寡恨若忽忘不識亦已哉後公車徵爲大司農玄以病自乞還家

魏李豐年七十八在鄴下名爲清白識別人物莫不注意後隨軍在許昌聲稱日乆其父不願其然遂令閉門勑使斷客

劉廙弟偉與魏諷善廙戒之曰夫交友之美在於得

賢不可不詳而世之交者不審擇人務合黨衆違先聖人交友之義此非厚德輔仁之謂也吾觀魏諷不脩德行而專以鳩合爲務華而不實此直攪世治名者也卿其愼之勿復與通偉不從後爲諷所引故及於難廙官至侍中卒

王昶嘗爲其兄子族子作名字皆依謙實以見其意故兄子默字處靜沉字處道其子渾字玄冲深字道冲遂書戒之曰夫人爲子之道莫大於保身全行以顯父母此三者人知其善而或危身破家陷於滅亾之禍者何也繇所祖習非其道也夫孝敬仁義百行之首行之乃立身之本也孝敬則宗族安之仁義則鄉黨重之此行成於內名著於外者矣人若不篤至行而背本逐末以陷浮華焉以成朋黨焉浮華則有虛僞之累朋黨則有彼此之患此三者之戒昭然著明而循覆車滋衆逐末彌甚皆繇惑當時之譽昧目前之利故也夫富貴聲名人情所樂而君子或得而不處何也惡不繇其道耳患人知進而不知退知欲而不知足故有困辱之累悔吝之咎語曰如不知足則知所欲故知足之足嘗足矣覽往事之成敗察將來之吉凶未有干名要利欲而不厭而能保世持家

永全福祿者哉欲使汝曹立身行道遵儒者之教履道家之言故以玄默冲虛爲名欲使汝曹顧名思義不敢違越也古者盤盂有銘几杖有誡俯仰察焉用無過行況在己名可不戒之哉夫物速成則疾亾晚就則善終朝華之草夕而零落松柏之茂隆寒不衰是以大雅君子惡速成戒闕黨也若范匄對秦客而武子擊之折其委笄惡其掩人也夫人有善者鮮不自伐有能者寡不自矜伐則掩人矜則陵人掩人者人亦掩之陵人者人亦陵之故三郤爲戮於晉王叔負罪於周不惟矜善自伐好爭之咎乎故君子不自

稱非以讓人惡其蓋人也夫能屈以爲伸讓以爲得弱以爲彊鮮不遂矣夫毀譽愛惡之原而禍福之機也是以聖人愼之孔子曰吾之於人誰毀誰譽如有所譽必有所試又曰子貢方人賜也賢乎哉我則不暇以聖人之德尚猶如此况庸庸之徒而輕毀譽哉昔伏波將軍馬援戒其兄子言聞人之惡當如聞父母之名耳得而聞口不可得而言也斯戒至矣人或毀已當退而求之於身若已有可毀之行則彼言當矣若已無可毀之行則彼言妄矣當則有怨於彼妄則無害於身又何反報焉且聞人毀已而忿者惡醜

聲之加人也報者滋甚不如默而自脩已也諺曰救寒莫如重裘止謗莫如自脩斯言信已若與是非之士凶險之人近猶不可况於對校乎其害深矣廬僞之人言不根道行不顧言其爲浮淺較可識別而世人或焉猶不檢之以言行也近濟陰魏諷山陽曹偉皆以傾邪敗没熒惑當世挾持姦慝驅動後生雖刑於鈇鉞大爲烱戒然所汚染固以衆矣可不愼與若夫山林之士夷叔之倫甘長饑於首陽安赴火於綿山雖可以激貪勵俗然聖人不可爲吾亦不願也今汝先人世有冠冕惟仁義爲名守愼爲稱孝悌於閨門務學於師友吾與時人從事雖出處不同然各有所取潁川郭伯益好尚通達敏而有知其爲人弘曠不足輕貴有餘得其人重之如山不得其人忽之如草吾以所知親之暱之而不願兒子爲之北海徐偉長不治名高不求苟得澹然自守惟道是務其有所是非則託古人以見其意當時無所褒貶吾敬之重之願兒子師之東平劉公幹博學有高才誠節有大意然性行不均少所拘忌得失足以相補吾愛之重之不願兒子慕之樂安任昭先淳粹履道内敏外恕推遜恭讓處不避汚怯而義勇在朝忘身吾友之善

之願兒子遵之若引而伸之觸類而長之汝其庶幾舉一隅耳及其用財先九族其施舍務周急其出入存故老其論議貴無貶其進仕尚忠節其取人務道實其處勢戒驕淫其貧賤愼無戚其進退念合宜其行事加九思如此而已吾復何憂哉昶位至司空

蜀向朗字巨達遺言戒子曰傳稱師克在和不在衆此言天地和則萬物生君臣和則國家平九族和則動得所求靜得所安是以聖人守和以存以亡也吾楚國之小子耳而早喪所天爲二兄所誘養使其性行不隨祿利以墮今但貧耳貧非人患惟和爲貴汝

其勉之朗終於左將軍
吳潘濬武陵人爲太嘗歸義隱蕃以口辯爲豪傑所善濬子翥亦與周旋饋餉之濬聞大怒疏責翥曰吾受國厚恩志報以命爾輩在都當念恭順親賢慕善何故與降虜交以糧餉之在遠聞此心震面熱惆悵累旬疏到急就往使受杖一百促責所餉當時人咸怪濬而蕃果圖叛誅夷衆乃歸服
顧雍爲丞相時大帝嫁從女女顧氏甥故召雍父子及孫譚譚爲選曹尚書見任貴重是日帝極歡譚醉酒三起舞舞不知止雍內怒之明日召譚訶責之曰

君王以含垢爲德臣下以恭謹爲節昔蕭何吳漢並有大功何每見高帝似不能言漢奉光武亦信恪勤汝之於國寧有汗馬之勞可書之事邪但階門戶之資遂見寵任耳何有舞不復知止雖爲酒後亦繇恃恩忘敬謙虛不足損吾家者必爾也因背向壁臥譚立過一時乃見遣
晉王祥爲大保臨薨訓其子曰夫言行可覆信之至也推美引過德之至也揚名顯親孝之至也兄弟怡怡宗族欣欣悌之至也臨財莫過乎讓此五者立身之本顏子所以爲命未之思也夫何遠之有子皆奉而行之
夏侯湛作昆弟誥其辭曰惟正月哉生魄湛若曰咨爾弟淳琬瑫謨總瞻古人有言孝乎惟孝友于兄弟死喪之戚兄弟孔懷又曰周之有至德也莫如兄弟於戲古之載于訓籍傳于詩書者厥乃不思不可不行爾其專乃心一乃聽砥礪乃性以聽我之格言淳等拜手稽首湛若曰嗚呼惟我皇乃祖滕公肇釐厥德厥功以左右漢祖弘濟于嗣君用垂祚于後世世增敷前軌濟其好行美德明允相繼冠冕胥及以見于皇曾祖愍侯寅亮魏祖用康乂厥世遂啓土宇以

大綜厥勳于家我皇祖穆侯崇厥其以允釐志用恢闡我令業維我后府君侯祗服哲命欽明文思以熙柔我家道丕隆我先緒欽若稽古訓用敷訓典籍乃綜其微言嗚呼自三墳五典八索九丘圖緯六藝百家衆流罔不探賾索隱鉤深致遠洪範九疇彝倫攸序乃命世立言越用繼尼父之大業斯文在茲且九齡而我王母薛妃登遐我后孝思罔極惟以奉于穆侯之繼室蔡姬以致其子道蔡姬登遐謚于穆侯之命厥禮乃不得成用不祔于祖姑惟乃用騁其永慕厥乃以疾辭位用遜于厥家布衣席稾以終于三載

厥乃古訓無文我后丕孝其心用假于厥制以穆于世父使君侯惟伯后聰明叡智奕世載德用茲友于我后我惟烝烝是夏罔不克承厥誨用增茂我敦篤以擠休美于一世厥乃可不遵惟我用夙夜匪懈日鑽其道而仰之彌高鑽之彌堅我用欲罷不敢豈唯予躬是懼實令跡是奉厥乃晝分而食夜分而寢豈惟令跡是畏實爾循是儀嗚乎予其敬哉俞予聞之周之有至德有婦人焉我母氏羊姬宜慈愷悌明粹篤誠以撫訓群子厥乃誡亂齒則受厥教于書學不遑惟寧敦詩書禮樂孳孳弗倦我有識惟與汝服厥

誨惟仁義惟孝友是尚憂深思遠祗以防于微驕義形於色厚愛平恕以濟其寬裕用緝和我七子訓諧我五妹惟我兄弟姊妹束脩慎行用不辱於冠帶實母氏是憑予其爲政蕞爾母氏仁之不行是戚予其望色思寬獄之不情教之不泰是訓予其納戒思詳嗚呼惟母氏信著于不言行感於神明若乃恭事于蔡姬褎穆于九族乃高于古之人古之人厥乃于里冡歸剏我惟父惟母世德之餘烈服膺之弗可及景仰之弗可偕汝其念哉俾群弟天祚於我家俾爾咸休明是履淳英哉文明柔順琬乃沉毅篤固惟瑶厥精粹平理謨茂哉雋哲寅亮揔其弘肅簡雅瞻乃純鑠惠知惟我棠蔽極否于義訓嗟爾六弟汝其滋義洗心以補予之尤予乃亦不敢怠汝之闕嗚呼小子瞻汝其見予之長於仁未見予之長於義也瞻曰俞以如何湛若曰我之肇于揔角以逮于弱冠暨于今之二毛受學於先載納誨於嚴父慈母予其敬忌于厥身而匡予之纖介翼予之小疵使予有過未曾不知予知之道改惟冲子是賴予親于心愛于中敬于貌厥乃曰無擇言柔而宜廉而不劌肅而不厲厥其成予哉用集我父母之訓庶明勵翼邇可遠在茲瞻

拜手稽首曰俞湛曰都在脩身在愛人瞻曰吁惟聖其難之湛曰都厥不行惟難厥行惟易淳曰俞明而昧崇而卑冲而當顯而賢同而疑厲而柔和而矜湛曰俞乃言厥有道淳曰俞祗服訓湛曰來琬汝亦昌言琬曰俞身不及於人不敢墮於勤厥故惟新湛曰俞瑶亦昌言瑶曰俞滋敬于己不滋敬于己惟敬乃恃無怠有恥湛曰俞謨亦昌言謨曰俞無怠於不可不虞形貌以心訪心於虞湛曰俞總亦昌言揔曰俞若憂厥憂以休湛曰俞瞻亦昌言瞻曰俞復外惟內取諸內不怠諸外湛曰俞休哉淳等拜手稽首湛亦

拜手稽首乃歌曰明德復哉家道休哉世祚悠哉百
祿周哉又作歌曰訊德恭哉訓翼從哉內外康哉皆
拜曰欽哉湛官至散騎常侍
阮籍爲步兵校尉子渾有父風少慕通達不飾小節
籍謂曰仲容已豫吾此流（咸字仲容籍兄子）汝不得復爾
荀勗語諸子曰人臣不密則失身樹私則背公是大
戒也汝等亦宦達人宜識吾此意勗後爲尚書令卒
庾袞有兄孤女曰芳將嫁美服既具袞乃割荊苕爲
箕帚召諸子集之于堂男女以班命芳曰芳乎汝少
孤汝逸汝豫不汝疵瑕今汝適人將事舅姑灑掃庭

內婦道也故賜汝此筐帚之爲美欲溫恭朝夕雖休
勿休也袞雖州郡交命察孝廉舉清白異行皆不就
劉殷爲侍中太保錄尚書事有七子五子各授一經
一子授太史公一子授漢書一門之內七業俱興北
州之學殷門爲盛嘗戒其子孫曰事君之法當務幾
諫凡人尚不可面斥其過而況萬乘乎夫犯顏之禍
將彰君過宜上思召咎商之義下念鮑勳觸鱗之誅
東海王越鎮許時王承爲記室參軍越雅相知重勑
其子毗曰夫學之所益者淺體之所安者深閑習禮
度不如式瞻儀形諷味遺言不若親承音旨王參軍

人倫之表汝其師之承與阮瞻諏鯤鄧攸俱在越府
越又與瞻等書曰小兒毗既無令淑之質不聞道德
之風望諸君時以閑豫周旋誨接
殷仲堪爲荊州刺史自在荊州連年水旱百姓饑饉
仲堪食常五椀盤無餘有飯粒落席間輒食以噉雖
欲率物亦緣其性真素也每語子弟云人物見我受
任方州謂我豁乎昔時意今吾處之不易貧者士之
常焉得登枝而損其本爾其存之
謝混與族子靈運瞻曜晦弘微以文義賞會常因酬
宴之餘爲韻語以獎勸靈運瞻等曰康樂誕通度（康樂

靈運侯國）實有名家韻若加繩染功剖瑩乃瓊瑾宣明體
遠識（宣明晦字）穎達且沉雋若能去方執穆穆三才順阿
多標獨解（阿多曜小字）弱冠纂華裔質勝誠無文其尚又
能峻通遠懷清悟（通遠瞻字）采采摽蘭訏亶轡鮮不躓抑
用解偏吝微子基微尚（微子即弘微也）無勌繇慕藺勿輕一
簣少進往將千仞數子勉之哉風流繇爾振如不犯
所知此外無所慎靈運等並有誠厲之言唯弘微獨
盡褒美初靈運父瑍無才能爲秘書郎早年而亡靈
運好臧否人物混患之欲加裁抑未有方也謂瞻曰
非汝莫能乃與晦曜弘微等共遊戲使瞻與靈運叅

車便商較人物聸謂之曰秘書早亡談者亦未有問
巽靈運默然言論自此衰止混歷位中書令中領軍
尚書左僕射
宋陶潛爲彭澤令有高節嘗與子書以言其志幷爲
訓戒曰天地賦命有生必終自古賢聖誰能獨免子
夏言曰死生有命富貴在天四友之人親受音旨發
斯談者豈非窮達不可望求壽夭永無外請故邪吾
年過五十而窮若荼毒以家貧東西遊走性剛才拙
與物多忤自量爲巳必貽患累僶俛辭世使汝幼而
饑寒耳嘗感孺仲賢妻之言敗絮自擁何慙兒子此

既一事矣但恨隣靡二仲室無萊婦抱茲苦心良獨
罔罔少年好書偶愛閑靜開卷有得便欣然忘食見
樹木交蔭時鳥變聲亦復歡爾有喜嘗言五六月北
牕下卧遇凉風暫至自謂是羲皇上人意淺識陋日
月遂往緬求在昔眇然如何疾患以來漸就衰損故
舊不遺每以藥石見救自恐大分將有限也恨汝輩
稚小家貧無役柴水之勞何時可免念之在心若何
可言雖然不同生當思四海皆兄弟之義鮑叔敬仲
有分財無猜歸生伍舉班荆道舊遂能以敗爲成因
喪立功他人尚爾况共父之人哉
潁川韓元長漢末名士身處卿佐八十而終兄弟同
居至於没齒
濟北氾稚春晋時操行人也七世同家人無怨色
詩云高山仰止景行行止汝其愼哉吾復何言爲命
子詩以貽之曰悠悠我祖爰自陶唐邈其虞賓歷世
垂光御龍勤夏豕韋翼商穆穆司徒厥族以昌紛紜
戰國漠漠衰周鳳隱于林幽人在丘逸虬撓雲奔鯨
駭流天集有漢眷予愍侯於赫愍侯運當攀龍撫劍
夙邁顯茲武功參誓山河啓土開封亹亹丞相允迪
前蹤渾渾長源蔚蔚洪柯群川載導衆條載羅時有

嘿語運固隆汙在我中晋業融長沙（陶侃封長沙侯潛曾祖也）桓
桓長沙伊勳伊德天子疇我專征南國功遂辭歸臨
寵不忒孰謂斯心而可近得肅矣我祖愼終如始直
方二臺惠和千里（潛祖茂爲武昌太守）於皇烈考淡焉虚止寄
迹風運其茲慍喜嗟余寡陋瞻望靡及顧慚華鬢負
景隻立三千之罪無後其急我誠念哉呱聞爾泣卜
云嘉日占爾良時名爾曰儼字爾求思温恭朝夕念
茲在茲尚想孔伋庶其企而厲夜生子遽而求火凡
而有心奚待于我既見其生實欲其可人亦有言斯
情無假日居月諸漸免于孩福不虚至禍亦易來夙

與夜寐賴爾斯才爾之不才亦已焉哉

何叔度爲豫章太守子尚之以吏部郎告休定省傾朝送別於冶渚及至郡叔度謂曰聞汝來此朝中相送可有幾客答曰殆數百人叔度笑曰此是送吏部郎耳非關何彥德也昔殷浩亦嘗作豫章定省送別者甚衆及廢徙東陽船泊征虜亭積日乃至親舊無相窺者

王敬弘瑯琊臨沂人爲侍中左光祿大夫子恢之被召爲祕書郎敬弘爲求奉朝請與恢之書曰祕書有限故有競朝請無限故無競吾欲使汝處於不競之

地太祖嘉而許之

顏延之爲金紫光祿大夫領湘東王師子竣既貴重權傾一朝凡所資供延之一無所受器服不改宅宇如舊嘗語竣曰平生不喜見要人今不幸見汝竣起宅謂曰善爲之無令後人笑汝拙也延之閑居無事爲庭誥之文曰庭誥者施於閨庭之内謂不遠也吾年居秋方慮先草木故遽以未聞誥爾在庭若立履之方規鑒之明已列通人之規不復續論今所載咸其素蓄本乎性靈而致之心用夫選言務一不尚煩密而至於備議者蓋以網諸情非古語曰得鳥者羅之一目而一目之羅無時得鳥矣此其積意之方道者識之公情者德之公則通何以使神明加響私則不能令妻子移心是以昔之善爲士者必捐情反道合公屏私尋尺之身而以天地爲心數紀之壽常以金石爲量觀夫古先垂戒長老餘論雖周細制每以不朽見銘繕築末迹咸以可久承志況樹德立義收族長家而不思經遠乎曰身行不足遺之後人欲求子孝必先慈將責弟悌務爲友雖孝不待慈而慈固植孝悌非期友而友亦立悌夫和之不備或應以不和猶信不足焉必有不信儻知恩意相生情理相出

可使家有參柴人皆繇損夫内居德本外夷民譽言高一世處之逾嘿器重一時體之滋冲不以所能干衆不以所長議物淵泰入道與天爲人者士之上也若不能遺聲欲人出已知柄在虛求不可校得敬慕謙通畏避矜踞思廣監擇從其遠猷文理精出而言稱未達論問宣茂而不以居身此其亞也若乃聞實之爲貴以辯畫所克見聲之取榮謂爭奪可獲言不出戶牖自以爲道義久立才未信於僕妾而曰我有以過人於是感苟銳之志馳傾觖之望豈悟已挂有識之裁入脩家之誡乎記所云千人所指無病自死

者也行近於此者吾不預聞之矣凡有智能預有文
諭若不練之多士較之群言適才所歸前流所與焉
得以成名乎若呻吟於牆壁之內喧囂於黨輩之間
竊議以迷寡聞妲語以敵要說是短箋所出而非長
見所取適值尊明臨座稠覽傳論而言不入於高聽
人見棄於衆觀則慌若迷塗失偶歷如深夜撤燭銜
聲茹氣膔嘿而歸豈識向之夸優秖足以成今之沮
喪耶此固少壯之靡爾其戒之以怨誹爲心者未有
達無心收得喪多見誚耳此蓋臧獲之爲豈識量之
事哉吳以德聲令氣愈上每高忿言懟議每下愈發

有尚於君子者寧可不務勉邪雖曰常人情不能素
晝故當以遠理勝之應筭除之豈可不務自異而取
陷庸品乎富厚貧薄事之懸也以富厚之身親貧薄
之人非可一時同處然昔有守之無怨安之不悶者
有理存焉夫既有富厚必有貧薄豈其證然時乃天
道若人富厚是理無貧薄然乎必不然也若謂富厚
在我則宜貧薄在人可乎又不可矣道在不然義在
不可而横意去就謬生希幸以爲未達至分齎溫農
飽民生之本躬稼難就上以僕役爲資當施其情願
尨其衣食定其當治遞其優劇出之休饗後之捶責
雖有勸恤之勤而無霑曝之苦務前公稅以遠吏讓
無急傍費以息流議量時發斂視歲穰儉省瘠以奉
已損散以及人此用天之善御生之得也率下多方
見情爲上立長多術晦明爲懿雖及僕妾情見則事
通雖在畎畝明晦則功博若奪其當然後其煩務使
威烈雷霆猶不禁其欲雖棄其大用窮其細瑕或明
灼日月將不勝其邪故曰屛焉則差的焉則闇是以
禮道尚優法意從刻優則人自爲厚刻則物相爲薄
耕收誠鄙此用不忘所謂野陋而不以居心也含生
之氓同祖一氣等級相傾迭成差品遂使業習移其

天識服世沒其性靈至夫願欲情嗜宜無間殊或役
人而養給然是非大意不可侮也隅異大甗齊侯蒸
寒犬馬有秩管燕輕饑若能服温厚而知穿弊之苦
明周之德厭滋旨而識寡嗜之急仁恕之功豈與夫
比髮膚於草石方手足於飛走者同其意用誡罰慎
其濫惠戒其偏罰濫則無以爲罰惠偏則不如無惠
雖爾耿介猶局庸保之上事思反己動類念物則其
情得而人心塞矣拊博蒲塞會衆之事諧謔哂謔適
生之方然失敬致侮皆此之繇方其剋瞻彌衷端儀
況遭非鄙應將醜折豈若正其容而簡其事靜其氣

而遠其意使言必詳歷賓友清耳笑不傾無左右悅
目非鄙無因而生侵侮何從而入此亦持德之管籥
爾其謹哉無惑疑心誠亦難分豈惟厚貌蔽知之明
浮情怯剛之斷而已哉必使猜然愚賢則嗽笑入戾
耽愛犬馬則步顧成妖况動容竊斧束裝盜金又何
足論也是以前王作典明慎議獄而僭濫易意朱公
論璧光澤相如而倍薄異價此言雖大可以戒小遊
道雖廣交義爲長得在可久失在輕絶久懸相敬絶
懸相狎愛之勿勞當扶其正性忠而勿誨必藏其枉
情輔以藝業會以文辭使親不可褻疎不可間每存

大德無挾小怨率此性也足以相終酒酌之設可樂
而不可嗜嗜而非病者希病而遂告者幾既告既病
將蔑其正若存其正性矜其妄發其惟善戒乎聲樂
之會可簡而不可違違而不背者鮮矣背而非弊者
反矣既弊既背將受其毀必能通其礙而節其流意
可爲中和矣善施者唯發自人心及出天則與不待
積取無謀實並散于金誠不可能贍人之急雖乏必
先使施如王丹受如杜林亦可與言交矣浮華怯飾
滅質之具奇服麗食棄素之方動人勸慕傾人顧聆
可以遠識奪難用近欲從若覩其淫惟知生於無心

爲見奇麗能致諸非務則不抑自貴不禁自失夫數
相者必有之徵既聞之術人又驗之吾身理可得而
論也人者兆氣二德稟體五常二德有奇偶五常有
勝殺其及爲人寧無叶沴亦猶生有好醜死有夭壽
人皆知其懸天至於丁年乖遇中身迕合者豈可易
地哉是以君子遊命愈難識道愈堅古人恥以身爲
溪壑者屏欲之謂也欲者性之煩濁氣之蒿蒸故其
爲害則燻心智耗真精傷人和犯天情雖生必有之
而生之德猶火含烟而烟妨火桂懷蠹而蠹殘桂然
則火勝則煙滅蠹收則桂折故性明者欲簡嗜繁者

氣惛去明即惛難以生矣是以中外群聖建言所黜
儒道衆智發論是除然有之者不患不深故藥之者
當若術淺所以毀道多而於義寡焉頓盡誠難每指
可易能易每指亦明之矣夫無嗜之性不同故畏慕
之情或異從事於人者無執人我之心不以己之所
善謀人爲有兆矣不以人之所務失我能有守矣已
所謂然而彼定不然弈棊之弊悅彼之可而忘我不
可學嚬之弊將求去弊者念通作介而已流言謗議
有道所不免况在闕薄難用筭防應物之方必出於
己或信不素積嫌階所襲或性不和物尤怨所聚有

一子此何處逃毀苟能反悔在我而無責於人必有
瑑鑒昭其情遠識迹其事日省吾躬月料吾志寬嘿
以君潔靜以期神道必在何恤人言嗜日富則盛貪
則病矣貪之病也不唯形色麁曆或亦神心沮喪豈
但交友疏棄必有家人誚讓非廉深識遠者何能不
移其操故欲獨憂患莫若懷古懷古之志當自同古
人見通則憂淺意遠則愁浮昔人琴歌編蓬之中者
用此道也夫信不逆彰義必幽隱交賴相盡明有相
炤一面見旨則情固丘岳一言中志則意入淵泉以
此事上水火可蹈以此託友金石可弊豈待充其榮

實乃將議報厚之䧢䧢然後圖終如或與立茂思無
忽祿利者受之易易則人之所榮鬱穡者就之艱難
則物之所鄙艱易既有勤倦之情榮鄙又間向背之
意此二塗所爲反也以勞定國以功施人則役徒屬
而擅豐麗自理於民自事其生則督妻子而趨耕織
必使陵侮不作懸企不萌所謂賢鄙處宜華野同泰
人以有惜爲質非假嚴刑有常爲德不慕厚貴有惜
者以理會有常者與物終世有位去則情盡斯無惜
矣又有務謝則心移斯不常矣又非徒若此而已或
見休事則懃斷結納及聞否論則處彰離貳附會以
從風隱竊以成釁朝吐面譽暮行背毀昔同稽款今
循叛戾斯爲甚矣又非唯若此而已或憑人惠訓藉
人成立與人餘論依人揚聲曲存稟仰卑赴塵軌裹
沒畏遠忌聞影跡又蒙蔽其善毀之無度心短彼能
私樹已拙自崇常華罔顧高識有人至此實蠹大倫
每思防避無通閭伍覩驚異之事或涉流傳遭卒廹
之變反思安順若異從已發將尸謗人廹而又迕愈
使失度能夷異如裴楷處逼如裴遐可稱深士乎喜
怒者有性所不能無常起於禍量而止於弘識然喜
過則不重怒過則不威能以恬漠爲體寬愉爲器者

大喜蕩心微抑則定甚怒煩性小卽忍歇動無怨咨
舉無失度則物將自懸人將自止習之所變亦大矣
豈唯蒸性染身乃將移智易慮故曰與善人居如入
芝蘭之室久而不知其芬與之化矣與不善人居如
入鮑魚之肆久而不知其臭與之變矣是以古人慎
所與處唯夫金貞玉粹者乃能盡而不汙耳故曰丹
可滅而不能使無赤石可毀而不可使無堅苟無丹
石之性必慎浸染之繇能以懷道爲念必有從理之
心道可懷而理可從則不議貧議所樂耳或云貪何
爲樂此未求道意道者聽富貴同貧賤理固得而齊

自我喪之未爲通識苟識不喪夫何不樂或日温飽之貴所生榮生饑寒在躬空日從道取諸其身將非篤論此又不通理用者凡養生之具豈間定實或以膏腴天性有以菽藿登年中散云所足在内不縣於外是以稱體而食貧戚愈嗛量腸而炊豐家餘食非粒實息耗意有盈虚耳況心得優劣身獲仁富明白入素氣志如神雖十旬九飯不能令饑藿席三屬不能爲寒豈不信然且以已爲度者無以自通彼量渾四極而輪五緯天道弘也振河海而載山川地道厚也一情紀而合流貫人靈茂也昔之通乎此數者不

爲剖判之行必廣其風度無挾私殊博其交道靡懷曲異故望塵請友則義士輕身一遇拜親則仁人投分此倫序通允禮俗平一上獲其用下得其和世務雖移前休未遠人之適主吾將反本夫人之生暫有心識幼壯驟過衰耗驚及其間天鬱既難勝言假獲存遂又云無幾柔麗之身亟委土木剛清之才遽爲丘壤迴遑顧慕唯數紀之中耳以此持榮曾不可留以此服道亦何能久進退我生遊觀所達得貴爲人將在含理含理之貴惟神與交幸有心靈義無自惡偶信天德逝不上暫欲使人沉來化志符往哲勿謂光蹈日鑒斯寄若通此意吾將忘老如曰不然其誰與歸偶懷所撰述略布衆條若備舉情見顧未書一贍身之經别在田家節政奉終之紀自著燕居畢義

宋孔覬爲安陸王子綏冠軍長史覬弟道存徽頗營產業二弟請假東還覬出渚迎之輜重十餘船皆是緜絹紙席之屬覬見之僞喜謂曰我比困乏得此甚要因命上置岸側既而正色謂道存等曰汝輩忝預士流何至東還作賈客耶命左右取火燒之燒盡乃去

蕭思話爲開府征西將軍其子惠開爲太子舍人時

與汝南周朗同官友善以偏奇相尚後轉黄門侍郎與侍中何偃爭權表乞解職此忤旨免官思話素恭謹操行與惠開不同常以其峻異每加嫌責及見惠開自解表歎曰兒子不幸與周朗周旋理應如此杖之二百

廵按福建監察御史臣李嗣京　訂正
分守建南道左布政使臣胡維霖　參閱
知建陽縣事臣黃國琦較釋

總録部六十七

訓子第二

南齊劉懷民平原人仕宋爲齊北海二郡太守子善明年四十刺史劉道隆辟爲治中從事懷民謂善明曰我已知汝立身復欲見汝立官也

王僧虔爲侍中兄子儉爲朝宰起長梁齊度小過僧

虔視之不悦竟不入戸儉即毁之僧虔嘗有書誡子曰知汝恨吾不許汝學欲自悔厲或以闔棺自欺或更擇美業且得有慨亦慰窮生但亟聞斯唱未覩其實請從先師聽言觀行與此不復虛身吾未信汝非徒然也往年有意於史取三國志聚置床頭百日許復徙業就玄玄自當小差於史猶未近彷彿曼倩有云言何容易見諸玄志爲之逸腸爲之抽專一書轉誦數十家注自幼至老手不釋卷尚未敢輕言汝開老子卷頭五尺許未知輔嗣何所道平叔何所説馬鄭何所異指例何所明而便盛於麈尾自呼談士此最險事設令袁令命汝言易謝中書挑汝言莊張吳興叩汝老端可復言未嘗看邪談故如射前人得破後人應解不解即輸賭矣且論注百氏荆州八裵又才性四本聲無哀樂皆言家口實如客至之有設也汝皆未經拂耳瞥目豈有庖廚不修而欲延大賓者哉就如張衡思侔造化郭相言類懸河不自勞苦何繇至此汝曾未窺其題目未辨其指歸六十四卦未知何名莊子衆篇何者内外八袠所載凡有幾家四本之稱以何爲長而終日欺人人亦不受汝欺也繇吾不學無以爲訓聊以爲訓然重華無嚴父放勳無

令子亦各繇己耳汝輩竊議亦當云阿越不學在天地間可嬉戲何忽自課謫幸及盛時逐歲暮何必有所減汝見其一耳不全爾也設令吾學如馬鄭亦必甚勝復倍不如今不必大減致之有繇從身上來也汝今壯年自勤數倍許勝劣及吾耳世中比例舉眼皆是汝足知此不復具言吾在世雖乏德業要復推排人間數十許年故是一舊物人或以比數汝等耳即化之後若自無調度誰復知汝事者舍中亦有少負令譽弱冠越超清級者于時王家門中優者則龍鳳劣者猶虎豹失䕃之後豈龍虎之議況吾不能爲

汝蔭正應各自努力耳或有身經三公蔑爾無聞布衣寒素卿相屈體或父子貴賤殊兄弟聲名異何故蓋讀數百卷之書耳吾今悔無所及欲以前車誡爾後乘也汝年入立境方應從官兼有室累牽役中情何處復得下帷如王郎時邪爲可作世中學取過一生耳試復三思勿諱吾言猶捶撻志輩（志輩爲僧虔子志及彬寂等）異脫萬一未死之間望有成就者不知當有益否各在爾身已切豈復關吾邪鬼唯知愛滓松茂柏寧知子弟毀譽事因汝有感故略敘胸懷耳

王志侍中特進僧虔子其弟寂建武初欲獻中興頌

志謂之曰汝膏粱年少何患不達不鎮之以靜將恐貽譏寂乃止寂卒爲秘書郎

呂安國爲湘州刺史有疾徵爲光祿大夫加散騎常侍安國欣有文授謂其子曰汝後勿作袴褶驅使單衣猶恨不稱當爲朱衣官也

陳顯達爲侍中鎮軍將軍有子十餘人誡之曰我本志不及此汝等勿以富貴淩人復謂其子曰麈尾扇是王謝家物汝不須提此自逐

張融爲司徒左長史永明中遇疾爲門律自序曰吾文章之體多爲世人所驚汝可師耳以心不可使耳爲心師也夫文豈有常體但以有體爲常正當使常有其體丈夫當刪詩書制禮樂何至因循寄人籬下且中代之文其體闕變尺寸相資彌縫舊物吾文章體亦何當何異顛溫涼而錯寒暑綜哀樂而橫歌哭哉正以屬辭多出比事不羇不阡不陌非途非路耳然其傳音振逸鳴節竦異或當未極亦已極其所矣汝若復別得體者吾不拘也吾義亦如文造次乘我顛沛非物吾無師無友不文不句頗有孤神獨逸耳義之爲用將使性入清波塵洗猶沐無得釣聲同利舉價如高僧是道場險成軍路吾昔嗜僧言多肆法

辨此盡遊乎言笑而汝等無幸又云人生之口正可論道說義唯飲與食此外如樹網爲吾每以不爾爲恨爾曹當振綱也臨卒又誡其子曰手澤存焉父書不讀況文音情婉在其韻吾意不然別遺爾音吾文體英絕變而屢奇豈吾天挺蓋不隤家聲汝可號哭而看之

周顒爲中書侍郎有名於時子捨幼聰穎顒異之臨卒謂曰汝不患不富貴但當將之以道德

王騫太尉儉之子爲黃門郎司徒右長史性凝簡不狎當世嘗從容爲諸子曰吾家門戶本素族自然隨

流可進不須苟求也
梁韋獻爲護軍將軍散騎常侍雖老暇日猶課諸兒以學第三子稜尤明經史世稱其洽聞獻每坐稜便說書其所發擿猶弗之逮也
徐勉爲中書令嘗爲書誡其子崧曰吾家世清廉故常居貧素至於產業之事所未嘗言非直不經營而已薄躬遭逢遂至今日尊官厚祿可謂備之每念叨竊若斯豈繇才致幸藉先代風範及以福慶故臻此耳古人所謂以清白遺子孫不亦厚乎又云遺子黃金滿籯不如一經詳求此言信非徒語吾雖不敏實

有本志庶得遵奉斯義不敢墜失所以顯貴以來將三十載門人故舊亟薦便宜或使創闢田園或勸興立邸店欲舳艫運致亦令貨殖聚斂若此衆事皆距而不納非謂拔葵去織且欲省其紛紜中年聊於東田閒營小園者非存播藝以要利正欲穿池種樹少寄情賞又以郊際閑曠終可爲宅儻獲懸車致事實欲歌哭於斯慧日十住等既應營婚又須住止吾清明門宅無相容處所以爾者亦復以有前割西邊施宣武寺既失西廂不復方幅意亦謂此逆旅舍耳何事須華嘗恨時人謂是我宅古往今來豪富繼踵高門甲第連闥洞房宛其死矣定是誰室但不能爲培塿之山聚石移菓雜以花卉以娛休沐用託性靈隨便架立不存廣大唯功德處小以爲好所以內中逼仄無復房宇近營東邊兒孫二宅乃藉十住南還之資其中所須猶爲不少既牽挽不至又不可中塗而輟郊間之園遂不辦保貨與韋黯及獲百金成就兩宅已消其半尋園價所得何以至此繇吾經始歷年粗已成立桃李茂密桐竹成陰塍陌交通渠畎相屬華樓迥榭頗有臨眺之美孤峯叢薄不無糾紛之興瀆中並饒菰蔣湖裏殊富芰蓮雖云人外城闕密

邇韋生欲之亦雅有情趣追體此事非有吝心蓋是事勢所至耳憶謝靈運山家詩云中爲天地物今成鄙夫有吾此園有之二十載今以分汝營小田舍親累既理亦須此釋氏之教以才物謂之外命外典亦稱何以聚人曰財況汝曹常情安得忘此聞汝所買姑孰田地甚爲舄鹵彌復可安所以如此非物競故也雖事異寢丘聊可髣髴孔子曰居家治理可移於官既已營之宜使成立進退兩亡便貽恥笑若有所收獲汝可自分贍內外大小宜令得所非吾所知又復應沾之諸女耳汝既居長故有此及凡爲人長殊

後不易當使中外諧緝人無間言先物後己然後可貴老子云後其身而身先若能爾者更招巨利汝當勉勗見賢思齊不宜忽畧以棄日乃是棄身身名美惡豈不大哉可不慎歟今之所勅畧言此意正爲已家來不成貲產既立墅舍以乖舊業陳其始末無愧懷抱兼吾年時朽暮心力稍殫牽課奉公畧不克舉其中餘暇聊可自休或復冬日之陽夏日之陰良辰美景文案閒隙負杖躡屩逍遥陋館臨池觀魚披林聽鳥濁酒一杯彈琴一曲求數刻之暫樂庶居常以待終不宜復勞家間細務汝交關既定自茲以後吾

不復言及田事汝亦勿復與吾言之假使堯湯水旱吾豈知如何若其滋庾盈箱爾之幸遇如斯之事並無俟令吾知也記云夫孝者善繼人之志善述人之事今且望汝述吾此志則無所恨矣

王筠爲秘書監光祿大夫與諸兒書論家世集云史傳稱安平崔氏及汝南應氏並累世有文才所以范蔚宗世擅雕龍然不過父子兩三世耳非有七葉之中名德重光爵位相繼人人有集如吾門世者也沈少傅約語家人云吾少好百家之言身爲四代之史自開闢以來未有爵位蟬聯文才相繼如王氏之盛者也汝等仰觀堂構思各努力

謝幾卿爲威戎將軍南平王長史兄才卿早卒其子藻幼孤幾卿撫養甚至及藻成立歷官清慎皆幾卿獎訓之力也世以此稱之藻歷官祭酒主簿

王褒著幼訓以誡諸子其一章云陶士行曰昔大禹不吝尺璧而重寸陰文士何不誦書武士何不馬射若乃立冬修夜朱明長日肅其居處崇其牆仞門無糅雜坐無號呶以之求學則仲尼之門人也以之爲文則賈生之外堂也古者盤盂有銘几杖有誡進退修焉俯仰觀焉文王之詩曰靡不有初鮮克有終立

身行道終始若一造次必於是君子之言歟儒家則尊卑等差吉凶降殺君南面而臣北面天地之義也鼎俎奇而籩豆偶陰陽之義也道家則墮支體黜聰明棄義絕仁離形去智釋氏之義也義見苦斷集證滅修道明因辨果偶凡成聖斯雖爲教等差而義歸汲引吾始乎幼學及于知命既崇周孔之教兼修老釋之談江左以來斯業不墜汝能修之吾之志也

何昌寓爲侍中驍騎將軍從子佫嘗慕佸退不樂進仕昌寓謂曰求點皆已高蹈汝無宜復爾且君子出處亦各一途求點皆何氏諸從也

後魏源賀爲太尉遺令勑諸子曰吾頃以老患辭事不悟天慈降恩爵逮於汝汝其毋傲恡毋荒怠毋奢佚毋嫉妬疑思問言思審行思恭服思度遏惡揚善親賢遠佞目觀必貞耳屬必正誠勤以事君清約以行己吾終之後所葬時服單櫝足申孝心芻靈明器一無用也

刁雍爲特進征南大將軍泯施愛士恬靜寡欲篤信佛道著教誡二十餘篇以訓導子孫

陸崇教訓六子雅有法度

楊椿爲太保侍中致政椿臨行誡子孫曰我家入魏

之始卽爲上客給田宅賜奴婢馬牛羊遂成富室自爾至今二十年二千石方伯不絶祿恤甚多至於親姻知故吉凶之際必厚加贈禭來往賓僚必以酒肉飲食是故親姻朋友無憾焉國家初士大夫好服綵色吾雖不記上谷翁時事然記清河公時服飾見翁著布衣韋帶嘗約勑諸子曰汝等後世脫若富貴於今日者愼勿積金一斤綵帛百疋已上用爲富也又不聽治生求利又不聽與世家作婚姻至吾兄弟不能遵奉今汝等服乘以漸華好吾是以知恭儉之德漸不如上世也又吾兄弟若在家必同盤而食若有近行不至必待其還亦有過中不食忍饑相待吾兄弟八人今存者有三是故不忍別食也又願畢吾世兄弟世不異居異財汝等眼見非爲虛假如聞汝等兄弟時有別齋獨食此又是不如吾等一世也吾今日不爲貪賤然居住舍宅不作壯麗華飾者正慮汝等後世不賢不能保守之方爲勢家所奪北都時朝法嚴急太和初吾兄弟三人並居內職兄在高祖左右吾與津在文明太后左右于時口勑責諸內官十日仰密得一事不列便大瞋嫌諸人多有依勑密列者亦有太后高祖中間傳言搆間者吾兄弟自相誡曰

今忝二聖近臣居母子間甚難宜深慎之又列人事亦何容易縱被瞋責愼勿輕言十餘年中不嘗言一人罪過當時大被嫌責答曰臣等非不聞人語正恐不審仰誤聖聽是以不敢言于後終不以言蒙賞及二聖間言語終不敢輒爾傳通太和二十一年吾從濟州來朝在清徽堂豫讌高祖謂諸王貴曰北京之日太后嚴明吾每得杖左右因此有是非言語和朕母子者唯楊椿兄弟遂舉爵賜兄及我酒汝等脫若萬一蒙時主知遇宜深慎言語不可輕論人惡也吾自惟文武才藝門望姻援不勝他人一旦登位侍中

尚書四歷九卿十為刺史光祿大夫儀同開府司徒太保津今復為司空者正緣忠貞小心謹慎口不嘗論人過無貴無賤待之以禮以是故至此耳聞汝等學時俗人乃有坐而待客者有驅馳勢門者有輕論人惡者及見貴勝則敬重之見貧賤則慢易之此人行之大失立身之大病也汝家仕皇魏以來高祖以下乃有七郡太守三十二刺史內外顯職時流少比汝等若能存禮節不為奢淫驕慢假不勝人足免尤誚足成名家吾今年始七十五自惟氣力尚堪朝覲天子所以孜孜求退者正欲使汝等知天下滿足之義為一家門法耳非是苟求千載之名也汝等能記

吾言吾百年之後終無恨矣

崔光韶為廷尉卿永安末擾亂之際遂還鄉里誡子孫曰吾自謂立身無慙古烈但以祿命有限無容希進在官以來不冒一級官雖不達經為九卿且吾平生素業足以遺汝官閑亦何足言也吾既運薄便經三娶而汝之兄弟各不同生合葬非古吾百年之後不須合也然贈謚之及出自君恩豈容子孫自求之也勿須求贈若違吾志如有神靈不享汝祀吾兄弟自幼及老衣服飲食未曾一片不同至于兒女冠婚榮利之事未嘗不先以推弟弟頃罹橫禍權作松櫬亦可為吾作松棺使吾見之卒七十一孝靜初侍中賈思同申啓稱述光韶贈散騎常侍驃騎將軍青州刺史

甄琛為黃門侍郎時李謐博通諸經不就徵辟琛謂其子曰昔鄭玄盧植不遠數千里詣扶風馬融今汝明師甚邇何不就業也

北齊魏收為左光祿大夫行齊州刺史以子姪少年申以戒勵著枕中篇其詞曰吾曾覽管子之書其言曰任之重者莫如身途之畏者莫如口期之遠者莫如年以重任行畏途至遠期惟君子為能及矣追而

味之喟然長息若夫嶽立為重有潛載而不傾山藏稱固亦趨負而弗停呂梁獨浚能行歌而匪惕焦原作險或躋踵而不驚九陔方集故眇然而迅舉五紀當定想窅乎而上征苟任重也有度則任之而愈固乘危也有術蓋乘之而靡恤彼期遠而能通果應之而可必豈神理之獨爾亦人事其如一嗚呼處天壤之間勞死生之地攻之以嗜欲牽之以名利粱肉不期而共臻珠玉無足而俱致于是乎驕奢仍作危亡旋至然則知止大賢唯幾唯哲或出或處不常其節

其舒也濟世成務其卷也聲銷迹滅玉帛子女椒蘭律呂諂諛無所先稱肉度骨膏挑舌怨惡莫生勳名芙山河同久志業與金石比堅蓋期厚棟不撓遊刃餘然逮于厥德不嘗喪其金璞馳騖人世鼓動流俗挾陽日而謂寒包溪壑而未足源不清而流濁表不端而影曲嗟乎膠漆詎堅寒暑甚促反利而成害化榮而就辱欣戚更來得喪仍積至有身御魑魅魂沉狴獄詎非足力不強迷在當局孰可謂車戒前傾人師先覺聞諸君子雅道之士遊遨經術厭飫文史筆有奇鋒談有勝理孝悌之至神明通矣審蹈而行量

路而止自我及物先人後已情無繫於榮悴心靡滯於愠喜不養望於丘壑不待價於城市言行相顧慎終猶始有一于斯鬱為羽儀格居喪事如無不為或左或右則髦士攸宜無悔無吝故高而不危異乎勇進忘退苟得患失射千金之產徼萬鍾之秩投烈風之門起炎火之室載蹶而墜其貽宴或蹲乃喪其貞吉可不畏歟門有倚禍事不可不密牆有伏寇言不可而失空諸其言端其行言之不善行之不正鬼執強梁人囚遷廷幽奪其魄明夭其命不服非法不行非道公鼎為已信秋玉非身寶過涅為緇踰藍作青持繩視直置水觀平時然後取未若無欲知止知足庶免於辱是以為必察其幾舉必慎于微知幾慮微斯亡則稀既察且慎福祿攸歸昔遽瑗識四十九年非顏子仁幾三月不違跬步無已至于千里覆一簣進及于萬仞故云行遠自邇登高自卑可大可久與世推移月滿如規從夜則虧槿榮于枝望暮而萎矢奚益而不損孰有損而不害益不欲多利不欲大唯居德者畏其甚體真者懼其大道尊則羣謗集任重而衆怨會其達也則尼父栖遑其忠也而周公狼狽無曰人之我狹在我不可而覆無曰人之我厚在我

不可而咎如山之大無不有也如谷之虛無不受也能剛能柔重可負也能信能順險可走也能智能愚期可久也周廟之人三緘其口漏危在前欹器留後俾諸來裔傳之座右

宋遊道為御史中尉兼太府卿剛直使氣每戒其子曰吾數遭屯蹇性自如此子孫不足以師之諸子奉父言柔和謙遜

顏之推字介為黄門侍郎撰家訓二十篇行于世

後周于謹為太傅大宗伯參議朝政每教訓諸子務存靜退子孫繁衍皆至顯達當時莫比焉

賀若敦爲忠州刺史錶氐谷爲晉公護所怒徵還逼令自殺臨刑呼子弼語曰吾必欲平江南然心不果汝當成吾志吾以舌死汝不可不思因引錐刺弼舌出血誡以愼口

隋牛弘爲右光祿大夫弘嘗謂其諸子曰吾受非常之遇荷恩重淨汝等子孫宜以誠敬自立以答恩遇之隆也

趙軌爲齊州別駕其東隣有桑椹落其家軌遣人悉拾還其主誡其諸子曰吾非以此求名意者非機杼之物不願侵人汝等宜以爲誡

房彥謙居家每子姪定省嘗爲講說督勉之亹亹不倦終于涇陽令

裴矩字弘大襁褓而孤及長好學頗愛文藻有智數世父讓之謂矩曰觀汝神識足成才士欲求宦達當資幹世之務矩始留情世事後入唐朝官至民部尚書

唐李襲譽爲太府卿每謂子孫曰吾性不好貨財遂至貧乏然吾近京城有賜田十頃耕之可以充食何內有賜桑千樹事之可以充衣江東所寫書讀之可以得官吾歿之後爾曹但能勤此一事亦何羨于人

房玄齡嘗誡諸子以驕奢沉溺必不可以他望陵人故集古今聖賢誡子書于屏風令各取其一因曰若能留意足以保身成名又云我家累葉忠節是吾所尚汝宜師遵

王友貞琅琊人素好學於九經讀皆百遍訓誨子弟如嚴君焉

劉晏善訓諸子咸有學藝

李叔明建中初爲東川節度及駕幸奉天其子昇琊從有功叔明每私疏誡勵見危臨難當誓以死昇奉父嚴訓果著勳效議者嘉之

穆寧通達體命不嘗服藥每誡諸子曰吾聞君子之事親養志爲大直道而已愼無爲諂吾之志也

張茂昭爲武寧節度使自祿山之亂兩河繼爲阻命之地茂昭表請舉族歸闕遣其妻李氏及男克讓克恭等先焉將行戒之曰爾曹將侍親出易定後之子孫勿爲風俗所染吾無恨矣

田融魏博節度興之兄興幼孤融睦友而教導之會軍中分曹習射以角勝負興發矢連中融退挾而責曰爾不能自晦取禍之道也故興于暴亂之時能全其身而致其位及興之節制六州請融爲吏郡守韓廷察初誡不忍離其兄故特授焉

令狐章爲義成軍節度使臨行誡子以忠孝守節
栁玭爲御史大夫玭嘗著書誡其子弟曰夫門第高者可畏不可恃可畏者立身行己一事有墜先訓則罪大於他人雖生可以苟取名位死何以見祖先于地下不可恃者門高則自驕族盛則人之所嫉實藝懿行人未必信纎瑕微累十手爭指矣所以修己不得不懇爲學不得不堅夫人生世以己無能而望他人用以己無善而望他人愛無狀則曰我不遇時時不急賢亦猶農夫鹵莽種之而怨天澤之不潤雖欲弗餒其可得乎予幼聞先訓講論家法立身以孝悌

爲基以恭默爲本以畏怯爲務以勤儉爲法以交結爲末事以棄義爲凶人肥家以忍順保友以簡敬百行備疑身之未周三緘密慮言之或失廣記如不及求名如倘來去奢與驕庶幾減過蒞官則潔己省事而後可以言守法守法而後言養人直不近禍廉不沽名廩祿雖微不可易黎甿之膏血榎楚雖用不可忽褊狹之胸襟憂與福不偕潔與富不並比見家門子孫其先正直當官耿介特立不畏強禦及其衰也唯好犯上更無他能如其先遜順處己和柔保身以遠悔尤及其衰也但有暗劣莫知所宗此際幾微非賢不達夫壞名菑己辱先喪家其失尤大者五宜深志之其一自求安逸靡甘淡泊苟利于己不恤人言其二不知儒術不悅古道懵前經而不恥論當世而解頤身既寡知惡人有學其三勝己者厭之佞己者悅之唯樂戲譚莫思古道聞人之惡揚之浸漬頗僻銷刓德義簪裾徒在厮養何殊其四崇尚慢遊耽嗜麴糵以銜盃爲高致以勤事爲俗流習之易荒覺已難悔其五急于名宦匿近權要一資半級雖或得之衆怒羣猜鮮有存者茲五不韙甚于痤疽痤疽則砭石可瘳五失則巫醫莫及前賢明誡方冊具存近代

覆車聞見相接夫中人以下修辭力學者躁進患失思展其用審命知退者則業荒文蕪一不足採唯上智則研其慮博其聞堅其習精其業用之則行舍之則藏苟異于斯孰爲君子焉
韓叔豐華州節度使建之父乾寧末建逼昭宗發中山都將李筠敎近衞諸軍害其八王冊德王爲皇太子及李塘奔入鳳翔兼領同州乃修南莊起樓觀欲爲南內行廢立之事叔豐見其跋扈謂建曰汝陳許一白丁乘時危亂位至方牧不能感君父之恩欲以同華兩州百里之地行其廢位覆族在旦暮矣吾不

如先自裁免爲爾所累繇是建稍稍而沮其志

後唐符存審爲幽州盧龍節度使簡較太師中書令嘗戒諸子曰予本寒家少小攜一劍而違鄉里四十年間位極將相其間屯危患難履鋒冒刃入萬死而無一生身方及此前後中矢僅百餘乃出鏃以示諸子因以奢侈爲戒

劉玭魏州人歷令錄子贊幼有文性玭誨以詩書志學之年夏月青布襦單衫玭每食肉食別于牀下置蔬食以飯贊謂之曰肉食之祿也爾欲食肉當苦心文藝自可致之吾祿不可分也繇是贊俛及冠有文

辭三十餘舉進士

錢寬爲杭越節度使鏐之父鏐嘗于臨安故里興造第舍窮極壯麗歲時遊於里中車從雄盛萬夫羅列寬每聞鏐至竄避之鏐卽徒步訪寬請言其故寬曰吾家世田漁爲事未嘗有貴達如此爾爲十三州上將三面受敵與人爭利吾所以不忍見汝矣鏐卽泣謝之

晉高漢筠在常山嘗戒其子曰吾遊歷多矣觀風俗淳厚以經術相尚罕得如此地者教子訓孫可爲終焉之計因負郭墾荒爲田種樹成圃凡議婚嫁必擇士人竟葬於常山從其欲也漢筠官至左驍衛大將軍內客省使

漢張瓘同州車渡村人故太原監軍使承業之猶子也承業佐後唐武皇莊宗有功甚見委遇瓘聞之與昆仲五人自故里奔於太原莊宗皆任用之瓘天祐十三年補麟州刺史承業治家嚴毅小過無所容恕一姪爲磁州副使以其殺河西賣羊客承業立捕斬之嘗誡瓘等曰如車渡村百姓劉開道下賊慣作非爲今須改行若故態不除死無日矣故瓘所至不敢誅求

冊府元龜終

冊府元龜

巡按福建監察御史臣李嗣京　訂正

知閩縣事臣曹學佺參閱

知建陽縣事臣黃國琦較釋

總錄部　六十八

知子第一

古人有言曰知子莫若父蓋天性之親氣類脗合故肇自髫齔至于成人或端厚不羣俊逸特異至性孝友淸識超邁稟賦所及斯可見矣至有天性兇佷體質庸鄙雖加教勗罔或悛改以至先請其罪免于從坐斯又明于藻鑒不稱其親者也施及同氣以迄宗黨觀厥所爲察其所與終善終惡信而有徵咸附于篇用儆厥後

楚若敖子良爲司馬生子越椒子文曰必殺之子文子良兄是子也熊虎之狀而豺狼之聲弗殺必滅若敖氏矣諺曰狼子野心是乃狼也其可畜乎子良不可子文以爲大慼及將死聚其族曰椒也知政乃速行矣無及于難且泣曰鬼猶求食若敖氏之鬼不其餒而及令尹子文卒後子越爲令尹遂處烝野將攻王烝野楚邑楚子與若敖氏戰于皐滸皐滸楚地遂滅若敖氏

伍奢楚大夫平王囚伍奢將誅之費無忌曰伍奢有二子不殺當爲楚國患盍以免其父召之必至于是王使使謂奢能致二子則生不能將死奢曰尚至胥不至王曰何也奢曰尚之爲人廉而死節慈孝而仁聞召而免父必至不顧其死胥之爲人智而好謀勇而矜功知來必死必不來然爲楚國憂者必此子于是王使人召之曰來吾免爾父伍尚謂伍胥曰聞父免而莫奔不孝也父戮莫報無謀也度能任事智也子其行矣我其歸死伍尚遂歸伍胥彎弓屬矢出見使者曰父有罪何以召其子爲將射使者還走遂出

奔吳伍奢聞之曰胥亡楚國危哉楚人遂殺伍奢及尚

朱公居陶生少子及少子壯而朱公中男殺人囚于楚朱公曰殺人而死職也然吾聞千金之子不死于市告其少子往視之乃裝黃金千鎰置褐罷中載以一牛車且遣其子朱公長男固請欲行朱公不聽長男曰家有長子曰家督今弟有罪大人不遣乃遣小弟是吾不肖欲自殺其母爲言曰今遣少子未必能生中子也而先空亡長男奈何朱公不得已而遣長子爲一封書遺故所善莊生曰至則進千金于莊生

所聽其所爲愼無與爭事長男既行亦自私齎數百
金至楚莊生家負郭披藜藿到門居甚貧然長男發
書進千金如其父言莊生曰可疾去矣愼毋留即弟
出勿問所以然長男既去不過莊生而私留以其私
齎獻遺楚國貴人用事者莊生雖居窮閻然以廉直
聞于國自楚王以下皆師尊之及朱公進金非有意
受也欲以成事後復歸之以爲信耳故金至謂其婦
曰此朱公之金有如病不宿誡後復歸勿動而朱公
長男不知其意以其殊無短長也莊生間時入見楚
王言某星宿此則害于楚楚王素信莊生曰今爲奈

何莊生曰獨以德爲可以除之楚王曰生休矣寡人
將行之王乃使使者封三錢之府（周景王時將鑄大錢又至虞夏商周金幣三等或赤或白或黃爲上幣銅錢爲下幣錢者金帛之名所以資貨物通財用也古者有毋平子子權母而行然則二品之來古而然矣）楚貴人驚告朱公長男曰王且赦
曰何以也曰每王且赦嘗封三錢之府昨暮王使使
封之（或曰王且赦嘗封三錢之府者錢幣至重慮人知有赦盜竊之所以封錢府備盜竊也漢靈帝時河內張成能候風角知將有赦出教其子殺人捕得亡日赦出此其類也）朱公長男以
爲赦弟固當出也重千金虛棄莊生無所爲乃復見
莊生莊生驚曰若不去邪長男曰固未也初爲弟事
今請自赦故辭生去莊生知其意欲復得其金曰若
自入室取長男即自入室取金持去獨自歡幸莊生
羞爲兒子所賣乃入見楚王曰臣前言某星事王言
欲以修德報之今臣出道路皆言陶之富人朱公之
子殺人囚楚其家多持金錢賂王左右故王非能恤
楚國而赦乃以朱公子故楚王大怒曰寡人雖不德
耳奈何以朱公之子故而施惠乎令論殺朱公子明
日遂下赦令朱公子長男竟持其弟喪歸至其母及
邑人盡哀之唯朱公獨笑曰吾固知必殺其弟也彼
非不愛其弟顧有所不能忍者也是少與我俱見苦
爲生難故重棄財至如少弟者生而見我富乘堅驅

良逐狡兔豈知財所從來故輕棄之非所惜吝前日
吾所爲欲遣少子固爲其能棄財故也而長者不能
故卒以殺其弟事之理也無足悲者吾日夜以望其
喪之來

趙趙奢子括自少時學兵法言兵事以天下莫能當
嘗與奢言兵事不能難然不謂善括母問奢其故奢
曰兵死地也而括輕易言之使趙不將即已若必將
之破趙軍者必括也後趙王以括代廉頗爲將悉更
約束易置軍吏秦將白起絶其糧道四十餘日軍餓
括自搏戰秦軍射殺括括軍敗數十萬之衆遂降秦

秦悉坑之

漢張敞爲京兆尹弟武拜梁相是時梁王驕貴民多豪强號爲難治敞問武欲何以治梁武敬憚兄謙不肯言敞使吏送至關戒吏自問武應曰馭黠馬者利其銜策梁國大都吏民凋敝且當以柱後惠文彈治之耳（漢法冠也故號柱後惠文以纚裹鐵柱卷秦制執法服今御史服之謂之獬廌獬廌一角今冠兩角以獬廌爲名耳纚即今方目紗）秦時獄法吏冠柱後惠文武意欲以刑法治梁還道之敞笑曰審如掾言武必辦治梁矣武既到官其治有迹亦能吏也

丙吉爲丞相子顯少爲諸曹嘗從祠高廟至夕牲日

乃使出取齋衣（未祭一日其夕展視牲具謂之夕牲）吉大怒謂其夫人曰宗廟至重而顯不敬慎亡吾爵者必顯也夫人爲言然後乃已後顯爲太僕與官屬大爲姦利臧十餘萬帝以吉舊恩止免官奪邑

薛宣子惠爲彭城令宣從臨淮遷至東畱過其縣橋梁郵亭不修（郵行書之舍亦如今之驛及行道館舍也）宣心知會不能畱彭城數日案行舍中處置什器（處安也什器爲生之具也）觀視園菜終不問惠以吏事惠自知治縣不稱宣意遣門下掾送宣至陳畱令掾進見自從其所問宣不教戒惠吏職之意（若自出其意不云惠使之言）宣笑曰吏道以法令爲師可問而知及能自有資財何可學也衆人傳稱以宣言爲然

後漢馬況字長平余字聖卿員字季主援之三兄也並有才能援少有大志諸兄奇之嘗受齊詩意不能守章句乃辭況欲就邊郡畜牧況曰汝大才當晚成良工不示人以樸且從所好（從其所請也）

朱勃字叔陽年十二能誦詩書嘗候援兄況敎衣方領能矩步辭言嫺雅援纔知書見之自失況知其意乃自酌酒慰援曰朱勃小器速成智盡此耳卒當從汝稟學勿畏也及援爲將軍封侯而勃位不過縣令

折像廣漢雒人家富散金帛資產周施親疎八或諫之像曰今世將衰子又不才不仁而富謂之不幸智者咸服焉及卒家無餘資諸子衰劣如其言

魏賈逵字梁道河東襄陵人也自爲兒童戲弄嘗設部伍祖父習異之曰汝大必爲將率口授兵法數萬言位至建威將軍

令狐邵族子愚字公治爲白衣時嘗有高志衆人謂愚必榮令狐氏而邵獨以爲愚性倜儻不修德而願大必滅我宗愚聞邵言其心不平及邵爲虎賁郎將而愚仕進已多所更歷所在有名稱愚見邵因從容

言次徵潑之曰先時聞大人謂愚爲不繼愚今竟云何邪邵熟視而不荅也然私謂其妻子曰公冶性度猶如故也以吾觀之終當敗滅但不知我久當坐之不邪將遠汝曹耳邵沒之後十餘年間愚爲兗州刺史果與王陵謀廢立家屬誅滅邵子華時爲弘農郡丞以疏屬得不坐

陳實子羣爲兒時實嘗奇異之謂宗人父老曰此兒必興吾宗後至司空

鍾毓會兄也司馬文王遣會征蜀毓密啓文王言會挾術難保不可專任後會果謀反會所養兄子邕廸

等下獄當伏誅故宥邕等漢晉春秋曰文王嘉其忠亮笑荅毓曰若如卿言必不以及宗矣

蜀龐德公從子統字士元少未有識者惟德公重之年十八使往見司馬德操德操與語訖而嘆曰德公誠知人此實盛德也後爲軍師中郎將

諸葛亮子瞻字思遠亮出武功與兄瑾書曰瞻今已八歲而聰慧可愛嫌其早成恐不爲重器耳後至軍師將軍美聲洋溢有過其實

吳諸葛瑾子恪名盛當世文帝深器異之然瑾嘗嫌之謂非保家之子每以憂戚嘆曰恪不大興吾家將大赤吾家也時大帝置節度官使典掌糧軍初用侍中偏將軍徐詳詳死將用恪恪季父亮聞之書與陸遜曰家兄年老而恪性疏今使典主糧穀糧穀軍之最要僕雖在遠竊用不安足下特爲啓至尊轉之遜以白大帝即轉恪領兵

鍾離駰之弟牧樓船都尉緒之子駰上計吏與同郡謝贊吳郡顧譚齊名牧童齔時號爲遲訥駰嘗謂人曰牧必勝我不可輕也時人皆以爲不然牧後爲前將軍假節領武陵太守卒官家無餘財士民思之

張俶後主天紀中爲司直中郎將以贓情發聞伏誅

初俶父爲會稽山陰令卒知俶不良上表云若用俶爲司直有罪乞不從坐皓許之俶表正彈曲二十人專糾司不法于是愛惡相攻互相謗告彈曲承言收繫囹圄聽訟失理獄以賄成人民窮困無所措手足俶奢淫無厭取小妻三十餘人擅殺無辜衆姦並發父子俱見車裂

晉王祥二子烈芬並幼知名爲祥所愛二子亦同時而亡將死烈欲還葬舊土芬欲留葬京邑祥流涕曰不忘故鄉仁也不戀本土達也惟仁與達吾二子有焉祥位至太保

石崇字季倫苞之子少敏慧勇而有謀苞臨終分財與諸子獨不及崇其母以爲言苞曰此兒雖小後自有爵果至衛尉財產豐積

王湛少言語初有隱德人莫能知兄弟宗族皆以爲癡其父昶獨異焉後至汝南內史

索綝字巨秀少有逸羣之才父靖每曰綝宗廟之器非簡禮之用州縣之任不足汚吾兒也懷帝蒙塵以爲驃騎大將軍左僕射

衛玠字叔寶年五歲風神秀異祖父瓘曰此兒有異于衆顧吾年老不見其成長耳玠後爲太子洗馬

陽裕字士倫右北平無終人少孤兄弟皆早亡單煢獨立雖宗族無能識者惟叔父耽幼而奇之曰此兒非惟吾門之標秀乃佐時之良器也後爲段遼中軍將軍

陳敏爲廣陵相時惠帝幸長安四方交爭敏遂有割據江東之志其父聞之怒曰滅我門者必此兒也後與母及妻子皆伏誅

王戎有人倫鑒識族弟敦眉目疏朗性簡脫有鑒裁學左氏口不言財利尤好清談時人莫知惟族兄戎異之（一云敦有高名戎惡之敦每候戎輒託疾不見敦后果爲逆亂）又戎從弟衍字夷甫武帝聞其名問戎曰夷甫當世誰比戎曰未見其比當從古人中求耳夷甫位至太尉

王衍有重名于世時人許以人倫之鑒從弟澄字平子衍尤重澄及王敦庾敳嘗爲天下人士目曰阿平第一子嵩第二子處仲第三（子嵩庾敳字處仲王敦字）澄嘗曰兄形似道而神鋒太儁衍曰誠不如卿落落穆穆然也澄終是顯名澄爲元帝諮議參軍爲王敦所殺

顧和字君孝侍中衆之族子二歲喪父總角便有清操族叔榮雅重之曰此吾家麒麟興吾宗者必此子也時宗人球亦有令聞爲州別駕榮謂之曰卿速步

君孝超卿矣後至左光祿大夫儀同三司

祖約元帝時爲平西將軍豫州刺史與逖同母偏相親愛約異母兄光祿大夫納密言于帝曰約內懷陵上之心抑而使之可也今顯侍左右假其權勢將爲亂階矣帝不納時人亦謂納與約異生忌其寵貴故有此言朝廷因此棄納納旣閑居但清談披閱文史而已及約謀逆朝野嘆納有鑒裁焉

周顗字伯仁母李氏字絡秀生顗嵩謨嘗冬至置酒絡秀舉觴賜三子曰吾本渡江託足無所不謂爾等並貴列吾目前吾復何憂嵩起曰恐不如尊旨伯仁

志大而才短名重而識闇好乘人之弊此非自全之道爲性抗直亦不容于世唯阿奴碌碌當在阿母目下耳阿奴謨小字也後果如其言

荀崧字景猷羽林右監頵之子志操清純雅好文學齠齔時族曾祖顗見而奇之以爲必興頵門後至左右光祿大夫開封儀同三司

陸曄字士光少有雅望從兄機每稱之曰我家世不乏公侯後至左光祿大夫開封儀同三司

王羲之少鯁悟及長辯以骨鯁稱深爲從伯敦導所器時陳留阮裕有重名爲敦主簿敦嘗爲羲之曰汝

是吾家子弟當不減阮主簿裕亦目羲之與王承王悅爲王氏三少羲之位至右軍將軍會稽内史

謝玄封康樂縣公子瑍嗣瑍早卒靈運嗣瑍少不慧而靈運文藻豔逸玄嘗稱曰我尚生瑍瑍那得不生靈運

桓溫諸弟中沖最淹識有武幹溫甚器之

前秦王猛孫鎭惡以五月五日生家人以俗忌欲令出繼宗猛見而奇之曰此非常兒昔孟嘗君惡月生而相齊是兒亦將興吾門矣故名之爲鎭惡後至安西司馬征虜將軍

宋劉鎭之教之從父以毅貴歷顯位閒居京口未嘗應召嘗謂毅曰汝破吾家毅甚憚之後至衛將軍荆州刺史被誅

王惠字令明幼而夷簡爲叔父司徒謐所知

謝弘微東郡陽夏人武昌太守思之子童幼時精神端審時然後言叔父混名爲知人見而異之謂思曰此兒深中夙敏方成佳器有子如此足矣混風格高峻少所交納唯與族子靈運瞻曜晦弘微並以文義賞會瞻等才辭辯富弘微每以約言服之混特所敬貴號曰微子謂瞻等曰汝諸人雖才義豐辯未必皆

惬衆心至于領會機賞言約理要故當與我共推微子嘗云阿遠剛躁負氣阿客博而無簡（阿遠謂瞻字宣遠也阿客靈運小字客兒）曜恃才而操持不篤晦自知而納善不周設復功濟三才終亦以此爲恨至如微子吾無間然又云微子異不傷物同不害正若年造六十必至公輔

羊玄保子戎有才氣而輕薄少行簡文帝好與玄保棊嘗中使至玄保曰今日上何召我耶戎曰金溝清泚銅池搖颺極佳光景當得劇棊玄保嘗嫌其輕脫云此兒必亡我家戎官至通直郎與王僧達謗議時政賜死死後世祖引見玄保玄保謝曰臣無日磾之

明以此上負帝美其言

顏延之瑯琊臨沂人爲光祿大夫太祖問延之卿諸子誰有卿風對曰竣得臣筆測得臣文㚟得臣義躍得臣酒

范曄少時兄晏嘗云此兒進利終破門戶後至太子詹事謀反誅死果如晏言

王蘊字彥深小字阿益大中大夫楷之子楷人才凡劣故蘊不爲羣從所禮嘗懷恥慨家貧爲廣德令會太宗初卽位四方叛逆蘊遂感激爲將假寧朔將軍建安王休仁司徒參軍楷弟景文甚不悅論之曰阿

益汝必破我門戶後果斬于秣陵市

王玄謨幼而不羣世父蕤有知人鑒嘗笑曰此兒氣槩高亮有太尉彥雲之風後至右光祿大夫遷南豫州刺史

王僧虔伯父弘爲太保兄弟集會諸子孫引僧達下地跳戲僧虔年數歲獨正坐採蠟燭珠爲鳳凰弘曰此兒終當爲長者僧虔位至開封儀同三司

劉懷珍小字道玉平原人幼隨伯父奉伯爲陳南頓太守至壽陽豫州刺史趙百符出獵百姓聚觀懷珍獨避不視奉伯異之曰此兒方興吾宗　終

冊府元龜

巡按福建監察御史臣李嗣京　訂正
知甌寧縣事臣孫以敬　參閱
知建陽縣事臣黄國琦　較釋

總錄部　六十九

知子第二

南齊垣崇祖年十四有幹略伯父豫州刺史護之謂門宗曰此兒必大成吾門汝等不及也後至五兵尚書

張緒少知名清簡寡欲叔父鏡謂人曰此兒舍之樂

廣也緒位至太子詹事師

袁彖字偉才小字史公武陵太守覬之子少有風氣好屬文及玄言舉秀才歷諸王府參軍不就覬臨終與兄覬書曰史公才識可嘉足懋先基矣顗從叔司徒粲舅征西將軍蔡興宗竝器之

徐陶仁爲給事中子文景在東宮多不法陶仁謂文景曰終當滅門正當掃墓待喪耳仍移家避之其後文景竟賜死陶仁遂不哭時人以爲有古人風

劉繪字士章彭城人太常悛弟也父勔宋末權貴門多人客使繪與之共語應接流暢勔喜曰汝後若束帶立朝可與賓客言矣

顧憲之爲給事黄門侍郎兼吏部郎中其祖覬之宋世嘗爲吏部庭植嘉樹謂人曰吾爲憲之種耳至是憲之果爲此職

梁韋叡伯父祖征累爲郡守每攜叡職視之如子時叡内兄王憕姨弟杜惲並有鄉里盛名祖征謂叡曰汝自謂何如憕惲叡謙不敢對祖征曰汝文章或小減學識當過之然而幹國家成功業皆莫汝逮也後至護軍將軍

王茂祖深爲北中郎司馬茂年數歲爲深所異嘗謂

親識曰此兒吾家之千里駒成門戸者必此兒也後爲司空

謝朏祖弘微宋太常卿父莊齊光祿朏十歲能屬文莊多遊山水賦詩朏命篇覽筆便就王景文謂莊曰賢子足稱神童復爲後來達特莊笑曰眞吾家千金也

何敬容特爲從兄胤所親愛胤在若邪山嘗疾篤有書云田疇館宇悉奉衆僧書經竝歸從弟敬容其見知如此

何點白皙美容貌從兄求點每稱之曰叔寶神清弘

治膚清衛玠字叔寶杜文字弘治今觀此子復見衛杜在日位
至太子詹
劉虬謂子之遴必以文興吾宗謂諸子曰若比顏氏
之遴得吾言詩絲是州里稱之之遴館至南郡太守
裴之高頗讀書少負意氣嘗隨叔父遂征討所在立
功甚爲遂所寵重戎政咸以委焉位至特進光祿大
夫
劉孺叔父瑱爲義興郡守攜以之官嘗置坐側謂賓
客曰此兒吾家之明珠也
蕭琛字彥瑜蘭陵人年數歲從伯惠開撫其背曰必

興吾宗後至侍中特進
謝徵字玄度幼聰慧父景異之嘗謂親從曰此兒非
常器所憂者壽若天假其年吾無恨矣徵位終南蘭
陵太守
丘仲孚字公信少好學從祖靈鞠有人倫之鑒嘗稱
爲千里駒也後至豫章內史
丘遲字希範父靈鞠有才名遲八歲便屬文靈鞠嘗
謂氣骨似我黃門郎謝超宗徵士何點並見而異之
遲位至司徒從事中郎
王規字威明八歲以丁所生母憂居喪有至性徐孝
嗣謂之孝童叔父暕亦深寵重之嘗曰此兒吾家千
里駒也後至散騎常侍太子中庶子
賀琛字國寶會稽山陰人伯父瑒步兵校尉爲世碩
儒琛幼瑒授其經業一聞便通義理瑒異之嘗曰兒
當以明經致貴後至金紫光祿大夫
江革幼而聰敏早有才思六歲能屬文父柔之深加
賞器曰節兒必興吾門後至光祿大夫
王瞻字思範宋太保弘從孫也父猷廷尉卿瞻年數
歲嘗從師受業時有伎經其門同學皆出觀瞻獨不
視習誦如初從父尚書僕射僧達聞而異之瞻父曰

大宗不衰寄之此子後至侍中吏部尚書
陳周弘正幼孤及弟弘讓弘直俱爲叔父侍中護軍
捨所養年十歲通老子周易捨每與談論輒異之曰
觀汝神清穎悟清理警發後世知名當出吾右後至
右僕射
周確弘直之子美容儀博涉經史世父弘正特所鍾
愛解褐梁太學博士
陸瓊年十一丁父憂毀瘠有至性從祖襄歎曰此兒
必荀門甚所謂一不爲少位至吏部尚書
後魏中山王英子熙好學俊爽有文才聞著于世然

輕躁浮動英深慮非保家之子嘗欲廢之後果坐誅
崔道固太山太守輯之子道固賤出適母兄攸之目
連等輕之輯謂攸之曰此兒姿識如此或能興人門
戶汝等何以輕之攸之等遇之彌薄略無兄弟之禮
時宋孝武爲徐兗二州刺史得辟他州之民爲從事
輯乃資給道固令其征南從至彭城孝武以爲從事
房士達少有才氣其族兄景先有鑒識每曰此兒倜
儻終當大其門戶後終濟南太守
李冲字思順燉煌公寶之少子少孤爲長兄滎陽太
守承所撫訓承嘗言此兒器量非常方爲門戶所寄

後至僕
宋弁爲禮部尚書有二子維紀兒元乂寵勢日隆便
至乾沒乃告司染都尉韓文殊父子欲謀逆立清河
王懌天下人士莫不怪忿初弁謂族弟世景言維性
疎險而紀識慧不足終必敗吾業也世景以爲不爾
至是果然聞者以爲知子莫若父
李神儁少有膽略以氣尚爲名早從征役爲其從兄
崇深所知賞後爲驃騎大將軍儀同三司
爾朱兆榮之從子麄脫少智無將領之能榮雖奇其
膽決然每云兆不過將三千騎多則亂矣兆後爲柱
國大將軍
爾朱天光榮從子少武決善弓馬榮特親愛之每有
軍戎事要嘗預謀策孝昌末榮將擁衆南轉與天光
密議便據并肆仍以天光爲都將總統四州兵馬孝
明終榮向京師以天光攝行肆州刺史榮將討葛榮
留天光在州鎮其根本謂之曰我身不得至處非汝
無以稱我心
高緒字叔宗明悟好學父謙之嘗謂人曰興吾門者
常是此兒及長涉獵書傳好文詠後爲鎮遠將軍冀
州儀同府中司兵參軍爲府主封隆之所賞隆之行

梁州濟之引自隨嘗令總攝數郡
李琰之字景珍早有盛名時人號曰神童從父司空
仲雅尤所嘆異每曰興吾宗者其此兒乎嘗資給所
須愛同己子後爲車騎大將軍儀同三司
袁躍字景騰尚書翻之弟博學儁才性不矯俗翻每
謂人曰躍可謂我家千里駒也後爲太傅清河王懌
文學雅爲懌所愛賞
李訢北幽州刺史崇之子訢母賤爲諸兄所輕崇曰
此子相者言貴吾每觀察或未可知遂使入都爲中
書學生後爲司空侍中

北齊房謨爲驃騎大將軍謨前妻子子遠險薄甚嫌之不以爲子例時以爲謨後妻盧氏所譖神武亦以責謨謨陳其事神武弗信自收恤之令與諸子同學久乃令還後與任胄等謀殺神武事發神武嘆曰知子莫若父信哉因上言房謨鄭述祖李道璠三家理宜從法竊以謨立身清白履行忠謹鄭仲禮嚴祖度兒晚始收拾李世林生自外養屬紀本宗三人特乞罪止一房魏帝許焉

高昂與兄乾數爲劫掠州縣莫能窮治招聚劍客家資傾盡鄉閭畏之無敢違逆父翼嘗謂人曰此兒不

滅我族當大吾門不直爲州豪也後爲司徒封京兆郡公

盧勇字季禮父璧魏下邳太守初與從兄景裕俱學父叔同稱之曰白頭必以文通季禮當以武達興吾門在此二子也（白頭景裕小字也）後勇爲揚州刺史景裕爲國子博士

崔昂字懷遠七歲而孤伯父吏部尚書孝芬嘗謂所親曰此兒終當遠至吾家千里駒也後爲僕射儀同三司

徐之才爲僕射長子林字少卿太尉司馬次子字同卿太子庶子之才以其無學術每嘆云終恐同廣陵散矣

楊愔字遵彥小名秦王侍中津之子幼喪母曾詣舅源子恭子恭與之飲問讀何書曰誦詩子恭曰誦至渭陽未邪愔便號泣感噎子恭亦對之歔欷遂爲罷酒子恭後謂津曰嘗謂秦王不甚察慧從今已後更欲刮目視之愔一門四世同居家甚隆盛昆季就學者二十餘人學庭前有柰樹實落地羣兒咸爭之愔頹然獨坐其季父暐適入學館見之大用嗟異顧謂賓客曰此兒恬裕有我家風宅內有茂竹遂爲愔於

林邊別葺一室命獨處其中嘗銅盤具盛饌以飯之因以督勵諸子曰汝輩但如遵彥謹慎自得竹林別室銅盤重肉之食愔從父兄黃門侍郎昱特相器重曾謂人曰此兒駒齒未落已是我家龍文更十歲後當求之千里外後終特進驃騎大將軍

邢邵字子才年十歲便能屬文雅有才思聰明強記日誦萬餘言族兄巒有人倫鑒謂子弟曰宗室中有此兒非常人也後爲尚書令加侍中

後周賀若敦東魏潁州長史統之子從其父歸太祖時羣盜蜂起各據山谷龜山賊張世顯潛來襲統敦

挺身赴戰手斬七八人賊乃退走統大悦謂左右僚屬曰我少從軍旅戰陣非一如此兒年時膽若者未見其人非唯成我門戶亦當為國名將後至中州刺史

尉遲迥父俟兜性弘裕有鑒識尚太祖姊昌樂大長公主生迥及綱俟兜病且卒呼二子撫其首曰汝等並有貴相但恨吾不見爾各宜勉之迥後為柱國大將軍迥弟綱後為大司空陝州總管

宇文滐字奴千性鯁正有器局年數歲便累石為營伍并折草作旌旗布置行列有軍陣之勢父永遇見

之乃大喜曰汝自然知此于後必為名將後從戰河橋及討白額稽胡並有戰功終司命中大夫

李穆字顯慶為武衛大將軍雍州刺史宇文護執政穆兒遠及其子稹俱被誅穆當從坐先是穆知稹非保家之子每勸遠除之遠不能用及遠臨刑泣謂穆曰顯慶吾不用汝言以至于此將復奈何穆以獲免除名為民及其子弟亦免官

隋于仲文字次武少聰敏髫齔就學躭閲不倦其父寔異之曰此兒必興吾族矣後官至光祿大夫

房彥謙字孝冲早孤不識父為母兄之所鞠養長兄彥詢雅有清鑒以彥謙天性穎悟每奇之親教讀書年七歲誦數萬言為宗黨所異後至司州刺史

陸知命以平陳功拜儀同三司親用其弟恪為汧陽令知命以恪非百里才上表陳讓朝廷許之

張虔威字元敬性聰敏涉獵羣書其世父曷之謂人曰虔威吾家千里駒也年十二州補主簿十八為太尉中兵參軍

薛世雄為兒童時與羣輩游戲輒畫地為城郭令諸兒為攻守之勢有不從令者世雄輒撻之諸兒畏憚莫不齊整其父見而奇之謂人曰此兒當興吾家矣

後為左禦衛大將軍

李士謙事母以孝聞伯父魏岐州刺史瑒深所嗟尚每稱曰此兒吾家之顏子也後畢志不仕

梁彥光後周荊州刺史顯之子彥光少岐嶷有至性其父每謂所親曰此兒有風骨當興吾宗後至相州刺史

楊素字處道少落拓有大志不拘小節世人多未知之唯從叔祖魏尚書僕射寬深異之每謂子孫曰處道當逸羣絶倫非常之器非汝曹所逮也素官至司徒

楊玄感素子體貌雄偉美鬚髯少時晚成人多謂之痴其父毎謂所親曰此兒不痴也及長好讀書便騎射以父軍功位至柱國

宇文述爲太將軍於江都遇疾及疾篤帝令中使相望于第謂述有何言述曰願陛下一親臨遣司宮魏氏謂曰公危篤朕憚相煩動必有言可陳也述流涕曰臣子化及早預籓邸願陛下哀憐之士及夙蒙天恩亦當驅策臣死後智及不可久留願早除之望不破門戶魏氏反命隱其言因詭對曰述唯憶陛下爾帝泫然曰述憶我邪將親臨之宮人百僚諫乃止後

智及江都弑逆

唐楊岳隋尚書令素之弟岳大業中爲萬年令與素子玄感不叶嘗密上表稱玄感必爲逆亂及玄感被誅岳在長安繫獄煬帝遽使赦之比使至岳已爲留守所殺子弘禮等遂免從坐

王珪字叔玠幼孤性雅淡少嗜欲志量沉深能安于貧賤體道履正交不苟合叔父顗當時通儒有人倫鑒嘗謂所親曰門戶所寄唯此兒後爲禮部尚書兼魏王師

劉山伯河間景城人弟武周爲人驍勇善騎射交通豪俠山伯毎誡之曰汝不擇交遊終當滅吾族也數罵辱之隋末作亂伏誅

蘇震京兆武功人也少以門蔭補千牛聰敏好學博涉經史年未冠志學有老成人風伯頲異之嘗謂所親曰吾家有子矣後爲河南尹

任瓌字瑋廬州合肥人陳鎮東大將軍蠻奴弟之子也父七寶任陳定遠太守瓌早孤蠻奴愛之情踰己子毎稱曰吾子姪雖多並傭保爾門戶所寄唯在于瓌後終通州都督

韋叔夏京兆萬年人隋太傅郇國公孝寬之曾孫也

叔夏幼而博涉經史尤精三禮其叔父太子詹事琨嘗曰汝能如是可以繼承相業矣後終國子祭酒封沛國郡公

崔液湜之弟也液尤善五言湜嘆曰海子我家之神駒也海子即液小名後官至殿中侍御史

蕭復字履初太子太師嵩之孫新昌公主之子衡太僕卿駙馬都尉復生于戚里少秉清操其羣從兄弟競飾輿馬以侈靡相高復衣澣濯之衣獨居室習學不倦非詞人儒士不與之遊伯父華毎嘆異之曰興吾門者必此子也後拜吏部尚書平章事

今造遜兄也遜幼孤寓居江陵與其弟建皆安貧講習不倦造知二弟賢爲營丏成其志業兄弟同致休顯

漢李崧小字大醜幼而聰敏其父有袁許之鑒嘗謂宗人李鏻曰大醜生處奇形氣異前途應不居徒勞之地賴君誨激之後果至公輔

李周邢州人父矩嘗謂周曰邯鄲北接戰國用武之地時事未寧汝果勇抱義當以軍旅之事興我門族後周以軍功歷點幽徐安雍沂六州節度權開封尹卒

册府元龜

巡按福建監察御史臣李嗣京訂正

新建縣舉人臣戴國士參閱

知建陽縣事臣黄國琦較釋

總録部 七十

立祠

禮曰法施於人則祀之以死勤事以勞定國能禦大災能捍大患則祀之又曰孟夏薦祀古之卿士有益於人者此乃古先哲王莊有功褒有德載在祀典領之祀官以垂勸乎天下也乃有自天生德崇四教以

化人事君盡忠以直諫而殞命或化流於千里或仁洽於一國以至家行敦篤鄉邑之所欽慕威名彌耀戎狄之所畏服繇是構之祠宇薦以苾芬没者寄其悲哀生者伸其企戀至於刻貞石紀茂績咸用論次以示于後

伍子胥呉大夫也呉王夫差賜伍子胥屬鏤之劍曰子以此死子胥乃自剄死呉王取子胥尸盛以鴟夷革（取馬皮爲鴟夷鴟夷榼形）浮之江中呉人憐之爲立祠於江上因命曰胥山

孔子爲魯司冦哀公十六年卒魯人世世相傳以歲時奉祠祀孔子冢冢大一頃後世因廟藏孔子衣冠琴車書至于漢二百餘年不絶

白起爲秦將封武安君昭王賜起劒使自殺起死非其罪秦人憐之鄉邑皆祭祀焉

漢欒布爲燕相燕齊之間皆爲立社號曰欒公社

石慶爲齊相齊國慕其家行不治而齊國大治（不治無所治罰）爲立石相祠

李廣利爲貳師將軍降匈奴歲餘衛律害其寵會母閼氏病（單于之母也）律飭胡巫言先單于怒曰胡故時祠兵嘗言得貳師以社（以祀社）今何故不用於是收貳師

貳師駡曰我死必滅匈奴遂屠貳師以祠會雨雪數月畜産死人民疫病穀稼不熟（北方早寒雖不宜禾稷匈奴中亦種黍穄）單于恐爲貳師立祠

胡建爲渭城令治甚有聲爲蓋主所告自殺吏民稱寃至今渭城立其祠

于公（定國之父）爲縣獄吏郡中爲之立生祠號曰于公祠

文翁爲蜀郡太守終于蜀吏民爲立祠堂歲時祭祀不絶

召信臣九江人爲南陽太守九江郡二千石歲時率官屬行禮奉祀信臣冢而南陽亦爲立祠平帝元始

四年詔書祀百辟卿士有益於民者蜀郡以文翁九江以信臣應詔

段會宗爲西域都護病死烏孫中城郭諸國發喪立祠祭不絶

龔遂爲水衡都尉卒歸葬平陽後延篤爲平陽侯相到官表遂之墓立銘祭祠擢用其後於畎畝之間

朱邑爲大司農病且死屬其子曰我故爲桐鄉吏其民愛我必葬桐鄉後世子孫奉嘗我不如桐鄉民（嘗謂蒸嘗之祭）及死其子葬之桐鄉西郭外民果爲邑起冢立祠歲祭至今不絶

後漢文齊爲益州太守降集蠻夷甚得其和光武徵之於道卒詔爲起祠堂郡人立廟祀之

陳棐爲揚州牧歐陽歙從事時李憲餘黨淳于臨等猶聚衆千人屯灊山攻殺安風令歙遣兵不能剋衆白歙請得憲降臨於是乘單車駕白馬往說而降之灊山人共生爲立祠號白馬陳從事

任安廣漢緜竹人少事楊厚究極圖籍還家講授建安七年卒門人慕仰爲立碑銘

許楊爲汝南太守鄧晨都水掾復立鴻郤陂後以病卒晨於都宮爲楊起廟圖畫形象百姓思其功績皆祭祀之

候霸爲臨淮太尹後爲大司徒薨臨淮吏人共爲立祠四時祭焉

祭肜爲遼東太守及死遼東吏人爲立祠四時祭奉

范冉（冉或作丹）陳留人卒謚貞節先生刺史郡守各爲立碑表墓焉

岑彭爲征南將軍征蜀爲刺客所殺蜀人憐之爲立廟武陽歲祠焉

韋義爲廣都長以兄順喪去官廣都爲生立廟

王堂爲巴郡太守時西羌寇郡爲民患堂馳兵赴賊

斬虜千餘級巴庸清靜吏民生爲立祠

楊仲續爲祁令甚有德惠人爲立祠

楊厚爲侍中病稱歸犍爲以黄老教人及卒門人爲立廟郡文學掾史春秋饗射嘗祠之

王喬爲葉令卒百姓乃爲立廟號葉君祠牧守每班録皆先謁拜之吏人祈禱無不如應若有違犯亦能爲祟

張翕爲越巂太守政化清平得夷人和及卒夷人愛之如喪父母詔書嘉美爲立祠堂

朱登爲汝陰令後爲潁川太守病免卒汝陰人配禮

祠之
鄧訓爲護羌校尉卒夷人羌胡家家立祠每有疾病
輒此請禱求福
何敞爲汝南太守修理鮦陽舊渠百姓賴其利（鮦陽縣屬汝南郡故城在今豫州新蔡縣北水經注云葛陂東出爲鮦水俗謂之三丈陂）墾田增三萬
餘頃吏人共刻石頌敞功德
周嘉爲零陵太守卒吏民爲立祠
趙炳東陽人能爲越方（善禁呪也）章安令惡其惑衆收殺
之人爲立祠室於永康至今蚊蚋不能入（在今婺州永康縣東）
姜詩爲江陽令卒于官所居治鄉人爲立祠

髙獲汝陽人光武引見欲用爲吏出便辭去後遠遁
江南卒於石城石城人思之共爲立祠
王渙爲雒陽令卒民思其德爲立祠安陽亭西每食
輒弦歌而薦之（古樂府歌曰孝和帝在時雒陽令王君本自益州廣漢蜀人少行宦學通五經論明知法令歷代衣冠從溫補雒陽令化行賢致外行猛烈內懷慈仁移惡子姦名五篇著里端無妄發賊念在理寃清身若醴夙夜勞勤化有能名遠近所聞天年不遂早就奄昏君作祠安陽亭西欲令後代莫不稱傳）延熹中桓帝事黄老道悉毀諸方祀惟特詔
密縣存故大傅卓茂廟雒陽留王渙祠焉
崔寔爲尚書稱疾免歸建中卒于家大鴻臚袁隗樹
碑頌德

任延爲九貞太守視事四年徵詣雒陽以病稽留左
傳雎陽令九貞吏人生爲立祠
荀淑爲當塗長歷朗陵侯相及卒二縣皆爲立祠
許荊爲桂陽太守卒於官桂陽人爲立廟樹碑
賈逵爲豫州刺史及卒吏民追思之刻石立祠
張奐爲武威太守其俗多妖忌凡二月五月產子及
與父母同月生者悉殺之奐示以義方嚴加賞罰風
俗遂改百姓生爲立祠（奐卒武威多爲立祠世世不絶）
延篤南陽犨人爲京兆尹以病免歸卒于家鄉里圖
其形於屈原之廟（屈原楚大夫抱忠貞而死篤有志行文彩故圖其像而偶之）

周黨隱居黽池及終邑人賢而祠之
韓韶頴川人爲嬴長卒於官同郡李膺陳寔杜密荀
淑等爲立碑頌焉
陳寔頴川人爲太丘長以沛相賦斂違法乃解印綬
去及卒海內赴者三萬餘人制衰麻者以百數共刋
立石碑
桓彬卒蔡邕等共論序其志僉以爲彬有過人者四
夙智早成岐嶷也學優文麗至通也仕不苟祿絶高
也辭隆從窶絜操也乃共樹碑而頌焉
馬稜遷廣陵太守時穀貴民饑奏罷鹽官以利百姓

賑貧羸薄賦稅輿復陂湖溉田二萬餘頃吏民刻石
頌之
郭泰字林宗太原介休人太常趙典舉有道不應年
四十二卒于家四方之士千餘人皆來會葬同志者
乃共刻石立碑蔡邕爲文旣而謂盧植曰吾爲碑銘
多矣皆有慙德惟郭有道無媿色爾
魏蒼慈爲敦煌太守數年卒州爲立祠
顏斐爲京兆太守數年遷平原及卒京兆爲立碑稱
頌之
田豫爲汝南太守後遷衛尉遜位歸居魏縣及卒汝

南人就爲立碑
蜀諸葛亮爲相旣卒所在各求爲立廟朝議以禮秩
不聽百姓遂因時節私祭之於道陌上言事者或以
爲可聽立廟於成都者後主不從步兵校尉習隆中
書郎向充等共上表曰臣聞周人懷召伯之德甘棠
爲之不伐越人思范蠡之功鑄金以存其像自漢興
以來小善大德而圖形立廟者多矣況亮德範遐邇
勳蓋季世興王室之不壞實斯是賴而烝嘗止於私
門廟像闕而莫立使百姓巷祭戎夷野祀非所以存
德念功追述在昔者也今若盡順民心則瀆而無典
建之京師又偪宗廟此聖懷所以惟疑也臣愚以爲
宜因近其墓立之於沔陽使所親屬以時賜祭凡其
臣故吏欲奉祠者皆限至廟斷其私祀以崇正禮於
是始從之
馬忠爲庲降都督安南大將軍處事能斷威恩並立
蠻夷畏而愛之及卒莫不自致喪庭流涕盡哀爲之
立廟迄今猶在
張嶷初爲越嶲太守後爲盪寇將軍與魏將戰臨陣
隕身南土越嶲民夷聞嶷死無不悲泣爲嶷立廟四
時水旱輒祀之

王商爲蜀郡太守爲嚴君平李弘立祠秦宓與商書
曰疾病伏匿甫知足下爲嚴李立祠可謂厚黨勤類
者也觀嚴文章冠冒天下由夷逸操山嶽不移使楊
子不歎固自昭明如李仲元不遭法言令名必淪其
無虎豹之文故也可謂攀龍附鳳者矣如楊子雲潛
心著述有補於世泥蟠不滓行參聖師于今海內談
詠厥辭邦有斯人以耀四遠怪子替茲不立祠堂蜀
本無學士文翁遣相如東授七經還教吏民於是蜀
學比於齊魯故地里志曰文翁倡其教相如爲之師
漢家得士盛於其世仲舒之徒不達封禪相如制其

禮夫能制禮造樂移風易俗非禮所秩有益於世者
乎雖有王孫之累猶孔子大齊桓之霸公羊賢叔術
之讓僕亦善長卿之化宜立祠堂速定其銘
晉扶風王駿爲征西大將軍都督雍凉諸軍事鎮關
中病薨西士聞其薨泣者盈路百姓爲之樹碑長老
見碑無不下拜
閻德東海人門徒甚多獨目唐彬有廊廟材及彬官
成而德已卒乃爲之立碑
唐彬爲使持節監幽州諸軍事領護烏桓校尉右將
軍邊境獲安無犬吠之警坐事徵百姓追慕彬功德

生爲立碑作頌
荀勗爲安陽令長驃騎從事中郎勗有遺愛安陽生
爲立祠
羊祜鎮荆州及薨襄陽百姓於峴山祜平生遊憩之
處建碑立廟歲時享祭焉望其碑者莫不流涕杜預
因名爲墮淚碑
杜預爲鎮南大將軍好爲後世名嘗言高岸爲谷深
谷爲陵刻石爲二碑紀其勳績一沉萬山之下一立
峴山之上曰焉知此後不爲陵谷乎
江惇以高尚養志爲時所重及卒友朋相與刊石立

頌以表其德美
嵇紹爲侍中死於湯陰難後東海王越路經滎陽過
紹墓哭之悲慟刊石立碑
楚王瑋性開濟好施能得衆心及誅莫不隕涕百姓
爲之立祠
丁紹爲廣平太守時臨漳被圍南陽王模窘急紹率
群兵赴之模賴以獲全感紹恩生爲立碑
杜軫除池陽令爲雍州十一郡最百姓生爲立祠得
罪者無怨言
祖逖爲豫州刺史鎮西將軍卒豫州士女若喪考妣

譙梁百姓爲之立祠
李雲爲成都王穎所害門生故吏迎喪葬清河修墓
立碑四時祠祭
范平太康中頻徵不起及卒有詔追謚號曰文貞先
生賀修立碑紀其德行
孔愉會稽人避亂入新安山中改姓孫氏以稼穡讀
書爲務信著鄰里後忽捨去皆謂爲神人而爲之立
祠
宋劉勔爲右將軍討殷琰平壽陽無所犯害百姓德
之爲立碑記

蕭承之爲漢中太守既卒梁士民思之於裴公山立廟祭祀

安陸王緬爲雍州刺史既卒百姓於峴山立祠

南齊王儉爲衛將軍開封府卒梁武受禪詔爲儉立碑

蕭昱爲晉陵守暴疾卒百姓號哭市井爲之諠沸又相率爲立廟建碑

崔景眞爲平昌太守有惠政嘗懸一蒲鞭而未嘗用去任之日士人思之爲立祠

夏侯亶爲吳興太守在郡復有惠政吏民圖其像立

碑頌美焉後爲徐豫二州刺史州民請爲亶立碑置祠詔許之

謝舉爲晉陵太守罷郡吏民請立碑許之

梁何遠爲武康令歴宣城太守新興内史所至皆生爲立祠表言治狀高祖每優詔荅焉

任昉爲新安太守爲政清省吏民便之視事期歳卒於官舍闔境痛惜百姓共立祠堂於城南

貞陽侯明爲豫州刺史百姓請闕拜表言其德政樹碑於州門内及碑匠採石出自肥陵明於廣營厨帳多召人物躬自率領至州識者笑之曰王自立碑非其州人也

徐勉爲侍中卒故佐吏尚書左丞劉覽等詣闕陳勉行狀請刊石紀德政奉詔許立碑於墓

陸襄爲鄱陽内史在政六年郡中大治民李睍等四百二十人詣闕拜表陳襄德化求於郡中立碑詔許之

伏暅爲新安太守在郡清恪屬縣始新遂安海寧並時生爲立祠

蘭欽爲衛州刺史在州有惠政吏民詣闕請立碑頌德詔許焉

陳王勵爲晉陵太守在郡甚有威惠郡人表請立碑頌勵政績詔許之

鄭萬頃爲豐州刺史在州甚有惠政吏民表請立碑詔許焉

侯安都爲南徐州刺史留異擁據東安陽都討平之仍還本鎮其年吏民詣闕表請立碑頌美安都功績詔許之

後魏高允爲懷州刺史時年將九十勸民學業風化頗行後正光中中散大夫中書舍人河内常景追思允立祠于野王之南立碑紀德

陸騰爲隆州總管討信州蠻蜒前後破平諸賊巴蜀悉定詔令樹碑紀績焉

元子華爲齊州刺史勸獄訟因務加仁恕齊人樹碑頌德

北齊李繪字敬文爲高陽内史瀛州三郡人俱詣州立祠州請爲繪立碑於郡街

後周長孫儉爲荆州刺史殷勤勸導風俗大革務廣耕桑兼習武事故得邊境無虞民安其業吏民表請爲儉構清德樓樹碑刻頌朝許焉及卒荆州民儀同趙超等七百人感儉遺愛詣闕請爲立廟樹碑詔許

之

隋李士謙初爲魏廣平王府參軍隋有天下畢志不仕家富於財每以賑施爲務開皇八年終於家趙郡士女聞之莫不流涕曰我曹不死而令李參軍死乎會葬者萬餘人鄉人李景伯等以士謙道著丘園條其行狀詣尚書省請先生之謚事寢不行遂相與樹碑於墓

裴肅爲平原郡丞甚得民心歲餘卒吏僚思之爲立廟於鄃江之浦

樊叔略爲相州刺史徵拜司農吏民相與立碑頌其德政

令狐熙爲滄州刺史徙爲河北道行臺度支尚書吏民追思立碑頌德

楊文思爲魏州刺史及去職吏民思之爲立碑頌德

侯莫陳頴爲瀛州刺史坐秦王俊交通免官百姓送者莫不流涕因相與立碑頌德

樊子蓋爲武威太守後卒於京武威民吏聞其死莫不嗟痛立碑頌德

房彦謙爲長葛令甚有惠化及移鄀州司馬吏民號泣相謂曰房明府今去吾屬何用生爲百姓思之立

碑頌德

高孝基爲吏部侍郎大業中杜如晦預選孝基曰願保崇令德今欲甫就卑職應爲須少祿俸爾遂補滏陽尉後如晦爲尚書右僕射以孝基有知人之鑒爲其樹神道碑以記其德

唐李思摩爲右武衛將軍從征遼東爲流矢所中未幾卒葬訖仍立碑於化州

賈敦頤永徽中爲雒州刺史百姓爲其樹碑于大市通衢弟敦實咸亨初轉雒州長史甚有惠政及敦實去職復刻石頌美於兄碑之側時人號爲棠棣碑

蔣智周爲費縣令政化大行吏人刋石以頌之
高叡爲通義令以善政稱去官後吏人樹碑頌德
崔縱爲藍田令寬明勤謹德化大行縣人立碑
楚土靈龜爲魏州刺史稱爲良牧及喪歸百姓思其
德爲立碑
韋景駿爲肥鄉令及去任人吏立碑頌德
王晙景龍末爲桂州都督數年州人爲立碑以頌其
政
宋璟爲廣州都督夷夏懷惠立碑以紀其政
李峴爲鳳翔尹百姓立生祠

王方慶爲肅州刺史屬蝗儉諸州貧人死於道路而
肅州全活者甚衆州人爲立碑頌
楊瑒爲國子祭酒生徒爲瑒立頌於學門之外
狄仁傑爲魏州刺史人吏爲生立祠仁傑嘗爲刺史
撫和戎夏人得歡心郡人立碑頌德
崔隱甫開元九年自華州刺史轉太原尹人吏刻石
頌其美政
苗晉卿天寶中爲安康郡太守遷魏郡太守所到有
惠化金州魏州人思之皆立碑頌德
呂諲爲荆州都督府長史充澧郎荆忠峽五州節度
觀察等使理江陵三年號爲良牧郡人立生祠諲沒
後歲餘江陵將吏合錢十萬於府西爽塏地大立祠
宇四時祀禱之
李勉大歷中爲廣州刺史在官累年器用車服無增
飾耆老以爲可繼前朝宋璟盧奐李朝隱之徒人吏
詣闕請立碑詔許之
張延賞大曆建中間連統四鎭所至稱治其去皆刻
石紀績
嚴郢爲河南尹有能政郡人爲立碑紀述
李融興元初爲金州刺史兼防禦使州人懷之刻石

紀政
孫成貞元初爲信州刺史信州吏人上表請立碑陳
其殊績優詔褒異而允其請
楊元卿爲涇源節度使涇人請立德政碑從之
韋丹爲江西觀察使卒官大和中觀察裴誼奏與丹
立碑祠
袁滋元和中爲義成軍節度百姓立生祠禱祀之
田弘正穆宗初爲魏博節度州縣官請與弘正立德
政碑從之
成汭爲荆南節度使歿荆州趙凝奏請與汭於荆南

建南建置廟貌哀帝從之
杜洪爲鄂州節度虁梁王奏請與洪於本道置立祠廟哀帝從之
劉德威爲綿州刺史以廉平著稱百姓爲之立碑
梁馮行襲爲許州節度使開平二年本州官吏百姓詣四方館進狀請與行襲立德政碑太祖允之
王重榮開平二年爲河中節度使贈太師晉王仍立廟差右僕射張禕撰碑文委河中尹選擇穩便處立碑奏聞
馬殷爲武安節度使開平四年潭州錄事參軍馬琳

軍府官吏僧道等進狀稱殷自到所著功庸政績合具上聞伏乞許於本道以德政立碑并生祠堂事太祖優詔許之并令翰林學士封舜卿撰碑文
錢鏐爲吳越王開平五年四月杭州將吏耆老列狀願爲鏐建生祠以頌功德太祖詔刑部侍郎李光嗣爲宣慰立祠堂使仍令翰林學士李琪製碑文以賜之
韓遜嗣襲靈州節度使善於爲理部民請立生祠堂於其地太祖許之仍詔禮部侍郎薛廷珪撰碑文以賜之其廟至今在焉

晉安重榮爲成德軍節度使天福二年副使朱崇節奏鎮州軍府將吏僧道父老詣闕請立重榮德政碑高祖敕晏重榮功宜締構寄重藩維善布詔條克除民瘼遂致僚吏僧道詣闕上章求勒貞珉以揚異政旣觀勤功宜示允愈其碑文仍令太子賓客任贊撰進
安元信爲山北諸州團練使清泰元年領上黨加簡較太尉累加食邑三千戶實封二百戶進封至武威郡公三年二月以疾終於位時年七十四贈太師葬於太原交城元信有子六人長曰友權官至武衛大

將軍帝以元信宿望命禮部定謚表迹業也仍賜建神道碑使禮部郎中呂咸休爲其文
周劉表徵廣順初爲新安令河南府上言縣民三百七十稱表徵公平之政請刊石頌美太祖從之
李暉廣順初爲滄州節度使州民張塋明等於黎陽山採石欲爲暉立德政碑暉出於軍較前鎮河陽部人已刊碑頌及涖浮陽又聞其政不亦善乎
何福進廣順中爲成德軍節度使鎮州民吏請爲福進建立德政碑
王晏爲徐州節度使顯德元年九月官吏緇黄耆老

以晏有善政及民乞立碑以紀之詔可之毎命中書舍人張正撰文以賜焉

曹英爲成德軍節度使英本貫鎭州詔眞定縣宜改台輔鄉爲衣錦鄉鴻儒坊爲勳德里

李瓊爲安州防禦使顯德四年十二月癸酉本州監軍馮守規上言州之官吏百姓乞與防禦使李瓊立德政碑毎命中書舍人竇儼撰文以賜之

薛瓊廣順中爲宿州團練使宿州民吏詣闕上言請爲瓊立碑頌美太祖從之後爲萊州團練使及卒萊州官吏僧道百姓等列狀上請以瓊有善政在人乞

立祠堂及樹碑以述其遺愛世宗從之

張晏廣順初爲共城令滑州言縣民張祚等請留晏欲爲晏立碑頌太祖從之

册府元龜

廵按福建監察御史臣李嗣京 訂正

分守建南道左布政使臣胡維霖 条閲

知建陽縣事臣 黄國琦 較釋

總録部七十一

崇釋教

昔班固紀身毒之國楚英爲桑門之饌絲是金僊之教被於中夏其所述者六趣往返四生輪轉以極於俗諦三乘十地等妙二覺以究於聖果叙黒白之業以明乎報應研空有之理以顯乎真宗蓋出世之玄

談非常情之能軌度也兩晋之後教典彌盛當時名士奉之甚衆精意厥脩以徼福爲念或著書演析以篤說爲務乃至禀持戒律動靜靡偷感致靈異考終厥命者亦比比有焉

後漢襄楷桓帝時言佛陁黄老道以諫欲令好生惡殺少嗜慾去奢泰尚無爲也

晋郗超侍中愔之子少卓犖不羈有曠世之度交遊士林每存勝拔善談論義理精微愔事天師道高起奉佛（超無子以從弟儉之子嗣名僧施字惠脫）超官至臨海太守宣威將軍

何準字幼道充弟也高尚寡欲充居宰輔之重權傾一時而準散帶衡門不及人事唯誦佛經脩營塔廟而已徵拜散騎郎不起

周嵩爲王敦從事中郎爲敦所害嵩精於事佛臨刑猶於市誦經云

前秦徐義爲苻堅右丞相堅敗義爲慕容永所獲械埋其足將殺之中若有人導之者遂奔楊佺期佺期以爲雒陽令

宋范泰爲侍中左光禄大夫國子祭酒領江夏王師暮年事佛甚精於宅西立祇洹精舍

孟顗爲會稽太守事佛精懇而爲謝靈運所輕嘗謂顗曰得道應須慧業文人生天當在靈運前成佛必在靈運後顗深恨此言

蕭惠開爲中庶子丁父憂居喪有孝性家素奉佛凡爲父起四寺南岸南岡下名曰禪岡寺曲阿舊鄉宅名曰禪鄉寺京口墓亭名曰禪亭寺所封封陽縣名曰禪封寺謂國僚曰封秩蓋鮮而兄弟甚多若使全關一人則在我所讓若使人人等分又事可悲耻寺衆既立自宜悉供僧衆繇此國秩不復入家

周續之字道祖居豫章初以太學博士徵不起閑居

讀老易入廬山事沙門釋慧遠
洗道虔有高尚之節累世事佛推父祖舊宅爲寺至
四月八日每請像請像之日輒舉家感動焉道虔年
老菜食曾無經日之資而琴書爲樂孜孜不倦
雷次宗有高節不交世務嘗與子姪書以言所守曰
人生修短咸有定分定分之外不可智力求但當於
所禀之中順而勿率爾吾少嬰羸疾念自鍾養爲性
好閒志栖物表故年雖童稚已懷遠迹暨以弱冠遂
託業廬山逮事釋和尚不時師友淵源禀教於是洗
氣神明玩心墳典勉志勤躬夜以繼日爰篤山林之

好晤言之歡實足通理輔性成天亹亹之業樂而忘
憂不知朝日之晏矣自遊道餐風二十餘載淵匠既
傾良朋彫索續以釁逆違天備嘗荼蓼疇昔誠願頓
盡一朝心慮荒散情意衰損故遠與汝曹歸耕壟畔
山居谷飲人事久絶日月不處忽復十年犬馬之齒
已踰知命淹茲將迫前途幾何實遠相向于五嶽之
之舉近謝居室瑣瑣之勤及今耄未至昏衰不及頓
尚可厲志於所期縱心於所託栖誠來生之津慧專
氣暮年之攝養玩歲月於良辰偷餘樂於將除在心
所期盡於斯矣汝等年各成長冠娶已畢修性衞泌

吾復何憂但願守全所志以保令終耳自今以往家
事大小一勿見關子平之言可以爲法
南齊周顒字彥倫初事宋爲輔國府參軍明帝爲慷
毒之事顒不敢顯諫輒誦經中因緣罪福事帝亦爲
之小止顒長於佛理著三宗論言空假義西凉州智
林道人遺顒書深相贊美言捉麈尾來四十餘載餘
義頗見宗録唯此塗白黑無一人得者爲之發病非
意此音猥來入耳其論見重如此顒於鍾山西立隱
舍休沐則歸之時何胤亦精言佛法既斷食生猶欲
食肉白魚鉏脯糖蟹以爲非見生物疑食蚶蠣使學

生議之學生鍾岏曰鉏之就脯驟爲屈伸蟹之將糖
躁擾彌甚仁人用意深懷如怛至於車螯蚶蠣眉目
內闕慙渾沌之竒獷慤外緘非金人之慎不悴不榮
曾草木之不若無馨無臭與瓦礫其何算故宜長充
庖廚永爲口實竟陵王子良見岏議大怒胤兄點亦
遁節清信顒與書勸令菜食曰文人之所以未極遐
蹈或在不能全菜耶脫灑離析之討鼎俎網罟之興
載之簡策其來實遠誰敢干議觀聖人之設膳羞仍
復爲之品節蓋以茹毛飲血與生民共始縱而勿裁
將無涯畔善爲士者豈不以恕已爲懷是以各靜封

驅罔相陵軼況乃變之大者莫過死生生之所重無
踰性命性命之於彼極切滋味之在我何賒而終身
朝脯資之以味彼就宄殘莫能自剖我業久長吁哉
可畏且區區微卵脆薄易矜瞻彼弱麑顧步宜愍觀
其飲啄飛行使人憐悼況可甘心撲褫加復恣忍呑
嚼至乃野牧成群閉豢重圈量肉揣毛以俟支剥如
土委地僉謂當理可爲愴息事豈一塗若去三世理
誣則幸矣良快如使此道果然而受刑未息則一往
一來一生一死斯爲當事雜報如家人天如客過客
日尠在家日多吾儕信業未足長免則傷心之慘行

亦自及夫人於血氣之類雖無身踐至於晨鳧夜鯉
不能不取備屠門財帛方經盜手猶爲廉士所棄生
性任啓鸞刀寧復慈心所忍騶虞雖饑非自死之草
不食聞其風豈不使人多愧衆生之稟此形質以畜
鱗骨皆緣其積壅癡迷沉流莫返報受穢質歷若彌
長此甘與肥皆無明之報聚也何至復引此滋腴自
汙腸胃文人得此有素聊復寸言發起耳亂末年遂
絶血味

李安民爲吳興太守郡有項羽神護廳事太守不得
上太守到郡必須祀以軛下牛安民奉佛法不與神
牛着屐上廳事上八關齋戒俄而牛死葬廟側呼爲
李公牛冢及安民卒世以神爲祟

張融字思光爲司徒右長史凡涉百家長於佛理著
三宗論

王奐爲雍州刺史武帝謂王晏曰奐於釋氏實自專
至其在鎮或以此妨務卿相見言自及之勿道吾意
也

劉虬精信釋氏衣粗布禮佛長齋注法華經自講佛
義以江陵西沐州去人遠乃徙居之明帝建武末年
詔徵國子博士不就其冬虬病正晝有白雲徘徊檐

戶之內又有香氣及磬聲乃卒年八十五

王績奐從弟也爲太子中庶子世祖出射雉績信佛
法稱疾不從駕

何幼瑍殊好佛法剪落長齋持行精苦卒年八十餘

王斌初爲道人博涉經籍雅有才辯善屬文能唱導
而脩容儀嘗弊衣於瓦棺寺聽雲法師講成實語無
復坐處唯僧正慧超尚空席斌直坐其側慧超不能
平乃罵之曰那得此道人祿蔌似隊父唐突人因命
驅之斌笑曰既有敘勳僧正何爲無隊父道人不爲
動而摳機問難辭理清舉四坐皆屬目后還俗以詩

酒自樂人莫能名之
梁何徹少入鍾山定林寺聽內典其業皆通後至吳居虎丘西寺講經論學徒復隨之東境守宰經途者莫不畢至徹嘗禁殺有虞人逐鹿鹿徑來趍徹伏而不動年八十六卒注百法論十二門論各一卷
樂法才爲江夏太守因被代表便道還鄉至家割宅爲寺棲心物表
謝舉爲尚書令侍中少博涉多通尤長玄理及釋氏義爲晉陵郡時嘗與義僧遁講經論徵士何胤自虎丘山出赴之其盛如此舉宅內山齋捨以爲寺泉石

之美殆若自然臨川始興諸王嘗所遊踐舉注淨名經嘗自講說
陸杲爲金紫光祿大夫素信佛法持戒甚精著法輪傳二十卷
裴子野河東聞喜人末年深信釋氏持其教戒終身飯麥食蔬終步兵校尉
孔雲篤信佛理遍持經戒官至嶽陽王府諮議東陽州別駕
江革爲太尉臨川王長史時高祖盛於佛教朝賢多啓求受戒革精信因果而高宗未知謂革不奉佛教乃賜革覺意詩五百字云唯當勤精進自强行勝修豈可作底突如彼必死囚以此告江革并及諸貴遊又手勅云世間果報不可不信豈得底突如對元延明邪革因啓乞受菩薩戒
何敬容爲尚書令中大同初高祖幸同太寺講金字三慧經敬容請預聽勅許之何氏自晉司空充守司空尚書世奉佛法並建立塔寺至敬容又捨宅東爲伽藍趨世者因助財造構敬容並不拒故此寺堂宇較飾頗爲宏麗時輕薄者因呼爲衆造寺焉及敬容免職出宅止有嘗用器物乃衆衣而已竟無餘財貨

亦以此稱之
到溉爲左民尚書家門雍睦兄弟相愛初與弟洽嘗共居一齋洽卒便捨爲寺因斷腥膻終身蔬食別營小室高祖每月二置淨饌
蕭幾爲尚書左丞末年專奉釋教
劉勰字彥和早孤篤志好學家貧不婚娶依沙門僧祐與之居處積十餘年遂博通經論因區別部類録而序之今定林藏經勰所定也後爲步兵校尉通事舍人勰爲文長於佛理京師寺塔及名僧碑志必請勰製文有勅與慧震沙門於定林寺撰經證功畢遂

啓求出家先燔鬚髮以自誓栁許之乃於寺變服名
慧地未期而卒
劉香爲尚書左丞奉釋氏經教嘗行慈悲
任孝恭爲司文侍郎兼通事舍人少從蕭寺雲法師
讀經論明佛理至是蔬食持戒信受甚篤
陶弘景初爲諸王侍讀奉朝請後棄官居句容曾夢
佛授其菩提記名爲勝力菩薩乃請鄮縣阿育王塔
自誓守五大戒
劉慧斐初爲安西成王法曹行叅軍明釋典工篆隷
在山手寫佛經二千餘卷晝夜行道孜孜不倦遠近

欽慕之
范文琰吳郡錢塘人好學博通經史兼精佛義臨川
王辟不就
劉訏平原人善立言尤精釋典與族兄劉歊聽講於
鍾山諸寺因共卜築宋熙寺東澗有終焉之志刺史
張稷辟主簿不就
張孝秀爲建安王別駕頃之遂去職歸山居于東林
寺專精釋典
庾詵新野人性夷曠愛林泉高祖以平西記室徵不
起晚年尤遵釋教宅內立道場環繞禮懺六時不輟
誦法華經每月一百遍後夜中忽見一道人自稱願
公容止甚異呼詵爲上行先生授香而去中大通四
年因晝寢忽驚覺曰願公復來不可久住顏色不變
言終而卒時年七十八舉室咸聞空中唱上行先生
已生彌陀淨域矣
劉歊隱居求志遨遊山澤幼時嘗病坐室空有一老
公至門謂歊曰心力勇猛能精心性但不得久滯一
方耳因彈指而去歊既長精心學佛有道人釋寶誌
者時人莫測也遇歊於興皇寺驚起曰隱居學道清
淨登佛如此三說

陳王固清虛寡慾居喪以孝聞又崇信佛法及丁所
生母憂遂終身蔬食夜則坐禪晝誦佛經兼習成實
論義嘗聘于西魏因宴享之際請停殺一羊羊於固
前跪拜又宴昆明池魏人以南人嗜魚大設罟網固
以佛法咒之遂一鱗不獲位至太常卿
周弘正爲尚書右僕射弘正特善立言兼明釋典雖
碩學名僧莫不請質疑滯初藏法師於開善寺講說
門徒數百弘正年少未知名著紅綿絞髻踞門而聽
衆人蔑之弗譴也既而乘間進難舉坐盡傾法師疑
非世人

陸慶少好學遍通五經仕梁爲婁令值梁季喪亂乃覃心釋典經論靡不該究鄱陽晉安王俱以記室徵並不就乃築室屏居以禪誦爲事繇是傳經受業者蓋鮮矣

姚察爲尚書領著作察幼年嘗就鍾山明慶寺尚禪師受菩薩戒及在官祿俸皆捨寺起造并追爲禪師樹碑文甚遒麗又遇見梁國子祭酒蕭子雲書此寺禪齋詩覽之愴然乃用蕭韻述懷爲詠詞又哀切並以此稱之察初願讀一藏經便已究竟將終曾無痛惱但西向正坐念云一切空寂卒後身體柔軟顏色

如常

徐陵爲太子太傅陵少而崇信釋教經論多所精解後主在東宮令陵講大品經義名僧自遠雲集每講筵商較四座莫能與抗

徐孝克陵弟也初爲太學博士東遊居于錢塘之佳義里與諸僧討論釋典遂通三論每日二時講早講佛經晚講禮傳道俗受業者數百人文帝天嘉中除剡令非其好也尋復去職高宗太建四年徵爲秘書丞不就乃蔬食長齋持菩薩戒晝夜講誦法華經高宗甚高其操行後爲都官尚書孝克性清素而好施惠故不免饑寒後主勑以石頭津稅給之孝克悉用設齋寫經隨盡後主禎明中爲散騎常侍陳亡入隋爲國子祭酒以疾卒時年七十三臨終正坐念佛室內有非常異香氣鄰里皆驚異之

馬樞扶風郿人善佛經及周易老子義撰道覺論二十卷行於世

梁邵陵王綸爲南徐州刺史素聞其名引爲學士綸時自講大品經令樞講維摩老子周易同日發題道俗聽者二千人王欲極觀優劣乃謂衆與馬學士論義必使屈服不得空立客主於是數家學者各起問

端樞乃依次剖判開其宗旨然後枝分派別轉變無窮論者拱默聽受而已論甚嘉之天嘉元年以度支尚書徵不起

孫瑒爲郢州刺史處已率易不以名位驕物時與皇慧朗法師該通釋典瑒每造講筵時有抗論法侶莫不傾心

傅縡爲右衛將軍兼中書通事舍人篤信佛教從與皇慧朗法師受三論盡通其學時有大心暠法師著無諍論以詆之縡乃爲明道論用釋其難其畧曰無此下論多誤諍論言比有弘三論者雷同訶詆恣言

罪狀歷毀諸佛非斥衆學論中道而執偏心語忘懷
而競獨勝方學數論更爲讐敵讐敵既搆爭鬭大生
以此之心而成罪業罪業不止豈不重增生死大若
聚集苔曰三論之興爲日久矣龍樹創其源除内學
之偏見提婆揚其旨蕩外道之邪執欲使大化流而
不壅玄風闡而無墜其言曠其意遂其道博其流深
斯固龍象之騰驤鯤鵬之摶運蹇乘決羽豈能觖望
其間哉頃代澆薄時無曠士苟習小學以化衆心漸
染成俗遂迷正路唯競穿鑿各肆營造枝葉徒繁本
源日翳一師解釋復異一師更改舊宗各立新意同

學之中取寤復别如是輾轉添糅倍多總而用之心
無的準擇而行之何者爲正豈不渾沌傷竅嘉樹弊
牙雖復人說非馬家握靈蛇以無當之危同畫地之
餅矣其於失道不亦宜乎攝山之學則不如是守一
遵本無改作之過約文申意杜臆斷之情言無預說
理非宿搆覩緣爾乃應見敵然後動縱横絡繹忽恍
杳冥或瀰漫而不窮或消散而無所煥乎其有文章
蹤跡不可得深淵不可量即事而非遠凡相酬對隨
理詳覆有何嫉詐干犯諸師諸師所說是爲可毀爲
不可毀若可毀者爲故哀若不可毀毀自不及法師

何獨弊護不聽護乎且教有大小偏在聖諳大乘之
文則指斥小道今弘大法寧得不言大乘之意邪斯
則褒貶之事縱横於學與奪之辭依經議論何得見
佛說而信順在我語而忤逆無諍平等心如是邪且
忿恚煩惱凡夫嘗性失理之徒率皆如此豈可以三
脩未愜六師懷恨而蘊涅槃妙法永不宜揚但與其
忿憤之心既極恬淡之寤自成爾人而不同其心亦
異或君辭意相反或有心口相符豈得必謂他人說
中道而心偏執己行無諍外不違而内平等讐敵鬭
訟豈我事焉罪業聚集在鬭諍者所謂耳無諍論言

攝山太師誘進化導則不如此即習行於無諍者也
遵寤之德既往淳一之風巳澆競勝之心呵毀之曲
盛於此矣吾願息諍以通道讓勝以忘德何必擬
亂異家生其恚怒者乎若以中道之心行於誠實亦
能不諍若以偏著之心說於中論亦得有諍固知諍
與不諍偏在一法苔曰攝山太師實無諍矣但法師
之所當未中其節彼靜守幽谷寂爾無爲凡有訓勉
莫不同心從容語默物無間然故其意雖深其言甚
約今之敷暢地勢不然處生城之隅居聚落之内呼
吸顧望之容唇吻縱横之士奮鋒穎勵羽翼明目張

膽披堅執銳騁異家術別解窺伺間隙較其長短與相酬對捔其輕重豈得默默無言唯唯應命必須摘摭同異發摘疵瑕忘身而弘道忤俗而通教以此爲病益知未達若令太師當此之地亦何必黙巳而爲法師所貴耶法師又言吾願息諍以通道讓勝以忘德道德之事不止在諍與不諍讓與不讓也此語直是人間所重法師慕而言之竟未知勝若爲可讓也若他人道高則自勝不勞讓矣他人道劣則雖讓而無益踈矣欲讓之心將非虛設中道之心無處不可誠實三論何事致乖但願息守株之解除膠柱之意

是事皆中也來旨言諍與不諍偏在一法何爲獨褒無諍耶詎非矛楯無諍論言邪正得失勝負是非必生於心矣非謂所說之法而有定相論勝劣也是異論是非以偏著爲失信無是無非消彼得失以此論爲勝妙者他論所不及此亦爲失也何者凡心所破豈無心於能破則勝負之心不忘寧不存勝者乎斯則矜我爲得棄他人之失即有取捨大生是非便增鬭諍荅曰言心使心受言詮和合根塵鼓動風氣故成語也事必緣心實如來說至於心造僞以使口口行詐以應心外和而內險言隨而意逆求利養引聲名入道之人在家之士斯輩非一聖人所以曲陳教誡深致防杜說現在之殃咎敘將來之患害此文明著甚於日月猶有忘愛軀冐峻制陷湯炭甘虀粉必行而不顧也豈能悅無諍之詐而回督華音邪若弘道之人宣化之士心知勝也口言勝也心知劣也口言劣也固無所包藏亦無所忌憚但直心而行之耳他道雖劣聖人之教也巳德雖優亦聖人之教也我勝則聖人勝他劣則聖人劣聖人之優劣蓋根緣所宜爾於彼於此何所厚薄哉雖復終日按劍極夜擊拆瞋目以爭得失作氣以求勝負在誰處乎有心之

與無心徒欲分別虛空耳何意不許我論說而使我謙退此謂鷦鵬巳翔於寥廓而虞者猶窺藪澤而求之嗟乎丈夫之當弘斯道矣無諍論言無諍之道通於內外子所言須諍者此用末而求本失本而營末者也今爲子釋之何則若依外典尋書契之前至淳之世朴質其心行不言之教當於此時民至老死不相往來各得其所復有何諍乎固知本來不諍是物之眞矣荅曰諍與無諍不可偏執本之與末又安可知雖來不諍寧知非末於今而諍何驗非本夫居後而望前則爲前居前而望後則爲後而前後之事猶

如彼此彼呼此爲彼此呼彼爲彼彼此之名的居誰
處以此言之萬事可知矣本末前後是非善惡可嘗
守邪何德自信聰明廉他耳目夫水泡生滅火輪旋
轉八客穽受羈絏生憂畏起煩惱其失何哉不與道
相應而起諸見故也相應者則不然無爲也無不爲
也善惡不能偕而未曾離善惡生死不能至亦終然
至生死故得永離而任放爲是以聖人愍純桎之不
脫愍黏膠之難離故殷勤教示備諸便巧希向之徒
涉求有類雖麟角難成象形易失寧得不髣髴退路
勉勵短晨且當念已身之善惡莫揣他物而欲分別

而言我聰明我知見我討較我思惟以此而言亦爲
蹤矣他人者實難測或可是凡夫眞爾亦可是聖人
俯同時俗所宜見果報所應覩安得肆胷襟盡情性
而生譏誚乎正應虛已而避乎世俛仰於電露之間
耳明月在天衆水咸見清風至林群籟畢響吾豈逆
物哉不入鮑魚不甘腐鼠吾豈同物哉誰能知我共
行斯路浩浩乎堂堂乎豈復見有諍爲非無諍爲是
此則諍者自諍無諍者自無諍吾俱取而用之寧勞
法師費功夫黙筆紙但申於無諍弟子疲唇舌消晷
漏惟對於明道戲論於糟粕哉必欲具考眞僞覽觀
得失無過依賢聖之言檢行藏之理始終考究表裏
綜覈使浮辭無所用詐道自然消更待後進以觀其
效矣

陸瑜爲太子中舍人學成實論於僧滔法師通大旨

後魏刁雍爲征南大將軍洮施愛士恬靜寡欲篤信
佛道著教誡二十餘篇以訓導子孫

雍子遵爲太尉諮議參軍年七十志力不衰嘗經篤
疾幾死見神明救免言是福門之子當享長年

裴宣爲員外散騎侍郎孝文集沙門講佛經因命宣
論難甚有詣理帝稱善

高允爲尚書散騎常侍雅言佛道時設齋講好生惡
殺

趙柔少以才學知名爲河內太守隴西王源賀採佛
經幽旨作祗園精舍圖偈六卷柔爲之注解咸得理
衷爲當時儁僧所欽畏焉又立銘讚頌行於世

崔光爲車騎大將軍儀同三司崇信佛法禮拜讀誦
老而逾甚終日怡怡未曾恚忿曾於門下省晝坐讀
經有鴿飛集膝前遂入于懷緣膝上肩久之乃去道
俗讚詠詩誦者數十人每爲沙門朝貴請講維摩十
地經聽者常數百人即爲二經義疏三十餘卷識者

知其蹤畧

崔敬友光弟也除梁郡太守會遭所生母憂不拜敬友精心佛道晝夜誦經免喪之後遂菜食終世

裴植字文遠少而好學覽經史尤長釋典善談理義爲度支尚書侍中于忠等矯詔殺之植臨終神志自若遺令子弟命盡之後翦落鬚髮被以法服以沙門禮葬于嵩之陰

奚康生久爲將及臨州尹多所殺戮而乃信尚佛道數捨其居宅以立寺塔凡歷四州皆有建置

孫紹爲左衛將軍右光禄大夫記著釋典論雖不直

毎時有可存

胡國珎靈太后之父爲中書監年雖篤老而雅敬佛法時事齋潔自強禮拜至於出入侍從猶能跨馬據鞍孝明神龜元年四月七日步從所建佛寺發至閶闔門四五里八日又立觀像晚乃肯坐勞執增甚因遂寢疾

馮亮南陽人性清静隱居崧高帝嘗詔以爲羽林監領中書舍人將令侍讀十地諸經固辭不拜又欲使衣幘入見亮苦求以幅巾就朝遂不強逼還山數年會逆人王敞事發連山中沙門而亮被執赴尚書省十餘日詔特免罪亮不敢還山遂寓居景明寺勅給衣食及其從者數人後思其舊居復還山室亮既雅愛山水又兼巧思結架嵓林甚得栖遊之適頗以此聞宣武給其工力令與沙門統僧暹河南尹甄琛等同視崧高形勝之處遂造閑居佛寺林泉旣奇營製又美曲盡山居之妙亮時出京師延昌二年冬因遇篤疾宣武勅以馬轝送令還山居崧高道場寺數日而卒詔贈帛二百疋以供凶事亮遺誡兄子綜歛以衣幍左手持板右手執孝經一卷置尸磐石之上去人數里外積十餘日乃焚於山以灰燼處起佛塔藏經

崔暹宣武時爲度支尚書兼僕射魏梁通和要貴皆遣人隨聘使交易暹寄求佛經梁武帝聞之爲繕寫以幡花讚唄送至館焉然而好大言調戲無節度客令沙門明藏著佛論而署已名傳諸江表

後周蕭綽爲度支尚書深信佛理著佛性論七經並行於世

隋辛彦之爲潞州刺史崇信佛道於城内立浮圖二所並十五層開皇十一年州人張元暴死數日乃蘇云遊天上見新搆一堂制極崇麗元問其故人云潞州刺史辛彦之有功德造此堂以待之彦之聞而不

悅共年卒官
李士謙趙郡平棘人也爲負外郎善談玄理嘗有一客在坐不信佛家應報之義以爲外典無聞焉士謙喻之日積善餘慶積惡餘殃高門待封掃墓望喪豈非休咎之應邪佛經云輪轉五道無復窮已此則賈誼所言千變萬化未始有極忽然爲人之所謂也佛道未東而賢者已知其然矣至若鯀爲黃熊杜宇爲鶗鴂褒君爲龍牛哀爲虎君子爲鵠小人爲猿彭生爲豕如意爲犬黃母爲黿鄧艾爲牛徐伯爲魚鈴下爲烏燕書佐爲蛇羊祜前身李氏之子此非佛像變

受異形之謂邪客日邪子才云豈有松柏後身化爲樗櫟僕以爲然士謙日此不類之談也變化皆由心而作木豈有心乎客人問三教優劣士謙白佛日也道月也儒五星也客亦不能難而止
柳㛰爲煬帝東宮學士太子以其好內典令撰法華玄宗爲二十卷奏之太子覽而大悅賞賜優洽儕輩莫與並
唐蕭景貞觀中爲秘書監尤好內典歷位清通而襟情雅素勵行疏菲篤沙門之禁誡所得俸祿皆充檀施身殁之日家無遺產

蕭瑀爲金紫光祿大夫專心釋氏嘗脩梵行每見沙門大德嘗與之論難及苦空思之所涉必諧微旨太宗以瑀好佛道嘗賚繡佛像一軀幷繡瑀形狀於像側以爲供養之容又賜王褒所書大品般若經一部幷賜袈裟以充講誦之服焉後表乞出家太宗怒之出爲商州刺史
崔元綜則天朝官至宰相綜篤信釋典好潔細行蔬辛不歷口者二十餘年
李峴寶應初爲鳳翔尹以百姓所立峴生祠抗表乞改置佛寺度僧七人許之

王維爲尚書右丞與弟縉俱奉佛居嘗蔬食不茹葷於藍田南輞口置別業引輞水激流於草堂之下漲深潭於竹中浮輕舟遊溪洞彈琴朗詠嘗飯十數名僧以玄談爲樂室中惟有茶鐺藥臼經案繩床而已維早脫禪門深虛心地長齋素食不衣文綵退朝之後嘗焚香獨坐禪誦爲事妻亡後三十年孤居一室便絶塵累
王縉爲工部侍郎平章事與元載杜鴻漸同居相位俱喜飯僧徒代宗嘗問以禍業報應事因而啓奏繇是奉之過當大曆初縉上言妻李氏疾患經今七年

請捨道政坊私第爲寺度僧三七任持仍乞賜寺額爲寶應帝許之

李重倩爲淮西節度兵馬使抗表請捨所居延壽里宅爲佛經坊許之仍賜名寶應一切經坊

楊綰爲中書侍郎平章事雅尚玄宗道釋二教嘗著王開先生傳以見意

梁崇義爲山南東道節度大曆末抗表乞以襄陽舊宅爲寺許之

闕播爲太子少師善言物理尤精釋氏之學

路泌爲渾瑊元帥判官隨瑊與吐蕃會盟而陷旣在

絶域棲心於釋氏之教爲贊普所重待以賓禮

劉總爲幽州節度使穆宗長慶初奉詔以私第爲佛寺遣中官焦仙晟以寺額曰報恩就賜之又奏請爲僧詔授侍中天平軍節度總因乞出家朝廷以緇服就賜之錫名大覺亦以鄆師斧鉞侍中印綬授之唯所趣向而總竟從釋氏幽州上言總剃髮爲僧不知在所竟卒於易州

韋綬字子章京兆人嘗父刺血寫佛經

韋處厚爲中書侍郎平章事雅信釋氏因果之說晚節尤甚

張仲武爲幽州節度故事每有新帥多剏招提以邀福利仲武曰勞人求福何福之有因出已所俸擇吏之清潔者厚給其家使市紙於江南遠傭其善書者録其釋氏之典傳之於人因謂其賓客曰此非取福貴助其教化耳

梁張策始通因果酷奉空教未弱冠落髮爲僧居雍之慈恩精廬頗有高致廣明末大盜犯闕策遂返初服奉父母逃難君子多之後爲刑部侍郎平章事

晉王建立爲青州節度晩年歸心釋氏飯僧營寺戒殺愼獄民稍安之

桑維翰爲侍中天福末奏臣落京章善坊捨宅爲僧院乞賜名額勅以奉仙禪院爲名

和凝爲右僕射平章事天福末奏臣滑州捨宅爲僧院便令親妹尼福因住被任持乞頒名額兼賜紫衣勅以悟眞禪院爲名福因宜賜紫衣

晉馬胤孫罷相爲太子賓客胤孫少慕韓愈之爲文故不重佛及退居里巷追感唐帝平昔之遇乃依長壽僧舍讀佛書冀申冥報歲餘枕籍黄卷中見華嚴楞詞理富贍遂是酷賞之仍抄録事相形於歌詠謂之法喜集又纂諸經要言爲佛國記凡數千言或嘲

之日公生平以傳奕韓愈爲高識何前俗而後恭是佛佞公邪公佞佛邪亂孫笑而荅曰佛佞于則多矣
李翺顯德中同平章事翺以本貫河南府雒陽縣清風鄉高陽里本居經黃蔡亂離園廬盪盡翺養於外祖亦其舊墟翺於其地置蘭若命僧居之以申罔極之感

冊府元龜 總録部 崇釋教 卷之八百二十一 二十五

冊府元龜

冊府元龜

巡按福建監察御史臣李嗣京　訂正

分守建南道左布政使臣胡維霖　叅閱

知建陽縣事臣黃國琦較釋

總録部七十二

尚黃老

太史公之論六家劉歆之奏七畧其叙黃老之旨載篇籍之數詳矣世之學者亦曷嘗無其人焉乃有敦清淨之訓以助治成化捐利祿之累以越世高蹈聚徒教授以傳述眞宗立言敷演以發揚妙鍵注釋以

啓深趣論議以極遠致乃至爲仙通感神期冥會親受秘訣以享遐算豈誣也哉其或業與時契名參俊選志存靈貺力營玄館波流頽靡增華競逐蓋與夫黙聽抱樸之說戾矣

老萊子楚人著書十五篇言道家之用

愼到趙人與齊人田駢接子楚人環淵皆學黃老道德之術因發明序其指意到著一十二論今愼子劉向所定有四十一篇環淵著上下篇而田駢接子皆有所論焉

莊周梁惠王時爲蒙漆園吏蒙縣屬梁國其學無所不闚然其要本歸於老子之言故其著書十餘萬言大抵率寓言也作漁父盜跖胠篋以詆訾孔子之徒以明老子之術

申不害韓人爲昭侯相十五年終申子之身國治兵强無侵韓者申子之學本於黃老而主刑名著書二篇

韓非韓之諸公子喜刑名法術之學而其歸本於黃老

樂巨公一名臣公又作鉅姓樂名鉅公者老之稱也趙人善脩黃帝老子之言顯聞於齊稱賢師其本師號曰河上丈人不知其所出河上丈人教安期生安期生教毛翕公毛翕

公教瑕公瑕公教樂巨公樂巨公教蓋公蓋公教於齊高密膠西爲曹相國師

漢曹參爲齊惠王相齊七十城天下初定王富於春秋參盡召長老諸先生問所以安集百姓而齊故諸儒以百數言人人殊參未知所定聞膠西有蓋公善治黃老言使人請之旣見爲言治道其治要用黃老術故相齊九年齊國安集大稱賢相

張良從高祖定天下乃稱曰以三寸舌爲帝者師封萬戶位列侯此布衣之極於是足矣願棄人間事欲從赤松子遊耳乃學道欲輕舉位至太子太傅

陳平好讀書治黃帝老子之術位至丞相
田叔學黃老術於樂鉅公爲人廉直喜任俠喜好游也
諸公位至魯相
直不疑學老子言其所臨爲官如唯恐人之知其爲
吏迹也不好立名稱爲長者位至御史大夫
鄧公子章以脩黃老言顯諸公間
汲黯爲東海太守學黃老言治官民好清靜擇丞史
任之擇郡丞及史任之
鄭當時爲大司農官屬好黃老言
班嗣彪從兄也雖脩儒學然貴老嚴之術老老子也嚴莊周也

臣欽若等曰明帝諱莊改字曰嚴 桓生欲借其書桓譚嗣報曰若夫嚴
子者絶聖棄智脩生保真清虛澹泊歸之自然澹泊安靜
也獨師友造化而不爲世俗所役者也漁釣於一壑
而萬物不奸其志奸犯也棲遲於一丘則天下不易其
樂不絓聖人之罔聖人謂周孔不躲驕君之餌餌謂爵祿君所以制
使其臣亦尤釣魚之餌蕩然肆志談者不得而名焉肆放也故可
貴也今吾子已貫仁義之羈絆繫名聲之韁鎖韁如馬韁
也伏周孔之軌躅躅迹也馳顏閔之極摯摯至也人行之所極至
既繫攣於世教矣何用大道爲自眩曜言用孝子莊周之道也爲
自欲以名自眩曜耳昔有學步於邯鄲者曾未得其髣髴又復
失其故步遂匍匐而歸耳恐以此類故不進言不與其書
嗣之行已持論如此
後漢耿況與王莽從弟仍共學老子於安丘先生位
至上谷太守
任隗字仲和少好黃老清靜寡欲位至光祿勳
鄭均字仲虞少好黃老書常稱病家庭不應州郡辟
召後爲議郎
蔡勳字君嚴邕之六世祖好黃老平常時爲郿令
樊融有俊才好黃老不肯爲吏
樊瑞尚書令準之父也好黃老言清靜少欲

楊厚爲侍中稱病歸家脩黃老教授門生上名録者
三千餘人
翟酺好老子尤善圖緯天文歷算位至光祿大夫將
作大匠
淳于恭善說老子清靜不慕榮名位至侍中騎都尉
樊曄有俊才好黃老不肯爲吏位至天水太守
周勰舉之子少尚玄虛不應徵辟常隱處竄身慕老
聃清靜杜絶人事巷生荊棘十有餘歲
矯慎字仲彥扶風茂陵人少好黃老隱遯山谷因穴
爲室仰慕松喬導引之術

向長字子平河內朝歌人隱居不仕性尚中和好老易貧無資好事者更饋焉受之取足而反其餘

高恢京兆人少好老子隱於華陰山中

魏劉先字始宗博學强記尤好黃老言

王弼字輔嗣爲臺郎何晏與弼祖述老莊立論以爲天地萬物皆以無爲爲本無也者開物成務無往不存者也陰陽恃以化生萬物恃以成形賢者恃以成德不肖恃以免身故無爵而貴矣

何晏字平叔以才名好老莊言作道德論位至尚書

袁寓精辨有機理好道家之言少被病未官而卒

晉嵇康學無師受博覽無不該通長好老莊位至中散大夫

向秀字子期清悟有遠識少爲山濤所知雅好莊老之學莊周著內外數十篇歷世才士雖有觀者莫適論其旨統也秀乃爲之隱解發明其趣振起玄風讀之者超然心悟莫不自足一時也惠帝之世郭象又述而廣之儒墨之迹見鄙道家之言遂盛焉位至散騎常侍

司馬彪爲秘書丞注莊子

郭象字子玄少有才理好莊老能清言注莊子位至東海王越太傅主簿

庾敳字子嵩爲陳留相未嘗以事嬰心從容酣暢寄通而已處衆人中居然獨立嘗讀老莊曰正與人意闇同太尉王衍雅重之

河南郭象善老莊時以爲王弼之亞敳甚知之每曰郭子玄何必減庾子嵩

山濤字巨源性好莊老每隱身自晦位至司徒

謝鯤字幼輿少知明通簡有高識不修威儀好老易位至豫章太守

郗愔及弟曇奉天師道而何充與弟準崇信釋氏謝

萬譏之云二郗諂於道二何佞於佛位至鎮軍將軍

張忠中山人隱於太山無琴書之適不修經典勸教但以至道虛無爲宗其居依崇嵒幽谷鑿地爲窟室弟子亦以窟居去忠六十餘步五日一朝其教以形不以言弟子受業覩形而退立道壇於窟上每旦朝拜之食用瓦器鑿石爲釜左右居人饋之衣食一無所受好事少年頗或問以水旱之祥忠曰天不言而四時行焉萬物生焉陰陽之事非窮山野叟所能知之其饋諸外物皆此類也

葛洪尤好神仙導養之法著書言黃白之事名曰內

篇後爲句漏令
鮑靚東海人嘗見仙人陰君授道訣百餘歲卒
宋何偃素好談玄注莊子逍遥篇傳於世位至吏部尚書
羊欣素好黄老嘗手自書章有病不服藥飲符水而已位至潯陽太守
沈演之家世爲將而演之折節好學讀老子日百遍以義理業尚知名位至吏部尚書
孔靈符罷晉安太守有隱遁之懷於禹井山立舘事道精篤每旦於靜屋四向朝拜涕泗滂沱東過錢塘

北郭於舟中遥拜杜子恭墓
周續之字道祖鴈門廣武人年十二詣豫章太守范甯受業居學數年通五經并五緯號曰十經名冠同門稱爲顔子既而閑居惟讀老易入廬山事沙門釋慧遠
沈道虔吳興武康人少仁愛好老易居縣北石山下精廬與諸兄子共釜庾而貧困不改節
南督顧歡字景怡吳郡鹽官人年二十餘從雷次宗諮玄儒諸義晚節事黄老道以佛道二家互相毀著夷夏論雖同二法而意黨道教
宗則遯居善易老累徵不起
杜京產吳郡錢塘人少恬靜閉意榮宦頗涉文義專脩黄老
沈驎士吳興武康人隱居不就徵養身靜默著周易兩繫莊子內篇訓注老子要畧數十卷
徐伯珍東陽太末人好釋氏老莊之學兼明道術
梁嚴植之字孝源建平秭歸人少善莊老能玄言位至中撫軍記室參軍
太史叔明吳興烏程人少善莊老兼治孝經禮記其三玄尤精解當世冠絕每講說聽者嘗五百人官至

國子助教
栁惲少有大意好玄言通老易終鎮西安長史
阮孝緒陳留尉氏人年十三遍通五經十五冠而見其父彥之誡曰三加彌尊人倫之始宜思自勗以庇爾躬荅曰願迹赤松子於瀛海追許繇於空谷庶保死生以免塵累嘗著論云夫至道之本貴在無爲聖人之跡存乎極弊極繇迹用用有乖於本本既無爲爲非道之至然不乖其跡則世無以平不究其本則道實交喪丘旦將存其跡故宜權晦其本老莊且明其本亦宜深抑其跡跡既可抑數子所以有餘本方

見噈尼丘是故不足非得一之士闕彼明智體二之徒獨悏鑒識然聖己極昭反創其跡贊未居宗更言其本良繇跡須極世非聖不能本實明理在贊可炤若能體兹本跡悟彼抑揚則孔莊之意其過半矣

陶弘景幼有異操年十歲得葛洪神仙傳晝夜研尋便有養生之志謂人曰仰青雲覩白日不覺爲遠矣止于句容之句曲山自號華陽隱居始從東陽孫游兵受浮圖經法徧歷名山尋訪經濾天監四年移居積金澗東弘碎穀導引之法年踰八十而有壯容位至奉朝請

庾承先頴川鄢陵人先學黃老兼涉釋教高祖詔徵之不赴居于五臺山講老子遠近成來赴集

庾曼倩新野人孝元在荆州辟爲主簿好黃老之言著莊老議疏

馬樞字要理六歲能誦老子及長尤善老子

邵陵王綸爲南徐州刺史嘗令學士講老子

陳周確字士潛博涉經史篤好玄言位至都官尚書

陸瑜嘗受莊老於汝南周弘正通大旨官至太子中書舍人

金綏治周易老莊時人言玄者咸推之位至鎮南始興王府諮議參軍

後魏鄭修北海人少隱於岐南雅好經史專意玄門屏迹人事不交世俗

程駿師事劉昞嘗謂昞曰今世名教之儒咸謂老莊其言虛誕不切實要弗可以經世駿意以爲不然夫老子著抱一之言莊生申性本之旨若斯者可謂至順矣人若乖一則煩僞生若爽性則沖真喪昞曰卿年尚稚言若老成美哉繇是聲譽益播

北齊杜弼爲通直散騎常侍中軍大將軍平陽公淹爲并州刺史高祖又命弼帶并州驃騎府長史弼性

好名理探味玄宗自在軍旅帶經從役注老子道德經二卷表上之曰臣聞乘風理弋追逸羽於高雲臨波命釣引沉鱗于大壑苟得其道爲工其事在物既爾理亦固然竊惟道德二經闡明幽極旨冥動寂用周凡聖論行也清靜柔弱語迹也成功致治實衆流之江海乃羣藝之本根臣少覽經書偏所篤好雖從役軍府而不捨游息鑽味既久亹亹如有所見比之前注微謂異於舊說情發於中而彰諸外輕以管窺遂成穿鑿無取於游刄有慙於運斤不足破毚毫之論何以解連環之結本欲止於門內貽厥童蒙兼以

近資愚鄙私備忘闕不悟姑射凝神汾陽流炤蓋高之聽卑邇言在察春末奉旨猥蒙垂誘令上所注老子謹冒封呈并敘如別詔荅云李君游神窅冥獨觀恍惚玄同造化宗極群有從中被外周應可以裁成自己及物運行可以資用隆家寧國義屬斯文卿才思優洽業尚通遠棲息儒門馳騁玄肆旣啓專家之學更暢釋老之言戶列門張途通徑達事理兼申能用具表往賢所未悟遺老所未聞旨極精微言窮深妙睠有味二經倦於舊說歷覽新注所得已多嘉善之來良非一緒已勑殺青編藏之延閣又上一本於

高祖一本于世宗

盧臣客風儀甚美少有志尚雅有法度好道家之言

牟烈少通敏自脩立有成人之風好讀書能言名理以玄學知名位至義州刺史

後周盧光字景仁好玄言撰道德經章句行於世官至陝州刺史

長孫熾頗涉群書周武帝尚道法尤好玄言求學兼經史善於談論者爲通道館學士熾應其選與英俊並游通涉彌博

隋張美初仕後周爲司成中大夫撰老子莊子義名曰道言五十二篇

徐則東海郯人入天台山絶糧養性初在縉雲山太極眞人徐君降之曰汝年出八十當爲王者師然後得道也晉王鎭揚州知其名手書召之曰夫道得衆妙法體自然包涵二義混成萬物人能弘道道不虛行先生履德養空宗玄齊物深明義味曉達法門悅性冲玄怡神虛白餐松餌朮棲息烟霞望赤城而待風雲游玉堂而駕龍鳳雖復藏名台嶽猶且騰實江淮藉甚嘉猷有勞寤寐欽承素道久積虛襟側席幽人夢想巖穴霜風已冷海氣將寒偃息茂林道體休

愈昔商山四皓輕舉漢廷淮南八公來儀藩邸古今雖異山谷不殊市朝之隱前賢已說導凡述聖非先生而誰故遣使人往彼延請想無勞束帛賁然來思不待蒲輪去彼空谷希能屈己佇望披雲則謂門人曰吾今年八十一王來召我徐君之旨信而有徵於是遂詣揚州晉王將請受道法則辭以時日不便其後夕中命侍者取香火如平常朝禮之儀至于五更而死肢體柔弱如生停留數旬顏色無變晉王下書曰天台眞隱東海徐公虛確居宗冲玄成德齊物處外儉行安身草褐蒲衣食松餌朮栖隱靈岳五十餘

年卓矣仙才飄然勝氣千尋萬頃莫測其涯寡人欽
承道風久餐德素頓遣使來遠此延屈冀得虔受上
法或建良緣至止甫爾未淹旬日厭塵羽化反眞靈
府身體柔軟顏色不變經方所謂尸解地仙者哉誠
復師禮未申而心誠有在雖志甞化猶愴于懷喪事
所資隨須供給霓裳羽蓋既且騰雲空槨餘衣詎藉
墳壟但杖舄猶存示同俗法宜遣使人送還天台定
葬是時自江都至於天台在道多見則徒步云得放
還至其舊居取經書道法分遺弟子仍令自掃一房
曰若有客至宜延之於此然後跨石梁而去不知所

之須臾屍柩至方知其靈化時年八十二晉王聞而
益異之賜物千段遣畫工圖其狀貌令柳䛒為之讚
曰可道非道常道無名上德不德至德無盈玄風扇
矣問有先生夙鍊金液怡神玉清石髓方軟雲丹欲
成言追葛稚將侶茅盈我王遙屬爰感靈誠柱下暫
啓河上沉精留符告信化杖飛聲永思靈跡曷用攄
情時披素繪如臨赤城
唐潘師正趙州贊皇人隋大業中度為道士師事王
遠知盡以道門隱訣及符籙授之師在清靜寡欲居
於嵩山之逍遙積二十餘年但服松葉飲水而已

李播淳風之父仕隋為高唐尉秩卑不得志棄官而
為道士頗有文學自號黃冠子文集行於世
薛頤貞觀中為太史令請為道士許之仍拜中大夫
為置紫府觀於九嵕之下申其高尚
馬賾河東汾陰人少好玄言去俗為道士解天文律
歷隋煬帝時引入玉清觀每加恩禮召令章醮
鄭詵為河南府參軍郭仙舟為虢州朱陽縣丞開元
六年投匭獻詩勑曰觀其文理是崇道法至於時用
不切事情宜各從所好並罷官為道士
韓思復為御史大夫性恬澹好玄言非察察之吏無

幾轉為太子賓客
司馬承禎字子微少好學出家為道士師事潘師正
傳其符籙及辟穀導引服餌之法師正特賞異之謂
曰我自陶隱居傳授正一之法法至汝四葉矣承禎
嘗遍遊名山遂止于天台山則天聞其名召至都降
手詔以讚美之及將還勑麟臺監李嶠餞之於雒橋
之東景雲二年睿宗令其兄承禕就天台迎之至京
入宮問以陰陽術數之事承禎對曰經曰為道日損
損之又損以至于無為且心目所知見者每損之尚
未能已復攻乎異端而增其知慮哉帝曰理身無為

則清高矣理國無爲如何對曰國猶身也老子曰游心於澹合氣於漠順物自然而無私焉而天下理易曰聖人者與天地合其德是知天不言而信不爲而成無爲之旨理國之道也睿宗歎息曰廣成之言郎斯是也承禎固辭還山乃賜寶琴一張及霞紋帔而遣之朝中詞人贈詩百餘首開元九年又遣使迎至京玄宗親受法籙前後賞賜甚厚十年駕入都承禎又請還天台上賦詩以遣之十五年又召至都上令承禎於王屋山自選形勝置壇室以居焉

張果不知何許人也嘗著陰符經玄解盡其玄理後

受銀青光祿大夫號通玄先生

賀知章爲秘書監授銀青光祿大夫天寶三載知章因老疾恍惚不醒若神游洞天三清上數日方覺遂有志入道乃上疏請度爲道士歸捨本鄉宅爲觀玄宗許之仍拜其子典設郎曾爲會稽郡司馬使侍養御製詩以贈行皇太子已下咸就執別肅宗乾元元年十一月詔曰故越州千秋觀道士賀知章器識夷淡襟懷和雅神清志逸學富才雄挺會稽之美箭藴崑崗之良玉故飛名仙省侍講龍樓嘗靜默以養閑因談諧而諷諫以暮齒辭祿載見款誠願追二老之蹤克遂四明之客允叶初志脫落朝衣駕青牛而不還伊白衣而長往丹壑非息人琴兩忘惟舊之懷有深追悼宜加縟禮式展哀榮可贈禮部尚書

王鉷爲御史大夫天寶十載請捨宅爲觀表曰臣聞道本無爲虛而必應行之者時乘六氣得之者壽越二儀伏惟開元天地大寶聖神文武應道皇帝陛下高居衆妙深契重玄降自三清元君儲爲萬方聖主竊見朝之上宰是曰大賢首學真宗先開道觀奉揚慈旨布淳化於蒼生恭啓福因延休祐於皇極臣昧於聞道不敢思齊瞻言報恩寧忘竊比且臣孫立明

主所知竭力効官義惟守死捐軀奉國誓不偷生所賜榮寵所蒙任使不因人力特出聖衷加以前後糾彈頗抵忤公言成謗恐不自明直道招愆甘爲己分陛下聖明先覺真僞立分燕客上書遥知是詐漢臣引過逾察其忠蒙獨照於聖心免獲罪於浮議嘗憂萬死難致九遷伏念殊私將深罔極徒申荅効無補萬分臣舊宅在城南安化門内道東第一家祖父相傳竹樹猶茂已更數代垂向百年同蕭何之責田誠爲偏僻異晏嬰之近市稍遠囂塵臣於此中選其勝處減兼官之祿俸廻累賜之金帛盡除遺堵創建遵

堂廊宇既成功德將畢伏乞俯矜丹懇特降皇慈因誕聖之辰允報恩之觀捧迎仙榜光映蓬廬每至三元八節之時天長乙酉之日臣得澡雪紛垢奉持齋戒一心至願稽首尊容獻福聖躬永資寶筭千生頂戴萬刼歸依雖螻蟻之負細塵豈能裨岳而烏鵲之銜微毳有志塡河儻蒙睿澤曲流愚誠俯遂仰望許臣諸處招灼然有行業道士二十七人嘗脩香火無任感恩荷德之至

楊綰雅尚玄言宗道釋二教著王開先生傳以見意位至中書侍郎平章事

李勉字玄卿幼勤經史長而沉雅清俊宗於虛玄位至太子太師

閻寀爲吉州刺史德宗貞元七年請爲道士從之賜名遺榮

王紹爲定武軍節度憲宗元和四年奏請於宿州置開元觀

晉梁文矩喜清靜之教聚道書數千卷企慕赤松留侯之事而尤盡其善位至太子太保致仕

冊府元龜

巡按福建監察御史臣李嗣京　訂正
分守建南道左布政使臣胡維霖　參閱
知建陽縣事臣黃國琦較釋

總録部七十三

清談　　蘊籍

清談

傳曰言談者身之文老子曰善言無瑕讁乃若和順內積辭氣清越振金玉而條暢去枝葉之扶疏抵掌開談應機晤對深造至理煥發仁聲折群言之微妙

爲時輩之傾仰抑之不竭聽者忘倦斯皆脩飾雅調敷述精義婉而成章著爲令譽者也江左相尚流風寖盛非夫識度冲遠議論典正洞協名理作世模範者則無取焉

後漢孔伷字公緒陳留人能清談尚論噓枯吹生後爲豫州刺史

魏荀粲字奉倩潁川潁陰人也太和初到京邑與傅嘏談嘏善名理而粲尚玄遠宗致雖同倉卒時或有格而不相得意裴徽通彼我之懷爲一家騎驛頃之粲與嘏善夏侯玄亦親嘗謂嘏玄曰子等在世塗間功名必勝我但識劣我耳嘏難曰能勝功名者識也天下孰有本不足而末有餘者邪粲曰功名者志局之所奬也然則志局自一物耳固非識之所獨濟也我以能使子等爲貴然未必齊子等所爲也

管輅字公明冀州刺史裴徽檄召爲文學從事一相見清論終日不覺罷倦天時炎熱移床在庭前樹下乃至鷄向晨然後出

王弼字輔嗣少好學時淮南人劉淘善論縱橫爲當時所推每與弼語嘗屈弼天才卓出當其所得莫能奪也裴徽爲吏部郎弼未弱冠往造焉徽一見而異

之問弼曰夫無者誠萬物之所資也然聖人莫肯致焉而老子申之無已者何弼曰聖人體無無又不可以訓故不說也老子是有者也故嘗言無所不足尋亦爲傅嘏所知于時何晏爲吏部尚書甚奇弼歎之曰仲尼稱後生可畏若斯人者可與言天人之際乎卒於尚書郎

爰俞字世都清真貴素辯於論議採公孫龍之辭以談微理少有能名辟太尉府稍歷顯位

晉裴遐善言玄理音辭清暢泠然若琴瑟嘗與河南郭象談論一坐嗟服爲東海王越主簿

郭象少有才理好莊老能清言太尉王衍每言聽象語如懸河瀉水注而不竭卒於東海王太傅主簿

裴頠字季彥樂廣嘗與頠清言欲以理服之而頠辭論豐博廣笑而不言時人謂頠爲言談之林藪後爲尚書僕射侍中爲賈后所害

胡母輔之字彥國少擅高名王澄嘗語人曰彥國吐言如鋸木屑霏霏不絕誠後進領袖也後爲楊武軍湘州刺史

王濟字武子爲侍中每侍見未嘗不諮論人物及萬機得失濟善於清言脩飾辭令諷議將順朝臣莫能

尚焉

王戎善發談端賞其要會朝賢嘗上巳禊雒或問王濟曰昨游有何言談濟曰張華善說史漢裴頠論前言往行袞袞可聽王戎談子房季札之間超然玄箸其爲識鑒者所賞如此後爲司徒

王衍既有盛才美貌明悟若神常自比子貢兼聲名籍甚傾動當世好善玄言唯說老莊爲事每捉玉柄麈尾與手同色義理有所不安隨即更改世道口中雌黃朝野翕然謂之一世龍門矣累居顯職後進之士莫不景慕倣效選舉登朝皆以爲稱首後爲太尉與石勒戰敗遇害

樂廣尤善談論每以約言析理以厭人之心其所不知默如也裴楷嘗引廣共談自夕申旦雅相欽挹歎曰我所不如也尚書令衛瓘朝之耆舊逮與魏正始中諸名士談論見廣而奇之曰自昔諸賢旣沒常恐微言將絕而今乃復聞斯言於君矣命諸子造焉曰此人之水鏡見之瑩然若披雲霧而見青天也王衍自言與人語甚簡至及見廣便覺已之煩其爲識者所歎美如此後至尚書令

阮瞻字千里讀書不甚研求而默識其要遇理而辨

辭不足而旨有餘見司徒王戎戎問曰聖人貴名教老莊明自然其旨同異瞻曰將無同戎咨嗟良久即命辟之時謂三語掾

阮脩字宣子好易老善清言王衍嘗時談宗自以論易略盡然有所未了研之終莫悟每云不知此沒當見能通之者不衍族子敦謂衍曰阮宣子可與言衍曰吾亦聞之但未知其亹亹之處何如及與脩談言寡而旨暢衍乃歎服焉後爲太子洗馬被害

衛玠好言玄理其後多病體羸毋嘗禁其語遇有勝日親友時請一言無不咨嗟以爲入微琅邪王澄有

高名少所推服每聞玠言輒歎息絶倒故時人爲之語曰衞玠談道平子絶倒謝鯤先雅重玠相見欣然言論彌日王敦謂鯤曰昔王輔嗣吐金聲於中朝此子復玉振於江表微言之緒絶而復續不意永嘉之末復聞正始之音何平叔若在當復絶倒爲太子洗馬卒

祖納字士言最有操行能清言文義可觀後除光禄大夫

滄京荆州人舉秀才到雒尚書令樂廣與京同舟共談累日深歎其才謂京曰君天才過人恨不學耳若

學必爲一代談宗京感其言遂勤學不倦時武陵太守戴昌亦善談論與京共談京假借之昌以爲不如巳笑而遣之令過其子若思京方極其言論昌竊聽之乃歎服曰才不可假遂父子俱屈焉

孫盛字安國博學善言名理于時殷浩擅名一時與抗論者惟盛而已盛嘗詣浩談論對食奮擲麈尾毛悉落飯中食冷而復煖者數四至暮忘餐理竟不定累遷秘書監加給事中

郄超有重名時沙門支遁以清談著名于時風流勝貴莫不崇敬意焉造微之功足叅諸正始而遁嘗重超以一時之儁甚相知賞後爲司徒左長史

殷浩識度清遠弱冠有美名尤善玄言與叔父融俱好老易融與浩口談則辭屈著論則融勝浩繇是爲風流談論者所宗後至中軍將軍

謝安字安石弱冠詣王濛清言良久旣去濛子修曰向客何如大人濛曰此客亹亹爲來逼人王導亦深器之繇是少有重名嘗與王羲之登冶城悠然遐想有高世之志羲之謂曰夏禹勤王手足胼胝文王旰食日不暇給今四郊多壘宜思自效而虛談廢務浮文妨要恐非當今所宜安曰秦任商鞅二世而亡豈

清言致患邪後至太保贈太傅

張憑有志氣爲鄉閭所稱舉孝廉負其才自謂必叅時彥初欲詣劉惔鄉里及同舉者共笑之旣至惔處之下坐神意不接憑欲自發而無端會王濛就惔清言有所不通憑於末坐判之言旨深遠足暢彼我之懷一坐皆驚惔延之上坐清言彌日留宿至旦遣之憑旣還船須臾惔遣傳教覓張孝廉船便召與同載遂言之於簡文帝帝召與語歎曰張憑勃窣爲理窟

謝萬字萬石工言論簡文帝作相召爲從事中郎萬着白綸巾鶴氅裘履版而前旣見與帝共談移日爲

豫州刺史
謝朗字長度善言玄理文義豔發總角時病新起體
甚羸未堪勞於叔父安前沙門支遁講論遂至相苦
其母王氏再遣信令還安欲留使竟論王氏因出云
新婦少遭難一生所寄惟在此兒遂流涕攜朗去終
於東陽太守
殷仲堪能清言每云三日不讀道德經便覺舌本閒
強其談理與韓康伯齊名士咸慕愛之後爲荆州刺
史
王濛爲司徒左長史善清談謝安嘗稱美濛至長史
冊府元龜　總錄部　清談　卷之八百二十三　七
語甚不多可謂令音（又云濛恬暢能言名理）
宋張敷性整貴文韻端雅好玄言善屬文初父邵使
與高陽宗少文談繫象往復數番少文每欲屈拂塵
尾歎曰吾道東矣於是名價日重卒於司徒左長史
袁豹善言雅俗每商較古今兼以誦詠聽者忘疲爲
太尉長史
張鏡少與光祿大夫顏延之鄰居談義飲酒喧呼不
絶而鏡靜嘿無言聲後鏡與客談延之從籬邊聞之
取胡牀坐聽辭義清玄延之心服謂客曰彼有人焉
繇是不復酣叫卒於新安太守

宋柄字少文精於言理累徵太子庶子不應
南齊張緒吐納風流聽者皆忘饑疲見者肅然如在
宗廟雖然日與居莫能測焉後至光祿大夫
徐嗣伯字叔紹有孝行善清言位正員郎諸府佐
劉繪爲後進領袖敏悟多能時張融以言辭辯捷周
顒彌爲清綺而繪音采不瞻麗雅有風則時人爲之
語曰三人共宅夾清漳張南周北劉中央言其處二
人間也後爲大司馬從事中郎
張融字思光玄義無師法而神解過人白黑談論鮮
能抗拒後司徒左長史
冊府元龜　總錄部　清談　卷之八百二十三　八
周顒每賓友會同顒虛席晤語辭韻如流聽者忘倦
兼善老易與張融相遇輒以玄言相滯彌日不解清
貧寡欲日長蔬雖有妻子獨處山舍甚機辯衛將軍
王儉謂顒曰卿山中何所食顒曰赤米白鹽綠葵紫
蓼文惠太子問顒菜食何味最甚顒曰春初早韭秋
末晚菘何胤亦精信佛法無妻太子又問顒卿精進
如何胤對曰三塗八難共所未免然各有累太子曰
所累伊何對曰周妻何肉其言辭應變如此轉國子
博士兼著作太學諸生慕其風爭事華辨始著四聲
切韻行於時

梁張卷字令遠少以知理著稱能清言仕至都官尚書
伏曼容在宋爲尚書外兵郎嘗與袁粲罷朝相會言玄理時論以爲一臺二絶子暅幼傳父業能言玄理
張充能清言與從叔稷俱有令譽後爲金紫光祿大夫
張嵊少方雅有志操能清言後爲吳興太守
范縝性質直好危言高論不爲士友所安唯與外弟蕭琛相善琛名曰口辯每服縝簡詣爲國子博士卒官

何朗字石明早有才思上清言周捨每與共談服其精理歷官散騎侍郎
到洽美容質善談吐武帝嘗問待詔丘遲曰到洽如何沆溉洽沆溉之從父兄也遲曰正情過於沆文章不減溉加以清奇殆將難及後爲潯陽太守
嚴植之少善莊老能玄言累遷中撫軍記室參軍
陳周弘正少通老子周易叔父侍中捨每與談論輒異之後爲石僕射領國子祭酒弘正善清談梁末爲玄宗之冠
龔孟舒善談名理位至太中大夫

後魏閭慶胤博識洽聞善於談論聽其言說不覺忘疲爲敷城太守卒
崔孝芬爲吏部尚書博聞口辯善談論愛好後進終日忻然商確古今間以嘲謔聽者忘疲
唐陸德明受學於周弘正善言玄理爲國子博士卒
房琯好賓客善談論爲宰相無匪懈之意但與庶子劉秩諫議李何忌等高談虛論說釋氏因果老子虛無而已後罷相久之爲刑部尚書卒
楊綰雅尚玄言凡所知友皆一時名士或造之者清談終日未嘗及名或有客欲以世務干者見綰言必

玄遠不敢發詞內媿而退後爲中書侍郎平章事卒

蘊藉

傳云和順積中英華發外又云進退可度容止可觀斯蘊藉之謂也豈徒天資淑茂吟韻清婉益亦習尚書云矜持舉措與塵游而不雜在醜夷而不爭周旋君子之儀縹緲有神仙之稱者矣若夫進對溫雅談論調暢陟降軒陛側媚于天子回翔表著則鬱爲士範型王言之嘉獎聳朝論之欣慕至乃釋慍怒爲悅豫法鄙吝爲夷曠加以服用玩好奢素各擅其所宜飲食宴集風流遂成于故事閒雅自喜姿制可觀內

無媿於方人嫉有名於兢爽本其源出職自禮官建
漢官之肇與頗飾以儒雅南朝浸盛冠絕向時元魏
以還氣裕遷卓然其風標峻爽詞調明朗規矩誠設
從容以和者亦何嘗泯沒於鄉曲間哉
漢司馬相如蜀郡成都人也車騎雍容閒雅甚都都閒
雅之稱也終文園令
薛廣德爲御史大夫爲人溫雅有蘊藉
後漢馬援爲伏波將軍援爲人明白鬚髮眉目如畫
閑於進對尤善述前事每言及三輔長者至閭里少
年皆可觀聽皇太子諸王聞者莫不屬耳忘倦

虞延字子大陳留人光武東巡路過小黃高帝母昭
靈后園陵在焉時延爲部督郵詔呼問園陵事進止
從容跪拜可觀帝善之
鄧衍爲新野功曹以小子侯每預朝會容姿趣步有
出於衆明帝目之曰朕之容貌豈若此人特賜輿馬
袁紹爲冀州牧容貌端正威儀進止動見倣效
郭泰字林宗舉有道不應善談論美音制褒衣博帶
周游郡國嘗於陳梁間行遇雨巾一角墊時人乃故
折一角以爲林宗巾
魏孟達自蜀來歸文帝旣至譙進見閒雅才辯過人
衆莫不屬目終新城太守
蜀劉琰字威碩魯國人也先主在豫州辟爲從事其
宗姓有風流善談論厚親待之遂隨從周旋嘗爲賓
客車服飲食號爲侈靡侍婢數十皆能爲聲樂又悉
教誦讀魯靈光殿賦
吳滕胤爲人白晳威儀可觀每正朔朝賀脩謹在位
大臣見者莫不歎賞終衛將軍
晉樂廣與王衍俱託心事外名重於時故天下言風
流者謂王樂爲稱首馬廣終尚書令
王衍字夷甫神情明秀風姿詳雅妙善玄言每捉玉

柄麈尾與手同色位至太尉尚書令
何邵字敬祖少與武帝同年有總角之好帝爲王太
子邵爲中庶子及卽位轉散騎常侍甚見親待邵雅
有姿望遠客朝見必以邵侍直每諸方貢獻帝輒賜
之而觀其占謝焉
溫嶠字太真風儀秀整美於談論見者皆愛悅之後
爲驃騎將軍鎭武昌卒
庾亮爲中書令以蘇峻之亂奔陶侃侃與亮談宴終
日亮噉薤因留白侃問曰安用此爲亮云故可以種
侃於是尤相稱歎云非唯風流兼有爲政之實後鎭

武昌諸佐吏殷浩之徒乘秋夜往共登南樓俄而不覺亮至諸人將起避之亮徐曰諸君少住老子於此處興復不淺便據胡牀與浩等談謔

何充字次道風韻淹雅文義見稱能飲酒雅為劉惔所貴惔每見次道飲曰令人欲傾家釀言其能温克也充為侍中録尚書事

謝萬弱冠辟司徒掾遷右西屬不就簡文帝作相聞其名為撫軍從事中郎萬著白綸巾鶴氅裘履版而前既見帝共談移日

車武子善於賞會當時每有盛坐而武子不在皆云

無車公不樂謝安游集之日輒開筵待之武子終吏部尚書

王裒陽城營陵人少禮操非禮不動非法不言身長八尺四寸容貌絶異音聲清亮辭氣韶雅隱居教授三徵七辟皆不就

王恭美姿儀人多愛悅或目之云濯濯如春月柳嘗被鶴氅裘涉雪而行孟昶窺見之歎曰此真神仙中人也恭後為平北將軍假節鎮京口

王獻之字子敬少有盛名而高邁不羈雖困居終日容止不怠風流為一時之冠終中書令

王濛字仲祖與沛國劉惔齊名友善惔嘗稱濛性至通而自然有節濛每云劉君知我勝我自知時人以惔方荀奉倩濛比袁曜卿凡稱風流者舉惔為宗焉濛為司徒左長史

王珣為衛將軍加散騎常侍以疾辭職歲餘卒桓玄與會稽王道子書曰珣神情朗悟經史明徹風流之美公私所寄忽爾喪失歎悼之深

顧愷之每食甘蔗常自尾至本人或怪之云漸入佳境官至散騎常侍

宋張敷特善音儀盡詳緩之致與人別執手曰念相

聞餘響久之不絶張氏後進至今慕之其源流起自敷也終司徒左長史

羊欣少靜默無競於人善言笑美容止可觀官至中散大夫

江夷美風儀善舉止歷任以和簡著稱位至湘州刺史

龔祈字孟道武陵人風姿端雅容止可觀中書郎范述見而歎曰此荊楚仙人也祈時或賦詩言不及世事不應徵辟

袁粲清整有風操自遇甚厚嘗著妙德先生傳以續

嵇康高士傳以自況後爲中書監領司徒宅宇平素器物取給好飲酒善吟詠獨酌園庭以此自適居負南郭時杖策獨游素寡往來門無雜客

南齊褚淵美儀貌善容止俯仰進退咸有風則每朝會百僚遠國莫不延首自送之宋明帝嘗歎曰褚淵能遲行緩步便持此得宰相矣位至司徒

檀超字悅祖高平人爲國子博士兼左丞超嗜酒好言詠舉止和靡自以晉郗超爲高平二超謂人曰猶覺我爲優也太祖賞愛之

庾杲之爲黃門郎風範和潤善音吐武帝令對魏使

兼侍中帝每歎其風器之美王儉在座曰杲之爲蟬冕所炤更生風采陛下故當與其即真帝意未用也

王儉爲僕射兼領祭酒十日一還學監試諸生申引在庭劒衛令史儀容甚盛作解散髻斜插幘簪朝野慕之相與倣效儉嘗謂人曰江左風流宰相唯有謝安益自比也

江斅湛孫也爲丹陽丞時袁粲爲尹見斅歎曰風流不墜正在江郎斅與宴賞流連日夜

封孝琰爲通直散騎常侍孝琰文筆不高但以風流自立善於談謔威儀閒雅容止進退人皆慕之

張緒爲尚書令益州獻蜀柳數株條甚長枝大若絲縷時舊宮芳林苑始成武帝以植於太昌靈和殿前嘗賞玩咨嗟曰此楊柳風流可愛似張緒少年時其見賞愛如此

王儉爲尚書令丹陽尹時諸令史問訊有一令史善俯仰進止可觀儉賞異之問曰卿與誰共事益云十餘歲在張令門下儉目送之時尹丞殷琢在坐曰是康成門人也

胡諧之爲左衛將軍加給事中諧之風采瓌潤善自居處兼以舊恩見遇朝士多與交游

徐孝嗣爲太子右衛率轉長史兼侍中善趨步閑容止與太宰褚淵相埒武帝深加待遇

梁謝顥宋末爲豫章太守至石頭遂白服登烽火樓坐免官謁齊高帝自占謝言辭清麗容儀端雅左右爲之傾目宥而不問

臧盾爲尚書中兵郎盾美風姿善舉止每趨奏高祖甚悅焉

到沆美風神容止可悅天監初遷征虜主簿高祖初臨天下收扶賢俊甚愛其才

到溉字茂灌美風儀善容止終於散騎常侍

賀琛爲尚書左丞參禮儀事每見高祖與語常移晷刻故省中爲之語曰上殿不下有賀琛容止都雅故時人呼之

何昌㝢少而清淨幽獨不群所交者必當世清名是以風流藉甚位至侍中領驍騎將軍

陳蕭允少知名神彩凝遠通達有識鑒容止蘊藉動合規矩起家邵陵王法曹參軍

謝哲字穎預陳郡陽夏人美風儀舉止蘊藉而襟情豁然爲士君子所重官至散騎常侍中書令領前將軍

王瑒司空沖之第十二子也沉靜有器局美風儀舉止蘊藉梁大同中起家秘書郎

陸繕爲太子中庶子領步兵校尉掌東宮管記繕儀表端麗進退閒雅世祖使太子諸王咸取則焉其趨步躡履令習繕規矩

後魏張濟字士度涉獵書傳清辯美儀容道武愛之引侍左右與公孫表等俱爲行人拜散騎侍郎

崔朗美容貌涉獵經史少溫厚有風尚以軍功起家震威將軍

畢祖彥涉獵書傳風度閒雅爲時所知爲光祿大夫

王誦字國章融之子學涉有文才神氣清儁風流甚美位至給事黃門侍郎

李諧字虔和風流閒潤博學有文辯當時才士咸相欽賞終於秘書監

劉藻字彥先涉獵群籍美談笑善與人交爲太尉司馬

裴粲沉重美風儀歷正平弘農二郡太守高陽王雍曾以事屬粲不從雍甚爲恨後因九日馬射勑畿內太守皆赴京師雍時爲州牧粲往修謁雍含怒待之粲神情閑邁舉止抑揚雍目之不覺解顏及坐定謂

粲曰相愛舉動可更爲一行粲便下席爲行從容而出坐事免官後宣武聞粲善自樹置欲觀其風度忽令傳詔就家急召之須臾之間使者相屬合家恐懼不測所以粲更恬然神色不變帝歎異之

北齊高乾性明悟儁偉有智畧美音容進止都雅爲府儀同三司徐州刺史

崔㥄狀貌偉麗善於容止少有名望爲當時所知爲東兗州刺史

楊愔幼聰敏好學及長能清言美風神儁悟容止可觀人士見之莫不敬異有識者多以遠大許之後爲

驃騎大將軍開封府王

裴讓之字士禮爲文襄王簿兼中書舍人文襄嘗入朝讓之導引容儀蘊藉文襄目之日士禮佳舍人遷長史兼書侍郎領舍人

王昕北海劇人爲銀青光禄大夫判祠部尚書事生九子竝風流蘊藉世號王氏九龍

盧昌衡衛尚書左僕射道虔之子尚書王昕以雅談獲罪諸弟尚守而不墜自茲以後此道浸微昌衡與頓丘李若彭城劉珉河南陸彦師隴西辛德源太原王循竝爲後進風流之士

沈靖有才識風儀蘊藉容止可觀爲尚書郎後與柳機少有令譽風儀辭令爲當世所推官至華州刺史

獨孤信武川人美容儀風度弘雅善騎射以北邊喪亂避地中山爲葛榮所獲信既少年好自修飾服章有殊於衆軍中號爲獨孤郎以軍功拜安南將軍爲秦州刺史嘗因獵日暮馳馬入城其帽微側詰旦而吏人有戴帽者咸慕信而側帽焉其爲衆庶所重如此

周惠達幼有志操好讀書美容貌進退可觀見者莫不重之爲儀同三司

王褒字子淵識量淹通志懷沉靜美風儀善談笑終於宜州刺史

柳霞幼而聰邁神采嶷然梁西昌侯琛藻鎮雍州霞時年十二以民禮修謁風儀端肅進止詳雅琛藻美之試遣左右踐霞衣裾欲觀其舉措霞徐步稍前曾不顧眄終於霍州刺史

楊雄初名惠美姿容器度雍容閑雅進止可觀官至江陵總管

隋柳謇之字公正身長七尺五寸儀容甚偉風神爽亮進止可觀轉守廟下士周武帝有事太廟謇之讀

祝文音韻清雅觀者屬目帝善之擢爲宣納上士

元善雒陽人以風流蘊藉俯仰可觀音韻清朗聽者忘倦繇是爲後進所歸開皇初拜内史侍郎高祖每望之曰人倫表儀也凡有敷奏詞氣抑揚觀者屬目

唐杜如晦少聰悟美風調精彩絶人及長雍容儒雅好談文史每以風流自命官終尚書左僕射

崔日用美容止善談笑少舉進士爲并州長史

李紓爲吏部侍郎厚自奉養車馬極鮮明以放達蘊藉稱於時

李夏卿有風韻善談謔與人相親終年而喜愠不形

於色爲太子少保卒
李逈秀爲鳳閣鸞臺平章事雅有文才飲酒斗餘廣
接賓朋當時稱爲風流之士
權德輿自貞元元和三十年間羽儀朝行性眞亮寬
恕動作語言一無外飾藴藉風流爲時稱嚮官終山
南西道節度使
周和凝字成績幼而聰敏姿狀秀拔神彩射人性好
修整自釋褐至登台輔車服僕從必加華楚進退容
止偉人也位至太子太傅

冊府元龜總錄部 藴藉 卷之八百二十三 二十一

冊府元龜

冊府元龜

巡按福建監察御史臣李嗣京　訂正

分守建南道左布政使臣胡維霖　參閲

知建陽縣事臣黃國琦較釋

總録部七十四

名字

古稱孩而名之冠而字之葢以名者義之制字者名之飾先民之論其亦多矣故吐情自紀名以示謙均體相稱字以爲重質文既變單兼弁興要在順言亦無定義然五㢘之説慮防大物三復之旨彌昭景行

隨時損益其説靡記至有兆與天賦叶應夢受命卜筮以考休吉稽事類以擇淑令或避嫌變易或受賜旌别咸有倫理率用論次傳曰人治之大也可不慎歟

唐叔虞者周武王子而成王弟初武王與叔虞母會時 叔虞母曰邑姜武王后齊大公女 夢天謂武王曰余命女生子名虞余與之唐及生子文在其手曰虞故遂因命之曰虞

晉穆侯七年伐條生太子仇十年伐千畝有功生少子名成師晉人師服曰異哉君之命子也太子曰仇仇者讐也少子曰成師成師太號成之者也名自命也物自定也今適庶名返逆此後晉其能毋亂乎成師封于曲沃其後代有晉國

魯桓公子同生公問名於申繻對曰名有五有信有義有象有假有類 申繻魯大夫 以名生爲信 若唐叔虞魯公子友 以德命爲義 若文王名昌武王名發 以類命爲象 若孔子首象尼丘 取於物爲假 若伯魚人有饋之魚因名之曰鯉 取於父爲類 若同生子有與父同者 不以國 國君之子不自以本國爲名也 不以官不以山川不以隱疾 隱痛疾患辟不祥也 不以畜牲 畜牲六畜 不以器幣 幣玉帛 周人以諱事神名終將諱之 君父之名固非臣子所干然禮卒哭以木鐸徇曰舍故而諱新謂

會親盡之祖而諱新死者故言以諱事神名終將諱之自父至高祖皆不敢斥言 故以國則廢名 國不可易則廢名 以官則廢職以山川則廢主 改其山川之名 以畜牲則廢祀 名猪則廢猪名羊則廢羊 以器幣則廢禮晉以僖侯廢司徒 僖侯名司徒廢爲中軍 宋以武公廢司空 武公名司空廢爲司城 先君獻武廢二山 二山具敖名也魯獻公名具武公名敖更以其鄉名山 是以大物不可以命公曰是其生也與吾同物命之曰同 物類也謂同日

季友桓公之季文姜之愛子始震而卜卜人謁之曰生有嘉聞 嘉名聞於世 其名曰友爲公室輔及其生如卜人之言有文在其手曰友遂以名之

畢萬畢公高之後也獻公以魏封畢萬爲大夫卜偃曰畢萬之後必大矣萬滿數也魏大名也以是始賞天開之矣天子曰兆民諸侯曰萬民今命之大以從滿數其必有衆

惠公亡在梁梁伯以其女妻之生一男一女梁伯卜之男爲人臣女爲人妾故名男爲圉女爲妾

叔孫得臣魯大夫敗狄于鹹獲長狄僑如僑如鄋瞞國之君蓋長三丈獲僑如不書賊夷人也以命宣伯得臣待事而名其一子因名宣伯曰僑如以旌其功

苫越生子將待事而名之苫越苫夷陽州之役獲焉名之曰陽州欲比僑如

叔梁紇魯人與顏氏女野合禱於尼丘魯襄公二十二年而孔子生生而首上圩頂故名曰丘云字仲尼

鄭武公娶于申曰武姜生莊公及共叔段莊公寤生驚姜氏故名曰寤生

衛侯辟疆朝於周行人問其名荅曰衛侯辟疆周行人還之曰啓疆辟疆天子之號諸侯弗得用衛侯更其名曰燬然後受之

齊惡爲卿而衛侯名惡君臣同名也君子不奪人名不奪人親之所名重其所以來也王父名子也不奪人名謂親之所名明臣號欲改君不當聽也君不聽臣易名者欲使人重父命也父受名于王父王卒則稱王父之命名子

若敖楚大夫娶于䢵䢵國名生鬭伯比若敖卒從其母畜於䢵畜養也淫於䢵子之女生子文焉䢵夫人使棄諸夢中夢澤名江夏安陸縣城東南有雲夢城虎乳之䢵子縣見之懼而歸夫人以告告女私通以出遂使收之楚人謂乳爲穀謂虎爲於菟故命之曰鬭穀於菟以其女妻伯比伯比所淫者實爲令尹子文其後楚滅若敖氏其孫箴尹克黃使於齊還王曰子文無後何以勸善使復其所改名命曰生易其名也

鄭文公有賤妾曰燕姞姞南燕姓夢天使與己蘭蘭草曰余

爲伯鯈余而祖也伯鯈南燕祖以是爲而子以蘭爲女子名以蘭有國香人服媚之如是媚愛也欲令人愛之如蘭旣而文公見之與之蘭而御之辭曰妾不才幸而有子將不信敢徵蘭乎懼將不見信故欲計所賜蘭爲懷子日數公曰諾生穆公名之曰蘭

漢蒯通本與武帝同諱其後史家追書爲通項羽時欲封之通不受

趙同文帝時宦者本名談司馬遷避父名改爲同

趙王頹當韓王信孫也信之入匈奴與太子俱及至頹當城生子因名曰頹當

司馬相如名太子父母愛之不爲稱故爲此名也相如旣學慕藺相

如之爲人也更名相如後爲郎
谷永本名竝以尉氏樊竝反更名永後曲陽侯根爲驃騎將軍薦永爲大司農
劉向初名更生元帝時爲恭顯所譖遂廢十餘年成帝即位顯等伏辜更生乃復進用更名向位至光祿大夫
劉歆哀帝建平元年改名秀字穎叔河圖赤伏符云劉秀發兵捕不道四夷雲集龍鬬野四七之際火爲主故改名讖以趣也累遷至中壘校尉王莽篡位以爲國師
後漢劉平本名曠明帝後改爲平官至宗正

馬客卿援子也幼而岐嶷年六歲能應接諸公專對賓客嘗有死罪亡命者來過客卿逃匿不令人知外若訥而内沉敏援甚奇之以爲將相器故以客卿字焉援卒後客卿夭没
張霸字伯饒七歲能通春秋復欲進餘經父母曰汝小未能也霸曰我饒爲之故字曰饒焉後爲侍中
虞詡祖父經爲郡縣獄吏嘗稱曰東海于公高爲里門而其子定國卒至丞相吾決獄六十年矣雖不及于公其庶幾乎子孫何必不爲九卿邪故字詡曰升卿武平故城有碑云詡字安定蓋詡之别字也後詡果爲尚書令
腳虔初名重又名抵故改爲虔官至九江太守
袁賀字元服祖父京爲侍中安帝始加元服百僚會賀臨裝垂出而孫適生喜其嘉會因名字焉
傅燮字南容本字幼起慕南容三復白圭乃改焉後爲漢陽太守
鄭玄子益恩以孔融爲黄巾所圍益恩赴難隕身有遺腹子玄以其手文似已名之曰小同又云小同以丁卯日生而玄丁卯歲生故名小同至魏高貴鄉公時爲侍中
趙岐初名嘉生於御史臺因字臺卿以其祖爲御史故生於臺也

後避難故自改名不改字示不忘本後爲太常
魏杜畿子理字務仲少而機察精要畿奇之故名之曰理年二十一而卒
程昱少時嘗夢上泰山兩手捧日昱恩異之以語荀彧及兖州反賴昱得完三城於是彧以昱夢白太祖太祖曰卿當終爲吾腹心昱本名立太祖乃加其上日更名昱也文帝踐阼爲衛尉卿進封安鄉侯
王㫤爲司空嘗與其兄子族子作名字皆依謙實以見其意故兄子默字處靜沈字處道其子渾字玄冲深字道冲遂爲書戒之事見訓子門

鄧艾字士載少孤太祖破荆州徙汝南爲農民養犢年十二隨母至潁川讀故太丘長陳實碑文言文爲世範行爲士則艾遂自名範字士則後宗族有與同者故改焉後以定蜀功爲太尉

令孤愚字公治本名浚文帝黄初中爲和戎護軍烏桓校尉田豫討胡有功小違節度愚以法繩之帝怒械繫愚免官治罪詔曰浚何愚遂以名之正始中爲曹爽長史後出爲兖州刺史

吳孫霅景太子帝爲霅及其弟作名詔曰人之有名以相紀別長爲作字憚其名耳禮名子欲令難犯易

冊府元龜 總錄部 名字 卷之八百二十四 七

避五十稱伯仲古或一字今人競作好名好字又令相配所行不副此瞽字伯明者也孤嘗哂之或師友父兄所作或自己爲師友尚可父兄猶非自爲最不謙孫今爲四男作名字太子名霅霅音如湖水灣澳之灣字茼茼音如迄今之迄次子名𩁹𩁹音如兕觥之觥字㢧㢧音如礥首之礥次子名䡾䡾音如草莽之莽字昷昷音如舉物之舉次子名㲄㲄音如褒衣下寬大之褒字㸷㸷音如有所擁持之擁此都不與世所用者同故鈔舊文會合作之夫書八體損益因事而生今造此名字既不相配文字但一燕易棄僻

其普告天下使咸聞知

顧雍從蔡邕學專一清静敏而易教伯喈邕字貴異之謂曰卿必成器今以吾名與卿故雍與伯喈同名繇此也又字元嘆言爲蔡雍之所嘆因以爲字焉後進封醴陵侯代孫邵爲丞相平尚書事

滕牧本名密避丁密改名牧丁密避牧名改爲固牧滕皇后之父丁固爲御史大夫更改名以相避

晉賈充字公閭父逵爲豫州刺史陽里亭侯晚始生充言後當有充閭之慶故以名爲字焉伐吳之役爲使持節假黄鉞大都督

冊府元龜 總錄部 名字 卷之八百二十四 八

阮孚字遥集其母卽胡婢孚之初生其姑取王延壽魯靈光殿賦曰胡人遥集其上楹而以字焉

石崇字季倫生於青州故小名齊奴官至衛尉

趙至字元真年十六游學至鄴廣稽康還山陽改名浚字允元幽州三辟部從事

庾袞四子怞蔑澤捃在澤生故名澤生因捃生故名捃生袞鄉黨薦之州郡交命皆不降志世遂號之爲異行

許邁字叔玄少恬静不務仕進後登臨安西山茹芝服氣有終焉之志乃改名玄字遠游與婦書告别自

後莫測所終好道者謂之羽化

虞預本名茂犯名明穆皇后母諱故改焉後除散騎常侍仍領著作

桓溫字元子宣城太守彝之子未朞生而太原溫嶠見之曰此兒有奇骨可試使啼及聞其聲曰眞英物也彝以嶠所賞故遂名之曰溫嶠咲曰果爾後將易吾姓也後爲大司馬

桓豁爲征西大將軍初聞苻堅國中有謠云誰謂爾堅石打碎豁有子二十人皆以石爲名以應之唯石虔石季石民石生石綏石康石知石

張天錫字純嘏小名獨活初字公純嘏入朝人咲其三字因自改焉時安定梁景敦煌劉肅並以門胄總角與天錫友昵張邕之誅景肅有勲天錫深德之賜姓張氏又改其字以爲已子天錫諸子皆以大爲字故景曰大奕肅曰大成

蒲洪懷歸部落小師先是隴右大雨百姓苦之謡曰雨若不止洪水必起故因名曰洪

前燕慕容垂字道明皝之第五子少岐嶷有器度身七尺七寸手垂過膝皝甚寵之嘗目而謂諸弟曰此兒闊達好竒終能成家故名拜字道業恩遇踰於世子垂少好畋游因獵墜馬折齒慕容儁僭即王位改名史外以慕容垂爲名內實惡而改之尋以讖記之文乃去史以垂爲名焉

後涼呂光生于枋頭夜有神光之異故以光爲名

宋王懿字仲德父事苻堅至二千石堅敗仲德與兄叡南奔晉太元末徙居彭城兄弟犯晉宣元二帝諱並以字稱又字元德懿官至鎮北大將軍

王鎮惡北海劇人祖猛仕苻堅任兼將相父休爲河東太守鎮惡以五月五日生家人以俗忌欲令出繼疎宗猛見奇之曰此非常兒昔孟嘗君惡月生而相

齊是兒亦將興吾門矣故名之爲鎮惡後位至安西司馬征虜將軍

孫處字季高籍注季高故字行於世位至振武將軍

劉義宗高祖弟道憐之子幼爲高祖所愛字曰伯奴

王裕之字敬弘名與高祖諱同故以字行後爲尚書僕射

謝景仁名與高祖諱同故稱字位至左僕射

褚叔度名與高祖諱同故以字行後爲征虜將軍雍州刺史

張茂度名與高祖諱同故稱字終於會稽太守

孔靖字季恭名與高祖諱同故稱字後爲侍中
謝密字弘微繼從叔峻名犯所繼內諱故以字行位
至右衞將軍
羊玄保二子太祖並賜名其一曰咸二曰粲謂玄保
曰欲令卿二子有林下正始之餘風位至散騎常侍
向靖字奉仁小字彌名與高祖諱同故稱小字終於
散騎常侍
張景胤爲侍中小名查父邵小名梨文帝戲之曰查
何如梨荅曰梨是百果之宗查何敢及
范曄母如厠產之額爲塼所傷故以塼爲小字官至

太子詹事
顏竣爲丹陽尹未有子而大司馬江夏王義恭諸子
爲元凶所殺後各產男孝武自爲製名名義恭子爲
伯禽以比魯公伯禽周公旦之子也名竣子爲辟彊
以比漢侍中張良之子
劉湛負其志氣常慕汲黯崔琰爲人故名長子曰黯
字長孺第二子曰琰字季湛官至散騎常侍太子詹
事
蕭惠開初名慧開後改慧爲惠常爲少府加給事中
徐爰字長玉本名瑗後以與傅亮父同名改爲爰終
於中散大夫
袁粲父濯早卒祖母哀其幼孤名之曰愍孫愍孫幼
慕荀奉倩之爲人白孝武求改名爲粲不許又言於
明帝乃改粲字景倩焉累遷中書監司徒侍中
董仲舒本名蠻帝謂曰人名蠻後何容得蘊藉乃改
名爲仲舒謂曰今日仲舒如何昔日仲舒荅曰昔日
仲舒出自私庭今日仲舒降自天地以此言之勝昔
遠矣
王琨父懌不慧侍婢生琨名爲崑崙懌後娶南陽樂
玄女無子改名琨琨立以爲嗣琨後位至侍中

王彧字景文名與明宗諱同故稱字位至中書監領
太子太傅常侍揚州刺史
張興世字文德本單名世明帝益爲興世後爲通直
散騎常侍左衞將軍
蔡興宗幼爲父廓所重謂有己風與親故書曰小兒
神氣似可不入非類不狎小人故以興宗爲之名與
宗爲之字後爲散騎常侍中書監
劉胡本名坳故以其顏面又黑故以爲名及長以坳
胡禳道單呼爲胡
謝莊五子颺朏顥從淪世謂莊名子以風月景山水

位至中書
南齊薛深本名道深避高帝偏諱改焉後爲司州刺
史州有將軍
薛淵隕汾陰人本名道淵避高帝偏諱改之終於平
北將軍
王沁少存孝行沁族人兗州治中沁與同名世謂沁
爲孝江以別之後爲南康王侍讀卒
曹虎本名武頭武帝以武頭名鄙勑改之官至散騎
常侍
劉懷慰本名聞慰武帝以其舅氏名同勑改之後爲

安陸王北中郎司馬卒
王晏字德元有意尚至車騎長史德元初名湛武帝
謂晏曰劉湛江湛竝不善終此非佳名也晏乃改之
至是與弟晉安王友德和俱被誅
張敬兒本名苟兒明帝以其名鄙改焉弟恭兒本名
猪兒後隨敬兒改名敬兒官至車騎將軍
梁劉顯爲邵陵王長史本名頲初仕齊武帝以字難
識改名顯
張稷齊末同廢東昏雖居朝右每懸戶實乃名其子
伊字懷尹霍字希光畯字不見見字不畾以旌其勍
稷官至鎮北將軍
王騫字思寂本名玄成與齊高帝偏諱同故改焉位
至給事中領射聲較尉
劉峻本名法武宋泰始初魏尅青州峻年八歲與兄
法鳳爲所略齊永明中奔江南更改名峻字孝標兄法
鳳改名孝慶字仲昌安成王遷荆州引峻爲戶曹叅
軍後以疾去
馬仙琕幼名仙婢及長以婢名不典以王代女因成
琕云后爲都督北豫霍三州諸軍事
何敬容唯有一子年始八歲在吳臨還與兄亂別兄

問名敬容曰乃欲就兄求名兄即命紙筆名曰鼓書
云兩王曰鼓吾與弟二家共此一子所謂鼓也敬容
官至侍中太子詹事卒
王泰字仲通慈之子從弟筠字元禮一字德柔慈弟
揖之子沈約嘗曰王有養矩謝有覽舉養泰小字矩
筠小字泰位至吏部尚書
袁昂爲黃門侍郎本名千里武帝謂之曰昂千里之
駒在卿有之今改卿名昂千里爲字
謝藺字希如年五歲每父母未飯乳媼欲令藺先飯
藺曰旣不覺饑強食終不進舅阮孝緒聞之歎目此

兒在家則曾子之流事君則藺生之疋因名曰藺吏部尚書蕭子顯表其至行擢爲王府法曹累遷外兵記室叅軍卒

豫章王綜字世謙普通六年奔于魏改名纘字德文

張嵊字四山嵊父稷爲剡令至嵊亭生之因名嵊字四山累遷吳興太守

到鏡字圓炤初在孕其母夢懷鏡乃生因以名爲鏡

顔協字子和元帝出鎮荆州爲記室時吳郡顧協亦在藩邸與協同名才學相亞府中稱爲二協

陳周文育初本姓項氏名猛奴年十一義興人周薈

爲壽昌浦口戍主見而奇之因召與語文育對曰母老家貧兄姊竝長大困於賦役薈哀之乃隨文育至家就其母請文育養爲已子母遂與之及薈秩滿與文育還都見於太子詹事周捨請製名字捨因爲立名文育字景德官至散騎常侍鎮南將軍

韓子高會稽山陰人也家本微賤侯景之亂寓在京都景平文帝出守吳興子高年十六猶總角容貌麗狀似婦人於淮渚附部伍寄載於還都文帝見而問之曰能似我乎子高許諾子高本名蠻子文帝改名之

陸辯惠侍中繕之子年數歲詔引入殿內辯惠應對進退有父風宣帝賜名辯惠字敬仁

毛喜爲宣帝府記室文帝謂宣帝曰我諸子皆以伯爲名汝諸兒宜用叔爲稱宣帝以訪于喜即條牒自古名賢杜叔英虞叔卿等二十餘人啓文帝文帝稱善

蔡徵字希祥七歲丁母憂居喪如成人禮繼母劉氏性悍忌視之不以道徵供侍益謹初無怨色徵本名覽父景歷以爲有王祥之性更名徵字爲希祥官至給事卒

後魏古弼爲門下奏事以敏正著稱太宗嘉之賜名曰筆取其直而有用後改名弼言其輔佐才也

吳喜吳興臨安人本名喜公明元減爲喜位至散騎常侍淮陰太守

源賀爲征西將軍從駕臨江爲前鋒大將軍賀本名破羌是役也太武曰人之立名宜其得實何可濫也賜名賀焉賀子男禮後賜名懷

堯暄字辟邪本名鍾葵後賜爲暄官至大司農

薛謹長子拔本名洪祚太武賜名拔

秦明王翰曾孫禎爲都牧尚書禎生子瑞初瑞母尹

氏有娠致傷後畫寢夢一老翁具衣冠告之曰吾賜汝一子汝勿憂之寤而私喜又問筮筮者曰大吉未幾而生瑞禎以爲協夢故以名瑞字天賜位至太中大夫

齊南王彧本名亮字士明侍中穆紹與彧同署避紹父諱啓求改名詔曰士明風神運吐當自以比荀文若可名彧以取定相倫之美

元康字建扶性耿介有器節文成器之謂曰卿父必能儀刑社稷裨輔朕躬今可改名以成克終之美

張白澤本名鍾葵獻文賜名白澤位至殿中尚書

上黨王孫冀歸始六歲襲爵降爲公孝文以其幼承家業賜名稚字承業

郯良奴弟侍孝文賜名述歷吏職以貞謹見稱稍遷中大夫

穆泰駙馬都尉南部尚書貞之子孝文賜名焉

庾兵初名業延賜名岳官至相州刺史

于忠本名千年孝文帝太和中爲武騎侍郎因賜名登宣武時爲左中郎將有功帝曰先帝賜名登誠爲美稱朕嘉卿忠欵今改名忠既表貞固之誠亦所以名實相副也

封勝奴爲懷州刺史卒以族子叔念爲後孝文賜名回回父鑒卽慕容暐太尉奕之後也

李承長子韶字元伯學涉有器量焉弟彥虎雖竝爲孝文賜名

裴駿字神駒幼而聰慧親表異之稱爲神駒因以爲字位至中書侍郎

常闐爲武郡太尉弟彌字靈智孝文賜名

高閭本名驢司徒崔浩見而奇之乃改爲閭字焉終於光祿大夫

崔景儁歷侍御史子文中散受勑

按南齊史蕭深范雲孝文賜名爲逸

高祐字子候小名次奴本名禧以與咸陽王名同孝文賜名祐位至光祿大夫卒

楊津字羅漢本名延祚孝文賜名焉後爲侍中驃騎大將軍兼尚書令

楊播本字元休太和中孝文賜名播弟椿字延壽本字仲孝太和中與播俱蒙孝文賜名播官至安西將軍華州刺史

宋弁爲尚書殿中郎中孝文曾因朝會之次歷訪治道弁年少官微自下而對聲姿清亮進止可觀孝文

稱善者久之因是大被知遇名爲弁意取弁和獻王
楚王不知寶之也
崔光本名孝伯字長仁孝文賜名焉嘗爲國子祭酒
再進位太保固辭不受卒
張烈字徽仙孝文賜名曰烈仍以本名爲字焉官至
安北將軍瀛州刺史
孫惠蔚爲光祿大夫先單名蔚宣武正始中侍講禁
内夜論佛經有愜帝旨詔使加號惠一法師焉
游肇字伯始孝文賜名尚書令高肇宣武之舅爲百
僚攝憚名與已同欲令改易肇以孝文所賜秉志不

許高肇甚銜之宣武嘉其剛梗
侯剛爲從僕射宣武以其質直賜名剛焉
虞詵本名恭祖爲黄門侍郎孝明帝賜名曰詵
北齊高思好本浩氏之子以騎射事文襄及文宣受
命爲左衛大將軍本名思孝天保五年討蠕蠕文宣
悦其驍勇謂曰爾擊賊鶻入鴉群宜思好事故改名
焉累官至尚書令
斛律金性質直不識文字本名敦苦其難署改名爲
金從其便易猶以爲難司馬子如教爲金字作屋況
之其字乃就終於太師

潘樂字相貴累遷河東郡王樂初生有一雀止其母
左肩占者咸言富貴之徵因名相貴後以爲字
趙彦深本名隱避廟諱改以字行彦深位至司徒
李稚廉齊州刺史義深之弟稚廉少而寡欲爲兒童
時初不從家人有所求請嘗欲以金寶授之終不强
付輒擲之於地州牧以其蒙稚而廉故名曰稚廉
高昂字敖曹幼有志氣其父曰此兒不滅吾族當大
吾門以其昂藏敖曹故以名字之位至司徒爲軍司
大都督
虞斐字子章性殘忍以强斷知名文襄引爲府刑獄
參軍謂之云狂簡斐然成章非唯名字終於尚書左

丞
後周薛端爲吏部尚書性强直每有奏請不避權貴
太祖嘉之故賜名端欲令名實相副
劉亮本名道德遷車騎大將軍以勇敢見知爲當時
名將太祖賜名亮并賜姓侯莫陳氏
獨孤信本名如願爲隴右十一州大都督太祖以其
信著遐邇故賜名爲信
楊忠爲太祖帳下嘗從太祖狩於龍門忠獨當一猛
獸左挾其腰右拔其舌太祖壯之北臺謂猛獸爲揜

于因以字之
長孫儉本名慶明爲太行臺兼相府司馬太祖曰名實理須相稱尚書旣志安貧素可改名儉以彰雅操
伊婁穆善騎射爲太祖所知太祖嘗謂之曰昔伊尹阿衡於殷致王堯舜卿旣姓伊庶卿不替前緒於是賜名尹馬位至小司馬卒
王勇爲衛大將軍邙山之戰勇率敢死之士三百人並執短兵大呼直進出入衝擊殺傷甚多敵人無敢當者是役也大軍不利唯勇及王文達耿令貴三人力戰皆有殊功太祖於是賞帛二千疋令自分之軍

還皆拜上州刺史以雍州岐州北雍州擬授勇等然州頗有優劣又令探籌取之勇遂得雍州文達得岐州令貴得北雍州仍賜勇名爲勇令貴名豪文達名傑以彰其功
高琳母嘗於泗濱獲一石光彩朗潤是夜夢見一人謂之曰夫人向所將來之石是浮磬之精若能寶持必生令子其母驚寤便舉身流汗俄而有娠及生因名琳字秀珉馬官至大將軍
陸逞字季明初名彥字世雄太祖嘗從容謂之曰爾旣溫裕何因乃字世雄非所宜也於爾兄弟又復不類遂改馬後爲太子太保卒
裴俠魏太統三年領鄉兵從戰沙苑先鋒陷陳俠本名協至是太祖嘉其勇決乃曰仁者必有勇命名俠馬終於工部中大夫
劉璠子祥字休徵幼而聰惠占對俊辨賓客見者皆號神童事嫡母以至孝聞其伯父黃門郎璆有名江左在嶺南聞而奇之乃令名祥字休徵後以字行官至長安令
蕭世怡鄱陽王恢之子歸國以名犯太祖諱故稱字馬後爲蔡州刺史卒

黎景熙字季明少以文字行於世位至車騎大將軍卒
王德喪父貧無以葬乃賣子公奴并一女以營葬事因遭兵亂不復相聞後德在平凉始得公奴遂名曰慶
階叱羅協本名與高祖諱同後改馬位至儀同三司賜爵南陽郡公

册府元龜

巡按福建監察御史臣李嗣京　訂正
分守建南道左布政使臣胡維霖　參閱
知建陽縣事臣　黄國琦　較釋

總録部七十五

名字第二

隋李和本名慶和魏末爲驃騎大將軍夏州刺史後周太祖賜姓宇文氏甞謂諸將曰宇文慶和智畧明贍立身恭謹累經委任每稱吾意遂賜名意開元九年遷上柱國以意是太祖賜名帀朝巳革慶和則父

之所命義不可遺遂以和爲名

豆盧勣字定東父寧柱國太保勣初生時周太祖親幸寧家稱慶時遇新歲破齊師太祖因字之曰定東後爲上柱國夏州總管封楚國公

長孫覽初仕周爲車騎大將軍每公卿上奏必令省讀覽初名善周武帝謂之曰朕以萬機委卿先覽遂賜名焉終於荆州刺史

伊婁謙字彥恭高祖作相授亳州總管俄徵還京旣平王謙謙耻與逆人同名因爾稱字後爲澤州刺史

顔之推有二子長曰思魯次曰慜楚蓋不忘本也

藴蘷少聰敏及長博覽羣言尤以鍾律自命初不名蘷其父威改之頗爲有識所哂位至通議大夫

李德林字公輔少孤未有字魏牧謂之曰識度天才必至公輔吾輒以此字卿後爲懷州刺史

李孝貞字元操開皇初拜馮翊太守爲犯廟諱於是稱字按隋書文帝祖父諱禎

唐李綱字文紀初名瑗字子玉讀後漢書張綱傳慕而改之位至太子少師

高儉字士廉以字行焉後爲開府儀同三司平章政事

房喬字玄齡以字行焉終於司空

虞世南叔父寄仕陳爲中書侍郎寄無子以世南出後故字曰伯施位至銀青光祿大夫弘文館學士

楊仁恭本名綸後爲雒州都督老病乞骸以特進歸第

李靖本名藥師官至僕射進封衛國公

李百藥字重規定州安平人時内史令安平公德林之子爲童兒時多疾病祖母趙氏故以百藥爲之名後官至太子庶子

顔籀字師古以字行於世位至秘書監

崔敦禮爲太子太師同中書門下三品監修國史敦
禮本名元禮高祖改爲敦禮
劉節義本名龍有子名鳳昌有人上書言龍父子爲
龍鳳之名居宅在乾坤之地將非國家之利書奏不
省因賜名節義
秦瓊字叔寶以字行於世位至左武衛大將軍
韋思謙本名仁約以音類則天父諱故稱字焉官至
黄門侍郎
魏元忠初名眞宰天授中以避天后母號故改焉後
以特進齊國公致仕

成王千里吳王恪之子本名仁進爵郡公嘗出使江
左部人相率以金遺之仁拒而不納則天聞而嘉歎
擢使謂曰汝吾家千里駒也錄是改名千里
崔元暐本名曄以字下體有則天祖諱乃改爲元暐
後至中書令
張仁愿本名仁亶以音類睿宗諱改焉位至兵部尚
書致仕
楊隆禮隋齊王暕正道之子歷雍梁滑汾懷五州刺
史以嚴察聞景龍中以名犯玄宗上字改爲崇禮
薛謙光開元初爲太子賓客以與太子同名表請行
字特勑賜名爲登
寧王憲初名成器避昭成皇后尊號改名憲岐王範
初名隆範避玄宗連名故單稱範薛王業亦同
姚元崇則天時爲夏官侍郎同鳳閣鸞臺平章事後
以叱利元崇構逆則天不欲元崇與之同名遂改爲
元之後避開元尊號又改名崇
王忠嗣本名訓年始九歲父海賓死王事起復朝散
大夫尚輦奉御養於禁中後官至漢東郡太守
崔滌爲秘書監本名澄開元初玄宗改焉
李傑本名務光後改焉官終楊州太都督府長史

楊國忠玄宗貴妃從父之子或云張易之子冒外氏
姓本名釗天寶中帝改爲國忠官至司空
劉正臣本名客奴天寶末爲平盧軍遊奕使時節度
使呂知誨受安祿山逆命客奴與諸將襲殺之馳以
奏聞十五載四月授客奴柳城郡太守平盧軍節度
支度營田陸運押兩蕃渤海黒水四府經畧及平盧
軍使仍賜名正臣
史思明本名窣干玄宗改之爲思明後爲平盧節度
都知兵馬使
李懷光本姓茹父嘗爲朔方列將以戰功賜姓李氏

更名嘉慶懷光後爲邠寧節度使
李若幽爲殿中監上元二年以爲河州節度都統處置使鎮于終仍賜名國禎
盧正已寶應二年自刑部侍郎爲太府卿正已本名元裕以兼名同帝諱抗疏乞改之
楊子琳忿崔寧賊殺長帥討之候寧入覲奐入成都糧盡自潰朝廷慮爲亂階除爲陝州刺史又移受澧州刺史澧郎兩州鎮遏使在澧州二年大曆六年表乞朝謁代宗以爲跡不順特容之及至引見于延英殿與語甚悅賜名猷

張延賞本名寶符中書令嘉貞之子幼孤以父蔭授官玄宗特恩賜名延賞取延賞後世之義也位至左僕射同中書門下平章事
路嗣恭始名劒客歷仕郡縣有能名後授神烏縣令考課上下爲天下最以其能嗣魯恭特賜改其名位至河陽三城節度及東都畿觀察使
崔旰爲劒南西川留後大曆三年加節度使仍改名寧
曹令忠爲北庭節度副大使知節度使大曆七年八月賜姓李改名元忠以邊將寵之也

白琇珪大曆中司農少卿遷大卿在卿曹十餘年德宗召見與語以爲可任腹心遂用爲神策軍使兼御史大夫賜名志貞
尚可孤初爲魚朝恩養子改姓魚氏名智德朝恩死賜可孤姓李氏名嘉勳會李布烈反叛建中四年七月除兼御史大夫荆襄應援淮西使仍復本姓尚可孤官至左龍武將軍
韓希烈爲邠寧節度興元元年詔賜名歸義
張萬福年七十八從軍遼東有功累攝舒盧壽三州刺史時李正已反將斷江淮路德宗以萬福爲濠州

刺史召見謂曰先帝改卿名正者所以褒卿也朕以爲江淮草木亦知威名若從先帝所改恐賊不知是卿也復賜名萬福慰遣之
劉洽爲宣武軍節度貞元元年改名玄佐
李長榮貞元四年爲河陽三城懷州團練使仍賜名元諒
柳渾初名載爲尚書左丞及駕幸奉天渾微服徒行竄從初渾之離京城賊泚猶以渾匿在閭里乃除僞宰相及京師克復渾尚名載上言曰頃爲狂賊點汚臣實恥稱舊名況載字帶戈時當偃武請改名渾德

宗嘉而從之
王虔休汝州梁人本名延賞貞元中爲潞州左司馬
掌留後仍賜名虔休
張茂昭本名昇雲孝忠之子也貞元七年爲定州刺
史充北平軍使是歲孝忠卒於位詔昇雲起復左衛
大將軍同正負充義武軍節度使賜名茂昭
王昌貞元十四年自右神策軍將軍除鳳翔節度使
賜名敬則
劉逸淮貞元十五年自宋州刺史爲宣武軍節度使
賜名全諒

渾瑊本名日進後改爲瑊
康藝全爲河東編伍勇力絶人節度使馬燧以其多
藝因以藝全名之
崔咸字重易父銳貞元中爲李抱眞從事有道者自
稱曰盧老嘗師隋朝雲霧寺李先生能知遠近事屬
河北禁遊客銳遂館之一旦辭去且曰我死當爲君
爲子因指口下黒子願以爲記旣生咸果有黒子其
狀則盧老也遂以盧老名之
常士仮爲黔中經畧觀察使貞元十六年改名士宗
又名士文

王紹初與憲宗同名永貞年改焉少時顔眞卿器重
之因紹舊名字之曰德素位至兵部尚書
張奉國本名子良爲李錡牙門右職錡叛子良與錡
甥裴行立等客圖錡生致闕庭平浙右憲宗追赴京
師親自褒慰擢爲右金吾將軍兼御史大夫改名奉
國
常貫之本名純犯憲宗廟諱遂以字稱位至河南尹
朱士卿元和初爲定州鎮使以築臨涇城有勞特加
撿校工部尚書涇原四鎮北庭等節度使仍賜名忠
亮

高固生於微賤爲叔父所賣展轉爲渾瑊家奴號曰
黄芩性敏惠有膂力善騎射好讀左氏春秋瑊大愛
之養如己子以乳母之女妻之遂以固爲名取左氏
傳高固之名也
蔣武元和五年爲諫議大夫武中謝面請改名又從
之嘗因奏對爲憲宗言曰陛下今日偃武脩文臣下
亦當順承因請改名帝悦而從之時討王承宗兵初
罷又恐天子易於用武故因以此諷焉
田興元和八年爲魏博節度使賜名弘正
崔元畧爲御史中丞元和十二年元畧論侍御史唐

武當改名帝曰人之取名多矣何必武爲曩時蔣武
已請改矣遂改唐武爲慶時議者見淮西初平謂帝
遂喜武功及見改唐武名乃知帝厭兵人人相賀
韓璀爲鄜坊節度使穆宗長慶元年璀請改名充許
之
王日簡長慶初爲鎮州小將王承宗沒軍情不安全
畧自拔歸朝授代州刺史及長慶初鎮州軍亂害田
弘正穆宗爲之旰食以日簡嘗爲鎮將召問其計日
簡遂於御前極言利害兼願有以自效因授德州刺
史經畧其事明年擢拜横海軍節度使賜姓李氏名

全畧以崇撫之
李元喜爲安南經畧使寶曆元年元喜請更名元志
從之
盧周仁開成中爲湖南觀察使奏云名與再從伯音
同請改名術從之
高士榮爲威遠軍使寶曆元年士榮請改名承恭從
之
崔承寵爲黔州觀察使寶曆二年承寵請更名實從
之
李載義字方轂方轂之字文宗所製也位至侍中
鄭澣本名涵以文宗在藩邸時名同改名澣澣子茂
諶避國諱改名茂休澣後爲山南西道節度觀察使
高元中太和二年爲侍御史内供奉請改名元裕許
之
楊嗣復字繼之僕射於陵之子也初與陵謫補潤州
句容尉浙西觀察使韓滉有知人之鑒見之甚悅滉
有愛女方擇佳婿謂其妻柳氏曰吾閲人多矣無如
楊生貴而且壽生子必爲宰相於陵寓居揚子而生
嗣復後滉見之撫其首曰名位果踰於父楊門之慶
也因字曰慶門後自潮州刺史徵拜吏部尚書

李祐太和三年自涇原節度使除德州刺史充景滄
節度使仍賜名有裕
史唐太和三年攝魏博節度副使奏臣父憲誠本以
周有莊周漢有吳漢依據故事以臣名唐今竊思之
不敢慕古請改名孝從之
李仲和太和八年爲翰林侍講學士周易博士奏以
名與堂叔祖下字同請改名訓從之
崔龜父愼繇太中年鎮西川有異人張叟者或云名
古風與愼繇跡熟時曾訪愼繇于都下愼繇因從容
謂曰臣聞罪大莫若絶嗣今四十無子良可懼也叟

日我亦爲公求之未見可者唯終南翠微寺有僧絕粒五十年矣公宜遣使遺其服玩若愛而受之則其嗣也愼繇乃發稗僕往焉果受其遺僧尋卒叟於暗壁誌之至來年雀生之日叟復至焉謂愼繇曰我故來相賀因與愼繇窺其所誌之日累無差焉愼繇因示觥於叟叟曰貴則過公然遇亂世恐不得其終也因字曰衲僧後自司徒貶太子賓客

梁常震本名肇唐末充宣武軍節度副使乾寧二年七月昭宗狩於石門震奉表繇號畧間道奔走于行在帝大悅賜名震太祖特爲製字

李茂貞本姓宋名文通唐末爲洋蓬壁等州節度使賜姓名茂貞禧宗親爲製字曰正臣

後唐李茂勳唐末爲鄜州節度使梁太祖襲鄜州茂勳遂歸於梁改名周彝署元帥府行軍司馬

李存進振武人本姓孫名重進唐末從太祖入關平黄寇景福中爲義兒軍使賜姓名

牛存節字贊貞青州博昌人也本名禮梁太祖改而字之

李存信本姓張爲河東蕃漢馬步軍都指揮使太祖賜名姓睠同親嫡

朱簡唐末爲陝州節度使陳情於梁太祖曰僕位崇將相比無功勞實知踰分皆元帥令公生成之造翼卵之仁願以微軀永期效使乞以名姓肩隨諸子太祖深賞其心乃賜名友謙符之過於諸子同光初莊宗賜姓改名繼麟

段凝仕梁爲滑州兵馬留後同光初莊宗賜姓名紹欽

王晏球梁爲耀州刺史同光初賜姓名紹虔

康延孝同光初除鄭州刺史充本州防禦史仍賜姓名紹琛

孔循初仕梁以太祖乳媪爲義毋媪夫趙氏循冒其姓名殷衡同光初歸姓孔名循

張全義字國維初名言昭宗賜名全義梁太祖卽位改名宗奭同光初復名全義

元行欽初從明宗名聞軍中爲散員都部署賜姓名紹榮

袁光輔同光中爲復州刺史天成初上言叔父幼年遇亂離索與臣同名臣今欲改名義從之

郭彥夔爲青州孔目吏以節度使霍彥威故改名致雍大成中爲本道所薦至京中書以舊名除官郯使

蘊仁裕陳狀以爲不便安重誨以聖旨令中書奏曰伏以凡是人名皆繫父名侍側者稱以榮左右爲後者稱以奉蒸嘗犯廟諱須更同御名亦改準此以外廻避無聞以春秋論之衛侯名惡大夫有齊惡太宗朝有虞世南君不聽臣易名皆所以重人父之命況郭彥夔長在青州霍彥威有時移鎮寧將私敬上瀆聖聰若便允從恐多援引只宜如故工部郎史于鄴奏名是盧文紀私諱儻許更名即不至乞遠其郭彥夔請在本道宜令權稱致雍在吿勑內即須仍舊誠爲至論永作通規從之

安黑連長興初爲潮州刺史明宗爲之改名保榮

李郁清泰初爲宗正少卿上言臣與本寺卿名同行公事不便欲改名知新從之

晉張從訓初唐莊宗與梁人相拒於德勝口徵赴軍前補先鋒游奕使俄轉雲捷指揮使檢較司空賜姓名繼鸞從莊子之行也明宗微時嘗在存信麾下爲都押衙與從訓有舊及即位授石州刺史復舊姓名

楊光遠小字阿檀及長止名檀後唐天成中以明宗改御名爲亶以偏傍字犯之始改名光遠字德明

周史懿字繼美爲涇原節度使本名犯太祖廟諱故改焉

孫方諫字良弼爲定國軍節度使本名下一字犯廟諱廣順初改焉

曹英字德秀爲成德軍節度使舊名犯太祖廟諱故改焉

冊府元龜

巡按福建監察御史臣李嗣京 訂正
分守建南道左布政使臣胡維霖 參閱
知建陽縣事 臣 黃國琦 較釋

總錄部七十六

品藻

傳曰擬人必於其倫古之作者曷嘗不靈機內照精鑒外朗詳識人物區別淑慝或察言而知行或因詩以見志或窮居而表其操或目擊而辯其道乃至哲人既往遺風可挹標舉推引形容摹擬明其志行之

所趣用俾方來而取法斯聖賢之深旨也春秋之時襃貶尤著尼丘聖師其論已博矣子輿著書亦頗商榷厥後孟堅列九等之序汝南有月旦之評皆是物也歷代而下話言靡絕蓋子貢方人夫子稱其不暇者誠以賜之多言也在於品題銓度取資爲監夫豈有過哉

賈季爲晉大夫奔狄狄相酆舒問於賈季曰趙衰趙盾孰賢對曰趙衰冬日之日也趙盾夏日之日也冬月可愛夏日可畏

管仲爲齊相旣寢疾桓公往問之曰仲父之疾甚矣若不可諱也不幸而不起此疾彼政我將安移之管仲未對桓公曰鮑叔之爲人何如管仲曰鮑叔君子也千乘之國不以其道予之不受也雖與千乘之國不以其道彼必不受雖然不可以爲政其爲人也好善而惡惡之已甚已太也言憎惡惡太甚見一惡終身不忘桓公曰然則孰可管仲對曰隰朋可朋之爲人好上識而下問好上識謂好知遠大之事臣聞之以德與人者謂之仁以財與人者謂之良以善勝人者未有能服人者也以善勝人人亦生勝巳之心故不服之以善養人者未有不服人者也于國有所不知政于家有所不知事必則朋乎若皆知之則事鍾於巳將不勝任而敗朋能有所不

知故可以移政且朋之爲人也居其家不忘公門居公門不忘其家事君不二其心亦不忘其身舉齊國之幣握路之家五十室其人不知也大仁也哉其朋乎握持也或有舉齊國之幣持與路旁之家五十室言其事大而且亦顯此皆自有主司朋能不干預而彊知此所謂於國有所不知政合於天地之大天不容載故曰大仁哉其朋乎公又問曰不幸而失仲父也二三大夫者其猶能以國寧乎管仲對曰君請矍巳乎矍巳謂有所驚懼而問未止鮑叔牙之爲人也好直賓胥無之爲人也好善甯戚之爲人也能事孫在之爲人也善言公曰此四子者其孰能一人之上也寡人并而臣之則其不以國寧何也言四子皆超絕之材無人能過其上

今吾并得臣之國尚不寧何也對曰鮑叔之爲人好直而不能以國詘不能爲國以詘其直賓胥無之爲人好善而不能以國詘寗戚之爲人能事而不能以足息寗戚善於農植貪於積聚不能知足而息巳孫在之爲人善言而不能以信默其所陳言既見信用尚不能默凡此四子皆矜能太過不能與時屈伸故國不寧臣聞之消息滿虛與百姓詘信然後能以國寧勿已者朋其可乎朋之爲人動必量力舉必量技言終喟然而嘆曰天之生朋以爲夷吾舌也其身死舌焉生哉言朋亦將隨已早亡不得久理齊政故哀歎言此先知未然夷吾所以稱嘆也

趙孟爲晉大夫自宋還過鄭鄭伯享趙孟於垂隴子

展伯有子西子產子太叔二子石從二子石印段公孫段趙孟曰七子從君以寵武也請皆賦以卒君貺武亦以觀七子之志詩以言志子展賦草蟲草蟲詩召南曰未見君子憂心忡忡亦既見止亦既覯止我心則降以趙孟爲君子趙孟曰善哉民之主也在上不忘降故可以主民抑武也不足以當之辭君子伯有賦鶉之賁賁鶉之賁賁詩鄘風衛人刺其君淫亂鶉鵲之不若義取人之無良我以爲兄我以爲君也趙孟曰牀第之言不踰閾況在野乎非使人之所得聞也第簀也此詩刺淫亂故云牀第之言閾門限使人趙孟自謂子西賦黍苗之四章黍苗詩小雅四章曰肅肅謝功召伯營之烈烈征師召伯成之比趙孟於召伯趙孟曰寡君在武何能焉推善於其君子產賦隰桑隰桑詩小雅義取思見君子盡心以事之曰既見君子其樂如何趙孟曰武請受其卒章卒章曰心乎愛矣遐不謂矣中心藏之何日忘之趙武欲子產之見規誨也子太叔賦野有蔓草野有蔓草詩鄭風取其邂逅相遇適我願兮趙孟曰吾子之惠也太叔喜於相遇故趙孟受其惠印段賦蟋蟀蟋蟀詩唐風曰無已太康職思其居好樂無荒良士瞿瞿言瞿瞿然顧禮義趙孟曰善哉保家之主也吾有望矣能戒懼不荒所以保家公孫段賦桑扈桑扈詩小雅義取君子有禮文故能受天之祜趙孟曰匪交匪敖福將焉往此桑扈詩卒章趙孟因以取義若保是言也欲辭福祿得乎卒享文子告叔向曰伯有將爲戮矣詩以言志志誣其上而公怨之以爲賓榮言誣則鄭伯未有其實趙孟倡賦詩以自寵故言公怨之以爲賓榮其能久乎幸而後亡言必先亡叔向曰然已侈所

謂不及五稔者夫子之謂矣文子曰其餘皆數世之主也子展其後亡者也在上不忘降謂賦草蟲曰我心則降印氏其次也樂而不荒謂賦蟋蟀曰好樂無荒樂以民安不淫以使之後亡不亦可乎

孔子謂子產有君子之道四焉其行己也恭其事上也敬其養民也惠其使民也義又曰晏平仲善與人交久而敬之齊大夫晏姓平謚名嬰又曰臧文仲居蔡臧文仲魯大夫臧孫辰之謚也蔡國君之守龜出蔡地因以爲名焉長尺有二寸居蔡僭也山節藻棁節者栭也刻鏤爲山棁者梁上楹畫爲藻文言其奢侈何如其知也非時人謂之爲知子曰管仲之器小哉言其器量小也或曰管仲儉乎或人見孔子小之以

爲謂之大儉曰管氏有三歸官事不攝焉得儉三歸娶三姓女婦人
謂嫁曰歸攝猶兼也禮國君事大官各有人大夫兼并今管仲家臣備職非爲儉然則管仲
知禮乎或人以兼問故答以安得儉或人聞不儉便謂爲知禮曰邦君樹塞門
管氏亦樹塞門邦君爲兩君之好有反坫管氏亦有
反坫反坫反爵之坫在兩楹之間人君別內外於門樹屏以蔽之若與鄰國爲好會其獻酢之禮更
酌畢則各反爵於坫上今管仲皆僭爲之如是是不知禮管氏而知禮孰不知禮又曰伯夷
叔齊不念舊惡怨是用希伯夷叔齊孤竹君之二子孤竹國名又曰孰
謂微生高直微生姓名高魯人或乞醯焉乞諸其鄰而與之
乞之四鄰以應求者用意委曲非爲直人又曰從我於陳蔡者皆不及門
也言弟子從我於陳蔡者皆不及仕進之門而失其所德行顏淵閔子騫冉伯

牛仲弓言語宰我子貢政事冉有季路文學子游子
夏又曰孟公綽爲趙魏老則優不可以爲滕薛大夫
公綽魯大夫趙魏皆晉卿家臣稱老公綽性寡欲趙魏貴賢家老無職故優薛小國大夫職煩故不可爲
又曰晉文公譎而不正譎詐也謂召天子而使諸侯朝之仲尼曰以臣召君不可
以訓故書云天王狩於河陽是譎而不正也齊桓公正而不譎伐楚以大義責包茅
之貢不入問昭王南征不還是正而不譎也又或問子產子曰惠人也惠愛
也子產古之遺愛問子西曰彼哉彼哉馬曰子西鄭大夫彼哉彼哉言無足稱或
曰楚令尹子西問管仲曰人也猶詩言所謂伊人奪伯氏駢邑三百
飯疏食沒齒無怨言伯氏齊大夫駢邑地名齒年也伯氏食邑三百家管仲奪之使
至疏食而沒齒無怨言以其當理故又曰由之瑟奚爲於丘之門子路鼓瑟

不合雅頌門人不敬子路子曰由也升堂矣未入於室也
升我堂矣未入於室耳門人不解孔子言爲賤子路故復解之又曰吾未見剛者或
對曰申棖申棖魯人子曰棖也慾焉得剛慾多情慾又曰甯武
子衞大夫甯俞武謚也邦有道則知邦無道則愚其知可及也
其愚不可及也佯愚似實故曰不可及又曰回也其心三月不
違仁其餘則日月至焉而已矣餘人暫有至仁時唯回移時而不違又
曰柴也愚高柴字子羔愚直之愚參也魯魯鈍也曾子性遲鈍師也辟子張
才過人失在邪辟文過由也喭子路之行失於畔喭子曰回也其庶乎屢
空賜不受命而貨殖焉億則屢中言回庶幾聖道雖數空匱而樂在其
中賜不受教命惟財貨是殖億度是非蓋美回所以勵賜也曰屢猶每也空猶虛中也以善人之聖道較

數子之庶幾猶不至於知道者各內有此害其於庶幾每能虛中者唯回懷道深遠不虛心不能知道子
貢雖無數子之病然亦不知道者雖不窮理而幸中雖非天命而偶富亦所以不虛心也又曰雍
也可使南面可使南面任諸侯治又曰直哉史魚衞大夫史鰌邦有
道如矢邦無道如矢有道無道行直如矢言不曲君子哉蘧伯玉
邦有道則仕邦無道則可卷而懷之卷而懷謂不與時政柔順而不
忤於人又曰齊景公有馬千駟死之日民無德而稱焉
千駟四千匹伯夷叔齊餓于首陽之下首陽山在河東蒲坂縣華山之北河
曲之上民到于今稱之其斯之謂與此所謂以德爲稱又曰不
降其志不辱其身伯夷叔齊與言其行已之志不入庸君之朝謂柳
下惠少連降志辱身矣言中倫行中慮其斯而已矣

但能言應倫理行應思慮如此而已謂虞仲夷逸隱居放言放置也不慎身中清廢中權清純潔也遭世亂自廢棄以免患合於權也我則異於是無可無不可亦不必進亦不必退惟義所在又曰管仲鏤簋而朱紘旅樹而反坫山節而藻梲賢大夫也而難爲上也言其僭天子諸侯鏤簋刻爲蟲獸也冠有笄者爲紘紘在纓處兩端上屬不結也旅樹門屏也反坫反爵之坫也山節藻楹刻之爲山梲侏儒柱畫之爲藻文晏平仲祀其先人豚肩不揜豆賢大夫也而難爲下也言其偪士庶人也豚俎實豆徑天言并豚兩肩不能揜豆喻小也君子上不僭上下不偪下

仲孫字子路爲衛大夫謂孔子曰桓公殺公子糾召忽死之管仲不死曰未仁乎齊襄公立無常鮑叔牙曰君使民慢亂將作矣

奉公子小白出奔莒襄公從弟公孫無知殺襄公管夷吾召忽奉公子糾出奔魯齊人殺無知魯伐齊納子糾小白自莒先入是爲桓公乃殺子糾召忽死之子曰桓公九合諸侯不以兵車管仲之力也如其仁如其仁誰知管仲之仁子貢曰管仲非仁者與桓公殺公子糾不能死又相之子曰管仲相桓公霸諸侯一匡天下天子微弱桓公帥諸侯以尊周室一匡天下民到于今受其賜受其賜者謂不被髮左衽之惠微管仲吾其被髮左衽矣微無也無管仲則君不君臣不臣皆爲夷狄豈若匹夫匹婦之爲諒也自經於溝瀆而莫之知也經縊死於溝瀆中也管仲召忽之於公子糾君臣之義未正故死之未足深嘉不死未足多非死事既難亦在於過厚故仲尼但美管仲之功亦不言召忽不當死

端木賜字子貢孔子弟子也嘗相魯衛子貢問孔子曰師與商也孰賢子曰師也過商也不及言俱不得中曰然則師愈與子曰過猶不及愈猶勝也又問曰賜也何如子曰女器也言女器用之人曰何器也曰瑚璉也瑚璉黍稷之器夏曰瑚殷曰璉周曰簋簋宗廟之器貴者又問曰孔文子何以謂之文也孔文子衛大夫圉文謚也子曰敏而好學不恥下問是以謂之文也敏者識之捷也下問謂凡在己下

顓孫師字子張陳人也子張問孔子曰令尹子文令尹子文楚大夫姓鬬名穀字於菟三仕爲令尹無喜色三已之無慍色舊令尹之政必以告新令尹何如子曰忠矣曰仁矣

乎曰未知焉得仁但聞其忠事未知其仁也崔子弑齊君陳文子有馬十乘棄而違之皆齊大夫崔杼作亂陳文子惡之捐其四十匹馬違而去之至於他邦則曰猶吾大夫崔子也違之之一邦則又曰猶吾大夫崔子也違之何如子曰清矣曰仁矣乎曰未知焉得仁文子辟惡逆去無道求有道當春秋時臣陵其君皆如崔子無有可止者

孟武伯魯大夫也問孔子曰子路仁乎子曰不知也仁道至大不可全名又問子曰由也千乘之國可使治其賦也賦兵賦不知其仁也求也何如子曰求也千室之邑百乘之家可使爲之宰也千室之邑卿大夫之邑卿大夫三家諸侯千乘大夫百乘宰家臣不知其仁也赤也何如子曰赤也束帶立於朝

可使與賓客言也赤弟子公西華有容儀可使爲行人不知其仁也冉雍字仲弓問子桑伯子於孔子伯子書傳無見焉子曰可也簡以其能簡故曰可也仲弓曰居敬而行簡以臨其民不亦可乎居身敬肅臨下寬略則可居簡而行簡無乃太簡乎伯子之簡太簡子曰雍之言然季子然季氏之家臣問孔子曰仲繇冉求可謂大臣與子然季氏子弟自多得臣此二子故問之子曰吾以子爲異之問曾繇與求之問謂子問異事耳則此二人之問安足大乎所謂大臣者以道事君不可則止今繇與求也可謂具臣矣言備臣數而已曰然則從之者與問爲臣皆當從君所欲邪子曰弑父與君亦不從也言二子雖從其主亦不與大逆

季康子魯大夫也問孔子曰仲繇可使從政也與子曰繇也果果謂果敢決斷於從政乎何有曰賜也可使從政也與曰賜也達達謂通於物理於從政乎何有曰求也可使從政也與曰求也藝藝謂多才藝於從政乎何有言偃吳人字子游爲武城宰謂曾參曰吾友張也爲難能也言子張容儀之難及然而未仁曾子曰堂堂乎張也難與並爲仁矣言子張容儀盛而於仁道薄也孟軻鄒人也事齊宣王宣王不能用適梁梁惠王不果所言退作孟子七篇軻曰伯夷隘柳下惠不恭隘與不恭君子不繇也伯夷懼人之汙來及己大隘狹也柳下惠輕忽時人禽獸畜之大不恭也先言二人之行孟子平之禹稷當平世三過其門而不入孔子賢之顏子當世亂居於陋巷一簞食一瓢飲人不堪其憂顏子不改其樂孔子賢之孟子曰禹稷顏回同道當平世三過其門者身爲公卿憂民急也當亂世安陋巷者不用於世窮而樂道也孟子以爲憂人之道同用與不用宜在是也故孔子俱賢之禹思天下有溺者繇己溺之稷思天下有饑者繇己饑之也是以如是其急也禹稷顏子易地則皆然禹稷急民之難若是顏子與之易地其心亦然不在其位勞佚異矣又曰伯夷聖之清者也伊尹聖之任者也柳下惠聖之和者也孔子聖之時者也曾參居武城有越

寇寇至則去寇退乃反子思居於衛有齊寇至或曰寇至盍去諸子思曰如伋去君誰與守伋子思名也欲助衛君赴難孟子曰曾子子思同道曾子師也父兄也子思臣也微也曾子子思易地則皆然曾子爲武城人作師則其父兄故去留無毀子思微少爲臣當死難故不去公孫丑問孟子曰伯夷伊尹何如曰不同道非其君不事非其民不使治則進亂則退伯夷也何事非君何使非民治亦進亂亦進伊尹也要爲天治物與可得行道而已矣可以仕則仕可以止則止可以久則久可以速則速孔子也皆古聖人也吾未能有行焉乃所願則學孔子

也〔言皆古聖人我未能有所行若此乃言我心之所庶幾則願欲學孔子所履〕曰伯夷伊
尹於孔子若是班乎〔班齊等之貌也尹兼伯夷伊尹與孔子相比問此三人之德班然而等乎〕曰否自有生民以來未有如孔子也
漢袁盎爲郎中文帝即位絳侯爲丞相朝罷趨出意
得甚帝禮之恭帝目送之盎進曰丞相何如人也帝
曰社稷臣盎曰絳侯所謂功臣非社稷臣社稷臣主
在與在主亡與亡方呂后時諸呂用事擅相王劉氏
不絶如帶是時絳侯爲太尉本兵柄弗能正呂后沒
大臣相與共誅諸呂太尉主兵適會其成功所謂功
臣非社稷臣

嚴助爲汲黯請告武帝曰汲黯何如人也助曰使黯
任職居官亡以踰人然至其輔少主守成雖自謂賁
育弗能奪也帝曰然古有社稷之臣至如汲黯近之
矣後官至會稽太守
後漢陳蕃爲光祿卿桓帝問曰徐穉袁閎韋著誰爲
先後蕃對曰閎生出公族聞道漸訓著長於三輔禮
義之俗所謂不扶自直不鏤自雕至於穉者爰自江
南卑薄之域而角立傑出宜當爲先
范滂汝南人或問滂曰郭林宗何如人滂曰隱不違
親貞不絶俗天子不得臣諸侯不得友者吾不知其
它滂後辟太尉黃瓊掾
郭泰字林宗太原介休人泰之所名人品乃定先言
後驗衆皆服之始至南州過袁奉高不宿而去從黃
叔度累日不去或以問泰泰曰奉高之器譬之泛濫
雖清而易挹叔度之器汪汪若千頃之波澄之不清
擾之不濁不可量也已而果然又嘗謂劉儒口訥心
辯有珪璋之質終必爲令德之士司徒黃瓊辟大常
道典舉有道並不應
許劭汝南人初爲郡功曹與從兄靖俱有高名好共
覈論鄉黨人物每月輒更其品題故汝南俗有月旦

許焉劭嘗到潁川多長者之遊唯不候陳寔又陳蕃
喪妻送葬鄉人必至而劭獨不往或問其故劭曰大
丘道廣廣則難周仲舉性峻峻則少通故不造也其
多所裁量若此或問劭曰荀靖與荀爽孰賢劭曰二
人皆正也慈明外朗叔慈內潤
孔融與韋端書曰前日元將來淵才亮茂雅度弘毅
偉世之器也昨日仲將又來〔臣欽若等曰韋端二子康字元將誕字仲將〕
懿性貞實文慜篤誠保家之主也不意雙珠近出老
蚌甚珍貴之後官至少府
龐德公襄陽人居峴山之南嘗謂諸葛孔明爲卧龍

麗士元爲鳳雛司馬德操爲水鏡皆德公評也

李膺頴川襄城人時鍾皓及荀淑並爲士大夫所歸

慕膺嘗歎曰荀君清識難尚鍾君至德可師膺位至

司隸軿尉

冊府元龜

冊府元龜　總録部　品藻　卷之八百二十六　十三

冊府元龜

巡按福建監察御史臣李嗣京　訂正
分守建南道左布政使臣胡維霖　參閱
知建陽縣事臣黃國琦較釋

總錄部七十七

品藻第二

魏鍾繇爲太尉以爲顏子旣沒能備九德不貳其過唯荀彧然或問繇曰君雅重荀君比之顏子自以不及可得聞乎曰夫明君師臣其次友之以太祖之聰明每有大事常先諮之荀君是則古師友之義也吾

等受命而行猶或不盡相去顧之不遠邪文帝問羣臣昔子產治鄭民不能欺子賤治單父民不忍欺西門豹治鄴民不敢欺三不欺於君德孰優繇與司徒華歆司空王朗對曰臣以爲君任德則臣感義而不忍欺君任察則臣畏覺而不能欺君任刑則臣畏罪而不敢欺任德感義與夫道德齊禮有恥且格等趣者也任察畏罪與夫導政齊刑免而無恥同歸者也孔子曰爲政以德譬如北辰居其所而衆星拱之考以斯言論以斯義臣等以爲不忍欺不能欺優劣之縣在於權衡非徒低卬之差乃均銖之覺也且前志稱仁者安仁智者利仁畏罪者彊仁較其仁者功則無以殊核其爲仁者則不得不異安仁者性善者也利仁者力行者也彊仁者不得已者也三仁相比則安仁優矣易稱神而化之使民宜之若君化使民然也然則安仁之化與夫彊仁之化優劣亦不得不相縣絕也然則三臣之不欺雖同所以不欺異矣則純以恩義崇不欺與以威察成不欺旣不可同槩而比量又不得錯綜而易處

楊阜字義山天水冀人以州從事爲牧韋端使詣許拜安定長史阜還關右諸將問袁曹勝敗孰在阜曰

袁公寬而不斷好謀而少決不斷則無威少決則失後事今雖彊大終不能成大業曹公有雄才遠略決機無疑法一而兵精能用度外之人所任各盡其力必能濟大事者也

何晏與夏侯玄等名盛於時司馬景王亦預焉晏嘗曰唯深也故能通天下之志夏侯泰初是也唯幾也故能成天下之務司馬子元是也唯神也不疾而速不行而至吾聞其語未見其人蓋欲以神況諸已也晏位至尚書

陳羣字長文明帝時爲司空時太尉華歆淡於財欲

後寵賜諸公莫及然終不植產業羣嘗歎曰若華
公可謂通而不泰清而不介者矣羣與孔融論汝頴
人物羣曰荀文若公達休若友若公豫當今並無對
（臣欽若等曰荀彧字文若荀攸字公達荀衍字休若荀諶字友若荀詵字公豫）
崔林爲司空嘗與司空陳羣共論冀州人士稱崔琰
爲首羣以智不存身貶之林曰大丈夫爲有邂逅耳
即如卿諸人良足乎
杜恕字務伯時張閣字子臺以僩質聞恕著家戒稱
閣曰張子臺視之似鄙樸人然其心中不知天地間
何者爲美何者爲好敦然似如與陰陽合德者作人

如此自可不富貴然而患禍當何從而來世有高亮
如子臺者皆多力慕體之不如也後官至幽州刺史
征北將軍
蔣濟字子通時汝南許靖字文休夙有名譽旣以篤
厚爲稱又以人物爲意雖行事舉動未悉允當濟以
爲大較廊廟器也（濟萬機論許子曰許文休者大較廊廟器也而子孫貶之若實不貴之是不明也誠令如之蓋善人也）濟位至太尉
陳登爲廣陵太守請陳矯爲功曹使矯詣許謂曰許
下論議待吾不足足下相爲觀察還以見誨矯還曰
聞遠近之論頗謂明府驕而自矜登曰夫閨門雍穆
有德有行吾敬陳元方兄弟淵清玉潔有禮有法吾
敬華子魚清修疾惡有識有義吾敬趙元達博聞彊
記奇逸卓犖吾敬孔文舉雄姿傑出有王霸之畧吾
敬劉玄德所敬如此何驕之有餘子瑣瑣亦焉足錄
哉登雅意如此而深敬友矯
管輅字公明冀州刺史裴徽辟爲文學從事徽問輅
曰何平叔一代才名其實何如輅曰其才若盆盎之
水所見者清所不見者濁神在廣博志不務學弗能
成才欲以盆盎之水求一山之形形不可得則智繇
此惑故說老莊則巧而多華說易則美而多僞華則

道浮僞則神虛得上才則淺而流絕得中才則游精
而獨出輅以爲少功之才也徽曰誠如來論吾數與
平叔共說老莊及易嘗覺其辭妙於理不能折之又
時人吸習皆歸服之焉益令不了相見得清言然後
灼灼耳官至少府丞
韋誕字仲將爲大鴻臚卿魚豢曰尋省往者魯連鄒
陽之徒援譬引類以解締結誠彼時文辯之雋也今
覽王粲繁欽阮瑀陳琳路粹諸人前後文旨亦何不
若哉其所以不論者時世異耳余又竊怪其不甚見
用以問仲將仲將云仲宣（粲字）傷於肥戇休伯（繁欽字也）都

無格簡元瑜阮瑀字也病於體弱孔璋陳琳字也實自麄疏文蔚路粹字也性頗忿鷙如是彼爲非徒以脂燭自煎糜也其不高蹈蓋有繇矣然君子不責備于一人譬之朱漆雖無楨幹其爲光澤亦壯觀也

鍾會字士季爲黄門侍郎吏部郎鉠文帝問其人於會會曰裴楷清通王戎簡要皆其選也

袁準字孝彦渙子也官至給事中或問準諸葛亮何人也曰張飛關羽與劉備俱起爪牙腹心之臣而武人也晚得諸葛亮因以爲佐相而羣臣悦服劉備足信亮足重故也及其受六尺之孤攝一國之政事凡

庸之君專權而不失禮行君事而國人不疑如此即以爲君臣百姓之心欣戴之矣行法嚴而國人悦服用民盡其力而下不怨及其兵出入如行者不寇芻蕘者不獵如在國中其用兵也止如山進退如風兵出之日天下震動而人心不憂亮死至今數十年國人歌思如周人之思召公也孔子曰雍也可使南面諸葛亮有焉又曰或云故少府楊阜豈非忠臣哉見人主之非則勃然怒觸之與人言未嘗不道也豈非所謂王臣謇謇匪躬之故者歟答曰然可謂直士忠則吾不知也夫仁者愛人施於君謂之忠施於親謂之孝忠者其本一也故仁愛之至者君親有過諫而不入求之反覆不得已而言不恐宣也今爲人臣見人主失道直詆其非而播揚其惡可謂直士未爲忠臣也故司空陳羣則不然其談論終日未嘗言人主之非書數十上而外人不知君子謂羣於是乎長者矣

蜀許靖字文休汝南人好爲臧否至蜀見王商而稱之曰設使商生於華夏雖王景興無以加也又謂張裔幹理敏捷中夏鍾元常之倫也官至司徒

龐統字士元襄陽人羣命爲功曹與將周瑜助先主

取荆州因領南郡太守瑜卒統送喪至吳吳人多聞其名及當西還並會昌門陸績顧劭全琮皆往統曰陸子可謂駑馬有逸足之力顧子可謂駑牛能負重致遠或問統曰如所目陸子爲勝乎統曰駑馬雖精所致一人耳駑牛日行三百里所致豈一人之重哉劭就統宿語因問卿名知人吾與卿孰愈統曰陶冶世俗甄綜人物吾不及卿論帝王之祕策攬倚伏之要最吾似有一日之長劭安其言而親之謂全琮曰卿好施慕名有似汝南樊子昭蔣濟萬機論云許子將褒貶不平以拔樊子昭而抑許文休劉曄曰子昭拔自賈竪年至耳順退能守靜進能不苟濟答曰子昭誠自有幼貌潔然觀其雅樹頰胲吐脣吻自非文休敵也雖智力不多亦一時之佳也績劭謂統曰使天下太平當與卿共料四海之士深與統相結而還爲先主

軍師中郎將
秦宓廣漢人丞相諸葛亮問宓董扶及任安所長宓曰董扶褒秋毫之善貶纖介之惡任安記人之善忘人之過官至大司農
吳諸葛恪字元遜蜀樊建以較尉來使值權病篤不自見建權問諸葛恪曰樊建何如宗預也恪對曰才識不及預而雅性過之恪位至大將軍
張儼爲大鴻臚作默記論諸葛亮與司馬宣王曰漢朝傾覆天下崩壞豪傑之士競希神器魏氏跨中土劉氏據益州並稱兵海內爲世霸王諸葛司馬二相

遭值際會託身明主或收功於蜀漢或聞名於伊雒丕備既沒後嗣郎統各受保阿之任輔翼幼主不負然諾之誠亦一國之宗臣霸王之賢佐也歷前世以觀近事二相優劣可得而詳也孔明起巴蜀之地蹈一州之土方之大國其戰士人民蓋九分之一也提步卒數萬長驅祁山慨然有飲馬河雒之志仲達據天下十倍之地仗兼并之衆據牢城擁精銳無擒敵之意自保而已使彼孔明自來自去若此人不亡則凉雍不解甲中國不解鞍勝負之策亦决矣方之司馬不亦優乎

薛瑩字道言爲散騎常侍嘗稱王蕃器量綽異弘博多通樓玄清白節操才理條暢賀邵厲志高潔機理清要韋曜篤學好古博見羣籍有記述之才胡冲以爲玄邵蕃曜一時清妙畧無優劣必不得已玄宜在先邵當次之蕃華麗文賦之才有過於曜而典誥不及也
胡綜爲侍中太子登使綜作賓友目曰英才卓越超踰倫匹則諸葛恪精識時機達幽究微則顧譚凝辯宏達言能釋結則謝景究學甄微游夏同科則范愼羊衜乃私駁綜曰元遜才而疏子嘿精而佷叔發辯

而浮孝敬深而狹所言皆有指趣而衜卒以此言見咎不爲恪等所親後四人皆敗吳人謂衜之言有徵
周昭爲中書郎嘗著書稱步隲及嚴畯等曰古今賢士大夫所以失名喪身傾家害國者其繇非一也然要其大歸摠其常患四者而已急論議一也爭名勢二也重朋黨三也務欲速四也急論議則傷人爭名勢則敗友重朋黨則蔽主務欲速則失德此四者不除未有能全也當世君子能不然者亦比比有之豈獨古人乎然論其絕異未若顧豫章諸葛使君步丞相嚴衛尉張奮威之爲美也論語言夫子恂恂然善

謗人又曰成人之美不成人之惡豫章有之矣望之儼然即之也温聽其言也厲使君體之矣泰而安威而不猛丞相履之矣學不求祿心無苟得衞尉奮威蹈之矣此五君者雖德實有差輕重不同至於趣舍大簡不犯四者俱一揆也昔丁諝出於孤家吳粲繇於牧豎豫章揚其善以並陞全之列是以人無幽滯而風俗厚焉使君丞相衞尉三君昔以布衣俱相友善諸論者因各叙其優劣初先衞尉次丞相而後有使君也其後並事明主經營世務出處之才有不同先後之名須反其初此世常人所決勤薄也至於三

君分好卒無虧損豈非古人交哉又曾橫江昔仗萬兵屯據陸口當世之美業也能與不能孰不願焉而橫江既亡衞尉應其選自以才非將帥深辭固讓終於不就後徙九列遷典八座榮不足以自曜祿不足以自奉至於二君皆位爲上將窮富極貴衞尉既無求欲二君又不稱薦各守所志保其名好孔子曰君子矜而不爭羣而不黨斯有風矣又奮威之名亦三君之次也當一方之戍受上將之任與使君丞相不異也然歷國事論功勞實有先後故爵位之榮殊焉而奮威將處此決能明其部分心無失道之欲事無充詘之求每升朝堂循禮而動辭氣謇謇罔不惟忠叔嗣雖親貴言憂其敗蔡文至雖疏賤談稱其賢女配太子受禮若弔慷愾之趣惟篤人物成敗得失皆如所慮可謂守道見機好古之士也若乃經國家當軍旅於馳騖之際立覇王之功此五者未爲過人至其純粹履道求不苟得升降當世保全名行邈然絶俗實有所師故粗論其事以示後之君子

虞翻稱闞澤曰闞生矯傑蓋蜀之楊雄又曰闞儒術德行亦今之仲舒也翻官至騎都尉

晉傅玄爲司隸校尉著書名爲傅子或問今之君子

曰袁郎中積德行儉華太尉積德居順其智可及也其清不可及也事上以忠濟下以仁晏嬰行父何以加諸（臣欽若等曰袁渙爲郎中令華歆爲太尉）或問近世大賢君子玄答曰荀令君之仁荀軍師之智（臣欽若等曰令君荀彧也軍師荀攸也）斯可謂近世大賢君子矣荀令君仁以立德明以舉賢行無諂黷謀能應機孟軻稱五百年而有王者興其間必有命世者其荀令君乎太祖稱荀令君之進善不進不休荀軍師之去惡不去不止也

吳彥初仕吳爲建平太守吳亡歸晉武帝問彥陸喜陸抗二人誰多也彥對曰道德名望抗不及喜立功

立事喜不及抗

張華字茂先每言成公簡清淨比楊子雲黙識擬張安世華位至司空

盧欽爲侍中奉車都尉著書稱徐邈曰徐公志高行潔才博氣猛其施之也高而不狷潔而不介博而守約猛而能寬聖人以清爲難而徐公之所易也或問欽徐公當武帝之時人以爲通自在涼州及還京師人以爲介何也欽答曰往者毛孝先（玠字孝先）崔季珪（琰字季珪）等用事貴清素之士于時皆變易車服以求名高而徐公不改其常故人以爲通比來天下奢靡轉相

倣效而徐公雅尚自若不與俗同故前日之通乃今日之介也是世人之無常而徐公之有常也

樂廣爲右僕射少與弘農楊準相善準之二子曰喬曰髦皆知名於世準使先詣裴頠頠性弘方愛喬有高韻謂準曰喬當及卿髦少減也又使詣廣廣性清淳愛髦有神簡謂準曰喬自及卿然髦尤精出準笑曰我二兒之優劣乃裴樂之優劣也論者以爲喬雖有高韻而神簡不足樂爲得之矣傅暢云喬似準而疎

王濟太原人與同郡孫楚友善濟爲本州大中正訪問銓邑人品狀至楚濟曰此人非卿所能名自狀之曰天才英博亮拔不群濟叔湛少言語初有隱德人莫能知武帝問濟曰湛誰比濟曰山濤以下魏舒以上時人謂湛上方山濤不足下比魏舒有餘湛聞曰欲處我季孟之間乎濟官至太僕

荀崧父頵爲羽林右監崧弱冠王濟甚相器重以方其外祖陳郡袁侃謂侃弟奧曰近見荀監子清虛名理當不及父德性純粹是賢兄輩人也其爲名流所賞如此

華忠平陽人少慷慨有不可奪之志閉門修已不交

當世裴頠爲僕射數言忠於司空張華辟之辭疾不赴人問其故忠曰吾茨簷賤士本無宦情且茂先華而不實裴頠欲而無厭棄典禮而附賊后此豈大丈夫之所宜行耶後爲郡功曹

裴楷爲開府儀同三司有知人之鑒初在河南樂廣僑居郡界未知名楷見而奇之致之於宰府嘗目夏侯玄云肅肅如入宗廟中但見禮樂器鍾會如觀武庫森森但見矛戟在前傅嘏汪翔靡所不見山濤若登山臨下幽然深遠

謝鯤陳郡人庾敳潁川人皆儁朗士也見裴楷子憲

而竒之相謂曰裴憲鯁亮宏達通機識命不知其何如父至於深弘保素不以世物嬰心者其殆過之官至左將軍長史

武陔爲左光祿大夫開府儀同三司少好人倫與穎川陳泰友善文帝甚親重之數與銓論時人嘗問陳泰孰若其父羣陔各稱其所長以爲羣泰畧無優劣帝然之泰字玄伯羣之子文帝問陔曰玄伯何如其父司空也陔曰通雅博暢能以天下聲教爲已任者不如也明統簡至立功立事過之

王戎有人倫鑒識嘗目山濤如璞玉渾金皆欽其寶莫知名其器王衍神姿高徹如瑶林瓊樹自然是風

塵表物謂裴頠拙於用長荀勗工於用短陳道寧謖謖如東長竿嵇康子紹初徵入雒或謂王戎曰昨於稠人中始見嵇紹昂昂然若野鶴之在鷄羣戎曰君復未見其父耳位至司徒

王衍有重名於世時人許以人倫之鑒尤重弟澄及王敦庾敳嘗爲天下人士目曰阿平第一子嵩第二處仲第三澄嘗謂衍曰兄形似道而神鋒太儁衍曰誠不如卿落落穆穆然也澄繇是顯名有經澄所題目者衍不復有言輒云已經平子矣戎位至太尉

周浚爲揚州刺史吳平以陸雲爲從事謂人曰陸士龍當今顔子也

庾敳爲太傅從事中郎見和嶠而歎曰嶠森森如千丈松雖磥砢多節目施之大厦有棟梁之用

郗鑒爲安西將軍兗州刺史都督揚州江西諸軍假節合肥王敦忌之表爲尚書令徵還道經姑熟與敦相見敦謂曰樂彦輔樂廣字也短才耳後生流宕言違名簡考之以實豈勝滿武秋滿奮也耶鑒曰僞人必於其倫彦輔道韻平淡體識冲粹處傾危之朝不可得而親疏及愍懷太子之廢謂柔而有正武秋失節之士何可同日而言敦曰愍懷廢徙之際交有危機之急

人何能以死守之乎以此相方其不減明矣鑒曰丈夫既潔身北面義同在三豈可偷生屈節靦顔天壤耶苟道數終極固當存亡以之耳

郭象河南人爲東海太傅主簿象著文稱嵇紹父死在非罪曾無耿介貪位而死闇主義不足多象以問郗公曰王裒之父亦非罪死裒猶辭徵紹不辭用誰爲多少郗公曰王勝於嵇或曰魏晋所殺子皆仕宦何以無非也答曰殛鯀興禹者以鯀犯罪也若以時君所殺爲當耶則同於禹以不當耶則同於嵇又曰世皆以嵇見危授命答曰紀信代漢高之死可謂見

危授命如稱偏善其一可也以備體論之則未得也
顧榮爲元帝軍司散騎常侍謂帝曰陸士元貞正清
貫金相玉質其季思忠欵盡誠加以瞻幹殊快殷慶
元質畧有明規文武可施用榮族兄公讓明亮守節
困不易操會稽楊彥明謝行言皆服膺儒雅貞生沉
潛青雲之士陶恭兄弟才力雖少實事極佳凡此諸
人皆南金也
庾亮爲中書監嘗謂周顗曰諸人咸以君方樂廣顗
曰何乃刻畫無鹽唐突西子也
劉惔沛國人爲丹陽尹與桓溫善嘗稱之曰溫眼如

紫石稜鬚作蝟毛磔孫仲謀晉宣王之流亞也惔又
稱王濛性至通而自然有節濛每云劉君知我勝我
自知時人以惔方荀奉倩濛比袁曜卿
王濛字仲祖有風流美譽爲中書郎初謝安弱冠詣
濛清言良久既去濛子修曰向客何如大人濛曰此
君亹亹而來逼人
謝萬爲散騎常侍嘗敘漁父屈原季主賈誼楚老龔
勝孫登嵇康四隱四顯爲八賢論其旨以處者爲優
出者爲劣以示孫綽綽與往反以體公識遠者則出
處同歸

謝尚與劉惔共論中朝人士或問杜乂可方衛洗馬
不尚曰安得相比其間可容數人惔又云杜乂膚清
叔寶神清　臣欽若等曰衛玠字叔寶卒於太子洗馬　尚官至衛將軍散騎
常侍
劉訥字令言有人倫鑒識初入雒見諸名士而歎曰
王夷甫大鮮明樂彥輔我所敬張茂先我所不解周
弘武巧於用短杜方叔拙於用長
王敦過江嘗稱王衍曰夷甫處衆中如珠玉在瓦石
閒敦位大將軍
梅陶爲尚書陶與親人曹識書曰陶侃機神明鑒似

魏武忠順勤勞似孔明陸抗諸人不能及也謝安每
言陶公雖用法而常得法外意
溫嶠爲大將軍初以郭文曠達不仕嘗稱曰文有賢
人之性而無賢人之才柳下梁踦之亞乎　梁踦古之高士
虞騑爲金紫光祿大夫王導嘗謂騑曰孔愉有公才
而無公望丁潭有公望而無公才兼之者其在卿乎
官未達而喪時人惜之
桓彝目褚裒曰季野有皮裏陽秋言外無臧否而內
有所褒貶也彝官至宣城內史
王羲之字逸少爲右軍將軍少時阮裕徵侍中不就

還剡山有肥遯之志有以問羲之羲之曰此公近不
驚寵辱雖古之沉冥何以過此人云稱骨氣不及逸
少簡秀不如真長（晉劉惔字）韶潤不如仲祖思致不如殷
浩兼有諸人之美
顏含爲光祿勳或問江左羣士優劣答曰周伯仁（周顗字）
之正鄧伯道（鄧攸字）之清卞望之（卞壼字）之節餘則吾
不知也
謝安字安石爲太傅王獻之嘗與兄徽之操之俱詣
謝安二兄多言俗事獻之寒溫而已既出客問安王
氏兄弟優劣安曰小者佳客問其故安曰吉人之辭

寡以其少言故知之
顧愷之爲散騎常侍初任桓溫府嘗云愷之體中癡
黠各半合而論之正得平耳故俗傳愷之有三絶才
絶畫絶癡絶
楊亮初歸姚襄待以客禮後奔桓溫溫問襄於亮亮
曰神明器宇孫策之儔而雄武過之
羅含爲郡功曹刺史庾亮以爲部江夏從事太守謝
尚與含爲方外之好乃稱曰羅君章可謂湘中之琳
琅
孫綽字興公簡文帝爲會稽王也嘗與綽商畧諸風
流人綽言曰劉惔清蔚簡令王濛温潤恬和桓溫高
爽邁出謝尚清易令達而濛性和暢能言理辭簡而
有會綽與高陽許詢俱有高尚之志綽與詢一時名
流或愛詢高邁則鄙於綽或愛綽才藻而無取於詢
沙門支遁試問綽君何如許答云高情遠致弟子早
已服膺然一詠一吟許將北面矣綽有高節嘗鄙山
濤而謂人曰山濤吾所不解吏非吏隱非隱若以元
禮門爲龍津則當點額暴鰓矣綽後爲廷尉卿領著
作卒
庾龢名重一時少所推服嘗稱韓康伯及王坦之曰

思理倫和我敬韓康伯志力彊正吾愧王文度終於
中領軍
王忱范泰外弟也或問忱曰范泰何如謝邈忱曰茂
度漫又問何如殷顗忱曰伯道易
王廙字世將丞相導從弟也荀闓荀邃俱過江明帝
嘗從容問廙曰二荀兄弟孰賢廙答以闓才明過邃
帝以語庾亮曰邃真粹之地亦闓所不及繇是議者
莫能定其兄弟優劣位至平南將軍荊州刺史
李銓爲光祿大夫嘗論揚雄才學優於劉向范喬以
爲向定一代之書正羣籍之篇使雄當之故非所長

遂著劉楊優劣論
宋范泰爲度支尚書時僕陳郡謝琨後進知名高祖嘗從容問泰琨名輩可以比誰對曰王元太一流人也
蔡湛之及見謝安兄弟謂人曰謝弘微貌類中郎性似文靖（中郎弘微曾祖萬也文靖謝安謚也）
謝靈運因宴集問謝晦潘岳陸機與賈充優劣晦曰安仁諂於權門士衡邀競無已並不能保身自求多福公閭勳名佐世不得爲並靈運曰安仁士衡才爲一時之冠方之公閭本自遼絕靈運官至臨川內史

雷次宗尤明三禮毛詩南齊衡陽道度太祖長兄也與太祖俱受學次宗宣帝問二兒學業次宗答曰其兄外朗其弟內潤皆良璞也
劉湛爲領軍湛外甥王延之阮韜並有早譽湛甚愛之曰韜後當爲第一延之爲次也延之甚不平每致餉下都韜與朝士同例文帝聞其如此與延之書曰韜云卿未嘗有別意當緣劉家月旦故邪
梁沈約字休文吳興人時謝弘微與瑯邪王惠王球並以簡淡稱人謂約曰王惠何如約曰令明簡淡次問王球約曰清而淡又次問弘微約曰簡而不失淡而不流古之所謂名臣弘微當之又王筠清靜好學與從兄泰齊名沈約見筠以爲似外祖袁粲謂僕射張稷曰王郎非唯額類袁公風韻都欲相似稷曰袁公見人輒矜嚴王郎見人必偍咲唯此一條不能酷似約位至侍中少傳尋加特進卒
丘遲爲中書侍郎待詔文德殿天監初到洽兄溉俱蒙擢用溉尤見知賞從兄沆亦齊名高祖問遲曰到洽何如沆溉遲對曰正清過於流文章不減溉加以清言殆將難及卽召爲太子舍人
褚向淹雅有器量大通四年出爲寧遠將軍北中郎

盧陵王長史三年卒官外兄謝舉爲製墓銘其畧曰弘治（晉杜乂字）推華子嵩懃量酒歸月下風清琴上論者以爲擬得其人
後魏游雅與中書令高允及太原張偉同業相友雅嘗論允曰前史載卓公（卓茂也）寬中文饒（劉寬字也）洪量褊心者或弗之信余與高子遊處四十年矣未嘗見其是非慍喜之色不亦信哉爲子內文明而外柔弱吶吶不能出口余嘗呼爲文子崔公（崔浩也）謂余云高生豐才博學一代佳士所不屈者矯矯風節耳余亦然之司徒之譴起於纖微及於詔責崔公聲嘶股戰不

能言宗欽已下伏地流汗都無人色高子敷陳事理申釋是非辭義清辯音韻高亮明主爲之動容聽者無不稱善及寮友保兹元吉向之所謂矯矯者更在斯乎宗愛之任勢也威振四海嘗召百司於都堂王公已下望庭畢拜高子獨昇階長揖繇此觀之汲長孺可卧見衞青何抗禮之有向之所謂風節者得不謂此乎知人故不易人亦不易知吾旣失之於心內崔亦漏之於形外鍾期止聽於伯牙夷吾見明於鮑叔良有以也

北齊邢子廣爲長廣太守時盧詢祖與盧思道俱有

才名子廣目二盧云詢祖有規檢禰衡思道無氷稜文擧文擧孔融字也

隋盧思道初後魏爲尚書郎時濟南王彧少有才學當時甚美少與從兄安豐王延明中山王熙並以宗室博古文學齊名時莫能定其優劣思道謂吏部崔林曰二人才學雖並優美然安豐少於造次中山遒於大多未若濟南風流寬雅時人爲之語曰三王楚琳瑯未若濟南備員方

元善以高熲有宰相之具嘗言於高祖曰楊素麤疎蘇威怯懦元冑元旻正似鴨耳可以付社稷者唯獨高熲善位至國子祭酒

揚素有子玄感蘇威有子夔夔少聰敏揚素甚奇之素每戲威曰楊素無兒蘇夔無父又楊達爲人弘厚有局度素每言曰有君子之貌兼君子之心者唯達耳素終於司徒封楚公

賀若弼爲武侯大將軍煬帝之在東宮嘗謂弼曰楊素韓擒虎史萬歲三人俱稱良將其間優劣何如弼曰楊素是猛將非謀將韓擒虎是鬬將非領將史萬歲是騎將非大將帝曰然則大將誰也弼拜曰唯殿下所擇弼意自許爲大將

唐王珪貞觀中爲侍中嘗侍宴太宗謂之曰卿識鑒清通尤善談論自房玄齡等咸宜品藻之可自量孰與諸子珪對曰孜孜奉國知無不爲臣不如玄齡才兼文武出將入相臣不如李靖敷奏詳明出納惟允臣不如溫彥博濟繁理劇衆務必擧臣不如戴冑以諫諍爲心恥君不及於堯舜臣不如魏徵至於激濁揚清疾惡好善臣於數子亦有一日之長大宗大喜稱其言爲然羣公亦各以爲盡已所懷謂之確論

岑文本爲中書侍郎時馬周有機辯能敷奏文本謂所親曰吾見馬君論事多矣援引事類揚搉古今擧

要衕燕會文切理一字不可加一言不可減聽之靡靡令人忘倦昔之蘇張終賈正應此耳

賈言忠高宗時爲侍御史言忠受詔往遼東支度軍糧使迴上問曰卿觀遼東諸將孰賢對曰李勣先朝舊臣聖鑒所悉龐同善雖非鬭將而持軍嚴整薛仁貴勇冠三軍威名遠振高侃勤儉自處忠果有謀契苾何力沉毅持重有統御之才雖頗有忌前之癖而臨事能斷然諸將夙夜小心忘身憂國者莫及於李勣上深然其言遽遣使賫璽書以慰勣等

潘好禮深慕徐有功爲人乃著論曰張釋之爲廷尉

天下無冤人徐公之斷獄亦天下無冤人畧同耳然而釋之所行者甚易徐公所行者甚難張公逢漢文之時天下無事至如盜高廟玉環及渭橋驚馬守法而已豈不易哉徐公逢革命之秋屬維新之運唐朝遺老或有包藏禍心至如周興來俊臣肴更是堯舜之四凶也崇餙惡言以誣盛德忠心惻怛恐死亡無日矣徐公守死善道深相明白幾陷囹圄數推網羅此豈不難矣

宋璟與蘇頲同知政事璟剛正多所裁斷頲皆順從其美若上前承旨敷奏及應物則頲爲之助相得甚悅璟嘗謂人曰吾與蘇家父子前後皆同時爲宰相僕射長厚誠爲國器若獻可替否罄盡臣節斷割吏事至公無私即蘇頲過其父也

冊府元龜

册府元龜

巡按福建監察御史臣李嗣京　訂正
分守建南道左布政使臣胡維霖　參閲
知建陽縣事臣黄國琦較釋

總録部七十八

論薦

春秋傳曰心志既通名譽不聞友之罪也曹植有言曰自衒自媒士女之醜行然則藏器俟時君子無自進之理推賢讓祿交友有相規之義若夫處貧賤晦光塵韜德以待用俟知巳之延譽蓋有稱善而舉

類讓能而引重布於朝聽遂躋仕籍乃至得時行道建功揚名未有不繇拔茅之義因針而達自古迄今可悉數矣

侯嬴魏人為公子無忌上客謂公子曰臣所過屠者朱亥此子賢者世莫能知故隱屠閒耳公子往數請之朱亥故不復謝

鄭安平操范雎亡伏匿更名姓曰張祿當此時秦昭王使謁者王稽於魏安平詐為卒侍王稽王稽問魏有賢人可與俱西游者乎安平曰臣里中有張祿先生欲見君言天下事其人有仇不敢晝見稽曰夜與張祿見稽語未究稽知范雎賢與私約載雎入秦

漢蒯通為齊相曹參客初齊王田榮怨項羽謀舉兵叛之刼齊士不與者死（刼而取之不從則殺之）齊處士東郭先生梁石君在刼中彊從及田榮敗二人醜之（自耻從亂以為醜惡也）相與入深山隱居客謂通曰先生之於曹相國拾遺舉過顯賢進能齊國莫相先生者先生知梁石君東郭先生世俗所不及何不進之於相國乎通曰譬諸臣之里婦與里之諸母相善也里婦夜亡肉姑以為盗怒而逐之婦晨去過所善諸母語以事而謝之（謝謂告之辭也）里母曰女安行（安徐行也）我今令而家追女矣

（而亦女也）即束緼請火於亡肉家（緼亂麻也）曰昨暮夜犬得肉爭鬬相殺請火治之（治謂人治死犬）亡肉家遽追呼其婦故里母非談說之士也束緼乞火非還婦之道也然物有相感事有適可臣請乞火於曹相國迺見相國曰婦人有夫死三日而嫁者有幽居守寡不出門者足下即欲求婦何取曰娶不嫁者通曰然則求臣亦猶是也彼東郭先生梁石君齊之俊士也隱居不嫁未嘗卑節下意以求仕也願足下使人禮之曹相國曰敬受命皆以為上賓

趙某（史失其名）為諸卿時嘗繫長安長吏張湯傾身事之

及出爲周陽侯大與湯交徧其貴人湯給事內史爲寗成掾以湯爲無害言太府調茂陵尉言選也選以爲此官也

陳咸爲大將軍王鳳長史薦蕭育朱博除幕府屬鳳甚奇之

後漢冠恂上谷人初爲郡功曹與門下掾閔業共勸太守耿况拒王朗歸光武後恂數爲帝言其忠賜爵關內侯官至遼西太守

竇章少好學文章與馬融崔瑗同好更相推薦位大鴻臚

班固字孟堅永平初東平王蒼以至戚爲驃騎將軍

輔政開東閣延英雄時固始弱冠奏記説蒼曰將軍以周召之德立乎本朝承休明之策建威靈之號昔在周公今也將軍詩書所載未有此三者也傳曰必有非常之人然後有非常之事有非常之事然後有非常之功固幸得生於清明之世豫任視聽之末私以螻螘竊覸國政誠美將軍擁千載之任躡先聖之蹤體弘懿之姿據高明之勢博貫庶事服膺六藝白黑簡心求善無厭採擇狂夫之言不逆負薪之議竊見幕府新開廣延群俊四方之士顛倒衣裳將軍宜詳唐殷之舉審伊皐之薦令遠近無偏幽隱必達期於總攬賢才收集明智爲國得人以寧本朝則將軍養志和神優游廟堂光名宣於當時遺烈著於無窮竊見故司空掾桓梁宿儒盛名冠德州里七十從心行不踰矩蓋清廟之光輝當世之俊彦也京兆祭酒晉馮結髪脩身白首無違好古樂道玄默自守古人之美行時俗所莫及扶風掾李育經明行著教授百人客居杜陵茅室土階京兆扶風二郡更請徙以家貧數辭病去温故知新論議通明廉清修絜行能絶倫雖前世名儒國家所器韋平孔翟無以加焉宜令考績以參萬事京兆督郵郭基孝行著於州里經學

稱於師門政務之績有絶異之效如得及明時秉事下僚進有羽翮奮翔之用退有杞梁一介之死涼州從事王雍躬卞嚴之節文之以術藝涼州冠蓋未有宜先雍者也古者周公一舉則三方怨曰奚爲而後已宜及府開以慰遠方弘農功曹史殷肅達學洽聞才能絶倫誦詩三百奉使專對此六子者皆有殊行絶才德隆當世如蒙徵納以輔高明此山梁之秋夫子所爲歎也昔卞和獻寶以離斷趾靈均納忠終於沈身而和氏之璧千載垂光屈子之篇萬世歸善願將軍隆昭微之明信日昃之聽少屈威神咨嗟下問

令塵埃之中永無荆山汨羅之恨蒼納之固佚召爲較書郎

第五倫京兆人始以營長詣郡尹鮮于褒褒見而異之署爲吏後褒坐事左轉高唐令倫後爲鄉嗇夫以爲久宦不達遂將家客河東褒薦之於京兆尹閻興即召倫爲主簿

朱穆字公叔大將軍梁冀素聞穆名乃辟之使典兵事因災異以勸戒冀言龍戰于野其道窮也謂陽道將勝而陰道負也以因薦种暠欒巴等而明年嚴鮪謀立清河王蒜又黄龍二見沛國冀無術學遂以穆

龍戰之言爲應於是請暠爲從事中郎薦巴爲議郎舉穆高第爲侍御史

度尚爲會稽上虞長朱儁爲縣門下書佐尚見而奇之薦於太守韋毅稍歷郡職

蔡邕陳留人與中屠蟠同郡邕深重蟠及被州辟乃辭讓之曰申屠蟠禀氣玄妙性敏心通喪親盡禮幾於毀滅至行美義人所鮮能安貧樂潛味道守眞不爲燥濕輕重不爲窮達易節方之於邕以齒則長以德則賢後郡召爲主簿不行邕爲議郎遂讓爲大將軍何進府令史府掾孔融王朗並修刺候焉邕深敬之以爲讓宜處高任乃薦於何進曰伏惟幕府初開博選清英華髮舊德並爲元龜雖振鷺之集西雍濟濟之在周庭無以或加竊見令史陳留邊讓天授逸才聰明賢智髫齓夙孤不盡家訓及就學廬便授大典初涉諸經見本知義授者不能對其問章句不能逮其意心通性達口辯辭長非禮不動非法不言若處狐疑之論定嫌審之分經典交至簡括參合衆夫寂焉莫之能奪也使讓生在唐虞則元凱之次運値仲尼則顏冉之亞豈徒俗之凡偶近器而已者哉階級名位亦宜超然若復隨輩而進非所以章瓌偉之

高價昭知人之絶明也傳曰函牛之鼎以烹雞多汁則淡而不可食少汁則熬而不可熟此言大器之於小用固有所不宜也邕竊悁邑怪此寶鼎未受犧牛大羹之和久在煎熬臠割之間願明將軍回謀垂慮裁加少納貢之機密展之力用若以年齒爲嫌則顔回不得貫德行之首子奇終無理阿宰之功苟堪其事古今一也

符融陳留浚儀人州郡禮請舉孝廉公府連辟皆不應太守馮岱有名稱到官請融相見融一往薦達郡士范冉韓卓孔伷等三人冉爲功曹卓爲主簿伷爲上計吏伷因辭

病自絶
鍾皓潁川人同郡陳寔年不及皓皓引與爲交皓爲郡功曹會辟司徒府臨辭太守問誰可代卿者皓曰明府欲必得其人西門亭長陳寔可寔聞之曰鍾君似不察人不知何獨識我
張超河閒人袁遺字伯業紹從兄爲長安令超嘗薦遺於太尉朱儁稱遺有冠世之懿幹時之量其忠允亮直固天所縱若乃包羅載籍管綜百氏登高能賦覩物知名求之今日邈焉靡儔
鄭玄北海人薦郡人孫乾於州乾被辟命玄所舉也

乾仕蜀位秉忠將軍
荀彧累官爲尚書令薦杜襲於曹公以爲丞相軍祭酒崔琰爲曹公東曹掾記讓曰徵事邴原議郎張範皆秉德純懿志行忠方清靜足以厲俗貞固足以幹事所謂龍翰鳳翼國之重寶舉而用之不仁者遠
蔣濟楚國人仕州別駕胡質與濟朱績俱知名於江淮閒仕州郡濟使見曹公曹公問曰胡通達長者也寧有子孫不濟曰有子曰質規模大略不及於父至於精良綜事過之太祖卽召質爲頓丘令
魏鄭袤爲司空王朗府掾袤舉高陽許允扶風魯芝東萊王基朗皆命之後咸至大位有重名
陳羣爲曹公司空西曹掾屬羣薦廣陵陳矯丹陽戴乾太祖皆用之
孫資河東人先是賈逵字梁道爲郡吏守絳邑長郭援之攻河東所經城邑皆下逵堅守後潰逵不屈節資舉河東計吏到許薦於相府曰逵在絳邑帥厲吏民與賊郭援交戰力盡而敗爲賊所俘挺然直志顏辭不屈忠言聞於大衆烈節顯於當時雖古之直髮據鼎罔以加也其才兼文武誠時之利用
趙孔曜安平人明敏有親識管輅字公明淸河太守

華表召爲北古文學一時士友無不歎慕孔曜與輅有管鮑之分故從發干來就郡賫上與輅相見言卿腹中汪汪故時死人半今生人無雙當去俗騰飛翱翔昊蒼云何在此閒卿消息使吾食不甘味也冀州裴使君才理淸明能釋玄虛每論易及老莊之道未嘗不注精於嚴瞿之徒也又眷吾意重能相明信者今當故往爲卿陳感虎開石之誠輅言吾非四淵之龍安能使白日晝陰卿若能動東風興朝雲吾志所不讓也於是遂至冀州見裴使君徽使君言君顏色何以消滅於故邪孔曜言體中無藥石之疾然見淸

河郡內有一騏驥拘縶後廄歷年去王良伯樂百八十里不得騁天骨起風塵以此憔悴耳使君言騏驥今何在也孔曜言平原管輅字公明年三十六雅性寬大與世無忌可爲士雄仰觀天文則能同妙甘公石申俯覽周易則能思齊季主游步道術開神之窮可爲士英抱荆山之璞懷夜光之寶而爲清河郡所錄北黌文學可爲痛心疾首也使君方欲流精九臯垂神幽藪欲令明主不獨治逸才不久滯高風遐被莫不草靡宜使輅特蒙陰和之應得及羽儀之時必能翼宣隆化楊聲九圍也裴使君聞言則忼慨曰何

乃爾邪雖在大州未見異才可用釋人鬱悶者思還京師得共論道耳況草間自有清妙之才乎如此便相爲取之莫使騏驥更爲凡馬荆山反成凡石郎檄召輅爲文學從事一相見清論終日不覺罷倦天時大熱移牀在庭前樹下乃至鷄向晨然後出再相見便轉爲鉅鹿從事三見轉治中四見轉爲别駕至十月舉爲秀才

毋丘儉爲度遼將軍裴秀少好學有風操儉嘗薦秀於大將軍曹爽曰生而岐嶷長蹈自然玄靜守眞性人道與博學彊記無文不該孝友著於鄉黨高聲聞於遠近誠宜弼佐謨明助和鼎味毗贊太府光昭盛化非徒子奇甘羅之儔兼包顏冉游夏之美爽乃辟爲掾

鍾會累官爲鎮西將軍裴楷明悟有識量少與王戎齊名會薦之於司馬文王辟相國掾遷尚書郎賈充改定律令以楷爲定律郎事畢詔楷於御前執讀平議當否楷善宣吐左右屬目聽者忘倦

蜀許靖字文休汝南人旣在交阯劉璋遂使使招靖靖來入蜀南陽太守宋仲子於荆州與蜀郡太守王商書曰文休倜儻瑰瑋有當世之具足下當以爲指

南

秦宓字子勑廣漢緜竹人少有才學州郡辟命輙稱疾不往奏記州牧劉焉薦儒士任定祖曰昔百里蹇叔以耆艾而定策甘羅子奇以童冠而立功故書美黄髮而易稱顏淵固知選士用能不拘長幼明矣乃者以來海內察舉率多英儁而遺舊齒衆論不齊異同相半此乃承平之翔步非亂世之急務也夫欲救危撫亂脩已以安人則宜卓犖超倫與時殊趣震驚鄰國駭動四方上當天心下合人意天人旣和內省不疚雖遭凶亂何憂何懼昔楚葉公好龍神龍下之

好偶微天何況於真今處士任安仁義直道流名四遠如令見察則一州斯服昔湯舉伊尹不仁者遠何武貢二龔雙名竹帛故貪尋常之高而忽萬仞之嵩樂面前之餙而忘天下之譽斯誠在古之所愼重也甫欲鑿石索玉剖蚌求珠今乃隋和炳然有如皎日復何疑哉誠知晝不操燭日有餘光但愚情區區貪陳所見同郡彭羕字永年身長八尺容貌甚偉姿性驕傲多所輕忽惟敬子物薦之於太守許靖曰昔高宗夢傅說周文求呂尚爰及漢祖納食其於布衣此乃帝王之所以倡業垂統緝熙厥功也今明府稽古

皇極允執神靈體公劉之德行勿翦之惠清廟之作於是乎始褒貶之義於是乎與然而羽翮未之備也伏見處士緜竹秦宓膺山甫之德履雋生之直枕石漱流吟詠緼袍偃息於仁義之途恬淡於浩然之域高枕節行守真不虧雖古人潛遁蔑以加旃若明府能招致此人必有忠讜落落之譽豐功厚利建跡之勳然後紀功於王府飛聲於來世不亦美哉羕位江陽太守

吳劉繇字正禮東萊牟平人其兄岱字公山州辟部濟南濟南中常侍子貪穢不脩繇奏免之平原陶丘洪薦繇欲令舉茂才刺史曰前年舉公山柰何復舉正禮乎洪曰若明使君用公山於前擢正禮於後所謂御二龍於長塗騁騏驥於千里不亦可乎位振威將軍

虞聳字世龍初爲越騎校尉浙東河間太守嘗抽引人物務在幽隱孤陋之中時王岐難聳以高士所達必合秀異聳書與族子察曰世之取士曾不招未齒於丘園索良才於總猥所譽依已成所毀依已敗此吾所以歎息也

魯肅以爲偏將軍蜀先主領荊州龐統以從事守耒

陽令在縣不治免官肅遺先主書曰龐士元非百里才也使處治中別駕之任始當展其驥足耳諸葛亮亦言之於先主先主見與善譚大器之以爲治中從事

晉郤湛爲國子祭酒閻纘字續伯博覽墳典該通物理湛以纘才堪佐著作薦於祕書監華嶠嶠曰此職門廩重貴勢多爭之不暇求其才遂不能用後爲漢中太守

祖秀才者失其名劉卞東平須昌人也縣補亭子秀才於亭中與刺史箋久不成卞教之數言卓犖有大

致秀才謂縣令曰卞公府掾之精者卿云何以爲亭子令卽召爲門下史百事疎簡不能周密令問卞能學不答曰願之卽使就學無幾卞兄爲太子長兵旣死兵例須代功曹請以卞代兄役令曰祖秀才有言言遂不聽

馮收河東人同郡王接喪母哀毀過禮太守渤海劉原好奇以旌才爲務收試經爲郞七十餘薦接於原曰夫騂騮不總轡則非造父之肆明月不流光則非隋侯之掌伏惟明府苞黄中之德耀重離之明求賢與能小無遺錯是以鄙老思獻所知竊見處士王接

岐嶷儁異十三而孤居喪盡禮學過目而知義觸類而長斯玉鉉之妙味經世之徽猷也不患玄黎之不啟竊樂春英之及時原卽禮命接不受原乃呼見曰君欲慕肥遯之高邪對曰接薄祜少孤而無兄弟母老疾篤故無心爲吏及母終後爲郡主簿迎太守溫字宇奇之轉功曹史州辟部平陽從事時泰山羊亮爲平陽太守薦之於司隸校尉王堪出補都官從事

張華累官至司空成公綏少有才俊詞賦甚麗華雅重綏每見其文歎服以爲絶倫薦之太常徵爲博士

胡毋輔之爲太傅越從事中郞光逸字孟祖爲州從事棄官投輔之薦逸於越越以門寒而不召越後因閑宴責輔之無所舉薦輔之曰前舉光逸公以非世家不召非不舉也越卽辟焉書到郡縣皆以爲誤審知是逸乃備禮遣之嘗過河南門下飲河南騶王子博箕坐其傍輔之叱使取火博曰我卒也惟不乏吾事則已安復爲人使輔之因就與語歎曰吾不及也爲之河南尹樂廣廣召見甚悅之擢爲功曹其甄拔人物若此

陸機吳郡人戴若思少遊俠機赴雒與其徒掠之機在舫屋上遥謂之曰卿才器如此復作刼邪若思感

悟投劒就之遂與定交焉若思後舉孝廉入雒機薦之於趙王倫曰蓋聞繁弱登御然後高墉之功顯孤竹在肆然後降神之曲成是以高世之主必假遠邇之器蘊匱之才思託大音之和伏見處士廣陵戴若思年三十清冲履道德量允塞思理足以研幽才鑒足以辯物安窮樂志無風塵之慕砥節立行有井渫之潔誠東南之遺寶宰朝之奇璞也若得託迹康衢則能結軌驥騄曜質廊廟必能垂光璵璠矣惟明公垂神採察不使忠允之言以人而廢倫乃辟之後爲驃騎將軍

陸雲吳郡人愛才好士多所貢達移書太尉府薦同
郡張贍曰蓋聞在昔聖王承天御世殷薦明德思和
人神莫不崇典謨以教下興禮樂以陶遠是以帝堯
昭煥而道協人天西伯質文而周隆二代大晉建皇
崇配天地區夏旣混禮樂將庸君侯應曆運之會贊
天人之期博延俊茂熙隆載典伏見衛將軍舍人同
郡張贍茂德清粹器思深通初慕聖門棲心重仞啟
塗及階遂升樞奧抽靈匱於祕宮披金縢於玄夏思
樂百氏博採其珍辭邁翰林言敷其藻探微集逸思
心洞神論道屬書篇章光觀含奇宰府褒姿公門棲

靜隱寶淪虛藏器褧裳襲錦緇衣被玉會泉啟路懸
車將邁考槃下位歲聿屢遷縉紳之士具懷慨恨方
今大清闢宇四門啟籥玄網括地天網廣羅慶雲興
以招龍和風起而儀鳳誠巖穴耀穎之秋河津託乘
之日也而贍沉淪下位羣望悼心若得端委太學錯
綜先典垂纓玉階論道紫宮誠帝室之瑰寶清廟之
偉器廣樂九奏必登昊天之庭韶夏六變必饗上帝
之祀矣後爲清河內史
劉毅東萊掖人同郡王甚薦毅於內府曰毅方正亮
直介然不羣言不苟合行不苟容往日僑仕平陽爲
郡股肱正色立朝舉綱引墨朱紫有分鄭衛不雜孝
悌著於邦族忠貞效於三魏昔孫陽取騏驥於吳坂
秦穆拔百里於商旅毅未遇知己無所自呈前已卩
日諱復申請後爲荊州刺史又同郡盛彥仕吳至中
書侍郎吳平雲薦之於刺史周浚
陳頵陳國苦人爲州部從事元康中舉孝廉而州將
留之頵薦同縣焦保曰保出自寒素稟質清沖若得
參命必能光贊大猷允清朝望使黃憲之徒不乏於
豫土令頵庶免臧文之責州乃辟保
王述字懷祖累官爲將軍尚書令溫放之爲給事黃

門侍郎以貧求爲交州朝廷許之述與會稽王牋曰
放之嶠之子宜見優異而投之嶺外竊用愕然願遠
存周禮近參人情則望寔惟允時竟不納焉
桓彝爲廷尉有人倫鑒識徐寧爲輿縣令時彝嘗去
職至廣陵彝親舊還過風停浦中累日憂悒因上岸
見一室宇有似廨署訪之云是輿縣彝乃造之寧清
惠博涉彝還謂庾亮曰吾爲卿得一吏部矣亮問所
在彝曰人所應有而不必有人所應無而不必無徐
寧眞海岱清士即爲敘之遷吏部郎
何充累官侍中錄尚書事孔沉字德度有美名充薦

沉於司徒王導曰文思通敏宜登宰門辟丞相司徒掾瑯邪王文學並不就

王羲之累官右將軍謝萬爲豫州刺史領淮南太守監司豫冀并四州軍事假節羲之與大司馬桓溫牋曰謝萬才流經通處廊廟參諷議故是後來一器而今屈其邁往之氣以俯順荒餘近是違才易務矣溫不從

鄧攸爲河東太守陷於石勒勒長史張賓先與攸比舍重攸名操因稱攸於勒勒召至幕下與語悅之以爲參軍給車馬

陽裕字士倫右北平無終人刺史和演辟爲主簿王浚領州轉治中從事忌而不能任石勒旣剋薊城問棗嵩曰幽州人士誰最奇者嵩曰燕國劉翰德素長者北平陽裕幹事之才勒曰若如君言王公何以不任嵩曰王公繇不能任所以爲明公擒也勒方任之裕乃微服潛遁

張耽爲牧府司馬張重華爲涼州司馬金城太守張冲降于石季龍將麻秋於是涼州振動重華掃境內使兵征南將軍裴儇禦之儇壁于廣武欲以持久弊之耽言於重華曰臣聞國以兵爲彊以將爲主主將者存亡之機吉凶所繫故燕任樂毅克平全齊及任騎劫喪七十城之地是以古之明君靡不慎于將相也今之所要在於軍師然議者舉將多推宿舊未必妙盡精才也且韓信之舉非舊名也穰苴之任非舊將也呂蒙之進非舊勳也魏延之用非舊德也蓋明王之舉舉無常人才之所能則授以大事今彊寇在郊諸將不進人情騷動危機稍逼主簿謝艾兼資文武明識兵略若授以斧鉞委以專征必能折衝禦侮殲殄凶類重華召艾問以討寇方略艾曰昔耿弇不欲以賊遺君父黃權願以萬人當寇乞假臣兵七千

爲殿下吞王擢麻秋等重華大悅以艾爲中堅將軍配步騎五千擊秋引師出振武夜有二梟鳴于牙中艾曰梟邀也六博得梟者勝今梟鳴牙中剋敵之兆於是進戰大破之斬首五千級重華封艾爲福祿伯善待之

郭播爲姚興隴東太守時赫連勃勃乞伏乾歸作亂西北禿髮傉檀沮渠蒙遜擅兵河右興疇咨將帥之臣欲鎮撫二方播言於興曰嶺北二州鎮戶皆數萬若得文武之才以撫綏之足以靖塞姦路興曰吾每思得廉頗李牧鎮撫四方使便宜行事然任非其人

嘗致負敗鄉試舉之播曰清潔善撫邊則平陸王子元始雄武多奇畧則建威王煥賞罰必行臨敵不顧則奮武彭蚝典曰蚝令行禁止則有之非綏邊之才也始煥年少吾未知其爲人播曰廣平公弼才兼文武宜鎮督一方願陛下遠鑒前車近悟後轍興不從

宗敞涼州人姚興署爲涼州刺史自敞以別駕送前刺史王尚還長安傉檀曰吾得涼州三千餘家情之所寄唯卿一人柰何捨我去乎敞曰今送舊君所以忠於殿下傉檀曰吾今新收貴州懷遠安邇之畧爲之若何敞曰涼土雖弊形勝之地道懸人弘實在殿

下叚懿孟禕武威之宿望辛晁彭敏秦隴之冠冕裴敏馬銑中州之令族張昶涼國之舊裔張穆邊憲文齊楊班梁崧趙昌武同飛羽以大王之神畧撫之以威信農戰並脩文教兼設可以縱横於天下河右豈足定乎傉檀大悦賜敞馬二十匹

宋鄭鮮之爲桓偉安西功曹舉陳郡謝絢自代曰蓋聞知賢弗推臧文所以竊位宣子能讓晉國以之獲寧鮮之猥承人乏謬蒙過眷既恩以義隆遂再叨非服知進之難屢以上請然自退之志未獲暫申夙夜懷冰敢忘其懼伏見行參軍謝絢清悟審正理懷邃美居以端右雖未足以舒其釆章升庸以漸差可以位擬人請乞愚短茸克下列授爲賢牧實副羣望

南齊何點廬江人陸慧曉爲武陵王曅征虜功曹點薦慧曉於豫章王嶷補司空掾加以恩禮

江祀爲明帝驃騎東閤祭酒薦諸葛璩於帝曰璩安貧守道悦禮敦詩未嘗投刺邦宰曳裾府寺如其簡退可以揚清厲俗請辟爲議曹從事帝許之璩辭不去

王融與孔休源相友善融薦之於司徒竟陵王爲西都學士又江華弱冠舉南徐州秀才時豫章胡諧之

行州事融與諸之書令薦華諧之方貢瑯琊王沉使以華代之融位寧朔將軍

丘巨源初仕宋爲奉朝請時太祖爲鎮軍巨源薦南徐州祭酒王智深於太祖板爲府行參軍除豫章王國常侍

劉瓛爲會稽府丞賀瑒相道力善三禮瑒少傳家業瓛見瑒深器異之嘗與俱造吳郡張融指瑒謂融曰此生神明聰敏將來當爲儒者宗瓛還薦之爲國子生

梁杜惲京兆人高祖臨雍州問惲求州綱惲舉襄陽

令柳慶遠高祖曰文和吾已知之所問未知者耳因辟別駕從事

張率爲黄門侍郎嘗薦顧協於帝問協年率言三十有五帝曰北方高涼四十强仕南方卑濕三十已衰如協便爲已老但其事親孝與友信亦不可遺於草澤卿便稱勅喚出於是以協爲太學博士

明山賓累官爲國子博士散騎常侍鮑幾字景玄貧以母老詣吏部尚書王亮干祿亮一見嗟賞舉爲春陵令後爲山賓所薦爲太常丞以外兄傳昭爲太常依制緦服不得相臨改爲尚書郎

賀琛普通中太尉臨川王宏臨州召補祭酒從事琛年已四十餘始應辟命武帝聞其有學術召見文德殿與語悦之謂僕射徐勉曰琛殊有世業應補王國侍郎稍遷兼中書通事舍人

陸倕爲吏部郎沈峻初爲國子助教倕與僕射徐勉書薦峻曰五經博士庾季達須換計公家必欲詳擇其人凡聖賢可講之書必以周官立義則周官一書實爲羣經源本此學不傳多歷年世北人孫詳蔣顯亦經聽習而音乖楚夏故學徒不至唯助教沈峻特精此書比日時開講肆羣儒劉巖沈熊沈宏之徒並執經下坐北面受業莫不歎服人無間言竊謂宜即用此人命其專此一學週而復始使聖人正典廢而更興累世絶業傳於學者勉從之奏峻兼五經博士於館講授聽者嘗數百人

劉遴之南陽涅陽人元帝鎮荆州以爲長史遴之鄉人宗懍少聰敏語輒引古事鄉里呼爲小兒學士帝謂遴之曰貴鄉多士爲舉一有意少年遴之以懍應命即日引見令兼記室

北齊甄琛中山人同郡定州長史簡試諸生見同郡杜弼策問之義解閑明應答如響大爲琛所歎異其

子寛與弼爲友州牧任城王澄聞而召問深相嗟賞許以王佐之才琛還雒與澄並稱之於朝丞相高陽王等多相招命

裴鑒爲臨漳令樊遜爲臨漳小史鑒擢爲主簿仍薦之於右僕射崔暹與遼東李廣渤海封孝琰等爲暹賓客

劉仁之爲魏彭城王韶定州長史府孟業爲典籤仁之後爲兖州臨別謂吏部崔暹曰貴州人士唯有孟業宜銓之他人不可信也崔暹問業曰君往在定州有何政績使劉西兖如此欽歎答曰稟性愚直唯自

脩也

孫騰早依附高相深見待信行臺郎孫搴以文才著稱騰以宗情薦之未被知也會高祖西討登鳳陵命中外府司馬李義深相府城局李士略共作檄文二人皆辭請以搴代高祖乃引搴入帳自爲吹火催促之搴援筆立成其文甚美高祖大悅即署相府主簿專典文筆

司馬子如與高季式召散騎常侍孫搴飲酒搴醉甚而卒高祖親臨之子如叩頭請罪高祖曰折我右臂仰覓好替還我子如舉魏收季式舉陳元康以繼搴

焉

唐房玄齡爲秦王府記室時秦府兵曹杜如晦改陝州長史玄齡白秦王曰餘人不足惜杜如晦聰明敏達王佐之才也若使守藩無所用之必欲經營四方非此人莫可秦王乃請爲秦府掾杜淹時不得調將委質於隱太子時封德彝典選以告玄齡恐隱太子得之長其姦計於是遽啟秦王引爲天策府兵曹參軍文學館學士

王鎔鎮州節度光啟初進表薦幽州權兵馬留後李全忠曰臣准幽州狀報當道以李全忠權知節度兵馬留後事伏以天步初迴神京乍復凡諸藩鎮咸務謐寧况幽州地控北番界臨東海土俗素稱其雄勇人情須自於綏懷留後李全忠夙習武經頗彰公器軍郡旣聞其愛戴轅營必議於叶和苟將付以元戎誠謂雅符衆望臣累令偵探靡不端詳事繫安危理難緘默伏惟皇帝陛下早迴天鑒速注陽光便委兵權俯徇人欲則豈獨遐陬士卒便獲其慰安實亦鄰壤生靈免虞其騷動關於久遠合具奏陳

梁王發爲太祖汴宋觀察度支使鄉人敬翔晦跡數年甲辰東游梁先遇發時發爲太祖所禮節制之權

悉寄於發發每有軍旅重事未決者咨詢於翔旣而許之無不得宜發自知才不及翔乃舉翔於上上召翔一見語及時務異而禮焉自是委以奏記事無巨細必預之

泰韜玉爲鹽鐵使有高途字昭遠者唐初申國公士廉八代孫初爲鄜州從事爲韜玉所知薦於太祖乃署宣武軍掌記

後唐張全義爲河南尹鄭珏以家世依全義家于維陽應進士十九年不登第戶部侍郎李渥寓居維都宗爲全義所禮光化三年渥爲禮部仕郎知貢舉全

義以書薦託丑方擢第
郭崇韜爲樞密使趙鳳仕梁爲天平節度判官明宗抜鄆州得鳳送之於莊宗崇韜素聞其名及見與語乃薦爲扈鑾學士
李延光梁末帝時以儒士侍講禁中李愚天復中避地河朔與延光客於山東至是延光屢言愚之行高學贍有史魚蘧瑗之風召見矢謨王霸之術嗟賞乆之擢爲左拾遺
張礪初爲舉子在梁依翰林學士李愚貞明中礪自河陽北歸莊宗飯授太原府掾出入崇達之間揄揚

愚之節槩及愚所爲文仲尼遇顔回壽夷齊非餓等篇人望風稱之
孟知祥初莊宗爲中門使莊宗平定魏博知祥與李紹宏俱掌機要俄而幽州失帥上令紹宏權知幽州軍府事孟知祥地居右戚兼要密之任事難責重切於辭避嘗於上前保薦郭崇韜言有剖繁治劇之能堪委腹心之任故上召至以爲副中門使以副知祥
王居敏爲太子詹事元帥秦王從榮府判官與爲刑部侍郎劉贊明有鄉曲之舊以秦王盛年自恣須朝中選端士納誨輿其稟畏乃薦贊明授秘書監兼秦王傅
范延光爲汴州節度清泰三年以汴州觀察判官王仁裕仕蜀至中書舍人蜀亡東徙累爲藩府從事至是延光言其不可滯於賓佐帝亦知之故以爲司封員外郎知制誥充翰林學士
安重誨爲樞密使李崧始辟范延光常山爲管記與宰臣李愚從莊宗皇子繼岌代蜀擢爲拾遺俄而延光入代安重誨爲樞密使奏崧以本官爲本院學士
漢蘇禹珪爲司空乾祐中景範除大理正屬周太祖出鎮於鄴禹珪薦範于太祖因奏爲鄴都留守推官

冊府元龜

巡按福建監察御史臣李嗣京　訂正
分守建南道左布政使臣胡維霖　參閱
知建陽縣事臣黄國琦　較釋

總錄部七十九

論議

失考今古之得失評理道之臧否稽合衆說以歸於至當發明大訓用垂於可久使其文質兼備綱條不紊遣辭本乎閎達析理暢乎精微斯議論之爲難矣鄭玄所謂論者倫也使其有倫次也賈逵亦曰論釋

也言釋其凝滯也漢氏而下名儒繼作其有内富學術多識前典或時議之未決或俗尚之異端事有愆於古義或未契於中道因相譏短形於駁難以至品題先賢之勝劣揚榷所習之乖戾詮述性命以達乎幾深講求名理用臻乎奥妙莫不發爲嘉論垂之美談其布在所籍莫不悉舉者矣

後漢班彪字叔皮年二十遭王莽敗光武卽位於冀州時隗囂擁衆招輯英俊（輯與集同）而公孫述稱帝於蜀漢天下雲擾（言盜賊擾亂如雲而起）大者連州郡小者據縣邑囂問彪曰往者周亡戰國並爭天下分裂數世然後乃定其抑者從横之事復起於今乎（抑辭也）將承運迭興在於一人也（迭互也音大結反）願先生論之對曰周之廢興與漢殊異昔周立爵五等諸侯從政（言諸侯之國各別爲政）本根既微枝葉強大（本根謂王室也枝葉謂諸侯）故其末流有從横之事其埶然也漢家承秦之制並立郡縣王有專己之威臣無百年之柄至於成帝假借外家（假音工暇反借音子夜反）哀平短祚國祀三絶危自上起傷不及下故王氏之貴傾擅朝廷能竊尊位而不根於民（言無據援）是以卽真之後天下莫不引領而歎十餘年間外内騷擾遠近俱發假號雲合咸稱劉氏不謀同辭方今

雄桀帶州城者皆無七國世業之資詩云皇矣上帝臨下有赫鑒觀四方求民之瘼（皇大也上帝天也瘼定也言大矣天之視下赫然甚明監察衆國求人所定而受之）今民皆謳吟思漢鄉仰劉氏已可知矣（鄉讀爲嚮）囂曰先生言周漢之埶可也至於但見愚民習識劉氏姓號之故而謂漢家復興疏矣昔秦失其鹿劉季逐而掎之（掎偏持其足也音居蟻反）時民復知漢虖既感彪言又愍狂狡之不息迺著王命論以救時難其辭曰昔在帝堯之禪曰咨爾舜天之曆數在爾躬舜亦以命禹暨于稷契咸佐唐虞（契讀與卨同字本作契）光濟四海奕世載德（載乘也言相因不絶）至於湯武而有天下雖其

遭遇異時禪代不同至乎應天順民其揆一也言堯舜以文德相禪湯武以征伐代興各上應天命下順人心是故劉氏承堯之祚氏族之世著乎春秋謂士會歸晉其處者爲劉氏唐據火德而漢紹之始起沛澤則神母夜呼以彰赤帝之符蹏是言之帝王之祚必有明聖顯懿之德豐功厚利積絫之業絫古累字然後精誠通於神明流澤加於生民故能爲鬼神所福饗天下所歸往未見運世無本功德不紀不紀不爲人所記而得崛起在此位者也崛起特起也崛音其勿反世俗見高祖興於布衣不達其故以爲適遭暴亂得奮其劍游說之士至比天下於逐鹿幸捷而得之不知神器有

命不可以智力求也帝王賞罰之柄也悲夫此世所以多亂臣賊子也若然者豈徒闇於天道哉又不覩之於人事矣夫餓饉流隸饑寒道路隸賤隸思有短褐之褻儋石之畜褻謂親身之衣也音先列反一說云衣破壞之餘曰褻儋音丁濫反畜讀曰蓄所願不過一金然終於轉死溝壑何則貧窮亦有命也況虖天子之貴四海之富神明之祚可得而妄處哉故雖遭罹阨會竊其權柄罹亦遭也音离勇如信布彊如梁籍成如王莽然卒潤鑊伏鑕烹醢分裂鑕鍖也伏於鍖上而斬之也鍖音竹林反又況么䴢尚不及數子䴢音麼小也么䴢皆微小之稱也么音一堯反䴢音莫可反而欲闇奸天位者虖奸音干是故駑蹇之乘不騁千里之塗燕雀之疇不奮六翮之用楶梲之材不荷棟梁之任楶即薄櫨所謂也梲梁上短柱也楶音節字亦或作節梲音之說反斗筲之子不秉帝王之重斗筲言小器也筲音山交反易曰鼎折足覆公餗餗食也音速不勝其任也當秦之末豪傑共推陳嬰而王之嬰母止之曰自吾爲子家婦而世貧賤而汝也卒富貴不祥不如以兵屬人屬委也音之欲反事成少有其利不成禍有所歸嬰從其言而陳氏以寧王陵之母亦見項氏之必亡而劉氏之將興也是時陵爲漢將而母獲於楚有漢使來陵母見之謂曰願告吾子漢王長者必得天下子謹事之無有二心遂對漢使伏

劍而死以固勉陵其後果定於漢陵爲宰相封侯夫以匹婦之明凡言匹夫匹婦謂凡庶之夫一夫一婦當相配匹猶能推事理之致探禍福之機而全宗祀於無窮垂策書於春秋春秋史書記事之總稱而況大丈夫之事虖是故窮達有命吉凶繇人嬰母知廢陵母知興審此四者帝王之分決矣分音扶問反蓋在高祖其興也有五一曰帝堯之苗裔二曰體貌多奇異三曰神武有徵應四曰寬明而仁恕五曰知人善任使加之以信誠好謀達於聽受見善如不及用人如繇已從諫如順流趣時如嚮赴嚮讀曰響如響之赴聲也當食吐哺納子房之策拔足揮洗揖酈生

之説竊戍卒之言斷懷土之情（維陽近洛高祖欲都關中故云斷懷土之情也斷音丁喚反）高四皓之名割肌膚之愛（亦立戚夫人子）舉韓信於行陳收陳平於亡命英雄陳力羣策畢舉此高祖之大畧所以成帝業也若廼靈瑞符應又可畧聞矣初劉媼任高祖而夢與神遇（任謂懷孕也）震電晦冥有龍蛇之怪及其長而多靈有異於衆是以王武感物而折券呂公覩形而進女秦皇東游以厭其氣呂后望雲而知所處（厭音一葉反）始受命則白蛇分西入關則五星聚故淮陰留侯謂之天授非人力也歷古今之得失驗行事之成敗稽帝王之世運考五者之所謂取

捨不厭斯位符端不同斯度（厭當也厭音一涉反）而苟昧於權利越次妄據（昧貪也）外不量力内不知命則必喪保家之主失天年之壽遇折足之凶伏鈇鉞之誅（鈇音方于反）英雄誠知覺寤畏若禍戒（若順也）超然遠覽淵然深識收陵嬰之明分絶信布之覬覦（分音扶問反覬音冀覦音喻）距逐鹿之瞽説審神器之有授毋貪不可幾爲二母之所咲（不可幾謂不可庶幾而望也一説幾讀曰冀）則福祚流於子孫天祿其永終矣知隗囂終不寤廼避墜於河西（墜古地字）後爲徐令以去官

延篤南陽犨人也（犨音昌猶反）桓帝時爲京兆尹免歸教授家巷時人或疑仁孝前後之證篤乃論之曰觀夫仁孝之辯（辯爭也）紛然異端互引典文代取事據（代更也）可謂篤論矣（篤厚也）夫人二致同源總率百行非復銖兩輕重必定前後之數也而如欲分其大較（較猶畧也）體而名之則孝在事親仁施品物施物則功濟於時事親則德歸於巳歸巳則事寡濟時則功多推此以言仁則遠矣然物有出微而著事有繇隱而章近取諸身則耳有聽受之用目有察見之明足有致遠之勞手有飾衛之功功雖顯外本之者心也遠取諸物則草木之生始於萌芽終於彌蔓枝葉扶疏榮華紛縟

末雖繁蔚致之者根也夫仁人之有孝猶四體之有心腹枝葉之有本根也聖人知之故曰夫孝天之經也地之義也人之行也君子務本本立而道生孝悌也者其爲仁之本與然體大難備物性好偏故所施不同事少兩兼者也如必對其優劣則仁以枝葉扶疏爲大孝以心體本根爲先可無訟也或謂先孝後仁非仲尼序回參之意蓋以爲仁孝同質而生純體之者則互以爲稱虞舜顔回是也若偏而體之則各有其目公劉曾參是也夫曾閔以孝悌爲至德管仲以九合爲仁功未有論德不先回參考功不大夷吾

以此而言各從其稱者也
郭泰字林宗太原人以世亂不仕而名震京師先是蘇不韋父爲司隷較尉李暠以昔怨收掠死獄中又刑其屍不韋年十八變姓名夜入暠寢室值暠在厠因殺其妾并小兒乃掘暠父阜冢斷取阜頭以祭父墳士大夫多譏其發掘冢墓歸罪枯骨不合古義唯任城何休方之伍員林宗聞而論之曰子胥雖云逃命而見用强吳憑闔廬之威因輕悍之衆雪怨舊郢曾不終朝而但鞭墓戮屍以舒其憤竟無手刃後王之報豈如蘇子單特孑立靡因靡資强讎豪援據位

九卿城闕天阻宮府幽絶埃塵所不能過霧露所不能沾不韋毀身燋慮出於百死冒觸嚴禁陷族禍門雖不獲逞爲報已深况復分骸斷首以毒生者使暠懷忿結不得其命猶假手神靈以斃之也力唯匹夫功隆千乘比之於員不以優乎議者於是貴之
朱穆字公叔舉高第爲侍御史嘗感時澆薄慕尚敦篤乃作崇厚論其辭曰夫俗之薄也有自來矣故仲尼歎曰大道之行也而丘不與焉蓋傷之也夫道者以天下爲一在彼猶在已也故行違於道則愧生於心非畏義也事違於理則負結於意非憚禮也故率性而行謂之道得其天性謂之德德性失然後貴仁義是以仁義起而道德遷禮法興而淳樸散故道德以仁義爲薄淳朴以禮法爲賊也夫中世之所敦已爲上世之所薄况又薄於此乎故夫天不崇大則覆幬不廣地不深厚則載物不博人不敦厖則道數不遠昔在仲尼不失舊於原壤楚嚴不忽章於絶纓繇此觀之聖賢之德敦矣老氏之經曰大丈夫處其厚不處其薄居其實不居其華故去彼取此夫時有薄而厚施行有失而惠用故覆人之過者敦之道也救人之失者厚之行也往者馬援深昭此道可以爲德

誡其兄子曰吾欲汝曹聞人之過如聞父母之名耳可得聞口不得言斯言要矣遠則聖賢履之上世近則丙吉張子孺行之漢庭故能振英聲於百世播不滅之遺風不亦美哉然而時俗或異風化不敦而尚相誹謗謂之臧否記短則兼折其長貶惡則并伐其善悠悠者皆是其可稱乎凡此之類豈徒乖爲君子之道哉將有危身累家之禍焉悲夫行之者不知憂其然故害興而莫之及也斯既然矣又有異焉人皆見之而不能自遷何則務進者趨前而不顧後榮貴者矜已而不待人智不接愚富不賑貧貞士孤而不

恤賢者尻而不存故田蚡以尊顯致安國之金淳于以貴執引方進之言夫以韓翟之操爲漢之名宰然猶不能販一貧賢薦一孤士又況其下者乎此禽息史魚所以專名於前而莫繼於後者也故時敦俗美則小人守正利不能誘也時否俗薄雖君子爲邪義不能止也何則先進者旣往而不反後來者復習俗而追之是以虛華盛而忠信微刻薄稠而純篤稀斯蓋谷風有棄予之歎伐木有鳴鳥之悲矣嗟乎世士誠躬師孔聖之崇則嘉楚嚴之美行希李老之雅誨思馬援之所尚鄙二宰之失度美韓稜之抗正貴丙

張之引裕賤時俗之諱謗則道豐積盛名顯身榮載不刊之德播不滅之聲然知薄者之不足厚者之有餘也彼與草木俱朽此與金石相傾豈得同年而語並日而談哉穆又著絕交論亦矯時之作其畧曰或曰子絶存問不見客亦不答也何故曰古者進退趨業無私遊之交相見以公朝享會以禮紀否則朋徒受習而已曰人將疾子如何曰寧受疾曰受疾可乎曰世之務交游也久矣敦千乘不忌于君犯禮以追之背公以從之其愈者則孺子之愛也其甚者則求蔽過竊譽以贍其私事替義退公輕思重居勞於聽也或於道而求其私贍矣是故遂往不反而莫敢止焉是川潰並決而莫敢之塞游瀆縣豫而莫之禁也詩云威儀埭埭不可選也後生將復何述而吾不才焉能規此實悼無行子道多闕臣事多尤思復白圭重考古言以補往過時無孔堂思兼則滯匪有廢也則亦焉與是以敢受疾也不亦可乎文士傳曰世無絕交又與

劉伯宗絕交書及詩曰昔我爲豐令足下不遭母憂亡親解縗絰來入豐寺及我爲侍書御史足下親來入臺足下今爲二千石我下爲郎及又因計吏以謁相與足下豈丞尉之徒我豈足下部民欲以此謁爲榮寵乎咄劉伯宗於仁義道何其薄哉其詩曰北山有鴟不潔其翼飛不正向寢不定息饑則木攬飽則泥伏饕餮貪汙臭腐是食塡腸滿嗉嗜欲無極長鳴呼鳳謂鳳無德鳳之所趣與子異域永從此訣各自努力蓋因此而著論也蔡邕以爲穆身而孤又作正交而廣其致焉邕論畧曰聞之前訓曰君子以朋友講習而正人無有淫朋是以口之交者其義敦以正其誓信以固逮夫周德始衰頌聲旣寢伐木有鳥鳴之刺谷風有棄予之怨其所䌛來政之失也自此以降彌以陵遲或闕其始終或彊其比周是以搢紳患其然而論者諄諄如也疾淺薄而攜貳者有之惡朋黨而絕交游者有之其論交也曰富貴則人爭趨之貧賤則人爭去之是以君子愼人所以交已審已所以交人富貴則無暴集之客貧賤則無棄舊之賓矣故原其所以來則知其所以去見其所以始則睹其所以

終彼貞士者貧賤不詘乎富貴富貴不驕乎貧賤故可貴也蓋朋友之道有義則合無義則離善則久要不忘乎生之言惡則忠告善誨之否則止無自辱焉故君子不爲可棄之行不患人之遺已也信有可歸之德不病人之遠已也不幸或然則躬自厚而薄責於人怨其遠矣求諸已而不求諸人咎其稀矣夫遠怨稀咎之機咸則乎躬莫之能改也子夏之門人問交於子張而二子各有聞乎夫子然則以交誨也商也寬故告之以距人師也偏故訓之以容衆各從其行而矯之至於仲尼之正教則汎愛衆而親仁故非善不善非人不親交游以方會友以文可無貶也穀梁子亦曰心志旣通名譽不聞友之罪也今將患其流而塞其源病其末而刈其本無乃未若擇其正而黜其邪與其彼農皆黍而獨稷焉夫黍亦神農之嘉穀與稷並爲粢盛也使交而可廢則黍其愆矣括二論而言之則刺薄者博而洽斷交者身而孤孤有羔羊之節與不獲已而矯時也走將從夫孤焉

魏荀粲字奉倩粲太尉顗之弟也諸兄並以儒術論

議而粲獨好言道嘗以爲子貢稱夫子之言性與天
道不可得聞然則六籍雖存固聖人之糠粃粲兄俁
難曰易亦云聖人立象以盡意繫辭焉以盡言則微
言胡爲不可得而聞見哉粲答曰蓋理之微者非物
象之所舉也今稱立象以盡意此非通於意外者也
繫辭焉以盡言此非言乎繫表者也斯則象外之意
繫表之言固蘊而不出矣俁及當時能言者不能屈
也
荀閎字仲茂爲太子文學掾時有甲乙疑論閎與鍾
繇王朗袁渙議各不同文帝與繇書曰袁王國士更

爲脣齒荀閎勁悍往來說師眞君侯之勍敵左右之
浮憂也
孫炎字叔然授學鄭玄之門人稱東州一大儒徵爲
秘書監不就王肅集聖證論以譏短玄叔然駁而釋
之
司馬朗字伯達爲兗州刺史朗雅好人倫時鍾繇王
粲著論云非聖人不能致太平殷以爲伊顏之徒雖
非聖人使得數世相承太平可致文帝善朗論命秘書錄其文孫盛曰繇旣失之朗亦未爲得也昔湯舉伊尹而不仁者遠矣易稱顏氏之子其殆庶幾乎有不善未嘗不知知之未嘗復行繇此而言聖人之與大賢行藏道一舒卷斯同御世垂風理世降異升泰之美豈俟積世哉善人爲邦百年亦可以升殘去殺又曰不踐跡亦不入於室數世之倫其在斯乎方之大賢固有間矣
傅嘏爲尚書嘗論才性同異鍾會集而論之嘏旣達
治好正而有清理識要好論才性原本精微尠能及
之
夏侯玄爲散騎常侍時晉宣帝爲太傅問以時事玄
議以爲夫官才用人國之柄也故詮衡專於臺閣上
之分也孝行存乎閭巷優劣任之鄉人下之敘也夫
欲清教審選在明其分敘不使相涉而已何者上過
其分則恐所繇之不大而干勢馳騖之路開下踰其
敘則恐天爵之外通而機權之門多矣夫天爵下通

是庶人議柄也機權多門是紛亂之原也自州郡中
正品度官才之來有年載矣緬緬紛紛未聞整齊豈
非分敘參錯各失其要之所繇哉若令中正但考行
倫輩倫輩當行均斯可官矣何者夫孝行著於家門
豈不忠恪於在官乎仁恕稱於九族豈不達於爲政
乎義斷行於鄉黨豈不堪於事任乎三者之類取於
中正雖不處其官名斯任官可知矣行有大小比有
高下則所任之流亦煥然明別矣奚必使中正干銓
衡之機於下而執機柄者有所委仗於上上下交侵
以生紛錯哉且臺閣臨下考功較否衆職之屬各有

官長旦夕相考莫究於此閭閻之議以意裁處而使匠宰失位衆人驅駭欲風俗清靜其可得乎天臺縣遠衆所絕意所得至者更在側近孰不修飾以要所求所求有路則修己家門者已不如自達於鄉黨自達鄉黨者已不如自求之於州邦矣苟開之有路而患其飾眞離本雖復嚴責中正督以刑罰猶無益也豈若使各帥其分官長則以其屬各能否獻之臺閣臺閣則據官長能否之第叅以鄉閭德行之次擬其倫比勿使偏頗中正則唯考其行迹別其高下審定輩類勿使升降臺閣揔之如其所簡或有叅錯則其

責負自在有司官長所第中正輩擬比隨次率而用之如其不稱責負在外然則內外相參得失有所互相形簡孰能相飾斯則人心定而事理得庶可以靜風俗而審官才矣又以爲古之建官所以濟育羣生統理民物也故爲君長以司牧之司牧之主欲一而專一則官任定而上下安專則職業脩而事不煩夫事簡業修上下相安而不治者未之有也先王建萬國雖其詳未可得而究然分疆畫界各守土境則非重累羈絆之體也下考殷周五等之敘徒有小大貴賤之差亦無君官臣民而有二統互相牽制者也夫官統不一則職業不脩職業不脩則事何得而簡事之不簡則民何得而靜民之不靜則邪惡並興而姦僞滋長矣先王達其如此故專其職司而一其統業如自秦世不師聖道私以御職姦以待下懼宰官之不脩立監牧以董之畏督監之容曲設司察以糾之宰牧相累監察相司人懷異心上下殊務漢承其緒莫能規改魏室之隆日不暇及五等之典雖難卒復可粗立儀準以一治制今之長吏皆君吏民橫重以郡守累以刺史若郡所攝唯在大較則與州同無爲再重宜省郡守但任刺史刺史職存則監察不廢郡

吏萬數還親農業以省煩費豐財殖穀一也大縣之才皆堪郡守是非之訟每生意異順從則安直己則爭夫和羹之美在於合異上下之益在能相濟順從乃安此琴瑟一聲也蕩而除之則官省事簡二也又幹郡之吏職監諸縣營護黨親鄉邑舊故如有不副而因公掣頓民之困弊咎生於此若皆并合則亂原自塞三也今承衰弊民人彫落賢才鮮少任事者寡郡縣良吏往往非一郡受縣成其劇在下而吏之上選郡當先足此爲親民之吏專得底下吏者民命而訾碩鄙今如并之吏多選清良者造職大化宣流民

物獲寧四也制使萬戸之縣名之郡守五千以上名之都尉千戸以下令長如故自長以上考課遷用轉以能升所牧亦增此進才効功之叙也若經制一定則官才有次治功齊名五也若省郡守縣皆徑達事不擁隔官無留滯三代之風雖未可比必簡一之化庶幾可致便民省費在於此矣又以文質之更用猶四時之迭興也王者體天理物必因弊而濟通之時彌質則文之以禮時泰侈則救之以質今承百王之末秦漢餘流世俗彌文宜大改之以易民望今科制自公列侯以下位從大將軍以上皆得服綾錦羅綺

紈素金銀餝鏤之物自是以下雜綵之服通於賤人雖上下等級各示有差然朝臣之制已得侔至尊矣玄黃之采已得通於下矣欲使市不鬻華麗之色商不通難得之貨工不作雕刻之物不可得也是故宜大理其本準度古法文質之宜取其中則以爲禮度車輿服章皆從質朴禁除末俗華麗之事使幹朝之家有位之室不復有錦綺之餝無兼采之服纖巧之物自上以下至於樸素之差示有等級而已勿使過一二之覺若夫功德之賜上恩所特加皆表之有司然後服用之夫上之化下猶風之靡草樸素之教興

於本朝則彌侈之心自消於下矣宣王報書曰審官擇人除重官改服制皆大善禮鄉閭本行朝廷考事大指如所示而中間一相承習卒不能改秦時無刺史但有郡守長吏漢家雖有刺史奉六條而已故刺史稱傳車其吏言從事居無常治吏不成臣其後轉更爲官司耳昔賈誼亦患服制漢文雖身服弋綈猶不能使上下如意恐此三事當待賢能然後了耳玄又書曰漢文雖身衣弋綈而不革正法度内外有僭儗之服寵臣受無限之賜繇是觀之似指立在身之名非篤齊治制之意也今公侯命世作宰追蹤上古

將隆至治抑末正本若制定於上則化行於衆矣夫當宜改之時留殷勤之心令發之日下之應也猶響尋聲耳猶垂謙謙曰待賢能此伊周不正殷姬之典也竊未喻焉玄又着樂毅論曰觀樂生遺燕惠王書其殆庶乎知機合道以禮始終者與又其喻昭王曰伊尹放太甲而不疑太甲受放而不怨是存大業於至公而以天下爲心者也夫欲極道德之量務以天下爲心者必致其主於盛隆合其趣於先王苟君臣同符則大業定矣于斯時也樂生之志千載一遇之世亦將行千載一隆之道豈其局迹當時止於兼并

而巳哉夫兼并者非樂生之所屑彊燕而廢道又非樂生之所求不屑苟利心無近事不求小成斯意兼天下者也則舉齊之事所以運其機而動四海也夫討齊以明燕主之義此兵不興於爲利矣圍城而害不加於百姓此仁心著於遐邇矣舉國不謀其功除暴不以威力此至德全於天下矣邁全德以率列國則幾於湯武之事矣樂生方恢大綱以縱二城收民明信以待其弊將使即墨莒人顧仇其上願釋干戈賴我猶親善守之智無所施之然則求仁得仁即墨大夫之義仕窮則從微子適周之道開彌廣之路以

待田單之徒長容善之風以申齊士之志使夫忠者遂節勇者義著昭之東海屬之華裔我澤如春民應如草道光宇宙賢智託心鄰國傾慕四海延頸思戴燕主仰望風聲二城必從則王業隆矣雖淹留兩邑乃致速於天下也不幸之變世所不圖敗於垂成時運固然若乃逼之以威劫之以兵攻取之事求欲速之功使燕齊之士流血於二城之下多殺傷之殘以示四海之人縱暴易亂以成其私鄰國望之其猶豺虎旣大墮稱兵之義而喪濟溺之仁且虧齊士之節廢廉善之風掩宏通之度棄王德之隆雖二城幾於可拔霸王之事倣其遠矣然則燕雖兼齊其與世主何以殊哉與其鄰國何以相傾樂生豈不知拔二城之速了哉顧城拔而業乖也豈不慮不速之致變哉顧業乖與變同驗是觀之樂生之不屑二城未可量也

蜀秦宓爲大司農初李權從宓借戰國策宓曰戰國從横用之何爲權曰仲尼嚴平兼聚衆書以成春秋指圖之文故海以合流爲大君子以博識爲弘宓報曰書非史記周圖仲尼不采道非虛無自然嚴平不演海以受淤歲一蕩清君子博識非禮不視今戰國

反覆儀秦之術殺人自生亡人自存經之所疾故孔子發憤作春秋大乎居正復制孝經廣陳德行杜漸防萌預有所抑是以老氏絶禍於未萌豈不信邪成湯大聖覩野魚而有獵逐之失定公賢者見女樂而棄朝事若此輩類焉可勝陳道家法曰不見所欲使心不亂是故天地貞觀日月貞明其直如矢君子所履洪範記災發於言貌何戰國之論權乎哉

費禕爲大將軍錄尚書事禕聞司馬懿誅曹爽設甲乙論平其是非甲以爲曹爽兄弟凡品庸人苟以宗子枝屬得蒙顧命之任而驕奢僭逸交非其人私樹

朋黨誅以亂國懿畜誅討一朝殄盡此所以稱其任副士民之望也乙以爲懿感曹仲附已不一豈爽與相干事勢不專以此陰成疵瑕初無忠告侃爾之訓一朝屠戮讒其不意豈大人經國篤本之事乎若爽信有謀主之心大逆已搆而發兵之日更以芳委爽兄弟懿父子從後閉門舉兵麾而向芳必無悉寧忠臣爲君深慮之謂乎以此推之爽無大惡明矣若懿以爽奢僭廢之刑之可也滅其七口被以不義絶子丹血食及何晏子魏之親甥亦與同戮哉爲僭濫不當矣

吳韋曜爲太子中庶子蔡穎亦在東宮性好博奕太子和以爲無益使曜作博奕論其辭曰蓋聞君子耻當年而功不立疾沒世而名不稱故日學如不及猶恐失之是以古之志士悼年齒之流邁而懼名稱之不立也故勉精厲操晨興夜寐不遑寧息經之以歲月累之以日力若寗越之勤董生之篤漸漬德義之淵棲遲道藝之域且以西伯之聖姬公之才猶有日昃待旦之勞故能隆興周道垂名億載況在臣庶而可以已乎歷觀古今立功名之士皆有累積殊異之迹勞身苦體契濶勤思平居不墮其業窮困不易其帝是以卜式立志於耕牧而黃霸受道於囹圄終有榮顯之福以成不朽之名故山甫勤於夙夜而吳漢不離公門豈有游墮哉今世之人多不務經術好翫博奕廢事棄業忘寢與食日盡明繼以脂燭當其臨局交爭雌雄未決專精鋭意心勞體倦人事曠而不脩賓旅闕而不接雖有太牢之饌韶夏之樂不暇存也至或賭及衣物徙其易行廉耻之意弛而忿戾之色發然其所志不出一枰之上所務不過方罫之間勝敵無封爵之賞獲地無兼土之實技非六藝用非經國立身者不階其術徵選者不繇其道求之於戰

陣則非孫吳之倫也考之於道藝則非孔氏之門也以變詐爲務則非忠信之事也以劫殺爲名則非仁者之意也而空妨日廢業終無補益是何異設木而擊之置石而投之哉且君子之居室也勤身以致養其在朝也竭命以納忠臨事且猶旰食而何博奕之足耽夫然故孝友之行立貞純之名彰也方今大吳受命海内未平聖朝乾乾務在得人勇略之士則受熊虎之任儒雅之徒則處龍鳳之署百行兼包文武並騖博選良才旌簡髦俊設程試之科垂金爵之賞誠千載之嘉會百世之良遇也當世之士宜勉思至

道愛功惜力以佐明時使名書史籍勳在盟府乃君子之上務當今之先急也夫一木之枰孰與方國之封枯棊三百孰與萬人之將衮龍之服金石之樂足以兼棊局而貿博奕矣假令世士移博奕之力而用之於詩書是有顏閔之志也用之於智計是有良平之思也用之於資貨是有猗頓之富也用之於射御是有將帥之備也如此則功名立而鄙賤遠矣

裴玄字彥黃有學行官至太中大夫問子欽齊桓晉文夷惠四人優劣欽答所見與玄相反覆各有文理

晉陸喜初仕吳累遷吏部尚書有才思好著述有較

論格品篇曰或問予薛瑩最是國士之第一者乎答曰以理推之在乎四五之間問者愕然請問答曰夫孫晧無道肆其暴虐若龍蛇其身沉默其體潛而勿用趣不可測此第一人也避尊居卑祿代耕養玄靜守約冲退澹然此第二人也侃然體國思治心不辭貴以方見憚執正不懼此第三人也斟酌時宜在亂猶顯意不忘中時獻微益此第四人也温恭脩慎不為謟首無所云補從容保寵此第五人也過此已往不足復數故第二已上多淪沒而遠悔吝第三已下有聲位而近咎累是以深識君子晦其明而履柔順也問者曰始聞高論終年啟寤矣

裴頠為尚書左僕射深患時俗放蕩不尊儒術何晏阮籍素有高名於世口談浮虛不遵禮法尸祿耽寵仕不事事至王衍之徒聲譽大盛位高勢重不以物務自嬰遂相倣效風教陵遲乃著崇有之論以釋其蔽王衍之徒攻難交至並莫能屈又著辯才論古今精義皆辯釋焉未成而遇禍

傅玄泰始中為司隸校尉玄少時專心誦學後雖顯貴而著述不廢撰傅子為內外中篇時何曾有清德玄著論稱曾及荀顗曰以文王之道事其親者其潁

昌何侯乎其荀侯乎古稱曾閔今日荀何內盡其心以事其親外崇禮讓以接天下孝子百世之宗仁人天下之命有能行孝之道君子之儀表也詩云高山仰止景行行止令德不遵二夫子之景行者非樂中正之道也又曰荀何君子之宗也又曰潁昌侯之事親其盡孝子之道乎存盡其和事盡其敬亡盡其哀予於潁昌侯見之矣又曰見其親之黨如見其親六十而孺慕予於潁昌侯見之矣先是馬均扶風人有巧思絕世有裴子者上國之士也精通見理聞而哂之乃難先生先生口屈不對裴子自以為難得其要

言之不已傅子謂裴子曰子所長者言也所短者巧也馬氏所長者巧也所短者言也以子所長擊彼所短則不得不屈以子所短難彼所長則必有所不解者矣夫巧天下之微事也有所不解而難之不已其相擊刺必已遠矣心乖於內口屈於外此馬氏所以不對也傅子見安鄉侯言及裴子之論安鄉侯又與裴子同傅子曰聖人具夢備物取人不以一揆也有以神取之者有以言取之者有以事取之者有以神取之者不言而誠心先達德行顏淵之倫是也以言取之者以變辯是非言語宰我子貢是也以事取之

者若政事冉有季路文學子游子夏雖聖人之明盡物如有所用必有所試然則試冉季以政試游夏以學矣游夏猶然況自此而降者乎何者懸言物理不可以言盡也施之於事言之難盡而試之易知也今若馬氏所欲作者國之精器軍之要用也費十尋之木勞二人之力不經時而是非定難試易驗之事而輕以言抑人異能此猶以已智任天下之事不易其道以御難盡之物此所多廢也馬氏所作因變而得是則初所言者不皆是矣其不皆是因不用之是不世之巧無繇出也夫同情者相妬同事者相害中人所不能免也故君子不以人害人必以考試爲衡石廢衡石而不用此美玉所以見誣爲石荆和所以抱璞而哭之也於是安鄉侯悟遂言之武安侯武安侯忽之不果試也此既易試之事又馬氏巧名已定猶忽而不察況幽深之才無名之璞乎後之君子其鑒之哉馬先生之巧雖古公輸般墨翟王爾近漢氏張平子不能過也公輸般墨翟皆見於時乃有益於世平子雖爲侍中馬先生雖給事省中俱不典工官巧無益於世用人不當其才聞賢不試以事良可恨也裴子者裴秀安鄉侯者曹羲武安侯者曹爽也

李秉字元冑有儁才爲時人所貴官至秦州刺史秉嘗答司馬文王問因以爲家誡曰昔侍坐於先帝時有三長吏俱見臨辭出上曰爲官長當清慎當勤脩此三者何患不治乎並受詔既出上顧謂吾等曰相誡勅正當爾不侍坐衆賢莫不贊善上又問曰必不得已於斯三者何先或對曰清固爲本次復問吾吾對曰清慎之道相須而成必不得已慎乃爲大夫清者不必慎慎者必自清亦猶仁者必有勇勇者不必有仁是以易稱括囊無咎籍用白茅皆慎之至也上曰卿言得之耳可舉近世能慎者誰乎諸人各未知

所對吾乃舉故太尉荀景倩尚書董仲連僕射王公仲並可謂爲慎上曰此諸人者温公朝夕執事有恪亦各其慎也然天下之至慎其惟阮嗣宗乎每與之言言及玄遠而未曾平論時事臧否人物眞可謂至慎矣吾每思此言亦足以爲明誡凡人行事年少立身不可不慎勿輕論人勿輕說事如此則悔吝何繇而生患禍無從而至矣

虞溥高平人補尚書都令史尚書令衛瓘尚書褚䂮音畧並器重之溥謂瓘曰往者金馬啟符大晉應天宜復先王五等之制以綏長久不可承暴秦之法遂漢

魏之失也瓘曰歷代歎此而終未能改

華譚字令思廣陵人爲州從事太康中刺史嵇紹舉譚秀才將行駕陳總餞之因問曰思賢之主以求才爲務進取之士以功名爲先何仲舒不叙武帝之朝賈誼失分漢文之時此吳晉之滯論可辯此理而後別譚曰夫聖人在上物無不理百揆之職非賢弗居故山林無匿景衡門不棲遲至承統之王或復凡人居聖人之器處臣庶之上是以其教日頹風俗漸弊又中才之君所資者偏物以類感必於其黨黨言雖非彼以爲是以所授有顏冉之賢所用有廊廟之器君官者日與元凱之功在上者日庶堯舜之義彼豈知其政漸毀哉朝雖有求賢之名而無知才之實言雖當彼以爲誣策雖奇彼以爲妄誣則毀巳之言入妄則不忠之責生豈故爲哉淺明不見深理近才不著遠體也是以言不用計不施恐死亡之不暇何論功名之立哉故上官靳而屈原放宰嚭寵而伍員戮豈不哀哉若仲舒抑於孝武賈誼失於漢文蓋復是其輕者耳故白起有云非得賢之難用之難非用人之難信之難得賢而不能用用而不能信功業豈可得而成哉

潘岳爲懷令時以逆旅逐末廢農奸淫亡命多所依湊敗亂法度勑當除之十里一官樆使老小貧戶守之又差吏掌主依客舍收錢岳議曰謹按逆旅久矣其所繇來也行者賴以頓止居者薄收其直交者貿遷各得其所官無役賦因人成利惠加百姓而公無末費語曰許繇辭帝堯之命而舍於逆旅外傳曰晉陽處父過甯舍於逆旅魏武皇帝亦以爲宜詩曰逆旅整設以通商賈然則自唐至今未有不得客舍之法唯商鞅尤之固非聖世之所言也方今四海會同九服納貢八方翼翼公私滿路近畿輻湊客舍亦稠

冬有溫爐夏有凉蔭芻秣成行器用取給疲乏必投乘凉近進發槅卸鞅皆有所憩又諸刧盜皆起於迴絕止乎人衆十里蕭條則姦軌生心連陌接館則寇情震懾且聞聲有救已發有追不救有罪不追有戮禁暴捕亡營有司存凡此皆客舍之益而官攤之所乏也又行者貪路告糴炊爨皆以昏晨盛夏晝熱又兼星夜既限早閉不及檐門或避曉闇迸逐路隅秖長慢藏誨盜之原苟以客舍多敗法教官守棘欑獨復何人彼河橋孟津解券輸錢高第督察數人較出品郎兩岸相簡猶懼或失之故懸以祿利許以功報

今賤吏疲人獨專權稅管開閉之權藉不軼之勢此道路之蠹姦利所殖也率歷代之舊俗獲行留之權心使客舍灑掃以待征旅擇家而息豈非衆庶顒顒之望請曹列上朝廷從之

王接爲征虜將軍司馬蕩陰之役侍中嵇紹爲亂兵所害接議曰夫謀人之軍軍敗則死之謀人之國國危則亡之古之道也蕩陰之役百官奔北唯嵇紹守職以遇不道可謂臣矣又可稱痛矣今山東方欲大舉宜明高節以號令天下依春秋褒三累之義加紹致命之賞則遐邇向風莫敢不肅矣朝廷從之

阮裕居會稽剡縣後除東陽太守徵侍中不就還剡山有肥遁之志裕雖不博學論難甚精嘗問謝萬云未見四本論君試爲言之萬叙說既畢裕以傳嘏爲長於是搆辭數百言精義入微聞者皆嗟異之

江惇字思俊孝友淳粹高節邁俗性好學儒玄並綜每以爲君子立行應依禮而動雖隱顯殊途未有不傍禮教者也若乃放達不羈以肆縱爲貴者非但動違禮法道之所棄也乃著通玄道崇簡論世咸稱之康帝時徵拜博士著作郎皆不就

虞預爲散騎常侍雅好經史憎疾玄虛其論阮籍比

之伊川被髮所以胡虜遍於中國以爲過衰周之時

孫盛博學善言名理于時殷浩擅名一時與抗論者惟盛而已盛嘗詣浩談論對食奮擲麈尾毛悉落飯中食冷而復暖者數四至暮忘飡理竟無以難之繇是遂知名起家著作郎

謝萬工言論善屬文叙漁父屈原季主賈誼楚老龔勝孫登嵇康四隱四顯爲八賢論其旨以處者爲優出者爲劣以示孫綽綽與往反以體公識遠者則出處同歸萬終於散騎常侍

王坦之爲北中郎將有風格尤非時俗放蕩不敦儒

教頗尚刑名學著廢莊論與殷康子書論公謙之義曰夫天道以無私成名二儀以至公立德立德存乎至公故無親而非理成名在乎無私故在當而忘我此天地所以成功聖人所以濟化繇斯言之公道體於自然故理泰而愈降謙義生於不足故時弊而義著故大禹咎繇稱功言惠而成名於彼孟反范燮殿軍後入而全身於此從此觀之則謙公之義固以殊矣夫物之所美已不可收人之所貴我不可取誠患人惡其上衆不可蓋故君子居之而每加損焉隆名在於矯伐而不在於期當匿迹在於違顯而不在於

求是於是謙光之義與矜競而俱生畢挹之義與夸伐而並進曰親譽生於不足未若不知之有餘良藥効於瘳疾未若無病之爲貴矣夫乾道確然示人易矣夫坤道隤然示人簡矣二象顯於萬物兩德彰於羣生豈矯枉過直而失其所哉繇此觀之則大通之道公坦於天地謙伐之義險巇於人事今存公而廢謙則自伐者託至公以生嫌自美者因存黨以致惑此王生所謂同貌而實異不可不察者也然理必有源教亦有主苟探其根則玄指自顯若尋其末弊無不至豈可以嫌似而疑至公弊貪而忘於諒哉康子及

袁宏並有疑難坦之標章摘句一一申而釋之莫不厭服又孔嚴著通葛論坦之與書讚美之其忠公慷慨標名實勝皆此類也又云坦之著公論袁宏作論以難之韓伯覽而美其辭旨以爲是非既辯誰與正之遂作辯謙以折中

范甯少篤學多所通覽時以浮虛相扇儒雅日替甯以爲其源始於王弼何晏二人之罪深於桀紂乃著論曰或曰黄唐緬邈至道淪翳濠濮輟詠風流靡託爭奪兆於仁義是非成於儒墨平叔神懷超絶輔嗣妙思通微振千載之頽綱落周孔之塵網斯蓋軒冕之龍門膏梁之宗匠嘗聞夫子之論以爲罪過桀紂

何哉答曰子信有聖人之言乎夫聖人者德侔二儀道冠三才雖帝王殊號質文異制而統天成務曠代齊趣王何蔑棄典文不遵禮度游辭浮説波蕩後生飾華言以翳實騁繁文以惑世搢紳之徒翻然改轍洙泗之風緬焉將墜遂令仁義幽淪儒雅蒙塵禮壞樂崩中原傾覆古之所謂言僞而辯行僻而堅者其斯人之徒歟昔夫子斬少正卯於魯太公戮華士於齊豈非曠世而同誅乎桀紂暴虐正足以滅身覆國爲後世鑒戒耳豈能迴百姓之視聽哉王何叨海内之浮譽資膏梁之傲誕畫魑魅以爲巧扇無簡以爲

傒鄭聲之亂樂利口之傾邦信矣哉吾固以爲一世之禍輕歷代之罪重自衰之釁小迷衆之愆大也寗崇儒抑俗率皆如此寗位至中書侍郎

張輔爲馮翊太守嘗著論云管仲不若鮑叔鮑叔知所奉知所投管仲奉主而不能濟所奔又非濟事之國三歸反玷皆鮑不爲又論班固司馬遷云遷之著述辭約而事舉敘三千年事唯五十萬言班固敘二百年事乃八十萬言煩省不同不如遷一也良史述事善足以奬勸惡足以監誡人道之常中流小事亦無取焉而班皆書之不如二也毁貶晁錯傷忠臣之

道不如三也遷既造創固有因循難易蓋不同矣又遷爲蘇秦張儀范睢蔡澤作傳逞辭流離亦足以明其大才故述辯士則辭藻華靡敘實録則隱核名簡此所以遷稱良史也又論魏武帝不及劉備樂毅減於諸葛亮辭多不載

殷仲堪爲荆州刺史時桓玄在南郡論四皓來儀漢庭孝惠以立而惠帝柔弱呂后凶忌此數公者觸彼埃塵欲以救弊二家之中各有其黨奪彼與此其讎必興不知匹夫之志四公何以逃其患素履終吉隱以保生者其若是乎以其文贈仲堪仲堪乃答之曰隱顯默語非賢達之心蓋所遇之時不同所乘之塗必異道無所屈而天下以之獲寧仁者之心未能無感若夫四公者養志巖阿道高天下秦網雖虐遊之而莫懼漢祖雖雄請之而弗顧徒以一理有感泛然而應事同賓客之禮言無是非之對孝惠以之獲安莫蹊報其德如意以之定藩無所容其怨且爭奪滋生主非一姓則百姓生心祚無常人則人皆自覬况夫漢以劔起人未知義戎遏姦邪宜以正順爲寶天下大器也苟亂亡見懼則滄海橫流原夫若人之振策豈爲一人之廢興哉苟可以暢其仁義與夫伏節

委質可榮可辱者道跡懸殊理勢不同君何疑之哉又謂諸呂彊盛幾危劉氏如意若立必無此患夫禍福同門倚伏萬端又未可斷也于時天下新定權繇上制高祖分王子弟有盤石之固社稷深謀之臣森然比肩豈瑣瑣之祿產所能傾奪之哉四公所預于今亦無以辯之但求古賢之心宜存之遠大耳端本正源者雖不能無危其危易持苟啟競津者雖未必不安而其安難保此最有國之要道古今賢哲所同惜也玄屈之

戴逵性高潔嘗以禮度自處深以放達爲非道乃著

論曰夫親没而採藥不反者不仁之子也君危而屢出近關者苟免之臣也古之人未始以彼害名教中之體者何達其旨故也達其旨故不惑其跡若元康之人可謂好遯跡而不求其本故有徇本徇末之弊舍實逐聲之行是猶美西施而學其顰眉慕有德而折其巾角所以爲慕者非其所以爲美徒貴貌似而已矣夫紫之亂朱以其似朱也故鄉原似中和所以亂德放達所以亂道然竹林之爲放有疾而爲顰者也元康之爲放無德而折巾者也可無察乎且儒家尚譽者本以興賢也既失其本則有色取之行懷情

喪眞以容貌相欺其弊必至於末僞道家去名者欲以篤實也苟失其本又有越簡之行情禮俱虧則仰詠兼忘其弊必至於本薄夫僞薄者非二本之失而爲弊者必託二本以自通夫道有常經而弊無常情是以六經有失二政有弊苟乖其本固聖賢所無奈何也嗟夫行道之人自非性足體備闇蹈而當者亦曷能不棲情古烈擬規前修苟迷擬之然後動議之然後言固當先辯其趣舍之極求其用心之本謝其枉尺直尋之旨採其被褐懷玉之夥若斯塗雖殊而其歸可觀也跡雖亂而其契不乖也不然則流蕩忘反爲風波之行自驅以物自誑以僞外眩囂華內喪道實以矜尚奪其眞主以塵垢翳其大正貽笑千載可不愼歟逵徵散騎常侍不至

袁豹爲劉毅撫軍諮議參軍領記室毅時建議大田豹上議曰國以民而爲本民資食以爲天循其業則教興崇其本則末理寔爲治之要道致化之所階也不敦其本則末業滋章饑寒交湊則廉耻不立當今接篡僞之末值凶荒之餘爭源既開彫薄彌啟榮利蕩其正性賦斂罄其所資良疇無側趾之耕比屋有困餒之患中間多故日不暇給自卷甲却馬甫及三

年積弊之黎難用克鎮振實仁懷之所矜恤明教之所爰暨也然斯業不脩有自來矣司牧之官莫或爲務俗吏庸近猶秉常科依勸督之故典迷民庶之屢變譬猶脩堤以防川志淵丘之改易卽膠柱於昔絃忽宮商之乖調徒有考課之條而無毫分之益不悟清流在於澄源止輪繫乎高門患生於本治之於末故也夫設位以崇賢疏爵以命士上量能以審官不取人於浮譽則比周息遊者既歸則南畝闢矣分職以任務置吏以周役職不以無任立吏必非用少冗散者廢則業荒墾矣器以應用商以通財勦靡麗之

巧棄難得之貨則彫僞者賤穀稼重矣耕耨勤悴力殷收寡工商逸豫用淺利浮增賈販之税薄疇畝之賦則末技抑而田畯喜矣居位無義從之徒在野靡并兼之黨給賜非可恩致力役不入私門則遊食者反本肆勤者自勸遊食省而肆勤衆則東作繁矣密勿者甄異怠慢者顯罰明勸課之令峻糾違之官則頓惰無所容力田有所望力者欣而墮者懼則嗇人勸矣凡此數事亦務田之端趣也蒞之以清心鎮之以無欲易之以弗倦翼之以廉謹舍日計之小成期遠致於暮歲則澆薄自淳心化有漸矣

徐邈安帝時爲驍騎將軍邈論議精審時多諮稟之觸類辯釋問則有對舊疑歲辰在卯此宅之左則彼宅之右何得拘忌於東邈以爲太歲之屬自是遊神譬如日出之時向東皆逆非爲藏體地中也

巡按福建監察御史臣李嗣京　訂正
分守建南道左布政使臣胡維霖　參閱
知建陽縣事臣黃國琦　較釋

總錄部八十

論議第二

宋鄭鮮之為桓偉輔國主簿先是兗州刺史滕恬為丁零翟遼所沒屍喪不返恬子羨仕宦不廢職者嫌之桓玄在荊州使羣僚博議鮮之議曰名教大極忠孝而已至乎變通抑引每事輒殊本而尋之皆是求

心而遺跡跡之所乘變遇或異故聖人或就跡以助教或因跡以成罪屈伸與奪難以等齊舉其阡陌皆可略言矣天可逃乎而伊尹廢君君可脅乎而鬻權見善忠可愚乎而箕子同仁自此以還殊實而齊聲異譽而等美者不可勝言而欲令百代之下聖典所闕正斯事於一朝豈可易哉然立言明理以古證今當使理厭人情如滕情事者或終身隱處不關人事或陞朝理務無譏前哲通滕者則以無譏為證塞滕者則以隱處為美折其兩中則異同之情可見矣然無譏前哲者厭情之謂也若王陵之母見烹於楚不退身窮居終為纍也鮑勛讐訝魏朝亡身為效觀志非貪爵也凡此二賢非滕之喻夫聖人立教猶云有禮無時君子不行有禮無時正以事有變通不可守一故耳若滕以此二賢為證則恐人人自賢矣若不可人人自賢何獨許其證幾者兼在於人不但獨證其事漢魏以來記闕其典尋而得者無幾人至乎大晉中朝及中興之後楊臻則七年不除喪三十餘年不關人事溫公則見逼於王命庾左丞則終身不著幘高世遠則為王右軍何驃騎所勸割無有如滕之易者也若以衰麻非為哀之主無所復言矣文皇帝

以東關之役尸骸不反者制其子弟不廢婚宦明此孝子已不自同於人倫有識已審其可否矣若其不爾居宗輔物者但當即聖人之教何所復明制於其間哉及至永嘉大亂之後王敦復申東關之制於中興原此是為國之大計非謂訓範人倫盡於此也何以言之父讐明不同戴天日而為國不可許復讐此自以法奪情即是東關永嘉之喻也何妨綜理王務者布衣以處之令明教者自謂世非橫流凡士君子之徒無不可仕之理而雜以情譏謂宜在貶裁耳若多引前事以為通證則孝子可顧法而不復讐矣文

皇帝無所立制於東關王敦無所明之於中興每至斯會輒發之於宰物心不可諭乎且夫求理當先以遠大若滄海橫流家國同其淪溺若不仕也則人有餘力人有餘力則國可至乎亡家可至乎滅當斯時也匹夫猶亡其身況大丈夫哉既其不然天下之才將無所理滕但當盡陟岵之哀猿不仕者之心何爲證諭前人以自通乎且名爲大才之所假而小才之所榮榮與假乘嘗已有懶德無欣工進何有情事乎若其不然則工進無欣何足貴於千載之上耶苟許小才榮其位則滕不嘗顧嘗疑以自居乎所謂鄉下

慝則可我則不可也且有生之所宗者聖人聖人之爲教者禮法即心而言則聖人之法不可改也而秦以郡縣治天下莫之能變漢文除肉刑莫之能復後聖人之爲法猶見改於後王況滕顧前人而當必通乎若人皆仕未知斯事可俟後聖與不況仕與不仕各有其人而不仕之所引每惑三年之下見議者弘通情紀每傍中庸又云若許議滕則恐亡身致命之仕以此而不盡何斯言之過與夫忠烈之情初無計而後動若計而後動則懼法以盡命若有不盡則國有常法故古人軍敗於外而家誅於內苟忠發自內或懼法於外後有聊斷顧望之地耶若有功不賞有罪不誅可致斯論耳無有名教翼其子弟而當以子無富不致力於所天則王經忠不能救主孝不顧其親是家國之罪人耳何所而稱乎夫恩宥十世非不隆也功高賞厚非不報也若國憲無負於滕悟則美之通塞自是名教之所及豈是勸沮之本乎議者又以唐虞邈矣孰知所歸言求意將所負者多乎後漢亂而不亡前史猶謂數公之力魏國將建荀令君正色興議董昭不得枕蘇則之郗賈充受辱於庾純以此而推天下之正義終自傳而不沒何爲發斯歎哉

若以時非上皇便不足復言多者則夷齊於爽望子房亦爲四人無所復措其言矣至於陳平黙順避禍以權濟屈皆是衛生免害非爲榮也滕今生無所衛輾塞已冥義安在乎昔陳壽在喪使婢丸藥見責鄉閭阮咸居哀騎驢偷婢身處王朝豈可以阮獲通於前世便無疑於後乎且賢聖抑引皆是究其始終定其才行故雖士有驚俗而理必獲申郗詵葬母後園而身登官所以免責以其孝也日磾殺兒無譏以其忠也今豈可以二事是孝之所爲便可許殺兒葬母後園乎不可明矣既其不可便當究滕之才行無所

多辯也滕非下官鄰親又不周旋才能非所能悉若
以滕謀能決敵才能周用此自追蹤古人非議所及
若是士流故謂宜如子夏受曾參之辭可謂善矣而
子夏無不孝之稱也意之所懷都盡於此自非名理
何緣多其往復如其折中裁之
何尚之爲侍中有人嘗求爲吏部郎尚之歎曰此敗
風俗也官圖人人安得圖官顔延之大笑曰我聞古
者官人以才今官人以勢彼勢之所求子何疑焉所
與延之論議往反並傳於世
南齊顧歡吳郡鹽官人徵太學博士不就歡以佛道

二家並教既異學者互相毁謗著夷夏論曰夫辯是
與非宜據聖典尋二教之源故兩標經句道經云老
子入關之天竺維衛國國王夫人名曰淨妙老子因
其晝寢乘日精入淨妙口中後年四月八日夜半時
剖左腋而生墜地卽行七步於是佛道興焉此出玄
妙內篇佛經云釋迦成佛有塵劫之數出法華無量
壽佛或爲國師道士儒林之宗出瑞應本起論之曰
五帝三皇莫不有師有道之士無過老莊儒林之宗
孰出周孔若老非佛誰則當之然二經所說如合符
契道則佛也佛則道也其聖則符其跡則反或和光

以明近或曜靈以示遠道濟天下故無方而不入智
周萬物故無物而不爲其入不同其爲必異各成其
性不易其事是以端委搢紳諸華之容剪髮曠衣羣
夷之服擎跽磬折侯甸之恭狐蹲狗踞荒淫之肅棺
槨殯葬中夏之風火焚水沉西戎之俗全形守禮繼
善之教毁貌易性絶惡之學豈伊同人爰及異物鳥
王獸長往往是佛無窮世界聖人代興或昭五典或
布三乘在鳥而鳴在獸而吼教華而華言化夷而夷
語耳雖舟車均於致遠而有川陸之節佛道齊乎達
化而有夷夏之別若謂其致旣均其法可換者而車

可涉川舟可行陸乎今以中夏之性效西戎之法旣
不全同又不全異下育妻孥上廢宗祀嗜欲之物皆
以禮伸孝敬之典獨以法屈悖禮犯順曾莫之覺弱
喪忘歸孰識其舊且理之可貴者道也事之可賤者
俗也捨華效夷義將安取若以道耶道固符合矣若
以俗耶俗則大乖矣屢見刻船沙門守株道士交諍
小大互相彈射或域道以爲兩或混俗以爲一是牽
異以爲同破同以爲異則乖爭之繇淆亂之本也尋
聖道雖同而法有左右始乎無端終乎無末泥洹仙
化各是一術佛號正眞道稱正一一歸無死眞會無

生在名則文在實則合俱無生之教除無死之化切
切法可以進謙弱除法可以退誇彊佛教文而博道
教質而精精非麁人所信博非精人所能佛言華而
引道言實而抑抑則明者獨進引則昧者競前佛經
繁而顯道經簡而幽幽則妙門難見顯則正路易尊
此二法之辯也聖近無心方圓有體器既殊用教亦
異施佛是破惡之方道是興善之術興善則自然爲
高破惡則勇猛爲貴佛跡光大宜以化物道跡密微
利用爲己優劣之分大畧在茲夫蹲夷之儀婁羅之
辯各出彼俗自相矜解猶蟲喧鳥聒何足述效歎雖

同二法而意黨道教宋司徒袁粲託爲道人通公駁
之其畧曰白日停光當星隱炤誕降之應事在老先
似非入關方炳斯瑞又老莊周孔有可存者依日未
光憑釋遺法盜牛竊善反以成蠹簡究源流終異吾
黨之爲道耳西域之記佛經之說俗以膝行爲禮不
慕蹲坐爲恭道以三騐爲虔不以倨傲爲肅豈專戎
士愛亦茲方襄童謁帝膝行而進趙王見周三環而
止今佛法在華乘者當安戒善行交蹈者當通文王
造周太伯創吳華化戎夷不因舊俗豈若舟車理無
代用佛法垂化或因或華清信之士容衣不改息心

之人服貌必變變本從道不遵彼俗風俗自殊無患
其亂孔老釋迦其人或同觀風設教其道必異孔老
治世爲本釋氏出世爲宗發軫既殊其歸亦異符合
之唱自縣聽說又仙化以變形爲上泥洹以陶神爲
先變形者白首還緇而未能無死陶神者使塵惑日
損湛然常存泥洹之道無死之地乖詭若此何謂其
同歡答曰按道之作著自西周佛經之來始乎東漢
年踰八百代懸數十若謂黄老雖久而濫在釋前是
呂尚盜陳常之齊劉季竊王莽之漢也經云戎氣彊
獷乃復畧人頰車耶又夷俗長跽法與華異翹左跋

右全是蹲踞故周公禁之於前仲尼戒之於後又舟
以濟川車以征陸佛起於戎豈非戎俗素惡耶道出
於華豈非華風本善耶今華風既變惡同戎狄佛來
破之良有以矣佛道實貴故戒業可遵戎俗實賤故
言貌可棄今諸華士女氏族弗華而露首編踞濫用
夷禮云於翦落之徒全是胡人國有舊風法不可變
又若觀風流教其道必異佛非東華之道道非西戎
之法魚鳥異淵永不相關安得老釋二教交行八表
今佛既東流道亦西邁故知世有精麁教有文質然
則道教執本以領末佛教救末以存本請闡所異歸

在何許若以翦落爲異則胥靡翦落矣若以立像爲異則俗巫立像矣此非所歸歸在常住之像常道執異神仙有死權便之說神仙是大化之揔稱非窮妙之至名至名無名其有名者二十七品仙變成眞眞變成神或謂之聖各有九品品極則入空寂無爲無名若服食茹芝延壽萬億壽盡則死藥極則枯此脩考之士非神仙之流也明僧紹正二教論以爲佛明其宗老全其生守生者蔽明宗者通今道家稱長生不死名補天曹大乖老莊立言本理文惠太子竟陵王子良並好釋法吳興孟景翼爲道士太子召入玄

圃園衆僧大會子良使景翼禮佛景翼不肯子良送十地經與之景翼造正一論大畧曰實積云佛以一音廣說法老子云聖人抱一以爲天下式一之爲妙空玄絶於有境神化贍於無窮爲萬物而無爲處一數而無數莫之能名彊號爲一在佛曰實相在道曰玄牝道之大象即佛之法身以不守之守守法身以不執之執執大象但物有八萬四千行說有八萬四千法法乃至於無數行亦達於無央等級緣須遵歸一歸一曰迴向向正即無邪邪觀旣遣億善日新三五四六隨用而施獨立不改絶學無憂曠刼諸聖共遵斯一老釋未始於嘗分迷者萬分之而未合億善遍修修遍成聖雖十號千稱終不能盡終不能盡豈可思議司徒從事中郎張融作門律云道之與佛逗極無二吾見道士與道人戰儒墨道人與道士辯是非昔有鴻飛天首積遠難亮越人以爲鳧楚人以爲鳦人自楚越鴻常一耳以示太子僕射周顒顒難之曰虛無法性其寂雖同位寂之方其旨則別論所謂逗極無二者爲逗極於虛無當無二於法性耶足下所宗之本一物爲鴻乙耳驅馳佛道無免二末未知高鑒緣何識本輕而宗之其有旨乎往復文多不載

歡口不辯善於着筆著三名論甚工鍾會四本之流也

梁崔靈恩爲國子博士先是儒者論天互執渾蓋不合於渾論渾不合於蓋靈恩立義以渾蓋爲一焉

後魏毛脩之爲金紫光祿大夫位次崔浩之下浩以其中國舊門雖學不博洽而猶涉獵書傳每推重之與共論說言次遂及陳壽三國志有古良史之風其所著述文義典正皆揚於王庭之言微而顯婉而成章班史以來無及壽者脩之曰昔在蜀中聞長老言壽曾爲諸葛亮門下書佐得罪撻百下故其論武侯

云應變將畧非其所長浩乃與論曰承祚之評亮乃有故義過美之譽案其迹也不爲負之非挾恨之矣何以云然夫亮之相劉備當九州鼎沸之會英雄奮發之時君臣相得魚水爲喻而不能與曹氏爭天下委棄荆州退入巴蜀誘奪劉璋僞連孫氏守窮崎嶇之地僭號邊夷之間此策之下者可與趙佗爲偶而以爲管蕭之亞匹不亦過乎謂壽貶亮非爲失實且亮旣據蜀恃山險之固不達時宜弗量勢力嚴威峻法控勒蜀人矜才負能高視僑舉欲以邊夷之衆抗衡上國出兵隴右再攻祁山一攻陳倉踈遲失會摧

衂而反後入秦川不復攻城更求野戰魏人知其意閉壘堅守以不戰屈之智窮勢盡憤結攻中發病而死繇是言之豈今古之善將見可而進知難而退者乎脩之謂浩言爲然

高允爲中書令兼太常卿時中書博士袁敬與侍郎傳默梁祚論名字貴賤著議紛紜允遂著名字論以釋其惑甚有典證

陳奇字脩奇河北人也愛翫經典博通文籍初與河間邢祐同召赴京時秘書監游雅素聞其名始頗好之引入秘省欲授以史職後與奇論典誥及詩書雅賀扶馬鄭至於易訟卦天與水違行雅曰自葱嶺以西水皆西流推此而言易之所及自葱嶺以東耳奇曰易理緜廣包含宇宙若如公言自葱嶺以西豈東廻望交哉奇執義非雅每如此類終不苟從

北齊杜弼爲衛尉卿嘗與邢卲扈從東山共論名理邢以爲人死還生恐爲蛇畫足弼答曰蓋謂人死歸無非有能生之力然物之未生復何獨致怪邢云聖人設教本繇勸獎故懼以將來望各遂其性弼曰聖人合德天地齊信四時言則爲經行則爲法而云以虛示物以詭勸民將同魚腹之書有異鑿楹之誥安

能北辰降光龍宮韞檟就如所論福果可以鎔鑄往行引獎風教爲益之大莫極於斯此即眞教何謂非實邢云死之言澌精神盡也弼曰此所言澌如射箭盡手中盡也小雅曰無草不死月令又云靡草死動植雖殊亦此之類無情之卉尚得還生含靈之物何妨再造若云草死猶有種在則復人死亦有識識種不見謂以爲無者神之在形亦非自矚離朱之明不能覩雖孟軻觀眸聖愚可察鍾生聽曲水山呈狀乃神之工豈神之質猶玉帛之非禮鐘鼓之非樂以此而推義斯見矣邢云季札言無不之亦言散盡若

復聚而爲物不得言無不之也㴱曰骨肉下歸於土魂氣則無不之此乃形墜魂遊往而非盡如鳥出巢如蛇出穴縣其尚有故無所不之若令無也之將焉適延陵有察微之識知其不隨於形仲尼發習禮之歎美其斯與形别若許以廓然然則人皆季子不謂高論執此爲無邪云神之在人猶光之在燭燭盡則光窮人死則神滅㴱曰舊學前儒每有斯語羣疑衆惑咸繇此起蓋辯之者未精思之者不篤竊有未見可以覈諸燭則因質生光質大光亦大人則神不係於形形小神不小故仲尼之智必不短於長狄孟德

之雄乃遠奇於崔琰神之於形亦猶君之有國國實君之所統君非國之所生不與同生孰云俱滅邪云舍此適彼生生嘗在周孔自應同莊周之鼓缶和桑扈之循歌㴱曰共陰而息尚有將别之悲窮轍以遊亦與中途之歎况曰聯體同氣化爲異物稱情之服何害於聖邪云鷹化爲鳩鼠變爲鴽黄母爲鼈皆是生之類也類化而相生猶光去此燭復燃彼燭㴱曰鷹未爲鳩鳩則非有鼠既二有何可兩立光此燭得燃彼燭神去此形亦託彼形又何惑哉邪云欲使土化爲人木生眼鼻造化神明不應如此㴱曰腐草爲螢老木爲蝎造化不能詐其然也其後别與邪書云夫建言明理宜出正典證而違孔背釋獨爲君子若不師聖物各有心焉首欲東誰其能禦奚取於適秦何貴於得一逸韻雖高管見未喻前後往復再三邪砌理屈而文多不載

王紘年十五隨父在北豫州行臺侯景與人論掩衣法爲當左爲當右尚書敬顯曰孔子云微管仲吾其被髮左衽矣以此言之右衽爲是紘進曰國家龍飛朔野雄步中原五帝異儀三王殊制掩衣左右何足是非景奇其早惠賜以名馬

唐呂才爲太常博士太宗以陰陽書近代以來漸致訛僞穿鑿既甚拘忌亦多遂命才與學者十餘人共加刊正削其淺俗存其可用者勒成五十三卷并舊書四十七卷十五年書成詔頒行之才多以典故質正其理雖爲術者所短然頗合經義今畧載其敘數篇其敘宅經曰易曰上古穴居而野處後世聖人易之以宫室蓋取諸大壯迨於殷周之際乃有卜宅之文故詩稱相其陰陽書云卜惟雒食此則卜宅吉凶其來尚矣至於近代師巫更加五姓之說言五姓者謂宫商角徵羽等天下萬物悉配屬之行事吉凶依

此爲法至如張王等爲商武庚等爲羽欲似同韻相
求及其以柳姓爲宮以趙姓爲角又非四聲所管其
間亦有同是一姓分屬宮商後有複姓數字徵羽不
別驗於經典本無斯說諸陰陽書亦無此語直是野
俗口傳竟無所出之處唯堪輿經黃帝對於天老乃
有五姓之言且黃帝之時不過姬姜數姓暨於後代
賜族者多至如管蔡郕霍魯衛毛聃郜雍曹滕畢原
酆郇並是姬姓子孫孔殷宋華向蕭亳皇甫並是子
姓苗裔自餘諸國准例皆然因邑因官分枝布葉未
知此等諸姓是誰配屬又檢春秋以陳衛及秦並同

水姓齊鄭及宋皆爲火姓或承所出之祖或繫所屬
之星或取所居之地亦非宮商角徵共相管攝此則
事不稽古義理乖僻者也叙祿命曰謹按史記宋忠
賈誼譏司馬季主云夫卜筮者高人祿命以悅人心
矯言禍福以盡人財又按王充論衡云見骨體而知
命祿此即祿命之書行之久矣多言或中人乃信之
今更研尋本非實祿但以積善餘慶不假建祿之吉
積惡餘殃豈非劫殺之災自天無親常與善人禍福
之應其猶影響故有夏多罪天命勦絶宋景脩德妖
孛夜移學也祿在豈待生當建王勤憂損壽不關月

值空亡長平坑卒未聞共犯三刑南陽貴士何必俱
當六合歷陽成湖非獨河魁之上蜀郡炎燎豈繇災
厄之下今時亦有同年同祿而貴賤懸殊共命共胎
而夭壽更異按春秋魯桓公六年七月魯莊公生今
檢長曆莊公生當乙亥之歲建申之月以此推之莊
公乃當祿之空亡依祿命書法合貧賤又犯勾絞六
害背驛馬三刑當此生者並無官爵火命七月生當
病鄉爲人尫弱身胎矬陋今按齊詩譏莊公猗嗟昌
兮頎而長兮美目陽兮巧趨蹌兮唯有尚命一條法
當長命依簡春秋莊公薨時計年四十五矣此則祿

命不驗一也又按史記秦莊襄王四十八年始皇帝
生宋忠注云因正月生乃名政依簡襄王四十八年
歲在壬寅此年正月生者命當背祿法無官爵假得
祿合奴婢尚少始皇又當破驛馬三刑身剋驛馬法
當望官不到金命正月生當絶下爲人無始有終老
而彌吉今驗史記始皇乃是有始無終老更彌凶唯
建命生法合長壽計其終時不過五十祿命不驗二
也又漢武故事武帝以乙酉之歲七月七日平旦時
生亦當祿空亡下法無官爵雖向驛馬尚隔四辰依
祿命法少無官榮老而方盛今驗漢書武帝即位年

始十六未年巳後戶口減半祿命不驗三也又按後魏書云孝文皇帝皇興元年八月生今按長曆其年歲在丁未以此推之孝文皇帝背祿命并驛馬三刑身尅驛馬依祿命書法無官爵命當父死中生法當生不見父今簡魏書孝文皇帝身受其父顯祖之禪禮云嗣於位定於初喪踰年之後方始正號是以天子無父父事三老也孝文受禪異於常禮躬率天下以事其親而祿命云不合識父祿命不驗四也又按沈約宋書云宋高祖癸亥歲三月生依此而推祿之與命並當空亡依祿命書法無官爵又當子墓中生

唯宜嫡子假有次子法當早卒今簡宋書高祖長子先被篡弒次子義隆享國多年高祖又當祖祿下生法得嫡孫財祿今簡宋書其孫劉劭劉濬並爲篡逆幾失宗祧祿命不驗五也敘葬書曰易云古之葬者衣之以薪不封不樹喪期無數後世聖人易之以棺槨蓋取諸大過禮云葬者藏也欲使人不得見之然孝經云卜其宅兆而安厝之以其復土事畢長爲感慕之所窀穸禮終永作鬼神之宅朝市遷變不得豫測於將來泉石交侵不可先知於地下是以謀及龜筮庶無後艱斯乃備於慎終之禮曾無吉凶之義暨

乎近代以來加之陰陽葬法或選年月便利或量墓田遠近一事失所禍及死生巫者利其貨賄莫不擅加妨害遂使葬書一術乃有百二十家各說吉凶拘而多忌且天覆地載乾坤之理備焉一剛一柔消息之義詳矣或成於晝夜之道感於男女之化三光運於上四氣通於下斯乃陰陽之大經不可失之於斯須也至於喪葬之吉凶乃附此爲妖妄傳云王者七日而殯七月而葬諸侯五日而殯五月而葬大夫經時而葬士及庶人逾月而已此則貴賤不同禮亦異數欲使同盟同軌赴弔有期量事制宜遂爲常式法

旣一定不得違之故先期而葬謂之不懷後期而不葬譏之殆禮此則葬有定期不擇年月一也春秋又云丁巳葬定公雨不克葬至於戊午襄事禮經善之禮記云卜葬先遠日者善選月終之日所以避不懷也今簡葬書以巳亥之日用葬最凶謹按春秋之際此日葬者凡有二十餘件此則葬不擇日二也禮記又云周尚赤大事用平旦殷尚白大事用日中夏尚黑大事用昏時鄭玄注云大事者何謂喪葬也此則直取當代所尚不擇時之早晚春秋云鄭卿子產及子太叔葬鄭簡公於時司墓大夫室當葬路若壞其

室即平旦而崩不壞其室即日中而崩子產不欲壞室欲待日中子太叔云若至日中而崩恐有勞諸侯大夫來會葬者然子產既云博物君子太叔乃爲諸侯之遠國之大事無過喪葬必是義有吉凶斯等豈得不用今乃不問時之得失惟論人事可不會子問葬逢日蝕捨於路左待明而行所以備非常也若依葬書多用乾艮二時並是近半夜此則文與禮違今簡禮傳葬不擇時三也葬書云富貴官品皆繇安葬所致年命延促亦繇墳壟所招然今按孝經云立身行道則揚名於後世以顯父母易曰聖人之大寶曰

位何以守位曰仁是以日愼一日則澤及於無疆苟德不建則而人無後此則非繇安葬吉凶而論福祚延促臧孫有後於魯不關葬得吉日若敖絶嗣於荆不繇遷厝失所此則安葬吉凶不可信用其義四也今之喪葬吉凶皆依五姓便利古之葬者並在國都之北兆域既有常所何取姓墓之義趙氏之葬並在九原漢之山陵散在諸處上利下利蔑爾不論大墓小墓其義安在及其子孫富貴不絶或與三代同風或分六國而王此則五姓之義大無稽古吉凶之理何從而生其義五也且人臣名位進退何常亦有初賤而後貴亦有始泰而終否是以子文三巳令尹展禽三黜士師卜葬一定更不迴改冢墓既成曾不革易則何因名位無時蹔安故知官爵弘之在人不繇安葬所致其義六也野俗無識皆信葬書巫者詐其吉凶愚者因而徼倖遂使擗踊之際擇葬地而希官品荼毒之秋選葬時以規財祿或宜辰日不宜哭而黙對賓客受弔問或云同屬忌於臨壙乃吉服不送其親聖人設教豈其然也葬書敗俗一至於斯其義七也

徐有功任地官員外郎有鹿城主簿潘好禮者慕

其爲人乃著論曰客有問於主人曰地官徐員外何如也答曰守道君子也客曰徐公明識誠難爲儔也何不稍圓通以協隨時之義而取富貴乎何爲固守方正乖相時之道幾致死亡者數矣此豈大雅君子全身之義哉答曰夫隨時相宜而取富貴凡情所晞徐公豈不達之若徐公者仁人也夫仁者濟物也此道大矣非常情所知故孔子曰有殺身以成仁無求生以害仁徐公之不愛死亡固守誠節用此道也豈以貴賤生死而易其操履哉問曰仁則信矣忠則如何答曰豈有仁者不忠乎當今帝德文明憂勞庶政

思致刑措以隆中興徐公獻可替否盡忠盡節誠欲戴明王於堯舜之上置蒼生於大道之中事跡顯然有識同悉子何疑而問哉客曰鄙人固鄙不閑大體忠則信矣孝則如何答曰豈有忠臣而非孝子也孝經曰君子之事親孝故忠可移於君立身行道揚名於後代以顯父母今徐公之名聞於四海有志之士莫不增氣豈直揚名亦永錫爾類矣禮曰大孝揚名徐公之謂也問曰徐公之道旣高矣何謂蹩處霜臺卽奏天官得失牓諸門以示天下規規然是釣名耳其故何哉主人胡盧而笑久而應之曰子徒見堦塿

未覩泰山乎夫天官者奔競旣久濫進弘多選司權輕且未能止此弊之甚也徐公旣處霜臺以澄清爲己任切於救弊急於爲善此徐公之情也以爲釣名可謂不知言矣客有慚色問曰此人當今可誰與比答曰宇宙至廣人物至多匿跡韜光者固有之矣僕寧敢厚誣天下之士乎若所聞見一人而已當於古人中求之問曰何如張釋之答曰釋之爲廷尉天下無冤人此畧同耳然而釋之所以者甚易徐公所行者甚難難易之間優劣可知矣問曰張公徐公皆是國士至於斷獄俱守正途事跡旣同有何難易答曰張公逢漢文之時天下無事至如盜高廟玉環及渭橋驚馬守法而已豈不易哉徐公逢華命之秋屬維新之運唐朝遺老或有包藏禍心遂使陶公之璧有所疑矣至如周興來俊臣者更是堯舜之四凶也擄義隱賊毀信廢忠崇節惡言以誣盛德遂使忠臣側自恐死亡無日矣徐公守死善道深相明白幾陷囹圄數摧網羅此吾子所聞豈不難矣易曰進退存亡而不失其正者徐公得之矣客曰若使此人爲司刑卿方得展其才用答曰吾子徒見徐公用法平允卽謂可置司刑僕觀其人固奇士也方寸之地何所不

容若其用之何事不可豈直司刑而已哉客曰今日聞吾子議知徐公之令德未可盡言乎固知君子之道非小人所測也其爲當時所稱述如此

宋昱爲中書舍人知銓天寶十載選部選才多濫選人劉迺獻議於昱曰虞書稱知人則哲能官人巍巍唐虞以爲難今夫文部旣始之以掄材終之以授位是則知人官人斯爲重任者在禹稷皐陶之衆聖猶曰載采采有九德考績以九載近代主司獨委一小冢宰察言於一幅之判觀行於一揖之內古今遲速何不侔之甚哉夫判者以狹辭短韻語有定規爲

體亦猶以一小台而鼓衆金雖欲爲鼎爲鏞不可得也故曰判之在文至局促者失銓者必以崇文冠首姝嫮爲賢斯文士之醜行君子所病若引周公尼父於銓庭則雖國書易象之大訓以判體挫之曾不及徐庾雖有淵默罕言之至德以喋喋取之曾不若嗇夫嗚呼彼千霄蔽日誠巨樹也當求尺寸之材必後於椽杙龍吟虎嘯誠希聲也若聲尚於頰舌之感必下於蛙黽觀察之際能不恚夫執事慮過龜策文會雅詁豈拘以瑣瑣故事曲折因循哉誠能先咨以政事次徵以文學退觀其理家進察其臨節則厖鴻深

況之士亦可以窺其門戶矣

冊府元龜

巡按福建監察御史臣李嗣京　訂正
分守建南道左布政使臣胡維霖　參閱
知建陽縣事臣黃國琦　較釋

總錄部　八十一

規諷

書曰官師相規所以更箴其闕也傳曰士有爭友所以成人之美也是知相勸以義相勉以正時惟君子之道聞善則告有過則規斯乃朋友之職故其至言而無隱同心而多益葢繇乎切切偲偲忠告善道使

其喜聞其過莫逆於心不離於令名罔陷於非義者矣故臧孫有惡石之喻荀伯有盡心之說仲尼之論友貴乎直諒重華之申戒鄙乎面從皆是物也亦有位下而輸忠交疏而詰過盡拳拳之志成謇謇之美斯葢聞善必告竭誠無隱俾夫心善其說深納其戒繹回而增美繕闕而窒非亦異夫未見顏色而言之也若乃遭其惡直始終固拒後以致敗卒如所規良可太息者已

晏子齊大夫也昭公十年齊欒施高彊奔魯陳鮑分其室晏子謂桓子必致諸公讓德之主也讓之謂懿德凡有血氣皆有爭心故利不可彊（不可強取）思義爲愈義利之本也蘊利生孽（蘊畜也孽害也）姑使無蘊乎可以滋長桓子盡致諸公而請老于莒（莒齊也）

富子鄭大夫也昭公十六年晉韓起聘于鄭鄭伯享之子產戒曰有位於朝無有不共恪孔張後至立於客間（孔張子孔之孫）執政禦之（執政掌位列者禦止也）適客後又禦之適縣間（縣樂肆）客從而笑之事畢富子諫曰夫大國之人不可不慎也幾爲之笑而不陵我（言數見笑則必陵侮我）我皆有禮人猶鄙我（鄙賤也）國而無禮何以求榮孔張失位吾子之恥也子產怒曰發命之不衷（衷當也）出令之

不信刑之頗類（緣事類以成偏頗）獄之放紛（放從也紛亂也）會朝之不敬（謂國無禮敬之心）使命之不聽（下不從上命）取陵於大國罷民而無功罪及而弗知僑之恥也孔張君之昆孫子孔之後也（昆兄也子孔襄公兄孔張之祖父）執政之嗣也（子孔嘗執鄭國之政）爲嗣大夫承命以使周於諸侯國人所尊諸侯所知立於朝而祀於家（卿得自立廟於家）有祿於國（受祿邑）有賦於軍（軍出卿賦百乘）喪祭有職（有所主）受脤歸脤（受脤謂君祭以肉賜大夫歸脤謂大夫祭以肉歸公皆社之戎祭也）其祭在廟已有著位在位數世世守其業而忘其所僑焉得恥之（其祭在廟謂助君祭）辟邪之人而皆及執政是先王無刑罰也（言爲過謬者自應用刑罰）子寧以

他規我規正也
閔子馬魯大夫也時季武子無適子公鉏長而愛悼子乃立之以公鉏爲馬正馬正家司馬慍而不出閔子馬見之閔子馬閔馬父曰子無然禍福無門唯人所召爲人子者惟忠惟孝不患無所所位處敬共父命何常之有言處置在父無嘗位也若能孝敬富倍季氏可也父寵之則可富姦回不軌禍倍下民可也禍甚於貧賤公鉏然之敬共朝夕恪居官次次舍也季孫喜使飲已酒而以具往盡舍旃具饗燕之具

孔子魯人也爲魯司寇季康子問政於孔子對曰政

者正也子帥以正孰敢不正康子魯上卿諸臣之帥也季康子患盜問於孔子孔子對曰苟子之不欲雖賞之不竊欲多情欲言民化於上不從其令從其所好又問政於孔子曰如殺無道以就有道何如孔子曰就成也欲多殺以止姦孔子對曰子爲政焉用殺子欲善而民善矣君子之德風小人之德草草上之風必偃孔曰亦欲令康子先風無不化者猶自正偃化也加草以民之化於上又葉公語孔子曰吾黨有直躬者其父攘羊而子證之孔子曰吾黨之直者異於是父爲子隱子爲父隱直在其中矣孔子又侍坐於季孫季孫之宰通曰君使人假馬其與之乎孔子曰吾聞君取於臣謂之取不曰假季孫悟告宰曰自今以來君有取謂之取無曰假

楚狂接輿歌而過孔子曰鳳兮鳳兮何德之衰往者不可諫兮不可復也來者猶可追也已而已而今之從政者殆矣孔子下欲與之言趨而去弗得與之言

曾子名參孔子弟子也曾子有疾孟敬子問之孟敬子魯大夫仲孫捷曾子言曰鳥之將死其鳴也哀人之將死其言也善欲戒敬子言我將死言善可用君子所貴乎道者三動容貌斯遠暴慢矣正顏色斯近信矣出辭氣斯遠鄙倍矣此道謂禮也動容貌能濟濟蹌蹌則人不敢暴之正顏色能矜莊嚴栗則人不敢欺誕之出辭氣能順而說之則無惡戾之言入於耳籩豆之事則有司存敬子忽大務小故又戒之以此

籩豆禮器

南蒯爲季氏費邑宰季平子立而不禮於南蒯南蒯謂子仲子仲公子整吾出季氏而歸其室於公室季氏家財子更其位更代也我以費爲公臣子仲許之南蒯懼不克以費叛蒯之將叛也其鄉人或知之過而歎之鄉人過蒯而歎且言曰恤恤乎湫乎攸乎恤恤憂患湫愁益攸懸危之貌深思而淺謀邇身而遠志家臣而君圖家臣而圖人君之事言思深而謀淺身近而志遠有人矣哉言今有此人微以感之

靖敦君田嬰齊威王少子爲宣王相將城薛客多以諫靖郭君謂謁者無爲客通齊人有請者曰臣請三

言而已矣益一言臣請烹靖郭君因見之客趨而進曰海大魚因反走君曰客有於此客曰鄙臣不敢以死爲戲君曰亡更言之對曰君不聞大魚乎網不能止鉤不能牵蕩而失水則螻蟻得意焉今夫齊亦君之水也君長齊奚以薛爲失齊雖隆薛之城到於天猶之無益也君曰善乃輟城薛

周舍趙簡子臣也舍好直諫立於門下三日三夜簡子使問之曰子欲見寡人何對曰願爲諤諤之臣墨筆操牘從君之過而日有記月有成歲有效也

虎會趙簡子臣也簡子上羊腸之坂羣臣皆偏袒推

車而虎會獨擔戟行歌不推車簡子曰寡人上坂羣臣皆推車會獨擔戟行歌不推車是會爲人臣侮其主爲人臣侮其主其罪何若虎會對曰爲人臣而侮其主者死而又死簡子曰何謂死而又死虎會曰身死妻子又死若是謂死而又死君既已聞爲人臣而侮其主者之罪矣君亦聞爲人君而侮其臣者乎簡子曰爲人君而侮其臣者何若虎會對曰爲人君而侮其臣者智者不爲謀辯者不爲使勇者不爲鬬智者不爲謀則社稷危辯者不爲使則使不通勇者不爲鬬則邊境侵簡子曰善乃罷羣臣不推車爲士大夫置酒與羣臣飲以虎會爲上客

優莫趙之優者也襄子飲酒五日五夜不廢酒謂侍者曰我成邦士也夫飲酒五日五夜矣殊不病優莫曰君勉之不及紂二日耳紂七日七夜今君五日襄子懼謂優莫曰然則吾亡乎優莫曰不亡襄子曰不及紂二日不亡何待優莫曰桀紂之亡也遇湯武今天下盡桀也而君紂也桀紂並世安能相亡然殆矣

李同趙邯鄲傳舍吏子秦急圍邯鄲邯鄲急且降平原君甚患之同說平原君曰君不憂趙亡邪平原君曰趙亡則勝爲虜何爲不憂乎李同曰邯鄲之民炊

骨易子而食可謂殆矣而君之後宫以數百婢妾被綺縠餘粱肉而民褐衣不完糟糠不厭民困兵盡或剡木爲矛矢而君器物鐘磬自若使秦破趙君安得有此使趙得全君何患無有今君誠能令夫人以下編於士卒之間分功而作家之所有盡散以享士士方其危苦之時易德耳於是平原君從之

趙良以商君相秦十年宗室貴戚多怨望者良見商君商君曰鞅之得見也從孟蘭皋今鞅請得交可乎趙良曰僕弗敢願也昔孔丘有言曰推賢而戴者進聚不肖而王者退僕不肖故不敢受命僕聞之曰非

其位而居之曰貪位非其名而有之曰貪名僕聽君之義則恐僕貪位貪名也故不敢聞命商君曰子不說吾治秦與趙良曰反聽之謂聰内視之謂明自勝之謂彊虞舜有言曰自卑也尚矣君不若道虞舜之道無爲問僕矣商君曰始秦戎翟之教父子無別同室而居今我更制其教而爲其男女之別大築冀闕營如魯衛矣子觀我治秦也孰與五羖大夫賢趙良曰千羊之皮不如一狐之腋千人之諾諾不如一士之諤諤武王諤諤以昌殷紂默默以亡君若不非武王乎則僕請終日正言而無誅可乎商君曰語有之

矣貌言華也至言實也苦言藥也甘言疾也夫子果肯終日正言鞅之藥也鞅將事子子又何辭焉趙良曰夫五羖大夫荆之鄙人也聞秦繆公之賢而願望見行而無資自粥於秦客被褐食牛期年繆公知之舉之牛口之下而加之百姓之上秦國莫敢望焉相秦六七年而東伐鄭三置晉國之君一救荆國之禍發教封内而巴人致貢施德諸侯而八戎來服繇余聞之欵關請見欵叩也五羖大夫之相秦也勞不坐乘暑不張葢行於國中不從車乘不操干戈功名藏於府庫德行施於後世五羖大夫死秦國男女流涕童子不歌謠舂者不相杵相謂送杵聲以音聲自勸也此五羖大夫之德也今君之見秦王也因嬖人景監以爲主非所以爲名也相秦不以百姓爲事而大築冀闕非所以爲功也刑黥太子之師傅殘傷民以峻刑是積怨畜禍也教之化民也深於命民之效上也捷於令今君又左建外易非所以爲教也君又南面而稱寡人日繩秦之貴公子詩曰相鼠有體人而無禮人而無禮何不遄死以詩觀之非所以爲壽也公子虔杜門不出已八年矣君又殺祝懽而黥公孫賈詩曰得人者興失人者崩此數事者非所以得人也君之出也後

車十乘從車載甲多力而駢脅者爲驂乘持矛而操闟所及反戟者一作旁屈盧之勁矛干將之雄戟旁車而趨此一物不具君固不出書曰恃德者昌恃力者亡君之危若朝露尚將欲延年益壽乎則何不歸十五都灌園於鄙勸秦王顯巖穴之士養老存孤敬父兄序有功尊有德可以少安君尚將貪商於之富寵秦國之教畜百姓之怨秦王一旦捐賓客而不立朝秦國之所以收君者豈其微哉亡可翹足而待商君弗從

漢召平者故秦東陵侯秦破居長安城東時陳豨反高祖自將至邯鄲而韓信謀反關中呂后用蕭何計

誅信高祖已聞信誅便拜何相國益封五千戶令卒五百人一都尉爲相國衛諸君皆賀平獨弔謂何曰禍自此始矣上暴露於外而君守内非被矢石之難而益君封置衛者以今者淮陰新反於中有疑君心夫置衛衛君非以寵君恐其爲變故守衞之讓封勿受悉以家私財佐軍何從其計帝悅

東郭先生齊人以方士待詔公車武帝時大將軍衛青者衛后兄也衞青傳曰子夫之弟也封爲長平侯從軍擊匈奴至余吾水上而還斬首捕虜有功來歸詔賜金千斤將軍出宫門東郭先生當道遮衛將軍車拜謁曰

願白事將軍止車前東郭先生旁車言曰王夫人新得幸於上家貧今將軍得金千斤誠以其半賜王夫人之親人主聞之必喜此所謂奇策便計也衛將軍謝之曰先生幸告之以便計謹奉教於是衛將軍乃以五百金爲王夫人之親壽王夫人以聞武帝帝曰大將軍不知爲此問之安所受計策對曰受之待詔者東郭先生詔召東郭先生拜以爲郡都尉

雋不疑渤海人暴勝之爲直指使者至渤海請與不疑相見登堂坐定不疑據地曰竊伏海瀕聞暴公子舊矣瀕涯也公子勝之字也舊久也瀕音頻又音賓今乃承顏接辭凡爲吏太剛則折太柔則廢威行施之以恩然後樹功揚名永終天祿勝之知不疑非庸人敬納其戒深接以禮位至京兆尹

丙吉爲光祿大夫與魏相善時相遷楊州刺史考按郡國守相多所貶退吉與相書曰朝廷已深知弱翁治行相字弱翁方且大用矣願少慎事自重藏器於身易下繫辭云君子藏器於身待時而動不顯見其材能相心善其言爲霽威嚴

後漢桓譚字君山哀帝時董賢爲大司馬聞譚名欲與之交譚先奏書於賢説以輔國保身之術賢不能用遂不與通卒爲六安郡丞

班彪扶風安陵人性沈重好古年二十餘更始敗三輔大亂時隗囂擁衆天水彪乃避難從之囂問彪曰往者周亡戰國並爭天下分裂數世然後定意者從横之事復起於今乎將承運迭興在於一人也願生試論之對曰周之廢興與漢殊異昔周爵五等諸侯從政本根既微枝葉强大故其末流有從横之事勢數然也漢承秦制改立郡縣主有專己之威臣無百年之柄至於成帝假借外家哀帝短祚國嗣三絶故王氏擅朝因竊號位危自上起傷不及下是以即真之後天下莫不引領而歎十餘年間中外騷擾遠近

俱發假號雲合咸稱劉氏不謀同辭方今雄桀帶州域者皆無七國世業之資而百姓謳吟思仰漢德巳可知矣囂曰生言周漢之勢可也至於但見愚人習識劉氏姓號之故而謂漢家復興疏矣昔秦失其鹿劉季逐而羈之時人復知漢乎彪旣疾囂言又傷時方難乃著王命論以爲漢德承堯有靈命之符王者興祚非詐力所致欲以感之而囂不寤彪終於望都長

李淑豫章人爲軍師將軍更始至長安所受官爵皆羣小賈豎淑上疏諫曰方今賊寇始誅王化未行百

官有司宜慎其任夫三公上應台宿九卿下法河海故天工人其代之陛下定業雖因下江平林之勢斯蓋臨時濟用不可施之旣安宜釐改制度更延英俊因才授爵以佐王國今公卿大位莫非戎陳尚書顯官皆出庸伍資亭長賊捕之用而當輔佐綱維之任唯名與器聖人所重今以所重加非其人望其毗益萬分興化致理譬猶緣木求魚升山採珠海內望此有以闚度漢祚臣非有憎疾以求進也但爲陛下惜此舉厝敗材傷錦所宜至慮惟割旣往謬妄之失思隆周文濟濟之美更始怒繫淑詔獄自是關中離心四方怨叛諸將出征各自專置牧守州郡交錯不知所從

王閎王莽叔父平阿侯譚之子也更始遣閎爲瑯琊太守張步拒之不得進後步以閎掌郡事時梁王劉永死步等欲立永子紆爲天子自爲定漢公置百官閎諫曰梁王以奉本朝之故是以山東頗能歸之今尊立其子將疑衆心且齊人多詐宜且詳之步乃止

董崇與寇恂同門生光武以恂爲河內太守行大將軍事崇說恂曰上新卽位四方未定而君以此時據大郡此讒人所側目怨禍之府也宜思功遂身退之

計恂然其言因病不視事

崔駰字亭伯爲竇憲車騎將軍掾竇太后臨朝憲以重戚出內王命駰獻書誡之曰駰聞交淺而言深者愚也在賤而望貴者惑也未信而納忠者謗也三者皆所不宜而或蹈之者思効其區區憤盈而不能巳也竊見足下體淳淑之姿躬高明之量意美志厲有上賢之風駰幸得充下館列後陳是以竭其拳拳敢進一言傳曰生而富者驕生而貴者傲生富貴而能不驕傲者未之有也今寵祿初隆百寮觀行當堯舜之盛世處光華之顯時豈可不庶幾夙夜以永終譽

弘申伯之美致周召之事乎語曰不患無位患所以立昔馮野王以外戚居位稱爲賢臣近陰衛尉克已復禮終受多福郯氏之宗非不尊也陽侯之族非不盛也重侯累將建天樞執斗柄其所以獲譏於時垂愆於後者何也蓋在滿而不溢位有餘而德不足也漢興以後迄于哀平外家二十保族全身四人而已書曰鑒于有殷可不慎哉竇氏之典鞏自孝文二君以淳淑守道成名先日安豐以佐命著德顯自中興内以忠誠自固外以法度自守卒享國祚衍社稷於今夫謙德之光周易所美滿溢之位道家所戒故君

子福大而愈懼爵隆而益恭遠察近覽俯仰有則銘諸几杖刻諸盤盂兢兢業業無怠無荒如此則百福是荷慶流無窮矣

傳燮爲漢陽太守時刺史耿鄙委任治中程球球爲通姦利士人怨之靈帝中平四年鄙率郡兵討金城賊王國韓遂等燮知失衆必敗諫曰使君統政日淺人未知教孔子曰以不教民戰是謂棄之今率不習之人越大隴之阻將十舉十危而賊聞大軍將至必萬人一心邊兵多勇其鋒難當而新合之衆上下未和萬一内變雖悔無及不若息軍養德明賞必罰賊得寬挺必謂我怯羣惡爭勢其離可必然後率已教之人討咸離之賊其功可坐而待也今不爲萬全之福而就必危之禍竊爲使君不取鄙不從行至狄道果有反者先殺球次害鄙

邴原北海朱虚人魯國孔融在郡教選計當任公卿之才乃以鄭玄爲計掾彭璆爲計吏原爲計佐融有所愛一人嘗盛嗟嘆之後恚望欲殺之朝吏皆請時其人亦在坐叩頭流血而融意不解原獨不爲請融謂原曰衆皆請而君何獨不原對曰明府於某本不薄也嘗言歲終當舉之此所謂吾一子也如是朝吏

恩未有在某前者矣而今乃欲殺之明府愛之則引而方之於子憎則推之欲危其身原愚不知明府以何愛之以何惡之融曰某生於微門吾成就其兄弟拔擢而用之某今孤負恩施夫善則進之惡則誅之固君道也往者應仲遠爲泰山太守舉一孝廉旬月之間而殺之夫君人者厚薄何當之有原對曰仲遠舉孝廉殺之其義焉在夫孝廉國之俊選也舉之若是則殺之非也若殺之是則舉之非也詩云彼已之子不遂其媾蓋譏之也語云愛之欲其生惡之欲其死既欲其生又欲其死是惑也仲遠之惑甚矣明府

矣取焉融乃大笑曰吾但戲耳原又曰君子於其言出乎身加乎民言行君子之樞機也安有欲殺人而可以爲戲者哉融無以答官至五官將長史

高順爲呂布督將時泰山臧覇等攻破莒城許呂布財幣以相結而未及送布乃自往求之順諫止曰將軍威名宣播遠近所畏何求不得而自行求賂萬一不克豈不損耶布不從既至莒覇等不測往意固守拒之無獲而還布性決易所爲無常順每諫曰將軍舉動不肯詳思忽有失得動輒言誤事豈可數乎布知其忠而不能從

魏諸葛原字景春爲新興太守管輅餞之原與輅別戒以二事言卿性樂酒量雖溫克然不可保寧當節之卿有水鏡之才所見者妙仰觀雖神禍如膏火不可不慎持卿叡才遊於雲漢之間不憂不富貴也輅言酒不可極才不可盡吾欲持酒以禮持才以愚何患之有也

蔣班焦彝皆諸葛誕爪牙計事者時誕據淮南反大軍圍誕於壽春吳將朱異再以大衆來迎班彝等言於誕曰朱異等以大衆來而不能進孫綝殺異而歸江東外以發兵爲名而内實坐須成敗其歸可見矣今宜及衆心尚固士卒思用并力決死攻其一面雖不能盡克猶可有全者文欽曰江東乘戰勝之威久矣未有難北方者也况公今舉十餘萬之衆内附而欽與全端等皆同居死地父兄子弟盡在江表就孫綝不欲主上及其親戚豈肯聽乎且中國無歲無事軍民並疲今守我一年勢力已困異圖生心變故將起以往準今可計日而望也班彝固勸之欽怒而誕欲殺班彝二人懼且知誕之必敗也十一月乃相攜而降

張遼爲陳留太守初事袁術時術議稱尊號遼謂術

曰漢據火德絶而復揚德澤豐流誕生明公居軸處中入則享於上庠出則爲衆目之所屬華霍不能增其高淵泉不能同其量可謂巍巍蕩蕩無與爲二何爲捨此而欲稱制恐福不盈揩禍將溢世莊周之稱郊祭犧牛養飼經年衣以文繡宰執鸞刀以入廟門當此之時求爲孤犢不可得也

蜀黄權字公衡巴西人少爲郡吏州牧劉璋召爲主簿時别駕張松建議宜迎先主使拒張魯權諫曰左將軍有驍名今請到欲以部曲遇之則不滿其心欲以賓客禮待則一國不容二君若客有泰山之安則

主有累卵之危可但閉境以待河清璋不聽竟遣使迎先主出權爲廣陵長

劉巴字子初劉璋遣法正迎先主巴諫曰備雄人也入必爲害不可內也既入巴復諫曰若使備討張魯是放虎於山林也璋不聽巴閉門稱疾備攻成都令軍中曰其有害巴者誅及三族及得巴甚喜後代法正爲尚書令

吳朱據字子範吳郡吳人有姿貌膂力又能論難太帝黄武初徵拜五官郎中補侍御史是時選曹尚書暨豔疾貪汙在位欲沙汰之據以爲天下未定宜以

功覆過棄瑕取用舉清厲濁足以沮勸若一時貶黜懼有後咎豔不聽卒敗

陸瑁字子璋州郡辟舉皆不就時尚書暨豔盛明臧否差斷三署頗揚人闇昧之失以顯其謫瑁與書曰夫聖人嘉善矜愚忘過記功以成美化加今王業始建將一大統此乃漢高棄瑕錄用之時也若令善惡異流貴汝頴月旦之評誠可以厲俗明教然恐未易行也宜遠模仲尼之汎愛中則郭泰之弘濟近有益於大道也豔不能行卒以致敗後爲選曹尚書

晉華譚友人袁甫者歷陽人少能言議與譚齊名友善景帝大安中入雒譚與甫書曰誠以枯澤非應龍之淵棘林非鸞鳳之窟昔食其自匿監門非高祖不長揖孔明躬稼南陽非劉氏不馳驅望雲霄而矯翮見鴻鵠之輕羽瞻長塗而高鳴知騏驥之迅足官至祕書監

皇甫方回謐子避亂荆州刺史陶侃禮之甚厚王敦遣從弟廙代侃遷侃爲廣州侃將詣敦方回諫曰吾聞敵國滅功臣亡足下新破杜弢功莫與二欲無危其可得乎侃不從而行敦果欲殺侃賴周訪獲免方回徵博士不起

册府元龜

巡按福建監察御史臣李嗣京　訂正

知長樂縣事臣夏允彝条閲

知建陽縣事臣黄國琦較釋

總録部八十二

規諷第二

宋范晏盧陵王義眞故吏義眞與謝靈運顔延之慧琳過甚晏從容戒之義眞曰靈運空疎延之隘薄魏文帝云鮮能以名節自立者但性情所得未能忘言於悟賞故與之遊耳

沈慶之爲車騎大將軍時柳元景顔師伯嘗詣慶之會共遊田元景等鳴笳卒滿道慶之獨與左右一人在田見之愀然改容曰夫貧賤不可居富貴亦難守吾與諸公並出貧賤因時際會榮貴至此唯當共思損抑之事老子八十之年目見成敗者已多諸君炫此車服欲何爲乎於是插杖而耘不爲之顧元景等撤侍褰裳從之慶之乃與相對爲歡

范泰爲侍中左光禄大夫時司徒王弘輔政泰謂弘曰天下務廣而權要難居卿兄弟盛滿當深存降挹彭城王帝之次弟宜徵還入朝共參政事弘納其言

戚粲爲平陵令時王弘輔政彭城王義康爲荆州刺史鎮江陵粲與弘書曰僕聞軌物設教必隨時制宜世代盈虚亦與之消息夫勢之所處非親不居是以周之宗盟異姓爲後權輔之要任歸二南斯前代之明謨當今之顯轍明公位極台鼎四海具瞻劬勞夙夜義同吐握而總録百揆兼牧畿甸功實盛大莫之與疇天道福謙宜存挹損驃騎彭城王道德昭備上之懿弟宗本歸源所應推先宜出據列藩齊光魯衛明公高枕論道燮理陰陽則天下和平災害不作福慶與大宋升降享年與松喬齊久名垂萬代豈不美

與弘本有退志得粲言録是固自陳請乃降爲衛將軍開府儀同三司

柳元景字孝仁爲冠軍將軍文帝時薛安都從弟道生亦以軍功爲大司馬參軍犯罪爲秣陵令庾淑之所鞭安都大怒乃乘馬從數千人令左右執矟欲往殺淑之行至朱雀航逢元景元景還問薛公何處去安都躍馬至車後曰小子庾淑之鞭我從弟今指往刺殺之元景慮其不可駐乃紿之曰小子無故宜適卿往與手甚快安都既迴馬復追呼之别宜與卿有所論令下馬入車既入車因責讓之曰卿從弟服章

言論與寒細不異雖復人士庚淑之亦何緣得知且人身犯罪理應加罰卿爲朝廷勳臣宜崇奉法憲云何放恣輙欲於都邑殺人非唯科律所不容主上亦無辭以相宥因載之俱歸安都乃止

垣護之元嘉初爲殿中將軍隨到彦之北伐彦之將廻師護之爲書諫曰外聞節下欲廻師旋之竊所不同何者殘虜畏威望風奔迸八載侵地不戰克復方當長驅朔漠窮掃遺醜況乃自送無假遠勞宜使竺零秀進滑臺助朱脩之固守節下大軍進據河北則牢雒遊魂自然奔退且昔人有連年攻戰失衆乏

糧者猶張膽爭前莫肯輕退況今青州豐穰濟漕流通士馬飽逸威力無損若空弃滑臺坐喪成業豈是朝廷受任之旨彦之不納散敗而歸太祖聞而善之以補江夏王義恭征北將軍北高平太守

郢有野老帶苫而耕時衡陽王義季嘗大蒐於郢命左右斥之老人擁耒對曰昔楚子盤遊受譏令尹今陽和扇氣播厥之始一日不作人失其時大王馳騁爲樂驅斥老夫非勸農之意義季止馬曰此賢者也命賜之食老曰吁願大王均其賜也苟不奪人時則一時皆享王賜老人不偏其私矣斯飯也弗敢當問其名不言而退

南齊荀丕潁川人豫章王嶷爲荆州時丕獻書令戒損奢麗王優教酬答尚書令王儉當世丕又與儉書曰足下建高世之名而不顯高世之跡將何以書於齊史哉

梁謝郤會稽人也何敬容爲尚書令參掌機密以罪免職尋起爲金紫光禄大夫未拜又加侍中敬容舊時賓客門生諠譁如昔冀其復用郤致書戒之曰草莱之人聞諸道路君侯已得瞻步宮闕出入禁門雖尉將不敢阿斥然不無其漸甚休甚休敢賀於前又

將弔也昔流言裁作公旦東奔燕書始來子孟不入夫聖賢被虐過以自斥未有要時釁而求親者也且曝鰓之鱗不念杯杓之水雲霄之翼豈顧籠樊之糧何者所託已盛也昔君侯納言加首鳴玉在要廻豐貂以步文昌聳高蟬而走武帳可謂盛矣不以此時薦才拔士少報聖主之恩今卒如愛私之說受責見過方復欲更窺朝廷觖望萬分竊不爲左右取也昔竇嬰楊惲亦得罪明時不能謝絕賓客猶交黨援卒無後福終益前禍僕之所弔實在於斯人人所以頗猶有踵君侯之門者未必皆感惠懷仁有灌夫任安

之義乃戒翟公之大署異君侯之後用也夫在思過之日而挾復用之意未可爲智者說矣君侯宜杜門念失無有所通築茅茨於鍾阜聊優游以卒歲見可憐之意著待終之情復仲尼能改之言惟子貢更也之譬少戢言於衆口微自救於竹帛所謂失之東隅收之桑榆如此令明王聞知尚有異也僕東皐鄙人入冗幸無銜蠆之恥天下之士不爲執事道之故披肝膽示情素君侯豈能鑒焉

袁敬爲太子舍人江陵淪没流寓嶺表高祖受禪敬在廣州依歐陽頠卒其子紇據州將有異志敬累諫

紇爲陳逆順之理言甚至紇終不從高宗即位遣章昭達率衆討紇紇恨不納敬言朝廷義之

陳虞寄爲岳陽王中記室侯景之亂寄隨兄荔入臺城除鎮南湘東王諮議參軍加貞威將軍京城陷遯還鄉里及張彪往臨川強寄俱行與虎將鄭瑋同舟而載瑋嘗忤彪意乃劫寄奔于晉安時陳寶應據有閩中得寄甚喜高祖平侯景寄勸令自結寶應從之乃遣使歸誠承聖元年除和戎將軍中書侍郎寶應愛其才託以道阻不遣每欲引寄爲僚屬委以文翰寄因辭獲免及寶應結婚留異潛有逆謀寄微知其意言說之際每陳逆順之理微以諷諫寶應輒引說他事以拒之又嘗令左右誦漢書臥而聽之至蒯通說韓信相君之背貴不可言寶應起曰可謂智士寄正色曰覆酈驕韓未足稱智豈若班彪王命識所歸乎寄知寶應不可諫慮禍及已乃爲居士服以拒絶之嘗居東山寺僞稱脚疾不復起寶應以爲假託使燒寄所臥室寄安臥不動親近將扶寄出寄曰吾命有懸避欲安往所縱火者旋自救之寶應自此方信及留異稱兵寶應資其部曲寄乃因書極諫曰東山虞寄致書於明將軍使君節下寄流離世故飄寓貴

鄉將軍待以上賓之禮申以國士之眷意氣所感何日忘之而寄沉痾彌留偈陰將盡嘗恐卒塡溝壑泊塵莫報是以敢布腹心冒陳丹款願將軍留須臾之意少思察之則瞑目之日所懷畢矣夫安危之兆禍福之機匪獨天時亦由人事失之毫釐差以千里是以明智之士據重位而不傾執大節而不失豈惑於浮辭哉將軍文質兼資英威不世往因多難仗劒與師援旗誓衆抗威千里豈不以四郊多壘共謀王室佐時報主寧國庇民乎此所以五尺童子皆願荷戟而隨將軍者也及高祖武皇肇基草昧初濟艱難于

時天下沸騰民無定主豺狼當道鯨鯢横擊海内業
業未知所從將軍運洞微之鑒折縱横之辯策名委
質自託宗盟此將軍妙筭遠圖發於衷誠者也及主
上繼業欽明睿聖選賢與能群臣輯睦結將軍以維
城之重崇將軍以列土之封豈非宏謨妙略推赤心
於物也屢申明詔欵篤殷勤君臣之分定矣骨内之
恩浮矣不意將軍惑於邪説遽生異計寄所以疾首
痛心泣盡繼之以血萬全之策竊爲將軍惜之寄雖
疾侵耄及言無足採千慮一得請陳愚筭願將軍少
戢雷霆賒其晷刻使得盡狂瞽之説披肝膽之誠則

死之日猶生之年也自天厭梁德多難薦臻寰宇分
離英雄互起不可勝紀人人自以爲得之然夷凶翦
亂拯溺扶危四海樂推三靈眷命揖讓而居南面者
陳氏也豈非歷數有在唯天所授當璧應運其事甚
明一也主上承基明德遠被天綱再張地維重紐夫
以王琳之强侯瑱之力進足以摧蕩中原爭衡天下
退足以保强江外雄長偏隅然或命一旅之師或資
一士之説琳則瓦解冰泮投身異域瑱則厥角稽顙
委命闕庭斯又天假之威而除其患其事甚明二也
今將軍以藩戚之重東南之衆盡忠奉上戮力勤王

豈不勳高竇融寵過吳芮折珪判野南面稱孤其事
甚明三也且聖明弃瑕忘過寬厚待人改過自新咸
加敘擢至於余孝頃潘純陁李孝欽歐陽頠等悉委
以心腹任以爪牙胸中豁然曾無纖芥況將軍釁非
張繡罪異畢諶當何慮於危亡何失於富貴此又其
事甚明四也方今周齊鄰睦境外無虞并兵一向匪
朝伊夕非劉項競逐之機楚趙連從之勢何得雍容
高拱坐論西北其事甚明五也且留將軍狼顧一隅
亟經摧衂聲實虧喪膽氣衰沮高瓌向文政留瑜黄
子玉此數人將軍所知首鼠兩端惟利是視其餘將

帥亦可見矣孰能被堅執鋭長驅深入繫馬埋輪奮
不顧命以先士卒者乎此又其事甚明六也且將軍
之强孰如侯景將軍之衆孰如王琳武皇滅侯景於
前今上摧王琳於後此乃天時非復人力且兵革之
後民皆厭亂其孰能棄墳墓捐妻子出萬死不顧之
計從將軍於白刃之間乎此又其事甚明七也歷觀
前古鑒之往事子陽季孟傾覆相尋餘善右渠危亡
繼及天命可畏山川難恃況將軍欲以數郡之地當
天下之兵以諸侯之資拒天子之命强弱逆順可得
件乎此又其事甚明八也且非我族類其心必異不

愛其親豈能及物留將軍身縻國爵子尚王姬猶且
弃天屬而弗顧背明帝而孤立危急之日豈能同憂
共患不背將軍者乎至於師老力屈懼誅利賞必有
韓智晉陽之謀張陳井陘之勢此又其事甚明九也
且北軍萬里遠鬬鋒不可當將軍自戰其地人多顧
後衆寡不敵將帥不侔師以無名而出事以無機而
動以此稱兵未知其利以漢朝吳楚晉室穎顒連城
數十長戟百萬拔本塞源自圖家國其有成功者乎
此又其事甚明十也爲將軍計者莫若不遠而復絶
親留氏秦郎快即隨遣入質釋甲偃兵一遵詔旨且

朝廷許以鐵券之要申以白馬之盟朕弗食言誓之
宗社寄聞明者鑒未形智者不再計此成敗之効將
軍勿疑吉凶之幾間不容髮方今藩維尚少皇子幼
冲凡預宗枝皆蒙寵樹況以將軍之地將軍之才將
軍之名將軍之勢而兒脩藩服北面稱臣寧與劉澤
同年而語其功業哉豈不身與山河等安名與金石
相獘願加三思慮之無忽寄氣力綿微餘陰無幾感
恩懷德不覺狂言鈇鉞之誅甘之如薺寶應覽書大
怒或謂寶應曰虞公病勢漸篤言多錯謬寶應意乃
少釋亦爲寄有民望且優容之及寶應敗走夜至蒲
田顧其子扞秦曰早從虞公計不至今日扞秦但泣
而巳寶應既擒凡諸賓客微有交涉者皆伏誅唯寄
以先識免禍

後魏李平爲相州刺史前來臺使頗好侵取平乃畫
履虎尾踐薄氷於客館注頌其下以示戒焉

高湖字大淵初爲慕容垂散騎常侍垂遣其太子寶
伐魏湖言於垂曰魏燕之與國彼有內難此遣赴之
此有所求彼無違者和好多年行人相繼徃求馬不
遂留其弟曲在於此非彼之失政當敦修舊好又寧
國家而復令太子率衆伐遠且魏主雄畧兵馬精强

嶮阻艱難備嘗之矣太子富於春秋意果心銳輕敵
好勝難可獨行兵凶戰危願以深慮言頗切厲垂怒
免湖官既而寶果敗於參合

張普惠爲步兵校尉時驍騎將軍刁整家有舊訓將
營儉葬普惠以爲矯時太甚與整書論之

高允爲太傅時太武皇帝之子翰爲東平王允以翰
年少作諸侯箴以遺之翰覽之大悅

後周庾季才太祖時爲車騎大將軍其後大冢宰宇
文護執政謂季才曰此日天道有何徵祥季才對曰
荷恩深厚若不盡言便同木石頃上台有變不利宰

藉公宜歸政天子請老私門此時自厚斯願而受旦
奭之美子孫藩屏終保維城之固不然者非復所知
讓況吟久之謂季才曰吾本意如此但辭未獲免爾
隋房彥謙爲鄀州司馬黄門郎張衡與彥謙相善于
時帝營東都窮極侈麗天下失望又漢王構逆罹罪
者多彥謙見衡當塗而不能諫救以書諭之曰竊聞
賞者所以勸善刑者所以懲惡故疎賤之人有善必
賞尊貴之戚犯惡必刑未有罰則避親賞則遺賤者
今諸州刺史受委宰牧善惡之間上達本朝僃憚憲
章不敢怠慢國家祗承靈命作民父母刑賞曲直升

聞於天寅畏照臨亦宜謹肅故文王云我其夙夜畏
天之威以此而論雖州國有殊高下懸邈然憂民慎
法其理一也至如并州謀逆須有甄明若楊諒實以
詔命不通慮宗社危逼徵兵聚衆非爲干紀則當原
其本情議其刑罰上副聖主友于之意下曉愚民疑
惑之心若審知外内無虞嗣后纂統而好亂樂禍妄
有覬覦管蔡之誅當在於諒同惡相濟無所逃罪梟
懸孥戮國有常刑其間乃有情非協同力不自固或
被逼擁淪陷兇威遂使籍没流移恐爲冤濫恢恢天
網豈其然乎罪疑從輕其義安在昔叔向寘鬻獄之

死晉國所嘉殛之斷犯蹕之刑漢文稱善羊舌寧不
愛弟廷尉非苟違君但以執法無私不容輕重且聖
人太寶是曰神器苟非天命不可妄得故蚩尤項籍
之驍勇伊尹霍光之權勢李老孔丘之才智呂望孫
武之兵術吳楚連盤石之據産祿承世后之基不應
曆運之兆終無帝王之位況乎蕞爾一隅蜂扇蟻聚
楊諒之愚鄙群小之凶慝而欲憑陵畿甸覬幸非望
者哉開闢以降書契云及皇帝之跡可得而詳自非
積德累仁豐功厚利孰能道洽幽顯義感聖祇是以
古之哲王昧旦丕顯復冰在念御朽兢懷逮叔世驕

荒曾無戒懼肆於民上騁嗜奔慾不可具載請略陳
之曩者齊陳二國並居大位自謂天地合德日月齊
明罔念憂虞不恤刑政近臣懷寵稱善而隱惡史官
曲筆掩瑕而録美是以民庶呼嗟終閉塞於視聽公
卿虚譽日敷陳於左右法網嚴密刑辟日多徭役煩
興左右疲若昔鄭有子産齊有晏嬰楚有叔敖晉有
士會凡此小國尚足名臣齊陳之强豈無良佐但以
執政壅蔽懷私徇軀忘國憂家外同内忌設有正直
之士才堪幹時於己非宜即加擯壓讒遇諂佞之輩
行多穢慝於我有益遽蒙薦舉以此求賢何從而至

夫賢才者非尚膂力豈係文華唯須正身負戴確乎不動譬棟之處屋如骨之在身所謂棟梁骨鯁之才也齊陳不任骨鯁信近讒邪天高聽卑鑒其淫僻故總收神器歸我大隋向使二國祇敬上玄惠恤鰥寡委任方直斥遠浮華卑菲爲心惻隱是務河朔富强江湖險隔各保其業民不思亂泰山之固弗可動也然而寢臥積薪宴安鴆毒遂使禾黍生廟霧露沾衣弔影撫心何嗟及矣故詩云殷之未喪克配上帝宜鑒于殷峻命不易萬機之事何者不須熟慮哉伏惟
皇帝望雲就日仁孝夙彰錫社分珪大成規矩及總

統淮海盛德日新當壁之符遐邇僉屬纘曆甫爾寬仁已布率土蒼生翹足而喜并州之亂變起倉卒職繇楊諒詭惑註誤吏民非有構怨本朝棄德從賊者也而有司將帥稱其願反非止誣陷良善亦恐大玷
皇猷足下宿當重寄早預心膂粵自藩邸柱石見知方當書名竹帛傳芳萬古稷契伊呂彼獨何人既屬
明時須存謇諤立當世之大誠作將來之憲範豈容曲順人主以愛虧刑又使脅從橫貽罪譴忝蒙眷遇輒寫微誠野人愚贄不知忌諱衡得書歎息而不敢
奏聞

陳孝意大業初爲魯郡司法書佐郡内號爲廉平太守蘇威嘗欲殺一囚孝意固諫至於再三威不許孝意解衣請先受死良久威意乃解謝而遣之

高孝基爲吏部侍郎時高士廉屏居終南山孝基書自媒孝基清鑒士也謂士廉曰吾聞不仕謂之無義揚名所以顯親弟富於從政今乃銷聲隱逸自託清高此乃招謗何成避嫌爾士廉感悟方有宦情

唐凌敬爲竇建德國子祭酒初建德嘗破趙州執刺史張志昂邢州刺史陳君賓大使張道源等以侵軼其境建德將戮之敬諫曰夫犬各吠非其主今鄰人堅小力屈就擒此乃忠確士也若加酷害何以勸大

王之臣乎建德怒曰我至城下猶迷不降勞我師旅罪何可赦敬又曰今大王使大將軍高士興於易水北抗禦羅藝兵纔至士興即降大王之意復爲可不建德乃悟即命釋之

陳振鷺客崔湜門下韋庶人臨朝湜爲中書侍郎同中書門下三品睿宗即位出爲華州刺史俄爲太平公主所引復遷中書侍郎同中書門下三品先天元年拜中書令與劉幽求爭權不協陷幽求徙於嶺表湜既私附太平公主時人咸爲之懼振鷺獻海鷗賦

以諷之湜雖稱善而心實不悅也
契苾何力爲左驍衛大將軍時司稼少卿梁孝仁監造新宮於諸庭院列樹何力入中宮縱觀孝仁指白楊曰此木易長不過二三年宮中可得蔭映何力不答但誦古詩曰白楊多悲風蕭蕭愁殺人意謂此是塚墓間木也孝仁遽令拔去更植梧桐
袁楚客陳郡人也魏元忠則天時稱爲清正中宗神龍初重爲宰相天下莫不傾屬元忠乃親附權豪抑棄寒畯竟不能賞善罰惡勉脩德政議者以此少之楚客嘗致書規正元忠曰今皇帝新服厥德任官惟

賢才左右惟其人君爲元首臣作股肱可布大化以利朝廷存古道以正天下去邪佞使小人之道消進忠良使君子之道長豈得安其榮寵守其循默者哉若以此爲嘗非所以愛人治國矣傳曰苟利社稷專之可也君侯念之哉昔漢成帝時王氏擅權劉向諫曰臣聞公族者國之枝葉枝葉落本根無所庇廕方今同姓疎遠母黨專政排擯宗枝孤弱公族非所以保守社稷安固國嗣也其言甚切多所稱引成帝雖悲傷歎息而不能用此非帝不知之而不替者臣之罪也其後王氏竟假周公之事而起田嘗之亂此乃大臣循默之失也惟君侯誡之哉夫利萬物者道也惟君子能行之害萬物者邪也惟小人固爲之以道心濟物則上天祐之雖履危而必安矣以邪心害物則明神殛之雖居安而必危矣何則勢使之然也故濟物者其心廣矣害物者其心褊矣心廣者所務不專於身心褊者所利不及於物皆人知其若此必守道以廣其心屈巳以利其物行道於身而必全其身行道於國而必全其國帝王失道之正大臣必以道化之昔伊尹有言曰予弗克俾厥后惟堯舜其心愧恥若撻於市蓋覽伊尹之說非堯舜之君但以道佐

之亦可致之於堯舜也旣食人主之祿而憂人主之事光贊其美規救其惡建功於當年可謂無負於天下惟君侯志之哉夫欲安天下者先正其本本正則天下必固不正其本則天下必危國之興亡實在此矣師丹曰太子者天下之本也譬之大樹無本則枝葉零瘁國無太子則朝野不安先王必立之者以儲君有次立之勢故令師保教以君人之道用蘊崇其德所以重宗社而安天下也今皇子旣長而未定嫡嗣是天下無本也天下無本可謂危矣猶大樹無枝葉何以存乎願君侯以清宴之閒而盡言於上擇其

賢者而立之此乃安天下之道也書曰一人元良萬
邦以貞斯之謂也而使春宮久曠豈謂宜乎此則朝
廷之失君侯不正誰正之哉又聞古之封子弟建侯
伯者將以籓屏王室安固邦基垂永代之業爲盤石
之宗也又聞女有内則男有外傳男女有別剛柔分
矣内外斯隔陰陽著矣豈可濫哉然而幕府者丈夫
之職非婦人之事今諸公主並開建府僚悉置官秩
若以女處男職所謂長陰抑陽也而望陰陽不愆風
雨無爽其可得乎竊謂非致遠之計乎久長之策書
曰事不師古以克永代匪說攸聞此之謂也此則朝

廷之二失君侯不正誰正之哉又聞人之生也有禍
有福有貴有賤此並稟之於前業當受之於此身然
崇佛教者特以資彼來生鮮有益於見報若求之理
國恐不在此矣然三教俱設各有所務而行之者不
可過也行釋教者脩身之本行儒教者理國之源脩
身是來生之資理國乃即代之務然則即代至近來
生至遠捨近求遠不亦乖乎存彼棄此不亦謬乎今
度人既多緇衣滿路率無戒行寧有輕業空虧重實
專附權門取錢奏名皆有定價昔之賣官也錢入公
府今賣度也錢入私家以茲入道實非履正誰情不

變徒爲遊食使法侶有失而流俗生厭名曰度人其
實穨矣今主上雖希心聖教專想娛空奈社稷何奈
蒼生何君侯不以中庸之義悟大聖之志但能致一
代於仁壽之域斯亦至尊之道也此則朝廷之三失
君侯不正誰正之哉又聞古人有言曰唯名與器不
可以假人書曰天工人其代之故知代天工非才不
可若有所濫必失天意而無患禍者未之有也今不
專精於庶政而留心於奇伎至於倡優之輩因其耳
目之好遂升之以位授之以官豈非輕朝廷而亂正
法邪然人君無私賞此上天之化人私怒者恐害物

私賞者恐費財古人此之尤慎豈得私人以官乎若
以此爲政何以答皇天之命也此則朝廷之四失君
侯不正誰正之哉又聞賢者邦家之光也任之可以
致理棄之足能生亂三仁去而殷亡百里入而秦霸
有國家者固須擇也昔者戰國之代得士者昌失士
者亡莫不以求賢爲急務霸者伏之以命諸侯況巍
巍唐國明天子苟存斯道則三皇五帝可緩步而越
也近者有制搜揚廣求賢俊戔戔束帛賁於丘園翹
翹車乘訪及山谷此我皇勤之之至也雖有好賢之
名竟無得賢之譽非皇情之不眷諒有司之過也何

則聖主求賢訪諸草澤及有司選士多是親黨若非有賄必以勢求上失天心下違人望旣非爲官擇吏所謂爲人擇官蠹政之源敗國之甚書曰治亂在庶官孔安國曰得人則理失人則亂葛洪曰舉秀才不知書察孝廉濁如泥高第賢良怯如蠅古人規職勤誦經今人圖家勉營生此之謂也此則朝廷之五失君侯不正誰正之哉又閹豎者給官掖之事供掃除之役上古皆備此職但以奴隸畜之豈及於官次中古以來大道垂喪不重賢哲唯親近習或委以事或授以權遂使豎刁亂齊伊戾敗宋君側之人衆所畏

權葛洪所謂鷹頭之蠅廟垣之鼠無權無勇職爲亂階者也洎乎後漢用事尤甚時君旣不知其失大臣又畏罪不言所以害及生靈毒流天下至於晚節竟亂中朝各相黨與屠宰良善此時也忠臣義士覩斯慷慨不得不權行殺戮至於無鬚而横死者不可勝言豈非結禍之深自危之速易曰小人用壯斯之謂也自大君受命中興成務獨有閹豎坐昇班秩旣無正闕多授員外舉其全數向滿千人苟綰青紫蠶食府藏旣非致理之道實爲長亂之階書曰人無於水鑒當於人鑒覩往古之成敗亦可見今之得喪故曰前事之驗後事之師此則朝廷之六失君侯不正誰正之哉又聞自古聖帝卑宫非食茅茨不剪采椽不斲將以儉約遺子孫亦所以愛惜人力也書曰酣酒嗜音峻宇彫墻有一於此未或不亡況於臣下安得以肆奢爲務乎若有僭濫必生患禍患禍之來可翹足而待也今之公王凡有所賞將以傾府庫所造私宅皆是官供觀其疏鑿池亭崇峻廊宇山無木石必他山以致之木無因近必窮遠以採之珍館出雲畫堂赫日造之竟歲功用不絶自開泰以來未之有也而行者見之僉曰非國威不得如此非尊貴不得若

斯僕每聞此言將以有譏於君矣何者爲君所以養人非所以害人今外戚不助養人反害於人豈有益於吾君乎然堂上遠於百里君門隔於九重人主旣不知之君侯又不言之豈使人主虚受謗於天下也此則朝廷之七失君侯不正誰正之哉又聞官者將以理人將以安人非以亂人非以害人故先王欲人理必選材以理之欲人安必省事以安之不欲人於亂必撥亂以整之不欲人有害必去害以全之若此誠欲與天下同憂矣人有樂君共之君有樂人慶之可謂同樂矣如此則上下無間君臣合德同於一體

也若下有懷憂之人上無同憂之主欲求人理不可得也今天下困窮海内虛耗復以州牧縣宰選授多不得人自餘僚佐鮮有稱職不務公謹專於剝刹人不聊生安肯懼死旣不懼死是能生變下有憂而上不知也比之馬也必除其害牧狀之羊也必去其亂羣此道尚有所闕而反更員外置官所謂助桀爲虐足以速禍也夫人之情自知員外恐人不畏必峻法以懼之恐財之不足必枉道以奪之以有限之物供無厭之用欲其不亂豈可得哉古人有言十羊九牧羊旣不得食人亦不得息唐虞之代建官惟百夏商

官倍亦克用乂書曰官不必備惟其人孔子譏管仲曰官事不攝焉得儉據此雖正員之官猶不欲其備況正員之外更置員外乎此則朝廷之八失君侯不正誰正之哉又聞英主開基以定天下者將以傳之於萬代也繼明之帝豈得隳之哉有所下廢則政出多門政出多門大亂之漸也近封數夫人者皆先朝之官女賞其勤勞加之邑號若備内職則不當知外不備内職自可居外安得出入内外往來宫掖者哉若下制華内言必出外言必入内外互言禁衛何施必弄君之法繼而不禁非所以重宗廟固國家也孔子曰彼婦之口可以出走彼婦之謁可以死敗戒之哉戒之哉此則朝廷之九失君侯不正誰正之哉又聞以正道事君者將以安天下也以非道事君者所以危天下也若有危天下之臣不可不逐之若有安天下之臣不可不任之正道者行仁義以補君之過非道者行蠱媚以成君之惡補過者國之幹也成惡者國之賊也今代或有不脩忠正以事君引鬼神而惑主然則鬼神之事冥寞難知故左道之人因此自致其詐售其賂遺必緣非材之位必食非德之祿此國賊也書曰官不及私昵惟其能爵罔及惡德惟其

賢又曰與治同道罔不興與亂同事罔不亡傳曰國之將興聽於人將亡聽於神豈近是乎此則朝廷之十失君侯不正誰正之乎此十失者誠國之巨蠹粗而言之以有言於君侯者將以扶危去蠹救蒼生之命願君侯稍垂意微有所採此亦君侯自安之道也庶幾無忽元忠覽而大慙頗引咎自責

韋乾慶知鹽鐵江陵院時裴均爲節度使欲請劉闢爲判官苻載爲從事乾慶牒均去之言其狂狡不宜寘之幕府均乃止

冊府元龜